U0142719

法律實戰備忘錄

2020年最新版

信緯國際法律事務所總監

劉俊麟 編著

五南圖書出版公司 印行

作者簡介

劉俊麟

現　任：信緯國際法律事務所總監

學　歷：東吳大學法學士

經　歷：

　　信緯國際法律事務所總監

　　啓升投資股份有限公司董事長

　　B.V.I. SUN-OVERSEAS COMMERCIAL INC.
　　首席顧問

　　安勤科技股份有限公司獨立董事

著　作：

　　《保險理賠大贏家》

　　《現代公共關係法》

　　《現代法律顧問(一)》

　　《現代法律顧問(二)》

　　《法規解釋實務》

　　《車禍民事責任》

　　《民事訴訟法》

　　《情色法檔案》

　　《居住新憲章》

　　《台灣生死書》

　　《法律小錦囊》

　　《投資生物科技》

審閱顧問群

曾孝賢律師

台灣大學法學士、法學碩士

前金門地方法院法官

前台北地檢署檢察官

捷瑞聯合法律事務所所長

孫天麒律師

輔仁大學法學士

前花蓮、新竹地方法院法官

孫天麒律師事務所

劉俊良律師
　　東吳大學法學士
　　政治大學法律學研究所碩士
　　律師高考及格
　　商務仲裁人
　　信緯國際法律事務所所長

孔繁琦律師
　　中興大學法學士、法學碩士
　　律師高考及格
　　信緯國際法律事務所律師群
　　環宇法律事務所所長

趙培宏律師
　　東吳大學法學士、法學碩士
　　休士頓大學法學碩士
　　公費留考及格
　　司法官特考及格
　　公證人高考及律師高考及格
　　法學法律事務所

楊永成律師
　　東吳大學法學士
　　中興大學法律研究所碩士班
　　通律法律事務所所長

吳超萍律師
　　五十六年律師高考及格
　　前軍法局副局長
　　通律法律事務所律師群

顏志銘律師
　　東吳大學法學士
　　律師高考及格
　　顏志銘律師事務所

林之嵐律師
　　輔仁大學法學士
　　律師高考及格
　　都信國際法律事務所

郭慧雯律師
　　政治大學法律系學士
　　律師高考及格
　　元貞聯合法律事務所

謝序

　　司法狀紙之寫作，因均有一定程式，而規定此項程式的法律條文，散見於各種法律之中，對於社會大眾，甚或初入法律實務的法務工作者，有時非常不易尋找，縱使發現所在，但因法律規定用語，不但甚為簡潔，而且都具有專門意義，未必能全盤瞭解，正確把握，因此寫作時，常不得門徑，深以為苦。

　　俊麟君就讀東吳大學法律系時，平日除努力於法律一般課程與理論之鑽研外，並熱心於法律實務之研習，畢業後，即獲聘於法律實務所任職，在歷練過程中，深覺初出校門之法律人對法律實務均甚為生疏，於從事司法書狀寫作，亦同樣面臨困擾。因將在工作中所蒐集之司法書狀及格式有系統地整理，編集成冊，並加入自己工作經驗與心得，且介紹若干溝通技巧與司法書狀寫作之相關實務，以供按圖索驥。除此之外，尚能兼顧法務工作未來與電腦結合之必然趨勢，就有關法則有所概述，誠屬不易。足見俊麟君編纂本書確費盡心血，用功頗深。本書之編成，對於法務工作者，以及初入法律實務者而言，自有相當助益。

　　司法書狀之實務，若欲入其堂奧，實非深諳實體法與程序法者不為功，俊麟君固為一法律人新秀，編纂本書之精神與理想，亦屬可嘉，但以其現有之學殖歷練，又僅憑一己之力，自難期盡美，惟盼以此為向前邁進之起點，今後更須秉持心志，繼續努力，日後有成，當必更能嘉惠社會，茲值書將付梓之際，樂於略記數語，以茲鼓勵。

司法院副院長

謝在全

序於台北

董序

　　權利人在權利受侵害時，面臨的選擇，或循法律途徑爲權利而奮鬥，或忍氣吞聲，息事寧人。如此，變成了有錢人會因訴訟金額對他非負擔，而寧願依法抗爭；貧窮的人則會因昂貴訴訟費用而被迫放棄法律抗爭，從而，法之爭訟，卻成爲純粹計算問題。

　　賢隸劉俊麟先生深知法律不僅是思想，亦是活生生的實力，思想之獲取來自課堂，實力之掌握卻是根據實務與實戰。在結合眾多身經百戰律師、法官朋友協助下，共同參與用經驗、熱誠寫下這本備忘錄，任何人在熟讀此書爲權利而奮鬥時，不再是純粹計算問題，而是正義公平之實踐，俊麟等人爲法之奮鬥所作出之奉獻，實屬可貴，欣然之餘，樂爲之序。

考選部部長

董保城

民國82年夏暑

潘序

　　俊麟兄所編著《法律實戰備忘錄》內容豐富，從法律實務工作之介紹開始，涵蓋刑事訴訟全程、民事訴訟全程、賠償、非訟事件、法人、契約、智慧財產權及名詞釋義等內容，各種書狀及法規一應俱全，不但能提供法律實務工作者，尤其是剛步出校園無實務經驗之法律系畢業學生，詳細實用之範例，更能提供未修習法律專業之民衆，於日常生活中面對法律問題時，有可茲釋疑運用之最佳參考書籍。

　　本人從事法學教育多年，常有理論與實務難以結合之感，而俊麟兄之大作，提供適足以解決此一缺憾，在本書改版修正之際，特爲文推薦，以資鼓勵。

東吳大學校長

潘 維 大

民國93年5月

序於法學院

五版修訂序

　　本書在民國83年10月初版後，至今將近25年的時間，而去年底當編輯通知於書已所剩無幾，遂加緊腳步修訂內容，此時回顧過往，方感體力大不如前，加上近年法律修改幅度加大，許多訴訟程序正等待司法院送立法院修訂中，原本想等修法完畢，但一晃眼又過了半年，遂先行將現有內容修改，特將第二篇第六章移到第一篇第六章，同時配合編輯希望縮減頁次，因此刪減一些資料，本次修訂原本爲因應最高法院將廢止判例，而改用大法庭制來統一見解，但在未完全落實前，原判決仍有相當參考餘地，特予以保留，並將一些資料濃縮成現代可掃描的QR code，讓讀者可以直接掃描查詢相關資訊，節省空間，加上犬子業已就讀法律研究所，協助參與此次修訂出力不少，甚感欣慰；最後希望讀者諸君繼續不斷鞭策，並惠賜寶貴意見，讓本書成爲實務界隨身必備的參考備忘錄。

劉俊麟

民國109年9月15日
再序於五峰禪居

前言

　　或許每一位法律人，都會有如斯之體認，那就是如果始終執著於法律這條不歸路，便幾乎必須要咬緊牙根，面對餐風飲露、廢寢忘食之境況。然而一切也未必如此，因為除了考試之外，如從事於與法律有關之工作，亦未嘗不是一條康莊大道。

　　法律在實用哲學領域之中，其所牽涉之層面極為廣泛。從表面來看，其基本理論對於法律人來說，並不艱深，但若更進一步加以研究，則將發現其深層之分類及變化，將感到自我知識之茫然，而徘徊於理論與實務運用無法配合之無力感，終其一生抱憾，無法登堂入室。其實這一切的問題皆歸諸於實務係不按牌理出牌，加上市面上並無此類引導學習之師承書籍可供參考與依循，因而導致學而無法用之結果，因此唯有經由自我摸索的經驗去嘗試並負擔那充滿變數且未必盡如人意之風險，到後來仍一無是處，所以這本以從理論導引如何跨入實務門檻的習作，特取名為《法律實戰備忘錄》。

　　本書是採取全方位之編排，原本就很難做到巨細無遺，其中缺漏自屬難免。因此，為了鍛鍊整體內容成為一個確實成型規則化的流程，不致產生瑕疵而動搖其專業性，故特商請各單元領域中專業之律師顧問群擔任顧問，以豐富並確立其應有之內涵水準，同時亦適時提供查詢之捷徑（參考法條❖、解釋☆、判例△、裁判○），以期達到相輔相成之工具書應該發揮之基礎功效。當然本身經驗尚屬初淺，難達先進之萬一，故採用多數判例讓讀者研判適用，而發展出屬於自己的一套辦事經驗，尚請諸先進不吝惠予指正結緣，期增補更為完整以分享大眾。

　　除採專業編排外，為了更有效的推廣法律普遍化，特別提出非法律人導讀說明，以供社會一般大眾在較乏法學素養下能夠妥善地運用此一工具書。當然，除上述目的外，更希望同時對略懂法律欲從事實務者能夠藉此貫通內外。

　　另外，本書將首先試著協助法律人成為一位優秀之法律專業人才，故「本書並非讓你倚靠，而是試著讓你不需要倚靠」。藉由直接適用法條之方式，先從律師實務到法務實務釋義以導引出面臨各種問題時應如何尋找正確答案之法，然後依序將有關之刑、民事及國賠中損害賠償之計算運用於後，並兼論及廣義非訟程序，以整體連貫的程序編排方式下，並適時運用應注意之實務事項及判例來予以強化闡明見解之實際運作參考。但對其理論之分析研究則不在此加以說明，因現今之市面已有許多專書，無庸在此班門弄斧。故為使讀者能簡速一窺全貌，避免實務處理無所適從之感，且見時下坊間有關此一專集之書籍，又付諸闕知，為求能使法律專業人員有一自我研參之書籍學習，但因本人才疏學淺，其中難免不到之處，尚請諸先進指正！

　　其次為解決許多法律人讀了幾年法律課程後，原本自以為可以應付一些日常之疑難雜症，卻在別人詢問問題時，才深刻體會到何謂面臨困境而一籌莫展之窘態，原本一件看似稀鬆平常的事情，此時卻成為難以解決之燙手山芋，甚至於當自己權益被他人無端侵害，卻在法律領域中遍尋不到可供排憂解難的方法。故希望能經由本書一些訊息，使讀者因此避免產生惶恐不安的灰心喪志之感，故特勉力以此書來略解諸君無語問蒼天時些許遺珠之憾也。同時在此期望能進而提供諸君到一般事務所工作後面臨工作之難題與

壓力時自我心態調適的良方，因初接觸法務工作的法律人，當律師鄭重其事交給自己第一份狀紙，經過深思熟慮撰寫之後交給律師，卻常得到如此之答案：你到底讀的是不是法律？為何所寫出來的東西竟如此的不知所云？然後看到自己精心的寫作成績竟被無情且毫不保留地從頭改到尾，卻未被告知原因之所繫，彷彿一無是處，當時真恨不得找一個地洞鑽進去，那種無地自容之感將令自己終生難忘。當此一時刻必然會捫心自問：到底自己在學校學了些什麼？為何如今會有處處碰壁，卻又苦於無處釋懷的無奈感觸！當然本書除明列事務所之流程外，對於相關法務之實務流程與資訊均彙整供諸君參考並直接予以引用之。

只因敝人自身有此深刻的體認，於是在協助一些同學與學弟妹後，深感自身時間有限，為了能夠幫助更多的法律人，並在大夥鼓勵之下，不計自身局外人之知識淺薄，而以本身將近八年之經驗及心得，不惜花費時間將一般法律人在從事法律工作時，所經常可能面對的實務問題，加以整理彙編成冊出版。

另外為了方便法律人之在利用本書之時能夠準確無疑，故一律採行實務之見解，除一方面適時輔以配合流程圖，將整個實務工作依分門別類之方式加以釐清並釋明，另一方面則利用多年來苦心蒐集一些在一般事務所仍然可能尚缺乏之最新重要資訊，供法律人來使用並充實自我，以期達到相輔相成及事半功倍之效用，並將特別選擇一些契約繕寫範例及技巧，和實務上工作之心得與經驗分享給各位法律人，望能有所助益，余願足矣。當然在繕狀之技巧上均明列條文及判例，以方便法律人自行習作而非照本宣科，確有實益，順道在此說明編撰此書之特殊處，因為司法強調證據而非憑空臆測，故對編入廣泛之法條、解釋、判例實有其必要性，特在此說明供使用者見證之。

同時本書涵蓋的層面極為廣泛，如何取捨及不致於過度延伸而無限制，的確大費周章，因為每一個單元均可獨立而寫成一本專書。為此特別感謝一些執業律師提供建言，使本書能夠付諸印刷出版，特在此致意，而且本書能夠編撰完成，更重要的是我的父母與舍弟給予的默默鼓勵與支持，相信沒有他們的背後支援，亦無今日我的些許成就。

本書過往承蒙曾孝賢律師審閱刑事訴訟部分；楊永成律師、孔繁琦律師審閱民事訴訟部分；孫天麒律師審閱賠償總論部分；郭慧雯律師、吳超萍律師審閱非訟事件部分；顏志銘律師、劉俊良律師審閱法人部分；趙培宏律師審閱智慧財產權部分；林之嵐律師審閱契約部分。

在此本人特致上最懇切感謝之意，同時對學弟潘忠誠、學妹邱惠敏、林佳莉、鄭慧慈姐妹、呂國惠與周芳英及同學沈明芬、王慈欣等撥空惠予協助校稿修正，亦在此深表謝意。

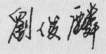

編者謹書

目錄

第一編

總　　論

第 1 章　綜合說明

　　法律科學所牽涉之層面極為廣泛，從表面來看，其一般性的基本理論對於任何一個法律人來說，並不很艱深，但若更進一步加以研究，則將發現其深層之分類及變化，其實這一切的問題皆歸諸於實務係不按牌理出牌，因此本書除從專業的領域指導法律人外，亦首創一些非法律人能使用之流程，試著讓讀者不再需要倚靠，甚或不再感到茫然無措。因為當我們面對窘境需索幫助時，經常會遇到別人一味嚴辭嘲諷指責錯誤，卻不曾引用發自內在的寬憫去探究陷入苦境之原由，為此願以本書提供略紓困惑之良方，即使未能全盤瞭解，也至少知道該作什麼以及將面對的是什麼！因為法律領域中屬於判斷性的法律見解與衡量，並非一般人所能夠置喙或現學現賣的，因為這一層面是經過多少年法學養成教育與經驗的累積方能奏其功者，故本書偏重討論易於瞭解且實用，而屬於程序正義的一面，也試著使法律普及化，讓一般社會大眾知道法律的基本雛形，以便保障自己的權益，而非全憑暴力去侵害他人來維護自己的利益，此即本書意欲編撰發行之目的是也。

　　法律浩瀚如海，而法律實務更是繁雜且環環相扣，如何從其中理出可供遵循的軌跡，並進一步體悟到知識的認知與法學的滋味，此乃本書所欲扮演的積極角色，故其所詮釋的理念正好符合清代周永年之所謂：「為文章者，有所法而後能，有所變而後大。」

　　從根幹而花果，本書試圖成為法務工作的代言人，同時希望將法律實務中較難經由師承傳授之各類重要程序與相關問題，提示並予以解答，而嘗試成為六法全書外，法律人必備的一本實戰依循手冊，當然更重要的是盼望讀者不再依靠別人，而由此衍生一套屬於自己特色及具實用效能的實務備忘錄。

　　當然就如同法律無法完美無瑕的道理一樣，本書在求其廣之餘便很難兼顧其深，而在兩相權衡之下，孰輕孰重，的確需要花費相當的心力去做取捨，除了經驗還需要有完整的邏輯分析能力，而理工的學歷，的確給予筆者相當的助益。同時本書除程序上的指引外，更談論到有關談判溝通及寫作之技巧，當然更重要的是兼及一些實務哲學的理念剖析，因為這些正是法律實務人必將面臨省思的一道關卡，透過它的觸角，希望能聽到一些法律工作者咀嚼玩味後，自然迸發出的一點思索聲音。

　　刑事法律是保護好人的，這毋庸置疑，但是民事法律是否如此往往值得深究，因為民事爭議孰是孰非很難定論，加上其花費的時間與費用，更是一種磨難，所以說民事法律是保護懂得預先防範者，應不為過。為此希望人人知法以避免涉法而無解時的悲與痛，因為此一教訓將會使人永生不忘也。而今消費法律已朝向集體訴訟制，委由公益團體代為起訴，亦將是今後人民的一大福音，對此等相關訊息亦應多留意，以為將來的保障是！同時當一般人遇到事情時，經常會因為賭一口氣喪失理智而不顧後果，這是很危險的一種心態，因為凡事均是一體兩面，故必包含利弊得失，所以在請教律師或法律人時，應該要求其由事情的整體關鍵去作分析，藉以分辨衡量其中得失，而做出最佳的

打算，方是上上策。

　　本書中所涵蓋層面極廣，從日常生活中出發去探討我該怎麼辦？讓各類事情簡單化也容易自行處理判斷，希望達到法律普及的功能與效用，以避免讀者遇事時產生惶恐不安。特以此書提供各類問題的解決之道，讓一般大眾與律師的隔閡能夠消除，同時也試著妥善地保障自己的權利並提出主張。另將相關法律之實務流程與資訊彙整，供讀者直接予以引用。本書用詞因係屬法律人實務用書，故較為專業化，如欲瞭解法律條文之文義可參考本人參與編撰之《白話六法》（書泉出版社）。

第一節　整合性案例輔助運用本書之說明

　　某甲參加一般民間互助會，原先幾期均無任何問題，故某甲欲與某公司簽訂購屋契約，於繳納訂金十萬元後欲標會以該款前往簽約之。孰料會首某乙因玩大家樂而遭致嚴重虧損，遂於某年某月某日收妥會款之際便捲款潛逃，途中因心急穿越綠燈變紅燈之馬路，不幸被某丙所騎超速之機車撞成重傷，延至數天亦回天乏術，其父母年老無人奉養。某丁持有該某甲開立之商業本票乙紙，同時某甲在該時間與某戊因為商業行為發生了糾紛，導致彼此對付款之金額有嚴重爭議，且某甲此際又因公司產品而與員工間發生有關智慧財產權究竟歸屬誰之爭執，於此情形下各有何種權利可以主張？同時在本案例中某乙為公務員，遺有一筆未領之退休金，某乙父母為提醒社會大眾車禍之嚴重，故設立財團法人車禍事故救援基金會，試就其中之問題來推論如何從本書各章節中尋找答案。

　　此一問題雖然複雜且環結相扣，但確是特定人間權利義務之利害衝突等糾葛，想要釐清它確實讓一般人傷透腦筋。此一實體問題在本書僅點到為止，但卻明白地提出尋求解決的方向與可能經過的整個法律程序，使一般人不致於茫然無措而坐立不安。

　　無論法律人或一般非法律人運用本書之前，必須建立一個觀念，那就是，在尋求解決法律問題的過程中，要先確立法律問題的癥結點，然後由目錄中查閱問題所在，藉由目錄的導引，除了能解決現存的問題外，也同時可以瞭解預防問題的發生及問題發生後所應繼續的處理程序，以期得到權益的保障，避免無益舉措的發生，徒增困擾或曠日費時。如果僅以片段方式，不欲思索問題的整個過程，這對使用者而言，本手冊與「無字天書」毫無差別。

一、在本案中某乙所應負的責任（包括民事及刑事）：

　　其會員某甲之主張

┌─刑事可提告訴或自訴（參考第二編第一章何謂告訴與自訴及其區別），亦即會首
│　有無詐欺情事，可據以提出告訴。
├─民事可請求侵權行為之損害賠償，其民事訴訟流程參第二編第二章，當然如不願
│　涉訟，則可分別視情況進行督促程序或調解程序。（可分別參閱該章第一、二節
│　之說明，自行運用。）
└─訴訟完成前對某乙退休金得否行保全程序。（參第二編第二章第一節第二款）

二、某甲與某建設公司之間契約基礎係預約或本約。（參第一編第六章）

三、某乙被某丙撞成重傷後死亡，其父母可主張之權利：

```
┌ 刑事：一般過失重傷致死；
│        一般過失致人於死；
│        業務過失重傷致死；
│        業務過失致人於死。
│        （參第二編第一章與六法全書之說明）
└ 民事：侵權行為損害賠償。（參第二編第二、三章）
```

四、某丁與某甲間本票之問題。（參第二編第四章）

五、某甲與某戊：

```
┌ 前置程序 ┬ 督促程序（參第二編第二章第一節第一款）
│          └ 調協程序（參第二編第二章第一節第三款）
└ 訴訟程序（參第二編第二章第二節）
```

六、某乙父母應如何去申辦法人組織。（參第二編第五章）

七、某甲與員工之間智慧財產權爭議之解決。（參第二編第六章）

八、以上這些問題在無法解決時，至少知道如何尋求救援與協助，對於各項程序也能了然於胸，不致受騙上當或無絲毫基礎程序的認知概念。（參第二章）

九、要求敗訴的一造給付時，如其不履行時，則什麼東西可強制執行，什麼不能，以及有關執行標的物競合時，法院處理的方式為何？均可在第二編各章中尋求到答案。

十、如果參與競標公家的標案時，則必須對投標須知及標場的一些規範，要千萬釐清，如果發生糾紛時，究竟該如何調解及仲裁，不妨參考第二編第七章的一些概略性說明，或許可以從中尋得一些蛛絲馬跡也說不定。

十一、為糾正現行最高法院統一見解之判例，將改朝大法庭制來統一見解，然在此之前原判例仍有參考之用，暫予以保留。

　　同時司法院正積極研議訴訟三法的金字塔結構，其中刑事訴訟部分以「明案速判」、「疑案慎斷」為主軸，計修正53條、增訂39條及刪除15條為修法重點：1.擴大緩起訴之適用範圍；2.錯誤、不受理或免訴判決、裁定駁回起訴、或改行簡式審判程序、簡易程序、協商程序等情形，即屬「重罪、疑案」之深流案件；3.第二審為事後審兼採續審制，並貫徹不利益變更原則；4.第三審為嚴格法律審兼許可上訴制。

　　其次行政訴訟計刪除2條、修正67條，增訂32條；重點包括：1.調整高等及地院行政訴訟庭第一審管轄權；2.完善替代裁判之糾紛解決機制，強化和解及調解制度；3.新增專家制度；4.明確行政法院職權調查及當事人協力義務等。

　　至於民事訴訟，1.未來訴訟價額超過500萬，或上訴金額跟原審判決相差150萬元以上的民事案件，採取「律師強制代理制度」，並把律師酬金視為訴訟費用的一

部分；駁回再審的確定裁定，未來不得聲請再審，限制人民反覆提起再審；2.使第一審成為堅實事實審，第二審為嚴格續審，第三審為嚴格法律審。司法院的修法版本明確規定所有證據資料應於第一審就提出，除非有「民訴法」第447條所列不可歸責於當事人的事由，才例外准許於第二審提出新證據，讓法律見解統一穩定，並增訂專家參與。

第二節　圖表解說

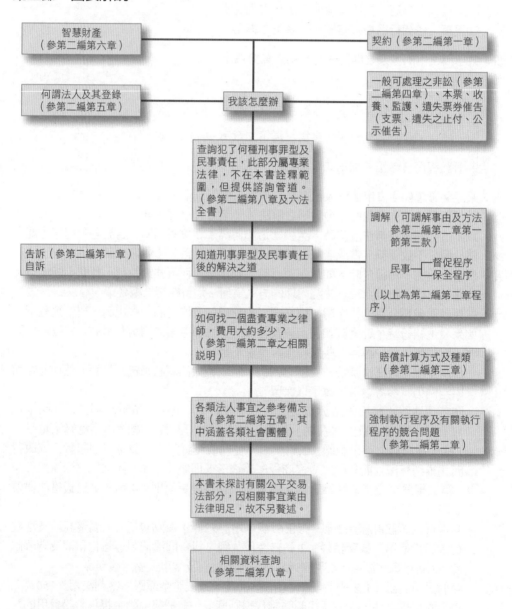

第 ❷ 章　揭開律師之層層面紗

　　本單元僅作廣泛性的說明，且對於有關之各類問題僅作例示性的提要闡明。同時為避免過於詳細而形成照本宣科，加上整個實務界隱然成形之抄襲而非學習經驗之苦心，是故對於特殊且少用的獨門經驗，均不在此提出，僅以提要供讀者諸君心領神會。只要依循其中參考之脈絡，自能如藥到病除一般的豁然得證其所想要之見解。

第一節　完成律師程序之途

　　通過考試後，取得考試院考選部所發之臨時及格證明單（繳500元證書費及照片）。

　　大約經過兩個半月左右，接著取得考選部所發之正式及格證書（這段期間內會收到律師公會寄發之受訓調查單）。考試及格證書之申請相關程序，請洽考選部電話：(02)2366-9188。

　　當取得及格證書後，即可依律師法第6條之規定，向法務部辦理律師證書（繳1,500元證書費後約兩星期取得律師證書；補（換）發律師證書為1千元）。

一、請領律師證書應繳文件及金額

1. 申請書（請確實填寫申請書所列每一欄位，以維護本身權益）。
2. 最近二吋半身脫帽相片2張。
3. 身分證正反面影本（請勿使用駕照或其他替代文件）。
4. 考試院頒發之考試及格證書正本。

二、申請補、換發律師證書應檢具下列文件

1. 申請書（申請書之連結下載點：http://www.moj.gov.tw/eservice/admin/fileupload/補換發律師證書表單.doc）。
2. 考試院頒發之考試及格證書正本（若考試院所頒考試及格證書亦一同遺失，請先至考試院申請補發考試及格證明書，再持該證明書正本向本部辦理律師證書之補、換發）。
3. 身分證正反面影本。
4. 最近二吋相片2張。
5. 申請補發律師證書者，須登報聲明原律師證書遺失作廢（刊登時，律師證書之字號請務必詳細載明），俟完成後，並將該刊登遺失啟示之報紙（整版）送至本部。其他申請書上列資料向本部申請。
6. 申請換發律師證書者，則須檢具已毀損之原領律師證書。

三、律師證書如須更名者，請檢附申請函（不具任何形式）及備妥下列文件，向本部申請更名

1. 法務部所核發之律師證書正本。
2. 已辦理更名後之考試院考試及格證書正本。
3. 身分證正反面影本乙份。
4. 戶籍謄本乙份。

四、如何申請外國法事務律師執業許可證及所應備具之相關文件？

(一) 按外國律師如符合律師法第47條之3所列各款得向本部申請外國法事務律師規定，即可向本部申請核發外國法事務律師執業許可證。

(二) 又，如欲向本部申請外國法事務律師執業許可證，除應繳納證書費新台幣1,500元外，尚須檢具下列文件：申請書一式2份。（申請書之下載網頁：http://www.moj. gov.tw/eservice/admin/fileupload/外國法事務律師執業許可證申請.doc）填表說明請參閱以下連結網頁：http://www.moj.gov.tw/eservice/index_process.asp?classsort=1&subclasssort=0。

五、外國法事務律師如何向法務部申請與中華民國律師合夥？

(一) 申請人於申請前必須已經法務部核准擔任外國法事務律師並領有本部核發之許可證。

(二) 外國法事務律師申請與中華民國律師合夥者，應以所有合夥之外國法事務律師及中華民國律師之自然人名義提出申請，並檢具下列文件：

1. 申請書一式2份（申請書連結下載點：http://www.moj.gov.tw/eservice/admin/fileupload/外國法事務律師與中華民國律師合夥申請許可書.doc）。
2. 外國法事務律師及中華民國律師身分證明文件、律師證件及加入律師公會證明文件2份。
3. 合夥契約書影本2份（契約書應載明：A.合夥事務所名稱、地址；B.外國法事務律師之姓名、法務部許可證號、國籍、護照號碼及國內外住居所；C.中華民國律師之姓名、律師證書字號及住所或居所；D.各合夥律工作之內容）。

　　新訂之律師受訓辦法規定，考取之律師須經兩階段之養成教育，即先經1月之律師公會職前基礎教學，然後按分發或自行選擇到合格之指導律師（執業5年或曾任司法官而轉任者）為5個月之實務訓練後（類似醫學院的實習醫師），同時必須在3年內完訓，最後一週再回律師公會取得結訓證書。依據新規定，目前雖移由律師公會全國聯合會及法務部司法官學院來辦理。

　　當完成以上程序後，即可辦理登錄之事宜。先向律師公會購買申請表，填妥後，與律師證書及受訓及格證書一併送交法院收發室辦理。每位律師可向四個管轄之地方法院以書狀聲請登錄之（同時亦須辦理加入各該地之律師公會以完成整個執業之法定手續，並購買律師專用法袍）。當然向各該地方法院登錄後，自得再向其上級法院辦理登錄。

目前律師加入公會應履行下列手續：

1. 填具入會申請書，並附二吋半身相片4張。
2. 繳驗律師證書及身分證正反面乙份。
3. 須經律師職前訓練者，應繳驗結業證明文件（以上文件並附影本乙份）。
4. 曾任公務員，應繳離職之證明文件。
5. 繳納入會費，各地不同（台北為新台幣2萬5千元）；另外證書費500元。

　　同時為落實受雇律師與僱用律師間執行業務所得歸課問題，事務所如有聘僱律師承辦之各級法院、訴願會之判決（裁定、決定）等訴訟案件，一律應依律師姓名及判決（裁定、決定）機關填列如附件之「受僱律師承辦訴訟案件明細表」，至遲於次年2月底前向主事務所所在地之國稅稽徵機關申請報備。

第二節　如何完成開業準備

一、首先必須考慮是否辦理稅籍登記以決定往後採核實課稅或推定課稅，核實課稅須申請營業統一編號以便辦理核實記帳，其利弊請自行前往稅捐機關查閱比較之。事務所之開支報銷中，交際費可開列總營業額之百分之五。

二、律師分業制度之建立，強調術業專攻，以充實辦案之專業能力，此為將來必然之趨勢。因為通才制必然無法專精，尤其法律涵蓋層面極廣，若想事事通必然事事均不通。同時律師應建立協調解決之溝通管道，儘可能避免興訟以協助社會風氣之端正。

三、地點之選定：因事務所為「文市」，且不能為廣告之招攬，因此地點應該要鬧中取靜且靠近法院，以方便事務之辦理及當事人之洽商。因為良好安靜舒適的環境可以有效提高工作效率及釐清思維。

四、生財器具之準備及費用：

- 電腦主機及列表機約需2～4萬元。
- 軟體程式（有金氏、法源、蔚理）1萬～3萬5千元。
- 影印機3萬～7萬元。
- 傳真機3千～2萬元。
- 答錄機5千～1萬5千元。
- 電話機組（含總機）3萬～7萬元。
- 辦公室組件。
- 文具：十行紙、收據、律師印章（含具律師與無律師抬頭大、小長型橡皮章各乙枚，律師印鑑牛角章乙枚，自行設計事務所名稱或僅以律師名之事務所橡皮章、住址電話章及收文章各乙枚。
- 分類架組。
- 各類書狀：法院之狀紙、公會之閱卷聲請書、委任狀、委任契約、郵局之存證信函。

五、職員之聘僱：

(一) 人事分案：以畢業生為宜，且須略具資訊及管理知識。

(二) 諮詢企劃：仍似本科系為主幹。

(三) 法務助理：若係在學生，必須考量其學業及並不完全之法律知識。至於畢業生，則必須考量其是否擁有靈活之判斷力及應變力，當然是否參與考試，亦須加以深思。

(四) 行政助理：招待、總機、會計、遞狀、打字與整理環境，可考慮商專畢業生或高職資訊與商業科系。

(五) 業務公關：分專業專職與兼業兩種方式。

六、案件來源：法律案件不似一般商品講究定位行銷策略，其所涵蓋的層面與層次極為廣泛，加上傳統中國人之觀念，好人不上堂（法院），是故經常問題叢生，只要懂得門路來源，不愁生意上不了門。但有道是外行看熱鬧，內行看門道，以下特別列舉方式提供參考，稍為巧妙運用，自然一點就通：

(一) 親朋好友及同學之介紹，屬自力人脈。

(二) 客戶之轉介，屬信譽之人脈。

(三) 業務公關之招攬，屬外力所開發之人脈。

(四) 參加聯誼性之組織者，為籌劃之人脈。

(五) 擔任公職轉任者，則有自來人脈。

(六) 利用與代書合作而形成之地域人脈。

(七) 臨時看招牌而來之流動人脈。

(八) 擔任教職（補教）各項職務所之階層人脈。

(九) 上市公司之簽（鑑）證。

(十) 公司規劃下之法制服務。

(十一) 代辦工商行政申請手續。

(十二) 研究、解答工商法律服務。

(十三) 陽光法案下之信託服務。

(十四) 初期參與法律扶助基金會的義務律師服務。

七、如何開創新局，包裝之哲學：包裝雖未必能夠直接增加產品本身內在之價值，但確能夠提升產品之附加形式觀感。這種包裝哲學運用發揮到極致的例證則是李永然律師，他深體個中三味來刻意包裝自己，因而開創永然系列的附加價值，直接或間接地增加自己的知名度與客戶來源。

應創造誘因，否則將因過度依賴而受制於人日深，同時巧妙地借力使力才能廣結案源，因為逐漸定形的律師固定錄取率將破壞市場之正常供需，最後將產生物競天擇之自然淘汰，是故建立品牌形象之作法是刻不容緩的一件事情，至於如何建立並形成氣候，則有以下之策略：

(一) 利用傳播媒體去推銷自己之形象。

(二) 寫書來提升自己在社會現實中之地位。

(三) 積極參與各類公益團體，以便塑造廣泛之善緣。

八、其他可辦登記事宜：

(一) 服務標章之登記。

(二) 專利代理人之申請，但依新修正之專利法規對已經辦妥登記且執行職務者，限定於

　　　一定期限內經檢覈爲之。

(三) 可依法登記爲仲裁人，參仲裁機構組織與調解程序及費用規則第18條。

九、輔助資料：

(一) 法院股別配置。

(二) 跑腿公司代詢資料。

(三) 快遞公司。

(四) 徵信公司。

(五) 會計師。

十、擇期開張命名：絕對要遵循一下老祖先的天機，擇選佳期及良辰日時。

十一、辦理勞保：先向勞保局拿申請單，填妥投保人之各項資料及核對律師資料後交勞
　　　保局，約等數週可拿到繳費通知及勞保單據。

十二、107年度稽徵機關核算執行業務者收入標準：執行業務者未依法辦理結算申報，
　　　或未依法設帳記載並保存憑證，或未能提供證明所得額之帳簿文據者，稽徵機關
　　　得依下列標準計算其收入額；但經查得其確實收入資料較標準爲高者，不在此
　　　限。

(一) 律師：

1. 民、刑訴訟案件：每一程序在直轄市及市4萬元，在縣3萬5千元；但義務案件、發回
　　更審案件或屬「保全」、「提存」、「聲請」案件，經提出約定不另收費文件，經查
　　明屬實者，免計。其僅代撰書狀、每件在直轄市及市1萬元，在縣9千元。

2. 公證案件：每件在直轄市及市5千元，在縣4千元。

3. 登記案件：每件5千元。

4. 擔任檢查人、清算人、破產管理人、遺囑執行人或其他信託人案件：按標的物財產價
　　值9%計算收入；無標的物每件直轄市及市2萬元，縣1萬6千元。

5. 代理申報遺產稅、贈與稅案件：遺產稅每件在直轄市及市4萬元，在縣3萬5千元；贈
　　與稅每件在直轄及市2萬元，在縣1萬5千元。

6. 代理申請復查或異議、訴願、行政訴訟及再審：每一程序在直轄市及市4萬5千元，在
　　縣3萬5千元。

7. 受聘爲法律顧問之顧問費及車馬費，另計。

(二) 商標代理人：

1. 向國內商標註冊（包括正商標、防護商標、聯合商標、服務標章、聯合服務標章、延
　　展、轉移、商標專用權授權使用等）：每件5千8百元。

2. 向國外商標註冊：每件1萬3千元。

3. 商標異議、評定、再評定、答辯、訴願、再訴願、行政訴訟及再審：每一程序3萬4千
　　元。

(三) 專利代理人：

1. 發明專利申請（包括發明、申請權讓與、專利權讓與、專利權租與等）：每件3萬4千
　　元。

2. 新型專利申請（包括新型、申請權讓與、專利權讓與、專利權租與等）：每件2萬

元。

3. 設計專利申請（設計、申請權讓與、專利權讓與、專利權租與等）：每件1萬5千元。

4. 向國外專利申請：每件5萬8千元。

5. 專利再審查、異議、答辯、訴願、行政訴訟及再審：每一程序8萬3千元。

十三、107年度執行業務費用標準：

(一) 律師：30%。會計師：30%。建築師：35%。

(二) 未具律師資格，辦理訴訟代理人業務：以23%標準計算。

(三) 著作人：

1. 按稿費、版稅、樂譜、作曲、編劇、漫畫及講演之鐘點費收入減除所得稅法第4條第1
項第23款規定免稅額後，以30%計算。

2. 屬自行出版者，則為75%。

(四) 經紀人：

1. 保險經紀人：26%。

2. 一般經紀人：20%。

3. 公益彩券立即型彩券經銷商：60%。

(五) 表演人：45%。

(六) 商標、專利代理人：30%。

(七) 民間公證人：30%。

(八) 受大陸地區人民委託辦理繼承、公法給付或其他事務者：23%。

(九) 仲裁人，依仲裁法規定辦理仲裁業務者：15%。

第三節　組織之類態與準備

一、地區化（限於國境內）

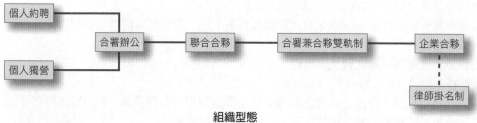

組織型態

(一) 個別地區性

1. 個人獨營制

　　強調個人特色，單打獨鬥的結果，缺乏專業形象，除非人脈充足，否則很容易被社會所淘汰，畢竟法律浩瀚如海，經常出奇不意，因此採用一個群體的配合性，常可收事半功倍之效果。

　　當然如果能夠樹立本身在某項法學領域中的專業形象，亦未嘗不能開創一片屬於自己的專業天空。不過仍然須考量形象建立後之案件，如果成長過於鉅額時之處理模式。

2. 個人約聘制

雖然仍強調個人特色,但已非單打獨鬥之形勢,惟約聘之律師因以薪水辦案,其品質良劣不齊,有時往往會搬石頭砸自己的腳,因此端視用人哲學也。

本約聘制係由上述之個人獨營所衍生的一種不錯的制度,但必須顧慮利益分享之現實與適度觀念及理念的溝通。

3. 合署辦公制

(1) 開源局:相互支援以防衝庭難兼顧之弊,增加事務所在形式之規模基礎。

(2) 節流局:人事費用之節省均攤制、房租及水電之分攤。

(3) 注意事項:對於自來客戶之分派及人員之調配、統一彼此之收費標準,以建立整體形象,彼此各自處理案件,互不影響,且可互相切磋以增長辦案之技巧。

4. 聯合合夥制

將各類專業律師因意氣相投而聯合組織起來,一般說來應該是不錯的組織型態,但是這種聯合制務必要事先規劃及訂立書面,以免日後財務及辦案多寡造成心結,而影響士氣或拆夥,且單純合夥在事權劃分上很難釐清分際,是故必須妥善拿捏以防利害衝突之發生。

聯合合夥制不能僅憑表面之文字去認定區分,但可從其名片之印製一窺殿堂。無論如何,適度的事前溝通與劃分絕對有利於防止事後牽扯不清的閒話與決裂發生,畢竟合夥形象強調長治久安之建立,如此方能贏取客戶的信賴度。

律師位階區分簡表

5. 合夥兼合署

這種屬於將事務所形式與實質之雙重擴大方式,其是否能兼容並包去蕪存菁,則有待觀察。

因為事務中有合夥及合署律師,雙方各自為政,利害相衝突時各自立場很難有交集,且管理事權上很容易引發不滿之氣氛,長此心結,必將為競爭激烈之市場所排斥,且人事流動量亦大,很容易造成當事人不好之印象。

當然主其事者亦有其考量因素,然而制度上過於複雜化,對於整體性的規劃則必須多費一些心力與默契的溝通,是非成敗在此很難遽下一個定論,只能留待事實與時間,並加上彼此三方面之溝通能力去印證之。

6. 企業合夥制(推薦制)

律師事務所就像醫院一般,強調分工及適度之權責劃分,合夥制度本身有它的缺點,很難平均劃分清楚,因此採用公司之管理方式,必然能夠解決此種管理上之盲點,同時可以妥切運用此一制度開創更廣泛之天地。因為投資經營與管理規劃分開,將辦案與接案管理之事權區分清楚,一方面可防止假公濟私,另一方面可提高運作之效能,可

謂一舉數得之良方也。

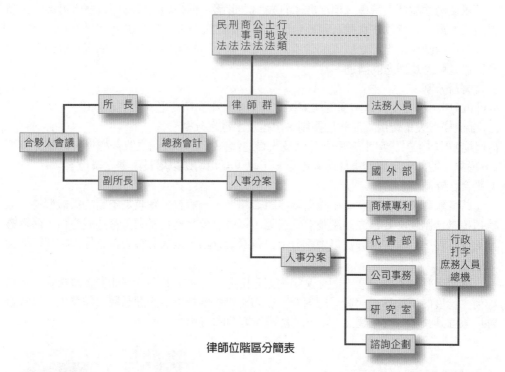

民刑商公土行
事司地政
法法法法法類

所　長　　律師群　　法務人員

合夥人會議　　總務會計

副所長　　人事分案

人事分案

國外部

商標專利

代書部

公司事務

研究室

諮詢企劃

行政
打字
庶務人員
總機

律師位階區分簡表

7. 律師掛名制

　　此一制度強調商業經營的理念，且事務所之負責人係由非律師者擔任，而律師僅止於掛名性質，因為名次排名在後的律師往往求職不易，是故常常被迫待在此類事務所中，且事務所以商業掛帥，以業務公關對外招攬生意，卻不顧事情輕重及專業知識之欠缺，常會為業績搞壞整個制度的正軌，不可不慎思。

8. 專業形象合組制

　　目前逐漸形成的專業性事務所，以專利商標事務所為表率，其次便是建立如第一類之個人專業形象制，例如提到著作權便想到蕭雄淋律師等，均是目前社會隱然成形的制度規劃，經由適度的包裝，將會使得案件分類歸屬性的專業制，逐步替代個人綜合案件合一的獨攬制。

(二) 綜合區域性→區域連鎖經營制

　　本組合與地區性之種類相同，但強調整體形象包裝。而有些偏向國際化事務所之編組，各地區均有獨立聯線自主的負責人或採區域標章授權綜合管理兩種模式。這種組織型態比較上屬於企業合夥制的規劃，目前已經有事務所以分所方式在朝此一方向進軍，不過在整體規劃與人員整合上還有一段長路要走。問題關鍵仍在人與人的觀念溝通及相互理念如何妥協地結合一起，當然事先的權責劃分及案件費用的分配比例亦應預先擬訂，以免將來橫生枝節。

二、國際化（跨越國境）

目前因為整個國際環境的變遷，國與國之間的距離，相形之下不再遙遠，因此赴外投資與跨國性經營亦逐漸擴大，加上台海兩地經貿往來的頻繁，對於法律事務所的跨國性，自有其必要性。此合作方式可分為國內與國外聯合且各自主導之方式、國內外相互投資經營分紅制及採國外派駐兼辦式三種型態。目前國內大約不超過十家，而這些事務所承辦國內訴訟案件，幾乎只占其業務量之五分之一弱，且其承辦訴訟案件亦遠不及一般中小型事務所，差不多只占整個市場的1%左右，因此本文對其組織型態不作太多的著墨，僅提出供參考之。

第四節　如何當一個好律師

如果你（妳）滿腹理想與抱負，首先希望你（妳）能始終堅持不變，因為羅馬不是一天造成的。尤其司法強調自由心證的基礎，任何人為的觀念偏差或證據採認，均足以引發不同的結果，理想與現實畢竟有一段差距存在。也因此千萬不要一味只期待百戰百勝，因為這其中有著很多司法制度的問題，但只要身為律師便必須排除這些而盡心盡力地為當事人爭取權益，如此使可無愧於心，而不用耿耿於懷影響其他案件之準備。因為意氣用事於事無補，多聽多看多學少說是身為律師之不二法門，其次便是努力於使「法期無法」及「惡望無惡」之事先防範措施以保障當事人自身的權益及律師之義務，很多事很難言傳，唯憑意會，佛家有云：「見山是山，見山不是山，見山還是山。」「呼山過來不得，不妨向山走去。」

現今社會型態強調包裝之概念，因此往往疏忽內在實質之涵養，對於一個具有真正威名聲望的律師來說，謙恭體諒的胸襟將有助於展現自身學養與氣蘊的自然生成。而這一切並非只是空言之形式，而是來自實事求是的實力養成教育。否則終日沉浸在單一的專業領域中，必將自我塑造成一種偏頗、狹隘的固執而不自知。因此唯有不斷充實涉獵各種知識，如此方不致造成人際關係的隔閡與思考的封閉。雖然目前社會的一些病態並不注重此一內涵，但是「路遙知馬力，事久見人心」，總有被人看破的一天，為了避免到時被人譏為浪得虛名，不若自身極力不斷地充實與成長，特提出一些建言供諸君參考之。

辦案談價碼乃天經地義的事，有些律師認為凡事講求未來，價碼並不重要，但是當事人未必瞭解此點。因此似乎要讓當事人瞭解這個案件及其衍生的案件，是要分別收費的，避免將來發生爭議。

根據調查發現大部分律師均係自行開業，且依據法務部檢查司律師科表示，至107年10月9日止律師領照破15,000人，但律師領照後未必會實際執業，故實際執業人數截至107年底為止，登錄律師公會共計9,768人；但依據考選部統計，國內律師目前錄取的累計人數約8,050人，錄取率100年10.64%，106年9.98%到107年6.98%。

根據勞動部統計資料顯示，民國107年7月受僱之法務人員約5,718人（不包括自行開業之律師、合夥律師），其中90.12%集中在服務業部門，以金融及保險業最多（占37.32%），專業、科學及技術服務業次之（占22.11%），出版、影音製作、傳播及資通

訊服務業居第三（占10.58%）。

　　目前台灣的法律事務所多屬小型，以訴訟性質爲主，近年來智慧財產權、專利、涉外案件之專業性及國際性事務所也有增加趨勢。獨資的小型事務所通常只有1位律師和1位法務助理，或是1～2位律師合資；中型律師事務所爲10人以下合夥，員工數約150～200人；而大型律師事務所通常是10人以上合夥，員工數約600人以上。

　　現行執業律師大多集中於30～50歲，主要分布於法界、學界、企業界、政府單位等；以男性居多，主要係因工作時間不固定及服務不同社會階層客戶而造成複雜的人際關係，促使女性婚後許多轉往金融機構、企業等單位的法務部門工作。

　　律師的升遷路徑爲實習律師（約6個月）、助理律師（1～2年）、資淺律師（3～5年）、資深律師、初級合夥人、資深合夥人。在職前訓練的部分，通常律師事務所會開設相關法律課程，安排助理律師受訓；但有部分法律事務所業者會要求新進人員在試用期2個月內，以社會案件、個人承辦案件、學說、實務解析來做定期的專題報告。在職期間，律師事務所亦會安排助理律師參加律師公會或國內外業務（如WTO、證券）相關之研討會；資深律師則可能至國外法學院進行在職進修。通常經過2年後，助理律師會晉升至資淺律師，事務所內的資深律師也會透過其在助理律師階段處理案件的表現及數量，建議其往後發展的領域。資淺律師階段通常會花3～5年，除了事務所分派的法律案件外，也會開始處理透過人際網絡牽引所接到的案件；經由這階段的磨練後，則晉升到資深律師。資深律師往往會面臨人生的抉擇，可選擇的方案有自行開業、進入企業擔任法務長，或者接受事務所合夥人邀請入資成爲初級合夥人，並有機會成爲資深合夥人。（以上資訊摘錄自法務部及勞委會之調查報告，以方便讀者參考）

第五節　大陸律師考試相關認證

　　根據中國大陸司法部新近刊載的《取得國家法律職業資格的台灣居民在大陸從事律師職業管理辦法》，取得司法考試合格證書的台胞，必須在大陸律師事務所參加爲期一年的實習，方可申領律師執業證正式開始執業，同時，也可以成爲大陸律師事務所的合夥人；然而根據規定，台灣居民可以擔任法律顧問、代理、諮詢、代書等非訴訟性法律事務，但僅能從事「涉台婚姻、繼承」的訴訟法律事務。

　　如欲辦理大陸地區律師考試時之台灣學歷（不限法律科系）如何辦理學歷認證：

一、台灣地區學歷學位認證申請所需準備材料

1. 乙張二吋彩色證件照片。
2. 在台灣地區高等院校獲得的繁體中文學位證書或高等教育文憑原件及影印文件。
3. 在台灣地區高等院校學習期間所有繁體中文正式成績單原件及影印文件。如成績單爲外文，請提供成績單的翻譯件原件（須經專業涉外翻譯機構進行翻譯，個人翻譯無效）。
4. 身分證件原件及影印文件：
(1) 台灣居民須提供：
①台灣居民來往大陸通行證（即台胞證）或旅行證；

②身分證（正反面都需要均複印）；若無法提供，請提交《戶籍謄本》。

(2) 港澳居民須提供：

①香港或澳門永久性居民身分證；

②港澳居民來往內地通行證；

③本人在台灣學習期間的居留證明。

5. 如委託他人代理遞交認證申請材料，代理人需提供《代理遞交認證申請材料委託書》及代理人有效身分證件。

二、港澳台地區學歷學位認證申請及辦理流程

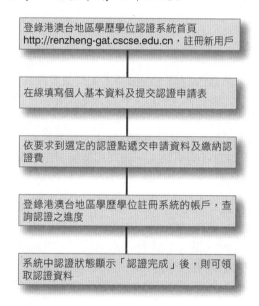

登錄港澳台地區學歷學位認證系統首頁
http://renzheng-gat.cscse.edu.cn，註冊新用戶

在線填寫個人基本資料及提交認證申請表

依要求到選定的認證點遞交申請資料及繳納認證費

登錄港澳台地區學歷學位註冊系統的帳戶，查詢認證之進度

系統中認證狀態顯示「認證完成」後，則可領取認證資料

三、收費標準和繳費方式

1. 經大陸國家發展和改革委員會批准，每件學歷學位證書認證費為人民幣360元。

2. 如申請者同時提出兩件或兩件以上學歷學位證書的認證申請，每件費用按收費標準第1條執行。

3. 繳費方式：

(1) 現金支付：僅限於直接到中國教育部留學服務中心提交認證申請材料的申請人。費用在受理之時收取，中國教育部留學服務中心開具交費發票；

(2) 銀行匯款：申請人在外地驗證點遞交申請資料，應將認證費匯款到以下帳號。

開戶銀行：中國民生銀行北京成府路支行

戶　　名：教育部留學服務中心

帳　　號：0132014210001422（只可匯學歷學位認證費，共360元人民幣；匯款時須註明認證申請人姓名）

- 如需退款，每筆退款，銀行收取5元手續費；
- 請匯款時務必在匯款單的「附加資訊及用途」中註明認證申請人的生日、姓名和認證費，填寫格式如下：「19820301張三認證費」。
- 辦理完匯款手續後，請將匯款單存根的清晰影印文件附於申請資料內。發票將在認證工作結束後與認證結果一併寄回外地驗證點。

四、認證進度查詢及認證結果領取方式

1. 申請人可登錄港澳台地區學歷學位認證系統（http://renzheng-gat.cscse.edu.cn），進入註冊帳戶查詢認證進度。
2. 認證結果領取方式：
(1) 在教育部留學服務中心直接遞交申請資料的申請人，請按照遞交資料時選擇的領取方式領取認證結果。即：
①選擇「自取」的申請人，請於認證完成後持本人有效證件或繳費發票來教育中心103房間領取認證結果。（如委託他人代取，代辦人必須提供「代領認證結果委託書」及代辦人有效之身分證件。）
②選擇「快遞」的申請人，請於認證完成後注意查收快遞件。
(2) 在外地驗證點遞交申請資料的申請人，請與相關驗證點聯繫，確認認證結果寄達後再到驗證點領取認證結果。

各省市申請地點及聯繫方式

- 北京
  教育部留學服務中心（北京語言大學學一樓116室——北京市海澱區學院路15號，北京語言大學院內，由北京語言大學西南門進，往北約200米向東即可見學一樓。到達北京語言大學西南門的公共交通線路有：656路、375路、331路、630路、307路、743路、690路）。
  對外辦公時間：每週一至週五，上午8：30～11：30，下午13：00～16：30（若前往領取認證書且尚未繳費者，須提前半小時辦理繳費手續）。
  聯繫方式：
  諮詢電話：010-82361045
  傳真：010-82361059
  聯繫地址：北京市海澱區學院路15號，教育部留學服務中心，郵編100083
- 其他省市
  為方便廣大申請者提交認證申請，教育部留學服務中心在各地設立了40多個「國（境）外學歷學位認證申請資料驗證點」，各驗證點均可以查驗和代理收取認證申請資料。現有的驗證點網路位址及聯繫方式如右：http://renzheng-gat.cscse.edu.cn/Contact.aspx。

第六節 法務人員之尊重

乍聽之下可能有些疑惑與不解，在此特別提出說明之。因為律師承辦案件時可能因為案件過多或衝庭等等因素，而造成實際承辦整個案件流程——包括繕狀、出庭、管制等作業者均為法務人員。很可能這群默默的工作者，對於案件的瞭解度與影響度，或多或少占有極關鍵的主導地位，但是許多當事人並不明白這層關係，以致於經常將不敢對律師表達之不滿情緒化反應，毫無保留地發洩在這群人身上。殊不知人與人相處，應該擁有一些相互尊重的涵養，否則不知那一次會自毀在這群幕後工作者的手中。事實上在國外對於這群人相當的尊重，在同是中國人社會的香港，對這群人有一個極為褒讚的稱呼：「幫辦」，也因此很多案件在這群幫辦的經驗下獲得最好且賣力的幫助，是故特別在此提出誠懇的叮嚀，以免將來後悔。

就個人的所見所聞，便曾經發生過這樣一個實例。某位大律師，因其具有相當的知名度，所以案件堆積如山，而其只僱用一位助理，因為該名助理經驗豐富，且辦案技巧深得該律師的信賴。有一次他承辦一件妨害風化的案件，該名被告的當事人因為很難得與該大律師見面以瞭解案情，因而怒將該名助理罵了一頓，結果該名被告卻因此讓該名助理在答辯狀中狠狠的下了一帖猛藥，以致無法獲得當年度的減刑條例之適用，可為借鏡。

第七節 一般律師收費標準

一、民事

(一) 以上每一個程序算一個計費單元，上級審較下級審多二分之一。保全及督促費用較審級收費低。

(二) 案件收費

1. 論案難易制。
2. 前金後酬制：此意即為前金為按件計費，後酬為如打贏則從標的中抽1%以上的酬勞。
3. 按審收費制。
4. 單純繕狀制。
5. 出庭計次制。

二、刑事

(1) 以上每一個程序算一個計費單元，上級審較下級審多二分之一。

(2) 案件收費與民事程序大致雷同，但較無採用前金後酬制。

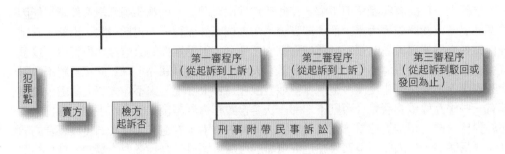

三、行政爭訟

四、分酬金

(一) 討論案情，每小時不得逾6千元。但案情複雜或特殊者，得酌增至1萬元。

(二) 到法院抄印文件或接見監禁人，或羈押人，每次不得逾1萬2千元。

(三) 撰擬函件，不得逾2萬元。

(四) 出具專供委託人參考之意見書及其他文件，每件不得逾8萬元。

(五) 民事出庭費，每次不得逾2萬元。

(六) 刑事出庭費，每次不得逾2萬元。

(七) 撰擬民事第一審書狀，每件不得逾5萬元；但聲請狀僅得收五分之一。

(八) 撰擬刑事第一審書狀，每件不得逾5萬元；但聲請狀僅得收五分之一。

(九) 撰擬民事第二審書狀，每件不得逾5萬元；但聲請狀僅得收五分之一。

(十) 撰擬刑事第二審書狀，每件不得逾5萬元；但聲請狀僅得收五分之一。

(十一) 撰擬民事第三審書狀，每件不得逾5萬元；但聲請狀僅得收五分之一。

(十二) 撰擬刑事第三審書狀，每件不得逾5萬元；但聲請狀僅得收五分之一。

(十三) 調查證據，每件不得逾5萬元。

(十四) 赴台北地方法院管轄境外辦理當事人委託事項者，除依前(一)～(十三)收取酬金外，得酌增加50%。

五、總收酬金

(一) 辦理民事案件第一、二、三審收受酬金總額，每審不得逾新台幣50萬元。如訴訟標的金額或價額在新台幣150萬元以上者，其酬金得增加之；但所增之金額第一、二審不得逾訴訟標的金額或價額2%，第三審仍不得逾1%。辦理民事調解事件、民事執行抗告事件，得比照民事各審總收酬金標準收費。

(二) 辦理刑事案件第一、二、三審收受酬金總額，每審不得逾新台幣50萬元。若案情重

大或委託人有特別身分地位者，其酬金得增加之；但每審所增加之金額不得逾新台幣75萬元。

(三) 辦理刑事非常上訴之案件，比照(二)規定辦理刑事第三審總收酬金標準收費。

(四) 辦理民、刑事再審案件，比照民、刑事總收酬金(一)、(二)各審總收酬金標準收費。

（以上酬金之收費僅供參考）

○依民事訴訟法第466條之3第1項前段規定，第三審律師酬金，固為訴訟費用之一部，惟民事訴訟法上之「訴訟費用」，係專指形式意義之訴訟費用而言，亦即限於在訴訟上為伸張或防衛權利所必要之費用。從而律師受委任為第三審訴訟代理人，須於第三審訴訟程序中，有代當事人為聲請或聲明、主張或陳述等訴訟行為時，其所受酬金於必要範圍內，始得列為訴訟費用之一部。（93台聲392）

第八節　各級法院民事訴訟文書使用電信傳真或其他科技設備

法院名稱	查詢電話	傳真	電子信箱地址
最　高　法　院	(02)2314-1160*6102	(02)2370-9470	tpsemail@judicial.gov.tw
臺 灣 高 等 法 院	(02)2371-3261*2110	(02)2370-5772	tphemail@judicial.gov.tw
臺灣高等法院臺中分院	(04)260-0600*7328	(04)2260-3561	tchemail@judicial.gov.tw
臺灣高等法院臺南分院	(06)228-3101*2507	(06)226-3475	tnhemail@judicial.gov.tw
臺灣高等法院高雄分院	(07)552-3621*164	(07)552-3670	kshemail@judicial.gov.tw
臺灣高等法院花蓮分院	(03)822-5116*109	(03)822-5607	hlhemail@judicial.gov.tw
臺 灣 臺 北 地 方 法 院	(02)2314-6871*6996	(02)2331-8047	tpdemail@judicial.gov.tw
臺 灣 士 林 地 方 法 院	(02)2831-2321*174	(02)2837-8646	sldemail@judicial.gov.tw
臺 灣 新 北 地 方 法 院	(02)2261-6714	(02)2260-8493	pcdemail@judicial.gov.tw
板　橋　院　區	(02)2961-7322*2000	(02)8952-4700	pcdpce@judicial.gov.tw
三　重　簡　易　庭	(02)2971-0166	(02)2982-6246	pcdsje@judicial.gov.tw
臺 灣 桃 園 地 方 法 院	(03)339-6100*1108	(03)333-2623	tydemail@judicial.gov.tw
臺 灣 新 竹 地 方 法 院	(03)658-6123*1220	(03)668-8138	scdemail@judicial.gov.tw
臺 灣 苗 栗 地 方 法 院	(037)330-083*117	(037)333-391	mldemail@judicial.gov.tw
臺 灣 臺 中 地 方 法 院	(04)2223-2311*3808	(04)2224-8636	tcdemail@judicial.gov.tw
臺 灣 南 投 地 方 法 院	(049)224-2590*1287	(049)220-0847	ntdemail@judicial.gov.tw
臺 灣 彰 化 地 方 法 院	(04)834-3171*1062	(04)837-0859	chdemail@judicial.gov.tw
臺 灣 雲 林 地 方 法 院	(05)633-6511	(05)636-3041	uldemail@judicial.gov.tw
臺 灣 嘉 義 地 方 法 院	(05)278-3671*6139	(05)278-3625	cyddoc2@judicial.gov.tw
臺 灣 臺 南 地 方 法 院	(06)295-6566*21062	(06)295-6315	tndemail@judicial.gov.tw
臺 灣 高 雄 地 方 法 院	(07)216-1418*2154	(07)241-9324	ksdemail@judicial.gov.tw
臺 灣 橋 頭 地 方 法 院	(07)611-0030*6127	(07)611-8713	ctdemail@judicial.gov.tw
臺 灣 屏 東 地 方 法 院	(08)755-8870	(08)755-6307	ptdemail@judicial.gov.tw
臺 灣 臺 東 地 方 法 院	(089)310-130*1301	(089)350-774	ttdemail@judicial.gov.tw
臺 灣 花 蓮 地 方 法 院	(03)823-3422*917	(03)823-6599	hldemail@judicial.gov.tw
臺 灣 宜 蘭 地 方 法 院	(03)925-2001*2704	(03)925-3304	ildemail@judicial.gov.tw
臺 灣 基 隆 地 方 法 院	(02)2465-2171*1113	(02)2466-1513	kldemail@judicial.gov.tw
臺 灣 澎 湖 地 方 法 院	(06)921-6777*106	(06)921-3025	phdcivil@judicial.gov.tw
福 建 高 等 法 院 金 門 分 院	(082)321-564*9	(082)324-586	kmhemail@judicial.gov.tw
福 建 金 門 地 方 法 院	(082)327-361*103	(082)328-961	kmdemail@judicial.gov.tw
福 建 連 江 地 方 法 院	(0836)22-477*105	(0836)23-371	lcdfax@judicial.gov.tw

第 3 章　探究法務流程分類與繕狀

　　本章針對事務所的法務流程與繕狀技巧，以實務的筆觸，希望對新進律師與法務工作者，能夠有所助益。同時不厭其煩地將各類事項詳細條陳，以方便按部就班地使用。當然由於筆者才疏學淺，恐有些問題難用文字表達得淋漓盡致，故採用實務判例加以彙整，以方便讀者利用之。

第一節　事務所法務作業流程及注意事項

一、接案時應配合律師準備之事項

(一) 文件　委任契約、委任狀（依類別如下之說明）、訴狀尾頁、卷宗首頁與卷宗尾頁、談話紀錄單、證物袋、閱卷聲請單，當事人交付文件須逐一記明清楚。

(二) 文具　打孔機、裝訂機、繩子、筆、訂書機、軟墊及印記。

二、未委辦前之單純談話

　　一般當事人到所是否委辦案件，將會因案情的輕重與必要性由律師來決定，因此一律由法務秘書於律師接見當事人開始，計時收取談話費用，大約半小時以新台幣（下同）4千～8千元不等，然後每增加半小時以2千～3千元加計。於談話完畢視是否委辦而收費，如有委辦則接續下列動作，否則即開列帳單向當事人收費。

三、委任事項

(一) 委任契約　填載委任事項、收費金額、方式、是否代刻印鑑，並請當事人或委任人本人簽名蓋章以為存證憑據。

△ 兩造所定委任契約，既定酬金10萬元，包括受任人承辦地方法院、高等法院、最高法院及強制執行等事務之酬勞在內，則上訴人於受任後，雖曾代為撰狀向台灣台北地方法院聲請調解，充其量不過辦理第一審事務中小部，在調解程序中，其代理權既因當事人在外成立和解而撤銷，依契約本旨及誠信法則，自祇能請求給付第一審理務之酬金，而不得及於全部。（49台上128）

(二) 委任狀記要

庭　別	顏　色
民事庭（並無任何區分）	黑　色
告訴人委任（偵查庭、刑事庭）	藍　色
偵查庭（被告或其親屬委任）	綠　色
自訴人委任（刑事庭）	公會製
刑事庭（被告及親屬）	紅　色

委任書應行注意事項：

- 委任書為證明授與訴訟代理權之書證，並非書狀，無須購用司法狀紙，故以函電，在訴狀內載明訴訟代理之意旨，授權書或其他文書，均生提出效力（參院2478）。此點極為重要。
- 委任書應於每審級分別提出（參院1532）。亦即發回或開始新的程序即須提出，但移送則無庸再提。
- 提起再審之訴之委任書應授與特別代理權。（參院1841）
- 委任書內僅載訴訟進行上有代理一切之全權者，不能認為已有和解之特別委任。（參27上2307）

△由訴訟代理人提起上訴者，固須其訴訟代理權無欠缺，但其訴訟代理權之欠缺可以補正者，審判長應定期間先命補正。（29渝抗301）

△訴訟代理人為訴訟行為，係本於當事人之授權以自己之意思為之，並非本人之代言機關，故其行為有無錯誤，不依本人之意思決之，而依代理人之意思決之，其所為事實上之陳述，除經到場之當事人本人即時撤銷或更正外，其效果即及於當事人本人，不得以與當事人或本人之真意不符為理由，而否認其效力。（49台上2362）

△某律師為上訴人在第一審之訴訟代理人，雖委任書提出較遲，但上訴人之法定代理人自陳「本件原來是委任某律師代理出庭言詞辯論」等語，則依民事訴訟法第75條第2項之規定，溯及既往發生代理訴訟之效力，從而該代理人兩次收受言詞辯論期日之通知書，均屬合法，其不到場辯論，應生視為撤回其訴之效力。第一審法院於通知視為撤回後，又續行訴訟，於法殊有違背。（62台上600）

1. 委任依據

(1) 民事委任：[1]一般在民事委任一律師時，均依民事訴訟法第70條第1項但書加註「並有」兩字以方便律師為各種訴訟上之行為。又民事委任應依有無授予特別代理權，分別記明「並有」或「但無」民事訴訟法第70條第1項但書及第2項之特別代理權，一般均載「並有」為原則。

△訴訟代理人就其受委任之事件有為一切訴訟行為之權，為民事訴訟法第70條第1項之所明定，所謂一切訴訟行為，凡不屬該條項但書所定應受特別委任之事項均包含在內，代受送達亦為一切訴訟行為之一種，訴訟代理人當然有此權限，其基此所為之代受送達，即與委任之當事人自受送達生同一之效力。（44台抗192）

△委任訴訟代理人，應於每一審級為之，受特別委任之訴訟代理人，雖有為其所代理之當事人，提起上訴之權限，但提起上訴後，其代理權即因代理事件終了而消滅，該訴訟代理人如欲在上訴審代為訴訟行為，尚須另受委任，方得為之（司法院28年院字第1841號解釋參照）。本件葛某在第一審提出之被上訴人委託書，縱得認為被上訴人委任葛某為第一審訴訟特別代理人之委任書，葛某有為被上訴人提起附帶上訴之權限，依前揭說明，葛某仍須另受委任，方得代被上訴人為第二審訴訟行為。（69台上1574）

〔複代理〕

△住居法院所在地之訴訟代理人，受有上訴之特別委任者，雖當事人不在法院所在地住居，計算上訴期間，亦不得扣除其在途之期間。本院著有28年上字第1529號判例可循。又訴訟代理人本於得選任訴訟代理人之權限而所選任之複代理人，亦爲當事人本人之訴訟代理人，倘該複代理人同樣受有上訴之特別委任者，當事人提起上訴，關於上訴期間之計算，自亦相同。（70台上4688）

○訴訟代理人有二人以上審判長指定言詞辯論期日之通知書，祇向共同訴訟代理人中之一人送達者，即生合法通知之效力；又審判長以職權所定之言詞辯論期日，非有重大理由法院不得變更或延展之，故當事人已受合法之通知後，雖聲請延展期日，然未經法院裁定准許前，仍須於原定日期到場，否則即爲遲誤，法院自得許到場之當事人一造辯論而爲判決。是當事人、訴訟代理人因請假或赴大陸地區洽事不能於言詞辯論期日到場者，如無可認爲有不能委任訴訟代理人或複代理人到場之情形，即非屬不可避之事故，自非民事訴訟法第386條第2款所謂因正當理由而不到場。（94台上1300）

(2) 刑事委任：[2]

①偵查中及審判中，被告「選任辯護人」者係依刑事訴訟法第27條第1項爲之。

②偵查中及審判中被告親屬「選任辯護人」係依刑事訴訟法第27條第2項爲之。

③偵查中告訴（發）人「委任告訴（發）代理人」係依司法院18年院字第89號、第122號解釋爲之。

④審判中自訴人「委任自訴代理人」者，係依刑事訴訟法第37條爲之。

　　同時刑事訴訟爲使當事人之地位能夠對等，於刑事訴訟法第一編第四章，特設辯護人、輔佐人及代理人（或稱訴訟關係人），以輔助當事人爲訴訟行爲。刑事辯護制度係爲保護被告之利益及維持審判之公平而設，其功能在輔助被告防禦對造檢察官或自訴人對被告所實施之攻擊，囿於被告一般均欠缺法律智識，且處於被訴立場，難期能以冷靜態度，克盡防禦之能事，故由辯護人補其不足，俾與檢察官或自訴人立於平等之地位而受法院公平之審判，此爲人民依憲法第16條享有之訴訟權所衍生之基本權。

〔自訴之委任及提起〕

　　「同一案件」係指所訴兩案之被告相同，被訴之犯罪事實亦屬同一；故實質上一罪固屬同一事實，想像競合犯及刑法修正前之牽連犯、連續犯之裁判上一罪者，亦屬同一事實。又依上開規定，同一案件於檢察官偵查後，自訴人就告訴乃論之罪，固仍得提起自訴，但該告訴乃論之罪部分如屬輕罪，而有裁判上一罪關係之重罪部分，則屬非告訴乃論時，因刑事訴訟法第323條第1項但書，既已限定於檢察官偵查後之自訴，須以告訴乃論之罪之情形，始得提起，故法院應類推適用同法第319條第3項但書規定「不得提起自訴之部分係較重之罪」之法理，認爲該輕罪之告訴乃論之罪部分仍不得提起自訴，始符刑事訴訟法第323條第1項之立法意旨。

△刑事訴訟法第319條第1項規定犯罪之被害人始得提起自訴，而所謂犯罪之被害人以因犯罪而直接被害之人爲限，司法院院字1306號解釋有案，刑法第129條第2項抑留或剋扣應發給之款物罪，其直接被害者公務機關之公信，亦即國家之法益，至於得受領該

項應發給之款項、物品之人，雖亦因此受有損害，但乃間接被害人，依上開解釋，自不得提起自訴。（75台上742）

○ 自訴人委任代理人到場之方式，應向法院提出委任狀，並由自訴人親自委任之。其委任之效力，限於每一審級。即於每一審級中，均須經委任之手續，方得為代理行為。（86台上5495）

〔告訴權〕

　　告訴乃論之罪，係以有告訴權人提出合法告訴為追訴之條件。假如說被告無故侵入住宅部分，既未經被害人合法提出告訴，自屬欠缺追訴之要件，則檢察官就竊盜之犯罪事實起訴，其效力應不及於無故侵入住宅部分，自無審判不可分原則之適用。同時犯罪之被害人得為告訴，刑事訴訟法第232條定有明文，依此規定，被害人雖係未成年人，祇須有意思能力，即得告訴；而與同法第233條所規定之法定代理人之獨立告訴權，暨民法第76條、第78條所規定私法行為之法定代理，並不違背。

△ 刑法第245條第2項之不得告訴，以有告訴權之配偶，縱容他方與人通姦或相姦或加以宥恕者為限，若非第239條之通姦相姦罪，告訴者又非配偶，自無該項之適用。（30上1814）

△ 不得提起自訴而提起者，應諭知不受理之判決，固為刑事訴訟法第326條所明定，唯被害人死亡後，其有告訴權之親屬具狀申告，並未請求依照自訴程序辦理，且於訴狀內自己姓名之上註明其為告訴人，自非法院所得任意將告訴改為自訴而諭知不受理。（31上2097）

△ 被害人之告訴權與被害人法定代理人之告訴權，各自獨立而存在。被害人提出告訴後，其法定代理人仍得獨立告訴，是以告訴乃論之罪，法定代理人撤回其獨立之告訴，於被害人已先提出之告訴，毫無影響，法院不得因被害人之法定代理人撤回其獨立告訴，而就被害人之告訴，併為不受理之判決。（70台上6859）

△ 犯罪之被害人得為告訴，刑事訴訟法第232條定有明文，依此規定，被害人雖係未成年人，祇須有意思能力，即得告訴；而與同法第233條所規定之法定代理人之獨立告訴權，暨民法第76條、第78條所規定私法行為之法定代理，互不相涉。原判決認被害人之法定代理人撤回告訴，與被害人之告訴，乃屬二事，並不影響被害人之告訴。核無判決適用法則不當之情形。（72台上629）

〔告訴乃論〕

　　告訴乃論之罪，乃刑法條文明訂之規定，且其告訴應自得為告訴之人知悉犯人之時起，6個月內為之；且若其犯罪行為有連續或繼續之狀態者，其6個月之告訴期間，應自得為告訴之人，知悉犯人最後一次行為或行為終了之時起算，司法院大法官會議著有釋字第108號解釋可稽。同時告訴乃論之罪，告訴人祇須指明犯罪之事實及表示訴究之意思為已足，不以明示其所告訴者為何項罪名為必要。告訴人在偵查中已一再表示要告訴，雖未明示其所告訴之罪名是否正確或遺漏，但依其所陳述之事實，仍無礙其提出告訴之法律上效力。

　　又被害人之法定代理人或配偶，得獨立告訴，此在刑事訴訟法第237條第1項、第233條第1項分別定有明文。

△告訴乃論之罪，除法律上有特別規定外，告訴人曾否拋棄告訴權，與其告訴之合法與否，不生影響。（26上1906）

△告訴人合法撤回其告訴後，固不得再行告訴，但有告訴權人為數人時，本得分別行使，其告訴權除撤回告訴人應受刑事訴訟法第217條第2項之限制外，於其他有告訴權人之告訴，不生何種影響。（26渝上1427）

△告訴乃論之罪，被害人未向檢察官或司法警察官告訴，在法院審理中，縱可補為告訴，仍應向檢察官或司法警察官為之，然後再由檢察官或司法警察官將該告訴狀或言詞告訴之筆錄補送法院，始得謂為合法告訴。如果被害人不向檢察官或司法警察官提出告訴，而逕向法院表示告訴，即非合法告訴。本件被害人於偵查中就上訴人過失傷害部分，迄未向檢察官或司法警察官提出告訴，迨第一審法院審理中，始當庭以言詞向該法院表示告訴，依前開說明，本件告訴自非合法。上訴人所犯過失傷害部分，尚欠缺訴追要件，即非法院所得受理審判。（73台上4314）

△告訴乃論之罪，告訴人之告訴，祇須指明所告訴之犯罪事實及表示希望訴追之意思，即為已足。其所訴之罪名是否正確或無遺漏，在所不問。（73台上5222）

△告訴乃論之罪，告訴人祇須表示訴究之意思為已足，不以明示其所告訴者為何項罪名為必要。告訴人在偵查中已一再表示要告訴，雖未明示其所告訴之罪名，但依其所陳述之事實，仍無礙於告訴之效力。（74台上1281）

〔偵查中〕

乃是偵查機關（指檢警調）於犯罪發生或有犯罪發生的嫌疑時，為了提起訴追、維持訴追而尋找或保全罪犯，並進行蒐集、保全證據的一切行為的統稱。在偵查中，有所謂偵查不公開的規定，所以，律師根本就無權力閱覽筆錄。由於刑事程序並非到了審判時才開始，而是從警察偵查開始，如果被告在偵查中無法獲得充分的法律協助，不僅會忽略了證據保存的工作，喪失在審判中自我辯護的機會，更會在面臨自身權益受侵害時不知如何主張的困境。

另外警調與檢察官在犯罪調查與偵查中，對於某「關係人」（即所謂之「潛在性被告」，potential defendant）到底是應定性為「被告」還是「證人」，在開始著手調查之階段，本就很難判斷。而且到底是要用證人傳票？或被告傳票？或另創所謂之「通知書」？亦是難以決定。

△刑事訴訟法為配合由職權主義調整為改良式當事人進行主義，乃採行起訴猶豫制度，於同法增訂第253條之1，許由檢察官對於被告所犯為死刑、無期徒刑或最輕本刑3年以上有期徒刑以外之罪之案件，得參酌刑法第57條所列事項及公共利益之維護，認為適當者，予以緩起訴處分，期間為1年以上3年以下，以觀察犯罪行為人有無施以刑法所定刑事處罰之必要，為介於起訴及微罪職權不起訴間之緩衝制度設計。其具體效力依同法第260條規定，於緩起訴處分期滿未經撤銷者，非有同條第1款或第2款情形之一，不得對於同一案件再行起訴，即學理上所稱之實質確定力。足見在緩起訴期間內，尚無實質確定力可言。且依第260條第1款規定，於不起訴處分確定或緩起訴處分期滿未經撤銷者，仍得以發現新事實或新證據為由，對於同一案件再行起訴。本於同一法理，在緩起訴期間內，倘發現新事實或新證據，而認已不宜緩起訴，又無同法第

253條之3第1項所列得撤銷緩起訴處分之事由者，自得就同一案件逕行起訴，原緩起訴處分並因此失其效力。復因與同法第260條所定應受實質確定力拘束情形不同，當無所謂起訴程序違背規定之可言。（94台非215）

○檢察官所為之起訴或不起訴處分，祗須對外表示即屬有效，該起訴書或不起訴處分書之制作與否，係屬程式問題，不影響終結偵查之效力，司法院著有院字第2550號解釋在案，本件檢察官之不起訴處分，既於74年12月29日公告，即已對外表示，自公告之時起即生終結偵查之效力，上訴意旨以書記官在75年1月7日作成不起訴處分書正本前，尚不發生終結偵查之效力，不無誤會。（75台上4083）

○刑事訴訟法第95條規定：「訊問被告應先告知左列事項：一、犯罪嫌疑及所犯所有罪名。罪名經告知後，認為應變更者，應再告知。二、得保持緘默，無須違背自己之意思而為陳述。三、得選任辯護人。四、得請求調查有利之證據。」，旨在使被告得以充分行使防禦權，以達刑事訴訟為發見真實並顧及程序公平、保障人權之目的。上開規定，依同法第100條之2規定，於司法警察官或司法警察詢問犯罪嫌疑人時，準用之。而司法警察官或司法警察偵查犯罪時，如以刑事訴訟法所無之「關係人」名義傳喚犯罪嫌疑人到場詢問，詢問之內容亦係關於犯罪嫌疑之實質調查，而藉以規避踐行刑事訴訟法第95條所定之告知義務，無異剝奪犯罪嫌疑人之防禦權、緘默權、辯護權等正當權益之行使，或於並非蓄意規避上開告知義務，而係於詢問「關係人」時始發現該人涉有犯罪嫌疑，卻未適時依法為刑事訴訟法第95條之告知，致影響於該犯罪嫌疑人之防禦權、緘默權、辯護權等正當權益之行使之情形，其因此所取得自白，自應認為係違背法定程序所取得證據。而在上述情形，該自白之證據能力如何，因該犯罪嫌疑人並非受拘提、逮捕等違反其意志之強制力拘束而到場接受司法警察官或司法警察之詢問，與刑事訴訟法第158條之2規定之要件不符，而無該項規定之適用，然而該自白既仍屬實施刑事訴訟之公務員因違背法定程序所取得之證據，其有無證據能力之認定，自應依同法第158條之4規定，審酌人權保障及公共利益之均衡維護而認定。（97台上225）

○通訊保障及監察法施行後，司法警察或其他有偵查犯罪職權之公務員若不依該法第5條第2項之規定取得檢察官或法院核發之通訊監察書（同法於96年7月11日修正為僅得由檢察官聲請管轄法院或法官核發），或未依同法第6條之規定由檢察官口頭通知先執行通訊監察，即擅自對犯罪嫌疑人、被告或其他訴訟關係人實施通訊監察，事後亦未依規定補發通訊監察書者，不啻脫逸法律規範而恣意竊聽他人通訊內容，不僅違反該法所揭示實施通訊監察所應遵守之「令狀原則」與「一定期間原則」，且嚴重侵犯人民秘密通訊自由及隱私權，其情節難謂非重大。倘不禁止使用此類違法所取得之證據，將致監聽流於恣意而不受節制，洵至憲法所保障人民之秘密通訊自由及隱私權處於隨時有受侵害之重大危險，其流弊不可輕忽。本件警方對上訴人及前揭證人實施通訊監察之時間，雖在通訊保障及監察法第5條第5項、第6條第3項關於違法監聽情節重大所取得之證據資料無證據能力特別規定修正增訂之前，但原審判決時（98年1月6日）既已在該法修正施行以後，而刑事訴訟關於證據能力之有無，係屬程序法規範之事項，依程序從新之原則，自應適用通訊保障及監察法所修正增訂上述關於證據能力

之特別規定，作爲審酌前揭通訊監察譯文有無證據能力之依據。且刑事訴訟法第158條之4條文既謂「除法律另有規定外」，始適用該條所揭示之權衡法則，故關於違法進行通訊監察行爲「情節重大者」，所取得之證據資料是否具有證據能力之判斷，自應優先適用通訊保障及監察法上述特別規定，而排除刑事訴訟法第158條之4關於權衡法則規定之適用。亦即僅在違反通訊保障及監察法進行通訊監察「情節並非重大」之情形，始回歸適用刑事訴訟法相關之規定（包括同法第158條之4之規定），以判斷其有無證據能力。（98台上1495）

〔所謂依法應具結者〕

所謂「依法應具結而未具結者」，係指檢察官或法官依刑事訴訟法第175條之規定，以證人身分傳喚被告以外之人（證人、告發人、告訴人、被害人、共犯或共同被告）到庭作證，或雖非以證人身分傳喚到庭，而於訊問調查過程中，轉換爲證人身分爲調查時，此時其供述之身分爲證人，則檢察官、法官自應依本法第186條有關具結之規定，命證人供前或供後具結，其陳述始符合第158條之3之規定，而有證據能力。若檢察官或法官非以證人身分傳喚而以共犯、共同被告身分傳喚到庭爲訊問時，其身分既非證人，即與「依法應具結」之要件不合，縱未命其具結，純屬檢察官或法官調查證據職權之適法行使，當無違法可言。

〔審判〕

△當事人或辯護人在審判期日前或審判期日，聲請調查之證據，如法院未予調查，又未認其無調查之必要，以裁定駁回之者，其所踐行之訴訟程序，自屬違法，此項程序違法，如審酌案情並非無影響於判決，即足爲原判決撤銷之原因。（30上3111）

〔原審辯護之上訴〕[3]

△不服下級法院判決得向上級法院提起上訴者，原以當事人或被告之法定代理人或配偶，或被告在原審依法委任之代理人或辯護人爲限，若自訴人之配偶爲自訴人提起上訴，則非以自訴人於辯論終結後喪失行爲能力或死亡者不得爲之，刑事訴訟法第344條至第346條分別定有明文。本件上訴人僅爲自訴人之配偶，雖經自訴人在原審委任其爲代理人，但既非首開法條所列得以獨立或代爲提起上訴之人，又無得爲自訴人提起上訴之情形，即不得提起上訴，茲竟以其自己名義提起上訴，自屬不應准許。（62台上1286）

△刑事訴訟法第346條規定原審之代理人或辯護人，得爲被告之利益而上訴，此項規定，非可類推解釋，而認自訴人之代理人亦得爲自訴人之利益而代自訴人提起上訴。（71台上7884）

△被告供認犯罪之自白，如係出於強暴、脅迫、利誘、詐欺或其他不正方法，取得該項自白之偵訊人員，往往應擔負行政甚或刑事責任，若被告已提出證據主張其自白非出於任意性，法院自應深入調查，非可僅憑負責偵訊被告之人員已證述未以不正方法取供，即駁回此項調查證據之聲請。刑事訴訟之目的，固在發現實體的眞實，使國家得以正確的適用刑法權，並藉之維護社會秩序及安全，惟其手段仍應合法、潔淨、公正，以保障人權，倘證據之取得，非依法定程序，則應就人權保障與公共利益之均衡維護，依比例原則予以衡酌，以決定該項非依法定程序取得之證據應否賦予證據能

力。（91台上2908）

2. 製作內容概述

(1) 若已知法院或地檢署之案號股別者，須照填案號及股別。委任人姓名、年齡、籍貫、住址、委任日期均應詳實填寫，並以指定之該承辦律師之事務所住址為送達代收人之處所。

(2) 如需代刻印章應即交辦代刻事宜，以便能掌控辦理後續動作之進行。

(3) 若委任二以上之律師，應按承辦與輔辦律師依次序填寫或分列2份委任狀。倘係複委任時，注意須於委任狀之受委任人處均刪改為複委任（依民事訴訟法第70條經特別授權者）。

(4) 倘被告現在押時，委任狀應製作2份，1份送法院（地檢署）、1份於看守所辦理面會時用。律師前往看守所面會時務必記得攜帶該法院（地檢署）委任狀之收狀條，以免徒勞往返。

(5) 在填寫委任狀時，無庸在送達代收人欄填寫，蓋委任律師章即當然為收受送達人也，僅列名字而不書律師時，方須在送達代收人欄列記。

(6) 刑事附帶民事訴訟，若於刑事庭提出時，原則上僅需製作1份委任狀，例外在預防刑庭移送民庭時，則須另附委任狀1份，1份於刑事庭附刑事卷內，另1份則於刑事庭將該附帶民事案件裁定移送民事庭時以備使用。

(7) 委任狀委任人親自簽名後用印，製作完畢，原本交律師呈遞法院（地檢署），另即影印一份（A4尺寸）附卷存檔以備參考。

(8) 製作委任狀之同時，視案件需要另請委任人蓋用數份訴狀尾頁備用或請其留存印章於本所。若需代刻印章，須在委任契約中載明代刻意旨，以免糾紛。

(9) 收受當事人所交付之「正本」，一律須加以記錄註明，返還時並須經當事人簽收，此一手續務必切實執行，以免爭議。

(10) 當以上工作完成時，應即著手設立事務所分類檔號卷宗以便登錄及查閱。

(11) 如事務所採行電腦作業方式，應即輸入電腦完成登錄分類事宜。

3. 委任書

如係著作、商標或專利等之委任書，專利尚需宣誓書。一般書（非公務用）及狀（公務用）應分別釐清。

4. 電腦存檔事宜

將當事人資料輸入電腦存檔，以便將來查詢或寄發資料時便於迅速得到資料備用。

四、立卷、訂卷事宜

(一) 卷宗之製作

1. 卷面皮部分之填寫

(1) 繫屬法院、案號、股別、案由、當事人與對造、住所、聯絡地址及電話、傳真、承辦助理應詳實填寫，如有相關案件並應註記以備參考引用。

(2) 如有保證及擔保金、保管品或交付原本證物者應一併註明清楚後，按各事務所內部

之規定繳交會計或律師保管之。

(3) 分類並立事務所卷號後始算完成本次立卷建檔。

2. 卷內皮及部分之填寫

應於該委任開始時登載，同時隨著案件之進行，務必要依收發文日期及開庭日期詳細登載，以方便他人查閱與接辦事宜。

(二) 文件資料應切實按時間先後排列，重要文件原本或判決書正本等應置於證物袋內，切莫打孔裝訂，並逐一編號載明於證物袋封面。證物如為票據或有擔保金、提存款、保管品時，應將憑證原本影印訂卷，另行將憑證原本存放於會計處為宜。

五、是否安排閱卷事宜

偵查中不得閱卷；刑事審判中被告辯護人、自訴代理人均可閱卷；民事（含附帶民事訴訟）及民事執行案件，兩造均得閱卷之。一般以委任狀已遞送法院3天以上者，則逕向收發室遞閱卷聲請書即可，否則即須與委任狀併呈之，然後以收狀條自行載明當事人、案號、股別後直接將收狀條送交閱卷室等候其派員向書記官取閱卷宗，一般安排要點如次：

(一) 查看承辦股之庭期表，儘量配合律師之他案開庭期，順道閱卷為原則。

(二) 其次務必先與本案股之書記官聯絡並確定其可閱卷之時間，一般法院均十分忙碌，因此大約在上午9點與下午2點洽詢較易找到書記官，其他時間則可查閱各股庭期表（如書記官請假時，可再轉其職務代理人，以利程序之快速進行而不致拖延）。

(三) 填寫閱卷申請書，然後再聲請調卷，其方式有三：

1. 直接向閱卷室調卷：

(1) 填寫閱卷申請書，惟須載明清楚，連同委任狀一併呈遞法院收發室後，由律師持法院收狀條向律師閱卷室聲請閱卷。（另收狀條上應自行詳細註明案號、當事人姓名、股別，以便閱卷室調卷。）

(2) 如當日未能閱得卷宗，可請律師取回收狀條，另擇他日持原條閱卷，勿讓助理另行再行重複安排電話、傳真閱卷。

(3) 此一方式通常在開庭日較為迫切，又極需閱卷之情況下方使用之。

2. 電話申請閱卷：

(1) 當委任狀已遞法院逾3日以上者（即屬書記官已收到委任狀之情況）。

(2) 限定使用之法院：台北地院、士林分院、新北地院、高等法院。

(3) 欲閱卷之當日以電話聯繫閱卷室，上午欲閱則於9點後聯絡，下午則以2點以後再聯絡為佳。

(4) 用電話向閱卷室閱卷時應報明欲閱卷之案號、案由、當事人、股別。

3. 傳真閱卷：

(1) 委任狀已呈遞法院逾3日以上者。

(2) 限定使用之法院：台北地院、台灣高等法院本院。

(3) 各地院與高院格式並不相同，填寫時請注意切記不可混用。

(4) 閱卷當日上、下午傳真皆可，傳真後須向閱卷室再確認是否收到。

　　以上三種方式，盡量使用第2.、3.二種方式，聯繫後40分鐘，可向閱卷室詢問調卷之情形（一般均以不催促為宜），以便律師能撥空前往閱卷。

4. 除當地以外地區之閱卷，助理應切實安排妥當之行程，以免律師徒勞往返，耗時曠日，而耽誤其他正在處理案件之掌控進行。

5. 律師應配合按指定時間閱卷，並注意檢查影印之資料有無遺漏。若未能準時前往閱卷，應向閱卷室及書記官說明，並交待助理另行安排下次閱卷時間（以免以後閱卷刁難或再次落空）。

6. 閱卷時應切實遵守「各級法院律師閱卷規則」，切勿在卷內擅加註記或抽取卷內文件，對於委由助理處理時應切實叮嚀其遵守。

7. 律師閱卷完畢支出之影印費，應向閱卷室索取收據載明案號、當事人姓名，以方便事務所內會計報帳之用。

8. 一般當事人對民事卷均得前往自閱。

9. 查案號，通常要到法院的服務台登記詳細資料；有時通知單來了卻不知被告是誰時，可以打電話向地檢署的服務台，以案號查詢被告是可以的。

(四) 閱卷之重點

1. 一般事後委任閱卷者，以扣除一般程序文件外全部影印為原則，蓋因可對整體案件有全面性的瞭解，以及防免當事人有疏漏情形之發生，而影響案情之判斷（應扣除開庭通知、傳票等無關之資料）。

2. 倘為事前委任閱卷者，則以有對造提出證物及對照法庭之證詞有利於己方時，方須影印該部分資料以供補助己方論辯之參考與反駁依據。

3. 一般閱卷者只要將需影印部分折疊即可交閱卷室人員協助影印。

六、繕狀主辦事項

(一) 律師交辦之法律書狀之繕寫，新手應參閱有關判例解釋及相關證據書類，同時應掌握律師所提示重點，須言簡意賅地闡述整個事實及法律人應有的筆觸，並操控時效務必在屆期前5日送呈主辦律師批閱修改之，寫作技巧請參考本章第二節。

(二) 起訴前若相對人之住所不明，須注意其戶籍所在地究屬何處。

(三) 繕狀時應在行與行間預留空隙方便律師增刪修正之用。

(四) 資訊之蒐集：是否安排調閱公司登記資料、戶籍謄本及地政相關資料，目前均委由跑腿公司及自行向經濟部調閱（如非其管轄會代轉）。

(五) 注意事項：關於自訴與告訴之書狀應以當事人本人為具狀簽名，以免程序不合被駁回。

七、期間之準據

(一) 民事上訴期間20日[4]

△ 民事訴訟法第229條第3項雖規定對於判決得上訴者，應於送達當事人之正本內記載其期間，及提出上訴狀之法院，惟此原為訓示之規定，送達當事人之判決正本縱未為此記載，亦僅法院書記官之職責有所未盡，至於上訴期間之進行，並不因此而受影響。

（29渝抗98）

△依民事訴訟法第229條第3項規定，對於判決得上訴者，固應於送達當事人之正本內記載其期間，及提出上訴狀之法院，惟於不得上訴之判決誤爲此項記載，殊難因此即謂該判決得爲上訴。（32抗255）

△民事訴訟法第162條第1項所謂應扣除在途期間計算之法定期間，係僅指同法所規定訴訟關係人應爲一定訴訟行爲之期間而言，惟不變期間（例如上訴期間、抗告期間）與通常法定期間（例如聲請回復原狀之期間、證人及鑑定人請求日費或旅費之期間）始足當之，至就審期間，則係使被告準備辯論及到場應訴之期間，而非指其應爲一定訴訟行爲之期間，顯與上述期間之性質不同，自不在適用該條項之規定，應扣除在途期間計算之列。（43台上850）

△住居法院所在地之訴訟代理人，受有上訴之特別委任者，雖當事人不在法院所在地住居，計算上訴期間，亦不得扣除其在途之期間。本院著有28年上字第1529號判例可循。又訴訟代理人本於得選任訴訟代理人之權限而所選任之複代理人，亦爲當事人本人之訴訟代理人，倘該複代理人同樣受有上訴之特別委任者，當事人提起上訴，關於上訴期間之計算，自亦相同。（70台上4688）

△對於第二審判決於上訴期間內提起上訴，第三審法院以其上訴另有其他不合法情形，以裁定駁回其上訴者，對原判決提起再審之訴時，其再審不變期間固應自裁定確定翌日起算（參看司法院院解字第3007號解釋）。但對於第二審判決逾越上訴期間後之上訴，第三審法院以上訴逾期爲不合法裁定駁回者，其再審不變期間仍應自原判決確定翌日起算，不得自駁回上訴裁定確定翌日起算再審不變期間。（78台抗149）

(二) 刑事上訴期間10日[5]

　　例如上訴人遲誤上訴期間，而稱第三子染有重病須時刻在旁照料，夫又在外經營小販，其餘家人數口均老少無能，致不能如期來台北呈遞上訴書狀等情屬實，然既非不能以本人之意思或其他方法依期上訴，則其遲誤期間，仍不得謂無過失，即與刑事訴訟法第67條第1項之規定未合。

△期間之計算，依民法之規定，刑事訴訟法第65條定有明文，而依民法第122條規定，於一定期間內，應爲意思表示者，其期間之末日爲星期日、紀念日或其他休息日時，以其休息日之次日代之，至每逢星期六下午，自經政府規定爲休息時間，停止辦公後，倘適爲上訴期間之末日，應以星期一上午代之，復經司法行政部會同本院於民國55年11月8日補充規定，通告在案，故上訴期間之末日如爲星期六，而其上訴書狀遲至星期一上午始行到達法院者，尚難認其上訴逾期。（59台上469）

△原審以本案並非以上訴人公司名義提起第二審上訴，僅由其代表人具名上訴，而上訴人公司於66年12月31日具狀補正聲明上訴，又已逾越法定10日之上訴期間，顯於法律上之程式未合，因認僅由代表人具名之上訴爲法律上所不應准許，而予以駁回之判決，核無不當，上訴即非有理由。（67台上1845）

△被告判處罪刑後，具狀聲請捨棄上訴權，依刑事訴訟法第359條規定，其上訴權業已喪失。如於判決正本送達後之10日上訴期間內，又具狀聲明上訴，自應依同法第395

條前段規定判決將其上訴駁回。（68台非196）

△刑事判決正本送達後，發現原本錯誤，不得以裁定更正，如係正本記載之主文（包括主刑及從刑）與原本記載之主文不符，而影響全案情節及判決之本旨者，亦不得以裁定更正，應重行繕印送達，上訴期間另行起算。至若正本與原本不符之情形加僅「顯係文字誤寫，而不影響於全案情節與判決本旨」者，始得以裁定更正之。（72台抗518）

(三) 抗告期間統一為10日[6]

△抗告期間為不變期間，非法院所得伸長，送達於當事人之裁定正本記載抗告期間縱有錯誤，其期間亦不因此而伸長，聲請人提起再抗告，仍應於法律所定期間內為之。（30渝聲42）

△原法院所為准許被告具保停止羈押之裁定，並未經制作裁判書送達，其抗告期間無從起算，自不生逾期之問題。（42台特抗9）

△關於不變期間之計算，當事人郵遞上訴或抗告等書狀者，應以書狀到達法院之日，為提出於法院之日。（69台抗236）

(四) 其他期間相關法規。[7]

八、打字行政事務作業

(一) 承辦律師審閱書狀後，交打字人員進行繕打，繕打時協辦助理應注意案號、股別、金額、標點符號、內容段落分明及有關證物及證人之記載無訛。

(二) 同時協辦助理應從旁協助告知不明之處，若仍有疑問則應請示承辦律師以免有誤，切忌擅自作主修正，以免影響原意。

(三) 打字行政人員對於待打之文件應按時效性及是否急件分別判斷其處理之先後。這點在事務所流程之控管上，可備時程卷宗夾來管制與提醒行政人員。

九、校稿核對作業

(一) 確實校對，尤其當事人姓名、案號、股別、地址、繫屬法院及訴狀所述之時間、金額數目、所引用之法律條文、證人姓名、地址等應核對，絕對不能有錯誤發生。因此一般均以重複校對2次以上為原則（仔細一點，最後由律師再校正之）。

(二) 如發現訴狀前後文義有疑問或字義不明時，應立即徵詢承辦之律師更正修改，切莫擅自作主或去揣測字詞，以免一字之差毫釐而其文差千里之誤失發生。

(三) 倘需傳真給當事人，以已初校之稿件傳真，傳真後，助理應電詢當事人對此有無意見。若有意見，應報告律師，讓律師與其溝通後，依律師指示進行修改之；當事人若無意見即可定稿，正式列印出書狀正本，並按規定影印（A4）繕本，定期遞狀，以免誤失。

十、書狀正、繕本（參閱第二編第八章）之製作及證物之整理作業

(一) 書狀之正本

1. 起訴、告訴及自訴、上訴、再議、抗告提起，起訴狀、告訴狀、自訴狀、再議狀、抗告狀除有受任律師之印章及委任書狀外，尚須有當事人之簽名或蓋章，否則訴訟行為會被認為不合法而遭駁回致延誤時間，引起爭執。[8]

2. 書狀日期：原則上應按遞狀日詳實填寫，以免爭議，例外則依律師指示為之。

3. 證物編排：

(1) 應依書狀所載順序使用標籤逐一編號排列完整。

(2) 照片或較小之文件應浮貼在A4紙上，如有必要並應依狀內所記加註證物說明文字或螢光筆標出被引用之文字。

(3) 證物為影本或原（正）本，或為將來庭呈，均應記明於證物欄內。

(4) 同時證人姓名及地址亦應詳實載明於證人欄內。

(5) 關於狀首金額記載與狀尾管轄法院之記載應詳細核對清楚，以免徒勞往返。

4. 若不遞律師委任狀，則書狀上方應指定單以其名字為送達代收人，住址仍應記載事務所之住址，此係不具律師名之委任情況，以上情形需切實分別清楚。

(二) 繕本之製作　正本製作、用印完畢後，應即予以影印作為繕本，並即按正副本分別裝訂之。繕本應準備之份數如次：

1. 訴訟狀：（有關用印習慣依各律師喜好並注意是否正本與繕本均須用印）

(1) 卷宗內務必留存乙份以備查考。

(2) 另視需要為當事人留存乙份參考（或傳真給當事人）。

(3) 其他按規定所需之份數如次：

①刑事自訴案件、民事案件、民事強制執行事件須按對造人數加具繕本，浮訂於原本之尾頁。

②刑事被告之上訴狀須附上乙份繕本予檢察官。

(4) 凡僅屬程序上之陳報狀、聲請相關書狀，則不必再另附具繕本。

2. 律師函：以事務所之信函或專，屬之公文函列印。

(1) 受文者及副本收受者各寄乙份。

(2) 卷內則留存乙份備查參考。

十一、書狀與函文

(一) 種類之區別

1. 訴狀發文，方式有三：

(1) 郵局寄送：以雙掛號方式寄出，填寫發文簿，承辦助理應切實追繳回執存查。

(2) 開庭順遞：利用律師或助理複代理開庭時順便向法院窗口遞狀。

(3) 特殊急件：由承辦之助理或當事人親自送交法院收狀室收文，如係長途則可委由快遞公司遞送，以掌握時效性。

2. 函文之管制與追蹤掌控：律師函除對委託之當事人以平信或限時方式寄出供參考外，

其餘皆以雙掛號方式寄出以防遺失時方便追蹤，並填寫發文簿及記錄管制單，以便該承辦助理能切實追蹤管制回執，而不會因工作忙碌而生遺忘之弊。

(二) **遞狀時間** 如法院所定期間之末日為例假日則延至假日後之次日，一般切忌過度拖延到最後期日，以免疏忽，但另有用意者自當別論。

(三) **遞狀程序** 一般新手對於遞狀往往不知所措，其實很簡單，法院在正門一進去，左右各有一窗口，一邊為檢方收狀處，另一邊即為院方收狀處，遞狀前請先參考第二編第八章中是否繳交費用及購買郵票，完成以上手續即可到窗口遞狀，遞完後記得取回收狀條，如此便完成整個遞狀程序。

(四) **訴狀送件** 送件前務必再作最後之清點審核程序，以免有誤差發生時，因送件人未必是承辦助理，可能造成徒勞往返之流弊。

(五) **費用繳納** 民事案件，應注意繳納裁判費、聲請費、執行費，各種費用之徵收標準及計算方式詳第二編第八章，若仍有疑問，一般以書狀請求裁定。

△原裁定駁回抗告人之上訴，無非以抗告人提起第二審上訴後，經第一審法院裁定限令補繳裁判費78元，抗告人祇繳75元，尚短少3元迄未繳納為理由，但據抗告人稱原第一審法院命繳裁判費之裁定，載明應繳74元，抗告人實繳75元，尚超過定額云云，經原法院命抗告人呈驗命繳裁判費之裁定正本，確係誤載命抗告人補繳裁定費74元，則抗告人之短繳裁判費3元，並未定期命其補繳，原裁定遽將其上訴駁回，自難認為適當。（33抗185）

△抗告人將裁判費交付郵務局匯寄於原法院，其交付郵務局之日雖尚在補正期間之內，然查抗告人所匯寄之裁判費係於補正期間屆滿後到達於原法院，且在原法院為駁回上訴之裁定以後，不得謂抗告人已合法補正。（33抗331）

△裁定繳費期間內已向國庫繳納第二審裁判費，上訴要件之欠缺自應認為已經補正，至於向國庫繳納後未將繳款書向法院換取代用司法印紙聯單，縱有疏忽，於補正上訴要件欠缺之效力，要不生如何之影響。（36抗1380）

△當事人補繳裁判費雖較核定數額為高，然關於法院依職權核定之訴訟標的價額，並不因此而受影響。（37抗1575）

△耕地租佃爭議案件，非由該管耕地租佃委員會，依耕地三七五減租條例第26條之規定移送法院，而由當事人逕行起訴者，不問其原因為何，均不能免徵裁判費用。（57台抗614）

△鑑定費用，係訴訟行為應支出之費用，而非裁判費，故經限期命預納鑑定費而不預納者，法院僅得不為該訴訟行為（鑑定），尚不得以其訴為不合法而予駁回。（70台抗150）

△抗告人雖曾減縮上訴聲明，但原法院命其補繳裁判費之裁定，並不因此失其效力。抗告人既未於限期內補繳按減縮後之訴訟標的金額計算所應行補繳之裁判費，原法院認其上訴為不合法予以駁回，要無不合。（75台抗115）

△刑事法院依刑事訴訟法第504條第1項以裁定將附帶民事訴訟移送同院民事庭，依同條第2項規定，固應免納裁判費。然所應免納裁判費之範圍，以移送前之附帶民事訴訟為限，一經移送同院民事庭，即應適用民事訴訟法之規定。如原告於移送民事庭後，

爲訴之變更、追加或擴張應受判決事項之聲明，超過移送前所請求之範圍者，就超過移送前所請求之範圍部分，仍有繳納裁判費之義務。（76台上781）

(六) **拖延期日**　民事當事人若不欲於遞狀時繳納訴訟費用，則遞狀時請務必注意書狀內切勿將律師列爲訴訟代理人以免遭法院駁回。同時提醒當事人，應於接到補費裁定時依限期補繳裁判費，此爲一般拖延期日之技巧方式。

(七) **原本保管**　訴訟費用及郵費收據影本應釘於卷內，原本交由會計保管，當事人如欲取回收據原本者，須請其於收據影本上簽收爲憑。

(八) **收執存查**　收狀條及掛號回執單須切實釘於該書狀之背後以便存查是否遞狀。

十二、收發控管之記載

(一) 案件進行之追蹤，如律師函對受文者有限期解決或洽談者，應注意日期，屆期應主動與當事人聯絡與安排協商或起訴事宜，以利律師掌控之。

(二) 每次開完庭，如訂有下次庭期，應由律師與助理雙重管制，以便提醒律師屆時準時出庭；如有衝庭，亦應盡快知會律師，以便預作籌措準備。有使用電腦時，須於每次庭期完後輸入新庭期以便列檔追蹤管制出庭。

(三) 每次開庭前5天，助理應即將庭期管制單與卷宗置放律師桌上，以備其先行審閱是否補提書狀及重新複習掌握有關案情，以免事繁而遺漏疏忽。

(四) 證物及費用補繳之情況應切實記載，並準時補繳之，以免延誤而無法補救。

(五) 任何案件於終結時，必須向書記官申請確定證明書，以備辦理有關事宜。聲請應在期日到達後4至5天聲請，以免中途有所遺漏耽擱致無法拿到而須重新聲請。

(六) 拿到確定證明書後，便須看當事人是否繼續委任而爲聲請強制執行之準據。

十三、判決結果

　　一般案件在事務所均不派員聆聽判決，大都去看法院牌示公布或電詢書記官。案件宣判後卷宗均先交法官處，故最好隔天一早或隔3、5天詢問爲宜。不過現今各級地院採行電腦上網查詢，可算是一大福音也。有使用電腦時，須輸入判決結果，以方便當事人來電查詢時非承辦人員得直接調閱電腦檔案回覆之。

十四、續辦之進行

　　如承辦案件需續辦時，宜另建立事務所之分類新檔號，以便結算與程序進行之有效掌控，切莫始終用原檔號進行，以免資料累積而不便查閱。當然有使用電腦時須輸入以便列檔追蹤。（有關土地鑑價之技巧，如須指界可自行與地政機關承辦員相約前往，切莫由法院安排，否則按法定規費計算時，則費用驚人，詳第二編第八章。）

十五、結案整卷歸檔事宜

(一) 卷宗次序重新依序整理，抽去無用之資料，如有同案被告尚未結案或同一當事人有其他相關案件尚未結案，除應保留全卷，並應在卷皮上，分別記明關聯案號以方便

直接目視查詢利用。

(二) 判決書正本應置於證物袋，影本則依順序裝訂於案卷之內。

(三) 如有案款應退還或應向當事人追繳者應即收款，證物應通知當事人簽收領回者，應切實簽收將收條附卷，方可歸檔結案。

(四) 如使用電腦控管時須將結案日期輸入，以方便將來查詢整理之用。

(五) 按案件性質、類別、所內編號分類歸檔時，先交律師核可後始完成正式歸檔。

---

[1]：參考法條

❖ 訴訟代理人就其受委任之事件有爲一切訴訟行爲之權。但捨棄、認諾、撤回、和解、提起反訴、上訴或再審之訴及選任代理人，非受特別委任不得爲之。

關於強制執行之行爲或領取所爭物，準用前項但書之規定。

如於第1項之代理權加以限制者，應於前條之委任書或筆錄內表明。（民訴§70）

[2]：參考法條

❖ 被告得隨時選任辯護人。犯罪嫌疑人受司法警察官或司法警察調查者，亦同。

被告或犯罪嫌疑人之法定代理人、配偶、直系或三親等內旁系血親或家長、家屬，得獨立爲被告或犯罪嫌疑人選任辯護人。（刑訴§27Ⅰ、Ⅱ）

❖ 自訴人應委任代理人到場。但法院認爲必要時，得命本人到場。（刑訴§37Ⅰ）

[3]：大法官釋字第306號解釋

　　本院院解字第3027號解釋及最高法院53年台上第2617號判例，謂刑事被告之原審辯護人爲被告之利益提起上訴，應以被告名義行之，在此範圍內，與憲法保障人民訴訟權之意旨，尚無牴觸。但上開判例已指明此係程序問題，如原審辯護人已爲被告之利益提起上訴，而僅未於上訴書狀內表明以被告名義上訴字樣者，其情形既非不可補正，自應依法先定期間命爲補正，如未先命補正，即認其上訴爲不合法者，應予依法救濟。最高法院與上述判例相關聯之69年台非字第20號判例，認該項程式欠缺之情形爲無可補正，與前述意旨不符，應不予援用。

解釋理由書

　　中華民國24年1月1日公布之中華民國刑事訴訟法第338條（56年1月28日修正時名稱改爲刑事訴訟法，條次改爲第346條）規定：「原審之代理人或辯護人得爲被告之利益而上訴。但不得與被告明示之意思相反。」司法院據此於34年11月22日作成院解字第3027號解釋：「刑事被告之原審辯護人，雖得依刑事訴訟法第338條，爲被告利益提起上訴，但既非獨立上訴，無論是否爲公設辯護人，其上訴均應以被告名義行之。」最高法院53年台上字第2617號判例要旨亦謂：「刑事被告之原審辯護人雖得爲被告利益提起上訴，但既非獨立上訴，其上訴應以被告名義行之。若以自己名義提起上訴，即屬違背法律上之程式。」在此範圍內，被告之上訴權，非僅未受限制，且因有原審辯護人之代爲上訴，而可節省勞費，減少貽誤，與憲法保障人民訴訟權之意旨，尚無牴觸。但此種由原審辯護人以被告名義提起之上訴，係該辯護人之行爲，而非被告之行爲。其上訴書狀已否表明以被告名義上訴字樣，非被告所能注意。如上訴書狀未爲此表明，上開判例乃系違背程式，其情形既非不可由原爲上訴行爲之該辯護人補正，依現行刑事訴訟法第362條但書、第367條但書、第

384條但書等有關規定，法院或審判長，自仍應定期間先命補正。以免僅因辯護人對於上訴程式之疏忽，而使被告之上訴權受不測之損害。如未先命補正，即認其上訴為不合法而逕予駁回者，自應予以依法救濟。最高法院與上開判例相關聯之69年台非字第20號判例謂：「原第二審選任之辯護律師，雖得為被告利益提起上訴，但其上訴係本於代理權作用，並非獨立上訴。乃竟不以被告名義行之，而以其自己名義，其上訴即難謂為合法。既無可補正，原第二審法院未定期間先命補正，亦難謂於法有違。」其中認該程式欠缺之情形為無可補正部分，與前述意旨不符，應不予援用。

[4]：參考法條

〔上訴〕

❖提起上訴，應於第一審判決送達後20日之不變期間內為之。但宣示或公告後送達前之上訴，亦有效力。（民訴§440）

❖上訴狀內未表明上訴理由者，上訴人應於提起上訴後20日內，提出理由書於原第二審法院；未提出者，毋庸命其補正，由原第二審法院以裁定駁回之。

被上訴人得於上訴狀或前項理由書送達後15日內，提出答辯狀於原第二審法院。

第二審法院送交訴訟卷宗於第三審法院，應於收到答辯狀或前項期間已滿後為之。

判決宣示後送達前提起上訴者，第1項之期間自判決送達後起算。（民訴§471）

❖提起抗告，應於裁定送達後10日之不變期間內為之。但送達前之抗告，亦有效力。（民訴§487）

〔再審〕

❖再審之訴，應於30日之不變期間內提起。

前項期間，自判決確定時起算，判決於送達前確定者，自送達時起算；其再審之理由發生或知悉在後者，均自知悉時起算。但自判決確定後已逾5年者，不得提起。

以第496條第1項第5款、第6款或第12款情形為再審之理由者，不適用前項但書之規定。（民訴§500）

〔支付命令〕

❖支付命令，應記載下列各款事項：

一、第511條第1項第1款至第3款及第5款所定事項。

二、債務人應向債權人清償其請求並賠償程序費用，否則應於支付命令送達後20日之不變期間內，向發命令之法院提出異議。

三、債務人未於不變期間內提出異議時，債權人得依法院核發之支付命令及確定證明書聲請強制執行。

第511條第1項第3款所定事項之記載，得以聲請書狀作為附件代之。（民訴§514）

❖債務人於支付命令送達後，逾20日之不變期間，始提出異議者，法院應以裁定駁回之。（民訴§518）

〔公示催告之申報期間〕

❖申報權利之期間，除法律別有規定外，自公示催告之公告開始公告於法院網站之日起、最後登載公報、新聞紙之日起，應有2個月以上。（民訴§543）

〔公示催告後除權判決〕

❖公示催告,聲請人得於申報權利之期間已滿後3個月內,聲請爲除權判決。但在期間未滿前之聲請,亦有效力。除權判決前之言詞辯論期日,應並通知已申報權利之人。(民訴§545)

〔撤銷除權判決〕

❖撤銷除權判決之訴,應於30日之不變期間內提起之。

前項期間,自原告知悉除權判決時起算。但依前條第4款或第6款所定事由提起撤銷除權判決之訴,如原告於知有除權判決時不知其事由者,自知悉其事由時起算。

除權判決宣示後已逾5年者,不得提起撤銷之訴。(民訴§552)

❖申報權利之期間,自公示催告之公告開始公告於法院網站之日起、最後登載公報、新聞紙之日起,應有3個月以上,9個月以下。(民訴§562)

[5]:參考法條

〔上訴〕

❖上訴期間爲20日,自送達判決後起算。但判決宣示後送達前之上訴,亦有效力。(刑訴§349)

❖扣押物之應受發還人所在不明,或因其他事故不能發還者,檢察官應公告之;自公告之日起滿2年,無人聲請發還者,以其物歸屬國庫。

雖在前項期間內,其無價值之物得廢棄之;不便保管者,得命變價保管其價金。(刑訴§475)

[6]:參考法條

〔民事訴訟法〕

❖聲請法官迴避經裁定駁回者,得爲抗告。其以聲請爲正當者,不得聲明不服。(民訴§36)

❖關於聲請命供擔保之裁定,得爲抗告。(民訴§100)

❖有下列各款情形之一者,法院應依供擔保人之聲請,以裁定命返還其提存物或保證書:

一、應供擔保之原因消滅者。

二、供擔保人證明受擔保利益人同意返還者。

三、訴訟終結後,供擔保人證明已定20日以上之期間,催告受擔保利益人行使權利而未行使,或法院依供擔保人之聲請,通知受擔保利益人於一定期間內行使權利並向法院爲行使權利之證明而未證明者。

關於前項聲請之裁定,得爲抗告,抗告中應停止執行。(民訴§104)

❖本節所定之各裁定,得爲抗告。(民訴§115)

❖證人得請求法定之日費及旅費。但被拘提或無正當理由拒絕具結或證言者,不在此限。

前項請求,應於訊問完畢後10日內爲之。

關於第1項請求之裁定,得爲抗告。

證人所需之旅費,得依其請求預行酌給之。(民訴§323)

❖拒卻鑑定人之聲明經裁定爲不當者,得爲抗告;其以聲明爲正當者,不得聲明不服。(民訴§333)

❖提起抗告，應於裁定送達後10日之不變期間內為之。但送達前之抗告，亦有效力。（民訴§487）

〔刑事訴訟法〕

❖非因過失，遲誤上訴、抗告或聲請再審之期間，或聲請撤銷或變更審判長、受命法官、受託法官裁定或檢察官命令之期間者，於其原因消滅後5日內，得聲請回復原狀。

許用代理人之案件，代理人之過失，視為本人之過失。（刑訴§67）

❖抗告期間，除有特別規定外，為5日，自送達裁定後起算。但裁定經宣示者，宣示後送達前之抗告，亦有效力。（刑訴§406）

❖原審法院認為抗告不合法律上之程式或法律上不應准許，或其抗告權已經喪失者，應以裁定駁回之。但其不合法律上之程式可補正者，應定期間先命補正。

原審法院認為抗告有理由者，應更正其裁定；認為全部或一部無理由者，應於接受抗告書狀後3日內，送交抗告法院，並即添具意見書。（刑訴§408）

❖原審法院認為有必要者，應將該案卷宗及證物送交抗告法院。

抗告法院認為有必要者，得請原審法院送交該案卷宗及證物。

抗告法院收到該案卷宗及證物後，應於10日內裁定。（刑訴§410）

❖法院認為有再審理由者，應為開始再審之裁定。

為前項裁定後，得以裁定停止刑罰之執行。

對於第1項之裁定，得於3日內抗告。（刑訴§435）

[7]：參考法條

〔行政訴訟法〕

❖公法上之爭議，除法律別有規定外，得依本法提起行政訴訟。（行訴§2）

❖前條所稱之行政訴訟，指撤銷訴訟、確認訴訟及給付訴訟。（行訴§3）

❖人民因中央或地方機關之違法行政處分，認為損害其權利或法律上之利益，經依訴願法提起訴願而不服其決定，或提起訴願逾3個月不為決定，或延長訴願決定期間逾2個月不為決定者，得向行政法院提起撤銷訴訟。

逾越權限或濫用權力之行政處分，以違法論。

訴願人以外之利害關係人，認為第1項訴願決定，損害其權利或法律上之利益者，得向行政法院提起撤銷訴訟。（行訴§4）

❖人民因中央或地方機關對其依法申請之案件，於法令所定期間內應作為而不作為，認為其權利或法律上利益受損害者，經依訴願程序後，得向行政法院提起請求該機關應為行政處分或應為特定內容之行政處分之訴訟。

人民因中央或地方機關對其依法申請之案件，予以駁回，認為其權利或法律上利益受違法損害者，經依訴願程序後，得向行政法院提起請求該機關應為行政處分或應為特定內容之行政處分之訴訟。（行訴§5）

❖確認行政處分無效及確認公法上法律關係成立或不成立之訴訟，非原告有即受確認判決之法律上利益者，不得提起之。其確認已執行而無回復原狀可能之行政處分或已消滅之行政處分為違法之訴訟，亦同。

確認行政處分無效之訴訟，須已向原處分機關請求確認其無效未被允許，或經請求後於

30日內不為確答者，始得提起之。

確認訴訟，於原告得提起或可得提起撤銷訴訟、課予義務訴訟或一般給付訴訟者，不得提起之。但確認行政處分無效之訴訟，不在此限。

應提起撤銷訴訟、課予義務訴訟，誤為提起確認行政處分無效之訴訟，其未經訴願程序者，行政法院應以裁定將該事件移送於訴願管轄機關，並以行政法院收受訴狀之時，視為提起訴願。（行訴§6）

❖人民與中央或地方機關間，因公法上原因發生財產上之給付或請求作成行政處分以外之其他非財產上之給付，得提起給付訴訟。因公法上契約發生之給付，亦同。

前項給付訴訟之裁判，以行政處分應否撤銷為據者，應於依第4條第1項或第3項提起撤銷訴訟時，併為請求。原告未為請求者，審判長應告以為請求。（行訴§8）

❖因天災或其他不應歸責於己之事由，致遲誤不變期間者，於其原因消滅後1個月內，如該不變期間少於1個月者，於相等之日數內，得聲請回復原狀。

前項期間不得伸長或縮短之。

遲誤不變期間已逾1年者，不得聲請回復原狀，遲誤第106條之起訴期間已逾3年者，亦同。

第1項之聲請應以書狀為之，並釋明遲誤期間之原因及其消滅時期。（行訴§91）

❖因遲誤上訴或抗告期間而聲請回復原狀者，向為裁判之原行政法院為之；遲誤其他期間者，向管轄該期間內應為之訴訟行為之行政法院為之。

聲請回復原狀，應同時補行期間應為之訴訟行為。（行訴§92）

❖再審之訴應於30日之不變期間內提起。

前項期間自判決確定時起算，判決於送達前確定者，自送達時起算；其再審之理由發生或知悉在後者，均自知悉時起算。

依第273條第2項提起再審之訴者，第1項期間自解釋公布當日起算。

再審之訴自判決確定時起，如已逾5年者，不得提起。但以第273條第1項第5款、第6款或第12款情形為再審之理由者，不在此限。

對於再審確定判決不服，復提起再審之訴者，前項所定期間，自原判決確定時起算。但再審之訴有理由者，自該再審判決確定時起算。（行訴§276）

〔訴願法〕

❖訴願之提起，應自行政處分達到或公告期滿之次日起30日內為之。

利害關係人提起訴願者，前項期間自知悉時起算。但自行政處分達到或公告期滿後，已逾3年者，不得提起。

訴願之提起，以原行政處分機關或受理訴願機關收受訴願書之日期為準。

訴願人誤向原行政處分機關或受理訴願機關以外之機關提起訴願者，以該機關收受之日，視為提起訴願之日。（訴願§14）

❖訴願人因天災或其他不應歸責於己之事由，至遲誤前條之訴願期間者，於其原因消滅後10日內，得以書面敘明理由向受理訴願機關申請回復原狀。但遲誤訴願期間已逾1年者，不得為之。

申請回復原狀，應同時補行期間內應為之訴願行為。（訴願§15）

〔非訟事件法〕

❖ 受裁定送達之人提起抗告，應於裁定送達後10日之不變期間內為之。但送達前之抗告，亦有效力。

　未受裁定送達之人提起抗告，前項期間應自其知悉裁定時起算。但裁定送達於受裁定之人後已逾6個月，或因裁定而生之程序已終結者，不得抗告。（非訟§42）

❖ 當事人對於司法事務官就受移轉事件所為之終局處分，如由法院裁定無救濟方法時，仍得於處分送達後10日之不變期間內，以書狀向司法事務官提出異議。

　司法事務官認前項異議為有理由時，應另為適當之處分；認異議為無理由者，應送請法院裁定之。

　法院認第1項之異議為有理由時，應自為適當之裁定；認異議為無理由者，應以裁定駁回之。

　前項裁定，應敘明理由，並送達於當事人。

　對於第3項之駁回裁定，不得聲明不服。（非訟§56）

〔破產法〕

❖ 法院對於和解聲請之許可或駁回，應自收到聲請之日起7日內，以裁定為之。

　前項裁定，不得抗告。（破產§9）

❖ 法院對於破產之聲請，應自收到聲請之日起7日內，以裁定宣告破產或駁回破產之聲請。

　在裁定前，法院得依職權為必要之調查，並傳訊債務人、債權人及其他關係人。

　第1項期間屆滿，調查不能完竣時，得為7日以內之展期。（破產§63）

❖ 法院為破產宣告時，應選任破產管理人，並決定左列事項：

　一、申報債權之期間。但其期間，須在破產宣告之日起，15日以上，3個月以下。

　二、第一次債權人會議期日。但其期日，須在破產宣告之日起1個月以內。（破產§64）

〔強制執行法〕

❖ 實施強制執行時，經債權人同意者，執行法院得延緩執行。

　前項延緩執行之期限不得逾3個月。債權人聲請續行執行而再同意延緩執行者，以一次為限。每次延緩期間屆滿後，債權人經執行法院通知而不於10日內聲請續行執行者，視為撤回其強制執行之聲請。

　實施強制執行時，如有特別情事繼續執行顯非適當者，執行法院得變更或延展執行期日。（強執§10）

❖ 當事人或利害關係人，對於執行法院強制執行之命令，或對於執行法官、書記官、執達員實施強制執行之方法，強制執行時應遵守之程序，或其他侵害利益之情事，得於強制執行程序終結前，為聲請或聲明異議。但強制執行不因而停止。

　前項聲請及聲明異議，由執行法院裁定之。

　不服前項裁定者，得為抗告。（強執§12）

❖ 債務人對於債權人依第4條之2規定聲請強制執行，如主張非執行名義效力所及者，得於強制執行程序終結前，向執行法院對債權人提起異議之訴。

　債權人依第4條之2規定聲請強制執行經執行法院裁定駁回者，得於裁定送達後10日之不變期間內，向執行法院對債務人提起許可執行之訴。（強執§14-1）

❖查封後，執行法官應速定拍賣期日。

查封日至拍賣期間，至少應留7日之期間。但經債權人及債務人之同意或因查封物之性質，須迅速拍賣者，不在此限。

前項拍賣期日不得多於1個月。但因查封物之性質或有不得已之事由者，不在此限。（強執§57）

❖拍賣期日距公告之日，不得少於14日。（強執§82）

❖第三人不承認債務人之債權或其他財產權之存在，或於數額有爭議或有其他得對抗債務人請求之事由時，應於接受執行法院命令後10日內，提出書狀，向執行法院聲明異議。

第三人不於前項期間內聲明異議，亦未依執行法院命令，將金錢支付債權人，或將金錢、動產或不動產支付或交付執行法院時，執行法院得因債權人之聲請，逕向該第三人為強制執行。

對於前項執行，第三人得以第1項規定之事由，提起異議之訴。

第18條第2項之規定，於前項訴訟準用之。（強執§119）

❖第三人依前條第1項規定聲明異議者，執行法院應通知債權人。

債權人對於第三人之聲明異議認為不實時，得於收受前項通知後10日內向管轄法院提起訴訟，並應向執行法院為起訴之證明及將訴訟告知債務人。

債權人未於前項規定期間內為起訴之證明者，執行法院得依第三人之聲請，撤銷所發執行命令。（強執§120）

〔耕地三七五減租條例〕

❖耕地租佃期間，不得少於6年；其原約定租期超過6年者，依其原約定。（耕地三七五減租條例§5）

〔動產擔保交易法〕

❖動產擔保交易之登記，其有效期間從契約之約定，契約無約定者，自登記之日起有效期間為1年，期滿前30日內，債權人得聲請延長期限，其效力自原登記期滿之次日開始。

前項延長期限登記，其有效期間不得超過1年。登記機關應比照第7條及第8條規定辦理，並通知債務人，標的物為第三人所有者，應併通知之。（動擔§9）

❖抵押權人依前條第1項規定實行占有抵押物時，應於3日前通知債務人或第三人。

前項通知應說明事由並得指定履行契約之期限，如債務人到期仍不履行契約時，抵押權人得出賣占有抵押物，出賣後債務人不得請求回贖。

抵押權人不經第1項事先通知，逕行占有抵押物時，如債務人或第三人在債權人占有抵押物後之10日期間內履行契約，並負擔占有費用者，得回贖抵押物。但抵押物有敗壞之虞，或其價值顯有減少，足以妨害抵押權人之權利，或其保管費用過鉅者，抵押權人於占有後，得立即出賣。（動擔§18）

❖買受人得於出賣人取回占有標的物後10日內，以書面請求出賣人將標的物再行出賣。出賣人縱無買受人之請求，亦得於取回占有標的物後30日內將標的物再行出賣。

出賣人取回占有標的物，未受買受人前項再行出賣之請求，或於前項30日之期間內未再出賣標的物者，出賣人無償還買受人已付價金之義務，所訂附條件買賣契約失其效力。（動擔§29）

〔國有財產法〕

❖非公用財產得供各機關、部隊、學校因臨時性或緊急性之公務用或公共用，為短期之借用；其借用期間，不得逾3個月。如屬土地，並不得供建築使用。

前項借用手續，應由需用機關徵得管理機關同意為之，並通知財政部。（國有財產法§40）

〔土地法〕

❖直轄市或縣（市）政府對於其所管公有土地，非經該管區內民意機關同意，並經行政院核准，不得處分或設定負擔或為超過10年期間之租賃。（土§25）

❖直轄市或縣（市）地政機關接受聲請或囑託登記之件，經審查證明無誤，應即公告之，其依第53條逕為登記者亦同。

前項聲請或囑託登記，如應補繳證明文件者，該管直轄市或縣（市）地政機關應限期令其補繳。（土§55）

❖逾登記期限無人聲請登記之土地或經聲請而逾限未補繳證明文件者，其土地視為無主土地，由該管直轄市或縣（市）地政機關公告之，公告期滿，無人提出異議，即為國有土地之登記。（土§57）

❖依第55條所為公告，不得少於15日。

依第57條所為公告，不得少於30日。（土§58）

❖土地權利關係人，在前條公告期間內，如有異議，得向該管直轄市或縣（市）地政機關以書面提出，並應附具證明文件。

因前項異議而生土地權利爭執時，應由該管直轄市或縣（市）地政機關予以調處，不服調處者，應於接到調處通知後15日內，向司法機關訴請處理，逾期不起訴者，依原調處結果辦理之。（土§59）

❖土地增值稅照土地增值之實數額計算，於土地所有權移轉時，或雖無移轉而屆滿10年時，徵收之。

前項10年期間，自第一次依法規定地價之日起計算。（土§176）

❖前條保留徵收之期間，不得超過3年，逾期不徵收，視為廢止。但因舉辦前條第1款或第4款之事業，得申請核定延長保留徵收期間；其延長期間，以5年為限。（土§214）

❖直轄市或縣（市）地政機關於接到中央地政機關通知核准徵收土地案時，應即公告，並通知土地所有權人及他項權利人。

前項公告之期間為30日。

土地權利利害關係人對於第1項之公告事項有異議者，應於公告期間內向直轄市或縣（市）地政機關以書面提出。（土§227）

❖保留徵收之期間，應自公告之日起算。（土施§57）

〔土地登記規則〕

❖收件簿、登記申請書及其附件，除土地所有權第一次登記案件應永久保存外，應自登記完畢之日起保存15年。

前項文件之保存及銷毀，由登記機關依檔案法相關規定辦理。（土登§19）

❖登記機關對審查證明無誤之登記案件，應公告15日。（土登§72）

❖前條公告，應於主管登記機關之公告處所爲之，其內容應載明下列事項：

一、申請登記爲所有權人或他項權利人之姓名、住址。

二、土地標示及權利範圍。

三、公告起訖日期。

四、土地權利關係人得提出異議之期限、方式及受理機關。（土登§73）

❖依前條公告之事項如發現有錯誤或遺漏時，登記機關應於公告期間內更正，並即於原公告之地方重新公告15日。（土登§74）

〔土地稅法〕

❖土地所有權移轉或設定典權時，權利人及義務人應於訂定契約之日起30日內，檢附契約影本及有關文件，共同向主管稽徵機關申報其土地移轉現值。但依規定得由權利人單獨申請登記者，權利人得單獨申報其移轉現值。

主管稽徵機關應於申報土地移轉現值收件之日起7日內，核定應納土地增值稅額，並填發稅單，送達納稅義務人。但申請按自用住宅用地稅率課徵土地增值稅之案件，其期間得延長爲20日。

權利人及義務人應於繳納土地增值稅後，共同向主管地政機關申請土地所有權移轉或設定典權登記。主管地政機關於登記時，發現該土地公告現值、原規定地價或前次移轉現值有錯誤者，立即移送主管稽徵機關更正重核土地增值稅。（土稅§49）

〔公司法〕

❖公司爲下列行爲，應有代表已發行股份總數三分之二以上股東出席之股東會，以出席股東表決權過半數之同意行之：

一、締結、變更或終止關於出租全部營業，委託經營或與他人經常共同經營之契約。

二、讓與全部或主要部分之營業或財產。

三、受讓他人全部營業或財產，對公司營運有重大影響。

公開發行股票之公司，出席股東之股份總數不足前項定額者，得以有代表已發行股份總數過半數股東之出席，出席股東表決權三分之二以上之同意行之。

前二項出席股東股份總數及表決權數，章程有較高之規定者，從其規定。

第1項之議案，應由有三分之二以上董事出席之董事會，以出席董事過半數之決議提出之。（公司§185）

❖股東於股東會爲前條決議前，已以書面通知公司反對該項行爲之意思表示，並於股東會已爲反對者，得請求公司以當時公平價格，收買其所有之股份。但股東會爲前條第1項第2款之決議，同時決議解散時，不在此限。（公司§186）

❖前條之請求，應自第185條決議日起20日內，提出記載股份種類及數額之書面爲之。

股東與公司間協議決定股份價格者，公司應自決議日起90日內支付價款，自第185條決議日起60日內未達協議者，股東應於此期間經過後30日內，聲請法院爲價格之裁定。

公司對法院裁定之價格，自第2項之期間屆滿日起，應支付法定利息，股份價款之支付，應與股票之交付同時爲之，股份之移轉於價款支付時生效。（公司§187）

❖法院爲重整裁定時，應就對公司業務，具有專門學識及經營經驗者或金融機構，選任爲重整監督人，並決定下列事項：

一、債權及股東權之申報期日及場所，其期間應在裁定之日起10日以上，30日以下。

二、所申報之債權及股東權之審查期日及場所，其期間應在前款申報期間屆滿後10日以內。

三、第一次關係人會議期日及場所，其期日應在第1款申報期間屆滿後30日以內。

前項重整監督人，應受法院監督，並得由法院隨時改選。

重整監督人有數人時，關於重整事務之監督執行，以其過半數之同意行之。（公司§289）

❖公司之解散，不向主管機關申請解散登記者，主管機關得依職權或據利害關係人申請，廢止其登記。

主管機關對於前項之廢止，除命令解散或裁定解散外，應定30日之期間，催告公司負責人聲明異議；逾期不為聲明或聲明理由不充分者，即廢止其登記。（公司§397）

〔公證法〕

❖法院認異議為有理由時，應以裁定命公證人為適當之處置；認異議為無理由時，應駁回之。

前項裁定，應附具理由，並送達於公證人、異議人及已知之其他利害關係人。

對於第1項之裁定，得於10日內抗告。但不得再抗告。

抗告，除本法另有規定外，準用非訟事件法關於抗告之規定。（公證§17）

〔少年事件處理法〕

❖少年法院於必要時，對於少年得以裁定為下列之處置：

一、責付於少年之法定代理人、家長、最近親屬、現在保護少年之人或其他適當之機關（構）、團體或個人，並得在事件終結前，交付少年調查官為適當之輔導。

二、命收容於少年觀護所進行身心評估及行為觀察，並提供鑑別報告。但以不能責付或以責付為顯不適當，而需收容者為限；少年、其法定代理人、現在保護少年之人或輔佐人，得隨時向少年法院聲請責付，以停止收容。（少事§26）

❖少年觀護所收容少年之期間，調查或審理中均不得逾2月。但有繼續收容之必要者，得於期間未滿前，由少年法院裁定延長之；延長收容期間不得逾1月，以一次為限。收容之原因消滅時，少年法院應依職權或依少年、其法定代理人、現在保護少年之人或輔佐人之聲請，將命收容之裁定撤銷之。

事件經抗告者，抗告法院之收容期間，自卷宗及證物送交之日起算。

事件經發回者，其收容及延長收容之期間，應更新計算。

裁定後送交前之收容期間，算入原審法院之收容期間。

少年觀護所之人員，應於職前及在職期間接受包括少年保護之相關專業訓練；所長、副所長、執行鑑別及教導業務之主管人員，應遴選具有少年保護之學識、經驗及熱忱者充任。

少年觀護所之組織、人員之遴聘及教育訓練等事項，以法律定之。（少事§26-2）

[8]：司法院大法官釋字第306號解釋，參註[3]。

第二節　繕狀寫作及思維技巧

一、訴狀寫作之要點

(一) 狀別欄須載明係何種狀別，將民事、刑事、行政訴訟擇一書寫。

刑　　事	
民　　事	狀
行政訴訟	

(二) 如有案號須填載清楚，其次是股別（如不知，應記載書記官之姓名），以便利法院內部作業。

案　號	年度　　字號　　承辦股別　　股

(三) 金額欄一般在民事及刑事附帶民事損害賠償時須注意填載。

訴訟標的金額或價額	新台幣　萬　千　百　十　元　角

(四) 當事人之稱謂（原被告及上訴被上訴人）、姓名、住址及有無送達代收人，在此特別要提醒的是對於辯護人及訴訟代理人之記載須注意。

稱　謂	姓　名	性　別	出　生 年月日	職　業	籍　貫	居住所	送達代收人 姓名住所

當事人之記載方式如下：

1. 一般當事人

(1) 一般係原告、被告，反訴則為反訴原告與反訴被告。

(2) 上訴程序為上訴人與被上訴人。

(3) 再審程序為再審原告與再審被告。

(4) 保全程序與督促程序，為債權人及債務人。

(5) 抗告程序，為抗告人及相對人。

(6) 其他聲請事項為聲請人。

2. 特別當事人

(1) 祭祀公業：應以管理人名義起訴。記載為○○○（即祭祀公業○○○之管理人）。

(2) 堂名或獨資商號：記載為○○○（即某堂或某商號）。

(3) 共同利益之數人：記載為○○○（即被選定人）。

(4) 主參加訴訟：記載為參加原告（或被告），並在本訴訟兩造下記載原告（即參加原告）。

(5) 其他管理人：如破產管理人、遺囑執行人、遺產管理人或命付強制管理人，記載為

○○○（即破產管理人○○○……等）。

(6) 胎兒：記載爲○○○之胎兒，並以其母爲法定代理人，當其出生後則再更正以其名爲當事人。

(7) 未成年人已結婚者：應記載爲○○○（已婚）。

(8) 訴訟（或法定）代理人代理多數當事人時，宜釐清爲「右○人或共同」之訴訟（或法定）代理人。

(9) 請求確認共有土地通行權存在之訴，僅須列否認原告主張之共有人爲被告，即爲已足。此在公同共有時亦同。

(10) 分公司得由其職員（經理人）爲訴訟代理人；依公司法第189條所定請求撤銷股東會決議之訴，應以股東會所由屬之公司爲被告，其當事人之適格始無欠缺。（參68年台上字第603號判例）

(11) 不動產查封後，債務人以之移轉登記於第三人時，債權人訴請撤銷查封，僅須以該第三人爲被告。

(12) 對於一般依商業登記法登記之個人或合夥經營之工廠或商號，應於姓名處記載爲張○○（或某某工廠或某商號）始屬完整的稱謂。

(五) 本文：先爲抬頭（爲某某，依法提出某某事：），民事須分載訴之聲明、事實、理由，刑事則僅將事實理由合併陳述之。

1. 訴之聲明之架構

(1) 訴訟標的如係不動產，則須將該標的之座落位置，即區段地號按照土地權狀記載清楚，如係金額則必須加上利息（一般利率5%，票據6%），有關先後位聲明請參考本節十二之說明。

(2) 訴訟費用由對造負擔之語句。

(3) 請准供擔保而爲假執行之宣告，或反供擔保而免爲假執行之宣告。

2. 事實與理由：事實強調簡明扼要及法律人繕寫時之倒裝語句法，詳參民事訴訟中之告訴狀範例；而理由則強調立論之準據與憑證。其中內容格式順序如次：

　　一、

　　　（一）

　　　　1.

　　　　　(1)

(六) 前開主文完畢時須將鈞院或鈞長抬到隔行開頭，然後爲所欲呈送之法院或檢察署。

(七) 前開主文記載有證人或證物時，須依次分別填寫證物與證人欄。

證人姓名及其住居所	
證物名稱及作數	

(八) 最後則爲具狀人及繕狀人（如律師不出名則不用列繕狀人，否則須列），在自訴與告訴時兩者均須列明，否則會因程序不合法而遭駁回，不可不愼。又日期之記載須以遞狀日填寫，以免爭議。

中華民國　　年　　月　　日
具狀人：
撰狀人：

二、繕狀注意事項

(一) 有關刑事、民事或非訟須區別清楚。

(二) 如已知案號及股別應切實填載。

(三) 如為民事則有關於金額之記載問題。

(四) 當事人在法律地位上之名稱及住址。

(五) 訴之聲明之撰寫。參第二編第一、二章之說明。

(六) 事實及理由之寫作技巧，可參前述之說明。

(七) 證人及證物之記載。

(八) 管轄法院。

(九) 當事人及律師具名之問題，參本節一、(四)之說明。

(十) 按民事或刑事訴訟之裁判，以行政處分是否無效或違法為據者，應依行政爭訟程序確定之。

三、繕狀之思維技巧

(一) 訴狀之撰寫，強調「精」、「氣」、「神」。精者，簡明扼要，切中核心；氣者，一氣呵成，引經據典；神者，突襲機先，引君入甕。此外，訴狀之撰寫應兼顧「法」、「理」、「情」，這點全憑生活經驗的累積與體認，因為任何案件的承辦均涉及很多不為人知的層面，加上自我意識在作評斷時，很可能無法跳脫既成的學習窠臼而不自知。

(二) 每當承辦一個案件時，應勤作筆記。對於堆積如山的卷宗，可採用前後對照法與探究法律適用有無違誤及缺失之方向進行，將能事半功倍，否則顧此失彼，難免會影響對全案之理解與發覺爭執之所在。

尤其更一、更二、更三以上的卷宗，厚達數百千張，對於此類案件，建議只閱開庭的筆錄及有關判決書，千萬不要先去翻閱一些答辯書狀，否則很容易在還未下筆時即被牽著鼻子走而失去自我思考評斷的契機。當一切依前法筆述整理列記於撰狀後，再參考他人之書狀寫作去尋求一些自我思考的遺漏，如此一方面以免掛一漏萬，一方面不會因先入為主的誤導造成錯誤的一再出現，而影響當事人權益，故須特別注意。

(三) 問題與答案間並非只有單純的一條連線，更適切地說，應該是一種妥當的選擇。首先應談到王澤鑑教授的請求權基礎理論，對於法律與事實間之連貫是極為重要的思索過程。配合董保城教授兼東吳大學副校長所謂：權利（法之主觀意義），即請求

權的基礎；法律（法之客觀意義），法律規範的範疇。將以上兩種互為依存的根據加以配合連貫，則將放諸四海而皆準，形諸四方皆能通。

〔民事爭訟〕

例如：甲與乙間發生爭訟，是基於 ┬ 直接（自發權） ┐
　　　　　　　　　　　　　　　　└ 間接（代位權） ┘ 請求權

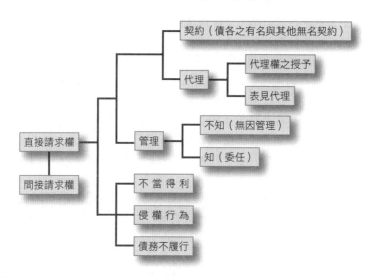

〔刑事爭訟〕

例如：甲與乙間之爭訟，是基於故意與過失之區別爭點。每一個案件因所處的立場不同，對於事實的認定亦有明顯之差異，其中故意與過失往往一線之隔，卻始終無法獲得對立雙方之合意。尤其在有認識過失與未必（間接）故意之分別上很難杠下定論，因為兩者對於客觀構成之犯罪事實均有基本之認識，前者在主觀上因自認絕不至於發生，卻不慎而發生；後者主觀上則為不論其發生與否，只對達成目的而行使之，因此在刑事繕狀時這又是一場對立邏輯分析爭戰之處，特提出來在此說明之。

〔共犯〕

△共犯在學理上，有「任意共犯」與「必要共犯」之分，前者指一般原得由一人單獨完成犯罪而由二人以上共同實施之情形，當然有刑法總則共犯規定之適用；後者係指須有二人以上之參與實施始能成立之犯罪而言。且「必要共犯」依犯罪之性質，尚可分爲「聚合犯」與「對向犯」，其二人以上朝同一目標共同參與犯罪之實施者，謂之「聚合犯」，如刑法分則之公然聚眾施強暴、脅迫罪、參與犯罪結社罪、輪姦罪等是，因其本質上即屬共同正犯，故除法律依其首謀、下手實施或在場助勢等參與犯罪程度之不同，而異其刑罰之規定時，各參與不同程度犯罪行爲者之間，不能適用刑法總則共犯之規定外，其餘均應引用刑法第28條共同正犯之規定。而「對向犯」則係二個或二個以上之行爲者，彼此相互對立之意思經合致而成立之犯罪，如賄賂、賭博、重婚等罪均屬之，因行爲者各有其目的，各就其行爲負責，彼此間無所謂犯意之聯絡，苟法律上僅處罰其中部分行爲者，其餘對向行爲縱然對之不無教唆或幫助等助力，仍不能成立該處罰行爲之教唆、幫助犯或共同正犯，若對向之二個以上行爲，法律上均有處罰之明文，當亦無適用刑法第28條共同正犯之餘地。（81台非233）

〔可罰性〕

　　刑事實體法對於何種犯罪應擔負何種刑責，立法時即已斟酌不同犯罪構成要件要素，涵攝相異之可罰性，而賦予不同之刑罰效果，此即行爲具有法律可罰；或稱行爲該當於犯罪之構成要件。

△行爲雖適合於犯罪構成要件之規定，但如無實質之違法性時，仍難成立犯罪。本件上訴人擅用他人之空白信紙一張，雖其行爲適合刑法第335條第1項之侵占罪構成要件，但該信紙一張所值無幾，其侵害之法益及行爲均極輕微，在一般社會倫理觀念上尚難認有科以刑罰之必要。且此項行爲，不予追訴處罰，亦不違反社會共同生活之法律秩序，自得視爲無實質之違法性，而不應繩之以法。（74台上4225）

△刑法第235條第1項之供人觀覽猥褻物品罪，乃屬侵害社會法益之罪，係以散布或販賣或公然陳列或以他法供人觀覽猥褻物品爲要件，其中散布、販賣、公然陳列，乃例示規定，均屬圖供他人觀覽方法之一，但供人觀覽之方法，實不以上開三種爲限，故又以他法供人觀覽之補充概括規定加以規範。所謂公然陳列者，指陳列於不特定人或特定多數人得以共見共聞之公然狀態；而散布者，乃散發傳布於公眾之意；販賣行爲，亦足以流傳於眾，多係對不特定人或特定多數人爲之。考其立法目的，以此等行爲，使猥褻物品流傳於社會公眾，足以助長淫風，破壞社會善良風俗，其可罰性甚爲顯著，此與猥褻物品僅供己或僅供極少數特定人觀覽，未達危害社會秩序而屬個人自由權限範疇之情形有別，故設刑罰規定，以資禁制。從而本罪所稱以他法供人觀覽之補充概括規定，雖未明定爲公然，實與上開例示規定相同而含有公然之意，必係置於不特定人或特定多數人可得觀賞、瀏覽之狀態下，始足當之。（84台上6294）

〔相當因果關係〕

　　法律上所謂相當因果關係，係指依經驗法則，綜合行爲當時所存在之一切事實，爲客觀之事後審查，認爲在一般情形下，有此環境、有此行爲之同一條件，均可發生同一之結果者，則該條件即爲發生結果之相當條件，行爲與結果即有相當之因果關係。反

之，若在一般情形下，有此同一條件存在，而依客觀之審查，認為不必皆發生此結果者，則該條件與結果不相當，不過為偶然之事實而已，其行為與結果間即無相當因果關係（參閱76年台上字第192號判例說明）。同時相當因果關係，即以所生之結果觀察，認為確因某項因素而惹起，又從因素觀察，認為足以發生此項結果，始克當之。（參閱58年台上字第404號判例）

△初審判決認被告因其妻某氏拒絕同宿，於民國25年8月25日晚乘該氏熟睡之際，用竹桿打其臀部，該氏奪斷竹桿，復拾木板打其後腰，經被告之母嬸等勸散，該氏負痛氣憤用酒泡宮粉服食，至天明毒發身死，是被告僅有毆傷其妻某氏之行為，至該氏之死，係由其本人服毒之偶然之原因介入所致，與其傷害行為並無相當因果之聯絡，則被告對此死亡結果自不應負責。初審判決謂某氏之服毒，係因被告毆打之刺激而起，竟依刑法第277條第2項，論以傷害人致死罪刑，原覆判審不以判決更正，竟為核准之判決，顯係違背法令，本件非常上訴，應認為有理由，至原確定判決既於被告不利，自應予以撤銷，另行改判。（29非48）

△傷害人致死罪之成立，以死亡與傷害具有因果關係者為限。若被害人所受傷害，原不足引起死亡之結果，係因加害者以外之他人行為（包括被害人或第三人）而致死亡，則與加害者之行為，並無相當因果關係，自難令負傷害人致死之罪責。（29非52）

△上訴人之強姦雖尚未遂，亦未將被害人推墮水中，但該被害人既係因拒姦跌入塘內溺斃，其死亡之發生，與上訴人之強姦行為，顯有相當因果關係，上訴人自難辭強姦因而致被害人死亡之罪責。（32上1206）

△刑法第277條之傷害罪，既兼具傷害身體或健康兩者而言，故對於他人實施暴行或脅迫使其精神上受重大打擊，即屬傷害人之健康，如被害人因而不能自主，致跌磕成傷身死，則其傷害之原因與死亡之結果，即不能謂無相當因果關係，自應負傷害致人於死之罪責。（32上2548）

△上訴人為從事汽車駕駛業務之人，既見對面有來車交會，而仍超車，於超車時，又未保持半公尺以上之安全間隔，竟緊靠右側路邊駛車，迫使在其右邊之林女駕駛之機車，無路行駛，一時慌急，操作不穩，緊急煞車，機車右前方裝置之後視鏡，碰到路邊之電桿而傾倒，致使機車後座林女之母摔倒地上，因傷斃命。是上訴人之違規車，與林母之死亡，顯有相當因果關係，應負業務過失致人於死之罪責。（69台上3119）

〔與有過失〕

　　所謂被害人與有過失，並非指被害人違反注意義務，而僅係對損害之發生能注意而不注意而言。按損害之發生或擴大，被害人與有過失者，法院得減輕賠償金額或免除之；於被害人之代理人或使用人與有過失者，準用之。

△民法第192條第1項規定不法侵害他人致死者，對於支出殯葬費之人，亦應負損害賠償責任，係間接被害人得請求賠償之特例。此項請求權，自理論言，雖係固有之權利，然其權利係基於侵權行為之規定而發生，自不能不負擔直接被害人之過失，倘直接被害人於損害之發生或擴大與有過失時，依公平之原則，亦應有民法第217條過失相抵規定之適用。（73台再182）

△民法第224條所謂代理人，應包括法定代理人在內，該條可類推適用於同法第217條
　被害人與有過失之規定，亦即在適用民法第217條之場合，損害賠償權利人之代理人
　或使用人之過失，可視同損害賠償權利人之過失，適用過失相抵之法則。（73台上
　2201）
△被害人許某雖患有肝硬化等症，而為上訴人所不知，惟許某之死亡，本由於上訴人毆
　打行為所致，不能以許某未預為告知其已患有何疾病，而謂許某就其死亡之發生，亦
　與有過失。（73台上4045）
△民法第217條關於被害人與有過失之規定，於債務人應負無過失責任者，亦有其適
　用。（79台上2734）
△損害之發生或擴大，被害人與有過失者，法院得減輕賠償金額或免除之，民法第217
　條第1項定有明文。此項規定之目的，在謀求加害人與被害人間之公平，故在裁判上
　法院得以職權減輕或免除之。（85台上1756）

〔何謂業務〕

　　刑法上所謂業務，係指個人基於其社會地位繼續反覆所執行之事務，包括主要業務
及其附隨之準備工作與輔助事務在內。此項附隨之事務，並非漫無限制，必須與其主要
業務有直接、密切之關係者，始可包含在業務概念中，而認其屬業務之範圍。譬如說汽
車駕駛人之駕駛工作，乃隨時可致他人身體、生命於危險之行為；性質上屬於可容許危
險之範疇。惟從事此類繼續、反覆行為（業務）之人（駕駛人），均應盡其經常注意，
俾免他人受有危險之特別注意義務。如以駕駛汽車為主要業務之人，就其駕駛汽車應有
經常注意，俾免他人於危險之特別義務，其所負之特別義務，因之，在此地位之駕車，
不問其目的為何，均應認其係業務之範圍，亦不因其駕駛時為上班或下班時間而有差
別。

△刑法第276條第2項之業務上過失致人於死罪，以行為人之過失係基於業務上行為而發
　生者為限。上訴人在醫院充當助手，如非擔任治療之業務，則其對於求診者濫施藥針
　誤傷人命，係屬普通過失致人於死，尚不負業務上過失之加重責任。（26滬上5）
△上訴人身任看護，對於蒸汽爐之帶有危險性，又為其所素知，乃竟將蒸汽爐逼近病
　榻，逕往他處。致酒精燃燒，沸水噴出，將病人某甲燒燙身死，自應論以業務上之過
　失致人於死罪刑。（27上162）
△上訴人雖係實習醫生，但既在醫院從事治療之業務，因怠於醫術上之注意，以致病人
　死亡，顯應成立刑法第276條第2項從事業務之人因業務上過失致人於死之罪。（28上
　1302）
△上訴人受甲地郵局之委託，將其鉛子封固之郵袋運往乙地，在運送途中，對於該整個
　郵袋，固因業務而持有，但其封鎖郵袋內之各個包裹，仍為託運人所持有，並非上訴
　人所得自由支配，乃將鉛子封印拆開一部，抽竊袋內所裝包裹，實與侵沒整個郵袋之
　情形不同，應成立竊盜罪名。（29上171）
△刑法第228條犯罪之成立，須以因業務關係服從自己監督之人，利用權勢而姦淫之為
　要件。被告甲男，雖有教舞之事實，但其對於來學之人，既屬一任自由，並無法律上
　或規則上支配與考核勤惰之權，自不同於學校學生，廠店藝徒，有支配服從之關係，

雖乙女慕於甲男之舞技，對其要求曲意順從，於日記上有「怕他生氣」之記載，仍屬於情感之範圍，不足以說明甲男有利用權勢加以威脅之事實。（43台上487）

△刑法上所謂業務，係以事實上執行業務者為標準，即指以反覆同種類之行為為目的之社會的活動而言；執行此項業務，縱令欠缺形式上之條件，但仍無礙於業務之性質。上訴人行醫多年，雖無醫師資格，亦未領有行醫執照，欠缺醫師之形式條件，然其既以此為業，仍不得謂其替人治病非其業務，其因替人治病，誤為注射盤尼西林一針，隨即倒地不省人事而死亡，自難免刑法第276條第2項因業務上之過失致人於死之罪責。（43台上826）

△刑法第276條第2項業務上過失致人於死罪，以行為人之過失，係基於業務上行為而發生者為限。上訴人既係司機助手，並未擔任司機業務，則其偶因司機生病，代為駕駛，以致誤斃人命，自屬普通過失致人於死，不負業務上過失責任。（46台上13）

△刑法第215條所謂業務上作成之文書，係指從事業務之人，本於業務上作成之文書者而言。（47台上515）

△刑法第183條第3項之從事業務之人，因業務上之過失，犯傾覆或破壞現有人所在之供公眾運輸之舟車罪，係以其供公共運輸之交通工具，於現有人所在之際傾覆或破壞，危害公共安全較大，特設其處罰規定，如其所傾覆或破壞者僅供特定人運輸之用，要與該條項所定要件不合。（55台非58）

△上訴人為從事汽車駕駛業務之人，既見對面有來車交會，而仍超車，於超車時，又未保持半公尺以上之安全間隔，竟緊靠右側路邊駛車，迫使在其右邊之林女駕駛之機車，無路行駛，一時慌急，操作不穩，緊急煞車，機車右前方裝置之後視鏡，碰到路邊之電桿而傾倒，致使機車後座林女之母摔倒地上，因傷斃命。是上訴人之違規行車，與林母之死亡，顯有相當因果關係，應負業務過失致人於死之罪責。（69台上3119）

△刑法第276條第2項所謂之業務，係指以反覆同種類之行為為目的之社會活動而言。故一人不以一種業務為限，如一人同時兼有二種或二種以上之業務，而在某一種業務上有不慎致人於死之行為，即應負其業務過失致人於死罪責。（69台上4047）

△刑法上所謂業務，係指個人基於其社會地位繼續反覆所執行之事務，其主要部分之業務固不待論，即為完成主要業務所附隨之準備工作與輔助事務，亦應包括在內。（71台上1550）

△上訴人係以駕車為業，其所駕駛者復為其公司之大貨車，縱此次非載貨而載人，但因與其駕車業務有直接關係，仍屬業務上之行為，自應負特別注意義務，由於其過失行為，發生致人於死之結果，原審本此確定之事實，適用刑法第276條第2項論以罪責，自無適用法則不當之違法。（71台上7098）

△汽車駕駛人之駕駛工作，乃隨時可致他人身體生命於危險之行為，並係具有將該行為繼續、反覆行使之地位之人。因此應有經常注意俾免他人於危險之特別注意義務。上訴人所駕駛之客貨兩用車，係以之為販賣錄音帶所用，其本人並以販賣錄音帶為業，故其駕駛該車本屬其社會活動之一，在社會上有其特殊之屬性（地位），其本於此項屬性（地位）而駕車，自屬基於社會生活上之地位而反覆執行事務，因之，在此地位

之駕車，不問其目的爲何，均應認其係業務之範圍。上訴人徒以其時非用以運載錄音帶，即謂非業務所爲，難認有理由。（75台上1685）

△刑法上所謂業務，係指個人基於其社會地位繼續反覆所執行之事務，包括主要業務及其附隨之準備工作與輔助事務在內。此項附隨之事務，並非漫無限制，必須與其主要業務有直接、密切之關係者，始可包含在業務概念中，而認其屬業務之範圍。上訴人以養豬爲業，其主要業務似係從事豬隻之生產、養殖、管理、載運、販賣等工作，倘上訴人並非經常駕駛小貨車載運豬隻或養豬所需之飼料等物，以執行與其養豬業務有直接、密切關係之準備工作或輔助行爲，僅因欲往豬舍養豬，單純以小貨車做爲其來往豬舍之交通工具，自不能謂駕駛小貨車係上訴人之附隨事務。（89台上8075）

四、請求權的基礎與競合

對於民事訟訴來說，任何當事人想要主張自己的權益，首先便是要瞭解如何建立請求權的基礎，亦即是基於債權、物權或身分權，而依據這些請求權的基礎法條去衍生各種法律關係的請求。例如買賣的基礎請求權是民法第345條，則相對買賣雙方的衍生請求則分別是第348條及第367條。因此強要將請求權逐一歸納明細，一般人並不願如此大費周章，因此只能將實務上經常發生的請求權整理於本說明之後，請自行參閱。

〔時效消滅〕

△(二)民法第144條第1項規定時效完成後，債務人得拒絕給付，是消滅時效完成之效力，不過發生拒絕給付之抗辯權，並非使請求權當然消滅，債務人若不行使其抗辯權，法院自不得以消滅時效業已完成，即認請求權已歸消滅。（29渝上1195）

△當事人於言詞辯論時，就他造所爲給付之請求爲認諾者，即令該請求權之消滅時效已完成，亦應本於其認諾爲該當事人敗訴之判決，不得再以言詞辯論終結前消滅時效之完成，爲拒絕給付之理由。（30渝上473）

△消滅時效因請求、承認、起訴而中斷。所謂承認，指義務人向請求權人表示是認其請求權存在之觀念通知而言，又承認不以明示爲限，默示的承認，如請求緩期清償、支付利息等，亦有承認之效力。（51台上1216）

△系爭土地由台灣省政府撥交被上訴人管理使用，被上訴人本於管理人地位行使返還請求權，與所有人所得行使者無殊，自應適用15年之長期時效。上訴人以被上訴人奉令管理後歷九整年始請求返還，依民法第963條規定，其請求權已因1年時效之經過而消滅爲抗辯，不無誤會。（52台上3146）

△請求權時效期間爲15年，但法律所定期間較短者，依其規定（民法第125條），故時效期間僅有較15年爲短者，而無超過15年者。至於民法第145條第1項，係就請求權罹於時效消滅後，債權人仍得就其抵押物、質物或留置物取償而爲規定，同法第880條，係抵押權因除斥期間而消滅之規定，均非謂有抵押權擔保之請求權，其時效期間較15年爲長。（53台上1391）

△民法第260條規定解除權之行使，不妨礙損害賠償之請求。據此規定，債權人解除契約時，得併行請求損害賠償，惟其請求損害賠償，並非另因契約解除所生之新賠償請求權，乃使因債務不履行（給付不能或給付遲延）所生之舊賠償請求權，不因解除失

其存在，仍得請求而已，故其賠償範圍，應依一般損害賠償之法則，即民法第216條定之，其損害賠償請求權，自債務不履行時起即可行使，其消滅時效，亦自該請求權可行使時起算。（55台上1188）

〔定金〕

按所謂定金，依民法第248條規定，屬於成約定金性質，預約亦可因授受定金而視為成立，如約定不履行契約義務時，沒收定金，通常應解為對於受領定金之一方當事人所為保留契約解除權之約定。付定金當事人之一方，如確有違約情事，他方若表示沒收定金時，即應認係已有約定保留契約解除權之行使，應使發生契約解除之效力。

△ 主債務人對於上訴人之債務，僅係不為給付，而非不能履行，上訴人不得依民法第249條第3款請求如應為加倍返還定金。惟上訴人如與主債務人確已解除契約，則上訴人請求加倍返還定金雖屬不當，但法院可不受當事人法律上主張之拘束，應適用民法第259條之規定，認主債務人負有返還原付定金，回復原狀之義務。（43台上607）

△ 上訴人出賣與被上訴人之土地，在交付前被徵收為都市計劃用地之部分，已屬給付不能，此項危險應由上訴人自行負擔，而其餘可能部分，又因上訴人另行出賣與第三人，並已交割完畢，亦已成為給付不能，則被上訴人援引民法第249條第4款之規定，求命上訴人返還其所受領之定金，自非不應准許。（49台上1246）

△ 上訴人既將蓋有本人私章及所經營工廠廠章之空白合約與收據，交由某甲持向被上訴人簽訂契約及收取定金，顯係由自己之行為表示以代理權授與他人，自應負授權人之責任，則某甲收取定金之行為與上訴人無異，至某甲曾將所收取之定金交付上訴人與否，乃某甲與上訴人間之問題，上訴人殊不能以未自某甲處收到定金，對抗被上訴人。（56台上2156）

△ 民法第249條第3款規定之加倍返還定金，以契約因可歸責於受定金當事人之事由致不能履行為其前提，與民法第259條第2款規定之附加利息償還所受領之金額，須以解除契約為前提者不同。原審未就本件契約有無因可歸責於受定金當事人即被上訴人之事由，致不能履行之情形加以審究，徒以兩造訂立在前之公司股權轉讓合約書尚未解除，上訴人不得請求加倍返還定金云云，為不利於上訴人之斷定，自屬難資折服。（63台上2367）

△ 契約當事人之一方，為確保其契約之履行，而交付他方之定金，依民法第249條第3款規定，除當事人另有約定外，祇於契約因可歸責於受定金當事人之事由，致不能履行時，該當事人始負加倍返還其所受定金之義務，若給付可能，而僅為遲延給付，即難謂有該條款之適用。（71台上2992）

△ 解約定金，係以定金為保留解除權之代價，定金付與人固得拋棄定金，以解除契約；定金收受人亦得加倍返還定金，以解除契約。惟此項解除須於相對人著手履行前為之，相對人已著手履行時，則不得再為此項解除權之行使。（72台上85）

〔違約金〕

違約金如係債務人於不履行債務時支付，其即屬損害賠償預定性之違約金，倘為給付遲延而約定，即與民法第231條第1項規定之損害賠償額相當。其為給付不能而約定者，則與民法第226條規定之損害賠償額同；兩者性質既異。所謂違約金，不問其作用

爲懲罰抑爲損害賠償額之預定，均有民法第252條規定之適用。

△違約罰性質之違約金，於有違約情事時其請求權即已發生，不因其後契約之解除而謂並無違約情事，自無因契約解除而隨同消滅之理。本件被上訴人既經原審認定其已發生違約情事，並認定兩造約定之違約金，係違約罰性質，而又謂契約已經解除，上訴人不得請求該項違約金，將第一審該部分之判決廢棄，改爲上訴人敗訴之判決，核諸前開說明，即難謂無違誤。（61台上2922）

△解除權之行使，不妨礙損害賠償之請求，民法第260條定有明文。此項損害賠償，應不包括同法第259條第2款所定應返還自受領時起之利息，蓋此項利息之支付，爲回復原狀之方法，而非同法第260條之損害賠償。從而被上訴人除依民法第259條第2款規定，請求返還自受領時起之利息外，尚非不得依約定請求給付違約金以爲賠償。（72台上4365）

△約定之違約金過高者，法院得減至相當之數額，民法第252條定有明文。至於是否相當，即須依一般客觀事實，社會經濟狀況及當事人所受損害情形，以爲斟酌之標準。且約定之違約金過高者，除出於債務人之自由意思，已任意給付，可認爲債務人自願依約履行，不容其請求返還外，法院仍得依前開規定，核減至相當之數額。（79台上1915）

〔給付不能〕

△債之關係發生後給付不能者，無論其不能之事由如何，債權人均不得請求債務人爲原定之給付，此觀於民法第225條及第226條之規定自明。物之交付請求權發生後，其物經法律禁止交易致爲不融通物者，給付即因法律上之規定而不能，其禁止交易在訴訟繫屬中者，爲原告之債權人，如仍求爲命被告交付該物之判決，自應認其訴爲無理由，予以駁回。（31上391）

〔代價請求〕

△債權之讓與不過變更債權之主體，該債權之性質仍不因此有所變更，故因債權之性質所定之短期消滅時效，在債權之受讓人亦當受其適用。本件被上訴人向某甲受讓之債權，既爲商人供給商品之代價請求權，則民法第127條第8款之規定，當然在適用之列。（26渝上1219）

△民法第127條第8款之請求權，僅指商人、製造人、手工業人所供給之商品產物之代價請求權而言，不包含交付出賣標的物之請求權在內，關於交付出賣標的物請求權之消滅時效，仍應適用同法第125條之規定。（31上1205）

△民法第127條第8款規定之商品代價請求權，係指商人自己供給商品之代價之請求權而言。上訴人因清償被上訴人墊付之貨款所簽付之支票，既未能兌現，被上訴人遂仍請求上訴人償還伊所墊付之貨款，即與商人請求其自己供給商品之代價不同，被上訴人之請求權自應適用民法第125條所規定之長期時效。（62台上1381）

〔緩期給付〕

△債權人允許緩期給付，爲債務人遲延責任終了原因之一，至於既已發生之遲延賠償請求權是否隨同消滅，則依債權人當時之真意定之，被上訴人既在調解中允許上訴人緩期交地，則在此緩期履行期間內，上訴人應無遲延責任之可言，至調解成立前之遲延

損害賠償請求權是否仍屬存在，則有待調查被上訴人允許緩期給付當時之眞意。（61台上1187）

〔分期清償〕

△上訴人既自願照額訂立分期撥付據付與被上訴人收執，以清償從前之債務而負擔新債務，被上訴人並將以前借據作廢退還上訴人，其有消滅舊債務之意思表示毫無疑義，自不得再事主張。被上訴人僅能就最初本金按銀行放款日拆爲求償範圍，其超過者無請求權。（40台上1068）

〔不當得利〕

△民法第197條第2項之不當得利返還請求權，依同法第125條之規定，因15年間不行使而消滅。（29渝上1615）

△不當得利返還請求權與損害賠償請求權，法律上之性質雖有未同，但二者訴訟上所據之事實如屬同一，則原告起訴時雖係基於侵權行爲之法律關係，然在訴訟進行中於他造爲時效之抗辯後，亦不妨再基於不當得利之請求權而爲主張。（56台上3064）

〔侵權行爲〕

△因侵權行爲受利益致被害人受損害時，依法被害人固有損害賠償請求權，與不當得利返還請求權，其損害賠償請求權雖因時效而消滅，而其不當得利返還請求權，在同法第125條之消滅時效完成前，仍得行使之。（41台上871）

△侵權行爲，即不法侵害他人權利之行爲，屬於所謂違法行爲之一種。債務不履行爲債務人侵害債權之行爲，性質上雖亦屬侵權行爲。但法律另有關於債務不履行之規定，故關於侵權行爲之規定，於債務不履行不適用之。民法第231條第1項，因債務遲延所發生之賠償損害請求權，與同法第184條第1項，因故意或過失不法侵害他人之權利所發生之損害賠償請求權有別，因之基於民法第231條第1項之情形，所發生之賠償請求權，無同法第197條第1項所定短期時效之適用，其請求權在同法第125條之消滅時效完成前，仍得行使之，應爲法律上當然之解釋。（43台上752）

△不法侵害他人致死者，其繼承人得否就被害人如尚生存所應得之利益，請求加害人賠償，學者間立說不一。要之，被害人之生命因受侵害而消滅時，其爲權利主體之能力即已失去，損害賠償請求權亦無由成立，則爲一般通說所同認，參以我民法就不法侵害他人致死者，特於第192條及第194條定其請求範圍，尤應解爲被害人如尚生存所應得之利益，並非被害人以外之人所得請求賠償。（54台上951）

△侵權行爲所發生之損害賠償請求權，以有故意或過失不法侵害他人權利爲其成立要件，若其行爲並無故意或過失，即無賠償之可言，第三人所有之財產，如有足以信其屬債務人所有之正當理由，則請求查封之債權人，尚不得謂之有過失。（54台上1523）

△關於侵權行爲損害賠償請求權之消滅時效，應以請求權人實際知悉損害及賠償義務人時起算，非以知悉賠償義務人因侵權行爲所構成之犯罪行爲經檢察官起訴，或法院判決有罪爲準。（72台上738）

〔買賣〕

△不動產之買受人對於出賣人，固有請求交付不動產及其他給付之權利，然如當事人間

移轉不動產所有權之契約，曾經有效成立，而買受人已有得向第三人主張之所有權，則依民法第767條、第184條第1項之規定，對於無權占有或侵奪其所有物者，得請求返還之。對於因故意或過失不法侵害其所有權者，得請求賠償其損害。此等請求權本與其對於出賣人之請求權獨立存在，不能以其對於出賣人別有請求權，而排斥其行使。（30渝上207）

△民法第348條所謂交付其物於買受人，即移轉其物之占有於賣受人之謂。占有之移轉，依民法第946條第2項準用第761條之規定，如買賣標的物由第三人占有時，出賣人得以對於第三人之返還請求權讓與買受人以代交付。故除有出賣人之交付義務，在第三人返還前仍不消滅之特約外，出賣人讓與其返還請求權於買受人時，其交付義務即為已經履行，買受人不得以未受第三人返還，為拒絕支付價金之理由。（32上5455）

△債權債務之主體應以締結契約之當事人為準，故買賣約據所載明之買受人，不問其果為實際上之買受人與否，就買賣契約所生標的物之給付請求權涉訟，除有特別情事外，須以該約據上所載之買受人名義起訴，始有此項請求權存在之可言。（40台上1241）

△買賣契約成立後，買受人應負交付約定價金於出賣人之義務，既為民法第367條所明定，則買受人對於出賣人所交付之價金，在買賣契約未失其效力之前，自無返還請求權。（41台上1560）

〔解除權〕

△民法第260條規定解除權之行使，不妨礙損害賠償之請求，據此規定，債權人解除契約時，得併行請求損害賠償，惟其請求損害賠償，並非另因契約解除所生之新賠償請求權，乃使因債務不履行（給付不能或給付遲延）所生之舊賠償請求權，不因解除失其存在，仍得請求而已，故其賠償範圍，應依一般損害賠償之法則，即民法第216條定之。其損害賠償請求權，自債務不履行時起即可行使，其消滅時效，亦自該請求權可行使時起算。（55台上1188）

△民法第260條規定解除權之行使，不妨礙損害賠償之請求，並非積極的認有新賠償請求權發生，不過規定因其他原因已發生之賠償請求權，不因解除權之行使而受妨礙。故因契約消滅所生之損害，並不包括在內，因此該條所規定之損害賠償請求權，係專指因債務不履行之損害賠償而言。（55台上2727）

〔贈與〕

△上訴人之被繼承人鄭某既已於生前將訟爭土地出具字據贈與被上訴人，因該地實際上早由被上訴人占有使用中，故應認於贈與契約成立之日即已交付贈與物，並不因被上訴人之土地所有權移轉登記請求權罹於消滅時效而成為無權占有。（69台上1665）

〔租賃〕

△(二)訟爭房地如果係上訴人出租於被上訴人使用收益，則上訴人於終止租賃契約時所得行使之租賃物返還請求權，自不因其所有權之未受合法移轉而受影響。（31上2665）

△承租人所有民法第431條第1項之費用償還請求權，與其在租賃關係終止後所負返還租

賃物之義務，非有互爲對價之關係，不得藉口其支付之有益費用未受清償，即拒絕租賃物之返還。（33上2326）

△ 被上訴人承租上訴人之舖屋既因火災致全部滅失，其租賃關係即因之而消滅，該舖屋之基地顯爲租賃物之一部，然除別有訂定外，被上訴人僅得因使用舖屋而使用之，本無獨立使用之權。租賃關係因舖屋滅失而消滅後，被上訴人仍占有使用，如別無合法原因，即不能謂上訴人無返還請求權，雖該項地基曾經上訴人於民國30年3月間立契出賣於訴外人某甲，其所有權已移轉於該訴外人，然依民法第348條第1項之規定，上訴人負有交付出賣標的物於買受人之義務，而民法第455條之租賃物返還請求權，又不以出租人就租賃物有所有權爲要件，則原判決以該地基所有權已移轉於他人爲理由，認上訴人無返還請求權，於法顯有未合。（33上3061）

△ 被上訴人向訴外人某甲買受系爭房屋後，雖未完成其所有權移轉登記，但其行使之租賃物返還請求權，係基於租賃關係即債之關係所發生，被上訴人既已向原出租人之某甲一併受讓其權利，並將此項事由通知上訴人，則其對上訴人行使出租人之權利，自不因系爭房屋之未完成所有權移轉登記而受影響。（44台上1101）

△ 民法第125條之請求權消滅時效，自請求權可行使時起算，同法第128條定有明文。被上訴人占有系爭土地之原因，縱如原審所認，係由上訴人之承租人某乙及某丙之先後轉租，而在各該承租人與上訴人間之租賃契約終止租賃關係消滅前，上訴人之租賃物返還請求權，仍難謂已可行使而在得爲起算之列。（45台上1378）

△ 出租人有以合於約定所使用收益之租賃物交付承租人之義務，苟租賃物爲第三人不法占有時，並應向第三人行使其返還請求權，以備交付，其怠於行使此項權利者，承租人因保全自己債權得代位行使之，此觀民法第423條及第242條之規定自明。（47台上1815）

△ (二)因擔保承租人之債務而授受之押金，未經交付於租賃物之受讓人者，受讓人既未受有押金權利之移轉，則承租人即得逕向原出租人爲返還押金之請求，無待租賃契約終止而後可。（49台上307）

△ 房屋及基地之租金數額，按其地區，於土地法第97條及實施都市平均地權條例第58條，分別定有限制，當事人間約定之租金超過此限制者，出租人對超過部分無請求權，法院就出租人超過部分之請求，予以駁回，與行政機關強制減定前開超限租額，併行不悖。（59台上793）

△ 上訴人間之設定抵押權及買賣土地行爲，如確屬無效，被上訴人原非不得依據民法第242條及第113條之規定，代位行使上訴人之回復原狀請求權，以保全其債權，惟此項回復原狀請求權，與刑事訴訟法第487條之回復損害請求權有別，不容被上訴人依附帶民事訴訟程序，行使其回復原狀請求權。（59台上2556）

△ 租賃物返還請求權之行使，乃係基於債之關係，至行使所有物返還請求權，則係本於物權之作用，兩者所據之事實與原因關係，均不相同。抗告人訴求返還土地，在第一審係基於終止租約請求返還租賃物，在原審復變更主張爲相對人無權占有而請求返還所有物，其訴訟標的既已變更，自屬訴之變更，且不合於民事訴訟法第256條第2款至第4款之情形，非經他造同意不得爲之。（60台抗296）

△出租人對於承租人之租賃物返還請求權，係以該物永久的占有之回復為標的，以此項
　請求權為訴訟標的時，其價額固應以該物之價額為準，若承租人對於出租人之租賃物
　交付請求權，則以該物一時的占有使用為標的，以此項請求權為訴訟標的時，其價額
　應以租賃權之價額為準，租賃權之價額，依民事訴訟費用法第13條定之。（73台抗
　297）

△租約終止後，出租人除得本於租賃物返還請求權，請求返還租賃物外，倘出租人為租
　賃物之所有人時，並得本於所有權之作用，依無權占有之法律關係，請求返還租賃
　物。（75台上801）

〔居間〕

△媒介居間人固以契約因其媒介而成立時為限，始得請求報酬。但委託人為避免報酬之
　支付，故意拒絕訂立該媒介就緒之契約，而再由自己與相對人訂立同一內容之契約
　者，依誠實信用原則，仍應支付報酬。又委託人雖得隨時終止居間契約，然契約之終
　止，究不應以使居間人喪失報酬請求權為目的而為之，否則仍應支付報酬。（58台上
　2929）

〔運送〕

△民法第127條第2款載：運送費及運送人所墊之款之請求權，因2年間不行使而消滅，
　法律所以對此特定短期時效，旨在從速解決，而所謂延滯費，並非因債務不履行而生
　之損害賠償，而為對於運送人就運送契約上約定以外所為給付之報酬，名稱雖與運送
　費異，實質上仍為運送之對價，不因其為對於運送契約上約定以外所為給付之對價，
　而謂其時效之計算應有不同，自應解為包括於民法第127條第2款所定短期時效之內，
　而不應適用一般之長期時效。（51台上1940）

〔定作〕

△民法第514條第1項所定定作人之減少報酬請求權，一經行使，即生減少報酬之效果，
　應屬形成權之性質，該條項就定作人減少報酬請求權所定之1年期間為除斥期間。
　（71台上2996）

〔合夥〕

△刑法上之侵占罪，以侵占自己持有他人之物為構成要件。合夥人之出資，為合夥人全
　體之公同共有，合夥人退夥時，其公同共有權即行喪失。縱退夥人與他合夥人間結算
　後尚有出資償還請求權，而在未償還以前仍屬於他合夥人之公同共有，並非於退夥時
　當然變為退夥人之物。他合夥人不履行償還義務，並非將其持有他人之物易為不法所
　有，自不生侵占問題。（28上2376）

△合夥財產為合夥人全體之公同共有，自不以合夥財產之一部，為合夥人中一部分人債
　務之執行標的物。民法第685條第1項雖規定合夥人之債權人，就該合夥人之股份得聲
　請扣押，然由同條第2項之規定推之，其扣押之標的物，實僅為該合夥人因退夥所得
　行使之出資返還請求權及利益分配請求權，仍非以合夥財產之一部為合夥人中一部分
　人債務之執行標的物。（31上3083）

〔所有物返還〕

△民法第125條所稱之請求權，包含所有物返還請求權在內，此項請求權之消滅時效完

成後，雖占有人之取得時效尚未完成，占有人亦得拒絕返還。（28渝上2301）

△ 請求返還所有物之訴，應以現在占有該物之人爲被告，如非現占有該物之人，縱令所有人之占有係因其人之行爲而喪失，所有人亦僅於此項行爲具備侵權行爲之要件時，得向其人請求賠償損害，要不得本於物上請求權，對之請求返還所有物。（29渝上1061）

△ 原告提起確認所有權存在之訴，而其所有物返還請求權之消滅時效已完成者，經被告就此抗辯後，原告自無即受確認判決之法律上利益。（32上4198）

△ 在台灣公產管理處出賣訟爭房屋後，如已將對於訟爭房屋之返還請求權隨之移付於上訴人，則上訴人就訟爭房屋，縱因未爲移轉登記不能爲所有權之主張，而本於上述房屋返還請求權，向被上訴人請求返還訟爭房屋，除被上訴人另有足以對抗出賣人之事由以對抗上訴人外，自不容被上訴人藉詞於未經登記，拒絕交付。（41台上27）

△ 依被上訴人所訴之事實觀之，其請求上訴人塗銷系爭土地之所有權移登記，顯在行使系爭土地所有人之除去妨害請求權，自係因不動產物權涉訟，依民事訴訟法第10條第1項規定，應專屬系爭土地所在地之台灣花蓮地方法院管轄。（74台上280）

〔共有〕

△ 共有人就其應有部分登記爲他共有人所有後，而仍保留應有部分返還請求權者，自爲民法第125條所謂請求權之一種，應依該條規定因15年間不行使而消滅。至本院29年上字第1529號判例，所謂共有人請求分割共有物之權利爲形成權，無消滅時效規定之適用，當以其應有部分之所有權存在爲其必要條件，若共有人就其應有部分已登記爲他共有人所有，而其保留之應有部分返還請求權又因時效完成而消滅，則該共有人就原有共有物已無共有之關係，自無分割之可言，此與上述判例之情形自屬不同。（40台上779）

△ 共有，乃數人共同享受一所有權，故各共有人本其所有權之作用，對於共有物之全部均有使用收益權。惟其使用收益權應按其應有部分而行使，不得損及他共有人之利益，若有侵害，則與侵害他人之所有權同。被侵害之他共有人，自得依侵權行爲之規定，而行使其損害賠償請求權。（51台上3495）

〔質權〕

△ 民法第896條載：動產質權所擔保之債權消滅時，質權人應將質物返還於有受領權之人等語，是質權人返還質物之義務，應於動產質權所擔保之債權消滅時始行發生。易詞言之，即動產質權所擔保之債權未消滅時，出質人尚無返還質物請求權之可言。（33永上554）

〔占有〕

△ 不動產所有權之回復請求權，應適用民法第125條關於消滅時效之規定，故所有人未經登記之不動產，自被他人占有而得請求回復之時起，已滿15年尚未請求者，不問占有人之取得時效已否完成，而因消滅時效之完成即不得爲回復之請求。（40台上258）

△ 占有物非盜贓，亦非遺失物，其占有並具有民法第948條所定應受法律保護之要件者，所有人即喪失其物之回復請求權，此觀民法第949條之規定自明。至所謂盜贓，

較諸一般臟物之意義爲狹，係以竊盜、搶奪、或強盜等行爲，奪取之物爲限，不包含因侵占所得之物在内。（40台上704）

〔同居〕

△ 請求權因15年間不行使而消滅，固爲民法第125條所明定，然其請求權若著重於身分關係者，即無該條之適用（例如因夫妻關係而生之同居請求權）。履行婚約請求權，純係身分關係之請求權，自無時效消滅之可言。（48台上1050）

〔男女結合類似夫妻之贍養費〕

△ 男子與女子間類似夫妻之結合關係，雙方雖得自由終止，但男子無正當理由而終止，或女子因可歸責於男子之事由而終止者，如女子因此而陷於生活困難，自得請求男子賠償相當之贍養費，此就男子與女子發生結合關係之契約解釋之，當然含有此種約定在内，不得以民法第1057條之規定，於此情形無可適用，遂謂妄無贍養費給付請求權。（33上4412）

〔扶養〕

△ (二)上訴人之女縱令爲被上訴人所生，應由被上訴人負扶養義務，亦僅其女有扶養請求權，上訴人自不得以自己名義，提起請求扶養之訴，即使上訴人以其女之名義提起請求扶養之訴，而自爲法定代理人，依民事訴訟法第568條第2項之規定，亦不得與上訴人請求被上訴人離婚之本件訴訟合併提起。（29渝上883）

△ 因扶養請求權被侵害而生之損害賠償請求權，以扶養等請求權存在爲前提，而扶養之請求，乃請求權人身分上專屬之權利，該權利因請求權人死亡而消滅，其繼承人不得繼承其身分關係，對加害人請求賠償死亡後之扶養費。（49台上625）

〔公司〕

△ 股份有限公司，對於股東之股款繳納請求權怠於行使者，該公司之債權人，自得依民法第242條、第243條之規定代位行使。（27渝上2377）

〔保險〕

△ 保險契約訂定，要保人未於拒絕賠償請求後3個月内起訴，其請求權即消滅者，依民法第147條及第71條之規定，自屬無效。（26鄂上357）

△ 損害賠償祇應塡補被害人實際損害，保險人代位被害人請求損害賠償時，依保險法第53條第1項規定，如其損害額超過或等於保險人已給付之賠償金額，固得就其賠償之範圍，代位請求賠償，如其損害額小於保險人已給付之賠償金額，則保險人所得代位請求者，應祇以該損害額爲限。（65台上2908）

△ 按保險制度，旨在保護被保險人，非爲減輕損害事故加害人之責任。保險給付請求權之發生，係以定有支付保險費之保險契約爲基礎，與因侵權行爲所生之損害賠償請求權，並非出於同一原因。後者之損害賠償請求權，殊不因受領前者之保險給付而喪失，兩者除有保險法第53條關於代位行使之關係外，並不生損益相抵問題。（68台上42）

△ 保險法第53條第1項規定之保險人代位權，其行使之對象，不以侵權行爲之第三人爲限，苟被保險人因保險人應負保險責任之損失發生，而對於第三人有損害賠償請求權者，保險人即得於給付賠償金額後，代位行使被保險人對於第三人之請求權。（76台

上1493）

〔破產〕

△上訴人已於訴訟進行中受破產之宣告，本件又係以上訴人對於被上訴人之貨款給付請求權，及財產上之損害賠償請求權爲訴訟標的，依破產法第82條第1項之規定，即屬民事訴訟法第174條所謂關於破產財團之訴訟，訴訟程序既尚在中斷間，依民事訴訟法第188條第1項，上訴人自不得爲關於本案之訴訟行爲，其提起之上訴，實屬不應准許。（28渝上1866）

　　在瞭解可主張的請求權基礎後，進一步的考量即是請求權競合，在衡量判斷其中的利弊時，應注意以下幾點：

(一) 時效期間。

(二) 舉證難易。

(三) 利益輕重。

　　因此爲求訴訟經濟效益，均採用合併聲明之方式（請自行參閱合併聲明之說明），然因實務上尚無定論，全憑律師經驗衡量之，所以對於前開請求權的整理請自行詳細斟酌，或有所助益。

△某甲此次訴請再抗告人給付租金，雖其請求給付租金期間之起訖與前次訴訟請求給付損害金時間之起訖相同，然一爲租金給付請求權，一爲賠償損害請求權，其爲訴訟標的之法律關係並非同一，自不受前次訴訟確定判決之拘束。（43台抗54）

△主債務人因竊取債權人之財物，債權人對之既得基於損害賠償之法律關係，請求回復原狀，同時又得基於不當得利之法律關係，請求返還其所受之利益，此即學說上所謂請求權之並存或競合，有請求權之債權人，得就二者選擇行使其一，請求權之行使已達目的者，其他請求權即行消滅，如未達目的者，仍得行使其他請求權。（48台上1179）

△因時效而免負義務，雖得認爲受利益，但法律規定時效制度，其目的即在使受益人取得其利益，故除另有不當得利請求權與之競合之情形外，不能謂無法律上之原因而受利益。本件上訴人受被上訴人毆傷，當時對於被上訴人僅有侵權行爲之損害賠償請求權，並無不當得利返還請求權與之競合，可得選擇行使之情形存在，則於侵權行爲之損害賠償請求權罹於時效後，即無行使不當得利請求權之可言。（51台上2881）

五、案情的關鍵

　　案件之陳述，應設法突破心防及以使對造無法狡辯的方式進行，也可利用所有可能引起同情或憐憫的事實去贏取一些權益，但千萬不可以引起反感而導致無法彌補之缺憾。例如一對夫妻，夫欲要回屬於自己之財產而訴請不要離婚，倘若在法庭中不對法官爭取維繫婚姻之事予以爭執，反倒去爭辯妻欲離婚是想要侵奪其財產而據爲己有，試問法官會如何判決？結果不言可知。

六、對於證據之判斷應爲適切之考量

　　法律請求證據，無證據即無法推定犯罪之事實或爲有利於己之主張，然而倘每一件訴訟案件均有證據，則似乎無庸訴諸於法院，因而對於每一個法律從業人來說，講究實質之正義比形式正義要來得重要。當事人來向律師求教時，往往是抱著一線生機而來，因此更需要法律人的抽絲剝繭，利用基本法學之架構配合邏輯性之思維方式旁敲側擊，甚至於利用推波助瀾之巧思，才能從狹義的比例中發覺事情背後之誠信與事實之眞相。

　　而證據能力與證據力有別，前者係指於人或物中有爲證據方法之資格，後者則係證據方法就應證事實所能證明之價值。故例如民事訴訟法第355條第1項之規定，僅具有形式上證據力，至其實質上證據力之有無，則由事實審法院依自由心證判斷之。

　　聲請調查證據時，對於證據與待證或附隨事實間，是否有論理之重要關聯性須加以注意，儘可能不要重複或衝突，以免畫虎不成反類犬之憾。 同時調查證據應命當事人到場，使其直接得知調查證據之結果，並得隨時主張自己之利益（例如向證人發問），此觀民事訴訟法第296條關於調查證據，於當事人之一造或兩造不到場時，亦得爲之之規定自明。此項規定之適用，不僅以受訴法院之調查證據爲限，並包含受命法官或受託法官之調查證據者在內，故受命法官於準備程序指定調查證據期日，仍須於期日前相當之時期，送達傳票於兩造當事人，否則其調查證據，即屬違背訴訟程序之規定，除因當事人於言詞辯論期日到場之不責問而視爲補正者外，不得以其調查此項證據之結果爲判決基礎。（參40年台上字第1602號判例）

☆刑事判決確定後，發見該案件認定犯罪事實與所採用證據顯屬不符，自屬審判違背法令，得提起非常上訴；如具有再審原因者，仍可依再審程序聲請再審。（釋146）

○證據證明力之如何，既許法院依其心證自由判斷，固無所謂「案重初供」；然法院對於證據價值之判斷，其自由裁量之範圍，仍不得逾越經驗法則之合理性，亦即其就證據證明力之自由判斷，仍應本於健全之理性爲之，始爲適法。（75台上2146）

〔事實上之陳述及於本人〕

△訴訟代理人爲訴訟行爲，係本於當事人之授權以自己之意思爲之，並非本人之代言機關，故其行爲有無錯誤，不依本人之意思決之，而依代理人之意思決之，其所爲事實上之陳述，除經到場之當事人本人即時撤銷或更正外，其效果即及於當事人本人，不得以與當事人或本人之眞意不符爲理由，而否認其效力。（49台上2362）

〔間接證據之運用〕

△間接事實之本身，雖非證據，然因其具有判斷直接事實存在之作用，故亦有證據之機能，但其如何由間接事實推論直接事實之存在，則仍應爲必要之說明，給足以斷定其所爲推論是否合理，而可認爲適法。（75台上1822）

△認定犯罪事實所憑之證據，雖不以直接證據爲限，間接證據亦包括在內；然而無論直接或間接證據，其爲訴訟上之證明，須於通常一般之人均不致有所懷疑，而得確信其爲眞實之程度者，始得據爲有罪之認定，倘其證明尚未達到此一程度，而有合理之懷疑存在時，事實審法院復已就其心證上理由予以闡述，敍明其如何無從爲有罪之確信，因而爲無罪之判決，尚不得任意指爲違法。（76台上4986）

〔被告自白與補強證據之運用〕

△ 被告之自白固不得作爲認定犯罪之唯一證據，而須以補強證據證明其確與事實相符，然茲所謂之補強證據，並非以證明犯罪構成要件之全部事實爲必要，倘其得以佐證自白之犯罪非屬虛構，能予保障所自白事實之眞實性，即已充分。又得據以佐證者，雖非直接可以推斷該被告之實施犯罪，但以此項證據與被告之自白爲綜合判斷，若足以認定犯罪事實者，仍不得謂其非屬補強證據。（73台上5638）

△ 刑事訴訟法第156條第2項規定，被告雖經自白，仍應調查其他必要之證據，以察其是否與事實相符。立法目的乃欲以補強證據擔保自白之眞實性；亦即以補強證據之存在，藉之限制自白在證據上之價值。而所謂補強證據，則指除該自白本身外，其他足資以證明自白之犯罪事實確具有相當程度眞實性之證據而言。雖其所補強者，非以事實之全部爲必要，但亦須因補強證據與自白之相互利用，而足使犯罪事實獲得確信者，始足當之。（74台覆10）

〔告訴人與證人陳述之矛盾〕

△ 告訴人、證人之陳述有部分前後不符，或相互間有所歧異時，究竟何者爲可採，法院仍得本其自由心證予以斟酌，非謂一有不符或矛盾，即應認其全部均爲不可採信；尤其關於行爲動機、手段及結果等之細節方面，告訴人之指陳，難免故予誇大，證人之證言，有時亦有予渲染之可能；然其基本事實之陳述，若果與眞實性無礙時，則仍非不得予以採信。（74台上1599）

〔民刑事之交互原則〕

○ 民事案卷所存在之證據資料，若經刑事法院踐行調查之程序，固非不得作爲刑事判決之基礎，然刑事審判所得之心證即使與民事判決相同，仍應自行記載心證上之理由，殊不得逕以民事判決之「結論」作爲刑事判決之論據。（77台上3181）

〔同時對於掌握辯論證據之機會〕

○ 第二審審判長於開庭審判時，除應命上訴人陳述上訴要外，並準用第一審審判程序，訊問被告及調查證據；倘未踐行上開程序，即命辯論終結，予以判決，自屬違背法令。本件前述上訴人即被告，除胡某外，均被處二個以上之死刑，罪刑不得謂不重；而據原審審判筆錄之記載，審判長就事實之訊問，竟僅「對原審判決所認定之犯罪事實，有何意見」一語；所有證據復僅籠統爲一次之提示，既未就各該被告所犯之事實一一予以訊問，俾其得就此爲詳細之陳述，亦未針對各個事實爲證據之調查，即行宣示辯論終結，殊非合法。（77台上3044）

○ (一)國家爲實現刑罰權，所以有刑事訴訟法之制定，旨在藉程序之遵守，以確保裁判之公正。事實審法院爲實現實體正義，仍不可忽略程序正義之踐行。而第二審審判長於開庭審判時，除應命上訴人陳述上訴要旨外，並準用第一審審判程序，就被訴事實訊問被告及調查證據。倘未踐行上開程序，即命辯論，予以判決，自屬違背法令。本件上訴人等六人，均被處以死刑，乃刑之至極，而據原審審判筆錄之記載，審判長就事實對於被告之訊問，竟僅「對原審判決所認定之犯罪事實有何意見」一語，繼即爲證據之籠統提示，顯不足使上訴人等在審判期日適切行使法律所賦予之防禦權，並就此爲有利辯明之機會。況原判決認定之事實，與第一審判決認定之事實又不盡相同

（見原判決理由欄第13項之說明），原審未針對上訴人等所犯之事實予以訊問及爲證據之調查，遽行宣示辯論終結，已非適法。

(二)累犯之成立，以曾受有期徒刑之執行完畢，或受無期徒刑或有期徒刑一部之執行而赦免後，5年以內再犯有期徒刑以上之罪者爲要件。如在假釋中更犯罪，受有期徒刑以上刑之宣告者，依刑法第78條第1項之規定，既應撤銷其假釋，則其刑罰尚未執行完畢，自無由成立累犯。縱其更犯之罪爲連續犯而其連續行爲終了之日已在前罪假釋期滿之後，亦然。

(三)犯罪行爲人觸犯法定本刑唯一死刑之罪，而其泯滅天良，窮凶極惡，無法教育改造，非使其與社會永遠隔絕不能達防衛社會之目的者，固應處以極刑；倘處無期徒刑，褫奪公權終身，已足資懲儆，並可達防衛社會之目的者，非不可貸其一死。依原判決之認定，上訴人等獨犯之強劫強姦罪，依懲治盜匪條例第2條第1項第8款之規定，其法定刑爲唯一死刑，但上訴人等六人究應如何處罰，是否一律皆應處以極刑，其間有無情節輕重不同而尚可憫恕之處，應從客觀之犯行與主觀之惡性二方面加以切實考量，原判決未就此詳爲審酌說明，亦有未合。（78台上3239）

七、如何運用舉證責任轉換之技巧

對於一些法律實務的新手來說可能有些困難，但從以下的簡易圖表分析後，應該會一點就通（下例僅供思索問題參考模式之示範）。

(一) 舉證責任簡述

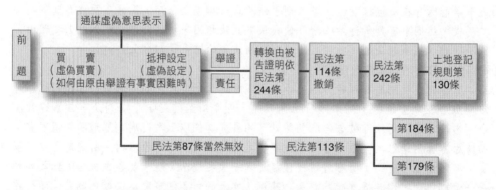

△ 法院之爲判決，固須本於當事人之聲明，若當事人所爲聲明僅用語錯誤，法院本於其聲明之眞意而予勝訴之判決，自不得謂其所判決者係未經當事人聲明之事項，亦不發生訴之變更或追加之問題。（38穗上103）

(二) 舉證責任之歸納　舉證責任採特別要件說，即以權利的發生、消滅、變動之一方負舉證之責任，其可歸納如下之說明實例：

〔詐欺之舉證責任〕

○被詐欺而爲意思表示者，依民法第92條第1項之規定，表意人固得撤銷其意思表示，惟主張被詐欺而爲表示之當事人，應就此項事實，負舉證之責任。本院著有44年台上字第75號判例。本件被上訴人既依民法第92條第1項之規定，撤銷其所爲意思表示，

即應就上訴人如何欲被上訴人陷於錯誤，故意示以不實之事，令其因錯誤而爲意思表示，負舉證之責任。乃原審竟就上訴人之抗辯係如何不實而爲審認，進而推斷被上訴人之主張爲可採，不惟與舉證責任分配之原則有所違背，抑且與論理法則不相符合。（72台上3526）

〔舉證責任之歸屬〕

○就侵權行爲而言，被害人應就行爲人因故意或過失，不法侵害其權利之事實負舉證責任，此與債務不履行以由債務人證明免責事由者，有所不同。（70台上2550）

〔舉證責任之分配〕

○(一)本件係消極確認之訴，上訴人既否認本票上之印章非伊所有，依舉證責任分配之原則，自應由被上訴人就其印章之眞正負舉證之責。（69台上1407）

○(一)消費借貸之借用人主張借款業已清償，而貸與人主張借用人此項清償之款項，係屬另筆債務，並非系爭借款者，依舉證責任分配之原則，應由貸與人就另筆債務之存在負舉證責任。（73台上2383）

○營利事業列支旅費固無不可，惟按諸舉證責任分配之原則，應由其負舉證之責任，亦即有關支出旅費之事實，以及該項支出確與營業有關之事實，均應由營利事業舉證證明之。（71判1033）

〔簽名蓋章之舉證責任〕

△民事訴訟法第358條關於私文書經本人或其代理人簽名、畫押、蓋章或按指印者，推定爲眞正之規定，須其簽名、畫押、蓋章或按指印係本人或其代理人爲之，在當事人間已無爭執或經舉證人證明者，始得適用。（28渝上10）

○私文書上之簽名或蓋章，當事人承認其爲眞正，僅否認係其本人或代理人所簽蓋時，按諸舉證責任分配之原則，固應由該當事人負舉證之責。惟此項原則，僅簽名或蓋章於私文書上始有其適用，苟私文書以及當事人之簽章，均係影印而得，即令影印在同一紙張上，主張其影印自同一原本者，必須提出原本，或證明係自同一原本影印而來，始有前述舉證責任分配原則之適用。（73台上2382）

○法院不能依當事人聲明之證據而得心證，或因其他情形認爲必要時，得爲職權調查證據。雖爲民事訴訟法第288條所明定，然當事人之舉證責任，並不因而減輕。故因未盡舉證責任，致受敗訴判決之當事人，不得以法院未行使此職權爲上訴之理由。又查同法第358條關於私文書經本人或其代理人蓋章者，推定爲眞正之規定，須其蓋章係本人或其代理人爲之，在當事人間已無爭執或經舉證證明者，始得適用。（74台上1508）

〔房屋收回之舉證責任〕

△土地法第100條第1款前段所謂收回自住，係指因正當事由有收回自住之必要者而言，出租人基於該條款前段所列之情形收回房屋，應就此負舉證責任。（43台上1199）

〔侵權之舉證責任〕

△民法第197條第1項規定：「因侵權行爲所生之損害賠償請求權，自請求權人知有損害及賠償義務人時起，2年間不行使而消滅。」所謂知有損害及賠償義務人之知，係指明知而言。如當事人間就知之時間有所爭執，應由賠償義務人就請求權人知悉在前之

事實，負舉證責任。（72台上1428）

○民法第188條規定僱用人之責任，其立法精神重於保護經濟上之弱者，增加被害人或得依法請求賠償之第三人之求償機會。觀乎其設有舉證責任轉換及衡平責任之規定自明。是以受僱人之行為是否與其職務有關係，允宜從廣義解釋，以資符合。其所謂受僱人執行職務，不法侵害他人權利之行為，不僅指受僱人職務範圍內之行為而定，即與執行職務相牽連之行為，不法侵害他人權利者，亦應包括在內。職務上予以機會之行為，即用屬於與執行職務相牽連之行為。（73台上4580）

〔借貸清償與承擔混合之實務重要舉證責任〕

○消費借貸契約雖為要物契約，惟借用人向貸與人借用款項，經出具借用證書交貸與人收執，如依該借用證書表明之事項足以推知貸與人已交付借用物者，即應認其就交付借用物之事實，已盡舉證責任。（69台上3868）

〔無權占有之舉證責任〕

△請求履行債務之訴，除被告自認原告所主張債權發生原因之事實外，應先由原告就其主張此項事實，負舉證之責任，必須證明其為真實後，被告於其抗辯事實，始應負證明之責任，此為舉證責任分擔之原則。（43台上377）

○以無權占有為原因，請求返還所有物之訴，被告對原告就其物有所有權存在之事實無爭執，而僅以非無權占有為抗辯者，原告於被告無權占有之事實，無舉證責任。被告應就其取得占有，係有正當權源之事實證明之。如不能證明，則應認原告之請求為有理由。（72台上1552）

〔舉證之合法性〕

△當事人主張事實，須負舉證責任，倘所提出之證據，不足為其主張事實之證明，自不能認其主張之事實為真實。又行政官署對於人民有所處罰，必須確實證明其違法之事實。倘不能確實證明違法事實之存在，其處罰即不能認為合法。（39判2）

八、撰狀法則

「起」「承」「轉」「合」之有效運用，在此法律之寫作上亦可妥善加以利用。「起」，運用類似判決；「承」，比對法則；「轉」，以子之矛攻子之盾；「合」，借力法則，可參考各種運用情理之法則。

九、確認聲明之真意

民法上名譽權之侵害非即與刑法之誹謗罪相同，名譽有無受損害，應以社會上對個人評價是否貶損作為判斷之依據，倘將其行為足以使他人在社會上之評價受到貶損，不論其為故意或過失，均可構成侵權行為，且其行為不以廣佈於社會為必要，僅使第三人知悉其事，亦足當之。（參90年台上字第646號判例）

十、注意事項

在訴訟程序中，雖然曾經提出過，但為避免法官在案牘勞形之壓力下，可能會造成之疏忽，亦不妨在最後之辯論狀中再一次提出，藉以叮嚀或提醒法官之注意力，以便得

到全辯論意旨之精要，而得合理有利之心證。

對於自由心證及針對法院判決之遺漏缺失，所收錄而提出一些關鍵性判例供參考：

△法院如認爲須就應證之事實訊問當事人本人，以期發見眞實，亦得依民事訴訟法第203條第1款命當事人本人到場，當事人本人不遵命到場者，法院於依自由心證判斷事實之眞僞時，自得斟酌其不到場之情形，爲該當事人不利益之認定。（28渝上1727）

△當事人之一造，在別一訴訟事件所爲不利於己之陳述，縱使與他造主張之事實相符，亦僅可爲法院依自由心證認定事實之資料，究未可與民事訴訟法第279條所稱之自認同視。（28渝上2171）

△第二審法院原有審理事實之職權，如就其審理之結果，本於自由心證，認定之事實與第一審判決有異，予以變更，除不得違反刑事訴訟法第247條之規定外，自非法所不許。（29渝上337）

△刑事訴訟法既採自由心證主義，關於人證之供述，法院自可斟酌一切情形以爲取捨，不能因其供述時期有先後不同，即執爲判定證據力強弱之標準，上訴意旨謂應憑初供，未免無據。（29上795）

△上訴人雖謂甲係被上訴人之學生，且未成年，其言不足爲證云云，然查現行法上並無學生及未成年人不得爲證人之規定，原審本其取捨證據之職權，依自由心證認甲之證言爲可採，於法並無不合。（29渝上827）

△民事訴訟法第308條第1項各款，不過規定證人不得拒絕證言之情形，非謂此項證人關於同條項所列各款事項之證言，不可不予採取，故其證言是否可採，審理事實之法院仍得依其自由心證判斷之。（29渝上1261）

△刑事判決所爲事實之認定，於獨立民事訴訟之裁判時本不受其拘束，原審斟酌全辯論意旨及調查證據之結果，依自由心證爲與刑事判決相異之認定，不得謂爲違法。（29渝上1640）

△民事訴訟法第222條第2項規定，得心證之理由，應記明於判決，故法院依自由心證判斷事實之眞僞時，所斟酌之辯論意旨及調查證據之結果，其內容如何，如不記明於判決，即爲同法第466條第6款所謂判決不備理由。（30渝上314）

△關於訴訟上自認及不爭執事實之效力之規定，在撤銷婚姻之訴於撤銷婚姻之原因事實固不適用之，惟法院以此自認或不爭執之情形，供其依自由心證判斷事實眞僞之資料，仍無不可。（32上2316）

△證人爲當事人四親等內之血親或三親等內之姻親者，依民事訴訟法第307條第1項第1款之規定，僅該證人得拒絕證言而已，非謂其無證人能力，所爲證言法院應不予斟酌，事實審法院本其取捨證據之職權，依自由心證，認此項證人之證言爲可採予以採取，不得謂爲違法。（40台上1192）

△檢察官不起訴處分，無拘束民事訴訟之效力，又刑事判決所爲事實之認定，於獨立民事訴訟之裁判時，本不受其拘束，原審斟酌全辯論意旨及調查證據之結果，依自由心證，爲與刑事判決相異之認定，不得得謂爲違法。（41台上1307）

△得心證之理由，應記明於判決，爲民事訴訟法第222條第2項所明定，故法院依自由心證判斷事實之眞僞時，所斟酌之調查證據之結果，其內容如何，與應證事實之關聯如

何，以及取捨之原因如何，如未記明於判決，即屬同法第466條第6款所謂判決不備理由。（43台上47）

△當事人在刑事案件所爲不利於己之陳述，本未可與民事訴訟法第279條所謂之自認同視，尚須審究其與實際情形是否相符，依自由心證以爲取捨之依據。（44台上988）

△刑事判決所爲事實之認定，於獨立民事訴訟之裁判時本不受其拘束，上訴人所提之附帶民訴，既因裁定移送而爲獨立之民事訴訟，則原審依自由心證爲與刑事判決相異之認定，即無違法之可言。（50台上872）

△法院爲判決時，應斟酌全辯論意旨及調查證據之結果，以判斷事實之眞僞，不得摭拾筆錄中前後不符之片段記載，爲認定事實之依據。（51台上101）

△證人爲不可代替之證據方法，如果確係在場聞見待證事實，而其證述又非虛僞者，縱令證人與當事人有親屬、親戚或其他利害關係，其證言亦非不可採信。（53台上2673）

△刑事訴訟法係採眞實發現主義，審理事實之刑事法院，應自行調查證據，以爲事實之判斷，並不受民事判決之拘束，如當事人聲明之證據方法，與認定事實有重要關係，仍應予以調查，就其心證而爲判斷，不得以民事確定判決所爲之判斷，逕援爲刑事判決之基礎。（56台上118）

△法院依調查證據之結果，雖得依自由心證，判斷事實之眞僞，但其所爲之判斷如與經驗法則不符時，即屬於法有違。（69台上771）

△刑事判決所認定之事實，於獨立之民事訴訟，固無拘束力，惟民事法院就當事人主張之該事實，及其所聲明之證據，仍應自行調查斟酌，決定取捨，不能概予抹煞。（69台上2674）

△爲判決基礎之資料，應提示兩造爲適當辯論後，始得本於辯論之結果加以斟酌。本件原審引用另案之訴訟資料作爲裁判基礎，但經核全卷，並無調取該卷提示兩造爲辯論之記載，原判決遽予援用，自有未合。（70台上2007）

△本件原審訊問證人周某、林某時固未隔別行之，但上訴人之訴訟代理人既未表示異議而本案辯論，依民事訴訟法第197條第1項但書規定，應認上訴人之責問權業已喪失，上訴人不得以此爲不服原判決之理由。（71台上3271）

△民事訴訟法第282條固規定，法院得依已明瞭之事實，推定應證事實之眞僞，惟其推定仍應本法院之自由心證，應用經驗法則而爲之，倘已明瞭之事實，與應證事實間，互無因果，亦無主從或互不相容之關係時，自不得爲此項事實之推定。（76台上728）

△刑事訴訟法第161條已於民國91年2月8日修正公布，其第1項規定：檢察官就被告犯罪事實，應負舉證責任，並指出證明之方法。因此，檢察官對於起訴之犯罪事實，應負提出證據及說服之實質舉證責任。倘其所提出之證據，不足爲被告有罪之積極證明，或其指出證明之方法，無從說服法院以形成被告有罪之心證，基於無罪推定之原則，自應爲被告無罪判決之諭知。本件原審審判時，修正之刑事訴訟法關於舉證責任之規定，已經公布施行，檢察官仍未提出適合於證明犯罪事實之積極證據，並說明其證據方法與待證事實之關係；原審對於卷內訴訟資料，復已逐一剖析，參互審酌，仍無從獲得有罪之心證，因而維持第一審諭知無罪之判決，於法洵無違誤。（92台上128）

十一、自訴與偵查終結之交互運用

按同一案件經檢察官終結偵查者，固不得再行自訴，但刑事訴訟法第323條所謂「終結偵查」，係指該案件曾經檢察官為起訴或不起訴之處分而言，而檢察官所為之起訴或不起訴處分，須對外表示（即對外揭示公告），始發生效力。倘若75年度偵字第4992號不起訴處分書所記載之「75年3月28日」，係檢察官制作該不起訴處分書之制作日期，而該不起訴處分書對外揭示公告之日期則為75年4月9日，亦即上開偵查案件之終結偵查之日期為75年4月9日，自訴人提起自訴之日期為75年4月1日，足徵自訴人係於上開偵查案件終結偵查之前，即已提起自訴，而非終結偵查之後，始行提起自訴。（參75台上字第5533號判決）

十二、先後位訴之聲明之撰寫

在同一訴訟程序合併起訴，並就各訴訟標的及訴之聲明定有先後順序，預慮其先位之訴無理由時，請求就後位之訴為判決；如先位之訴有理由，則不請求就後位之訴為判決之訴；原告對於駁回其先位之訴之判決提起上訴，其效力應及於預備之訴，即預備之訴亦生移審之效力。（最高法院72年度第八次民事庭庭推總會議決議(二)）

一般刑事較為簡單，但在民事寫作上則須注意到以下之基本原則：
(一) 訴訟經濟。
(二) 防止主張矛盾時無法補救，而另行訴訟之弊病。

故採先後位之預備合併之訴，最高法院66年台上字第1722號判決對此已有採行。而此一預備合併之訴，係利用共同訴訟中，由原告對於同一被告為先後位之聲明，亦即先位聲明有理由為後位聲明之解除條件，先位聲明無理由則為後位聲明之停止條件，兩者間始終有附條件之關係，至於學說上的其他聲明，則請參照教科書，不在此贅述之。

在作本身法律立論之準據時，亦可在理由中採用競合合併之法律上之不同請求權為基礎，如何運用則存乎經驗，不另在此贅言。

十三、代位權運用之重要判例參考

△債務人怠於行使其權利時，債權人因保全債權，得以自己名義行使其權利，為民法第242條前段所明定。此項代位權行使之範圍，就同法第243條但書規定旨趣推之，並不以保存行為為限，凡以權利之保存或實行為目的之一切審判上或審判外之行為，諸如假扣押、假處分、聲請強制執行、實行擔保權、催告、提起訴訟等，債權人皆得代位行使。（69台抗240）

△債務人欲免其財產被強制執行，與第三人通謀而為虛偽意思表示，將其所有不動產為第三人設定抵押權者，債權人可依侵權行為之法則，請求第三人塗銷登記，亦可行使代位權，請求塗銷登記。二者之訴訟標的並不相同。（73台抗472）

△保險法第53條第1項規定之保險人代位權，其行使之對象，不以侵權行為之第三人為限，苟被保險人因保險人應負保險責任之損失發生，而對於第三人有損失賠償請求權者，保險人即得於給付賠償金額後，代位行使被保險人對於第三人之請求權。（76台上1493）

十四、登記對抗之重要判例參考

△不動產登記條例施行後，就同一不動產重爲所有權移轉契約時，如先之移轉尚未登記，而後之移轉已登記，依該條例第5條之規定，先受移轉之人，不得以其先受之移轉對抗後受移轉之人，法律上既許後受移轉之人否認在先未經登記之移轉，則於其行使否認權後，自無從更以在先已有未經登記之移轉爲理由，認後之移轉爲無效。本件據原審認定事實，被上訴人甲雖於民國27年2月間，已將訟爭之稻田二畝二分賣與被上訴人乙，至同年12月開始重賣與上訴人，然如被上訴人乙所受所有權之移轉未經登記，而上訴人所受之移轉已經登記，則依上開說明，自不得以被上訴人乙受移轉在先，遽認上訴人所受之移轉爲無效。乃原判決竟謂上訴人縱令曾經合法登記，其所受之移轉亦屬無效，於法殊有未合。至上訴人如果明知被上訴人乙已受所有權之移轉，乘其未經登記，唆使被上訴人甲更行移轉於自己而爲登記，致被上訴人乙受其損害，誠係故意以背於善良風俗之方法加損害於他人，依民法第184條第1項後段之規定，應負賠償責任。然此係另一問題，究不得因此遽認上訴人所受之移轉爲無效，原審以上訴人之買賣不正當爲其判決之理由，亦非有據。（31上891）

十五、區別「陳報」與「聲請」狀

所謂陳報狀係向法院報告有關本案之一切情事變更，以利訴訟程序的進行，例如住址的變更。聲請狀則是針對案件本身希望獲得有利之判決而請求法院爲行爲之一種程序，須分別清楚。聲請是希望法院爲一定之行爲，而陳報是自行陳明之一種行爲。

十六、委任律師之具名

一般在刑事程序中被告如有委任律師，其所爲之辯護書狀應爲辯護意旨狀，而對於未出律師名者採用答辯狀似乎較爲合宜，但實務上並無強調。另外針對告訴人之代理人（訴訟中不能閱卷），對於法院之判決僅能向檢察官陳述意見，請求其上訴也！此點必須切記以免貽笑大方。

民事在準備程序時雙方應先爲準備書狀，而後針對此一書狀內容互爲攻擊防禦之答辯狀，此點應有所釐清。

十七、書狀之繕寫

對於一個法律人來說必須要表現出法律人之特性，而非只是平鋪直述，應採行倒裝語句及法律用字如次：

- 「輒」＝則。
- 「牟」＝前。
- 「遽」＝突。
- 「迨」＝及，等到。
- 「詎」＝不料。
- 「恝」＝忽視。
- 撰、揭、迥不相牟、牴觸。

- 並非（無）、自非（無）、要非（無）、即非（無）、豈非（無）、實非（無）、應非（無）、倘非（無）、若非（無）等均為非不、無不、不無、無非……等之意。

十八、書狀之撰擬

　　書狀之寫作方式與一般寫作之方式並不相同，一般人均習慣於在每個段落之始空兩格，然而各類判決文及曾從事於法院工作者所繕寫之書狀，每個段落之起始均未空格。另結語之陳詞須注意提及法官與檢察官時，應平抬（即提到另一行之首），以示尊重。

　　具法律效果之函件：

(一) **存證信函**　主要係以簡潔之文字表達私人彼此間法律之爭執，含有通知、警示、催告之意味，例：依台端與本人所簽訂之租約規定，應於每月1日繳納租金，然自本年〇月〇日起已連續2個月未繳租金……。

(二) **律師函**　律師函主要是以法律工作之第三人身分，依據委任之當事人所提出之事證，經過分析而出具的函件，例：

1. 茲據當事人〇〇〇到所委稱：「其於〇〇年〇〇月〇〇日向台端購買位於〇〇市〇〇區〇〇街〇〇號之房屋，孰料交付款項後，台端竟將該房地移轉第三人……。」等語。

2. 經查前開事實尚無不合，相應函達，希勿自誤，為禱。

十九、思考模式的整個過程圖解

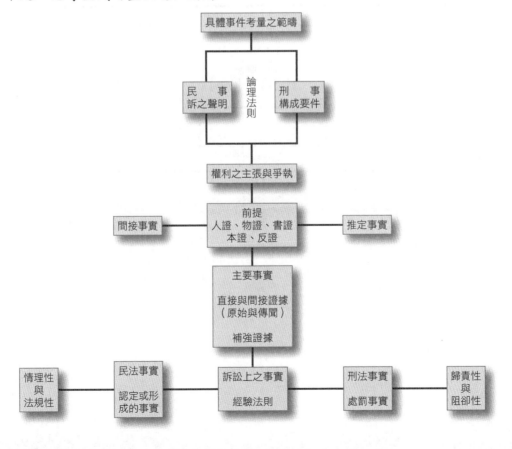

二十、三段論

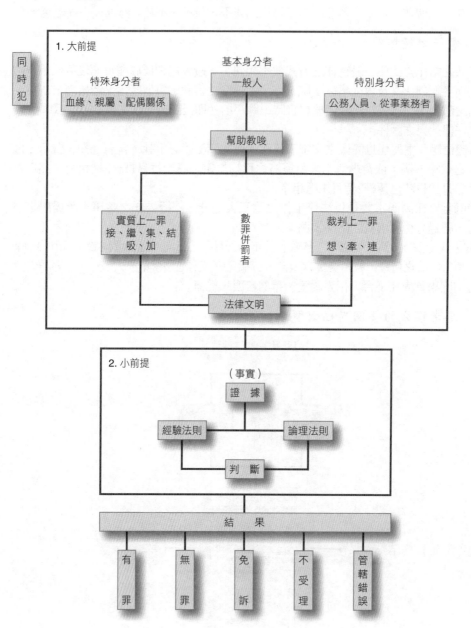

二十一、環結相扣論

舉例說明：

(一) 一件返還房屋之民事訴訟所牽涉到的各種可能性問題。

(二) 一件可能有婚姻瑕疵之民事訴訟可能牽涉之問題。

△ 被上訴人在第一審起訴，請求別居及給付扶養費，係屬應依通常訴訟程序之訴，上訴人提起反訴請求離婚，既不得與本訴行同種之訴訟程序，揆諸民事訴訟法第260條第2項規定，自在不應准許之列。（27渝上113）

△ 被上訴人前次對於上訴人提起之離婚之訴，係因未繳納裁判費經第一審法院認為不合法以裁定駁回，並非因無理由而被判決駁回，則被上訴人於上訴人提起同居之訴後，復提起撤銷婚姻之反訴，自不在民事訴訟法第569條限制之列。（28渝上1654）

△ 請求同居之訴與請求確認婚約無效之訴，非得行同種之訴訟程序者，依民事訴訟法第260條第2項規定，其就此提起反訴，顯非合法。（37上6800）

△ 所謂訴之預備之合併（或稱假定之合併），係指原告預防其提起之此一訴訟無理由，而同時提起不能並存之他訴，以備先位之訴無理由時，可就後位之訴獲得有理由之判決之訴之合併而言，例如以惡意遺棄為理由，請求離婚，預防該離婚之訴，難獲勝訴之判決，而合併提起同居之訴是。（64台上82）

△ 在第二審為訴之變更追加，非經他造同意，不得為之，固為民事訴訟法第446條第1項所明定。惟離婚之訴，得於第二審言詞辯論終結前為變更追加，同法第572條第1項，亦定有明文。此為對於第446條第1項之特別規定。當事人就此項訴訟為訴之變更追加，自無須經他造之同意。本件上訴人在第一審固僅本於民法第1052條第5款之原因訴請離婚，但嗣在第二審言詞辯論終結前，既追加主張被上訴人虐待上訴人之母，致不堪為共同生活，亦構成同條第4款離婚原因云云，依上說明，原審要應就此一併審

究，乃徒因被上訴人之反對而恝置不問，尚難謂合。（70台上637）

(三) 一樁可能有關強姦傷人之刑事訴訟所可能牽涉之問題。

(四) 一樁有關逼良為娼之刑事訴訟所可能牽涉之問題。

(五) 一樁法律競合時之貫通犯所牽涉之問題。

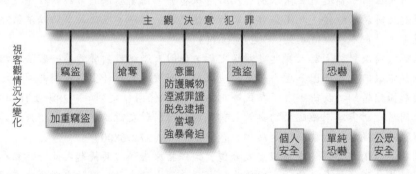

(六) 一樁朋友或親戚合作時所牽涉之問題。

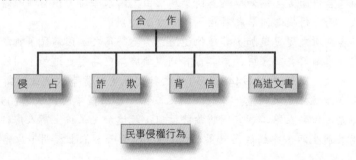

二十二、抽絲剝繭法

請參閱第二編第一章第六節之第二、三審寫作技巧菁華。

二十三、國家私法之地位涉訟參考

△執行名義所載之權利，固不失爲法律關係，但得爲確認之訴之標的者，應以私法上之法律關係爲限。如因基於國家統治權之作用而生者，乃係公法上之法律關係，對之如有爭執，應循另一途徑，謀求救濟。查本件罰金處分案件，受處分人不服，迭經訴願、再訴願及行政訴訟，均遭駁回確定在案。被上訴人財政部基隆關於處分確定後，依修正海關緝私條例第51條規定，移送財務法庭執行，本件執行名義，即海關處分書所載之罰金及稅捐，係基於國家統治權作用而生者，爲公法上之請求權，屬於公法上之法律關係，自不能爲確認之訴之訴訟標的。上訴人藉民事訴訟程序以事爭執，請求確認被上訴人之罰金等請求權不存在，進而請求被上訴人返還已因強制執行而取得之款項及提供擔保之存單，即非正當。（70台上1042）
△國家機關因裁撤或改組而不存在者，其性質與法人因合併而消滅者相類，故其訴訟程序應類推適用民事訴訟法第169條第1項規定，在承受其業務之機關承受其訴訟以前當然停止。（89台上868）

二十四、權利質權

依民法第902條規定，權利質權之設定，除有特別規定外，應依關於其權利讓與之規定爲之。質權標的物之債權，其債務人於受質權設定之通知時，對於出質人有債權，如其債權之清償期，先於爲質權標的物之債權，或同時屆至者，債務人自得於同額內主張抵銷。
△權利質權之設定，除以債權、或無記名證券、或其他之有價證券爲標的物者，應依民法第904條、第908條之規定爲之外，祇須依關於其權利讓與之規定爲之，此在民法第902條已有規定。關於規定動產質權設定方式之民法第885條，自不在民法第901條所稱準用之列。（26上823）
△權利質權以普通債權爲標的物者，依民法第904條之規定，其設定固應以書面爲之。但以無記名證券爲標的物者，因交付其證券於質權人而生設定質權之效力，在民法第908條已有特別規定，自無須再以書面爲之。（29渝上364）
△依民法第902條規定，權利質權之設定，除有特別規定外，應依關於其權利讓與之規定爲之。此爲質權設定之通則，對債權質權及證券質權俱有其適用，上訴人雖主張其依民法第908條證券質權設定之要件，其出質人已將被上訴人公司發行之記名股票交付於上訴人，並依背書方法爲之，但關於公司法第165條第1項對記名股票轉讓之規定於設定權利質權自亦有其適用，故非將質權人之本名或名稱記載於股票，並將質權人之本名或名稱及住所記載於公司股東名簿，不得以其設質對抗公司。（60台上4335）
△依民法第904條規定，以債權爲標的物之質權，固應以書面設定之，然書面之形式，法未明定其一定之格式，由出質人與質權人同意將設定權利質權之意旨，載明於書面

者，即爲已足。（64台上684）

△ 債務人於受債權讓與通知時，對於讓與人有債權者，如其債權之清償期，先於所讓與之債權，或同時屆至者，債務人得對於受讓人主張抵銷，民法第299條第2項定有明文。此項規定，依同法第902條規定，對於權利質權之設定，仍有其準用。是爲質權標的物之債權，其債務人於受質權設定之通知時，對於出質人有債權，如其債權之清償期，先於爲質權標的物之債權，或同時屆至者，債務人自得於同額內主張抵銷。（86台上1473）

二十五、司法制度探究

　　有人說司法像西洋的魔術方塊，有人說像中國的七巧板，筆者以爲在毫無疑問的情況下應該如魔術方塊，但是在東方的傳統制度下，則應屬於七巧板較爲貼切。換言之，不能盲目於自己所認爲之法律的判斷與思考，很多事情是無法以邏輯與常理可以推論得到正確答案的，如何巧妙運用，在危急存亡之際能祭出法寶而挽回頹勢，則需深思以退爲進的寫作深度技巧了！

二十六、法律之奧妙

　　法律見解有時並非絕對一成不變的，有時甚至會出現兩個截然不同且對立之判例，於是承辦案件時，須能技巧地適用屬於自己一方的判例來強化論證。所以本書特別選列許多的判例，訓練法律人自行比對發掘這其中的奧妙，而形成一套屬於自己特有的處理公式。

　　如對撰狀有需要，請參閱註中之各書。

二十七、各類查詢系統

(一) 司法院法學資料檢索系統

1. 判解函釋

2. 裁判書查詢系統

(二) 法源資料檢索系統

1. 判解函釋

2. 裁判書

3. 起訴書

註：至於其他一般性之寫作及聲明，參考市面其他之書目如次：

(1) 訴訟書狀範例／五南圖書出版公司

(2) 最新各種契約民刑事行政訴願程式彙編全書／謝新基／華大出版社

(3) 最新實用民刑事書狀彙編／徐佑祚／三民書局

(4) 辦理刑事訴訟手續程式彙編／黃憲華／三民書局

　　辦理公證、非訟、提存事件手續程式彙編／黃憲華／三民書局

　　辦理民事訴訟手續程式彙編／黃憲華／三民書局

　　辦理強制執行手續程式判解彙編／黃憲華／三民書局

(5) 現行常用行政司法書狀範例／黃幹臣／劃撥40-17826-8

(6) 訴訟顧問活用民事訴狀／大公文化事業股份有限公司

(7) 新編六法參照法令判解全書／林紀東／五南圖書出版公司

(8) 訴之聲明撰寫範例／王富茂／五南圖書出版公司

第三節　法務工作應有之自我體認與方針

　　學習法律是一條艱辛的道路，如果一味地以考試為目的，可能會因此喪失許多寶貴的人生經驗。畢竟法律條文雖固定，然而夾雜其中的許多千奇百怪的事務，均非條文所能涵蓋於萬一，因此千萬別放棄任何學習的機會，否則必將為這個社會所淘汰。

　　法學教育的養成，就是在訓練一個法律人自我道德價值觀的衡平思考法則，也因此造成一些自以為是、偏頗的通病。法律人天平的兩端，要如何去放個人的秤錘，便是一個值得深思的課題。

　　法律不外人情世故，有道是情理法兼顧則法自圓融，然而純粹從條文解釋，很難達到法內外合一的正義，此為沒有實務經驗者無法體認的法律精義。因此學法律就必須探究人性與心理，這點在學校無法學到，必須自我充實。加上法律牽涉甚廣，並非單從法律便能夠得到應有的知識與解決之道，故應多涉獵各種層面的書籍知識，才能走向學術與實務並行的專業化層次。

　　就目前社會的現實層面來看待法律人，除了通過考試，否則總是矮人一等，甚至被認為不足以信賴。事實上，這點有許多法律實務工作者一定會極力反對，但我國法學教育制度偏重理論及推衍的過程中，的確無法讓人學以致用，如此大夥只好盲目摸索，或者自貶為次等人類去學習經驗。但這些都未必能學得完全，法律人應該反自省思，在規劃自己的生涯時，若要學以致其用，便不能只是侷限於課堂中所學，應參考實務判例及一些有關實務的資料，多方蒐集並予以納入自己的體系中。如能及早作好完整的規劃，日後在社會中所碰到的挫折應可減少。若礙於環境而必須在毫無準備下投入工作，則應將所受責辱視為自我成長的契機，好好把握手邊的資訊，仔細地整理，當更換工作時，這些無形的資產將會帶來另一番青雲直上的徜徉空間。

　　除了考試以外，從一個事務所的法務做起，則是另一項切實扎根的基礎訓練，這其中含有關於理論如何與實務結合的鑰匙，如不從此階段學起，就彷彿瞎子摸象。然而，如果想要從此一途徑學習，必須要先學會「忍」，因為任何一個法律人在別人的眼中，尤其在律師的眼中，應該有一定的程度，所以如果做不好，挨罵貶損之語，在所難免，又因為目前整個法學教育的錯誤，並未訓練法律人如何將實務與理論結合成一體，加上律師因長期的經驗與工作繁忙，衝突難免。許多受不了這種莫名責難的人，與法律愈行愈遠，堪謂可惜之至也。度過這段低潮的過渡期，將來轉戰公司法務，那將是另一番撥雲見日、一展所長的大環境，特提出此一心得供諸君參酌。

　　有道是條條大路通羅馬，一個人如果能夠認清自己未來的方向，眼前的一切不如意均不足以動搖意志，甚或有人堅持著這個信念，一方面學習，一方面苦讀，只待有朝一日揚眉吐氣。然而對於法律人，從「零」開始的經驗累積是必經的過程，畢竟羅馬不是一天造成的。工作與對價是相對成長的一個關鍵，而是否有適宜的學習環境與指導更是關鍵所在，因此如何認清其中的問題是每個人均應該深思的課題。因此在一般事務所學習到一定的程度後，可轉進到公司行號擔任法律工作，即可擺脫過去的被輕忽，而逐漸展露獨當一面的契機，謹以以下一些哲學上的法律實務省思，與諸位互相共勉之。

　　看著「父心、爺心」心裡不禁對於法務工作有著一層不法言喻的心情與感觸。

　　「記得從我懂事以來，就很少看到爸拔的笑容；這讓許多認識爸爸的朋友，常常會

私底下問我說：『你父親是不是一直都是那麼嚴肅呀！為什麼我幾乎沒有看過他的笑容呢？！』關於這一點在我心裡卻不這麼認為，因為爸爸陪我的時候，表情偶爾也會展現笑顏，讓我感覺到他的全心全意。

從小到大只要爸爸親口答應我的事，他都會設法排除萬難來滿足我的需求，即便是他身處在病痛纏身的當下，依然會咬緊牙關不發一語的完成，即便身體極端不適，這時連媽媽都看不下去，覺得他太寵我了；所以我就告訴爸拔說：『爸拔如果您真的不舒服，就不用太勉強。』想不到這時候的爸拔竟然還會露出笑容，讓我大吃一驚地告訴我說：『我只是按照你爺爺給我的，給你而已。』

爺爺在我出生前就不在了，而爸拔每次在看到他自己寫給爺爺的文章時，都會躲起來不讓我們看到他的表情；所以我常不禁大膽的問說：『爺爺是怎樣的一個人呢？』爸爸此時似乎在回憶過往爺爺的一切，然後告訴我說：『爺爺在世的時候，從星期一工作星期天，從來沒有休息日；但是你知道嗎？爺爺竟然會在我當兵的時候，請假陪我去旅遊；即便當時他的年紀不小，竟然還陪我走好幾個小時的路程，逛整個溪頭森林公園；直到我發現他的腳步蹣跚，還不肯歇息時，我才知道這就是我的父親！』

『你爺爺一生流離奔波，卻交友無數，他過世時所交代的，竟然是一只從未看過的鐵盒，裡面滿滿的借據；而他竟然說：『我走後全部燒掉！』『同時你爺爺的告別式，在只發幾十張帖子情形下；竟然來五、六百人，很多人根本沒看過，但他們卻從身上拿出他們僅有的幾十元，那一幕到今天我都無法忘懷。』

雖然爸爸講了那麼多，開始時我似懂非懂的將他記錄下來，但是直到課文中『永遠的星星』後，我彷彿開始懂得爺爺在父親的心中的份量，除了思念應該就是爺爺的待人處事；以及他所堅持作爸爸應有的一種信念，或許當我再長大一點時，就能更貼切且完整的表達父親對我的一切用心。』

這些年來看到許多法律人踩著別人的頭而去壯大自己；甚至利用自己比後輩早進入這個環境的優勢，而去嫖竊別人創意的行徑感到無比的悲哀，學習法律如果無法自助助人，反而去利用它來謀取權益及踐踏法律人應有的尊嚴時，真的感覺到這些人連一個小朋友的都不如。

人生幾何？殊不知該努力去創造自己人生的價值，枉費先人給予法律人的職業尊嚴與社會地位，與其汲汲營營在抄襲或利用學位來謀取不法利益，還不如努力學習陶淵明般「讀書不求甚解，但每有會意便欣然忘食」的暢快與自在，並舉一生活實例提供省思。

【生活實例】

我們經常可以在電視上看到知名炸雞速食店肯德基KFC的廣告，然而最近卡拉商行推出KLG炸雞，以及吮指王。由於卡拉商行的招牌為紅藍相間的顏色，再加上英文和肯德基一樣，都是K開頭的招牌名字；而吮指王學肯德基推出卡拉雞腿堡，雖然拉字不一樣，還便宜14元，不過形音相近外，尚包括墨西哥雞肉捲，以及外帶全家餐，雖然吮指王強調優惠9塊雞，比肯德基多3塊，而其推銷之促銷方式學肯德基，399賣199連價格都太過相似，被肯德基一狀告到公平會，是問是否違反公平交易法呢？

解析：

　　依據公交法第22條之規定：「事業就其營業所提供之商品或服務，不得有下列行為：

一、以著名之他人姓名、商號或公司名稱、商標、商品容器、包裝、外觀或其他顯示他人商品之表徵，於同一或類似之商品，為相同或近似之使用，致與他人商品混淆，或販賣、運送、輸出或輸入使用該項表徵之商品者。

二、以著名之他人姓名、商號或公司名稱、標章或其他表示他人營業、服務之表徵，於同一或類似之服務，為相同或近似之使用，致與他人營業或服務之設施或活動混淆者。」

　　以上行為經中央主管機關依第41條規定限期命其停止、改正其行為或採取必要更正措施，而逾期未停止、改正其行為或未採取必要更正措施，或停止後再為相同或類似違反行為者，處行為人3年以下有期徒刑、拘役或科或併科新台幣1億元以下罰金。

　　因此本案當中卡拉商行跟吮指王兩家商店，明顯有搭便車嫌疑，不管是KLG還是吮指王，通通都被以攀附商譽、以及榨取「肯德基」多年努力經營為由，各罰款35萬，公平會說，這只是輕罰，如果不見改善，還會再罰10到15萬不等。其處罰不僅只是針對模仿的招牌；同時也針對並要求以後不准再賣名字類似或以同樣手法來促銷漢堡和炸雞。

第四節　法務之分類及目下報酬率

　　衡量一個人的能力經驗，並非從主觀之年資多寡或年齡之大小，便能作出一個完整且令人心服的判斷，因為這其中摻雜著實際工作的客觀層面，所以若只侷限在自己認知的空間去批評別人，顯然是值得斟酌的問題。這就像國際型的大律師事務所的律師，本身平均1年所接的地區性案件，恐怕只有一般中小型律師事務所案件量的五十分之一（此數據僅係大概值），而站在他們的立場來評斷一個人的經驗能力的累積，大約需要10至15年，方能登堂入室，這認知的差距往往造成一種真實價值判斷的謬誤，畢竟所處的環境與接辦案件的多寡，是一個人最佳成長經驗能力的驗證，因為這種實戰經歷絕非紙上談兵的理論架構所能比擬，所以希望法律人今後在作任何判斷時，均能設身處地的站在對方不同基礎的立場去分析評斷事情，絕不要以本位主義之先入為主的觀念去否定別人每天辛苦耕耘工作所換得的經驗能力。

　　以下數據僅供參考，因為一切均因人事地物之不同而有差異，但相距應該不大，請妥善因應配合利用此一訊息。

　　法律人應多瞭解目前薪資之結構，究竟有無底線？標準又是什麼？再去談求職之價碼。一般法律工作對新鮮人均有一段試用期（但夜間部學生因提前在就學時半工半讀，其價碼可於畢業後酌加兩成），同時針對國內各類公司所為的調薪日基準調查，一般以3個月為第一次調薪期，而後須每隔1年再為調整之考量（此係較具規模公司與事務所之作法），有工作經驗達2年以上者，在轉換工作時，其起薪的算法亦較原工作提高達百分之二十到五十，此點供經常換工作者參考。最佳的工作態度是不斷學習成長，培養良好的人際溝通能力，時時問自己：我能為職務盡怎樣的心力，而非職務能帶給自己何種利益，如此才能誠心、虛心、恆心及耐心地作好本份工作以換取應得的尊重與重視。

　　現今社會的各行業，並未嚴格遵守「職能區分法則」，因此往往造成人力之浪費與不能因材適任，尤其法務的工作較強調形式經驗的實質化，而非理論的實質內涵化，但是目下因循的結果，常常造成職能不分，影響工作的效率，加上目下處上位者的學能欠缺，不知反省修持卻反其道而行的用人哲學，不知造成多少法律幹材的流失，殊堪可惜。

　　一般事務所法務之分類如下：（而事務所可區分為個人／聯合／中型／大型等四類）

職　　稱	薪　　資	工作範圍
法務工讀	2萬～	灑掃／接待／遞狀／庶務
法務助理	2萬5千～	撰函／謄稿／校對／遞狀
法務專員	3萬～4萬	撰狀／執行／謄稿／管制
法務主辦	4萬～5萬	全程／撰狀／接案／談判
法務主任	5萬5千～8萬7千	全程／管理／分案／談判

　　一般公司行號法務之分類如下：

職　　稱	薪　　資	工作範圍
法務助理	2萬～3萬	撰函／執行／校對／遞狀
法務專員	3萬～4萬5千	撰狀／執行／審約／催收
法務主辦	4萬5千～5萬8千	執行／撰狀／擬約／談判
法務主任	6萬～	全程／管理／撰狀／談判

　　本統計均以底薪為標準：
- 一般國會法律助理大約從3萬～4萬5千不等（按學歷分等級論薪）
- 一般保險與法務有關者約略分為保全／核保[註]理賠／法務5萬8千元
- 一般銀行業／催收／放款／法務5萬元
- 一般租賃與汽車業大約3萬元
- 一般電腦與資訊業法務亦大約3萬元
- 一般法務編輯業大約3萬元
- 一般唱片業之版權法務大約3萬元
- 一般廣播公司之法律企劃大約3萬元

　　聘用法務較多之事業：建設、保險、廣電、唱片、電影、出版、租賃、汽車、科技等。以上之薪金須注意是否包括其他加給及餐食費用，這點在與公司洽談時務必要談清楚，否則在七扣八減之下將會讓自己感到不平衡而影響工作心情，千萬留意。

　　另外所謂法務專員一般來說有公司法務跟銀行法務；公司法務裡以高科技相關行業的薪水較高，約5萬上下，甚至有些還有配股分紅。但多要求英文審約能力及著作權相關法律的熟悉，甚至有些還會要求具備工科背景。除了高科技相關公司的法務外，一般公司工廠法務薪資是比銀行法務差的，約在3萬上下！至於銀行法務其實又分銀行本身和融資公司兩類，融資公司（中租迪和、和潤、裕融……），起薪大概在3萬5，但加上

工作獎金、年終、分紅……等等，平均起來月薪也在5、6萬上下，不過這些融資公司幾乎都是包括催收，因此經常必須跟客戶發生爭執，所以投入前務必思考清楚。另外還有法律扶助基金會也有相關的法務職缺（包括專員及行政人員）和法院的法官助理職缺可以列入考慮的範圍。

　　對於法務此工作未來新趨勢為何，或許曾經有人思索過這個問題，但始終未見具體的行動，法律人善長於依法論事及邏輯之推理，若將法務與人事結合將會創造出一個更為健全的人事制度。因為人事不外於制度的建立與人性化的管理，而一般人對制度的建立並無如法律人對情理法的深刻認知為基礎，故在管制的效率上往往形成一些缺漏或對立現象而造成勞資雙方的爭議，最後對簿公堂解決。雖目下各公司行號本身原本的人事管理制度已自成一格，各保有其相當為傲的優點存在，但是如果以一份較高的薪水來替代兩個人的工作，公司又何樂而不為呢？畢竟法律人的細緻與實事求是的精神應更足堪擔此重任。目下正聲廣播公司已經正式開啟法律與企劃的工作結合模式，此點已為法律人開啟了另一番可供發展的空間，因此如何有效運用法律人才及法律人如何自我推銷，應該可以展現出另一個契機，特提出供法律人與企業省思這個問題關鍵的重要性與可行性。

　　法務和法遵在銀行內部的角色如下：

職　稱	法　務	法　遵
角色	銀行內部律師	督促銀行遵循管理法令的人員（例如：網路交易、基金交易等）
工作內容	負責把關銀行與客戶間的契約	整合跨部門的風險管控（風險第二道管控）（因應兆豐案而生）
資格	以法律系畢業與律師為主	以懂金融實務的業務及經驗為考量點；不一定是律師
待遇	22,000～75,000	年薪約500萬起跳
須經何人通過聘用	僅須由總經理核可	法遵主管任免應經董事會同意，法遵制度須經董事會通過。法遵人員每年應接受一定時數的教育訓練；臺灣金融研訓院還設有法務及法遵學院，以協助法遵人員達到訓練要求。

註：一般核保均發生在有關分期付款或貸款的情況下，依據當事人所提供之保證人資料，進行實際的面對面核對簽辦事宜，但由於其中係因公司制度上的問題，而委由業務人員辦理，其有時為績效而只進行電話對保，如此將很容易由當事人造假矇混過關，到時當事人有拖欠或逃逸時將發現，根本沒有這個保證人或其提供之擔保物是虛偽不實，結果造成公司損失，此點不可不慎。

　　除此之外，未來10年結合資安、公關、法律於一身的資安長，將是極為重要的一個職缺。

第 **4** 章　尋求法律人生涯體認之論壇

　　本章主要在設法釐清法律人的生涯規劃與處理實務應有的認知哲理，同時希望藉由工作過後的餘暇，回味並咀嚼法律的情、理、法在人生哲理的一些心聲，或許對往後的工作倦怠與無力感，有所啓迪。因爲在經過人生閱歷經驗後，對法律解構的相對世界中，所形成現實具象與理想抽象的分野時，或將有另一番契機的展現，期共勉之。

第一節　法律與邏輯之研究

一、邏輯之意義

　　邏輯一語，依據辭海的解釋，係論理學，一稱名學或辯學，又稱邏輯（logic），乃意義兼譯；以思想爲研究對象之科學也。通常分原理論、方法論二部，前者論思想之原理及本質，後者論思想方法。始創於亞里斯多德（Aristotele），迄於中世，爲演繹法之盛行；自培根以後，始通行歸納法，近世更有實驗論理學與形式論理學。

　　談到邏輯這門學問，雖是西洋文化的特徵，但在我們的傳統思想裡，與名學原是成爲一家的。孔子曰：「必也正名乎！」（論語子路篇），所謂正名，就是建立確定的概念後，可以成辭，然後可以有言，然後可以推理而得到比較準確的結論。「故君子名之必可言也，言之必可行也」，「君子於其言，無所苟而已矣」，亦即要有一貫的道理，要事理上說得通，說得通者，就是要沒有矛盾，合乎邏輯。修身治國平天下要從誠實開始，故謂：「名不正則言不順，言不順則事不成，事不成則禮樂不興，禮樂不興則刑罰不中，刑罰不中則民無措手足。」（論語子路篇）[1] 可見我國之固有文化上，並非沒有邏輯的思維，不過是沒有成爲一種有系統的學問而已。

　　邏輯之眞義，中西之觀點相差不遠，只是吾國缺乏體系，西洋經由體系而成杜威（Dewey）所闡述的一種「探究」方法，此邏輯係在正確思考的方法上，必須具有下列幾點意義：(1)它能表現出在高度現實之情況下，我們所無法想像或預見的各種可能性；(2)它能夠告訴我們哪些導致所謂不適當結論而必須重新考慮的各種前提；(3)它也同時具有排除由於個人偏見所產生之前提與結論之間矛盾的關係，以期達到主觀淨化之功能作用。[2]

二、實證與形式邏輯

　　近代法律的內涵與傳統觀念間所發生的距離，我們可從西洋法律的發展上窺其端倪，西洋從羅馬共和時期到19世紀，經過3次的嚴格法時期，第1期從十二木表法訂立之後到共和末期，第2期從12世紀到15世紀，第3期是19世紀，此亦即法律法典化的結果。

　　在這3個時期之中，法學家的工作唯在闡釋法律的含義；司法官的職務，唯在機械式地適用法律。在這3個時期的中間及先後，均有一段法律道德化的時期，此係龐德（Pound）「衡平法階段」思考的模式。大凡一套法律經嚴格的固定運用一段時期後，

就漸漸地形成一種因循侷限於時代的信念而與社會之新道德、新正義觀念脫節,社會現實的力量便衝破法律的約束,新道德觀便侵入法律的範疇,而產生一套新的法律規範來安定社會,亦因此而使19世紀的領導思想形成兩種不同的思想——歷史法學派及分析法學派。

在分析法學派中,認為唯有經國家權力機關制訂的才是法律,[3] 司法官的職責只限於運用邏輯方法來適用法律,法律本身應當是自給自足,執法者只須以法律中所含的概念作大前提,運用邏輯去推演,就可以解決一切問題。而其中以薩維尼(Friederich Karlsarigny 1776-1861)之歷史法學,已有概念法學之傾向。[4] 至其徒普希達(Georg Friedrich Puchta 1789-1846),試圖將羅馬法整理成一很有體系而層次分明的規範,把羅馬法分為數層次,最上層為法律理念,整個法律秩序均須受此一法律理念所支配,法學者之任務,僅能依循邏輯的演繹方法,分析各層次規範間之關係以及各種法律概念間之關係;法官亦僅能依憑機械的邏輯,運用法律,不能旁求。此種所謂邏輯自足(logische gechlossenheit)的觀念式,至溫德夏特(Bernhard Windcheid 1817-1892)達到最高峰,概念法學於為形成,其理論法學於為形成,其理論體系亦趨於精緻。此種邏輯自足的觀念,不問思想之內容如何,但求合於公式,缺點是過於抽象,僅自成一整齊的體系而已。換言之,此種雖足以提高法學的客觀性,卻是一種「形式性」,亦即所謂形式邏輯,對於實際思想輔助甚少。[5]

儘管概念法學採形式邏輯,企圖將法律視同歐幾里得幾何(Euclidean Geomrtry),而可以完全建立於某些所謂自明的真理或公理(axiom)之上,當有任何紛爭出現,法官即如數學家一樣,以自明的真理或公理為大前提,當事人爭訟之事實為小前提,然後藉著邏輯的三段論式,即能計算出最終結果。然而這不過只是耶林(Jhering)在概念天堂(Heaven of Conceptions)中一種極盡諷刺、揶揄能事的一種凸顯性之幻想。[6] 是故從司法方法的意義言,法官居於促進法律發展地位,究應稱為科學,或是種藝術呢?[7] 而所謂的科學,其意義又何所指呢?是否科學就意謂著人為因素的完全排除?19世紀邏輯實證主義,就是為消除法官個人價值因素影響,指示人應當如何進行思想,如何試證假設以求得正確之結論,故於日常思想上之效用較大。本文以為:法學之認識,絕不能仿傚幾何學、數學等形式科學之範疇,而僅以已成立之定律為出發點,依照推論規則,為純粹形式的邏輯歸納(構成從特殊到一般的推理)和演繹(關於從一般到特殊的推理)。[8]

綜上分析,概念法學著重於法律邏輯的一貫性,有助於法律的安定,有其不可磨滅的功勞,固無可議,惟此亦即其致命傷之所在。蓋維持法律秩序之體系性,而不顧事實、犧牲社會制度目的或法律目的,實至短視也。夫法律邏輯僅係手段,而非目的,為手段而犧牲目的,或將手段視為目的,均屬捨本逐末之舉。是故吾人闡釋法律,以邏輯分析的方法追求客觀性時,斷不可再重蹈概念法學之覆轍。倘若時時謹記,必將由閉塞的邏輯發展至「開放的邏輯」,當能擺脫所謂概念法學之陰影,運用邏輯如神助乎。[9]

三、邏輯的分析推理

法律制度所確立的概念,主要是用來形成法律規則與原則。一些法律規範都是圍繞

著某個個別概念而展開的，然而這些措詞在法律制度內詳盡含義與細節往往是常人所不能理解。

　　法律中所運用的推理過程，在很大程度上是以含有不同專門性質的概念之規則與原則爲基礎的。在許多也許是大多數需要法律分析的案件中，所要適用的規則能夠很輕易地被識別出來，且不會與其他規則發生衝突。在法院查明當事人之間的爭議事實以後，就可以按照邏輯演繹過程把這些事實歸屬於某個規則之下。然而在這樣做以前，有必要先對構成該規則一部分的某些模稜兩可的措詞或明確的概念進行解釋，否則可能讓法官無法輕易地尋求到一項適用這些事實的一般規則，而要用歸納推理方法從一系列早期判決中才可能推論出該規則。另外還會有許多情形，法院所發現的事實並不能適當地被歸入某條現行有效的規則的語義架構之中，但是法院爲裁定該案件而運用了類推方法，即把某條含有適當的一般政策原理的有關規則或相似判例適用於該案件。例如：父親將女兒賣給私娼館，押賣合約到期前該父親因病去世，復又被其叔父賣給該私娼館，其中牽涉到的一名被告係該被價賣女兒之表姐，從各項證據顯示之歸納與演繹，竟發生一審以共同意圖營利略誘未滿20歲之女子脫離有監督權之人而論以第241條第2項之罪名，上訴二審以第298條第2項共同意圖營利及意圖使婦女爲姦淫而略誘罪論處，復再上訴三審發回更審，竟由二審改判爲刑法第296條使人爲奴隸或使人居於類似奴隸之不自由地位論罪，整個案件從妨害風化到妨害家庭到妨害自由的全盤推理演繹過程中，不禁令人對人爲分析推理產生之結果不同而感到疑惑模糊。

　　法律推論中最簡單的形式即亞里斯多德的三段論式，而他對自己始創的三段論式所下的定義是：「從已說明的某件事物，必然即能得到此事物以外之其他事物的一種說明。」在上述言詞裡可理解到：所有生物體終有一死，人是生物體，所以是人也終有一死。在此三段論中，第一段代表大前提、第二段代表小前提、第三段代表結論。顯而易見的是，從形式上而言，所得出的結論乃從有關前提中推斷出的無懈可擊的邏輯結論（然而該大前提是否實質上正確，取決於生物體這一術語是否是或應該限定於有生命的生物體。該小前提的眞實性被那些把人視爲機械引擎而不是生物體的人們所懷疑），誠然可以想像到，法院會被不可靠之證言引入歧途，並就該案之是非曲直得出錯誤結論，但是這種可能性卻不能否定這一事實，即法院是根據演繹推理而得出其結論的。因此從表現共同要素的特殊案例中歸納得出的判斷，很少能符合邏輯必然性，此正好符合前述之實例，在運用整個類推的情形下，構成最終判決基礎的擴大基本原理或擴大了原則並不以邏輯的必然性而強迫決策者接受。從邏輯觀點來看，法院總是有訴諸反證論點方法的邏輯餘地，故在訴訟時，因爲眞意義和假意義之間，所涉及的是一「複雜的計量分配類型」（complicated quantitative distribution pattern），[10] 因此對於任何問題基於形式的邏輯自我判斷，認爲藉著傳統的眞假對分法，即能得到正確答案的說法，實在是犯了最嚴重的錯誤。針對此點筆者深有所感，蓋因吾本係電機工程科系畢業後，再續考上法律系研修，從邏輯的必然論到邏輯的選擇論，顯然有著極大程度上的差異，當然對訓練一個人邏輯思考上所表現蘊涵關係的技巧分析澄清、組合或溝通上，實獲益匪淺。[11]

四、價值相對的邏輯界定

在此所談的僅限於接受科學方法的相對主義。在此一意義下,所謂的相對主義將不是常識性地排除任何有關價值問題的討論,僅有關當為的述句,只能依其他具有類似屬性的述句予以證實。因此相對主義者亦堅信,終極的價值判斷無法以科學之方法予以驗證,科學亦無法在若干絕對的價值中做合理的選擇。絕對價值只能依意志或直覺予以選取,而不能依科學方法予以確定。科學或能有助於釐清有關價值觀念的意義,或分析某種價值選擇可能產生的結果,但它不能作為指導具體的選擇方式。

因此在對個別法律所欲達成之價值與其可能引發之結果作適當的闡明之後,法學的任務即在於指明:「如何選擇具有因果與邏輯關係一致性的法律目標。」然而不論科學方法能如何有效而準確地說明各種不同法律評價的意義,也不論其確能適宜指明此項評價之基礎假設,相對主義對於直接的終極問題,始終採取中立的態度。具體言之,科學方法可能影響法學者對各種不同基礎價值之選擇,但是,它不能使法學者以絕對的語句論斷某種目的本身的公正或不公正,也不能絕對肯定何種價值上的選擇,它只是提供決定的可能性。事實上,絕對的價值判斷本身即無法以科學方法直接予以決定。當然,科學的相對主義絕不否認經由其他方式可達成終極的價值判斷。然而更重要的是,相對主義只是認定「經由科學以重建終極決定之可能性的否認,而非完全放棄決定本身的必要性」。

以上論述就現實法學而言,如果吾人能合乎科學要求地回答這些問題,也就可能對於有關道德價值之問題獲得合理的解答。然現實法學一向認為,當有關價值的討論,流於爭執所謂人類或上帝的更高目的(higher purposes),即超出了科學的方法所能理解的範圍,在此不擬深入探究之。總之,現實法學所針對自然法學論所支持的絕對原則,不只無法經由科學印證,甚至超出通常人類知性理解,而為一種存在於半空中的法律概念,筆者僅在此留下註腳,留待另一種層面的報告,引為邏輯相對論的一種註釋及依循理論。

五、法律中之邏輯藝術

從以上的研究分析,我們不難發覺法律科學之邏輯,無論多麼的完整,往往使得執法者在執行法律時,立於兩難之間。概念抽象與邏輯嚴密兩者是法律所不可欠缺,故法律牽涉到人的問題時,就必須展現邏輯藝術,而非只是邏輯架構,此點可由錢賓四先生說我國之禮,文飾而成一種藝術作為結論,因為我們要從吾國固有之文化上,將缺乏體系的邏輯觀念,融合西方之體系,轉以邏輯運用屬於中國人性風格,如此方能邁向屬於我們自己的天空,讓邏輯與歷史經驗成為盟友,讓邏輯從內部的貫通(internal logical consistency)同時兼及外部貫通(external logical consistency),如此方能使邏輯貫通與真理的獲得同時兼顧之,而致因單純邏輯分析所導致的迷思。

邏輯是靠著所謂歸納與演繹而得之結合體,它本身是一種屬於科學的產物。然而,即使是科學亦不能違反自然,因此我們可得到一個結論:「單純邏輯的終結,便是全盤的機械化;純粹法律的終極,便是人性的矛盾化。」畢竟這個世界的道德與社會制度,

並非一味地將法律經由邏輯而形成一種絕對推理，而是仍然必須經由經驗與人性的適度考量。亦即法學之哲理，絕不能仿傚幾何邏輯以已成立之定理爲出發點，依照推論，爲純粹形式的邏輯演繹，以求取全盤客觀的討論，而無視於體系外社會事實的變遷。近世物理界，業已開始對於一加一等二，懷疑其爲不眞，更何況具有實踐性之法學呢？不管邏輯如何運用在法律的實務上，總難免有無法解決的一些困惑與質疑，但如何去解決則留下一個值得深思的鑰匙，等待有志之士前去發掘之。

---

[1]：近代法律思潮與中國固有文化／王伯琦／頁105～106

[2]：Readings In Jurisprudence And Legal Philosoply, Intp.N. P.529

[3]：Holland：Jurisprudence Chaps 2-3(1880)

[4]：碧海純一／法學的理論與實踐／頁66

[5]：Paton G. W. A Taxt Book Of Jurisprudence, (3PD ED.) Qxford University-Press 1967.

[6]：Von Jhering "In The Heaven Of Legal Concepts" In Reading PP.678-688, Swpra Notel.

[7]：司法造法的法律哲學／鄧衍森／頁98　碩士論文

[8]：法理學——法哲學及其方法／博登海默／頁544

[9]：法學方法論／楊仁壽／頁44～47

[10]：同註七前揭書／頁101

[11]：分析前篇／亞里斯多德（麥克恩編）／頁66

第二節　法之應然與實然

「迷茫中覺醒需要靠智慧，覺醒後朝向目標需要靠定力。」從法律與邏輯探究過程中，可以瞭解到法內正義必須兼及法外正義，亦即所謂內外的貫通。在正式探究法之應然與實然這個問題之前，先談談法律人的應然與實然。多年來律師考試錄取率偏低（至近年始有改善），造成多少人對考試公平、客觀的質疑，更有甚者，造成法律人「考上前自卑自怨、考上後自大狂妄」的偏頗心態，這種結果差異性的實然與應然，不知毀了多少人，可是既得利益者始終不肯放手，而抗衡者卻孤掌難鳴，怎不令人產生雖未逢冬已生寒意之感慨呢？

對過去所知有限而尚模糊不清的情況下，要想釐清法律的實然與應然是相當困難的。史瓦茲（Richard Schwartz）的研究使我們得以一窺那些法律條件，從未定形的社會關係中竄冒出來。於是筆者嘗試著以自己淺顯的拙見與實務經歷，來論述法的實然與應然。

一、法義爲何

任何人做事，無論其係年長或年幼，必然會導引至事之區分、識別上，同時花費一番心機與思考。正如同今日我們求取學問一般，在開始時只要求自己能懂，能夠清楚其含義而不致誤解，便足以沾沾自喜；而後，從所知中逐步深入瞭解而達於熟習之階段，此際便能判斷別人作品的優劣，自己方可嘗試仿作，從模仿中窮究印證，以達到深層的分析；然後，便邁入創新與評斷的層面。而於此際將體會到許多「用語」上的差異，即

使在字句上一再斟酌思索，仍會有不敷其需或詞難盡意之憾，故此乃有定義之說。

言「法」、尚「法」在於能具本然之重點，其對象，並非以業之於「法」者為範圍，亦非以執法之人員為其範圍，而係以人人為對象。基礎法學中所以會講求「定義」，主要在為一個人闡明理念，助長識辨，促進判斷，善用界說，以使理念上之樞紐「理能與本然」有亨通之作用。[1]中國是一個文化歷史悠久的民族，惟當時學者之著作，嘗以竹板為之雕刻，再鑿孔而穿以牛筋，是故往往言簡意賅，而使後人對古之用語，有著二種或二種以上截然不同的說法，而造成錯覺，如此人云亦云之結果，反倒使初學者在錯誤之引導下，茫然而不知所措，是故定義的重要性可見一斑。

二、實然與應然在學說上之變遷

依據大衛‧休謨（David Hume 1711-1776，蘇格蘭哲學及歷史學家）認為人鑽研知識的領域可分為兩種：一種是事實的領域，只關心事實的真相是怎麼樣，它的命題不是真的，便是假的，這便是實然；其他的則屬於應然的範圍，也就是說，事情應該怎麼樣，而這種命題，不陳述事實，只規定什麼應該作，亦即一種規範。[2]

實然與應然之區別，本身含有自然法思想的嚴格意義，因為它似乎放棄了「自然法特殊規則的真實性是可以證明」的觀念，即使這些規則是舉世所共守的。在休謨的眼裡，這一切需要在人類生活的目標中去追尋，只由人類之理性無從決定，應係取決於人性的慾望或是休謨所創的好惡。然而透過前述基本定義的分析，兩者的差異性頗大，於是康德（Fmmanuel Kant 1724-1804，德國哲學家）在該世紀末即意欲解答休謨引起的爭議，因此承認「實然」（Sein）與「應然」（Sollen）兩個範疇，但是主張後者應該包括道德的永恆規範，也就是他所謂的「定言命令」，強調道德與法律的區別。彼認為人類之自由意志，一方面可以立法自律，一方面可為行為之造端，換言之，前者係人為之自由意志併合而形成法則，產生義務觀念，規律人之外部行為，是為法律；就後者言，行為之合法端賴善之意志，產生純正動機規律人類內部之意念，是為道德。[3]尤其是當概念法學發展，使得法學轉變為幾乎全以實證法解釋適用以及法釋義學概念發展為限，漸漸把法律（體制）與社會實相（social reality）之間的互動關係被逐漸邊緣化。

同時在18世紀末，由邊沁（Jeremy Benthan 1748-1832，英國哲學家及法學家）之功利思想播下的種籽，日後使得實證主義獲得豐碩的成果，儘管此一學派並未替實證主義提供多少邏輯基礎，然卻造成實證主義的形勢，一方面將法律的實然與應然作嚴格劃分，另一方面則是形成一種法律也是科學的趨勢。

社會學家抨擊實證主義所奉行的定律：法律的實然與應然應是兩種截然不同的課題。因為他們認為法律是動態而非靜態，它是一套在不斷發展中的原理，其中許多成果係來自法官有意或無意間按著他們心中理所當然的法律來製作而產生。因此有科學家精神的法律學家，不能忽視一項事實，那就是法律的本身含有一種種籽，使它的發展按照社會接受的價值系統前進。正如同筆者承辦的案例：某一被告自大陸走私物品到台灣，一審經法院以違反懲治走私條例論處，然後經上訴二、三審，因情事變更，經最高法院發回更審時，高等法院政論以違反藥物藥商管理條例論處較輕之刑罰，而同案其餘被告或因未上訴，或因此訴逾於時效而處原適用之較重刑責。由此案例來看社會學家的批

評，則有其道理。蓋價值系統體制中因情事之變更指引及控制法律裁判中的各項變異因素的方式，為一極為重要的部分。不過在此必須承認它無法證明實證主義之論證：既定法律之效力，以它所課的義務而言，絕不因為與基於信仰道德或其他非法律原因所建立的價值系統牴觸而被推翻。有關這一點筆者將於下幾章中加以研究，茲因實證主義者相信法律從屬於某種絕對的道德價值。

三、現象學與法律

近年來，現象學的法理學已成為法國法理學研究的重大課題，他們以兼及實證主義和存在主義的立場出發，其中首推安史克，他的目標是一種反形上學的現象學實證主義：所謂「法律現象」，[4]是指規範「適用到某一客體上」，「應然」無非是表達規範模式架構的一種方式，相對地「實然」所探究之事實真相之是非便顯得理所當然。而安史克的這種獨家創見，實際上不但Kelsen、Kocourek、Berle、Hart等人和其他分析實證論者作過理論上的探討，而且在英美法及大陸法上已有無數的判決適用過這一理論。而此法律現象之應然便如同前章所述：既定法律之效力，以及它所課的義務，絕不因為與基於信仰、道德或其他非法律原則所建立的價值系統牴觸而被推翻。

正如筆者所承辦的一件違反槍砲彈藥刀械管理條例之案例，被告與其友人夜宿在距家不遠的一間旅館，當天晚上臨檢時，從他們住宿的房間裡的浴室天花板上搜出手槍1把及子彈3發，於是被移送檢方起訴，經一審認定係採現象學之應然理論，被告夜不回家反而在外賃居，又從他們所住的房間搜出違禁品，依法論處，本無庸置疑它的實然，但是如此一來就成了一方面承認在衝突價值與要求間作一存在選擇的必然性，另一方面卻同意靜態地接受此特定關係中所包含現象的危險性，因此單純以現象學所延伸的實證法學裡，有著許多矛盾與含糊。於是當筆者承辦出此案時，便以截然不同的意識型態處理而獲得平反，故足以駁斥此一說法之實用性。

四、概念的研究

真正研究實證法律運作的基礎，除了表面上的次級事實（Second-Order Facts）也就是法條、判例以及與現有法律系統相關法典中的一些規則外，在這些事實的背後，還有所謂的原始事實（First-Order or Primary Facts），或稱初級事實，係由司法人員、法官或其他與這些複雜法令相關的人士（包括律師、一般平民）的實際行為所構成。其實也就是這些繁複的原始事實，才使被覆著它們的規範架構與原則架構具有意義與目的。探討這兩種層次事實微妙而複雜的交互作用，以便瞭解社會中法律的重要關鍵，因此純粹似概念為根據所創建的任何理論，如果忽略問題中各個概念所代表的事實基礎，便會形成缺乏滋養的現象學而不切實際。

而概念性最引人批評的方面，不外有二，其一是囿限於分析基本概念的法律理論，容易導致一種心態，認為法律觀念具有某種固有的結構，如此會使法律的發展在適應變遷的「應然」上形成一種包袱。其二是概念主張法律問題可藉純粹邏輯分析的方法解決「實然」，而忽略了法律的整個決定過程中的政治因素。因此無論概念性研究或現象學與實證主義之融合，均會造成一種偏頗，蓋概念性研究與實證主義融合，會形成過度依

賴而貶低法院造法的功能；反之，現象學與實證主義之融合，則易形成主觀外在事實的認定而忽略客觀內在事實的發掘，因此各項關聯的發生，便值得深入研究之。

五、科學與藝術的調和

由前面的幾項探究，我們不難得到「應然」與「實然」正如同法治與科學有著不可分離的關係，沒有科學，絕不可能有法學，沒有科學精神，絕不會有法治精神的存在。但法治精神是否便是純粹之科學呢？答案是否定的，因爲純粹科學的對象是自然事物——「實然」，而法律科學的對象是社會事物——「應然」。

今日我們說的科學，僅指純粹科學，純粹科學在求自然事物的眞理，此完全受到因果律之控制，所以不可能有眞正善惡是非的價值判斷。因此唯有導向法律科學，才能追求眞理，接近道德，然後始能獲得社會事物之眞理，而符合法之正義。因爲所謂的科學原則都是建築在概念的邏輯上，而概念是抽象的，它本身並不實在，所以求眞理雖不可不用邏輯，但亦必須在概念合乎眞實的範圍內。然而凡是牽涉到人的問題，便因爲每一個人所具有的個別差異性，導致社會秩序不像自然秩序具有普遍性，更不會有必然性，於是法學家要運用他們理性的智慧來設立一個原則，普遍適用於各種隨時變移的具體事物，其與眞理間的距離就可能相去甚遠，此即「應然」之結果。[5]

當我們瞭解到法律之本質後，不禁深感執法者在執行法律時，確實立於兩難之間。法律是要實現正義，但法律中並不包含太多的正義，這就像目前英美法系國家所遭遇到的難題，例如有一個案子是一名黑人在白人區強姦並殺害一名白人女子，而逮捕他的警員因爲有著種族歧視及違反逮捕規定，以致該名黑人無罪開釋；這件案子的實然相當地明顯，該名黑人男子有罪，可是透過法律制度下的「應然」程序，卻使得該名黑人男子脫罪。於是問題產生了，如何在「實然」與「應然」之間找出一條雙向道，一方面不破壞法律原則，另一方面也能使正義獲得最大限度的實現，這的確是值得深思的高超技術，此便是藝術的領域，亦即將法律邏輯提升至內外的貫通，以達到眞理的獲得。科學邏輯是求眞，藝術性是求美，道德是求善，唯有三者結合才能使「實然」與「應然」融合貫通，符合所謂的公平正義。

六、結論

身爲法律人，如果單純就理論概念或社會現象去分析判斷事情，所得到的只是一種片面或殘缺的見解。因爲整個人類的社會經常變移，在法律應用上也應因時制宜，否則在適用時，終不免有機械性，畢竟剛性司法與大衆安全難以並存，是故以法律架構之普遍性及確定性原則，建立「應然」去追求自然流動不羈的社會眞理——「實然」，其間之距離可想而知，此其一也。其次正如耶林所說：人類之行爲，常依某種目的而決定，決非無意義、無意識之行動，故玩弄或蹂躪法律之事殆所難免。因而我們在處理事情時，切記不要單憑外在之表徵或證據即枉下斷論，否則將會自限於應然中而難得實然，此其二也。

倘若置身在實務界，基於保護當事人的權益而爲辯護時，如何拿捏，便形成一種無法兼顧的缺失。或許有人認爲經由法律之通衢大道：1.司法立法，2.解釋法律，3.適用

法律，4.司法的裁量，可以使法律與社會正義接近。然而此種端賴執法者自己的科學訓練與道德修養之途，難免在證據難以掌握的情況下，形成無可奈何之局面。加上執法者係包含法官、檢察官、律師三種層面的結合，往往形成善惡是非的抗衡，而其結果之法律本然性，便不得不令人感到隱憂，因為此際之公理正義及倫理道德之分野，往往很難釐清其分際的界限。

從社會哲學的觀點來看，實踐哲學與理論哲學之兩面性，能夠返本溯源地去精研人類本身乃至整個人格係自己存在之原理上，以維繫完整的人間哲學的統合性，藉以調和個人存在性與社會存在性之衝突，以及針對各種價值相互間存在之秩序，斟酌各種實在之社會現象及文化現象，去尋求一種中間平衡點。因為探究法之實然到最後，如果加入人的基本因素，便形成一個未定數，這其中牽涉到的將不只是單純的法律所能解決的問題。法外有法，人外有人，這個社會的法治教育不夠普遍，甚至可說極為欠缺，於是「法之實然」與「法之應然」愈離愈遠，無法相交，只有靠法律人的日益茁壯，方能移風易俗，重建一個法治國的中國精神社會觀，以期重新掌握平衡的「應然與實然」真實面向的「著力點」。

---

[1]：原法初論／朱文溥／頁512～516

[3]：法律的理念／張茂柏譯／頁86／聯經出版事業公司

[3]：法理學／洪遜欣著／頁75～78／三民書局

[4]：法理學／楊日然等合著／頁220～223／司法院秘書處印行

[5]：近代法律思潮與中國固有文化／王伯琦／頁101～106／三民書局

第 **5** 章　激發談判與溝通之巧妙運用

本章係針對實務工作中的各種心態與運用，提出一些原理原則，供法律人斟酌，希望藉此激發一些潛能而能改變遭遇的困境與難題。畢竟世上的真理，必須因人、事、時、地、物而制宜，絕對沒有「形諸四海皆準繩，放諸八方必能用」的良方，為此筆者言簡意賅地將實務菁華逐一扼要說明，望能對讀者諸君有所助益。

第一節　心態分析

一、當事人的心態

理想與現實有著一段距離存在，但是一般法律人往往無法對此有深切的認知，而常常形成格格不入的對立問題，如此只會造成彼此的觀念無法溝通與契合，最終勢必產生壁壘分明的對立，此點不可不慎思。

(一) 一心對二用

對於案件在作過初步的瞭解與分析後，接下來的便是有如福爾摩斯與亞森羅蘋的智慧挑戰了！對當事人深層心理的發掘，就像是尋求寶藏一般的不斷從蛛絲馬跡中得到一些訊息，然後進行比對分析。因在這中間存在著隱瞞與不信任，必須利用證據來補強與察覺其中之矛盾破綻，如此方不致被突然打了個悶棍，臨場措手不及而損及自己多年建立之聲譽（律師對此有拒案與否截然不同之處理）。

這種心態的認知與處理事情的難易有著極為密切的關聯，可說是牽一髮而動全身，判斷須靠經驗的累積，因此，凡事應以證據為導向，心戰之運用只能盡力找出事實真相，一切的勝負必須要充分的配合與信賴，如同法律在對待任何人均須認為其無罪，仔細比對衡量以求真實的心態是永遠必須堅持的理念。

(二) 判斷與信服

很多新進律師或法律人承接案件時，往往缺乏一個基本認知，那就是當事人之心態。因為這些尋求協助者，在刑事方面，有可能說謊或隱瞞事實，而在民事方面，可能因為被欺騙以致心理不平衡，甚至於當事人會去尋求某律師的協助，只是聽人說，因此對該律師並不是十分的信賴，或者可說是存疑，所以在建立彼此的溝通管道時，其當務之急便是爭取全盤的信賴。如何爭取信賴呢？首先便是要以專業素養配合詳細的詢答以換取初步的關係，千萬不要先談錢，因為過於急功近利只會疏遠彼此的信任。最重要的便是凡事一定要對當事人講解清楚，千萬不可認為當事人與自己有相同的認知與理解力，否則因為語言知識的隔閡，將很容易形成誤解，尤其在使用迂迴策略而與相對人進行適度的溝通時，容易造成利害衝突與莫名的懷疑，此點須謹慎。

相合作義務性原則（Grundsatz Demonstrationsfreundlicher Kooperation）之建立是讓法律工作者與當事人間建立一種互通性的管道，讓彼此在接觸中能夠瞭解到合作之重要性與必然性。因為要打贏一場官司需要充分的信賴與溝通，唯有在彼此信任的基礎下才

能達到資訊的交換以補缺漏，因而在此予以闡明之。

法律講求證據（含人證與物證），如何在缺乏證據的情況下尋找證據，才是法律人的難題。旁敲側擊、迂迴轉進、反射利益、調閱相關資料等方式，均須靠經驗與靈活的判斷力以獲得契機。

(三) 磨功與氣功

一般對立當事人在接到律師函（或存證信函）的時候，均會因一時氣憤而口無遮攔地來電破口大罵，正因為在氣頭上，故很難與之進行溝通或解釋律師之立場，因此建議先將此電話放在一旁讓他罵個夠（反正電話費是他在繳），大約經過個十來分鐘後，再拿起聽聽是否罵完，當其罵完時再提出自己的立場，以專業人的地位希望對方能夠將事實說明清楚，以便判斷孰是孰非。此一期間應灌輸以和為貴的訊息，讓對方思索，畢竟在民事爭議中有時很難評斷是非對錯，總是各有堅持，互不相讓，在技巧的磨功下，往往能夠化敵為友，甚至贏取本案結束後下一次之機會。有時候面對的是助理人員，因此必須切記此事係處於第三人之立場，如果對方願意把事情始末說明一下，可代為轉達律師作為參考，很可能有意想不到的善意回應，同時也減輕律師的工作。

二、心理建設面

(一) 嚴格區分

首先要認清就業與就學之區分。在就業後所面對的是利益衝突之社會現實面，在心理上必須建立工作之價值觀，隨時抱持學習並筆記的習慣，再來便全靠經驗之不斷累積，法律人切忌目空一切，自視過高。人們對於尚未明白的問題，比對已經完全瞭解與掌握的事更能充分地利用持續性的緊張感來強化記憶與訓練冷靜應對的態度。

在面對問題極欲試圖解決之際，適度編織精密且善意的謊言，未嘗不能排憂解困，避免興訟爭辯不休。倘若始終堅持一成不變的實話，而雙方的問題卻始終無法解開，導致必須對簿公堂，這種堅持亦未必良善，不是嗎？

無論從事何種行業，均有職業倦怠與心態平衡的問題，尤其在面對司法程序中所謂對與錯時，似乎不能只想作包青天，因為司法程序所要維護的是整個司法制度的大環境，在此大環境下的人與事則變成其中的棋子，為了使廣大的人與物能夠有效地被保護，有時候律師的制度便成為脫罪的代名詞，但基於職業道德有時在自我內心交戰時會產生「Dark Justices」之疑惑，這其中的分野也就是今日法律人必修的心理建設面。

(二) 自我肯定

沒有人是十全十美，因此要切實地肯定自我，才能在面對別人時無所懼，不卑不亢。同時要不斷的吸收新知，掌握時脈以便能夠發揮能力之極致。面對棘手的對象時，不妨運用自己的定力，理清思緒，必能制敵機先。想要說服別人應先說服自己，因為要將一個角色扮演完美，必須從接納自我開始，先客觀地觀察自己並接受自己，才可有效控制自己並進而掌握環境甚至影響別人，最後必能說服別人，獲得肯定。

另外，身體語言是研究非語言交流的動力所衍生的新學問，可以有效地加強自己的主張以將意思傳給對方，有一些肢體動作可清楚地讓人瞭解對方內心的不願苟同或不耐，應該適時糾正並作出決斷以避免造成錯誤，這點對法律人來說極為重要與實際。

(三) 心理認知

對身爲法律實務工作者來說，處理案件時雖然應該設身處地的去深入瞭解當事人以及整個事實之來龍去脈，但是切忌讓本身的感情介入，否則將阻礙本身權威且專業的形象與判斷事實的思考能力。因爲當一個人無法跳出人性心理的弱點時，將會混淆自己的立場而無法提供當事人一個冷靜的建議與分析，如同醫生在看病時亦必須將自己本身的喜怒哀樂拋開，否則便會影響到病人的權益。唯有置身事外才能避免心理起伏過大而影響思考與判斷分析，這種專業訓練的基本心理認知是執業極爲重要的一環，特提出供參考。

凡事均有一體兩面，因此必會產生所謂的利弊得失，而對於其中的評斷與衡量便很難釐清其分際。法律人堅持自己的理念值得稱許，但若無法虛心接受別人的理念則是一種危機，因爲只要是人就難免有疏失偏差，所以只要彼此的最終目標是相同的，何嘗不能殊途同歸呢？時時將心比心爲他人想一想，得意時莫忘失意時，三十年河東，三十年河西，風水終究是會輪流轉動的，不是嗎？

第二節　談判與溝通

對於一個學習法律實務的人來說，談判與溝通是除了撰狀外，必修的一門課程。因爲不管強制執行或解答疑問，彼此的溝通與語意的傳達十分必要，在面對當事人時，談判的技巧更是必備的訓練，一個欠缺說服力的人如何能夠引起相對者之共鳴，進而給予肯定與信賴呢？同時爲了有效的獲致主控的地位，則對於相關法律的運用必須靈活，本文特提出一些觀念與技巧，供諸君作爲自我訓練之參考。[註]

談判是一種心的雕刻，是對於彼此認知的一種結構，因爲這其中有著語言的謬誤與觀念傳達的偏差，同時在談判的過程中很難不談到所謂的謀略運用，利用佈局以建立一個基礎的著力點，必然牽涉到機智與奇襲等交互對立之情況，否則雙方在根本上便可以自行解決，何必再透過談判與溝通磋商來尋求彼此之共識？就像今日海峽兩岸的談判，雙方均預設立場，彼此所能達成的交集便不得不打一個折扣。不過世間事沒有絕對對立的，如何在攻擊與防禦中尋求相容之折衷點，才是談判與溝通真正所欲達到之目的，亦即先探求雙方的爭執點，其背後究竟隱藏著那些共同點，如此才能找到彼此都滿意的解決途徑。

有一派律師認爲凡事強調實質無庸使用技巧應對，法律人應以本身所受之公平正義訓練，在一個平均人上位概念的中間立場，去協助雙方當事人解決紛爭，如此才能超出個人感情用事的偏頗思慮，更能有清晰的思考理念去分析利弊得失，爲當事人爭取更有利的環境，而不致陷入自我設限的循環論斷的漩渦裡。本節在討論問題時，均只提出各派技巧理論供讀者自行評判是非對錯，而不對其下任何結論以影響讀者之看法。自律師本身因承辦案件種類之關係，對於談判之需求有相當之差異性，在此一併陳明，以與諸君分享彼此的經驗，可累積成爲自己的一套理念與哲學，只要掌握心術誠正及話術寬簡的原則，技巧之運用自會形成一極佳的論證。

一、引君入甕　巧施連環

在面對問題之前，先行廣泛地蒐集資訊與相關之法律規定，對於底線之劃定要詳加斟酌考量，並以取得當事人之首肯為要，最好能有高度的選擇性，以便強化本身談判之籌碼，而不致居於劣勢，盡失談判之先機。可運用層層之環結略展攻心之計，引導對方進入陷阱之巧妙安排中，當然一切均應守善罰惡以維天道人情。

二、不出樽俎之間　而折衝千里之外

面對談判與溝通之心態上要謹慎與戒思，如此才能不將喜怒形諸於顏色，而掌握制敵機先之優勢。同時不要輕易說不，如此一來談判勢必立即瓦解，故最好的方式即是改換一個妥適的條件，才能讓雙方相背離的意思在各方案中組合成一個有利之結合體，因為在談判與溝通的過程中，巧妙且妥適地運用彼此的歧見，很可能另闢一條新的捷徑也未可知。

三、兵臨城下　慎密沉慮

談判要掌控完全的主動，對於學法者來說，尤其要將問題切入核心中，並鉅細無遺地架構本身的基礎，當然千萬須占穩先機，掌握實際的現況以免全盤盡沒而一籌莫展。前提是先思考彼此到底要談判折衝些什麼？而彼此所可溝通的程度又有如何之範圍？一舉一動均要慎思而後行，切莫急功近利而得不償失。

四、謙虛為懷　收放得宜

凡事不要得理不饒人，此乃兵家之大忌，因為最佳之談判是中道的給與取的雙贏策略之結合藝術，在一對一或團體對團體之談判上，必須展現真誠與專門知識之貫通與熟練性，否則一發難收，反遭人陷於泥沼之中。

談判與溝通切忌情緒失控，尤其法律人之談判並非一般商人談判講究利害衝突，所以在整個合縱連橫中間，必須冷靜地分析最有利當事人之狀況讓當事人瞭解，是故強調自我情感價值觀的收放要能自如，才能保持最佳處事之態度與應對，而不致有誤失的機會產生。

五、掌控時機　先發制人

當談判到一個定程時，要當機立斷，切莫拖泥帶水而喪失契機，否則將會得不償失。尤其當事人以律師馬首是瞻時，更要切時地當機立斷，切莫搖擺不定，所以自我的操控把持務必小心為上。

六、適度的膨脹擴充感

在談判與溝通中必須適度膨脹要求，因為法律之談判絕對是會相對減少或縮水的，因此為了得到完全的標的，一定要特別注意此點談判時的運用技巧，此點可適時運用在強制執行程序中將得到意想不到之結果。

談判的層面具有相當的緩衝彈性空間，就像一般法律上損害賠償的請求，往往與所預期的大打折扣，因此不難想像在法律談判與溝通中便是不斷的彈性與折衝。

七、隨機應變　剛柔並濟　兼融合一

任何事情均非一成不變，凡事強調之複數選擇及沙盤推演的自我練習，以便臨危不亂，將損傷降至最低點。自我判斷很容易牽扯自己的思考模式，因此在談判與溝通的過程中，均極為重視經驗與判斷模式，應該儘可能的多讀有關這方面的書籍及多參與活動來自我訓練，否則只是閉門造車，其效也是事倍功半。

八、軟體優於硬體

事先規劃與語言的橋梁絕對要清晰，因對方可能亦懂法律，如何無誤地妥善運用優勢，便形成極重要的關鍵所在，千萬不要臨陣磨槍，最好作好先前之討論練習，以便進退有據而攻敵不備。

筆者有一次開庭，對方仗恃其為律師並未準備開庭之相關資料，結果在筆者一一舉證的攻擊下，啞口無言以對，如此情況下有當事人在場時，很可能會造成不好的印象而影響自己多年辛苦建立的信譽，不可不加以注意。最重要的是自己能夠充分完整的準備，而非只是抱持應付的處事心態，否則長此下去將會造成因循苟且而仍不自知的弊病，此點對新進法律工作者來說必須時時自我警惕之，特提出供參考之。

九、沙盤試推以避免疏失

談判與溝通時切莫使用某一固定之模式，應隨著談判的氣氛與即時的資訊判斷，任何預作的底線如採一翻兩瞪眼的賭局式對弈，將會陷於不當的思考模式，易受情感左右而導致損害當事人的權益，此點不可不慎思而行之。故不要打著如意算盤去談判，畢竟談判本來就不是賭局式對弈，其中問題牽扯絕不單純，如果不能有此體認而預作思慮，則必然疏失難免，牽一髮而動全身，影響所及將非筆墨所能道盡於萬一者。

十、重複壓制與閃避

重複對方的談話是表示正專心在瞭解對方的訊息，此有助於使對方多開口而攻破其心防。另一方面可運用各種壓力之產生，使對方不得不屈從己方的建議，此乃攻心為上之良方也。重複與壓制是可一體運用的技巧，先強調主題然後就客觀訊息來瓦解對方的氣勢，因為法律談判總是一方有理而另一方無理居多，因此可巧妙地反客為主及制敵於七寸之處，端視靈活運用巧思。

若在並非居於優勢的情形下，適時的閃避轉進將可以避免立即的對立與破裂，因為談判過程中就像劍刃之雙面均有鋒芒足以致對方於絕地，在這種抗衡的基礎下，應該有折衷與緩衝的措施。

十一、分化魚餌誘敵進　逢迎拍馬欺敵出

面對多數人的談判應適度地分化其陣營中的團結性，對於態度較偏向己方者，以厚

利魚餌來誘惑之，同時輔以逢迎拍馬之技巧，自然事半功倍而致勝千里。

分誘與拍欺係一體兩面，個中利害非筆墨所能道盡，拍欺是讓敵無防而無著，分誘是引敵入陣而難脫，此二者功效最佳的參考教戰守則便是三國志，讀者可參考研究之。

十二、聲東聲西與空城心戰術

己身屈於劣勢時，則應頻頻施放混淆之煙幕，以圖掩飾底牌之薄弱與致命點，如同諸葛孔明所設之空城計一般，利用人心之多疑弱點以時間換取空間，以便贏取最後之勝利，所以此亦從聲東擊西的巧妙運用。

十三、以退為進　得寸進尺

有道是最好的攻擊是守備，談判溝通之折衝是謀略學的巧妙運用，因此面對處於弱勢的情況時，不妨採用戰略行進方式——轉戰，亦即以退為進，以子之矛攻子之盾。譬如甲方對於某些問題極為執著時，乙方表面上雖亦應該據理力爭，但另一方面不妨考量在對方某些並不堅持的問題上，設法爭取優勢，這點與聲東擊西有異曲同工之妙，已經在某問題上占得先機，則須乘勝追擊，切莫停滯而喪失爭取更為優厚條件的契機。

十四、談判的藝術

談論了如此多的技巧運籌，最重要的便是謀略的單刀直入與藝術化，有時候懂得為對方預留一些後路，或許也會獲得一些意料外的迴響。人心隔肚皮，如何知人應對是必須多聽、多看、多學習、少說才能冷靜地判斷是非。而這門藝術之昇華境界，在古往今來的世代交替中均曾經傳為美談，在經驗累積的同時，也應留存一些人性化的餘地。

真正的談判高手，便是具有溝通說服力的雙贏談判家，法律人在法學薰陶的基礎下，應該較一般人有更完備的邏輯思考能力，也較具備前瞻性與全盤性的分析認知能力，願以此與諸君共勉之。

十五、王牌對等篇

任何一件對立的談判，絕大多數是一方居於優勢，另一方居於劣勢，如何扭轉此等原已成局的模式，全靠先聲奪人的機智巧妙運用，因為優勢者必理直氣壯，劣勢者必定強詞奪理，如此才能旗鼓相當的立於平等的架構下，進行溝通與妥協。然而如同兩軍交戰一般，「一鼓作氣，再而衰，三而竭」，如何將局勢轉換契機，必須靠一些技巧的智慧，相信在前述的各種說明後，應該個人均有所心得，可以面對挑戰了！

十六、隔空打穴

此法為談判技巧上的致命一擊，形式上其可傷人於無形，但實質上確是打蛇打在七寸間，就因為它的負面效應影響層面的廣泛，本文將只點到為止，留待讀者從經驗的累積中去領悟。

註：市面其他可供參考書目

(1)丹諾舌戰辯辭／陳蒼多、陳衛平譯／金陵文化股份出版

(2)樂在談判／賓靜蓀譯／天下文化出版

(3)談判技巧手冊／蔡宗揚譯／遠流出版公司

(4)雄辯大全／笘華生／新文豐出版公司

第三節　開庭篇

一、助理篇

(一) 就審期間

　　所謂就審期間，則係指為使被告準備辯論及到場應訴的期間而言，而非指其應為一定訴訟行為之期間，顯與上述期間之性質不同，自不在適用該條項的規定，應扣除在途期間計算之列。因此對於不到場當事人所為之傳喚，違背關於就審期間的規定者，該當事人即係未於相當時期受合法之傳喚。依民事訴訟法第242條第2項所應留之就審期間，係使被告準備辯論及到場辯論之期間，且限於初次辯論期日，始有適用，此觀同條第1項之規定自明。

1. 刑事部分

△ 被告經合法傳喚，無正當之理由不到庭者，得不待其陳述逕行判決，原為刑事訴訟法第363條所明定，但第一次審判期日之傳票，除刑法第61條所列各罪之案件外，若非於3日前送達於被告收受，其傳喚為不合法，觀諸同法第251條規定甚明，本件並非刑法第61條各款所列之罪，原審指定民國28年9月9日為審判期日，其傳喚上訴人之傳票，係於是年9月8日送達，此項傳喚程序，於法顯有未合，原審竟認為已經合法傳喚，不待上訴人到庭逕行判決，致上訴意旨得就此指摘原判決違法，非無理由。（29上2094）

△ 就審期間，以第一次審判期日之傳喚為限，刑事訴訟法第272條規定甚明。原審第一次68年11月20日審判期日之傳票，早於同月9日送達上訴人收受，屆期上訴人未到庭，再傳同年12月4日審判，已無就審期間之可言。（69台上2623）

2. 民事部分

△ 民事訴訟法第162條第1項所謂應扣除在途期間計算之法定期間，係僅指同法所規定訴訟關係人應為一定訴訟行為之期間而言，惟不變期間（例如上訴期間、抗告期間）與通常法定期間（例如聲請回復原狀之期間、證人及鑑定人請求日費或旅費之期間）始足當之。至就審期間，則係使被告準備辯論及到場應訴之期間，而非指其應為一定訴訟行為之期間，顯與上述期間之性質不同，自不在適用該條項之規定，應扣除在途期間計算之列。（43台上850）

〔第一審〕

△ 本件第一審之第一次言詞辯論期日通知書、及起訴狀繕本，係於68年9月3日送達於被上訴人，按法令，審判或法律行為所定之期日或期間，其計算依民法之規定，以日定期間者，其始日不算入，並以期間末日之終止，為期間之終止，民法第119條、第120條第2項、第121條第1項分別定有明文。則自送達之翌日即9月4日起算，至9月13日止始滿10日，第一審係定於68年9月13日行言詞辯論，即屬違背關於10日就審期間之規定。其准由上訴人一造辯論而為判決，訴訟程序自有重大之瑕疵。（69台上1522）

〔第二審〕

△ 第二審程序依民事訴訟法第460條準用同法第251條所應留之就審期間，係使被上訴人準備辯論及到場辯論之時間，本件上訴人在原審既為上訴人而非被上訴人，即不得以原審送達言詞辯論期日之傳票，距言辯論期日未留10日之就審期間，指為違法。（30渝上736）

(二) 庭前準備

應詳細閱讀開庭之書狀，並將有關之證據書類整理齊全，以便當庭能夠即時提出以加強本身的立論。律師一般會事先將有關問題逐一提示，並對如何問答有所解釋，但是臨場應對及突發狀況誰也無法拿捏，因此必須要特別注意自我經驗的訓練與培養，方能充實自己發揮臨機應變之功效。此點決非一蹴可幾，所以本文僅擇要點說明之，至於深入之鑽研則各憑本事多所學習，自然駕輕就熟領悟一套屬於自己的教戰守則。

(三) 開庭應對

開庭時如法官當庭指責未具律師資格而複代理出庭，於法未合，且有損當事人權益時，此刻千萬不要感到退縮，應該以不卑不亢的態度據理力爭，因為法無明文禁止，且律師之所以允許複代理出庭，當然考量到其能力且有充分的信賴，不會率爾影響當事人之權益。且未具律師資格並不即意味著法學素養差人一大截，又依民事訴訟法第68條之規定，如法官禁止複代理，必須用裁定禁止，否則視為同意代理，而不能刁難之。

本身未具律師資格之法務人員出庭，最重要的是完善的事前準備工作（法條必須查清楚，證據必須排齊備用）及庭上應對進退之據。因為無法像律師一般可以獲得禮遇，所以對於庭上應答要準備充足的證據與法律立論提示，以強化本身發言的可信度，如此才能在法庭展現應有之分際。

對於複委任而以公司代理人之身分單獨出庭時，必須注意避免情緒性的對立。在法庭裡所要爭辯的是法律事實，對於容易引起立即性爭執的問題，最好能請求法官詢問，不要自行貿然直接指陳對方的不是，否則很容易有一些突發且難以預防的事情發生。因而凡事儘可能避開情緒性的直接反應，一切以冷靜面對為宜。同時要將開庭重點筆記清楚，以便律師於下次開庭應對時能夠掌握審判之進行，這點是複代理開庭中十分重要的一個環結。

陪同當事人前往開庭時，當事人本身對於事情的看法，往往很主觀，因此很容易受到開庭氣氛之影響，遂自作主張的不按牌理出牌，甚至自作聰明的要求助理修改說詞，或為促使辯論儘快終結而提出他認為對的說詞，此時千萬不要受其影響而認為是否自己

聽錯了律師的交待，而猶豫不決或屈從當事人的決定，否則將來判決不如當事人之意時，就會將一切責任推到助理的身上，說是助理的主張而使助理百口莫辯，這點須特別留意。有時當庭會發生法官提出和解的詢答，此時最好請法官准予暫停一些時候，以便即時向律師報告請示或將利弊得失分析給當事人聽後，由其作決定，千萬不要僭越分際自作主張，否則可能因本身思慮與學養之不足而影響當事人之權益，須慎之。

(四) 庭後整理

　　開完庭後務必注意下次庭期或是宣判的日期，如有不清楚可直接向法官詢問，千萬不要模稜兩可，以免延誤律師處理之時機。一般均會當庭筆記，回到事務所後立刻建檔管制。

二、律師篇

(一) 承辦心態

　　身為律師對於被委任之案件，無論再忙，最好都能夠事先瞭解一下整個案情之關鍵，若由助理代擬訴狀或受其他律師委託處理之案件，最好能夠先行明白其原本寫作之動機與依據，以免開庭時無言以對。舉證時亦最好能有效地提出事證以反駁對造律師所提出之證言或證據，以便建立本身之立論依據，因此在證據編排整理上應該自行處理以方便提閱，這一切努力在法官自由心證的基礎下未必能夠獲得勝訴判決，但至少在當事人旁聽的時候，可讓當事人明白自己已據理力爭，且立論深刻足見已盡心盡力；而對於那些標榜「不為性侵害加害人」、「不為販毒者」、「不為酒駕肇事人」訴訟者，而堅持以上這種俗世道德理念者，就能算是好律師的論點？其實是完全抹煞法律人學習法律所堅持的是非，反倒是那些無法維持「誠信」的法律人，才是真正該被唾棄者。

(二) 法庭倫理

　　目下許多新進律師對於法庭倫理的培育似乎並不完整，因為開庭時，畢竟有上下位的基本概念，法官問話及質詢對造時，似乎應該起立以示尊重法庭倫理，但是很多律師並未注意，這點對於法官來說，心態上顯然會遭致不良印象，不妨參考國外先進國家的法庭倫理，以免喧賓奪主有失風範，特提出供諸君斟酌參考。

(三) 複委任之指示

　　對承辦之案件，有時會因衝庭或其他因素無法每次均出庭，因此會發生複委任的情形。由於大部分的助理都是生手，故在指示時應該將案情始末簡短地交待清楚，將其中之法律關係及可能發生的疑問，均一一交待清楚並給予適度的時間，讓助理能自行瞭解而去掌握，如有不懂才可有時間再詢問，否則很容易掛一漏萬或無法領悟應對，影響案情的發展，屆時在法庭上不知如何應對，窘態百出則非當事人之福也。

第6章 契約

　　契約是一種典型化分工的產物，因為在傳統社會的觀念裡，社會分工不能沒有所謂價值的交換，而這種交換在法律的形式下便是以契約形式出現。然而契約之制訂在一般人的觀念，往往只是經濟強者的特有保障，但是實質上契約不應只是強調交換的形式而已，應該要更進一步達到一個共同遵循的目標。蓋民法強調契約自由與意思自主的原則下，便不會只是一種強者強加其意思的特殊典型化規範，而更應是雙方交換價值的標的有著相同的社會價值觀。讓社會階級所產生的「經濟實力」導致之貧富懸殊差異所必有之不公平契約不再產生。

　　因此唯有瞭解契約整體的架構，洞燭機先以達到真正契約性的結合。然而契約必須專精（社會分工不僅是要縮小部分的功能），如此才能增加整體運作的順暢，以充足及持續性的協調與認知，達到社會變遷中之平衡現象，讓一切不平等從自我認知上，肯定必獲得最基本的權利保障，讓自然法學之應然與實證法學之實然趨於一致而非相距甚遠，使之對個人少一點壓力，藉以保障各種交易服務符合善意之社會均衡點。

　　同時從經濟活動的當事人中，掌握類似英美法制度下擁有之要約（offer）、承諾（acceptance）、約因（consideration）；然後在雙方合意（meeting of mind）下，依序從個人角度去看角色的行為制度、再從契約雙方的層面上看交易情形，最後從群體的方向觀察市場的機能制度，讓契約不再只是抽象晦澀的詞藻，而是一種真正深入生活中達到法律普及化的啟示錄，且讓法治精神不再令人感到刻薄寡義，或保障強勢之偏頗印象。

　　契約範例係利用所謂對奕互訂要式理論所模擬的對立意思合致的實定準則規範，以避免現行定型化契約所造成偏頗一方之弊病，供法律人在預先適度的瞭解之下，革除國人無訟不言法之積習，儘可能避免紛爭發生後之複雜化，透過這種前瞻性思慮，作為從事草擬契約法效意思的參考，並試著透過此種契約法的自覺意思，在兼顧情理法的層次裡，規範一個更為完整的彼此諾成或要物關係之基礎。

　　掌握時效及有效性之規範，同時應切忌偏頗之定型化條款之弊端發生，畢竟契約不是靜止不變而是隨著雙方當事人的需求而互動的信賴對待給付。就目前我國成文法的範疇裡，兩個條件、組合、要求、構成員等完全相同或類似的兩造所簽定之契約，如何能夠擬出不同的契約來，因此究竟是誰抄襲誰，便很難下定論，因為許多成文法規及習慣性用語，根本上是一個概念的延伸，除非從頭到尾一字不漏，且條文順序亦相同外，是很難去任意指責抄襲侵害著作權的，而本書是以法律工作者的立場去編撰，對於目前一些定型且多數通用的契約條文，亦將註明出處而整理納編，為的是擷取先輩的經驗供後進方便揣摩其精密的構思，以便運用在其他相關的契約內容。

　　先以範本為草稿，以避免前置草擬之思慮疏漏之弊病產生，同時為求雙方當事人之真意合致，在定稿時，務必再徵詢雙方意見。

　　基於契約自由原則，必須切實考量契約安定性與妥適性，以避免將來衝突之發生，

蓋有效地消除不確定性，符合目的的需求，以解決在合情理法的評價時存在之事實與防堵將來法律產生爭議之疑義，極為需要；並透過所附之判例釐清或將更能設計一較完美之契約。

契約範疇甚廣，條文鉅細靡遺，為防止辭意不明之爭議發生，寧可贅文，絕不可輕易刪減之，故本文中對目前銀行與信託業之定型契約亦列入供實務工作者得能一窺其共同點，並尋求出其中有所偏頗的規範及技巧的運用，以便能吸收其所累積之經驗而自創更為完善兼顧的契約典範。

同時有關第三人利益契約係約定債務人向第三人為給付之契約，第三人有向債務人直接請求給付之權利，於債務人不履行債務時，對於債務人有債務不履行之損害賠償請求權。而債權人亦有請求債務人向第三人為給付之權利，於債務人不履行向第三人為給付之義務時，對於債務人自亦有債務不履行之損害賠償請求權。惟此二者，具有不同之內容，必須釐清，即第三人係請求賠償未向自己給付所生之損害；而債權人則祇得請求賠償未向第三人為給付致其所受之損害。（參83年台上字第836號判例）

另外海上運送之「電報放貨」通知，學理上稱為海上貨運單（Sea Waybill），1977年國際海運協會將其定義為：「係不得轉讓之單據，為海上貨物運送契約與接收，裝載貨物之證明，運送人負有將貨物交付其上所載受貨人之義務。」海運實際上則有稱為直放提單或電放提單，此與一般海運提單（即載貨證券）有別。就物權法上觀之，海運提單表彰物權，一般可以背書方式轉讓，海上貨運單不表彰物權，僅是託運人與運送人間之契約，是取得屬海上貨運單之電報放貨傳真通知者，與取得具有物權效力之載貨證券者有別。

同時按83年1月11日公布施行之消費者保護法第22條明定企業經營者應確保廣告內容之真實，其對於消費者所負之義務不得低於廣告內容。是企業經營者與消費者間所訂定之契約，雖未就廣告內容而為約定，惟消費者如信賴該廣告內容，並依企業經營者提供之訊息進而與之簽訂契約時，企業經營者所負之契約責任自應及於該廣告內容。

契約本身可區分為訴訟管轄與實體契約兩部分，因而當實體契約有無效或得撤銷之際，並不因而影響訴訟管轄之合意，仍應由該合意法院管轄之。

同時依據契約訂立自由之社會化可形成：

一、強制契約

(一) 地上工作物購置權。（民§839）
(二) 法定地上權。（民§876）
(三) 典權留置權。（民§919）
(四) 耕地三七五減租條例第20條。
(五) 耕地租賃之續訂。

二、契約強制

(一) 醫師法第21條。
(二) 助產人員法第29條。

(三) 藥師法第12條。

第一節　契約的內涵

一、有名及無名契約

(一) 有名契約即其典型由法條列舉。無名契約分純無名契約、混合式單契約、混合式準契約（衍生）等，採內容各別準用及類推適用有名契約之各類方式認定。

例如：台灣民間合會，係會首與會員（即會腳）間所締結之一種無名契約，其兩者間之債權債務關係，原與其他會員無涉。惟如會員於得標時，以活會會腳為債權人，以會首為連帶保證人，而出具借據交付其他活會會腳，即發生債之更改與債務之承擔。死會與活會會腳之間，直接成立消費借貸關係，會首則退而為消費借貸之連帶保證人，此為台灣民間之習慣，被上訴人據以請求上訴人於最後一會到期後清償該項借款，並無不合（參70年台上字第655號判決）。另外鑑定為一種調查證據方法，所得結果係供作法院依自由心證判斷事實真偽之證據資料。當事人就其可處分之事項，對於鑑定人之人選、鑑定結果及於事實認定之效力，本得於起訴前以證據契約之形式為約定、於證據保全程序中依民事訴訟法第376條之1第1項規定成立協議，或於訴訟進行中依同法第326條第1項前段、第270條之1第1項第3款規定達成指定合意或爭點簡化協議。

(二) 無名契約，乃法律上無相關規定而採準用相類的一種契約；例如「借名登記」者，謂當事人約定一方將自己之財產以他方名義登記，而仍由自己管理、使用、處分，他方允就該財產為出名登記之契約，其成立側重於借名者與出名者間之信任關係，在性質上應與委任契約同視，倘其內容不違反強制、禁止規定或公序良俗者，固應賦予無名契約之法律上效力，並類推適用民法委任之相關規定。

二、結合契約是綜合多種類型於一爐之契約

聯立契約係一份以上之連鎖性契約，契約間互為依存，互為條件。而此所謂契約之聯立，係指數內容不同之契約相互間具有結合之關係而言，例如租賃契約與典權設定契約互相結合訂立是。此與契約當事人之一方有數人與他方訂立同一內容之契約者不同。

三、正式內涵分

(一) 契約合同，意指經雙方當事人協商後，彼此共同擬訂的一種規約。合約則指僅由單方面所擬訂的片面定型化規約；台灣稱為合約，中國大陸則稱作合同。

(二) 協議書。雖然此亦是由雙方當事人合意所擬訂的規約，但卻是一種一時妥協化的產物，其將因情事變更而不斷更易。

(三) 備忘錄乃僅是記載當事人雙方言語行事，以免遺忘的單純文書，應屬於簽訂契約的一種前置記錄文書，有待簽立正式契約的確認。

法律正式效力的強弱度由強而弱依次為合約（合同）、協議書、備忘錄。

不過目前實務上對此一用法較不講究其精確度，有待法學權威加以建立規範，以茲信守。

契約另有預約與本約之分，兩者異其性質及效力，預約權利人僅得請求對方履行訂立本約之義務，不得逕依預定之本約內容請求履行，又買賣預約，非不得就標的物及價金之範圍先為擬訂，作為將來訂立本約之張本，但不能因此即認買賣本約業已成立。（參61年台上字第964號判例）

△預約係約定將來訂立一定契約（本約）之契約。倘將來係依所訂之契約履行而無須另訂本約者，縱名為預約，仍非預約。本件兩造所訂契約，雖名為「土地買賣預約書」，但買賣坪數、價金、繳納價款、移轉登記期限等均經明確約定，非但並無將來訂立買賣本約之約定，且自第3條以下，均為雙方照所訂契約履行之約定，自屬本約而非預約。（64台上1567）

四、擬約須包含

(一) 確定契約之性質及明確之權利義務範圍與界限。

(二) 除雙方當事人外，需否保證人之存在及其責任範圍。

(三) 依強制法擬定主約條款內容及默示性之法律成文干預。

(四) 依當事人之意思擬訂從約條款與附加條件。

(五) 給付方式、保險及風險移轉、遲延、賠償條款之約定。

(六) 管轄條款及須否公證，以透過公定力的確定避免將來爭訟的產生、曠日費時且容易脫產逃避的弊病，請參閱第二編第四章第十節的公證程序說明。

(七) 生效日期、簽訂日期及履約時間、地點，以作為將來舉證證明時，損害發生時點之重要的依據與參考。

(八) 爭議解決之模式為協商、仲裁或訴訟，必須分析其中利弊得失，以免為了方便速捷而使權益保障的嚴謹性受到破壞。

(九) 有否免責條款之約定與適用。

(十) 是否為擁有簽約權利之當事人，若與個人簽約必須載明身分證字號及戶籍地址，而公司行號則須注意營利事業登記證及代表人之身分證明文件，切實核對無誤以防止爭執發生時，無處尋找之弊。

(十一) 騎縫章的蓋印處在契約的頁次與頁次之間，此一作用即是在確立無法從中增刪附加，以影響權益，此點務必留意。

(十二) 如係跨國性合作，須明示其準據法。

(十三) 須防契約分裂條款，在分別適用不同之準據法時之衝突。

五、契約之解除

(一) 債權人於有民法第226條因可歸責於債務人之事由，致給付不能之情形，得解除其契約，為同法第256條所明定。又契約一經解除，與契約自始不成立生同一之結果，故因契約所生之債權債務，溯及當初全然消滅，其已由他方所受領之給付物，依同法第259條第1款之規定，自應返還。（參40年台上字第1020號判例）

(二) 契約之合意解除與法定解除權之行使性質不同，效果迥異。前者為契約行為，即以第二次契約解除第一次契約，其契約已全部或一部履行者，除有特別約定外，並不

當然適用民法第259條關於回復原狀之規定。後者爲單獨行爲，其發生效力與否，端視有無法定解除原因之存在，既無待他方當事人之承諾，更不因他方當事人之不反對而成爲合意解除。（參63年台上字第1989號判例）

△ 當事人約定債務人遲延給付時，須經債權人定一定之期限催告其履行，而債務人於期限內仍不履行，債權人始得解除契約者，債權人催告所定期限雖較約定期限爲短，但如自催告時起，已經過該約定之期限，債務人仍不履行，基於誠實信用原則，應解爲債權人得解除契約。（90台上1231）

○ 民法第260條規定，解除權之行使，不妨礙損害賠償之請求，係採「契約解除」與「替補賠償」之兩立主義。是契約之解除，無論由於債務不履行之給付不能，抑或給付遲延，均得併行請求債務不履行之損害賠償（替補賠償），該債務不履行所生之舊賠償請求權，祇須其所受之損害與債務不履行（給付不能或給付遲延）有相當因果關係者即足稱之，初不因契約之解除而失其存在。（95台上2885）

○ 契約解除後，原契約溯及的失其效力，雙方當事人因而互負回復原狀之義務，如當事人因訂立契約而受有損害，是否仍得請求賠償，各國立法例有採選擇主義、契約利益主義或履行利益賠償主義者，我民法第260條規定：「解除權之行使，不妨礙損害賠償之請求」，乃採履行利益賠償主義，認爲損害賠償請求權係因債務不履行所發生，屬原債權之變換型態，非因解除權之行使而新發生，條文所稱「不妨礙損害賠償之請求」，即係表明原有之損害賠償請求權，不因契約之解除失其存在。蓋自解除契約之效果而言，於契約有效期間，基於債務所爲之給付，均應返還，始能回復契約訂立前之狀態，則契約有效時，基於債務所生之損害，亦應一併賠償，方可達回復原狀之趣旨，民法第260條規定，即係在立法政策上，對於契約之溯及效力，酌加限制，允許當事人得就債務不履行所生損害，請求賠償，亦即在此範圍內，契約之效力仍然存續，是其損害賠償請求權，自不分行使解除權之當事人抑相對人，均不因契約之解除而失其存在。（96台上1204）

六、違約之分類

(一) 當事人於本契約外爲確保其契約之履行起見，同時或事後另以契約訂定違約金之給付，依其內容給付只以違約爲條件，並非有預定賠償損害之性質，其本契約之保證人於該契約苟未經簽名認可，或有經其同意之證明，縱該保證人於本契約經已拋棄其先訴抗辯權，亦不負連帶給付之責任。（參42年台上字第624號判例）

(二) 違約金，有屬於懲罰之性質者，有屬於損害賠償約定之性質者，本件違約金如爲懲罰之性質，於上訴履行遲延時，被上訴人除請求違約金外，固得依民法第233條規定，請求給付遲延利息及賠償其他之損害，如爲損害賠償約定之性質，則應視爲就因遲延所生之損害，業已依契約預定其賠償額，不得更請求遲延利息及賠償損害。（參62年台上字第1394號判例）

(三) 違約金係當事人約定契約不履行時，債務人應支付之懲罰金或損害賠償額之預定，以確保債務之履行爲目的。至若當事人約定一方解除契約時。應支付他方相當金額，則以消滅契約爲目的，屬於保留解除權之代價，兩者性質迥異。（參68年台上

字第3887號判例）

契約之起草應確定當事人雙方訂約之意圖與事實關係，然後進一步去分析契約之法律性質，將雙方之希望與權利予以條文化，但須注意法律之強制與禁止規定之防免，預先保留附款對於情況變化之處理原則與處罰方法，以維護契約之精神，適時注意配合法規之變遷以調整條文，切莫照本宣科，以免發生問題。

因契約而互負債務，一方有先為給付之義務者，縱其給付兼需他方之行為始得完成，而由於他方之未為其行為，致不能完成，並不能因而免除給付之義務。嗣後向他方請求給付時，他方仍得為同時履行之抗辯，如自己未再提出給付，他方以此拒絕履行，不能令負違約責任（參71年台上字第82號判例）。倘雙方約定押金雖為擔保契約履行之性質，但既為兩造成立合約內容之一部分，與其餘部分，不可分離，契約當事人如違反有關押金之約定，不為履行，即當然構成違約。（參64年台上字第589號判例）

另先以範本為草稿，可使前置作業能防微杜漸弊病之產生，至於其他擬約之時應注意之基本原則如次：
(一) 契約自由及法律遵行與排除原則。
(二) 誠信與非定型（溝通協商）原則。
(三) 嚴格遵守與規範細密之原則。
(四) 情事可能變更與預先替代方案原則。
(五) 瑕疵防免與賠償範圍原則。
(六) 管轄預慮恆定原則。
(七) 當事人真意與釐清（即防止模糊）原則。
(八) 前後貫通呼應原則。
(九) 客觀合目的性及原則有效性原則。
(十) 當事人對等原則。

八、契約之無效

(一) 凡以買空賣空為標的之契約，無效。
(二) 所謂以不能之給付為契約標的，其移轉所有權之處分行為，則屬無效。
(三) 契約無效，乃法律上當然且確定的不生效力，其當事人於行為當時，知其無效或可得而知者，應負回復原狀或損害賠償之責任。至契約之解除，乃就現已存在之契約關係而以溯及的除去契約為目的，於契約解除時，當事人雙方均有回復原狀之義務，故契約無效與契約解除，性質上並不相同。（參49年台上字第1597號判例）

九、契約之解釋

(一) 解釋當事人立約之真意，除雙方中途有變更立約內容之同意，應從其變更以為解釋外，均以當事人立約當時之真意為準。（參49年台上字第303號判例）
(二) 債權債務之主體，應以締結契約之當事人為準，故凡契約上所載明之債權人，不問其實際情形如何，對於債務人當然得行使契約上之權利。（參43年台上字第99號判例）

(三) 民法第227條之2第1項情事變更原則，旨在規定契約成立後，發生訂約當時不可預料之情事，若依其原有效果顯失公平時，得經由法院裁量增減其給付或變更其他原有之效果，期能公平分配契約當事人間之風險及不可預見之損失。（參98年台上字第331號判決）

十、契約之副署

合約內所列之副署人，在法律上應負如何之責任，須視契約當事人在當時之真意如何而定，原審未予斟酌各方情形，以探求當事人之真意，遽認為係參加契約之另一當事人，應與主債務人負連帶清償之責，尚難謂合。（參43年台上字第577號判例）

十一、履行期、履行地及相關問題

(一) 契約履行期的記載要領

1. 附停止條件履行：當事人約定於某種不確定的事實發生或不發生時，應履行者，如「買方應於房屋第幾層樓板完成時，將尾款一次付清」，稱為一種附條件性之履行。此種附條件履行的方式具有不確定性之高度解釋技巧，一般人最好能儘量避免採行。
2. 附終期之期限履行：當事人約定於某種確定的時間到達時應履行者。如「賣方應於房屋預訂交屋前一週完成約定之內部裝潢」。
3. 同時履行權：契約當事人互負債務，而履行上又具有不可分之必然連帶關係，當事人得以此主張同時履行之時點，亦即在他方未為對待給付之前，自己得拒絕（稱同時履行抗辯權）之法律規定。
4. 期日或期間特定之履行：期日乃指一定之日期，而期間則指一定日期至一定日期所經過時間的繼續。如「買方應於82年2月1日付清價款」，係屬特定日履行。反之，「買方應於契約簽訂生效日起1個月內給付價款」，則屬特定期間之履行。此時需特別注意有關於一般預售屋工作日計算之盲點（晴雨天）之期間究竟屬特定或不確定，務必在合約書中一併載明清楚。
5. 契約固須當事人互相表示意思一致始能成立，但所謂互相表示意思一致，並不限於當事人間直接為之，其由第三人為媒介而將各方互為之意思表示從中傳達因而獲致意思表示之一致者，仍不得謂契約並未成立。（參68年台上字第1504號判例）

(二) 擬約時契約履行之記載要領　法定履約地、責任認定的準則履行地約定後，債務人僅能於清償地為清償，債權人亦只能於清償地請求債務人依約履行清償之責任基礎，如「買方應於基地座落地履行交屋有關事宜」。

(三) 其他相關問題的記載要領

1. 約定該契約給付內容、品質、規格等的交易互信之準則。
2. 決定違約賠償之實質認定、懲罰性認定或清償之各項費用範圍之準則。
3. 選擇法院管轄的準則：現行民訴法的法院管轄，採以原就被的保護原則，故民事訴訟法第12條規定：「因契約涉訟者，如經當事人定有債務履行地者，得由該履行地之法院管轄。」
4. 有關法人之相關問題請參閱第二編第五章之說明。

十二、保證可分爲

(一) 一般單純保證：人保（信用與舖保）、物保（抵押權等）。
(二) 連帶保證：由債務人與保證人連帶負責。（民§272）
(三) 共同連帶保證：由二以上之保證人聯保。（民§748）
(四) 連帶共同保證：除債務人外有二以上之保證人共同連帶負責（學者見解）。
(五) 職務保證：即保證人與僱用人間訂約保證受僱人因職務上之行爲所造成之損害，負擔保賠償之責任。（參79年台上字第2015號判例）
(六) 保證保險：保證保險人於被保險人因其受僱人之不誠實行爲或其債務人之不履行債務所致之損失，負賠償之責。（保險§95-1）
(七) 保證支票：依刑事訴訟法第157條及第158條規定，公衆週知之事實，及事實於法院已顯著或爲其職務上所已知者，始毋庸舉證。原判決謂一般押票（即保證支票）之性質，有概括授權執票人塡寫債權額於空白支票之交易習慣云云，而就此交易習慣是否符合上開規定，則未說明，乃未經調查證據，即依該交易習慣，逕行認定被告在第168699號空白支票上塡寫金額及日期，不負僞造有價證券刑責，殊有認定事實不依證據之違誤。（參73年台上字第1267號判例）

△向法院出具保證書之第三人，對於其所保之被告逃匿者，能否免除繳納指定保證金額之責任，須視其曾否將被告預備逃匿情形，於得以防止之際，報告法院聲請退保，已得准許爲斷，抗告人所保之被告，於停止羈押後，應訊一次，即行逃匿，在未逃匿前，抗告人旣未向法院退保，無論被告之逃匿原因如何，及其現在有無一定住址，均不能爲抗告人免除責任之理由。（27抗105）

△某甲充某商號夥友，係由被上訴人保證，因某甲聽從上訴人之教唆，拐取該商號款項，交上訴人存放，上訴人對於被上訴人自屬共同侵權行爲，被上訴人請求上訴人返還該商號款項，以消滅其保證債務，即係請求回復其損害發生前之原狀，並非法所不許。（28渝上1373）

△借款時在場之中人雖非保證人，但約明該中人有催收借款之責任，就借款之返還非無利害關係，如該中人清償此項債務，即有民法第312條之權利。（29渝上1354）

△商號經理人蓋用號章爲人保證，除屬於該商號之營業範圍，或依特殊情事爲營業上之行爲，或保證行爲爲號東所承認者外，對於商號不能發生效力。（32永上212）

△依民事訴訟法第109條第3項規定，出具保證書之人，聲請解除保證責任而受駁回之裁定，爲免訴訟遲延起見，亦應解爲民事訴訟法第一編第三章第三節所定之裁定，依同法第115條規定，祇得於裁定送達後5日內，提起抗告。（42台抗115）

△債權之讓與，該債權之擔保權利隨同移轉於受讓人，對於爲擔保之保證債務人，祇須經讓與人或受讓人以此事由而爲通知即生效力，不以債務人另立書據承認爲其要件。（42台上248）

△當事人於本契約外爲確保其契約之履行起見，同時或事後另以契約訂定違約金之給付，依其內容給付只以違約爲條件，並非有預定賠償損害之性質，其本契約之保證人於該契約苟未經簽名認可，或有經其同意之證明，縱該保證人於本契約經已抛棄其先

訴抗辯權，亦不負連帶給付之責任。（42台上624）

△公司法第23條除外之規定，係以依其他法律或公司章程規定以保證爲業務者爲要件，被上訴人既無依其他法律或公司章程規定以保證爲業務之情形，殊無因票據法第55條第2項，有不問何人均得爲保證之規定，而排斥其適用之餘地。至公司法第24條乃關於公司負責人違反第22條或第23條之規定時之處罰，並賠償公司因此所受損害之規定，不能因此即可謂違反同法第23條之保證應屬有效。上訴人執此爲不服原判決之論據，不能認爲有理由。（43台上83）

△保證契約既載明自某日起至某日止1年期間內負保證責任，即屬概括保證之性質，在此1年期間內所發生之債務，不問次數若干，均應負保證責任。縱使債權人同意主債務人某一次借貸延期清償，而該一次借貸所延展之期間，既在原約定1年期間之內，自不得藉此主張不負保證之責任。（43台上192）

△借用證所謂清償期限，係債務之清償期限，而非保證人負保證責任之期限。被上訴人是否於此項期限請求清償，於上訴人之保證責任不生影響。（43台上275）

△上訴人願就主債務人應依期限交付被上訴人之款，負保證責任，既於合約書內訂明，在後之諒解書，亦有自訂約日起生效之記載，是上訴人與被上訴人所訂保證契約，已於立約時生效，與民法第99條第1項所謂附停止條件之法律行爲，於條件成就時發生效力者，顯然有別。（44台上50）

△上訴人將擔保物電瓶全部返還於主債務人，無論其所調換之擔保物價值究爲若干，既係拋棄爲其債權擔保之物者，依民法第751條之規定，被上訴人即保證人自應就上訴人所拋棄權利之限度內，免其責任。（44台上659）

△就定有期限之債務爲保證者，如債權人允許主債務人延期清償時，保證人除於其延期已爲同意外，不負保證責任，爲民法第755條之所明定。此項規定凡保證債務均適用之，連帶保證債務不過保證人喪失先訴及檢索抗辯權，仍不失爲保證債務之一種，自無排斥上開法條適用之理由。（44台上1182）

△民法所稱保證契約之保證人，於主債務人不履行債務時，由其代負履行之責，與票據法所稱支票之背書人，應照支票文義擔保付款之情形不同。故簽名於支票而爲背書者，應依票據法之規定負背書人之責任，執票人即不得僅憑支票上之背書，而主張背書人應負民法上之保證責任。（48台上922）

△房屋租賃保證金（即押租金）之返還，當然爲租期屆滿時，出租人與保證人所負回復原狀之義務。如出租人與保證人於租期屆滿時未履行此義務，縱租賃關係於租期屆滿時消滅，而其返還保證金之義務，要難認爲隨同失其存在。（48台上1196）

△就定有期限之債務爲保證，與約定保證人於一定期間內爲保證之情形不同，此項保證未定期間，而定有清償期限之債務，在主債務清償期屆滿後，除保證人已定期催告債權人向主債務人爲審判上之請求者外，保證人不得以債權人遲遲不爲審判上之請求，爲免其保證責任之論據。（49台上1756）

△上訴人向被上訴人購買房屋時，已知該屋有一部分在必須拆除之列，乃不向市政府預爲查詢明確，難謂無重大過失，而兩造所訂買賣契約，又未有出賣人保證該房屋絕無拆除危險之記載，依民法第355條第2項規定，被上訴人自不負擔保責任，即無賠償義

務可言。（49台上2544）

△民法第755條固規定就定有期限之債務爲保證者，如債權人允許主債務人延期清償時，保證人除對於其延期已爲同意外，不負保證之責任。然同法第233條第1項又規定，遲延債務以支付金錢爲標的者，債權人得請求依法定利率計算之遲延利息，但約定利率較高者仍從其約定利率。故債務人遲延後，債權人一面得請其履行債務，一面仍有權收取遲延利息，換言之，收取遲延利息者，不得謂其必未請求履行債務，而准許債務人延期履行。（50台上182）

△本票人保證人依票據法第124條準用同法第61條之結果，固應與被保證人負同一責任，惟同法第123條既限定執票人向本票發票人行使追索權時，得聲請法院裁定後強制執行，則對於本票發票人以外之保證人行使追索權時，即不得類推適用該條之規定，逕請裁定執行。（50台抗188）

△訴訟程序進行中所爲之裁定，係指每一審級訴訟程序開始後尚未終結以前所爲之裁定而言。本件准許以保證書代提存之裁定，乃第一審終局判決後（即第一審訴訟程序已終結後）所爲之裁定，顯非訴訟程序進行中所爲之裁定，再抗告人謂爲不得抗告，自屬誤會。（50台抗225）

△就定有期限之債務爲保證者，如債權人允許主債務人延期清償時，保證人除對於延期已爲同意外，不負保證責任，固爲民法第755條所明定。但約定保證人於一定期間內爲保證者，則在此一定期間內所發生之債務，如債權人允許主債務人延期清償，而所延展之清償期仍在該一定期間內者，保證人自不得援引前開法條，而主張不負保證責任。（50台上1470）

△破產法第149條規定免責之效力僅及於破產人，至破產人之共同債務人及其保證人，並無引用該條之規定主張免除責任之餘地。（51台上2243）

△職務保證原有專屬性，除有特約或特殊情形外，保證人之責任因其死亡而消滅。蓋此種保證於保證契約成立時，被保人尚有具體的賠償之債務，必待被保人發生虧損情事後，其賠償之責任始能具體確定。而遺產繼承，應以繼承開始時被繼承人之權利義務狀態爲準，倘繼承開始時，被保人尚未發生具體而確定之賠償義務，則此種保證契約自不在其繼承人繼承範圍之內。（51台上2789）

△就連續發生之債務爲保證而未定有期間者，保證人得隨時通知債權人終止保證契約，前項情形，保證人對於通知到達債權人後，所發生主債務人之債務，不負責任，民法第754條定有明文。尋繹該條立法意旨，係以債權人對於通知以後所發生之債權可以停止給付，無使保證人永負無限責任之必要，本件醫藥費係每日連續發生，而債權人亦可隨時停止給付，與該法條之文義及立法意旨相合，保證人自得隨時通知債權人，終止保證契約。（52台上1663）

△刑事庭移送民事庭之附帶民事訴訟，僅移送後之訴訟程序應適用民事訴訟法，至移送前之訴訟行爲是否合法，仍應依刑事訴訟法決定之。第一審「刑事庭」依刑事訴訟法第508條第1項移送民事庭之附帶民事訴訟事件，其提起合法與否，自應依刑事訴訟法予以判斷。民法第739條載稱保證者，謂當事人約定一方於他方之債務人不履行債務時，由其代負履行責任之契約，保證人係依契約以第三人之資格爲被保人保證代被保

人履行，本身既未爲侵權行爲，且亦非依民法負賠償責任之人，故不應許對保證人提起附帶民事訴訟。（52台上3055）

△上訴人保證病人住院治療，與病人共同簽立入院志願書，載明住院規則所需住院費、特別藥費、手續費，於接受通知時即行交納，如有遲延由保證人負完全責任，除上訴人終止保證契約已辦妥手續外，即難謂其不負保證責任。（52台上3751）

△票據上記載本法所不規定之事項，不生票據上之效力，爲票據法第12條所明定，而依同法第144條關於保證之規定，既不準用於支票，則此項於支票上加「連帶保證人」之背書，僅生背書效力。（53台上1930）

△保證債務之成立，並非債務之承擔，主債務人之債務不因有保證人之故，而失其存在。合夥債務亦不因有保證人之故，其合夥人即可免負民法第681條對於不足之額之連帶償還責任。（58台上3420）

△聲請訴訟救助之當事人所應釋明者，僅以請求救助之事由爲限，如以受訴法院管轄區域內有資力之人出具保證書以代釋明，該具保證書人有無資力，應由受訴法院依職權調查之。（67台抗552）

△依民法第747條規定，向主債務人請求履行及爲其他中斷時效之行爲，對於保證人亦生效力者，僅以債權人向主債務人所爲請求、起訴或與起訴有同一效力之事項爲限，若同法第129條第1項第2款規定之承認，性質上乃主債務人向債權人所爲之行爲，既非民法第747條所指債權人向主債務人所爲中斷時效之行爲，對於保證人自不生效力。（68台上1813）

△公司除依其他法律或公司章程規定，以保證爲業務者外，不得爲任何保證人，爲公司法第16條第1項所明定。本件被上訴人公司係以某報之出版發行等爲業務，而非以保證爲業務，自有上開禁止規定之適用。且所謂不得爲任何保證人，非僅指公司本身與他人訂立保證契約爲保證人，即承受他人之保證契約，而爲保證人之情形，亦包括在內。（69台上1676）

△被上訴人並未拋棄爲債權擔保之物權，自無民法第751條之適用。又上訴人既係連帶保證人，應與主債務人負同一清償責任，而被上訴人對於主債務人就實行擔保物權受清償，或起訴請求保證人清償，既得擇一行使，則對於與主債務人負同一清償責任之上訴人，自亦得擇一請求。（69台上1924）

△民法上所謂保證，爲債權人與保證人間之契約。本件合作社社員與合作社債權人既未締結保證契約，自不發生民法上之保證責任問題。至合作社法第4條第2款所謂保證責任，係指社員以其所認股額及保證金額爲限負其責任而言，合作社於其財產（包括社員已認繳之股款）不足清償債務時，得在社員所認保證金額內追繳，以供清償，合作社之債權人要無依據該條款規定逕向保證責任社員請求履行保證債務之餘地。（69台上2080）

△台灣地區入出境保證書，若其所載內容係保證人對於被保人來台後負多項保證責任，如有違反，保證人願接受法令懲處等文字，應屬私文書，而非刑法第212條之關於品行之證書，原審既未調取上訴人僞造之保證書正聯，查明其所載內容，遽認入出境保證書爲關於品行之證書，自嫌率斷，難謂無刑事訴訟法第379條第10款之違背法令。

（70台上221）

△公司法第16條第1項規定公司除依其他法律或公司章程規定以保證爲業務者外，不得爲任何保證人，旨在穩定公司財務，用杜公司負責人以公司名義爲他人作保而生流弊，倘公司提供財產爲他人設定擔保物權，就公司財務之影響而言，與爲他人保證人之情形無殊，仍應在上開規定禁止之列。（74台上703）

△保證人與債權人約定就債權人與主債務人間所生一定債之關係範圍內之不特定債務，預定最高限額，由保證人保證之契約，學說上稱爲最高限額保證。此種保證契約如定有期間，在該期間內所生約定範圍內之債務，不逾最高限額者，均爲保證契約效力所及；如未定期間，保證契約在未經保證人依民法第754條規定終止或有其他消滅原因以前，所生約定範圍內之債務，亦同。故在該保證契約有效期間內，已發生約定範圍內之債務，縱因清償或其他事由而減少或消滅，該保證契約依然有效，嗣後所生約定範圍內之債務，於不逾最高限額者，債權人仍得請求保證人履行保證責任。（77台上943）

△公司重整乃公開發行股票或公司債之股份有限公司因財務困難、暫停營業或有暫停營業之虞，依公司法所定公司重整程序清理債務，以維持公司之營業爲目的，參加公司重整程序之債權應受重整計劃之限制，故具有強制和解之性質，債權人對於債務人債務之減免，非必出於任意爲之，公司法第311條第2項所以規定公司債權人對於公司債務之保證人之權利，不因公司重整而受影響，其立法意旨在使重整計劃於關係人會議中易獲可決。保證人原以擔保債務人債務之履行爲目的，債務人陷於無資力致不能清償債務時，保證人之擔保功能更具作用，在公司重整之情形，公司財務已陷於困難，此項危險，與其由債權人負擔，毋寧由保證人負責。故債權人就因重整計劃而減免之部分，請求保證人代負履行責任，不因公司重整而受影響。（79台上1301）

△所謂職務保證，乃保證人與僱用人約定，將來被保人之職務行爲致生損害於僱用人時，由保證人負賠償責任之從契約。其效力僅向將來發生。當事人間如無特別約定，對於僱用人於訂約時，業已發生之損害，保證人不負賠償責任。（79台上2015）

十三、定金

契約當事人之一方，爲確保其契約之履行，而交付他方之定金，依民法第249條第3款規定，除當事人另有約定外，祇於契約因可歸責於受定金當事人之事由，致不能履行時，該當事人始負加倍返還其所受定金之義務，若給付可能，而僅爲遲延給付，即難謂有該條款之適用。（參71年台上字第2992號判例）

十四、仲裁與訴訟之區別（依仲裁法修訂比較之）

(一) 提付仲裁者：以關於一定法律關係及由該法律關係所生現在或將來之爭議爲限，即不及於刑事案件；法院訴訟則無此限制。

(二) 提付仲裁之前提：以當事人間訂有書面仲裁契約爲主要，此一書面須載明當事人合意將其爭議交由仲裁人判斷，而放棄訴訟之權利；法院訴訟則無上開限制。

(三) 仲裁之仲裁人：其人選得於契約書中明訂、商請仲裁協會代爲選定或聲請法院選

定，因此有所謂「仲裁可自選法官」之說法，過去法院訴訟當事人並無此一選擇權限，但現在增訂有此一選擇權。

(四) 仲裁爭議應於爭議發生之通知日起3個月內作成判斷，至遲不得逾6個月，且其判斷於當事人間與法院之確定判決有同一效力（即確定力），並可據此聲請法院爲執行裁定後得強制執行，此與一般民事訴訟原則採三審定讞之時效性，大異其趣，且仲裁費用僅繳交一次，[1]而訴訟則每一審級繳一次裁判費。

(五) 仲裁人所作之判斷書，如有仲裁法第40條所列事由，應於判斷書交付或送達之日起30日內提出，得向法院提起撤銷仲裁判斷之訴，[2]而民事訴訟之確定判決，則僅有再審一途。

在中華民國領域外作成之仲裁判斷或在中華民國領域內依外國法律作成之仲裁判斷，爲外國仲裁判斷。

---

[1]：參考法條

❖因財產權而聲請仲裁之事件，除於聲請時領用有關書表資料，應繳納工本費新台幣600元，應按其仲裁標的之金額或價額，依下列標準逐級累加繳納仲裁費：

一、新台幣6萬元以下者，繳納新台幣3,000元。

二、超過新台幣6萬元至新台幣60萬元者，就其超過新台幣6萬元部分，按4%計算。

三、超過新台幣60萬元至新台幣120萬元者，就其超過新台幣60萬元部分，按3%計算。

四、超過新台幣120萬元至新台幣240萬元者，就其超過新台幣120萬元部分，按2%計算。

五、超過新台幣240萬元至新台幣480萬元者，就其超過新台幣240萬元部分，按1.5%計算。

六、超過新台幣480萬元至新台幣960萬元者，就其超過新台幣480萬元部分，按1%計算。

七、超過新台幣960萬元者，就其超過新台幣960萬元部分，按0.5%計算。

仲裁標的之金額以外幣計算者，按聲請日外匯市場兌換率折合計算之。

仲裁標的之金額以金銀計算者，按聲請日各該市價折合計算之。

仲裁事件之聲請人不依第1項規定繳納仲裁費用者，各仲裁機構應通知其限期補正，屆期不補正者，得不受理其仲裁聲請。（仲裁機構組織與調解程序及費用規則§25）

❖非因財產權而聲請仲裁之事件，應繳納仲裁費新台幣9,000元。

非因財產權而聲請仲裁之事件並爲財產權上之請求時，其仲裁費分別計算。（仲裁機構組織與調解程序及費用規則§26）

❖仲裁標的之價額，由仲裁庭核定。

民事訴訟費用法第4條至第7條規定，於計算仲裁標的之價額時，準用之。

仲裁標的之價額不能核定者，其標的價額視爲新台幣6萬元。（仲裁機構組織與調解程序及費用規則§27）

❖各仲裁機構就所仲裁事件，按其仲裁標的金額或價額，將所收仲裁費依下列百分比，轉交參與該事件之仲裁人，其餘歸仲裁機構：

一、新台幣2千萬元以下者,為60%。

二、超過新台幣2千萬元至新台幣3億元者,就其超過新台幣2千萬元部分,為50%。

三、超過新台幣3億元者,就其超過新台幣3億元之部分,為40%。

仲裁人無正當理由不參與評議或拒絕在判斷書上簽名,當事人得於收受判斷書後2個月內,請求減免給付前項之仲裁費。

仲裁機構對第1項歸其收入之仲裁費,不得有分配盈餘或其他營利行為。(仲裁機構組織與調解程序及費用規則§28)

[2]:有下列各款情形之一者,當事人得對於他方提起撤銷仲裁判斷之訴:

一、有第38條各款情形之一者。

二、仲裁協議不成立、無效,或於仲裁庭詢問終結時尚未生效或已失效者。

三、仲裁庭於詢問終結前未使當事人陳述,或當事人於仲裁程序未經合法代理者。

四、仲裁庭之組成或仲裁程序,違反仲裁協議或法律規定者。

五、仲裁人違反第15條第2項所定之告知義務而顯有偏頗或被聲請迴避而仍參與仲裁者。但迴避之聲請,經依本法駁回者,不在此限。

六、參與仲裁之仲裁人,關於仲裁違背職務,犯刑事上之罪者。

七、當事人或其代理人,關於仲裁犯刑事上之罪者。

八、為判斷基礎之證據、通譯內容係偽造、變造或有其他虛偽情事者。

九、為判斷基礎之民事、刑事及其他裁判或行政處分,依其後之確定裁判或行政處分已變更者。

前項第6款至第8款情形,以宣告有罪之判決已確定,或其刑事訴訟不能開始或續行非因證據不足者為限。

第1項第4款違反仲裁協議及第5款至第9款情形,以足以影響判斷之結果為限。(仲裁§40)

附註:

(一) 仲裁協會

1.中華民國仲裁協會

・本會:台北市仁愛路四段376號14樓(仁愛世貿廣場)

　　　TEL:(02)27078672;FAX:(02)27078462

・台中辦事處:台中市北屯區文心路四段83號20樓(人文經貿大樓)

　　　TEL:(04)22938390;FAX:(04)22952943

・高雄辦事處:高雄市前鎮區一心二路128號14樓(國際金融大樓)

　　　TEL:(07)3359523;FAX:(07)3359525

2.台灣營建仲裁協會

・本會:台北市基隆路二段141、143號4樓

　　　TEL:(02)27381667;FAX:(02)27399428

・台中辦事處:台中市北區崇德路一段629號B棟4樓之2

・高雄辦事處:高雄市鼓山區文信路335號13樓

3.中華工程仲裁協會

・會址：台北市南京東路四段25號8樓

　　　　TEL：(02)87123368；FAX：(02)87128186

(二)登錄為仲裁協會之會員，律師個人不能登錄，必須以法律事務所為單位，在此特提出
　　說明。

第二節　契約範例解說

第一款　不動產買賣

不動產買賣契約書 [1]

立契約書人買主○○○（以下稱甲方）

　　　　　賣主○○○（以下稱乙方），關於下開不動產買賣事，業經甲方攜回審閱後
經雙方同意訂立買賣契約條件如下：

一、買賣標示

　　買賣之不動產標示：（面積依地政機關實際測量為準）（並載明使用區分）。

二、買賣登記

　　本件不動產買賣手續期日約定於民國○○年○月○日雙方須同往○○代書事務所履
行登記手續，屆時乙方將本件不動產產權移轉登記所需文件提交代書以便聲請，且將該
不動產內現有建物原封不動保持現狀出售予甲方。

三、價款給付

(一) 單價：每坪新台幣（下同）○○○元整。

(二) 總價：共計○○○元整。

四、支付方法

　　買賣價款支付方法如次（甲方如以支票支付而無法兌現時，視同甲方違約；同時乙
方收款採用直接於本約內簽收蓋章為憑不另立據）。

(一) 第一期：甲方即日支付乙方定金○○元整（詳如後附表之支票影本）。

(二) 第二期：雙方約明於交付產權移轉登記日甲方支付乙方新台幣○○○元整。

(三) 第三期：雙方約明乙方收到增值稅即日繳清，甲方支付乙方○○○元整。

(四) 第四期：於買賣標的物移轉登記點交之同時甲方支付乙方○○○元整。

五、稅賦負擔

　　本件不動產移轉所需之增值稅由乙方負擔，同意依○○年○月政府公告之現值申
報。契稅依稅捐處評定現值申報、印花、規費、代書費由甲方負擔。

六、結算事宜

　　產權過戶登記完畢以前，乙方一切未繳之舊欠稅（水電費以點交房屋日以前）全都
由乙方負責繳清，如經甲方代繳時，願由價款中扣抵之。但約定○○年○月以前之地價
稅、房屋稅應由乙方負擔者，並於最後尾款結算時一併清算交予甲方。

七、產權保證

　　本件標的乙方保證其為自有及自用，如有抵押權、典權押租金、假扣押及其他一切
權利設定或有受拍賣聲請等瑕疵時，應於登記日期前撤銷排除此障礙，絕不能使甲方蒙

受任何損害。

另乙方應保證本件不動產之產權清楚，如有出租、查封或他項權利設定時，乙方並應於民國○○年○月○日以前理清並塗銷，不得影響甲方產權移轉登記。

倘有違反以上任一項目則均以違約論，任由甲方請求賠償所受之損失，乙方不得異議並不得提出任何抗辯。

八、訂約委辦事項

訂立契約當日乙方所有權狀正本交由代書保管。乙方收到第四期款項之同時應將稅單、印鑑證明、戶籍謄本及其他應具備之文件蓋妥印鑑章交予代書辦理移轉登記。甲方應同時交付過戶及借款應備文件及用印。雙方未完全履行契約各款約定前，各不得單獨取回各項證件。

本件產權移轉登記如欠缺不備，需要乙方本人或法律上有直接利害關係人蓋章與補具證件時，須立時照辦不得藉故刁難或要求額外補貼費用等情事。

九、權利指定

雙方約定登記權利人之名義，得出甲方指定登記所有權人，乙方絕無異議，惟不得因此拖延致損害乙方權益，或因而增加乙方稅賦，否則概由甲方負責。

十、道路設置

甲方支付第二期款項前，乙方應會同甲方辦理連接本建地及現有道路至本○○號地段做為銜接，共計約○○公尺長，除依測出之○米路基供作道路拓寬使用外，尚須交付該土地之道路使用同意書予甲方收執。拓寬路基經費由乙方負擔，但不包含設計及舖設之相關費用。屆時乙方如無法取得道路使用權，乙方應無息退還所收之訂金，並賠償甲方○○○元整。

十一、違約條款

本約成立後，如賣方違約或拒賣時，應將所收價款加壹倍退還買方作為違約金。倘如買方拒買或違約時，則已交付之價款全部由賣方沒收。同時本約依民法相關之規定得選擇解約或損害賠償。

買方如不依約按期履行交付價金，或因可歸責於買方之事由，致不能如期交付所剩價金時，聽憑賣方解除本契約，所交定金及價金悉由賣方沒收作為違約金，買方絕無異議。

十二、解約條款

賣方不履行本契約時聽由買方解除契約，賣方應即加倍返還其所受領之定金及價金作為違約賠償金，亦絕無異議。

十三、報稅繳款移轉事宜

賣方於收到本約第三期款項時應備齊申報增值稅所需資料交由買方，且買方於交付第四期款項時同時繳清尾款，則賣方應在交款日備齊所有過戶資料供買方辦理產權移轉登記，同時應配合前往工地點查有關施工及檢視所附之各項附件。

十四、點交條款

賣方於收到本約第四期款項時，除應備妥所有過戶資料，尚需點交本建地供買方自由使用，並於○○日內清除所有地上物，逾期則視同賣方放棄該地上物而任憑買方處

置，不得異議。

十五、借貸事宜

　　買方於辦妥產權登記後○日內應將以賣方名義向銀行借款之債務移轉成以買方名義向銀行借款之債務，否則視同買方違約。

十六、管轄條款

　　倘因本約涉訟者，雙方合意由○○地方法院爲第一審管轄之法院。

十七、本契約係出於自由意願並無脅迫，恐口無憑特立本約，自雙方簽章後生效。

　　一切約定，對甲乙雙方之繼承人及甲方指定登記權利人具有同等之約束力。如有未盡事項悉遵有關法令或善良習慣行之。故特立本契約一式○份各執乙份爲憑。

甲方（買方）：

身分證字號：　　　　　　　　　電話：

住址：

乙方（賣方）：

身分證字號：　　　　　　　　　電話：

住址：

姓名：

身分證字號：　　　　　　　　　電話：

住址：

姓名：

統一編號：　　　　　　　　　　電話：

設址：

法定代理人：　　　　　　　　　電話：

保證人：

身分證字號：　　　　　　　　　電話：

住址：

保證人：

身分證字號：　　　　　　　　　電話：

住址：

中　華　民　國　　　　　　年　　　　　月　　　　　日

△當事人締結不動產買賣之債權契約，固非要式行爲，惟對於買賣契約必要之點，即價金與標的物之意思表示必須一致，否則其契約即難謂已成立。（69台上1710）

○依兩造不爭之不動產買賣契約書（以下簡稱買賣契約）所載，出賣人爲被上訴人王○圓，買受人爲被上訴人駱明秀，上訴人僅爲駱明秀之代理人而已，是被上訴人王○圓及駱○秀始爲契約當事人，上訴人既非買賣契約之當事人，縱依民法第1017條第2項於其妻駱○秀取得系爭房地時歸屬其所有，尚難認上訴人得本於買賣契約逕行請求王○圓履行出賣人之義務，從而上訴人逕行請求王○圓就系爭房地爲所有權移轉登記及交付，自非正當。（71台上1657）

△債權人主張債務人與第三人所爲之不動產買賣，係通謀虛僞意思表示，而代位債務人

請求塗銷不動產移轉登記者，僅得向該第三人爲之，不得對債務人一併爲此請求。（71台上4342）

◯上訴人郭某雖未提出印鑑證明，但既經在土地買賣所有權移轉契約書上蓋章，並不因未提印鑑證明而對契約之效力有所影響。（72台上1862）

◯損害賠償之債，其發生有源於侵權行爲，有源於債務不履行，有源於當事人之契約，亦有源於法律之特別規定而發生者。本件被上訴人在第一審依民法第244條規定提起撤銷詐害債權之訴後，以系爭不動產業經拍賣，改依損害賠償之聲明，代替原聲明。但就其損害賠償之請求，究係本於何種法律關係？原審未予推闡明晰，亦未説明其准如被上訴人所聲明之法律上依據，即爲被上訴人有利之判決，難謂無判決不適用法律之違法。且查本件系爭不動產買賣契約之當事人，似爲上訴人張某與訴外人黄婦。上訴人黄某雖爲黄婦之夫，但既非該契約當事人。則被上訴人憑何依民法第244條規定撤銷張某與黄婦間買賣契約？又憑何得於系爭不動產遭抵押權人台南企銀實行抵押權後，變更聲明請求損害賠償，並依張某與黄婦間所訂買賣契約之價格，計算被上訴人之損害？不能恝置不論。（72台上4069）

△豐榮水利會雖係公法人，但其出售土地與人民，乃係基於私經濟之地位，而與買受人訂立買賣契約，故其買賣契約書、土地登記申請書、委託書在性質上與一般私人間爲土地買賣所訂立之買賣契約書等並無差異，自屬於私文書。原判決謂上訴人將該392之112號土地連同其他四筆土地，一併塡載在以豐榮水利會名義製作之同一登記聲請書、委託書、買賣契約書內，即係僞造公文書云云，有適用法則不當之違法。（73台上5870）

◯文書之眞僞，得依核對筆跡或印跡證之。而筆跡或印跡是否相符，法院本得依其自由心證判斷之，非得以當事人無鑑定之聲請或鑑定機關未予鑑定，遽予拒絕判斷。查系爭土地「賣渡證書」上賴行義印文，是否眞正，攸關系爭土地買賣之成立，既有被上訴人提出賴某生前之「賴◯豪出生登記申請書」「分居同意書」「台灣土地銀行台中分行補償地價結算清單」「台灣土地銀行台中分行代理換發出售公營事業四公司股票計算單」等文件上之眞正印文，足資核對鑑驗；而法務部調查局又非唯一鑑定機構。原審於法務部調查局以「請補送賴某印章實物過局俾使進行鑑定」爲由，退件未予鑑定後，竟未再送請其他鑑定機關鑑定，並拒不自行核對印跡，俾就所得心證判斷文書之眞僞，遽認上訴人無從證明「賣渡證書」上賴某印文之眞正。顯難謂已盡調查證據之能事，依此採證認事之結果，自難謂當。（75台上422）

◯本件上訴人之應受判決事項聲明，係請求被上訴人「協同」上訴人向嘉義市稅捐稽徵處申請撤銷就上開土地買賣所爲之現值申報，則其所請求者，似爲被上訴人之「協同」行爲，而非「申請撤銷土地現值申報」本身。從而，本件應審究者，似爲被上訴人有無「協同」上訴人向嘉義市稅捐稽徵處申請撤銷上開土地現值申報之義務，倘被上訴人負有此項義務，則上訴人之請求，即難認爲無理由。至於被上訴人協同上訴人向嘉義市稅捐稽徵處申請撤銷該土地之現值申報，該稅捐稽徵處是否准予撤銷，係屬行政上之問題，初與民法上之撤銷意思表示無涉。（76台上1016）

△約定之違約金過高者，法院得減至相當之數額，民法第252條定有明文。至於是否相

當，即須依一般客觀事實，社會經濟狀況及當事人所受損害情形，以爲斟酌之標準。且約定之違約金過高者，除出於債務人之自由意思，已任意給付，可認爲債務人自願依約履行，不容其請求返還外，法院仍得依前開規定，核減至相當之數額。（79台上1915）

△ 無代理權人以代理人之名義所爲之法律行爲，係效力未定之法律行爲，固得經本人承認而對於本人發生效力。惟本人如已爲拒絕承認，該無權代理行爲即確定的對於本人不生效力，縱本人事後再爲承認，亦不能使該無權代理行爲對於本人發生效力。（85台上963）

第二款　聘僱及保密

一、僱傭與委任

(一) 按「稱僱傭者，謂當事人約定，一方於一定或不定之期限內爲他方服勞務，他方給付報酬之契約。」（僱傭係以「勞務給付」爲契約之目的，而委任終極之目的乃在事務之處理，給付勞務僅爲其手段，兩者之間仍有區別。）襄理、副理、副總經理，因其職務屬經理人之性質，所以其與公司間已變更爲委任關係。而委任與僱傭性質不同，且無可兼而有之，故原有僱傭關係應認業已終止；而委任之解聘任均由董事會決議即可。

(二) 「稱委任者，謂當事人約定，一方委託他方處理事務，他方允爲處理之契約。」民法第482條及第528條分別定有明文。「所謂委任，係指委任人委託受任人處理事務之契約而言。」委任之目的，在一定事務之處理。故受任人給付勞務，僅爲其處理事務之手段，除當事人另有約定外，得在委任人所授權限範圍內，自行裁量決定處理一定事務之方法，以完成委任之目的。

1. 目前實務上只要是公司的經理人縱非是經濟部商業司登記有案的經理人也會被認爲是委任關係。

2. 依公司法委任之經理人及依民法第553條委任有爲商號管理事務及爲其簽名之權利之經理，均不屬勞動基準法所稱之勞工，亦不適用勞動基準法。公司若用保險，董監（退職）酬勞等作爲委任經理人之另一種待遇，以求向心力，亦是可行。

3. 委任合約與一般勞動契約不同的是，勞動契約有各式勞動法令可規範，委任合約僅有民法委任一節可規範，所以舉凡上下班時間、休假、職災、退休等，全部要在委任合約中約定。（行政院勞工委員會86年1月9日台86勞動一字第001032號函）

4. 報酬給付時間點不同：委任，係按約定給付費用或受任人請求時，應預付必要費用或事後給付（可約定分紅入股）。僱傭，則定期給付或不定期給付。

5. 基本上委任在國外地區授權處理事務之經理人係不得享有勞、健保及相關退休之規定，除非雙方有明訂相關契約；且千萬不要將兩者混淆，以免造成未來認定上的糾紛。

二、次按「僱傭乃以服勞務爲目的之契約，契約如以委託處理事務爲目的，則其爲委任而非僱傭，此觀民法第482條及第528條規定自明。」（僱傭係以「勞務給付」爲契約之目的，而委任終極之目的乃在事務之處理，給付勞務僅爲其手段，兩者之間仍

有區別。）「至僱傭,則指受僱人爲僱用人服勞務之契約而言。僱傭之目的,即在受僱人單純提供勞務,對於服勞務之方法毫無自由裁量之餘地。」最高法院76年度台上字第790號、80年度台上字第2276號及85年度台上字第2727號等判決參照。

三、最高法院83年台上字第1018號判決曾認:「(僱傭與委任)兩者之內容及當事人間之權利義務均不相同。……而委任與僱傭性質不同,且無可兼而有之。」但事實上同一當事人間同時併存委任與僱傭兩個類型契約者,並非不能想像,例如勞工因分紅入股關係取得公司股票進而被選爲董事者,則就其勞工身分部分其與公司間仍爲原來之僱傭關係,自不待言;至就其同時擔任董事身分部分,則因公司法第192條第4項已明文規定董事與公司間之法律關係爲「委任」關係,則「勞工董事」與「公司雇主」間顯然同時併存委任與僱傭兩個不同性質之契約關係並無疑義。

四、勞動基準法所規範之勞雇關係,係以僱傭契約爲基礎之勞動契約,如勞工與雇主間,除僱傭關係外,尚有其他如承攬或委任契約之混合契約存在者,則該「勞工」所獲得之報酬,除僱傭契約之報酬外,即尚有其他如承攬或委任之報酬,則就該承攬或委任之報酬,由於並非僱傭契約之報酬,不問其是否爲經常性給與,性質上即非勞基法所稱之工資,則自不能列入平均工資,計算退休金。因此,判斷勞雇雙方的契約關係,非僅依據外在形式所約定的僱傭、承攬或委任契約,而是視企業內部實際運作而定;如果勞雇雙方具有指揮監督及從屬關係的事實,則屬勞動基準法第2條規定的「勞動契約」範疇,進而得以適用該法所定勞雇雙方的權利義務。

五、一般界定之方法:(人力資源部門對於企業依公司法委任或爰勞動基準法僱用的經理人或許難以置喙,但是,應善盡告知經理人攸關其自身的權利義務,乃人資主管職責所在。)

(一) 究竟事業單位(副)經理、協理、(副)總經理,其身分係依公司法委任之「經理人」或爰勞動基準法所任用之「勞工」,應明確界定。如屬勞工身分,則其權利義務自當規範於工作規則或勞動契約中;如屬委任經理人,則其委任、解任及報酬等事項應於公司章程或委任契約內明定。

(二) 事業單位於勞工在職期間轉任委任經理人時,其屬於勞工身分之工作年資產生之權益,究竟採用「結清」方式,或是「併計」於委任年資內,必須以書面明定。

(三) 勞工轉任委任經理人後成就退休要件時,其屬於勞工身分之工作年資始得由公司提存之勞工退休準備金支付,另委任年資則應由事業單位以費用列支。

(四) 事業單位將委任經理人於委任期間變更爲勞工身分時,其勞工年資自變更日起算,並且按事業單位報請主管機關核備之勞工退休辦法核計退休金。

(五) 事業單位發放勞工退休金時,應歸爲退職所得,切勿歸爲薪資所得,以免影響退職人員適用退休金定額免稅的優惠。

(六) 責任制重要條文解說

勞基法第84條之1:

「經中央主管機關核定公告之下列工作者,得由勞雇雙方另行約定,工作時間、例假、休假、女性夜間工作,並報請當地主管機關核備,不受第三十條、第三十二條、第三十六條、第三十七條、第四十九條規定之限制。

一、監督、管理人員或責任制專業人員。

二、監視性或間歇性之工作。

三、其他性質特殊之工作。

前項約定應以書面爲之，並應參考本法所定之基準且不得損及勞工之健康及福祉。」

說明：

因爲它是針對勞力密集度較低，也就是知識密集度較高且無持續性、危險性的工作提供勞務。因此無嚴格限制上班時間，所以業者應將勞動契約向當地主管機關報備；以上是責任制的定義。

勞基法內並沒有責任制的定義與規範，僅在施行細則第50條之1第2款明定，責任制專業人員，係指以專門知識或技術完成一定任務，並負責其成敗之工作者。同時第84條之1有規範到責任制公司的基本架構，但雇主與勞方必須簽訂合同並向勞工局提出約定書報備才算合法。

勞動基準法第84條之1工作者

核定次數	工作者名稱	核定文號	廢止文號
1	事業單位之首長、主管以及獲有配車人員之駕駛。	86.7.11勞動二字第029625號公告	
2	銀行業僱用之經理職以上人員符合勞動基準法施行細則第五十條之一第一款規定者。	87.1.22勞動二字第003290號公告	103.12.18勞動條三字第1030132588號公告自104年1月1日起廢止適用
3	資訊服務業僱用之負責事業經營管理工作符合勞動基準法施行細則第五十條之一第一款規定之主管人員，以及系統研發工程師與維護工程師符合同條第二款規定者。	87.3.4勞動二字第004365號公告	
4	法律服務業僱用之負責事業經營管理工作符合勞動基準法施行細則第五十條之一第一款規定之主管人員，以及法務人員符合同條第二款規定者。	87.3.4勞動二字第008724號公告	
5	個人服務業之家庭幫傭及監護工為勞動基準法第八十四條之一之工作者。	87.3.31勞動二字第012975號公告	87.12.31勞動一字第059604號公告個人服務業中家事服務業之工作者自88年1月1日起廢止適用

核定次數	工作者名稱	核定文號		廢止文號
6	廣告業僱用之經理級以上人員符合勞動基準法施行細則第五十條之一第一款規定者，以及創作人員符合同條第二款規定者。	87.4.4勞動二字第013661號公告		103.12.18勞動條三字第1030132588號公告廣告業僱用之創作人員符合勞動基準法施行細則第五十條之一第二款規定者自104年1月1日起廢止適用
7	會計服務業僱用之會計助理人員具會計師法規定之資格，且符合勞動基準法施行細則第五十條之一第二款規定者。	87.4.8勞動二字第013928號公告「會計服務業僱用之會計助理人員具會計師法第十二條規定之資格，且符合勞動基準法施行細則第五十條之一第二款規定者。」適用。 98.1.8勞動二字第0970131007號公告修正工作者名稱。		
8	航空公司空勤組員（前艙與後艙工作人員）。	87.7.3勞動二字第028608號公告		
9	保全業之保全人員、電腦管制中心監控人員、經理級以上人員符合勞動基準法施行細則第五十條之一第一款規定者。	87.7.27勞動二字第032743號公告		
10	保險業之外勤人身保險業務員依保險業務員管理規則領有登錄證者。	87.8.6勞動二字第034590號公告		
11	房屋仲介業之不動產經紀人員（含業務主管人員）。	87.8.6勞動二字第034593號公告		
12	醫療保健服務業（含國軍醫院及其民眾診療處）之部分場所及人員。	87.9.15勞動二字第040777號公告		101.3.30勞動二字第1010130829號公告自103年1月1日起廢止適用
		場所（單位）	人員	
		手術室	醫事及技術人員、清潔人員	
		急診室	醫事及技術人員、清潔人員	
		加護病房	醫事及技術人員、清潔人員	
		產房	醫事及技術人員、清潔人員	
		手術麻醉恢復室、燒傷病房、中重度病房、精神科病房	醫事及技術人員、清潔人員	
		血液透析室	醫事及技術人員	
		高壓氧艙單位	醫事及技術人員	
		放射線診療部門	醫事及技術人員	
		檢驗作業部門	醫事檢驗人員	
		血庫	醫事檢驗人員	
		呼吸治療室	醫事及技術人員	
		實驗室、研究室	研究人員、技術員	
		管理資訊系統部門	系統程式設計師、維護工程師	
		器官移植小組	醫事及技術人員	

核定次數	工作者名稱	核定文號	廢止文號
13	托兒所保育員以及社會福利服務機構之輔導員（含保育員、助理保育員）、監護工。	87.10.7勞動二字第044756號公告	101.3.21勞動二字第1010130711號公告托兒所保育員自102年1月1日起廢止適用
14	中央銀行首長隨扈。	87.11.7勞動二字第050333號公告適用	
	立法院院長、副院長辦公室之技工、工友。		
	外交部協助接待外賓之技工、工友。	106.6.23勞動條三字第1060130998號公告修正	
	考選部闈內工作之人員。	106.8.18勞動條三字第1060131557號公告修正	
	法務部及所屬機關特種車輛駕駛。		
15	廣告業客務企劃人員。	88.2.9勞動二字第006043號公告	103.12.18勞動條三字第1030132588號公告自104年1月1日起廢止適用
	建築師事務所之個案經理人員、建築規劃設計人員、工地監造人員。		103.12.18勞動條三字第1030132588號公告建築師事務所之個案經理人員及建築規劃設計人員自104年1月1日起廢止適用
16	信用合作社業僱用之經理職以上人員符合勞動基準法施行細則第五十條之一第一款規定者。	88.3.1勞動二字第008832號函	106.10.20勞動條三字第1060131722號公告自107年1月1日起廢止適用
	台北市政府新聞處隨同市長行程之專業攝影技工及採訪車駕駛。		
	台北市政府工務局養護工程處抽水站操作人員。		
	國防部非軍職之保防員。		
17	電影片映演業之主管人員符合勞動基準法施行細則第五十條之一第一款規定者。	88.5.19勞動二字第022653號公告	103.12.18勞動條三字第1030132588號公告自104年1月1日起廢止適用
	證券商之外勤高級業務員、業務員依「證券商負責人及業務人員管理規則」領有證照者。		103.12.18勞動條三字第1030132588號公告自104年1月1日起廢止適用

核定次數	工作者名稱	核定文號	廢止文號
	海軍所屬各造船廠指泊工。		103.12.18勞動條三字第1030132588號公告自104年1月1日起廢止適用
	管理顧問業之管理顧問符合勞動基準法施行細則第五十條之一第二款規定者。		103.12.18勞動條三字第1030132588號公告自104年1月1日起廢止適用
18	電視業之發射站、中繼站及轉播站等外站台之工作人員。	88.10.13勞動二字第0045448號公告	
	公營事業單位於立法院列冊之國會聯絡工作人員。		
	一般旅館業鋪床工。		101.6.28勞動二字第1010131678號公告自102年2月1日廢止適用
19	室內設計裝修業之個案經理人、專業規劃設計人員、工地監造人員。	89.1.5勞動二字第0000379號公告	103.12.18勞動條三字第1030132588號公告室內設計裝修業之個案經理人及專業規劃設計人員自104年1月1日起廢止適用
20	總統辦公室工友。	89.12.2勞動二字第0053217號公告	107.2.27勞動條三字第1070130332號公告廢止適用
21	立法院秘書長辦公室工友。	90.2.22勞動二字第0007432號公告	
22	營造業專業規劃設計人員、工地監造人員。	90.8.16勞動二字第0039746號函	103.12.18勞動條三字第1030132588號公告營造業專業規劃設計人員自104年1月1日起廢止適用
23	建築及工程技術服務業之計畫主辦人員、工程規劃設計人員、監造人員。	90.8.16勞動二字第0039746號函	103.12.18勞動條三字第1030132588號公告建築及工程技術服務業之計畫主辦人員及工程規劃設計人員自104年1月1日起廢止適用
24	各縣、市抽水站操作人員。	91.4.26勞動二字第0910020733號函	

核定次數	工作者名稱	核定文號	廢止文號
25	總統府秘書長辦公室工友。	92.5.22勞動二字第0920029984號公告	107.2.27勞動條三字第1070130332號公告廢止適用
26	立法院立法委員公務座車駕駛。	92.11.26勞動二字第0920065942號公告	
27	交通部所屬各港務局港勤工作船舶之拖船、起重船船員。	93.2.12勞動二字第0930006739號令	103.12.18勞動條三字第1030132588號公告交通部所屬各港務局港勤工作船舶之起重船船員自104年1月1日起廢止適用
28	廣播業之發射台、轉播台等擔任輪值班務之工務人員。	94.1.6勞動二字第0940000613號公告	
29	於經濟部商業司公司登記歸屬於生物技術服務業（營業項目代碼為IG）之事業位所屬實驗室及研究室之研發人員。	94.2.16勞動二字第0940007171號公告	
30	凡領有經中央主管機關核發之「美容乙級」、「男子理髮乙級」及「女子美髮乙級」等職類之技術士證照之工作者。	94.2.23勞動二字第0940008494號公告	103.12.18勞動條三字第1030132588號公告自104年1月1日起廢止適用
31	總統府副總統辦公室工友。	98.1.9勞動二字第0980130011號令	107.2.27勞動條三字第1070130332號公告廢止適用
32	事業單位自行僱用之警衛人員。	98.6.26勞動二字第0980130491號公告	
33	學術研究及服務業之研究人員中符合勞動基準法施行細則第五十條之一第二款或第四款規定者。	98.8.20勞動二字第0980130632號公告	
34	依畜牧法規定執行家畜禽屠宰衛生檢查之人員。	99.2.24勞動二字第0990130255號公告	
35	會計服務業僱用之會計師。	99.2.25勞動二字第0990130217號公告	
36	電影片製作業之燈光師、燈光助理、攝影師、攝影助理、電工人員與專責拍攝現場升降機操作及軌道架設之工作者。	99.5.7勞動二字第0990130743號公告	

核定次數	工作者名稱	核定文號	廢止文號
37	行政院莫拉克颱風災後重建推動委員會公務車駕駛人員。	100.4.1勞動二字第1000130591號公告	103.12.18勞動條三字第1030132588號公告自104年1月1日起廢止適用
38	財團法人國際合作發展基金會駐外技術團從事農林漁牧業之工作者。	101.6.29勞動二字第1010131703號公告	
39	法律服務業僱用之律師。	103.3.25勞動條三字第1030130641號公告	
40	依教育法規辦理考試之闈內人員。	106.5.3勞動條三字第1060130954號公告	
41	稻穀收穫期從事稻穀之檢驗收購或烘乾作業之人員。	106.10.20勞動條三字第1060131933號公告	
42	殯葬服務業之禮儀服務人員。	107.2.27勞動條三字第1070130339號公告	
43	旅行業之導遊及領隊人員。	107.2.27勞動條三字第1070130298號公告	
44	事業單位僱用每月工資達新臺幣十五萬元以上之監督管理人員符合勞動基準法施行細則第五十條之一第一款規定者。	108.5.23勞動條三字第1080130514號公告	
45	漁船船員。	108.5.23勞動條三字第1080130527號公告	
46	醫療保健服務業僱用之住院醫師（不包括公立醫療院所依公務人員法制進用者）。	108.8.6勞動條三字第1080130782號公告	
47	商港碼頭船舶貨物裝卸承攬業之車機操作員、地勤作業員、配艙作業員、解繫固作業員、車機維修員。	108.8.27勞動條三字第1080130883號公告	
48	船務代理業之責任監督管理人員。	108.8.27勞動條三字第1080130883號公告	

附註：

一、「勞動契約」方面的問題；如果資方在勞方到職後，要求勞方簽訂「凡服務未滿○年（沒有言明起算之時間）而自請離職者，補繳資方員工訓練費10萬元」的勞動契約，這樣是屬於合法。

二、勞雇雙方雖仍得約定試用期間，但於期滿或試用期內雇主欲終止勞動契約（講白一點就叫解僱）仍應受勞基法拘束，也就是非有法定事由存在不得任意解僱勞工。

三、因工作未滿3個月而離職無須預告期間。離職在法律上稱為終止勞動契約，法無明文其行使方法，只要以意思表示送達到對方可得瞭解之狀態即可，所以電話告知並無不可。

四、一般來說，「確認僱傭關係」之訴訟大約可分成下列數種類型：
(一)雙方本來即是僱傭關係，資方欲終止契約，但勞方主張「終止契約」的理由不存在、或雖存在但不夠完備或未達法定要件。
(二)雙方本來即是僱傭關係，勞資雙方均同意終止契約，但事後勞方認為終止契約是在違法情形下，或係被迫的，因而勞方主張僱傭關係仍存在。
(三)雙方維持某種勞務給付的法律關係，但在資方欲終止契約時，主張雙方是屬於委任關係的經理人，而遭勞方拒絕，因而提起「確認僱傭關係存在」之訴。
(四)雙方維持某種勞務給付的法律關係，但在資方欲終止契約時，主張雙方是屬於承攬關係的承攬人，而遭勞方拒絕，因而提起「確認僱傭關係存在」之訴。

聘僱服務契約書

    ＿＿＿＿＿＿＿＿＿＿＿＿＿（以下簡稱甲方）
立合約書人：
    ＿＿＿＿＿＿＿＿＿＿＿＿＿（以下簡稱乙方）

  緣甲方同意為乙方服務並同意保守乙方之營業秘密，雙方同意訂定下列條款共同遵守：

一、定義：「營業秘密」

  本合約所稱「營業秘密」係指甲方於受僱期間所創作、設計、開發、收集、取得、知悉、或經乙方或關係企業標示「機密」「限閱」或其他同義字之一切商業上、技術上或工程上尚未公開之秘密，而不論其是否（A）乙方或其關係企業所自行開發（B）以書面為之（C）已完成或需再修改（D）可申請專利、商標、著作等權利；例如：
(一) 生產方法、行銷技巧、採購資料、定價政策、估價程序、財務資料、顧客資料、供應商、經銷商之資料，及其他與乙方營業活動及方式有關之資料。
(二) 各發展階段之電腦繪製、施作圖面及所有相關文件。
(三) 發現、概念、構想、構圖、設計、產品規格、流程圖、製程、流程、模型、以及專門技術。
(四) 乙方依約或法令對第三人負有保密責任之第三人之營業秘密。

二、權益歸屬

  雙方同意甲方於受僱期間，所產生或創作之構想、概念、發現、發明、改良、公式、設計程序、製造技術、著作或營業秘密等，無論有無取得專利權、商標專用權、著作權，其相關權利與利益均歸乙方所有。甲方所有在乙方之企劃下，完成其職務上或職務範圍內之著作者，並均約定應以乙方為著作人。

三、協助義務

  如乙方就前條各項權利有於國內外註冊、登記之必要時，甲方應無條件協助乙方完成前開各項程序。

四、保密義務

  甲方同意採取必要措施維護其於受僱期間所知悉或持有之營業秘密，以保持其機密

性，除非職務之正常使用外，非經乙方事前書面同意，不得洩漏、告知、交付或移轉予第三人、或對外發表、或為自己或第三人使用、利用該營業秘密。但乙方或營業秘密之所有人業將該營業秘密對外公開或解除其機密性者，甲方亦同時解除對該營業秘密所負有之保密責任。

五、競業禁止

　　甲方於受僱於乙方期間或自離職之日起兩年內，非經乙方事前書面同意，不得為下列行為：

(一) 以自己或他人名義經營與乙方業務相同或類似之事業、或投資前述事業達該事業資本額或已發行股份總數5%以上。

(二) 為與乙方業務相同或類似之公司、商號或個人之受僱人、受任人、承攬人或顧問。

六、他人營業秘密

　　非經甲方前僱主之書面授權，甲方就其在乙方之職務行為，絕不引用或使用任何專屬於甲方前僱主所擁有之營業秘密。甲方並保證，不將他人合法授權之營業秘密揭露予乙方、唆使乙方使用或自行使用於職務上。

七、文件所有權

　　所有記載或含有營業秘密之文件、資料、設計圖表或其他媒體之所有權，皆歸乙方所有，甲方於離職或乙方請求時，應立即交予乙方或其指定之人並辦妥相關手續。

八、告知所有權

　　甲方應於簽約時，告知其在簽約前所有擁有或創作之各項發明、專利、著作、專門技術以及其對他人依法法令或契約所負之保密義務；於受僱期間如有任何第二條所述各項權利之產生或創作時，甲方亦應立即告知乙方。

九、違約

　　甲方違反本合約之規定，乙方除得據以終止雙方之聘僱合約外，甲方並有賠償乙方所受損害及負擔洩密刑責之相關法定責任。

十、本合約除第6、8條之規定外，不因甲方與乙方之僱傭關係終止、撤銷、解除或無效而失其效力。

十一、本合約部分條款無效者，不影響其他條款之效力。

十二、雙方同意本合約以中華民國之法律為準據法，關於本合約或因本合約而引起之糾紛，雙方應依誠信原則解決；如有訴訟之必要，雙方同意以台北地方法院為第一審管轄法院。

　　依合約第8條規定，本人僅以下列書面表示，本人所擁有或創作之智慧財產權，包括已註冊、未註冊登記及已讓與者，詳如下表：

　　訂約人於簽約前均詳閱本合約之全部內容，並於自由意願下簽署本合約而無疑義。

權利種類	註冊號數	專用期間	內容	備註（受讓人）
其它依法令或合約所訂應負之保密義務如下：				

立合約書人：
甲　　方：　　　　　　　　　　　乙　　　方：
身分證字號：　　　　　　　　　　代　表　人：
住　　址：　　　　　　　　　　　住　　　址：

中　華　民　國　　　　　　　年　　　　　月　　　　　日

△僱傭契約依民法第482條之規定，係以約定受僱人於一定或不定之期限內，爲僱用人服勞務，僱用人給與報酬爲其成立要件。就此項成立要件言之，僱傭契約在受僱人一方，僅止於約定爲僱用人供給一定之勞務，即除供給一定勞務之外，並無其他目的，在僱用人一方，亦僅約定對於受僱人一定勞務之供給而與以報酬，縱使受僱人供給之勞務不生預期之結果，仍應負給與報酬之義務，此爲其所有之特徵。（45台上1619）

△被上訴人主張上訴人（三灣鄉農會職員）因離職移交未清而請求給付之款項，除合於侵權行爲，得行使損害賠償請求權外，其基本之法律關係，乃爲委任契約返還處理事務所收取金錢之請求權（民法第541條第1項），上訴人雖主張損害賠償之請求權消滅時效已完成，而基於委任契約所生之上開請求權，顯未逾民法第125條之時效期間。（52台上188）

△委任他人爲法律行爲，同時授與他人以代理權者，受任人所爲之意思表示直接對於委任人發生效力，委任人固有請求權。即無代理權之委任，受任人以自己之名義爲委任人取得之權利，包括損害賠償請求權，已依民法第541條第2項之規定，移轉於委任人者，委任人亦有請求權。（52台上2908）

△海商法第24條第1項第2款所定，有優先受償之債權，爲「船長、船員及其他服務船舶人員，本於僱傭契約所生之債權，其期間未滿1年者」，係指服務人員本於僱傭而生，最近未滿1年之薪資債權而言，該款規定旨在保障海員之生活，僱傭契約無論是否定有期限均有其適用。同條第2項更規定，該項債權所列優先權之位次，在船舶抵押權之前，即其效力較抵押權爲強，債權人自得不依破產程序優先抵押權而行使權利。（55台上1648）

△僱傭契約於當事人間，固以約定一方於一定或不定之期限內爲他方服務勞務，他方給付報酬爲其成立之要件，然其與第三人間之關係，受僱人既係以聽從僱用人之指示而作爲，倘受僱人確係因服勞務而生侵害第三人權利之情事時，僱用人即不能藉口曾與

受僱人有何約定，而諉卸其對第三人之責任。（56台上1612）

△民法第188條第1項所謂受僱人，並非僅限於僱傭契約所稱之受僱人，凡客觀上被他人使用爲之服務勞務而受其監督者均係受僱人。（57台上1663）

△公司經理人有爲公司爲營業上所必要之一切行爲之權限，其爲公司爲營業上所必要之和解，除其內容法律上設有特別限制外，並無經公司特別授權之必要，此爲經理權與一般受任人權限之不同處。（67台上2732）

△房租津貼爲受僱人或受任人報酬之一部，其獲准配住房屋者，亦同，故獲准配住房屋者，當然不得再支領房租津貼，自不得以不支領之房租津貼，認係受配住房屋之對價，而謂與僱用人或委任人間發生租賃關係。（79台上2179）

○(一)按勞動基準法所規定之勞動契約，係指當事人之一方，在從屬於他方之關係下，提供職業上之勞動力，而由他方給付報酬之契約，就其內涵言，勞工與雇主間之從屬性，通常具有：1.人格上從屬性，即受僱人在雇主企業組織內，服從雇主權威，並有接受懲戒或制裁之義務。2.親自履行，不得使用代理人。3.經濟上從屬性，即受僱人並不是爲自己之營業勞動而是從屬於他人，爲該他人之目的而勞動。4.組織上從屬性，即納入雇方生產組織體系，並與同僚間居於分工合作狀態等項特徵，初與委任契約之受委任人，以處理一定目的之事務，具有獨立之裁量權者迥然不同。

(二)勞動基準法第11條第5款規定，勞工對於所擔任之工作確不能勝任時，雇主得預告勞工終止勞動契約，揆其立法意旨，重在勞工提供之勞務，如無法達成雇主透過勞動契約所欲達成客觀合理之經濟目的，雇主始得解僱勞工，其造成此項合理經濟目的不能達成之原因，應兼括勞工客觀行爲及主觀意志，是該條款所稱之「勞工對於所擔任之工作確不能勝任」者，舉凡勞工客觀上之能力、學識、品行及主觀上違反忠誠履行勞務給付義務均應涵攝在內，且須雇主於其使用勞動基準法所賦予保護之各種手段後，仍無法改善情況下，始得終止勞動契約，以符「解僱最後手段性原則」。（96台上2630）

○依營業秘密法規定，僅須因法律行爲（如僱傭關係）取得營業秘密而洩漏者，即爲侵害營業秘密，不以發生實害結果爲必要。惟因鑑於取得侵害營業秘密行爲之證據不易，其證明度應可降低，然仍應注意被告對原告所提之證據（以情況證據居多）是否已有提出說明，倘有，並應令其舉證，以平衡兩造間之舉證責任，俾發現眞實。（97台上968）

○雇主依勞動基準法第11條第4款關於「業務性質變更，有減少勞工之必要，又無適當工作可供安置時」之規定，預告勞工終止勞動契約，因該款所謂「業務性質變更」，除重在雇主對於全部或一部分之部門原有業務種類（質）之變動外，最主要尚涉及組織經營結構之調整，舉凡業務項目、產品或技術之變更、組織民營化、法令適用、機關監督、經營決策、預算編列等變更均屬之，故解釋該款末句所稱之「無適當工作可供安置時」，爲保障勞工之基本勞動權，加強勞雇關係，促進社會與經濟發展，防止雇主以法人之法律上型態，規避不當解僱行爲之法規範，杜絕雇主解僱權濫用之流弊，自可將與「原雇主」法人有「實體同一性」之他法人，亦無適當工作可供安置之情形併予考慮在內，即「原雇主」法人與另成立之他法人，縱在法律上之型態，名義

上之主體形式未盡相同，但該他法人之財務管理、資金運用、營運方針、人事管理暨薪資給付等項，如為「原雇主」法人所操控，該他法人之人格已「形骸化」而無自主權，並有適當工作可供安置勞工，二法人間之構成關係顯具有「實體同一性」者，均應包括在內，始不失該條款規範之真諦，庶幾與誠信原則無悖。（98台上652）

第三款 分期付款（附條件買賣）

分期付款買賣之買受人依契約於締約時即以取得標的之所有權為最終之目的，其在契約期間中享有期待權，並於契約期滿條件成就時，即當然取得所有權，然而對於出賣人而言，則必須負擔買受人不付款之風險，因此有所謂動產擔保交易法規定。

分期付款契約書（動產擔保交易附條件買賣契約書）

立約人○○○（以下簡稱甲方），○○○（以下簡稱乙方）

茲因乙方向甲方購買○年式○牌○型○率○輛（引擎○號，牌照○號），擔保債權金額新台幣○○○元整，乙方願將所購車輛設定動產擔保附條件買賣登記於甲方，並願履行下列各條款：

第一條：乙方依本契約所購車輛之所有權，須在價款全部付清後，始取得之，在此之前僅屬得先行占有與領牌使用，甲方仍保有該車輛之所有權，如有擅自變賣或拒付款項並藏匿車輛之情形發生時，自願負詐欺罪責，絕無異議。

第二條：乙方不履行契約，或將所購車輛出賣、出質、移轉或為其他處分，致有侵害於甲方之權益者，甲方得隨時取回占有或依動產擔保交易法第十七條規定聲請法院實施強制執行時，得依法優先於其他債權受清償。如有不足，乙方及連帶保證人並願補足差額至本債權之總額。

第三條：所購車輛價款之支付方法：乙方應依下列日期金額償還，甲、乙、丙方並同意本登記有效期限自訂約日起至○年○月○日止，共分○○期支付之。

第四條：乙方對所購車輛所為之保險，其受益人均為甲方（標的物存放處所：同乙方地址）。乙方應於該車輛保險期限屆滿以前，辦理續保手續，如怠於辦理時，甲方得墊付必要費用代辦續保手續，甲方所墊付各項費用，乙方應即償還，否則甲方得併入乙方對甲方所負債務內，並按規定利率計息，但不論任何理由，該車輛保險倘發生中斷至不能銜接時，即視同乙方違約，由乙方及連帶保證人負責到底。

第五條：乙方或其連帶保證人如有下列情形之一時，毋庸經甲方通知或踐行任何法定程序，乙方及其連帶保證人對因此而生之債務願按日負擔百分之○之違約金，絕無異議。

(一) 分期付款一期不履行或所交付之票據遭受存款不足、拒絕往來戶處分或其他原因致被退票或遲延付款時。

(二) 因其他債務關係而受假扣押、假執行、強制執行或受破產之聲請或聲請和解、調協或宣告倒閉清理時。

(三) 遷移住所而不通知甲方。

(四) 所購買車輛被吊銷牌照或乙方公司行號被撤銷營業執照，或停休業、重整、解散、合併、變更組織、轉讓或受任何性質之其他處分時。

(五) 不履行本契約各項規定時。

第六條：立約人及連帶保證人之住所、服務機關如有變更時，應即以書面通知甲方，否則即視同喪失分期付款之利益，應將價金立即付清。

第七條：所購車輛之利益及危險於交付之同時，移轉由乙方承受，乙方應即以善良管理人之注意保管或使用車輛，如有任何毀損滅失情事發生，概由乙方承受負擔，否則甲方得逕行墊付並併入乙方對甲方所負債務內，視為違約，若乙方擬中途提前清償時，應繳清甲方所支出有關之一切規費及手續費。

第八條：乙方所購買之車輛，如因天災地變、被竊或其他不可抗力之事由致使車輛毀損滅失時，不得作為拒絕付款、遲延繳付或減少價金之藉口。

第九條：甲方處分車輛之結果如有不足抵償價款時，乙方願即補足差額，至於牌照之撤銷或註銷應行繳付之牌照。滯納罰鍰或其他一切稅費、罰金，一俟甲方執付後，乙方願悉數償付，絕不延滯。

第十條：乙方承認所交付之票據，甲方有一切之權限。如甲方將此項票據債權或依約所生之貨款債權讓與第三人或作為甲方對第三人所負債務之擔保時，乙方對於受讓人仍願履行本契約書各條件之規定。

第十一條：乙方或其連帶保證人為履行本約所生之一切債務而交付之票據或作成之憑證，雖因其形式不備、時效之完成或手續之遺漏致其權利消滅或因票據、憑證之毀損喪失、變造情事時，乙方及連帶保證人對此項票據或憑證所載債權金額均應悉數承認，並依甲方有關單據或傳票所載金額認定為票據或憑證所載之金額，且一經甲方之要求，乙方及連帶保證人應負責按照甲方有關單據或傳票記載再行作成票據或憑證交付甲方，絕不推諉。又甲方因乙方所交付之票據不獲兌現依法行使追索權時，得免除拒絕證書之作成及依票據法第89條之通知等法定應備之手續。

第十二條：甲方得保留車輛一切證件。乙方並應提出辦理附條件買賣設定應具備之有關證件及其影本，供甲方向登記機關辦理登記手續。未能提繳全部證件即喪失其期限利益，甲方得要求全部清償，乙方及連帶保證人絕無異議。

第十三條：乙方同意甲方可將本動產擔保交易（附條件買賣）登記申請書之標的物所有權或權利移轉予第三者，並無條件協辦轉移手續。

第十四條：連帶保證人不得中途退保，或在公司同意換保手續辦妥前，仍由原保證人負連帶保證之責。

第十五條：乙方所購車輛無論在本登記前或登記後如有加工、附合或混合之情形者，其擔保債權之效力及於加工物、附合物或混合物，並自願拋棄一切之權利。

第十六條：乙方如不能按期償還債務時，甲方得於期滿前單獨持本契約書逕向監理機關申請延長期限，絕無異議。

第十七條：本契約人及連帶保證人均包括其繼承人、法定代理人或遺產管理人在內。

第十八條：立約人及連帶保證人均願負連帶責任，即負單獨清償全部債務之責任，並願

拋棄民法有關保證人之抗辯權及其他權利。

第十九條：本契約雖因配合登記機關之規定尚未或已填之簽約日期，但雙方均同意本契約自交車之日起生效。

第二十條：管轄法院：本契約以甲方所在地為債務履行地。如有爭執，甲方暨乙方及連帶保證人均合意由台灣台北地方法院為第一審管轄法院。

第四款　不動產抵押

關於不動產抵押，目前一般銀行制式均採此種定型原則類似之格式，本書提出係供一般商號公司在處理時作為參考範本，如此在擬定有關類似之契約時將較為完整而無疏漏。

不動產抵押契約

立契約人（或擔保物提供人）○○○（簡稱債務人）茲提供擔保物權狀所載抵押物為擔保並邀同連帶保證人（簡稱保證人）○○○等向○○○（簡稱○○）訂立本金最高限額抵押權設定契約書條件如次：

一、最高限額抵押權

抵押權所擔保債權額：本金採最高限額新台幣○○○元整。在此限額內債務人得陸續商洽○○允許貸予各項貸款或會款，以債務人所簽之本票、支票、透支契約、借據、保證契約或償還合會金契約書等貸款憑證，交由○○收執為憑證。

二、存續期限

本抵押權契約存續期限暫訂以○年為準，屆期雙方得再行合意增減之。

債務清償日期以債務人所簽之各項貸款憑證之到期日為準，在此期限內得隨時償還並得陸續在限額範圍之內再行反覆續借，期滿應一次還清。

三、利息計算及交付

利息之計算及交付日期，按照債務人所簽之各項貸款憑證規定利率計算，按期準時於每月一日支付之，如有拖延乙方應即負遲延之責任。

四、違約利率

違約金依據債務人所簽之各項貸款憑證約定之利率計付。

五、擔保範圍

抵押權所擔保債權依據本契約第1條規定範圍，並包括利息、違約金及債務人擔任連帶保證人之一切保證債務在內。無論在設定抵押權之前後，均得作為債務人過去、現在及將來一切債務擔保共通之流用。

六、權利瑕疵擔保

抵押物之所有權，債務人及保證人等確實認證其為擔保物提供人（或債務人）所有，如日後發生糾葛或瑕疵，而使○○○受損失時，債務人及保證人願負一切律師費用及有關衍生之賠償之責。

七、抵押權利範圍

抵押權之範圍及於抵押物本身及其從物、從權利，倘有天然及法定孳息亦包括在內，當屬本約所概括解釋意涵之內。

八、擔保範圍延伸

抵押物包括附屬建物及地上物全部（未經設定登記亦在內），將來增加者，債務人及擔保物提供人同意無條件追加爲本抵押權之範圍內，視爲抵押物之一部分，合併提供作爲擔保。

九、法定抵押之事宜

抵押物因建築或修繕等承攬關係所生之債務，確實均已全部清償，絕無民法第513條規定之法定抵押權存在，倘有不實情事，債務人、擔保物提供人及保證人願負有關刑事責任，並負擔民事賠償之責。

十、使用租賃處分事宜

抵押物現在爲所有權人使用或收益，並經○○書面同意，決不出租、處分或設定其他物權，並不得拆毀、改建或供他人使用及建造房屋或任何地上物，足以影響抵押權之情事，並應盡善良管理人之注意保管使用及負擔一切稅捐、費用。

十一、保險條款

抵押物應按照指定辦理保險，以○○爲受益人，其費用由債務人負擔。如由○○墊付，債務人及保證人願立即償還，不得拖欠。

抵押物如擬變更、改良、增設、廢棄等，須經乙方書面同意後方得辦理，如因之需要辦理變更登記時，甲方及債務人並願立即配合辦理變更登記申請有關之一切手續，並負擔其一切費用。

十二、清償條款

如債務人與○○協商延期或分期清償債務，甚至減少抵押物之一部或全部，得不必預先徵求保證人同意，保證人仍願繼續負擔連帶保證之責。

本約期限屆滿，於乙方還清借款之同時，甲方應會同辦理塗銷抵押權登記，不得藉故刁難或拖延，反之若乙方未返還者，甲方即得聲請法院依法拍賣抵押物。

十三、價值減損

抵押物如有毀損、受災害、價值減少或經拍賣，致有不足清償擔保債權時，債務人及保證人應即另行增設抵押物或立即清償債務之一部或全部。

十四、印鑑條款

債務人所簽各項貸款憑證使用之印章，經○○認定與債務人及保證人留存之印鑑相符成立時，即使因盜用或其他情形發生損害，概由債務人及保證人負授權及損害賠償之責。

十五、貸款額度

本件之貸款額度，得隨時視甲方之債信增減或停止，債務人及保證人均無異議。

十六、履約保證責任

甲方及債務人應覓妥經乙方認可之保證人，以爲甲方及債務人履約保證責任，保證人並願負責保證債務人如期清償貸款本金、利息、違約金、費用等全部，非至完全消滅時保證責任仍繼續存在，決不以抵押物未經拍賣或債務人所有財產未爲強制執行等其他藉口推諉履行保證責任，並悉行拋棄民法保證各條款所規定之抗辯或權利。

十七、違約條款

　　債務人及保證人未按照本契約履行或有下列情形之一時，債務人所欠各項貸款均視爲全部到期，並立即清償之：

(一) 對各項貸款清償期限有累積逾兩期者。

(二) 住所（事務所）遷移或結束營業，○○認爲有難以履行清償責任者。

(三) 因其他債務關係，被訴訟或受假執行、假扣押、假處分及強制執行者。

(四) 有和解、破產、公司重整等之聲請或破產宣告、倒閉清理或失蹤隱匿行爲者。

(五) 經票據交換所宣告爲拒絕往來戶者。

(六) 各項貸款有繼承人聲明限定繼承或拋棄繼承，致不承擔清償者。

十八、權利移轉

　　如擔保物全部或一部因公徵用或其他原因，甲方或債務人得領取補償價款時，乙方有權代理甲方及債務人直接請求領取抵還已到期或未到期之債務，甲方及債務人絕無異議，並以本契約爲委任之證明，不另書立委任狀。

十九、管轄履約條款（略）

二十、本契約自簽訂之日起發生效力，抵押期間所生之稅捐應由乙方按期繳納。

二十一、特約事項

　　連帶保證人就借用人所負擔之債務，除負完全之擔保責任外，並願主動拋棄先訴抗辯權。

　　一切約定，對甲乙雙方之繼承人及甲方指定登記權利人具有同等之約束力。如有未盡事項悉遵有關法令或善良習慣行之。故特立本契約一式○份各執乙份爲憑。

△ 所謂最高限額之抵押契約，係指所有人提供抵押物，與債權人訂立在一定金額之限度內，擔保現在已發生及將來可能發生之債權之抵押權設定契約而言。此種抵押權所擔保之債權，除訂約時已發生之債權外，即將來發生之債權，在約定限額之範圍內，亦爲抵押權效力所及。雖抵押權存續期間內已發生之債權，因清償或其他事由而減少或消滅，原訂立之抵押契約依然有效，嗣後在存續期間內陸續發生之債權，債權人仍得對抵押物行使權利。此種抵押契約如未定存續期間，其性質與民法第754條第1項所定就連續發生之債務爲保證而未定有期間之保證契約相似，類推適用同條項規定，抵押人固得隨時通知債權人終止抵押契約，對於終止契約後發生之債務，不負擔保責任。反之，此種抵押契約定有存續期間者，訂立契約之目的，顯在擔保存續期間內所發生之債權，凡在存續期間所發生之債權，皆爲抵押權效力所及，於存續期間屆滿前所發生之債權，債權人在約定限額範圍內，對於抵押物均享有抵押權，除債權人拋棄爲其擔保之權利外，自無許抵押人於抵押權存續期間屆滿前，任意終止此種契約。縱令嗣後所擔保之債權並未發生，僅債權人不得就未發生之債權實行抵押權而已，非謂抵押人得於存續期間屆滿前終止契約而享有請求塗銷抵押權設定登記之權利。（66台上1097）

△ 不動產抵押權之設定，固應以書面爲之。但當事人約定設定不動產抵押之債權契約，並非要式行爲。若雙方就其設定已互相同意，則同意設定抵押權之一方，自應負使他方取得該抵押權之義務。又口頭約定設定抵押權時，若爲有償行爲，當不因債務

人以後爲履行義務，補訂書面抵押權設定契約及辦理抵押權設定登記，而使原有償之抵押權設定行爲變爲無償行爲。原審所持相反之見解，尚有未合。（70台上453）

△抵押權所擔保債權之範圍，應包括遲延利息在內，且不以登記爲必要。（73台抗239）

△抵押之不動產如經分割，或讓與其一部者，其抵押權不因此而受影響，民法第868條定有明文。故抵押之不動產雖讓與爲數人所共有，抵押權人對於受讓抵押物之各人之應有部分，仍得就全部債權行使權利，受讓抵押物應有部分之人，不得僅支付與受讓部分相當之金額，而免其責任。（82台上3153）

△最高限額抵押契約定有存續期間者，其期間雖未屆滿，然若其擔保之債權所由生之契約已合法終止或因其他事由而消滅，且無既存之債權，而將來亦確定不再發生債權，其原擔保之存續期間內所可發生之債權，已確定不存在，依抵押權之從屬性，應許抵押人請求抵押權人塗銷抵押權設定登記。（83台上1055）

△抵押權所擔保之債權，其種類及範圍，屬於抵押權之內容，依法應經登記，始生物權之效力，但如因內容過於冗長，登記簿所列各欄篇幅不能容納記載，可以附件記載，作爲登記簿之一部分。因此關於最高限額抵押權所擔保之債權，雖未記載於土地登記簿，然於聲請登記時提出之最高限額抵押權設定契約書，有該項債權之記載者，此契約書既作爲登記簿之附件，自爲抵押權效力所及。（84台上1967）

△所謂最高限額抵押權者，乃爲預定抵押物應擔保債權之最高限額所設定之抵押權。如所預定擔保之債權非僅限於本金，而登記爲本金最高限額新台幣若干元，其約定利息、遲延利息及約定擔保範圍內之違約金，固爲抵押權效力之所及，但仍受最高限額之限制，故其約定利息、遲延利息及違約金連同本金合併計算，如超過該限額者，其超過部分即無優先受償之權。（85台上2065）

△抵押權爲擔保物權，不動產所有人設定抵押權後，於同一不動產上，固仍得爲使用收益，但如影響於抵押權者，對於抵押權人不生效力。故土地所有人於設定抵押權後，在抵押之土地上營造建築物，並將該建築物出租於第三人，致影響於抵押權者，抵押權人自得聲請法院除去該建築物之租賃權，依無租賃狀態將該建築物與土地併付拍賣。（86台抗588）

○以抵押權擔保之請求權雖經時效消滅，債權人仍得就其抵押物取償，固爲民法第145條第1項所明定，惟抵押權人於消滅時效完成後，如長期不實行其抵押權，不免將使權利狀態永不確定，有害於抵押人之利益，爲維持社會交易秩序，故民法第880條規定：「以抵押權擔保之債權，其請求權已因時效而消滅，如抵押權人於消滅時效完成後，五年間不實行其抵押權者，其抵押權消滅。」該條所稱實行抵押權，於依民法第873條第1項聲請法院拍賣抵押物之場合，係指抵押權人依法院許可拍賣抵押物之裁定，聲請執行法院強制執行拍賣抵押物，或於他債權人對於抵押物聲請強制執行時，聲明參與分配而言，不包括抵押權人僅聲請法院爲許可拍賣抵押物之裁定之情形在內。否則，抵押權人祇須聲請法院爲許可拍賣抵押物之裁定，即可使抵押權無限期繼續存在，顯與法律規定抵押權因除斥期間之經過而消滅之本旨有違。（87台上969）

△民法第877條係爲保護抵押權人之利益，及社會之經濟而設之規定，故於土地抵

後，在其上營造之建築物，雖非土地所有人所建，但於抵押權實行時，該建築物若與抵押之土地已歸一人所有，則爲貫徹上開立法目的，宜解爲有該條之適用，得於必要時，將土地抵押後，在其上營造之建築物，與該土地併付拍賣。（89台抗352）

注意事項：

1. 民法保證章節抗辯權之拋棄問題。
2. 未到期自動債權抵銷權之行使問題。
3. 抵充權的約定問題。
4. 債務人債信不正常時，強制拋棄期限利益，且債權人免除通知之義務問題。
5. 不確定概括條款之遵守。
6. 義務不對等問題。

抵押權章修正說明

一、增訂節名：最高限額抵押權及第882條、第883條規定之抵押權，其性質與普通抵押權有別，爲求體系完整，爰分設三節規範普通抵押權、最高限額抵押權及其他抵押權。

二、修正抵押權之意義及擔保債權之範圍：標明抵押權所擔保者爲債權，並明定經登記之利息、違約金或契約之約定者，始爲抵押權效力所及，且於強制執行程序中及聲請前5年內發生者爲限，始得優先受償。（修正條文第860條及第861條）

司法院民事廳註：行政院、司法院提案版本第861條第2項「約定之利息、違約金或前項但書契約之約定，以經登記者爲限。利率未登記者，依法定利率計算之」之規定，於立法院審議時，經朝野協商結果，決議不予增訂。

三、增訂抵押權之效力範圍：爲杜爭議並期保障抵押權人之權益，爰增訂抵押權之效力及於附加抵押之建築物而不具獨立性部分、抵押物之變形物等。（修正條文第862條及第862條之1）

四、修正抵押權效力所及天然孳息，以抵押物扣押後自抵押物分離而得由抵押人收取者爲限。（修正條文第863條）

五、爲維護抵押權人利益，並兼顧社會經濟及土地用益權人利益，闡明不動產所有人設定其他權利之範圍、效力及營造建築物暨抵押物存在所必要權利得讓與者併付拍賣之聲請規定。（修正條文第866條、第877條及第877條之1）

六、增訂債務之一部承擔有抵押權不可分性之適用。（修正條文第869條）

七、增訂抵押權次序之調整：爲發揮抵押權之經濟機能，同一抵押物有多數抵押權者，特定抵押權人得將其次序讓與及拋棄，但他抵押權人及保證人利益不受影響。（修正條文第870條之1及第870條之2）

八、增訂抵押權人因防止抵押物價值減少所生費用受償次序，並修正得請求回復原狀或增加擔保之規定。（修正條文第871條第2項及第872條）

九、修正流抵約款爲相對禁止規定。（修正條文第873條及第873條之1）

司法院民事廳註：行政院、司法院提案版本第873條之1第1項「約定於債權已屆清償期而未爲清償時，抵押物之所有權移屬於抵押權人者，其約定無效。但約定抵押權人負有清算義務者，不在此限」之規定，於立法院審議時，經朝野協商結果，

修正爲「約定於債權已屆清償期而未爲清償時，抵押物之所有權移屬於抵押 權人者，非經登記，不得對抗第三人」，流抵約款改採登記對抗主義。

十、增訂實行抵押權之效果規定。（修正條文第873條之2）

十一、修正抵押物賣得價金之分配次序。（修正條文第874條）

十二、增訂共同抵押權之各抵押物賣得價金之分配次序、內部分擔擔保債權金額之計算方式及求償權人或承受權人行使權利之範圍與方式。（修正條文第875條之1至第875條之4）

十三、修正法定地上權之規定。（修正條文第876條）

十四、爲期公平明確，修正物上保證人之求償權規定，並增訂其免責之規定。（修正條文第879條及第879條之1）

十五、修正抵押物之代位物不以賠償金爲限。（修正條文第881條）

十六、增訂最高限額抵押權之定義性規定及擔保範圍。（修正條文第881條之1及第881條之2）

十七、爲促進最高限額抵押權擔保之功能，增訂最高限額抵押權之抵押權人與抵押人變更債權範圍或其債務人之規定。（修正條文第881條之3）

十八、增訂最高限額抵押權所擔保之原債權確定期日之規定。（修正條文第881條之4及第881條之5）

十九、增訂最高限額抵押權所擔保債權移轉之效力規定。（修正條文第881條之6）

二十、增訂最高限額抵押權之抵押權人或債務人爲法人之合併規定，以保障抵押人之權益並減低其責任。（修正條文第881條之7）

二十一、最高限額抵押權具有一定獨立之經濟價值，且爲因應金融資產證券化及債權管理之實務需求，增訂單獨讓與最高限額抵押權之方式及最高限額抵押權之共有。（修正條文第881條之8及第881條之9）

二十二、共同最高限額抵押權原債權確定事由。（修正條文第881條之10）

二十三、增訂最高限額抵押權所擔保之原債權確定之事由。（修正條文第881條之11及第881條之12）

二十四、增訂最高限額抵押權所擔保之原債權確定事由生效後之效力規定。（修正條文第881條之13、第881條之14及第881條之16）

二十五、增訂最高限額抵押權擔保債權之請求權罹於消滅時效之效力規定。（修正條文第881條之15）

二十六、增訂最高限額抵押權準用普通抵押權之規定。（修正條文第881條之17）

二十七、修正其他抵押權準用普通抵押權及最高限額抵押權之規定。（修正條文第883條）

第五款　動產抵押

動產抵押係抵押權人對於債務人或第三人不移轉占有，而就供擔保債權之動產，設定動產抵押權，而於債務人不履行契約時，抵押權人得占有標的予以出賣，就賣得之價金優先受清償之特種契約交易行爲，目前社會均依動產擔保交易法向各縣市主管機關

（建設局）辦理。

　　動產擔保應以書面訂立契約，以契約約定拋棄動產擔保交易法規定之權利均無效。

　　違反動產擔保交易法有刑事責任之問題，務必特別注意。

動產抵押契約

　　（按目前一般信託公司所採制式的此種定型類似格式而提出，以方便擬約時較爲完善而無疏失）

立動產抵押契約人○○○（以下簡稱甲方）

　　　　　　　○○○（以下簡稱乙方）

茲同意爲擔保債務人○○○（以下簡稱債務人）或甲方○○○對乙方所負現在（包括過去所負現在尙未清償者）及將來之借款、票款、透支、墊款、保證、損害賠償等以及其他一切債務，在最高金額新台幣 （下同）○○元限度內之上述本金債務及其利息、遲延利息、違約金、實行抵押權費用、損害賠償及其他從屬債務之清償，特由甲方提供後開所有動產（以下簡稱擔保物）設定抵押權予乙方並約定條款如下：

一、擔保物品

　　本契約所指之擔保物爲：名稱、數量、特別標誌、說明以及占有抵押物者之姓名、名稱及所在地。（通常列表黏附於契約之標的物明細表中以供查驗）

二、本契約有效期間

　　自立約日起至民國○○年○月○日止。乙方對於根據本契約所成立之債務，得分別規定其各別清償日期，清償後得於本契約有效期間內循環借款。乙方並得隨時終止貸放或減少貸放，或收回全部或一部已貸款項，甲方及債務人均願遵辦，絕無異議，倘無以上情狀乙方不得任意終止或減少貸放，若因而造成損害則應賠償。

三、擔保債權額及計算

　　本契約所擔保債權之實際金額及各種利息、違約金及各項費用之計算方法以及債務之清償期另立借據、透支契據、本票、約定書或委任保證契約爲憑，並作爲本契約之附件，而各該附件所規定之事項效力概與本契約同效。

四、抵押物權利瑕疵擔保

　　甲方切實聲明所提供之抵押物完全爲甲方合法所有，並與任何第三人權利無關，如日後發生任何糾葛致使乙方遭受損害時，縱其事由非可歸責於甲方，甲方亦願負連帶賠償責任而無異議。

五、變動通知

　　擔保物之現狀倘發生變動，例如減失或價值貶損時，甲方應即刻通知乙方，乙方如認爲現存擔保物之擔保價值不充分時，一經向甲方要求，甲方當即負責增加提供相當之擔保物，或不論債務是否到期，願意立即償還其擔保價額之全部或一部。

六、擔保存置指定

　　擔保物應按乙方指定存置於附表所載地點，非經乙方同意甲方決不擅自移動，擔保物爲交通工具經乙方同意得由甲方或其他第三人使用者，一經乙方通知，甲方應即負責將抵押物停放於指定之處所，絕無異議。

七、擔保登記

擔保物於登記後，如有粘貼標籤或烙印之必要時，甲方應協助乙方或登記機關辦理，以資識別，其因而所生之一切費用，均由甲方負擔。

八、擔保品限制條款

甲方或債務人於債務未清償時，或本抵押權未經塗銷登記之前，非經乙方之書面同意，絕不擅自將擔保物轉讓或出押或出租或貸於第三人使用，或設定其他影響乙方抵押權之任何權利。

擔保物如擬變更、改良、增設、廢棄、保存等情事，須經乙方書面同意後辦理，如因之需要辦理變更登記時，甲方及債務人並願立即辦理變更登記申請所需之一切手續，並負擔其應繳納之費用。

九、管理條件

本契約存續中，甲方保證擔保物占有人對於擔保物必盡善良管理人之注意妥善使用及慎重保管，決不怠於修理等保養上應有之行為，擔保物之稅捐、維護、保養等一切費用稅賦均應由甲方或債務人負責照單付帳，概與乙方無涉。

十、保險條款

擔保物應由甲方按照市價以乙方為優先受益人，向乙方指定之保險公司投保車輛保險，乙方認有必要時，並得通知甲方加保其他各種保險，其一切費用概歸甲方負責照付，所有保單及保費收據應交乙方收執，如將來未得領取保險金，或雖得領取保險金但不足清償全部債務時，甲方及保證人仍願負責清償一切債務之本息、遲延利息、違約金及各項費用，或另繳足擔保物，決不以意外損失為詞推卸責任。如在未經受領該項保險金以前，乙方認為必須追加提供相當擔保物時，甲方願意立即配合辦理之（依動產擔保交易法第16條）。

甲方應於擔保物保險期限屆滿以前自動辦理續保手續，如甲方怠於辦理時，乙方得逕行墊付必要費用代辦續保手續，乙方所墊付各項費用，甲方應即償還，否則乙方得併入對甲方之債權總額內，並按規定利率計息，但不論任何理由，擔保物保險倘發生中斷致無法銜接時，即視為甲方個人之違約，其因而造成之損失由甲方及其連帶保證人共同負擔之。

十一、連帶保證

甲方或債務人對於乙方所負一切債務未全部清償以前，甲方、債務人或其連帶保證人如有下列情形之一時，雖乙方未發通知或履行法定手續，甲方、債務人及其連帶保證人所負之一切債務均喪失其期限利益，乙方得要求立即全部清償：

(一) 債務人或甲方所交付之票據，因存款不足、拒絕往來或其他原因被退票或遲延付款達連續兩期時。

(二) 因其他債務關係而受保全及本案終局等強制執行或受破產之聲請，或聲請法院為和解，協調或宣告倒閉清理之虞時。

(三) 因死亡、失蹤或其他事由開始繼承，而其繼承人聲明限定繼承或拋棄繼承，或無人繼承時。

(四) 債務人或甲方遷移住所而不通知乙方或不依乙方之意思更換連帶保證人時。

(五) 抵押物遭受○○○○。

十二、占有條款

　　甲方或債務人如有下列任何情形之一者，乙方得派員直接占有該抵押物：

(一) 有動產擔保交易法第17條第1項所規定情事者。

(二) 擅自毀損擔保物之烙印或粘貼之標籤者時。

(三) 未經乙方同意而將擔保物出租時。

(四) 因甲方或其他第三人之行為，使擔保物之價值顯有減少之虞時。

(五) 乙方認為甲方或債務人借款運用不當，其他損於乙方權益之情事者。

　　乙方依前項規定占有擔保物，甲方或第三人拒絕交付時，乙方得聲請法院逕行強制執行。

十三、價值條款

　　乙方因占有擔保物時，如甲方或第三人在乙方占有擔保物後之10日內履行契約，並負擔占有費用者，得回贖擔保物；但擔保物有敗壞之虞，或其價值顯有減少，足以妨害乙方之權利，或其保管費用過鉅者，乙方於占有後得立即出賣，其出賣所得價金如不足抵還債務本息時，乙方仍得繼續追償至滿足時。甲方或第三人在乙方占有擔保物後之10日內，仍不履行契約時，乙方得出賣所占有擔保物而受償，出賣後甲方或第三人不得以任何理由請求回贖該項擔保物。

十四、權利移轉

　　如擔保物全部或一部因公徵用或其他原因甲方或債務人得領取補償價款時，乙方有權代理甲方及債務人直接請求領取抵還已到期或未到期之債務，甲方及債務人絕無異議，並以本契約為委任之證明，不另書立委任狀。

十五、擔保衍生賠償條款

　　乙方因占有擔保物所受之損失及支出之費用均由甲方及債務人負責賠償之，擔保物被占有後所生孳息或其他任何收益，乙方有權收取以之抵償收取孳息之費用及一切依本約而生被擔保之債務。

十六、處分授權條款

　　甲方或債務人對於擔保物之處分，以特別之授權委任乙方為全權代理人，並以本契約為授權之證明，在債務之本息、遲延利息、違約金及各項費用未全部清償以前，絕不擅自撤銷本項之委任。

　　其擔保物之處分方法、時期、價格等一切均由乙方全權決定，甲方或債務人及連帶保證人亦絕無異議。

十七、清償條款

　　債務人屆期不能清償債務時，乙方得依據前項特別授權處分擔保物，其所得款項除償還債務本息外，並清償遲延利息、違約金及其他費用，甲方及債務人決無異議，如有不足當由甲方、債務人及連帶保證人負責補足，其抵償債務之先後順序得由乙方任意決定之（因係連帶債務之性質）。

十八、擔保條款

　　本件適用對擔保物中之一切機械、設備、工具、原料、半製品、成品、車輛、農林

漁牧產品及其他擔保物等之抵押權效力及於其主物、附屬物、加工物、附合物、混合物及包裝材料，貯藏於廠內或倉內之零件，備用物品暨工具等與主物有關聯性之一切物品。

十九、監督條款

　　甲方及債務人願接受乙方對於借款用途之監督及對於甲方及債務人業務財務之稽核，乙方因行使監督稽核之權而需甲方及債務人供給任何有關資料報表時，甲方及債務人應即照辦，但乙方並無此項監督或稽核之義務。

二十、保證條款

　　甲方及債務人應覓具經乙方認可之保證人，以為甲方及債務人履行本契約所定一切給付責任之保證，保證人並願以本契約為聲明拋棄先訴抗辯權暨民法有關保證人之一切權利與抗辯。

二十一、借款攤還條款

　　本契約借款，應按乙方所核定攤還計畫還款，甲方及債務人應依攤還計畫，一次分別開具借據交由乙方收執，非至各期借款全部償清，不得單方請求抵押權塗銷登記。如甲方及債務人在任何二期還款到期未能償還，或未能遵守乙方規定支付利息時，全部借款均應視為即時到期，一經乙方請求，甲方及債務人願立即清償借款本息及約定之違約金。

二十二、補充條款

　　除本契約所訂之條款外，凡乙方現在或將來所訂與貸款有關之各項章則以及台灣金融業目前或將來所適用之一切有關規章，甲方、債務人及連帶保證人均願依約遵守，絕無異議。

二十三、履行地及管轄條款

　　本契約以乙方所在地為履行地，甲方及債務人及連帶保證人均同意以乙方之分公司（部）所在地之地方法院為管轄法院，並自願拋棄對法院管轄之抗辯權，其訴訟費用（包括乙方律師費）甲方、債務人及連帶保證人均願負責連帶賠償絕不推諉。

二十四、效力條款

　　本契約書所載甲方、乙方、債務人、連帶保證人均包括其繼承人、法定代理人、破產管理人或遺產管理人。又甲方、債務人及連帶保證人等同意本契約書乙方代表人變更時，承受其職務之人，即當然為本契約書權利義務主體之代表人，毋庸再辦理任何變更之登記手續。如有未盡事項悉遵有關法令或善良習慣行之。

二十五、引用條款

　　本契約一經登記後，甲方及債務人如不履約時，乙方得隨時依動產擔保交易法第17條第2項規定逕向法院聲請強制執行。

二十六、本契約一式○份，除保證人外，甲、乙雙方當事人各執一份為憑。

　　本契約自訂立之日起發生法律上之效力。（本契約自辦妥動產抵押登記後發生法律上之效力。）

△(一)動產擔保交易法第9條，係規定動產擔保交易登記之有效期間，而非時效期間，不生起訴而中斷時效之問題，在登記有效期間屆滿後，被上訴人之動產抵押權，即無

對抗善意第三人之效力。

(二)動產抵押權人欲實行其抵押權必先占有抵押物，其抵押物為第三人占有者，亦必追蹤取得占有後，始得出賣。（60台上3206）

△ 債權人行使民法第244條第2項所規定之撤銷訴權，以債務人於行為時，明知有損害於債權人之權利，且事實上將發生有害於債權人之結果為要件，如果設定動產抵押權之系爭計程車十六輛之價值，除該抵押權所擔保之債權額外，顯足以清償債務人所負其他一切債務，則設定抵押權既不發生有害債權人之結果，自仍不容債權人對該設定抵押權之行為行使撤銷訴權。（67台上1564）

第六款　不動產租賃

現今市面上較為常用之租賃契約，往往無法兼顧雙方當事人可能發生的問題，預先防範解決之道，是頗值得注意。[2]另租金的扣繳率，自83年3月16日按10%扣繳。

不動產租賃契約書

立租賃契約出租人：○○○（以下稱甲方）

　　　　承租人：○○○（以下稱乙方）

乙方連帶保證人：○○○（以下稱丙方），茲經彼此協議訂立本租賃契約，條件明列如下：

一、甲方房屋所在地及使用範圍：

二、租賃期限雙方訂為○年，自民國○○年○月○日起至○○年○月○日止。

三、租金每個月新台幣○萬○仟元正，應於每月○日繳納當月份租金予甲方，乙方不得藉故拖延或拒納。

四、乙方應於訂約時，交給甲方新台幣○萬○仟元作為押租金，於租期屆至時，甲方在乙方遷空交還無誤後，無息退還押租金。

五、租賃物出租後所附屬之各項相關使用設備，如有修繕之必要，係屬承租人負擔修繕義務之範圍。

六、乙方於租期屆至時，除經甲方同意繼續出租外，應即日將租賃物回復原狀搬空返還甲方，不得藉詞推諉或主張任何權利，如不即時遷讓返還租賃物時，甲方每月得向乙方請求比照租金貳倍之違約金至遷讓完畢為止，乙方及其連帶保證人丙方絕無異議。

七、租賃物若有改裝設施之必要時，乙方必須先取得甲方同意後再行裝設，但不得損害租賃物之原有架構。

八、租賃物不得供非法使用或存放危險物品致影響公共安全，否則以違約論。

九、契約期間內乙方因自己事由擬遷他處，甲方除得沒收押租金，及乙方不得請求遷移費及任何權利金，而應無條件將租賃物依原狀歸還甲方外，並仍須支付定期租賃期限屆滿前之全數租金（即屆滿前每一期之租金），乙方不得提出任何異議。

十、乙方未經甲方同意，不得擅將租賃物之權利全部或一部出借、轉租、轉讓、頂讓或以其他變相方法任由他人使用、收益及處分。

十一、契約期間，甲方擬收回租賃物使用時，應於壹個月前通知乙方，於通知期限屆至時，乙方不得藉故拖延或主張任何請求，並主動將租賃物回復原狀搬空返還甲方。

十二、租賃期間屆至，乙方應無條件並即回復原狀，遷空所有東西後返還租賃物於甲方，如有乙方物品滯留其上，則一律以廢棄物論，任憑甲方處分，乙方不得異議。

十三、租賃期限屆滿前幾個月，乙方不得主張以押租金扣抵租金方式，給付租金，否則以違約論處，乙方不得主張任何權利；租約期滿時，甲方非因收回自用，應於一個月前與乙方協議續租事宜。

十四、乙方於租賃期間內不論是否過失而遭致失火，所造成房屋之任何損害均負完全之賠償責任，絕無異議。

（以上兩款之使用方法，全憑法律人的法學知識加以衡量運用之）。

十五、本租賃物限於一般居住之用，非經甲方書面同意，不得供作他用，否則以違約論，甲方得隨時終止租賃契約。

十六、乙方若有違反各項約定事項，甲方得逕行終止租約，收回租賃物，乙方不得拖延、異議或主張任何權利。

十七、乙方若有違約情事，致生損害甲方之權益時，除應負賠償責任外。同時丙方須與乙方負連帶賠償責任，並願拋棄先訴抗辯權，甲方若因此涉訟之訴訟費、律師費，均應由乙方負責賠償絕不推諉。

十八、本租賃物之地價稅、房屋稅由甲方負擔，其餘如管理費、水電費、瓦斯費、電話費等自租賃契約成立後衍生之費用，則均應由乙方負擔。

十九、本契約書之印花稅由雙方自理。

二十、本契約書訂定後，所生之租賃所得稅，應歸乙方負擔。

二十一、乙方應以善良管理人之注意義務保管使用租賃物，雙方亦應以誠信原則履行本契約書。

二十二、本契約書如有未盡事宜，依民法之規定處理。

二十三、本件租賃若因故涉訟時，雙方約定以台北地方法院為合意管轄之法院。

　　　前述約定，係雙方在自由意志下制作成立，恐口無憑，特立本契約書壹式貳份，雙方各持壹份為憑。

甲方：　　　　　　　　　　電話：
身分證字號：
地址：
乙方：　　　　　　　　　　電話：
身分證字號：
地址：
乙方連帶保證人（丙方）：　　電話：
身分證字號：
地址：

中　華　民　國　　　　　　　年　　　　　月　　　　　日

△刑法上侵占罪之成立，以持有他人之物爲前提。耕作地之承租人於租賃之租息未支付以前，不過對於出租人負有支付之義務，不能認其耕作地之孳息爲他人之物，即不生侵占問題。（28上3350）

△修正懲治漢奸條例第2條第6款，關於通謀敵國而供給金錢、資產之罪，其供給二字，並非專以無償行爲之給付爲限，即如買賣租賃等之有償行爲，苟其所爲之給付，足以資助敵國者，均包括在內，又該款僅以金錢與資產並列，對於資產之種類，並無何種限制，則其所謂資產，自係指除金錢以外之一切財產，且不屬於同條第4、5兩款列舉之物品而言，至同條第4款、第5款，雖就犯罪態樣分爲供給及販賣兩種，且就販賣之物爲列舉之規定，祇能解爲各該款所稱之供給行爲，範圍較狹，要與同條第6款應取之上開解釋，不生影響。（28上4121）

△租賃物因不可歸責於雙方當事人之事由而毀損，致全部不能爲約定之使用收益者，當事人間之法律關係，因其租賃物是否尚能修繕而異。其租賃物已不能修繕者，依民法第225條第1項、第266條第1項之規定，出租人免其以該物租與承租人使用收益之義務，承租人亦免其支付租金之義務，租賃關係即當然從此消滅。其租賃物尚能修繕者，依民法第225條第1項、第266條第1項之規定，在修繕完畢以前，出租人免其以該物租與承租人使用收益之義務，承租人亦免其支付租金之義務，惟其租賃關係，依民法第430條之規定不當然消滅，必承租人定相當期限催告負擔修繕義務之出租人修繕，而出租人於其期限內不爲修繕者，承租人始得終止契約，更須承租人爲終止契約之意思表示，其租賃關係始歸消滅。（30渝上345）

△再抗告人就租賃物支出之有益費用，向某甲請求償還，其請求自係金錢請求，原裁定駁回再抗告人假處分之聲請，於法尚無不合。茲再抗告人雖稱，再抗告人在租賃物上建築之騎樓，及增建之廚房，與安裝鐵門鐵閘瓦面地屋等項未經合法鑑定，如不准許假處分，有被對造毀滅或變更歸於烏有之虞云云，然其所稱縱使屬實，亦係證據保全問題，不得據以聲請假處分。（31抗714）

△民法第431條第1項但書所稱現存之增價額，係指租賃關係終止時，現存增加之價額而言。（32上734）

△假處分非因請求標的之現狀變更，有日後不能強制執行或甚難執行之虞者，不得爲之，民事訴訟法第528條第2項定有明文。本件再抗告人以債務人某甲將承租再抗告人之田業荒蕪，致令租穀無著等情聲請假處分，將該田業交鄉公所管理招佃，是其所欲保全者係支付租穀之請求，顧其爲請求標的之穀現時既未存在，即無所謂現狀變更，依照上開規定自無聲請假處分之餘地，至再抗告人現時不得終止伊與某甲之租賃契約，既經判決確定在案，本不得就此項法律關係更事爭執，再抗告人藉口某甲藐騙不搬荒蕪田業，有定暫時狀態之必要，請將該田交鄉公所管理招佃，尤難認爲正當。（32抗756）

△民事訴訟費用法第9條所謂因租賃權涉訟，係指以租賃權爲訴訟標的之訴訟而言，其以租賃關係已經終止爲原因，請求返還租賃物之訴，係以租賃物返還請求權爲訴訟標的，非以租賃權爲訴訟標的，其訴訟標的之價額，應以租賃物之價額爲準。（32抗

765）

△民法第845條第1項所謂將土地出租於他人，係指將土地基於租賃契約交與他人為使用收益而言，其僅訂有租賃契約，而未將土地交與他人使用收益者，尚不得謂已違反第1項之規定。（32上2305）

△租賃之房屋，因天災或其他事變致全部滅失者，如當事人間尚未經訂有出租人應重蓋房屋租與承租人使用之特約，其租賃關係當然從此消滅，至房屋承租人對於房屋之基地，雖得因使用房屋而使用之，若租賃關係已因房屋滅失而消滅，即無獨立使用之權。（32上2769）

△上訴人倘本於大佃關係請求放贖典物及交還租賃物，其起訴之時縱非在收益季節後次期作業開始前，如在第二審辯論終結前，已屆收益季節後次期作業開始前，仍應認上訴人請求之時期為合於法律規定，其依土地法第180條第3款、第5款終止租約時，關於同法第183條所定之通知時期，亦應按上開之說明辦理。（32上5093）

△租賃，就出租人無所有權之物，亦得成立。（33上84）

△使用租賃為諾成契約，當事人約定一方以物租與他方使用，他方支付租金，即生效力，不以押金之交付為成立要件。（33上637）

△依土地法第172條之規定，依定有期限之契約租用耕地者，於契約屆滿時，除出租人收回自耕外，如承租人繼續耕作，視為不定期限繼續契約。是在土地法施行後，依定有期限之契約租用耕地者，除出租人收回自耕外，如果承租人繼續耕作，出租人即不得以約定期限屆滿，率行請求返還租賃物。（33上3531）

△耕地大佃契約定有期限者，出租人如依法律之規定有於期限屆滿前終止租賃契約之權，自得專就租賃部分終止契約，當事人明定期限屆滿前終止租賃契約時，典期即為屆滿者，從其所定。當事人雖未明定，依兩契約之結合關係，亦應解為有此意思，故於終止租賃契約時，得即回贖典物。（33上3950）

△被上訴人甲、乙、丙為同一租賃契約之承租人，上訴人既因甲為出征抗敵軍人，依優待出征抗敵軍人家屬條例第29條第1項之規定，在出征抗敵期內不得對之為終止租賃契約之意思表示，則依民法第263條準用第258條第2項規定，自亦無由對於乙、丙為終止租賃契約之意思表示。（33上5294）

△(二)執行合夥事務之合夥人，在其權限內以本人名義代表合夥與他人訂立租賃房屋契約，其租賃權應屬於合夥，而不屬於該執行合夥之合夥人，故在合夥存續期間內，縱令出名訂約之合夥人有變更，其與出租人之租賃關係仍為繼續，不得視為消滅。（37上6987）

△(一)租賃房屋之契約，並無反對轉租之約定者，依民法第443條第1項之規定，承租人雖得將房屋一部轉租他人，然如將房屋全部轉租他人，則雖無此約定，亦非經出租人承諾，不得為之。

(二)被上訴人前以上訴人將其向被上訴人承租之房屋一部轉租於他人為原因，訴請確認租賃關係不存在，雖曾受敗訴之確定判決，然其在本件請求確認租賃關係不存在，既係上訴人在後將房屋全部轉租他人為訴之原因，則自不能謂其為訴訟標的之法律關係屬同一，又何能謂其係在民事訴訟法第399條第1項規定之列。（37上7633）

△被上訴人所為訴之聲明，關於契約上爭執部分，雖稱請求解除兩造間所締結租賃座落某處店屋之預約，第此為解除權之行使，依法只須以意思表示為之。茲被上訴人既依訴訟向上訴人表示解除契約之意思，即應認此部請求，係基於契約解除之原因，而確認該契約關係不存在之訴，原判宣告解除該契約，即屬確認該契約關係不存在。（37上7696）

△租賃定有期限者，承租人雖因戰事致不能於期限內使用租賃物，亦不得將不能使用期間，於租賃期限內扣除。（37上7943）

△房屋之租賃一經出租人移轉占有後，出租人能否收回房屋應受法律之限制，非可任意終止租約。故縱令某甲與某乙間之租約已合法成立，某甲並負有交付租賃物之義務，但此項義務之履行，既在某甲將房屋另租他人移轉占有之後，自不能謂無法律上之障礙，此項障礙應包括於給付不能觀念之中。原判決以給付不能為理由，駁回某乙請求交屋之訴，尚無不當。（37上8141）

△承租基地僅作晒醬之用，並非建築房屋，自與土地法第103條所載租用建築房屋之基地不符，其租賃標的又祇有基地而無房屋，亦無同法第100條之適用。此項未定期限之租賃，依民法第450條第2項之規定，除有利於承租人之習慣外，各當事人自得隨時終止契約。（38穗上45）

△系爭房屋既為被上訴人之父生前向上訴人承租，則在其父死亡開始繼承後，因租賃關係消滅所負返還之義務，自係民法第1153條第1項所謂被繼承人之債務，被上訴人對之本應負連帶責任，縱使如被上訴人所稱，其父所有遺產業經繼承人全體協議分割，此項房屋已移歸其他繼承人承受云云，而依同法第1171條第1項之規定，被上訴人如不能就此證明，曾經上訴人之同意，仍難免除連帶責任。（38台上174）

△原出租人已將訟爭房屋之所有權讓與上訴人，依民法第425條之規定，其租賃契約既對上訴人繼續存在，上訴人當然繼承原出租人行使或負擔由租賃契約所生之權利或義務。上訴人以收回自用為原因，依據原租賃契約向被上訴人訴求遷讓房屋，自無不合。（38台上195）

△上訴人承租耕地歷百有餘年，其租約內並載有永遠耕種字樣，此項契約依其記載之文義與夫耕種多年之事實，如不能究明當事人立約當時別有與此相反之真意所在，則上訴人主張為永佃權之設定，而非租賃之性質，即難謂為無據。（38穗上268）

△租賃之房屋因天災或其他事變致全部滅失者，依民法第225條第1項、第266條第1項，出租人免其以該房屋租與承租人使用義務，承租人亦免其支付租金之義務，租賃關係當然從此消滅，原承租人對於原出租人嗣後復重建房屋，無租賃權。（39台上1020）

△出租人將出租耕地出賣第三人，所約定之價金，自為土地法第107條第1項所謂出賣耕地之重要條件，如承租人未於接受出賣之通知後10日內，對出租人為依上述同一價額承買租賃物之表示，則依同條第2項準用第104條第2項之規定，仍應視為承租人放棄優先承買權。（39台上1513）

△(一)債權人基於民法第242條規定，行使債務人之權利時，第三人之對於債權人與對於債務人同，故第三人得以對於債務人之一切抗辯，對抗債權人。（40台上304）

△租賃契約成立後，依民法第423條之規定出租人固負交付租賃物於承租人之義務，惟

此僅為出租人與承租人間債之關係，出租人違反此項義務而將租賃物租與他人，並經交付時，則其交付租賃物之義務，即已不能履行，承租人對於出租人，祇能依民法第226條第1項請求賠償損害，不得再行請求交付租賃物。（40台上599）

△上訴人雖以原租賃契約載明「滿期再訂」字樣，實含有滿期仍應繼續租賃之意思為抗辯，第查此項約定僅屬期滿後得協商再訂租賃契約，不能解為期滿後，當然繼續租賃，其抗辯顯無可採。（41台上433）

△出租人於租賃物交付後，將其所有權讓與第三人時，依民法第425條之規定，其租賃契約既對於受讓人繼續存在，受讓人即當然繼承出租人地位，而行使或負擔租賃契約所生之權利或義務，原出租人自不得更行終止租約，請求承租人返還租賃物。（41台上1100）

△房屋承租人以現金為租賃之擔保者，其金額不得超過2個月之總額，超過其限度者，承租人得以超過之部分抵付房租，固為土地法第99條所明定。惟出租人受破產宣告時，破產債權人在破產宣告後，對於破產財團所負之債務不得為抵銷，破產法第114條第1款既設有特別規定，則土地法第99條關於承租人得以超過2個月租金總額之擔保金抵付房租之規定，其適用自應受破產法第114條第1款之限制。（41台上1131）

△租賃定有期限者，其租賃關係於期限屆滿時消滅，為民法第450條第1項所明定。同法第451條所謂視為不定期限繼續契約者，須承租人於租期屆滿後，仍為租賃物之使用收益，而出租人不即表示反對之意思時，始有其適用。此種出租人之異議，通常固應於租期屆滿後，承租人仍為租賃物之使用收益時，即行表示之，惟出租人慮承租人取得此項默示更新之利益，而於租期行將屆滿之際，向之預為表示不願繼續契約者，仍不失為有反對意思之表示。（42台上410）

△不定期之房屋租賃，承租人積欠租金除擔保金抵償外達2個月以上時，依土地法第100條第3款之規定，出租人固得收回房屋。惟該條款所謂因承租人積欠租金之事由收回房屋，應仍依民法第440條第1項規定，對於支付租金遲延之承租人，定相當期限催告其支付，承租人於其期限內不為支付者，始得終止租賃契約。在租賃契約得為終止前，尚難謂出租人有收回房屋請求權存在。（42台上1186）

△系爭房屋既為被上訴人自始向日人所買受，而與公產無關，縱經某市政府誤認為公產以之出租於上訴人，亦屬無正當權源，對於被上訴人不生效力，上訴人自不得依民法第425條之規定，主張其租賃關係對於被上訴人仍繼續存在。（42台上1305）

△承租人之農舍原由出租人無條件供給者，於耕地三七五減租條例施行後，依該條例第12條之規定固仍應由承租人繼續使用。惟此項農舍使用權既係附屬於耕地之租賃關係而發生，則耕地之租賃關係消滅時亦即隨之喪失，承租人自應負返還其農舍於出租人之義務。（43台上1）

△出租人收回出租之房屋重新建築，為房屋租賃關係消滅之原因，此觀土地法第100條第1款之規定自明。兩造就系爭房屋既於訴訟上成立和解，以由出租之上訴人收回重新建築，並附有於建築完成時應再出租於被上訴人，其租金俟鑑定後定之之條件，則上訴人惟應負於建築完成時再出租於被上訴人之義務，其原有之租賃關係即因收回租賃物重新建築而消滅，本無待於終止，自無繼續存在之可言。故兩造第二次和解筆

錄第2項，所謂當事人間租賃關係仍屬繼續存在，如係指系爭房屋原有之租賃關係而言，則不惟與土地法第100條第1款之強制規定有所牴觸，抑且以實際上不存在之事項而謂為存在，如係指系爭房屋重新建築完成時再行出租者而言，則與原有之租賃關係為別一法律關係，上訴人不得以原有租賃關係存續中，被上訴人積欠之租金未依和解內容而為支付，迨定期催告仍不履行，為免除此項和解所定系爭房屋建築完成時，再出租於被上訴人之義務之理由。（43台上547）

△ 被上訴人承耕上訴人所有之系爭土地，經於民國38年6月間訂立私有耕地租約書，載明年交租穀4,006台斤，為不爭之事實，上訴人請求自42年1月1日起每年租穀應增加為6,072台斤，雖以該處水利設施已經改善，系爭土地之主要作物正產品之收穫總量增高為論據。第原耕地租約書定有自38年1月1日起至40年12月31日止3年之租賃期限，其期限扣至40年6月7日耕地三七五減租條例施行時，既尚未屆滿，而同條例第5條又經明定耕地租佃期間不得少於6年，依同條例第1條、民法第442條但書之規定，自屬不得請求增加租穀。（43台上702）

△ 行使債權，應依誠實及信用方法，民法第219條定有明文，上訴人支付被上訴人之租金，關於400元之存摺部分，其存入數額如非不實，則縱使有用被上訴人委託之收租人某甲名義為存款人情事，被上訴人儘可轉囑某甲蓋章領取，亦於被上訴人並無損失，乃被上訴人竟以存款人非其本人名義，拒絕受領，並因而主張上訴人未於其所定催告期限內支付租金，應負積欠租金達2個月以上總額之責任，為終止系爭房屋租賃契約之理由，其行使債權，不得謂非違背誠實及信用方法。（43台上762）

△ 出租人在耕地三七五減租條例施行前收取之押租穀為金錢時，應由縣耕地租佃委員會依交付當時之市價，折合農作物計算之，分期返還承租人，或由承租人於應繳地租內分期扣除，此就同條例第14條第2項及第3項之規定觀之固甚明顯。惟此僅限於出租人與承租人租佃關係尚在存續中者，始有其適用，若其耕地租賃契約在上開條例施行前已經終止，承租人單純為返還押租金之請求，則與上述情形有間，自無適用該條項之餘地。（44台上74）

△ 確認租賃權存在或不存在，及排除侵害之訴，係屬保存行為，被上訴人以管理人之資格，本諸管理權之作用提起上開訴訟，殊難指為訴權存在要件有所欠缺。（44台上143）

△ 池塘亦屬直接生產用地，土地法第2條第1項規定甚明，原非不可使用收益。上訴人既已使用該項池塘，並自30年至38年均已付清租金，即已成立租賃關係，而38年訂立三七五租約所列面積，仍舊包括池塘在內，上訴人自應受契約之拘束，殊無拒絕付租之理由。（44台上425）

△ 債權人請求拍賣債務人之不動產以供清償債務，第三人雖對該不動產有租賃權，然不動產之拍賣不影響於租賃權，該第三人顯無足以排除強制執行之權利，自不得藉此提起執行異議之訴。（44台上561）

△ 兩造間於35年成立之租賃關係，既因判決確定其不存在，上訴人又不能證明其與被上訴人間有新租賃關係之成立，則以租賃關係成立為前提之租金請求權，自無從發生。（44台上1029）

△被上訴人於日據時期向某甲借用日金，就訟爭土地設定質權，約定期限10年，某甲即
　將該土地出租於某乙耕作，準照民法第915條第2項之規定，其租賃期限自不得超過質
　權設定之期間。（44台上1730）

△租賃契約依民法第451條規定更新後，僅發生期限變更之效果，其餘內容（如租金及
　其他條件）並未隨同變更。不動產租賃契約就增減租金所爲之約定，並不因民法第
　442條已有得聲請法院增減租金之規定而失其效力，或認於定期租賃不能有此約定，
　果有合於增減租金約定之情事發生時，當事人即得直接依該約定方法增減租金，殊無
　待雙方當事人之另行協議。（64台上1579）

△民法第425條所謂對於受讓人繼續存在之租賃契約，係指民法第421條第1項所定意義
　之契約而言，若因擔保承租人之債務而接受押租金，則爲別一契約，並不包括在內，
　此項押租金契約爲要物契約，以金錢之交付爲其成立要件，押租金債權之移轉，自亦
　須交付金錢，始生效力，出租人未將押租金交付受讓人時，受讓人既未受押租金債權
　之移轉，對於承租人自不負返還押租金之義務。（65台上156）

△押租金在擔保承租人租金之給付及租賃債務之履行，在租賃關係消滅前，出租人不負
　返還之責。本件租賃關係既已消滅，承租人且無租賃債務不履行之情事，從而其請求
　出租人返還押租金，自爲法之所許。（83台上2108）

△耕地出租人以承租人積欠地租達兩年之總額爲原因終止租約，應依民法第440條第1項
　規定，定相當期限催告承租人支付，於往取債務，並須於催告期滿，至承租人之住所
　收取，承租人仍不爲支付，出租人始得終止租約。（86台上3324）

△未定期限之基地租賃，契約當事人約定租金按基地申報地價之固定比率計算者，雖所
　約定之租金係隨基地申報地價之昇降而調整，惟契約成立後，如基地周邊環境、工商
　繁榮之程度、承租人利用基地之經濟價值及所受利益等項，已有變更，非當時所得預
　料，而租金依原約定基地申報地價之固定比率計算顯失公平者，出租人自得依民法第
　227條之2第1項規定，訴請法院調整其租金。（93台上2446）

○按轉租契約係債之契約，原則上於承租人與次承租人間爲有效，承租人違反民法第
　443條第1項規定，將租賃物轉租於他人，同條第2項既規定出租人得終止契約，則承
　租人未經出租人承諾，將非耕地之土地轉租於他人，自非當然無效，本院43年台上字
　第868號判例係指土地法第108條及耕地三七五減租條例第16條之耕地轉租情形，並不
　包括民法之一般土地轉租。（98台上659）

第七款　汽車租賃

　　動產租賃亦即融資性租賃，承租人並非以取得標的物之所有權爲目的，且在契約中
對於標的物之取得並無期待權，契約期滿亦無法即當然取得該物之所有權。

汽車租賃契約

出租人○○○（以下簡稱乙方）同意依本合約第一頁及第二頁所載全部（包括印刷及手
寫）之條款及所附之條件，將第二頁所指定之小客車及隨車附件租與承租人○○○（以
下簡稱甲方）使用，雙方並同意如次之條款：

一、所有權及不作保證

　　小客車及隨車附件之所有權歸屬乙方，本合約僅係將該小客車及隨車附件租與甲方使用外，甲方並不取得其他任何法定權利。且在租賃期間內，甲方並非乙方任何目的之代理人，有關該小客車之任何零件或附件之修護或更換，需經乙方事前核准。

　　如甲方為兩人或以上時，應負連帶給付責任，同時出租人對該小客車之任何用途並不作任何明示或默示之保證責任。

二、車況／燃料約定

　　甲方及乙方應一併檢驗小客車，甲方認同該租用之小客車各項配備與隨車附件齊全，且具有良好之性能及車況，並同意負擔於租賃期間內所消耗之燃料，並保證以中國石油公司所出售之高級汽油為限。（非即時能知曉之車況，不能以此而免責）

　　若使用非中油出產之汽油，致影響承租小客車之性能時，甲方同意依出車油量換算油價○倍之金額給付違約金。

三、還車責任

　　甲方應於本合約第二頁所載之還車日期與還車地點，將該小客車及隨車附件返還乙方。甲方還車時，除一般磨損外，該小客車之車況應與取車時之車況相同，油量則依油錶顯示為準。如未於還車日期將小客車返還，且未依本合約規定辦理續租手續，乙方得隨時取回占有該小客車而無須再作任何事前之催告或司法程序，其所需之費用概由甲方負擔絕無異議。

四、駕駛責任

　　租賃期間甲方應自行駕駛，非經乙方事先同意並登記於本合約第二頁不得交由他人駕駛，否則一切後果概由甲方負責。

五、違規罰鍰

　　租賃期間內若有違規停車、違反交通規則或被逕行告發之情事所生之罰鍰概由甲方負責，所生之罰鍰及其滯納金，甲方應負責於收到乙方通知3日內繳清，且乙方有權將其持有有關甲方之任何資料，提供與政府單位依法處理。

六、禁止規範

　　該小客車不得使用於下列情況：

(一) 為意圖明示或默示收取報酬而攬載乘客或貨物之營利行為。

(二) 使用該車以推動或拖曳任何車輛或物體。

(三) 供給競賽或其他試驗性目的之測試。

(四) 為任何違反中華民國法令或其他非法目的之使用。

(五) 於服用麻醉或迷幻禁藥或酒後駕車者。

(六) 准許或指使任何無合法駕駛執照之人使用該車。

(七) 以詐欺或虛偽陳述之方法向乙方取得小客車。

(八) 超載或於非乘客座位處搭載乘客。

　　本契約不得以任何方式轉讓於第三人（包括營業、轉租等有償與出借之無償行為）。

七、免除條款

租賃期間，如小客車有任何毀損滅失時，甲方應立即通知乙方，若小客車有任何碰撞損壞，甲方應依下列約定負責賠償：

(一) 若甲方在本合約第二頁第○欄「接受碰撞損壞免除賠償」欄內簽署，並繳畢危險分擔費用（每日○元）者，可全數免除賠償責任。

(二) 若未依前款簽署者，甲方之最高賠償金額以新台幣○○元為限。

(三) 若違反本合約第5條之規定使用小客車或係故意或以不當方法使用小客車者，仍應負責賠償該小客車因本次毀損、碰撞所造成之損失。

物理損害：凡承租人自行駕駛本車致碰撞或翻覆以外之原因（如火災、暴風、洪水、暴動等，但不包括竊盜）引起之直接及意外損害，不負賠償責任。

碰撞或翻覆：如承租人已依本約之規定，致碰撞或翻覆所引起之直接及意外損害，車損險自負額○○元，失竊自負額30%，倘違反本條款第6條所造成之損害則按全額賠償。

八、給付條款

甲方應於乙方請款時，以現金或信用卡給付以下之費用：

(一) 租金：依本合約第二頁所載之費率計算之，使用里程數依小客車上裝置之里程錶定之。若里程錶失靈時，則由行駛路徑，依地圖所測之距離為準，原則每日不得超過○公里。

(二) 逾時租金：甲方未依第二頁所定之還車時間還車，每逾1小時加收原訂日租金○分之○計收，且如超過○小時則以1日租金計收。

(三) 單程費用：甲方未經乙方事先同意而在約定還車地點以外地區還車時，或在經乙方同意之租車地點以外地區取車時，甲方應給付乙方請求之送車及接車所需之運送費用。

(四) 「碰撞損壞免除賠償」分擔費用：每日新台幣○○元，逾時1小時以上加收1日費用（另加5%營業稅）。

(五) 罰鍰及訴訟費：租賃期間因停車、交通違規或其他不法行為所科諸小客車之罰鍰及所生之一切訴訟費用（含合理之律師費用）。

(六) 稅捐：租金中含營業稅5%及其他相關稅捐。

甲方於還車日期或乙方請款日起3日內，未依約給付上述有關款項，甲方願接受乙方損害賠償之請求，絕無異議。

九、行照保管責任

本合約及行車執照應隨車攜帶，以備隨時查驗。甲方若遺失行車執照，致發生一切後果概由甲方負責，與乙方無涉，甲方並應給付重新申領行車執照之費用及補發期間之租金。

十、保險責任範圍

該小客車已經乙方投保第三人責任意外險，甲方依本合約之規定使用小客車時，造成第三人死亡、身體傷害、財物損失之最高理賠額，每一事故新台幣200萬元。乙方另為甲方之每位駕駛及乘客，各投保100萬元之乘客險，並已包含在租金之費率內。

　　若因甲方過失其應負責賠償損失之金額超過上述標準上限者，由甲方自行負擔，與乙方無涉。

十一、事故之處理原則

　　甲方同意於租賃期間若小客車發生毀損、碰撞、翻覆、失竊或其他肇事等意外事故時，應依以下方式來處理之，以確保甲方及保險公司之權益：

(一) 立即通知乙方及警察機關，且於24小時內提出包括圖解之詳細報告，並填寫乙方之意外事故報告表交與乙方。

(二) 取得意外之人及其他證人之姓名與地址。

(三) 未徵得保險公司同意前，不得私下與肇事對方達成和解。

(四) 不得將該小客車棄置於無人看管之處所。

(五) 若發現小客車有瑕疵或操作不良狀況時，應立即告知乙方。

(六) 應交付乙方任何有關小客車發生意外事故之證明文件，任何與意外事故有關之調查程序及訴訟時應與乙方充分合作。

　　甲方應依以上方式處理，否則一切責任概由甲方負擔，與乙方無涉。且除本合約另有規定外，甲方應照價賠償及給付修理期間之租金，或於乙方尋回小客車或另購小客車前之租金，並賠償乙方之一切損害及所喪失利益。

十二、遺留車內財物之保管責任

　　在小客車租賃期間及還車後，乙方對甲方及其他人員放置或遺留於小客車內之任何財物不負保管之責任，故承租人不得向出租人為任何主張或索賠。（此一條款是否會構成侵占遺失物之罪責，頗值得商榷）

十三、機件故障責任

　　租賃期間內，如發生非可歸責於乙方之機件故障或因甲方之過失而造成甲方時間及財物上之損失，乙方不負賠償責任。

十四、續租條款

　　在本合約所定之還車時間前，經乙方事先同意續租或以其他小客車替換原小客車，並經乙方事先填妥續租通知單或換車憑單時，甲方仍應接受及同意本合約所載全部之條款及所附之條件。

　　倘因故無法於約定時間還車而必須續租時，務必於還車時間到達前，以電話通知續租時間及是否保險，否則均以遲延還車按每日租車價及無保險論，並加計遲延之租車利息10%。

十五、備查條款

　　本契約及行照應隨車攜帶，以便供警方臨時查驗之用，而免糾紛。

十六、管轄條款

　　本合約依中華民國法律為準，雙方因本合約所生之爭執，以○○地方法院為第一審之管轄法院。

　　本合約各條款及條件經甲乙雙方同意訂立，為雙方間之完整約定，由雙方執存以為憑證。其他口頭或書面之約定全部廢止，故請詳閱附屬條件之規定。

消保會規定之小客車租賃定型化契約應記載及不得記載事項

一、小客車租賃定型化契約應記載事項

本契約條款已於中華民國○年○月○日經承租人審閱完成。出租人（甲方）並應於簽約前，將契約內容逐條向承租人（乙方）說明，雙方謹簽訂書面契約，以憑信守。

甲方簽章：

乙方簽章：

(一) 契約當事人：出租人

　　　　　　　　承租人

茲為出租小客車乙事，雙方同意訂立本契約書。

(二) 本車輛及隨車配件，詳如附表一。

　　　本車輛出車前車況圖，詳如附表二。

(三) 租賃期間自民國○年○月○日○時○分起至民國○年○月○日○時○分止，共計○天○小時。

　　　承租人出車里程及約定還車日期，詳如附表三。

(四) 租金每□日□時新台幣○元整，共○日時，計新台幣○元整。

　　　除強制汽車責任險外，前項租金包括其他保險者，應於契約中註明內容。

(五) 付款方式

　　□1. 現金。

　　□2. 信用卡。

　　□3. 其他：　　　　　　　　　。

　　　擔保方式

　　□出租人不另收取保證金或擔保品。

　　□出租人收取下列保證金或擔保品：

　　　□(1) 保證金：新台幣○元整。

　　　□(2) 擔保品：　　　　　　　。

　　　　　出租人於承租人交還車輛時，經檢查確無損壞或遺失配件後，應即無息返還前項保證金或擔保品。

(六) 本車輛租賃方式

　　□日租：

　　　本車輛每日平均行駛最高里程為○百公里（不得低於400公里），逾最高里程者，每1公里加收○元累計，但每日加收金額不得逾1日租金之半數。

　　　未為前項約定者，視為不限里程。

　　　乙方應依約定時間交還車輛，還車時間逾1小時者（不含1小時），每滿1小時按每日租金○分之○（不得高於十分之一）計算收費，逾期○小時以上（不得低於6）者，以1日之租金計算收費。

　　　乙方於約定使用時間屆滿前交還車輛，且提前還車時間滿1日以上者，得請求甲方退還每滿1日部分之租金。

□時租：

本車輛每時平均行駛最高里程為○公里（不得低於40公里），逾最高里程者，每1公里加收○元累計，但每時加收金額不得逾1小時租金之半數。

未為前項約定者，視為不限里程。

乙方應依約定時間交還車輛，逾時還車者，應以第4點每小時租金計算收費；乙方逾時未通知甲方同意者，每逾1小時得加收百分之○（不高於10%）。當日時租之總金額高於1日之租金者，應以1日租金方式計算收費。

前項因車輛本身機件故障或不可歸責於乙方之事由，致乙方不能依約定時間交還車輛者，不在此限。

乙方有前項情形得為通知者，乙方應即為通知甲方。

(七) 本車輛不得超載，並不得載送下列物品

　1. 違禁品。

　2. 危險品。

　3. 不潔或易於污損車輛之物品。

　4. 不適宜隨車之動物類。

　5. 其他：　　　　　　。

承租人應在約定範圍內使用車輛並自行駕駛，不得擅交無駕照之他人駕駛、從事汽車運輸業行為或充作教練車等用途。

違反前二項約定，出租人得終止租賃契約，並即時收回車輛，如另有損害，並得向承租人請求賠償。

(八) 租賃期間承租人應隨車攜帶駕駛執照、汽車出租單、強制汽車責任保險證及行車執照以備查驗。

承租人於租賃期間，因違規所生之處罰案件，有關罰鍰部分，由承租人負責繳清，如由出租人代為繳納者，承租人應負責償還。

租賃期間所生之停車費，過路通行費，有關牌照、行車執照或車輛被扣部分，自被扣之日起至通知領回日止之費用，如何負擔要記載。

(九) 承租人應盡善良管理人注意義務保管及維護本車輛，禁止出賣、設質、抵押、讓與擔保、典當車輛等行為。

(十) 本車輛發生擦撞或毀損，除有不能向警察機關報案之情形外，承租人應立即報案並通知出租人後送□原廠□雙方合意　廠修理，如因可歸責於承租人之事由所生之拖車費、修理費及第11點後段規定車輛修理期間之租金，應由承租人負擔。

(十一) 因可歸責於承租人之事由致本車輛毀損達無法修復程度者，應照當時市價賠償；毀損但可修復者，修理期間在10日以內者，並應償付該期間百分之○（不得高於70）之租金；在11日以上15日以內，並應償付該期間百分之○（不得高於60）之租金；在16日以上者，並應償付該期間百分之○（不得高於50）之租金。但期間之計算，最長以20日為限。

(十二) 本車輛遺失或被盜者，除有不能向警察機關報案之情形外，承租人應立即報案並通知出租人。

(十三) 因可歸責於承租人之事由致本車輛遺失或被盜者，承租人應照當時市價賠償，如本車輛有投保竊盜損失保險者，承租人僅支付市價與保險賠償金額之差額。承租人未賠償前失竊車輛經尋獲者，其賠償金額準用第10點及第11點規定處理；承租人已賠償後失竊車輛經尋獲者，如本車輛未投保竊盜損失保險者，出租人應即將該車輛過戶予承租人。

(十四) 出租人應擔保租賃期間內本車輛合於約定使用狀態，如有違反，雙方得依相關法律規定辦理。

(十五) 承租人還車地點

□出租人原交車地點：（　　　　）。

□其他地點：（　　　　）。

前項還車地點，在出租人交車地點以外之其他處所者，出租人

□不另收費。

□另收取成本費新台幣〇元整。

(十六) 本契約書應明確記載出租人之公司統一編號、汽車運輸業營業執照編號、負責人、地址、連絡電話、電子郵件及網址。承租人之出生日期、駕照字號、地址及連絡電話。

二、小客車租賃定型化契約不得記載事項部分

(一) 契約條款不得違反法律強制、禁止規定或顯失公平。

(二) 不得約定出租人片面更改契約內容，而承租人不得異議。

(三) 不得排除消費者保護法第47條及民事訴訟法第436條之9規定之小額訴訟管轄法院之適用。

(四) 不得約定不交付本契約書予消費者。

(五) 若有折舊費用之約定，不得超過修理費用20%。

　　消費者為愛車投保汽車險更優質之權益保障，讓每位車主都能為愛車買到真正需要的保險。

　　「自用汽車保險定型化契約範本」重點略述如下：

一、共分「汽車保險共同條款」、「汽車第三人責任保險條款」、「車體損失保險甲式條款」、「車體損失保險乙式條款」、「車體損失保險丙式－免自負額車對車碰撞損失保險條款」及「汽車竊盜損失保險條款」六種契約範本（修正草案）。

二、放寬附加被保險人之限制，所稱「家屬」，不以同居為限。

三、「汽車第三人責任保險條款」中有關損害賠償請求權人行使直接請求權時，被保險人給付賠償金額之認定，除原有之「經法院判決確定者」或「經當事人雙方以書面達成和解，並經保險公司同意者」外，並增列「當事人雙方依鄉鎮市調解條例達成調解，經該管法院核定，並經保險公司同意者」。

四、於各車體損失保險條款中，增訂對於「被保險汽車在租賃、出售、附條件買賣、出質、留置權等債務關係存續期間所發生之毀損滅失」或「被保險汽車因颱風、地震、海嘯、冰雹、洪水或因雨積水所致之毀損滅失」類型，如經保險公司書面同意

加保者，該等毀損滅失，保險公司即須負賠償責任之加保規定。

五、於各車體損失保險及竊盜損失保險條款中，增訂發生重複投保同一保險公司時，不論危險發生前或危險發生後，要保人或被保險人均得選擇保留其中之一之契約，解除其他契約之規定。

行政院消保會表示，將請行政院金融監督管理委員會盡速辦理本範本之修正公告，並落實宣導及查核事宜。同時，行政院消保會亦提醒各位車主，倘對於愛車保險有任何相關消費問題要諮詢或申訴時，除可向主管機關金管會保險局諮詢或申訴外，亦可撥打「1950」全國消費者服務專線電話轉接各縣市消費者服務中心，或直接向各縣市政府消費者保護官請求協助。

第八款 工程承攬

承攬係一方為他方完成一定之工作始給付價款之契約，這時可區分為直接承攬（承包）及間接承攬（轉包）。至於相關公共工程則請參閱第二編第七章之說明。

而工程契約包括以下：

一、委任契約：以設計或代理委任為主要的契約。

二、供應契約：以建材供應或勞力供給為主所簽署的約定。

三、分包契約：乃指傳統之一般分項、分類，或分段發包方式。

四、總額承包：分包合約數目，遠較分包形式少，也是一種規避局部風險的一種分包方式。

五、合夥施工（partnering）：指工程合作管理方式，概指承包者與業主間，或承包者與承包者間的一種施工合作模式。

六、聯合承攬（joint venture）：可分為設計者與設計者之間，施工者與施工者之間的聯合承攬，意指由兩個以上之營造業者簽訂協議，組成聯營，採取內部分工、或共同施工方式，向業主承攬某一特定工程，由各成員依約定分擔損益，並就該工程對業主，負共同及連帶責任。

七、統包（turnkey）：就是將整個工程、或工程之部分，有關設計及施工／安裝工作，以單一契約，交由一個機構或組織辦理。

另外有關BT（build-transfer）建設－轉讓：指民間團體，以自備資金的方式，興建政府核定的計畫，完工之後直接轉移給政府，由政府接續營運，逐年編列預算償還。

BOT（build-operate-transfer）建設－轉讓：是指民間團體，投資興建公共建設完工之後，由政府特許，交由承建團體經營一段時間，以作為其投資之報償，在協定經營期間終了，再將所有設施轉移給政府，由政府接續後期營運及處置；例如台北101及高鐵。

BOO（build-own-operate）建設－擁有－經營：此乃承包商根據政府所賦予的特許權利，來建設並經營某特定項目的產業，但是並不將此項基礎產業專案移交給公共部門。

BOOT（build-own operate-transfer）建設－擁有－經營－轉讓：則是經由所謂私人合夥或國際財團融資來建設基礎產業項目，完成後，在規定的期限內擁有所有權並進行

經營，期滿後將項目移交給政府。

工程承攬契約書

立合約定作人：○○○（以下稱甲方）

　　　承攬人：○○○（以下稱乙方）茲因承攬協議訂立本契約條件明列如下：

一、工程名稱：詳見附圖及說明書

二、施工所在：○○市○○路○○號

三、工程範圍：（略）

四、工程總價：本工程依估價單內詳列共計新台幣（下同）○○○元

五、付款辦法：（略）

六、工程期限：（略）

(一) 開工期限以乙方簽訂本約之日起一週內正式開工。

(二) 完工期限。

七、工程材料：（略）

八、工程變更：（略）

九、工地清理：（略）

十、工地安全

十一、工程驗收：（略）

十二、違約處理：（略）

十三、乙方應以善良管理人之注意義務保管使用承攬物，雙方亦應以誠信原則履行本契約書。

十四、保固期間：（略）

十五、乙方若有違反各項約定事項，甲方得逕行終止本約，收回定作物。

十六、乙方若有違約情事，致生損害甲方之權益時，除應負賠償責任外，同時丙方須與乙方負連帶賠償責任，並願拋棄先訴抗辯權，甲方若因此涉訟之訴訟費、律師費，均應由乙方負責賠償決不推諉。

十七、本承攬物之地價稅、房屋稅由甲方負擔，其餘如管理費、水電費、瓦斯費、電話費等自承攬契約成立後衍生之費用，則均應由乙方負擔。

十八、本契約書之印花稅由雙方自理。

十九、本契約書如有未盡事宜，依民法之規定處理。

二十、本件承攬若因故涉訟時，雙方約定以台北地方法院為合意管轄之法院。

　　前述約定，係雙方在自由意志下制作成立，恐口無憑，特立本契約書壹式貳份，雙方各持壹份為憑。

甲方：○○○　　　　　　　　　　　電話：

身分證字號：

地址：

乙方：○○○　　　　　　　　　　　電話：

身分證字號：

地址：

乙方連帶保證人（丙方）：○○○　　　電話：

身分證字號：

地址：

中　華　民　國　　　　　　年　　　　月　　　　日

△民法第513條之法定抵押權，係指承攬人就承攬關係所生之債權，對於其工件所附之定作人之不動產，有就其賣得價金優先受償之權，倘無承攬人與定作人之關係，不能依雙方之約定而成立法定抵押權。（61台上1326）

△承攬除當事人間有特約外，非必須承攬人自服其勞務，其使用他人，完成工作，亦無不可。（65台上1974）

△民法第494條但書規定，所承攬之工作為建築物或其他土地上之工作物者，定作人不得解除契約，係指承攬人所承攬之建築物，其瑕疵程度尚不致影響建築物之結構或安全，毋庸拆除重建者而言。倘瑕疵程度已達建築物有倒塌之危險，猶謂定作人仍須承受此項危險，而不得解除契約，要非立法本意所在。（83台上3265）

第九款　合建

合建一般均係由地主拿出土地與建商合建大樓，但其中所牽涉之分配範圍及現在十分注意的停車設置，往往很容易發生爭執，因此在擬約時須特別注意預防將來爭議之發生。

在談到合建就必須提到目前最熱門的都市更新合建：依據都市更新條例第1條，都市更新是為了促進都市土地有計畫之再開發利用，復甦都市機能，改善居住環境與景觀，增進公共利益。根據都市更新條例第3條，所謂都市更新係指根據本條例所定程序，在都市計畫範圍內，實施重建、整建或維護措施。而依據台北市政府規定，民眾辦理都市更新有14項條件，只要符合3項，即可自辦都市更新。

其中比較容易跨進的三個門檻條件，包括：一、屋齡年限超過30年，二、基地面積逾300坪，三、三分之二以上居民同意。若要申請都市更新，建築基地要1,000平方公尺以上；屋齡也有限制，鋼筋混凝土結構的房子，30年以上才能更新，鋼骨結構則要50年以上。

當然，也是因為都市更新有一定的「門檻」條件在，所以有些老舊建築物還無法達到上述都更「門檻」，乾脆改走「老屋拉皮」一途，這也是去年初以來「老屋拉皮」逐漸開始盛行的原因。

一、都更的租稅優惠項目

(一) 更新期間土地無法使用免徵地價稅；其仍可使用者，減半徵收。

(二) 更新後地價稅及房屋稅減半徵收2年。

(三) 權利變換取得之不動產，於更新後第一次移轉，減徵土地增值稅及契稅40%。

(四) 不願參與權利變換而領取現金補償者，減徵土地增值稅40%。

(五) 實施權利變換應分配之土地未達最小分配面積單元，而改領現金補償者，免徵土地

增稅。

(六) 都市更新事業機構投資於政府劃定之都市更新事業，得於投資額20%範圍內可抵減營利事業所得稅。

(七) 都市更新範圍內公共設施興修得由該公共設施管理機關負擔費用。

二、一般都更的簡易流程說明

(一) 管理委員會之成立與登記（依照公寓大廈管理條例之規定辦理）。

(二) 推舉連絡代表及具專業背景之住戶共同參與重建事宜。

(三) 遴選建築師辦理工程招標之簡易基本文件（即協商列出基本建材表），且向建管單位調出原始基本圖說、確認建築師設計監造服務費用，並徵得建築師同意將該服務費用列入招標之工程費內，以解決災區居民於完成申辦重建貸款前之資金需求。

(四) 工程合約及投標須知訂立（含投標廠商業績及資本額等資格規定、承商須負責協助住戶辦理重建貸款、銀行履約保證、概括承受法拍屋及不同意重建之戶數以合理市價承購配合重建等重要事項）。

(五) 確認招標文件資料及公告招標說明會日期。

(六) 辦理招標說明會及領標作業。

(七) 開標及決標（以每坪價格為報價，甲方並可善用「政府採購法」之協商規定）。

(八) 委員會與承包商及建築師簽訂合約，同時承商展示建材。

(九) 承商與住戶簽訂簡約並由承包商負責辦理重建貸款前置作業。

(十) 完成建管單位報備手續。

(十一) 針對簡約不足部分，於辦理重建貸款時，另簽訂細約補充。

(十二) 開始重建。

合建契約書

立契約書人買主○○○（以下稱甲方）

　　　　　賣主○○○（以下稱乙方）茲因雙方合作建築房屋事宜，雙方同意訂立契約條款如下：

一、合建標的

　　乙方提供座落標示：○○市○○區○○段○○小段○○地號為建築基地與甲方合建。

二、建築使用面積及協議

　　本件建築面積與基地比率悉以地方工務局之最高容積率為原則，其預防基地淹水，亦應按有關規定辦理，且甲方使用前開基地所建築之○層樓房與地下防空避難兼停車場，其分割手續及分配事宜均按附表協議平均分配定妥之，互不退補。（雙方並約定本工程，應自民國○○年○月開工，並於○○個日曆天內完工並取得使用執照）

三、建照申辦

　　建照以甲乙雙方之名義（或雙方共同指定之第三者之名義）辦理申請，房屋建築完成後，乙方應負責辦妥過戶與甲方或其所指定之人名下之手續。

四、分配條款

　　甲乙雙方房屋之分配位置及棟數，俟提出申請建築許可執照前，雙方比例如附表，但原則仍似乙方同意之設計及配備之位置爲原則，大小之配置應參酌基地實際情形。如地主需改爲○層樓房時，工程費則按增加之坪數以○○計算由乙方負擔之。（此一部分係按比例分配之）（附表略）

五、稅捐及費用

(一) 本件不動產移轉所需之增值稅由○方負擔，雙方同意依○○年○月政府公告之現值申報。

(二) 契稅（依稅捐處評定現值申報）、地價稅、契稅、規費、代書費由甲乙雙方均分負擔之。

(三) 產權移轉登記，其分割分筆登記產權之移轉登記所需一切稅捐及費用，雙方按各自比例負擔之。

六、清算條款

產權過戶登記完畢以前，乙方一切未繳之舊欠稅（水電費以點交房屋日以前）全部由乙方負責繳清，如經甲方代繳時，願由價款中扣抵之。但約定○○年○月以前之地價稅、房屋稅由乙方負擔，於尾款結算時一併交甲方。

七、權利瑕疵保證條款

　　本件買賣乙方應保證爲自有及自用，如有抵押權、典權、押租、假扣押及其他一切權利設定或有受拍賣聲請等瑕疵時，應於登記日期前撤銷排除此障礙，絕不能使甲方蒙受損害，否則應負損害賠償責任。

　　乙方應保證本件不動產之產權清楚，如有出租、查封或他項權利設定時，乙方應於民國○○年○月○日以前理清並塗銷，不得影響甲方產權移轉登記，否則即以違約論，任由甲方請求賠償所受之損失，乙方不得異議並不得提出任何抗辯。

八、申請及設計

　　有關建築執照申請事宜，統由甲方負責管理之，其規劃設計等有關各項費用包括其他一切雜支，均由甲方自行負擔。且本案自簽約日起○個月內甲方應完成申請建築許可執照，並應於○個月內開工，不得延誤。

九、協辦條款

　　本件產權移轉登記如欠缺不備，需要乙方本人或法律上有直接利害關係人蓋章與補具證件時，須立時照辦，不得藉故刁難或要求額外補貼費用等情事。

十、完工期限

　　房屋自開工起限○○工作天完成，○樓部分限自開工日起○○個工作天完成。遇有天災地變或不可抗力之原因致不能開、完工者不在此限。

十一、延誤完工處罰條款

　　本約成立後，如甲方違約不能如期完工交屋者，視爲違約，乙方每逾1日照總工程費千分之一計算罰金，如因乙方延緩提供有關證件致延誤者不在此限。

十二、簽約保證

　　簽約時甲方繳交保證金新台幣（下同）○○元整給乙方，作爲保證興建本工程順利

進行及完工之保證，甲方保證金之付款如下：○○○○○○○。

十三、保證金扣回條款

　　　　前項保證金於乙方取得房屋並出售時，優先扣回，如乙方未予出售時，應俟甲方工程進行至地下室完成時，歸還甲方，全部完成並於領得房屋使用執照之同日，歸還甲方○○元。

十四、施工品質條款

　　　　甲方應按圖施工不得有偷工減料之情形，乙方對工程進度、施工保有共同監督權，如乙方認為有需要改進之處應由雙方協議洽商之。

十五、解約條款

　　　　乙方不履行本契約時聽由甲方解除契約，乙方應即加倍返還其所受領之定金及價金作為違約賠償金，絕無異議。

十六、承攬瑕疵

　　　　由於本工程之興建致使鄰地蒙受損害，概由甲方自行負責賠償，與乙方無涉。

十七、巷路條款

　　　　全部工程完成同時，甲方應將環境清理，並向工務局申請，巷路加舖柏油路面。

十八、地下室之分配與協議

　　　　層樓之地下室部分，乙方可取得○○，其多出○樓層規定之面積部分，乙方同意每坪貼補甲方○○元，如乙方不貼補，其多出部分歸甲方，又此地下室雙方協議共同出售或出租車位，不另單獨使用。

十九、本契約係出於自由意願並無脅迫，恐口無憑特立本約，自雙方簽章後生效。

　　　　一切約定，對甲乙雙方之繼承人及甲方指定登記權利人具有同等之約束力。如有未盡事項悉遵有關法令或善良習慣行之。故特立本契約一式○份各執乙份為憑。

甲方（建商）：

身分證字號：　　　　　　　電話：

住址：

乙方（地主）：

身分證字號：　　　　　　　電話：

住址：

姓名：

身分證字號：　　　　　　　電話：

住址：

姓名：

統一編號：　　　　　　　　電話：

住址：

法定代理人：

保證人：

身分證字號：　　　　　　　電話：

住址：

保證人：

身分證字號：　　　　　　　電話：

住址：

中　華　民　國　　　　　　年　　　　月　　　　日

△土地法第100條第1款所謂出租人收回重新建築，係以充分利用土地爲目的，故祇須租賃物在客觀上有重建之必要者，出租人即得依該款規定終止租約。至出租人收回房屋係由自己重新建築，抑或與他人合建，甚至供由他人重建，均非所問。（70台上1401）

○合建契約分歸地主部分之房屋，其建照執照以地主名義領取者，應解爲承攬性質，房屋爲地主原始取得，至地主移轉與建築商之土地，則屬承攬之報酬。（72台上4883）

△當事人之一方將其因契約所生之權利義務，概括的讓與第三人承受者，係屬契約承擔，與單純的債權讓與不同，非經他方之承認，對他方不生效力。（73台上1573）

○兩造所訂立之合建契約，其性質屬承攬與買賣之混合契約，即由被上訴人承攬完成一定工作而以上訴人應給予之報酬充作建築商買受由其分得部分基地之價款，並由地主及建商各就其分得之房屋以自己名義取得建築執照，已如前述，則就地主部分而言，依建築法第70條第1項前段規定，建築工程完成後，應由起造人會同承造人及監造人聲請使用執照。又依土地登記規則第70條第1項規定，申請建物第一次所有權登記應提出使用執照，故如無特別情事，建造執照上所載之起造人恒爲該建物所有權第一次登記之申請人亦即原始建築人。是地主如以自己名義領取建築執照而由建築商建築，自爲該建物所有權第一次登記之申請人即原始建築人，應認該房屋之原始所有人爲地主。（86台上1019）

○房屋所有人依其與土地所有人所訂立之合建契約，縱有使用土地之權利，惟合建契約僅有債之效力，不得以之對抗契約以外之第三人，土地所有人如已將土地出賣並移轉其所有權於他人，則房屋所有人或其承受人，即不得再執合建契約之約定對土地承買人主張其有使用土地之權利。（89台上273）

○查最高法院48年台上字第1457號判例所謂應推斷土地承買人默許房屋承買人繼續使用土地，係指：土地及房屋同屬一人，而將土地及房屋分開同時或先後出賣之情形而言，倘土地及房屋並非同屬一人所有，並無上開判例之適用。本件上訴人之系爭房屋係購自姜○方，而被上訴人對基地之所有權則購自莊貴有之繼承人，系爭土地及房屋，從未同屬一人所有，上訴人引上開判例爲利己之抗辯，自非有理。又合建契約僅有債之效力，不得以之對抗契約以外之第三人，土地所有人如已將土地出賣並移轉其所有權於他人，則房屋所有人或其承受人，不得再執合建契約之約定，對土地承買人主張其有使用土地之權利。本件系爭房屋係由地主莊○有與葉○傑合建後再輾轉由林○漢、姜○方讓與上訴人，系爭土地則由被上訴人向莊○有之繼承人買受而來，上開合建契約，僅存在於契約之當事人，上訴人執該合建契約之約定，對抗本件土地承買人之被上訴人，主張其有使用土地之權利，自非有據。（90台上1366）

○(一)所謂契約之聯立，係指數內容不同之契約相互間具有結合之關係而言，如租賃契約與典權設定契約互相結合訂立是。此與契約當事人之一方有數人與他方訂立同一內

容之契約者不同。

(二)契約解除後，原契約溯及的失其效力，雙方當事人因而互負回復原狀之義務，如當事人因訂立契約而受有損害，是否仍得請求賠償，各國立法例有採選擇主義、契約利益主義或履行利益賠償主義者，我民法第260條規定：「解除權之行使，不妨礙損害賠償之請求」，乃採履行利益賠償主義，認爲損害賠償請求權係因債務不履行所發生，屬原債權之變換型態，非因解除權之行使而新發生，條文所稱「不妨礙損害賠償之請求」，自係表明原有之損害賠償請求權，不因契約之解除失其存在。（90台上1779）

○法院就原告所主張起訴原因之事實，判斷其法律上之效果，不受原告所述法律上見解之拘束。又當事人約定，一方提供土地而由他方建築房屋，並依約定比例分受建造完成之房屋及其基地之合建契約，究屬互易、承攬、承攬與買賣之混合、合夥或其他契約，應依契約之內容，探求當事人立約當時之眞意決定之。（91台上203）

○地主提供土地與建商合建房屋，除有特別情事外，無不以取得對價或利益爲目的。地主因合建契約而出具土地使用權同意書，使建商於取得土地所有權之前，享有無償使用土地以興建房屋之權利，應爲地主履行合建契約之當然解釋；且因房屋不能脫離土地而單獨存在，地主於合建關係合法解消前，雖不得任指合建房屋係無權使用土地，惟建商或取得合建房屋使用權之人於房屋完成後，是否仍得「無償使用」土地？則應以合建契約之約定爲斷。倘地主預期將於合建房屋「出售或處分」後獲得土地之對價或利益，應認其原出具交予建商之土地使用權同意書，至合建房屋建造完成將所有權移轉登記或交付取得人時，已失其同意之效力，該取得使用合建房屋權利之人，如未再取得使用坐落基地之合法權利，自難謂非「無法律上原因而受利益」。（93台上577）

○所謂默示之意思表示，除依表意人之舉動或其他情事，足以間接推知其有承諾之效果意思者外，倘單純之沉默，依交易上之慣例或特定人間之特別情事，在一般社會之通念，可認爲有一定之意思表示者，亦非不得謂爲默示之意思表示（參照本院21年上字第1598號及29年上字第762號判例意旨）。又公寓大廈等集合住宅之買賣，建商與各承購戶約定，公寓大廈之共用部分或其基地之空地由特定共有人使用者，除別有規定外，應認共有人間已合意成立分管契約。倘共有人已按分管契約占有共有物之特定部分，他共有人嗣後將其應有部分讓與第三人，除有特別情事外，其受讓人對於分管契約之存在，通常即有可得而知之情形，而應受分管契約之拘束。（98台上633）

第十款 預售

有關購買預售屋應注意的事項，可參考本編第十章八之說明。

房屋預售買賣契約書

立房屋預定買賣契約書之買方：○○○（以下簡稱甲方），賣方：○○○（以下簡稱乙方），雙方茲爲「○○○」（以下簡稱本社區）房屋買賣事項經一致同意訂立條款如下，以資共同遵守。

第1條：標的物座落及面積基準

　　預定買賣標的物：乙方投資興建於「○○○」○區○號房屋壹戶，買賣面積約計○坪，讓售予甲方後，均依地政機關登記之面積為準。如本約預計的買賣面積與完工時地政機關實際測量登記之面積誤差在1%以內時，雙方同意均不增減上開買賣價款；如誤差超過1%時，則就該超過部分，按第2條平均單價相互無息以現金一次補貼不足之價款。（一般大廈型之房屋，對於地下層及屋頂之權屬亦應於條文中載明清楚，以免將來發生爭議，目前最高法院判決均認為不得私自占用）

第2條：房屋總價

　　本約房屋買賣總價計新台幣○仟○佰○拾○萬○仟元整，嗣後甲、乙雙方均不得藉口物價漲跌而要求增減價款。

第3條：付款辦法

　　甲乙雙方同意以○○○為付款地點。甲方應按附約(一)「買賣價款分期付款表」記載之進度付款，絕不藉故拖延賒欠。

第4條：訂期給付之各期價款及違約處理

　　附約(一)「買賣價款分期付款表」所訂第一期起之各期價款，甲方應於接到乙方之繳款通知後，於乙方指定之繳款日期前，以現金或即期票據繳款。如逾期，每逾一日甲方應加付該期款千分之一滯納金（上項滯納金應在繳款時一同繳付）；但如逾期達15日以上時，即視同甲方故意違約，乙方得逕行解除本約及其牽連之「預定土地買賣契約」及其他關係契約，無須另為通知。甲方並同意將已繳之款項悉數作為乙方營造管理及重行出售本戶房屋所需各項費用之抵償，如有剩餘，則悉數作為乙方之損害賠償金及甲方違約之懲戒金。

(1) 「預定房屋買賣契約」應與甲方與第二人（地主）因本約房屋應有之持分土地買賣所簽訂之「預定土地買賣契約書」同時履行，為本約成立之當然必備條件，雙方均不得任意違反之。

(2) 除本契約另有約定外，他方均得對於對方之遲延定期予以催告履行之，如違約之一方逾期仍不履行，他方即得解除本約，請求違約之一方為恢復原狀並加倍賠償對方因此所生之各種損失，絕無異議。

第5條：分期及貸款事宜

(1) 附約(一)「買賣價款分期付款表」所定之尾款即新台幣○仟○佰○拾○萬元整，乙方同意甲方以委託乙方代辦金融機構中、長期抵押貸款方式辦理交付。為彌補乙方因同意延期至金融機構核准貸放之日付款之損失，甲方同意自完成交屋或視同完成交屋之日起至乙方領得貸款之日止，依照貸款機構擔保放款利率計算利息，前於交屋時預付3個月利息交付乙方，嗣銀行貸款實際核撥乙方領取時依上開之實際天數計算，雙方多退少補。

(2) 關於覓定前揭預定貸款之貸款機構，最高貸款金額與一切手續，甲方同意與乙方另簽一「代辦貸款委託書」全權委託乙方代辦一切手續。本約房屋依銀行之估算可貸款之最高金額支付前項應付未付房屋尾款後之餘額，甲方同意授權乙方將此項餘額全部直接轉付予地主，用以抵付甲購買本約房屋之基地持分土地所積欠地主之應付

未付土地款。前項授權爲本約成立之必要條件，甲方於未清償地主之應付未付土地款時不得終止、撤回或加以其他任何限制，而影響本房地的整體性作業流程。

(3) 如因貸款機構基於法令規定或其他不可歸責於乙方之事由，而停辦貸款，不能貸款或實際核貸金額少於前揭預定貸款金額時，該預定貸款金額或其差額，甲方除仍應依第(1)項約定給付利息外，並應自接獲乙方繳款通知之日起15日內，以現金或即期票據一次付清。

(4) 前揭預定辦理貸款之價款，如甲方不擬辦理貸款時，應於辦理交屋之同時給付乙方。

第6條：工程完工標準

(1) 本房屋之施工標準悉依○政府工務局核准之圖樣按圖施工。

(2) 本房屋之興建工程預定於民國○○年○月前開工，自開工日起○個日曆天內完工，完工日期以主管建築機關受理使用執照申請之收件日期爲準。如逾期完工，每逾1日乙方應按甲方既繳款項金額千分之一計算違約金給付甲方；但因不可歸責於乙方之事由所致者，或甲方有違約或有一次以上未遵時給付買賣價款時，均不在此限。（參第二編第七章）

(3) 本約各項公共設施及道路之完工，依主管機關之核定進度爲準，其期限不受前條之限制。

第7條：付款完成前之禁止事宜

甲方所購本契約房屋，於所有權移轉與抵押權設定登記完成及繳清各期款前，非經乙方同意不得轉讓與第三人；否則，其轉讓對乙方不生效力，其因此所造成之損害，並由甲方及其保證人連帶負責賠償之。

第8條：辦理登記事宜

本契約之房地因採統一銀行貸款作業，是故所應辦理之房屋所有權移轉登記、抵押權設定登記等手續，由乙方指定代書統籌代爲辦理；辦妥各項手續之權狀證件，甲方並同意准由該代書交付予乙方或其指定人保管。倘需甲方加蓋印章及補具證件時，甲方應隨時提供：否則如因甲方之延誤或不協辦，致使各項稅費增加或影響乙方及其他訂購戶產權登記等權益時，此項損失無論屬於何人名下，甲方皆應負此項總損害賠償之責。因本件移轉登記所需費用如契約、（監）公證書、印花稅、登記費、各項規費等及有關其他附加稅捐及代書費均由甲方負擔，並應於接到乙方通知日起5日內繳清。於辦妥本約規定之所有權移轉登記、抵押權設定登記，並於承辦貸款之金融機構撥給貸款之後，如甲方無任何違反本契約之情形時，乙方即行交付所有權狀。甲、乙雙方同意以政府機關評定之房屋現值作爲移轉登記之申報價值。

第9條：稅賦

本約房屋之房屋稅及其附加稅捐，自其所有權人名義變更爲甲方之日起所生者，均由甲方自行負擔；但甲方如於上揭名義變更前即已先行接管本約房屋使用，則自甲方接管時起之該房屋稅及其附加稅捐，縱係以乙方或其指定人名義課徵，亦仍由甲方負擔，不得拖欠。

第10條：社區水電完工時限

(1) 本社區之水電、電話之管路配線及埋設，由乙方或其指定人負責辦理，其工程於經有關機構檢查合格後，即視爲已依本約完全履行。

(2) 本社區之外水、電接戶費用均由甲方負擔。接通之方法由乙方辦理之，但其接通日期悉依各該公用事業機構作業程序而定，乙方不受本約第6條完工時間之限制。

第11條：房屋室外造型與整體景觀之協調與配合

室外裝飾及造型部分，爲求整體景觀之協調與配合，甲方同意絕不要求變更，並不要求乙方或爲其將來加蓋違建之準備（亦即不得有違建管法令之規定）；建築結構方面亦然。至於要求房屋內部隔間之變更者，應不違背法令，不影響結構安全，不妨礙申請使用執照，並於簽約後及未隔間前，以書面向乙方提出申請，經乙方同意並繳清變更施工所需費用，始可施工。惟浴廁、廚房、管道間、水電管線或其他法令有限制之規定者，甲方均不得要求變更。變更後之房屋總值，不得少於本約之總價。

第12條：簽付之交屋憑證與接管房屋事宜

(1) 甲方應憑乙方簽付之交屋憑證，始得接管本約房屋使用或辦理室內裝潢。經甲方收受乙方簽付之交屋憑證後，即視爲乙方已完全履行本契約之各項義務，甲、乙雙方於本約不得再有任何請求或補償。

(2) 甲方於本房屋建造完工及水電接通後，並於乙方受領第5條所定預定貸款金額及相關約定之前，如欲接管使用或辦理室內裝潢，應履行下列各項規定條件，否則乙方得不簽付交屋憑證。

①依本約第4、5條繳清各期款項、利息及滯納金。

②依本約繳清第8、9、10條所列款項及其他代辦費用。

③依本約第11條付清因變更設計所增加之款項。

④切結負責清理因自行辦理室內裝潢所生之廢料與垃圾，並負擔裝潢工程所生之水電費用。

⑤交付與第5條未付尾款金額同額及與自本約房屋使用執照核發日起算屆滿4個月之日同日到期之票據予乙方。（當甲方未依第5條第(2)(3)項履行時，乙方得將該票據逕行提示付款，以資取償；當乙方完全收得上揭尾款及其他甲方應付之費用時，應將該票據無息返還甲方，但甲方如有第5條第(4)項之情形，即不欲辦理抵押貸款，而以現金一次付清時，本款不適用之）

⑥蓋妥辦理本約房屋所有權移轉登記與抵押權設定登記等文件上所需印章及交付所需證明文件。（但甲方如有前款但書之情形時，本款後段之規定不適用之）

⑦切結保證對該接管房屋決依法使用，並絕對不做不利益於乙方對其他餘屋之交屋與銷售作業及本社區完整性之維護，或其他業主權益之行爲，且如因可歸責於甲方或其包商、受僱人等之事由，致乙方或其他業主權益受到損害時，亦負賠償責任。

⑧其他依本約履行之條件。

(3) 甲方於本約房屋產權登記完成前，非經同意，不得擅自轉讓；如經乙方同意，於轉讓時應負繳清有關稅金及本約自備款1%手續費。

第13條：社區附設之公共設施

　　本社區附設之網球場、游泳池、溜冰場、社區公車、高爾夫果嶺練習場，社區中心室內健身及交誼廳等各項公共設施（均依附表詳細載明清楚）由本期及乙方待興建之後續各期住戶所共同使用，由乙方負責工程之規劃與營造及使用辦法之擬訂。甲方使用時應依本項公共設施使用辦法使用及分攤各項維護、清潔管理等費用（或依第14條之規劃為之）。（須注意所有權之歸屬，以免將來發生爭議）

第14條：交接房屋事宜

(1) 本約房屋完工並水電接通後，乙方得定期通知甲方交接約定房屋，甲方應於通知所定期限內依第12條約定交接，不得假藉任何理由拖延；逾期視為甲方已同意收受乙方簽付之交屋憑證並視同乙方交屋完成；甲方除應依第5條第(1)項後段給付利息，及產生第12條第(1)項後段之效果外，並自上開期限屆滿時起，因天災、地變等非可歸責於乙方之事由所造成該屋之損失，概由甲方負擔承受；同時乙方並得不再負保管之責任。

(2) 甲方同意自乙方指定交屋之日起，不論甲方是否接管使用，均負擔本約房屋之水電費及社區管理費（包括公共設施之水電費、修護費、清潔維護費、服務管理人員薪資等在內）。（須特別注意產房屋之規格是否符合建築法令）

第15條：社區公約

　　為維護本社區全體住戶之權益，除社區中心外，本社區所有房屋純為住宅用途，甲方絕不違法使用。為統一規劃及週詳設計及其他後續各期之配合等，甲方同意委由乙方或其指定人於適當時機依附約(五)「社區管理公約」所約定之原則成立社區管理公司，全權代為擬定社區自治及住宅安寧與各項公共設施管理維護使用收費辦法或規章，並約聘服務人員依據前項管理辦法負責各項事務之執行（本社區管理公司得設立社區俱樂部以全體住戶為當然會員，以達敦親睦鄰之用，其設施維護得由招募會員款項中以基金方式支應）。

第16條：保固條款

　　本房屋由乙方或其指定人負責建築，按圖施工，並自使用執照核准之日起對本房屋建築結構保固壹年。因天災或其他不可歸責於乙方之事由所致之毀損滅失，乙方不負保固修繕之責任，但得出甲方委請乙方修繕，並核實付費。

第17條：徵詢、洽商或通知辦理事項

　　甲乙雙方所為之徵詢、洽商或通知辦理事項，均以書面為之，凡此項通知均依本約所載地址掛號付郵為之（地址如有變更應即以書面通知對方），如因拒收或無法送達致退回者，均以郵局第一次掛號投遞日期視為送達日期。

第18條：為便於本戶房屋產權之移轉登記、辦理貸款及乙方領取貸款等各項手續，甲方同意簽立如附約(三)「代刻印章授權書」予乙方。

　　除本契約另有約定外，甲方不得以基於本約所取得之權利提供予第三人作為擔保，其因此所造成之損害並由甲方負責賠償。

　　如因甲方與第三人發生糾紛，致甲方基於本約所取得之權利，為第三人假扣押、假處分或為其他強制執行時，均視同甲方違約，乙方得不經催告手續，逕行解除本約，甲

方願由乙方準用第4條後段規定處置，絕不異議。

第19條：管轄條款

如因本契約發生訴訟時，甲乙雙方同意以台灣○○地方法院為第一審管轄法院。

本契約自甲乙雙方完成簽章之日起成立生效，計一式二份由甲乙雙方各收執一份為據。本契約附約如下，均視為本契約之一部分，與本契約條款規定有同一之效力。但因代銷公司所制之說明書如與本約約定不一致時，雙方同意以本約為履行之標準，各無異議。

第20條：未盡事宜悉依相關法令、習慣及誠信原則解決之。

（此種社區性的建築，如依山勢而建，一般均由下往上延伸，因此須特別注意與建設公司就未來可能發生後續之他建築，而使原先設計之一般道路將因加蓋而被挖土機、堆土機、重型卡車等建築機具破壞，因此最好能事先約束規範條款，否則將來必定會產生許多困擾。）

另檢附：

(一) 買賣價款分期付款表。

(二) 代辦貸款委託書。

(三) 代刻印章授權書。

(四) 建材設備說明書。

(五) 社區管理公約。

(六) 社區公共設施一覽表。

(七) 建築執照影本。

壹、預售屋買賣定型化契約應記載事項（103.4.28內政部公告）

一、契約審閱期

本契約於中華民國__年__月__日經買方攜回審閱__日（契約審閱期間至少5日）。

買方簽章：

賣方簽章：

二、賣方對廣告之義務

賣方應確保廣告內容之真實，本預售屋之廣告宣傳品及其所記載之建材設備表、房屋及停車位平面圖與位置示意圖，為契約之一部分。

三、房地標示及停車位規格

(一) 土地坐落：

__縣（市）__鄉（鎮、市、區）__段__小段__地號等__筆土地，面積共計__平方公尺（__坪），使用分區為都市計畫內__區（或非都市土地使用編定為__區__用地）。

(二) 房屋坐落：

同前述基地內「__」編號第__棟第__樓第__戶（共計__戶），為主管建築機關核准__年__月__日第__號建造執照（建造執照暨核准之該戶房屋平面圖影本如附件）。

(三) 停車位性質、位置、型式、編號、規格：

1.買方購買之停車位屬□法定停車位□自行增設停車空間□獎勵增設停車空間為□地上

□地面□地下第__層□平面式□機械式□其他__，依建造執照圖說編號第__號之停車空間計__位，該停車位□有□無獨立權狀，編號第__號車位__個，其車位規格爲長__公尺，寬__公尺，高__公尺。另含車道及其他必要空間，面積共計__平方公尺（__坪），如停車空間位於共有部分且無獨立權狀者，其面積應按車位（格）數量、形式種類、車位大小、位置、使用性質或其他與停車空間有關之因素，依第2目之比例計算之（計算方式如附表所示）（建造執照核准之該層停車空間平面圖影本如附件）。

2. 前目停車空間如位於共有部分且無獨立權狀者，應列明停車空間面積占共有部分總面積之比例。

3. 買方購買之停車位屬自行增設或獎勵增設停車位者，雙方如有另訂該種停車位買賣契約書，其有關事宜悉依該契約約定爲之。

四、房地出售面積及認定標準

(一) 土地面積：

買方購買「__」__戶，其土地持分面積__平方公尺（__坪），應有權利範圍爲__，計算方式係以主建物面積__平方公尺（__坪）與區分所有全部主建物總面積__平方公尺（__坪）比例計算（註：如有停車位應敘明車位權利範圍或以其他明確計算方式列明），如因土地分割、合併或地籍圖重測，則依新地號、新面積辦理所有權登記。

(二) 房屋面積：

本房屋面積共計__平方公尺（__坪），包含：

1. 專有部分，面積計__平方公尺（__坪）。

(1) 主建物面積計__平方公尺（__坪）。

(2) 附屬建物面積，即陽台__平方公尺（__坪）、雨遮__平方公尺（__坪）及屋簷__平方公尺（__坪），合計__平方公尺（__坪）。

2. 共有部分，面積計__平方公尺（__坪）。

3. 主建物面積占本房屋得登記總面積之比例__%。

(三) 前二款所列面積與地政機關登記面積有誤差時，買賣雙方應依第6點規定互爲找補。

五、共有部分項目、總面積及面積分配比例計算

(一) 共有部分除法定停車位另計外，係指□門廳、□走道、□樓梯間、□電梯間、□電梯機房、□電氣室、□機械室、□管理室、□受電室、□幫浦室、□配電室、□水箱、□蓄水池、□儲藏室、□防空避難室（未兼作停車使用）、□屋頂突出物、□健身房、□交誼室□管理維護使用空間及其他依法令應列入共有部分之項目（__）。本「__」共有部分總面積計__平方公尺（__坪）。

(二) 前款共有部分之權利範圍係依買受主建物面積與主建物總面積之比例而爲計算（註：或以其他明確之計算方式列明）。本「__」主建物總面積計__平方公尺（__坪）。

六、房地面積誤差及其價款找補

(一) 房屋面積以地政機關登記完竣之面積爲準，部分原可依法登記之面積，倘因簽約後法令改變，致無法辦理建物所有權第一次登記時，其面積應依公寓大廈管理條例第

56條第3項之規定計算。

(二) 依第4點計算之土地面積、主建物或本房屋登記總面積如有誤差，其不足部分賣方均應全部找補；其超過部分，買方只找補2%爲限（至多找補不超過2%），且雙方同意面積誤差之找補，分別以土地、主建物、附屬建物、共有部分價款，除以各該面積所得之單價（應扣除車位價款及面積），無息於交屋時結算。

(三) 前款之土地面積、主建物或本房屋登記總面積如有誤差超過3%者，買方得解除契約。

七、契約總價

本契約總價款合計新台幣＿仟＿佰＿拾＿萬＿仟元整。

(一) 土地價款：新台幣＿仟＿佰＿拾＿萬＿仟元整。

(二) 房屋價款：新台幣＿仟＿佰＿拾＿萬＿仟元整。

1. 專有部分：新台幣＿仟＿佰＿拾＿萬＿仟元整。

(1) 主建物部分：新台幣＿仟＿佰＿拾＿萬＿仟元整。

(2) 附屬建物陽台部分：新台幣＿仟＿佰＿拾＿萬＿仟元整（除陽台外，其餘項目不得計入買賣價格）。

2. 共有部分：新台幣＿仟＿佰＿拾＿萬＿仟元整。

(三) 車位價款：新台幣＿佰＿拾＿萬＿仟元整。

七之一、履約保證機制

本預售屋應辦理履約保證，履約保證依下列方式擇一處理：

□內政部同意之履約保證方式：不動產開發信託

由建商或起造人將建案土地及興建資金信託予某金融機構或經政府許可之信託業者執行履約管理。興建資金應依工程進度專款專用。又簽定預售屋買賣契約時，賣方應提供上開信託之證明文件或影本予買方。

□其他替代性履約保證方式。

□價金返還之保證

本預售屋由＿（金融機構）負責承作價金返還保證。

價金返還之保證費用由賣方負擔。

賣方應提供第一項之保證契約影本予買方。

□價金信託

本預售屋將價金交付信託，由＿（金融機構）負責承作，設立專款專用帳戶，並由受託機構於信託存續期間，按信託契約約定辦理工程款交付、繳納各項稅費等資金控管事宜。

前項信託之受益人爲賣方（即建方或合建雙方）而非買方，受託人係受託爲賣方而非爲買方管理信託財產，但賣方無法依約定完工或交屋者，受益權歸屬於買方。

賣方應提供第一項之信託契約影本予買方。

□同業連帶擔保

本預售屋已與○○公司（同業同級之公司，市占率由內政部另定之）等相互連帶擔保，持本買賣契約可向上列公司請求完成本建案後交屋。上列公司不得爲任何異議，

亦不得要求任何費用或補償。

賣方應提供連帶擔保之書面影本予買方。

□公會連帶保證

本預售屋已加入由全國或各縣市建築開發商同業公會辦理之連帶保證協定，持本買賣契約可向加入本協定之○○公司請求共同完成本建案後交屋。加入本協定之○○公司不得為任何異議，亦不得要求任何費用或補償。

賣方應提供加入前項同業聯合連帶保證協定之書面影本予買方。

八、付款條件

付款，除簽約款及開工款外，應依已完成之工程進度所定付款明細表之規定於工程完工後繳款，其每次付款間隔日數應在20日以上。

如賣方未依工程進度定付款條件者，買方得於工程全部完工時一次支付之。

九、逾期付款之處理方式

買方如逾期達5日仍未繳清期款或已繳之票據無法兌現時，買方應加付按逾期期款部分每日萬分之二單利計算之遲延利息，於補繳期款時一併繳付賣方。

如逾期2個月或逾使用執照核發後1個月不繳期款或遲延利息，經賣方以存證信函或其他書面催繳，經送達7日內仍未繳者，雙方同意依違約之處罰規定處理。但前項情形賣方同意緩期支付者，不在此限。

十、地下層、屋頂及法定空地之使用方式及權屬

(一) 地下層停車位：本契約地下層共__層，總面積__平方公尺（__坪），扣除第5點所列地下層共有部分及依法令得為區分所有之標的者外，其餘面積__平方公尺（__坪），由賣方依法令以停車位應有部分（持分）設定專用使用權予本預售屋承購戶。

(二) 法定空地：本建物法定空地之所有權應登記為全體區分所有權人共有，並為區分所有權人共用。但部分區分所有權人不需使用該共有部分者，得予除外。

(三) 屋頂平台及突出物：共有部分之屋頂突出物及屋頂避難平台，不得為約定專用部分，除法令另有規定外，不得作為其他使用。

(四) 法定空地、露台、非屬避難之屋頂平台，如有約定專用部分，應於規約草約訂定之。

十一、主要建材及其廠牌、規格

(一) 施工標準悉依核准之工程圖樣與說明書及本契約附件之建材設備表施工，除經買方同意，不得以同級品之名義變更建材設備或以附件所列舉品牌以外之產品替代，但賣方能證明有不可歸責於賣方之事由，致無法供應原建材設備，且所更換之建材設備之價值、效用及品質不低於原約定之建材設備或補償價金者，不在此限。

(二) 賣方保證建造本預售屋不含有損建築結構安全或有害人體安全健康之輻射鋼筋、石棉、未經處理之海砂等材料或其他類似物。

(三) 前款石棉之使用，不得違反主管機關所定之標準及許可之目的用途，但如有造成買方生命、身體及健康之損害者，仍應依法負責。

(四) 賣方如有違反前三款之情形，雙方同意依違約之處罰規定處理。

十二、開工及取得使用執照期限

(一) 本預售屋之建築工程應在民國__年__月__日之前開工，民國__年__月__日之前完成主建物、附屬建物及使用執照所定之必要設施，並取得使用執照。但有下列情事之一者，得順延其期間：

1. 因天災地變等不可抗力之事由，致賣方不能施工者，其停工期間。

2. 因政府法令變更或其他非可歸責於賣方之事由發生時，其影響期間。

(二) 賣方如逾前款期限未開工或未取得使用執照者，每逾1日應按已繳房地價款依萬分之五單利計算遲延利息予買方。若逾期3個月仍未開工或未取得使用執照，視同賣方違約，雙方同意依違約之處罰規定處理。

十三、驗收

賣方依約完成本戶一切主建物、附屬建物之設備及領得使用執照並接通自來水、電力、於有天然瓦斯地區，並應達成瓦斯配管之可接通狀態及完成契約、廣告圖說所示之設施後，應通知買方進行驗收手續。

雙方驗收時，賣方應提供驗收單，如發現房屋有瑕疵，應載明於驗收單上，由賣方限期完成修繕；買方並有權於自備款部分保留房地總價5%作為交屋保留款，於完成修繕並經雙方複驗合格後支付。

第1項有關達成天然瓦斯配管之可接通狀態之約定，如契約有約定，並於相關銷售文件上特別標明不予配設者，不適用之。

十四、房地所有權移轉登記期限

(一) 土地所有權移轉登記：土地所有權之移轉，除另有約定，依其約定者外，應於使用執照核發後4個月內備妥文件申辦有關稅費及權利移轉登記。其土地增值稅之負擔方式，依有關稅費負擔之約定辦理。

(二) 房屋所有權移轉登記：房屋所有權之移轉，應於使用執照核發後4個月內備妥文件申辦有關稅費及權利移轉登記。

(三) 賣方違反前二款之規定，致各項稅費增加或罰鍰（滯納金）時，賣方應全數負擔；如損及買方權益時，賣方應負損害賠償之責。

(四) 賣方應於買方履行下列義務時，辦理房地所有權移轉登記：

1. 依契約約定之付款辦法，除約定之交屋保留款外，應繳清房地移轉登記前應繳之款項及逾期加付之遲延利息。

2. 提出辦理所有權移轉登記及貸款有關文件，辦理各項貸款手續，繳清各項稅費，預立各項取款或委託撥付文件，並應開立受款人為賣方及票面上註明禁止背書轉讓，及記載擔保之債權金額及範圍之本票予賣方。

3. 本款第1目、第2目之費用如以票據支付，應在登記以前全部兌現。

(五) 第1款、第2款之辦理事項，由賣方指定之地政士辦理之，倘為配合各項手續需要，需由買方加蓋印章，出具證件或繳納各項稅費時，買方應於接獲賣方或承辦地政士通知日起7日內提供，如有逾期，每逾1日應按已繳房地價款依萬分之二單利計算遲延利息予賣方，另如因買方之延誤或不協辦，致各項稅費增加或罰鍰（滯納金）時，買方應全數負擔；如損及賣方權益時，買方應負損害賠償之責。

十五、通知交屋期限

(一) 賣方應於領得使用執照6個月內，通知買方進行交屋。於交屋時雙方應履行下列各目義務：

　　1. 賣方付清因延遲完工所應付之遲延利息於買方。

　　2. 賣方就契約約定之房屋瑕疵或未盡事宜，應於交屋前完成修繕。

　　3. 買方繳清所有之應付未付款（含交屋保留款）及完成一切交屋手續。

　　4. 賣方如未於領得使用執照6個月內通知買方進行交屋，每逾1日應按已繳房地價款依萬分之五單利計算遲延利息予買方。

(二) 賣方應於買方辦妥交屋手續後，將土地及建物所有權狀、房屋保固服務紀錄卡、使用維護手冊、規約草約、使用執照（若數戶同一張使用執照，則日後移交管理委員會）或使用執照影本及賣方代繳稅費之收據交付買方，並發給遷入證明書，俾憑換取鑰匙，本契約則無需返還。

(三) 買方應於收到交屋通知日起＿日內配合辦理交屋手續，賣方不負保管責任。但可歸責於賣方時，不在此限。

(四) 買方同意於通知之交屋日起30日後，不論已否遷入，即應負本戶水電費、瓦斯基本費，另瓦斯裝錶費用及保證金亦由買方負擔。

十六、共有部分之點交

(一) 賣方應擔任本預售屋共有部分管理人，並於成立管理委員會或推選管理負責人後移交之。雙方同意自交屋日起，由買方按月繳付共有部分管理費。

(二) 賣方於完成管理委員會或推選管理負責人後7日內，應會同管理委員會或推選管理負責人現場針對水電、機械設施、消防設施及各類管線進行檢測，確認其功能正常無誤後，將共用部分、約定共用部分與其附屬設施設備；設施設備使用維護手冊及廠商資料、使用執照謄本、竣工圖說、水電、機械設施、消防及管線圖說等資料，移交之。上開檢測責任由賣方負責，檢測方式，由賣方及管理委員會或管理負責人，雙方協議爲之，賣方並通知政府主管機關派員會同見證雙方已否移交。

十七、保固期限及範圍

(一) 本契約房屋自買方完成交屋日起，或如有可歸責於買方之原因時自賣方通知交屋日起，除賣方能證明可歸責於買方或不可抗力因素外，結構部分（如：梁柱、樓梯、擋土牆、雜項工作……等）負責保固15年，固定建材及設備部分（如：門窗、粉刷、地磚……等）負責保固1年，賣方並應於交屋時出具房屋保固服務紀錄卡予買方作爲憑證。

(二) 前款期限經過後，買方仍得依民法及其他法律主張權利。

十八、貸款約定

(一) 第7點契約總價內之部分價款新台幣＿元整，由買方與賣方洽定之金融機構之貸款給付，由買賣雙方依約定辦妥一切貸款手續。惟買方可得較低利率或有利於買方之貸款條件時，買方有權變更貸款之金融機構，自行辦理貸款，除享有政府所舉辦之優惠貸款利率外，買方應於賣方通知辦理貸款日起20日內辦妥對保手續，並由承貸金融機構同意將約定貸款金額撥付賣方。

(二) 前款由賣方洽定辦理之貸款金額少於預定貸款金額，其差額依下列各目處理：

　　1. 不可歸責於雙方時之處理方式如下：

　　　(1) 差額在預定貸款金額30%以內者，賣方同意以原承諾貸款相同年限及條件由買方分期清償。

　　　(2) 差額超過原預定貸款金額30%者，賣方同意依原承諾貸款之利率計算利息，縮短償還期限為__年（期間不得少於7年），由買方按月分期攤還。

　　　(3) 差額超過原預定貸款金額30%者，買賣雙方得選擇前述方式辦理或解除契約。

　　2. 可歸責於賣方時，差額部分，賣方應依原承諾貸款相同年限及條件由買方分期清償。如賣方不能補足不足額部分，買方有權解除契約。

　　3. 可歸責於買方時，買方應於接獲通知之日起__天（不得少於30天）內一次給付其差額或經賣方同意分期給付其差額。

(三) 有關金融機構核撥貸款後之利息，由買方負擔。但於賣方通知之交屋日前之利息應由賣方返還買方。

十九、貸款撥付

　　買賣契約如訂有交屋保留款者，於產權移轉登記完竣並由金融機構設定抵押權後，除有輻射鋼筋、未經處理之海砂或其他縱經修繕仍無法達到應有使用功能之重大瑕疵外，買方不得通知金融機構終止撥付前條貸款予賣方。

二十、房地轉讓條件

(一) 買方繳清已屆滿之各期應繳款項者，於本契約房地所有權移轉登記完成前，如欲將本契約轉讓他人時，必須事先以書面徵求賣方同意，賣方非有正當理由不得拒絕。

(二) 前款之轉讓，除配偶、直系血親間之轉讓免手續費外，賣方得向買方收取本契約房地總價款千分之__（最高以千分之一為限）之手續費。

二十一、地價稅、房屋稅之分擔比例

(一) 地價稅以賣方通知書所載之交屋日為準，該日期前由賣方負擔，該日期後由買方負擔，其稅期已開始而尚未開徵者，則依前一年度地價稅單所載該宗基地課稅之基本稅額，按持分比例及年度日數比例分算賣方應負擔之稅額，由買方應給付賣方之買賣尾款中扣除，俟地價稅開徵時由買方自行繳納。

(二) 房屋稅以賣方通知書所載之交屋日為準，該日期前由賣方負擔，該日期後由買方負擔，並依法定稅率及年度月份比例分算稅額。

二十二、稅費負擔之約定

(一) 土地增值稅應於使用執照核發後申報，並以使用執照核發日之當年度公告現值計算增值稅，其逾30日申報者，以提出申報日當期之公告現值計算增值稅，由賣方負擔，但買方未依第14點規定備妥申辦文件，其增加之增值稅，由買方負擔。

(二) 所有權移轉登記規費、印花稅、契稅、代辦手續費、貸款保險費及各項附加稅捐由買方負擔。但起造人為賣方時，建物所有權第一次登記規費及代辦手續費由賣方負擔。

(三) 公證費由買賣雙方各負擔二分之一。但另有約定者從其約定。

(四) 應由買方繳交之稅費，買方於辦理所有權移轉登記時，應將此等費用全額預繳，並於交屋時結清，多退少補。

二十三、賣方之瑕疵擔保責任

(一) 賣方保證產權清楚，絕無一物數賣、無權占有他人土地、承攬人依民法第513條行使法定抵押權或設定他項權利等情事之一；如有上述情形，賣方應於本預售屋交屋日或其他約定之期日__前負責排除、塗銷之。但本契約有利於買方者，從其約定。

(二) 有關本契約標的物之瑕疵擔保責任，悉依民法及其他有關法令規定辦理。

二十四、違約之處罰

(一) 賣方違反「主要建材及其廠牌、規格」、「開工及取得使用執照期限」之規定者，買方得解除本契約。

(二) 賣方違反「賣方之瑕疵擔保責任」之規定者，即為賣方違約，買方得依法解除契約。

(三) 買方依第1款或第2款解除契約時，賣方除應將買方已繳之房地價款退還予買方，如有遲延利息應一併退還，並應同時賠償房地總價款百分之__（不得低於15%）之違約金。但該賠償之金額超過已繳價款者，則以已繳價款為限。

(四) 買方違反有關「付款條件及方式」之規定者，賣方得沒收依房地總價款百分之__（最高不得超過15%）計算之金額。但該沒收之金額超過已繳價款者，則以已繳價款為限，買賣雙方並得解除本契約。

(五) 買賣雙方當事人除依前二款之請求外，不得另行請求其他損害賠償。

二十五、當事人及其基本資料

本契約應記載當事人及其基本資料：

(一) 買方之姓名、國民身分證統一編號、戶籍地址、通訊地址、連絡電話。

(二) 賣方之名稱、法定代理人、公司（或商號）統一編號、公司（或商號）地址、公司（或商號）電話。

二十六、契約及其相關附件效力

本契約自簽約日起生效，賣方應將契約正本交付予買方。

本契約之相關附件視為本契約之一部分。

貳、預售屋買賣定型化契約不得記載事項

一、不得約定廣告僅供參考。

二、出售標的不得包括未經依法領有建造執照之夾層設計或夾層空間面積。

三、不得使用未經明確定義之「使用面積」、「受益面積」、「銷售面積」等名詞。

四、不得約定買方須繳回原買賣契約書。

五、不得約定請求超過民法第205條所訂20%年利率之利息。

六、不得為其他違反法律強制或禁止規定之約定。

七、附屬建物除陽台外，其餘項目不得計入買賣價格。

---

[4]：參考書籍

(1) 契約實務全書／謝長廷／台灣民主雜誌社

(2) 契約書製作範例／李永然主編／五南圖書出版公司

(3) 現代適用最新契約大全／趙聖鳴／國立中央圖書館

(4) 不動產契約大全／郭永元／金罡綜合雜誌社

(5) 勞動契約與工作規則規範／詹益松／新境出版社

(6) 契約簽訂與履行／徐昌錦／書泉出版社

附錄：定型化契約

(一) 金融保險類（金融監督管理委員會）

1. 個人網路銀行業務服務定型化契約範本（審閱期間至少5日）

2. 金融機構保管箱出租定型化契約範本（審閱期間至少5日）

3. 網路保險服務定型化契約範本（審閱期間至少5日）

4. 電子票證定型化契約範本（審閱期間至少5日）

5.1傳統型個人人壽險（不分紅保單）定型化契約範本（審閱期間至少3日）

5.2傳統型個人人壽險（分紅保單）定型化契約範本（審閱期間至少3日）

6. 活期（儲蓄）存款契約附屬金融卡定型化契約範本（審閱期間至少5日）

7. 消費性無擔保貸款定型化契約範本（審閱期間至少5日）

8. 信用卡定型化契約範本

9. 自用汽車保險定型化契約範本

(二) 休閒旅遊類（交通部）

1. 國內旅遊定型化契約範本（審閱期間至少1日）

2. 國外旅遊定型化契約範本（審閱期間至少1日）

3. 海外渡假村會員卡（權）定型化契約範本（審閱期間至少3日）

4. 國內渡假村會員定型化契約範本（審閱期間至少5日）

5. 觀光旅館業、旅館及民宿個別旅客直接訂房定型化契約範本（審閱期間至少1日）

6. 國內個別旅遊定型化契約書範本（審閱期間至少1日）

7. 國外個別旅遊定型化契約書範本（審閱期間至少1日）

8. 國內線航空乘客運送定型化契約範本

9. 觀光遊樂業遊樂服務契約範本

(三) 車輛房屋類

1. 汽車買賣定型化契約範本（審閱期間至少3日）經濟部

2. 中古汽車買賣定型化契約範本（審閱期間至少2日）經濟部

3. 中古汽車買賣仲介定型化契約範本（審閱期間至少3日）經濟部

4. 汽車維修服務定型化契約範本（審閱期間至少1日）經濟部

5. 遊覽車租賃定型化契約範本（審閱期間至少5日）交通部

6. 預售屋買賣契約書範本（審閱期間至少5日）內政部

7. 不動產委託銷售契約書範本（審閱期間至少3日）內政部

8. 預售停車位買賣契約書範本（審閱期間至少5日）內政部

9. 房屋租賃契約書範本（審閱期間至少3日）內政部

10. 房屋委託租賃契約書範本（審閱期間至少3日）內政部

11. 成屋買賣契約書範本（審閱期間至少5日）內政部

12. 個人購車貸款定型化契約範本（審閱期間至少5日）金融監督管理委員會

13. 個人購屋貸款定型化契約範本（審閱期間至少5日）金融監督管理委員會

14. 建築物室內裝修－工程承攬契約書範本（審閱期間至少7日）內政部

15. 建築物室內裝修－設計委託契約書範本（審閱期間至少7日）內政部

16. 建築物室內裝修－設計委託及工程承攬契約書範本（審閱期間至少7日）內政部

17.小客車租賃定型化契約範本　內政部

18.機車租賃定型化契約範本　內政部

19.公路（市區）汽車客運業旅客運送定型化契約範本

(四) 電腦電器類（經濟部）

1. 線上遊戲定型化契約範本（審閱期間至少3日）

2. 電器買賣定型化契約範本（審閱期間至少1日）

(五) 電視育樂（文化部）

1. 錄影節目帶出租業者與會員間定型化契約範本（審閱期間至少1日）

2. 藝文表演票券定型化契約範本（審閱期間至少3日）

3. 藝文展覽票券定型化契約範本（審閱期間至少1日）

(六) 醫療保健類（衛生福利部）

1. 產後護理機構及坐月子中心定型化契約範本（審閱期間至少5日）

2. 瘦身美容定型化契約範本（審閱期間至少7日）

3. 一般護理之家（委託型）定型化契約範本（審閱期間至少5日）

4. 一般護理之家（自用型）定型化契約範本（審閱期間至少5日）

5. 臍帶血保存定型化契約範本（審閱期間至少5日）

6. 安養定型化契約範本

(七) 文教補習類

1. 短期補習班補習服務契約書範本（審閱期間至少5日）教育部

2. 海外旅遊學習（遊學）定型化契約範本（審閱期間至少5日）教育部

3. 海外留學定型化契約範本（審閱期間至少5日）教育部

4. 汽車駕駛訓練定型化契約範本（審閱期間至少3小時）交通部

5. 網際網路教學服務定型化契約範本（審閱期間至少3日）經濟部

6. 兒童課後照顧服務中心定型化契約範本（審閱期間至少5日）教育部

(八) 運輸通信類

1. 路外停車場租用定型化契約範本（審閱期間至少3日）交通部

2. 行動通信網路業務服務契約範本（審閱期間至少2日）國家通訊傳播委員會

3. 撥接連線網際網路接取服務定型化契約書範本（審閱期間至少2日）國家通訊傳播委員會

4. 固接連線網際網路接取服務定型化契約書範本（審閱期間至少5日）國家通訊傳播委員會

5. 計時計次停車場公告事項範本

(九) 保育教養類

1. 自費安養定型化契約（定有期限）範本（審閱期間至少5日）衛生福利部

2. 委託養護（長期照護）定型化契約（定有期限）範本（審閱期間至少5日）衛生福利部

3. 機構服務身心障礙者契約書範本（審閱期間至少5日）衛生福利部

4. 直轄市、縣（市）政府轉介安置身心障礙者托育養護契約書範本

(十) 殯葬禮儀類

1. 生前殯葬服務定型化契約範本（自用型）（審閱期間至少5日）內政部

2. 生前殯葬服務定型化契約範本（家用型）（審閱期間至少5日）內政部

3. 殯葬服務定型化契約範本（審閱期間至少3日）內政部

4. 骨灰（骸）存放單位使用權買賣定型化契約範本（審閱期間至少5日）內政部

(十一) 其他類

1. 系統保全服務定型化契約範本（審閱期間至少7日）內政部

2. 駐衛保全定型化契約範本（審閱期間至少7日）內政部

3. 套書（百科全書等）買賣契約書（審閱期間至少5日）經濟部

4. 婚紗攝影（禮服租售及拍照）契約範本（審閱期間至少5日）經濟部

5. 移民服務定型化契約範本（審閱期間至少5日）內政部

6. 職業介紹服務定型化契約範本（審閱期間至少3日）勞動部

7. 電業消費性用電服務契約範本（審閱期間至少3日）經濟部

8. 社區污水處理設施受託操作服務定型化契約範本（審閱期間至少7日）環保署

9. 自來水事業消費性用水服務契約範本（審閱期間至少3日）經濟部

10.家用液化石油氣供氣定型化契約範本（審閱期間至少3日）經濟部

11.家用天然氣供氣定型化契約範本

12.高爾夫球場（公司經營型）招募會員定型化契約書範本（審閱期間至少5日）教育部

13.健身中心定型化契約範本（審閱期間至少3日）教育部

14.訂席、外燴（辦桌）服務定型化契約範本（審閱期間至少5日）衛生福利部

15.跨國（境）婚姻媒合書面定型化契約範本

16. 搬家貨運定型化契約範本

17. 網路連線遊戲服務定型化契約範本

18. 住宅轉租契約書範本

第二編

各　論

第①章　刑事訴訟全程

　　刑事訴訟法，乃配合刑法的程序法規，學者一般均認為係介於刑法與行刑法之中介位置，此正如同民法與民事訴訟法的關係一般。刑事訴訟法具體而言，乃國家針對特定之犯罪事實，為求確定具體刑罰權之有無，所進行的一種憲法所保障人民權益的糾問制度。從審檢分立、不告不理，到告發、告訴、公訴及自訴的完整訴訟制度，並提供完善的實體真實發現的審級優點，可說是極為完善的措施。但由於每一個人的認知不同，造成執行疑問，則有待所有法律人善盡一己之力，妥適運用本法，必然為法律開創另一番新氣象。在提起刑事訴訟前，最重要的是證據的保存與發掘，及被告之發言與證人之證詞是否相符。有了以上的基礎論證，接下來便是追訴及行刑權是否尚在法定期間之內，如在法定期間內透過檢察官的偵查與法官的調查，方能完成完整的刑事訴訟程序。

　　而刑法上所謂法規競合，係指同一犯罪構成要件之一個犯罪行為，而因法規之錯綜關係，同時有數法條可以適用，乃依一般法理擇一適用之謂。同時依據刑法第62條之所謂發覺，係指有偵查犯罪職權之公務員已知悉犯罪事實與犯罪之人而言。而所謂知悉，固不以確知其為犯罪之人為必要，但必其犯罪事實，確實存在，且為該管公務員所確知，始屬相當。如犯罪事實並不存在而懷疑其已發生，或雖已發生，而為該管公務員所不知，僅係推測其已發生而與事實巧合，均與已發覺之情形有別。

　　另外被告或犯罪嫌疑人因拘提或逮捕到場者，應「即時訊問」。偵查中經檢察官訊問後，認有羈押之必要者，應自拘提或逮捕之時起24小時內，敘明羈押之理由，聲請該管法院羈押之。前項情形，未經聲請者，檢察官應即將被告釋放。前開之規定，於檢察官接受法院依少年事件處理法或軍事審判機關依軍事審判法移送之被告時，準用之。法院於受理羈押之聲請後，應即時訊問。但至深夜（指午後11時至翌日午前8時）仍未訊問完畢，或深夜始受理聲請者，被告、辯護人及得為被告輔佐人之人得請求法院於翌日日間訊問。法院非有正當理由，不得拒絕。（刑訴§93）

　　拘提或因通緝逮捕之被告，應即解送指定之處所及前面所述法律規定之24小時，有下列情形之一者，其經過之時間不予計入。但不得有不必要之遲延：

一、因交通障礙或其他不可抗力事由所生不得已之遲滯。

二、在途解送時間。

三、依第100條之3第1項規定不得為詢問者。

四、因被告或犯罪嫌疑人身體健康突發之事由，事實上不能訊問者。

五、被告或犯罪嫌疑人因表示選任辯護人之意思，因等候辯護人到場致未予訊問者。但等候時間不得逾4小時。其等候第31條第5項律師到場致未予訊問或因精神障礙或其他心智缺陷無法為完全之陳述，因等候第35條第3項經通知陪同在場之人到場致未予訊問者，亦同。

六、被告或犯罪嫌疑人須由通譯傳譯，因等候其通譯到場致未予訊問者。但等候時間不得逾6小時。

七、經檢察官命具保或責付之被告，在候保或候責付中者。但候保或候責付時間不得逾4小時。

八、犯罪嫌疑人經法院提審之期間。

前項各款情形之經過時間內不得訊問。

因第1項之法定障礙事由致24小時內無法移送該管法院者，檢察官聲請羈押時，並應釋明其事由。（參刑訴§93-1，其他請參閱第九節之說明）

第一節　本證與反證

本證，凡有舉證責任者，必須使法官得確切之心證，方達其目的，故以直接證據爲主，間接證據與輔助事實爲輔。反證，若無舉證責任之一方，只要使法官對主要事實陷於眞僞不明之狀態，即爲已足，故常以間接事實之論理經驗爲主要。

△證據之證明力由法院自由判斷之，爲刑事訴訟法第269條所明定，上訴人提出之反證某甲雖謂某乙係自行落水身死，而據告訴人所舉證人某丙等則謂，上訴人奪某乙之篙自撐，因未注意致推動某乙失足落水身死，情詞各執，原審綜核審理之結果，以某丙等之證言比較可信，採爲判決基礎，按之上開規定，自係屬於法院自由判斷之職權，而某丙之證言，既非與事理顯然矛盾，則原審予以採取，即亦與經驗上之法則無所違背。（29上1032）

△當事人聲請調查之證據，法院認爲不必要者，得以裁定駁回之，刑事訴訟法第279條著有明文。本件上訴人在原審曾以某甲被擄時伊正在上海賣柴，不能分身強盜爲辯解，請求傳喚柴行行東某乙及二房東某丙到庭質訊，以資反證，原審既未認爲不必調查，以裁定駁回其聲請，復不予以傳訊，其所踐行之程序，自屬於法有違。且上訴人所提出之反證如果可信，則原審所採爲判決基礎之上訴人自白，即不免因之而有動搖，是原審訴訟程序之違背法令，亦不能謂其顯然於判決無影響。上訴意旨就採證上指摘原判決違法，即非不當。（29上1117）

△事實審法院對於證據之取捨，依法雖有自由判斷之權，然積極證據不足證明犯罪事實時，被告之抗辯或反證縱屬虛僞，仍不能以此資爲積極證據應予採信之理由。（30上482）

△送達證書爲公證書，就其所記載之事項除有反證外，應認爲有證據力。（30渝抗627）

第二節　自認與否認

一、自認之意義

通常所謂自認（即自承）者，係分別指民、刑事之當事人對於他造所主張之不利益事證，於訴訟上或訴訟外所爲的一種主動或被動的承認方式，且此一自認的標的均侷限於單純之事證，不得任意擴張爲經驗、論理法則或由該事證所衍生的一切判斷。

前開自認爲之定義，於我國訴訟中較傾向於民事方面，故明文規定於自認（參民訴§279）、準自認（視同自認）（參民訴§280）及代替之自認（即訴訟代理人或輔佐人

之陳述）。（參民訴§72、§77）

　　同時自認可依其內涵區分為完全的自認與附限制之自認，前者可再分為明示（自主或代替）之自認與默示（視同或擬制）之準自認；而後者則較為繁複，茲說明如次：

　　附限制之自認，由被告就抗辯事實負舉證之責任。此即為一種抗辯，可原、被告兩立（並存）之事實。抗辯可區分為：

(一) 權利障礙之抗辯，例如贈與或使用借貸。

(二) 權利消滅之抗辯，例如業已清償。

(三) 權利排除之抗辯，例如無權占有。

(四) 延期原因之抗辯，例如雙方同意延展。

(五) 拒絕原因之抗辯，例如時效消滅或不法原因而為之給付。

　　當然目前在刑事訴訟法上對於自認並無如民事訴訟法中的明文，然而如詳予探究，則可推導出不同的法律上認定事實之程度，而由法官為自由心證上合理論斷的基礎。

(一) 自認與自白

1. 自認必須為一種事實之認知與可能性，且一經自認即無庸舉證。

2. 自白須為承認指控或構成犯罪之事實，而且必須出於任意性，即非出於強暴、脅迫、利誘、詐欺、疲勞訊問、違法羈押或其他不正方法取得（參刑訴§156），與補強（另為舉證；如為檢察官提出，法院應命其就自白意志，指出證明之方法）方能符合其要件。因此被告之自白固不得作為認定犯罪之唯一證據，而須以補強證據證明其確與事實相符，然茲所謂之補強證據，並非以證明犯罪構成要件之全部事實為必要，倘其得以佐證自白之犯罪非屬虛構，能予保障所自白事實之真實性，即已充分。又得據以佐證者，雖非直接可以推斷該被告之實施犯罪，但以此項證據與被告之自白為綜合判斷，若足以認定犯罪事實者，仍不得謂其非屬補強證據。（參73年台上字第5638號判例）

(二) 自認與認諾　　自認與認諾最大的區別乃在於：

1. 自認後尚可為其他抗辯（如證明與事實不符或出於錯誤而撤銷），而認諾則必遭敗訴之判決。（參民訴§384）

2. 自認包括明示與默示（不爭執）。

(三) 自認與自首　　自認與自首兩者之不同點，前者係對已發覺之事證（未必成罪）所為的一種承認方式，對此尚可於法庭上為法律上的爭辯；後者則為對於已發覺之罪向有偵查權之檢警自行前往認罪而接受法院裁判之意思者，享有減輕其刑之法律上所賦予的一種必須酌量制度之設計，且此一自首不限於自行投案，亦即託人代理或向非偵查機關請其轉送均包括在內。而自首以對於未發覺之罪投案而受裁判為要件，至其方式雖不限於自行投案，即託人代理自首或向非偵查機關請其轉送，亦無不可，但須向有偵查犯罪職權之公務員自承犯罪且有受裁判之事實，始生效力。查「119」電話之值勤人員，並非有偵查犯罪職務之公務員。

〔自認〕

△刑事訴訟法第346條規定原審之代理人或辯護人，得為被告之利益而上訴，此項規定，非可類推解釋，而認自訴人之代理人亦得為自訴人之利益而代自訴人提起上訴。

（71台上7884）

二、否認之意義

相較於自認者，否認係針對民、刑事上有關之一切不利益事證，於開庭時主動（否認）或被動（附理由、拒絕承認）回答而言，除有明顯與確切的證據外，即發生法律上不能證明或罪疑唯輕的有利效果。

附理由之（否認）反證，由原告負舉證之責任，本質上為主張不兩立之事實。

此二者係攻防之方法運用，在舉證責任分配上有其一定之妙用。

第三節　調查與偵查

第一款　導言

在訴訟繫屬的過程中，不論新手或經驗豐富者，都無法憑空臆測事實之真相為何，因此首要之務便是在聽完當事人之陳述後，更進一步地希望當事人提出有關之物證與人證以實其說。然而依據犯罪心理學的分析，不難發現當事人經常避重就輕地專就有利的部分為陳述，到關鍵時刻才突然全盤托出，讓承辦者措手不及。因此在初次接觸後所寫的第一份書狀，應該有所保留，不要完全依據當事人的陳述而撰寫書狀內容。同時為使整件事情前後能夠連貫，須用邏輯推理的思考模式去做合情合理的撰寫，此可由偵探推理小說中得到一些自我訓練的訊息。初學者經常因為不懂而照本宣科地抄襲舊作或範本，此雖無可厚非，但是如此一來，勢必影響判斷能力及寫作技巧的增長，不可不慎。對於只有接觸理論而未實際處理過實務的法律人來說，在分析問題時，可能形成只會套用構成要件而得出犯罪結果，但事實是否如此，應該只要曾經歷過一次實際辦案之後，就不會如此貿然地下此定論。判斷案情，應該在瞭解案情後，切莫直接作分析，應再要求提出有關證據，詳細思問題關鍵後，方可提出建言；最後最好請教資深律師，如此將可幫助諸君對事情能更進一步理解。同時為便於諸君撰寫之方便，特別利用歷年來的有關判例，提供諸君在撰寫之初參考，甚或引用，以加強自己立論之基礎，而期能言之有物。然目前檢調偵辦中，大多援用法律扶助基金會律師，可供參考。

△偵查程序以發現真實之犯罪人為目的，如某甲不屬於犯罪之人時，應繼續發現何人（乙或丙甚或丁）為犯罪之人；但審判程序，法院只須判斷已被起訴之被告是否為真實之犯罪行為人，若經為必要之調查，其所獲得之證據資料，仍不足為該被告有罪之論證時，即應為無罪之諭知。至該項犯罪事實，究係被告以外何人所為，則無查明之義務。（73台上3892）

關於調查與偵查前之重要處理原則如下：

一、一般當事人若遇到警方臨檢，在無檢方搜索票時，最常用警察勤務條例來處理，不過大法官會議釋字第535號可作為保障自身權益的護身符，同時必須注意以下問題：

(一) 所謂深夜是指凌晨零時至早上5時而言。

(二) 要求出示身分證明應配合，但要求打開行李箱，則可表示身分無問題不用配合。如果警察仍強制要求，則仍配合並要求當場填寫臨檢紀錄單，若推說未帶，則向110報案。

(三) 訊問應在警察機關內為之，但現行犯及證人、關係人、嫌疑人不能到場而有訊問必要者，得於適當場所為之。

(四) 實施訊問以問答方式為之，故訊問畢有犯罪嫌疑時始有簽名問題，而簽名時應詳閱筆錄，否則此點可於移送檢方時提出異議。

(五) 筆錄上不得竄改或挖補增刪、更改、附記，如有以上疑問，且未在疑點簽名蓋章，均可影響該筆錄之效力；其餘事項可參社會秩序維護法施行細則相關規定。

(六) 根據警察勤務條例第11條第3款規定，臨檢必須在公開場所進行，但不能對受檢人之身體、所有物進行搜查，而且除了現行犯或準現行犯之外，受檢人可以拒絕出示身分證。受理警方不法電話：警政署督察室02-27208889。

(七) 釋字第535號解釋：警察勤務條例規定警察機關執行勤務之編組及分工，並對執行勤務得採取之方式加以列舉，已非單純之組織法，實兼有行為法之性質。依該條例第11條第3款，臨檢自屬警察執行勤務方式之一種。臨檢實施之手段：檢查、路檢、取締或盤查等不問其名稱為何，均屬對人或物之查驗、干預，影響人民行動自由、財產權及隱私權等甚鉅，應恪遵法治國家警察執勤之原則。實施臨檢之要件、程序及對違法臨檢行為之救濟，均應有法律之明確規範，方符憲法保障人民自由權利之意旨。

上開條例有關臨檢之規定，並無授權警察人員得不顧時間、地點及對象任意臨檢、取締或隨機檢查、盤查之立法本意。除法律另有規定外，警察人員執行場所之臨檢勤務，應限於已發生危害或依客觀、合理判斷易生危害之處所、交通工具或公共場所為之，其中處所為私人居住之空間者，並應受住宅相同之保障；對人實施之臨檢則須以有相當理由足認其行為已構成或即將發生危害者為限，且均應遵守比例原則，不得逾越必要程度。臨檢進行前應對在場者告以實施之事由，並出示證件表明其為執行人員之身分。臨檢應於現場實施，非經受臨檢人同意或無從確定其身分或現場為之對該受臨檢人將有不利影響或妨礙交通、安寧者，不得要求其同行至警察局、所進行盤查。其因發現違法事實，應依法定程序處理者外，身分一經查明，即應任其離去，不得稽延。前述條例第11條第3款之規定，於符合上開解釋意旨範圍內，予以適用，始無悖於維護人權之憲法意旨。現行警察執行職務法規有欠完備，有關機關應於本解釋公布之日起2年內依解釋意旨，且參酌社會實際狀況，賦予警察人員執行勤務時應付突發事故之權限，俾對人民自由與警察自身安全之維護兼籌並顧，通盤檢討訂定，併此指明。

二、一般司法警察官對犯罪嫌疑人或蒐集證據必要時，會以通知書約談當事人到指定處所接受詢問，並無如檢方傳票之抗傳即拘之權利，同時在該通知書上應詳載：

(一) 犯罪嫌疑人之姓名、年齡、籍貫、案由、應到之日、時及處所均應詳細核對。

(二) 注意是否有該管警察機關之主管長官簽名，如無則係違法約談無庸理會。

三、律師得為犯罪嫌疑人所做之事：

(一) 委任書狀的提出。

(二) 於接見犯罪嫌疑人時如發現遭到刑求得請求驗傷，以備檢方偵查時提出刑求之抗辯。

(三) 犯罪嫌疑人在被訊問時，得主張有拒絕陳述或保持緘默的默秘權，並由律師給予適當之意見或指示，以避免不必要之問題發生。

(四) 律師在到達警局後應該先行查閱筆錄，並詢問當事人到警局後的情況，警方詢問完時，對警訊筆錄要仔細閱覽無誤後，方得讓當事人簽名。

(五) 一般案件在警方應無所謂的交保，除非該案件屬於輕微而直接由警方決定外（告訴乃論經撤回，得報經檢察官免予解送），一般刑案均移送檢方後，由檢方核示。

☆ 憲法第8條第2項所定「至遲於24小時內移送」之時限，不包括因交通障礙，或其他不可抗力之事由所生不得已之遲滯，以及在途解送等時間在內。惟其間不得有不必要之遲延，亦不適用訴訟法上關於扣除在途期間之規定。（釋130）

△ 合議庭審判長之職權係存在於訴訟程序之進行或法庭活動之指揮事項，且以法律明文規定者為限，此外則屬法院之職權，依法院組織法第101條規定，必須經由合議庭內部評議，始得形成法院之外部意思決定，並以判決或裁定行之，不得僅由審判長單獨決定。從而刑事訴訟法第163條之2第1項規定：「當事人、代理人、辯護人或輔佐人聲請調查之證據，法院認為不必要者，得以裁定駁回之。」即以證據是否應予調查，關乎待證事實是否於案情具有重要性，甚或影響相關證據之價值判斷，已非純屬審判長調查證據之執行方法或細節及法庭活動之指揮事項，故應由法院以裁定行之，並非審判長所得單獨決定處分。至同法第288條之3第1項規定：「當事人、代理人、辯護人或輔佐人對於審判長或受命法官有關證據調查或訴訟指揮之處分不服者，除有特別規定外，得向法院聲明異議。」其中所稱之「調查證據處分」，係專指調查證據之執行方法或細節（包括積極不當行為及消極不作為）而言，二者顯然有別，不容混淆。（94台上1998）

第二款　追訴與行刑權

一、追訴權

追訴權是指依照刑法分則所規定之刑度，依照下表來決定國家刑罰發動的時間界限，亦即超過此一時間，即可不再受到追訴。追訴權期滿，應為不起訴或免訴。另追訴權的時效期間是以刑法分則規定之本刑最高度來計算。

追訴權，因下列期間內未起訴而消滅：（刑§80）

死刑、無期徒刑或10年以上有期徒刑者	30年
3年以上10年未滿有期徒刑者	20年
1年以上3年未滿有期徒刑者	10年
1年未滿有期徒刑、拘役或罰金者	5年

前項期間自犯罪成立之日起算。但犯罪行為有繼續之狀態者，自行為終了之日起算。

❖偵查中之羈押審查程序未經選任辯護人者，審判長應指定公設辯護人或律師爲被告辯護。但等候指定辯護人逾4小時未到場，經被告主動請求訊問者，不在此限。

前項選任辯護人無正當理由而不到庭者，審判長得指定公設辯護人或律師。

前條第3項、第4項之規定，於第1項情形準用之。（刑訴§31-1）

△(一)刑法第273條所謂當場激於義憤而殺人，係指他人所實施之不義行爲，在客觀上足以引起公憤，猝然遇合，憤激難忍，因而將其殺害者而言。若於他人實施不義之行爲以前，預定計劃而於其實施之際或事後將其殺害，即與當場激於義憤之情形不同，不在本條適用範圍之內。

(二)被告在逃曾經通緝者，其追訴權之時效，依刑法第83條第1項固應停止進行，但所謂通緝，必須有權機關依刑事訴訟法第85條、第86條所定程序行之，始能認爲有效，若對於普通刑事案件無偵查審判權之軍事機關，縱對於在逃之被告曾有通緝命令，既非合法程序，其追訴權之時效，仍不因而停止進行。（31上1156）

△時效已完成者，應諭知免訴之判決，刑事訴訟法第294條第2款定有明文。（32上750）

△牽連犯追訴權時效，在各個犯罪間各自獨立，不相干連，應分別計算。牽連犯之輕罪，如追訴權時效已完成，而重罪部分仍應諭知科刑時，應於判決內説明輕罪部分因屬裁判上一罪不另諭知免訴之理由。（69台上4917）

二、行刑權

行刑權是指依據法院判決之主文所記載的刑度，依照下表來決定執行刑罰權的時間界限，亦即超過此一時間，即可不用再執行其應受之刑度。

行刑權因下列期間內未執行而消滅：（刑§84）

死刑、無期徒刑或10年以上有期徒刑者	40年
3年以上10年未滿有期徒刑者	30年
1年以上3年未滿有期徒刑者	15年
1年未滿有期徒刑、拘役或罰金者	7年

前項期間，自裁判確定之日起算。但因保安處分先於刑罰執行者，自保安處分執行完畢之日起算。

○刑法第80條第1項規定，追訴權因一定期間不行使而消滅，係指追訴機關於法定期間內，怠於行使追訴權，即生時效完成，而消滅追訴權之效果。故追訴權消滅時效之發生，應以不行使追訴權爲其前提要件。又所謂追訴權，係對行刑權而言，應指形式的刑罰權，包括偵查、起訴及審判權在內，若已實施偵查、起訴及審判，此時追訴權既無不行使之情形，自不生時效進行之問題。（86台上2174）

第三款　偵查

一、意義

　　檢察機關與調查機關各有所司，檢察官偵查犯罪時，對於依法行使司法警察官、司法警察職權之調查人員，固有指揮及命令之權。偵察係指檢察官發見犯罪嫌疑及依據蒐集之證據，認為有足夠之懷疑，而據此進行調查過程之一種程序。偵查程序以發現真實之犯罪人為目的，如某甲不屬於犯罪之人時，應繼續發現何人（乙或丙甚或丁）為犯罪之人；但審判程序，法院只須判斷已被起訴之被告是否為真實之犯罪行為人，若經為必要之調查，其所獲得之證據資料，仍不足為該被告有罪之論證時，即應為無罪之諭知。至該項犯罪事實，究係被告以外何人所為，則無查明之義務。（參73年台上字第3892號判例）

　　參圖表分析如下：

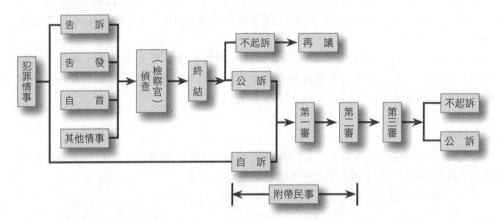

　　一般犯罪尚未成案時係以分他字案辦理，只有在成案時才會以偵字案辦理，不過此時只能稱犯罪嫌礙人。此外尚可因案件有微罪不舉、已受重刑判決後再行起訴毫無實益或刑法第61條之案件，而為不起訴處分，如對不起訴處分不服，得於10日內聲請再議，以茲救濟。

　　然因為刑事訴訟，係以確定國家具體之刑罰權為目的，為保全證據並確保刑罰之執行，於訴訟程序之進行，固有許實施強制處分之必要，惟強制處分之搜索、扣押，足以侵害個人之隱私權及財產權，若為達訴追之目的而漫無限制，許其不擇手段為之，於人權之保障，自有未周。然對於違法搜索、扣押所取得之證據，若不分情節，一概以程序違法為由，否定其證據能力亦有不妥，例如案情重大，違背法定程序之情節輕微，若遽捨棄該證據不用，被告可能逍遙法外，此與國民感情相悖，難為社會所接受，自有害於審判之公平正義。因此，對於違法搜索、扣押所取得之證據，除法律另有規定外，為兼顧程序正義及發現實體真實，應由法院於個案審理中，就個人基本人權之保障及公共利益之均衡維護，依比例原則及法益權衡原則，予以客觀之判斷，亦即宜就(一)違背法定程序之程度。(二)違背法定程序時之主觀意圖（即實施搜索、扣押之公務員是否明知違法並故意為之）。(三)違背法定程序時之狀況（即程序之違反是否有緊急或不得已之情

形）。(四)侵害犯罪嫌疑人或被告權益之種類及輕重。(五)犯罪所生之危險或實害。(六)禁止使用證據對於預防將來違法取得證據之效果。(七)偵審人員如依法定程序，有無發現該證據之必然性。(八)證據取得之違法對被告訴訟上防禦不利益之程度等情狀予以審酌，以決定應否賦予證據能力。（參93年台上字第664號判例）

△刑事訴訟法第311條所定得提起自訴之人，係限於因犯罪而直接被害之人，必其人之法益由於犯罪行為直接所加害，若須待乎他人之另一行為而其人始受損害者，即非因犯罪直接所受之損害，不得提起自訴。至個人與國家或社會，因犯罪而同時被害者，該被害之個人，固亦得提起自訴，但所謂同時被害，自須個人之被害與國家或社會之被害由於同一之犯罪行為所致，若犯罪行為雖足加國家或社會以損害，而個人之受害與否，尚須視他人之行為而定者，即不能謂係同時被害，仍難認其有提起自訴之權。刑法上之誣告罪，得由被誣告人提起自訴，係以誣告行為一經實施，既足使國家司法上之審判權或偵查權妄為開始，而同時又至少必使被誣告者受有名譽上之損害，縱使審判或偵查結果不能達到誣告者欲使其受懲戒處分或刑事處分之目的，而被誣告人在名義上已一度成為行政上或刑事上之被告，其所受名譽上之損害，自係誣告行為直接且同時所加害。至於他人刑事被告案內為證人、鑑定人、通譯之人，在審判或偵查時，依法具結而為虛偽之陳述，固足使採證錯誤、判斷失平，致司法喪失威信，然此種虛偽之陳述，在他人是否因此被害，尚繫於執行審判或偵查職務之公務員採信其陳述與否而定，並非因偽證行為直接或同時受有損害，即與刑事訴訟法第311條所稱之被害人並不相當，其無提起自訴之權，自不待言。（26渝上893）

△偽證之自白，祇須於所虛偽陳述之案件裁判確定前為之，即得依刑法第172條規定，減輕或免除其刑，至其自白之動機如何，法律上並無若何限制，上訴人於某甲殺人案件之偵查中到案偽證，既在檢察官對於某甲之不起訴處分書未送達前，已具狀自白其前此陳述係受某乙之串唆，即得依上開規定，享受減免其刑之利益，原審以上訴人因某乙未將賄款給付，始行具狀陳明，謂其居心狡詐，不合於自白之規定，不予減免。殊難謂合。（26上1886）

△本案上訴人提起自訴後越2日，該管檢察官始就同一案件對被告為不起訴處分，是上訴人提起自訴，明在檢察官偵查終結以前，按諸刑事訴訟法第315條第1項，其自訴之起訴程序非不適法。至同條第2項僅規定檢察官在偵查終結前，知有自訴者，應即停止偵查，將案件移送法院，如檢察官不知已有自訴，仍行繼續偵查而為不起訴之處分，其效力是否足以影響於合法之自訴，本法雖未設有明文，但查第295條第2款對於已經提起自訴之案件，在同一法院重行起訴者，定為應諭知不受理判決之一種情形，是自訴後之檢察官提起公訴，尚不能動搖先時提起自訴之效力，則檢察官於已有自訴後之不起訴處分，亦當然不能影響於合法之自訴。原判決謂上訴人提起自訴，雖在偵查終結之前，然不請求檢察官停止偵查，致檢察官未知已有自訴，因而將本案為不起訴處分，既難謂非合法，第一審將本件自訴諭知不受理，即無不當云云，顯係誤會。（26渝上1863）

△原審以上訴人在偵查中曾自承繳案之槍枝原有四彈，現在只餘一彈，而扣押之子彈及彈殼，五顆內有三顆適與槍口口徑相合，因認該槍為供犯罪所用之物，是此項槍彈

即屬刑事訴訟法第271條所稱之證物,自應於審判期日將該槍彈提示上訴人,令其辨認,方爲合法,乃核閱審判筆錄,原審並未履行此項程序,遽採爲斷罪資料,其判決當然違背法令。(27上2027)

△因告發而開始進行偵查之刑事案件,並無得爲聲請再議之人,一經檢察官爲不起訴之處分後,其處分即屬確定,雖上級法院首席檢察官本於監督權之作用,仍得復令偵查,但非有刑事訴訟法第239條所定可以再起訴之新事實新證據或再審原因,不得對於同一案件再行起訴,此與上級法院首席檢察官因認再議之聲請爲有理由,命令續行偵查之案件不受此項限制者有別,觀於同法於不起訴、再行起訴及聲請再議各規定,殊無疑義。(27上2045)

△刑法第125條之罪,以犯人具有追訴或處罰犯罪職務之公務員身分爲其成立條件,被告爲縣公安局之警察,依刑事訴訟法第210條,雖得受長官之命令偵查犯罪,究無追訴或處罰之權,其對於竊盜嫌疑犯,意圖取供施用非刑,致令腿部受傷,自不能依刑法第125條第1項第2款論科。(28非61)

△告訴人對於某縣政府之不起訴處分聲請再議,如非合法,則上級法院首席檢察官據以令發該縣政府核辦,縱可認爲本於監督權之作用,復令偵查,但該縣政府之再行起訴,仍應受刑事訴訟法第239條之限制,與同法第237條第1款本於合法再議之命令,續行偵查者,顯有不同。(28上175)

△本案係由某甲等先後具狀告發,經檢察官偵查起訴,第一審依傳訊證人之程序,傳喚某甲等到案質訊,令其具結陳述,制作筆錄附卷,此項人證既經審判中合法訊問,如其陳述明確,別無訊問之必要,按照刑事訴訟法第183條規定,本不得再行傳喚,原審認爲無庸訊問,未再傳令到庭,於法自屬無違。(28上3070)

△牽連犯之一部如曾經實體上之判決而確定,則就其所牽連之全部事實發生既判力,故自訴人就該牽連事實之他部分重行起訴者,受訴法院即應依刑事訴訟法第335條準用第294條第1款諭知免訴,方爲合法。第一審判決乃以該案既經判決確定,即已經過終結偵查爲理由,依第326條諭知不受理之判決,而置第294條第1款之規定於不顧,自係失當。(28上3833)

△同一案件經檢察官終結偵查者固不得提起自訴,但提起自訴之人如非犯罪之被害人,即無論此項案件曾否經檢察官終結偵查,按照刑事訴訟法第326條均應諭知不受理之判決,則其是否經有檢察官之終結偵查,自無審究之必要。(28上4003)

△刑法第354條之罪須告訴乃論,爲同法第357條所明定,而告訴乃論之罪,除本刑爲7年以上有期徒刑以上之刑外,告訴人得於第一審辯論終結前撤回告訴,該項案件,如有撤回告訴之情形,法院應諭知不受理之判決,此在刑事訴訟法第217條第1項前段及第295條第3款有明文規定。告訴人某甲告訴被告等毀損圍牆,經在偵查中撤回告訴,載明筆錄在卷,原確定判決認被告等係犯刑法第354條之罪,該條所定本刑,並非7年以上有期徒刑以上之刑,既經告訴人在偵查中撤回告訴,自應諭知不受理之判決,方爲適法,乃原法院忽視上列法條,竟從實體上爲論罪科刑之判決,顯屬違背法令。(29非63)

△第一審係依自訴程序辦理之案件,第二審自不得變更訴訟程序,依公訴程序辦理。上

訴人被某甲等向縣司法處指訴妨害自由等罪，雖未載明自訴字樣，但本案既合於自訴規定，且未經縣長以檢察官職權偵查起訴，而由該司法處予以受理判決，自應認為自務案件，乃原審因同院檢察官提起上訴，並誤以阻莽部分為不得提起自訴，遂謂本件全部應依公訴程序辦理，殊嫌未合。（29上1375）

△事實審法院，對於證據之取捨，依法有自由判斷之權，原判決採取法醫研究所之鑑定報告，及證人甲、乙等有利於被告等之證言，認為被告傷害致人於死嫌疑均屬不能證明，而捨棄偵查中之驗斷書及證人戊、己等不利於被告等之證言，核與證據法則不相違背，即不能指為違法。（29上2457）

△自訴程序以無特別規定為限，始得準用關於公訴之規定，刑事訴訟法第335條規定甚明，同一案件經檢察官終結偵查者，不得再行自訴，其不得提起自訴而提起者，應諭知不受理之判決，在同法第315條第1項、第326條既有特定規定，自無準用295條第4款之餘地。本件自訴人自訴被告等妨害自由等情，前經地方法院檢察官偵查終結，予以不起訴處分確定在案，核與第315條所定不得再行自訴之情形相符，即應依第326條諭知不受理方為合法，原審乃準用第295條第4款為不受理之判決，殊有違誤。（29上2939）

△(二)偽證罪之成立，以虛偽陳述之證人已於供前或供後具結為其成立要件之一，刑法第168條規定極明，所謂具結，係指依法有具結義務之人，履行其具結義務而言，若在法律上不得令其具結之人，而誤命其具結者，即不發生具結之效力，被告某甲為某乙之胞姪女，屬於五等親內之血親，其因某乙之竊盜案件被傳作證，依刑事訴訟法第167條第1項第1款及第173條第1項第4款之規定，係在不得令其具結之列，檢察官偵查時，雖誤命其具結，依照前開說明，不能謂有具結之效力，亦即欠缺刑法第168條之構成要件。（30非24）

△(二)被告在逃曾經通緝者，其追訴權之時效，依刑法第83條第1項固應停止進行，但所謂通緝，必須有權機關依刑事訴訟法第85條、第86條所定程序行之，始能認為有效，若對於普通刑事案件無偵查審判權之軍事機關，縱對於在逃之被告曾有通緝命令，既非合法程序，其追訴權之特效，仍不因而停止進行。（31上1156）

△因告發而進行偵查之刑事案件，並無得聲請再議之人，一經檢察官為不起訴處分後即屬確定，雖上級法院首席檢察官，本於監督之作用，仍得復令偵查，但非有刑事訴訟法第239條所定情形，不得對之再行起訴，此與上級法院首席檢察官，因認再議之聲請為有理由，命令續行偵查之案件不受此限制者有別。（32上423）

△同一案件曾為不起訴處分，而違背刑事訴訟法第239條之規定再行起訴者，固應諭知不受理之判決，惟所謂曾為不起訴處分，係指檢察官就該案偵查結果，認為應不起訴，制作處分書經送達確定者而言，若雖經不起訴處分，而有聲請再議權之人已聲請再議，則該不起訴處分即屬未經確定，迨後續行偵查起訴，究與刑事訴訟法第295條第4款所謂曾為不起訴處分而違背同法第239條之規定再行起訴之情形不合。（45台非43）

△自首以對未發覺之罪投案而受裁判為要件，至其方式雖不限於自行投案，即託人代理自首向非偵查機關請其轉送，亦無不可，但須有向該管法機關自承犯罪而受裁判之事

實，始生效力，若於犯罪後，僅向被害人或非有偵查犯罪職務之公務員陳述自己犯罪之事實，而無受裁判之表示，即與自首之條件不符。（50台上65）

△刑事訴訟法第232條關於被害人告訴之規定，不包含國家在內，鹽務機關緝獲私鹽犯，函送偵查，仍係告發，而非告訴，對於不起處分不得聲請再議，不得聲請再議之人，所爲再議之聲請爲不合法，原不起訴處分，並不因此而阻止其確定。（58台上2576）

△僞證罪之構成，以於執行審判職務之公署或於檢察官偵查時對於案情有重要關係之事項，供前或供後具結，而爲虛僞之陳述爲要件，所謂虛僞之陳述，係指與案件之眞正事實相悖，而足以陷偵查或審判於錯誤之危險者而言，若在此案之供證爲屬眞實，縱其後於其他案件所供與前此之供述不符，除在後案件所供述合於僞證罪之要件得另行依法辦理外，究不得遽指在前與實情相符之供證爲僞證。（69台上2427）

△刑法第62條所謂發覺，固非以有偵查犯罪權之機關或人員確知其人犯罪無誤爲必要，而於對其發生嫌疑時，即得謂爲已發覺；但此項對犯人之嫌疑，仍須有確切之根據得爲合理之可疑者，始足當之，若單純主觀上之懷疑，要不得謂已發生嫌疑。（72台上641）

△告訴乃論之罪，告訴人祇須表示訴究之意思爲已足，不以明示其所告訴者爲何項罪名爲必要。告訴人在偵查中已一再表示要告訴，雖未明示其所告訴之罪名，但依其所陳述之事實，仍無礙於告訴之效力。（74台上1281）

△刑法第62條之所謂發覺，係指有偵查犯罪職權之公務員已知悉犯罪事實與犯罪之人而言，而所謂知悉，固不以確知其爲犯罪之人爲必要，但必其犯罪事實，確實存在，且爲該管公務員所確知，始屬相當。如犯罪事實並不存在而懷疑其已發生，或雖已發生，而爲該管公務員所不知，僅係推測其已發生而與事實巧合，均與已發覺之情形有別。（75台上1634）

△檢察官得於所配置之管轄區域以外執行職務，但配置各級法院之檢察官其執行職務或行使職權，仍屬獨立並應依法院之管轄定其分際。故下級法院檢察官對於上級法院之判決，或上級法院檢察官對於下級法院之判決，均不得提起上訴。同級法院之檢察官，對於非其所配置之法院之判決亦無聲明不服提起上訴之權。甲法院檢察官移轉乙法院檢察官偵查後逕向甲法院起訴之案件，甲法院審理時，例由配置同院之檢察官到庭執行職務，則第一審判決後，自應向同院到庭檢察官送達，如有不服，亦應由同院檢察官提起上訴。（76台上4079）

△追加自訴係就與已經自訴之案件無單一性不可分關係之相牽連犯罪（指刑事訴訟法第7條所列案件），在原自訴案件第一審辯論終結前，加提獨立之新訴，俾便及時與原自訴案件合併審判，以收訴訟經濟之效，此觀刑事訴訟法第343條準用同法第265條自明；如追加自訴之犯罪，經法院審理結果，認定與原自訴案件之犯罪有實質上或裁判上一罪之單一性不可分關係，依同法第343條準用第267條，既爲原自訴效力所及，對該追加之訴，自應認係就已經提起自訴之案件，在同一法院重行起訴，依同法第343條準用第303條第2款，應於判決主文另爲不受理之諭知，始足使該追加之新訴所發生之訴訟關係歸於消滅，而符訴訟（彈劾）主義之法理。（87台上540）

○刑事偵查技術上所謂之「釣魚」（「提供機會型之誘捕偵查」），係指對於原已犯罪或具有犯罪故意之人，以設計引誘之方式，迎合其要求，使其暴露犯罪事證，再加以逮捕或偵辦者而言。而所謂「陷害教唆」，則係指行為人原不具犯罪之故意，純因司法警察之設計教唆，始萌生犯意，進而實行犯罪構成要件之行為者而言。前者純屬偵查犯罪技巧之範疇，並未違反憲法對於基本人權之保障，且於公共利益之維護有其必要性，故依「釣魚」方式所蒐集之證據資料，原則上非無證據能力。而後者因係以引誘或教唆犯罪之不正當手段，使原無犯罪故意之人，因而萌生犯意實行犯罪行為，再進而蒐集其犯罪之證據加以逮捕偵辦；其手段顯然違反憲法對於基本人權之保障，且已逾越偵查犯罪之必要程度，對於公共利益之維護並無意義，因此所取得之證據資料，應不具有證據能力。（97台上6311）

○毒品危害防制條例第17條所謂「供出毒品來源，因而破獲者」，係指具體提供毒品來源之資訊，使調查或偵查犯罪之公務員知悉而對之發動調查或偵查，並據以破獲者而言。依上揭法條之規定，既未明定以在司法警察（官）調查及檢察官偵查時供出為必要，則基於鼓勵具體提供其毒品上游資訊，以利追查，俾杜絕毒品蔓延與氾濫之目的，兼衡被告之權益，解釋上於事實審法院供出因而破獲者，仍有該條之適用。然因法院非屬偵查犯罪機關，被告在法院審判中供出毒品來源，僅在促使在場之檢察官知悉而發動偵查，或由法院依刑事訴訟法第241條之規定函送檢察官偵查，期能破獲毒品來源。基此，被告於審判中始供出毒品來源，倘已無從期待偵查機關在法院辯論終結前因而破獲，事實審法院對此不為調查，即難指為違法；如被告係於下級審或前審供出毒品來源時，事實審法院僅須於言詞辯論終結前調查被告之供出行為是否已破獲而符合減輕其刑之規定，以資審認。（98台上1765）

二、司法警察官（警察、憲兵、調查局）及檢察官行搜索扣押時應注意事項

(一) 對於搜索，應要求提示搜索票，其上應記載如下，缺一不可：

1. 應搜索之人或應扣押之物。
2. 應加搜索之處所、身體、物件。
3. 檢察官或審判長、法官的簽名。（亦即檢察署與院方的官印）

(二) 有人住居或看守之住宅或其他處所，不得於夜間入內搜索扣押。故此時得拒絕之，且在前開地方搜索扣押，應命住居人或可為其代表之人在場；如無此等人時得命鄰居之人或就近自治團體職員在場。日間已開始行搜索扣押者，得繼續至夜間。

(三) 下列處所，夜間亦得入內：

1. 假釋人之住居或其使用者。
2. 旅店、飲食店或其他於夜間公眾可以出入之處所，仍在公開時間之內。

(四) 當事人及審判中之辯護人得於搜索扣押時在現場。

(五) 扣押後，應製作收據，詳記扣押物之名目及扣押執行人的簽名。

扣押物，應加封緘或其他標識，由扣押之機關或公務員蓋印始完成此一程序。

三、被告權益的維護

一般被告在偵查中，最常主張的是被刑求，而以自白係出於強暴、脅迫、利誘、詐

欺、違法羈押及其他不正方法爲主張，但是檢察官在「案重初供」的原則下，其對被告心中保留的存疑便相對的減低，且其只要有相當程度的懷疑，即足以起訴，故對此，被告及其配偶、直系血親務必在警方逮捕後，立即要求律師到場協助，以避免此類問題在往後的訴訟程序上，陷入無法辯白的困境。現行刑事訴訟法固無類似「證人指證（認）程序法」之制定，而內政部警政署所發布之「警察機關實施指認犯罪嫌疑人注意事項」（108年10月4日修正列於「警察偵查犯罪手冊」第89點），規定如須由被害人、檢舉人或目擊證人指認犯罪嫌疑人，應依下列要領爲之：「一、指認前應由指認人先陳述嫌疑人特徵。二、指認前不得有任何可能暗示、誘導之指示或資訊。三、指認前必須告訴指認人，犯罪嫌疑人並不一定存在於被指認人之中。四、實施指認，應於偵訊室或適當處所爲之。五、應爲非一對一之成列指認（選擇式指認）。六、被指認之人在外形上不得有重大差異。七、實施指認應拍攝被指認人照片，並製作紀錄存證。八、實施照片指認，不得以單一相片提供指認，並避免提供老舊照片指認。」

　　法務部於109年1月8日修正發布之「檢察機關辦理刑事訴訟案件應行注意事項」第99點所定指認犯罪嫌疑人方式之相同規定，固不具法律位階，然該指認準則係針對避免指認之潛在錯誤而設，如法院於審判時以之檢驗指認之證據憑信性，仍不失爲確保指認正確性之正當準據。

第四款　調查

　　調查係指法官依檢察官起訴或自訴人自訴之犯罪嫌疑及證據，參考被告之有關陳述，針對兩造之舉證與事實，採自由心證主義去研究各相關證據之證據能力與證明力以發見眞實，而依職權所進行審愼查證之一種訴訟程序。同時依據刑事訴訟法第161條第1項規定：檢察官就被告犯罪事實，應負舉證責任，並指出證明之方法。因此，檢察官對於起訴之犯罪事實，應負提出證據及說服之實質舉證責任。倘其所提出之證據，不足爲被告有罪之積極證明，或其指出證明之方法，無從說服法院以形成被告有罪之心證，基於無罪推定之原則，自應爲被告無罪判決之諭知。

　　而刑事訴訟法第157條所稱無庸舉證之「公眾週知之事實」，係指具有通常知識經驗之一般人所通曉且無可置疑而顯著之事實而言，如該事實非一般人所知悉或並非顯著或尚有爭執，即與公眾週知事實之性質，尚不相當，自仍應舉證證明，始可認定，否則即有違認定事實應憑證據之法則。（參86年台上字第6213號判例）

一、證據與調查

　　證據包括人證（人的證據方法）及物證（物的證據方法）。

(一) 鑑定　一般鑑定人須命具結，機關鑑定則無須具結。

△事實審法院，對於證據之取捨，依法有自由判斷之權，原判決採取法醫研究所之鑑定報告，及證人甲、乙等有利於被告等之證言，認爲被告傷害致人於死嫌疑均屬不能證明，而捨棄偵查中之驗斷書及證人戊、己等不利於被告等之證言，核與證據法則不相違背，即不能指爲違法。（29上2457）

△診斷書爲鑑定之一種，鑑定人應於鑑定前具結，原審對於鑑定人鑑定被害人之傷痕，

未於鑑定前命爲具結，遽採爲判決之基礎證據，自屬違誤。（46台上1126）

△刑事訴訟法所謂應調查之證據，並不限於具有認定犯罪事實能力之證據，其用以證明證據憑信性之證據，亦包括在內。（74台上6444）

△囑託機關鑑定，並無必須命實際爲鑑定之人爲具結之明文，此觀同法第208條第2項，已將該法第202條之規定排除，未在準用之列，不難明瞭。原審綜合卷內相關證據爲判斷，縱未命該醫院實際爲鑑定之人簽名蓋章及具結，仍不得任意指爲採證違背法則。（75台上5555）

△刑事訴訟法第172條既賦予法院就當事人聲請調查之證據決定其應否調查之權，則其倘已盡調查之職責，並獲得充分之心證，自無就全部聲請之證據，均有一一予以調查之義務，僅就不予調查之理由爲必要之說明，即屬合法。（76台上3317）

△刑事訴訟法第161條已於民國91年2月8日修正公布，其第1項規定：檢察官就被告犯罪事實，應負舉證責任，並指出證明之方法。因此，檢察官對於起訴之犯罪事實，應負提出證據及說服之實質舉證責任。倘其所提出之證據，不足爲被告有罪之積極證明，或其指出證明之方法，無從說服法院以形成被告有罪之心證，基於無罪推定之原則，自應爲被告無罪判決之諭知。本件原審審判時，修正之刑事訴訟法關於舉證責任之規定，已經公布施行，檢察官仍未提出適合於證明犯罪事實之積極證據，並說明其證據方法與待證事實之關係；原審對於卷內訴訟資料，復已逐一剖析，參互審酌，仍無從獲得有罪之心證，因而維持第一審諭知無罪之判決，於法洵無違誤。（92台上128）

△刑事訴訟，係以確定國家具體之刑罰權爲目的，爲保全證據並確保刑罰之執行，於訴訟程序之進行，固有許實施強制處分之必要，惟強制處分之搜索、扣押，足以侵害個人之隱私權及財產權，若爲達訴追之目的而漫無限制，許其不擇手段爲之，於人權之保障，自有未周。故基於維持正當法律程序、司法純潔性及抑止違法偵查之原則，實施刑事訴訟程序之公務員不得任意違背法定程序實施搜索、扣押；至於違法搜索、扣押所取得之證據，若不分情節，一概以程序違法爲由，否定其證據能力，從究明事實真相之角度而言，難謂適當，且若僅因程序上之瑕疵，致使許多與事實相符之證據，無例外地被排除而不用，例如案情重大，然違背法定程序之情節輕微，若遽捨棄該證據不用，被告可能逍遙法外，此與國民感情相悖，難爲社會所接受，自有害於審判之公平正義。因此，對於違法搜索、扣押所取得之證據，除法律另有規定外，爲兼顧程序正義及發現實體真實，應由法院於個案審理中，就個人基本人權之保障及公共利益之均衡維護，依比例原則及法益權衡原則，予以客觀之判斷，亦即宜就(一)違背法定程序之程度。(二)違背法定程序時之主觀意圖（即實施搜索、扣押之公務員是否明知違法並故意爲之）。(三)違背法定程序時之狀況（即程序之違反是否有緊急或不得已之情形）。(四)侵害犯罪嫌疑人或被告權益之種類及輕重。(五)犯罪所生之危險或實害。(六)禁止使用證據對於預防將來違法取得證據之效果。(七)偵審人員如依法定程序，有無發現該證據之必然性。(八)證據取得之違法對被告訴訟上防禦不利益之程度等情狀予以審酌，以決定應否賦予證據能力。（93台上664）

△合議庭審判長之職權係存在於訴訟程序之進行或法庭活動之指揮事項，且以法律明文規定者爲限，此外則屬法院之職權，依法院組織法第101條規定，必須經由合議庭內

部評議，始得形成法院之外部意思決定，並以判決或裁定行之，不得僅由審判長單獨決定。從而刑事訴訟法第163條之2第1項規定：「當事人、代理人、辯護人或輔佐人聲請調查之證據，法院認為不必要者，得以裁定駁回之。」即以證據是否應予調查，關乎待證事實是否於案情具有重要性，甚或影響相關證據之價值判斷，已非純屬審判長調查證據之執行方法或細節及法庭活動之指揮事項，故應由法院以裁定行之，並非審判長所得單獨決定處分。至同法第288條之3第1項規定：「當事人、代理人、辯護人或輔佐人對於審判長或受命法官有關證據調查或訴訟指揮之處分不服者，除有特別規定外，得向法院聲明異議。」其中所稱之「調查證據處分」，係專指調查證據之執行方法或細節（包括積極不當行為及消極不作為）而言，二者顯然有別，不容混淆。（94台上1998）

(二) 人證　證人相關問題解析：（如何由其所闡釋之證據能力去批駁其證據力）

1. 依據證人本身個性上之瑕疵，舉證其誠信有差。
2. 依據證人證詞在詞句表達與前後連貫性有不實。
3. 依案件之事實上疑點，舉證證人觀察與記憶有誤。
4. 依據證人之具利害關係，舉證其具成見與偏頗。
5. 依據證人本身與他證人間相互所述矛盾之供述。
6. 依據證人因職務邀功或陷構去探究其真實性。
7. 依據罪疑唯輕的法則去推演出證人之不可採信（參後述之第二、三審實際寫作之範例）。

△(二)被告之陳述，以及與被告有親友關係之證人所為證言是否可信，均不外證據之證明力問題，審理事實之法院就調查所得之心證予以採用，苟與證據法則不相違反，即非法所不許。（29上395）

△依刑事訴訟法第279條第1項規定，準備程序處理之事項，原則上僅限於訴訟資料之聚集及彙整，旨在使審判程序能密集而順暢之進行預作準備，不得因此而取代審判期日應踐行之直接調查證據程序。調查證據乃刑事審判程序之核心，改良式當事人進行主義之精神所在；關於證人、鑑定人之調查、詰問，尤為當事人間攻擊、防禦最重要之法庭活動，亦為法院形成心證之所繫，除依同法第276條第1項規定，法院預料證人不能於審判期日到場之情形者外，不得於準備程序訊問證人，致使審判程序空洞化，破壞直接審理原則與言詞審理原則。（93台上2033）

△刑事訴訟法第279條第1項、第276條第1項規定預料證人不能於審判期日到場，而受命法官得於審判期日前行準備程序時訊問證人之例外情形，其所稱「預料證人不能於審判期日到場」之原因，須有一定之客觀事實，可認其於審判期日不能到場並不違背證人義務，例如因疾病即將住院手術治療，或行將出國，短期內無法返國，或路途遙遠，因故交通恐將阻絕，或其他特殊事故，於審判期日到場確有困難者，方足當之。必以此從嚴之限制，始符合集中審理制度之立法本旨，不得僅以證人空泛陳稱：「審判期日不能到場」，甚或由受命法官逕行泛詞諭知「預料該證人不能於審判期日到庭」，即行訊問或詰問證人程序，為實質之證據調查。（93台上5185）

△被害人乃被告以外之人，本質上屬於證人，其陳述被害經過，亦應依人證之法定偵查、審判程序具結，方得作為證據。（93台上6578）

(三) 物證

物證包括證物與證據書類（書證）。書證可區分為證據文書及文書證據，前者強調記載之內容，如調查筆錄、偵訊筆錄等；後者則強調它的物理性（亦即物之存在及狀態，如契約書、借據等）。

△核閱原審民國25年10月19日審判筆錄，審判長向甲詰問其所主張耕種之田250餘畝有何證明，據答稱有數簿可證，數簿未帶來云云，是日宣示辯論終結，及至同月20日始由甲具狀將上開之簿據交案，嗣後未經再開辯論，即行判決，是原審對於此項簿據，並未於審判期日踐行調查之程序，至為瞭然，乃遽採為認定事實之證據，自屬違法。（27上1620）

△認定犯罪事實應依證據，而證據之證明力加何，屬於法院判斷之自由，刑事訴訟法第268條、第269條著有明文。故事實審法院就案內所有證據，依法調查，本於所得之心證分別取捨而為事實之判斷，苟於證據法則無所違背，當事人即不得專從證據之證明力上任意指摘，執為第三審上訴之理由。（27渝上2079）

△刑事訴訟係採實質的真實發現主義，審理事實之刑事法院，應自行調查證據，以為事實之判斷，故民事判決確認之事實，苟與其直接審認之結果不同，自不妨為相異之認定。（28上35）

△民法第124條第2項之推定出生月、日，必須於出生之月、日絕對無調查方法，致不能確定時，始得適用。被告既自稱尚有父母存在，並有一定住所，則其出生月、日並非絕無調查途徑，乃原審竟適用上開民法條項，推定為7月1日出生，謂其犯罪之日已滿18歲，率予科處無期徒刑，殊有未合。（28上761）

△第三審法院就原審對於確定事實援用法令之當否，得依職權調查，刑事訴訟法第385條第4款著有明文，第二審判決之適用法則，既應以該判決所確定之事實為基礎，如原審並未將被告之犯罪事實明確認定，遽為有罪之裁判，則其援用之法令，與所認定之事實，顯不相符，原判決即屬用法不當。上訴意旨雖未指摘及之，第三審法院仍應以職權將其撤銷。（28上2002）

△原審就確定事實援用法令之當否，依刑事訴訟法第385條第4款，為第三審得依職權調查之事項，核閱原審判決所認被告之犯罪事實，均屬含混不明，乃僅據不明確之事實，認為第一審依刑法第271條第1項、第136條第1項、第55條、第37條第1項，判處被告罪刑為無不合，駁回上訴，於法顯屬不當，按照刑事訴訟法第389條規定，自己具有撤銷之原因，至原審判決關於適用法律之基礎事實既不明確，則其違背法令，尚不合於同法第390條應行改判之列，並應予以發回。（28上2395）

△販賣妨害衛生之飲食物品，刑法第191條定有處罰明文，上訴人所售賣之豬肉，既因顏色不同，有妨害衛生之嫌疑，被告為執行警察職務之公務員，將其帶局訊問後，責令保釋，顯係依法令之行為，自不能因其調查犯罪嫌疑，於短時間內限制其自由，遽以濫用職權或妨害自由罪相繩。（28上3507）

△第三審發回更審之案件，雖就上訴意旨所指摘之範圍內，認為某種證據應行調查未經

原審履行調查之程序爲發回之原因，但案經發回，即已回復原審之通常程序，關於當事人聲請調查以及法院依職權所應調查之一切證據，均應仍予調查，不得僅以第三審發回之點爲限。（29上394）

△刑事訴訟以直接審理爲原則，必須經過調查程序，以顯出於審判庭之證據資料，始得採爲判決基礎。（29上736）

△第二審法院應就原審判決經上訴之部分調查之，爲刑事訴訟法第358條所明定，是第二審對於未經上訴之事項不得審判，極爲明瞭。本案據自訴人在第一審因被告有虛報木板斤數，詐取價金及藉詞開寫清單向其勒索費用各情事，一併提起自訴，但第一審判決僅就被告向自訴人需索開單之費用未遂部分，認爲成立背信罪名，依法科刑，檢察官及被告亦僅就該部分提起上訴，至被告有無虛報木板斤數，詐取價金之事實，第一審並未予以裁判，且亦不屬於檢察官及被告之上訴範圍，除該項事實與第一審所已判決之部分具有審判不可分之關係時，第二審應予審判外，自非第二審法院所得審理裁判。茲查原審判決既認被告索取開單費用，係事後向自訴人索取介紹費，出諸自訴人所自願，並不成立犯罪，即與自訴人所訴虛報木板斤數，詐取價金部分各爲一事，並無審判不可分之關係，乃原審於撤銷第一審之科刑判決後，竟又認被告虛報木箱板6萬餘斤，以致自訴人多付價金數百元，論以背信罪刑，顯屬違法。（29上1179）

△上訴意旨以本案肇事之夜，被告之子某甲與被告同住一屋，欲詳悉被告當時行兇情形，自有傳訊某甲之必要，乃原審並未設法傳案訊究，率判無罪，尚有未合云云，本院按被告之子某甲前經第一審迭次查傳無著，第二審審理中復填發傳票令縣飭警傳喚，因某甲已住外省乞食，不知去向，仍未傳到，業經該管鄉長出具證明書轉呈附卷，是原審確以某甲所在不明，無法傳訊，並非於應行調查之證據不予調查，其所踐行之訴訟程序，即不能指爲不合。（29上2703）

△審理事實之法院，對於案內一切證據，除認爲不必要者外，均應詳爲調查，然後基於調查所得之心證，以爲判斷事實之基礎，如有應行調查之證據未經依法調查，率予判決，即屬同法第371條第10款所稱之當然爲違背法令。（30上289）

△(二)審判期日應傳喚被告，又行合議審判之案件，爲準備審判起見，得以庭員一人爲受命推事，於審判期日前訊問被告及蒐集或調查證據，爲刑事訴訟法第250條、第258條第1項所明定。本件原審指定民國28年2月17日上午8時傳喚上訴人，其傳票內被傳事由欄載明爲調查證據，而未載明審判，是該期日係審判期日前之調查證據期日，而非審判期日，殊爲明顯，即事實上是日午前8時，僅由推事一人調查證據，屆時上訴人未到，迨證據調查後，即當庭指定同日下午3時審判，是原審於指定審判期日後，並未對於上訴人合法送達傳票，而當調查證據時，上訴人既未到場，其當庭告知之應到日時，對於上訴人亦不發生與送達傳票同一之效力。乃竟因上訴人是日下午不到庭，逕行判決，自與刑事訴訟法第363條規定之程序不合，其判決不能不認爲有同法第371條第6款之情形。（30上766）

△第二審須就合法上訴之部分，重新調查被告有利或不利或不利之證據，而爲事實上之審認，不得專就第一審卷宗所具之資料，未經調查程序而爲判決。（30上1380）

△證據是否必要調查，應以客觀為標準，故法院對於客觀上不必要之證據不予調查，自可認為於判決無影響。（30上2056）

△販運或銷售敵貨罪之成立，須以其販運或銷售之物品，曾經經濟部調查公告，指明其為敵貨，且禁止其進口者，為其前提，如該項物品並非敵貨，或雖係敵貨，然經經濟部命令，准許進口販運或銷售，此項物品依法即不應成立犯罪。（30上3234）

△刑事訴訟法第413條第1項規定，有罪之判決確定後，有左列情形之一者，為受判決人之利益得聲請再審云者，係謂具有該條所列各款情形之一時，必須於有罪判決確定後，始得提起再審，並非謂各該款之情形必須成立於判決確定之後，故其第6款所謂發見確實之新證據，亦並非必須於判決確定後發見者為限，苟在事實審法院判決前不能提出主張有利之證據，而於第二審判決後第三審上訴前或上訴中發見者，仍得於判決確定後，以發見確實新證據之原因，聲請再審，否則該項有利之證據既無在一、二兩審提出之機會，而於第三審上訴中又不許為新證據之提出，坐令該項有利之證據始終不能利用，揆諸立法本旨，當非如是。至該款所謂發見確實之新證據，須顯然足為受判決人有利之判決，不須經過調查程序，固經本院著有明例，惟所謂顯然足為受判決人有利之判決，不須經過調查者，係指就證據本身之形式上觀察，無顯然之瑕疵，可以認為足以動搖原確定判決者而言，至該證據究竟是否確實，能否准為再審開始之裁定，仍應予以相當之調查，而其實質的證據力如何，能否為受判決人有利之判決，則有待於再審開始後之調查判斷，徵諸同法第429條法院於開始再審之裁定確定後，應依其審級之通常程序而為審判之規定，亦可瞭然無疑，否則縱有新證據之提出，亦絕無開始再審之機會，而再審一經開始，受判決人必可受有利之判決，尤與再審程序係為救濟事實錯誤之旨，大相背謬。（32抗113）

△刑事訴訟以直接審理為原則，必須經過調查程序，以顯出於審判庭之證據，始得採為判決基礎，原審於辯論終結後，忽由承辦推事率同檢驗同，檢驗被害人屍體，填具驗斷書，又未經再開辯論即行判決，此項驗斷書，顯未於審判期日踐行調查之程序，遽採為認定事實之證據，自屬違法。（37特覆2925）

△原審於審判期日派警往提，上訴人以患病具狀並附該監獄主任醫師之診斷書，說明不能到庭之理由，聲請展期，如果屬實，則其不能隨警到庭，尚難謂無正當理由，原審未經調查，徒據法警所稱無何重病之語，而推定其雖患病並非不能行動，認為顯無不能到庭之正當理由，即不待其陳述逕行判決，自有未合。（42台上136）

△第二審之審判，除有特別規定外，準用第一審審判之規定，故審判長調查證據完畢，應由檢察官、被告及辯護人依次辯論，而此種關於審判期日之訴訟程序，是否依法踐行，並應以審判筆錄為證，刑事訴訟法第356條、第282條、第47條定有明文，原審本年1月19日審判筆錄，並未載審判長調查證據完畢後，命蒞庭之檢察官及被告依次辯論，即行宣示辯論終結，其所踐行之訴訟程序，顯有違誤。（44台非58）

△卷宗內之筆錄及其他文書可為證據者，應向被告宣讀，或告以要旨，證物應示被告，令其辨認，如係文書而被告不解其意義者，應告以要旨，此項程序為公開審判期日所應踐行者，亦為第二審審判程序所準用，否則即係於審判期日所應調查之證據未予調查，若採為裁判之基礎，其判決當然為違背法令。（46台上414）

△有罪之判決書，其所認定之犯罪事實，必須記載明白，而後本於所憑之證據，說明論科之理由，故第二審調查結果，證見第一審判決所記之事實有未完備，即應本諸事實審之職權，重加認定，自不能將第一審不完備或記載錯誤之事實予以引用。（46台上576）

△卷宗內之筆錄及其他文書可爲證據者，應向被告宣讀或告以要旨，爲刑事訴訟法第272條第1項所明定，此項規定，依同法第356條爲第二審審判所準用，該項宣讀或告以要旨，應向被告爲之，使其有明白辯論之機會，自非向被告以外之人宣讀，即足認已履行公開審理日期所應調查之程序。（47台上109）

△告訴人之告訴，係以使被告受刑事訴追爲目的，是其陳述是否與事實相符，仍應調查其他證據以資審認。（52台上1300）

△證據之證明力，雖由法院自由判斷之，要必先有相當之調查，始有自由判斷之可言，故審理事實之法院，對於案內一切證據，如未踐行調查程序，即不得遽爲被告有利或不利之認定。（54台上1944）

△被害人之陳述如無瑕疵，且就其他方面調查又與事實相符，固足採爲科刑之基礎，倘其陳述尚有瑕疵，則在未究明前，據採爲論罪科刑之根據，即難認爲適法。（61台上3099）

△非常上訴審，應以原判決確認之事實爲基礎，以判斷其適用法律有無違誤，至非常上訴審所得調查之事實，僅以關於訴訟程序、法院管轄、免訴事由及訴訟之受理者爲限，本件被告違反票據法部分，應否減輕或免除其刑，原以支票金額已否清償爲條件，此項前提事實並非非常上訴審所得調查，被告在原判決宣示前，未主張已清償支票金額，亦未提出何項資料，原判決未適用舊票據法有關規定予以減輕或免除其刑，其適用法律即難謂有所違背，除合於再審條件應依再審程序救濟外，以調查此項事實爲前提之非常上訴，難認爲有理由。（68台非181）

△刑事訴訟法第344條第4項固規定宣告死刑或無期徒刑之案件，原審法院應不待上訴，依職權逕送該管上級法院審判並通知當事人，但同條第5項既規定前項情形，視爲被告已提起上訴，則上訴審之訴訟程序，仍應依法踐行。又第二審之審判長於訊問被告後應命上訴人陳述上訴之要旨，同法第365條亦著有明文。本件上訴人楊某殺人毀屍案件，經第一審判處死刑後，依職權送由原審審判，依照前開說明，原審自應悉依上訴程序辦理。核閱原審筆錄，審判長於訊問上訴人後即行調查證據，並未命其陳述上訴要旨，所踐行之訴訟程序自屬違法。（71台上3409）

△當事人聲請調查之證據如事實審未予調查，又未認其無調查之必要，以裁定駁回之，或於判決理由予以說明者，其踐行之訴訟程序，雖屬違法，但此項訴訟程序之違法，必須所聲請調查之證據確定與待證事實有重要之關係，就其案情確有調查之必要者，方與刑事訴訟法第379條第10款之「應於審判期日調查之證據」相當，而爲當然違背法令，始得爲上訴第三審之理由。因之，此項「調查之必要性」，上訴理由必須加以具體敘明，若其於上訴理由狀就此並未敘明，而依原判決所爲之證據上論斷，復足認其證據調查之聲請，事實審法院縱曾予調查，亦無從動搖原判決就犯罪事實之認定者，即於判決顯無影響，依刑事訴訟法第380條之規定，自仍應認其上訴爲非合法。

（71台上3606）

△犯人與被害人平日之關係，雖爲單純科刑應行審酌之情狀（刑法第57條第8款），非屬犯罪構成要件之事實，以經自由證明爲已足，然所謂自由證明，係指使用之證據，其證據能力或證據調查程序不受嚴格限制而已，其關於此項科刑審酌之裁量事項之認定，仍應與卷存證據相符，始屬適法。（71台上5658）

△本件上訴人既將奪取之警訊筆錄二份予以撕毀，則不問其他是否仍有同式之筆錄存在，其毀棄該筆錄之行爲，即應成立刑法第138條之罪。上訴人徒以另有一份筆錄可供使用，而指摘原審未詳加調查，有應於審判期日調查之證據而未予調查之違法，要與刑事訴訟法第379條第10款之規定不相適合。（71台上7292）

△原審固經調查證據並爲言詞辯論，然非因此即不得爲程序上之判決，上訴理由指原審已調查證據且經開庭審理，竟仍予程序判決爲違法，顯有誤會，既屬程序判決，上訴理由又爲實體上之爭執，仍非適法之上訴理由。（71台上8061）

△翻印之書籍，係由警局當場起出，爲上訴人等親身經歷之事，且上訴人於原審判中對翻印該書各三千冊，被警查獲，業已自白不諱，是否利用提示之機會，以擔保其眞正，實無關重要，故即令未在審判期日予以提示令其辨認，依刑事訴訟法第380條之規定，於判決顯然不生影響，與應於審判期日調查之證據而未予調查之情形不合。（72台上3467）

△刑事訴訟法第379條第10款所稱應調查之證據，係指與待證事實有重要關係，在客觀上認爲應行調查者而言。本件上訴人與吳某將僞造背書之支票交付周某，而詐購茶葉得手時，犯罪已成立，如何將詐得之茶葉轉售，售與何人，得款若干，如何朋分價金？均屬犯罪後處分贓物之行爲，於犯罪之成立並無影響，原審認爲上訴人犯罪已臻明確，無須調查處分贓物之情形而未予調查，自不能指爲應調查之證據未予調查。（72台上7035）

△依刑事訴訟法第157條及第158條規定，公眾週知之事實，及事實於法院已顯著或爲其職務上所已知者，始毋庸舉證。原判決謂一般押票（即保證支票）之性質，有概括授權執票人填寫債權額於空白支票之交易習慣云云，而就此交易習慣是否符合上開規定，則未說明，乃未經調查證據，即依該交易習慣，逕行認定被告在第168699號空白支票上填寫金額及日期，不負僞造有價證券刑責，殊有認定事實不依證據之違誤。（73台上1267）

△刑事訴訟法第379條第10款所稱「依本法應於審判期日調查之證據」，乃指該證據在客觀上爲法院認定事實及適用法律之基礎者而言，若非上述情形之證據，其未予調查者，本不屬於上開第10款之範圍，縱其訴訟程序違背法令，如應受同法第380條之限制者，仍不得據爲非常上訴之理由。

有罪之判決所認定之事實而應記載於判決書者，乃指與論罪科刑暨適用法令有關之事實而言——如犯罪構成要件之事實、刑之加重減輕之事由、故意、過失等等。故事實欄所記載之部分，倘無關於論罪科刑或法律之適用者，既不屬於必要記載之事項，自亦非理由所應敘述之範圍，則該判決援用以認定此部分非必要記載之事實之證據，即令內容上與此部分之事實不相適合，亦因其不予記載原不生理由不備之違法，倘其予

以記載，縱與客觀事實不符，本亦無礙於其應爲之論罪科刑與法條之適用，從而亦不構成理由矛盾之違法。（78台非90）

△ 刑事訴訟法第172條規定：「當事人或辯護人聲請調查之證據，法院認爲不必要者，得以裁定駁回之」，其證據如屬客觀上爲法院認定事實及適用法律之基礎者，事實審法院未予調查，其判決固有同法第379條第10款所稱「應於審判期日調查之證據，未予調查」之當然違背法令情形，如在客觀上非認定事實及適用法律基礎之證據，既無調查之必要，自得不予調查，此種未予調查之情形，本不屬於上開條款之範圍，事實審法院縱因未予調查，又未裁定駁回調查之聲請，致訴訟程序違背首開規定，但此種訴訟程序之違法，顯然於判決無影響，依同法第380條之規定，並不得執以爲上訴第三審之理由。（80台上4402）

△ 金融機構爲防制犯罪，裝置錄影機以監視自動付款機使用情形，其錄影帶所錄取之畫面，全憑機械力拍攝，未經人爲操作，未伴有人之主觀意見在內，自有證據能力。法院如以之爲物證，亦即以該錄影帶之存在或形態爲證據資料，其調查證據之方法，固應依刑事訴訟法第164條之規定，提示該錄影帶，命被告辨認；如係以該錄影帶錄取之畫面爲證據資料，而該等畫面業經檢察官或法院實施勘驗，製成勘驗筆錄，則該筆錄已屬書證，法院調查此項證據，如已依同法第165條第1項之規定，就該筆錄內容向被告宣讀或告以要旨，即無不合。縱未將該錄影帶提示於被告，亦不能謂有同法第379條第10款所稱應於審判期日調查之證據未予調查之違法。（80台上4672）

△ 被告供認犯罪之自白，如係出於強暴、脅迫、利誘、詐欺或其他不正方法，取得該項自白之偵訊人員，往往應擔負行政甚或刑事責任，若被告已提出證據主張其自白非出於任意性，法院自應深入調查，非可僅憑負責偵訊被告之人員已證述未以不正方法取供，即駁回此項調查證據之聲請。（91台上2908）

△ 刑事訴訟法第161條已於民國91年2月8日修正公布，其第1項規定：檢察官就被告犯罪事實，應負舉證責任，並指出證明之方法。因此，檢察官對於起訴之犯罪事實，應負提出證據及說服之實質舉證責任。倘其所提出之證據，不足爲被告有罪之積極證明，或其指出證明之方法，無從說服法院以形成被告有罪之心證，基於無罪推定之原則，自應爲被告無罪判決之諭知。本件原審審判時，修正之刑事訴訟法關於舉證責任之規定，已經公布施行，檢察官仍未提出適合於證明犯罪事實之積極證據，並說明其證據方法與待證事實之關係；原審對於卷內訴訟資料，復已逐一剖析，參互審酌，仍無從獲得有罪之心證，因而維持第一審諭知無罪之判決，於法洵無違誤。（92台上128）

(四) 少年犯

「對於少年犯罪之追訴及處罰，（少年法院依調查之結果，認少年觸犯刑罰法律，且有左列情形之一者，應以裁定移送於有管轄權之法院檢察署檢察官：一、犯最輕本刑爲5年以上有期徒刑之罪者。二、事件繫屬後已滿20歲者。除前項情形外，少年法院依調查之結果，認犯罪情節重大，參酌其品行、性格、經歷等情狀，以受刑事處分爲適當者，得以裁定移送於有管轄權之法院檢察署檢察官。）以前開移送之案件爲限。」「本章之規定，於少年犯罪後已滿18歲者適用之。」少年事件處理法第65條第1、3項分別

定有明文。刑法第74條第1項所謂受2年以下有期徒刑、拘役或罰金之宣告，係指「宣告刑」而言，並不包括減刑後減得之刑在內。此亦有「法院辦理96年減刑案件應行注意事項」第22項後段說明：「又刑法第74條第1項及少年事件處理法第79條所未受有期徒刑『2年』及『3年』之宣告，均係指宣告刑而言，凡宣告刑逾2年者（少年犯逾3年者），其減得之刑，雖在2年以下（少年犯在3年以下），仍不得諭知緩刑。」足資參考。

△組織犯罪防制條例第3條第3項固規定「犯第1項之罪者，應於刑之執行完畢或赦免後，令入勞動場所，強制工作」；但就少年刑事案件，少年事件處理法第78條第1項規定「對於少年不得宣告褫奪公權及強制工作」，依狹義法優於廣義法之原則，少年犯上開條例第3條第1項之罪者，應無該條例第3條第3項之適用。（89台上5065）

(五) 共同被告

△證據之取捨，法院原有自由判斷之權，而共同被告之陳述前後兩歧者，究竟孰為可採，法院亦應衡情酌理予以審定，原審本此理由判決，按之採證法則，尚無不合。（37上2314）

△刑事訴訟以發見真實為目的，共同被告就同一事實之一部或全部所為不利於己之陳述，互有出入時，應本於事實審法院之職權詳為調查，斟酌各方面之情形，依自由心證判斷其孰為可信，不得因彼此陳述偶有紛歧，即全部予以捨棄。（47台上1578）

△共同被告不利於己之陳述，亦為證據之一種，若其所涉及之訴訟客體有數個以上時，其裁判之對象（刑罰權之對象）既非同一，則其所述是否與事實相符，得否採為其他共同被告犯罪之證據，仍應分別予以判斷，非可籠統為同一之觀察。因是，倘其中之一部分為真實時，應得採為裁判之基礎，非謂其中有一部分與事實不符，即認全部均屬無可採取。（73台上5874）

(六) 精神耗弱

行為時因精神障礙或其他心智缺陷，致不能辨識其行為違法或欠缺依其辨識而行為之能力者，不罰。行為時因前項之原因，致其辨識行為違法或依其辨識而行為之能力，顯著減低者，得減輕其刑（刑§19）。被告或犯罪嫌疑人因精神障礙或其他心智缺陷無法為完全之陳述者，「應」通知其法定代理人、配偶、直系或三親等內旁系血親或家長、家屬，得為被告或犯罪嫌疑人選任辯護人，但不能通知者，不在此限。又被告或犯罪嫌疑人因精神障礙或其他心智缺陷無法為完全之陳述者，「應」有得為輔佐人之其配偶、直系或三親等內旁系血親或家長、家屬或法定代理人，或其委任之人或主管機關、相關社福機構指派之社工人員或其他專業人員為輔佐人陪同在場，但經合法通知無正當理由不到場者，不在此限，刑事訴訟法第27條第3項、第35條第3項分別定有明文。此係為刑事訴訟上防禦不法或不當之攻擊，以保護被告。因凡訴訟必須保持公平，應使原、被告兩造立於同等地位，然刑事訴訟之原告為檢察官，於法律問題具有學識經驗，而被告無學識經驗者居多，況如為精神障礙者，更難與檢察官立於同等地位，為求平衡，乃設此辯護制度，使該弱勢之被告得以選任辯護人或輔佐人，以陳述事實及法律上之攻擊、防禦意見。

△精神是否耗弱，乃屬醫學上精神病科之專門學問，非有專門精神病醫學研究之人予以
　診察鑑定，不足以資斷定。（47台上1253）

(七) 聲請調查證據

　　一般律師經常利用此一聲請，使法官在判決書中造成遺漏現象，而執此以法院既未
認為不必要予以駁回，又未加以調查，甚或在判決理由中加以說明未採納或不予調查之
理由，而為上訴第三審之理由（參29年上字第265號判例及40年台上字第19號判決），
但在此須防傳訊過多證人，造成串供而收押之弊端，此點不可不慎之。為掌控更充裕蒐
集證據之時間而拖延訴訟，亦未嘗不是一種訴訟技巧。

　　聲請時應注意：
1. 須與待證事實有緊要關係者。
2. 須在辯論終結前提出。
3. 須影響於全案情節，有助於明瞭欲證明之事項。
4. 須有重要關聯性之證據者。

　　必須符合以上四點，方為適法之聲請調查證據。

　　至於聲請調查證據之範圍：（聲請法院決定應否調查）
1. 傳喚證人、鑑定人。
2. 調查或命提出證據。
3. 勘驗。

△當事人聲請調查之證據，如與本案之待證事實無關緊要者，事實審法院固可依刑事訴
　訟法第279條以裁定駁回，毋庸為無益之調查。若於證明事實確有重要關係，而又非
　不易調查或不能調查者，則為明瞭案情起見，自應盡職權能事踐行調查之程序，否則
　縱經原法院以裁定駁回其聲請，仍係審判日應行調查之證據未予調查，某判決即難
　謂非違法。（27上2078）

△當事人聲請調查之證據，法院認為不必要者，得以裁定駁回之，刑事訴訟法第279條
　設有明文，是法院對於當事人前項聲請，並未認為不必要以裁定駁回，復不予以調
　查，其所踐行之訴訟程序，即屬違背法令。（29上265）

△當事人或辯護人在審判期日前或審判期日，聲請調查之證據，如法院未予調查，又未
　認其無調查之必要，以裁定駁回之者，其所踐行之訴訟程序，自屬違法，此項程序違
　法，如審酌案情並非無影響於判決，即足為原判決撤銷之原因。（30上3111）

△當事人聲請法院調查之證據，法院認為不必要者，固得依刑事訴訟法第279條，以裁
　定駁回之，但如未經駁回，亦未予調查，又未於判決內說明不予調查之理由，其訴訟
　程序即屬違背法令。（40台上97）

△當事人聲請調查之證據，縱係於辯論終結後始行提出，如其所聲請調查之證據，確有
　調查之必要，未經再開辯論予以調查者，仍係於審判期日應行調查之證據未予調查，
　其判決即屬違背法令。（41台上438）

△當事人在審判期日前，或審判期日，聲請調查之證據，如法院未予調查，又未認其無
　調查之必要，以裁定駁回之，或雖經調查，其所得如何不足採取，亦未於判決理由內

予以說明，其所踐行之訴訟程序，自難謂非違法。（47台上852）

△當事人聲請調查之證據如事實審未予調查，又未認其無調查之必要，以裁定駁回之，或於判決理由予以說明者，其踐行之訴訟程序，雖屬違法，但此項訴訟程序之違法，必須所聲請調查之證據確與待證事實有重要之關係，就其案情確有調查之必要者，方與刑事訴訟法第379條第10款之「應於審判期日調查之證據」相當，而為當然違背法令，始得為上訴第三審之理由。因之，此項「調查之必要性」，上訴理由必須加以具體敘明，若其於上訴理由狀就此並未敘明，而依原判決所為之證據上論斷，復足認其證據調查之聲請，事實審法院縱曾予調查，亦無從動搖原判決就犯罪事實之認定者，即於判決顯無影響，依刑事訴訟第380條之規定，自仍應認其上訴為非合法。（71台上3606）

△刑事訴訟法第172條既賦予法院就當事人聲請調查之證據決定其應否調查之權，則其倘已盡調查之職責，並獲得充分之心證，自無就全部聲請之證據，均有一一予以調查之義務，僅就不予調查之理由為必要之說明，即屬合法。（76台上3317）

△刑事訴訟法第172條規定：「當事人或辯護人聲請調查之證據，法院認為不必要者，得以裁定駁回之」，其證據如屬客觀上為法院認定事實及適用法律之基礎者，事實審法院未予調查，其判決固有同法第379條第10款所稱「應於審判期日調查之證據，未予調查」之當然違背法令情形，如在客觀上非認定事實及適用法律基礎之證據，既無調查之必要，自得不予調查，此種未予調查之情形，本不屬於上開條款之範圍，事實審法院縱因未予調查，又未裁定駁回調查之聲請，致訴訟程序違背首開規定，但此種訴訟程序之違法，顯然於判決無影響，依同法第380條之規定，並不得執以為上訴第三審之理由。（80台上4402）

△合議庭審判長之職權係存在於訴訟程序之進行或法庭活動之指揮事項，且以法律明文規定者為限，此外則屬法院之職權，依法院組織法第101條規定，必須經由合議庭內部評議，始得形成法院之外部意思決定，並以判決或裁定行之，不得僅由審判長單獨決定。從而刑事訴訟法第163條之2第1項規定：「當事人、代理人、辯護人或輔佐人聲請調查之證據，法院認為不必要者，得以裁定駁回之。」即以證據是否應予調查，關乎待證事實是否於案情具有重要性，甚或影響相關證據之價值判斷，已非純屬審判長調查證據之執行方法或細節及法庭活動之指揮事項，故應由法院以裁定行之，並非審判長所得單獨決定處分。至同法第288條之3第1項規定：「當事人、代理人、辯護人或輔佐人對於審判長或受命法官有關證據調查或訴訟指揮之處分不服者，除有特別規定外，得向法院聲明異議。」其中所稱之「調查證據處分」，係專指調查證據之執行方法或細節（包括積極不當行為及消極不作為）而言，二者顯然有別，不容混淆。（94台上1998）

(八) **勘驗屍體** 此為調查證據的方法之一，至於應否實施勘驗以及勘驗應否解剖屍體，則屬法院審酌的情形自由決定之範疇。

△檢驗屍體，原屬於調查證據方法之一種，該項屍體應否實施勘驗，審理事實之法院原有審酌案內一切情形自由裁量之權，如果被害事實未臻明確，或因當事人之爭執情形

認爲死亡原因不無疑問,則爲求裁判上之心證資料,檢驗屍體固爲調查證據之必要處分,假使被害事實已有相當證據足資認定,或就各方供證考察被害人之死亡原因並無何種疑竇,經審理事實之法院認爲別無調查之必要,不予檢驗,即本其他證據調查之結果以爲判決基礎,自不得指爲違法。(30上830)

△刑事訴訟以直接審理爲原則,必須經過調查程序,以顯出於審判庭之證據,始得採爲判決基礎,原審於辯論終結後,忽由承辦推事率同檢驗員,檢驗被害人屍體,填具驗斷書,又未經再開辯論即行判決,此項驗斷書,顯未於審判期日踐行調查之程序,遽採爲認定事實之證據,自屬違法。(37特覆2925)

△調查證據、應否實施勘驗、勘驗應否解剖屍體,法院本有審酌情形自由決定之權,其以當事人之聲請爲不必要者,亦得以裁定駁回之,此觀於刑事訴訟法第154條、第155條第4款、第279條等規定甚明,原審以無再行解剖屍體之必要,不予實施,自非不合,對於上訴人之聲請,雖未以裁定駁回,但判決書內已說明無庸依其聲請解剖覆驗之理由,縱無以裁定駁回之形式,亦要與上開第279條之意義無違。(38台上48)

(九) 上訴期限之問題

△(一)送達文件向送達代收人爲之者,視爲送達於本人,刑事訴訟法第55條第3項既定有明文,則送達代收人之過失,自應視爲本人之過失,本件爲上訴人代收送達之某甲,收到判決書後不爲注意轉交,致上訴人未能如期上訴,雖屬於某甲之過失,要亦應視爲上訴人因過失而遲誤上訴期間,自不得執爲聲請回復原狀之理由。

(二)因遲誤上訴期間聲請回復原狀,應以原審法院爲受聲請之法院,上訴人因遲誤第三審上訴期間,以同一書狀向原審聲請回復原狀,並補行上訴程序,按諸刑事訴訟法第69條第1項,自應由原審予以合併裁判,原審核其聲請未能准許,即未便便認爲上訴合法,遂將其上訴併予駁回,自無違法之可言。(29上3809)

△因遲誤上訴期間而聲請回復原狀者,應向原審法院爲之,刑事訴訟法第68條第1項定有明文,此所謂原審法院,係指原判決之法院而言,換言之,即遲誤第二審上訴期間者,第一審法院爲原審法院,遲誤第三審上訴期間者,第二審法院爲原審法院,不因管轄上訴之法院對其上訴曾否加以裁判而有異,縱使管轄上訴之法院曾因其上訴逾期將其上訴駁回,而該上訴人以其逾期非因其本人或代理人之過失所致,聲請回復原狀,其原審法院仍係原爲第一審或第二審判決之法院,而非因其上訴逾期予以駁回之上訴法院。(30聲12)

△刑事判決應受送達之人除有特別規定外,僅以當事人及其他受裁判之人爲限,爲刑事訴訟法第206條第1項所規定,而辯護人在刑事訴訟法上並無對之應行送達判決之明文,因之法院對於辯護人爲判決送達時,僅爲一種便利行爲,不生法律上起算上訴期間之效力,辯護人如依刑事訴訟法第338條規定提起上訴,其上訴期間之計算,仍應自被告收受判決之日爲標準。(30上2702)

△聲請回復原狀,原爲救濟遲誤法定期間之一種程序,故當事人提起上訴後,縱經上訴法院認爲逾越上訴期間而駁回,仍得以非因過失遲誤上訴期間爲理由,而聲請回復原狀。(31抗21)

△上訴人遲誤上訴期間，縱如所稱第三子染有重病須時刻在旁照料，夫又在外經營小販，其餘家人數口均老少無能，致不能如期來台北呈遞上訴書狀等情屬實，然既非不能以本人之意思或其他方法依期上訴，則其遲誤期間，仍不得謂無過失，即與刑事訴訟法第67條第1項之規定未合。（43台上57）

△期間之計算，依民法之規定，刑事訴訟法第65條定有明文，而依民法第122條規定，於一定期間內，應為意思表示者，其期間之末日為星期日、紀念日或其他休息日時，以其休息日之次日代之，至每逢星期六下午，自經政府規定為休息時間，停止辦公後，倘適為上訴期間之末日，應以星期一上午代之，復經司法行政部會同本院於民國55年11月8日補充規定，通告在案，故上訴期間之末日如為星期六，而其上訴書狀遲至星期一上午始行到達法院者，尚難認其上訴逾期。（59台上469）

△刑事判決正本送達後，發現原本錯誤，不得以裁定更正，如係正本記載之主文（包括主刑及從刑）與原本記載之主文不符，而影響全案情節及判決之本旨者，亦不得以裁定更正，應重行繕印送達，上訴期間另行起算。至若正本與原本不符之情形如僅「顯係文字誤寫，而不影響於全案情節與判決本旨」者，始得以裁定更正之。（72台抗518）

(十) 民、刑事之交互運用

△刑事法院審理犯罪事實並不受民事判決之拘束，如當事人聲明之證據方法與犯罪事實有重要關係，仍應予以調查，就其所得心證而為判斷，不得以民事確定判決所為之證據判斷，遽援為刑事判決之基礎。（29上1090）

△刑事訴訟係採實質的真實發現主義，審理事實之法院，應直接調查證據，以為判決之基礎，故關於同一事實，雖經民事法院判決，而刑事判決本不受其拘束，仍應依法調查，以資審判，自不得僅以民事判決確定，即據為刑事判決之唯一根據。（30上3686）

△刑事案件之審判，固不受民事判決確認事實之拘束，得為相異之認定，但刑事法院調查證據之結果，如與民事判決之認定意見相同，自得仍為同一之認定。（31上457）

△附帶民事訴訟經移送民事庭後，即屬獨立民事訴訟，其移送後之訴訟程序，應適用民事訴訟法，刑事訴訟所調查之證據，及刑事訴訟判決所認定之事實，並非當然有拘束民事訴訟之效力。（43台上95）

△刑事訴訟法係採真實發現主義，審理事實之刑事法院，應自行調查證據，以為事實之判斷，並不受民事判決之拘束，如當事人聲明之證據方法，與認定事實有重要關係，仍應予以調查，就其心證而為判斷，不得以民事確定判決所為之判斷，遽援為刑事判決之基礎。（56台上118）

△本院確定判決，依據事實審合法認定之事實而為駁回上訴人上訴之判決，該判決之內容毫無涉及刑事判決已判處上訴人侵占罪刑之事，即確定判決並非依據刑事判決而認定上訴人應負賠償責任，純屬民事法院自行調查證據審判之結果，自無民事訴訟法第496條第1項第11款規定之適用。（63台上2313）

△刑事判決所認定之事實，於獨立之民事訴訟，固無拘束力，惟民事法院就當事人主張

之該事實,及其所聲明之證據,仍應自行調查斟酌,決定取捨,不能概予抹煞。(69台上2674)

(十一) 自白

△ 翻印之書籍,係由警局當場起出,為上訴人等親身經歷之事,且上訴人於原審審判中對翻印該書各三千冊,被警查獲,業已自白不諱,是否利用提示之機會,以擔保其真正,實無關重要,故即令未在審判期日予以提示令其辨認,依刑事訴訟法第380條之規定,於判決顯然不生影響,與應於審判期日調查之證據而未予調查之情形不合。(72台上3467)

△ 刑事訴訟法第156條第2項規定,被告雖經自白,仍應調查其他必要之證據,以察其是否與事實相符。立法目的乃欲以補強證據擔保自白之真實性;亦即以補強證據之存在,藉之限制自白在證據上之價值。而所謂補強證據,則指除該自白本身外,其他足資以證明自白之犯罪事實確具有相當程度真實性之證據而言。雖其所補強者,非以事實之全部為必要,但亦須因補強證據與自白之相互利用,而足使犯罪事實獲得確信者,始足當之。(74台覆10)

△ 被告於原審並未主張其在警訊時之自白係非任意之供述而請求調查何項非任意性之證據,又別無應就此「自白任意性」為調查之客觀情形,則原審依其所採取之證據及得心證理由之說明,認被告之警訊自白,係與事實相符,而未再為其他無益之調查,自亦與所指應於審判期日調查之證據而未予調查之情形不相適合。(74台上1578)

△ 被告供認犯罪之自白,如係出於強暴、脅迫、利誘、詐欺或其他不正方法,取得該項自白之偵訊人員,往往應擔負行政甚或刑事責任,若被告已提出證據主張其自白非出於任意性,法院自應深入調查,非可僅憑負責偵訊被告之人員已證述未以不正方法取供,即駁回此項調查證據之聲請。(91台上2908)

(十二) 核對筆跡

△ 核對筆跡,除顯著跡象,凡具字學常識之人,足以肉眼辨別其真偽異同者外,必須就其內容,依法付與鑑定,始足以資判斷。(31上2200)

(十三) 筆錄

△ 當事人及審判中之辯護人得於搜索或扣押時在場。但被告受拘禁,或認其在場於搜索或扣押有妨害者,不在此限。刑事訴訟法第150條第1項定有明文。此規定依同法第219條,於審判中實施勘驗時準用之。此即學理上所稱之「在場權」,屬被告在訴訟法上之基本權利之一,兼及其對辯護人之倚賴權同受保護。故事實審法院行勘驗時,倘無法定例外情形,而未依法通知當事人及辯護人,使其有到場之機會,所踐行之訴訟程序自有瑕疵,此項勘驗筆錄,應認屬因違背法定程序取得之證據。(94台上4929)

(十四) 指紋比對

△ 調查指紋,並不以命鑑定爲必要,原審已將上訴人妻之兩手指紋,全令押捺,個別比對,與上訴人提出退婚字上之指紋,無一相符,因而認定該退婚書係上訴人所杜撰,其調查證據之程序,並非違法。(29上99)

△ 指紋之同異,非經指紋學專家精密鑑定,不足以資識別,原審命上訴人當庭所捺之左大指指紋,與被告提出之賣契及收清字據所蓋用之左大指指紋,予以比對,大致固屬相同,但既未選任指紋學專家依法鑑定,則該兩項指紋是否絲毫無異,仍屬無由識別,即難專憑職司審判者之自由比對,可資認定。(32上2136)

(十五) 目前實務上特殊證物之適用

〔錄音帶〕

○ 錄音帶無非陳某與他人談話之錄音,其證據力自不若陳某在法院具結後所爲之證言,原審不調查陳某之錄音帶,而傳陳某到庭具結陳述,採用其證言,自難謂有何違法。(72台上1776)

○ 有罪之判決書,應於理由內記載對於被告有利之證據不採納之理由,刑事訴訟法第310條第2款定有明文。上訴人並提出其與花旗銀行委託之鄭律師、鄭律師事務所職員及花旗銀行台中分行職員吳小姐、花旗銀行台北總行副理郭○鳴之錄音帶譯文,其內容涉及上訴人一再主張有貴重東西放在被花旗銀行吊扣之R6-6052號自用小客車內;而花旗銀行各級相關人員就此系爭事項,始終含糊其詞,未曾明確表示,以致實情不明。準此以言,則上訴人所辯:伊確實在被吊扣之自小客車內失竊現金、無線電機子、工程工具及攝影機,伊無誣告之故意云云,是否全無足取,即堪研求。(91台上2543)

○ 刑事訴訟之目的,固在發現真實,藉以維護社會安全,其手段則應合法純潔、公平公正,以保障人權,倘證據之取得非依法定程序,而法院若容許該項證據作爲認定犯罪事實之依據有害於公平正義時,自應排除其證據能力。上訴人既無法證明該錄音帶係依法定程序取得,有違反憲法第12條保障人民秘密通訊自由之虞,尚難認該錄音帶內容有證據能力。(91台上3523)

○ 原判決固說明現行刑事訴訟法第100條之1第1、2項關於訊問被告應全程錄音等規定,係87年1月21日修正公布,上訴人於檢察官偵查中爲「我要跟他買,他說不用,就送給我」之自白時間,係86年3月11日,而原審法院前審於87年10月20日當庭播放該日偵查錄音帶結果,未見上述自白之陳述,其筆錄與錄音內容確有不符情形,然依當時有效之法律而言,該筆錄既經上訴人簽名認可,自非不得作爲證據。但上訴人是否曾爲前述自白,屬對其利益有重大關係事項,自應詳爲調查論斷,倘播放錄音帶勘驗結果,足以證明筆錄所記載之自白確係出於誤載,該記載錯誤之自白當然失其證據能力,此觀刑事訴訟法第156條第1項之規定即明,殊不能僅因上訴人曾在該筆錄上簽名,即採爲判斷之依據。本件播放錄音帶結果未見上訴人前開自白之陳述,是因該次訊問時漏未錄音所致,或是筆錄記載與供述內容不符,或是其他原因所造成,此與判斷該自白可否採爲證據,至有關係。原審未予究明,遽以該自白爲判決之基礎,難謂

適法。（91台上5027）

◯偵查犯罪機關依通訊保障及監察法所實施之電話監聽，應認監聽所得之通訊內容，始屬調查犯罪所得之證據，其內容須藉由錄音設備予以保存，使其真實性足以供審判上檢驗，至於實務上依據監聽錄音結果翻譯而成之通訊監察譯文，以顯示該監聽錄音內容，為學理上所稱之派生證據，屬於文書證據之一種，固有方便證據檢驗之功能，但究非證據本身之內容。此於被告或訴訟關係人對其譯文之真實性發生爭執或有所懷疑時，法院自應依刑事訴訟法第165條之1第2項規定，勘驗該監聽之錄音帶踐行調查證據之程序，以確認該錄音聲音是否為本人，及其內容與通訊監察譯文之記載是否相符。故如監聽錄音帶已滅失，或因保存不善而無法顯示聲音，而被告或訴訟關係人對監聽譯文復有爭執時，因監聽譯文之真實性無法獲得確保，自不得僅憑監聽譯文作為判斷之依據。（97台上6417）

〔錄影帶〕

◯錄影帶與在紙上或物品上足表示用意證明之文字或符號不同，尚難以文書論。（71台上1739）

◯錄影帶屬私人文書之一種，上訴人將偽造之錄影帶出租與人，即屬行使偽造私文書。（76台上3919）

◯刑法上殺人罪與傷害人致死罪之區別，應視加害人有無殺意為斷，不能因與被害人素不相識，原無宿怨，即認無殺人之故意。第一審、上訴審及原審勘驗該大樓錄影帶發現被害人自早餐店內退到騎樓之際，上訴人確以右手持刀，揮刺被害人之頭、臉及上半身部分，被害人一直朝該大樓停車場汽車出入口後退，上訴人仍不肯放手，一直欺近被害人，其間上訴人之妻林◯女尚二次推開上訴人暨被害人遭殺傷之部位、傷口寬度及深度等情觀之，可認上訴人持刀殺人時下手之重。而刀能殺人亦不能謂無預見，下手之重更難謂無殺人之決心，上訴人於下手加害被害人時，其主觀上已有致被害人死亡之認識，客觀上亦造成持刀殺害被害人死亡之結果，足以認定上訴人著手於本件犯罪行為之始，即有殺害被害人之犯意，且被害人死亡之結果，與上訴人之殺害行為，有相當因果關係。（92台上6570）

◯證人未親身到庭，僅提出書面以代陳述者，因與刑事訴訟法係採直接審理及言詞審理之本旨有違，該項代替證言之書面，依刑事訴訟法第159條規定，固不得作為證據，惟該法條所限制者，應係證人以書面替代到庭之陳述而已，若該證人曾經偵審機關訊問製有筆錄在卷，被告為證明該證人前為之證言，並非事實，而自行透過錄音、錄影等方式蒐證，苟其採用之方法合乎法定程序，所取得之書證、物證復無偽造、變造或摻雜個人主觀意見之情形，則該錄音、錄影所錄取之聲音或畫面，既係憑機械力拍錄，未經人為操控，自有證據能力；法院得將該錄音、錄影帶為物證，依刑事訴訟法第164條之規定，勘驗調查，如係以該錄音譯文或錄影畫面為證據資料，而該等譯文或畫面復經檢察官或法院勘驗，認與錄音、錄影內容相符，製成勘驗筆錄附卷時，該筆錄即得視為書證，如已依同法第165條第1項規定，踐行調查證據程序，該勘驗筆錄亦非無證據能力。（91台上2363）

〔照片〕

○刑法第185條第1項之罪之構成，須以原有供公眾往來之陸路存在爲前提，本件系爭以竹排圍堵處，原無供公眾往來之道路存在之事實，既經原審勘明認定，則縱然照片所示之道路爲原有，現又與系爭竹排圍堵處相通，亦與構成該罪之前提要件不符。（69台上1007）

○刑法第353條第1項毀壞他人建築物罪，須以行爲人有毀壞他人建築物重要部分，致使建築物損失其效用之故意，爲成立要件。被告爲免地下室積水而移動化糞池並損及鐵筋，雖據自訴人等提出現場照片爲證，並爲被告於第一審所承認，但被告係將建築物加以局部之變更，並未使該建築物喪失效用，而係觸犯刑法第354條毀損他人之物罪嫌。（70台上5320）

○上訴理由對於原判決採信陳○元之證言，究竟違背何項法則，並未具體指明，祗漫指原判決認定事實錯誤，不能認爲已以判決違法爲上訴理由；又現場情形，有卷附檢察官之勘驗筆錄及照片可稽，有無再予履勘之必要，原審法院本有自由裁酌之權，委難以未履勘現場，爲提起第三審上訴之理由；至謂將建造房屋之工程發包他人施工，係在第三審主張之中新事實，本院爲法律審，自不予審酌。應認其上訴爲違背法律上之程式，予以駁回。（71台上1984）

○有罪之判決，已依刑事訴訟法第310條之規定，於理由內分別情形記載其事項者，即非判決不載理由，上訴意旨祗以上訴人對照片之任意辯解，證人所爲不相同之供述，以及上訴人對鑑定委員會鑑定結果之不當攻擊，漫指原判決未說明其理由，顯與該規定之違法原因不相適合，其所指仍不能認爲合法。（72台上4318）

二、調查（即審判中）辯護人爲被告所得行使之權利

(一) 得隨時防止或除去對被告權益的侵害。

(二) 關於羈押，除參閱本章第九節外，有以下二項主張：

1. 接見被告並與通信。

2. 爲被告具保（參閱下節說明）。

(三) 審判期日前：

1. 檢閱卷宗、證物，並得抄錄攝影。

2. 聲請審判長於期日，許可攜同速記到場。

3. 提出有關證據，並聲請調查證據，傳喚證人、鑑定人及通譯。

4. 聲請法官迴避。

5. 得於搜索扣押或勘驗時在場。

(四) 審判期日時：

1. 出庭辯論。

2. 得於聲請審判長訊問後，自行訊問證人及鑑定人。

3. 請求爲證據物之提示。（限於調查證據時）

(五) 審判終結前：對於行合議審判之審判長或受命法官之處分，向法院聲明異議。

(六) 審判終結後：

1. 為被告遲誤上訴、抗告及再審期間，聲請回復原狀。

2. 為被告利益，在不違反被告明示意思下上訴。

(七) 對被告判刑之主張：

1. 犯最重本刑3年以下之刑，而受6月以下刑之宣告，因身體、教育、職業及家庭關係，請求法院易科罰金，如判決中未宣告，亦可向執行檢察官提出聲請。

2. 聲請緩刑。

(八) 限制被告出境，倘案件在第三審上訴期間或上訴中，應由第二審法院決定有無限制之必要。

第五款　緩起訴

　　查立法意旨，為使司法資源有效運用，填補被害人之損害，有利被告或犯罪嫌疑人之再社會化及犯罪之特別預防等目的，參考「日本起訴猶豫制度」及「德國附條件及履行期間之暫不提起公訴制度」，而增訂緩起訴處分制度；故明訂檢察官依刑事訴訟法第253條規定，為職權不起訴處分；或依同法第253條之1規定，為緩起訴處分；按此緩起訴與不起訴，皆係檢察官終結偵查所為處分，檢察官得就已偵查終結之原緩起訴案件，繼續偵查或起訴，應以原緩起訴處分係經合法撤銷者為前提，此乃法理上所當然。

△刑事訴訟法為配合由職權主義調整為改良式當事人進行主義，乃採行起訴猶豫制度，於同法增訂第253條之1，許由檢察官對於被告所犯為死刑、無期徒刑或最輕本刑3年以上有期徒刑以外之罪之案件，得參酌刑法第57條所列事項及公共利益之維護，認為適當者，予以緩起訴處分，期間為1年以上3年以下，以觀察犯罪行為人有無施以刑法所定刑事處罰之必要，為介於起訴及微罪職權不起訴間之緩衝制度設計。其具體效力依同法第260條規定，於緩起訴處分期滿未經撤銷者，非有同條第1款或第2款情形之一，不得對於同一案件再行起訴，即學理上所稱之實質確定力。足見在緩起訴期間內，尚無實質確定力可言。且依第260條第1款規定，於不起訴處分確定或緩起訴處分期滿未經撤銷者，仍得以發現新事實或新證據為由，對於同一案件再行起訴。本於同一法理，在緩起訴期間內，倘發現新事實或新證據，而認已不宜緩起訴，又無同法第253條之3第1項所列得撤銷緩起訴處分之事由者，自得就同一案件逕行起訴，原緩起訴處分並因此失其效力。復因與同法第260條所定應受實質確定力拘束情形不同，當無所謂起訴程序違背規定之可言。（94台非215）

○被告於緩起訴期間內如有違背上開應遵守或履行事項之規定時，檢察官固得依職權或依告訴人之聲請，撤銷原緩起訴處分，繼續偵查或起訴，但以原緩起訴處分已經撤銷為前提，此觀刑事訴訟法第253條之3第1項第3款之規定甚明。又檢察官為緩起訴處分，若係命被告於一定期間，向公庫或指定之公益團體支付一定之金額者，苟被告已遵命履行，但檢察官誤未遵命履行，而依職權撤銷原緩起訴處分，並提起公訴（或聲請簡易判決處刑）時，該撤銷原緩起訴處分之處分，顯係重大違背法令，不生實質之效力，與未經撤銷原緩起訴處分無異，其後所提起之公訴（或聲請簡易判決處刑），因違背刑事訴訟法第253條之3第1項第3款以原緩起訴處分已經撤銷為前提之規定，應

認其起訴（或聲請簡易判決處刑）之程序違背規定，依刑事訴訟法第303條第1款之規定，為不受理之判決，始為適法。（94台非181）

○ 被告所犯為死刑、無期徒刑或最輕本刑3年以上有期徒刑以外之罪，檢察官參酌刑法第57條所列事項及公共利益之維護，認以緩起訴為適當者，得定1年以上3年以下之緩起訴期間為緩起訴處分，其期間自緩起訴處分確定之日起算；又檢察官為緩起訴處分者，得命被告於一定期間內履行向公庫或指定之公益團體、地方自治團體支付一定之金額，同法第253條之1第1項、第253條之2第1項第4款亦分別規定甚明。考其立法意旨，在為使司法資源有效運用，填補被害人之損害，有利被告或犯罪嫌疑人之再社會化及犯罪之特別預防等目的，參考「日本起訴猶豫制度」及「德國附條件及履行期間之暫不提起公訴制度」，而增訂之緩起訴處分制度；且基於個別預防、鼓勵被告自新及復歸社會之目的，允宜賦予檢察官於「緩起訴」時，得命被告遵守或履行一定之條件或事項之權力，乃增列第253條之2第1項之規定。是「緩起訴」既係檢察官基於「起訴猶豫」所為「暫不提起公訴」之處分，自無法與檢察官提起公訴或自訴人提起自訴，等同看待。（95台非29）

○ 按緩起訴與不起訴，皆係檢察官終結偵查所為處分，檢察官得就已偵查終結之原緩起訴案件，繼續偵查或起訴，應以原緩起訴處分係經合法撤銷者為前提，此乃法理上所當然。檢察官為緩起訴處分，若係命被告於一定期間，向公庫或指定之公益團體支付一定之金額者，苟被告已遵命履行，但檢察官誤認其未遵命履行，而依職權撤銷原緩起訴處分，並提起公訴（或聲請簡易判決處刑）時，該撤銷原緩起訴處分之處分，即存有明顯之重大瑕疵，依司法院釋字第140號解釋之同一法理，應認此重大違背法令之撤銷緩起訴處分為無效，與原緩起訴處分未經撤銷無異。其後所提起之公訴（或聲請簡易判決處刑），應視其原緩起訴期間已否屆滿，分別適用刑事訴訟法第303條第1款或第4款為不受理之判決，始為適法。亦即，如原緩起訴期間尚未屆滿，因其起訴（或聲請簡易判決處刑）係違背刑事訴訟法第253條之3第1項第3款以原緩起訴處分已經合法撤銷為前提之規定，應認其起訴（或聲請簡易判決處刑）之程序違背規定，依同法第303條第1款之規定，為不受理之判決；於原緩起訴期間已屆滿，應認其起訴（或聲請簡易判決處刑）違反「緩起訴期滿未經撤銷，而違背第260條之規定再行起訴」，依同法第303條第4款之規定，諭知判決不受理。（96台非232）

○ 檢察官之起訴書或聲請簡易判決處刑書，應記載犯罪事實及證據並所犯法條，刑事訴訟法第264條第2項第2款、第451條第2項分別定有明文；倘檢察官就同一案件，於被告緩起訴期間內，發現新事實、新證據，認不宜緩起訴而逕行起訴或聲請簡易判決處刑，自應於起訴書或聲請簡易判決處刑書內記載該新事實、新證據，否則，仍難謂其起訴程序符合法律規定之要件。（98台非63）

第四節　具保

具保乃羈押（參本章第九節）停止的一種取代方式，亦即由被告提出保證書，並指定相當之保證金額（視情況而定），依法繳納後停止羈押且釋放的一種較責付或限制住居為重的斟酌考量。其聲請程序如下：[註]

一、當法官於諭知具保後，被告得即提出一定金額之保證書（或由當地殷實之店舖提出書面保證），並由法官指定相當之保證金額，由書記官開具繳納保證金通知書及依法繳納後停止羈押。

二、被告於得知上述訊息後，由法警陪同至候保室立即以電話聯繫親友來保釋。

三、然後由服務處人員輔導被告親友辦妥保證手續；或由法警帶同聲請人等逕向出納室繳納。

四、具保者如係個人應備身分證，如係公司行號則應備營業執照及繳納稅捐等證明文件，於批保後逕向書記官索取繳納保證金通知單向出納室辦理。

五、院言審酌認為不適宜具保者，律師均只能再具狀請求，別無他法可供援用，因為檢方會以其是否會串供的考量，倘因身體關係須戒護就醫者，亦是可援用之方法。

六、批保釋放：繳代金代保者，先放後批。以書面舖保者，核批後釋。

七、在院方開庭時，則分別有當庭釋放及諭知具保後釋放。

八、隨時均可具保停止羈押。

九、因案通緝而在未判決前被逮捕羈押時，通常只要陳述合理之理由，例如未接獲傳票（因戶籍住址遷移未及陳報，是不自知者），均可望交保候傳，雖不盡合理但已行之有年。

十、一般在警察局，可能因為證據力不強，且又有律師保證或其他特殊關係者，方有具保候傳而不隨案移送檢方之情形。

十一、一般具保均以書面請求，其理由除因身體病況、事情已明瞭而對案情偵查無影響等情形外，一般正常程序的處理別無他途可茲運用。

△向法院出具保證書之第三人，對於其所保之被告逃匿者，能否免除繳納指定保證金額之責任，須視其曾否將被告預備逃匿情形，於得以防止之際，報告法院聲請退保，已得准許為斷，抗告人所保之被告，於停止羈押後，應訊一次，即行逃匿，在未逃匿前，抗告人既未向法院退保，無論被告之逃匿原因如何，及其現在有無一定住址，均不能為抗告人免除責任之理由。（27抗105）

△羈押之被告經諭知無罪後視為撤銷羈押，但在上訴中得命具保或責付，如不能具保或責付而有必要情形者，並得命繼續羈押之，刑事訴訟法第308條規定甚明。抗告人因殺人案經原審諭知無罪後，狀請具保，雖檢察官對於該案業已提起上訴，但依上開法條，仍應由原審就其能否具保及有無羈押之必要情形詳予審酌，方為合法，原審僅以案情重大，業經檢察官上訴為理由，將其聲請駁回，自屬不當。（27渝抗145）

△刑事訴訟法第118條規定沒入指定之保證金額，原以被告於具保停止羈押後故意逃匿者為限，如因不可抗力發生阻礙，未能如期到案，即非故意逃匿，自不得依據前項規定，沒入其保證金。（27抗150）

△因具保停止羈押之被告已經不起訴處分確定者，其原保證人以前所具保證書，事實上縱未註銷而具保責任在法律上已應予以免除，此觀於刑事訴訟法第119條第1項、第3項及第238條第1項之規定，其義自明。（31抗53）

△原法院所為准許被告具保停止羈押之裁定，並未經制作裁判書送達，其抗告期間無從起算，自不生逾期之問題。（42台特抗9）

△ 被告聲請停止羈押，以案件未經判決確定前尚在羈押中者爲限，此觀於刑事訴訟法第
121條之規定，其義至明，抗告人之聲請具保停止羈押，已在該案判決確定之後，其
聲請自屬於法不合。（44台抗39）

△ 刑事訴訟法第114條第3款規定羈押之被告，現罹疾病，非保外治療，顯難痊癒者，如
經具保聲請停止羈押，不得駁回，係爲重視人權而設，與被犯罪之輕重無關。（61台
抗32）

註：法院辦理刑事訴訟案件被告具保責付要點（93.12.13）

一、刑事訴訟被告具保或責付手續，除法律另有規定外，依本要點辦理之。

法院辦理違反社會秩序維護法案件之具保責付手續，準用本要點之規定辦理。

二、被告經諭知具保者，應審酌其涉嫌犯罪之情節與身分及家庭環境，指定相當之保證金
額，命提出由該管區域內殷實之人所具之保證書。如聲請人自願繳納保證金或由第三
人繳納者，由法警填具報告書（格式如附件（一）），經法官批准後，由書記官開具繳
納保證金通知單（格式如附件（二））交由法警帶同聲請人逕向出納室繳納，並將收據
第二聯附卷存查。

前項具保人如一人資力不足時，得由二人以上爲之。

諭知責付者，應由得爲其輔佐人或該管區域內其他適當之人出具責付證書。

三、保證書應記載保證金額及依法繳納之事由，責付證書應載明如經傳喚願負責被告隨時
到場。其格式由各級法院統一印製（如附件（三）、（四）），免費供用，並應備置於法
警室或服務處（含服務台、服務中心或訴訟輔導處，以下同），以便被告或其親友取
用，法警或服務處職員並應指導其填寫方法，或代爲填寫。

四、諭知准予交保責付者，如有得爲被告輔佐人之人或親友在場，可逕命出外代爲覓保或
受責付人，並代辦一切具保責付手續。如其中有可爲具保人或受責付人，或其辯護人
有可爲受責付人之情形，而應繳驗之身分證等證明文件已攜帶齊全者，應命當庭即時
辦理一切具保或責付手續。

書記官於開庭前應攜帶印就之空白保證書、責付證書等到庭，以供遇有前項情形時，
可當庭將空白保證書或責付證書交付被告或其親友應用，並指導其填寫方法。

五、被告不能當庭辦理具保責付手續者，應准用電話或以其他方法，通知其在法院所在地
之親友或願爲具保受責付之人，攜帶必需之身分證等證明文件，逕向法院書記官辦理
具保責付手續。對於當日不能辦妥具保責付手續之被告或其親友，應交付「被告具保
責付處理紀錄單」（格式如附件（五）），以便其於5日內憑單繼續辦理。羈押於看守所
之被告，經裁定准予具保責付者亦同。被告陳明須出外覓保或受責付人時，得指派法
警隨同前往，注意戒護，以防脫逃。如非有脫逃之虞時，不得以戒具束縛其身體。

六、被告未能照指定之保證金額覓保，斟酌其涉犯罪之情節得降低原定之保證金額者，法
官得將原指定之保證金額酌予減低，命繼續覓保。認爲以責付爲適當者，法官亦得逕
命責付。

七、被告在法院所在地無法覓保，經准許在鄉區覓保，得由法官以電話或以書面囑託該管
警察機關，就近辦理對保手續，並將電話囑託情形，記載於電話查保登記簿（格式如

附件(六))。

八、出具保證書人須提出財產證明文件,證明確已超過指定之保證金額。

　　具保而免提保證書者,除繳納之保證金為現金外,其許以有價證券代繳時,應按時價折算之。

　　受責付者除係得為被告輔佐人之人或其選任辯護人、委任代理人外,以居住該管區域內被告之尊長親友或其他有正當職業或有聲譽信用之人,而對被告具有約束力影響力者為適當。

九、法院應於法警室備置具保證人稽核登記卡(格式如附件(七)),對於聲請具保之人,由法警檢查其是否有經常為人在法院具保及超過其資產能力具保情事,如發現有上述情事者,應報告法官,拒絕其保證,並注意查究有無不法情事。

十、被告經法官諭知具保或責付時,應由承辦人員依據「具保責付辦理程序單」(格式如附件(八))循序辦理具保責付手續,並逐項將辦理時間詳實登載於各欄,於辦完手續後,由書記官附卷存查。

十一、前條辦理程序單分由下列人員記載:

　　(一)日期至書記官開具繳納保證金通知單時間(採24小時制)各欄,由書記官記載。

　　(二)分配法警查保時間欄,由法警長記載。

　　(三)法警協助通知被告親友時間欄,由候保室值勤法警記載;被告親友辦妥手續時間欄及查保完畢時間欄,由查保法警記載並簽名或蓋章。

　　(四)收受保證金時間欄,由收受人記載,如保證金係向駐法院之銀行櫃台繳交者,由帶領繳款人前往繳款之法警記載。

　　(五)被告保外時間欄,由候保室值勤法警或查保法警記載並簽名或蓋章。

　　(六)法官批保時間欄至書記官交付釋票時間各欄,由書記官記載。(看守所收受釋票時間,可依據釋票登記簿上看守所簽收人員之簽收時間記載。)

十二、被告經准予具保或責付者,如覓妥具保人或受責付人時,已逾辦公時間,或屬例假日,得由原承辦人員委託值日法官代為審查批准,辦理釋放手續。

十三、法警室應備置被告具保責付登記簿,按日將具保責付被告之案號、案由、姓名登載,報經書記官長轉陳院長核閱。

十四、被告未能覓得具保人或受責付人時,法警室應即將經過情形,填具報告書(格式如附件(一))報請法官核辦。

十五、奉派辦理具保責付手續之人員,不得藉故刁難拖延,或所有需索,或接受招待餽贈,或將被告帶至他處辦理與覓保無關之事,違者從嚴議處。

附件三 刑事報告保證書

<table>
<tr><td rowspan="2">具保人</td><td colspan="2">姓　　名</td><td>性　別</td><td colspan="2">年　　齡</td><td colspan="2">出　生　地</td><td>職　業</td><td colspan="2">國民身分證統一編號</td></tr>
<tr><td colspan="2"></td><td></td><td colspan="2"></td><td colspan="2">省（市）
縣（市）</td><td></td><td colspan="2"></td></tr>
<tr><td></td><td colspan="2" rowspan="2">與被保人之關係</td><td colspan="3">☐ 親戚</td><td colspan="3">房屋：　　　　棟
資力　價值新台幣　　　元
土地：　　　　坪
價值新台幣　　　元</td><td rowspan="2">住

址</td><td colspan="2">縣（市）
鄉（鎮、市）
街（路）
里（村）
鄰　　　段
巷　弄　號</td></tr>
<tr><td></td><td colspan="3">☐ 友誼</td><td colspan="3"></td><td colspan="2"></td></tr>
<tr><td rowspan="2">被保人</td><td colspan="2">姓　　名</td><td>性別</td><td>年齡</td><td>職業</td><td colspan="2">案號及案由</td><td colspan="2">住　　　址</td><td colspan="2">國民身分證統一編號</td></tr>
<tr><td colspan="2"></td><td></td><td></td><td></td><td colspan="2">年度
字
第　號案</td><td colspan="2">縣（市）
鄉（鎮、市）
街（路）
里（村）
鄰　　　段
巷　弄　號</td><td colspan="2"></td></tr>
</table>

具保人　　　　茲保得被告　　　　　　名謹將願保證之事項附陳如下：

一、保證被保人隨傳隨到。

二、負責書面保證金新台幣　　　　　元整，如被保人逃匿時，願依法繳納。

三、保證被保人限制居住於　　　省（市）　　　縣（市）。

四、受委託為被保人文件送達代收人。

　　　謹呈

台灣　　　　法院刑事庭

　　　　　　　　　　　　　　　　　　　　　具保人　　　　　印章

<table>
<tr><td rowspan="2">批　　示</td><td rowspan="2"></td><td rowspan="2">被保人陳明</td><td>指定具保人為文件送達代收人</td><td>對保人意見</td><td>對保人簽章</td></tr>
<tr><td>收章</td><td></td><td></td></tr>
<tr><td>中　　華　　民　　國</td><td colspan="2"></td><td>年</td><td>月</td><td>日</td></tr>
</table>

第五節　控訴（第一審）

　　具體的刑事案件，經起訴而繫屬（受理）於法院後，法院與當事人均應受其拘束，前者指事實狀態，後者為繫屬的結果。而其繫屬之狀態，係由移審而生，其方法有：提出，例如自訴；送交訴狀；先提出而後送交，例如上訴。同時刑事判決所認定之事實，於獨立之民事訴訟，固無拘束力，惟民事法院就當事人主張之該事實，及其所聲明之證據，仍應自行調查斟酌，決定取捨，不能概予抹煞。（參69年台上字第2674號判例）

　　且刑事審判旨在實現刑罰權分配之正義，故事實審法院對於被告之量刑，應符合比例、平等及罪刑相當原則，使輕重得宜，罰當其罪。又法律上屬於自由裁量之事項，並非概無法律性之拘束。自由裁量係於法律一定之外部性界限內（以定執行刑言，即不得違反刑法第51條之規定），使法官具體選擇以爲適當之處理；因此在裁量時，必須符合所適用之法規之目的。更進一步言，須受法律秩序之理念所指導，此亦即所謂之自由裁量之內部性界限。關於定應執行之刑，既屬自由裁量之範圍，即應受此項內部性界限之拘束，應無疑義。

　　既曰繫屬，一般固指經起訴之事實上繫屬部分，而另一部分，則爲法律上之繫屬。例如：

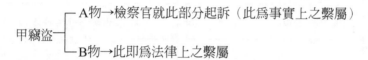

甲竊盜
- A物→檢察官就此部分起訴（此爲事實上之繫屬）
- B物→此即爲法律上之繫屬

依刑事訴訟法第267條：一部起訴，其效力及於全部，即依此而來。
同時依訴之適法與否而爲如次之判決：

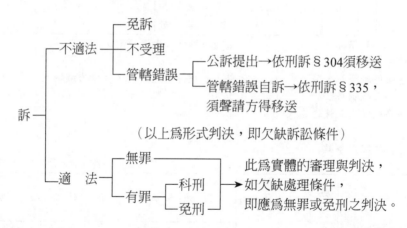

訴
- 不適法
  - 免訴
  - 不受理
  - 管轄錯誤
    - 公訴提出→依刑訴§304須移送
    - 管轄錯誤自訴→依刑訴§335，須聲請方得移送

　　（以上爲形式判決，即欠缺訴訟條件）

- 適　法
  - 無罪
  - 有罪
    - 科刑
    - 免刑

此爲實體的審理與判決，如欠缺處理條件，即應爲無罪或免刑之判決。

　　告訴若不起訴處分時可提出再議，依刑事訴訟法第258條上級法院檢察署檢察長或檢察總長認再議爲無理由者，應駁回之；認爲有理由者，第256條之1之情形應撤銷原處分，第256條之情形應分別爲左列處分：
一、偵查未完備者，得親自或命令他檢察官再行偵查，或命令原法院檢察署檢察官續行偵查。
二、偵查已完備者，命令原法院檢察署檢察官起訴。
　　倘對駁回處分不服時，得依第258條之1於接受處分書後10日內委任律師提出理由狀，向該管第一審法院聲請交付審判。律師受前項之委任，得檢閱偵查卷宗及證物並得抄錄或攝影。但涉及另案偵查不公開或其他依法應予保密之事項，得限制或禁止之。選任辯護人，應提出委任書狀。

聲請交付審判暨理由狀

聲請人○○○
訴訟代理人○○○律師
為聲請交付審判事：
聲請人不服○○高等法院檢察署○○年度上聲議字第○○○號不起訴處分駁回案，特於
法定10日內委請律師提出本理由，就該處分內容為何有偵查權限者在告訴人已依書狀
載明事實有幾點？為何事證明確仍不採信○○？為何即便事證明確卻仍忽略證據○○？
○○○○○○○○○○，特依刑事訴訟法第258條之1，就所檢閱卷宗及證物資料提出上開
理由，狀請
○○地方法院刑事庭　鈞鑒

一、告訴與告發

　　告訴乃論之罪，被害人之告訴，須含有希望訴追之意思；若無得為告訴之人或得為
告訴之人不能行使告訴權者，該管檢察官得依利害關係人之聲請或依職權指定代行告訴
人。告訴，得委任代理人行之。但檢察官或司法警察官認為必要時，得命本人到場。前
項委任應提出委任書狀於檢察官或司法警察官，並準用每一被告選任辯護人，不得逾三
人及被告有數辯護人者，送達文書應分別為之。「委任告訴代理人及告訴人得於審判中
委任代理人到場陳述意見。但法院認為必要時，得命本人到場。前項委任應提出委任書
狀於法院，但代理人為非律師者於審判中，對於卷宗及證物不得檢閱、抄錄或攝影」之
規定，於指定代行告訴人不適用之。

　　同時告訴乃論之罪，被害人未向檢察官或司法警察官告訴，在法院審理中，縱可補
為告訴，仍應向檢察官或司法警察官為之，然後再由檢察官或司法警察官將該告訴狀或
言詞告訴之筆錄補送法院，始得謂為合法告訴。如果被害人不向檢察官或司法警察官提
出告訴，而逕向法院表示告訴，即非合法告訴。

　　有關告訴與告發之重要闡釋分析，請參閱後述之分別說明。

△告訴乃論之罪，刑事訴訟法並無被害人非有行為能力不得告訴之規定，原審以被告所
　犯為告訴乃論之罪，被害人年僅16歲，尚未成年，亦未結婚，無訴訟行為能力，認其
　告訴為無效，殊屬誤會。（26渝上69）

○告訴人指稱被告在告訴人熟睡中壓在其身上感痛驚醒，拼命抗拒，被告將伊兩手捉
　住，用左手壓住伊嘴，再以右手拉脫其內褲等情，如果非虛，即已著手強姦行為，而
　進入強姦未遂階段，核與乘機姦淫未遂之情形不同。（60台上3335）

△原判決既認上訴人有強劫錢財之概括犯意，則其將陳女誘往旅社房間內，顯非單純意
　圖強姦，而係強盜而強姦，為刑法上之結合犯，亦不因上訴人之先強姦，再強盜而有
　異。如果原判決所認事實無訛，自應論上訴人以懲治盜匪條例第2條第1項第8款強劫
　而強姦罪之連續犯。按之強劫而強姦，非告訴乃論之罪，原判決竟以陳女對強姦部
　分，未經告訴，欠缺追訴要件，不能認上訴人成立強劫而強姦之結合犯，因認第一審

判決論上訴人以連續強劫而強姦爲不當，遽行撤銷改判，顯有判決適用法則不當之違誤。（70台上959）

△被害人之告訴權與被害人法定代理人之告訴權，各自獨立而存在。被害人提出告訴後，其法定代理人仍得獨立告訴，是以告訴乃論之罪，法定代理人撤回其獨立之告訴，於被害人已先提出之告訴，毫無影響，法院不得因被害人之法定代理人撤回其獨立告訴，而就被害人之告訴，併爲不受理之判決。（70台上6859）

△犯罪之被害人得爲告訴，刑事訴訟法第232條定有明文，依此規定，被害人雖係未成年人，祗須有意思能力，即得告訴；而與同法第233條所規定之法定代理人之獨立告訴權，暨民法第76條、第78條所規定私法行爲之法定代理，互不相涉。故原判決認被害人之法定代理人撤回告訴，與被害人之告訴，乃屬二事，即並不影響被害人之告訴。上訴人指屬違法，核與法律所定判決適用法則不當之情形，顯屬不相適合。（72台上629）

△告訴乃論之罪，被害人未向檢察官或司法警察官告訴，在法院審理中，縱可補爲告訴，仍應向檢察官或司法警察官爲之，然後再由檢察官或司法警察官將該告訴狀或言詞告訴之筆錄補送法院，始得謂爲合法告訴。如果被害人不向檢察官或司法警察官提出告訴，而逕向法院表示告訴，即非合法告訴。本件被害人於偵查中就上訴人過失傷害部分，迄未向檢察官或司法警察官提出告訴，迨第一審法院審理中，始當庭以言詞向該法院表示告訴，依前開說明，本件告訴自非合法。上訴人所犯過失傷害部分，尚欠缺訴追要件，即非法院所得受理審判。（73台上4314）

△告訴乃論之罪，告訴人祗須表示訴究之意思爲已足，不以明示其所告訴者爲何項罪名爲必要。告訴人在偵查中已一再表示要告訴，雖未明示其所告訴之罪名，但依其所陳述之事實，仍無礙於告訴之效力。（74台上1281）

△告訴人、證人之陳述有部分前後不符，或相互間有所歧異時，究竟何者爲可採，法院仍得本其自由心證予以斟酌，非謂一有不符或矛盾，即應認其全部均爲不可採信；尤其關於行爲動機、手段及結果等之細節方面，告訴人之指陳，難免故予誇大，證人之證言，有時亦有予渲染之可能；然其基本事實之陳述，若果與眞實性無礙時，則仍非不得予以採信。（74台上1599）

(一) 告訴權之問題

告訴權人	犯罪之被害人，得為告訴。
	被害人已死亡者，得由其配偶、直系血統、三親等內之旁系血親、二親等內之姻親或家長、家屬告訴，但告訴乃論之罪，不得與被害人之明示之意思相反。
	刑法第298條之妨害自由罪，被略誘之人之直系血親、三親等內之旁系血親、二親等內之姻親或家長、家屬亦得為告訴。
	刑法第312條之妨害名譽及信用罪，已死者之配偶、直系血親、三親等內之旁系血親、二親等內之姻親或家長、家屬得為告訴。
	被害人之法定代理人或配偶，得獨立告訴。
	被害人之法定代理人為被告或該法定代理人之配偶或四親等內之血親、三親等內之姻親或家長、家屬為被告者，被害人之直系血親、三親等內之旁系血親、二親等內之姻親或家長、家屬得獨立告訴。（刑訴§235）

告訴人限制	刑法第230條之妨害風化罪，非左列之人不得告訴： 一、本人之直系血親尊親屬。 二、配偶或其直系血親尊親屬。
	刑法第239條之妨害婚姻及家庭罪，非配偶不得告訴。
	刑法第240條第2項之妨害婚姻及家庭罪，非配偶不得告訴。 告訴乃論之罪，無得為告訴之人或得為告訴之人不能行使告訴權者，該管檢察官得依利害關係人之聲請或依職權指定代行告訴人。 告訴乃論之罪，不得與被告人明示之意思相反。
相關問題	告訴乃論之罪，其告訴應自得為告訴人之人知悉犯人之時起，於6個月內為之。 得為告訴之人有數人，其一人遲誤期間者，其效力不及於他人。 告訴乃論之罪，對於共犯之一人告訴或撤回告訴者，其效力乃於其他共犯。但刑法第239條之罪，對於配偶撤回告訴者，其效力不及於相姦人。 同一案件經提起自訴者，不得再行告訴或為第242條之請求。 ※告訴人或其代理人在第一審時，是否聲請閱卷由法官自行決定，原則上不允許之機率較大。
委任告訴	刑事告訴雖得委任人代行，亦不問其係屬律師與否，然律師代行告訴，依現行法令時不能與民事代理人、刑事辯護人視同一律。（院122） 委任律師為告訴代理人，律師乃得服制服執行其職務（80院台廳2字第4212號及80檢字第5542號、84檢台字第21670號函示，故示準同辯護人許在場札記）。

1. 被害人之告訴權

(1) 被害之是否直接，須以犯罪行為與受侵害之法益有無直接關係為斷，如就同一客體有二以上之法益同時並存時，苟其法益直接為犯罪行為所侵害，則兩法益所屬之權利主體，均為直接被害人，並不因另有其他之直接被害人而發生影響（參30年上字第3416號判例）。合夥人對合夥財產受有侵害，均為被害人。（參26年上字第1270號判例）

(2) 且是否犯罪之被害人，專就其所述之事實是否在實體法上足認其為被害人為斷，而非以實際上確曾受害為認定之基準，另犯罪當時非直接被害人，而犯罪後，縱因其他原因致犯罪時所侵害的法益歸屬其所有，亦不得追溯而認其告訴為合法（參56年台上字第1361號判決）。同時被害人之告訴權，只要具有意思能力為已足（26年渝上字第69號判例參照）。而與自訴之必須具有行為能力者不同，且告訴乃論之罪，已經告訴人合法告訴後，縱或死亡或其身分關係消滅，均於告訴之效力不生任何影響（參院527）。故告訴之效力均以告訴時為準，且專屬於原提出告訴之人。（參26年渝上字第1427號、54年台上字第1629號判例）

(3) 告訴乃論之罪，被害人未向檢察官或司法警察官告訴，在法院審理中，縱可補為告訴，仍應向檢察官或司法警察官為之，然後再由檢察官或司法警察官將該告訴狀或言詞告訴之筆錄補送法院，始得謂為合法告訴。如果被害人不向檢察官或司法警察官提出告訴，而逕向法院表示告訴，即非合法告訴。（參73年台上字第4314號判例）

告訴乃論之罪，如得為告訴之人在偵查中未向檢察官或司法警察官提出告訴者，固得於事實審法院審理中，為欠缺追訴條件之補正，但告訴人仍應以書狀或言詞向檢

察官或司法警察官補行告訴，並由檢察官或司法警察官將告訴狀或筆錄移送法院，法院始得為實體上判決。（參77年台上字第1035號判決）

(4) 檢察官以非告訴乃論起訴，經法院審理結果為告訴乃論之罪或裁判上一罪，其犯罪事實一部未經告訴者，則對此一部分得分別於第一審或第二審辯論終結前，補正其追訴條件。（院2105參照）

我國實際上對告訴權人與犯人間私行和解而捨棄其告訴權者，並不生此附撤回告訴而不得再行告訴之例。（參26年上字第1906號判例）

(5) 被害人之再議權：如被害人之所提之告訴，被檢察官以刑事訴訟法第252條至第255條的理由，為不起訴處分者，得於收到之後7日內，敘明不服的理由，經原檢察官向上級法院檢察署提出「再議聲請書」；若對再議不服，可向法院聲請交付審判以茲救濟。

2. 其他

(1) 財產法益——占有人或事實上管領之人。（參42年台非字第18號判例）

刑事訴訟法第311條所謂犯罪之被害人，就財產法益言，並不限於所有權人，即占有人之占有被侵害時，該占有人亦為本條之被害人。（參26年鄂上字第255號判例）

(2) 公共危險之放火罪。（參院1601）

(3) 違法徵收（刑§129 I）（參54年台上字第1884號判例）。但違法剋扣依73年5月15日刑庭總會決議，個人非直接被害人。

(4) 贓物罪依63年12月17日刑庭總會決議，遺失人（包括被偷或被騙之人）係直接被害人。

(二) 告發權之主體

二、撤回告訴（限於第一審辯論終結前）

刑事訴訟法第238條第1項規定，告訴人雖有撤回告訴之權，但未於第一審辯論終結前撤回，則其在第二審更審中所為撤回告訴之聲請，顯難認為合法。同時被害人之法定代理人撤回告訴，並不影響被害人本身之告訴。（參72年台上字第629號判例）

三、自訴

按犯罪之被害人始得提起自訴，又犯罪事實之一部提起自訴者，他部雖不得自訴亦以得提起自訴論。但不得提起自訴部分係較重之罪，或其第一審屬於高等法院管轄，或第321條之情形者，不在此限，刑事訴訟法第319條定有明文。另刑事訴訟法第37條規定自訴人應委任代理人，而此一代理人應選任律師充之。

自訴權人	犯罪之人被害人得提起自訴。但無行為能力或限制行為能力或死亡者，得由其法定代理人、直系血親或配偶為之。準誣告罪之被害人亦為直接被害人。（參54年台上字第1139號判例）	
	對於直系尊親屬或配偶，不得提起自訴。	
例　　外	犯罪事實之一部提起自訴者，他部雖不得自訴亦以得提起自訴論。但不得提起自訴部分係較重之罪，或其第一審屬於高等法院管轄，或第321條之情形者，不在此限。	
	不得	告訴或請求乃論之罪，已不得為告訴或請求者，不得再行自訴。 同一案件經檢察官終結偵查者，不得再行自訴。
	對於少年犯罪之刑事追訴及處罰，以依第27條移送之案件為限。 刑事訴訟法關於自訴之規定，於少年刑事案件不適用之。（少§65Ⅰ、Ⅱ）	
委任代理	犯罪之被害人得提起自訴。但無行為能力或限制行為能力或死亡者，得由其法定代理人、直系血親或配偶為之。 前項自訴之提起，應委任律師之。（刑訴§319Ⅰ、Ⅱ）	
提　　起	自訴之提起以犯罪之直接被害人為限。（77年台上字第3657號判例、院1306）	

☆自訴狀應按被告人數提出繕本，其未提出而情形可以補正者，法院應以裁定限期補正，此係以書狀提起自訴之法定程序，如故延不遵，應諭知不受理之判決。惟法院未將其繕本送達於被告，而被告已受法院告知自訴內容，經為合法之言詞辯論時，即不得以自訴狀繕本之未送達而認為判決違法。本院院字第1320號解釋之(二)應予補充釋明。（釋134）

△刑事訴訟法第311條所定得提起自訴之人，係限於因犯罪而直接被害之人，必其人之法益由於犯罪行為直接所加害，若須待乎他人之另一行為而其人始受損害者，即非因犯罪直接所受之損害，不得提起自訴。至個人與國家或社會，因犯罪而同時被害者，該被害之個人，固亦得提起自訴，但所謂同時被害，自須個人之被害與國家或社會之被害由於同一之犯罪行為所致，若犯罪行為雖足加國家或社會以損害，而個人之受害與否，尚須視他人之行為而定者，即不能謂係同時被害，仍難認其有提起自訴之權。刑法上之誣告罪，得由被誣告人提起自訴，係以誣告行為一經實施，既足使國家司法上之審判權或偵查權妄為開始，而同時又至少必使被誣告者受有名譽上之損害，縱使審判或偵查結果不能達到誣告者欲使其受懲戒處分或刑事處分之目的，而被誣告人在名義上已一度成為行政上或刑事上之被告，其所受名譽之損害，自係誣告行為直接且同時所加害。至於他人刑事被告案內為證人、鑑定人、通譯之人，在審判或偵查時，依法具結而為虛偽之陳述，固足使採證錯誤，判斷失平，致司法喪失威信，然此種虛偽之陳述，在他人是否因此被害，尚繫於執行審判或偵查職務之公務員採信其陳述與否而定，並非因偽證行為直接或同時受有損害，即與刑事訴訟法第311條所稱之被害人並不相當，其無提起自訴之權，自不待言。（26渝上893）

△刑事訴訟法第316條雖規定同一案件經提起自訴者，不得再行告訴。但該項自訴如因不合程序，經諭知不受理之判決而確定者，即已回復未自訴前之狀態，仍得由被害人依法告訴。（27渝上792）

△(一)刑事訴訟法第348條及第322條第2項，僅規定自訴人上訴，非得檢察官之同意不得撤回，暨檢察官對於自訴案件，得於審判期日出庭陳述意見，並未限制檢察官於自訴案件必須蒞庭陳述意見，及不得於審判期日外，因法院諮詢而同意自訴人之撤回上

訴。原判決以上訴人在第二審之審判期日，曾以言詞撤回上訴記明筆錄，並於審判期日外，諮詢檢察官得其同意，已發生撤回上訴之效力。乃上訴人撤回上訴後，又狀請仍准上訴，認爲不合法，予以駁回，於法並無違背。

(二)刑事訴訟法第363條之逕行判決，原屬任意規定，被告雖傳未到庭而應否不待陳述逕行判決，法院有斟酌之餘地，且即使逕行判決，亦非必爲被告不利之裁判。（29上234）

△ 於第一審辯論終結前，得就與本案相牽連之犯罪追加起訴，並得於審判期日以言詞爲之，刑事訴訟法第244條定有明文，此項規定依同法第335條爲自訴程序所得準用。上訴人即自訴人在第一審之自訴狀，雖僅列某甲爲被告，但於最後審判期日，以某乙爲案內共犯，當庭請求懲辦，即係於審期日以言詞追加起訴，於法自無不合。（29上2950）

△ 自訴狀應備繕本送達於被告，無非使被告得知被訴內容，準備答辯，原非起訴必要之程式，一、二兩審既已逐將自訴內容向上訴人告知，上訴人又已選任辯護人閱覽全卷，逐爲詳細之答辯，自難因自訴狀之繕本未經送達，指摘原判違法。（32上2397）

△ 自訴狀未記載被告所犯法條者，法院於不妨害事實同一之範圍內，得自由認定事實，適用法律，不能僅就自訴狀記載罪名審理。（46台上406）

△ 犯罪之被害人，固得依刑事訴訟法第319條提起自訴，惟此之所謂被害人，係指犯罪當時之直接被害人而言，其非犯罪當時之直接被害人，依法既不得提起自訴，縱使嗣後因其他原因，致犯罪時所侵害之法益歸屬於其所有，要亦不能追溯其當時之自訴爲合法。（56台上2361）

△ 本件自訴上訴人林某侵占一案，雖由自訴人代理人董律師以自訴人佳和事業股份有限公司法定代理人（實爲代表人）陳某名義而提起，但該自訴狀上除律師董某簽名蓋章外，該公司及其代表人均未蓋章或簽名，按之刑事訴訟法第53條之規定，顯有未合。雖該公司及其代表人陳某對於律師董某有爲第一審之自訴人代理人之委任，有委任狀附卷可按，惟此僅在訴訟合法成立後委任其代爲訴訟行爲，要不能謂該受任人有代理自訴之權。（70台上7369）

△ 刑事訴訟法第346條規定原審之代理人或辯護人，得爲被告之利益而上訴，此項規定，非可類推解釋，而認自訴人之代理人亦得爲自訴人之利益而代自訴人提起上訴。（71台上7884）

△ 檢察官、自訴人及被告雖同爲刑事訴訟法上所稱之當事人，但其立場各異，檢察官爲代表國家行使職權，有要求正當適用法律之責任，故不僅得爲被告之不利益提起上訴，且得爲被告之利益提起上訴。自訴人之目的在使被告受處罰，其上訴應以被告之不利益爲限。至於被告之上訴，應以自己之利益爲限，無許其爲自己不利益上訴之理。（72台聲53）

△ 與國家或社會同時被害之個人，仍不失爲因犯罪而直接被害之人。支票乃有價證券之一種，執有支票，得行使其票面記載之權利。僞造支票不能兌現，固爲破壞社會交易之信用，有害社會法益，但同時亦侵害執票人之權利，不能謂於個人法益未受損害。因而善意轉讓取得該支票之人，自係其直接被害人而得對該僞造支票之行爲人提起自

訴。（73台上4817）

○自訴人所指上訴人等偽造私文書（刑法第210條）部分，雖非屬刑法第61條所列之罪，然此部分原判決係認其犯罪不能證明，並因其與使公務員登載不實（刑法第214條）部分，有裁判上一罪之關係，不另為無罪之諭知，自係有利於上訴人等（即於上訴人非屬不利益），上訴人等原不得對之聲明不服，當無依審判不可分之原則，而使前開屬於刑法第61條所列同法第214條之罪因得提起第三審之上訴。（75台上2148）

△追加自訴案就與已經自訴之案件無單一性不可分關係之相牽連犯罪（指刑事訴訟法第7條所列案件），在原自訴案件第一審辯論終結前，加提獨立之新訴，俾便及時與原自訴案件合併審判，以收訴訟經濟之效，此觀刑事訴訟法第343條準用同法第265條自明；如追加自訴之犯罪，經法院審理結果，認定與原自訴案件之犯罪有實質上或裁判上一罪之單一性不可分關係，依同法第343條準用第267條，既為原自訴效力所及，對該追加之訴，自應認係就已經提起自訴之案件，在同一法院重行起訴，依同法第343條準用第303條第2款，應於判決主文另為不受理之諭知，始足使該追加之新訴所發生之訴訟關係歸於消滅，而符訴訟（彈劾）主義之法理。（87台上540）

○刑事訴訟法第331條第1項、第2項規定，自訴人須經合法傳喚，且以無正當之理由不到庭而認為有必要情形，始得通知檢察官擔當訴訟。故自訴人之不到庭，如未經合法傳喚，或具有正當之理由，自應另定審判期日再行傳喚，不得遽依該條規定通知檢察官擔當訴訟，逕行審判。（90台上1304）

○刑事訴訟法第37條僅規定自訴人得委任代理人到場，而並無准許自訴人委任代理人代為提起自訴之規定，此與民事訴訟得由訴訟代理人起訴之情形有異。原判決雖記載本件第一審之自訴狀，係由陳○具狀向第一審法院提起。但稽諸卷附之自訴狀，自訴人陳○並未在自訴狀上簽名、蓋章，而係於起訴前出具委任狀一份，附於自訴狀，於委任狀記載委任鍾○律師為第一審代理人，而由鍾○律師在自訴狀上蓋章。則該自訴狀之內容如何認係陳○之意所提起？此與陳○是否涉犯誣告罪責非無關聯，自須深入研求並詳敘理由，乃原審未詳予調查究明，自有調查未盡及理由不備之違誤。（90台上2106）

○刑事訴訟法自訴章僅規定自訴之提起，應委任律師行之（第319條第2項），檢察官於審判期日所得為之訴訟行為，於自訴程序，由自訴代理人為之（第329條第1項），及總則編規定「自訴人應委任代理人到場」（第37條第1項）。但就自訴代理人之代理權範圍如何？可否加以限制？該法並無規定，故除捨棄上訴、撤回自訴、提起反訴等攸關訴訟關係發生、消滅等重要事項，仍應由自訴人決定，非受特別委任，不得為之外。有關自訴代理人於訴訟進行中實施攻擊、防禦，提出證據及陳述法律意見等必要之訴訟行為，均得為之。（96台上977）

(一) 瀆職罪章之各罪，僅刑法第129條第1項之罪始得提起自訴

1. 賄賂罪——交付者

△據原確定判決所認定之事實，被告係觸犯刑法第122條之賄賂罪，其所侵害者為國家法益，交付賄賂之某甲並非犯罪之被害人，於法不得提起自訴，原確定判決不依刑事

訴訟法第326條諭知不受理，乃據某甲之自訴，處被告以詐欺罪刑，顯不合法，惟查賄賂罪雖較詐欺罪爲重，但原審對於應諭知不受理之案件，竟爲科刑判決，即於被告顯有不利，自應將原判決關於被告罪刑部分撤銷，另行判決。（29非65）

2. 抑留或剋扣應發給之款物罪——受領人

△刑事訴訟法第319條第1項規定犯罪之被害人始得提起自訴，而所謂犯罪之被害人以因犯罪而直接被害之人爲限，司法院院字1306號解釋有案，刑法第129條第2項抑留或剋扣應發給之款物罪，其直接被害者爲公務機關之公信，亦即國家之法益，至於得受領該項應發給之款項、物品之人，雖亦因此受有損害，但乃間接被害人，依上開解釋，自不得提起自訴。（75台上742）

3. 侵害審判權

△刑法第124條、第125條第1項第3款係侵害國家審判權之犯罪，不得提起自訴，雖其中又犯有僞造文書之罪，其法定刑與上述二條款相同，但以情節比較，則以上述二條款之罪爲重，依刑事訴訟法第311條第2項（舊）但書規定，亦不得提起自訴。原審維持第一審所爲諭知自訴不受理之判決，於法尚非有違。（54台上1785）

4. 圖利罪

△上訴人自訴被告涉嫌刑法上公務員圖利罪，其所保護之法益，爲公務員對國家服務之忠信規律及國家之利益，縱其犯罪結果，於私人權益不無影響，但其直接被害者仍爲國家法益，而非私人權益。雖因被告之行爲致上訴人受有損害，亦屬間接之被害，而非直接被害，依照上開說明，即不得提起自訴。（70台上1799）（另參釋297）

5. 準誣告罪——被誣告之人

△刑法第169條第2項所謂意圖他人受刑事或懲戒處分，而僞造、變造證據或使用僞造、變造證據，祇須有僞造、變造證據或使用僞造、變造證據，而有使他人受刑事或懲戒處分之意圖爲已足，不必有實行誣告之行爲，故爲準誣告罪，於侵害國家法益之中，同時並具有侵害個人法益之故意，與本院26年渝上字第893號判例，對於僞證罪解釋能否自訴之情形有別，被害人對於準誣告罪不能謂非直接被害人，自得提起自訴。（54台上1139）

(二) 侵害司法威信之刑法157條之挑唆或包攬訴訟罪及第168條之僞證罪

(三) 其他

1. 僞造債權書或行使——其子女

△僞造債權證書或行使之，固足以生損害於該證書所載名義上之債務人，而在名義上之債務人開始繼承前，其子女究不得謂爲此項犯罪之被害人。本件自訴人以上訴人僞造其父某甲曾向上訴人伯父伯母借用款項之借約兩紙，並行使之等情提起自訴，其父某甲既現尚生存，則犯罪之被害人爲自訴人之父某甲，而非自訴人，至爲明顯。（25上4399）

2. 僞造文書——文書名義人或被詐財者

△僞造文書之直接被害人，固僅限於文書名義人，但行使此項文書向人詐財，其被詐財者，應同屬直接被害人。自非不得提起自訴。（70台上1091）

3. 偽造有價證券──執票人

△與國家或社會同時被害之個人，仍不失為因犯罪而直接被害之人。支票乃有價證券之一種，執有支票，得行使其票面記載之權利。偽造支票不能兌現，因為破壞社會交易之信用，有害社會法益，但同時亦侵害執票人之權利，不能謂於個人法益未受損害。因而善意轉讓取得該支票之人，自係其直接被害人而得對該偽造支票之行為人提起自訴。（73台上4817）

4. 略誘──其生父或其未婚夫家

△被誘人丙為未滿20歲之女子，在未婚夫家童養被誘，是因犯罪而直接受侵害者，為未婚夫翁之家庭，其生父甲與甲之子乙均非直接被害人，即均不得提起自訴。（30上751）

5. 財產法益──占有人或事實上管領之人

△刑事訴訟法第311條所稱犯罪之被害人，固以因犯罪而直接被害之人為限，惟所謂直接被害人，係指其法益因他人之犯罪而直接被其侵害者而言，故凡財產法益被侵害時，其財產之所有權人固為直接被害人，即對於該財產有事實上管領之人，因他人之犯罪行為而其管領權受有侵害者，亦不失為直接被害人，且被害之是否直接，須以犯罪行為與受侵害之法益有無直接關係為斷，如就同一客體有二以上之法益同時併存時，苟其法益為直接犯罪行為所侵害，則兩法益所屬之權利主體均為直接被害人，並不因另有其他之直接被害人而發生影響，即非不得自訴。（42台非18）

6. 學校──校長

△上訴人係私立小學校校長兼充教員，以被告充該校收支員，對於所經管之校款，收入部分以多報少，支出部分以少報多，積欠伊之薪金亦不給付等情提起自訴，原審以被告所侵吞者既係校款，是上訴人並非所訴收支不實部分之直接被害人，不得提起自訴，固非無見，惟學校應發給教職員之薪金，在未給付以前，其款項屬於學校所有，上訴人仍非該罪之直接被害人，該上訴人既未取得該校之代表資格，即對於侵占應發之薪金部分，亦依法不得提起自訴，原審竟就此部分為實體上之裁判，仍屬違誤。（28上4173）

7. 公司──其股東

△股份有限公司為被害人時，僅得由其代表人提起自訴，公司之股東董事等，如未取得代表資格，自無以公司名義提起自訴之權。（27上946）

△刑事訴訟法上所稱之犯罪被害人，係指因犯罪而直接受害之人而言。上訴人所訴之事縱然屬實，其直接被害人係屬士心企業有限公司，而非該公司負責人之上訴人，上訴人依法不得提起自訴，原審因認第一審就上訴人提起之自訴諭知不受理之判決為無不合，而駁回上訴人之上訴，尚無違誤。（68台上214）

8. 不動產──所有人

△行使偽造他人名義出立之契據，而與不動產所有人訟爭該不動產之權利者，該不動產之所有人，自不得謂非直接被害人而不許自訴。（29上1787）

四、告訴狀與自訴狀之繕寫技巧

　　一般來說，告訴狀與自訴狀事實上並無很大之區別，但因兩者均是初次的撰寫，故仍有所不同：告訴狀可不使用法院之訴狀，而自訴狀必須使用法院之訴狀：告訴狀之資料證據較自訴狀之資料證據可以來得較爲薄弱些，因爲它必須再經檢察官偵查方得起訴到院方處理，而自訴則少了此一過程。

　　告訴與自訴的提起權人相類似，其區別係在運用的巧妙上，亦即當證據較爲充足時，則以自訴較爲迅速；反之，則以告訴爲宜。同時告訴不以律師爲必要，且其並無強制使用司法訴狀；反之，自訴須要善用法律技巧以利訴訟進行，故多偏向強制使用司法書狀及律師爲必要。

　　告訴係向檢察署爲之，屬檢方主導；而自訴係向法院爲之，則由自己主導。兩者適用之程序不同，完全看當事人手中之證據資料是否充足決定，是則提自訴，反之則提告訴。

　　因此，可說此二者均屬從無到有的「無中生有」之寫法，此無中生有並非憑空捏造，而是撰狀者所憑之資料並不完備且無任何前手資料供參考，完全是套入法條之構成要件中去尋找是否符合該既定之模式，這種寫作方式可說是難易難論，因爲其中之操作唯寫作者自知，並非筆墨所能盡言於萬一也，讀者諸君不妨試著自我嘗試即知。

訴狀範例：

為被告涉嫌犯詐欺案件，依法提出告訴事：
一、被告○○○於79年初分別在台北、花蓮等地屢次向告訴人聲稱，其擁有市價達2億元之資產，分別位於台北（房屋一棟）、台中（多筆土地）及花蓮（有許多檳榔山）等地，因目前手頭拮据，擬向告訴人調借款項，告訴人因信其誠意，且其一再稱擁有許多資產，令告訴人不疑有他。
二、被告○○○取得告訴人信賴後，遂陸續開列附表之本票，告訴人調借現款。詎料被告取得附表所列款項後，即一再藉詞拖延，且避不見面，告訴人始知被詐騙。
三、此種以其擁有龐大資產為詞，並以簽發本票為詐騙之手段，使告訴人陷於錯誤而支付款之做法已符刑法第339條第1項詐欺罪之構成要件，為此依刑事訴訟法第232條之規定，爰依法提起告訴，狀請
鈞長鑒核，速傳被告到庭，以明真相，並依法提出公訴以懲不法，而障良善。
　　謹　狀

　　一般新手在撰寫訴狀時，往往會依憑自我的主觀意思，先去考量整個訴狀的格式，然後去嘗試臨摹別人的筆觸與內涵，但是如此一來便會逐漸失去自己所堅持的理念，無法突破法律寫作的困境。法律撰狀強調的是邏輯推論與法律素養，這和一般寫作文章不同，如撰寫告訴狀時的先決問題，便是如何在有限的資料中寫出讓檢察官得合理懷疑的狀文，而不是單純陳述自己或當事人的想法，這一切必須以構成要件建立合理的架構層

面，因此訓練思考比訓練臨摹要來得重要。對於某些外在的指責，不妨當作一種砥礪學習的過程，切莫因而灰心喪志，甚或英雄氣短，畢竟撰狀無論採平鋪直述或倒因為果等等寫作方法，其最終的目的不外是要贏得官司，只要是能引起共鳴的撰狀便屬佳作，僅提供參考。

△起訴或其他訴訟行為，於法律上必備之程式有欠缺而其情形可補正者，法院應定期間，以裁定命其補正，刑事訴訟法第273條第3項定有明文。此項關於第一審審判之規定，依同法第364條，亦為第二審所準用。上訴人於第一審提起自訴時，雖漏未在自訴狀上簽名或蓋章，惟此項程式上之欠缺並非不可補正，揆諸首揭說明，法院自應先以裁定命為補正，方屬合法。又本院70年台上字第3317號判例意旨，係針對第一審法院已就起訴程序之欠缺而可補正之事項，經裁定限期補正，但未據自訴人遵限補正，從而第一審以其起訴之程序違背規定而為不受理之判決，並無不合，嗣該自訴人於提起第二審上訴後始為補正，難認其得追溯在第一審判決前之起訴程序未曾違背而言，核與本件未經第一審法院裁定限期命上訴人補正之情形有間。本件既未經法院依法先命補正，原審遽認其起訴之程序違背規定，而逕撤銷第一審之實體判決，改判諭知自訴不受理，自有判決適用法則不當之違法。（90台上4521）

五、交互詰問

依司法院頒布之「刑事審判實施詢問及詰問參考要點」指出：當事人、代理人、辯護人或輔佐人聲請調查證據，應以書狀分別具體記載下列事項：
(一) 聲請調查之證據及其與待證事實之關係。
(二) 聲請傳喚之證人、鑑定人、通譯之姓名、性別、住居所及預期詰問所需之時間。
(三) 聲請調查之證據文書或其他文書之目錄。若僅聲請調查證據文書或其他文書之一部分者，應將該部分明確標示。

調查證據聲請書狀，應按他造人數提出繕本。法院於接受繕本後，應速送達。不能提出第1項之書狀而有正當理由或其情況急迫者，得以言詞為之。

而依法條規定：當事人、代理人、辯護人及輔佐人就準備程序及審判程序中聲請傳喚之證人（證人已由法官合法訊問，且於訊問時予當事人詰問之機會，其陳述明確別無訊問之必要者，不得再行傳喚）、鑑定人，於審判長為人別訊問後，由當事人、代理人或辯護人按下列次序直接詰問：（刑訴§166～§166-7）
(一) 先由聲請傳喚之當事人、代理人或辯護人為主詰問。兩造同時聲請傳喚之證人、鑑定人，其主詰問次序由兩造合意決定，如不能決定時，由審判長定之。主詰問應就待證事項及其相關事項行之。此一詰問係為辯明證人、鑑定人陳述之證明力，得就必要之事項為主詰問。行主詰問時，不得為誘導詰問。但下列情形，不在此限：
1. 未為實體事項之詰問前，有關證人、鑑定人之身分、學歷、經歷、與其交游所關之必要準備事項。
2. 當事人顯無爭執之事項。
3. 關於證人、鑑定人記憶不清之事項，為喚起其記憶所必要者。
4. 證人、鑑定人對詰問者顯示敵意或反感者。

5. 證人、鑑定人故爲規避之事項。

6. 證人、鑑定人爲與先前不符之陳述時，其先前之陳述。

7. 其他認有誘導詰問必要之特別情事者。

(二) 次由他造之當事人、代理人或辯護人爲反詰問。反詰問應就主詰問所顯現之事項及其相關事項或爲辯明證人、鑑定人之陳述證明力所必要之事項行之。行反詰問於必要時，得爲誘導詰問。行反詰問時，就支持自己主張之新事項，經審判長許可，得爲詰問。而就該新事項之詰問視爲主詰問。

(三) 再由聲請傳喚之當事人、代理人或辯護人爲覆主詰問。行覆主詰問，依主詰問之方式爲之。

(四) 再次由他造當事人、代理人或辯護人爲覆反詰問。行覆反詰問，應就辯明覆主詰問所顯現證據證明力必要之事項行之；並依反詰問之方式爲之。

(五) 詰問完畢後，當事人、代理人或辯護人，經審判長之許可，得更行詰問。

(六) 證人、鑑定人經當事人、代理人或辯護人詰問完畢後，審判長得爲訊問。

(七) 法院依職權傳喚之證人或鑑定人，經審判長訊問後，當事人、代理人或辯護人得詰問之，其詰問之次序由審判長定之。

(八) 禁止詰問事項：下列之詰問不得爲之。但第5款至第8款之情形，於有正當理由時，不在此限：

1. 與本案及因詰問所顯現之事項無關者。

2. 以恫嚇、侮辱、利誘、詐欺或其他不正之方法者。

3. 抽象不明確之詰問。

4. 爲不合法之誘導者。

5. 對假設性事項或無證據支持之事實爲之者。

6. 重複之詰問。

7. 要求證人陳述個人意見或推測、評論者。

8. 恐證言於證人或與其有第180條第1項關係之人之名譽、信用或財產有重大損害者。

9. 對證人未親身經歷事項或鑑定人未行鑑定事項爲之者。

10. 其他爲法令禁止者。

　　當事人、代理人或辯護人詰問證人、鑑定人時，審判長除認其有不當者外，不得限制或禁止之（刑訴§167）。被告無辯護人者，被告及他造當事人得不對證人、鑑定人爲詰問。（刑訴§166及刑事審判實施詢問及詰問參考要點第5點）

(九) 當事人、代理人或辯護人就證人、鑑定人之詰問及回答，得以違背法令或不當爲由，聲明異議（刑訴§167-1）。前條之異議，應就各個行爲，立即以簡要理由爲之。審判長對於前項異議，應立即處分。他造當事人、代理人或辯護人，得於審判長處分前，就該異議陳述意見。證人、鑑定人於當事人、代理人或辯護人聲明異議後，審判長處分前，應停止陳述。（刑訴§167-2）

六、簡易與通常程序

(一) 通常程序　通常程序係對從傳喚、通知、訊問、蒐集證據、舉證、證據調查及賦予

被告最後陳述權均仔細規定於刑事訴訟法之法規中，屬必須踐行之程序。

(二) **簡易判決（程序）** 第一審法院依被告在偵查中之自白或其他現存之證據，已足認定其犯罪者，得因檢察官之聲請，不經通常審判程序，逕以簡易判決處刑。但有必要時，應於處刑前訊問被告。

前項案件檢察官依通常程序起訴，經被告自白犯罪，法院認為宜以簡易判決處刑者，得不經通常審判程序，逕以簡易判決處刑。

依前二項規定所科之刑以宣告緩刑、得易科罰金或得易服社會勞動之有期徒刑及拘役或罰金為限。（刑訴§449）

關於依刑法第41條、第42條及第42條之1易服社會勞動或易服勞役者，由指揮執行之檢察官命令之。易服社會勞動，由指揮執行之檢察官命令向該管檢察署指定之政府機關、政府機構、行政法人、社區或其他符合公益目的之機構或團體提供勞動，並定履行期間；罰金易服勞役者，應與處徒刑或拘役之人犯，分別執行。（刑訴§479、§480）

1. 簡易判決之聲請：

(1) 聲請應以書面。（參刑訴§451）

(2) 聲請權人為檢察官：在原應適用通常程序之情形，經訊問被告，此係以被告在偵查中之自白為主，並准被告據此聲請。（參刑訴§451、§451-1）

2. 法院：

以簡易判決處刑案件，法院應立即處分（參刑訴§453）。簡易判決所科之刑（參刑訴§449），然法院認為有第451條之1第4項但書之情形者，應適用通常程序審判之。

3. 被告於偵查中自白者，得向檢察官表示願受科刑之範圍或願意接受緩刑之宣告，檢察官同意者，應記明筆錄，並即以被告之表示為基礎，向法院求刑或為緩刑宣告之請求。

檢察官為前項之求刑或請求前，得徵詢被害人之意見，並斟酌情形，經被害人同意，命被告為左列各款事項：

(1) 向被害人道歉。

(2) 向被害人支付相當數額之賠償金。

被告自白犯罪未為第1項之表示者，在審判中得向法院為之，檢察官亦得依被告之表示向法院求刑或請求為緩刑之宣告。

第1項及前項情形，法院應於檢察官求刑或緩刑宣告請求之範圍內為判決，但有左列情形之一者，不在此限：

(1) 被告所犯之罪不合第449條所定得以簡易判決處刑之案件者。

(2) 法院認定之犯罪事實顯然與檢察官據以求處罪刑之事實不符，或於審判中發現其他裁判上一罪之犯罪事實，足認檢察官之求刑顯不適當者。

(3) 法院於審理後，認應為無罪、免訴、不受理或管轄錯誤判決之諭知者。

(4) 檢察官之請求顯有不當或顯失公平者。（參刑訴§451-1）

△地方法院簡易庭對被告為簡易判決處刑後，經提起上訴，而地方法院合議庭認應為無罪判決之諭知者，依同法第455條之1第3項準用第369條第2項之規定意旨，應由該地方法院合議庭撤銷簡易庭之判決，逕依通常程序審判。其所為判決，應屬於「第一審

判決」，檢察官仍得依通常上訴程序上訴於管轄第二審之高等法院。（91台非21）

七、反訴

反訴之提起係針對同一之訴訟標的，且可於第一、二審言詞辯論終結前爲之。[1]

△自訴之被告雖得於第一審辯論終結前，就其被害事件提起反訴，然其反訴被告必以提起自訴之人爲限，此在刑事訴訟法第330條規定甚明。本案之自訴人係廈門市中醫公會，其到案之某甲等僅爲公會代表，即非提起自訴之人，如被告以某甲等有誣告及妨害信譽情事，只得另案訴請究辦，乃竟對其提起反訴，自屬不合。（26上1536）

△反訴不過利用自訴程序而提起，至其訴權具有獨立性質，無論自訴合法與否，於反訴不生影響。被告自訴某乙之恐嚇罪，雖合於懲治盜匪暫行辦法第5條第2款規定，普通法院無權受理，而某甲反訴之誣告罪，仍應依法審判，原審竟將誣告與恐嚇各部分併予諭知不受理，於法自有違背。（28非46）

△提起反訴而裁判有脫漏者，祇能聲請補充判決，不得以此爲上訴理由。（29渝上828）

△提起自訴之被害人犯罪而被告爲其被害人者，被告得於第一審辯論終結前，提起反訴，此爲刑事訴訟法第330條所明定，於反訴與自訴之當事人，必須互爲被害人，互爲被告，始得在第一審利用此項程序而提起，被告之親屬，殊無向自訴人提起反訴之權。（32上650）

△提起反訴以自訴程序中有行爲能力之被告爲被害人時爲限。提起反訴人如無行爲能力，應予諭知不受理之判決，觀諸刑事訴訟法第331條所定反訴準用同法第311條第1項、第326條關於自訴之規定甚明。上訴人提起反訴時年僅19歲，尚未達於成年，亦未結婚，自不能認爲有行爲能力，其所提起之反訴即非適法，自應爲不受理之判決。（46台上547）

△提起自訴之被害人犯罪，而被告爲其被害人者，被告固得於第一審辯論終結前，提起反訴，但提起反訴，應以自訴之被告爲限，自訴人除得提起自訴外，不得對於反訴復行提起反訴。（73台上1107）

○按提起自訴之被害人犯罪，而被告爲其被害人者，被告得於第一審辯論終結前提起反訴，刑事訴訟法第338條定有明文，然於公訴程序中，並無相同之規定，查本件誣告案係檢察官自動檢舉偵查起訴之公訴案件，並非施義隆提起自訴，上訴人竟誤援引自訴程序中有關反訴之規定，對施義隆提起反訴，其起訴程序顯屬違背規定，原判決因認第一審諭知不受理之判決，爲無不合。（81台上5633）

---

[1]：參考法條

❖提起自訴之被害人犯罪，與自訴事實直接相關，而被告爲其被害人者，被告得於第一審辯論終結前，提起反訴。（刑訴§338）

❖反訴，準用自訴之規定。（刑訴§339）

❖反訴應與自訴同時判決。但有必要時，得於自訴判決後判決之。（刑訴§341）

❖自訴之撤回，不影響於反訴。（刑訴§342）

第六節　第二、三審上訴狀範例

一、上訴相關事項說明

(一) 檢察官，其上訴得為被告之不利益或利益提起上訴。自訴人，其上訴應以被告之不利益為限。被告，其上訴應以自己之利益為限。

　　若法院於訊問上訴人後即行調查證據，而並未命其陳述上訴要旨，其所踐行之訴訟程序自屬違背法令（參71年台上字第3409號判例）。另對於刑事訴訟法第345條之獨立上訴權人之上訴權係以上訴時為準，其與刑事訴訟法第346條之代理上訴而以被告之名義上訴之情形迥異，故不得為承受訴訟之請求，實務上對此際，獨立上訴人死亡而未踐行陳述上訴要旨之程序，並不認為係違背法令（參64年7月1日刑庭決議）。上訴期間之起算以被告本人收受判決書時起算（參30年上字第2702號判例）。同法第288條之3第1項規定：「當事人、代理人、辯護人或輔佐人對於審判長或受命法官有關證據調查或訴訟指揮之處分不服者，除有特別規定外，得向法院聲明異議。」其中所稱之「調查證據處分」，係專指調查證據之執行方法或細節（包括積極不當行為及消極不作為）而言，二者顯然有別，不容混淆。

　　第三審與第二審不同者，除第三審係對判決違背法令始得提起外，尚須注意第三審上訴狀如未具理由則必須在提出上訴狀後10日內補提，否則法院得逕予駁回，無庸命其補正。

　　上訴三審之主體：

1. 當事人對高等法院之第二審或第一審之判決有不服者，得上訴於第三審法院。（刑事訴訟法第376條所列各罪案件，經第二審判決者，不得上訴於第三審法院。）
2. 被告之法定代理人或配偶得為被告利益獨立上訴，第二審之代理人或辯護人得為被告利益上訴。
3. 告訴人或被害人對第二審法院之判決有不服者，得具備理由，請求檢察官上訴。
4. 檢察官為被告利益，亦得上訴。自訴案件，檢察官得獨立上訴。
5. 宣告死刑或無期徒刑之案件，不待被告上訴，第二審法院應依職權逕送第三審法院審判。

　　釋字第752號：「刑事訴訟法第376條第1款及第2款規定：『下列各罪之案件下列各罪之案件，經第二審判決者，不得上訴於第三審法院：一、最重本刑為三年以下有期徒刑、拘役或專科罰金之罪。二、刑法第三百二十條、第三百二十一條之竊盜罪。』就經第一審判決有罪，而第二審駁回上訴或撤銷原審判決並自為有罪判決者，規定不得上訴於第三審法院部分，屬立法形成範圍，與憲法第16條保障人民訴訟權之意旨尚無違背。惟就第二審撤銷原審無罪判決並自為有罪判決者，被告不得上訴於第三審法院部分，未能提供至少一次上訴救濟之機會，與憲法第16條保障人民訴訟權之意旨有違，應自本解釋公布之日起失其效力。

　　上開二款所列案件，經第二審撤銷原審無罪判決並自為有罪判決，於本解釋公布之日，尚未逾上訴期間者，被告及得為被告利益上訴之人得依法上訴。原第二審法院，應

裁定曉示被告得於該裁定送達之翌日起10日內，向該法院提出第三審上訴之意旨。被告於本解釋公布前，已於前揭上訴期間內上訴而尚未裁判者，法院不得依刑事訴訟法第376條第1款及第2款規定駁回上訴。」

　　重點在於一審無罪而二審有罪之案件均可上訴三審；亦即取消刑事訴訟法第376條第3款到第7款。

(二) 其他上訴權人

1. **被告之法定代理人或配偶**。其要件：

(1) 以自己名義，獨立上訴而不受被告意思的拘束。（參刑訴§345）

(2) 被告曾捨棄或撤回上訴，對被告之法定代理人或配偶之上訴並無影響。

(3) 被告必須尚生存，否則無從獨立上訴。（參33年上字第476號判例）

(4) 身分的取得，以上訴時為準。

2. **原審的代理人或辯護人**。其要件：以被告名義（參院解3027）。若以自己名義則須裁定補正

(三) 撤回上訴的限制

1. 為被告利益而上訴，非得被告同意，不得撤回。（參刑訴§355）

2. 自訴人上訴，非得檢察官同意，不得撤回。（參刑訴§356）

(四) 刑事訴訟法不採附帶上訴制度，故於上訴期間屆滿後，提起附帶上訴者，無效。

　　另按修正後之刑事訴訟法之判決違背法令上訴第三審之列舉式條款，係以與判決有絕對影響者，方得提起，須加以留意。

(五) 筆錄瑕疵之上訴理由

1. 訊問筆錄未向受訊問人朗讀或令其閱覽。

2. 訊問筆錄未使受訊問人緊接其記載之末行簽名。

3. 審判筆錄經受訊問人聲請朗讀或令其閱覽而不為朗讀或令其閱覽。

4. 審判筆錄中審判長或書記官未簽名又未附記其事由者。

5. 審判筆錄中之辯論終結前並未予被告最後陳述。（參48年台上字第1134號判例）

6. 判決並無依法宣示之筆錄附卷，雖曾經送達不能認為無效，但既未合法宣示，要難謂訴訟程序無違背法令。（參44年台上字第1424號判例）

7. 筆錄僅有「自訴人不另傳」字樣，並無如不到場得拘提之記載，不能謂其已受合法傳喚。（參63年台上字第2071號判例）

8. 更新審理以實際上已否更新審理程序為準，不以筆錄是否記載「更新審理」字樣為認知。（參29年上字第1601號判例）

9. 審判筆錄有第284條辯論人到庭陳述意見之記載可稽。（參31年上字第701號判例）

二、審判期日應踐行之程序（請自行參閱引用於上訴程序中）

△於第一審辯論終結前，得就與本案相牽連之犯罪追加起訴，並得於審判期日以言詞為之，刑事訴訟法第244條定有明文，此項規定依同法第335條為自訴程序所得準用。上訴人即自訴人在第一審之自訴狀，雖僅列某甲為被告，但於最後審判期日，以某乙為案內共犯，當庭請求懲辦，即係於審判期日以言詞追加起訴，於法自無不合。（29上

2950）

△(一)審判期日應傳喚被告，又行合議審判之案件，爲準備審判起見，得以庭員一人爲受命推事，於審判期日前訊問被告及蒐集或調查證據，爲刑事訴訟法第250條、第258條第1項所明定。本件原審指定民國28年2月17日上午8時傳喚上訴人，其傳票內被傳事由欄載明爲調查證據，而未載明審判，是該期日係審判期日前之調查證據期日，而非審判期日，殊爲明顯，即事實上是日午前8時，僅由推事一人調查證據，屆時上訴人未到，迨證據調查後，即當庭指定同日下午3時審判，是原審於指定審判期日後，並未對於上訴人合法送達傳票，而當調查證據時，上訴人既未到場，其當庭告知之應到日期，對於上訴人亦不發生與送達傳票同一之效力。

(二)審判期日應傳喚被告，又行合議審判之案件，爲準備審判起見，得以庭員一人爲受命推事，於審判期日前訊問被告及蒐集或調查證據，爲刑事訴訟法第250條、第258條第1項所明定。本件原審指定民國28年2月17日上午8時傳喚上訴人，其傳票內被傳事由欄載明爲調查證據，而未載明審判，是該期日係審判期日前之調查證據期日，而非審判期日，殊爲明顯，即事實上是日午前8時，僅由推事一人調查證據，屆時上訴人未到，迨證據調查後，即當庭指定同日下午3時審判，是原審於指定審判期日後，並未對於上訴人合法送達傳票，而當調查證據時，上訴人既未到場，其當庭告知之應到日時，對於上訴人亦不發生與送達傳票同一之效力。乃竟因上訴人是日下午不到庭，逕行判決，自與刑事訴訟法第363條規定之程序不合，其判決不能不認爲有同法第371條第6款之情形。（30上766）

△刑事訴訟以直接審理爲原則，必須經過調查程序，以顯出於審判庭之證據，始得採爲判決基礎，原審於辯論終結後，忽由承辦推事率同檢驗員，檢驗被害人屍體，填具驗斷書，又未經再開辯論即行判決，此項驗斷書，顯未於審判期日踐行調查之程序，遽採爲認定事實之證據，自屬違法。（37特非2925）

△審判期日之訴訟程序，是否依法踐行，應依審判筆錄爲證，原審審判筆錄記載，審判長訊問被告姓名、年齡、籍貫、住所、職業後，並未命被告等陳述上訴要旨，對於卷宗內驗斷書之記載，被告之自白及證人之證言，亦未踐行宣讀或告以要旨之程序，乃遽行宣告辯論終結，並採爲判決之基礎，自係應於審判期日調查之證據未予調查，顯屬違法。（39台上243）

△當事人聲請調查之證據，縱係於辯論終結後始行提出，如其所聲請調查之證據，確有調查之必要，未經再開辯論予以調查者，仍係於審判期日應行調查之證據未予調查，其判決即屬違背法令。（41台上438）

△第二審審判期日，依刑事訴訟法第357條之規定，除案件由檢察官上訴，應命檢察官陳述上訴要旨外，其由被告上訴者，殊無準用同法第265條由檢察官陳述起訴要旨之餘地，且在審判程序上，尤無此必要。本件第二審審判期日，因係被告上訴，由審判長訊問被告姓名等項後，命上訴人即被告陳述上訴之要旨完畢，始行調查證據，是於第二審審判期日所應踐行之程序，並無錯誤，自不能以其未命檢察官陳述起訴要旨爲違法。（43台非47）

△原審於民國44年10月11日宣示辯論終結，同月17日始收到台灣省政府農林之覆函，嗣

後未經再開辯論即行判決，是原審對於此項覆函，顯未於審判期日踐行調查之程序，乃遽採爲認定事實之證據，按之刑事訴訟法第371條第10款，其判決當然爲違背法令。（44台上1425）

△原審囑託台灣屏東地方法院訊問證人某甲筆錄，既在原審辯論終結以後始行收到，嗣後未經再開辯論，即行判決，是此項筆錄，顯未經原審於審判期日踐行調查之程序，遽採爲認定事實之證據，自屬違法。（65台上1556）

△刑事訴訟法第346條規定原審之代理人或辯護人，得爲被告之利益而上訴，此項規定，非可類推解釋，而認自訴人之代理人亦得爲自訴人之利益而代自訴人提起上訴。（71台上7884）

△檢察官、自訴人及被告雖同爲刑事訴訟法上所稱之當事人，但其立場各異，檢察官爲代表國家行使職權，有要求正當適用法律之責任，故不僅得爲被告之不利益提起上訴，且得爲被告之利益提起上訴。自訴人之目的在使被告受處罰，其上訴應以被告之不利益爲限。至於被告之上訴，應以自己之利益爲限，無許其爲自己不利益上訴之理。（72台聲53）

△數罪併罰案件其中一罪有無判決，應以主文之記載爲準。若係無罪判決，即以其理由有無論及爲準。本件第一審判決就上訴人自訴被告金某等詐欺等罪案件，諭知被告等無罪，但關於被告金某被訴背信部分，理由內未曾論及，該背信部分，既未經第一審法院判決，依刑事訴訟法第361條規定之反面解釋，自無上訴於第二審法院之餘地。原審不將此部分上訴駁回，由第一審法院另行補判。乃竟將不存在之第一審關於金某背信部分判決撤銷，且爲諭知被告無罪之判決，於法顯然有違。（73台上4124）

△告訴乃論之罪，被害人未向檢察官或司法警察官告訴，在法院審理中，縱可補爲告訴，仍應向檢察官或司法警察官爲之，然後再由檢察官或司法警察官將該告訴狀或言詞告訴之筆錄補送法院，始得謂爲合法告訴。如果被害人不向檢察官或司法警察官提出告訴，而逕向法院表示告訴，即非合法告訴。本件被害人於偵查中就上訴人過失傷害部分，迄未向檢察官或司法警察官提出告訴，迨第一審法院審理中，始當庭以言詞向該法院表示告訴，依前開說明，本件告訴自非合法。上訴人所犯過失傷害部分，尚欠缺訴追要件，即非法院所得受理審判。（73台上4314）

△訴訟程序中，於其應爲訴訟行爲而使訴訟狀態爲一定之推移後，固發生一定之確定狀態；然此一確定狀態是否應賦予絕對性之效力，其有錯誤是否亦不得更正，則須就法的安定性與具體的妥當性兩者予以適當之衡量而定之，非可一概而論。蓋刑事訴訟重在國家刑罰權之實現，訴訟程序係對於判決目的之手段，於某一程度上，其手段自應隸屬於目的。以裁判之更正言，倘將更正之訴訟行爲視爲有效，反較視之爲無效，更能符合訴訟整體之利益，且對被告亦不致發生不當之損害者，爲求訴訟之合目的性，自不能僅因訴訟狀態之確定，即不許其爲更正。司法院大法官會議釋字第43號解釋所謂，不影響於全案情節與判決之本旨云者，亦即此意。（80台上2007）

△金融機構爲防制犯罪，裝置錄影機以監視自動付款機使用情形，其錄影帶所錄取之畫面，全憑機械力拍攝，未經人爲操作，未伴有人之主觀意見在內，自有證據能力。法院如以之爲物證，亦即以該錄影帶之存在或形態爲證據資料，其調查證據之方法，固

應依刑事訴訟法第164條之規定，提示該錄影帶，命被告辨認；如係以該錄影帶錄取之畫面為證據資料，而該等畫面業經檢察官或法院實施勘驗，製成勘驗筆錄，則該筆錄已屬書證，法院調查此項證據，如已依同法第165條第1項之規定，就該筆錄內容向被告宣讀或告以要旨，即無不合。縱未將該錄影帶提示於被告，亦不能謂有同法第379條第10款所稱應於審判期日調查之證據未予調查之違法。（80台上4672）

△ 刑事訴訟法第279條第1項、第276條第1項規定預料證人不能於審判期日到場，而受命法官得於審判期日前行準備程序時訊問證人之例外情形，其所稱「預料證人不能於審判期日到場」之原因，須有一定之客觀事實，可認其於審判期日不能到場並不違背證人義務，例如因疾病即將住院手術治療，或行將出國，短期內無法返國，或路途遙遠，因故交通恐將阻絕，或其他特殊事故，於審判期日到場確有困難者，方足當之。必以此從嚴之限制，始符合集中審理制度之立法本旨，不得僅以證人空泛陳稱：「審判期日不能到場」，甚或由受命法官逕行泛詞諭知「預料該證人不能於審判期日到庭」，即行訊問或詰問證人程序，為實質之證據調查。（93台上5185）

三、第二、三審訴狀寫作範例

本訴狀範例乃採用刑事訴訟第二審之證中求實與第三審之法中求誤所綜合寫成之一個實際案例，同時也運用筆者所鑽研之起承轉合四階法，供讀者參考並創造出自己的選狀技巧。

「起」者乃開宗明義的先予分析（第二審為事實認定違誤，第三審為違背法令），以便建立本身堅實不變之無罪立場前提。舉例如下：

(一) 有關原審所採事實及適用法則部分

1. 被告在案發當時，並未處於「執持占有槍彈」之行為狀態，原審就此一癥結尚未調查明確，卻遽認上訴人有違反槍砲彈藥刀械管制條例第7條第4項無故持有犯行，其認事用法均屬違誤，此乃顯然適用法則不當而不服應上訴者一也。

2. 有關「被告與證人投宿於○○賓館605室，如何為警方臨檢查獲扣案之黑星手槍及子彈等情，業據證人○○○到庭證述屬實，又警方如何臨檢，先查獲床墊下之子彈，另在浴室天花板上查獲黑星手搶內裝子彈二發等節，並據證人卜○、賴○、廖○、柯○○到庭結證明確」一節，此一認定關鍵點，在於「有關係部分」未得適宜之解釋，其中有諸多證詞前後矛盾，證人更有避重就輕之措詞舉止，容於後述之證詞部分再詳陳逐一分析之。

3. 扣案之黑星手槍及子彈，既經送由內政部警政署刑事警察局鑑定，為何在警方證詞中，卻未將該黑星手槍列入鑑定指紋部分加以說明。

(二) 此一事實既未經過合法調查（為何子彈會在彈簧床板下及為何未鑑定槍上指紋），又如何能證明其確為被告所擁有，均未加以說明，且此係關於證明事實具有重要關係者，為發見真實所必要，原審未予調查，無異縮小自由心證之範圍，對證據證明之判斷，已難正確，且證據未經合法調查，亦無從發見真實性，有背直接審理、言詞審理主義之要求，是其判斷有違證據法則，其判決自屬違背法令。此不服應上訴者二也。（以上屬啄木鳥式第三審論證法則，原則以二審判決書為藍本。）

　　「承」者在於承接前者之氣勢，巧妙利用比對法則進行唯物論辯法則之技巧，獲得相互輝映以達補充之目的。舉例如下：

　　本件公訴人認被告涉犯本罪，係以被告與許○○如何訂房住宿於龍○賓館，如何滯留房間，如何遭警查獲槍彈等情，爲主要論證，其中諸多疑問，茲分陳疑如次：

(一) 有關許一及許二之證詞部分

　　偵訊筆錄：（79年4月27日）

　　「何時開始住○○賓館605室？」

　　「79年4月13日晚上近12時，我一個人去租的。」

　　「是否你打電話叫許一去的？」

　　「是的，我打電話到他家。」

　　偵訊筆錄：（79年6月4日）

　　「賓館605室是你去租的嗎？」

　　許二：「是我與○嘉及阿章三個人，我拿身分證，訂金是我付的。」

　　「許一有無去住？」

　　許二：「沒有，他後來去的。」

　　「你從13日晚上就與許二住在○○賓館嗎？」

　　○嘉：「是的，我在隔天的下午1點多就走了，沒有回來過，還有一位綽號阿章的朋友一起住。」

　　就被告是否於翌（14）日凌晨1、2時許方抵達現場一節，迭據許二及證人○○○在偵訊筆錄中供述明確，且證人服務生陳張之證詞，核與被告歷次供述之情節悉相吻合且採隔離訊問方式，故足證被告此一部分之陳述屬實，應堪採信。被告與許二並無共同犯意之聯絡，此不服應上訴者三也。

(二) 有關服務生陳張之證詞部分

1. 住宿登記部分

　　警訊筆錄：（79年4月16日）

　　「是否有登記住宿或休息？」

　　「他們兩人都未登記。」

　　「爲何沒有登記他們？」

　　「他們住進來時，不是我的班，所以我也不知道爲何沒有登記他們。」

　　偵訊筆錄：（79年4月27日）

　　檢察官：「許一、許二住賓館有無登記？」

　　張（警員）：「沒有。」

　　偵訊筆錄：（79年5月12日）

　　陳張：「79年4月13日，他與許一一起來，由許二訂房間，許一站立旁邊，兩人一起進房間，他們二人當時住該房間，4月14日不是我值班，15日我值班，我可確定

他們二人都在房間內。」

訊問筆錄：（79年8月14日）
許二：「我們如沒有登記，警員如何知道我們住裡面。」
許鄧：「他們有登記住宿。」
賴（警員）：「是服務員告訴我們的。」
陳張：「登記不是向我登記的。」

訊問筆錄：（79年11月20日）
「登記資料呢？」
陳張：「是會計登記的，現會計已辭職。」

訊問筆錄：（79年12月4日）
「住宿是誰負責登記？」
「是會計。」
「會計人呢？」
「已辭職。」
「當天會計有無登記住客登記？」
「有的。」
「他們住605室時有無登記？」
「有的，會計先寫在便條紙。」
「有無登記在登記簿？」
「我不知，那時已過了送警局的時間。」
「4月13日晚上是否你值班？」
「是的，15日也是我值班。」
「對79年5月12日偵訊筆錄有何意見？」
「他們很多人進進出出，但誰登記，我不知道，我是看名字登記是許二，我沒有說許一在旁邊。」

2. 臨檢部分
警訊筆錄：（79年4月16日）
「警方會同我進入臨檢時，我從頭至尾均在現場，警方是先在彈簧床底下發現一顆子彈。」

訊問筆錄：（79年8月14日）
「警察臨檢你是否陪同？」
「是的，第一間看603號，第二間看605號。」
「為何只看兩間？」
「他們先去，我跟在後面。」

訊問筆錄：（79年9月4日）

「警察是如何臨檢？」

「他們先到櫃台，我在房間打掃，櫃台小姐叫我去……。」

「警察查605室，你有無在場？」

「沒有，他們查到子彈時，因我當班，他們叫我進去看，順便作證……」

訊問筆錄：（79年12月4日）

「警察去查時你在場？」

「有的。」

3. 搜索浴室天花板部分

警訊筆錄：（79年4月16日）

「因為經常有客人將違禁物藏置在浴室的天花板上，於是我就建議警方查天花板，結果真的在天花板上發現一包由塑膠袋子裝著由報紙包著的手槍一支，經警方取下，彈匣裡面裝著兩顆子彈。」

偵訊筆錄：（79年5月11日）

「是否你叫警察去搜索浴室的天花板？」

「不是，是警察問我尚有何地方可搜，我對他們說飲水器及四周及上面而已。」

「為何警訊筆錄你說查天花板？」

「我沒有說。我只是對他們說你們自己去搜。」

偵訊筆錄：（79年5月12日）

「警察問我何處有洞，係指易藏東西的地方，我說你們自己去找，我用手指浴室天花板……」

訊問筆錄：（79年8月14日）

「他們如何知道天花板上有東西？」

「不是我講的，是一位警員問我說房間哪裡可以藏東西，我說在上面可以找到東西，不是要他們找的。」

「……警察問我房間哪裡可以藏東西，我說房間那麼小，自己看，我並打開飲水機給他們看，廁所浴室有一尺見方的洞，我說地方那麼小，自己上下看，有人藏強力膠在那洞裡，警察就上去看，那洞本來有蓋子，但蓋子壞了好久，浴室洞是通風用。」

4. 證人即服務生陳張對前述三部分之證詞，前後矛盾，茲列舉如次

(1) 登記住宿部分：79年4月13日晚係由許二與被告同來訂房間云云（見前述5月12日筆錄），此與警訊中所稱：「他們住進來，不是我的班，所以我也不知道為何沒有登記他們」（見前述4月16日警訊筆錄）。其一說看見被告等，另一說則聲稱非其當班，顯然差距頗大。

另79年12月4日訊問筆錄中卻言：「4月13日晚上是否你值班？」「是的」「……我沒有說許一在旁邊」；其於此時之陳述卻又說其值班，另一說其並未說見許一在旁，殊堪怪哉。

(2) 臨檢部分：「警方會同我進入臨檢時，我從頭至尾均在現場……」（見前述4月16日警訊筆錄），此與79年9月4日之訊問筆錄「警察是如何臨檢？」「他們先到櫃台，我在房間打掃，櫃台小姐叫我去……。」「警察查605室，你有無在場？」「沒有，他們查到子彈時，因我當班，他們叫我進去看，順便作證……」，其一說臨檢時由櫃台小姐叫其陪同臨檢，而另一說卻是事後才被叫去作證，其說詞前後矛盾。

(3) 搜索部分：4月16日警訊筆錄記載：「因為經常有客人將違禁物藏置在浴室天花板，於是我就建議警方查天花板……」，然而在5月11日偵訊中：「是否你叫警察去搜索浴室的天花板？」「不是。」以及與在8月14日訊問筆錄中：「他們如何知道天花板上有東西？」「不是我講的……。」（究竟證人有無指引搜索顯然值得疑問）

「轉」者乃運用論理法則及經驗法則之綜合推演，並兼及判例之引用強調問題關鍵與駁斥原審在採證上的嚴重疏失之準據參考。舉例如下：

從前述「登記住宿」「臨檢」到「搜索」三個部分來看，依一般經驗法則，殆無對同一件事實之陳述，有如此迥不相同證詞之可能。

因登記住宿是否由許二與被告同來訂房者，事關兩者是否可能有共犯嫌疑。

警方臨檢則事關警方是否有故意誣陷之可能性，搜索係因證人陳張之證詞，倘如警訊筆錄中所言，其他清掃人員亦必然會知悉浴室天花板上藏匿東西，在打掃時必會格外注意，怎可能數次打掃均未發現，則此事關被告是否處於根本不知情之可能性，由證人閃爍其詞，前後證詞之反覆不一觀之，顯然其中必有某種程度的壓力或隱情存在，否則前後供述不可能出入如此大，蓋雖非謂證人之陳述部分前後不符或矛盾，即應認其全部均為不可採信。然其基本事實之陳述，對於真實性有礙時，則需詳加斟酌其可信度，爰因刑事訴訟程進行中，各關係人於每一個階段之供述，其在證據價值之判斷上，並非均屬相同。因供述者之心理狀態，常因程序進行之影響而有所不同，此於判斷其真偽方面，至屬重要。

按「認定犯罪事實須依證據，是否可信，更須參酌各方面之情形，尤不能以推測理想之詞，以為科刑判決之基礎。又認定犯罪事實所憑之證據，雖不以直接證據為限，然必須該項證據對於待證事實確能供證明之資料，始堪採取。」（70年台上字第4930號判決參照）。是其認定事實之是否確定，應視其認識資料及認識能力是否已盡，其判斷是否已排除疑問為斷。故證人之證詞雖經調查，其內容均尚未明瞭，與未經調查無異，如遽為判決之基礎，即與自由心證主義相違，仍不失其為第379條第10款之違法情形。證人證言何能證明並未加以釋明，此原審不察誤為判決，自屬違法，應提起上訴請賜改判諭知上訴人無罪者一也。

「因為槍枝是用79年3月27日星期二第三、四、五、六版的民生報包著，所以是否為以前的客人留下來的也不知道。」按「證據之本身存有瑕疵，不得以經驗補正之。」因之實務上有此一見解：「證據之證明力雖由法院之自由判斷，然證據之本身如有瑕

疵，則在此瑕疵未能究明以前，遽採爲有罪之根據，即難謂爲適法，若以推測或擬制之方法，以爲裁判之基礎，其判決更難謂非違法。」（70年台上字第1793號判決）

旅社房間係屬「公眾得出入之場所」乃爲實務上之確定見解，即在於不特定人均得自由進出、使用外，旅社人員亦有備份鑰匙，亦得隨時進出房間提供各項服務（如打掃、添加茶水……等），故除扣案之槍彈所放置之位置，與投宿者之間有相當關聯，例如身上、行李中、抽屜、衣櫥等，否則即難推定投宿者知情或藏匿持有，此亦所參與查獲之警員卜、賴及廖三人均供陳「不敢確定……」等語（見前述8月14日筆錄）觀之，即可獲得證實。更何況案發當時，係正值行政院長下令擴大營業場所夜間臨檢之際，被告雖愚亦知，不至於此時將槍彈攜至旅舍此一全然陌生地點藏匿。「犯罪事實應依證據認定之，無證據不得推定其犯罪事實」，爲刑事訴訟法第154條所明定，此所謂證據係指積極之證據而言，故如無確切之積極證據，足以證明被告之犯罪事實，即令被告不能爲有利之反證，亦不能遽論以罪刑。（70年台上字第2368號判決、30年上字第816號判例參照）

同時在10月19日訊問筆錄中，法官與刑警之對話：「手槍是否摸過？」「在場同事都摸過。」「爲何他們都否認？爲何不鑑定槍上的指紋？」「承辦人沒有送。」以參與搜索的刑警之年資，顯非生手，怎麼可能會有破壞此一重要積極證據之情事發生？且刑警以此爲理由似嫌牽強而有混淆證據能力之嫌，故應可認：若非刑警早已認定該槍械確非被告等之所有，否則焉會有如此輕忽大意以致破壞此一確切積極證據之發見，而事後又否認與不願送鑑定的情形呢？且此一待證事實，至關重要，足以影響正確心證之形成，使原判囿於原受調查證據範圍之限制，從而亦影響眞實之發見，以致被告蒙冤莫白，此原判決關於採證瑕疵且證據不足以證明犯罪者，故應上訴請求詳查實情，准予改判無罪者二也。

「合」者乃再度強調因繁就簡切中核心以便贏取法官之認同感，進而爲有利之抉擇。舉例如下：

被告年剛18，又未曾犯過罪或有任何前科紀錄，爲愼重計，犯罪事實之是否存在，關係個人之自由，較其他事實爲鉅。故認定上開犯罪事實所憑之證據，應較其他事實爲嚴格，如無積極明顯之證據，而僅憑搜索之槍彈等間接證據去推論事實，理論上雖屬可能，然就事實判斷則嫌臆測，其區分界限之認定實難令人甘服，且値一個尚待起步的年輕人，無端即蒙上一層陰影，大好錦繡前程刹那毀之一旦，豈司法所表彰之正義公理乎！

警方在床舖底下所查獲之一顆子彈，顯然超乎常情甚遠，因此一「牽涉」情形，純屬池魚之殃也，蓋旅館床舖之設置係採「床墊」與「地板」密接在一起之方式，依理旅館服務生本就甚少抬起清理，此已由證人服務生所證稱屬實，更何況一般住宿之人，焉會無端將其抬起來，致發生東西遺落在床墊下之情況。揆諸以上種種事證，實不能因被告年少輕狂任意在外逗留寄居旅社，則先入爲主認其行爲顯然不端，而有犯罪之動機，否則顯有偏頗輕忽妨害眞實之發見，此上訴人爲洗刷自身冤屈，唯有據理依法力爭，請賜准予改判無罪者三也。

且對於應受輕罪或重罪之判決，事實懷有疑義者，應對於被告認定成立輕罪，此即

審判應採之「罪疑唯輕」之原則，此亦「寧可失之出，不可失之入」之古訓所遵循之法則。

綜上所陳，被告實對扣案槍彈並不知情，應甚灼然，故宜詳予調查以期發見眞實，且目下又無任何積極明顯確切之直接證據，足以指證被告確有此一犯罪事實，自不能率爾認定。爰依刑事訴訟法第154條規定，祈

鈞院明鑒，賜爲無罪之諭知，以雪冤屈，並昭大公，爲禧！

　　謹　狀

△刑事訴訟法第377條規定，上訴於第三審法院，非以判決違背法令爲理由，不得爲之，是當事人提起第三審上訴，應以原判決違背法令爲理由，係屬法定要件，如果上訴理由並未指摘原判決有何違法，自應認其上訴爲違背法律上之程式，予以駁回。本件上訴人之上訴意旨，僅以家庭子女眾多賴伊扶養，請從輕量刑准予易科罰金爲唯一理由，而於原判決如何違背法令並無一語涉及，自屬違背法律上之程式，應予駁回。（70台上969）

△原審採信高某之指述與郭某之證言，究有如何違反經驗法則、論理法則之情形，上訴人既未具體指明，徒以自己之說詞，謂原審採證違法，要非適法之上訴理由。至所謂旅社負責人及服務生在第一審均證實上訴人未於案發之時日前往該旅社一節，經核閱全卷，該旅社負責人蔡某、服務生鄭某並無如是之證述，是上訴人此部分之主張，顯與卷存訴訟資料不符，執此指摘原審未予審酌而有理由不備之違法，即與刑事訴訟法第379條第14款上段規定不相適合。其上訴自屬違背法律上之程式，應予駁回。（72台上643）

○原判決係認第一審判決依刑法第56條、第233條論處上訴人以連續引誘未滿16歲之女子與他人姦淫之罪刑，爲無不當，予以維持，而駁回上訴人在第二審之上訴，其事實及理由亦以上訴人係犯引誘未滿16歲之女子與他人姦淫罪之認定及論斷，則其記載之刑法第232條，顯係刑法第233條之誤繕，顯然於判決無影響，且與理由矛盾之情形不相適合，自不得據爲第三審上訴之適法理由。（74台上1556）

△提起第三審上訴，應以原判決違背法令爲理由，係屬法定要件。如果上訴理由狀並未依據卷內訴訟資料，具體指摘原判決不適用何種法則或如何適用不當，自應認其上訴爲違背法律上之程式，予以駁回。或上訴理由狀，雖指摘原判決有違背法令，但未指明原判決有如何違法事由之具體情事，僅泛言有何條款之違法而無具體情事者，其上訴仍不能認爲合法。本件上訴意旨，僅以上訴人詳閱原審判決後，認有違背刑事訴訟法第172條、第310條第1款、第2款、第378條、第379條第10款、第14款等情形，難令人甘服爲唯一理由，而於原判決論處上訴人以共同連續行使僞造私文書，足以生損害於他人罪刑，究竟有如何違背上開法律之具體情事，並無一語涉及，自非適法之第三審上訴理由。（76台上5771）

△刑事訴訟法第441條之審判違背法令，包括判決違背法令及訴訟程序違背法令，後者係指判決本身以外之訴訟程序違背程序法之規定，與前者在理論上雖可分立，實際上時相牽連。第二審所踐行之訴訟程序違背同法第379條第7款、第284條之規定，固屬判決前之訴訟程序違背法令。但非常上訴審就個案之具體情形審查，如認判決前之訴

訟程序違背被告防禦權之保障規定，致有依法不應爲判決而爲判決之違誤，顯然於判決有影響者，該確定判決，即屬判決違背法令。案經上訴第三審，非常上訴審就上開情形審查，如認其違法情形，第三審法院本應爲撤銷原判決之判決，猶予維持，致有違誤，顯然影響於判決者，應認第三審判決爲判決違背法令。（91台非152）

△刑事訴訟法第161條已於民國91年2月8日修正公布，其第一項規定：檢察官就被告犯罪事實，應負舉證責任，並指出證明之方法。因此，檢察官對於起訴之犯罪事實，應負提出證據及說服之實質舉證責任。倘其所提出之證據，不足爲被告有罪之積極證明，或其指出證明之方法，無從說服法院以形成被告有罪之心證，基於無罪推定之原則，自應爲被告無罪判決之諭知。本件原審審判時，修正之刑事訴訟法關於舉證責任之規定，已經公布施行，檢察官仍未提出適合於證明犯罪事實之積極證據，並說明其證據方法與待證事實之關係；原審對於卷內訴訟資料，復已逐一剖析，參互審酌，仍無從獲得有罪之心證，因而維持第一審諭知無罪之判決，於法洵無違誤。（92台上128）

四、判決之區別

(一) 本案判決（就訴訟目的即刑罰權有無所爲的判決），其形式（免訴判決）及實體判決（有罪或無罪判決），將受到一事不再理原則之拘束。

(二) 非本案判決，僅有形式確定力（不受理或管轄錯誤判決），則不受一事不再理原則的拘束。

五、判決後相關問題

(一) 犯刑法僞證、誣告罪章、妨害名譽及信用罪章之罪，可由被害人或其他有告訴權人聲請，將判決書全部或一部分登報，費用由被告負擔。（參刑訴§315）

(二) 扣押物未經諭知沒收者，應即發還，且如扣押係贓物而法院以該贓物無第三人主張權利者，則不待其請求，即應發還被害人。

(三) 羈押問題請參閱本章第九節之說明。

(四) 判決無罪後，其羈押期間所受之損害，可依刑事補償法請求國家賠償。

第七節　再審

按再審程序爲就已確定之判決，發現事實上錯誤或有錯誤之虞時所設之救濟方法，故提起再審，應對確定判決爲之，至於確定判決之審判違背法令，則不屬再審範圍；再審係對於實體上之確定判決聲請救濟之方法，而程序上之判決，要無再審之可言。

同時再審係對確定判決聲明不服之方法，本質上爲原訴訟程序之再開或續行，並非另一新訴訟關係，應以原確定判決於確定前在通常訴訟程序進行中是否爲得上訴於第三審法院之案件，爲審斷其是否得抗告之基礎。

開始再審之裁定確定後，法院應依其審級之通常程序，更爲審判。受判決人已死亡者，爲其利益聲請再審之案件，應不行言詞辯論，由檢察官或自訴人以書狀陳述意見後，即行判決。爲受判決人之利益聲請再審之案件，受判決人於再審判決前死亡者，準

用前項之規定，刑事訴訟法第436條、第437條第1項前段、第2項定有明文。

按聲請再審，由判決之原審法院管轄，刑事訴訟法第426條第1項規定甚明。

一、認定事實與客觀事實有誤致適用法令違誤，其爭點在事實上不相符合。認定事實與裁判主文所依循應適用法令有違誤，則係非常上訴問題。除管轄有無、應不受理或訴訟程序相關問題外，均屬非常上訴問題之範圍。再審經程序不合法予以駁回者，得以同一理由證據（原因）重新聲請。

☆刑事判決確定後，發見該案件認定犯罪事實所採用證據顯屬不符，亦屬審判違背法令，得提起非常上訴，如具有再審理由（原因）者，仍可依再審程序聲請再審。（釋146）

二、聲請再審，由判決之原審法院管轄。判決之一部曾經上訴，一部未經上訴，對於各該部分均聲請再審，而經第二審法院就其在上訴審確定之部分為開始再審之裁定者，其對於在第一審確定之部分聲請再審，亦應由第二審法院管轄之。

判決在第三審確定者，對於該判決聲請再審，除以第三審法院之法官有第420條第1項第5款情形為原因者外，應由第二審法院管轄之。

再審書狀未敘述理由或未附原判決繕本及證據，將不命補正，直接駁回。且再審必須於開始再審之裁定確定後，方得依法院審級之通常程序更為審判，這點與一般發回或發交者不同。

三、聲請再審之當事人，依其聲請係為受判決人之利益或不利益而有不同。[1]

四、得提起再審之確定判決一覽如次，對於應不受理誤予受理或管轄錯誤者，只能提出非常上訴。

(一) 有罪之判決確定後，有下列情形之一者，為判決人之利益，得聲請再審：

1. 原判決所憑之證物已證明其為偽造或變造者。

2. 原判決所憑之證言、鑑定或通譯已證明其為虛偽者。

3. 受有罪判決之人，已證明其係被誣告者。

4. 原判決所憑之通常法院或特別法院之裁判已經確定裁判變更者。

5. 參與原判決或前審判決或判決前所行調查之法官，或參與偵查或起訴之檢察官，或參與調查犯罪之檢察事務官、司法警察官或司法警察，因該案件犯職務上之罪已經證明者，或因該案件違法失職已受懲戒處分，足以影響原判決者。

6. 因發現新事實或新證據，單獨或與先前之證據綜合判斷，足認受有罪判決之人應受無罪、免訴、免刑或輕於原判決所認罪名之判決者。而此所謂「發現新事實或新證據」是指判決確定前已存在或成立而未及調查斟酌，及判決確定後始存在或成立之事實、證據。

其中所稱證明須經判決確定，或其刑事訴訟不能開始或續行非因證據不足者為限，得聲請再審。（參刑訴§420）

(二) 不得上訴於第三審法院之案件，除第420條規定外，其經第二審確定之有罪判決，如就足生影響於判決之重要證據漏未審酌者，亦得為受判決人之利益，聲請再審。（參刑訴§421）

(三) 有罪、無罪、免訴或不受理之判決確定後，於部分情形下，爲受判決人之不利益，得聲請再審。[2]

五、遲誤期間之回復原狀依各相關規定辦理[3]

☆刑事判決確定後，發見該案件認定犯罪事實與所採用證據顯屬不符，自屬審判違背法令，得提起非常上訴；如具有再審原因者，仍可依再審程序聲請再審。（釋146）

☆確定判決消極的不適用法規，顯然影響裁判者，自屬民事訴訟法第496條第1項第1款所定適用法規顯有錯誤之範圍，應許當事人對之提起再審之訴，以貫徹憲法保障人民權益之本旨。最高法院60年度台再字第170號判例，與上述見解未洽部分，應不予援用。惟確定判決消極的不適用法規，對於裁判顯無影響者，不得遽爲再審理由，就此而言，該判例與憲法並無牴觸。本院依人民聲請所爲之解釋，對聲請人據以聲請之案件，亦有效力。（釋177）

☆中央或地方機關就其職權上適用同一法律或命令發生見解歧異，本院依其聲請所爲之統一解釋，除解釋文內另有明定者外，應自公布當日起發生效力。各機關處理引起歧見之案件及其同類案件，適用是項法令時，亦有其適用。惟引起歧見之該案件，如經確定終局裁判，而其適用法令所表示之見解，經本院解釋爲違背法令之本旨時，是項解釋自得據爲再審或非常上訴之理由。（釋188）

☆確定終局裁判適用法律或命令所持見解，經本院解釋認爲違背法令之本旨時，當事人如據以爲民事訴訟再審之理由者，其提起再審之訴或聲請再審之法定不變期間，參照民事訴訟法第500條第2項但書規定，應自該解釋公布當日起算，惟民事裁判確定已逾5年者，依同條第3項規定，仍不得以其適用法規顯有錯誤而提起再審之訴或聲請再審，本院釋字第188號解釋應予補充。（釋209）

☆行政法院55年度裁字第36號判例，認法律上之見解，非爲中華民國57年2月1日修正前民事訴訟法第492條第1項第11款所稱之證物，不得據以提起再審之訴，與憲法並無牴觸。惟民事訴訟法及行政訴訟法於57年2月1日及64年12月12日相繼修正後，已將確定判決適用法規顯有錯誤，列爲再審理由，併予指明。（釋244）

☆公務員懲戒法第34條第2款規定移請或聲請再審議，應自相關之刑事裁判確定之日起30日內爲之。其期間之起算點，就得聲明不服之第一審及第二審裁判言，固應自裁判確定之日起算；惟對於第一審、第二審不得聲明不服之裁判或第三審之裁判，因一經宣示或經評決而爲公告，不待裁判書之送達，即告確定，受懲戒處分人即難依首開規定爲聲請。是其聲請再審議之期間，應自裁判書送達之日起算，方符憲法第16條保障人民訴訟權之意旨。公務員懲戒委員會再審字第431號議決案例及其他類似案例與此意旨不合部分，應不再援用。（釋446）

☆公務員懲戒法第34條第2款規定，依同法第33條第1項第4款爲原因，移請或聲請再審議者，應自相關之刑事裁判確定之日起30日內爲之。該期間起算日之規定，於受懲戒處分人爲該刑事裁判之被告，而其對該裁判不得聲明不服，僅他造當事人得聲明不服；以及受懲戒處分人非該刑事裁判之被告，僅其與該裁判相關等情形；因現行刑事訴訟法制就檢察官或自訴人何時收受裁判之送達、其得聲明不服而未聲明不服以及該

等裁判於何時確定等事項，並無法院、檢察官（署）或自訴人應通知被告及關係人等之規定，致該等受懲戒處分人未能知悉該類裁判確定之日，據以依首開規定聲請再審議。是上開期間起算日之規定，未區分受懲戒處分人於相關刑事確定裁判之不同訴訟地位，及其於該裁判確定時是否知悉此事實，一律以該裁判確定日為再審議聲請期間之起算日，與憲法第7條及第16條人民訴訟權之平等保障意旨不符。上開受懲戒處分人以相關之刑事確定裁判聲請再審議之法定期間，應自其知悉該裁判確定之日起算，方符上開憲法規定之本旨。首開規定與此解釋意旨不符部分，應不再適用。本院釋字第446號解釋，應予補充。（釋610）

△ 因告發而開始進行偵查之刑事案件，並無得為聲請再議之人，一經檢察官為不起訴之處分後，其處分即屬確定，雖上級法院首席檢察官本於監督權之作用，仍得復令偵查，但非有刑事訴訟法第239條所定可以再起訴之新事實新證據或再審原因，不得對於同一案件再行起訴，此與上級法院首席檢察官因認再議之聲請為有理由，命令續行偵查之案件不受此項限制者有別，觀於同法於不起訴、再行起訴及聲請再議各規定，殊無疑義。（27上2045）

△ 刑事訴訟法第397條規定，不得上訴於第三審法院之案件，其第二審法院所為裁定，不得抗告。本件抗告人因犯妨害人行使權利罪，經地方法院依刑法第304條第1項判處罰金，並由第二審駁回上訴判決確定在案，該條項之最重本刑為3年有期徒刑，依刑法第61條第1款前段及刑事訴訟法第368條，係不得上訴於第三審之案件，茲抗告人聲請再審，業由原第二審法院裁定駁回，自無抗告之餘地。（29抗5）

△ 再審係就確定判決事實錯誤而設之救濟方法，原確定判決關於沒收及追徵之諭知有無違法，此乃適用法律問題，再抗告人以此聲請再審，顯有誤會。（43台抗60）

△ 刑事訴訟法第419條（舊）所謂原審法院，係指原審級之法院而言，並非指為判決之原法院，故第二審法院之管轄區域有變更時，對於第二審法院之確定判決聲請再審，自應由繼受該審級之法院管轄之。（52台抗152）

△ 第二審開始再審之裁定確定後，再審前之二、三兩審判決即失其效力，法院依其審級之通常程序更為審判，對於再審判決得否上訴第三審法院，亦應以再審判決及第一審判決與檢察官起訴書適用法則之情形而定，不能再以已失效之二、三兩審判為準。（54台上2809）

△ 非常上訴旨在糾正法律上之錯誤，並不涉及事實問題，其經非常上訴審認為有理由，依法應撤銷原確定判決另行改判，僅係代替原審，依據原所認定之事實，就其裁判時應適用之法律而為裁判，使違法者成為合法，核與再審係對確定判決之事實錯誤而為之救濟方法，迥不相侔，因之對於非常上訴判決殊無聲請再審之餘地。（54台抗263）

△ 非常上訴審，應以原判決確認之事實為基礎，以判斷其適用法律有無違誤，至非常上訴審所得調查之事實，僅以關於訴訟程序、法院管轄、免訴事由及訴訟之受理者為限，本件被告違反票據法部分，應否減輕或免除其刑，原以支票金額已否清償為條件，此項前提事實並非非常上訴審所得調查，被告在原判決宣示前，未主張已清償支票金額，亦未提出何項資料，原判決未適用舊票據法有關規定予以減輕或免除其刑，

其適用法律即難謂有所違背，除合於再審條件應依再審程序救濟外，以調查此項事實爲前提之非常上訴，難認爲有理由。（68台非181）

△再審法院就形式上審查，如認爲合於法定再審要件，即應爲開始再審之裁定。有罪之判決確定後，以原判決所憑之證言已證明其爲虛僞，爲受判決人之利益聲請再審者，此項證明祇須提出業經判決確定爲已足，刑事訴訟法第420條第1項第2款及第2項定有明文，非如同條第1項第6款規定之因發見確實新證據爲再審，須以足動搖原確定判決爲要件，原裁定以證人許某雖經判處僞證罪刑確定，仍不足以動搖原確定判決，駁回抗告人再審之聲請，尚嫌失據。（69台抗352）

△聲請再審應以書狀敘述理由，附具原判決之繕本及證據，提出於管轄法院爲之，爲刑事訴訟法第429條所明定。此項聲請再審程式之欠缺，非抗告程序中所得補正，如確具有聲請再審之理由，只能另行依法聲請。（71台抗337）

△依刑事訴訟法第420條第1項第6款規定，因發見確實之新證據而爲受判決人之利益，聲請再審者，以該判決係實體上爲有罪且已確定者爲限。本件抗告人因僞造文書案件，不服原法院所爲有罪之判決，提起上訴，經本院以其上訴顯不合法，從程序上判決駁回其上訴，是上述原法院之實體上判決，始爲抗告人之有罪確定判決，乃抗告人在原法院竟對本院之上述程序判決聲請再審，自難認爲合法。（72台抗270）

△當事人對民事確定判決，提起再審之訴，應於30日之不變期間內爲之。又該期間自判決確定時起算，爲民事訴訟法第500條第1項、第2項所明定。其對於附帶民事訴訟確定判決，依刑事訴訟法第512條規定向民事法院提起再審之訴者，自亦相同。（72台上533）

△開始再審之裁定確定後，法院應依其審級之通常程序更爲審判，受判決人已死亡者，爲其利益聲請再審之案件，應不行言詞辯論，由檢察官或自訴人以書狀陳述意見後，即行判決，爲受判決人之利益聲請再審之案件，受判決人於再審判決前死亡者，準用前項之規定，刑事訴訟法第436條、第437條第1項前段、第2項定有明文。準此以觀，受判決人既已死亡，仍得爲其利益聲請再審，則開始再審裁定後，受判決人死亡，仍應依其審級之通常程序爲實體上之審判，否則如依刑事訴訟法第303條第5款規定，遽爲不受理之判決，則同法第437條第2項規定準用第1項，由檢察官或自訴人以書狀陳述意見後即行判決，必將形同具文，顯見刑事訴訟法第437條爲再審程序之特別規定，應排除第303條第5款之適用。（80台非536）

○刑事訴訟法第420條第1項第6款所謂發見確實之新證據，係指該證據於事實審法院判決前已經存在，爲法院、當事人所不知，不及調查斟酌，至其後始行發見，且就證據本身形式上觀察，固不以絕對不須經過調查程序爲條件，但必須顯然可認爲足以動搖原有罪確定判決，而爲受判決人無罪、免訴、免刑或輕於原判決所認罪名之判決者爲限。故受理聲請再審之最後事實審法院，應就聲請再審理由之所謂「新證據」，是否具備事實審判決前已經存在，爲法院、當事人所不知，事後方行發見之「嶄新性」，及顯然可認足以動搖原有罪確定判決，應爲無罪、免訴、免刑或輕於原判決罪名之「顯然性」二要件，加以審查，爲判斷應否准予開始再審之準據。（93台抗98）

○再審程序固爲就已確定之判決發現事實上錯誤或有錯誤之虞所設之救濟方法。惟法院

於受理再審之聲請後，須經審查符合再審之原因，認其聲請有理由，為開始之再審裁定確定後，法院始應依其審級之通常程序，更為審判，故在開始再審之裁定確定前，並無回復原審級之通常程序，更為審判可言，此參刑事訴訟法第436條之規定甚明。再民國92年2月6日修正公布，並於同年9月1日施行之刑事訴訟法第319條第2項規定，自訴之提起應委任律師行之，雖改採強制委任律師為代理人制度。惟自訴之提起，乃為刑事訴訟程序進行之開始，此與再審之聲請，並非即為原審級通常程序之開始，有所不同。（93台抗499）

六、所謂發現新證據，以下均非於判決後所發現

△刑事訴訟法第260條第1款所謂發見新事實或新證據者，係指於不起訴處分前未經發現至其後始行發現者而言，若不起訴處分前，已經提出之證據，經檢察官調查斟酌者，即非該條款所謂發見之新證據，不得據以再行起訴。（57台上1256）

△按依刑事訴訟法第260條第1款之規定，不起訴處分已確定者，非發見新事實或新證據，不得對於同一案件，再行起訴，所謂發見新事實或新證據，係指於不起訴處分前，未經發見，至其後始行發見者而言，若不起訴處分前，已經提出之證據，經檢察官調查斟酌者，即非前述條款所謂發見之新證據，不得據以再行起訴，本件上訴人因過失致人於死案件，先經台中區汽車肇事鑑定委員會鑑定結果，認上訴人不負過失責任，經檢察官予以不起訴處分確定，嗣經台灣省交通處汽車肇事鑑定案件覆議小組覆議結果，認上訴人應負過失責任，兩者所憑事證，完全相同，要不因前後確定意見之不同，即可視後之鑑定意見為新事實或新證據之發見，而再行起訴。（69台上1139）

七、當事人對民事確定判決，提起再審之訴，應於30日之不變期間內為之。又該期間自判決確定時起算，為民事訴訟法第500條第1項、第2項所明定。其對於附帶民事訴訟確定判決，依刑事訴訟法第512條規定向民事法院提起再審之訴者，自亦相同。（參72年台上字第533號判例）

---

[1]：為受判決人之利益聲請再審之人包括：管轄法院之檢察官、受判決人、受判決人之法定代理人或配偶、受判決人已死亡者，其配偶、直系血親、三親等內之旁系血親、二親等內之姻親或家長、家屬。（參刑訴§427）

為受判決人之不利益聲請再審，得由管轄法院之檢察官及自訴人為之。但自訴人以有第422條第1款規定之情形為限。即須有原判決所憑之證物已證明其為偽造或變造者；原判決所憑之證言、鑑定或通譯已證明其為虛偽者；原判決所憑之通常法院或特別法院之裁判已經確定裁判變更者；參與原判決或前審判決或判決前所行調查之法官，或參與偵查或起訴之檢察官，或參與調查犯罪之檢察事務官、司法警察官或司法警察，因該案件犯職務上之罪已經證明者，或因該案件違法失職已受懲戒處分，足以影響原判決者之情形，自訴人始得為受判決人之不利益聲請再審。自訴人已喪失行為能力或死亡者，得由第319條第1項所列得為提起自訴之人聲請之。（參刑訴§428）

[2]：(1) 有第420條第1款、第2款、第4款或第5款之情形者。

(2) 受無罪或輕於相當之刑之判決，而於訴訟上或訴訟外自白，或發見確實之新證據，足認其有應受有罪或重刑判決之犯罪事實者。

(3) 受免訴或不受理之判決，而於訴訟上或訴訟外自述，或發見確實之新證據，足認其並無免訴或不受理之原因者。（參刑訴§422）

[3]：參考法條

❖非因過失，遲誤上訴、抗告或聲請再審之期間，或聲請撤銷或變更審判長、受命法官、受託法官裁定或檢察官命令之期間者，於其原因消滅後5日內，得聲請回復原狀。

許用代理人之案件，代理人之過失，視為本人之過失。（刑訴§67）

❖因遲誤上訴或抗告或聲請再審期間而聲請回復原狀者，應以書狀向原審法院為之。其遲誤聲請撤銷或變更審判長、受命法官、受託法官裁定或檢察官命令之期間者，向管轄該聲請之法院為之。

非因過失遲誤期間之原因及其消滅時期，應於書狀內釋明之。

聲請回復原狀，應同時補行期間內應為之訴訟行為。（刑訴§68）

❖回復原狀之聲請，由受聲請之法院與補行之訴訟行為合併裁判之；如原審法院認其聲請應行許可者，應繕具意見書，將該上訴或抗告案件送由上級法院合併裁判。

受聲請之法院於裁判回復原狀之聲請前，得停止原裁判之執行。（刑訴§69）

❖遲誤聲請再議之期間者，得準用前三條之規定，由原檢察官准予回復原狀。（刑訴§70）

第八節　非常上訴

　　非常上訴[註]係於判決確定後，始發現該案件違背法令而提起之程序，包括合法上訴誤為不合法及不合法上訴誤為合法，其處理情形如次：

一、不合法上訴誤為合法

　　上級撤銷發回，下級又為判決，釋字第135號解釋認為這兩判決均不生效力，依非常上訴解決之。

二、合法上訴誤為不合法

(一) 在為被告之不利益時，方得提起非常上訴，參釋字第271號解釋。

☆刑事訴訟程序中不利益於被告之合法上訴，上訴法院誤為不合法，而從程序上為駁回上訴之判決確定者，其判決固屬重大違背法令，惟既具有判決之形式，仍應先依非常上訴程序將該確定判決撤銷後，始得回復原訴訟程序，就合法上訴部分進行審判。否則即與憲法第8條第1項規定人民非依法定程序不得審問處罰之意旨不符。最高法院25年上字第3231號判例，於上開解釋範圍內，應不再援用。（釋271）

(二) 為被告利益而上訴，依80年第五次刑庭總會決議，直接據此合法上訴而為實體判決。

　　院字第1745號解釋對於非常上訴者，認為僅撤銷違法部分，而不及於被告，因其僅具有論理之效力，故其原有之緩刑仍然有效。

☆非常上訴，乃對於審判違背法令之確定判決所設之救濟方法。依法應於審判期日調查之證據，未予調查，致適用法令違誤，而顯然於判決有影響者，該項確定判決，即屬判決違背法令，應有刑事訴訟法第447條第1項第1款規定之適用。（釋181）

三、另有關實體與程式之裁定，其處理情形如次

(一) 程序事項不得提起
1. 駁回自訴之裁定。
2. 駁回上訴之裁定（含二、三審）。
3. 駁回再審之裁定。
4. 其他訴訟程序上之裁定。

(二) 實體事項得提起
1. 刑事訴訟法第447條。（參68年台非字第50號判例）
2. 單獨宣告沒收。（參院2507）
3. 同法第476條。（參44年台非字第41號判例）
4. 同法第481條。

☆非常上訴，乃對於審判違背法令之確定判決所設之救濟方法。依法應於審判期日調查之證據，未予調查，致適用法令違誤，而顯然於判決有影響者，該項確定判決，即屬判決違背法令，應有刑事訴訟法第447條第1項第1款規定之適用。（釋181）

☆刑事訴訟程序中不利益於被告之合法上訴，上訴法院誤為不合法，而從程序上為駁回上訴之判決確定者，其判決固屬重大違背法令，惟既具有判決之形式，仍應先依非常上訴程序將該確定判決撤銷後，始得回復原訴訟程序，就合法上訴部分進行審判。否則即與憲法第8條第1項規定人民非依法定程序不得審問處罰之意旨不符。最高法院25年上字第3231號判例，於上開解釋範圍內，應不再援用。（釋271）

△一行為而觸犯數罪名者，從一重處斷，刑法第55條著有明文。被告等雖共同毒殺丙、丁二人已遂，並毒殺戊、己二人未遂，但其置毒行為有一個，即屬一行為而觸犯數罪名，自應從一重處斷，初判僅援用刑法第55條條文，仍分別論被告等以兩個殺人既遂罪刑，兩個殺人未遂罪刑，再從一重定為執行無期徒刑，自屬引律錯誤，罪有失入，原覆判審不依縣司法處刑事案件覆判暫行條例第5條第1項第1款，為更正判決，乃認初判錯誤之點與判決主旨無關，予以核准，自屬違法。本件非常上訴，應認為有理由，原覆判之核准判決係於被告等不利，應由本院撤銷改判。（29非24）

△初審判決認被告因其妻某氏拒絕同宿，於民國25年廢曆8月25日晚乘該氏熟睡之際，用竹杆打其臀部，該氏奪斷竹杆，復拾木板打其後腰，經被告之母孀等勸散，該氏負痛氣憤用酒泡宮粉服食，至天明毒發身死，是被告僅有毆傷其妻某氏之行為，至該氏之死，係由其本人服毒之偶然的原因介入所致，與其傷害行為並無相當因果之聯絡，則被告對此死亡結果自不應負責。初審判決謂某氏之服毒，係因被告毆打之刺激而起，竟依刑法第277條第2項，論以傷害人致死罪刑，原覆判審不以判決更正，竟為核准之判決，顯係違背法令，本件非常上訴，應認為有理由，至原確定判決既於被告不利，自應予以撤銷，另行改判。（29非48）

△非常上訴審依刑事訴訟法第438條第2項準用第386條之規定，所謂準用與適用有別，適用係完全依其規定而適用之謂，準用則祇就某事項所定之法規，於性質不相牴觸之範圍內，適用於其他事項之謂，即準用有其自然之限度，依該條準用之規定，雖得調查事實，但因非常上訴爲特別程序之故，自應僅以關於訴訟程序及得依職權調查之事項爲限，同法第371條所列各款情形，除第4款、第5款、第12款及第14款之因理由矛盾致適用法令違誤者，係屬判決違法外，其餘各款均屬訴訟程序違背法令，故非常上訴審亦僅得就其訴訟程序有無違背法令之事實以爲調查，而同法第六編既無非常上訴得準用通常程序第一、二、三審審判之規定，則該案件非有第440條第2項之情形，縱原確定判決因重要證據漏未調查，致所確認之事實發生疑義，除合於再審條件應依再審程序救濟外，非常上訴審殊無從進行調查其未經原確定判決認定之事實，適用法令有無違背，即屬原無憑判斷，此乃基於非常上訴爲特別程序加於準用之自然限制，因之以調查此項事實爲前提之非常上訴，自難認爲有理由。（41台非47）

△刑事訴訟法第60條之公示送達屬於審判者，應經法院之許可，始得爲之，其在第二審所稱之法院，乃專指由推事三員組織之合議庭（狹義法院）而言，此種法院對於公示送達之許可，自應以推事三員簽名之裁定行之，殊非該法院之行政首長所能代爲，原法院未經正式裁定爲公示送達之許可，僅以公告式之行政文稿出之，自非適法，因之公示送達本身尚未發生效力，其判決即無從確定，更無對之提起非常上訴之可能。（42台非11）

△非常上訴旨在糾正法律上之錯誤，並不涉及事實問題，其經非常上訴審認爲有理由，依法應撤銷原確定判決另行改判時，僅依代替原審，依據原所認定之事實，就其裁判時應適用之法律而爲裁判，使違法者成爲合法，核與再審係對確定判決之事實錯誤而爲之救濟方法，迥不相侔，因之對於非常上訴判決殊無聲請再審之餘地，再抗告人竟對非常上訴判決聲請再審，自屬於法不合。（43台抗26）

△撤銷緩刑宣告之裁定，與科刑判決有同等效力，於裁定確定後，認爲違法，得提起非常上訴。（44台非41）

△定執行刑之裁定本身違法者，固得於裁定確定後，依非常上訴程序加以糾正，若其本身並不違法，而僅係基以定執行之判決有違法情形，經非常上訴審將該違法判處之罪刑撤銷，改判無罪、免訴或不受理者，則該裁定因將經撤銷之刑，與其他刑罰合併所定之執行刑，當然隨之變更而不存在，應由原審檢察官就撤銷後之餘罪，另行聲請定其應執行之刑。（50台非111）

△非常上訴旨在糾正法律上之錯誤，並不涉及事實問題，其經非常上訴審認爲有理由，依法應撤銷原確定判決另行改判，僅係代替原審，依據原所認定之事實，就其裁判時應適用之法律而爲裁判，使違法者成爲合法，核與再審係對確定判決之事實錯誤而爲之救濟方法，迥不相侔，因之對於非常上訴判決殊無聲請再審之餘地。（54台抗263）

△非常上訴以對於確定判決，始得提起，此觀刑事訴訟法第441條規定自明，如判決尚未確定，則雖發見該案件之審判程序有所違背，儘可依通常上訴程序救濟，要不得提起非常上訴。公示送達，以被告之住居所、事務所及所在地不明者，始得爲之，如被

告所在地甚明，不向其所在地送達，而遽以公示送達方式，以爲送達，即不發生送達之效力，對於在軍隊服役之軍人爲送達者，應向該管長官爲之，此爲民事訴訟法第129條所明定，依照刑事訴訟法第62條規定，並亦爲刑事訴訟程序所應準用，既有此特別規定，自亦不能視爲所在不明，倘遽以公示送達方式爲送達，即不能發生送達之效力，從而此項方式所送達之判決，無由確定，自不得對之提起非常上訴。（66台非167）

△對於已判決確定之各罪，已經裁定其應執行之刑者，如又重複裁定其應執行之刑，自係違反一事不再理之原則，即屬違背法令，對於後裁定，得提起非常上訴。（68台非50）

○曾受有期徒刑以上刑之宣告，而依中華民國64年罪犯減刑條例減刑，並經執行完畢或受一部之執行而赦免後，5年以內再犯罪，受有期徒刑以上刑之宣告者，依該條例第13條第1項規定，應撤銷其減刑部分之裁判，仍執行宣告之刑（非常上訴意旨誤爲中華民國60年罪犯減刑條例）。依此規定，減刑部份之裁判，既必須撤銷而仍執行原宣告之刑，其原宣告之刑，難謂已執行完畢或赦免，與累犯之加重要件即不相合，自不得依刑法第47條規定，以累犯論處。（69台非3）

○提起非常上訴，固應對於違法之確定判決爲之，但更定其刑之裁定，亦屬適用刑罰之裁定，其效力實與科刑之判決無異，若於確定後發現其適用法則不當，自應視同判決，得提起非常上訴。（70台非60）

○非常上訴專爲糾正確定判決違法而設，至認定事實之錯誤或有爭執，非循非常上訴程序所能救濟。原確定判決根據認定之事實，判斷被告有意圖避免常備兵之徵集，無故拒絕接受徵集令，而適用妨害兵役治罪條例第4條第4款之規定論罪科刑，其法律之適用並無錯誤，非常上訴意旨涉及事實認定之有錯誤或爭執，自非非常上訴審所得斟酌。（70台非136）

○依刑事訴訟法第445條第1項之規定，非常上訴審之調查，以非常上訴理由所指摘之事項爲限。至同條第2項所準用之第394條規定，非常上訴審所得調查之事實，則以關於訴訟程序、法院管轄、免訴事由及訴訟之受理者爲限，至被告所犯二罪是否具有方法結果之牽連關係而應依刑法第55條後段之規定從一重處斷，係屬論罪科刑之前提事實，不在非常上訴審所得調查之列。（70台非215）

○按非常上訴之提起，以發見案件之審判係違背法令者爲限，徵諸刑事訴訟法第441條之規定至爲明顯，所謂審判違背法令，係指其審判程序或其判決之援用法令與當時應適用之法令有所違背而言。至於證據之取捨，法院原有自由判斷之權，且認定犯罪事實所憑之證據，並不以直接證據爲限，即綜合各種間接證據，本於推理作用，就其所得之心證，予以採取，作爲認定犯罪事實之基礎，原非法所不許。（70台非221）

○非常上訴審應以原判決所確認之事實爲基礎，如依原判決所確認之事實，其適用法律共無違誤，縱原確定判決因重要證據漏未調查，致所確認之事實發生疑義，非常上訴審亦無從進行調查未經原確定判決認定之事實，其適用法律有無違誤，即屬無憑判斷，因之以調查此項事實爲前提之非常上訴，自難認爲有理由（參考本院43年台非字第4號判例），本件原判決係以被告在第○商業銀行西塭分行無存款餘額，又未經付

款人允許墊借,而對之簽發69年8月31日期,面額新台幣75萬元(票號1546247)之支票一張,經執票人提示,不獲支付,爲其確認之被告犯罪事實,並未認定該空頭支票係出於被告變造乃竟對原確定判決未確認變造支票之事實,指爲有未盡調查證據能事之違法,揆諸上開說明,本件非常上訴,尚難認爲有理由。(71台非23)

○(一)非常上訴程序,最高法院之調查以非常上訴理由所指摘之事項爲限,又刑事訴訟法第394條之規定,於非常上訴準用之,同法第445條定有明文,故法院有無不應受理而受理之情形,得調查之。(71台非109)

○提起非常上訴,固應對於違法之確定判決爲之,但撤銷緩刑宣告之裁定,亦屬與科刑判決有同等效力,於裁定確定後,認爲違法,得提起非常上訴。(71台非129)

○非常上訴審,應以原判決所確認之事實爲基礎,以判斷其適用之法律有無錯誤,不得僅以前後判決所持法律上見解之不同,而執後判決之見解指摘前判決違背法令。(72台非13)

○訴訟程序雖係違背法令,而於判決無影響者,不得提起非常上訴,爲本院於29年2月20日作成總決議以來,所持之見解。(72台非135)

○本件聲請人對於本院72年度台抗字第23號確定裁定,表示不服,雖用「非常上訴」字樣,仍應視其爲再審之聲請,依聲請再審程序裁判。(72台聲398)

△被告因搶劫案件,經台灣高等法院判處有期徒刑15年,被告不服提起上訴,本院以其違背刑事訴訟法第377條之規定,不得提起第三審上訴,乃依同法第395條前段規定認其上訴爲不合法,予以駁回,此項程序上之判決,與實體上具有既判力之確定判決有別。是被告縱有現役軍人身分,普通法院對之無審判權,但其受理訴訟違法者應爲第二審之確定判決,而非本院上開之程序判決,非常上訴意旨既未就本院駁回上訴之程序判決指摘有何違法,而受理訴訟當否等屬於第三審得依職權調查之事項,又以先有合法之上訴爲前提,本院上開程序判決自無從逕行進入職權調查,上訴人對之提起非常上訴,即難認爲有理由。(73台非134)

○(一)非常上訴爲有理由時,依刑事訴訟法第447條第1項第1款之規定,若原判決違背法令,應將其違背之部分撤銷,但原判決不利於被告者,則應就該案件另行判決。惟此之所謂「原判決不利於被告」,乃指該案件若另行判決時,此項另行之判決在法律上顯然較原判決對被告爲有利之情形而言。倘若另行之判決是否對被告有利,仍屬不明;或另行之判決與原判決在法律上對被告之利益本屬相同時,即不得謂其係不利於被告,而就該案件另行判決。至同法條第2項所謂「前項第1款情形」云云,當然包括第1款但書之規定在內,亦即仍應以其有不利於被告之情形,經予撤銷時,因原判決有「誤認爲無審判權而不受理,或其他維持被告審級利益之必要」者,始得諭示由原審法院依判決前之程序更爲審理。若果原判決並非不利於被告,則其既不得另行判決,自亦無同法條第2項適用之餘地。因此,應爲實體上之判決而誤爲不受理之判決,其若予撤銷而另行判決時,究應爲如何之判決,既屬不明,即無從斷定原判決在法律上係不利於被告,則依首開法條之規定,祇須就原判決關於違背法令部分予以撤銷,而不得就該案件另行判決,自更不生應否由原審法院依判決前之程序更爲審判之問題。

(二)刑事訴訟法第447條第2項之規定，係沿用已廢止之非常時期刑事訴訟補充條例第12條之規定而來，其適用範圍本較狹小，於誤認爲無審判權以外之不受理情形，不宜擴大其適用。（74台非137）

○刑事判決確定後，發見該案件認定犯罪事實與所採用證據顯屬不符，依司法院大法官會議釋字第146號解釋，雖屬審判違背法令，得提起非常上訴，但其既須「顯屬不符」，則倘若所採用之證據與所認定之犯罪事實，並無顯然不相符合之情形，仍不得依此提起非常上訴。（75台非26）

○按非常上訴審應以原判決確認之事實爲基礎，如所確認之事實發生疑義，除合於再審要件，得依再審程序救濟外，非常上訴審無從進行未經原判決認定之事實，其適用法律有無違背即屬無從判斷，因此以調查此項事實爲前提之非常上訴，即難認爲有理由。本件既不能確實證明，檢察官聲請簡易判決處刑之被告違反票據法行爲，與前案判決確定之案件，係屬同一事實，而兩案之發票時間又不相同，自無從認爲本件已經判決確定，上訴人對之提起非常上訴，不能不認爲無理由。（75台非30）

○非常上訴之提起，限於判決確定後發現該案件之審判係違背法令者爲限，此觀刑事訴訟法第441條之規定甚明。所謂審判違背法令，係指其審判程序或其判決之援用法令，與當時應適用之法令有所違背者而言，至若因事實認定錯誤致適用法令有無違背發生疑義時，此項事實並非非常上訴審所得糾正。（75台非183）

○(一)刑事訴訟法第118條以下（參見第119條、第121條、第470條）各條之沒入保證金，係因被告對具保人以相當金額具保後逃匿，所給予具保人之制裁，雖與刑法從刑之沒收有別，但此項刑事訴訟法上之沒入裁定依同法第470條第2項規定，既具有強制執行之名義，自與判決有同一效力，於裁定確定後，認爲違法，得提起非常上訴。（75台非247）

○判決確定後，發見該案件之審判係違背法令者，始得提起非常上訴，故檢察官所起訴之數個獨立犯罪事實，應併合處罰，而法院僅就其中一部分之犯罪事實予以判決，就其餘部分之犯罪事實，漏未判決者，純屬漏判而應補行判決之問題，該漏判部分，既未經判決，自不發生判決確定之情形，依法不得提起非常上訴。（76台非112）

○(一)按非常上訴旨在糾正法律上之錯誤，藉以統一法令之適用，不涉及事實問題，故非常上訴審應依原判決所確定之事實爲基礎，僅就原判決所認定之犯罪事實，審核適用法令有無違誤；至法律上見解縱有不同，亦不得指爲違法，自難據爲提起非常上訴之理由。（76台非222）

○對不合法之上訴，所爲駁回上訴之判決，因係程序上判決，本不發生實質的確定力，自不得爲非常上訴之對象。（77台非67）

△刑事訴訟法第379條第10款所稱「依本法應於審判期日調查之證據」，乃指該證據在客觀上爲法院認定事實及適用法律之基礎者而言，若非上述情形之證據，其未予調查者，本不屬於上開第10款之範圍，縱其訴訟程序違背法令，如應受同法第380條之限制者，仍不得據爲非常上訴之理由。

有罪之判決所認定之事實而應記載於判決書者，乃指與論罪科刑暨適用法令有關之事實而言——如犯罪構成要件之事實、刑之加重減輕之事由、故意、過失等等。故事實

欄所記載之部分，倘無關於論罪科刑或法律之適用者，既不屬於必要記載之事項，自亦非理由所應敘述之範圍，則該判決援用以認定此部分非必要記載之事實之證據，即令內容上與此部分之事實不相適合，亦因其不予記載原不生理由不備之違法，倘其予以記載，縱與客觀事實不符，本亦無礙於其應爲之論罪科刑與法條之適用，從而亦不構成理由矛盾之違法。（78台非90）

△有罪判決確定後，檢察官發見爲累犯，依刑法第48條規定，聲請更定其刑，係以主刑漏未依同法第47條累犯加重其刑至二分之一爲聲請之範圍。至於，確定判決主文諭知之從刑及其他部分，例如沒收、緩刑、保安處分等是，因非聲請更定之範圍，即令有違法之情形存在，如合於非常上訴之條件者，應另以非常上訴救濟之，尚非可依更定其刑之裁定程序予以救濟而將之撤銷。（79台非146）

○非常上訴審，應以原判決確認之事實爲基礎，以判斷其適用法律有無違誤，至非常上訴審所得調查之事實，亦僅以關於訴訟程序及得依職權調查之事實爲限。縱原確定判決疏於詳查，致所確認之事實發生疑義，除合於再審條件應依再審程序救濟外，非常上訴審殊無從進行調查其未經原判決所認定之事實，適用法令有無違背，即屬無憑判斷。（79台非200）

○法院之審判，固應以起訴之犯罪事實爲範圍，但法院於不妨害事實同一之範圍內，仍得自由認定事實，適用法律。所謂事實同一，指刑罰權所以發生之原因事實係屬同一而言，故同一犯罪事實，僅行爲之程度不同，如犯罪之完成須經過各種不同之階段，而各階段之行爲均爲法律所處罰者，縱令法律上規定各別，仍不失爲事實同一，法院審理結果如所認定之事實與檢察官所引應適用之法條不符，自可將其所引之法條變更，而不應受其拘束。（83台非218）

○非常上訴審，應以原確定判決所確認之事實爲判決基礎，倘若非常上訴理由係對卷宗內同一證據資料之證明力持與原判決相異之評價，而指摘原判決就該證據未詳加調查，有依法應於審判期日調查而未予調查之違誤，即係對於事實審法院證據取捨裁量權行使之當否所爲之任意指摘，自與非常上訴係以統一法令適用之本旨有違。又因非常上訴制度旨在救濟違法裁判，與再審制度係在救濟事實錯誤不同，是以，非常上訴理由茍以判決當時卷內不存在之證據，據以爲事實之爭執，即非可取。（90台非255）

○刑事訴訟法第95條第1款規定「訊問被告應先告知犯罪嫌疑及所犯所有罪名。罪名經告知後，認爲應變更者，應再告知。」顧此規定固爲被告在刑事訴訟程序上應受告知之權利，旨在使被告能充分行使防禦權。然被告如已知所防禦或已提出防禦，或事實審法院於審判過程中已就被告所犯罪名，應變更罪名之構成要件爲實質之調查者，縱疏未告知罪名，對被告防禦權之行使既無所妨礙，其訴訟程序雖有瑕疵，但顯然於判決無影響者，仍不得據爲提起非常上訴之適法理由。本件檢察官起訴被告羅聰賢觸犯刑法第216條、第215條之行使業務上文書登載不實罪嫌，原審雖維持第一審依牽連犯關係，從一重之詐欺取財罪科刑。但原審已就被告受託查估鑑價游淵琛所有之花蓮縣秀林鄉加○漁場之機械動力設備時，有使花蓮縣機器商業同業公會向台灣省交通處東部鐵路改善工程局詐領超額查估報酬即查估費新台幣191,546元之事實爲實質之調

查，而被告就其查估鑑價之適法性，復已多所辯解與主張，於其被訴事實，得以充分加以防禦，尚無虞軼出被告防禦權之範圍，有訊問筆錄及審判筆錄在卷足按。縱未告知應變更之罪名，既於被告之防禦權無所妨礙，原審維持第一審依牽連犯關係，從一重之刑法第339條第1項之詐欺罪處斷，尚難認為違法。又依法應於審判期日調查之證據，未予調查，致適用法令違誤，而顯然於判決有影響者，該項確定判決，即屬判決違背法令，應有刑事訴訟法第447條第1項第1款之適用，固經司法院大法官會議釋字第181號解釋在案。惟刑事訴訟法第379條第10款所稱「依本法應於審判期日調查之證據」，指該證據在客觀上為法院認定事實及適用法律之基礎者而言。此種證據，未予調查，同條特明定其判決為當然違背法令，其非上述情形之證據，未予調查者，則不屬於上開第379條第10款之範圍，縱其訴訟程序違背法令，惟如應受同法第380條之限制者，既不得據以提起第三審上訴，自不得為非常上訴之理由，司法院大法官會議釋字第238號解釋，亦闡釋甚明。原審雖未傳喚證人張美美及未至現場履勘，其所踐行之訴訟程序稍有欠洽，然於判決無影響，揆諸上揭說明，自不得據為提起非常上訴之適法理由。（90台非312）

△刑事訴訟法第441條之審判違背法令，包括判決違背法令及訴訟程序違背法令，後者係指判決本身以外之訴訟程序違背程序法之規定，與前者在理論上雖可分立，實際上時相牽連。第二審所踐行之訴訟程序違背同法第379條第7款、第284條之規定，固屬判決前之訴訟程序違背法令。但非常上訴審就個案之具體情形審查，如認判決前之訴訟程序違背被告防禦權之保障規定，致有依法不應為判決而為判決之違誤，顯然於判決有影響者，該確定判決，即屬判決違背法令。案經上訴第三審，非常上訴審就上開情形審查，如認其違法情形，第三審法院本應為撤銷原判決之判決，猶予維持，致有違誤，顯然影響於判決者，應認第三審判決為判決違背法令。（91台非152）

○非常上訴旨在糾正法律上之錯誤，藉以統一法令之適用，至對個案之被告予以具體救濟，僅係其附隨之效果，此與因確定判決之事實認定錯誤而設之再審救濟制度迥然不同，於此，非常上訴，應以原判決所認定之犯罪事實為基礎，審核原判決適用法令有無違誤，如依原判決所確認之事實及卷內證據資料觀察，其適用法則並無違誤，即難指為違法，至於事實之認定，乃屬事實審法院之職權，非常上訴審無從過問；又證據之取捨，事實審法院有自由裁量之職權，事實審綜合卷內證據資料，本於推理作用，就其所得心證，作為認定被告犯罪事實之基礎，苟其判斷，與經驗法則及論理法則無違，即不得任意指摘其違背法令。（91台非245）

註：參考法條

❖死刑，應經司法行政最高機關令准，於令到3日內執行之。但執行檢察官發見案情確有合於再審或非常上訴之理由者，得於3日內電請司法行政最高機關，再加審核。（刑訴§461）

❖依刑事訴訟法、軍事審判法或少年事件處理法受理之案件，具有下列情形之一者，受害人得依本法請求國家補償：

一、因行為不罰或犯罪嫌疑不足而經不起訴處分或撤回起訴、受駁回起訴裁定或無罪之

判決確定前，曾受羈押、鑑定留置或收容。

二、依再審、非常上訴或重新審理程序裁判無罪、撤銷保安處分或駁回保安處分聲請確定前，曾受羈押、鑑定留置、收容、刑罰或拘束人身自由保安處分之執行。

三、因無付保護處分之原因而經不付審理或不付保護處分之裁定確定前，曾受鑑定留置或收容。

四、因無付保護處分之原因而依重新審理程序裁定不付保護處分確定前，曾受鑑定留置、收容或感化教育之執行。

五、羈押、鑑定留置或收容期間，或刑罰之執行逾有罪確定裁判所定之刑。

六、羈押、鑑定留置或收容期間、刑罰或拘束人身自由保安處分之執行逾依再審或非常上訴程序確定判決所定之刑罰或保安處分期間。

七、非依法律受羈押、鑑定留置、收容、刑罰或拘束人身自由保安處分之執行。（刑事補償法§1）

第九節　羈押相關問題

所謂羈押，係以實行刑事訴訟、保全證據或刑罰之執行為目的之強制處分，故羈押被告通常為判決確定前之處分，因而刑事訴訟法第76條第4款所稱「所犯為死刑、無期徒刑或最輕本刑為5年以上有期徒刑之罪者」，自應以公訴或自訴意旨所指之被告所犯罪名為準據，而非指法院經實體審判認定之罪名而言。

案件經發回者，其延長羈押期間之次數，應更新計算，同法第108條第3項定有明文，則其羈押期間之始期，亦應自受發回之法院收受是項卷宗時起更新計算。

刑事訴訟法第101條第1項及第101條之2上段分別規定「被告經法官訊問後，認為犯罪嫌疑重大，而有下列情形之一，非予羈押，顯難進行追訴、審判或執行者，得羈押之」及「被告經法官訊問後，雖有第101條第1項各款所定情形之一而無羈押之必要者，得逕命具保、責付或限制住居」。

是羈押被告必須符合下列四項要件：一、被告犯罪嫌疑重大。二、有刑事訴訟法第101條第1項所列三款情形之一。三、非予羈押顯難進行追訴、審判或執行。四、客觀上有羈押之必要。

一、羈押期限

(一) **羈押被告**　偵查中不得逾2月，審判中不得逾3月。但有繼續羈押之必要者，得於期間未滿前，經法院依第101條或第101條之1之規定詢問被告後，以裁定延長之（刑訴§108）。同時檢察官於訊問後，認有羈押之必要者，應至自拘提或逮捕之時起24小時內，聲明羈押之理由向法院聲請。（參刑訴§93）
在偵查中延長羈押期間，應由檢察官附具體理由聲請所屬法院裁定，至遲於期間屆滿之5日前聲請。而法院在審酌時應審慎依職權為之，對於同時禁止接見、通信或命扣押者，應足認確有必要，如未附具理由或所附事證難認必要，不宜貿然許可。（參法院辦理刑事訴訟案件應行注意事項47）

(二) **延長羈押期間**　偵查中不得逾2月，以延長一次為限。（刑訴§108）

二、羈押次數

偵查中延長羈押以一次為限；審判中之羈押期間，自卷宗及證物送交法院之日起算。起訴或裁判後送交前之羈押期間算入偵查中或原審法院之羈押期間，審判中每次不得逾2月。

如所犯最重本刑為10年以下有期徒刑以下之刑者：

(一) 審判中第一審、第二審以三次為限。

(二) 審判中第三審以一次為限。

(三) 案件經發回者，其延長羈押期間之次數，應更新計算。

羈押期間已滿未經起訴或裁判者，視為撤銷羈押；但得命具保、責付或限制住居。（參刑訴§108）

三、羈押

所犯最重本刑為3年以下有期徒刑、拘役或專科罰金之罪者，如經具保聲請停止羈押，不得駁回。但累犯、有犯罪之習慣、假釋中更犯罪或依第101條之1第1項羈押者，不在此限。（刑訴§114）

(一) 合法

1. 要求執行機關或人員付予押票繕本。

○查羈押被告應用押票，押票應按被告指印，固為刑事訴訟法第102條第1項所規定，然查本件原審法院已簽發押票接押，有押票回證為證，縱未將押票第二聯交付與抗告人，抗告人或得為輔佐之人，仍非不得依同法第104條規定，請求執行羈押之公務員或其所屬之機關付與押票之繕本，並不影響羈押之合法性。至押票上之按被告指印，乃為防範頂替之用。本件原審法院簽發之押票，既已載明抗告人之姓名、性別、年齡、住居所等項，且係就原即執行羈押中之人犯予以接押，自無頂替之虞，縱未按被告指印，仍不影響該押票之效力。（85台抗152）

2. 提出具保聲請停止羈押。

❖被告及得為其輔佐人之人或辯護人，得隨時具保，向法院聲請停止羈押。

檢察官於偵查中得聲請法院命被告具保停止羈押。

前二項具保停止羈押之審查，準用第107條第3項之規定。

偵查中法院為具保停止羈押之決定時，除有第114條及本條第2項之情形者外，應徵詢檢察官之意見。（刑訴§110）

3. 請求與律師、親友、宗教人員見面。

(二) 非法

1. 不依法定程序者，可拒絕之。

2. 拒絕無效而遭強行逮捕者，得於事後請求國家賠償（刑事賠償），同時應從速連絡律師到場協助。

四、駁回聲請停押之限制

羈押之被告，有下列情形之一者，如經具保聲請停止羈押，不得駁回：

(一) 所犯最重本刑為3年以下有期徒刑、拘役或專科罰金之罪者。但累犯、有犯罪之習慣、假釋中更犯罪或依第101條之1第1項羈押者，不在此限。

(二) 懷胎5月以上或生產後2月未滿者。

(三) 現罹疾病，非保外治療顯難痊癒者。（刑訴§114）

五、羈押之撤銷

(一) 羈押原因消滅。

(二) 羈押期間屆滿未經起訴或裁判；或羈押期滿，延長羈押之裁定未經合法送達者，視為撤銷羈押。

(三) 案件上訴，被告羈押期間已超過原審判決刑期者。但檢方為被告不利益上訴者，得命被告具保、責付或限制住居（如無法為前開行為時，亦不得繼續羈押）。（刑訴§109）

(四) 被告受不起訴或緩起訴之處分者。

(五) 被告受無罪、免訴、免刑、緩刑、罰金或得易以訓誡或刑訴第303條第3、4款之情形而為不受理判決者。

(六) 拘役或專科罰金之案件，聲請具保不得拒絕。[註]

(七) 雖檢察官提起上訴，但原審法院仍應就其能否具保及有無羈押之必要詳予斟酌，方為合法。如僅以案情重大，業經上訴而予駁回，自屬不當。（參27年渝抗字第145號判例）

(八) 第三審上訴期間內或上訴中之在押被告，欲具保停止羈押，應向原第二審（事實審）法院聲請裁定方為適法。（參68年4月10日及68年12月18日兩次刑庭總會決議）

六、許可停押應遵守事項

(一) 定期向法院或檢察官報到。

(二) 不得對被害人、證人、鑑定人、辦理本案偵查、審判之公務員或其配偶、直系血親、三親等內之旁系血親、二親等內之姻親、家長、家屬之身體或財產實施危害、恐嚇、騷擾、接觸、跟蹤之行為。

(三) 因第114條第3款之情形停止羈押者，除維持日常生活及職業所必需者外，未經法院或檢察官許可，不得從事與治療目的顯然無關之活動。

(四) 接受適當之科技設備監控。

(五) 未經法院或檢察官許可，不得離開住居所一定區域。

(六) 交付護照、旅行文件；法院亦得通知主管機關不予核發護照、旅行文件。

(七) 未經法官或檢察官許可，不得就特定財產為一定之處分。

(八) 其他經法院認為適當之事項。（參刑訴§116-2）

七、再執行羈押事由

停止羈押後有下列情形之一者，得命再執行羈押：

(一) 經合法傳喚無正當之理由不到場者。

(二) 受住居之限制而違背者。

(三) 本案新發生第101條第1項、第101條之1第1項各款所定情形之一者。

(四) 違背法院依前條所定應遵守之事項者。

(五) 所犯為死刑、無期徒刑或最輕本刑為5年以上有期徒刑之罪，被告因第114條第3款
之情形停止羈押後，其停止羈押之原因已消滅，而仍有羈押之必要者。

偵查中有前項情形之一者，由檢察官聲請法院行之。

再執行羈押之期間，應與停止羈押前已經過之期間合併計算。

法院依第1項之規定命再執行羈押時，準用第103條第1項之規定。（參刑訴§117）

逕命具保、責付、限制居住之情形，亦準用上開之規定。（參刑訴§117-1）

八、大法官釋字第392號解釋

宣告檢察官行使羈押權及提審以須受「非法逮捕拘禁」為聲請提審的條件規定違憲，並定下2年內失效的落日條款，亦即至遲必須在民國86年底前完成修法；如此現行刑訴第101條、第102條第2項準用第71條第4項及第120條、第105條第3項、第121條第1項及第259條第1項羈押有關核准、撤銷、停止、繼續、再執行處分權均交由法官裁定之。

司法權之一之刑事訴訟、即刑事司法之裁判，係以實現國家刑罰權為目的之司法程序，其審判乃以追訴而開始，追訴必須實施偵查，迨判決確定，尚須執行始能實現裁判之內容。是以此等程序悉與審判、處罰具有不可分離之關係，亦即偵查、訴追、審判、刑之執行均屬刑事司法之過程，其間代表國家從事「偵查」「訴追」「執行」之檢察機關，其所行使之職權，目的既亦在達成刑事司法之任務，則在此一範圍內之國家作用，當應屬廣義司法之一。憲法第8條第1項所規定之「司法機關」，自非僅指同法第77條規定之司法機關而言，而係包括檢察機關在內之廣義司法機關。

憲法第8條第1項、第2項所規定之「審問」，係指法院審理之訊問，其無審判權者既不得為之，則此兩項所稱之「法院」，當指有審判權之法官所構成之獨任或合議之法院之謂。法院以外之逮捕拘禁機關，依上開憲法第8條第2項規定，應至遲於24小時內，將因犯罪嫌疑被逮捕拘禁之人民移送該管法院審問。是現行刑事訴訟法第101條、第102條第3項準用第71條第4項及第120條等規定，於法院外復賦予檢察官羈押被告之權；同法第105條第3項賦予檢察官核准押所長官命令之權；同法第121條第1項、第259條第1項賦予檢察官撤銷羈押、停止羈押、再執行羈押、繼續羈押暨其他有關羈押被告各項處分之權，與前述憲法第8條第2項規定之意旨均有不符。

憲法第8條第2項僅規定：「人民因犯罪嫌疑被逮捕拘禁時，其逮捕拘禁機關應將逮捕拘禁原因，以書面告知本人及其本人指定之親友，並至遲於24小時內移送該管法院審問。本人或他人亦得聲請該管法院，於24小時內向逮捕之機關提審。」並未以「非法逮

捕拘禁」爲聲請提審之前提要件，乃提審法第1條規定：「人民被法院以外之任何機關非法逮捕拘禁時，其本人或他人得向逮捕拘禁地之地方法院或其所隸屬之高等法院聲請提審。」以「非法逮捕拘禁」爲聲請提審之條件，與憲法前開之規定有所違背。

　　上開刑事訴訟法及提審法有違憲法規定意旨之部分，均應自本解釋公布之日起，至遲於屆滿2年時失其效力；本院院解字第4034號解釋，應予變更。至於憲法第8條第2項所謂「至遲於24小時內移送」之24小時，係指其客觀上確得爲偵查之進行而言。本院釋字第130號之解釋固仍有其適用，其他若有符合憲法規定意旨之法定障礙事由者，自亦不應予以計入，併此指明。

△向法院出具保證書之第三人，對於其所保之被告逃匿者，能否免除繳納指定保證金額之責任，須視其曾否將被告預備逃匿情形，於得以防止之際，報告法院聲請退保，已得准許爲斷，抗告人所保之被告，於停止羈押後，應訊一次，即行逃匿，在未逃匿前，抗告人既未向法院退保，無論被告之逃匿原因如何，及其現在有無一定住址，均不能爲抗告人免除責任之理由。（27抗105）

△抗告意旨援引刑事訴訟法第110條，謂被告得隨時具保聲請停止羈押云云，殊不知該條係規定得以聲請之人，並非規定一經聲請必須停止羈押，以此攻擊原裁定爲不當，非有理由。（27抗127）

△羈押之被告經諭知無罪後視爲撤銷羈押，但在上訴中得命具保或責付，如不能具保或責付而有必要情形者，並得命繼續羈押之，刑事訴訟法第308條規定甚明。抗告人因殺人案經原審諭知無罪後，狀請具保，雖檢察官對於該案業已提起上訴，但依上開法條，仍應由原審就其能否具保及有無羈押之必要情形詳爲審酌，方爲合法，原審僅以案情重大，業經檢察官上訴爲理由，將其聲請駁回，自屬不當。（27渝抗145）

△抗告意旨謂，抗告人前已聲請原縣審判官迴避，依刑事訴訟法第22條應停止訴訟程序，故抗告人聲請審判官迴避後，該審判官對於抗告人之羈押期間，固不得聲請延長，即法院亦不應率行准許云云，查該條所謂訴訟程序，係指應急速處分以外之程序而言，本案第一審縣司法處審判官，雖經抗告人聲請迴避，但於抗告人羈押期間行將屆滿，認爲有繼續羈押之必要，向原法院聲請延長，係一種急速處分，原法院據以裁定准予延長2月，於法並無不合。（28抗11）

△法院對於無審判權之盜匪案件，自亦不能爲移轉管轄之裁判，抗告人等以縣政府對於其所犯盜匪嫌疑之羈押處分爲違法，向原法院聲請移轉管轄，原法院因其就該項盜匪案件無權審判，將聲請駁回，於法並無不合。（28抗35）

△被告聲請停止羈押，以案件未經判決確定尚在羈押中者爲限，此觀於刑事訴訟法第121條之規定，其義至明。本件抗告人因共同殺人案，經原審法院更審判決後提起第三審判上訴，復經本院判決駁回上訴在案，抗告人之聲請停止羈押，已在該案判決確定之後，原法院因而將其聲請駁回，尚無不合。（28抗55）

△刑法第125條第1項第1款之濫權羈押罪，固係就公務員對於國家所賦與之羈押權力不爲正當行使所設之處罰規定，但該條款對於被羈押人之私人法益，亦同在保護之列，觀於該條第2項就其致人死傷時特設加重處罰之明文，自無疑義。上訴人濫用職權於同時同地將某甲、某乙一併看管，已侵害兩個私人之自由法益，自係一行爲而犯兩項

同一之罪名，應依刑法第55條從一重處斷。（28上3652）

△羈押之被告如有現罹疾病，恐因羈押而不能治療之情形，如經具保聲請停止羈押，不得率予駁回，為刑事訴訟法第114條第3款所明定，抗告人以患有痾疾等情，向原法院聲請停止羈押，究竟所稱患病是否屬實，以及所患疾病有無因羈押而不能治療之虞，自應由原法院切予查明，以定其應否許可停止羈押，乃原法院迄未一查，竟謂抗告人所患痾疾非因羈押而不能治療，與上開條款不符，遽將其聲請駁回，自有未合。（29抗6）

△刑法第46條所謂裁判確定前羈押之日數，係指因本案所受羈押之日數而言，若因他案而受羈押，即不得移抵本案之刑罰。（29聲30）

△上訴人充任聯保主任，挾嫌將某甲捕送區署，其妨害自由之罪名即已成立，無論厥後繼續羈押至10餘日之久，是否參入區長之命令，要不能阻卻犯罪之成立。（29上348）

△被告不到庭得不待其陳述逕行判決者，以經合法傳喚，而無正當之理由不到庭，始得為之。如被告確在繫屬法院之監所羈押，該法院僅發給傳票，臨期不予簽提，致被告事實上不能到庭應訊，即不得謂其不到為無正當之理由。（29上2324）

△刑法第125條第1項第1款所謂濫用職權為逮捕或羈押，係指有追訴或處罰犯罪職務之公務員，對於法律賦與之逮捕或羈押職權，故意為不正當之行使者而言，若於法定職權範圍內酌量為逮捕或羈押，而無故意為不當行使之情形，即不得謂為濫用職權，自不成立該條款之罪。（30上2084）

△因具保停止羈押之被告已經不起訴處分確定者，其原保證人以前所具保證書，事實上縱未註銷而具保責任在法律上已應予以免除，此觀於刑事訴訟法第119條第1項、第3項及第238條第1項之規定，其義自明。（31抗53）

△原法院所為准許被告具保停止羈押之裁定，並未經制作裁判書送達，其抗告期間無從起算，自不生逾期之問題。（42台特9）

△法院對於羈押監所之人送達文件，不過應囑託監所長官代為送達，而該項文件仍應由監所長官交與應受送達人收受，始生送達之效力。（44台抗3）

△被告聲請停止羈押，以案件未經判決確定前尚在羈押中者為限，此觀於刑事訴訟法第121條之規定，其義至明，抗告人之聲請具保停止羈押，已在該案判決確定之後，其聲請自屬於法不合。（44台抗39）

△刑事訴訟法第258條明定，行合議審判之案件，其受命推事僅於訊問被告及蒐集或調查證據，與法院或審判長有同一之權限，無為同法第121條裁定之權，該條裁定包括第110條之停止羈押在內，受命推事逕為此種裁定，仍屬第408條第1項第1款之處分性質，當事人對之有所不服，依該條規定，僅得聲請其所屬法院撤銷或變更之，殊無向上級法院抗告之餘地。（44台抗80）

△司法警察官對於所接受或逮捕之犯罪嫌疑人，認有羈押之必要，即應依刑事訴訟法第208條第2項之規定，於24小時內移送該管檢察官處置，若別無正當理由逾時並不移送，自難解免私禁之罪責。本件被告之刑事責任，在於逾時未將拘留中之嫌疑犯某乙等移送該管檢察官辦理，與發羈押命令之為誰無關，原審對於逾時未經移送之責任，

及有無正當理由，全未注意調查，而僅以嫌疑犯之羈押，已經局長核准，爲被告解免刑責之理由，自嫌未合。（44台上820）

△上訴人接受原審定期民國44年5月19日爲審判期日之傳票後，於同月16日因另案被羈押於別地看守所，屆期未能到庭，尚難謂其不到爲無正當理由，原審不待其到庭陳述而逕行判決，自非合法。（44台上979）

△刑事訴訟法第209條之司法警察官，並無羈押刑事被告之權。（45台上1209）

△刑事被告經訊問後，認爲有刑事訴訟法第76條所定之情形者，於必要時得羈押之，固爲同法第101條所明定，但執行羈押後有無繼續之必要，仍許由法院斟酌訴訟進行程度及其他一切情事而爲認定。（46台抗6）

△聲請停止羈押，除有刑事訴訟法第114條各款所列情形之一不得駁回者外，准許與否，該管法院有自由裁量之權，衡非被告所得強求。（46台抗21）

△刑事訴訟法第114條第3款規定羈押之被告，現罹疾病，非保外治療，顯難痊癒者，如經具保聲請停止羈押，不得駁回，係爲重視人權而設，與被告犯罪之輕重無關。（61台抗32）

△裁判確定前羈押之日數，以一日抵有期徒刑一日，刑法第46條前段固有明文，惟可以折抵之羈押，必以本案之羈押，即刑事訴訟法第101條經訊問後，認爲有第76條所定之情形者，於必要時所爲之羈押方足相當。苟在他案羈押或執行刑期或矯正處分中，爲本案之審理而向他案執行機關借提，既屬他案之羈押或執行刑期或矯正處分，並非本案之羈押，借提期間羈押之日數，無折抵本案徒刑之可言。（67台抗303）

△被告曾犯妨害兵役等罪，經法院判處有期徒刑7月、8年、2年，裁定定其應執行刑爲有期徒刑10年6月，嗣又經依中華民國64年罪犯減刑條例第13條規定，裁定予以減刑，定其應執行刑爲5年3月，送監執行，於66年假釋出獄，其在監執行期間連同羈押日數已逾4年，依兵役法第5條、兵役法施行法第59條第2項反面解釋，如實際執行期間已滿4年者，在禁役之列，該被告原無再服兵役之義務，雖被誤徵入營，仍難謂有此義務，從而其無故離役，即難構成逃亡罪，被告在假釋中既無再犯罪，自無撤銷減刑之餘地，其裁定撤銷減刑，自屬違法。（69台非127）

○被告應否羈押乃事實審法院之職權，第三審權宜延長羈押之規定，並不影響第二審法院固有職權之行使，此觀於刑事訴訟法第121條第2項後段之規定甚明。舊刑事訴訟法對延長羈押之裁定於案件經上訴時，應由何法院爲之，未有明文，爲杜絕紛爭，56年1月28日修正該法增列第108條第5項：「案件經上經者，延長羈押期間，由上訴審法院裁定之」之規定，因之案件經聲明上訴後，若羈押期間行將屆滿而卷證尚在原審時，原審即應爲延長羈押之裁定。又刑事訴訟法第108條所謂「審判中」，其始期之計算，應以案件繫屬於法院開始審判之日爲準，此爲本院一向所持之見解（參照司法院院字第1506號解釋），原裁定竟謂抗告人等上訴之貪污一案於73年3月14日判決後已非在其繫屬中，無延押之必要，以及自聲明上訴起，應屬第三審之羈押期間云云，其適用法則不無可議。（74台抗199）

○(一)刑事訴訟法第118條以下（參見第119條、第121條、第470條）各條之沒入保證金，係因被告於具保人以相當金額具保後逃匿，所給予具保人之制裁，雖與刑法從刑

之沒收有別，但此項刑事訴訟法上之沒入裁定依同法第470條第2項規定，既具有強制執行之名義，自與判決有同一效力，於裁定確定後，認爲違法，得提起非常上訴。

(二)具保停止羈押之被告逃匿者，應命具保人繳納指定之保證金額並沒入之，不繳納者強制執行，保證金已繳納者沒入之。又再執行羈押者，免除具保之責任。刑事訴訟法第118條、第119條第1項分別定有明文。是沒入具保人繳納之保證金，應以被告在逃匿中爲其要件，具保停止羈押之被告逃匿，於緝獲歸案再執行羈押時，具保人之具保責任即因被告再羈押而告消滅，法院在被告逃匿中未裁定沒入保證金，自不得於被告緝獲再執行羈押後以裁定補行沒入。（75台非247）

○按羈押之被告除有刑事訴訟法第114條所規定之情形，經具保聲請停止羈押，不得駁回外，其他應否許可停止羈押，即其羈押之原因是否仍然存在，均屬事實問題，受訴法院有認定、裁量之權。（78台抗269）

○抗告人以原審對抗告人執行羈押，未於執行羈押之當日開具押票，並命抗告人按指印，違背刑事訴訟法第102條之規定，不生羈押之效力，乃據以聲請原審撤銷羈押，原審並未針對抗告人之聲請而爲裁定，竟以抗告人係聲請具保停止羈押爲不能准許，予以駁回。自屬可議。（79台抗65）

○按羈押之被告，經諭知無罪者，視爲撤銷羈押，僅於上訴期間或上訴中，不能具保、責付或限制住居，而有必要情形，始得繼續羈押，此觀刑事訴訟法第316條之規定即明。（79台抗137）

○第三審法院係對於第二審適用法律之當否而爲審判，對於犯罪之被告，原則上既無須予以訊問，而有無刑事訴訟法第76條所定情形，係屬事實問題，第三審更無從知悉，是被告之應否撤銷羈押、停止羈押、具保責付或限制居住均非第三審職權所能及之範圍。（79台抗398）

○抗告人因竊盜等案件不服第一審判決上訴至原審，經原審自82年8月20日起依法執行羈押，依刑事訴訟法第108條第1項前段規定，在法院未裁定延長羈押前，固應於82年11月19日屆滿，惟依同法條第1項但書規定，經法院認有繼續羈押之必要者，得於期間未滿前，由法院裁定延長之，所謂羈押「期間未屆滿前」，係指羈押期間屆滿之末日前，包括末日在內而言，徵諸同法第65條、民法第121條第1項之規定意義甚明。本件原裁定於82年11月15日裁定，以抗告人羈押原因仍然存在，認有繼續羈押之必要，延長羈押2月，並已於同年11月19日送達抗告人，顯係在羈押期間未屆滿前由法院裁定延長，抗告意旨執以指摘原裁定違法，爲無理由，應予駁回。（82台抗539）

○刑事訴訟法第108條第1項規定，羈押被告，偵查中不得逾2月，審判中不得逾3月。但有繼續羈押之必要者，得於期間未滿前，由法院裁定延長之。該所謂審判中，其始期之計算，應以案件繫屬於法院開始審判之日爲準，至裁判宣示之日止。案件經上訴者，其羈押期間，應自提起上訴時起算。（86台抗33）

○被告犯罪嫌疑重大，而有事實足認爲有逃亡之虞，非予羈押，顯難進行審判者，依刑事訴訟法第101條第1項第1款，固得予以羈押，然所謂有逃亡之虞，必須事實上足認被告釋放後確有逃亡之危險，並非漫無限制，只須被告犯罪嫌疑重大，均可視爲有逃亡之虞而概予羈押。（87台抗521）

○羈押被告旨在確保案件之追訴、審判或裁判之執行，或防止被告反覆實施同一犯罪，此種在一定期間內，拘束被告之自由於一定處所之強制處分，因關係被告人身自由之拘束、刑之折抵、不當羈押　獄之賠償等，自具有與實體判決相同之效力，應認關於羈押之確定裁定，得為非常上訴之客體。又羈押性質上為法院就繫屬之案件，基於憲法保障人身自由相關規定之精神及刑事訴訟法相關之規定，於該案件在不同審級訴訟程序中訴訟指揮權之行使，不同審級之法院各具有其程序之獨立性。從而各審級法院於案件繫屬時或其後，對於送交之被告是否符合羈押之要件（刑事訴訟法第101條、第101條之1）及有無羈押之必要（同法第101條之2），自應本於職權重新審查，除第三審法院，因屬法律審，並不重為事實之認定，故就被告是否有羈押之必要，係經由第二審之卷證資料審查外，不受原（前）法院已否羈押之拘束。此時該法院所為被告應予羈押之裁定，或逕依刑事訴訟法第101條之2之規定，命具保、責付或限制住居而免於羈押之裁定，就該審級之法院而言，均屬新的羈押或新的免於羈押之裁定，並非承繼原（前）法院羈押或免於羈押之裁定。又停止羈押後有刑事訴訟法第117條第1項各款情形之一者，得命再執行羈押，其所謂停止羈押，係指經法院裁定羈押之被告，嗣後經同一法院改命具保責付、限制住居或釋放而停止羈押而言，亦即上開法條之「再執行羈押」，以經同一法院裁定執行羈押後，又改命停止羈押為前提。因之，其自始未受羈押，而係由法院或檢察官逕命具保責付或限制住居而釋放，或前開由各審級法院就繫屬案件之被告所為新的羈押或新的免於羈押之裁定，均無適用刑事訴訟法第117條第1項「再執行羈押」之問題。至司法院33年院字第2745號解釋，僅在闡釋停止羈押之具保與未受羈押之具保，其具保責任相同，適用上非可擴張至未受羈押之具保，等同於停止羈押之具保，而謂兩者同屬有羈押裁定之存在，均得依同法條之規定，再執行羈押。（91台非193）

○刑事訴訟法第108條第1項所謂偵查中延長羈押期間，係針對偵查中經執行羈押之被告，其羈押期間屆滿，而有繼續羈押之必要者而為；如果偵查中之被告未經羈押或業經停止羈押、撤銷羈押者，自無延長羈押之可言。（92台非373）

○按判決適用法則不當者，為違背法令，刑事訴訟法第378條定有明文。又沒入保證金之裁定，與科刑判決具有同等效力，於裁定確定後，認為違法，得提起非常上訴。另具保停止羈押之被告逃匿者，應命具保人繳納指定之保證金額並沒入之，不繳納者強制執行，保證金已繳納者沒入之。又再執行羈押者，免除具保之責任，為同法第118條、第119條第1項所明定。是沒入具保人繳納之保證金，應以被告在逃匿中者為要件，具保停止羈押之被告逃匿，於緝獲歸案再執行羈押時，具保人之責任即因被告再羈押而告消滅，法院在被告逃匿中未裁定沒入保證金，自不得於被告緝獲再執行羈押後以裁定補行沒入之（貴院75年度台非字第247號刑事判決、87年度台抗字第406號刑事裁定參照）。經查本件被告張○揚於台灣雲林地方法院檢察署90年度毒偵字第1415號違反毒品危害防制條例案件偵查期間，由具保人張○方以新台幣1萬元為其具保，嗣該案偵結起訴，被告經判處有期徒刑7月確定，並送該署執行。該署於傳拘被告未獲且於民國92年4月21日及同年5月12日分別發函通知具保人應於92年4月29日、同年5月20日上午帶同被告到案執行，否則依法沒入其已繳交之保證金。惟因被告仍未到

案執行，檢察官乃於同年6月26日以雲檢惟金緝字第360號通緝書通緝被告，嗣被告於同年7月3日為警緝獲到案，經該署檢察官於同日指揮發交執行，有該署91年執金字第1292號檢察官執行指揮書附卷可稽。是沒入具保人繳納之保證金，應以被告於92年7月3日前之逃匿中始得為之。於92年7月3日被告緝獲發監執行時起，具保人之具保責任即因被告之再羈押而告消滅，原裁定自不得於其後之92年7月7日始沒入具保人張○方所繳納之刑事保證金新台幣壹萬元。原裁定詎竟沒入，自有適用法則不當之違背法令。案經確定，爰依刑事訴訟法第441條、第443條提起非常上訴，以資糾正。（93台非50）

○ 惟按「被告經法官訊問後，雖有第101條第1項或第101條之1第1項各款所定情形之一而無羈押之必要者，得逕命具保、責付或限制住居。」「羈押之被告，得不命具保而限制其住居，停止羈押。」刑事訴訟法第101條之2上段、第116條分別定有明文。前者係被告經法官訊問後，認有刑事訴訟法第101條第1項上段或第101條之1第1項上段規定之羈押原因，但無羈押之必要者，視案件情形逕命具保、責付或限制住居；後者則係對已實施羈押之被告，不命具保，以單獨限制住居為替代，而停止羈押，此觀各該規定至明。又限制出境之性質，為限制住居處分之一，法院對被告命限制出境處分所應遵循之法定程序及應調查審酌之事項，與命限制住居之情形並無二致。本件依原裁定意旨，原法院似以該院上述函文，逕為命對抗告人限制出境之處分，然抗告人究竟係經「法官訊問後」，認有前揭羈押原因，但無羈押必要而命限制出境？抑為對「羈押之被告」，依前揭規定命限制出境？原裁定並未論敘明白，卷內資料亦非周詳，上開所為限制出境處分所憑依據及法律程序之當否，本院即無憑審酌，原裁定自屬無可維持。（96台抗229）

○ 羈押被告之強制處分，係為利於實施刑事訴訟，以保全追訴、審判之進行或刑罰之執行，甚或預防其繼續再犯為目的，可分為偵查中之羈押與審判中之羈押。而審判中之羈押，乃法院就繫屬之案件，基於憲法保障人身自由之旨，依刑事訴訟法有關羈押之規定，於該案件在不同審級訴訟程序中，因權利義務之訴訟關係，所行使之訴訟指揮權，不同審級法院各具有其職權行使之獨立性，此觀同法第108條第5項、第6項就各審級法院延長羈押期間有不同次數之限制及案件經發回更審者之延長羈押次數應更新計算之規定自明。是各審級法院於案件繫屬時或其後，對被告是否符合羈押之要件及有無羈押之必要，自應本於職權重新審查判斷，並不受原（前）法院已否羈押、撤銷羈押、停止羈押、再執行羈押或繼續羈押之拘束。（96台抗434）

○ 刑事訴訟法關於被告之羈押，分為偵查中之被告（或犯罪嫌疑人）及審判中之被告，前者應經由檢察官聲請，法院始得為羈押與否之裁定，不得逕依職權為之；後者則賦予法院本於職權以決定是否為羈押之裁定。蓋檢察官代表國家行使追訴權，於偵查中有無羈押被告之必要，自應由檢察官先行判斷後，對於因拘提或逮捕到場之被告（或犯罪嫌疑人），得依刑事訴訟法第93條規定，聲請該管法院羈押之；對於經傳喚、自首或自行到場之被告，依同法第228條第4項規定，得予逮捕，並將逮捕所依據之事實告知被告後，聲請法院羈押之；另被告於停止羈押後，有再執行羈押之事由者，依同法第117條第2項規定，檢察官亦僅得對於偵查中之被告，聲請法院行之。是依前揭規

定，均限於對偵查中之被告，檢察官始有向法院聲請羈押或再執行羈押之權。至於案件經起訴後，已移由法院審理，有無羈押被告之必要，應由法院依職權決定，刑事訴訟法並無檢察官得於審判中聲請羈押被告之明文，縱爲聲請，亦僅在於促使法院依職權發動而已。檢察官於審判中既無聲請羈押被告之權，倘提出聲請，除法院亦認有羈押之必要，無庸再爲無益之駁回者外，應認其聲請爲不合法。（96台抗593）

六、此外關於律師得爲被告所做之事

(一) 以書狀聲請具保。
(二) 到看守所接見被告以瞭解整個案情始末，並安定被告之情緒。
(三) 律師首次受委任到看守所探看被告時，須帶委任之收狀條與律師證（同時塡寫接見申請書），進入兩道門後，於第三道鐵門辦理換證手續，然後於律師接見室辦理登記後，等候接見被告。律師接見係面對面談，而一般則透過電話交談。

七、相關說明

(一) 當被告被羈押後，除被禁見外，原則上只要確知其羈押地點後，均可前往接見。
(二) 接見時應注意事項
1. 務必攜帶身分證以便辦理接見事宜。
2. 接見以被告在所方之編號區別，單號單日接見，雙號雙日接見，每逢31日或星期六則不區分單雙號。
3. 被告每日僅能接見一次，每次限兩人，每次30分鐘。
4. 若未禁見原則均可通信。
5. 若欲攜帶飲食給被告，不得逾2公斤。（目前正考慮修法廢止之）
6. 日常必需品，如被毯毛巾以1件爲限，肥皂牙刷等盥洗用品每次各3件，衛生紙2包，雜誌3本，報紙乙份（以上均原則）。
7. 有關藥品之寄送以經所方醫師證明及處方後方可送入服用。
8. 除被禁見外，被告家中有重大事故，可依規定塡申請單後接聽電話，或報陳檢察官或法官辦理。
(三) 聲請處理事項
1. 在所證明，被告與其家屬均可申請，同總務科洽辦。
2. 聲請印鑑證明，由被告塡寫委任狀，並寫報告由所方代辦核轉戶籍所在戶政單位。
3. 領回物品由被告申請，如需由家屬領回，應陳明領物者之姓名、關係、住址，核准後，被告通知家屬帶身分證與圖章到所方總務科領回。
(四) 交保
　　被告可交保者，家屬應先至法院繳納保證金，法警將分別於中午12點及下午5點將名單送至所方，所方接到釋票後便釋放之。

(五)北區接見時間表

	台北監獄	台北看守所	台北女子看守所	台北少年觀護所
地址	桃園市龜山區宏德新村2號	新北市土城區立德路2號	新北市土城區青雲路33號	新北市土城區石門路4號
電話	(03)320-5453 3191119轉2318-9	(02)2261-1711 轉511-3	(02)2274-8959	(02)2261-1181 轉286
接見時間	週1至週5每日7時30分至11時30分、13時30分至16時。	週1至週5每日8時至11時；13時30分至16時。	週1至週5每日8時30分至11時、13時30分至16時。	週1至週5每日9時至12時、14時至15時。

八、特殊事項

關於少年犯之刑事案件，從警方移送到少年法庭前，得由少年法庭之法官決定是否先移送觀護人或羈押。原則上倘係重大刑案，例如：殺人、擄人勒贖等等，一般均會以羈押1個月以便調查，且如有需要尚會延長羈押1個月，倘該被羈押之少年犯非直接正犯的話，大概會在此一羈押期滿前責付，如係直接正犯則移送檢察官偵辦起訴。但倘若係一般傷害事件，雙方又已達成和解，則全案只依傷害罪嫌函由少年法庭存查。

註：參考法條

❖第91條及前條第2項所定之24小時，有下列情形之一者，其經過之時間不予計入。但不得有不必要之遲延：

一、因交通障礙或其他不可抗力事由所生不得已之遲滯。

二、在途解送時間。

三、依第100條之3第1項規定不得為詢問者。

四、因被告或犯罪嫌疑人身體健康突發之事由，事實上不能訊問者。

五、被告或犯罪嫌疑人因表示選任辯護人之意思，而等候辯護人到場致未予訊問者。但等候時間不得逾4小時。其等候第31條第5項律師到場致未予訊問或因精神障礙或其他心智缺陷無法為完全之陳述，因等候第35條第3項經通知陪同在場之人到場致未予訊問者，亦同。

六、被告或犯罪嫌疑人須由通譯傳譯，因等候其通譯到場致未予訊問者。但等候時間不得逾6小時。

七、經檢察官命具保或責付之被告，在候保或候責付中者。但候保或候責付時間不得逾4小時。

八、犯罪嫌疑人經法院提審之期間。

前項各款情形之經過時間內不得訊問。

因第1項之法定障礙事由致24小時內無法移送該管法院者，檢察官聲請羈押時，並應釋明其事由。（刑訴§93-1）

❖被告經法官訊問後，認為犯罪嫌疑重大，而有下列情形之一，非予羈押，顯難進行追訴、審判或執行者，得羈押之：

一、逃亡或有事實足認為有逃亡之虞者。

二、有事實足認爲有湮滅、僞造、變造證據或勾串共犯或證人之虞者。

三、所犯爲死刑、無期徒刑或最輕本刑爲5年以上有期徒刑之罪有相當理由認爲有逃亡、湮滅、僞造、變造證據或勾串共犯或證人之虞者。

法官爲前項之訊問時，檢察官得到場陳述聲請羈押之理由及提出必要之證據。但第93條第2項但書之情形，檢察官應到場敘明理由，並指明限制或禁止之範圍。

第1項各款所依據之事實、各項理由之具體內容及有關證據，應告知被告及其辯護人，並記載於筆錄。但依第93條第2項但書規定，經法院禁止被告及其辯護人獲知之卷證，不得作爲羈押審查之依據。

被告、辯護人得於第1項訊問前，請求法官給予適當時間爲答辯之準備。（刑訴§101）

❖被告經法官訊問後，認爲犯下列各款之罪，其嫌疑重大，有事實足認爲有反覆實施同一犯罪之虞，而有羈押之必要者，得羈押之：

一、刑法第173條第1項、第3項、第174條第1項、第2項、第4項、第175條第1項、第2項之放火罪、第176條之準放火罪、第185條之1之劫持交通工具罪。

二、刑法第221條之強制性交罪、第222條之加重強制性交罪、第224條之強制猥褻罪、第224條之1之加重強制猥褻罪、第225條之乘機性交猥褻罪、第226條之1之強制性交、猥褻之結合罪、第227條之與幼年男女性交或猥褻罪、第271條第1項、第2項之殺人罪、第272條之殺直系血親尊親屬罪、第277條第1項之傷害罪、第278條第1項之重傷罪、性騷擾防治法第25條第1項之罪。但其須告訴乃論，而未經告訴或其告訴已經撤回或已逾告訴期間者，不在此限。

三、刑法第296條之1之買賣人口罪、第299條之移送被略誘人出國罪、第302條之妨害自由罪。

四、刑法第304條之強制罪、第305條之恐嚇危害安全罪。

五、刑法第320條、第321條之竊盜罪。

六、刑法第325條、第326條之搶奪罪、第328條第1項、第2項、第4項之強盜罪、第330條之加重強盜罪、第332條之強盜結合罪、第333條之海盜罪、第334條之海盜結合罪。

七、刑法第339條、第339條之3之詐欺罪、第339條之4之加重詐欺罪。

八、刑法第346條之恐嚇取財罪、第347條第1項、第3項之擄人勒贖罪、第348條之擄人勒贖結合罪、第348條之1之準擄人勒贖罪。

九、槍砲彈藥刀械管制條例第7條、第8條之罪。

十、毒品危害防制條例第4條第1項至第4項之罪。

十一、人口販運防制法第34條之罪。

前條第2項至第4項之規定，於前項情形準用之。（刑訴§101-1）

❖被告經法官訊問後，雖有第101條第1項或第101條之1第1項各款所定情形之一而無羈押之必要者，得逕命具保、責付或限制住居；其有第114條各款所定情形之一者，非有不能具保、責付或限制住居之情形，不得羈押。（刑訴§101-2）

❖羈押被告，偵查中不得逾2月，審判中不得逾3月。但有繼續羈押之必要者，得於期間未滿前，經法院依第101條或第101條之1之規定訊問被告後，以裁定延長之。在偵查中延長羈押期間，應由檢察官附具體理由，至遲於期間屆滿之5日前聲請法院裁定。

前項裁定，除當庭宣示者外，於期間未滿前以正本送達被告者，發生延長羈押之效力。羈押期滿，延長羈押之裁定未經合法送達者，視為撤銷羈押。

審判中之羈押期間，自卷宗及證物送交法院之日起算。起訴或裁判後送交前之羈押期間算入偵查中或原審法院之羈押期間。

羈押期間自簽發押票之日起算。但羈押前之逮捕、拘提期間，以1日折算裁判確定前之羈押日數1日。

延長羈押期間，偵查中不得逾2月，以延長一次為限。審判中每次不得逾2月，如所犯最重本刑為10年以下有期徒刑以下之刑者，第一審、第二審以三次為限，第三審以一次為限。

案件經發回者，其延長羈押期間之次數，應更新計算。

羈押期間已滿未經起訴或裁判者，視為撤銷羈押，檢察官或法院應將被告釋放；由檢察官釋放被告者，並應即時通知法院。（刑訴§108Ⅰ～Ⅶ）

❖案件經上訴者，被告羈押期間如已逾原審判決之刑期者，應即撤銷羈押，將被告釋放。但檢察官為被告之不利益而上訴者，得命具保、責付或限制住居。（刑訴§109）

❖第107條第1項之撤銷羈押、第109條之命具保、責付或限制住居、第110條第1項、第115條及第116條之停止羈押、第116條之2第2項之變更、延長或撤銷、第118條第1項之沒入保證金、第119條第2項之退保，以法院之裁定行之。

案件在第三審上訴中，而卷宗及證物已送交該法院者，前項處分、羈押、其他關於羈押事項及第93條之2至第93條之5關於限制出境、出海之處分，由第二審法院裁定之。

第二審法院於為前項裁定前，得向第三審法院調取卷宗及證物。

檢察官依第117條之1第1項之變更、延長或撤銷被告應遵守事項、第118條第2項之沒入保證金、第119條第2項之退保及第93條第3項但書、第228條第4項命具保、責付或限制住居，於偵查中以檢察官之命令行之。（刑訴§121）

第十節　刑事附帶民事

因犯罪而受損害之人，於刑事訴訟程序得附帶提起民事訴訟，對於被告及依民法負賠償責任之人，請求回復其損害（參刑訴§487）。提起附帶民事訴訟，應於刑事訴訟起訴後[註]第二審辯論終結前為之，倘業經原審法院為第二審判決駁回上訴在案，上訴人必須在原審法院刑事判決前提起附帶民事訴訟，方屬合法（參刑訴§488、70年台附字第18號判例）；刑事附帶民事訴訟，係因犯罪而受損害之人請求回復其損害之程序，其請求之範圍，應依民法之規定，故刑事附帶民事訴訟必限於起訴之犯罪事實侵害個人私權，致生損害者，始得提起。

法院如僅應就附帶民事訴訟為審判者，除該附帶民事訴訟之上訴為不合法者外，應以裁定將該案件移送該法院之民事庭，固為刑事訴訟法第511條第1項所明定。惟此法條所稱之「審判」，係指法院僅應就合法之附帶民事訴訟為實體上之審判者而言。

至於刑事庭移送民事庭之附帶民事訴訟，僅移送前之訴訟行為準用關於刑事訴訟之規定，若移送後之訴訟程序，則應適用民事訴訟法，此觀刑事訴訟法第490條之規定自明。故移送民事庭之附帶民事訴訟，縱其移送前提起此項訴訟，不合刑事訴訟法第487

條所定之要件，而有同法第502條第1項關於訴之不合法或無理由之情形，但其移送後之訴訟程序，既應適用民事訴訟法，則原告於移送後爲訴之變更、追加，是否合法，自應依民事訴訟法之規定予以審查。（參刑訴§490）

(一) 關於刑事附帶民事訴訟之提起，係利用國家公權力之行使來維護當事人在無資力時所進行之一種援助程序，此與民事訴訟中之訴訟救助，有異曲同工之妙。然提起是項訴訟，須限於起訴之犯罪事實侵害個人私權，致生損害者，且刑事附帶民事訴訟於提出法院後，原則上能夠即下判決者，往往少之又少，是故多以裁定移送民事庭審理之，因此在委任律師時繫屬另一訴訟程序，故須另行委任。

(二) 刑事附帶民事訴訟之被告，並不以刑事被告爲限，即依民法應負賠償責任之人亦得爲被告。例如：受雇人之僱用人，無行爲能力或限制行爲能力人之法定代理人即是。

(三) 附帶民事訴訟，應於刑事起訴後第二審辯論終結前提起，刑事訴訟法第488條已有明文。附帶民事訴訟係由刑庭裁判者，應先準用刑事訴訟法，無庸繳納審判費，惟移送民庭成爲獨立之民事訴訟始應徵收（參70年台附字第18號判例）。然所應免納裁判費之範圍，以移送前之附帶民事訴訟範圍爲限（參76年台上字第781號判例）；倘移送後，當事人、訴訟標的、訴之聲明有一變更或追加者，即應就超過部分繳納裁判費。

(四) 刑事諭知無罪、免訴或不受理及自訴案件被裁定駁回者，經原告提出聲請，應將此附帶民事訴訟移送管轄法院民事庭者，依法繳納訴訟費用外，其他一般附帶民事訴訟均免納裁判費用。

(五) 刑事訴訟之第二審判決不得上訴第三審法院者，於其附帶民事訴訟之第二審判決，仍得向第三審法院民事庭上訴，但應受民事訴訟法第466條之限制。（參刑訴§506）

△原第二審對於附帶民事訴訟既漏未判決，上訴人自可向其請求依法裁決，雖刑事訴訟法第505條規定，附帶民事訴訟應與刑事訴訟同時判決，或於刑事訴訟判決後5日內判決之，然此不過一種訓示規定，非謂附帶民事訴訟於刑事訴訟判決逾5日後，其訴訟繫屬即歸消滅，換言之，即不能謂原審對於附帶民事訴訟已不得再行裁判。（26鄂附2）

△當事人於言詞辯論時爲訴訟標的之捨棄者，應本於其捨棄爲該當事人敗訴之判決，民事訴訟法第384條著有明文，此項規定，爲附帶民事訴訟所準用。本件被上訴人於第一審言詞辯論時，當庭聲稱不請求賠償，載明筆錄可稽，是該被上訴人對於訴訟標的已表示捨棄，按照上開規定，自應駁回其訴，乃原審竟判令上訴人等應連帶賠償被上訴人法幣1,000元，顯係違法。（27渝附91）

△上訴人因犯妨害風化案件，刑事部分經原審判處罪刑，關於附帶民事部分，原審以被上訴人所爲附帶民事訴訟之請求爲不合法，予以駁回，其判決既非於上訴人有何不利，自在不得上訴之列，上訴人對於該部分之判決，亦併行提起上訴，顯非適法。（28附394）

△上訴人所遞上訴狀，已載明係專對於刑事判決有所不服，且僅將刑事判決之主文抄載

於內，始終並未表示對於附帶民事訴訟之判決不服，自不能認為關於附帶民事訴訟之判決，亦已有上訴之聲明。（28附582）

△刑事訴訟法第10條之移轉管轄，係就原法院未經判決之案件，移轉與其同級之他法院而設，本件據聲請人稱，被告殺死伊夫一案，刑事及附帶民事判決均已確定，現在附帶民事訴訟判決執行中云云，即非未經判決之案件，其聲請移轉管轄，自非合法。（29聲16）

△檢察官以被告連續數行為而犯同一之罪名提起公訴者，法院如僅認其中一行為成立犯罪，固無須就犯罪不能證明部分，特於主文中諭知無罪，惟刑事訴訟法第507條第1項所謂刑事訴訟諭知無罪，按諸立法本旨，自係包含此種情形在內，故關於上述犯罪不能證明部分之附帶民事訴訟，亦應依同條項之規定，以判決駁回之，此項判決，非對刑事判決已有上訴，則依同條第2項之規定，亦不得上訴。（29渝上48）

△刑事訴訟法第507條第1項規定，刑事訴訟諭知無罪者，應以判決駁回原告之訴，但經原告聲請時，應將附帶民事訴訟移送管轄法院之民事庭，是刑事訴訟一經諭知無罪，關於附帶民事訴訟，除經原告聲請移送管轄法院之民事庭外，應就程序上為駁回原告之訴之判決，不得就其實體上請求之當否，即其訴之有無理由而為裁判。（29附511）

△依刑事訴訟法第495條第8款，關於民事訴訟法第384條本於當事人捨棄而為該當事人敗訴判決之規定，固得準用於附帶民事訴訟，至本於認諾之判決，則刑事訴訟法內並未定有準用明文，自屬不得一併準用。（32附371）

△被上訴人以附帶民事訴訟請求判令上訴人交付出賣之土地，並為所有權移轉登記，尚難謂為係由上訴人因犯意圖為自己不法所有以詐術使被上訴人交付地價之罪所受之損害，揆諸刑事訴訟法第491條第1項之規定，原不在得提起附帶民事訴訟之列，雖其於第一審刑事庭移送附帶民事訴訟於民事庭後，曾具書狀追加以命上訴人按當時地價連帶賠償新台幣6萬元，為其預備聲明之他訴，然刑事庭移送民事庭之附帶民事訴訟，僅移送後之訴訟程序，應適用民事訴訟法，若移送前之訴訟行為是否合法，仍應依刑事訴訟法決定之（第494條）。第一審刑事庭依刑事訴訟法第508條第1項，移送民事庭之附帶民事訴訟，其提起合法與否，自應依刑事訴訟法予以判斷，不得於移送民事庭後，將關於獨立民事訴訟追加他訴之法規，溯及於附帶民事訴訟提起之時而適用之，遂認附帶民事訴訟為合法。（41台上50）

△本件相對人聲請假扣押再抗告人之財產後，法院命相對人於7日內起訴，相對人在此期間內於刑事訴訟程序附帶提起民事訴訟。此種附帶民事訴訟，旨在確定其私權存在，取得給付之確定判決，與民事訴訟法第529條第1項規定之起訴意義相同。再抗告人自不得以相對人未於期間內起訴為由而聲請撤銷假扣押裁定。（69台抗503）

△民法第129條將請求與起訴併列為消滅時效之事由，可見涵義有所不同，前者係於訴訟外行使其權利之意思表示，後者則為提起民事訴訟以行使權利之行為，本件被上訴人前提起刑事附帶民事訴訟，既因不合法而被駁回確定，依民法第131條之規定，其時效應視為不因起訴而中斷，依本院62年台上字第2279號判例意旨，雖可解為於上開起訴狀送達於上訴人時，視為被上訴人對之為履行之請求。仍應有民法第130條之適

用，倘被上訴人於請求後6個月內不起訴，時效視爲不中斷。（71台上1788）

○(一)刑事訴訟法第487條第1項所定附帶民事訴訟之對象，除刑事被告外，固兼及依民法負賠償責任之人。惟該條項所稱之「依民法負賠償責任之人」，係指該刑事案件中依民法規定應負賠償責任之人而言。故附帶民事訴訟之原告所主張之共同加害人，必以在刑事訴訟程序中經認定係共同侵權行爲之人，始得謂爲依民法負賠償責任之人，否則對之提起是項附帶民事訴訟，即難謂爲合法。

(二)法院如僅應就附帶民事訴訟爲審判者，應以裁定將該案件移送該法院之民事庭，固爲刑事訴訟法第511條第1項前段所明定。惟此所謂審判係專指實體上之審判而言，若所提起之附帶民事訴訟經法院認爲不合法予以駁回，雖經合法上訴，上級法院亦無從爲實體之審判，縱予以移送民事庭，仍應認上訴爲不合法而裁定駁回，毫無實益可言，故於此情形，仍應由上訴法院刑事庭認上訴爲無理由，逕以判決駁回，無刑事訴訟法第511條第1項前段之適用。（88台附23）

○刑事附帶民事訴訟與通常民事訴訟無異，亦以不告不理爲原則。本件上訴人曾篤如原提起之刑事附帶民事訴訟（原法院民國87年度附民字第518號），原法院前審判決後，經上訴人提起上訴，業據本院於88年5月6日，以88年度台附字第19號判決撤銷發回，原審並於88年5月17日分案（88年度附民更字第2號），上訴人嗣於89年6月21日提出「附帶民事訴訟準備書狀」，其既載明爲「準備書狀」，顯係針對前揭經本院發回之刑事附帶民事訴訟，而爲言詞辯論之準備，並非另行起訴甚明。原審未察，竟將該準備書狀視爲起訴狀，另行分案並予判決，核與不告不理之原則相悖。上訴意旨雖未指摘及此，惟原判決既有違誤，仍應由本院將原判決撤銷，又因本件原不屬於原審應行審判之範圍，毋庸併爲發回更審之諭知。（90台附59）

○刑事訴訟諭知無罪、免訴或不受理之第二審判決，如係不得上訴於第三審之案件，依按刑事訴訟諭知無罪、免訴或不受理之第二審判決，如係不得上訴於第三審之案件，依刑事訴訟法第503條第2項規定，對於本件附帶民事訴訟之第二審判決，自亦不得上訴於本院。無適用同法第506條規定，而僅對附帶民事訴訟之第二審判決提起第三審上訴之餘地（本院69年台上字第1232號民事判例參照）。（94台附30）

○刑事告訴雖得委任代理人行之，所委任之人，亦不問其係屬律師與否，惟如律師代行告訴，其法定職權仍與民事代理人、刑事辯護人有別，而不得僭越。又告訴人得於審判中委任代理人到場陳述意見。但法院認爲必要時，得命本人到場。前項委任應提出委任書狀於法院，刑事訴訟法第271條之1第1項、第2項前段定有明文，該條文係於92年1月14日修正通過，依刑事訴訟法施行法第7條之2規定，自公布日施行。本件告訴人王○○自提起告訴迄至原審辯論終結前，並未委任告訴代理人，而僅就本案之刑事附帶民事訴訟部分，委任袁○○、陽○○律師爲訴訟代理人。則此刑事附帶民事訴訟代理人能否謂並任刑事之告訴代理人，而兼具有刑事訴訟告訴代理人之職權，非無疑義。且該條文自92年1月14日施行後，原審自應命告訴人補正委任狀，受委任之律師始得擔任告訴代理人，而合法行使其權限。然原審自92年2月19日後之四次調查程序、同年5月15日之審判程序，皆未命告訴人補正程序，即令陽○○律師以告訴人代理人身分到庭陳述意見，其所踐行之訴訟程序，尚有違誤。（95台上490）

〔共同加害人〕

△被告爲本案共同加害之人，縱令其在第二審未經上訴，並非第二審刑事案件之當事人，然不得謂非依民法應負賠償責任之人，上訴人等在第二審對其一併提起附帶民事訴訟，自非法所不許。（28附63）

〔應移送民庭〕

△刑事訴訟諭知無罪，其附帶民事訴訟應移送管轄法院之民事庭者，以經原告之聲請爲限。本件上訴人自訴被告侵占公務上持有物等罪，提起附帶民事訴訟，請求返還稅款290餘元，關於刑事部分，業經兩審判決無罪在卷，其附帶民事訴訟部分，上訴人並未聲請移送民事庭審判，自不得以職權移送，乃原審判決宣示移送民事庭審理，於法不無違誤。（28附703）

△法院認附帶民事訴訟爲繁雜，得以裁定移送民事庭，該項裁定，不得抗告，爲刑事訴訟法第508條所明定。上訴人因殺人案，經被上訴人等在原審提起附帶民事訴訟，請求判令賠償墊用之喪葬各費，原審認爲繁雜，諭知移送民事庭，雖係與刑事同時判決，但此種移送裁定，既不得抗告，則其誤用判決之形式，亦仍無上訴餘地。（29附128）

△刑事庭移送民事庭之附帶民事訴訟，僅移送前之訴訟行爲準用關於刑事訴訟之規定，若移送後之訴訟程序，則應適用民事訴訟法，此觀刑事訴訟法第494條及其但書之規定自明。故移送民事庭之附帶民事訴訟，縱其移送前提起此項訴訟，不合刑事訴訟法第491條所定之要件，而有同法第506條第1項關于訴之不合法之規定情形時，但其移送後之訴訟程序，既應適用民事訴訟法，即屬同法第249條第1項第6款所謂起訴不備其他要件，仍應依該條項款之規定，以裁定駁回之，自無準用刑事訴訟法第506條第1項，以判決程序裁判之餘地。（44台抗4）

△刑事訴訟法第504條所謂，應以刑事判決所認定之事實爲據者，係指附帶民事訴訟之判決而言，如附帶民事訴訟經送於民事庭後，即爲獨立民事訴訟，其裁判不受刑事判決認定事實之拘束。（48台上713）

△刑事法院依刑事訴訟法第504條第1項以裁定將附帶民事訴訟移送同院民事庭，依同條第2項規定，固應免納裁判費。然所應免納裁判費之範圍，以移送前之附帶民事訴訟爲限，一經移送同院民事庭，即應適用民事訴訟法之規定。如原告於移送民事庭後，爲訴之變更、追加或擴張應受判決事項之聲明，超過移送前所請求之範圍者，就超過移送前所請求之範圍部分，仍有繳納裁判費之義務。（76台上781）

○刑事訴訟法第503條第1項但書所載，經原告聲請時，應將附帶民事訴訟移送管轄法院之民事庭，必須諭知無罪、免訴、或不受理判決之法院，始能適用，如認刑事訴訟之上訴爲無理由，而爲駁回上訴之判決時，即無再適用該條但書之餘地。（83台附17）

○法院如僅就附帶民事訴訟爲審判者，除該附帶民事訴訟之上訴爲不合法者外，應以裁定將該案件移送該法院之民事庭，固爲刑事訴訟法第511條第1項所明定。惟此法條所稱之「審判」，係指法院僅應就合法之附帶民事訴訟爲實體上之審判者而言。（91台附39）

〔上訴期間〕

△ 對於刑事訴訟附帶民事訴訟之判決提起上訴，應於判決送達後10日之不變期間內爲之，刑事訴訟法第349條定有明文。此項規定，不因附帶民事訴訟於上訴後，經裁定移送民事庭審判而受影響。（71台上2249）

〔上訴〕

△ 刑事訴訟論知無罪、免訴或不受理之第二審判決，如係不得上訴於第三審之案件，依刑事訴訟法第503條第2項規定，對於本件附帶民事訴訟之第二審判決，自亦不得上訴於本院。無適用同法第506條規定，而僅對附帶民事訴訟之第二審判決提起第三審上訴之餘地。（69台上1232）

〔再審期間〕

△ 當事人對民事確定判決，提起再審之訴，應於30日之不變期間內爲之。又該期間自判決確定時起算，爲民事訴訟法第500條第1項、第2項所明定。其對於附帶民事訴訟確定判決，依刑事訴訟法第512條規定向民事法院提起再審之訴者，自亦相同。（72台上533）

(六) 於刑事提起之附帶民事判決，應以刑事訴訟判決所認定之事實爲據，不得爲相異之認定，但本於捨棄而爲判決者，不在此限（刑訴§500）。然如移送民事庭後，即不受其拘束（參43年台上字第95號判例）。惟該判決如斟酌刑事判決作爲訴訟資料，則必須於民事判決中說明得心證之理由，否則即爲判決不備理由之違法情事。（參49年台上字第929號判例）

△ 附帶民事訴訟之對象，依刑事訴訟法第487條第1項之規定，不以刑事案被告爲限，即依民法負賠償責任之人，亦包括在內，被上訴人林某雖經移送軍法機關審理，但其爲共同侵權行爲人，應負連帶賠償責任，上訴人自得對之一併提起附帶民事訴訟，原審以其犯罪未經司法機關審理，不得對之提起附帶民事訴訟爲駁回之理由，自有未合。（71台附5）

△ 因犯罪而受損害之人於刑事訴訟程序得附帶提起民事訴訟，對被告及依民法負賠償責任之人請求回復其損害，刑事訴訟法第487條第1項定有明文。本件上訴人因被上訴人林某及其妻林婦共同詐欺，請求賠償新台幣85萬元，林婦刑事責任，已爲原審刑事判決所認定，林某既爲共同加害人，縱非該案被告，依民法第185條規定，不得謂非應負賠償責任之人，乃原審僅對林婦部分裁定移送民事庭，而以未曾受理林某刑事訴訟，認上訴人之起訴不合程序予以駁回，自非適法。（73台附66）

△ 刑事訴訟法第506條第1項所指得上訴第三審法院之附帶民事訴訟第二審判決，除應受民事訴訟法第466條之限制外，並以第二審係實體上之判決者爲限，程序判決不在上開得上訴之範圍。此由同條第2項規定「前項上訴，由民事庭審理之」，可以推知。因此項程序判決如許上訴，本院亦無從爲實體上之審判，祇能審查此項程序判決之當否，駁回上訴或發回更審。即不能認爲確係繁雜，須經長久時日始能終結其審判。而依上開規定，係逕由民事庭審理，又必須繳交第三審裁判費，徒增當事人困惑，且顯然毫無實益，自屬超出立法本旨之外。又按刑事訴訟法第511條第1項所謂審判，專指

實體上之審判而言，依該條項規定，須為實體上審判之合法上訴，尚須經由裁定移送程序，始由民事庭審理之。兩相對照，刑事訴訟法第506條第1項所指第二審判決不包括程序判決在內，益可瞭然。（81台附55）

註：參考法條

❖因犯罪而受損害之人，於刑事訴訟程序得附帶提起民事訴訟，對於被告及依民法負賠償責任之人，請求回復其損害。

前項請求之範圍，依民法之規定。（刑訴§487）

❖民事訴訟法關於左列事項之規定，於附帶民事訴訟準用之：

一、當事人能力及訴訟能力。

二、共同訴訟。

三、訴訟參加。

四、訴訟代理人及輔佐人。

五、訴訟程序之停止。

六、當事人本人之到場。

七、和解。

八、本於捨棄之判決。

九、訴及上訴或抗告之撤回。

十、假扣押、假處分及假執行。（刑訴§491）

第 **2** 章　民事訴訟全程

　　民事訴訟的目的，乃爲輔助民法，並協助釐清人民私法上權利義務界限，而進行排除紛爭的公權力保護措施。本章所涵蓋的範圍包括：

一、確定私權的民事訴訟程序。

二、實現私權的強制執行程序。

　　以上兩大單元形成本章的骨幹，由本章從民事訴訟的無所不通到各有所通，進而踏入強制執行的暢其所通，可說是立於欲求其廣，則難求其深的兩難之處。最後採取節錄各項進行程序中經常性的流程，編寫了以下的簡易流程圖，先樹立整體的邏輯架構後，再逐一檢討選擇較重要而易錯誤的程序，依序納入實務見解，以便法律人能夠很快的上手，直接使用，此即本章之精神所在。當然本章在選擇性採用之重要過程中，亦不忘彙整判例、解釋，提供讀者另一項查詢管道；民事事件攻防縱涉公法爭議，仍屬私法而由普通法院審判。（釋字第758號）

第一節　前置程序

　　本程序作業是針對訴訟程序而來，爲了便於區分所給予的一個代名詞。更貼切地說，此一程序係準備或預備動作，並不意味訴訟前必須踐行否則即不得訴訟，而是爲避免長期訴訟過於費時費錢之弊害，以期目的能更爲有效達成的程序。

第一款　督促程序

　　督促程序係指雙方當事人在無爭執之情形下，爲使債權人能在極短之期間內取得執行名義而爲之訴訟程序，然其必須具備以下要素：[1]

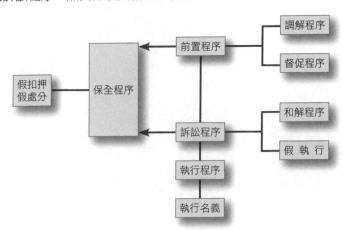

一、須就一定數量請求給付金錢或其他代替物或有價之證券等。
二、須聲請人就該請求無特定之對待給付義務者。

| 確定之終局判決。 |
| 假扣押、假處分、假執行之判決，及其他依民事訴訟法得為強制執之裁決。 |
| 依民事訴訟法成立之和解或調解。
依公證法規定得為強制執行之公證書。 |
| 抵押權人或質權人，為拍賣抵押物或質物之聲請，經法院為許可強制執行之裁定者。 |
| 其他依法律之規定，得為強制執行名義者。 |
| 執行名義附有條件、期限或須債權人提供擔保者，於條件成就、期限屆至或供擔保後，始得開始強行執行。依強制執行法第4條第1項第1款或第3款之執行名義聲請強制執行者，自執行名義成立之日起，其原有請求權之消滅時效期間不滿5年者，延長為5年。
如因時效中斷，而重行起算者亦同。 |

三、支付命令之送達非於外國為之或公示送達者。
△民事訴訟法第104條第1項第3款所謂「受擔保利益人行使權利」，係指向法院起訴或為與起訴相同效果之訴訟行為（如聲請調解或聲請發支付命令）而言。（80台抗413）

　　聲請人如知相對人之確實住居所時，無妨採用指送，此係實務上方便之措施，其運用上與代法院送達後將送達證書交給書記官之道理是相同的，均是便利債權人實施以保障其權利。支付命令固有其疏減訟源、使無爭執之債權債務關係得以迅速確定制度目的，然在我國的實務運作中卻淪為詐騙集團的犯案工具，致諸多民眾因輕忽支付命令的強大效力而成為支付命令的受害者。且支付命令修法前無法適用再審制度，因我國實務對於再審事由從嚴解釋，限縮救濟門檻，使一些支付命令受害人求助無門，針對此一問題做出修正，除使確定之支付命令不再與確定判決具有同一效力，並要求債權人負擔釋明義務外，另於民事訴訟法施行法第4條之4的規定，針對新法施行前，其支付命令業已確定然依其情形為顯失公平者，訂定特殊再審事由，以貫徹憲法保障人民訴訟權之意旨。

聲請書狀範例：

為聲請發給支付命令事：
聲請之標的及其數量
一、債務人應支付債權人新台幣（下同）○○○元整，及自民國○○○年○○月○○○日起至清償日止，按年息6%計算之利息。
二、聲請督促程序費用由債務人負擔。
聲請之原因及事實
緣聲請人持有債務人所簽發○○○○銀行○○分行之如後列附表所載支票○紙（證一），經於票載發票提示，未獲付款而遭退票，此有支票及退票理由單（證二）可稽；且債務人

雖履經聲請人催討，均置之不理，爰特具狀懇請

鈞院鑒核，賜准發給支付命令，命相對人限期清償，實感德便。

　　謹　狀

○○地方法院　公鑒

　　　　　　　　　　　　　　　　　　　　　　　　　　　　具狀人：○○○

異議狀範例：

為對支付命令提出聲明異議事：

一、按　鈞院○○○年度○字第○○○號支付命令事件，聲明人於民國○○○年○○月
　　○○○日接奉支付命令內載：「債務人應連帶於本命令送達後○○日之不變期間內，
　　向債權人依法清償新台幣（下同）○○○元，及自本支付命令送達之翌日起至清償日
　　止，按年息5%計算之利息，並賠償程序費用○○○元」云云，不勝惶恐。

二、再查本件債權債務關係並不存在，聲明人不能遽而支付，爰特具狀於法定期間內聲明
　　異議，懇請

鈞院鑒賜查核，實為德便。

　　謹　狀

○○地方法院　公鑒

　　　　　　　　　　　　　　　　　　　　　　　　　　　　具狀人：○○○

支付轉給命令範例：

為聲請核發支付轉給命令事：

相對人因欠聲請人票款新台幣（下同）○○○元，經　鈞院發支付命令，令相對人應給付
新台幣○○○元及自民國○○○年○○月○○○日起至清償日止，按年息6%計算之利息，
此項命令現已確定（證一）；然相對人仍拒不給付，茲查得相對人在第三人○○○處任職
○○○職務，每月薪水○○○元，且在每月○○○日發給，是故懇請
鈞院准予就其下月薪水開始執行以償還票款，實為法便。

　　謹　狀

○○地方法院　公鑒

　　　　　　　　　　　　　　　　　　　　　　　　　　　　具證人：○○○

　　支付命令應於送達後20日內提出異議，否則一經確定即與判決有相同之效力。對支
付命令之確定，必須到期後4至5天後再聲請確定證明書，以便據此執行名義聲請強制
執行。目前債務上聲請發給支付命令確定證明書，有一固定表格直接填寫聲請即可。[2]
○按支付命令與確定判決有同一之效力，凡確定判決所能生之既判力及執行力，支付命
　令皆得有之，當事人不得就該法律關係更行起訴。茲上訴人竟訴請確認上開抵押借款
　之債權債務關係不存在，並請撤銷執行程序及塗銷抵押權登記，已屬無從准許。（69

台上202）

○票據係屬無因證券，執票人如何取得票據，非票據本身所能證明。被上訴人雖主張蘇○潮係簽發遠期支票向其賒購飼料，惟其提起本件訴訟，既係請求償還飼料之價金而非基於票據關係有所請求，上訴人對於蘇○潮是否負有飼料價金40萬元之債務，又爭執甚烈，關此問題，被上訴人雖主張蘇○潮對於支付命令並未提出異議，惟上訴人仍得依民法第742條第2項規定，抗辯被上訴人之債權不存在，則被上訴人仍應就主張之事實，負舉證責任，要難僅憑所執支票而得證明蘇○潮所負債務係因賒購飼料而不及其他。（69台上1973）

○台灣之祭祀公業，不過為某死亡者派下子孫公同共有祀產之總稱，並無當事人能力，其設有管理人者，應由該管理人以自己名義代表派下全體起訴或應訴，不得以祭祀公業為當事人起訴或應訴，而由管理人為其法定代理人。本件台灣新竹地方法院62年度促字第1467號支付命令雖列祭祀公業饒○山為債務人，並以饒○麟、饒○文二人為其法定代理人，然該祭祀公業既無當事人能力，自不發生法定代理人之合法代理問題。（71台抗161）

○債務人對於支付命令，未於法定期間提出異議者，支付命令與確定判決有同一效力，為民事訴訟法第521條所明定。果如被上訴人所稱上訴人已聲請發支付命令後，並據以聲請台中地院強制執行，則除得依法對此支付命令聲請再審外，殊無另行訴請確認該命令所命給付金額上訴人之債權不存在之餘地。（72台上4271）

○督促程序，係對以給付金錢或其他代替物或有價證券之一定數量為標的之請求，僅依債權人之聲請，並不訊問債務人，祇憑一方的書面審理，對債務人頒發支付命令。若債務人對於該命令不於一定之不變期間內提出異議，即賦與該命令與確定判決同一之效力之特別訴訟程序。可知支付命令，係依債權人主張請求原因事實，及債務人對其未異議，為其確定法律關係之基礎。故債權人就其主張之事實，毋庸舉證，法院亦不為調查。債務人對於支付命令如有不服，即不附理由，提出異議，而使支付命令失效。（73台上3096）

△民事訴訟法第104條第1項第2款所謂「受擔保利益人行使權利」，係指向法院起訴或為與起訴相同效果之訴訟行為（如聲請調解或聲請發支付命令）而言。（80台抗413）

△強制執行應依執行名義為之，執行法院對於執行名義是否有效成立，自應加以審查。未確定之支付命令，不備執行名義之要件，其執行名義尚未成立，執行法院不得據以強制執行。法院誤認未確定之裁判為確定，而依聲請付與確定證明書者，不生該裁判已確定之效力。執行法院就該裁判已否確定，仍得予以審查，不受該確定證明書之拘束。（81台抗114）

○民法第126條所謂1年或不及1年之定期給付債權，係指基於一定法律關係，因每次一年以下期間之經過順次發生之債權而言，本院著有28年度上字第605號判例可資參照。系爭合會金債權，乃上訴人受領合會金給付後，與被上訴人約定就應返還之合會金分期清償，有兩造簽訂之償還合會金契約書附卷可稽，本質上為一次給付之債權，特別約定其給付方法為分期給付而已（如有一次遲延償還，即喪失分期償還之權

利），與上開說明之定期給付債權不同。債務人對於支付命令未於法定期間提出異議者，支付命令與確定判決有同一之效力，民事訴訟法第521條定有明文。系爭支付命令均已確定，有支付命令確定證明書影本可按，則系爭支付命令與確定判決有同一之效力，已無疑義，其內容縱有不當，應以再審表示不服，要非異議之訴所能救濟。（81台上3004）

○按債務人怠於行使其權利時，債權人因保全債權，得以自己名義行使其權利，民法第242條固定有明文。惟在訴訟程序中之行為，如依法律之規定，僅該當事人始得為之，且依其性質，並不適於由他人代位行使之訴訟行為，自不能准由該當事人之債權人代位行使，例如提起上訴、對強制執行方法之聲明異議、對假扣押假處分裁定提起抗告、攻擊防禦方法之提出等是。又依民事訴訟法第516條第1項規定，僅債務人得對於支付命令提出異議，如債務人於法定期間內提出異議，依同法第519條第1項規定，其支付命令即失其效力，以債權人支付命令之聲請，視為起訴或聲請調解。是債務人對於支付命令之異議權，依其性質，與前揭之上訴、抗告權相類似，一旦行使，即足以使原已可確定之法律關係，再度歸於不確定之狀態，惟仍由原來之當事人繼續進行訴訟，自不適於由當事人以外之第三人代位行使。（85台抗590）

○支付命令屬裁定性質，債務人對於支付命令未於法定期間提出異議者，依民事訴訟法第521條規定，該項支付命令與確定判決有同一之效力；倘執行名義為支付命令，執行債務人自得以支付命令成立後發生之異議原因事實，對執行債權人提起異議之訴。查本件執行事件之執行名義即系爭支付命令，係於86年4月21日核發，於同月28日送達上訴人，為原審確定之事實。則系爭支付命令成立於86年4月21日，上訴人以同月29日發生之兩造之和解為異議原因事實，提起異議之訴，揆諸上開說明，於法自非無據。（90台上576）

○按對於無訴訟能力人為送達者，應向其法定代理人為之；又代收送達雖不合法，而於其轉交本人時起，仍應視為合法送達，此觀民事訴訟法第127條第1項及本院19年抗字第46號判例即明。雖該支付命令上所載益○公司之法定代理人為前任「王○魁」而非現任「林○福」，但若王○魁已將該支付命令轉交林○福，仍將發生合法送達於益○公司之效力。又上開支付命令之另一債務人即本件再抗告人王○鳳，固未親自收受該支付命令之送達，惟其若曾授與曾○鈴收受送達之權限，或曾○鈴已將該代收之支付命令轉交之，自均足以發生合法送達之效力。（91台抗296）

○按發支付命令後，3個月內不能送達於債務人者，其命令失其效力，民事訴訟法第515條第2項定有明文。又按更正裁定，並非法院就事件之爭執重新為裁判，不過將裁判中誤寫、誤算或其他類此之顯然錯誤，加以更正，使裁判中所表示者，與法院本來之意思相符，原裁判之意旨，並未因而變更，故更正裁定溯及於原裁判時發生效力（本院79年台聲字第349號判例參照）。查本件相對人向台灣台北地方法院聲請對債務人即再抗告人發支付命令，該法院於民國90年7月17日核發90年度促字第29687號支付命令，因將再抗告人之名稱及法定代理人姓名誤載，致於同月24日將該支付命令正本交付郵局送達之公文封及送達證書上均為相同之誤載，而被郵局以「名字錯誤」退回。該法院乃於同年10月23日裁定更正再抗告人之名稱及法定代理人姓名，再於同

年11月13日將原支付命令及更正裁定之正本交付郵局，於同月14日送達再抗告人。依上說明，該更正裁定，不過將支付命令所誤載再抗告人之名稱及其法定代理人姓名，加以更正，而非該法院就相對人聲請對再抗告人發支付命令事件之爭執重新爲裁定，原支付命令之意旨，並未因此變更，故該更正裁定即溯及於發支付命令時發生效力。則自90年7月24日將支付命令正本交付郵局送達，至郵局於同年11月14日將支付命令及更正裁定之正本送達再抗告人，顯逾3個月期間，該支付命令自已失其效力。相對人猶以該支付命令爲執行名義，聲請對再抗告人實施強制執行，顯有未合。（92台抗364）

第二款　保全程序

一、意義

(一) **假扣押**　在本案還沒起訴以前，爲了確保金錢債權可獲清償，可以向民事庭聲請假扣押。

(二) **假處分**　在本案還沒起訴以前，爲了防止房屋或土地被賣掉、權利及其他法律關係被變更，可以向民事庭聲請假處分。假處分執行完畢，須另有執行名義，始得爲回復原狀之執行。（參院解3585）

　　如果已經起訴，在判決前要行保全，亦可向法院聲請裁定假扣押或假處分。查封除一般動產與不動產外，尚包括商標、股權與無體財產權，但退休金、保險金與具有專屬性之權利金不得爲假扣押之客體。

　　假扣押及假處分所保全的請求經本案判決否決時，即可因情事變更，而由債務人依法撤銷該裁定，毋庸待本案確定。有關查封之實際作業方式，請參閱本章第三節第二款第一目之說明。至於准予訴訟救助，於假扣押、假處分、上訴及抗告，亦有效力。（參民訴§111）

　　債權人依民法第151條規定押收債務人之財產或拘束其自由者，應即時聲請法院爲假扣押或假處分之裁定。前述聲請，法院應即調查裁定之；其不合於民法第151條之規定，或有其他不應准許之情形者，法院應即以裁定駁回之。因拘束債務人自由而爲假扣押或假處分之聲請者，法院爲准許之裁定，非命債權人及債務人以言詞爲陳述，不得爲之。

　　債權人依第537條之1爲聲請時，應將所押收之財產或被拘束自由之債務人送交法院處理。但有正當理由不能送交者，不在此限。法院爲裁定及開始執行前，應就前項財產或債務人爲適當之處置。但拘束債務人之自由，自送交法院時起，不得逾24小時。

1. 送交法院後，如其聲請被駁回時，應將該財產發還於債務人或回復其自由。

2. 因拘束債務人自由而爲假扣押或假處分裁定之本案尚未繫屬者，債權人應於裁定送達後5日內起訴；逾期未起訴時，命假扣押或假處分之法院得依聲請或依職權撤銷假扣押或假處分裁定。（參民訴§537-1～§537-4）

　　假扣押、假處分之執行，依強制執行法第28條之2、民事訴訟法第77條之27徵收執行費，於本案確定執行徵收執行費時，以必要部分爲限，由債務人負擔。

二、程序

(一) **管轄**　須由訴訟繫屬之法院管轄，或假扣押的標的物所在地於法院管轄區域之內。另按依專利法、商標法、著作權法、光碟管理條例、營業秘密法、積體電路電路布局保護法、植物品種及種苗法或公平交易法所保護之智慧財產權益所生之第一審及第二審民事訴訟事件，屬智慧財產及商業法院管轄，智慧財產及商業法院組織法第3條定有明文。此之民事訴訟事件，依其立法理由觀之，係採廣義之概念，凡與本案有關之保全證據、保全程序等均包括在內。又為使智慧財產之民事訴訟事件能集中由智慧財產及商業法院依本法所定程序審理，智慧財產案件審理法公布施行後，原已繫屬於本院之民事訴訟事件經裁判廢棄者，除本院自為裁判外，應發交智慧財產及商業法院審理，此觀之智慧財產案件審理法施行細則第5條第1項之規定自明。

(二) **聲請**　釋明請求的原因，但並陳明願供擔保，以代釋明之不足。

(三) **裁定**　前列聲請手續及內容齊全時，法院法官會在3天內裁定並送達出去。但如果文件不齊全，必須補正後方可裁定送達。

(四) **執行查封**　假扣押及假處分的裁定書都會載明擔保金的數額，債權人必須先繳納裁定書所指定的擔保金額以後，才可進一步聲請查封債務人財物。依聲請執行的金額未滿5千元者免徵或超過5千元時繳交0.8%公費。債權人導引至現場實施查封扣押。查封完畢，即行結案。

三、撤銷假扣押假處分之裁定及撤回假扣押假處分之執行

(一) **聲請**　要撤銷假扣押、假處分的裁定，必須向法院民事庭聲請。要撤回假扣押、假處分的執行，則向民事執行處聲請。然所謂受本案敗訴判決確定，係指債權人依假扣押所欲保全強制執行之請求，經本案之實體確定判決確認其不存在或不得行使者而言。苟該請求未經實體確定判決確認為不存在或不得行使，即無容許債務人據此為理由，聲請撤銷假扣押裁定之餘地。

(二) **反擔保**　債務人可提供反擔保，聲請民事執行處撤銷假扣押之執行。惟倘有他人併案時，假扣押尚不能啟封。關於假處分，原則上不許債務人提供反擔保而撤銷假處分。假執行的反擔保必須在假執行實施之前提出來方可。

(三) **限期起訴**　債務人的財產被扣押後，可聲請法院民事庭裁定，命債權人限期起訴。如不起訴，債務人就可聲請民事庭裁定撤銷假扣押或假處分，裁定確定後才得向執行處聲請啟封。（參聲請範例）

聲請範例：

為限期命債權人起訴事：
緣聲請人於民國○○○年○○月○○○日接奉　鈞院○○○年○字第○○○號民事假扣押裁定，並假扣押查封聲請人○○○所有之財產，查聲請人根本無簽發本票予相對人，故聲請人與相對人根本無債權債務存在，相對人誤為假扣押，殊屬非是，爰特依據民事訴訟法第五百九十二條之規定，狀請

鈞院鑒核，賞賜命債權人於一定期間內起訴，以符法法，而障權益。

　謹　狀

○○地方法院　公鑒

　　　　　　　　　　　　　　　　　　　　　　具狀人：○○○

(四) **判決確定**　債權人勝訴時，可以聲請民事執行處拍賣。如果敗訴時，債務人就要向民事庭聲請裁定撤銷假扣押、假處分，裁定確定後，再向民事執行處聲請塗銷查封之登記。

(五) **未執行證明**　債權人提存擔保金後未實施查封前和解，要領回所提存的擔保金時，可向民事執行處聲請發給未執行證明，以便向提存所領回擔保金。無此證明書，提存所將不准予發回擔保金。

(六) **塗銷登記**　假扣押、假處分，債務人可隨時與債權人和解，而後由債權人具狀向民事執行處聲請撤回假扣押或假處分之執行，塗銷查封登記。

　　聲請狀上所蓋印章必須與原來聲請假扣押、假處分的印章相同。如果遺失該印章，則應提出印鑑證明，或者帶身分證親自向民事執行處聲請。債務人無權聲請塗銷查封登記，除非假扣押、假處分已經被民事庭裁定撤銷，債務人方可依撤銷的裁定，聲請塗銷查封登記。[3]

△民事訴訟法第526條第3項所謂本案法院，依同法第520條第2項之準用，在本案繫屬於第二審時，固指第二審法院而言，若本案已繫屬於第三審，則指本案前曾繫屬之第一審法院而言。本案經第二審法院判決，而由當事人對於該判決提起上訴時，即已繫屬於第三審法院，嗣後債務人聲請銷假扣押裁定，自應向本案前曾繫屬之第一審法院為之。（30渝抗266）

△民事訴訟法第531條假扣押裁定，因自始不當而撤銷者，債權人應賠償債務人因假扣押或供擔保所受損害之規定，依同法第533條規定，於假處分程序固有準用。惟所謂自始不當而撤銷者，係指假處分裁定後，債務人提起抗告，經假處分裁定法院或抗告法院認為依命假處分時客觀存在之情事，不應為此裁定者而言，若係因以後之情事變更而撤銷該裁定，即與自始不當而撤銷者有間，不得據以請求損害賠償。（69台上1879）

△依民事訴訟法第533條準用第531條之規定，假處分裁定因自始不當而撤銷者，債權人應賠償債務人因假處分而受之損害。所謂假處分因自始不當而撤銷，專指假處分裁定在抗告程序中，經抗告法院、再抗告法院或為裁定之原法院依命假處分時客觀存在之情事，認為不應為此裁定而予撤銷使其失效者而言。（69台上3653）

△法院依證據保全程序所保全之證據，其證據價值如何，屬於程序法上之判斷問題。證據保全之效力，並非一種實體法上之法律關係，不得作為確認之訴之訴訟標的。（70台上1842）

△關於假處分之規定，於爭執之法律關係有定暫時狀態之必要者，準用之，民事訴訟法第538條定有明文。是故如通行權於當事人間發生爭執，或通行權已被侵害，債權人聲請定暫時狀態時，非不得禁止債務人將為通行權標的物之土地變更現狀，或設置障

礙物以阻止通行，或爲其他類似行爲。（71台抗200）

○ 假處分爲保全程序，而非確定私權之訴訟程序。苟合於假處分條件，經債務人聲請時，法院即得爲假處分裁定。至債權人本案債權，是否確實存在，則非保全程序所應審認之事項。（73台抗476）

△ 假扣押之執行，以假扣押之標的脫離假扣押之處置，例如將假扣押標的交付執行或撤銷假扣押，其程序即爲終結。在將假扣押標的交付執行之情形，尚未進行至執行名義所載債權之全部或一部，因對於執行標的物之強制執行達其目的時，係屬本案之強制執行程序尚未終結，第三人就執行標標的物如有足以排除強制執行之權利，僅得提起請求排除本案強制執行程序異議之訴，對於業已終結之假扣押執行程序，殊無許其再提起異議之訴請求排除之餘地。（75台上2225）

△ 本院58年台上字第1421號判例所謂債務人賠償請求權之成立，不以債權人之故意或過失爲要件，乃指假扣押（假處分）裁定，因自始不當而撤銷，或因民事訴訟法第529條第2項及第530條第3項之規定而撤銷者，依同法第531條規定，債權人應賠償債務人因假扣押（假處分）或供擔保所受損害之情形而言，並不包括假處分裁定依民事訴訟法第533條準用同法第530條第1項規定，因假處分之原因消滅或其他因假處分之情事變更，而由債務人聲請撤銷之情形在內。（75台上2723）

△ 假處分爲保全程序之一種，原爲在本案請求尚未經判決確定前，預防將來債權人勝訴後，因請求標的之現狀變更，有日後不能強制執行或甚難執行之虞者而設，若已有確定裁判不認債權人之權利存在，則其假處分之聲請，即屬不應准許。（83台抗319）

○ 聲請定暫時狀態之假處分，應依民事訴訟法第538條、第533條及第525條第1項第2款規定，表明所欲請求保全強制執行之標的法律關係或權利及其發生請求權之原因事實，亦即債權人應具體表明所欲在本案訴訟請求之標的及其請求之原因事實。（88台抗149）

第一目　假扣押

假扣押爲保全程序之一種，[4] 係在本案訟爭尚未判決確定以前，預防將來債權人勝訴後，不能強制執行或難於執行而設。法律條文所謂債權人者，係指主張債權之人而言，至所主張之債權能否成立，尚待本案之判決，非聲請假扣押時先應解決之問題。債權人聲請假扣押應就其請求及假扣押之原因加以釋明，兩者缺一不可。而因現改由司法事務官裁定，而所謂釋明就是必須證明，例如債務人信箱塞滿信件等等現象發生。

所謂假扣押之原因，依民事訴訟法第523條第1項規定，係指有日後不能強制執行或甚難執行之虞而言：其情形本不以債務人浪費財產，增加負擔或就其財產爲不利益之處分，將達於無資力之狀態，或債務人移住遠處、逃匿無蹤或隱匿財產爲限。又稱「釋明」者，係使法院就某事實之存否，得到「大致爲正當」之心證爲已足，與「證明」係當事人提出之證據方法，足使法院產生堅強心證，可以確信其主張爲眞實者，尚有不同。基於「釋明」究不能等同於「證明」之法意，爲保障債權人及債務人之程序權，並使法院能正確判斷原假扣押裁定之當否，民事訴訟法始再爲明文規定對於假扣押聲請之裁定抗告者，抗告法院於裁定前，應使債權人及債務人有陳述意見之機會，此觀該法第

528條第2項規定即明。（參97年台抗字第267號裁定）

假扣押之聲請可分別向本案管轄法院或標的物所在地法院爲之。如向本案管轄法院，無須表明扣押什麼財產，只須具備假扣押要件即可，對債務人之一切財產，無論係在何處，只要裁定後，可在任何法院執行。而向標的物所在地法院聲請，則必須表明應扣押什麼財產，且僅得就特定之物或權利爲假扣押，此不同點需要注意分辨。

對於假扣押之裁定，祇許債權人或債務人爲抗告，如假扣押之標的物，誤以第三人財產爲債務人所有，第三人僅可提起異議之訴，而非抗告。

先行查知動產（動產須確認爲相對人所有）或不動產（所有權狀）所在地後，同法院聲請。

為聲請准予假扣押事：

一、聲請事項

(一) 請准聲請人即債權人以新台幣（下同）○○○元或可轉讓定期存款單供擔保，就債務人之財產在新台幣○○○元內為假扣押。

(二) 程序費用由債務人負擔。

二、事實及理由

債權人持有債務人簽發○○○為付款人，帳號○○○支票號碼○○○發票日○○年○○月○○日、面額○○○元支票乙張，該債務人於惡意以不符合之印鑑致債權人於提示時被以簽章不符退票，有支票及退票理由單之影本各乙紙足憑。嗣雖曾清償○○○元，然尚欠○○○元，雖經債權人屢次催討仍拒不返還，頃聞債務人有脫產之舉，其信箱已塞滿信件而無人取信可證（參證一），為保全日後執行，請准供擔保以代釋明將債務人所有財產，在前開金額範圍內予以假扣押。

謹　呈

○○地方法院　公鑒

具證人：○○○

注意事項：

一、抗告法院裁定，以抗告不合法而駁回者，不得再抗告；但得向原法院異議（準用第484條第2項及第3項規定）。而對抗告法院之裁定再抗告，僅得以其適用法規顯有錯誤爲理由（參民訴§486）。抗告程序，依民事訴訟法第495條之1第1項準用第447條第1項但書第1款至第6款規定，非不得提出新事實及證據。是債權人向本案管轄法院或假扣押標的所在地之地方法院聲請假扣押時，縱未釋明請求及假扣押之原因，於抗告程序，如有同法第447條第1項但書第1款至第6款所列各款情形之一，並對各該款事由依同條第2項釋明者，自仍得提出新事實及證據，以釋明其請求及假扣押之原因，抗告法院初無任意拒斥不予審究之餘地。（參98年台抗字第201號裁定）

二、聲請提存之實務上程序，請參閱本篇第四章非訟事件有關提存部分的詳細程序說明，茲不贅述。

三、假扣押之原因消滅，債權人受本案敗訴判決確定或其他命假扣押之情事變更者，債權人得聲請撤銷；至於情事變更，不僅是指命假扣押的情事於裁定後變更，即於裁定前原屬存在，為當時所不知，於裁定後始為知悉者，亦屬之。

訴狀範例：
一、更換擔保品

為聲請准以有價證券供擔保事：

查聲請人與○○等間因返還款項事件，前奉　鈞院○年全字第○號裁定，命聲請人提供擔保金新台幣○元，理應遵辦，惟因政府銀根緊抽，現金奇缺之際，聲請人實感週轉困難，無法提存現金以供擔保，茲以○○○○可轉讓定期存單代現金供擔保，依民事訴訟法第102條第1項之規定及53年元月8日第三次民刑庭總會決議，可供擔保，為此狀請

鈞院顧念實際困難，准聲請人等以相當之某銀行可轉讓定期存單或現金供擔保，實感德便。
　　謹　呈
○○地方法院

具證人：○○○

二、更正裁定

為聲請更正裁定事：

緣聲請人聲請變更假扣押擔保品事，經　鈞院裁定准予變更，然聲請人係以華僑商業銀行松山分行可轉讓定期存單擔保變換原同銀行之可轉讓定期存單，惟查

鈞院裁定誤載為華南商業銀行松山分行，特此聲請更正。
　　謹　狀
○○地方法院　公鑒

具狀人：○○○

三、聲請執行

為聲請假扣押執行事：
一、請求執行之標的
　　(一) 就相對人即債務人所有之某地號上地（或建物）（如附件）為執行。
　　(二) 執行費用由相對人負擔。
二、事實及理由
　　聲請人對相對人有新台幣○元之債權，經　鈞院○年度全字第○號裁定准予假扣押。
　　茲聲請人已供擔保完畢，故具狀請求

鈞處准予儘速執行，以符法治，實感德便。

　　謹　狀
○○地方法院執行處　公鑒

　　　　　　　　　　　　　　　　　　　　　　　　　具狀人：○○○

四、公示送達

為聲請公示送達事：
查○年度全字第○號聲請人與相對人之給付票款聲請假扣押一案，因假扣押裁定正本送達
不到，經聲請人再三查訪，查不知其居住所在，為避免程序拖延了無期限，為此謹依民事
訴訟法第149條第1項第1款之規定，狀請
鈞院鑒核，將送達相對人○○○之文書，准予公示送達。資檢附相對人戶籍謄本乙份，以
利進行，以符法治。
　　謹　狀
○○地方法院　公鑒

　　　　　　　　　　　　　　　　　　　　　　　　　具狀人：○○○

　　不動產之指界如按規定由法院移送地政機關，費用極高，故一般均自行與地政機關
測量股聯繫前往勘查，並申請地籍圖，屆時再引導法院前往，而省下法定額之比例鑑界
費。執行須簽立指封切結書，以示對指封之標的負責。執行完畢仍要送達當事人，若無
法送達，須申請戶籍謄本或公示送達。[5]假扣押執行之終結，係指假扣押之標的脫離扣
押之處置，如將標的交付執行或撤銷而言。（參44年台上字第1328號判例及71年度台上
字第3123號判決）

第二目　假處分

　　聲請假處分[6]者，債權人就金錢請求以外之請求，欲保全將來強制執行，同法院聲
請禁止債務人變更系爭物之現狀或就兩造爭執之法律關係定其暫時狀態之程序。例如甲
以特定物賣與乙，約期交付，嗣後發生糾紛，當期限未至之前，乙推知甲有轉賣於丙之
虞，即得聲請法院將甲所賣之特定物預為假處分，使甲不得轉賣於丙，以免將來執行困
難。又例如甲、乙兩村，互爭水利，提起訴訟，當判決確定前，聲請法院暫讓某村之居
民有用水權是。因此於爭執的法律關係，為防止發生重大之損害或避免急迫的危險或
其他相類之情形而有必要者，得聲請定暫時狀態，而法院為裁定前，於認有必要時，得
依聲請以裁定先為一定之緊急處置，其處置之有效期間不得逾7日。期滿前得聲請延長
之，但延長期間不得逾3日。（第538條、第538條之1）
　　假處分所必要之方法，宜由聲請人於聲請狀內陳明之，以供法院酌定假處分方法之
參考（第532條、第535條）。（參民事訴訟須知§23(七)）
　　假處分以向本案管轄法院聲請為原則，例外在急迫情形始向標的所在地之地方法院
聲請，且在該裁定內同時將定期間，命聲請人向本案管轄法院聲請就該處分當否之裁定
（此與假扣押不同）。因聲請人若不聲請，將被主動撤銷假處分（假處分非有特別情

事，不得供擔保而撤銷之）。

△法院定擔保金額而爲准許假處分之裁定者，該項擔保係備供債務人因假處分所受損害之賠償（民事訴訟法第533條準用第526條第2項、第531條），其數額應依標的物受假處分後，債務人不能利用或處分該標的物所受之損害額，或因供擔保所受之損害額定之，非以標的物之價值爲依據。（63台抗142）

△關於假處分之規定，於爭執之法律關係有定暫時狀態之必要者，準用之，民事訴訟法第538條定有明文。是故如通行權於當事人間發生爭執，或通行權已被侵害，債權人聲請定暫時狀態時，非不得禁止債務人將爲通行權標的物之土地變更現狀，或設置障礙物以阻止通行，或爲其他類似行爲。（71台抗200）

△債務人就查封物所爲移轉、設定負擔或其他有礙執行效果之行爲，依強制執行法第51條第2項規定，僅對於債權人不生效力而已，並非絕對無效；裁判分割，既係法院基於公平原則，決定適當之方法分割共有物，自不發生有礙執行效果之問題，債權人即不得對之主張不生效力；且債務人之應有部分，經實施查封以後，因裁判分割，其權利即集中於分割後之特定物，此爲債務人原有權利在型態上之變更，當爲查封效力之所及，於假處分亦無影響。（72台上2642）

△禁止債務人就特定財產爲處分行爲之假處分，其效力僅在禁止債務人就特定財產爲自由處分，並不排除法院之強制執行。（74台抗510）

○股東權，乃股東基於其股東之身分得對公司主張權利之地位，如表決權之行使者即所謂股東權利之一。而出席股東會者，當屬股東基於股東之身分而參與公司之治理而言，尚非有權利主張。故遭禁止行使股東權之股東及股數，仍得出席股東會，僅不得行使股東權利（如行使表決權者）而已。又經假處分不得行使股東權者，在本案訴訟判決確定前，其股東身分依然存在，且股東會之股東，依股東名簿上之記載，在尚未確定股東身分不存在前，依股東名簿所載仍爲具有公司股東身分之股東，當然得出席股東會。再者，經假處分禁止行使股東權之股數，如應算入「已發行股份總數」，即應認其得出席算入出席股份數，以維法律體系解釋之一貫。否則，既認經假處分禁止行使股東權之股數，應算入「已發行股份總數」，卻又認其不得出席股東會而不算入出席數，則股東會召集所需股份數之計算即明顯失衡，使少數股東得藉假處分之方式影響出席股份數，阻礙公司股東會之召集。又經假處分禁止行使股東權者若禁止其出席股東會，可能影響公司股東會決議機制無法及時發動，造成對於公司業務不當影響，有悖於公司法制所設股東會召開與決議之公益本旨。（95台上984）

第三款　調協、調解與和解程序

判決爲法院對於訴訟事件所爲之公法的意思表示，而調解或和解，爲當事人就訴訟上之爭執互相讓步而成立之合意，其本質並非相同，必須先在此釐清。

第一目　調協程序

調協係破產宣告後在破產內之和解。[7]

☆法人宣告破產後，其法人人格即歸消滅，惟其團體依然存在，應認爲民事訴訟法第40

條第3項之非法人團體，仍得適用破產法有關調協之規定，並於調協認可後履行調協所定之義務。（62年2月20日第一次民庭庭長會議決議）

△認可調協之裁定確定時，破產程序即為終結，破產管理人對於破產財團之權限當然消滅，破產人因破產之宣告所喪失之財產管理權亦即回復。（40台上788）

　　聲請於破產前稱和解，而調協則在破產財團分配認可前；前者在避免破產，後者則為避免分配程序而利結束破產程序。和解方案，原則上應提供履行其所擬清償辦法之擔保，調協則於有供擔保時才應記載，但須注意優先債權人可不受和解拘束，但須受調協拘束（參破產§37）。法院不認可和解，應即宣告破產，但不認可調協則僅是繼續破產程序，一併在此述明分辨清楚。

第二目　調解程序

　　調解程序，可區分為一般私人的調解與法院調解二種。其中一般調解原則上係專指經由鄉鎮市調解委員會所進行之調解，而法院調解則係由法院在起訴前進行的一種直接正式具有法律效果的調解（調協）。

　　對於依第403條（即簡易程序）離婚、履行同居及終止收養之訴訟必須強制調解之事項，若起訴前未經調解而逕予裁判者，應認其調解程序已因判決而補正，當事人不得以此為上訴理由（參32年上字第5021號判例）。然例外對耕地租佃，非經調解（調處）不得起訴，違反此項規定，應認起訴不備其他要件，依第249條第1項第6款裁定駁回，且不因判決而補正，故得據此上訴第三審。

　　倘調解有無效或得撤銷之原因者，當事人得向原法院提起宣告調解無效或撤銷調解之訴，前項情形，原調解事件之聲請人得就原調解事件合併起訴或提起反訴，請求法院合併裁判之。

△鄉鎮市（區）調解委員會依鄉鎮市調解條例調解成立之民事調解，如經法院核定，即與民事確定判決有同一之效力，該條例第24條第2項前段定有明文。而經法院核定之民事調解，有得撤銷之原因者，依同條例第26條第1項規定，當事人得向原核定法院提起撤銷調解之訴。當事人欲求救濟，惟有循此方法為之，殊無依民法第92條第1項規定聲明撤銷之餘地。兩造依鄉鎮市調解條例成立之調解，業經法院核定，即令有如上訴人所稱得撤銷之原因，在上訴人提起撤銷調解之訴，並得有勝訴之確定判決以前，被上訴人仍得據為執行名義，聲請強制執行。（75台上1035）

一、調解委員會[8]

　　調解會乃各鄉鎮市政府及院轄市區公所設置調解委員會，免費調解其區域內之人民糾紛、勸解讓步以減少訟源，民事事件應得當事人同意，刑事事件應得被害人同意始得進行。調解成立須移送法院審核後，與確定判決有同一之效力。

　　一般民事事件，均可馬上調解，但以下事件不在此限：
(一) 婚姻之無效或撤銷，請求認領等。
(二) 違背民法第71條強制或禁止規定及第72條公序良俗之規定。

(三) 假扣押（處分）、公示催告、宣告死亡及受監護宣告等事項。

(四) 民事事件，只要當事人同意，且在判決確定前調解成立，並經法院核定，即以調解成立時擬制發生撤回效力。刑事事件，限於第一審辯論終結前之告訴乃論之罪者。

(五) 聲請超過法定利息者。

(六) 關於租佃爭議事件。

申請方式：由當事人向所屬區域內之調解會以書面或言詞提出聲請。不論以言詞或書面提出，均需概述事件概要。依民、刑事訴訟管轄原則及調解自治之特性，得合意指定，並經調解委員會同意，即可提出聲請。調解之結果，內容務必明確，以免將來再生爭議時，仍須另行起訴請求之弊病；同時依此成立調解，若經法院核定，即令有得撤銷之原因，但若未在提起撤銷調解並有勝訴判決以前，仍得據為執行名義，聲請強制執行。（參75年台上字第1035號判例）

二、法院之調解

除符合：(1)依法律關係之性質，當事人之狀況或其他情事可認為不能調解或顯無調解必要或調解顯無成立之者；(2)經其他法定調解機關調解未成立者；(3)因票據發生爭執者；(4)係提起反訴者；(5)送達於他造之通知書，應為公示送達或於外國為送達者；(6)金融機構因消費借貸契約或信用卡契約有所請求者之情形外，以下之事件於起訴前，應經法院調解：

(一) 不動產所有人或地上權人或其他利用不動產之人相互間因相鄰關係發生爭執者。

(二) 因定不動產之界線或設置界標發生爭執者。

(三) 不動產共有人間因共有物之管理、處分或分割發生爭執者。

(四) 建築物區分所有人或利用人相互間因建築物或其共同部分之管理發生爭執者。

(五) 因增加或減免不動產之租金或地租發生爭執者。

(六) 因定地上權之期間、範圍、地租發生爭執者。

(七) 因道路交通事故或醫療糾紛發生爭執者。

(八) 雇用人與受雇人間因僱傭契約發生爭執者。

(九) 合夥人間或隱名合夥人與出名營業人間因合夥發生爭執者。

(十) 配偶、直系親屬、四親等內之旁系血親、三親等內之旁系姻親、家長或家屬相互間因財產權發生爭執者。

(十一) 其他因財產權發生爭執，其標的之金額或價額在新台幣50萬元以下者。

前項第11款所定數額，司法院得因情勢需要，以命令減至新台幣25萬元或增至75萬元；及離婚之訴與夫妻同居之訴、終止收養關係之訴，均須於起訴前先經法院調解，[9] 其他民事訴訟事件，當事人亦得於起訴前聲請調解。（參民訴§403、§404、家事§23）

(一) 當事人經法院通知調解後須準時到場，俾免被處新台幣3千元以下罰鍰。（參民訴§409）

(二) 調解由法官選任調解委員1至3人先行調解。（參民訴§406-1）

(三) 調解程序中，當事人所為之陳述或讓步，於調解不成立後起訴者，不得採為裁判之基礎；故當事人於調解程序中，可自由陳述意見及表示讓步範圍。（參民訴

§422）

(四) 調解成立者，與訴訟上和解有同一效力，可收息訟止爭之效。調解有無效或得撤銷之原因者，當事人原則上得自調解成立之日起30日之不變期間內向原法院提起宣告調解無效或撤銷調解之訴。兩造於期日到場而調解不成立者，如一造當事人聲請即為按該事件應適用之訴訟程序為訴訟辯論，他造並未聲請延展期日（若聲請延展，法院應許可），經法院許可後，視為自調解之聲請時已經起訴；當事人聲請調解而不成立，如聲請人於調解不成立證明書送達後10日之不變期間內起訴者，視為自聲請調解時，已經起訴；其於送達前起訴者，亦同。

　　以起訴視為調解之聲請或因債務人對於支付命令提出異議而視為調解之聲請者，如調解不成立，除調解當事人聲請延展期日外，法院應按該事件應適用之訴訟程序，命即為訴訟之辯論，並仍自原起訴或支付命令聲請時，發生訴訟繫屬之效力（第416條、第419條）。（參民事訴訟須知§23(四)）

△ 調解成立者，依民事訴訟法第416條第1項、第380條第1項規定，與確定判決有同一之效力。惟判決為法院對於訴訟事件所為之公法的意思表示，調解或和解，為當事人就訴訟上之爭執互相讓步而成立之合意，其本質並非相同。故形成判決所生之形成力，無由當事人以調解或和解之方式代之，從而在調解或訴訟上和解分割共有不動產者，僅生協議分割之效力，非經辦妥分割登記，不生喪失共有權，及取得單獨所有權之效力。（58台上1502）

△ 終止租賃契約，依民法第263條準用同法第258條規定，應向他方當事人以意思表示為之，上訴人向該管耕地租佃委員會，申請調解，終止伊等與被上訴人間之耕地租賃契約收回耕地，如在申請調解前，未曾以意思表示，向被上訴人聲明終止租賃契約，須俟該調解申請書或嗣後之訴狀繕本送達被上訴人時，始生終止租賃契約之效力，並非申請調解或起訴時當然有止約之效力。（65台上1107）

第三目　和解程序

　　和解之本質，究為創設，抑或認定，應依和解內容定之。如當事人以他種之法律關係或以單純無因性之債務約束等，替代原有之法律關係時，屬於創設，否則以原來而明確之法律關係為基礎而成立和解時，則屬認定。

　　和解可分為法庭和解與私下和解，其中法庭和解因具有與確定判決同一之效力，所以倘若有無效或得撤銷之原因時，得請求法院繼續審判，請參閱以下說明：

一、法庭和解

　　訟則終凶，古有明訓，凡訴訟者，動輒經年累月，不但荒時廢業，且耗費金錢。縱幸而獲勝，亦往往得不償失；若其敗訴，所受損失，更為重大。故於未起訴之先，如有調解之可能，宜先行調解，即令調解不成而至於起訴，在訴訟進行中，如有可以協商之機會，亦須盡力和解。

　　和解之方法有二：

(一) **法庭外和解**　即由雙方當事人協商條件，終止訴訟，和解如已成立，即由原告撤回

其訴（一般均在條款中註明放棄有關民事上的訴訟權，至於刑事上的訴訟權則須告訴乃論爲限），可參閱庭外和解的詳細說明。

(二) **法庭上和解**　即法院不問訴訟程度如何，得於言詞辯論時或由受命法官或受託法官試行和解，和解成立後，訴訟即行終結。當事人爲和解者，其和解費用及訴訟費用各自負擔之。但別有約定者，不在此限。和解成立者，當事人得於成立之日起3個月內聲請退還其於該審級所繳裁判費三分之二。（參民訴§84）

在法庭上和解成立者，與確定判決有同一之效力，因此和解筆錄應於成立之日起10日內送達；和解有無效或得撤銷之原因者，當事人得自和解成立時起30日之不變期間內請求繼續審判。（參民訴§380、民事訴訟須知§15）

和解筆錄如有誤寫、誤算或其他類此之顯然錯誤者，法律上雖無得爲更正之明文，而由民事訴訟法第380條、強制執行法第4條第3款等規定觀之，訴訟上之和解與確定判決有同一之效力，民事訴訟法第232條第1項關於判決書更正錯誤之規定，於和解筆錄有同一之法律理由，自應類推適用（參照司法院院字第2515號解釋），是和解筆錄祇須具有誤寫、誤算或其他類此之顯然錯誤之情形，法院書記官即得類推適用民事訴訟法第232條第1項之規定，而爲更正之處分。（參43年台抗字第1號判例）

△在民事執行處成立之和解爲訴訟外之和解，僅能發生民法上之效力，並無執行力。（27渝抗549）

△委任書內僅載訴訟進行上有代理一切之全權者，不能認爲已有和解之特別委任。（27渝上2307）

△當事人間經黨部之調處成立互相讓步，以終止爭執之合意者，祇可認爲民法上之和解契約，不能與訴訟上之和解，發生同一之效力。（28渝上184）

△於言詞辯論時試行和解未成立者，當事人一造在試行和解時所爲讓步之表示，並非訴訟標的一部之捨棄或認諾，不能以此爲判決之基礎。（28渝上1058）

△民事訴訟法第380條所謂和解，係指依同法第377條至第379條成立之訴訟上和解而言，當事人間縱於訴訟進行中成立和解，而非於言詞辯論時或受命推事或受託推事前爲之者，仍屬訴訟外之和解，自無同條之適用。（28渝上2040）

△撤回上訴者，依民事訴訟法第456條第2項，當然發生喪失其上訴權之效果，至其撤回上訴之原因，是否由於兩造間成立訴訟外之和解，及其和解有無撤銷原因，均與撤回上訴之效果毫無影響。（29渝抗275）

△訴訟代理人有無爲訴訟上和解之權限，及其無權代理之效果如何，應依民事訴訟法決之，不適用民法之規定。（30渝上123）

△債權人縱已與債務人於強制執行中爲和解，亦非不得繼續爲強制執行，如其和解爲消滅或妨礙債權人請求之事由，債務人自可依強制執行法第14條提起異議之訴，要非聲明同法第12條所定之異議所能救濟。（31抗260）

△民法第3條第3項規定之適用，以依法律之規定有使用文字之必要者爲限，本件兩造所訂和解契約，本不以訂立書面爲必要，自難以和約內僅有某甲一人簽名，即指爲不生效力。（31上692）

△強制執行應依執行名義爲之，本件債權人某甲據以請求執行之四川高等法院第一分院

和解筆錄，既記明抗告人願交付某甲黏穀五石，並訟費5元，在執行法院自不得將執行名義所載黏穀之交付變爲金錢之支付。（32抗141）

△商人因不能清償債務，依破產法第41條向當地商會請求和解，經召集債權人會議可決時，依同法第47條之規定，應訂立書面契約，並由商會主席署名，加蓋商會鈐記始爲成立。否則不能謂有拘束一切債權人之效力。（40台上1582）

△和解筆錄所載抗告人之耕地優先承租權，其和解眞意如係指對於相對人之租賃契約訂立請求權而言，即與強制執行法第127條以下所謂關於行爲之請求權相當，自非不得爲執行名義。（42台抗152）

△兩造於民國41年9月25日，在原法院成立訴訟上之和解時，既經上訴人委任訴訟代理人某某參與，其於是日提出之委任書，又載有並授與民事訴訟法第70條第1項但書所規定之各種特別委任權限等字樣，縱使如上訴人所稱，此項委任書係後於和解時到達，而依民事訴訟法第75條第2項準用同法第48條之規定，即溯及於行爲時發生效力，仍於和解之成立不受影響。（42台上284）

△台灣光復前，依當地原有法院所爲和解請求之拋棄或認諾，記載於調書者，除有民事訴訟法第401條第1款至第3款之情形外，依台灣法院接收民事事件處理條例第18條第1項之規定，雖與原法院之確定判決有同一之效力，但在該事件執行終結前，如有情事變更，具備復員後辦理民事訴訟補充條例第12條之適用要件者，債權人提起請求增加給付之訴，依司法院院解字第3125號解釋，既不在民事訴訟法第399條第1項規定之列，法院自非不得爲增加給付之判決。（43台上333）

△民法第88條第1項所謂意思表示之錯誤，表意人得撤銷之者，以其錯誤係關於意思表示之內容爲限，該條項規定甚明。兩造成立之訴訟上和解，既未以被上訴人收回系爭房屋，以供自住及開設診所之需，爲上訴人遷讓之內容，則縱使如上訴人所稱在和解當時，因誤信被上訴人主張收回系爭房屋，以供自住及開設診所之需爲眞實，致所爲遷讓之意思表示顯有錯誤云云，亦與上開條項得爲撤銷意思表示錯誤之要件不符，仍不得執此指該項和解有得撤銷之原因，而爲請求繼續審判之理由。（43台上570）

△訴訟上之和解，爲私法上之法律行爲，同時亦爲訴訟法上之訴訟行爲，即一面以就私法上之法律關係止息爭執爲目的，而生私法上效果之法律行爲，一面又以終結訴訟或訴訟之某爭點爲目的，而生訴訟法上效果之訴訟行爲，兩者之間，實有合一不可分離之關係，故其行爲如有私法上或訴訟法上無效或得撤銷之事由存在，不問何者，均屬民事訴訟法第380條第2項所謂和解無效或得撤銷之原因，當事人自得以之爲請求繼續審判之理由。（43台上1075）

△兩造就系爭工款所爲之和解契約，既附有須經上訴人之上級官署核准之停止條件，則其上級官署未予核准，即難謂非其條件不成就，依民法第99條第1項規定之反面解釋，自屬未生效力。（44台上541）

△訴訟上之和解，有無效或得撤銷之原因者，當事人得請求繼續審判，爲民事訴訟法第380條第2項所明定，故因和解係無合法代理權之人所爲，依法應認該訴訟行爲不生效力者，其和解既屬無效，自得基此原因，爲繼續審判之請求。（44台1214）

△被上訴人對於上訴人起訴，並非根據租佃關係，亦非否認兩造有租賃關係，而係請求

上訴人履行和解契約，自無須依耕地三七五減租條例第26條之規定，而爲調解、調處。（44台上1283）

△債權人縱已與債務人於強制執行中爲和解，亦非不得繼續爲強制執行，如其和解爲消滅或妨礙債權人請求之事由，債務人亦祇能依強制執行法第14條之規定提起異議之訴，要不得謂其和解有阻止確定判決執行之效力。（47台抗196）

△被上訴人最初起訴，即謂上訴人應賠償因遲延移交飼料廠所生之損害，而上訴人於和解時，復同意賠償此項損害無異，則當事人之一方對於重要之爭點，並無因錯誤而爲和解，不得依民法第738條第3款主張撤銷。（48台上730）

△兩造所定委任契約，既定酬金10萬元，包括受任人承辦地方法院、高等法院、最高法院及強制執行等事務之酬勞在內，則上訴人於受任後，雖曾代爲撰狀向台灣台北地方法院聲請調解，充其量不過辦理第一審事務中小部，在調解程序中，其代理權既因當事人在外成立和解而撤銷，依契約本旨及誠信法則，自祇能請求給付第一審事務之酬金，而不得及於全部。（49台上128）

△執行法院就訴訟上成立之和解而爲強制執行，應依其已確定之內容爲之，如未經和解內容確定之事項，於執行中發生爭執時，除另案起訴求解決外，自不得貿予執行。（49台抗137）

△當事人知悉和解有無效或得以撤銷之原因之時期，原不以其和解當時是否到場爲據，故如非和解當時所得而知之原因，則縱令當事人本人在場，亦應從其實際得知之時起算。苟爲和解當時已得知之原因，則雖本人未到場而委任代理人爲和解，其知悉與否，按之民法第105條規定，亦當就代理人決之，當事人不得以其本人未得知而主張從本人知悉之時起算。（52台抗6）

△和解契約成立後，除當事人之一方對於重要之爭點有錯誤而爲和解者外，不得以錯誤爲理由聲請撤銷之，此觀民法第738條之規定至明。從而倘無民事訴訟法第380條第2項之情形，自無繼續審判之可言。（52台上500）

△訴訟之和解成立者，依民事訴訟法第380條第1項規定，固與確定判決有同一之效力，惟此項和解亦屬法律行爲之一種，如其內容違反強制或禁止之規定者，依民法第71條前段之規定仍屬無效。（55台上2745）

△和解成立者與確定判決有同一之效力，且得爲執行名義，民事訴訟法第380條第1項，及強制執行法第4條第3款定有明文。故土地登記規則第26條第2項所謂確定判決書，應包括與確定判決有同一效力之和解在內。（56台抗224）

△和解之範圍，應以當事人相互間欲求解決之爭點爲限，至於其他爭點，或尚未發生爭執之法律關係，雖與和解事件有關，如當事人並無欲求一併解決之意思，要不能因其權利人未表示保留其權利，而認該權利已因和解讓步，視爲拋棄而消滅。（57台上2180）

△調解成立者，依民事訴訟法第416條第1項、第380條第1項規定，與確定判決有同一之效力。惟判決爲法院對於訴訟事件所爲之公法的意思表示，調解或和解，爲當事人就訴訟上之爭執互相讓步而成立之合意，其本質並非相同。故形成判決所生之形成力，無由當事人以調解或和解之方式代之，從而在調解或訴訟上和解分割共有不動產者，

僅生協議分割之效力，非經辦妥分割登記，不生喪失共有權，及取得單獨所有權之效力。（58台上1502）

△ 上訴人提出之證明書，雖證明被上訴人於54年間曾患有精神病症，但不能證明被上訴人於和解時，係無意識或有精神錯亂之情形，且被上訴人又未受禁治產之宣告，難認和解有無效之原因。（58台上3653）

△ 破產法第17條（依同法第49條規定於商會和解準用之）所謂不得開始或繼續民事執行程序，係指不許普通債權人單獨另依強制執行程序開始或繼續執行而言，並非謂債權人就其債權是否存在不可爭訟或取得執行名義，自無礙於再抗告人依票據法第123條聲請法院為強制執行之裁定。（64台抗569）

△ 公司經理人有為公司為營業上所必要之一切行為之權限，其為公司為營業上所必要之和解，除其內容法律上設有特別限制外，並無經公司特別授權之必要，此為經理權與一般受任人權限之不同處。（67台上2732）

△ 再審之訴顯無再審理由者，法院得不經言詞辯論，以判決駁回之，民事訴訟法第502條第2項定有明文。此項規定，依同法第380條第3項規定，於請求繼續審判之程序準用之，故繼續審判之請求，顯無理由者，法院亦得不經言詞辯論逕以判決駁回之。所謂繼續審判之請求顯無理由，必須請求人所主張和解無效或得撤銷之原因，在法律上顯不得據為請求繼續審判之理由者，始足當之，若請求人所主張和解無效或得撤銷之原因，尚須調查證據，始能認定其有無繼續審判之理由者，仍應行必要之言詞辯論，不得不經言詞辯論逕以判決駁回之。（69台上42）

△ 當事人對於和解請求繼續審判，依民事訴訟法第380條第3項準用同法第500條第1項及第2項規定，應自和解成立之日起30日之不變期間內為之，如請求繼續審判之理由知悉在後者，該項期間自知悉時起算。（70台抗291）

△ 商會和解成立後，和解之效力因而發生，和解程序即為終結，債務人與債權人因和解開始所受不得開始或繼續強制執行之限制，至此即告解除。本件相對人以其已取得之執行名義，在和解條件範圍內聲請強制執行，自無不合。（70台抗440）

△ 上訴人間成立之訴訟上和解，與確定判決有同一之效力，亦兼有私法上和解之性質，惟於法不能拘束非當事人之被上訴人。被上訴人係行使民法第244條第2項規定之撤銷權，請求撤銷上訴人間因和解所成立之代償契約行為，與民事訴訟法第380條第2項之規定，毫無相涉。不得謂其未具備民事訴訟法上開規定有關當事人請求繼續審判之原因而指其起訴為不合法。（71台上1009）

△ 原判決於量刑時，已就上訴人之犯罪情節及上訴人犯罪後之態度，已與被害人家屬成立和解，賠償損害等一切情狀，予以綜合考量，並依累犯及自首之規定加減其刑後，在法定刑內科處其刑。上訴意旨既未指摘原判決科刑有何違背法令，單純就科刑輕重為爭執，並請求依刑法第59條酌減其刑，自非適法之第三審上訴理由。（74台上5236）

二、庭外和解

又稱私下和解或協議。此種和解因係由雙方當事人，分別依據個人之考量與立場所

進行的一種協商，由於無第三人（即法院）居中而很可能形成並無強制力的一種空談，因此雙方在擬訂這種協議時，須特別注意如何讓它具有強制力，否則如果仍需經過法院訴訟解決，則如此毫無實益之大費周折，顯然必須要再三深思之，因而本文將提供一些協議要點供擬訂和解（協議）書之參考；訴訟外之和解，在法律上並非要式行為，自無適用民法第73條之餘地。

一般和解或協議，不外侵權或違約之損害賠償或是牽涉離婚之問題，因此必須注意問題關鍵。不論侵權、違約或離婚中均難以避免金錢之糾葛，因此在毫無法院強制力的情況下，可採行簽立本票之給付、循公證法規定之強制約款解決或尋求殷實的第三人為保證。

接下來要注意的是有關簽約後是否放棄將來提起訴訟的問題。當事人可放棄民事起訴權及告訴乃論之刑事告訴權，而對刑事非告訴乃論罪則無從拋棄，此點必須注意。一般稍為小心的律師均會對刑事案件要求放棄者同時簽立撤回告訴狀，以便能夠掌控整個情況，特提出參考。

另外需注意是否法律有強制或禁止之規定，或者必須按一定程序履行者，此點在相關問題研究上必須仔細衡量推敲，以確保對方之配合履行。其他如是否需要公開道歉及衍生的費用、履約之詳細日期及利息如何計算，均應載明清楚以免旁生枝節。另外有關違約賠償之懲罰事項，也應載明清楚，最好能登記身分證，以免對方逃逸而無處追尋。

夫妻之間之問題，台北地方法院三樓家事法庭科商談室李光杰書記官以其豐富之經驗頗能協助問題之解決，特提供參考。

△在民事執行處成立之和解為訴訟外之和解，僅能發生民法上之效力，並無執行力。（27渝抗549）

△民事訴訟法第380條所謂和解，係指依同法第377條至第379條成立之訴訟上和解而言，當事人間縱於訴訟進行中成立和解，而非於言詞辯論時或受命推事或受託推事前為之者，仍屬訴訟外之和解，自無同條之適用。（28渝上2040）

△夫與妻所訂和解契約，約明日後妻如受夫不堪同居之虐待提起離婚之訴時，夫應給妻生活費洋1,000元者，嗣後妻因受夫不堪同居之虐待提起離婚之訴時，苟夫之經濟狀況無重大變遷，自有向妻照約給付之義務。（28渝上2441）

△夫妻於日常家務固得互為代理人，但本件和解契約之訂立並非日常家務，則夫自非當然有代理其妻之權限。（44台上1026）

△當事人知悉和解有無效或得以撤銷之原因之時期，原不以其和解當時是否到場為據，故如非和解當時所得而知之原因，則縱令當事人本人在場，亦應從其實際得知之時起算。苟為和解當時已得知之原因，則雖本人未到場而委任代理人為和解，其知悉與否，按之民法第一百零五條規定，亦當就代理人決之，當事人不得以其本人未得知而主張從本人知悉之時起算。（52台抗6）

△和解契約成立後，除當事人之一方對於重要之爭點有錯誤而為和解者外，不得以錯誤為理由聲請撤銷之，此觀民法第738條之規定至明。從而倘無民事訴訟法第380條第2項之情形，自無繼續審判之可言。（52台上500）

△和解成立者與確定判決有同一之效力，且得為執行名義，民事訴訟法第380條第1項，

及強制執行法第4條第3款定有明文。故土地登記規則第26條第2項所謂確定判決書，應包括與確定判決有同一效力之和解在內。（56台抗224）

△和解之範圍，應以當事人相互間欲求解決之爭點為限，至於其他爭點，或尚未發生爭執之法律關係，雖與和解事件有關，如當事人並無欲求一併解決之意思，要不能因其權利人未表示保留其權利，而認該權利已因和解讓步，視為拋棄而消滅。（57台上2180）

△公司經理人有為公司為營業上所必要之一切行為之權限，其為公司為營業上所必要之和解，除其內容法律上設有特別限制外，並無經公司特別授權之必要，此為經理權與一般受任人權限之不同處。（67台上2732）

△當事人對於和解請求繼續審判，依民事訴訟法第380條第3項準用同法第500條第1項及第2項規定，應自和解成立之日起30日之不變期間內為之，如請求繼續審判之理由知悉在後者，該項期間自知悉時起算。（70台抗291）

△上訴人間成立之訴訟上和解，與確定判決有同一之效力，亦兼有私法上和解之性質，惟於法不能拘束非當事人之被上訴人。被上訴人係行使民法第244條第2項規定之撤銷權，請求撤銷上訴人間因和解所成立之代償契約行為，與民事訴訟法第380條第2項之規定，毫無相涉。不得謂其未具備民事訴訟法上開規定有關當事人請求繼續審判之原因而指其起訴為不合法。（71台上1009）

△和解內容，倘以他種法律關係替代原有法律關係者，則係以和解契約創設新法律關係，故債務人如不履行和解契約，債權人應依和解創設之新法律關係請求履行，不得再依原有法律關係請求給付。（83台上620）

△和解不得以錯誤為理由撤銷，但當事人之一方，對於他方當事人之資格或對於重要之爭點有錯誤而為和解者，不在此限，此觀民法第738條第3款之規定自明。此種撤銷權之行使，既係以錯誤為原因，則民法第90條關於以錯誤為原因，行使撤銷權除斥期間之規定，於此當有其適用。（83台上2383）

---

[1]：參考法條

❖(五)聲請發支付命令：債權人之請求，以給付金錢或其他代替物或有價證券之一定數量為標的者，得聲請法院發支付命令，命債務人向債權人清償並賠償程序費用（第508條、第514條）。債務人於收受支付命令送達後20日之不變期間內，得不附理由向發命令之法院提出異議，如不提出異議，該支付命令與確定判決發生同一之效力（第516條、第521條）。（民事訴訟須知§23）

[2]：參考法條

❖時效因聲請發支付命令而中斷者，若撤回聲請，或受駁回之裁判，或支付命令失其效力時，視為不中斷。（民§132）

❖給付有確定期限者，債務人自期限屆滿時起，負遲延責任。

給付無確定期限者，債務人於債權人得請求給付時，經其催告而未為給付，自受催告時起，負遲延責任。其經債權人起訴而送達訴狀，或依督促程序送達支付命令，或為其他相類之行為者，與催告有同一之效力。

前項催告定有期限者，債務人自期限屆滿時起負遲延責任。（民§229）

❖支付命令已送達於債務人者，書記官應於送達證書繳回後5日內通知債權人。

支付命令因債務人住居所不明而無法送達者，書記官應於支付命令退回後5日內，通知債權人限期查報債務人之住居所，再行送達。（各級法院辦案期限規則§20）

❖因聲請而開始之督促程序、保全程序及公示催告程序，均應迅速辦理。

聲請假扣押、假處分、自助行為處理程序、定暫時狀態處分及其擔保金之提存事件，尤應列為最速件處理。（辦理民事訴訟事件應行注意事項§213）

[3]：參考法條

❖仲裁協議當事人之一方，依民事訴訟法有關保全程序之規定，聲請假扣押或假處分者，如其尚未提付仲裁，命假扣押或假處分之法院，應依相對人之聲請，命該保全程序之聲請人，於一定期間內提付仲裁。但當事人依法得提起訴訟時，法院亦得命其起訴。

保全程序聲請人不於前項期間內提付仲裁或起訴者，法院得依相對人之聲請，撤銷假扣押或假處分之裁定。（仲裁§39）

❖民事保全程序事件之處理，適用本要點之規定。（民事保全程序事件處理要點§1）

❖地方法院應設置收受關於保全程序書狀之人員。收受書狀人員於收受債權人聲請假扣押、假處分之書狀後，應立即轉送辦理分案人員。辦理分案人員應立即分案，送交承辦法官。（民事保全程序事件處理要點§3）

❖承辦法官收案後，除須調查或命補正者外，應即裁定；其應調查或命補正者，應儘速辦理後裁定之。（民事保全程序事件處理要點§4）

❖假扣押、假處分執行事件，除須調查或補正者外，應儘速辦理完畢。（民事保全程序事件處理要點§7）

❖海商法所定之船舶，其強制執行，除本法另有規定外，準用關於不動產執行之規定；建造中之船舶亦同。

對於船舶之強制執行，自運送人或船長發航準備完成時起，以迄航行完成時止，仍得為之。

前項強制執行，除海商法第4條第1項但書之規定或船舶碰撞之損害賠償外，於保全程序之執行名義，不適用之。（強執§114）

❖關於第114條至第114條之4部分：

(一) 本法第114條第1項所稱建造中之船舶，係指自安放龍骨或相當於安放龍骨之時起，至其成為海商法所定之船舶時為止之船舶而言。

(二) 對於船舶之查封，除為查封之標示及追繳船舶文書外，應使其停泊於指定之處所，並即通知當地航政主管機關。但國內航行船舶之假扣押，得以揭示方法為之。以揭示方法執行假扣押時，應同時頒發船舶航行許可命令，明示准許航行之目的港、航路與期間；並通知當地航政主管機關及關稅局。

(三) 就船舶為保全程序之執行僅得於運送人或船長發航準備完成前或於航行完成後，始得為之。但保全程序係保全為使航行可能所生之債權及船舶碰撞所生之債權者，則無此限制。所謂發航準備完成者，指法律上及事實上得開行之狀態而言，例如船長已取得當地航政主管機關核准發航與海關准結關放行及必需品之補給已完成，並已

配置相當海員、設備及船舶之供應等屬之；所謂航行完成，指船舶到達下次預定停泊之商港而言；所謂爲使航行可能所生之債權，例如爲備航而向之購置燃料、糧食及修繕等所生債權是。

(四) 船舶之強制執行，執行法院於必要時，得請警察、航政機關或其他有關機關協助。

(五) 船舶經查封後，得委託航政機關、船長或其他妥適之人或機關、團體保管；並得許可爲必要之保存及移泊行爲。保管、保存及移泊費用，得命債權人預納。

(六) 本法第114條之1第2項之債權額，包括參與分配之債權額。又依本項因查封所提供之擔保物品，依序爲：現金、有價證券，或債務人與金融機構所締結之支付保證證明文書，該證明文書須載明金融機構應隨時依執行法院之通知，爲債務人繳納一定金額。

(七) 拍賣船舶，執行法院應囑託船舶製造業者、航政機關、船長同業公會或其他妥適之人或機關、團體估定其價額，經核定後，以爲拍賣最低價額。

(八) 本法第114條之2第2項拍賣船舶公告應記載之其他事項，須記明「船舶國籍證明書」是否爲執行法院所扣留。

(九) 船舶法第9條第1項規定之船舶應具備之文書，於船舶拍賣或變賣後，執行法院應命債務人或船長交出，或以直接強制方法將其取交買受人或承受人，對於船舶有關證書，執行法院並得以公告方式宣告該證書無效，另作證明書發給買受人或承受人。

(十) 依本法第114條之3適用船籍國法時，不得以該船籍國法不承認我國法而拒絕適用該船籍國法。

(十一) 船舶應有部分之拍賣或變賣，他共有人有優先承買權。此項執行，除應依本法第102條規定辦理外，非得共有人全體同意，不得使該船舶喪失我國之國籍。

(十二) 海商法所定船舶以外之船舶，其強制執行，適用關於動產執行之規定。

(十三) 航空器，除法律另有規定外，自開始飛航時起，至完成該次飛航時止，不得實施扣押或假扣押。所謂：「飛航時起至完成該次飛航時止」，指航空器自一地起飛至任何一地降落之一段航程而言。（辦理強制執行事件應行注意事項§61）

[4]：參考法條

❖(六)聲請假扣押：假扣押者，債權人就金錢請求或得易爲金錢請求之請求，欲保全將來之強制執行，向法院聲請禁止債務人處分其財產之程序。假扣押就附條件或期限之請求，亦得爲之，且不問起訴前後均可爲之（第522條）。聲請假扣押，應釋明請求（即欲保全強制執行之本案請求）及假扣押之原因（即若不爲假扣押，日後有不能強制執行或甚難執行之虞）。債權人亦得陳明願供擔保以代前項釋明（第526條）。假扣押之聲請，其請求並非一定金額，應記載其價額，其依假扣押之標的所在地定法院管轄者，應記載假扣押之標的及其所在地（第525條）。假扣押之聲請，須向本案第一審管轄法院或假扣押標的所在地之地方法院投遞聲請狀，若本案已繫屬於第二審法院者，得向第二審法院爲之（第524條）。假扣押之聲請，經受訴法院以供擔保爲條件而爲假扣押裁定者，債權人須即具狀照數向法院提存所辦理繳交擔保金之手續。假扣押之聲請，經法院裁定准許後，債權人得隨時聲請撤銷之。債務人如以本案尚未起訴，得聲請法院命債權人於一定期間內起訴，債權人逾期而未起訴或假扣押之原因消滅、債權人受本案敗訴判決確定或

其他命假扣押之情事變更者，債務人均得聲請法院撤銷假扣押之裁定（第529條、第530條）。債務人依假扣押裁定供所定金額之擔保後，得免為或撤銷假扣押之執行（第527條）。假扣押之裁定，係因自始不當等可歸責於債權人之事由而撤銷者，債務人因假扣押或供擔保所受之損害，得請求債權人賠償（第531條）。（民事訴訟須知§23）

❖船舶保全程序之強制執行，於船舶發航準備完成時起，以迄航行至次一停泊港時止，不得為之。但為使航行可能所生之債務，或因船舶碰撞所生之損害，不在此限。

國境內航行船舶之保全程序，得以揭示方法為之。（海商§4）

❖債務人不履行契約或抵押物被遷移、出賣、出質、移轉或受其他處分，致有害於抵押權之行使者，抵押權人得占有抵押物。

前項之債務人或第三人拒絕交付抵押物時，抵押權人得聲請法院假扣押，如經登記之契約載明應逕受強制執行者，得依該契約聲請法院強制執行之。

第三人善意有償取得抵押物者，經抵押權人追蹤占有後，得向債務人或受款人請求損害賠償。（動擔§17）

❖強制執行，依左列執行名義為之：

一、確定之終局判決。

二、假扣押、假處分、假執行之裁判及其他依民事訴訟法得為強制執行之裁判。

三、依民事訴訟法成立之和解或調解。

四、依公證法規定得為強制執行之公證書。

五、抵押權人或質權人，為拍賣抵押物或質物之聲請，經法院為許可強制執行之裁定者。

六、其他依法律之規定，得為強制執行名義者。

執行名義附有條件、期限或須債權人提供擔保者，於條件成就、期限屆至或供擔保後，始得開始強制執行。

執行名義有對待給付者，以債權人已為給付或已提出給付後，始得開始強制執行。（強執§4）

❖債權人聲請強制執行，應以書狀表明左列各款事項，提出於執行法院為之：

一、當事人及法定代理人。

二、請求實現之權利。

書狀內宜記載執行之標的物、應為之執行行為或本法所定其他事項。

強制執行開始後，債務人死亡者，得續行強制執行。

債務人死亡，有左列情形之一者，執行法院得依債權人或利害關係人聲請，選任特別代理人，但有遺囑執行人或遺產管理人者，不在此限：

一、繼承人有無不明者。

二、繼承人所在不明者。

三、繼承人是否承認繼承不明者。

四、繼承人因故不能管理遺產者。（強執§5）

❖假扣押或假處分之執行，應於假扣押或假處分之裁定送達同時或送達前為之。

前項送達前之執行，於執行後不能送達，債權人又未聲請公示送達者，應撤銷其執行。

其公示送達之聲請被駁回確定者亦同。

債權人收受假扣押或假處分裁定後已逾30日者，不得聲請執行。（強執§132）

❖假扣押、假處分或定暫時狀態之處分裁定經廢棄或變更已確定者，於其廢棄或變更之範圍內，執行法院得依聲請撤銷其已實施之執行處分。（強執§132-1）

❖債權人依民法第151條規定拘束債務人自由，並聲請法院處理，經法院命為假扣押或假處分者，執行法院得依本法有關管收之規定，管收債務人或為其他限制自由之處分。（強執§132-2）

❖因執行假扣押收取之金錢，及依分配程序應分配於假扣押債權人之金額，應提存之。（強執§133）

❖假扣押之動產，如有價格減少之虞或保管需費過多時，執行法院得因債權人或債務人之聲請或依職權，定期拍賣，提存其賣得金。（強執§134）

❖對於債權或其他財產權執行假扣押者，執行法院應分別發禁止處分清償之命令，並準用對於其他財產權執行之規定。（強執§135）

❖假扣押之執行，除本章有規定外，準用關於動產、不動產、船舶及航空器執行之規定。（強執§136）

❖納稅義務人欠繳應納稅捐者，稅捐稽徵機關得就納稅義務人相當於應繳稅捐數額之財產，通知有關機關，不得為移轉或設定他項權利；其為營利事業者，並得通知主管機關，限制其減資或註銷之登記。

前項欠繳應納稅捐之納稅義務人，有隱匿或移轉財產、逃避稅捐執行之跡象者，稅捐稽徵機關得聲請法院就其財產實施假扣押，並免提供擔保。但納稅義務人已提供相當財產擔保者，不在此限。

在中華民國境內居住之個人或在中華民國境內之營利事業，其已確定之應納稅捐逾法定繳納期限尚未繳納完畢，所欠繳稅款及已確定之罰鍰單計或合計，個人在新臺幣100萬元以上，營利事業在新臺幣200萬元以上者；其在行政救濟程序終結前，個人在新臺幣150萬元以上，營利事業在新臺幣300萬元以上，得由財政部函請內政部移民署限制其出境；其為營利事業者，得限制其負責人出境。但已提供相當擔保者，應解除其限制。

財政部函請內政部移民署限制出境時，應同時以書面敘明理由並附記救濟程序通知當事人，依法送達。

稅捐稽徵機關未執行第1項或第2項前段規定者，財政部不得依第3項規定函請內政部移民署限制出境。

限制出境之期間，自內政部移民署限制出境之日起，不得逾5年。

納稅義務人或其負責人經限制出境後，具有下列各款情形之一，財政部應函請內政部移民署解除其出境限制：

一、限制出境已逾前項所定期間者。

二、已繳清全部欠稅及罰鍰，或向稅捐稽徵機關提供欠稅及罰鍰之相當擔保者。

三、經行政救濟及處罰程序終結，確定之欠稅及罰鍰合計金額未滿第3項所定之標準者。

四、欠稅之公司組織已依法解散清算，且無賸餘財產可資抵繳欠稅及罰鍰者。

五、欠稅人就其所欠稅款已依破產法規定之和解或破產程序分配完結者。（稅捐稽徵法

§24)

❖有下列各款情形之一者，不得申請爲動產擔保交易之登記：

一、債務人曾受破產宣告尚未復權，或破產程序在進行中。

二、債務人就標的物未具有完整之所有權。

三、標的物係屬假扣押或假處分之標的。（動擔細則§7）

❖關於第22條部分：

(一) 債務人是否顯有履行義務之可能而故不履行，應參酌該義務之內容、債務人之資
力、生活狀況及其他情形認定之。

(二) 本法第22條之規定，於假扣押之執行，亦適用之。

(三) 本法第22條第2項之限制住居，包括禁止出境在內。執行法院爲此處分時，應通知該
管戶政、警察機關限制債務人遷徙，通知入出境管理機關限制其出境，並同時通知
債務人。解除其限制時，亦同。

(四) 本法第22條第2項規定，所稱「其他必要事由」，係限制住居必要性之概括規定，如
債務人就應供強制執行之財產有隱匿或處分情事，雖其並無逃匿之虞，但若已無從
執行（於物之交付請求權執行之情形）或無其他財產或剩餘財產顯不足清償債權者
（於金錢請求權執行之情形）均屬之。又如債務人於短時間內多次遷移戶籍地址，
圖以規避執行法院執行債權人與未成年人子女間會面交往探視權事件，此時即有限
制債務人住居之必要。是否有其他必要事由，應由執行法院就具體個案依比例原則
予以審酌。

(五) 債權人聲請管收債務人者，應分案由執行法院裁定之。

(六) 司法事務官詢問經拘提、通知或自行到場之債務人後，認有本法第22條第5項管收事
由，而有管收之必要者，應依同條第6項規定，就有無管收必要之事實、理由及法律
依據載明於報告書，向執行法院提出（格式如附件八）。

(七) 執行法院於管收債務人前，仍須依本法第22條第5項但書規定踐行管收前之訊問程
序，不得以司法事務官之詢問代之。（辦理強制執行事件應行注意事項§11）

[5]：參考法條

❖土地法第78條第8款所稱限制登記，謂限制登記名義人處分其土地權利所爲之登記。
前項限制登記，包括預告登記、查封、假扣押、假處分或破產登記，及其他依法律所爲
禁止處分之登記。（土登§136）

❖土地總登記後，法院或行政執行分署囑託登記機關辦理查封、假扣押、假處分、暫時處
分、破產登記或因法院裁定而爲清算登記時，應於囑託書內記明登記之標的物標示及其
事由。登記機關接獲法院或行政執行分署之囑託時，應即辦理，不受收件先後順序之限
制。

登記標的物如已由登記名義人申請移轉或設定登記而尚未登記完畢者，應即改辦查封、
假扣押、假處分、暫時處分、破產或清算登記，並通知登記申請人。

登記標的物如已由登記名義人申請移轉與第三人並已登記完畢者，登記機關應即將無從
辦理之事實函復法院或行政執行分署。但法院或行政執行分署因債權人實行抵押權拍賣
抵押物，而囑託辦理查封登記，縱其登記標的物已移轉登記與第三人，仍應辦理查封登

記，並通知該第三人及將移轉登記之事實函復法院或行政執行分署。

前三項之規定，於其他機關依法律規定囑託登記機關所爲禁止處分之登記，或管理人持法院裁定申請爲清算之登記時，準用之。（土登§138）

❖法院或行政執行分署囑託登記機關，就已登記土地上之未登記建物辦理查封、假扣押、假處分、暫時處分、破產登記或因法院裁定而爲清算登記時，應於囑託書内另記明登記之確定標示以法院或行政執行分署人員指定勘測結果爲準字樣。

前項建物，由法院或行政執行分署派員定期會同登記機關人員勘測。勘測費，由法院或行政執行分署命債權人於勘測前向登記機關繳納。

登記機關勘測建物完畢後，應即編列建號，編造建物登記簿，於標示部其他登記事項欄辦理查封、假扣押、假處分、暫時處分、破產或清算登記。並將該建物登記簿與平面圖及位置圖之影本函送法院或行政執行分署。

前三項之規定，於管理人持法院裁定申請爲清算之登記時，準用之。（土登§139）

❖同一土地經辦理查封、假扣押或假處分登記後，法院或行政執行分署再囑託爲查封、假扣押或假處分登記時，登記機關應不予受理，並復知法院或行政執行分署已辦理登記之日期及案號。（土登§140）

❖土地經辦理查封、假扣押、假處分、暫時處分、破產登記或因法院裁定而爲清算登記後，未爲塗銷前，登記機關應停止與其權利有關之新登記。但有下列情形之一爲登記者，不在此限：

一、徵收、區段徵收或照價收買。

二、依法院確定判決申請移轉、設定或塗銷登記之權利人爲原假處分登記之債權人。

三、公同共有繼承。

四、其他無礙禁止處分之登記。

有前項第2款情形者，應檢具法院民事執行處或行政執行分署核發查無其他債權人併案查封或調卷拍賣之證明書件。（土登§141）

❖有下列情形之一者，登記機關應予登記，並將該項登記之事由分別通知有關機關：

一、土地經法院或行政執行分署囑託查封、假扣押、假處分、暫時處分、破產登記或因法院裁定而爲清算登記後，其他機關再依法律囑託禁止處分之登記者。

二、土地經其他機關依法律囑託禁止處分登記後，法院或行政執行分署再囑託查封、假扣押、假處分、暫時處分、破產登記或因法院裁定而爲清算登記。（土登§142）

❖依本規則登記之土地權利，除本規則另有規定外，非經法院判決塗銷確定，登記機關不得爲塗銷登記。（土登§7）

❖查封、假扣押、假處分、破產登記或其他禁止處分之登記，應經原囑託登記機關或執行拍賣機關之囑託，始得辦理塗銷登記。但因徵收、區段徵收或照價收買完成後，得由徵收或收買機關囑託登記機關辦理塗銷登記。（土登§147）

[6]：參考法條

❖(七)聲請假處分：假處分者，債權人就金錢請求以外之請求，欲保全將來強制執行，向法院聲請禁止債務人變更系爭標的之現狀或就兩造爭執之法律關係定其暫時狀態之程序。例如甲以特定物賣與乙，定期交付，期限屆至前，乙推知甲有轉賣於丙之虞，即得聲請

法院將甲所賣之特定物預為假處分,使甲不得轉賣於丙,以免將來執行困難。又例如甲乙兩村,互爭水利,提起訴訟,於判決確定前,聲請法院暫認某村之居民有用水權是。假處分所必要之方法,宜由聲請人於聲請狀內陳明之,以供法院酌定假處分方法之參考(第532條、第535條、第538條)。(民事訴訟須知§23)

❖假處分裁定,應選任管理人管理系爭物者,於執行時,執行法院應使管理人占有其物。(強執§137)

❖假處分裁定,係命令或禁止債務人為一定行為者,執行法院應將該裁定送達於債務人。(強執§138)

❖假處分裁定,係禁止債務人設定、移轉或變更不動產上之權利者,執行法院應將該裁定揭示。(強執§139)

❖賠償義務機關拒絕賠償,或自提出請求之日起逾30日不開始協議,或自開始協議之日起逾60日協議不成立時,請求權人得提起損害賠償之訴。但已依行政訴訟法規定,附帶請求損害賠償者,就同一原事實,不得更行起訴。
依本法請求損害賠償時,法院得依聲請為假處分,命賠償義務機關暫先支付醫療費或喪葬費。(國賠§11)

❖法院依本法第11條第2項規定為假處分,命賠償義務機關暫先支付醫療費或喪葬費者,賠償義務機關於收受假處分裁定時,應立即墊付。(國賠細則§35)

[7]:參考法條

❖債務人不能清償債務者,在有破產聲請前,得向法院聲請和解。
已依第41條向商會請求和解,而和解不成立者,不得為前項之聲請。(破產§6)

❖債務人聲請和解時,應提出財產狀況說明書及其債權人、債務人清冊,並附具所擬與債權人和解之方案,及提供履行其所擬清償辦法之擔保。(破產§7)

❖和解之聲請,遇有左列情形之一時,應駁回之:
一、聲請不合第7條之規定,經限期令其補正而不補正者。
二、聲請人曾因和解或破產,依本法之規定而受有期徒刑之宣告者。
三、聲請人曾經法院認可和解或調協,而未能履行其條件者。
四、聲請人經法院傳喚無正當理由而不到場,或到場而不為真實之陳述或拒絕提出關係文件者。(破產§10)

[8]:法規依據

❖鄉、鎮、市公所應設調解委員會,辦理下列調解事件:
一、民事事件。
二、告訴乃論之刑事事件。(鄉鎮調解§1)

❖調解委員會由委員7人至15人組織之,並互選1人為主席。
鄉、鎮、市行政區域遼闊、人口眾多或事務較繁者,其委員名額得由縣政府酌增之。但最多不得超過25人。(鄉鎮調解§2)

❖有下列情形之一者,不得為調解委員:
一、曾犯貪污罪,經判刑確定。
二、曾犯組織犯罪防制條例之罪,經提起公訴。

三、曾犯前二款以外之罪，受有期徒刑以上刑之裁判確定。但過失犯罪或受緩刑宣告或易科罰金者，不在此限。

四、曾受保安處分或感訓處分之裁判確定。

五、受破產宣告，尚未復權。

六、受監護或輔助宣告，尚未撤銷。（鄉鎮調解§4）

❖鄉、鎮、市長及民意代表均不得兼任調解委員。（鄉鎮調解§5）

❖鄉、鎮、市公所應於聘任調解委員並選定主席後14日內，檢附第2條及第3條有關資料，分別函送縣政府、地方法院或其分院、地方法院或其分院檢察署備查，並函知當地警察機關。（鄉鎮調解§6）

❖調解委員會調解時，應有調解委員3人以上出席。但經兩造當事人之同意，得由調解委員1人逕行調解。（鄉鎮調解§7）

❖調解委員會開會時，主席因故不能出席者，由調解委員互推1人為臨時主席。（鄉鎮調解§8）

❖調解委員有第4條情形之一，或經通知而不出席調解全年達總次數三分之一以上者，應予解聘。

前項解聘，應送縣政府、地方法院或其分院、地方法院或其分院檢察署備查，並函知當地警察機關。（鄉鎮調解§9）

❖聲請調解，由當事人向調解委員會以書面或言詞為之。言詞聲請者，應製作筆錄；書面聲請者，應按他造人數提出繕本。

前項聲請，應表明調解事由及爭議情形。

第1條所定得調解事件已在第一審法院辯論終結者，不得聲請調解。（鄉鎮調解§10）

❖聲請調解，民事事件應得當事人之同意；告訴乃論之刑事事件應得被害人之同意，始得進行調解。（鄉鎮調解§11）

❖第一審法院得將下列事件，裁定移付調解委員會調解：

一、民事訴訟法第403條第1項規定之事件。

二、適宜調解之刑事附帶民事訴訟事件。

三、其他適宜調解之民事事件。

前項調解期間，訴訟程序停止進行。但調解委員會於受理移付後2個月內不成立調解者，調解委員會應將該事件函送法院，續行訴訟程序。

第1項裁定不得抗告。（鄉鎮調解§12）

❖聲請調解事件之管轄如下：

一、兩造均在同一鄉、鎮、市居住者，由該鄉、鎮、市調解委員會調解。

二、兩造不在同一鄉、鎮、市居住者，民事事件由他造住、居所、營業所、事務所所在地，刑事事件由他造住、居所所在地或犯罪地之鄉、鎮、市調解委員會調解。

三、經兩造同意，並經接受聲請之鄉、鎮、市調解委員會同意者，得由該鄉、鎮、市調解委員會調解，不受前二款之限制。（鄉鎮調解§13）

❖法院移付之調解事件，由被告住、居所、營業所、事務所所在地之調解委員會調解。但經兩造同意由其他調解委員會調解，並經該調解委員會同意者，不在此限。（鄉鎮調解

§ 14)

❖ 調解委員會接受當事人之聲請或法院之移付後，應即決定調解期日，通知當事人或其代
理人到場。

前項由當事人聲請者，調解委員會並應將聲請書狀或言詞聲請筆錄繕本一併送達他造；
法院移付者，法院應將兩造當事人於訴訟進行中之書狀影本移送調解委員會。

第1項調解期日，應自受理聲請或移付之日起，不得逾15日。但當事人聲請延期者，得延
長10日。（鄉鎮調解§ 15）

❖ 調解委員對於調解事項涉及本身或其同居家屬時，經當事人聲請，應行迴避。（鄉鎮調
解§ 16）

❖ 當事人兩造各得推舉1人至3人列席協同調解。（鄉鎮調解§ 17）

❖ 就調解事件有利害關係之第三人，經調解委員會之許可，得參加調解程序。調解委員會
並得逕行通知其參加。

前項有利害關係之第三人，經雙方當事人及其本人之同意，得加入為當事人。（鄉鎮調
解§ 18）

❖ 調解，由調解委員於當地鄉、鎮、市公所或其他適當之處所行之。

調解程序，不公開之。但當事人另有約定者，不在此限。

調解委員、列席協同調解人及經辦調解事務之人，對於調解事件，除已公開之事項外，
應保守秘密。（鄉鎮調解§ 19）

❖ 當事人無正當理由，於調解期日不到場者，視為調解不成立。但調解委員會認為有成立
調解之望者，得另定調解期日。（鄉鎮調解§ 20）

❖ 調解應審究事實真相及兩造爭議之所在；並得為必要之調查。

調解委員會依本條例處理調解事件，得商請有關機關協助。（鄉鎮調解§ 21）

❖ 調解委員應本和平、懇切之態度，對當事人兩造為適當之勸導，並徵詢列席協同調解人
之意見，就調解事件，酌擬公正合理辦法，力謀雙方之協和。

調解事件，對於當事人不得為任何處罰。（鄉鎮調解§ 22）

❖ 調解，除勘驗費應由當事人核實開支外，不得徵收任何費用，或以任何名義收受報酬。
（鄉鎮調解§ 23）

❖ 調解委員或列席協同調解之人，如有以強暴、脅迫或詐術進行調解，阻止起訴、告訴或
自訴，或其他涉嫌犯罪之行為，當事人得依法訴究。（鄉鎮調解§ 24）

❖ 調解成立時，調解委員會應作成調解書，記載下列事項，並由當事人及出席調解委員簽
名、蓋章或按指印：

一、當事人或其法定代理人之姓名、性別、年齡、職業、住、居所。如有參加調解之利
害關係人時，其姓名、性別、年齡、職業、住、居所。

二、出席調解委員姓名及列席協同調解人之姓名、職業、住、居所。

三、調解事由。

四、調解成立之內容。

五、調解成立之場所。

六、調解成立之年、月、日。

前項調解書，調解委員會應於調解成立之日起3日內，報知鄉、鎮、市公所。（鄉鎮調解§25）

❖鄉、鎮、市公所應於調解成立之日起10日內，將調解書及卷證送請移付或管轄之法院審核。

前項調解書，法院應儘速審核，認其應予核定者，應由法官簽名並蓋法院印信，除抽存一份外，併調解事件卷證發還鄉、鎮、市公所送達當事人。

法院移付調解者，鄉、鎮、市公所應將送達證書影本函送移付之法院。

法院因調解內容牴觸法令、違背公共秩序或善良風俗或不能強制執行而未予核定者，應將其理由通知鄉、鎮、市公所。法院移付調解者，並應續行訴訟程序。

調解文書之送達，準用民事訴訟法關於送達之規定。（鄉鎮調解§26）

❖調解經法院核定後，當事人就該事件不得再行起訴、告訴或自訴。

經法院核定之民事調解，與民事確定判決有同一之效力；經法院核定之刑事調解，以給付金錢或其他代替物或有價證券之一定數量為標的者，其調解書得為執行名義。（鄉鎮調解§27）

❖民事事件已繫屬於法院，在判決確定前，調解成立，並經法院核定者，訴訟終結。原告得於送達法院核定調解書之日起3個月內，向法院聲請退還已繳裁判費三分之二。

告訴乃論之刑事事件於偵查中或第一審法院辯論終結前，調解成立，並於調解書上記載當事人同意撤回意旨，經法院核定者，視為於調解成立時撤回告訴或自訴。（鄉鎮調解§28）

❖因當事人聲請而成立之民事調解，經法院核定後有無效或得撤銷之原因者，當事人得向原核定法院提起宣告調解無效或撤銷調解之訴。

法院移付而成立之民事調解，經核定後，有無效或得撤銷之原因者，當事人得請求續行訴訟程序。

前二項規定，當事人應於法院核定之調解書送達後30日內為之。

民事訴訟法第502條及強制執行法第18條第2項規定，於第1項、第2項情形準用之。（鄉鎮調解§29）

❖調解不成立者，當事人得聲請調解委員會給與調解不成立之證明書。

前項證明書，應於聲請後7日內發給之。

法院移付調解之事件，經調解不成立者，調解委員會應即陳報移付之法院，並檢還該事件之全部卷證。（鄉鎮調解§30）

❖告訴乃論之刑事事件由有告訴權之人聲請調解者，經調解不成立時，鄉、鎮、市公所依其向調解委員會提出之聲請，將調解事件移請該管檢察官偵查，並視為於聲請調解時已經告訴。（鄉鎮調解§31）

❖區調解委員會委員之聘任、連任或解聘，應由區長報請市政府同意後為之。

本條例除前項規定外，於直轄市、市之區調解委員會準用之。（鄉鎮調解§35）

❖法院移付調解之辦法，由司法院定之。（鄉鎮調解§36）

❖勞資雙方應本協調合作原則，發展生產事業。勞資糾紛之調解與仲裁，以法律定之。（憲§154）

[9]：參考法條

❖下列事件，除有第406條第1項各款所定情形之一者外，於起訴前，應經法院調解：

一、不動產所有人或地上權人或其他利用不動產之人相互間因相鄰關係發生爭執者。

二、因定不動產之界線或設置界標發生爭執者。

三、不動產共有人間因共有物之管理、處分或分割發生爭執者。

四、建築物區分所有人或利用人相互間因建築物或其共同部分之管理發生爭執者。

五、因增加或減免不動產之租金或地租發生爭執者。

六、因定地上權之期間、範圍、地租發生爭執者。

七、因道路交通事故或醫療糾紛發生爭執者。

八、雇用人與受雇人間因僱傭契約發生爭執者。

九、合夥人間或隱名合夥人與出名營業人間因合夥發生爭執者。

十、配偶、直系親屬、四親等內之旁系血親、三親等內之旁系姻親、家長或家屬相互間因財產權發生爭執者。

十一、其他因財產權發生爭執，其標的之金額或價額在新台幣50萬元以下者。

前項第11款所定數額，司法院得因情勢需要，以命令減至新台幣25萬元或增至75萬元。（民訴§403）

❖不合於前條規定之事件，當事人亦得於起訴前，聲請調解。

有起訴前應先經法院調解之合意，而當事人逕行起訴者，經他造抗辯後，視其起訴為調解之聲請。但已為本案之言詞辯論者，不得再為抗辯。（民訴§404）

❖債務人對於支付命令於法定期間合法提出異議者，支付命令於異議範圍內失其效力，以債權人支付命令之聲請，視為起訴或聲請調解。

前項情形，督促程序費用，應作為訴訟費用或調解程序費用之一部。（民訴§519）

❖時效因聲請調解或提付仲裁而中斷者，若調解之聲請經撤回、被駁回、調解不成立或仲裁之請求經撤回、仲裁不能達成判斷時，視為不中斷。（民§133）

❖出租人與承租人間因耕地租佃發生爭議時，應由當地鄉（鎮、市、區）公所耕地租佃委員會調解；調解不成立者，應由直轄市或縣（市）政府耕地租佃委員會調處；不服調處者，由直轄市或縣（市）政府耕地租佃委員會移送該管司法機關，司法機關應即迅予處理，並免收裁判費用。

前項爭議案件非經調解、調處，不得起訴；經調解、調處成立者，由直轄市或縣（市）政府耕地租佃委員會給予書面證明。（三減§26）

❖前條爭議案件，經調解或調處成立者，當事人之一方不履行其義務時，他造當事人得逕向該管司法機關聲請強制執行，並免收執行費用。（三減§27）

❖強制執行，依左列執行名義為之：

一、確定之終局判決。

二、假扣押、假處分、假執行之裁判及其他依民事訴訟法得為強制執行之裁判。

三、依民事訴訟法成立之和解或調解。

四、依公證法規定得為強制執行之公證書。

五、抵押權人或質權人，為拍賣抵押物或質物之聲請，經法院為許可強制執行之裁定

者。

六、其他依法律之規定，得爲強制執行名義者。

執行名義附有條件、期限或須債權人提供擔保者，於條件成就、期限屆至或供擔保後，始得開始強制執行。

執行名義有對待給付者，以債權人已爲給付或已提出給付後，始得開始強制執行。（強執§4）

❖強制執行程序開始後，除法律另有規定外，不停止執行。

有回復原狀之聲請，或提起再審或異議之訴，或對於和解爲繼續審判之請求，或提起宣告調解無效之訴、撤銷調解之訴，或對於許可強制執行之裁定提起抗告時，法院因必要情形或依聲請定相當並確實之擔保，得爲停止強制執行之裁定。（強執§18）

第二節　訴訟程序

第一款　第一審

第一審訴訟強調證據的確實提出以強化本身之立論基礎，因而產生所謂證據尋找論之探究。當然當事人本身對於整體案情的瞭解極爲清楚，但卻對何種證據爲必要與非必要性，較無法分析與認知，因此往往需要由法律工作者協助理清案件的問題，如此方能有效地運用以期爭取到應得之權益，有關證據的探討請參閱第三章第二節之判例分析。其次對於必須調閱之地政機關、各級政府文書及帳本書據等均必須先自行調閱並釐清問題的關鍵所在，而後看是否經由前置程序保全以防湮滅證據。當然目前事務所採行的徵信訪查可算一種途徑，但是運用旁敲側擊的方式讓對方提出，則更看經驗功力的是否成熟，至於其他方法則係經驗與心理學運用的範疇，請參考各相關研究報告即可分曉。

該書狀的撰寫，乃從無到有，可謂「無中生有」，因此對於初學撰狀者來說，可能較爲困難而無從著手，因此對於寫作的方式應請先行參閱第一編第三章第二節的全盤性分析說明，相信必能事半功倍。

另外在此應特別注意訴訟繫屬中，可依民事訴訟法第254條聲請地政機關就不動產爲「訴訟註記」。

一、程序區分

(一) 簡易程序　其劃分以民事訴訟法第427條之範圍爲準，並採二審終結爲原則。

1. 訴訟標的的金額與價額定之

於財產權之訴訟，其標的之金額或價額在新台幣50萬元以下者，適用簡易程序；倘其標的金額或價款在新台幣10萬元以下者，適用小額訴訟程序，此程序非以判決違背法令不得上訴；一般則適用通常訴訟程序。以一訴主張數項標的者，其價額合併計算之。以一訴附帶主張利息或其他孳息、損害賠償、違約金或費用者，不併算其價額。以一訴主張之數項標的互相競合或應爲選擇者，訴訟標的之價額，應依其中價額最高者定之（民訴§77-2）。

2. 依事件之性質

下列各款訴訟，不問其標的之金額或價額一律適用簡易程序：

(1) 因建築物或其他工作物定期租賃或定期借貸關係所生之爭執涉訟者。

(2) 雇用人與受雇人間，因僱傭契約涉訟，其僱傭期間在一年以下者。

(3) 旅客與旅館主人、飲食店主人或運送人間，因食宿、運送費或因寄存行李、財物涉訟者。

(4) 因請求保護占有涉訟者。

(5) 因定不動產之界線或設置界標涉訟者。

(6) 本於票據有所請求而涉訟者。

(7) 本於合會有所請求而涉訟者。

(8) 因請求利息、紅利、租金、贍養費、退職金或其他定期給付涉訟者。

(9) 因動產租賃或使用借貸關係所生之爭執涉訟者。

(10) 因第1款至第3款、第6款至第9款所定請求之保證關係涉訟者。

例外在案情繁雜或其訴訟標的金額或價額逾50萬十倍以上者，法院得依當事人聲請，以裁定改用通常訴訟程序，並由原法官繼續審理。

3. 依雙方當事人之合意採之。當事人可以合意，適用簡易程序

簡易訴訟程序事件，法院應以一次期日辯論終結為原則（參民訴§433-1）；當事人兩造於法院通常開庭之日，得不待通知，自行到場，為訴訟之言詞辯論。同時通知證人或鑑定人，得不送達通知書，依法院認為便宜之方法行之。但證人或鑑定人如不於期日到場，仍應送達通知書。（參民訴§432、§433）

因訴之變更、追加或提起反訴，致其訴之全部或一部，不屬第427條第1項及第2項之範圍者，除經當事人合意繼續適用簡易程序外，法院應以裁定改用通常訴訟程序，並由原法官繼續審理。（參民訴§435）

(二) **通常程序** 亦即普通訴訟程序，須有訴權之存在，亦即具備訴訟成立要件、權利保護要件（當事人適格，保護必要及具備訴訟標的之法律關係），以三審三級為原則。

(三) **小額訴訟程序** 關於請求給付金錢或其他代替物或有價證券之訴訟，其標的金額或價額在新台幣10萬元以下者，適用小額訴訟程序。法院認適用小額程序為不適當者，得依職權以裁定改用簡易程序，並由原法官繼續審理。同時若其標的金額或價額在新台幣50萬元以下者，得以當事人之合意適用小額訴訟程序，其合意應以文書證之。（參民訴§436-8）

依小額程序起訴者，得使用表格化訴狀；並得於夜間或星期日或其他休息日行之。但當事人提出異議者，不在此限。（參民訴§436-10、§436-11）

小額訴訟表格化訴狀

一、當事人

稱　　　　　謂	姓　名　或　名　稱 身分證統一編號 或營利事業統一編號	性別	出生年月日	住居所或營業所 郵遞區號 電　話　號　碼
原　　　告 （說明一） 法定代理人 訴訟代理人				
被　　　告 法定代理人 訴訟代理人				

二、訴之聲明（即請求被告給付的內容）

金　　　額 （請用國字大寫）	新　台　幣　　　　　　　　元	連帶給付 （說明二）	□是 □否
利　　　　　息	□民國　　年　　月　　日 自□起訴狀繕本送達被告之翌日　　　起 □附表所示利息起算日		
	至清償日止	利　率 （說明三）	年息百分之□二十 □五　　□六 □其他：
違　　約　　金	□自民國　　年　　月　　日起至清償日止，按息分之計算。 □自民國　　年　　月　　日起至清償日止，其逾期在6個月以內者依上開利率10%，逾期超過6個月部分依上開利率20%計算。 □其他：		
訴　訟　費　用	□被告負擔。　　　　　　　□被告連帶負擔。		

三、原因事實（請勾選符合您本件請求的事實，如無適當的事實可供勾選，或有其他補充陳述，請在「其他」項下填寫）

□原告執有如附表一所示之票據，屆期經提示未獲付款。（請填寫附表一）
□被告積欠原告借款（契約內容如附表二），屆期尚有如訴之聲明所示之金額未付。
　（請填寫附表二）
□被告因駕車不慎，撞及原告所有之車輛，致原告受有損害（車禍經過及損害內容如附表三）。（請填寫附表三）
□其他：

附表一

支票：

	發票人	背書人	付款人	票面金額 （新台幣/元）	票據號碼	發票日	提示日	利息 起算日
1								
2								
3								

本票：

	發票人	背書人	擔當 付款人	票面金額 （新台幣/元）	票據號碼	發票日	到期日	利息 起算日
1								
2								
3								

附表二

借款人	連帶保證人	借款金額 （新台幣/元）	借款日	清償日	利息、違約金	其　他
					如訴之聲明	

附表三

時間：民國　　年　　月　　日　　時　　分	
地點：	
原告車牌號碼：	被告車牌號碼：
經過：	
損害：□車輛修理費：新台幣　　　　　元 　　　　□營業損失：新台幣　　　　　元 　　　　　　　（每日營收：新台幣　　　　　元，共　　　　日） 　　　　□其他	

四、證據（影本）

□票據　　張。　□退票理由單　　張。　□借據　　張。　□存證信函　　張。
□統一發票　　張。　□估領單　　張。　□車損照片　　張。　□其他：

此　致

台灣　　　　　　　　地方法院　　　　　　簡易庭

具狀人　　　　　　　　（蓋章）

撰狀人　　　　　　　　（蓋章）

中　華　民　國　　　　　年　　　　　月　　　　　日

填表說明：

一、原告或被告如果是個人，且不住在戶籍地，請另記載聯絡地址或送達代收人的姓名、地址。

原告或被告如果是公司，請記載：名稱、營業地址，並在「法定代理人」欄填寫公司負責人資料，記載的內容與原告或被告為個人時相同。

二、被告有2人以上，如法律明文規定或當事人間契約約定應對原告負連帶清償責任時，請選擇「是」。例如：票據發票人與背書人之間、共同侵權行為人之間及債務人與連帶保證人之間等皆是。

三、有關利率的規定：

1. 應負利息的債務，如無約定利率，而法律也沒有特別規定的情形，以年息5%計算利息。（民法第203條）

2. 票據執票人向票據債務人行使追索權，請求支付票款時，如無約定利率，以年息6%計算利息。（票據法第28、124、133條）

3. 約定利率如果超過年息20%，債權人對於超過部分的利息無請求權。（民法第205條）

應注意事項：

一、起訴時，應於起訴狀原本後附上起訴狀影本，影本的份數是被告人數加1份。

二、起訴狀中所引用的證據，如屬文書，請影印後提出，每份起訴狀影本後也應附證據影本。

二、程序中重要事項一覽

(一) 費用　在程序中之費用包括裁判費、鑑定費、現場履勘之差旅費（參本編第八章備忘錄）。

△鑑定費用，係訴訟行為應支出之費用，而非裁判費，故經限期命預納鑑定費而不預納者，法院僅得不為該訴訟行為（鑑定），尚不得以其訴為不合法而予駁回。（70台抗150）

△提起民事再審之訴，應依民事訴訟費用法第十九條規定，繳納裁判費，此為必須具備之程序。本件再審原告向本院提起再審之訴，同時聲請訴訟救助，於本院駁回其聲請之裁定經合法送達後，已逾相當期間，仍未繳納裁判費，參照本院27年滬抗字第52號判例釋示，自可不另酌定期間命其補繳裁判費，而逕行駁回本件再審之訴。（70台再194）

△ 出租人對於承租人之租賃物返還請求權，係以該物永久的占有之回復爲標的，以此項
　請求權爲訴訟標的時，其價額固應以該物之價額爲準，若承租人對於出租人之租賃物
　交付請求權，則以該物一時的占有使用爲標的，以此項請求權爲訴訟標的時，其價額
　應以租賃權之價額爲準，租賃權之價額，依民事訴訟費用法第13條定之。（73台抗
　297）

△ 民事訴訟法第466條第1項所定不得上訴之額數有增加時，依民事訴訟法施行法第8條
　規定，以其聲明不服之判決，係在增加前爲之者，始依原定額數定其上訴之准許與
　否。若其判決係在增加後爲之者，縱係於第三審法院發回後所爲之更審判決，皆應依
　增加後之額數定其得否上訴。（74台抗174）

(二) 訴之聲明　先位之訴有理由爲後位之訴之解除條件，先位之訴無理由爲後位之訴之
停止條件，係訴訟程序中常用之預備合併之訴。另第一審就原告先位聲明爲勝訴判決
時，並將備位聲明駁回，關於後者，係將不須裁判者而予裁判，固屬錯誤，惟對於第一
審判決祇由被告提起上訴，第二審法院應僅就先位聲明審理裁判，至於備位聲明之第一
審判決，原告如未上訴或附帶上訴，第二審應不予審理（參65年第四次民庭庭推總會決
議(二)）。訴之客觀預備合併，法院如認先位之訴爲無理由，而預備之訴爲有理由時，
就預備之訴固應爲原告勝訴之判決，惟對於先位之訴，仍須於判決主文記載駁回該部分
之訴之意旨。原告對於駁回其先位之訴之判決提起上訴，其效力應及於預備之訴，即預
備之訴亦生移審之效力。第二審法院如認先位之訴爲有理由，應將第一審判決之全部
（包括預備之訴部分）廢棄，依原告先位之訴之聲明，爲被告敗訴之判決。否則將造成
原告先位之訴及預備之訴均獲勝訴且併存之判決，與預備之訴之性質相違背。（參83年
台上字第787號判例）

訴之聲明範例：

先位聲明
一、確認被告乙、丙間之買賣關係不存在。
二、並判令被告丙應將附表所示之土地及房屋所有權移轉登記塗銷。

備位聲明
一、倘認乙、丙間買賣關係存在。
二、請求判令被告乙應返還給付之價金新台幣（下同）〇〇元，並賠償〇〇元及訴狀之繕
　　本送達之翌日起至清償日止，按年息5%計算之利息。

　　被告提起反訴，慮其先位之聲明無理由，而爲預備之聲明者，法院如認其先位之聲
明無理由，即應就其後位之聲明予以調查裁判（參28年渝上字第2227號判例）。同時在
提起上訴時，須注意原審對先位之訴判決勝訴，有無駁回後位之訴，如有，在上訴時必
須一併上訴，否則上訴審將不得就後位訴審判。上訴人在原審言詞辯論時所爲之聲明，

究係訴之變更，抑係慮其原為之先位聲明無理由而為預備聲明，殊欠明瞭，如屬訴之變更，經合法成立後，固應依變更之訴而為裁判，倘係預備聲明，即應先就其先位之聲明予以審究，須認其為無理由時，始得再對預備之聲明調查裁判。（參49年台上字第1535號判例）

1. 給付之訴

為請求給付票款事：

訴之聲明

一、被告應給付原告新台幣○元及自○○起至清償日止按年息6%計算之利息。

二、訴訟費用由被告負擔。

三、請依職權宣告假執行。

事實及理由

緣原告持有被告於民國○年○月○日所簽發面額新台幣（下同）○○○元，票號○○，付款人為○○○，帳號○○○○○之支票乙紙，詎原告屆期提示竟遭銀行以簽章不符為由退票（證物一），致原告所持之支票巷現無望，嗣原告告知被告此一情狀，然被告僅給付部分票款○元，尚有○元未為給付，後屢經催討亦不予理會，由此可見，被告自始即基於惡意以不符合之印鑑簽發該支票，更進而藉故不為給付所餘票款金額，為此爰懇請

鈞院鑒核，賜判決如訴之聲明，俾保權益，毋任感禧。

　　謹　狀

○○地方法院　公鑒

具狀人：○○○

　　命債務人為給付之確定判決，就給付請求權之存在有既判力，債務人即不得對於債權人進行提起確認該給付請求權不存在之訴。

2. 確認之訴

訴之聲明

一、請求確認座落○○縣（市）○○段○○小段第○○號，土地面積○○平方公尺建地全部及同上地段第○○號，土地面積○○平方公尺田地全部及其上○層樓房，建坪○○平方公尺，門牌號碼為○○縣（市）○○路（街）○○號之房地全部為原告所有。

二、訴訟費用由被告負擔。

---

(1) 一般確認之訴，大都會與消極給付之訴合併行使，以節省時間，而達訴訟經濟之目的。

(2) 在確認之訴中，對於訴訟標的，必須格外注意到標的的明確性，就如同本範例中，應將土地及房屋分別載明清楚，以促使法官在判決時能明確，方便將來之執行依據。

(3) 給付之訴受敗訴判決確定，雖在理由內否定其基本權利，而當事人再提起確認之

訴，並不違反一事不再理之原則。

3. 形成之訴

對於形成之訴來說，實務上較常用者為撤銷之訴、異議之訴，其次為分割之訴，因此對於此一部分，較引人注意的是用在強制執行部分之異議之訴，此一部分請參閱本章第三節之訴狀範例。形成之訴訴訟標的之形成權，有為財產上者，有為身分上者。其以身分上之形成權為訴訟標的者，為非財產權之訴訟；其以財產上之形成權為訴訟標的者，為財產權之訴訟。撤銷仲裁判斷之訴，為其訴訟標的法律關係之形成權，既非身分上之形成權，自屬財產權之訴訟。其訴訟標的之價額，應以原告如獲勝訴判決所得受之客觀上利益定之。（參83年台抗字第161號判例）

同時有關一般權利的變動，原則上均以給付之訴來請求較為方便，至於詳細的分類說明，可參閱王富茂所編之《訴之聲明》（五南圖書公司出版）。

(三) 證據保全　民事訴訟法第29條規定「移送訴訟前，如有急迫情形，應依當事人聲請或依職權為必要處分」。此所謂「必要處分」，即指此處保全證據或假扣押假處分等情形而言（參70年台聲字第201號判例）。同時談話錄音內容如非隱私性之對話，又無介入誘導致有誤引虛偽陳述之危險性，基於證據保全之必要性及手段方法之社會相當性考量，自應承認其證據能力。

△ 法院依證據保全程序所保全之證據，其證據價值如何，屬於程序法上之判斷問題。證據保全之效力，並非一種實體法上之法律關係，不得作為確認之訴之訴訟標的。（70台上1842）

(四) 訴訟救助　聲請訴訟救助之要件，所謂無資力，係指窘於生活且缺乏經濟信用者（參43年台抗字第152號判例）。委任律師為訴訟代理人，並未即得推定其必有資力付出訴訟費用，而不許訴訟救助。但當事人在前訴訟程序曾繳納裁判費，於該程序確定後提起再審時，如不能釋明其經濟狀況確有重大變遷，不得遽為聲請訴訟救助。（參73年台抗字第461號判例）

最高法院之決議係針對上訴之訴訟救助被駁回，而經相當期間未補繳裁判費而言，但對起訴並未提及，因此如何適用仍值得注意最近有關之判決。

聲請訴訟救助，僅提出鄰里長證明書以釋明其無資力支出訴訟費用，為法院所不採（參71年台抗字第397號裁定）。故一般均採由受訴法院管轄區域內有資力之人，出具保證書以代之（參36年抗字第660號、67年台抗字第552號判例，70年台抗字第475號、75年台抗字第232號裁定）。至於非顯無勝訴之望，當事人無從予以釋明。

准予訴訟救助之效力包括暫免裁判費用及其他應預納之訴訟費用、免供訴訟費用之擔保、審判長為受救助人選任律師代理訴訟時暫行免付酬金；前開訴訟費用之部分並由國庫墊付（參民訴§110）。准予訴訟救助，於假扣押、假處分、上訴及抗告，亦有效力。（參民訴§111）

△民事訴訟法第107條所謂當事人無資力支出訴訟費用，並非當事人全無財產之謂，當事人雖有財產而不能自由處分者，如無籌措款項以支出訴訟費用之信用技能，即為無資力支出訴訟費用。（29渝抗179）

△訴訟救助須以當事人無資力支出訴訟費用及非顯無勝訴之望為要件，此觀諸民事訴訟法第107條規定自明。依同法第109條第3項規定，關於因無資力支出訴訟費用請求救助之事由，固得由受訴法院管轄區域內有資力之人出具保證書以代釋明。惟如已查明當事人非無資力支出訴訟費用者，雖其已取具上項保證書，亦無准許訴訟救助之餘地。（68台聲158）

(五) 主參加訴訟 主參加訴訟，本質上本屬獨立之訴之一種，原得獨立起訴，第以其與本訴訟有密切之牽連關係，為訴訟經濟，並防裁判兩歧甚或矛盾之弊，故除可另行徑起獨立之訴訟外，特許其於本訴訟繫屬中，提此主參加訴訟，俾藉一次之審判解決主參加訴訟原告及本訴訟兩造間之爭議。基此立法意旨推之，依民事訴訟法第54條之規定提起主參加訴訟，自應以是否合於該條規定之要件為準，同民法第254條第2項所謂「第三人如經訴訟之他造同意」者，應解為僅於該第三人聲請承擔訴訟為本訴訟之當事人之情形，始有其適用。至另依同法第54條之規定提起主參加訴訟，則無一同適用予以限制之必要（參72年台上字第4607號判決）。另在第二審提起主參加訴訟，而不備法定要件，仍應移送第一審法院。

按提起主參加訴訟，衹須在起訴時本訴訟尚繫屬中即可。其後在主參加訴訟進行中，本訴訟如因撤回而繫屬消滅者，並不影響已提起之主參加訴訟。同時在第二審提起主參加訴訟者，必須以本訴訟中兩造為共同被告，為該訴訟之成立要件之一，如不備此要件而具備獨立之訴要件時，第二審法院應以裁定將該訴訟移送於第一審管轄法院（參90年台抗字第415號裁定）。

△在第二審提起主參加訴訟者，必須以本訴訟中兩造為共同被告，為該訴訟之成立要件之一，如不備此要件而具備獨立之訴要件時，第二審法院應以裁定將該訴訟移送於第一審管轄法院。（73台上856）

△主參加訴訟，衹須起訴時本訴訟尚在繫屬中即可，其後本訴訟如因撤回而繫屬消滅者，並不影響已提起之主參加訴訟。（83台抗148）

(六) 訴訟參加 訴訟參加係以他人間有訴訟的繫屬時，始得為之；且參加人乃居於輔助當事人為一切訴訟行為；而參加人得以當事人之名義，提起上訴。

△駁回參加之裁定須依當事人之聲請始得為之，此觀民事訴訟法第60條第1項之規定自明，故第三人之參加縱使就兩造之訴訟並無法律上之利害關係，而苟未經當事人聲請駁回，法院仍不得依職權調查而為駁回其參加之裁定。（43台抗48）

△因他人之訴訟與自己有法律上利害關係，為輔助一造起見而參加於訴訟者，依民事訴訟法第58條第1項之規定，應於該案訴訟繫屬中為之，若案經終結即無參加之可言。（44台聲32）

(七) 訴之變更或追加 原則上在第一審訴狀送達後，原告不得將原訴變更或追加他訴。但以下情形，不在此限：

1. 被告同意者。

2. 請求之基礎事實同一者。

3. 擴張或減縮應受判決事項之聲明者。

4. 因情事變更而以他項聲明代最初之聲明者。

5. 該訴訟標的對於數人必須合一確定時，追加其原非當事人之人爲當事人者。

6. 訴訟進行中，於某法律關係之成立與否有爭執，而其裁判應以該法律關係爲據，並求對於被告確定其法律關係之判決者。

7. 不甚礙被告之防禦及訴訟之終結者。

　　被告於訴之變更或追加無異議，而爲本案之言詞辯論者，視爲同意變更或追加（參民訴§255）。在第二審爲訴之變更追加，則非經他造同意不得爲之；但第255條第1項第2款至第6款情形，不在此限。提起反訴，非經他造同意，不得爲之。但有下列各款情形之一者，不在此限：

1. 於某法律關係之成立與否有爭執，而本訴裁判應以該法律關係爲據，並請求確定其關係者。

2. 就同一訴訟標的有提起反訴之利益者。

3. 就主張抵銷之請求尚有餘額部分，有提起反訴之利益者。（參民訴§446）

　　不變更訴訟標的，而補充或更正事實上或法律上之陳述、擴張或減縮應受判決事項之聲明、因情事變更而以他項聲明代最初之聲明、因該訴訟標的對於數人必須合一確定而追加其原非當事人之人爲當事人，或訴訟進行中，於某法律關係之成立與否有爭執，而其裁判應以該法律關係爲據，並求對於被告確定其法律關係之判決等情形時，仍可爲變更或追加，於第二審時，則不必經他造同意。[1]

△第三審法院應以第二審判決確定之事實爲判決基礎，民事訴訟法第473條第1項定有明文，故在第三審不得爲訴之變更。（27渝上2462）

△在第二審爲訴之變更，非經他造同意不得爲之，固爲民事訴訟法第443條第1項所規定，惟離婚之訴得於第二審言詞辯論終結前，變更爲撤銷婚姻之訴，同法第568條第1項亦定有明文，此爲對於第443條第1項之特別規定，當事人就此項訴訟爲訴之變更，自無須經他造之同意。（28渝上1805）

△當事人在第二審爲訴之追加，非經他造同意不得爲之，固爲民事訴訟法第443條第1項所規定，但依同法第460條準用第255條第2項之規定，他造於此項訴之追加無異議而爲本案之言詞辯論者，即應視爲同意追加。（29渝上359）

△(一)以請求分割共有財產之訴，代替請求支付生活費用之原訴，不得謂非訴之變更。

　　(二)原告將原訴變更時，如有以訴之變更合法爲條件，撤回原訴之意思，而其訴之變更不合法者，除駁回新訴外，固應仍就原訴予以裁判。若其訴之變更合法，而其原訴可認爲已撤回，因而終結者，自應專就新訴裁判。（29渝上1771）

△當事人在第二審爲訴之變更，除有民事訴訟法第443條第1項但書之情形外，非經他造之同意固不得爲之，但法院如認其變更爲不合法予以駁回時，其原訴仍復存在，自應就原訴訟標的加以裁判。（39台上505）

△分公司係總公司分設之獨立機構，就其業務範圍內之事項涉訟時，自有當事人能力。又原告對分公司起訴後於訴訟進行中，將被告更正爲總公司應認爲訴之變更。（40台

上105）

△被上訴人請求上訴人返還系爭房屋之原因，在第一審係僅主張收回自住，在原審則除主張收回自住外，並謂尚須收回重新建築云云，先後固非一致，第既經原審就此予以裁判，認爲非訴之追加，無論其說明之理由如何，而依民事訴訟法第460條（舊）準用第258條關於「法院以訴爲非變更或無追加之裁判，不得聲明不服」之規定，上訴人要無聲明不服之餘地。（46台上548）

△上訴人在原審言詞辯論時所爲之聲明，究係訴之變更，抑係應其原爲之先位聲明無理由而爲預備聲明，殊欠明瞭，如屬訴之變更，經合法成立後，固應依變更之訴而爲裁判，倘係預備聲明，即應先就其先位之聲明予以審究，須認其爲無理由時，始得再對預備之聲明調查裁判。（49台上1535）

△租賃物返還請求權之行使，乃係基於債之關係，至行使所有物返還請求權，則係本於物權之作用，兩者所據之事實與原因關係，均不相同。抗告人訴求返還土地，在第一審係基於終止租約請求返還租賃物，在原審復變更主張爲相對人無權占有而請求返還所有物，其訴訟標的既已變更，自屬訴之變更，且不合於民事訴訟法第256條第2款至第4款之情形，非經他造同意不得爲之。（60台抗296）

△原告將原訴變更時，如其訴之變更爲合法，而原訴可認爲已因撤回而終結，法院應專就新訴裁判，原審既認被上訴人在原審變之新訴爲合法，原訴即可認爲已因撤回而終結，乃竟將第一審就原訴之裁判廢棄，自有未合。（65台上2183）

△原告將原訴變更時，法院以其訴之變更爲合法，而原訴可認爲已因撤回而終結者，應專就新訴裁判。原審既認上訴人在第一審所爲給付票款之訴，於原審變更爲給付租金及損害賠償之訴爲合法，則在第一審原訴之訴訟繫屬應因訴之變更而消滅，亦即第一審就原訴所爲之裁判，應因合法的訴之變更而當然失其效力，原審僅得就變之新訴審判，不得就第一審之原訴更爲裁判，原審見未及此，竟將第一審判決廢棄，並駁回可認爲撤回之原訴，於法自有違背。（66台上3320）

△當事人因情事變更，而以他項聲明代最初之聲明，法律基於便宜之理由，在民事訴訟法第256條第3款固規定於訴訟無礙，不受同法第255條之拘束，但其在本質上仍屬訴之變更。而在第二審爲訴之變更合法者，原訴可認爲已因而視爲撤回時，第一審就原訴所爲判決，自當然失其效力。第二審法院應專就新訴爲裁判，無須更就該判決之上訴爲裁判。原審見未及此，就被上訴人變更之新訴准許，並命上訴人如數給付後，又將第一審判決予以部分廢棄，於法自屬有違。（71台上3746）

△被上訴人於第一審以上訴人違約爲由，請求賠償損害，至在原審主張契約已解除，請求返還價金，自不得謂非訴之變更。原審認其訴之變更爲合法，被上訴人在第一審原訴之訴訟繫屬，即應因訴之變更而消滅，亦即第一審就原訴所爲之裁判，應因合法的訴之變更而當然失其效力。原審僅得就變更之新訴審判，乃原審見未及此，竟爲維持第一審就原訴已失效力之裁判之判決，自難謂合。（71台上4014）

△民事訴訟法第476條第1項規定：第三審法院應以第二審判決確定之事實爲判決基礎。第三審既不得調查事實，則在第三審自不許爲訴之變更、追加或提起反訴。（73台上1903）

△民事訴訟法第446條第1項前段規定：訴之變更、追加或提起反訴，非經他造同意不得
　為之。此項在第二審程序之特別規定，自排除同法第255條第1項但書之規定而優先適
　用。易言之，當事人在第二審為訴之變更或追加，經他造同意外，無準用上開法條但
　書規定，法院因不甚礙被告之防禦及訴訟之終結，而許訴之變更或追加之餘地。（80
　台抗43）

(八) 反訴　反訴必須與本訴行同種之訴訟程序，且其標的與本訴標的及其防禦方法相牽
連者方得為之。然反訴與本訴係各自獨立，只是利用同一訴訟程序，同時其標的相同
時，即無庸再繳納訴訟費用。但須注意30年院字第2233號解釋，針對所有權主體互異
（尚包括形成權主體互異）、訴訟標的非相同時，則應另徵裁判費。按被告於言詞辯論
終結前，得在本訴繫屬之法院，對於原告及就訴訟標的必須合一確定之人提起反訴，民
事訴訟法第259條固定有明文。其所謂訴訟標的必須合一確定，係指依法律之規定必須
數人一同被訴，否則當事人之適格即有欠缺者而言。連帶債務之債權人，依民法第273
條第1項規定，既得對於債務人中之一人或數人或其全體，同時或先後請求全部或一部
之給付，於其對於債務人中之一人或數人提起訴訟時，自不生其訴訟標的對於其他連帶
債務人必須合一確定之問題。
　　反訴制度係為使被告對於原告之訴得與原告對於被告之訴，合併其程序於同一訴訟
中一併解決，藉以節時省費，並防止裁判之牴觸而設，故反訴之當事人應與本訴之當事
人相同，祇是互易其原被之地位而已，否則，即與反訴之要件不合，倘以本訴之原告與
訴外共有人為共同被告而提起反訴，自難認為適法。

△提起反訴而裁判有脫漏者，祇能聲請補充判決，不得以此為上訴理由。（29渝上
　828）
△反訴標的之法律關係為本訴標的之法律關係之先決問題者，亦屬民事訴訟法第260條
　第1項所謂反訴標的與本訴標的之互相牽連之一種，自非不得提起反訴。（41台上738）
△已起訴之事件，在訴訟繫屬中，該訴訟之原告或被告不得更以他造為被告，就同一訴
　訟標的提起新訴或反訴，此觀民事訴訟法第253條之規定自明。所謂就同一訴訟標的
　提起新訴或反訴，不僅指後訴係就同一訴訟標的之求為與前訴內容相同之判決而言，即
　後訴係就同一訴訟標的，求為與前訴內容可以代用之判決，亦屬包含在內。故前訴以
　某請求為訴訟標的之求為給付判決，而後訴以該請求為訴訟標的，求為積極或消極之確
　認判決，仍在上開法條禁止重訴之列。（46台抗136）
△反訴制度係為使被告對於原告之訴得與原告對於被告之訴，合併其程序，藉以節時省
　費，並防止裁判之牴觸而設，故反訴之當事人須與本訴之當事人相同，祇易其原被之
　地位而已，否則，即與反訴之要件不合。本件相對人某甲、某乙、某丙對於非本訴原
　告之再抗告人提起反訴，請求返還改良費用，依上說明，其反訴關於再抗告人部分即
　非合法。（69台抗366）
△本訴與反訴係兩個獨立之訴，本件再抗告人提起本訴，相對人提起反訴後，兩造於71
　年6月3日合意停止訴訟程序，嗣再抗告人於同年8月20日聲請就本訴部分續行訴訟程
　序，台灣台北地方法院乃指定同年9月20日行言詞辯論。相對人就反訴部分並未聲請

續行訴訟,且已逾四個月,依民事訴訟法第190條規定,關於反訴部分仍生視爲撤回其訴之效果。(72台抗537)

(九) 言詞辯論

1. 分別辯論:當事人以一訴主張之數項標的,法院得命分別辯論。但該數項標的或其攻擊防禦方法有牽連關係者,不得爲之(參民訴§204),惟其訴訟標的對於共同訴訟之各人必須合一確定之必要共同訴訟,該多數的共同訴訟人應一同起訴或被訴而視爲一體,不得分爲數人處理,在性質上自不得爲分別辯論或裁判而無上開得命分別辯論規定之適用。

2. 合併辯論:分別提起之數宗訴訟,其訴訟標的相牽連或得以一訴主張者,法院得命合併辯論。命合併辯論之數宗訴訟,其當事人兩造相同者,得合併裁判之。第54條所定之訴訟,如係向本訴訟現在繫屬之法院提起而在其辯論未終結以前者,應與本訴訟合併辯論及裁判之。但法院認爲無合併之必要或應適用第184條之規定者,不在此限。(參民訴§205)

△民事訴訟法第205條第2項載命合併辯論之數宗訴訟,其當事人兩造相同者,得合併裁判之等言語,是命合併辯論之數宗訴訟,其當事人兩造俱不相同或僅有一造相同者,均不得合併裁判自甚明顯。(31上2797)

△當事人應受判決事項之聲明,通常必於言詞辯論時以言詞爲之,始爲有效,而法院所爲判決,以本於當事人之言詞辯論爲原則,故經言詞辯論之判決,而非本於言詞辯論時當事人之聲明爲基礎者,即屬違背法令。(50台上725)

△再審之訴顯無再審理由者,法院得不經言詞辯論,以判決駁回之,民事訴訟法第502條第2項定有明文。此項規定,依同法第380條第3項規定,於請求繼續審判之程序準用之,故繼續審判之請求,顯無理由者,法院亦得不經言詞辯論逕以判決駁回之。所謂繼續審判之請求顯無理由,必須請求人所主張和解無效或得撤銷之原因,在法律上顯不得據爲請求繼續審判之理由者,始足當之,若請求人所主張和解無效或得撤銷之原因,尚須調查證據,始能認定其有無繼續審判之理由者,仍應行必要之言詞辯論,不得不經言詞辯論逕以判決駁回之。(69台上42)

△到場之當事人所提出之聲明、事實或證據,未於相當時期通知他造者,他造當事人縱未於言詞辯論期日到場,法院亦不得准許到場當事人之聲請,由其一造辯論而爲判決,此觀民事訴訟法第386條第4款規定自明。本件上訴人固未於言詞辯論期日到場,但被上訴人於言詞辯論期日始提出建築執照申請書及上訴人致南投縣政府函各乙件,以證明被上訴人已完成設計圖及預算,該項事實及證據既未經原審於相當時期通知上訴人,竟准被上訴人之聲請由其一造辯論而爲判決,並將該事實證據採爲判決基礎,自有未合。(71台上2115)

△民事訴訟法第252條前段規定:「言詞辯論期日之通知書,除記載到場之日、時及處所外,並應記載不到場之法定效果」,其中「並應記載不到場之法定效果」部分,係訓示規定,通知書縱未爲此項記載,於通知書之效力不生影響,此通知書之送達仍屬合法之送達,故通知書未爲此項記載,於當事人不到場之法定效果不生影響。(87台

抗395）

3. 限制辯論：當事人關於同一訴訟標的，提出數種獨立之攻擊或防禦方法者，法院得命限制辯論。（參民訴§206）

4. 再開辯論：法院於言詞辯論終結後，宣示裁判前，如有必要得命再開言詞辯論。（參民訴§210）

△ 命再開已閉之言詞辯論，原屬法院之職權，非當事人所得強求，且法院亦不得專為遲誤訴訟行為之當事人，除去遲誤之效果而命再開辯論。（29渝上1273）

5. 更新辯論：參與言詞辯論之法官有變更者，當事人應陳述以前辯論之要領。但審判長得令書記官朗讀以前筆錄代之。（參民訴§211）

(十) 證人　證人經第一次傳喚不到，得科罰鍰，再傳不到則得拘提之。但如證人為當事人之配偶、前配偶、未婚配偶或四親等內之血親、三親等內之姻親或曾有此親屬關係者，或證人所為證言，於證人或證人有前述關係人，足生財產上直接損害者，原則上得拒絕證言。其他如證人所為證言，足致證人或與證人有第1款或有監護關係之人受刑事訴追或蒙恥辱者、證人就其職務上或業務上有秘密義務之事項受訊問者、證人非洩漏其技術上或職業上之秘密不能為證言者，均得拒絕證言。（民訴§307）

惟對特定事件如同居或曾同居人之出生、死亡、婚姻或其他身分上之事項、因親屬關係所生財產上之事項、曾為證人而知悉之法律行為之成立及其內容、為當事人之前權利人或代理人，而就相爭之法律關係所為之行為，則不得拒絕證言。（民訴§308）

證人原則上有具結義務，但證人如係未滿16歲、因精神障礙、第307條第1項第1款至第3款而不能拒絕證言者、當事人之受僱人或同居人、就訴訟結果有直接利害關係者等狀況時，法院不得令其具結。（民訴§314）

(十一) 撤回及捨棄　訴之撤回（民事訴訟法第262條、第263條）與捨棄（民事訴訟法第384條）係兩種截然不同的觀念，蓋前者視同未起訴，法院毋庸為任何判決，但後者，法院應就其聲明，為原告敗訴之判決（參64年台上字第149號判例）；原告撤回其訴者，訴訟費用由原告負擔。其於第一審言詞辯論終結前撤回者，得於撤回後3個月內聲請退還該審級所繳裁判費三分之二。前項規定，於當事人撤回上訴或抗告者準用之。同時預備合併之訴，亦即所謂附條件之撤回。訴經撤回後，被告應於訴訟終結後20日內，聲請法院為訴訟費用之裁判，若逾期，則其權利喪失。

(十二) 合意停止　在較具爭議性的訴訟中經常發生，故除應注意合意停止以4個月為限外，特別要注意，在法院於期滿前，通知不續行所生訴訟效果後，該當事人於期滿前1日，具狀聲明再行休止，此將視為不影響撤回其訴或上訴之效果（參78年1月31日民庭總會決議）。因此若合意停止後，雙方私下達成和解，依法仍必須聲請撤回；否則法院會以僅視為撤回，而拒絕返還二分之一的裁判費，此點實務上必須特別注意。另合意停止訴訟程序之當事人，自陳明合意停止時起，如於4個月內不續行訴訟者，視為撤回其訴或上訴，民事訴訟法第190條第1項前段定有明文。此項法律擬制撤回其訴或上訴之效

力，於法定要件具備時當然發生，不因嗣後法院或當事人之訴訟行爲，使已消滅之訴訟繫屬又告回復。（參80年台抗字第330號判例）

△合意停止訴訟之當事人，自陳明合意停止時起，如於4個月內不續行訴訟者，視爲撤回其訴或上訴，續行訴訟而再以合意停止訴訟程序者，以一次爲限，民事訴訟法第190條定有明文。基此規定，當事人合意停止訴訟未定有期間者，固應於4個月內續行訴訟，其定有期間者，所定期間，亦不得逾4個月。如當事人約定停止訴訟期間逾4個月，而不於4個月法定期間內續行訴訟者，仍應生視爲撤回其訴或上訴之效果。（70台抗33）

△當事人兩造遲誤言詞辯論期日者，除別有規定外，視爲合意停止訴訟程序。但法院於認爲必要時，得依職權續行訴訟，如無正當理由，兩造仍遲誤不到者，視爲撤回其訴或上訴，民事訴訟法第191條定有明文。所謂兩造遲誤言詞辯論期日，係指當事人兩造受合法通知，均無正當理由，未於言詞辯論期日到場，或到場不爲辯論之情形而言，其視爲合意停止訴訟程序者，祇須兩造遲誤言詞辯論期日，當然生停止之效力，與筆錄有無記載視爲停止訴訟程序在所不問。（70台上3904）

(十三) **告知訴訟**　告知訴訟乃當事人一造於訴訟繫屬中，將其訴訟告知於因自己敗訴而有法律上利害關係之第三人，以促其參加訴訟。而所謂有法律上利害之關係之第三人，係指本訴訟之裁判效力及於第三人，該第三人私法上之地位，因當事人之一造敗訴，而將致受不利益，或本訴訟裁判之效力雖不及於第三人，而第三人私法上之地位因當事人之一造敗訴，於法律上或事實上依該裁判之內容或執行結果，將致受不利益者而言。（參51年台上字第3038號判例）

(十四) **鑑定人**　法院固得就鑑定人依其特別知識觀察事實，加以判斷而陳述之鑑定意見，依自由心證判斷事實之眞僞。然就鑑定人之鑑定意見可採與否，則應踐行調查證據之程序而後定其取捨。倘法院不問鑑定意見所由生之理由如何，遽採爲裁判之依據，不啻將法院採證認事之職權委諸鑑定人，與鑑定僅爲一種調查證據之方法之趣旨，殊有違背。（參79年台上字第540號判例）

第二款　假執行

假執行 [3] 係針對財產權之訴訟，於起訴後受有利之判決，在預防被告利用上訴拖延，以期保護私權的一種衡平措施。宣告假執行之判決有執行力，與確定判決之執行力無所軒輊，當事者如係以上開宣告假執行之判決聲請強制執行，自非以無確定判決同一之效力之執行名義聲請強制執行，應無強制執行法第14條第2項規定之適用。同時判決經宣告假執行者，除附有供擔保後得爲假執行之條件外，不必待其確定，自得即爲執行。

假執行程序：

一、起訴後判決確定前，得依據第一審或第二審判決主文所示，提出擔保金以後聲請查封拍賣債務人的財產，拆屋還地或返還房屋，不若假扣押、假處分僅執行查封。

二、假執行之聲請須先辦理提存後，送執行處蓋印收文後，再另具狀向窗口遞執行聲請

狀。

三、法院廢棄或變更宣告假執行之本案判決者，應依被告之聲明，將其因假執行或因免假執行所爲給付及所受損害，於判決內命原告返還及賠償，被告未聲明者，應告以得爲聲明。

四、假執行執行完畢須另有執行名義，執行法院始可爲回復執行前之原狀。

△第二審法院關於假執行之裁判不得聲明不服，民事訴訟法第455條定有明文，所謂關於假執行之裁判，乃指與假執行有關之一切裁判而言，更正假執行之裁定，亦屬包含在內。（43台抗44）

△宣告原告供擔保後得爲假執行，同時宣告被告預供擔保免爲假執行之判決，須原告已供擔保請求假執行後，被告始有預供擔保以阻止假執行之必要，在原告仍請求假執行之際，其應供擔保之原因並未消滅，自不能以被告預供擔保請求免爲假執行爲理由，主張其應供擔保之原因已經消滅，而聲請發還其擔保金。（45台抗144）

△聲請發還因假執行提供擔保之提存物或保證書，依民事訴訟法第106條，雖準用同法第104條第1項第1款之規定辦理，然既非同法第96條所謂訴訟費用之擔保，則應否發還，僅應以相對人是否曾因假執行受有損害爲准駁之依據。（53台抗84）

△法院廢棄或變更宣告假執行之本案判決者，依民事訴訟法第395條第2項之規定，應依被告之聲明，將其因假執行或免假執行所爲給付及所受損害，於判決內命原告返還及賠償，被告未聲明者，並告以得爲聲明，故對此項裁判有脫漏時，當事人既不能以之爲上訴理由，自得聲請補充判決。（53台抗211）

△因釋明假扣押之原因而供之擔保，係擔保債務人因假扣押所應受之損害，故必待無損害發生，或債權人本案勝訴確定，或就所生之損害已經賠償時，始得謂供擔保之原因消滅，至於債權人依本案宣告附條件假執行之判決，供法院所定之擔保，係擔保被告因假執行所受之損害，二者性質不同，不得謂債權人（原告）供假執行之擔保後，其因聲請假扣押所供擔保之原因消滅。（53台抗279）

△廢棄執行名義或宣告不許強制執行之裁判已有執行力，例如廢棄確定判決之再審判決已確定，廢棄宣告假執行之本案判決之判決已宣示，認聲明異議爲有理由之裁定已宣示或送達，或認異議之訴爲有理由之判決已確定時，其裁判正本一經提出，執行法院即應停止強制執行，並撤銷已爲之執行處分，司法院33年院字第2776號之(十)已有解釋。是執行法院或抗告法院認聲明異議爲有理由之裁定，須經聲明異議之當事人或利害關係人提出執行法院，請求撤銷已爲之執行處分，並非一經執行法院或抗告法院爲撤銷之裁定，執行法院已爲之執行處分即當然失其效力。（55台上3100）

△民事訴訟法第392條後段所謂假執行程序實施前，係指執行法院就執行標的對於債務人爲強制其履行之行爲以前而言。至執行法院對於債務人發執行命令，如僅在命令債務人自動履行，既尚未爲強制其履行之行爲，衡其性質，係屬強制執行之準備行爲，尚難認假執行程序業已實施。（66台抗378）

△履行期間，自判決確定或宣告假執行之判決送達於被告時起算，爲民事訴訟法第396條第3項所明定。則定履行期間之判決，未經宣告假執行者，其履行期間自該判決確定時起算，反之，如經宣告假執行者，其履行期間應自宣告假執行之判決正本送達於

被告（即債務人）時起算，爲解釋上所當然。本件相對人據以聲請強制執行之執行名義，係第一審法院宣告假執行判決，該假執行判決於第二審所定履行期間，應自假執行判決正本送達再抗告人（即債務人）時起算。（67台抗193）

△民事訴訟法第395條第2項之規定，兼具實體法之性質，被告於訴訟中，固得據以請求，即於原告受敗訴判決確定後，另行起訴請求，亦無不可。（73台上59）

△民事訴訟法第395條第2項之規定，固未明定其適用於何審級法院，惟第一審法院無廢棄或變更宣告假執行之本案判決之情形，則該項規定，在第一審應無適用之餘地。而本院爲法律審，關於因假執行或因免假執行所爲給付及所受損害之範圍、種類及數額，不能爲事實之認定，即無從爲命返還及賠償之判決。故首揭條項，雖規定於第二編第一審程序中，應解爲僅限於第二審法院有其適用。（74台上764）

第三款　第二審（採續審制）

訴訟代理人有二人以上或分別向當事人本人及訴訟代理人送達者，均以最先收到者爲計算上訴期間之標準（參61年12月6日民庭庭長會議）。另對補充判決及一部終局判決，其上訴期間應依送達之時間，分別計算。當事人於第一審判決宣示或送達後，捨棄上訴權者，即喪失其上訴權，除他造當事人提起上訴時，得提起附帶上訴外，不得再行提起上訴。

上訴二審時，得附帶上訴及擴張上訴之聲明。若第二審上訴因不合程式而駁回者，不過與未提起上訴同，並不因此喪失其上訴權，如其上訴期間尚未屆滿，雖再提起獨立上訴亦無不可，其得於他造之上訴提起附帶上訴本不待言，自無更以明文許其提起附帶上訴之必要。

財產權上之請求與爲其先決問題之非財產權請求，經二審合併判決，倘僅對非財產部分或兩部分上訴者，不適用民事訴訟法第466條第1項之規定。在前第二審程序未提起附帶上訴，但該事件經第三審發回或發交者，不得附帶上訴（參民訴§460Ⅰ但書）。但須對造已有合法上訴爲要件，如對造撤回上訴或因不合法而被駁回時，則附帶上訴無從附麗；然附帶上訴，雖在被上訴人之上訴期間已滿，或曾捨棄撤回上訴後，仍得爲之。同時對於附帶上訴之事項，其得以附帶上訴狀或在答辯狀中記載，亦得以言詞於辯論時提出，並記明筆錄。

訴訟代理人（應以自然人爲限，故法人或機關得逕列其代表人爲之），除受有特別委任，得代當事人上訴外，無自爲上訴之權。（參30年渝抗字第377號判例）

審判筆錄，審判長未簽名，應認爲違法，可經上訴人據爲上訴理由。[4]

在第二審提起主參加訴訟者，必須以本訴訟中兩造爲共同被告，爲該訴訟之成立要件之一，如不備此要件而具備獨立之訴要件時，第二審法院應以裁定將該訴訟移送於第一審管轄法院（參73年台上字第856號判例）。同時民事訴訟法第446條第1項前段規定：訴之變更、追加或提起反訴，非經他造同意不得爲之。此項在第二審程序之特別規定，自排除同法第255條第1項但書之規定而優先適用。易言之，當事人在第二審爲訴之變更或追加，經他造同意外，無準用上開法條但書規定，法院因不甚礙被告之防禦及訴訟之終結，而許訴之變更或追加之餘地（參80年台抗字第43號判例）。

訴狀之聲明範例：

一、上訴之聲明
　　(一) 原判決關於○○○之本訴部分廢棄改判如次。
　　(二) 原判決關於○○○之反訴部分廢棄改判如次。
　　(三) 前開廢棄部分，被上訴人在第一審及第二審的訴訟費用，均由被上訴人負擔。
　　(四) 如受不利益判決時，請准供擔保而免為假執行。
二、附帶上訴之聲明
　　(一) 原判決不利於被上訴人（即附帶上訴人）之部分廢棄。
　　(二) 前開廢棄部分，請求駁回上訴人在原審（即第一審）之訴外，並賠償被上訴人自本
　　　　繕本送達之翌日起至清償日止，按年息5%計算利息付之。
　　(三) 第一審及第二審附帶上訴，費用均由上訴人（即附帶被上訴人）負。
　　(四) 被上訴人願供擔保，請准宣告假執行。
三、附帶上訴之答辯聲明
　　(一) 附帶上訴駁回（請求判令駁回附帶上訴）。
　　(二) 訴訟費用由附帶上訴人負擔。
　　(三) 如受不利益之判決時，請准供擔保而免為假執行。
四、單純不附理由聲明上訴。
為不服○○年度○字第○號民判決，依法提出上訴事：
爰於○○年○月○日接獲
鈞院之前開所述鄰決正本，觀其主文所示，其認知用法，上訴人誠難甘服，故除上訴理由
容後補陳外，特於法定期間內提出本件上訴聲明，以免延誤。
　　謹　狀
○○地方法院轉呈
○○高等法院民事庭　公鑒
　　　　　　　　　　　　　　　　　　　　　　　　　　　　　具狀人：○○○

　　　上訴狀應記載之事項包括：當事人及法定代理人、第一審判決及對於該判決上訴之
陳述，對於第一審判決不服之程度，及應如何廢棄或變更之聲明等，且宜記載新事實及
證據，及其他準備言詞辯論之事項。上訴所得受之利益，應依上訴之聲明定之。上訴聲
明所得受之利益，因上訴人對原判決不服之程度與應如何廢棄或變更之範圍不同而有
異。以一訴附帶主張利息或其他孳息、損害賠償、違約金或費用者，不併算其價額，民
事訴訟費用法第5條第2項固定有明文。（92年度台抗字第471號裁定）
△民事訴訟法第468條第1項所定提出上訴理由書之期間，並非不變期間，上訴人遲誤此
　項期間，致其上訴被駁回後，不得聲請回復原狀。（28渝聲27）
△民事訴訟法第457條第2項，係以該項所舉情形被上訴人之上訴權業已喪失，故以明文
　許其提起附帶上訴。若第二審上訴因不合程式而駁回者，不過與未提起上訴同，並不
　因此喪失其上訴權，如其上訴期間尚未屆滿，雖再提起獨立上訴亦無不可，其得於他

造之上訴提起附帶上訴本不待言，自無更以明文許其提起附帶上訴之必要。原裁定以抗告人提起之上訴，已因不合程式致被駁回，此種情形又不在民事訴訟法第457條第2項許爲附帶上訴之列，遂認抗告人於他造提起上訴後，所提起之附帶上訴爲不合法，予以駁回，其法律上之見解，顯有未當。（28渝抗302）

△依民事訴訟法第470條第1項規定，上訴之聲明既不得擴張，則計算上訴利益，自該僅以原有之聲明爲準。（29渝抗467）

△上訴期間，依民事訴訟法第437條規定，係於判決送達後開始進行，判決之送達不合法者，無使上訴期間開始進行之效力，即無上訴期間經過之可言。（29渝抗534）

△當事人對於第一審判決不服之程度，及應如何廢棄或變更之聲明，依民事訴訟法第438條第1項第3款，雖應表明於上訴狀，然其聲明之範圍，至第二審言詞辯論終結時爲止，得擴張或變更之，此不特爲理論所當然，即就同法於第二審程序未設與第470條第1項同樣之規定，亦可推知。故當事人在上訴期間內提出之上訴狀，僅載明對於第一審判決一部不服，而在言詞辯論終結前，復對其他部分一併聲明不服者，應認其上訴聲明之範圍爲已擴張，不得謂其他部分之上訴業已逾期，予以駁回。（30渝抗66）

△第二審上訴狀，依民事訴訟法第438條第1項第3款之規定，固應表明第一審判決應如何廢棄或變更之聲明，惟此項聲明未明白記載者，如依其對於第一審判決不服之本旨，及其在第一審所爲應受判決事項之聲明，已可認其上訴聲明之內容如何，自不得以其記載稍欠明確，即謂其上訴之程式有欠缺。（30抗417）

△訴訟費用之裁判，非對於本案裁判有上訴時，不得聲明不服，民事訴訟法第88條定有明文。本件上訴人對於本案裁判之上訴既屬不應准許，對於訴訟費用部分之上訴，亦即不能認爲合法。（31上31）

△計算上訴利益，應就上訴聲明範圍內之訴訟標的，依起訴時之價額定之，非以上訴時之價額爲準。（31抗690）

△上訴狀所載對於第一審判決應如何變更之聲明，得於第二審言詞辯論終結前變更之，如上訴狀所載之聲明已於第二審言詞辯論變更者，不得復以此爲判決之基礎。（31上2125）

△民事訴訟法第458條但書所謂備上訴要件之附帶上訴，係指在自己之上訴期間內提起，並具備獨立上訴之其他要件者而言。（32抗309）

△上訴人僅於上訴狀中記載撰狀律師某人，而並未提出委任該撰狀律師爲訴訟代理人之委任書，亦未用言詞委任，即與民事訴訟法施行法第11條所載，上訴人有律師爲訴訟代理人之規定不合。（33永抗21）

△第一審調查證據之結果，亦屬民事訴訟法第442條第2項所謂第一審言詞辯論之結果之一種，第二審雖非不得斟酌，然必須曾行同條項所定陳述或朗讀之程序者始得爲之，否則其斟酌即屬違法。（41台上344）

△(二)民事訴訟法第384條所謂認諾，係指對於訴訟標的之承認者而言，若僅對於他造主張之事實而爲承認，則屬自認，不得謂之認諾。（44台上165）

△上訴人既於言詞辯論時爲訴訟標的之認諾，法院即應不調查被上訴人所主張爲訴訟標

的之法律關係是否果屬存在，而以認諾爲該上訴人敗訴之判決基礎。（45台上31）

△在第二審爲訴之變更追加，非經他造同意，不得爲之，固爲民事訴訟法第446條第1項所明定。惟離婚之訴，得於第二審言詞辯論終結前爲變更追加，同法第572條第1項，亦定有明文。此爲對於第446條第1項之特別規定。當事人就此項訴訟爲訴之變更追加，自無須經他造之同意。本件上訴人在第一審固僅本於民法第1052條第5款之原因訴請離婚，但嗣在第二審言詞辯論終結前，既追加主張被上訴人虐待上訴人之母，致不堪爲共同生活，亦構成同條第四款離婚原因云云，依上說明，原審要應就此一併審究，乃徒因被上訴人之反對而恝置不問，尚難謂合。（70台上637）

△住居法院所在地之訴訟代理人，受有上訴之特別委任者，雖當事人不在法院所在地住居，計算上訴期間，亦不得扣除其在途之期間。本院著有28年上字第1529號判例可循。又訴訟代理人本於得選任訴訟代理人之權限而所選任之複代理人，亦爲當事人本人之訴訟代理人，倘該複代理人同樣受有上訴之特別委任者，當事人提起上訴，關於上訴期間之計算，自亦相同。（70台上4688）

△民事訴訟法第280條第1項之規定，係指當事人對於他造主張之事實，於言詞辯論時，消極的不表示意見，法律擬制其爲自認而言，此與同法第279條第1項所定自認，必須當事人對於他造主張之事實，積極的表示承認之情形有別，兩者在法律上之效果亦不相同。前者本無自認行爲，不生撤銷自認之問題，依同法第196條規定，應許當事人於言詞辯論終結前，隨時爲追復爭執之陳述，此項追復依同法第447條第2項規定，至第二審程序，仍得爲之。（71台上3516）

△依民事訴訟法第436條之2第1項規定，對於簡易訴訟程序之第二審判決提起上訴者，應同時表明上訴理由，第436條之4第1項前段定有明文。所謂表明上訴理由，係指表明第二審判決有如何適用法規顯有錯誤之情形而言，觀之同法第436條之2第1項規定自明。本件抗告人收受第二審判決後，提起第三審上訴，其上訴狀內僅記載：上訴理由引用在第一審及第二審之陳述及訴狀所載云云。查抗告人在第一審及第二審之陳述及其引用者，均係在第二審判決前所爲，其內容自不可能有第二審判決如何適用法規顯有錯誤之論述，殊難依該記載，認抗告人已於上訴狀內表明上訴理由。（81台抗397）

△地方法院獨任法官將應適用通常訴訟程序之事件，誤爲簡易訴訟事件，適用簡易訴訟程序者，如當事人對之表示無異議或知其違背或可知其違背，並無異議而爲本案辯論者，依民事訴訟法第197條第1項但書規定，其責問權即已喪失，當事人不得以第一審訴訟程序有重大瑕疵爲由，提起第二審上訴。（81台上1310）

△按民法第242條所定代位權行使之範圍，固可包括提起訴訟之行爲在內，惟在訴訟程序進行中之行爲，則僅訴訟當事人或訴訟法規定之關係人始得爲之，債務人如已提起訴訟或被訴，該已由債務人進行之訴訟程序，唯有債務人始得續行，是債權人對該債務人所受法院之不利判決自無代位提起上訴之權。（92台上1886）

第四款　第三審（法律審）

非以判決違背法令（違背法令包括與第二審判決結果有因果關係致影響判決主文

者，及違背第469條，而不問是否於判決主文有影響者兩種，應分別以觀）不得上訴外，其對於財產權上訴利益之計算應就上訴聲明範圍內之訴訟標的，依起訴時之價額定之（參31年抗字第690號、32年抗字第680號、32年抗字第1014號、41年台上字第303號判例）。若標的價額不能按金錢估計或不能依其受益情形而爲核定者，依民事訴訟法第77條之12之規定，以第466條所定不得上訴第三審之最高利益額數加十分之一定之。另法院爲一部終局判決、補充判決時，訴訟標的價額應分別計算。

同時提起第三審上訴應以上訴狀提出於原第二審法院爲之，是該書狀須到達於法院時，始生提出之效力。且提起第三審上訴，依民事訴訟法第467條第1項之規定，應以上訴狀提出於原第二審法院爲之，法院調查上訴狀是否於上訴期間內提出於原第二審法院，自應以收狀書記官所載收狀日期爲準，不能依上訴人自在上訴狀所載日期定之。

民事訴訟法第476條第1項規定：第三審法院應以第二審判決確定之事實爲判決基礎。第三審既不得調查事實，則在第三審自不許爲訴之變更、追加或提起反訴。（參73年台上字第1903號判例）

上訴人於上訴狀內未附具理由，應於上訴提出後20日內補提理由狀，否則上訴將被駁回，而被上訴人於上訴狀或理由狀提出後15日內應提出答辯狀，其後所提出之書狀稱爲追加書狀。

另外民國89年2月9日修正公布之民事訴訟法，爲貫徹第三審法律審之功能，並保障當事人權益，爰於第三審上訴改採強制律師代理制度，則被上訴人委任律師爲訴訟代理人爲其答辯，即屬防衛權益所必要。且同法第466條之3第1項規定：「第三審律師之酬金，爲訴訟費用之一部」，係兼指第三審上訴人及被上訴人所委任律師之酬金而言，方能平等保障兩造之訴訟權，及貫徹第三審法律審功能之立法意旨。（參92年台聲字第427號裁定）

上訴聲明範例：

上訴聲明
一、請求將原判決關於被上訴人對上訴人之訴部分廢棄。（請求將原判決不利上訴人之部分廢棄）
二、右廢棄（或前項廢棄）部分，被上訴人在第一（二）審之上訴駁回並發回原審法院。
三、右廢棄（或前項廢棄）部分，其第一（二、三）審訴訟費用，均由被上訴人負擔之。

注意事項：
一、第三審上訴與第二審上訴除第三審係僅對判決違背法令（判決不適用法則或適用不當）提起外，其在程式上應特別注意，對於不服之理由必須於提出上訴後之20日內補提出，否則法院即無庸再通知補正，而逕予駁回，且上訴利益必須爲新台幣100萬元以上方得上訴到第三審。
二、適用法規顯有錯誤，應以確定判決違背法規或現存判例解釋者爲限。
三、上訴第三審所得受之利益之計算，在一般訴之合併既係合併計算，則本訴與反訴一

併提起上訴，自應一併計算其利益。

四、對第二審判決上訴，應委位律師爲訴訟代理人，此點業已明定。

五、民事訴訟法第476條第1項規定：第三審法院應以第二審判決確定之事實爲判決基礎。第三審既不得調查事實，則在第三審自不許爲訴之變更、追加或提起反訴。

△上訴人於提起上訴後15日內提出上訴理由書者，依民事訴訟法第468條第1項之規定，固應提出於原第二審法院，若已逾此期間，則依同法第469條第1項之規定，僅得在第三審未爲終局裁判前，提出上訴理由書於第三審法院，其提出於原第二審法院者，雖其提出之時第三審尚未裁判，而由第二審法院送交第三審法院之時，已在第三審裁判以後者，不得謂已於適當時期提出上訴理由書。（26渝聲6）

△提起第三審上訴，依民事訴訟法第467條第1項之規定，應以上訴狀提出於原第二審法院爲之，法院調查上訴狀是否於上訴期間內提出於原第二審法院，自應以收狀書記官所載收狀日期爲準，不能依上訴人自在上訴狀所載日期定之。（27渝抗560）

△依民事訴訟法第467條第2項應表明之上訴理由，法律雖未明定其應載如何之事項，而由同法第464條規定觀之，自必對於第二審判決之違背法令有具體之指摘而後可，若僅汎言原判決認定事實違法，則不得謂已合法表明上訴理由。（28渝聲225）

△民事訴訟法第461條規定，對於第二審之終局判決得上訴於管轄第三審之法院，並未規定對於中間判決得爲上訴。故對於第二審法院之中間判決有不服時，除依民事訴訟法不得聲明不服者外，應俟對於終局判決有上訴時，並受第三審法院之審判，不能獨立提起上訴。（28渝上2407）

△第三審上訴，爲當事人對於所受不利益之第二審終局判決聲明不服之方法，若該當事人在第二審已受勝訴之判決，僅因說明理由未能滿意，對之提起上訴自非合法。（31上3261）

△提起第三審上訴應以上訴狀提出於原第二審法院爲之，是該書狀須到達於法院時，始生提出之效力。（32聲74）

△依民事訴訟法第229條第3項規定，對於判決得上訴者，固應於送達當事人之正本內記載其期間，及提出上訴狀之法院，惟於不得上訴之判決誤爲此項記載，殊難因此即謂該判決得爲上訴。（32抗255）

△原第二審法院認第三審上訴有民事訴訟法第463條情形，爲駁回上訴之裁定時，上訴人得以其上訴無同條情形爲理由提起抗告，不在同法第481條限制之列，原第二審法院適用同法第481條、第487條第2項，爲駁回抗告之裁定即屬違法。（37抗1559）

〔上訴理由之依據〕

△民事訴訟法第383條係規定各種獨立之攻擊或防禦方法，達於可爲裁判之程度者，法院得爲中間判決，是遇有此種情形時，爲中間判決與否，應依法院之意見定之，並非必須爲中間判決，若獨立之攻擊或防禦方法達於可爲裁判之程度，同時訴訟亦已可爲裁判者，即應逕爲終局裁判，不得復爲中間判決，尤不許當事人以未爲中間判決爲上訴理由。（27渝上1045）

△訴訟標的於確定之終局判決中經裁判者，當事人不得就該法律關係更行起訴，在民事訴訟法第399條第1項設有明文。本件據原審合法認定之事實，上訴人曾以雙流縣司法

處拍賣之某甲所有某處田業12畝房屋12間，已由上訴人拍定等情，對於被上訴人提起確認該田房為其所有之訴，當經確定判決，以該田房之拍定，已因被上訴人提起異議之訴之結果予以撤銷，將上訴人之訴駁回在案，是原判決以上訴人復提起確認該田房為其所有之本件訴訟，為違背上開規定，維持第一審駁回其訴之判決，於法尚無不合。茲上訴人雖謂前後兩訴一為確認拍賣有效之訴，一為確認拍賣無效，則請求損害賠償之訴，不得以一事不再理之法相繩云云，然查上訴人在前次訴訟請求確認拍賣有效，即係請求確認其因拍賣而取得之所有權為存在，其在本件訴訟既亦請求確認該田房為其所有，即不能以其有損害賠償之請求與之預備合併，遂謂其請求確認所有權存在之部分為既判力所不及，關於此點之上訴，不能認為有理由。（30渝上87）

△ 法院未命鑑定人於鑑定前具結，固屬違背民事訴訟法第334條之規定，惟此規定僅為當事人之利益而設，當事人知其違背或可知其違背並無異議，而為本案之辯論者，依同法第197條第1項之規定，其責問權即行喪失，嗣後不得更以此項訴訟程序規定之違背為上訴理由。（30渝上489）

△ 民法第192條第2項所定，加害人對於被害人生前負法定扶養義務之第三人所應賠償之損害，依同法第216條之規定，自應按被害人之扶養能力，及與應受扶養之第三人之關係，於可以推知該被害人之生存期內，所應給付之扶養額，為計算賠償額之標準，原審判決並未依法算定賠償額，對於被告不應賠償之主張，亦毫未有所論斷，憑空酌定賠償額為8千元，顯有可為上訴理由之違背法令。（32附464）

△ 第一審法院書記官未將上訴狀繕本送達，固屬違背民事訴訟法第440條第1項之規定，惟此項規定僅為當事人之利益而設，當事人知其違背或可知其違背並無異議，而為本案之辯論者，依同法第197條第1項之規定，其責問權即行喪失，嗣後不得更以此訴訟程序規定之違背，為上訴理由。（39台上1229）

△ 指定宣示判決之期日，自辯論終結時起，不得逾5日，雖為民事訴訟法第223條第3項所明定，第該條項僅為訓示規定，縱有違背，仍於判決之效力不受影響，不得以之為上訴理由。（41台上424）

△ 第二審法院依民事訴訟法第460條，準用同法第249條第2項之規定，對於當事人之上訴不經言詞辯論逕以判決駁回之者，須當事人聲明上訴之事項，在法律上顯無理由時，始得為之，若當事人於其聲明上訴之事項，能否為有利於之證明，則屬事實問題，而與其上訴在法律上顯無理由者不同，自不在不經言詞辯論逕以判決駁回其上訴之列。（42台上526）

△ 民事訴訟法第199條第2項規定，審判長應向當事人發問或曉諭，令其陳述事實、聲明證據，或為其他必要之聲明及陳述，其所聲明及陳述有不明瞭或不完足者，應令其敘明或補充之云云，此為審判長（或獨任法官）因定訴訟關係之闡明權，同時並為其義務，故審判長對於訴訟關係未盡此項必要之處置，違背闡明之義務者，其訴訟程序即有重大瑕疵，而基此所為之判決，亦屬違背法令。（43台上12）

△ 第二審於有民事訴訟法第386條第1款所定「言詞辯論期日不到場之當事人未於相當時期受合法傳喚」之情形下，竟依到場當事人之聲請，由其一造辯論而為未到場人敗訴之判決者，該第二審判決即係違背法令，未到場當事人自得據為上訴理由。（50台上

2040）

△對於第二審法院之判決提起上訴，非以其違背法令爲理由，不得爲之。又提起第三審
上訴，應提出上訴狀，並表明上訴理由及添具上訴理由之必要證據，民事訴訟法第
467條、第470條第2項定有明文。本件上訴論旨，並未具體指出原審認定事實有如何
違反法令情事，更未指明其所違反法令之條項或其內容。僅泛稱原審審判不實，違
背法令等語，自不得謂已合法表明上訴理由，本件上訴，顯難認爲合法。（70台上
720）

△民事訴訟法第467條規定：對於第二審判決上訴，非以其違背法令爲理由，不得爲
之。本件上訴人向本院提出之上訴狀，僅記載：「上訴人主張之事實及理由，引用原
審訴狀及陳述」，並未表明原審所爲之判決，究竟有何違背法令之處，其上訴即不能
認爲合法。（70台上2027）

△當事人依民事訴訟法第468條規定以第二審判決有不適用法規或適用法規不當爲上訴
理由時，其上訴狀或理由書應有具體之指摘，並揭示該法規之條項或其內容，若係成
文法以外之法則，應揭示該法則之旨趣，倘爲司法院解釋或本院之判例，則應揭示該
判解之字號或其內容，如依民事訴訟法第469條所列各款事由提起第三審上訴者，其
上訴狀或理由書應揭示合於該條款之事實，上訴狀或理由書如未依此項方法表明者，
即難認爲已對第二審判決之違背法令有具體之指摘，其上訴自難認爲合法。本件上訴
人提起第三審上訴，核其訴狀所載，僅就原審取捨證據任加指摘，並未具體指出原判
決違背何等法規，依上說明，其上訴即難認爲合法。（71台上314）

△當事人以第二審判決違背經驗法則、證據法則爲理由，提起第三審上訴者，其上訴狀
或其理由書應有具體之指摘，並揭示該經驗法則、證據法則。上訴書狀如未依此項方
法表明者，難謂已合法表明上訴理由，其上訴自難認爲合法。（71台上480）

△前訴訟程序第二審法院雖未認上訴人之第二審上訴不合法，而從實體上爲駁回上訴人
第二審上訴之判決，然因第二審上訴合法與否，第三審仍應依職權調查之，民事訴訟
法第476條第1項之規定，於應由第三審依職權調查之事項不適用。上訴人之第二審上
訴，本院經依職權調查之結果，認定其爲不合法，並以第二審未依法以裁定駁回之，
而從實體上爲駁回之判決，雖有未合，但其結果相同，遂仍以判決維持之，而駁回上
訴人之第三審上訴。本院確定判決既非以第二審判決確定之事實爲基礎，而上訴人提
起之再審之訴，又係以發見未經斟酌之證物，足證前訴訟程序本院認定其在第二審之
上訴不合法事實，顯屬錯誤爲理由。依同法第499條前段規定，本件再審之訴仍專屬
本院管轄，要無同條第2款之適用。（72台上112）

△民事訴訟法第484條所稱之裁定，係指屬於本訴訟事件之裁定，其事件不得上訴於第
三審，及其他裁定，其本案訴訟事件不得上訴於第三審者而言。（74台聲30）

△民事訴訟法第466條第1項所定不得上訴之額數有增加時，依民事訴訟法施行法第8條
規定，以其聲明不服之判決，係在增加前爲之者，始依原定額數定其上訴之准許與
否。若其判決係在增加後爲之者，縱係於第三審法院發回後所爲之更審判決，皆應依
增加後之額數定其得否上訴。（74台抗174）

△對於民事訴訟法第427條第2項簡易訴訟程序之第二審判決，其上訴利益逾第466條所

定之額數者，當事人僅得以其適用法規顯有錯誤為理由，逕向最高法院提起上訴，民事訴訟法第436條之2第1項定有明文。所謂適用法規顯有錯誤，係指原第二審判決就其取捨證據所確定之事實適用法規顯有錯誤而言。不包括認定事實不當之情形在內。（80台上1326）

△ 依民事訴訟法第436條之2第1項規定，對於簡易訴訟程序之第二審判決提起上訴者，應同時表明上訴理由，第436條之4第1項前段定有明文。所謂表明上訴理由，係指表明第二審判決有如何適用法規顯有錯誤之情形而言，觀之同法第436條之2第1項規定自明。本件抗告人收受第二審判決後，提起第三審上訴，其上訴狀內僅記載：上訴理由引用在第一審及第二審之陳述及訴狀所載云云。查抗告人在第一審及第二審之陳述及其引用者，均係在第二審判決前所為，其內容自不可能有第二審判決如何適用法規顯有錯誤之論述，殊難依該記載，認抗告人已於上訴狀內表明上訴理由。（81台抗397）

△ 第三審法院認上訴為有理由而廢棄原判決者，依民事訴訟法第478條第1項規定，應將該事件發回原第二審法院或發交其他同級法院。所謂發回原第二審法院，指發回曾就該事件為審判之第二審法院而言，且應受發回之原第二審法院，不因其原管轄之第一審法院上訴事件於發回前改隸他法院管轄而變更；所謂發交其他同級法院，指將該事件發交原第二審法院以外之其他第二審法院而言。又第三審法院廢棄原判決後，究應為發回或發交之判決，原有斟酌之權，不受當事人請求之拘束。至受發回或發交之法院，就發回或發交之事件有管轄權，當不待言。（82台抗300）

△ 第三審上訴係採律師強制代理制度，除有民事訴訟法第466條之1第1項但書及第2項之情形外，對於第二審判決上訴，上訴人應委任律師為訴訟代理人，如未委任律師為訴訟代理人，第二審法院應定期先命補正；於上訴人自行委任或經法院為其選任律師為訴訟代理人之前，上訴人尚不具表明上訴理由之能力，自不得以其未於同法第471條第1項所定期間內提出上訴理由書，即認其上訴為不合法，以裁定予以駁回。（90台抗162）

○ 對於簡易訴訟程序之第二審判決提起第三審上訴，未繳納裁判費，若其有律師為訴訟代理人，依民事訴訟法施行法第9條之規定，固無庸命其補正，原法院得逕行裁定駁回其第三審上訴。惟聲明上訴時尚未委任律師為訴訟代理人，其後方始委任律師為訴訟代理人者，須該訴訟代理人確已知悉上訴人未繳納上訴裁判費用，並有充分期間得自動繳納而仍未繳納者，基於避免拖延訴訟，始有其適用。（92台簡抗9）

第五款 再審

一、意義

再審之訴，實質上為前訴訟程序之再開或續行，如向原第一審或第二審法院提起再審之訴，而應行言詞辯論者，法院應按前訴訟言詞辯論終結時之程序續行辯論，當事人兩造在前程序所為訴訟行為之效力，不因再審之訴為形式上之新訴而受影響（參68年台上字第764號判例）。而再審之訴係對於確定終局判決聲明不服；除當事人已依上訴主

張其事由或知其事由而不爲主張者，不得聲請再審外，須具備以下條件：

(一) 適用法規顯有錯誤者（法規指法律、命令、解釋例、判例等，參57年台上字第1091號判例及釋字第177號）。

(二) 判決理由與主文顯有矛盾者。

(三) 判決法院之組織不合法者。

(四) 依法律或裁判應迴避之法官參與裁判者。

(五) 當事人於訴訟未經合法代理者。

(六) 當事人知他造之住居所，指爲所在不明而與涉訟者。但他造已承認其訴訟程序者，不在此限。

(七) 參與裁判之法官關於該訴訟違背職務犯刑事上之罪者，或關於該訴訟違背職務受懲戒處分，足以影響原判決者。

(八) 當事人之代理人或他造代理人關於該訴訟有刑事上應罰之行爲，影響於判決者。

(九) 爲判決基礎之證物係僞造或變造者。

(十) 證人、鑑定人、通譯、當事人或法定代理人經具結後，就爲判決基礎之證言、鑑定、通譯或有關事項爲虛僞陳述者。

(十一) 爲判決基礎之民事、刑事、行政訴訟判決及其他裁判或行政處分，依其後之確定裁判或行政處分已變更者。

(十二) 當事人發現就同一訴訟標的在前已有確定判決或和解、調解或得使用該判決或和解、調解者。

(十三) 當事人發現未經斟酌之證物或得使用該證物者。但以如經斟酌可受較有利益之裁判者爲限。

其中第7點至第10點情形，以宣告有罪之判決或處罰鍰之裁定已確定，或因證據不足以外之理由，而不能爲有罪之確定判決或罰鍰之確定裁定者爲限，得提起再審之訴。（民訴§496）

依第466條不得上訴於第三審法院之事件，除前條規定外，其經第二審確定之判決，如就足影響於判決之重要證物，漏未斟酌，或當事人有正當理由不到場，法院爲一造辯論判決者。（民訴§497）

二、重要事項說明

(一) 再審之訴，已委任律師爲訴訟代理人而未繳納裁判費者，一律不命補正，逕以駁回。（參64年2月4日民庭總會決議）

(二) 當事人聲請再審，同時聲請訴訟救助，於駁回其訴訟救助之裁定，經合法送達後，已逾相當期間仍未補繳裁判費，得逕予駁回。（參68年11月7日民庭總會決議）

(三) 再審理由及關於其遵守不變期間之證據，若有欠缺是否可補正，實務上見解前後有異：

1. 不准補正。（參60年台抗字第538號、60年台抗字第688號判例及63年5月28日民庭庭推總會決議）

2. 准予在該院評議前，自行補正。（參67年6月6日民庭庭推總會決議）

3. 裁定補正。依據71年2月2日民庭決議：當事人提起再審之訴（或聲請再審），未依民事訴訟法第501條第3款（或依民事訴訟法第507條、第501條第3款）規定爲表明者，係屬同法第121條所謂之書狀不合程式，其情形與未依同條第4款規定表明再審理由及關於再審理由並遵守不變期間之證據不同，法院應裁定定期命爲補正，在未補正前，不得以其訴（或聲請）爲不合法，裁定予以駁回。（71年度台抗字第433號裁定）

(四) 未表明應於如何程度廢棄原判決（或裁定）及就本案如何判決之聲明，則不得遽予駁回。（參72年7月12日第7次民庭總會決議）

(五) 再審原告在前訴訟程序之第三審已主張第二審判決適用法規不當，經第三審法院駁回，再審原告仍認第三審判決係適用法規顯有錯誤，仍可提起再審之訴。此一再審期間，應自裁判確定時起算，須特別注意。

(六) 支付命令，係屬再審事件，應依民事訴訟法第507條規定，聲請再審。

(七) 依民事訴訟法第496條第1項第5款規定，當事人未經合法代理，僅限於代理權欠缺之一造。（參67年1月17日民庭庭推總會決議）

(八) 再審之訴向原第一審或第二審法院提起，其再開本案之程序應行言詞辯論者，即按前程序言詞辯論終結前之程序，於再開之範圍內續行辯論，當事人於續行之程序，得提出新攻擊防禦方法，且得爲自認、捨棄及認諾等行爲，此觀民事訴訟法第499條及第501條之規定自明。（參49年台上字第419號判例）

三、管轄

再審之訴，專屬爲判決之原法院管轄（民訴§499Ⅰ）。例外專屬第二審法院管轄者限對於審級不同之法院就同一事件所爲之判決，提起再審之訴者，專屬上級法院合併管轄。但對第三審法院之判決，係本於第496條第1項第9款至第13款事由，聲明不服者。（民訴§499Ⅱ）

對於抗告或再抗告爲無理由駁回之裁定，以民事訴訟法第496條第1項或第497條爲再審原因，聲請再審，依民事訴訟法第507條準用第五編再審程序之規定，專屬原第三審法院，至於對抗告或再抗告不合法而駁回，而以前開再審原因者，則仍由最高法院自行依法裁判。（參70年台抗字第120號裁定、70年9月15日第二十次民庭總會決議及71年2月2日第二次民庭總會決議）

四、期間

再審之訴，應於判決確定後之30日不變期間內提起。但再審之理由知悉在後者，自知悉時起算。如再審理由發生於判決確定之後，自發生時起算，於5年內提起再審。

惟如當事人於訴訟未經合法代理者，或當事人知他造之住居所，指爲所在不明而與涉訟，且他造不承認其訴訟程序者，或當事人發現就同一訴訟標的在前已有確定判決或和解、調解或得使用該判決或和解、調解者，不受前述五年期間之限制。

對於第二審判決於上訴期間內提起上訴，第三審法院以其上訴另有其他不合法情形，以裁定駁回其上訴者，對原判決提起再審之訴時，其再審不變期間固應自裁定確定之翌日起算（參看司法院院解字第3007號解釋）；若以民事訴訟法第496條第2項第1款

提起者，計算是否逾30日，應自裁判確定起算（參第70年台再字第212號判例）。但對於第二審判決逾越上訴期間後之上訴，第三審法院以上訴逾期為不合法裁定駁回者，其再審不變期間仍應自原判決確定之翌日起算，不得自駁回上訴裁定確定翌日起算再審不變期間。（參78年台抗字第149號判例）

五、再審之訴聲明之說明 [6]

　　為不服原確定○○年度○字第○號確定判決，爰依法提起再審之訴事：

(一) 應在如何範圍內廢棄原判決及就本案應為如何之聲明。

　　請求判決

1. 原確定判決廢棄並駁回再審被告之訴。

（原判決命再審原告給付再審被告新台幣（下同）○○元整，暨自民國○○年○月○日起至清償日止，按年息5%計算之利息部分及該部分訴訟費用均廢棄。）

2. 再審及前審之訴訟費用，均由再審被告負擔。

（右廢棄部分之再審及前審訴訟費用，均由再審被告負擔。）

(二) 提出遵守再審期間的必要說明事項。

(三) 事實及理由。

△當事人發見未經斟酌之證物，依民事訴訟法第492條第1項第11款提起再審之訴時，其以該證物證明之事實，不以在前訴訟程序已經主張者為限，苟為當事人得在前訴訟程序提出之以為新攻擊防禦方法之事實，皆得以該證物證之。（26鄂上56）

△民事訴訟法第498條第1項所謂再審之訴不合法，係指再審之訴不合程式，或已逾期間，或法律上不應准許者而言。（27渝抗622）

△再審之訴，以發見未經斟酌之證物為再審理由者，如其證物是否可採，須依調查證據之結果始能斷定，即非民事訴訟法第498條第2項所謂顯無再審理由。（28渝上561）

△民事訴訟法第500條之規定，於依同法第503條對於已經確定之裁定聲請再審時，亦準用之，故聲請再審雖有再審理由，法院如認原裁定為正當者，應以裁定駁回之。（29渝聲43）

△抗告人在原法院提起再審之訴，據稱發見未經斟酌之印冊一本，如經斟酌可受較有利益之裁判，又為判決基礎之族譜係屬偽造等情，是抗告人提起再審之訴，已主張有民事訴訟法第492條第1項第7款及第11款所定之情形，以為訴之理由。至其情形是否果屬存在，則為其訴有無理由之問題，除其再審之訴尚欠缺其他合法要件外，即應依判決程序調查裁判。（29渝抗283）

△民事訴訟法第492條第11款所謂證物，不包含證人在內，觀同法第428條將證物與證人對稱自明，故發見新證人不足為再審理由。（29渝上696）

△抗告人雖援用民國24年2月19日院字第1222號解釋，謂對於財產權上訴之第二審判決，因上訴所得受之利益不逾一定額數者，原不得上訴於第三審，惟第二審法院於此項案件判決確定後，所為駁回再審之訴之裁定，當事人如有不服仍得抗告云云。然查此項解釋係就當時適用之舊民事訴訟法為之，舊民事訴訟法僅於第433條規定，對於財產權上訴之第二審判決，如因上訴所得受之利益不逾300元者不得上訴，並未於抗

告程序設有相當於現行民事訴訟法第481條之規定，故爲如是之解釋，現行民事訴訟法既就抗告設有第481條之規定，此項解釋即不得再行援用。（30渝抗71）

△再審之訴，形式上雖爲訴之一種，實質上則爲前訴訟之再開或續行，故關於訴訟標的之價額，在提起再審之訴時縱有增漲，仍應以前訴訟程序起訴時之價額爲準。（32抗117）

△抗告人係提起再審之訴，其在前訴訟程序雖曾經第一審於民國26年12月1日，以裁定准予訴訟救助在案，然按之民事訴訟法第111條之規定，於再審之訴，非有效力。（32抗188）

△上訴人在前訴訟程序提出之借券上所蓋被上訴人之父某甲之名章，被上訴人否認爲其父使用之章，茲上訴人雖提出清史通俗演義一書，謂其上所蓋某甲名章與借券所蓋者同，並以所舉新證人某乙所稱，該書係在伊家尋獲等語爲證，然此項新證人不能於再審程序與該書所蓋某甲名章合用爲證，原判決認此項再審理由不成立並非違法。（32上1513）

△民事訴訟法第492條第1項但書所謂當事人已依上訴主張其事由，係指當事人就得依上訴主張之事由，已依上訴主張之者而言。如當事人在第二審言詞辯論終結後，發見同條項第11款之證物，本不能在第三審提出者，縱曾於第三審上訴主張而被擯斥，仍得據以提起再審之訴。（33上2600）

△對於終審法院之裁定有所不服者，除合於法定再審原因，得聲請再審外，不容以其他之方法聲明不服，故不服終審裁定而未以聲請再審之程序爲之者，仍應視其爲再審之聲請，而依聲請再審程序調查裁判。（34聲263）

△訴訟之全部或一部法院認爲無管轄權者，依原告聲請或依職權以裁定移送於其管轄法院，此爲民事訴訟法第28條第1項所明定。此項規定，並依同法第501條應準用於再審訴訟程序。（41台再5）

△當事人依民事訴訟法第492條規定提起再審之訴，以主張同條項各款規定之情形即爲合法。至其情形是否果屬實在，則爲其訴有無理由之問題，除其再審之訴尚欠缺其他合法要件外，即應依判決程序調查裁判。又再審之訴是否合於同條第1項但書之規定，亦屬於其訴有無理由之問題。（48台抗157）

△上訴人對於被上訴人所經營之合夥商號已取得1萬5,000元之執行名義，無論債之發生係基於何種原因，而在該確定判決未依再審程序變更以前，要難否認其爲合夥之債務，在合夥財產不足清償合夥債務時，各合夥人對於不足之額，不能不負連帶清償責任。（49台上789）

△對於已確定之再審判決，民事訴訟法既無不得提起再審之訴之限制，即非不得提起再審之訴（司法院36年4月12日院解字第3444號參照），則依民事訴訟法第492條第1項第11款前段，其新證據須在前事實審之言詞辯論終結前已存在者，應指再審程序中之言詞辯論而言。（53台上986）

△再審原告交付與前業主之保證金10萬元，依契約第3條規定係以保證金所生之利息抵沖租金，並非預付租金，前業主既未將此項保證金移轉與再審被告，再審被告亦未承擔該保證金債務，自無從就該保證金之利息取得租金，再審被告以再審原告遲付租金

2個月以上，經定期催告交付仍不履行，據以終止租約，請求收回房屋，自屬正當。（58台再8）

△聲請再審，係準用再審之訴之規定（民事訴訟法第507條），故必有再審之理由，且依法表明者，始得聲請再審（同法第501條第1項第4款）。否則，其聲請再審爲不合法。（60台抗688）

△提起再審之訴，應依民事訴訟法第501條第1項第4款表明再審理由，及關於再審理由並遵守不變期間之證據，此爲必須具備之程式。所謂表明再審理由，必須指明確定判決有如何合於法定再審事由之具體情事始爲相當，倘僅泛言有何條款之再審事由，而無具體情事者，仍難謂已合法表明再審事由。既未合法表明再審事由，即爲無再審之事由，性質上無庸命其補正。（61台再137）

△裁定已經確定，而有民事訴訟法第497條之情形者，固得準用再審程序之規定聲請再審，然民事訴訟法第497條，係就不得上訴於第三審法院之事件而爲之規定，前訴訟程序之確定裁定，既係得抗告於第三審法院之事件，自無民事訴訟法第497條之準用。（61台抗621）

○關於民法第976條第1項第9款，所謂「有其他重大事由」之認定及應如何解釋始公平合理，或爲事實審法院認定事實之職權，或爲法律審法院就該法律規定事項所表示之法律上之意見（通稱法律見解），無適用法規顯有錯誤之可言。（63台再67）

△法院裁判適用法規或解釋法律，係依職權爲之，原無待當事人提出其他判決以爲證據。再審原告提出另一判決，利用其法律上之見解而爲有利於己之主張，不能謂係民事訴訟法第496條第1項第13款之新證物。（64台聲58）

△解釋意思表示原屬事實審法院之職權，原確定判決不過就事實審法院所確定之事實爲法律上之判斷，事實審法院解釋意思表示，縱有不當，亦不生適用法規顯有錯誤問題。（64台再140）

△第三審法院應以第二審判決確定之事實爲判決基礎（參照民事訴訟法第476條第1項），第三審法院以第二審法院之判決認事用法均無不當而維持第二審法院之判決者，當事人如以適用法規顯有錯誤爲由提起再審之訴，僅得對第三審法院之判決爲之。（65台上1276）

△民事訴訟法第496條第1項第12款所謂：在前已有確定判決或和解、調解或得使用該判決或和解、調解者，以前後兩訴之訴訟標的同一爲要件。茲上訴人主張，被上訴人在本件訴訟前，對上訴人曾提起之訴，一爲因債務不履行而生之損害賠償請求權（民法第227條），一爲依民法第879條規定之求償權，與本件依民法第179條規定，行使不當得利返還請求權者，其訴訟標的，並非同一，不得據爲再審原因。（66台上1542）

△對於第二審判決於上訴期間內提起上訴者，其上訴因不合法而被以裁定駁回時，在該裁定確定前，尚無從斷定上訴爲不合法。因之，應於駁回上訴之裁定確定時，始知悉原判決確定（司法院院字第3007號解釋參照），故對於該原判決提起再審之訴者，其提起再審之訴之不變期間，應自駁回上訴之裁定確定時起算。（67台抗495）

△當事人依民事訴訟法第496條第1項第5款之規定提起再審之訴，應僅限於代理權欠缺之一造當事人始得爲之。他造當事人不得據爲再審原因。（68台再145）

△再審之訴，實質上爲前訴訟程序之再開或續行，如向原第一審或第二審法院提起再審之訴，而應行言詞辯論者，法院應按前訴訟言詞辯論終結時之程序續行辯論，當事人兩造在前程序所爲訴訟行爲之效力，不因再審之訴爲形式上之新訴而受影響。（68台上764）

△再審之訴顯無再審理由者，法院得不經言詞辯論，以判決駁回之，民事訴訟法第502條第2項定有明文。此項規定，依同法第380條第3項規定，於請求繼續審判之程序準用之，故繼續審判之請求，顯無理由者，法院亦得不經言詞辯論逕以判決駁回之。所謂繼續審判之請求顯無理由，必須請求人所主張和解無效或得撤銷之原因，在法律上顯不得據爲請求繼續審判之理由者，始足當之，若請求人所主張和解無效或得撤銷之原因，尚須調查證據，始能認定其有無繼續審判之理由者，仍應行必要之言詞辯論，不得不經言詞辯論逕以判決駁回之。（69台上42）

△對於本院裁定聲請再審，非主張該裁定有民事訴訟法第496條第1項所列各款情形之一，不得爲之，此觀同法第507條規定自明。茲聲請人對於本院69年台聲字第94號裁定聲請再審，僅對前訴訟程序之確定裁判有所指摘，並未表明上開確定裁定有何法定再審原因，其再審之聲請，自難認爲合法。（69台聲123）

△對本院確定判決提起再審之訴，應以有民事訴訟法第496條第1項各款之原因爲限，此項原因亦即再審理由，必須於訴狀中表明之（見同法第501條第1項第4款），否則其訴即屬不合法，毋庸命其補正，逕以裁定駁回之。本件再審原告於民國69年12月12日，向本院提出之再審訴狀，僅云原確定判決有不備理由，及未斟酌其所提出之證據之違法情形，並未表明任何法定再審原因，依上開說明，顯難認其再審之訴爲合法。（70台再35）

△提起民事再審之訴，應於30日之不變期間內爲之，民事訴訟法第500條第1項定有明文。當事人以有同法第496條第1項第1款適用法規顯有錯誤之情形提起再審之訴，應認此項理由於裁判送達時當事人即可知悉，故計算是否逾30日之不變期間，應自裁判確定時起算，無同法第500條第2項但書再審理由知悉在後之適用。（70台再212）

△當事人對於和解請求繼續審判，依民事訴訟法第380條第3項準用同法第500條第1項及第2項規定，應自和解成立之日起30日之不變期間內爲之，如請求繼續審判之理由知悉在後者，該項期間自知悉時起算。（70台抗291）

△第三審爲法律審，其所爲判決，以第二審判決所確定之事實爲基礎，故民事訴訟法第496條第1項第1款所謂適用法規顯有錯誤，對第三審判決言，應以該判決依據第二審判決所確定之事實而爲之法律上判斷，有適用法規顯有錯誤之情形爲限。（71台再30）

△民事訴訟法第496條第1項第1款所謂適用法規顯有錯誤，係指確定判決違背法規或現存判例解釋者而言，故當事人自收受判決正本之送達時，對於判決理由，有無適用法規顯有錯誤之情形，即可知悉。至於當事人本人對於法規之瞭解程度如何，當不能影響同法第500條第1項、第2項關於30日不變期間之起算。（71台再210）

△前訴訟程序第二審法院雖未認上訴人之第二審上訴不合法，而從實體上爲駁回上訴人第二審上訴之判決，然因第二審上訴合法與否，第三審仍應依職權調查之，民事訴訟

法第476條第1項之規定，於應由第三審依職權調查之事項不適用。上訴人之第二審上訴，本院經依職權調查之結果，認定其為不合法，並以第二審未依法以裁定駁回之，而從實體上為駁回之判決，雖有未合，但其結果相同，遂仍以判決維持之，而駁回上訴人之第三審上訴。本院確定判決既非以第二審判決確定之事實為基礎，而上訴人提起之再審之訴，又係以發見未經斟酌之證物，足證前訴訟程序本院認定其在第二審之上訴不合法事實，顯屬錯誤為理由。依同法第499條前段規定，本件再審之訴仍專屬本院管轄，要無同條第2款之適用。（72台上112）

△ 聲請人於民國71年10月22日收受確定判決後，固曾於71年10月27日向台灣高等法院提起再審之訴，其所具再審訴狀載明依據民事訴訟法第496條第1項第13款規定，迨71年12月17日，聲請人始向該院提出「補充再審理由狀」載明：另有消極的不適用民法第224條之違法等語；此為民事訴訟法第496條第1項第1款之再審理由，與聲請人前此所主張同條項第13款之再審理由顯然有別。兩者之再審理由既不相同，所應遵守之不變期間自應分別計算。（72台聲392）

△ 當事人對民事確定判決，提起再審之訴，應於30日之不變期間內為之。又該期間自判決確定時起算，為民事訴訟法第500條第1項、第2項所明定。其對於附帶民事訴訟確定判決，依刑事訴訟法第512條規定向民事法院提起再審之訴者，自亦相同。（72台上533）

△ 裁定已經確定而有民事訴訟法第497條之情形者，同法第507條固規定得為聲請再審之原因，然此唯於第二審法院所為並依同法第484條不得抗告之裁定，始有其適用。對於本院所為之裁定，殊無適用之餘地。（73台聲72）

△ 聲請人對於本院裁定聲請再審，僅泛引民事訴訟法第496條第1項第9款至第13款規定為依據。然對於本院上開認為聲請人聲請再審為不合法而予駁回之裁定，究竟有何合於該再審事由之具體情事，則未據表明，自非合法。（73台聲377）

△ 聲請假扣押，應就其請求釋明之，民事訴訟法第526條第1項規定甚明。如其欲依假扣押保全執行之請求，已為確定判決所否認，則其聲請自屬不能准許（參看本院27年抗字713號判例）。而提起再審之訴，非有阻斷判決確定之效力。是故對該確定判決提起再審之訴，亦不得就該業經否認之請求聲請假扣押。（77台抗141）

△ 對於第二審判決於上訴期間內提起上訴，第三審法院以其上訴另有其他不合法情形，以裁定駁回其上訴者，對原判決提起再審之訴時，其再審不變期間固應自裁定確定翌日起算（參看司法院院解字第3007號解釋）。但對於第二審判決逾越上訴期間後之上訴，第三審法院以上訴逾期為不合法裁定駁回者，其再審不變期間仍應自原判決確定翌日起算，不得自駁回上訴裁定確定翌日起算再審不變期間。（78台抗149）

△ 民事訴訟法第496條第1項第2款所謂：判決理由與主文顯有矛盾，係指判決依據當事人主張之事實，認定其請求或對造抗辯為有理由或無理由，而於主文為相反之諭示，且其矛盾為顯然者而言。茲確定判決於理由項下，認定再審原告對於再審被告部分之上訴，為無理由，而於主文諭示駁回再審原告此部分之上訴。依上說明，並無判決理由與主文顯有矛盾之情形。（80台再130）

△ 最高法院認上訴或抗告，不合民事訴訟法第436條之2第1項及第436條之3第2項之規定

而不應許可者，應以裁定駁回之；前項裁定，不得聲請再審，同法第436條之5定有明文。此項規定，於簡易程序第二審法院認上訴或抗告不應許可而以裁定駁回，經抗告後，最高法院認其抗告為無理由而駁回之裁定，自應有其適用。（87台簡聲1）

○ 再審之訴訟程序準用各該審級訴訟程序之規定，為民事訴訟法第505條所明定。查本件上訴人係以原確定判決有民事訴訟法第496條第1項第11款規定之再審事由，提起再審之訴，觀諸同法第499條第2項但書之規定，乃專屬於原第二審法院管轄，自無第三審律師強制代理規定之適用。（94台上157）

○ 按第三人撤銷之訴與再審之訴均係以除去確定之終局判決為目的，依民事訴訟法第507條之5準用同法第505條之規定，第三人撤銷之訴之訴訟程序因準用再審之訴訟程序，自應準用關於各該審級訴訟程序之規定。故關於第三人撤銷之訴訴訟標的價額之核定，即應準用同法第77條之1第2項規定，以前訴訟程序之起訴時為準，而非以第三人撤銷之訴起訴時為準，亦即其訴訟標的之價額仍應以原確定判決訴訟程序所核定者為準，不容任意變更。從而在原確定判決訴訟程序就標的價額計算，因上訴所得受之利益不逾新臺幣150萬元而不得提起第三審上訴者，在第三人撤銷之訴之訴訟程序自亦不得上訴於第三審法院。（95台上60）

○ 確定判決有民事訴訟法第496條第1項各款所列情形之一者，當事人得以再審之訴對聲明不服，但當事人已依上訴主張其事由或知其事由而不為主張者，不在此限，固為同條但書所明定。惟該但書之規定，係以當事人既經依上訴主張其事由，則其事由已受上級法院審判，為訴訟經濟計，始不許當事人復以再審之方法更為主張。倘其上訴係因「不合法」而經上級法院以裁定駁回者，因未受上級法院實體審判，自無不許其以相同事由提起再審之訴之理。（95台上1990）

○ 有回復原狀之聲請，或提起再審或異議之訴，或對於和解為繼續審判之請求，或提起宣告調解無效之訴、撤銷調解之訴，或對於許可強制執行之裁定提起抗告時，法院因必要情形或依聲請定相當並確實之擔保，得為停止強制執行之裁定，強制執行法第18條第2項定有明文。所稱法院，係指受理回復原狀之聲請、再審之訴、異議之訴等訴訟之受訴法院而言。（97台抗403）

○ 當事人依民事訴訟法第496條第1項第5款之規定提起再審之訴，應僅限於代理權欠缺之一造當事人始得為之，他造當事人不得據為再審原因（參看本院68年台再字第145號判例）。次依同法170條、第175條規定，當事人於訴訟繫屬中其法定代理權消滅者，訴訟程序在有法定代理人承受訴訟以前，固應當然停止並由法定續行訴訟之人承受訴訟。惟聲請事件於裁判前，僅須審查聲請人單方聲請之事由是否合法及有無理由，而毋庸審究相對人相關之事由時，縱相對人於聲請繫屬後法定代理權消滅而未由新法定代理人承受訴訟，即依聲請人書面聲請之事由不經言詞辯論而為裁判者，參照民事訴訟法第188條第1項但書規定及查院18年上字第2690號、22年上字第804號判例意旨，亦非當然不生效力，且不生當事人於訴訟未經合法代理之問題。（97台聲1092）

○ 為免執行程序長期延宕，有損債權人之權益，故強制執行程序開始後，原則上不停止執行。於債務人提起再審之訴，法院因必要情形或依聲請定相當並確實之擔保，始得

爲停止強制執行之裁定，此觀強制執行第18條第1項、第2項規定即明。所謂必要情形，固由法院依職權裁量定之。然法院爲此決定，應就再審之訴在法律上是否顯無理由，以及如不停止執行，將來是否難於回復執行前之狀態，及倘予停止執行，是否無法防止債務人濫行訴訟以拖延執行，致債權人之權利無法迅速實現等各種情形予以斟酌，以資平衡兼顧債務人及債權人雙方之利益。於債務人聲明願供擔保時，亦然。非謂債務人以提起再審之訴爲由且聲明願供擔保而聲請停止強制執行程序時，法院須一律予以准許，此爲本院最新見解。（98台抗375）

第六款　確定訴訟費用

確定訴訟費用在整個訴訟程序的完結上，占有極重要的地位，因爲當事人對於民事訴訟程序所繳納的訴訟費用及進行此一程序所衍生的費用，均可在此時請求法院命敗訴的一造返還，故對此一權利的行使，本書以此一書狀作精要的概說供讀者參考。

為聲請確定訴訟費用額事：

查〇年度簡字第〇號給付票款事件，業經　鈞院於〇年〇月〇日判決並宣示第一審訴訟費用由被告即相對人負擔。又因對被告公示送達，所示費用計新台幣（下同）〇〇元，另聲請人所支出之訴訟費用計裁判費〇〇〇元、公示送達費用〇元、郵費〇元，合計共計〇元，正待一併請求強制執行。爰特檢具有關之一審判決書影本乙份，裁判費、公示送達收據影本各乙件，登報費收據乙件，懇請

鈞院調取卷附之裁判費、公示送達繳費收據，准予依法裁定，俾便執行，實感德便。

　謹　狀
〇〇地方法院　公鑒

　　　　　　　　　　　　　　　　　　　　　　　　　　具狀人：〇〇〇

為聲請公示送達事：

查〇年度民執〇字第〇號聲請人與相對人間清償票款強制執行事件，因相對人遷移不明，致通知鑑價函正本無法送達，惟該清償票款之假扣押、訴訟事件，亦因應送達之文書無法送達，而依民事訴訟法第149條第1項第1款為公示送達，今相對人住所仍不明，爰懇請

鈞院將應送達相對人〇〇〇之文書，依法改為公示送達，茲檢附假扣押、訴訟事件之公示送達影本各乙份，債務人〇〇〇之戶籍謄本乙件，以利程序進行，實感德便。

　謹　狀
〇〇地方法院　公鑒

　　　　　　　　　　　　　　　　　　　　　　　　　　具狀人：〇〇〇

第七款　判決確定

判決於上訴期間屆滿時確定，但於上訴期間內有合法上訴，則阻其確定（參民訴

§398）。判決確定後，當事人即得依據同法第399條，請求法院付與判決確定證明書，法院則應於聲請後7日內付與。而此一聲請，原則上向原判決法院聲請，例外向卷宗所在的上級法院聲請。

在此必須注意的是在假扣押債權人已聲請假扣押執行，並已提起本案訴訟之情形下，債權人依民事訴訟法第106條準用第104條第1項第3款規定，聲請裁定返還提存物時，必待本案訴訟已終結，並已撤銷假扣押裁定及撤回假扣押執行，始得謂與該條款所定之「訴訟終結」相當。

同時所謂判決之既判力效力，係僅關於為確定判決之事實審言詞辯論終結時之狀態而生，故在確定判決事實審言詞辦論終結後所後生之事實，並不受其既判力之拘束。復員後辦理民事訴訟補充條例第12條所稱之情事變更，如發生於確定判決之事實審言詞辯論終結後，即為該確定判決之既判力所不及，其確認給付義務存在或命債務人給付之判決確定後，給付義務消滅前，具備同條之適用要件者，債權人以此為原因提起請求增加給付之訴，本不在民事訴訟法第399條第1項規定之列，法院自非不得為增加給付之判決。（參39年台上字第214號判例自明）

為聲請發給判決正本事：
查聲請人與相對人間之給付票款事件，業於○年○月○日判決原告勝訴在案，嗣聲請人據此判決正本聲請強制執行，因該強制執行尚未終結，無法取回該判決正本，又因聲請人因實施假扣押所提供之擔保金，經　鈞院提存所通知，須補提判決正本，始能取回，爰懇請鈞院惠准核發判決正本乙份，以利聲請人取回擔保金，實感德便。

　　謹　狀
○○地方法院　公鑒

具狀人：○○○

△ 確定之本案終局判決有執行力者，以給付判決為限，若確認判決則雖為確認請求權存在之判決，亦無執行力。（26渝抗51）
△ 訴訟標的之法律關係，於確定之終局判決中經裁判者，當事人之一造以該確定判決之結果為基礎，於新訴訟用作攻擊防禦方法時，他造應受其既判力之拘束，不得以該確定判決言詞辯論終結前，所提出或得提出而未提出之其他攻擊防禦方法為與該確定判決意旨相反之主張，此就民事訴訟法第399條第1項規定之趣旨觀之甚明。（42台上1306）
△ 確定判決，除當事人外，對於訴訟繫屬後為當事人之繼受人者，及為當事人或其繼受人占有請求之標的物者，亦有效力，民事訴訟法第401條第1項定有明文。倘現時占有執行標的房屋之第三人，係本案訴訟繫屬後為再抗告人之繼受人，或為再抗告人占有前開房屋時，自不能謂非本件執行名義效力所及之人。（71台抗8）
△ 民事訴訟法第496條第1項第1款所謂適用法規顯有錯誤，係指確定判決違背法規或現存判例解釋者而言，故當事人自收受判決正本之送達時，對於判決理由，有無適用法規顯有錯誤之情形，即可知悉。至於當事人本人對於法規之瞭解程度如何，當不能影

響同法第500條第1項、第2項關於30日不變期間之起算。（71台再210）

△民事訴訟法第400條第1項規定確定判決之既判力，唯於判決主文所判斷之訴訟標的，始可發生。若訴訟標的以外之事項，縱令與為訴訟標的之法律關係有影響，因而於判決理由中對之有所判斷，除同條第2項所定情形外，尚不能因該判決已經確定而認此項判斷有既判力。（73台上3292）

△相對人依民事訴訟法第395條第2項規定所為之聲明，旨在確定其私權存在，取得給付之確定判決，與同法第529條第1項規定起訴之實質上意義相同。（78台抗82）

△不動產共有人之一人或數人訴請分割共有物，經法院判准為原物分割確定者，當事人之任何一造，均得依該確定判決單獨為全體共有人申請分割登記，毋待法院另行判命對造協同辦理分割登記，如訴請判命對造協同辦理分割登記，則欠缺權利保護要件。（80台上1955）

△訴之追加，係利用原有訴訟程序所為之起訴，故為追加時，固須有原訴訟程序之存在，惟一經利用原有訴訟程序合法提起追加之訴後，即發生訴訟拘束之效力，而能獨立存在，不因嗣後原訴已經判決確定而受影響。原法院以抗告人於原訴存在時所提追加之訴，因其後原訴業經判決確定，無從與之合併審理，即認其追加之訴為不合法，以裁定予以駁回，尚有未合。（91台抗212）

---

[1]：在第二審為訴之變更追加，非經他造同意，不得為之，固為民事訴訟法第446條第1項所明定。惟離婚之訴，得於第二審言詞辯論終結前為變更追加，同法第572條第1項，亦定有明文。此為對於第446條第1項之特別規定。當事人就此項訴訟為訴之變更追加，自無須經他造之同意。本件上訴人在第一審固僅本於民法第1052條第5款之原因訴請離婚，但嗣在第二審言詞辯論終結前，既追加主張被上訴人虐待上訴人之母，致不堪為共同生活，亦構成同條第4款離婚原因云云，依上說明，原審要應就此一併審究，乃徒因被上訴人之反對而恝置不問，尚難謂合。（參70年台上字第637號判例）

同時被上訴人在第一審起訴係以確認訟爭田產所有權存在，為其應受判決事項之聲明，嗣於第二審上訴言詞辯論中為補充之聲明，謂即使訟爭田產非被上訴人所獨有，亦屬被上訴人所共有云云，顯係慮其先位之聲明（確認所有權存在）無理由而為預備之聲明（確認共有權存在），當時上訴人並無異議而為本案之言詞辯論，依民事訴訟法第460條準用同法第255條第2項之規定，應認其追加之預備聲明為合法。（參41年台上字第293號判例）

[2]：筆錄內得引用當事人書狀及其他卷宗內之文件。書記官於開庭前，應閱覽卷宗，領會案情大要，俾易於瞭解訴訟關係人之陳述，並知卷宗內之文件何者可以引用。

其應記入筆錄之事項，審判長於認為必要時，得口授之，命書記官照書，並得命其將記載更正。但書記官以審判長之命令為不當者，應於筆錄內附記其意見。

書記官就應記載之事項，得隨時請示審判長。（民事訴訟法213、214、215）（辦理民事訴訟事件應行注意事項§67）

[3]：參考法條

❖有下列各款情形之一者，法院應依供擔保人之聲請，以裁定命返還其提存物或保證書：

一、應供擔保之原因消滅者。

二、供擔保人證明受擔保利益人同意返還者。

三、訴訟終結後，供擔保人證明已定20日以上之期間，催告受擔保利益人行使權利而未行使，或法院依供擔保人之聲請，通知受擔保利益人於一定期間內行使權利並向法院為行使權利之證明而未證明者。

關於前項聲請之裁定，得為抗告，抗告中應停止執行。（民訴§104）

❖確定判決，除當事人外，對於訴訟繫屬後為當事人之繼受人者，及為當事人或其繼受人占有請求之標的物者，亦有效力。

對於為他人而為原告或被告者之確定判決，對於該他人亦有效力。

前二項之規定，於假執行之宣告準用之。（民訴§401）

❖提起上訴，如逾上訴期間或係對於不得上訴之判決而上訴者，原第一審法院應以裁定駁回之。

上訴不合程式或有其他不合法之情形而可以補正者，原第一審法院應定期間命其補正，如不於期間內補正，應以裁定駁回之。

上訴狀未具上訴理由者，不適用前項之規定。（民訴§442）

❖第二審法院應依聲請，就關於假執行之上訴，先為辯論及裁判。（民訴§455）

❖第一審判決未宣告假執行或宣告附條件之假執行者，其未經聲明不服之部分，第二審法院應依當事人之聲請，以裁定宣告假執行。

第二審法院認為上訴人係意圖延滯訴訟而提起上訴者，應依被上訴人聲請，以裁定就第一審判決宣告假執行；其逾時始行提出攻擊或防禦方法可認為係意圖延滯訴訟者，亦同。（民訴§456）

❖關於財產權之訴訟，第二審法院之判決，維持第一審判決者，應於其範圍內，依聲請宣告假執行。

前項宣告假執行，如有必要，亦得以職權為之。（民訴§457）

❖對第二審法院關於假執行之裁判，不得聲明不服。但依第395條第2項及第3項所為之裁判，不在此限。（民訴§458）

❖民事訴訟法關於左列事項之規定，於附帶民事訴訟準用之：

一、當事人能力及訴訟能力。

二、共同訴訟。

三、訴訟參加。

四、訴訟代理人及輔佐人。

五、訴訟程序之停止。

六、當事人本人之到場。

七、和解。

八、本於捨棄之判決。

九、訴及上訴或抗告之撤回。

十、假扣押、假處分及假執行。（刑訴§491）

❖強制執行，依左列執行名義為之：

一、確定之終局判決。

二、假扣押、假處分、假執行之裁判及其他依民事訴訟法得爲強制執行之裁判。

三、依民事訴訟法成立之和解或調解。

四、依公證法規定得爲強制執行之公證書。

五、抵押權人或質權人，爲拍賣抵押物或質物之聲請，經法院爲許可強制執行之裁定者。

六、其他依法律之規定，得爲強制執行名義者。

執行名義附有條件、期限或須債權人提供擔保者，於條件成就、期限屆至或供擔保後，始得開始強制執行。

執行名義有對待給付者，以債權人已爲給付或已提出給付後，始得開始強制執行。（強執§4）

❖第一審、第二審之判決，原則上應本於當事人之言詞辯論爲之。當事人所有之聲明及陳述以提供判決資料爲目的者，必於言詞辯論時以言詞爲之，始得爲判決之基礎。

以言詞提供之資料，雖未見於該當事人提出之書狀，法院亦應斟酌之；其未以言詞提出而僅於辯論前或辯論後提出之書狀表明者，不得爲判決之基礎。（民事訴訟法221）（辦理民事訴訟事件應行注意事項§121）

❖判決事項，以當事人之聲明爲據，法院不得就當事人未聲明之事項或超過其聲明之範圍而爲判決。但法院爲訴訟費用之裁判及依職權宣告假執行者，無待當事人之聲明。

上訴審法院對於上訴事件之判決，不得逾越上訴聲明之範圍。（民事訴訟法388、445）（辦理民事訴訟事件應行注意事項§124）

❖第三審法院應以第二審判決確定之事實爲判決基礎。如僅該判決理由微有不當，而依其他理由認爲結果相同者，應增減理由，予以維持。

除民事訴訟法第469條所定情形外，如第二審訴訟程序違法部分未經採爲判決基礎或已因捨棄責問權視爲已經補正者，即難謂其違法與判決之結果有影響，仍應增減其理由，予以維持。

第二審法院判決未記載事實或所載事實不明，影響事實之確定，無可據爲裁判者，不在第三審法院自行判決之列。

第三審法院認爲上訴有理由，且原審判決雖係違背法令，而不影響於事實之確定可據爲裁判者，應將原審判決經上訴之部分廢棄自爲判決，如其違誤於判決主旨無出入者，無須改判，於判決理由內說明。

第三審法院廢棄原審法院裁判發回更審者，就應調查之事項應詳予指示。

第三審法院將原審法院裁判廢棄者，應逐案將裁判正本抽送文書科分析登記。（民事訴訟法476、481、449、477之1、477之2）（辦理民事訴訟事件應行注意事項§126）

❖判決應依職權宣告假執行者，法院應注意行使其職權。

相牽連之數宗請求爲訴訟標的，其中有應宣告假執行與不應宣告假執行者，須注意分別辦理。

關於財產權之訴訟，原告聲請宣告假執行，經釋明在判決確定前不爲執行，恐受難於抵償或難於計算之損害或縱無上述釋明而陳明在執行前可供擔保者，應予准許。（民事訴

訟法389、390）（辦理民事訴訟事件應行注意事項§127）

❖第二審法院應依聲請就關於假執行之上訴先為辯論及裁判。

第二審判決就財產權之訴訟維持第一審之判決或上訴人對於第一審判決未經聲明不服之部分未經宣告假執行或上訴人意圖延滯訴訟而提起上訴或逾時始行提出攻擊或防禦方法，可認為係意圖延滯訴訟者，第二審法院亦應依聲請宣告假執行。（民事訴訟法455至457）（辦理民事訴訟事件應行注意事項§128）

[4]：參考法條

❖判決，應以正本送達當事人。

前項送達，自法院書記官收領判決原本時起，至遲不得逾10日。

對於判決得上訴者，應於送達當事人之正本內，記載其期間及提出上訴狀之法院。（民訴§229）

❖判決，於上訴期間屆滿時確定。但於上訴期間內有合法之上訴者，阻其確定。

不得上訴之判決，於宣示時確定；不宣示者，於公告時確定。（民訴§398）

❖關於財產權之訴訟，其標的之金額或價額在新台幣50萬元以下者，適用本章所定之簡易程序。

下列各款訴訟，不問其標的金額或價額一律適用簡易程序：

一、因建築物或其他工作物定期租賃或定期借貸關係所生之爭執涉訟者。

二、雇用人與受雇人間，因僱傭契約涉訟，其僱傭期間在1年以下者。

三、旅客與旅館主人、飲食店主人或運送人間，因食宿、運送費或因寄存行李、財物涉訟者。

四、因請求保護占有涉訟者。

五、因定不動產之界線或設置界標涉訟者。

六、本於票據有所請求而涉訟者。

七、本於合會有所請求而涉訟者。

八、因請求利息、紅利、租金、贍養費、退職金或其他定期給付涉訟者。

九、因動產租賃或使用借貸關係所生之爭執涉訟者。

十、因第1款至第3款、第6款至第9款所定請求之保證關係涉訟者。

不合於前二項規定之訴訟，得以當事人之合意，適用簡易程序，其合意應以文書證之。

不合於第1項及第2項之訴訟，法院適用簡易程序，當事人不抗辯而為本案之言詞辯論者，視為已有前項之合意。

第2項之訴訟，案情繁雜或其訴訟標的金額或價額逾第1項所定額數10倍以上者，法院得依當事人聲請，以裁定改用通常訴訟程序，並由原法官繼續審理。

前項裁定，不得聲明不服。

第1項所定數額，司法院得因情勢需要，以命令減至新台幣25萬元，或增至75萬元。（民訴§427）

❖對於第一審之終局判決，除別有規定外，得上訴於管轄第二審之法院。（民訴§437）

[5]：參考法條

❖除第469條第1款至第5款之情形外，原判決違背法令而不影響裁判之結果者，不得廢棄原

判決。（民訴§477-1）

❖不得上訴於第三審法院之事件，其第二審法院所為裁定，不得抗告。但下列裁定，得向原法院提出異議：

一、命法院書記官、執達員、法定代理人、訴訟代理人負擔訴訟費用之裁定。

二、對證人、鑑定人、通譯或執有文書、勘驗物之第三人處以罰鍰之裁定。

三、駁回拒絕證言、拒絕鑑定、拒絕通譯之裁定。

四、強制提出文書、勘驗物之裁定。

前項異議，準用對於法院同種裁定抗告之規定。

受訴法院就異議所為之裁定，不得聲明不服。（民訴§484）

❖上訴人有律師為訴訟代理人，或依書狀上之記載，可認其明知上訴要件有欠缺者，法院得不行民事訴訟法第442條第2項及第444條第1項但書之程序。（民訴施§9）

❖訴訟費用分為裁判費及依法應由當事人負擔之費用。裁判費者，指訴訟當事人依法應繳納國庫之費用。應徵裁判費之數目，依民事訴訟法之規定，因財產權而起訴者，其訴訟標的之金額或價額在新台幣（下同）10萬元以下部分，徵收1千元；逾10萬元至100萬元部分，每萬元徵收100元；逾100萬元至1千萬元部分，每萬元徵收90元；逾1千萬元至1億元部分，每萬元徵收80元；逾1億元至10億元部分，每萬元徵收70元；逾10億元部分，每萬元徵收60元；其畸零之數不滿萬元者，以萬元計算（第77條之13）。向第二審或第三審法院上訴，按第一審應徵額，加徵十分之五（第77條之16）。惟逾10萬元以上者，前述裁判費須再另行加徵十分之一（第77條之27、台灣高等法院民事訴訟非訟事件強制執行費用提高徵收額數標準）。非因財產權而起訴者，徵收裁判費3千元。訴訟標的之價額不能核定者，以不得上訴第三審之最高利益額數（司法院以命令提高為150萬元）加十分之一定之（第77條之12、14）。裁判費以外之費用，指為其他訴訟程序所支出之費用，諸如訴訟文書之影印、攝影、抄錄、翻譯、鑑定人與證人及通譯到庭等費用，其數目均有一定標準（第77條之23）。繳納費用時，應向收費處索取收據，並核對收據上所書之數目是否與所繳之金額相符，以便於案件終結後，訴訟費用由他造當事人負擔時，可聲請法院確定其費用額，而向他造請求償還。當事人於起訴、上訴或為聲請時，均須向法院預納定額訴訟費用，若未繳納或繳納不足，逾期未補正者，法院即認不合法而以裁定駁回。（民事訴訟須知§7）

[6]：參考法條

❖再審之訴，應以訴狀表明下列各款事項，提出於管轄法院為之：

一、當事人及法定代理人。

二、聲明不服之判決及提起再審之訴之陳述。

三、應於如何程度廢棄原判決及就本案如何判決之聲明。

四、再審理由及關於再審理由並遵守不變期間之證據。

再審訴狀內，宜記載準備本案言詞辯論之事項，並添具確定終局判決繕本或影本。（民訴§501）

❖對於除權判決，不得上訴。

有下列各款情形之一者，得以公示催告聲請人為被告，向原法院提起撤銷除權判決之

訴：

一、法律不許行公示催告程序者。

二、未爲公示催告之公告，或不依法定方式爲公告者。

三、不遵守公示催告之公告期間者。

四、爲除權判決之法官，應自行迴避者。

五、已經申報權利而不依法律於判決中斟酌之者。

六、有第496條第1項第7款至第10款之再審理由者。（民訴§551）

❖再審之訴，按起訴法院之審級，依第77條之13、第77條之14及前條規定徵收裁判費。

對於確定之裁定聲請再審者，徵收裁判費新台幣1千元。（民訴§77-17）

第三節 執行程序

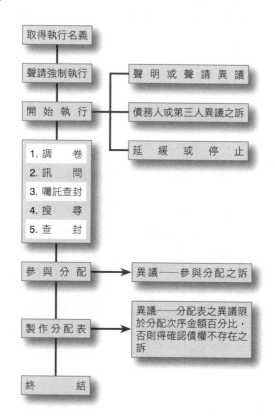

債權人聲請執行流程詳細一覽

遞狀→法院收狀→民事執行處分案→函地政查封登記→執行處法官排定日期→書記官執達員執行查封→鑑價（法院會指定鑑價公司前往鑑價：鑑價公司評估的價格高於公告現值及市價，你可以在繳鑑價費的時候，向鑑價公司（不動產估價師）表達鑑出你希望的價格⋯⋯要不然，法院定底價錢會詢價，你再具狀聲請提高或降低）→債權債務及相關人詢價→公告及登報定期拍賣（每次最高兩成）→第1次拍賣→第2次拍賣→第3次

拍賣→公告承買3個月→減價特別程序拍賣（第4次拍賣；流標四次債權人若不承受則視爲撤回拍賣）→拍定或承受（通知行使優先購買權）→核發權利移轉證書及函地政塗銷查封登記→拍定人聲請點交→命債務人自動履行→書記官現場履勘→強制執行點交→執行完畢→分配或發款……

強制執行之費用由債務人負擔者：
1. 取得執行名義之費用，視情況分別由兩造負擔。
2. 執行費（強執§28-2）。
3. 實施之必要費用（例如確定證明書之付與、執行之送達、差旅費，及標的之鑑定及保管）。
4. 使第三人代爲履行之費用（有爭議）。

以上費用得優先受償，蓋依民法先充費用，次充利息，再充原本之法理（民§323）。且此一費用得與執行債權同時收取，無須另有執行名義。

第一款　聲請民事強制執行

一、前提要件

(一) 管轄：須聲請強制執行的財產在該法院管轄區域內。
(二) 提出執行名義之文件正本：
1. 判決書及其確定證明書。
2. 准予假扣押、假處分、假執行的判決及其他依民事訴訟法得爲強制執行的裁判。
3. 依民事訴訟法成立的和解或調解。
4. 公證書（載明可以逕受強制執行者）。
5. 拍賣抵押物或質物的裁定書以及抵押權設定契約書（他項權利證明書、借據或本票、支票）經許可強制執行之裁定書。
6. 其他依法律規定，可以強制執行的文件，如支付命令及其確定證明書；刑法第74條第2項第3、4款（三、向被害人支付相當數額之財產或非財產上之損害賠償。四、向公庫支付一定之金額）附記於判決書之金額者；依非訟事件法第28條對費用之裁定及第36條命關係人爲一定之給付及科處罰鍰之裁定；行政訴訟法第100條對應負擔訴訟費用之裁定及第227條第三人參加成立之和解；公證法第20條依該法所爲罰鍰之議決等均屬之。
7. 對第三人爲執行時，應載明該第三人之法定代理人，如查封銀行之帳戶。
8. 確定判決之執行，應以主文所表示者爲準，其主文不明瞭而所附理由已記載明晰，與主文不相牴觸者，始得參照該判決之理由爲執行。
9. 債務人之財產爲債權人全體之總擔保，因此均可聲請執行，但除金錢債權之執行外，縱使有多數債權人競合時亦無從按比例分配，因此先以有無物權效力論斷，若無則以聲請先後執行之。
10. 聲請人查知債務人有財產時，應附債務人之戶籍謄本、債務人之財產證明（不動產須附登記謄本，動產則須債務人爲戶長），債務人若爲公司，須附公司登記事項抄

錄卡影本。

(三) 執行費按其執行標的金額或價額未滿新台幣5千元者，免徵執行費；新台幣5千元以上者，每百元收7角，其畸零之數不滿百元者，以百元計算。

　　前項規定，於聲明參與分配者，適用之。

　　執行非財產案件，徵收執行費新台幣3千元。

　　執行人員之食、宿、舟、車費，不另徵收。

　　關於強制執行費用，本法未規定者，準用民事訴訟費用有關之規定。

二、程序 [1]

(一) 繕寫強制執行聲請狀：狀中寫明聲請人及債務人現在的居住所。如相對人無法收到通知，須查明現在住居所，以便送達。可另寫明債權人的電話，為緊急聯繫之用。聲請強制執行的意旨以及債權數額須依實際情形註明清楚。

(二) 要附執行名義的文件正本（視各規定須否確定而另行檢附確定證明書）。

(三) 繳交執行費：請參照第二編第八章。

(四) 上列手續辦好後，要將聲請狀、執行名義的文件、執行費收據，一起送到法院收狀處。

(五) 查封拍賣的債務人財產，其產權證明文件須附在聲請狀中。另繳納執行人員之差旅費，並導引至欲查封之現場查封。

(六) 查封後，民事執行處會委託公家機關（如台北市政府地政處及工務局）或信用可靠的法人鑑價。債權人須先繳鑑價費用（鑑價費也是執行費之一，將來優先受償）。債權人及債務人對於該項鑑價可以表示意見，但僅供法官參考，法官會酌量各種情況定底價（但對於債務人對第三人之債權則以發轉付、收取、禁止命令代之）。

(七) 拍賣日期將事先公告於法院公告欄並刊登報紙。刊報紙係由債權人自行刊登（登報費可優先受償）。債權人最好刊登於銷路廣大的日報上，俾使更多人知道前來投標。

(八) 拍賣時現場公告底價及押標金。押標金應在各銀行以現金換取銀行本票或以台灣銀行為付款人，銀行發票之支票連同標單投入票櫃，由出價最高者得標。得標者必須在一星期內繳足價金，否則押標金要沒收，將來再開標時，低於此價，還要賠償差額。

(九) 拍定後如果有優先購買權人，則暫緩繳款，要先詢問優先購買權人是否願意以此價款購買；如果願意，就必須由其購買，拍定人不能承購則領回押標金。優先購買權人如果不願意承購，方由得標人承購。待民事執行處通知後繳款。

(十) 對未辦理繼承登記之不動產，應具狀向法院提出聲請書一式兩份，載明如次，並繳遺產稅及登記規費：

1. 債權人姓名、年齡及住居所。

2. 被繼承人姓名、年齡及住居所。

3. 繼承人或遺囑執行人姓名、年齡、住居所。

4. 聲請原因。

5. 繼承系統或指定繼承人之遺囑及繼承人之戶籍謄本（可憑確定的判決向戶政機關申請）。

6. 不動產所有權登記簿謄本。

△強制執行不依執行名義爲之者，當事人或利害關係人僅得於強制執行程序終結前，向執行法院聲明異議，不得提起執行異議之訴。（33上6257）

△強制執行是否超越執行名義所表示之範圍，乃對執行人員實施強制執行之事項，祇能由當事人或利害關係人依強制執行法第12條之規定聲請或聲明異議，不得提起執行異議之訴。（40台上752）

△依公證法作成之公證書得爲執行名義者，除於證書上載明應逕受強制強行者外，並須以債權人之請求係以給付金錢或其他代替物，或有價證券之一定數量爲標的者始屬相當，此觀公證法第11條及強制執行法第4條第4款之規定甚明。故應以強制執行之公證書如不備執行名義之上開要件者，則其執行名義尚未成立，債務人僅得依強制執行法第12條第1項聲明異議，不得依同法第14條提起異議之訴。（42台上1281）

△兩造所訂之公證租約，僅載上訴人如有違約應給付違約金等語，既不能逕依該公證書證明上訴人確有違約，則上訴人應否給付違約金，自無從遽行斷定，顯與強制執行法第4條第4款所定之執行名義，須以依公證書可證明債權人得請求給付一定數量之金錢等爲限之情形不符，即不得率就違約金予以強制執行。（43台上524）

△執行名義命債務人返還土地，雖未明白命其拆卸土地上之房屋，而由強制執行法第125條所準用之第100條法意推之，該執行名義當然含有使債務人拆卸房屋之效力。（44台抗6）

△上訴人對於被上訴人所經營之合夥商號已取得1萬5千元之執行名義，無論債之發生係基於何種原因，而在該確定判決未依再審程序變更以前，要難否認其爲合夥之債務，在合夥財產不足清償合夥債務時，各合夥人對於不足之額，不能不負連帶清償責任。（49台上789）

△執行法院依強制執行法第116條規定，以命令禁止第三人向債務人交付或移轉動產或不動產者，如第三人不承認債務人之債權或其他財產權之存在時，則須債權人提起訴訟對於第三人得有執行名義，始得向該第三人爲強制執行，故第三人祇依同法第119條向執行法院爲上述不承認之聲明爲已足，不得以債權人遲未提起訴訟而聲請撤銷上開命令。惟上開命令雖未撤銷，仍不得據以向該第三人爲強制執行，即不得據上開命令而爲查封該動產或不動產之處分。（51台抗213）

△強制執行應以執行名義所載範圍爲範圍，故凡執行內容所載之給付其範圍必須確定，爲執行名義之調解書如未具備此項要件，縱令該調解書業經法院依法核定，亦應認其執行名義尚未成立。（51台抗219）

△強制執行事件之當事人，依執行名義之記載定之。應爲如何之執行，則依執行名義之內容定之。至於執行事件之債權人有無執行名義所載之請求權，執行法院無審認判斷之權。（63台抗376）

△他債權人參與分配者，應於標的物拍賣或變賣終結前，以書狀聲明之，逾上開期間聲明參與分配者，僅得就債權人（指於標的物拍賣或變賣終結前聲請執行或聲明參與分

配之債權人）受償餘額而受清償，強制執行法第32條定有明文，此項規定於有執行名義之債權人聲明參與分配，亦有其適用。（66台上3661）

△按時效因請求而中斷，若於請求後6個月內不起訴，視爲不中斷，爲民法第130條所明定。此之所謂起訴，對於已取得執行名義之債務，係指依同法第129條第2項第5款規定與起訴有同一效力之開始強制執行或聲請強制執行而言。換言之，即對於已取得執行名義之債務，若於請求後6個月內不開始強制執行，或不聲請強制執行，其時效視爲不中斷。（67台上434）

△強制執行法第36條所定聲明人應於10日內對異議人另行起訴者，係指無執行名義之債權人參與分配，因該債權人或債務人有異議之情形而言，至有執行名義之債權人本於同法第34條第1項規定，既已得參與分配，即無庸法院爲准許參與分配之判決，其仍起訴請求參與分配，爲欠缺權利保護要件。（67台上599）

△在訴訟繫屬中，當事人死亡而由繼承人承受訴訟者，該繼承人已繼爲當事人，固爲該判決效力之所及，然其繼承人之地位，並不因此而受影響，從而該繼承人如爲限定繼承人時，仍只就所繼承遺產之範圍內對被繼承人之債務負其清償責任，觀民法第1154條第1項規定自明，倘債權人執該判決爲執行名義，對其固有財產聲請強制執行時，限定繼承人自得提起第三人異議之訴，以排除強制執行。（68台上718）

△執行名義所載之權利，固不失爲法律關係，但得爲確認之訴之標的者，應以私法上之法律關係爲限。如因基於國家統治權之作用而生者，乃係公法上之法律關係，對之如有爭執，應循另一途徑，謀求救濟。查本件罰金處分案件，受處分人不服，迭經訴願、再訴願及行政訴訟，均遭駁回確定在案。被上訴人財政部基隆海關於處分確定後，依修正海關緝私條例第51條規定，移送財務法庭執行，本件執行名義，即海關處分書所載之罰金及稅捐，係基於國家統治權作用而生者，爲公法上之請求權，屬於公法上之法律關係，自不能爲確認之訴之訴訟標的。上訴人藉民事訴訟程序以事爭執，請求確認被上訴人之罰金等請求權不存在，進而請求被上訴人返還已因強制執行而取得之款項及提供擔保之存單，即非正當。（70台上1042）

△票據上之權利，對支票發票人，自發票日起算1年間不行使，因時效而消滅，爲票據法第22條第1項所明定。又強制執行法第4條第3項固規定：依該法條第1項第1款或第3款之執行名義，聲請強制執行者，自執行名義成立之日起，其原有請求權之消滅時效期間，不滿5年者，延長爲5年。惟強制執行法係64年4月22日修正公布，此種關於實體上權利義務效力之規定，依法律不溯既往之原則，應限於新法施行後成立之執行名義，始有其適用，至成立於該法修正施行前者，仍應依原權利之性質，定其長短，不因裁判上之確定或已聲請強制執行而變更。（70台上4684）

△確定判決，除當事人外，對於訴訟繫屬後爲當事人之繼受人者，及爲當事人或其繼受人占有請求之標的物者，亦有效力，民事訴訟法第401條第1項定有明文。倘現時占有執行標的房屋之第三人，係本案訴訟繫屬後爲再抗告人之繼受人，或爲再抗告人占有前開房屋時，自不能謂非本件執行名義效力所及之人。（71台抗8）

△債務人就查封物所爲移轉、設定負擔或其他有礙執行效果之行爲，依強制執行法第51條第2項規定，僅對於債權人不生效力而已，並非絕對無效；裁判分割，既係法院基

於公平原則,決定適當之方法分割共有物,自不發生有礙執行效果之問題,債權人即不得對之主張不生效力;且債務人之應有部分,經實施查封以後,因裁判分割,其權利即集中於分割後之特定物,此爲債務人原有權利在型態上之變更,當爲查封效力之所及,於假處分亦無影響。(72台上2642)

△執行法院認抵押人於抵押權設定後,與第三人訂立之租約,致影響於抵押權者,得依聲請或職權除去其租賃關係,依無租賃狀態逕行強制執行。執行法院所爲此種除去租賃關係之處分,性質上係強制執行方法之一種,當事人或第三人如有不服,應依強制執行法第12條規定,向執行法院聲明異議,不得逕行對之提起抗告。(74台抗227)

△假扣押之執行,以假扣押之標的脫離假扣押之處置,例如將假扣押標的交付執行或撤銷假扣押,其程序即屬終結。在將假扣押標的交付執行之情形,尚未進行至執行名義所載債權之全部或一部,因對於執行標的物之強制執行達其目的時,係屬本案之強制執行程序尚未終結,第三人就執行標的物如有足以排除強制執行之權利,僅得提起請求排除本案強制執行程序異議之訴,對於業已終結之假扣押執行程序,殊無許其再提起異議之訴請求排除之餘地。(75台上2225)

△非訟事件之強制執行名義成立後,如經債務人提起確認該債權不存在之訴,而獲得勝訴判決確定時,應認原執行名義之執行力,已可確定其不存在。其尚在強制執行中,債務人可依強制執行法第12條規定,聲明異議。(79台抗300)

△依公證法第11條第1項第3款規定,租用或借用房屋,約定期間並應於期間屆滿時交還房屋者,經公證人作成公證書載明應逕受強制執行時,固得依該公證書執行之,若約定期間屆滿後,當事人合意延展租賃期間,則該公證書原定給付之執行力,即因而歸於消滅。於延展期間屆滿後,自不得再據爲執行名義聲請強制執行。(79台上1838)

△強制執行應依執行名義爲之,執行法院對於執行名義是否有效成立,自應加以審查。未確定之支付命令,不備執行名義之要件,其執行名義尚未成立,執行法院不得據以強制執行。法院誤認未確定之裁判爲確定,而依聲請付與確定證明書者,不生該裁判已確定之效力。執行法院就該裁判已否確定,仍得予以審查,不受該確定證明書之拘束。(81台抗114)

三、債權人主導及協力

債權人所主導的主要事項爲查核債務人財產及其使用狀況,如有無出租情況,查封時要導引至現場。陳報之債務人現址如無法送達,要提出債務人戶籍謄本。外出執行時,法院執行人員一概乘坐法院的公務車,債權人不必另僱車輛或負擔交通費用。在執行程序進行中,債務人若與債權人和解時,由債權人撤回執行,即可終結強制執行程序。如以書狀撤回者,應注意撤回狀上所蓋印章必須與原來強制執行聲請狀相同,否則應附送印鑑證明書或親自前來民事執行處聲請撤回,由書記官記明筆錄。一般執行程序中,未獲有相當之擔保前,只能請書記官暫停執行而非撤回執行,不過最好先爲查封,以免當事人藉此緩兵之計以遂其逃避之實。

四、對於其他財產權之執行

對第三人之金錢債權禁止命令（即扣押命令）包括收取命令、移轉命令及交付轉給命令（參63年台上字第1966號、48年台上字第1867號判例）。例如債務人對於第三人之金錢債權，經執行法院發扣押命令禁止債務人收取或為其他處分後，債務人對第三人提起給付訴訟，僅屬保存債權之行為，無礙執行效果，尚非不得為之。（參91年台上字第812號判例）

對第三人物之交付與移轉（參51年台抗字第213號及58年台抗字第436號判例）。另強制執行法第119條第1項之「法院命令」包括執行法院依同法第115條第1項規定對第三人所發之扣押命令在內（辦理強制執行事件應行注意事項第64項），故第三人對執行法院之扣押命令聲明異議，債權人認為不實而依同法第120條第2項規定提起之訴訟，因依同項後段之規定，須將訴訟告知債務人，自得僅以第三人為被告，而非必須以債務人為共同被告，債權人依此規定所提起之訴訟，無論係請求確認債務人對第三人之債權存在之確認之訴，或請求第三人向債權人為給付之給付之訴，均非必須以債務人為共同被告（參95年台上字第1295號判決）。同時債務人對於第三人之金錢債權，雖得為執行之標的，但執行法院除發命令禁止債務人處分該金錢債權，並禁止第三人向債務人清償外，祇得更發命令許債權人收取該金錢債權，或將該金錢債權移轉於債權人，如認為適當時，固未嘗不可命第三人向執行法院支付轉給債權人，但第三人不支付時，仍須債權人對於第三人得有確定之給付判決，或其他之執行名義，始得向第三人為強制執行。

前兩項以外之執行，參55年台上字第281號判例。

五、聲請書狀範例

為聲請強制執行事：

一、請求執行事項

(一) 相對人應給付聲請人新台幣○元及自民國○年○月○日起至清償日止按年息6%計算之利息。

(二) 執行費用由相對人負擔。

二、事實及理由

(一) 債權人與債務人間給付票款事件經 鈞院○○年度簡字第○○號判決「被告應給付原告新台幣新台幣○元及自民國○年○月○日起至清償日止按年息6%計算之利息。訴訟費用由被告負擔。本判決得假執行」在案可稽。

(二) 上項債務迄今未受清償，謹檢同上開判決正本乙份，支票原本及退票理由單各乙份。

三、執行之標的

聲請人前已聲明 鈞院假扣押相對人所有坐落○地號土地所有權應有部分○分之○，並經鈞院以○○年度執全字第○○號假扣押在案。懇請

鈞院調取該卷賜予強制執行，以維聲請人之權益。

　　謹　狀
○○地方法院　公鑒

具狀人：○○○

為聲請強制執行事：

請求執行事項

一、請就相對人財產強制執行以給付聲請人新台幣（下同）○○○元整。

二、執行費用由相對人負擔。

事實及理由

一、緣聲請人執有債務人○○○所簽發之本票兩紙，合計○○○萬元，業經　台北地方
　　法院士林分院核發本票裁定准予強制執行在案（證一），惟查債務人○○○目下僅有
　　○○有限公司之出資○○○萬元（證二）外，別無其他財產可供執行。

二、請就相對人所有○○旅社有限公司（住址：○○市○○區○○路○○號）之出資
　　○○○萬元，依強制執行法第117條準用第115條對債務人發禁止處分命令，並於通知
　　公司完成公司法第111條之程序後，再依同法第117條，命令轉讓其出資與聲請人。爰
　　依法聲請強制執行該項標的，以保權益。[2]

　　謹　狀
○○地方法院　公鑒

具證人：○○○

△執行法院依強制執行法第116條規定，以命令禁止第三人向債務人交付或移轉動產或
　不動產者，如第三人不承認債務人之債權或其他財產權之存在時，則須債權人提起訴
　訟對於第三人得有執行名義，始得向該第三人為強制執行，故第三人祇依同法第119
　條向執行法院為上述不承認之聲明為已足，不得以債權人遲未提起訴訟而聲請撤銷上
　開命令。惟上開命令雖未撤銷，仍不得據以向該第三人為強制執行，即不得據上開命
　令而為查封該動產或不動產之處分。（51台抗213）

△禁止命令及轉付命令，係執行法院就債務人對於第三人之權利之執行方法，如應發而
　不發或不應發而發者，當事人或利害關係人祇得依強制執行法第12條規定，為聲請或
　聲明異議，不得逕行提起抗告。（58台抗436）

△執行法院所發之收取命令與移轉命令不同。前者債權人僅取得以自己名義向第三人收
　取金錢債權之收取權，債務人僅喪失其收取權，而未喪失其債權。後者債務人對於第
　三人之金錢債權已移轉於債權人，債務人即喪失其債權。（63台上1966）

○原審維持第一審所為上訴人敗訴之判決，無非以其所分配之標的新台幣50萬元，係就
　債務人在刑事訴訟中所提供之擔保金，依強制執行法第115條第2項規定命第三人向執
　行法院支付轉給債權人者，其執行程序於支付至執行法院時即已終結。在此之後聲明
　參與分配者，依同法第32條第2項規定，僅能就其他債權受償後之餘額分配等詞，為
　其論據。第查同法第32條第1項後段及第2項所定之分配方法係以聲明參與分配之時間

在分配表作成之前或作成之後為其分界。並非以執行法院收到第三人金錢支付之時間為準。（72台上4600）

△ 債務人對於第三人之金錢債權，經執行法院發扣押命令禁止債務人收取或為其他處分後，債務人對第三人提起給付訴訟，僅屬保存債權之行為，無礙執行效果，尚非不得為之。（91台上812）

第二款　查封

第一目　一般事項

　　債權人必須先查明債務人的確切財產，方可聲請查封，同時不得過度查封。債權人要證明所要查封的財產是債務人所有。若為不動產，則須提出該不動產最近七日內的登記謄本。如果未辦理保存登記的建築物，應提出稅捐處或鄉鎮區公所的納稅或產權證明文件以及基地的登記謄本。如果要查封債務人妻之財產，須提出戶籍謄本，證明兩人為夫妻。但如夫妻有登記分別財產，則不能查封。如果查封興建中尚未辦理保存登記的建築物，應提出建築物執照及起造人名冊或使用執照影本，以及基地的登記謄本，以證明產權。查封物如係不動產與動產合併查封時，對於動產部分務必逐件列明登冊記錄，否則拍賣效力將不及於動產，債權受償程度可能受到影響。法官審查前述要件完備後，會通知債權人（但不通知債務人）實施查封之期日。債權人接到通知後必須按時先於上午9點前及下午2點前，同承辦書記官報到，依法繳納執行人員旅費，並引導前往現場查封。如無正當理由不到，即可認為無執行之意思，法官將會因此即予結案。債權人如果無法到場引導，可以提出委任書委任他人前來繳費並引導前往。委任書上所蓋債權人的印章要與強制執行聲請狀所蓋印章相同，以避免冒充。

　　查封時，預料債務人可能抗拒時，可預先通知警察或憲兵到場協助維護秩序。關於憲警的出差旅費，應由債權人預納，視為執行費用之一部。同時為便於執行，應先勘查地形，有時因養狗須調犬師及開鎖需要鎖匠，均應事先知曉，以免延誤。查封的動產或不動產，都不能超過債權額太多，否則將不予查封，以免影響債務人權益；但有時因過度查封之必要性，法律並無對此限制，故只要合乎情理，一般可提出過度查封之要求。

　　債務人或任何人擅自取下或撕毀封條時，即觸犯刑法第139條之罪，處2年以下有期徒刑、拘役或20萬元以下罰金。債務人所有被查封之不動產，其價值較諸所負之債額高出遠甚，而又另有其他財產足供執行者，依強制執行法第12條第1項之規定，固得對該查封命令聲請或聲明異議，但此究非同法第14條所稱消滅或妨礙債權人請求之事由，尚無債務人據以提起異議之訴之餘地。（參48年台上字第1323號判例）

　　查封後之不動產可否出租，可依院字第1299號解釋妥為運用（依45年台上字第73號判決，可以；依51年台上字第1863號判決，不可以）。查封之動產或不動產，執行法院得許債務人在必要範圍內管理或使用。

第二目　可否查封一覽表[3]

　　債務人所有之動產、不動產、金錢債權或債務人基於債權或物權，得請求第三人交

付或移轉動產、不動產、船舶、航空器之權利，凡具有獨立財產價值，可爲讓與之對象者，即均得爲強制執行之標的。當舖營業權既有人願意出價購買，而具有財產價值，且其出資人名義復可因轉讓而變更，自得爲強制執行之標的。

職務所必要之器具	絕對必要性	否	21抗1087判決
	非必要性（相對必要性）	可	
生活補助費及眷屬津貼		可	53台上432判決
繼承權		可	強制執行法第11條
礦業權		可	台56令民0158
專利權		可	台59令民4905
商標權		可	法院裁決即可
著作權	未公開發表之原作及其著作財產權	否	著作權法第20條
	經著作權人之允諾者	可	
砍伐權	砍伐權	否	台63函民決1312
	代位砍伐	可	
當舖營業權		可	60台內民408897
退休金	已領取	可	公務員退休法第14條、54台抗90判決58令民決9487、55台上281判例
	未領取	否	
撫卹金	未領取	否	公務員撫卹法第16條、55台上281判例、54台抗90判決
	如已領取	可	
行政經費		否	53台上1283判決
退職金（員工互助金）		可	54台抗542判決
俸給——公務員（含議員之研究費）		可	55台上281判例
薪金	專指私法人之公司員工	可	23抗2957判例
	教員薪金		57台抗162判例
	教員之實務配給	否	56台上1683判例
合會金		否	台高66法執23
電話租用權		可	台67函民2635
土石採取權	土石採取權	否	台56函民754
	所採取之土石	可	台65函民3521
有限股東出資（須載明其讓與條件）		可	台67函民546
合夥股份	出資返還請求權	可	29上592判例
	利益分配請求權	可	31上3083判例
合夥停止營業公司關係並不當然消滅		否	27上317判例
合作社股	未退社前之社股	否	部47函參3861
	退社後之出資返還和利益分配	可	
合作社理監保證金		可	部57函民決6225

押租金與保證金		否	55民執座談32
提存法院之擔保金（限受擔保利益人）		否	57、4、26台高法律座14部58令民決2610
未繳股款		可	25院1581
公庫存款		否	57、12、12高座會
郵局存款		可	34院2898
靠行之計程車		可	73廳民2字第0947
分期付款購買之動產		否	72廳民2字第0252
公務員之保險金		否	71廳民2字第0783
保險金	勞工保險給付	否	司法業研究會第一期
	損害賠償	可	
和立學校之不動產		否	私校法第58條
公益法人之財產		否	台66內4343
終身定期金		否	民729以下
新聞紙及雜誌發行權		否	53台上2886判決
夫對妻原有財產之使用收益權 父母對子女特有財產之使用收益權		否	民1019條司法業務研究會三期
債權人（限自然人不包括法人）			61台抗305判決
違章建築		可	48台上209判例

△命夫妻之一方同居之判決，既不得拘束身體之自由而爲直接之強制執行，民事訴訟執行規則第88條第1項所定，間接強制之執行方法，依同條第2項之規定又屬不能適用，此種判決自不得爲強制執行。（27渝抗63）

△不動產應行登記事項，未登記者，依不動產登記條例第五條之規定，第三人固有否認權，惟此項否認權得拋棄之，一經拋棄即不得再行否認。本件上訴人，就其對於甲之金錢請求聲請假扣押之某處田業，在實施假扣押之前，已由甲將其所有權移轉於被上訴人，當時上訴人曾經到場分得中費，並曾向被上訴人承租該田業之一部，爲原判決合法認定之事實，是甲將該田業所有權移轉被上訴人，雖未依不動產登記條例第3條爲所有權移轉登記，但上訴人之否認權既因承認所有權之移轉而拋棄，即不得再行援用登記之欠缺，以否認之，原判認該田業爲被上訴人所有，不得供上訴人對甲所爲假扣押之執行，於法並無違背。（27渝上1084）

△強制執行法第15條，所謂就執行標的物有足以排除強制執行之權利者，係指對於執行標的物有所有權、典權、留置權、質權存在情形之一者而言。占有，依民法第940條之規定，不過對於物有事實上管領之力，自不包含在內。（44台上721）

△債權人取得執行名義後，因債務人發生動員時期軍人及其家屬優待條例第9條第9款規定之事由，固不得爲強制執行，而保全程序既不在該條例禁止之列，則債權人如具有假扣押之原因，聲請假扣押即非法所不許。（49台抗4）

△債務人在查封後就查封物所爲之處分，對於債權人不生效力，所謂債權人非僅指聲請執行查封之債權人而言，即參與分配之債權人，亦包括在內。（51台上156）

△強制執行法第15條所謂就執行標的物，有足以排除強制執行之權利，除所有權外，

固兼括典權在內,惟此指典權本身因強制執行受有妨礙之情形而言。倘出典人之債權人,僅就典物為禁止出典人讓與其所有權之假扣押,或僅請就典物之所有權執行拍賣時,則依民法第918條規定之精神,典權人自不得提起異議之訴。(51台上345)

△查封有使債務人就查封標的物之處分對於債權人為無效之效力,對於不動產之查封雖應為預告登記,然查封既不屬於法定非經登記不生效力之事項,其效力自不待於登記而發生。(51台上1819)

△本票執票人,依票據法第123條規定,聲請法院裁定許可對發票人強制執行,係屬非訟事件,此項聲請之裁定,及抗告法院之裁定,僅依非訟事件程序,以審查強制執行許可與否,並無確定實體上法律關係存否之效力,如發票人就票據債務之存否有爭執時,應由發票人提起確認之訴,以資解決。(57台抗76)

△不動產實施查封後,就查封物所為之移轉、設定負擔或其他有礙執行效果之行為,對於債權人不生效力,強制執行法第113條、第51條第2項定有明文。故不動產物權之移轉,在法院實施查封前,雖已聲請登記,但尚未完成,至查封後始登記完成者,尚不得據以對抗債權人。債權人即非不得訴請法院塗銷其登記。(68台上3079)

△強制執行法第15條所謂就執行標的物有足以排除強制執行之權利者,係指對於執行標的物有所有權、典權、留置權、質權存在情形之一者而言。上訴人(道教會團體)主張訟爭房屋係伊所屬眾信徒捐款購地興建,因伊尚未辦妥法人登記,乃暫以住持王某名義建屋並辦理所有權登記,由王某出其字據,承諾俟伊辦妥法人登記後,再以捐助方式將房地所有權移轉登記與伊各節,就令非虛,上訴人亦僅得依據信託關係,享有請求王某返還房地所有權之債權而已,訟爭房地之所有權人既為執行債務人王某,上訴人即無足以排除強制執行之權利。(68台上3190)

△不動產係經被上訴人聲請台灣台北地方法院於68年11月30日實施查封,上訴人之抵押權設定登記則係於68年12月1日完成。依強制執行法第51條第2項規定,對被上訴人不生效力。被上訴人聲請塗銷該登記為有理由。地政機關於68年11月30日所為之抵押權設定審查行為,既非登記抵押權於不動產登記簿,即不得據以對抗68年11月30日之查封。(70台上837)

△債務人就查封物所為移轉、設定負擔或其他有礙執行效果之行為,依強制執行法第51條第2項規定,僅對於債權人不生效力而已,並非絕對無效;裁判分割,既係法院基於公平原則,決定適當之方法分割共有物,自不發生有礙執行效果之問題,債權人即不得對之主張不生效力;且債務人之應有部分,經實施查封以後,因裁判分割,其權利即集中於分割後之特定物,此為債務人原有權利在型態上之變更,當為查封效力之所及,於假處分亦無影響。(72台上2642)

○不動產經查封後,債務人對該不動產之管理或使用收益權,即受限制。除依強制執行法第78條之規定,經執行法院之允許,得於必要範圍內管理或使用外,債務人不得將之出租他人,否則,不惟對於債權人不生效力,執行法院得強制排除之(見強制執行法第51條第2、3項及辦理強制執行事件應行注意事項第28項),抑且須負刑法第139條妨害公務之刑責。(73台上394)

△禁止債務人就特定財產為處分行為之假處分,其效力僅在禁止債務人就特定財產為自

由處分，並不排除法院之強制執行。（74台抗510）

○ 強制執行法第122條所爲：債務人對於第三人之債權，係維持債務人及其家屬生活所必需者，不得強制執行之規定，僅於債務人對於第三人之債權有其適用，至債權人對於債務人之債權，則不在該條適用之列，亦即債權人對於債務人之債權，非禁止扣押之債，不受民法第338條所定債務人不得主張抵銷之限制。（80台上1588）

○ 公同共有物未分割前，公同共有人中一人之債權人，雖不得對於公同共有物聲請強制執行，但對於該公同共有人公同共有之權利，得請求執行（司法院院字第1054號解釋(二)參照），是得與公同關係分離之權利（即與公同共有財產本體分離之權利），本得爲強制執行之標的，即難謂無假扣押之實益。（98台抗18）

第三款　債務人與第三人異議之訴

一、意義

　　聲明異議，係針對當事人或利害關係人於強制執行程序進行中，對執行機關之執行行爲，於程序上有所不服的救濟方法。另外對於強制執行法第12條之聲請或聲明異議，其不同點乃在於聲請是針對債權人請求執行法院爲不爲一定之行爲，而執行法院怠於執行；聲明異議則是針對執行法院已爲或不爲一定行爲，而債權人要求變更該行爲的要求，例如：對執行法院實行分配程序之瑕疵即是。

　　異議之訴係排除強制執行的救濟方法，包括：債務人異議之訴（即由被執行的債務人主張有消滅或妨礙債權的事由，而形成異議權的救濟方法）、第三人異議之訴（即第三人對特定標的物，主張有排除強制執行的異議形成權）兩者，均非請求變更或廢棄執行名義本身，而是有實體上異議權的事由發生而已，故對於發生異議事由的法律關係之存否，並無既判力（參29年渝抗字第409號判例）。前者之執行程序終結，係專指執行名義所載債權全部達其目的時，始爲終結；而後者係專指執行標的物之強制執行終結（參院2776）。

書狀範例：

為聲請異議事：

一、查聲明人係某乙之債權人，某乙之財產遭　鈞院○○年民執智字第○○○號強制執行，聲明人已參與分配在案。某乙明知其與○○○○股份有限公司（以下簡稱○○公司）無債權關係存在，竟與該公司負責人○○○勾串，簽發面額共計新台幣（下同）○○元之本票○紙交○○公司，以無執行名義債權，於前述執行程序中參與分配，企圖損害聲明人債權之獲償。聲明人獲知後，即已具狀聲明異議在案。

二、○○公司為補正其參與分配之執行名義，乃以該○紙本票分別向　鈞院聲請裁定准予強制執行（其案號自○○票字第○○至○○號）。

三、經查○○公司於民國○○年○月○日經台灣省建設廳以建○字第○○○號函核准登記，但業於○○年○月○日經台灣省建設廳以建○字第○○○號函核准解散登記在

案，此有台灣省建設廳○○年○月○日覆聲明人之函可證（見證一號）。○○公司既
已解散，自無貸與乙鉅款，或因營業向某乙取得債權之可能，該本票債權顯然不實，
故請

鈞處明鑒，駁回○○公司之申請，以維權益為禱。

　　謹　狀

○○地方法院民事執行處　公鑒

　　　　　　　　　　　　　　　　　　　　　　　　　　具狀人：○○○

二、債務人異議之訴

　　債務人異議之訴係以排除執行名義執行力之異議權為標的，對於發生異議事由之實
體上法律關係之存否，並無既判力，故當債務人敗訴後，仍得基於同一事由，另行起訴
請求損害賠償或返還不當得利（71年台上字第841號判決可茲參照）。同時其未在辯論
終結前主張抵銷者，亦得提起執行異議之訴。

　　異議之訴進行中，執行程序已終結者，依民事訴訟法第255條第1項第4款之規定，
債務人即應依因情事變更以他項聲明代最初之聲明，否則其異議之訴即屬無理由而遭致
駁回。

△ 債務人所有被查封之不動產，其價值較諸所負之債額高出遠甚，而又另有其他財產足
　 供執行者，依強制執行法第12條第1項之規定，固得對該查封命令聲請或聲明異議，
　 但此究非同法第14條所稱消滅或妨礙債權人請求之事由，尚無債務人據以提起異議之
　 訴餘地。（48台上1323）

○ 強制執行法第14條第1項規定之債務人異議之訴，須主張執行名義成立後，有消滅或
　 妨礙債權人請求之事由發生，始得為之。所謂消滅債權人請求之事由，係指足以使執
　 行名義之請求權及執行力消滅之原因事實，如清償、提存、抵銷、免除、混同、債權
　 之讓與、債務之承擔、解除條件之成就、和解契約之成立，或類此之情形，始足當
　 之。至所稱妨礙債權人請求之事由，則係指使依執行名義所命之給付，罹於不能行使
　 之障礙而言。（94台上671）

三、第三人異議之訴

　　第三人異議係針對執行標的有足以排除強制執行之權利且以現實存在為限，否則縱
將來有實現之希望亦不得排除之（參45年台上字第325號判決）。第三人依強制執行法
提起執行異議之訴，債務人亦否認其權利時，並得以債務人互為共同被告，此際應為類
似必要共同訴訟（參63年2月26日第一次民庭總會決議）。以執有債權額為10萬元之執
行名義，聲請法院對50萬元之債務人不動產執行，第三人以該不動產為其所有而提起第
三人異議之訴，其訴訟標的以50萬元計。（參78年5月9日民事庭會議決議）

　　另公同共有物權之行使，若欲主張排除強制執行之公同共有所權，提起第三人異議
之訴，應由全體公同共有人為原告成得其同意而提起，其當事人之適格始無欠缺。

　　然若在假扣押之執行，以假扣押之標的脫離假扣押之處置，例如將假扣押標的交付

執行或撤銷假扣押，其程序即為終結。在將假扣押標的交付執行之情形，尚未進行至執行名義所載債權之全部或一部，因對於執行標的物之強制執行達其目的時，係屬本案之強制執行程序尚未終結，第三人就執行標標的物如有足以排除強制執行之權利，僅得提起請求排除本案強制執行程序異議之訴，對於業已終結之假扣押執行程序，殊無許其再提起異議之訴請求排除之餘地（參75年台上字第2225號判例）；另假處分之效力，亦無排除強制執行之權利。（參44年台上字第721號判例）

茲列簡表顯示各得否異議之權利：

所有權	限非本於附停止條件或始期者而尚未發生者	可	21上2978判決
	預告或保存登記	否	49台上24判例、50台上92判例
排除物權	限於典權、留置權、質權	可	44年台上271獲判例
	地上權	否	69台上2591判決
追及物權、地上權、永佃權、地役權、抵押權		否	26院1670
占有		否	44台上721判例
違章建築承受購買人非債務人得代位原始建築人		可	48台上209判例 50台上1236判例
夫妻財產	以74年6月4日親屬法律之變更為變換時點對於已開始查封之債務人財產，不得再聲請強執		
收取孳取	若係針對查封以將來分離後之動產者	可	50台上267判決
	若以未分離前之不動產查封者	否	53台上2305判決、71台上1776判決、56台上1550判決、74、3、5民總決議
債　權	買賣	辦妥移轉登記	可	70台上2886判決
		未辦理登記前	否	
	贈與	辦妥移轉登記	可	48台上1812、50台上1236判例
		未辦理登記前	否	58台上2303判決
	租賃		否	44台上561判例
	信託		否	68台上3190判例

△ 司法院院字第578號解釋，係指強制執行中拍賣之不動產為第三人所有者，其拍賣為無效，原所有權人於執行終結後，仍得另行提起回復所有權之訴，並非謂於執行程序終結後仍可提起第三人異議之訴。（62台再100）

△ 強制執行法第15條所定第三人異議之訴，以排除執行標的物之強制執行為目的，故同條所謂強制執行程序終結，係指對於執行標的物之強制執行程序終結而言，對於執行標的物之強制執行程序，須進行至執行名義所載債權之全部或一部，因對於執行標的物之強制執行達其目的時始為終結。（65台上2920）

△ 鄉鎮市（區）調解委員會依鄉鎮市調解條例調解成立之民事調解，如經法院核定，即與民事確定判決有同一之效力，該條例第24條第2項前段定有明文。而經法院核定之民事調解，有得撤銷之原因者，依同條例第26條第1項規定，當事人得向原核定法院提起撤銷調解之訴。當事人欲求救濟，惟有循此方法為之，殊無依民法第92條第1項

規定聲明撤銷之餘地。兩造依鄉鎮市調解條例成立之調解，業經法院核定，即令有如上訴人所稱得撤銷之原因，在上訴人提起撤銷調解之訴，並得有勝訴之確定判決以前，被上訴人仍得據為執行名義，聲請強制執行。（75台上1035）

△限定繼承之繼承人，就被繼承人之債務，唯負以遺產為限度之物的有限責任。故就被繼承人之債務為執行時，限定繼承人僅就遺產之執行居於債務人之地位，如債權人就限定繼承人之固有財產聲請強制執行，應認限定繼承人為強制執行法第15條之第三人，得提起第三人異議之訴，請求撤銷強制執行程序。（77台抗143）

○按票據權利人為止付之通知後，付款人應將止付之金額留存（轉撥入止付保留款專戶備付），非依票據法第19條第2項之規定，或經占有票據之人及止付人之同意，不得支付或由發票人另行動用，為票據法施行細則第5條第5項所明定。而票據法施行細則係根據票據法第145條規定所訂定，具有法之效力。該項效力並不因止付通知後，該支票存款戶遭拒絕往來處分而受影響。法既規定該止付保留款非經占有票據之人即被上訴人及止付人之同意，不得支付或由發票人另行動用，則該止付保留款，與受扣押之財產同，雖仍得為強制執行之標的，但在止付通知失其效力前，付款銀行即上訴人逕自以其對該存戶之債權主張與該止付保留款抵銷，對占大票據之人即被上訴人，自不生效力。如此解釋方與票據法施行細則上開規定意旨相符。（82台上2147）

○查教育部所頒私立學校預算編審與執行準則第7條規定：「私立學校不得於預算所定以外動用學校款項，或處分學校財物之行為」，私立學校法第59條規定：「私立學校之收入，應悉數用於預算項目之支出，如有餘款，應撥充學校基金」及同法施行細則第32條第1項規定：「私立學校之基金，須經主管教育行政機關核備始得動用」，均僅在限制私立學校之負責人支用學校之收入，以防止私立學校在財務上發生弊端，非謂私立學校在金融機構之存款不得為強制執行之標的。（83台抗172）

○股份有限公司之記名股票，係屬表彰股東權之有價證券，係財產權之一種，既可依法轉讓，又可為強制執行之標的。則依背書轉讓股份有限公司記名股票之行為，委屬財產上之行為，除無相對人之單獨行為外，自有民法第87條第1項規定之適用。如股份有限公司記名股票之持有人，為規避其債權人，而與他人通謀，將其名義之記名股票虛偽轉讓他人時，此項背書轉讓記名股票之行為，因係通謀虛偽意思表示，依民法第87條第1項規定，應屬無效，不生股票背書讓與之效力。（88台上3325）

○執行債權人依強制執行法第120條第2項規定對第三人提起之訴訟，係在解決執行債務人對第三人之「債權」是否存在或其數額之爭議，而非執行債權人應受分配及其數額之問題。性質上係「代位」行使執行債務人之權利，此與其他債權人或執行債務人對其參與分配之債權異議所提起之分配表異議之訴等訴訟，自有不同。（93台上1040）

○直轄市、縣（市）（局）主管建築機關，依建築法規定所核發之執照，僅為建造、使用或拆除建築物或工作物之許可（建築法第26條）。屬表彰行政處分之公文書，不具財產交易之性質。故依同法第30條、第31條規定所申請之建造執照，其起造人如有變更，除依第55條第1項第1款或其他規定，向主管建築機關申報變更起造人外，尚不得將該建造執照併同建築物為讓與，自不得以之為強制執行之標的。（94台抗865）

○製造、輸入藥品，應將其成分、規格、性能、製法之要旨，檢驗規格與方法及有關資

料或證件，連同原文和中文標籤、原文和中文仿單及樣品，並繳納費用，申請中央衛生主管機關查驗登記，經核准發給藥品許可證後，始得製造或輸入，藥事法第39條第1項定有明文。中央衛生主管機關依上開法條規定所核發之藥品許可證，性質上屬行政處分之證明文件，藥商取得該許可證雖因此得以製造或輸入藥品，以獲取利益，惟尚難因此即認藥品許可證本身具有財產上之交易價值，而得為強制執行之標的。（95台抗792）

○債務人所有之動產、不動產、金錢債權或債務人基於債權或物權，得請求第三人交付或移轉動產、不動產、船舶、航空器之權利，凡具有獨立財產價值，可為讓與之對象者，即均得為強制執行之標的。當舖營業權既有人願意出價購買，而具有財產價值，且其出資人名義復可因轉讓而變更，自得為強制執行之標的。（95台上950）

○按直轄市、縣（市）（局）主管建築機關，依建築法規定所核發之執照，僅為建造、使用或拆除建築物或工作物之許可（建築法第26條），屬表彰行政處分之公文書。該執照本身性質上不能為財產交易之對象而讓與，自不得以之為強制執行之標的。（96台抗824）

○公同共有物未分割前，公同共有人中一人之債權人，雖不得對於公同共有物聲請強制執行，但對於該公同共有人公同共有之權利，得請求執行（司法院字第1054號解釋(二)參照），是得與公同關係分離之權利（即與公同共有財產本體分離之權利），本得為強制執行之標的，即難謂無假扣押之實益。（98台抗18）

○債權讓與，於讓與人及受讓人間雖已發生效力，但依法應通知債務人，於未完成通知前，除另有規定外，對債務人尚不發生債權讓與之效力，該受讓人即非債務人之債權人，自不得對該債務人為強制執行。查本件抗告人自承其聲請強制執行時，未曾將債權讓與之事通知相對人，更未提出相關證明等情，依上說明，執行法院依形式審查結果，認定抗告人所提出之債權證明文件，因未包括對相對人生效之讓與通知，尚不足以證明其有對相對人開始強制執行之權利，而先定期命其補正，並於期限屆滿未補正後，以不備程式要件為由，裁定駁回其強制執行之聲請，原法院並予以維持，於法均無不合，此為本院最新見解。（98台抗374）

四、許可執行之訴

所謂許可執行之訴是指依外國法院確定判決聲請強制執行者，以該判決無民事訴訟法第402條第1項各款情形之一，並經中華民國法院以判決宣示許可其執行者為限，得為強制執行。其請求許可執行之訴，由債務人住所地之法院管轄。債務人於中華民國無住所者，由執行標的物所在地或應為執行行為地之法院管轄。（強執§4-1）

債權人依強制執行法第4條之2規定，執行名義為確定終局判決者，除當事人外，對於下列之人亦有效力：

(一) 訴訟繫屬後為當事人之繼受人及為當事人或其繼受人占有請求之標的物者。

(二) 為他人而為原告或被告者之該他人及訴訟繫屬後為該他人之繼受人，及為該他人或其繼受人占有請求之標的物者。

聲請強制執行經執行法院裁定駁回者，得於裁定送達後10日之不變期間內，向執行

法院對債務人提起許可執行之訴。（強制§14-1）

五、債權人異議之訴

假扣押，雖係禁止債務人處分其財產以保全強制執行，但債務人處分其財產時，惟對於該聲請假扣押之債權人為無效，故債務人與該債權人成立和解，將該項財產權讓與該債權人者，不得謂其處分為無效，嗣後他債權人就該財產聲請執行時，該債權人自得提起異議之訴。（參26年渝上字第867號判例）

第四款　參與分配與分配表異議之訴

一、參與分配之意義

係專就查封之「金錢債權」，及必須在拍賣終結前所為的一種債權分配聲請，且此一參與必須為確定終局判決之執行名義，對於有代位權之債權人亦可提出聲請外，對於執行法院所為之物之交付請求權或行為、不行為請求權之執行，以裁定命債務人支付費用與不履行之賠償數額者，亦屬強制執行法第4條第1項第6款之執行名義（參院2109），得例外參與之。至於標的物（不經拍賣或變賣者），他債權人參與分配，應於當次分配表作成前為之。另關於有無執行名義聲請參與分配，其所應踐行之程序互有不同，此可參見68年第十五次民庭會議中有關之說明。另強制執行法第34條第2、3項兼採塗銷主義及賸餘主義，明定執行法院對於執行標的物知有擔保物權或優先受償權之債權人者，應通知或公告之，經通知或公告後該債權人如不聲明參與分配時，執行法院仍應將該已知之擔保物權或優先受償權之債權及其金額列入分配。

聲明人如係對於各異議人一同起訴者，為類似必要共同訴訟而非固有必要共同訴訟（參52年台上字第1025號判決）。且聲明人應於異議後10日內起訴，否則將被駁回。

按在強制執行程序中，聲請執行及參與分配債權人同受償之順序如何為債權人間分配之問題，債務人及債權人均有異議之權，此觀強制執行法第39條之法意自明。而參與分配之債權人，除有優先權者外，應按其債權數額平均分配（強執§38），至於分配次序如次：

(一) 因強制執行而支出、其他為債權人共同利益而支出及取得執行名義之費用。（強制§29）

(二) 土地增值稅（稅稽§6Ⅱ）及海上優先權。（海商§24Ⅰ①～⑤）

(三) 勞工工資。（勞基§28Ⅰ）

(四) 抵押權、質權、留置權等擔保物權。

(五) 關稅。（關稅§55Ⅲ）

(六) 普通債權。

金錢債務之假執行，債務人供擔保而免為假執行後，被判敗訴，債權人聲請就擔保金執行，惟已有第三人具狀聲明參與分配，此一情形，按債務人所供免假執行之擔保金，係為賠償債權人因免假執行而受之損害，僅於債權人請求賠償損害時，債權人始有與質權人同一之權利外，否則即仍應製作分配表分配（參57年3月12日第一次民刑庭總

會決議）。至於其質權效力的範圍，只限於因免假執行所受之損害而不包括本案給付在內。（參75年4月22日第八次民庭會議決議）

參與分配書狀範例：

為就〇〇年度執字第〇〇號債權人某甲與債務人某乙債務執行案件，依法聲明參與分配事：

參與分配之聲明

請准就新台幣（下同）〇〇元暨自〇〇年〇月〇〇日起至清償日止按年息6%計算之利息參與分配。

或請准原告以新台幣（下同）〇〇元之債權額就台灣〇〇地方法院民執第〇〇號強制執行事件所查扣債務人財產拍賣所得之價金參與分配。

執行名義

台灣〇〇地方法院〇〇年票字第〇〇〇號民事裁定。

事實及理由

一、首就聲請人法定代理人某丙已於〇〇年變更登記為某丁先生，合先敘明（證一）。

二、查聲請人執有相對人簽發如執行名義附表所示之本票乙紙，並經台灣〇〇地方法院〇〇年度票字第〇〇〇號民事裁定在案，該項債券，迭經催討，迄今均未獲付款，殊屬非是。

三、第查相對人之財產業經　鈞院〇〇年〇月〇日〇〇年執字第〇〇號查封執行在卷，聲請人恐債務人別無其他財產，日後無法取償，權益受損，爰待依強制執行行法規定，檢附證明文件，具狀聲明參與分配。狀請

鈞處鑒核，懇准參與分配，以維權益，至感德便。

　　謹　狀

〇〇地方法院民事執行處　公鑒

具狀人：〇〇〇

參與分配聲明異議書狀範例：

為對於〇〇〇之參與分配聲明異議事：

一、按〇〇〇年度〇字第〇〇〇〇〇號債務執行事件，茲奉　鈞處通知，有〇〇〇聲明欲參與分配，就此部分債權人實難同意之。

二、查聲明人〇〇〇係無執行名義之債權人，既未於標的物拍賣終結前聲明參與分配，又未經證明債務人除本件查封拍賣之財產外，別無其他之財產可供清償其債權，即當不能逕就本件執行參與分配，故予聲明異議。

懇請

鈞處鑒核，儘速通知聲明人知照為荷。

　　謹　狀

○○地方法院民事執行處　公鑒

具狀人：○○○

☆執行機關執行特種刑事案件沒收之財產，對於受刑人所負債務固非當然負清償之責。惟揆諸憲法第15條保障人民財產權之精神，如不知情之第三人就其合法成立之債權有所主張時，依刑事訴訟法第475條之規定，應依強制執行法有關各條規定辦理。（釋37）

△他債權人聲明參與分配，如於強制執行程序終結前即已以書狀聲明者，除有強制執行法第32條後段之情形外，執行法院即應依同法第34條至第36條之規定辦理，不得以拍賣程序已經終結，爲駁回其聲明之理由。（44台抗184）

△系爭停舶費、繫解纜費，係海商法第24條第1項第1款所定之港埠建設費，港務機關即被上訴人有優先受償之權，而同條第2項更規定，該項債權所列優先權之位次，在船舶抵押權之前，即其效力較抵押權爲強，債權人自得不依破產法程序先於抵押權而行使，被上訴人據以之聲明參與分配，應爲法之所許。（55台上2588）

△聲明參與分配，依強制執行法第32條第1項規定，應以書面爲之，爲必備程式之一，此於強制執行法既有明文規定，即無再準用民事訴訟法第122條規定之餘地。（66台再96）

△他債權人參與分配者，應於標的物拍賣或變賣終結前，以書狀聲明之，逾上開期間聲明參與分配者，僅得就債權人（指於標的物拍賣或變賣終結前聲請執行或聲明參與分配之債權人）受償餘額而受清償，強制執行法第32條定有明文，此項規定於有執行名義之債權人聲明參與分配，亦有其適用。（66台上3661）

△強制執行法第36條所定聲明人應於10日內對異議人另行起訴者，係指無執行名義之債權人參與分配，因該債權人或債務人有異議之情形而言，至有執行名義之債權人本於同法第34條第1項規定，既已得參與分配，即無庸法院爲准許參與分配之判決，其仍起訴請求參與分配，爲欠缺權利保護要件。（67台上599）

二、分配表異議之意義及範圍

　　對於分配表異議之範圍，以「金額之計算及分配之次序」有不同意者爲限。至於強制執行法第41條對於分配表異議之起訴，乃指債權人對於分配表不同意，於分配前，由聲明異議人於分配期日起10日內，對債權人提起之訴訟，並向執行法院爲起訴之證明；而此內容亦應與前開之範圍相同（參65年5月4日第四次民庭總會決議）。若未提起訴訟並向執行處爲起訴之證明，則執行處仍依原定分配表實行分配。

分配表異議之範例：

為對於○○○之分配表聲明異議事：

一、按○○○年度○字第○○○號債務執行事件，茲奉　鈞處通知，有製作查封拍賣之分配表在卷，依民法第○條就此部分債權人實難同意。

二、查聲明人○○○雖有執行名義之債權人，然其並無優先清償之權利，孰料 鈞處此次分配表竟予以列入優先清償而與其他債權人分別處置，聲明人對此久難同意，為此爰依法聲明異議。

狀請

鈞處詳查，重新予以製作分配表為荷，俾服法制，實感法便。

　謹　狀

○○地方法院民事執行處　公鑒

具狀人：○○○

分配表異議之訴範例：

為就○○○年度執字第○○號債權人某甲與債務人某乙債務執行案件，依法起訴事：

訴之聲明

請准就被告分配之新台幣（下同）○○○元，應減為○○○元參與分配。訴訟費用由被告負擔之。

事實及理由

一、首就聲請人法定代理人某丙已於○○年變更登記為某丁先生，合先敘明（證一）。

二、第查相對人之財產業經 鈞院○○年○月○○日執字第○○號查封執行在案。

三、查被告僅執明相對人簽發如執行名義附表所示之本票乙紙，並經台灣○○地方法院○○年度票字第○○○號民事裁定在案，應非屬具有優先清償之權利，故而該部分應重新製作分配表予以分配之。為此爰依強制執行法第41條前段，提起本件訴訟，狀請鈞院鑒核，以昭公信，而維權益，至感德便。

　謹　狀

○○地方法院公鑒

具狀人：○○○

三、非分配異議之訴所得救濟之事項

(一) 主張執行法院未將其參與分配之債權列入分配表，而請求列入。

(二) 對於有執行名義之債權人之聲明參與分配，如主張其虛設債權。

(三) 對分配表所列債權主張不存在。

(四) 對分配表所列違約金，應依民法第252條規定，由法院予以核減。

(五) 因受償而不存在。（72年度台上字第3861號判決參照）

(六) 主張執行法院應將無法就抵押物賣得價金受償之部分列入非抵押物賣得價金之部分。（74年度台上字第2233號判決參照）

○ 查依強制執行法第39條規定，債權人對於分配表聲明異議者，以金額之計算及分配之次序有不同意者為限。至同法第41條規定，對於分配表異議之訴，係指債權人對於分配表不同意，於分配期日前，向執行法院提出書狀，聲明異議，經執行法院認為

非正當，或雖認為正當而因他債權人有反對之陳述，致異議未終結，由聲明異議人自分配期日起10日內，對於他債權人提起之訴訟而言。其訴訟標的自亦應以對於分配表金額之計算及分配之次序有爭執而請求更正者為限。本件被上訴人提起分配表異議之訴，係主張上訴人於分配表所列違約金，應依民法第252條規定，由法院予以核減等情，此乃屬於債權額之一部應否列入分配表之問題，尚非就債權金額之計算及分配之次序而為異議，自非提起分配表異議之訴所得救濟，原審將第一審所為不利於被上訴人之判決廢棄，改判如被上訴人之所聲明，其法律上見解，不能謂無違誤。（70台上4252）

△分配表異議之訴之訴訟標的價額，以原告主張因變更分配表而得增加之分配額為標準定之。（76台上2782）

△執行債務人某公司所有之不動產於強制管理中積欠房屋稅及地價稅共140餘萬元未繳，此項稅捐，屬強制執行法第110條第1項所定應自不動產之收益扣除之其他必需之支出。管理人如未向稅捐機關繳納，執行法院應自收益中代為扣除，以其餘額分配於各債權人。執行法院如未代為扣除，於製作分配表時，應列入分配優先於抵押權而受清償。（80台上1938）

○分配表異議之訴，乃就分配表有異議之債權人或債務人，對為反對陳述之債權人或債務人提起之訴訟，此觀85年10月9日修正公布（下同）之強制執行法第41條第1項之規定自明。同法第39條、第40條第1項、第40條之1並分別規定，債權人、債務人對分配表有異議之權，及對債權人或債務人之異議有為反對陳述之權。故債權人或債務人對分配表聲明異議後，如未予他債權人、債務人表示意見之機會，或他債權人、債務人對於債權人或債務人之異議未為反對之陳述者，均無從提起分配表異議之訴。（88台上596）

○依法對於執行標的物有擔保物權或優先受償權之債權人，不問其債權已否屆清償期，應提出其權利證明文件，聲明參與分配；其不聲明參與分配者，執行法院僅就所知債權及其金額列入分配，執行法院不知其債權金額者，該債權對於執行標的物之優先受償權，因拍賣而消滅，其已列入分配而未受清償部分，亦同。強制執行法第34條第2、3、4項定有明文。申言之，依法對於執行標的物有擔保物權之債權人，於該標的物強制執行程序中，不問其已否取得准許拍賣抵押物之裁定及是否聲明參與分配，均視為其已實行抵押權。（95台抗592）

○對於不動產之執行，拍賣期日係執行法院實施拍賣之時間，必須將之先期公告並於拍賣公告真確載明。為使不特定之一般人知悉拍賣，期待多人參與應買，兼顧債務人及第三人有充分時間提起異議之訴，並使他債權人亦有參與分配之機會，強制執行法第82條乃規定，拍賣期日距公告之日，不得少於14日。是該條所稱之「不得少於14日」，尋繹其立法原旨，當屬執行法院實施強制執行時所應遵守程序之法定期間，倘未予遵循者，當事人即得依強制執行法第12條第1項規定，於該不動產經拍賣買受人領得權利移轉證書強制執行程序終結前聲明異議。且該條既稱「不得少於14日」，依強制執行法第30條之1準用民事訴訟法第161條、民法第119條、第120條第2項及第121條第1項規定，則計算該以日定14日之期間，其拍賣公告始日應不算入，並以自拍賣

公告日之翌日起算至拍賣期日之前1日止，算足14日或14日以上者始得當之。（97台抗832）

○債權人或債務人如認執行法院製作之分配表有程序上之瑕疵，固僅得依強制執行法第12條之規定聲請或聲明異議。惟債權人或債務人除有程序上不服之事由外，如同時對於分配表所載各債權人之債權或分配金額有不同意之實體上不服之事由時，得不依聲請或聲明異議而依對於實體上不服之方法對分配表提起異議之訴，請求救濟。（98台上375）

第五款　本案與保全執行之衝突

執行程序競合時之處理方式[4]有以下四種：

一、本案執行相互間（本案執行係指本案終局之執行者而言）

(一) 金錢債權相互間，後聲請者視同參與分配。

(二) 非金錢債權相互間，依其是否基於物權而定先後，倘均為物權又不排斥則併予執行分配。

(三) 非金錢債權與金錢債權相互間，原則依聲請之先後，但在後聲請者為基於物權而生之非金錢債權時，則優先於在先之金錢債權執行。

二、本案執行與假扣押相互間（參74年台上字第341號判決）

(一) 假扣押在前而本案之金錢債權在後，直接將假扣押程序之查封作為本案執行之查封，並進行鑑價拍賣之程序，而僅將假扣押欲保全之債權分配額提存之。

(二) 假扣押在前而本案之非金錢債權在後，將假扣押除去而逕為執行本案之執行。

(三) 本案之非金錢債權在假扣押前，應將假扣押聲請駁回。

(四) 本案之金錢債權在假扣押前，不得對已實施之本案執行財產為假扣押，而應視為參與分配之聲明，將其分配額予以提存之。

△假扣押之執行，以假扣押之標的脫離假扣押之處置，例如將假扣押標的交付執行或撤銷假扣押，其程序即為終結。在將假扣押標的交付執行之情形，尚未進行至執行名義所載債權之全部或一部，因對於執行標的之物之強制執行達其目的時，係屬本案之強制執行程序尚未終結，第三人就執行標的之物如有足以排除強制執行之權利，僅得提起請求排除本案強制執行程序異議之訴，對於業已終結之假扣押執行程序，殊無許其再提起異議之訴請求排除之餘地。（75台上2225）

三、本案執行與假處分相互間

(一) 假處分在本案之金錢債權之前執行時之處理方式，採本案執行優先，將假處分查封變為本案執行之一部，而假處分之債權人得將原請求易為金錢請求而視為參與分配，但如有排除執行之權利時則得提起異議之訴。（參62年2月10日民刑庭總會決議）

(二) 本案之金錢債權在假處分前，不得對已實施之本案執行之財產為假處分，而應由聲

請人將原請求易爲金錢債權而爲參與分配之聲明，將分配額予以提存之，否則將不准假處分之聲請，而逕予駁回。（參70年4月21日民刑庭總會決議(一)）

☆強制執行程序開始後，除法律另有規定外，不停止執行，乃在使債權人之債權早日實現，以保障人民之權利。最高法院63年度台抗字第59號判例，認債務人或第三人不得依假處分程序聲請停止執行，係防止執行程序遭受阻礙，抵押人對法院許可拍賣抵押物之裁定，主張有不得強制執行之事由而提起訴訟時，亦得依法聲請停止執行，從而上開判例即不能謂與憲法第16條有所牴觸。（釋182）

△執行名義成立後，除法律另有特別規定外，不得阻卻其執行力，債務人或第三人不得依一般假處分程序，聲請予以停止執行。（63台抗59）

四、保全程序相互間

(一) 假扣押相互間，不再重複查封，後案併前案處理之。如需登記者仍應分別登記，如其中有一爲本案執行，另一則視爲參與分配。

(二) 假處分相互間，內容相同者後案併前案；內容不同且未牴觸者，分別實施；內容相牴觸者，聲請在後者不能實施（參83年台抗字第4號判決）。

(三) 假扣押與假處分間，內容相同者後案併前案，倘前案撤回，後案續爲執行。內容不同且未牴觸者，合併實施。內容相牴觸者，聲請在前可排除在後之執行。內容雖同或內容不同而未牴觸者，如其一轉變爲本案執行時，其後之保全程序視爲撤銷。

△查封有使債務人就查封標的物之處分對於債權人爲無效之效力，對於不動產之查封雖應爲預告登記，然查封既不屬於法定非經登記不生效力之事項，其效力自不待於登記而發生。（51台上1819）

○惟查關於假處分與假扣押執行之競合，我國係兼採查封及終局執行優越之原則，此觀強制執行法第51條第2項，土地登記規則第127條、第128條第2款之規定至明，是就債務人所有執行標的物實施假處分於先，執行假扣押在後，而假扣押債權人就假扣押所保全之請求先取得執行名義，並聲請就該標的物爲終局執行時，則該假處分之效力，並不能排除法院之強制執行。惟如假處分之債權人就其所保全之請求先取得執行名義，則可逕行請求實現該執行名義所載之內容（包括依確定判決申請地政機關辦理不動產所有權之移轉登記），該假扣押執行與之不相容部分之效力，即歸於消滅。反之，假扣押執行查封於先，而實施假處分在後，即令假處分債權人就假處分所保全之請求先取得執行名義，如該執行名義所載內容有礙假扣押查封執行之效果者，對於假扣押債權人仍不生效力。（74台上341）

---

[1]：參考法條

❖關於第4條、第4條之2部分：

(一) 確定判決爲執行名義時，其執行應以該確定判決之內容爲準。未經確定判決判明之事項，執行法院不得逕爲何種處分。

(二) 確定判決之執行，以給付判決且適於強制執行者爲限。其不得據以強制執行者，倘誤爲開始執行，應撤銷執行程序，並以裁定駁回強制執行聲請。

(三) 關於確定判決之執行，如其判決主文不明瞭，而所附理由已記載明晰，與主文不相牴觸者，得參照該判決之理由爲執行。

(四) 確定判決命合夥履行債務者，應先對合夥財產爲執行，如不足清償時，得對合夥人之財產執行之。但其人否認爲合夥人，而其是否爲合夥人亦欠明確者，非另有確認其爲合夥人之確定判決，不得對之強制執行。

(五) 確定判決如就同一債務命數債務人連帶履行者，債權人得專對債務人中之一人聲請爲全部給付之執行。執行法院不得依該債務人之聲請，就其他連帶債務人之財產，逕爲強制執行。

(六) 判決，除有本法第4條之2情形外，祇能對於當事人爲之，若對於非當事人之人命爲給付，自不生效力。執行法院即不得本此判決，對之爲強制執行。

(七) 判決所命被告交付之物，於判決確定後，經法律禁止交易者，執行法院不得據以執行。

(八) 在執行法院成立之和解，爲訴訟外之和解，無執行力。但因該和解有民法上和解之效力，當事人仍須受其拘束。執行法院亦得勸告當事人依照和解了結。

(九) 執行名義如爲依公證法作成之公證書，應注意公證法第13條及公證法施行細則第40條至第48條之規定。

(十) 檢察官或軍事檢察官就法院或軍事審判機關所處罰金、罰鍰、沒收、沒入及追徵之裁判，所爲指揮執行之命令，與民事執行名義有同一之效力，執行法院得受託強制執行。

(十一) 依民事訴訟法科處當事人、法定代理人、證人或鑑定人等罰鍰之裁定，依刑事訴訟法科處證人或鑑定人罰鍰之裁定及依少年事件處理法科處少年法定代理人罰鍰之裁定，得爲執行名義，執行法院可據以強制執行。

(十二) 依鄉鎮市調解條例成立並經法院核定之調解書、耕地三七五減租條例成立之調解或調處之書面證明、商務仲裁人之判斷經法院爲執行之裁定、公務人員交代條例公務人員經管財物移交不清該主管機關之移送函、依工程受益費徵收條例受益人不依限繳納工程受益費經機關移送函及其他依法具有強制執行名義之文書，均得據以強制執行。

(十三) 法律有公法上金錢給付義務移送法院強制執行之規定者，自90年1月1日行政執行法修正條文施行之日起，不適用之；其於修正條文施行前已移送法院強制執行而尚未終結之事件，自修正條文施行之日起，應移送該管行政執行處繼續執行之。

(十四) （刪除）

(十五) 國民住宅主管機關依國民住宅條例第21條至第23條及第29條規定收回住宅及其基地、終止租賃契約收回該住宅或收回貸款者，應由該管地方法院民事庭裁定准許後，始得聲請執行法院爲之強制執行。

(十六) 債權人依本法第4條之2規定聲請強制執行者，應提出證明其本人或債務人爲執行名義效力所及之人之相當證據。執行法院並應爲必要之調查。

(十七) 債權人依假扣押、假處分、假執行之裁判供擔保後聲請法院強制執行者，執行法院於實施執行行爲後，應即通知該出具供擔保證明之提存所有關該案已實施執行

行為之事項。（辦理強制執行事件應行注意事項§2）

❖關於第11條部分：

(一) 依本法第11條第2項規定將通知交債權人逕行持送登記機關登記者，執行法院應在發文簿內記明其事由，並命債權人簽收。

(二) 查封之動產，如係經公路監理機關登記之車輛，應記明牌照及引擎號碼，通知該機關登記其事由。

(三) 聲請撤銷查封、假扣押、假處分或債權人聲請撤回強制執行，其應准許，且無併案執行之情形時，執行法院應即通知該管登記機關登記其事由。

(四) 供強制執行之財產有本法第11條第3項情形，如經債務人表示願自行辦理繼承登記，得由其自行辦理。但自被繼承人死亡時已逾10個月仍未辦竣者，執行法院應轉知債權人得依本法第11條第3項規定聲請代辦繼承登記後而為執行。（辦理強制執行事件應行注意事項§4）

[2]：有限公司股東之出資憑證為股單，性質上不是有價證券，因此對於其他財產權之執行程序辦理，即依強制執行法第117條準用第115條，對債務人發禁止處分命令，並通知公司，後再依第117條之規定，酌量情形，命令債務人讓與其出資。在命令讓與出資時，應將公司得指定受讓人之意旨，作為讓與之條件，法院將股東出資轉讓他人時，應通知公司及其他全體股東於20日內，依公司法第111條第1項或第3項之方式，指定受讓人，其他股東不依上開程序指定受讓人或指定之受讓人不依同一條件受讓時，視為同意法院之命令讓與，並同意修改章程。

[3]：左列之物不得查封：

一、債務人及其共同生活之親屬所必需之衣服、寢具及其他物品。

二、債務人及其共同生活之親屬職業上或教育上所必需之器具、物品。

三、債務人所受或繼承之勳章及其他表彰榮譽之物品。

四、遺像、牌位、墓碑及其他祭祀、禮拜所用之物。

五、未與土地分離之天然孳息不能於一個月內收穫者。

六、尚未發表之發明或著作。

七、附於建築物或其他工作物，而為防止災害或確保安全，依法令規定應設備之機械或器具、避難器具及其他物品。

前項規定酌酌債權人及債務人狀況，有顯失公平情形，仍以查封為適當者，執行法院得依聲請查封其全部或一部。其經債務人同意者，亦同。（強執§53）

[4]：因目前實務見解紛歧，許多旁枝末節之問題，亦能造成遲延而無法執行。例如：不動產先有假扣押執行，繳了執行費後，卻未繳測量費，致該假扣押效力不知如何？後來如另有經訴訟確定的本案執行時，該未完成的假扣押究竟如何處理，地政機關經常對此以無法辦理而要求必須先將原假扣押撤銷，如此便形成一種無解的循環論斷。是故本文此一部分，以楊與齡教授所著《強制執行法論》頁335至339為基準藍本，加入實務經驗而寫成，而在實務基本運用上加註判例、解釋，尚可依此有所依循。

注意事項：債權人（即執行聲請人）倘因擔保人之擔保而撤回執行之聲請者，其擔保書，必須載明如次，否則該擔保書狀即非可據為執行名義。

擔　保　書

擔保人茲就○○年○字第○○號強制執行案，擔保債務人○○○日後按每月○日清償新幣○○○元，倘若債務人有任何一期不為履行者，則由擔保人負一次全部清償之責任。故立書作為債權人撤回本案執行之擔保。

擔保人：○○○

第四節　鑑價與拍賣程序

第一款　動產

　　查封物為金銀首飾或古董等貴重物品，價格不易確定者，法官可囑託行家鑑定價格，定底價然後拍賣。鑑定費要由債權人先繳納，如預定底價者不得公開，以避免流弊之產生。

　　可為動產之標的物包括有價證券、不動產之出產物、不動產之從物、非海商法之船舶、非民用航空法之航空器、依動產擔保交易法設定之動產抵押物。

　　拍賣動產必先公告。公告到拍賣當日至少相距5天，但因查封物的性質必須趕快拍賣或債權人與債務人兩方都同意的話，就可提前拍賣之。如果查封物易腐壞或金銀物品及有市價的商品，法官可依職權變賣，或債權人與債務人均同意且在拍賣期日前聲請者，則不必經由拍賣之繁瑣程序。

　　拍賣公告一定會貼在執行處公告欄以及拍賣現場，債權人必須到執行處導引執達員前往現場張貼。如果法官認為必要，也可以命債權人登報，以招徠買主。

　　拍賣當天法官會通知債權人及債務人到場，但無法通知或受通知後不到場時，照樣進行該次拍賣，倘若未踐行此一程序僅得聲明異議。

　　拍定的標準是以出最高價者，高呼三次後無人再加價時，則宣布為拍定。拍定後，應買人須馬上交錢，帶走拍定物，不能賒欠，也不能以支票付款。倘若買受人未於拍定時或公告期限內繳清價款，無須經催告或解除程序，其契約當然解除，執行處得再行拍賣，如賣得價金低於原拍定價金時，執行法院得逕對原拍定人強制執行差額部分之損害賠償。（參院1608、1786及55年台抗字第664號裁定）

　　無人應買時，執行處應作價交債權人收受，如不收受，應撤銷查封，將查封的動產返還債務人結案，不得再改期作第二次的拍賣。

　　如果應買人所出的價錢低於底價，執行處應不予拍定，另行再拍賣。再拍賣時，最高價還不足底價60%，或者未定底價，但所出最高價顯然不相當時，拍賣主持人可以作價交債權人承受。如不承受就將查封物撤銷查封，退還債務人以終結本執行案。

　　拍賣物僅有權利瑕疵擔保請求權而無物之瑕疵擔保請求權，且拍賣物已經拍定而移轉所有權（交付）於買受人時，拍賣程序即為終結，此時縱有撤銷之裁定，亦屬無從救濟之。（參院2776）

第二款　不動產

一、不動產拍賣

(一) 鑑價程序　由公家機關或委由具公信力之法人為之。以台北市為例：土地部分函請台北市政府地政事務所鑑價，房屋部分函請台北市政府工務局鑑價。債權人須先行前往繳納費用，並導引至現場。

(二) 管轄區域　可供執行之不動產，不在執行法院管轄區域內者，由執行法院囑託該管法院代為執行，乃屬通常之事例，如果別無糾葛，尚不能謂為不易執行。

(三) 核定底價　鑑價後由法官詢問雙方當事人意見後酌訂底價，不受任何一方之影響，但站在保護債權立場似較偏向債權人之意見。

書狀範例：

為陳報拍賣不動產底價過低事：

緣債權人與債務人因○年度民執字第○號清償票款執行事件，業經有關機關鑑定拍賣標的即位於○○○地號之土地，其價額為新台幣○○○元，惟陳報人認為該鑑定價格過低，與市價顯不相當，且拍定後移轉時須繳約○○○元之增值稅，拍賣後尚不足清償陳報人之債權，爰懇請

鈞院賜准提高該拍賣執行之土地底價為○○○元，俾使債權人得以完全受償，實感德便。

　謹　狀

○○地方法院　公鑒

具狀人：○○○

(四) 公告期限　公告期日到拍賣期日通常相距兩星期以上；但流拍後進行第二次拍賣，與公告則在10日至30日之間。

　　拍賣不動產之公告應載明閱覽查封筆錄之處所及日、時，為強制執行法第81條第2項第5款所明定，是項規定，係使一般投標人預先明瞭查封之內容，從容決定投標之條件，庶投標結果臻於公平，自屬強制規定之一種，倘該項公告就此漏未記載，則拍賣程序即難謂無瑕疵，依同法第12條利害關係人對之聲明異議，應認為有理由（參47年台抗字第92號裁定）。

(五) 揭示登報　拍賣公告均依法張貼於民事執行處公告欄內，以及不動產所在地外，債權人應即刊登於報紙，並將該報整張送交書記官附卷存查。

△拍賣不動產之期日，距公告之日不得少於14日，其公告應揭示於執行法院及該不動產所在地，執行處應通知債權人及債務人於拍賣期日到場等項，均屬強制執行時應遵守之程序。此類程序，如執行人員未經遵行，或踐行不當，或違背程序，當事人或利害關係人在強制執行程序終結前，固得對之聲請或聲明異議，但強制執行程序一經終結，即不得主張其強制執行為無效。（51台上2945）

△執行法院拍賣之公告，祇須揭示於執行法院及該不動產所在地即生效力，強制執行法

第84條雖另規定：「如當地有公報或新聞紙亦應登載，或有其他習慣者，並得依其習慣方法公告之」等語，亦僅屬一種訓示規定，不能以其未登載公報或新聞紙，或未依習慣方法公告，即認拍賣為無效。至於就不動產所在地所為公告之揭示方法雖有不當，當事人或利害關係人祇得依強制執行法第12條規定，為聲請或聲明異議，但其揭示行為，未經撤銷前要非當然無效。（51台上3631）

△抵押人於抵押權設定後，與第三人訂立租約，致影響於抵押權者，對於抵押權人雖不生效，但執行法院倘不依聲請或依職權認為有除去該影響抵押權之租賃關係之必要，而為有租賃關係存在之不動產拍賣，並於拍賣公告載明有租賃關係之事實，則該租賃關係非但未被除去，且已成為買賣（拍賣）契約內容之一部。無論應買人投標買得或由債權人承受，依繼受取得之法理，其租賃關係對應買人或承受人當然繼續存在。（60台上4615）

(六) 投標須知　投標須先繳納公告所載之保證金，此須以台支（台灣銀行的支票）（本票、支票或匯票）然後向書記官索取標單填妥後，投入標匭內。每一股均用同一標匭，故一日該股可開數標。一般均按規定時間開標，當場宣布，並將得標標單立即影印張貼在公告欄，但有優先承購權人則必須先保留至該承購人在法定期間內為意思表示時，始為確定。

△強制執行法第88條規定開標應由執行法官當眾開示，並朗讀之。拍賣程序係在利害關係對立之不特定多數關係人注視下公開行之，其執行程序事項有即斷即決之必要，以期其程序明確。故應買人雖得委任他人代理應買，惟應即時提出證明書，以證明合法授權之事實，如未提出證明書，代理權即有欠缺，其投標無效，性質上自不許準用民事訴訟法第75條第1項定期命補正之規定。（85台抗553）

(七) 點交與否　須注意公告，一般房屋出租在他人占有中，均載明不點交外，應以由法院點交為宜。

△強制執行程序中關於不動產之拍賣，其性質與因訴訟結果而為交付標的物之執行迥異，如該項拍賣之不動產為第三人所占有，除該第三人係為債務人而占有，或於實施查封後始行占有，應受點交命令之拘束者外，即非強制執行程序中所稱之債務人，執行法院尚難依強制執行法第99條定，強使騰交該物與買受人或債權人。（50台抗284）

△點交之執行，係與因債權人之聲請而開始之查封拍賣程序分開，而構成另一執行程序，駁回點交拍定物之聲請，以執行法院之裁定為之，對此裁定得為抗告（強制執行法第44條、民事訴訟法第220條、第479條（舊）），至准許其聲請時，通常多以書面命令執達員執行，不服此命令者，則得向執行法院聲明異議（強制執行法第12條）。惟法院拍賣程序終結後，拍定人或承受人與債務人間所訂應付補償金之合意，並無阻止拍定人或承受人執行點交之效力，如其合意含有妨礙拍定人等實體上請求點交之事由，債務人祇能依強制執行法第14條之規定提起異議之訴，不得依同法第12條之規定聲明異議。（55台抗327）

(八) 繳納保證金

繳納保證金聲請書

受　文　者	○○○○地方法院								
聲 請 人	姓　　名				年　　　齡				
	住所或居所	縣(市)	鄉(鎮)	村(里)	街(路)	段	巷	號	樓
	身　分　證 統　一　編　號			簽　名　蓋　章					
案　　　　號	年度　　字第　　　　　號								
案　　　　由	債權人○○○ 債務人○○○			執行事件					
拍　賣　日　期	中　華　民　國　　　年　　月　　日　午　　時　　分								
繳　　納　　之 保　證　金　額	仟　佰　拾　萬　仟　佰　拾　　元整（新台幣）								
聲　請　事　由	右開保證金，請迅予點收，並開立臨時收據二聯。								
法　院　收　受 聲　請　書　時　間	中　華　民　國　　　年　　月　　日　　時　　分 　　　　　　　　　　　　　　（由法院出納室填記）								

注意：一、本聲請書案號及案由、拍賣日期、保證金額，須依拍賣公告填寫。
　　　二、聲請書由聲請人填妥後，逕送出納室洽交保證金。
　　　三、本聲請書由出納室按收受先後編號裝訂成冊，以備查核。

△ 強制執行法第86條既僅規定以投標方法拍賣不動產時，執行法院得酌定保證金額命投標人於開標前繳納之，而未定明應繳何處，則投標人於開標前果將應繳之保證金遵命繳交執行推事或書記官，按諸同法第3條即難謂其繳納不符法定要件，而有同法第89條所謂投標應繳納保證金而未繳納者，其投標無效規定之適用。（53台抗195）

(九) 通知雙方當事人　不動產之執行拍賣，依強制執行法第113條準用動產之規定，固應通知債權人及債務人於拍賣期日到場，但無法通知，或屆期不到場者，拍賣並不因而停止。所謂無法通知，如當事人遷徙、隱避及因故他往等情均屬之。立法意旨祇在促使執行法院踐行通知程序，苟已通知則縱發生上列情事，仍難謂與法定執行程序有何違背。

　　另拍賣不動產，依強制執行法第113條準用動產之規定，及辦理強制執行案件應行注意事項第35項等規定，應行通知債權人及債務人於拍賣期日到場，通知須以送達方法行之，作成送達證書附卷，若有應通知而不通知，或通知未經合法送達者，均為違反強制執行時應遵守之程序，未受通知或未受合法通知之當事人，均得對之聲明異議，但拍賣不因之停止。

(十) 債務人與債權人可否應買 [1]　不動產之拍賣，債務人得否參與應買，與拍賣之性質有關。查依強制執行法所為之拍賣，通說係解釋為買賣之一種，即債務人為出賣人，拍定人為買受人，而以拍賣機關代替債務人立於出賣人之地位（最高法院49年台抗字第83號判例參照），故債務人若於其不動產被拍賣時再參加投標，則同時兼具出賣人與買受人之地位，與買賣須有出賣人與買受人兩個主體，因雙方意思表示一致而成立買賣契約之性質有違，自應解為債務人不得參與應買（參強制執行法第70條及80年台抗字第143號判例）。如屆執行之時，債務人所覓之買主，能依法以最高價額拍賣，自無不許拍定之理；同時對於請求執行之債權人，亦無不許其為拍定之規定。

(十一) 債權人之承受　倘拍賣之物已由執行法院交該債權人承受，並將價金予以分配完畢，其爭執之法律關係即已不復存在，而無即受確認判決之法律上利益。（參69年台上字第1424號判例）

△ 強制執行中拍賣之不動產為第三人所有者，其拍賣為無效。所有權人於執行終結後，亦得提起回復所有權之訴，請求返還，法院判令返還時，原發管業證書當然失其效力，法院自得命其繳銷，業經司法院院字第578號解釋在案。至強制執行法第98條規定拍賣之不動產，買受人自領得執行法院所發給權利移轉證書之日起，取得該不動產所有權，係指拍賣之不動產本得為強制執行之標的物者而言，若不動產屬於第三人所有，而不應為強制執行之標的物者，即應依上開解釋辦理。（30上2203）

△ 基於強制執行而取得不動產物權者，屬於民法第759條規定之範圍經法院發給所有權權利移轉證書，即發生取得不動產物權之效力。倘非更予處分，則不以登記為生效要件。（56台上1898）

△ 破產管理人就屬於破產財團之不動產所為之拍賣，其效力與執行法院代債務人拍賣不動產之情形不同，依破產法第5條規定，僅準用民事訴訟法不包括強制執行法，解釋上自無適用強制執行法第98條之餘地。是破產管理人發給上訴人之權利移轉證書，既無法律上之依據，僅可發生一般債權之效力，上訴人未就系爭房屋完成所有權移轉登記前，即無從本於所有權人之地位，訴求被上訴人等交還系爭房屋及賠償其損害。（56台上3228）

△ 被上訴人與債務人間之租賃關係，既經執行法院裁定除去後，實施拍賣由上訴人拍定取得權利移轉證書，則自是時起被上訴人繼續占有該房屋，自屬侵害上訴人之房屋所

有權，上訴人對於被上訴人，非不得請求賠償相當於租金之損害金。（67台上3622）

○ 再抗告人有無於拍賣期日到場為承受之聲明，依強制執行法第44條準用民事訴訟法第219條之規定，專以拍賣不動產筆錄證之，不得使用其他之證據方法。（69台抗413）

△ 軍人及其家屬優待條例第10條所謂不得強制執行之財產，以屬於執行事件債務人所有，且為維持其生活所必需者為限。如債務人之不動產已經法院拍賣並發給買受人或承受人權利移轉證書，依法已由買受人或承受人取得所有權者，該不動產既已非債務人之財產，債務人自不得依上開規定，聲請暫緩點交。（74台抗441）

(十二) 所有權人於設定抵押權後另設定其他物權之情形

☆ 所有人於其不動產上設定抵押權後，復就同一不動產上與第三人設定典權，抵押權自不因此而受影響。抵押權人屆期未受清償，實行抵押權拍賣抵押物時，因有典權之存在，無人應買，或出價不足清償抵押債權，執行法院得除去典權負擔，重行估價拍賣。拍賣之結果，清償抵押債權有餘時，典權人之典價，對於登記在後之權利人，享有優先受償權。執行法院於發給權利移轉證書時，依職權通知地政機關塗銷其典權之登記。（釋119）

(十三) 權利移轉證書　一般不動產之交付係以發權利移轉證書為準據。

○○○○地方法院民事執行處		核發不動產權利移轉證書 分　　配　　價　　金		管制追蹤考核表 年　　月　　日	
股　別		書記官		法　官	
案　號	年度　字第　　號		價金繳納日期		年　　月　　日
價　金 數　額	仟　佰　拾　萬　仟　佰　拾　元				
核發權利移轉證書日期	年　月　日		塗銷查封登記啟封		年　　月　　日
作　成 分配表 日　期	年　月　日	分　配 日　期	年　月　日	發　款 日　期	年　月　日
院長核閱		備考			
注 意 事 項	一、受人（承受人）繳清價金後，應於五日內發給權利移轉證書，並函該管登記機關登記其事由，同時辦理塗銷查封登記。 二、價金繳清後，應於五日內，其依法應扣繳土地增值稅者，應於稅捐機關查復增值稅額後五日內作成分配表，定期分配，並應於分配後五日內發款。				

本表使用說明	一、本表一式三份，由執行處收文人員根據繳納價金收據，填妥股別、案號、繳款日期及金額。一份送庭長，二份送研考科。研考科陳報院長核閱後，一份交承辦股，一份存研考科。
	二、承辦股應將表列每一應辦事項之辦畢日期逐欄詳填後退還研考科陳報院長查核。
	三、承辦股收受十五日後未能將本表退還研考科者，研考科應以查詢單查詢其原因。

(十四) **開始執行** 倘依法為強制管理後，債務人無其他財產可供執行，即得認為就債務人之財產執行而無效果（民法第745條）之情形，得對保證人開始執行（參院1104）；如債務人為合夥者，亦得對他合夥人之財產為開始執行。（參院1344）

(十五) **破產問題** 在破產宣告前，對於債務人之財產有抵押權者，就其財產有別除權，固可不依破產程序而行使權利，但別除權之財產仍屬破產財團，故此項權利的行使，須以破產管理人為相對人，若以破產人為相對人，則會被法院駁回。（參71年台抗字第502號判例）

△ 耕地出租人出賣耕地時，如不依耕地三七五減租條例第15條第1、2項所定出賣條件，以書面通知承租人優先承買，而與第三人訂立契約者，依同條第3項之規定，其契約不得對抗承租人。所謂不得以其契約對抗承租人，固係指該項以買賣為原因而成立之移轉物權行為，對於承租人不生效力而言。惟優先承買權亦為權利之一種，原則上因拋棄而消滅，承租人就其優先承買權倘曾向出租人為拋棄之意思表示，自後即不得再行主張及行使。而依強制執行法所為之拍賣，仍屬買賣性質，拍定人為買受人，執行法院僅代表債務人立於出賣人地位，故拍賣前承租人向出租人所為先買權之拋棄，於拍賣時仍有效力。（49台上2385）

△ 強制執行程序中關於不動產之拍賣，其性質與因訴訟結果而為交付標的物之執行迥異，如該項拍賣之不動產為第三人所占有，除該第三人係為債務人而占有，或於實施查封後始行占有，應受點交命令之拘束者外，即非強制執行程序中所稱之債務人，執行法院尚難依強制執行法第99條規定，強使騰交該物與買受人或債權人。（50台抗284）

△ 強制執行法第29條第2項所定得就強制執行之財產優先受償者，以債權人因強制執行而支出之費用得求償於債務人者為限。上訴人以破產管理人之身分，因僱工看管破產人建地四筆、房屋二幢所支出之費用，既係屬於破產財團管理所生之費用，依破產法第95條第1項第1款之規定，應為破產程序中之財團費用，而非強制執行費用。上訴人除得依破產程序而行使其權利外，無主張在被上訴人拍賣抵押物執行事件中，優先參加分配之餘地。（55台上2591）

△ 破產管理人就屬於破產財團之不動產所為之拍賣，其效力與執行法院代債務人拍賣不動產之情形不同，依破產法第5條規定，僅準用民事訴訟法，不包括強制執行法，解釋上自無適用強制執行法第98條之餘地。是破產管理人發給上訴人之權利移轉證書，既無法律上之依據，僅可發生一般債權之效力，上訴人未就系爭房屋完成所有權移轉

登記前,即無從本於所有權人之地位,訴求被上訴人等交還系爭房屋及賠償其損害。(56台上3228)

△ 本院56年台抗字第58號判例,係明示法院依破產法第125條第2項對於破產債權之加入或其數額有異議爲之裁定,並無實體法上確定債權及其數額之效力,且認當事人對於該裁定之債權及其數額如有爭執,得另行起訴請求確定,以否認該裁定之效力,並非謂未經法院依破產法第125條所定之裁定程序,當事人不得起訴請求確定債權或請求破產管理人給付其應受分配之金額,原審援用本院56年台抗字第58號判例,認上訴人未經該條所定裁定程序,不得起訴,殊有誤會。(66台上1091)

△ 土地法第104條第1項,在64年7月24日修正公布前,其原文爲「基地出賣時,承租人有依同樣條件優先購買之權。房屋出賣時,基地所有權人有依同樣條件優先購買之權」,修正後,已擴張爲「基地出賣時,地上權人、典權人或承租人有依同樣條件優先購買之權。房屋出賣時,基地所有權人有依同樣條件優先購買之權,其順序以登記之先後定之」,條文內所稱之房屋,既未特別限定承租人之房屋,則依其一貫之文義,地上權人、典權人之房屋自應一併包括在內。(67台上3887)

△ 破產法第103條第1款規定破產宣告後之利息,不得爲破產債權,並不包括同法第108條規定破產宣告前對於債務人之財產有抵押權之別除權在內。又該抵押權依民法第861條本文規定,除原債權外,尚包括利息及遲延利息在內。被上訴人計算上開利息,其利率未超過法律限制部分,自得主張之。(69台上3361)

△ 破產法第92條第13款之規定,係指破產管理人就應屬破產財團之財產,提起訴訟或進行法律程序請求收回,破產管理人居於主張權利地位之情形而言。本件被上訴人主張對於破產人有債權存在,而起訴請求清償,破產管理人係居於防禦地位,核與前開條款規定之情形有別,應無該條款規定之適用。從而原審引用上開條款之規定,認上訴人提起第二審上訴,未得監察人同意,於法不合,所持見解,顯有違誤。(80台上2736)

二、不動產標賣

拍賣與標賣,[2]雖皆爲使競買人各自提出條件,擇其最有利者而出賣之方法。惟拍賣時,各應買人均得知悉他人之條件而有再行提出條件之機會;標賣時,各投標人均不知悉他人之條件而無再行提出條件之機會,此爲其不同之點。拍賣之表示爲要約之引誘,而非要約,民法第391條以下定有明文;而標賣之表示,究爲要約之引誘抑爲要約,法律既無明文規定,自應解釋標賣人之意思定之。依一般情形而論,標賣人無以之爲要約之意思,應解爲要約之引誘,且投標非見他人投標之條件而爲之,雖有出價較高之投標,而其他之投標亦不失其拘束力,故開標後標賣人或不與全體投標人訂約,或竟與出價較低之投標人訂約,均無不可。但標賣之表示明示與出價最高之投標人訂約者,除別有保留外,則應視爲要約,出價最高之投標即爲承諾,買賣契約因之成立,標賣人自負有出賣人之義務。(參32年永上字第378號判例)

標賣不動產因得標人不繳足價金而再行拍賣時,其所預繳之保證金應扣除再拍賣費用及減低價額之差額後,予以返還,不得以裁定沒入國庫。(參院解3521)

三、不動產與動產拍賣

　　如同時對債務人之動產與不動產查封者，得視其是否可分割而合併或分別拍賣之。如合併時，動產拍賣程序依不動產拍賣之規定核定底價與公告。不動產之拍賣，債務人得否參與應買，與拍賣之性質有關。查依強制執行法所為之拍賣，通說係解釋為買賣之一種，即債務人為出賣人，拍定人為買受人，而以拍賣機關代替債務人立於出賣人之地位（最高法院49年台抗字第83號判例參照），故債務人若於其不動產被拍賣時再參加投標，則同時兼具出賣人與買受人之地位，與買賣須有出賣人與買受人兩個主體，因雙方意思表示一致而成立買賣契約之性質有違，自應解為債務人不得參與應買。（參80年台抗字第143號判例）

☆法院依強制執行法所為之拍賣，其賣得之價金應依所得稅法第14條第1項第7類規定，減除成本費用後計算財產交易所得，併同其他各項所得課稅，財政部中華民國66年11月2日台財稅字第37365號函釋尚未逾越所得稅法之規定，與憲法第19條並不抵觸。（釋296）

△拍賣不動產，依強制執行法第113條準用第63條，及辦理強制執行案件應注意事項第28條等規定，應通知債權人及債務人於拍賣期日到場，通知須以送達方法行之，作成送達證書附卷，若有應通知而不通知，或通知未經合法送達者，均為違反強制執行時應遵守之程序，未受通知或未受合法通知之當事人，均得對之聲明異議。（57台上3129）

△土地法第34條之1第4項規定共有人出賣應有部分時，他共有人得以同一價格共同或單獨優先承購，其立法意旨無非為第三人買受共有人之應有部分時，承認其他共有人享有優先承購權，簡化共有關係。若共有人間互為買賣應有部分時，即無上開規定適用之餘地。相對人既為土地共有人之一，則其於執行法院拍賣程序中買受共有人陳甲、陳乙之應有部分，其他共有人即不得主張優先承購權。（72台抗94）

書狀範例：

為聲請公示送達事：

查○○年度聲字第○○號聲請人與相對人間給付票款之確定訴訟費用事件，因相對人遷移不明，致該民事裁定正本無法送達，惟該給付票款之假扣押、訴訟事件，亦因應送達之文書無法送達，而依民事訴訟法第149條第1項第1款為公示送達，今相對人住所仍不明，爰懇請

鈞院將應送達相對人○○○之文書，依法改為公示送達，茲檢附假扣押、訴訟事件之公示送達公告影本各乙件，○○○之戶籍謄本乙件，以利程序進行，實感德便。

　謹　呈
○○地方法院　公鑒

具狀人：○○○

為陳報本案抵押債權人○○○住所事：

查　鈞院受理○年度○字第○號陳報人與債務人○○○間之清償票款強制執行事件，甫於執行中，惟抵押權人住址不明，致行使抵押權通知正本無法送達，茲檢具○○○之原戶籍謄本，及系爭土地最近土地登記謄本各乙份，以利程序進行，實感德便。

　　謹　呈

○○地方法院　公鑒

　　　　　　　　　　　　　　　　　　　　　　　　　　　具狀人：○○○

為陳報公示送達公告事：

查　　鈞院受理○○年度聲字第○○號陳報人與○○○間確定訴訟費用事件，業經　鈞院裁定准予將該確定訴訟費用之裁定公告送達。陳報人業將該公示送達公告刊載報紙，謹將登載之報紙一份送請

鈞院備查，以利程序終結，實感德便。

　　謹　狀

○○地方法院　公鑒

　　　　　　　　　　　　　　　　　　　　　　　　　　　具狀人：○○○

四、點交

　　按點交之執行，係與因債權人之聲請而開始之查封拍賣程序分開，而構成另一執行程序，駁回點交拍定物之聲請，以執行法院之裁定為之，對此裁定得為抗告（強制執行法第30條之1、民事訴訟法第220條、第478條），至准許其聲請時，通常多以書面命令執達員執行，不服此命令者，則得向執行法院聲明異議（強制執行法第12條）。惟法院拍賣程序終結後，拍定人或承受人與債務人間所訂應付補償金之合意，並無阻止拍定人或承受人執行點交之效力，如其合意含有妨礙拍定人等實體上請求點交之事由，債務人祇能依強制執行法第14條之規定提起異議之訴，不得依同法第12條之規定聲明異議。（參55年台抗字第327號判例）

第一目　續拍及拍定等相關問題

一、再次拍賣

　　第一次拍賣未成交，法官得減20%再定期拍賣；如再無法成交，則得再減20%定期作第三次拍賣。（參強執§91、§92）

聲請書狀範例：

為聲請賜准重核查封物之價格，繼續拍賣以資早日取償事：

緣聲請人與債務人因清償債務事件，業經 鈞院以〇〇〇年度〇字第〇〇〇號執行查封債權人所有不動產，經二次減價拍賣，無人應購，依法付強制管理在案。茲查本件拍賣土地，係屬空地，毫無收益，如不再予減價，實不易賣出，而對於聲請人之債權，將永難取償，是以為求早日得償，特狀請

鈞院鑒核，賜准重核查封物價格定期拍賣，以資早日取償，而維權益，實感德便。

　謹　狀

〇〇地方法院　公鑒

具狀人：〇〇〇

二、拍定之意義

　　係就應買人所出之最高價者，經高呼三次而為賣定之意思表示者，但對於該最高價係低於底價（有定底價）或雖未定底價而債權人或債務人認為不足而為反對之表示者，執行拍賣人應不為拍定之意思表示（須注意有無應買資格）；同時債務人得於拍定前提出現款，聲請撤銷拍賣。所謂既判力不僅關於其言詞辯論終結前所提出之攻擊防禦方法有之，即其當時得提出而未提出之攻擊防禦方法亦有之。上訴人前對系爭土地提起確認得標無效及登記應予塗銷之訴，既受敗訴判決且告確定，則其就本件訴訟請求確認買賣關係不存在及登記應予塗銷，雖所持理由與前容有不同，然此項理由，乃於前案得提出而未提出者，即仍應受前案既判力之拘束，不容更為起訴。（參51年台上字第665號判例）

　　另誤對第三人之財產為強制執行拍賣，除動產拍定人應受民法善意受讓規定之保護，及不動產拍定人應受土地法第43條規定之保護者外，其拍賣為無效，拍定人並不能取得所有權，所有權人於執行終結後，仍得提起回復所有權之訴，請求返還。（參93年台上字第287號判決）

三、作價承受

　　無人應買或出價未達底價時，法官得詢問債權人意見後，作價交債權人承受，因此債權人務必派人到場。

　　強制執行程序執行標的物之拍賣與承受，性質本不相同；前者涉及拍定人，而後者則否。在拍賣之場合，該標的物如屬第三人所有，其拍賣為無效，拍定人若因而受有損害，應由請求查封人即債權人負賠償之責，此觀司法院院字第1370號解釋自明。在承受之場合，承受人即為債權人自己，在承受人未取得該標的物所有權即未由執行法院發給權利移轉證書前，若不撤銷其強制執行程序，日後即使承受人取得執行法院之權利移轉證書而完成取得所有權之承受手續，其承受亦屬無效（其理由與拍賣無效同），承受人並無實益。原確定終局判決，專就承受之場合，認為在承受人未取得執行法院之權利移轉證書前，仍得撤銷強制執行程序，並未與判例或解釋例相牴觸。（參69年台再字第

122號判決）

四、強制管理

經前述兩次減價仍未成交或債權人不願承受時，法官得命強制管理。強制管理係以不動產之收益作爲清償債權人之債權，管理人因強制管理及收益，得占有不動產，遇有抗拒，得請法院核辦，或請警察協助。於此一過渡階段，得依債權、債務人之聲請再減價或重估價（不受二次減價最低額之限制）（參院2003），但如收益經30日後，可再次減價或重新估價，此點與動產顯不相同。強制管理中債權人亦得再主張承受。（參院1544）

執行法院將執行標的物之不動產，命爲強制管理之目的，在使管理人就該不動產使用收益，並以其收益供強制執行之用，此觀強制執行法第104條、第111條及第109條之規定自明。如該不動產爲第三人無權占有，管理人爲達就其所管理不動產使用收益之目的，本於管理人之身分，行使債務人之所有物返還請求權，應在其職權範圍以內。（參76年台上字第2282號判例）

△ 執行債務人某公司所有之不動產於強制管理中積欠房屋稅及地價稅共140餘萬元未繳，此項稅捐，屬強制執行法第110條第1項所定應自不動產之收益扣除之其他必需之支出。管理人如未向稅捐機關繳納，執行法院應自收益中代爲扣除，以其餘額分配於各債權人。執行法院如未代爲扣除，於製作分配表時，應列入分配優先於抵押權而受清償。（80台上1938）

○ 經二次減價拍賣而未拍定之不動產，債權人不願承受或依法不得承受時，執行法院應於第二次減價拍賣期日終結後10日內公告願買受該不動產者，得於公告之日起3個月內依原定拍賣條件爲應買之表示，執行法院得於詢問債權人及債務人意見後，許其買受。債權人復願爲承受者，亦同。前項3個月期限內，無人應買前，債權人亦得聲請停止前項拍賣，而另行估價或減價拍賣，如仍未拍定或由債權人承受，或債權人未於該期限內聲請另行估價或減價拍賣者，視爲撤回該不動產之執行，強制執行法第95條第1、2項固定有明文。惟於民國89年2月2日強制執行法第95條修正公布前，經二次減價拍賣而未拍定之不動產，債權人不願承受或依法不得承受，經依修正前該法第95條規定命付強制管理者，如強制管理爲時已久，債權人始聲請另行估價拍賣而未拍定或由債權人承受，因非與命付強制管理前所爲二次減價拍賣連續爲之，且時隔已久，該次拍賣實與初次拍賣無異，在未另經二次減價拍賣而未拍定或由債權人承受前，應無修正強制執行法第95條第1、2項規定之適用。（93台抗770）

五、再行拍賣

依強制執行法第95條提出聲請書狀即可，經第二次減價拍賣而未拍定，應於終結後10日公告3個月內是否有人願買受，在3個月內債權人得隨時停止拍賣，而另行估價或減價拍賣，如仍未拍定或債權人未於期限內聲請另行估價或減價拍賣者，視爲撤回，此點必須注意。

第二目　返還擔保提存物

聲請返還提存物，[3]供擔保人於應供擔保之原因消滅，或訴訟終結後，供擔保人證明已定20日以上之期間，催告受擔保利益人行使權利而未行使者，得聲請法院裁定准予返還其提存物，基此裁定，提存所應將提存物返還。[4]如係本票裁定強制執行後，欲取回假扣押供擔保提存物，須先撤回假扣押裁定。

供擔保人應供擔保之原因消滅（在假執行之本案判決已全部勝訴確定，或於假扣押、假處分、假執行程序實施前撤回執行之聲請）或證明受擔保利益人同意返還者，或訴訟終結後定20日之催告或法院依聲請通知行使權利而未向法院提出證明者，可逕向該法院聲請裁定返還（民訴§104參照）（另請參民事訴訟須知§23(一)）。另倘供擔保人怠於行使該項權利，其債權人可依民法第242條，代位聲請法院命受擔保利益人於一定期間內行使其權利。（參59年2月23日第一次民刑庭總會決議）

第二審判決原第一審原告勝訴，並宣告假執行後，該被告預供擔保而免為假執行，旋該案經三審廢棄發回，該被告可以原供擔保之原因消滅而聲請返還擔保提存物。（參74年4月2日第四次民庭總會決議）

另依民事訴訟法第395條第1項規定，假執行之宣告，因就本案判決或該宣告有廢棄或變更之判決，自該判決宣示時起，於其廢棄或變更之範圍內，失其效力。

△ 訴訟終結後，受擔保利益人，逾民事訴訟法第104條第1項第2款20日以上之期間而未行使其權利時，若在供擔保人向法院為返還提存物或保證書之聲請之後，始行使其權利者，仍應認為受擔保利益人未在前開期間內行使其權利。（72台抗181）

訴狀範例一：

為聲請發還擔保金事：

聲請事項

一、請就 鈞院○○○年度○字第○○○號所提存之擔保金新台幣○○○元，准予發還之。

二、訴訟費用由相對人負擔。

事實及理由

一、緣聲請人與相對人間因○○○事，聲請 鈞院○○○年度○字第○○○號裁定以提供新台幣○○○元擔保，准予假處分在案後，經聲請人以 鈞院提存所○○○年度○字第○○○號提存上開擔保金，然因○○錯誤而撤回，均有提存書及國庫存款書可稽。

二、按應供擔保之原因消滅者，或訴訟終結後，供擔保人證明已定20日以上之期間，催告受擔保利益人行使權利而未行使者，法院應依供擔保人之聲請，以裁定命返還其提存物，民事訴訟法第104條第1項定有明文。

查聲請人業已依法向 鈞院民事庭以○○○年度○字第○○○號將本案依法就○○○事件起訴，且聲請人又以○○郵局第○○○號存證信函定○○日之期間催告相對人行使權利而不行使，此有存證信函可稽。爰特依前開法條規定，狀請

鈞院鑒核，賜准裁定准許返還如聲請之存提金，實感德便。
　　謹　狀
○○地方法院　公鑒

具狀人：○○○

訴狀範例二：

為聲請發還假扣押之擔保金事：

一、按「應供擔保之原因消滅者，法院應依擔保人之聲請，以裁定命返還其提存物」，民事訴訟法第104條第1項第1款定有明文，又「因釋明假扣押之原因而供之擔保，係擔保債務人因假扣押所應受之損害，故必待無損害發生，或債權人本案勝訴確定，或就所生之損害已經賠償時，始得謂供擔保之原因消滅」，最高法院53年台抗字第279號亦著有判例可稽。

二、查債權人持有債務人所簽發之支票乙紙，曾經提示卻未獲付款，屢經催討亦未見其返還，遂於民國○○年○月○日就債務人所有之不動產聲請假扣押，經　鈞院以○○年度○字第○號裁定（證一）准供擔保假扣押在案。嗣向　鈞院提存所提存是項金額，已完成假扣押程序，有○○年度存字第○○號提存書為憑（證二）。

三、次查債權人完成假扣押程序後，仍未見債務人出面清償，遂經債權人依法訴請債務人給付票款，業經　鈞院以○○年度簡字第○號判決原告即債權人全部勝訴，並已經確定，有判決確定證明書（證三）足證。按諸首開規定及判例意旨，是債權人因假扣押而供擔保，亦因本案勝訴確定，其擔保原因業已消滅甚明。綜上所陳，懇請

鈞院賜准發還擔保金，實感德便。
　　謹　狀
○○地方法院　公鑒

具狀人：○○○

△ 聲請發還因假執行提供擔保之提存物或保證書，依民事訴訟法第106條，雖準用同法第104條第1項第1款之規定辦理，然既非同法第96條所謂訴訟費用之擔保，則應否發還，僅應以相對人是否曾因假執行受有損害為准駁之依據。（53台抗84）

為撤回聲請發還假扣押之擔保金事：

緣聲請人於○年○月○日聲請發還假扣押擔保金一事，經本依提存法第15、16條之有關規定，得直接向該管法院提存所聲請返還提存物。毌庸再行聲請裁定，為此狀請　鈞院鑒核，准予撤回該發還假扣押擔保金之聲請，實感德便。
　　謹　狀
○○地方法院　公鑒

具狀人：○○○

訴狀範例三：

為聲請裁定返還擔保物事：

聲請事項

一、○○地方法院○○年度全字第○○號假扣押事件提存之 鈞院○○年度存字第○○號提存擔保金新台幣○○元整准予返還。

二、程序費用由相對人負擔。

事實及理由

前依○○地方法院○○年○字第○○○號裁定提存新台幣○○元整（鈞院提存所○○年存字第○○號），惟於○○年○月○日撤回假扣押之執行（鈞院○○年度○○字第○○○號），並聲請○○地方法院○○年度○字第○○號裁定撤銷該假扣押，且於○○年○月○日以○○郵局存證信函第○○○號催告相對人等行使權利迄今已逾20日，爰依司法院72年8月2日應民1字第523號函之見解，聲請

鈞院裁定准許聲請人領回所提存之擔保物，實感德便。

　謹　狀

○○地方法院　公鑒

　　　　　　　　　　　　　　　　　　　　　　　　　　　具狀人：○○○

第三目　債權憑證

　　債權憑證即權利憑證或稱再執行憑證，據此債權憑證而就債務人之財產再為聲請執行時，毋庸提示原執行名義即可聲請，且免繳執行費。目前實務上如債務人無財產可供執行，為防請求權時效消滅，均採每5年換發一次；但如遇過期判決或債權憑證，仍可聲請強制執行，只不過債務人可提訴主張消滅時效而請求確認債權不存在。

○(一)消滅時效完成後，即不生消滅時效中斷之問題，並非核發債權憑證後，時效即可重行起算。司法院院字第2447號解釋，係指原執行名義尚未罹於時效而核發債權憑證之情形而言。（85台上3026）

○執行程序因核發債權憑證而終結者，如當事人或利害關係人就執行法院核發債權憑證是否合法有所爭執而聲明異議時，執行法院不得以執行程序已終結為由，駁回其聲明異議，否則違法終結執行程序之執行行為將無以救濟。（86台抗44）

○債權人縱在強制執行程序中曾經就執行名義所記載之金錢債權不能滿足受償部分為拋棄權利之意思表示，惟斯乃在實體法是否發生權利消滅效力之問題，非執行法院所得審究。苟債權人於拋棄債權後，仍依執行名義請求執行法院繼續為強制執行，或依強制執行法第27條之規定，請求執行法院發給債權憑證，執行法院自不得以上開實體法上之事由，駁回債權人之聲請。（88台抗338）

○按強制執行法第27條所稱之債權憑證，係指執行法院發給債權人收執，俟債務人如有財產再行執行之憑證而言。債權人於取得債權憑證後，雖可無庸繳納執行費用再行聲請強制執行，但該債權憑證之可以再行強制執行乃溯源於執行法院核發債權憑證前債

權人依強制執行法第4條第1項所列各款取得之原執行名義。是對具有既判力之執行名義，提起債務人異議之訴，債務人祇須主張消滅或妨礙債權人請求之事由，係發生於該具既判力之原執行名義成立之後者，即得為之，如以裁判為執行名義時，其為異議原因之事實發生在前訴訟言詞辯論終結後者，亦得主張之，初與該事由是否發生在債權憑證成立之後無涉。又消滅時效因開始執行行為或聲請強制執行而中斷；時效中斷者，自中斷之事由終止時，重行起算，民法第129條第2項第5款及第137條第1項固分別定有明文，惟消滅時效完成後，如債權人依原執行名義或債權憑證聲請法院再行強制執行時，亦不生中斷時效或中斷事由終止重行起算時效之問題，債務人自非不得對之提起債務人異議之訴，以排除該執行名義之執行。（89台上1623）

○ 被上訴人依彰化地院75年4月4日核發之債權憑證，再度聲請強制執行，其5年消滅時效期間之最末日既為國定假日，而不得為之，依民法第122條規定，自應以其休息日之次日代之。原審因認被上訴人於80年4月8日聲請強制執行，其請求權尚未罹於時效而消滅，而為上訴人敗訴之判決，經核於法自無不合。（92台上1346）

○ 執行名義為確定判決者，除當事人外，對於訴訟繫屬後為當事人之繼受人亦有效力；此項規定，於強制執行法第4條第1項第2款至第6款規定之執行名義，準用之，同法第4條之2第1項第1款及第2項定有明文。而所謂繼受人，則包括債權法定移轉之受讓人在內。查再抗告人既以連帶保證人之身分清償主債務人陳百棟向合庫所借之債務，依民法第281條第2項之規定，合庫之權利自應由再抗告人於其得向其餘連帶保證人即相對人求償之範圍內承受，此為債權之法定移轉，因而再抗告人執債權人為合庫之債權憑證及代償證明書聲請執行法院就相對人之財產為強制執行，依上說明，並無不合。（94台抗847）

為聲請發給債權憑證事：

查　鈞院○○○年度○字第○○○號聲請人與債務人間○○○事件，業經　鈞院將債務人所有財產實施執行查封拍賣，所有價金分配完畢，聲請人所有債權憑證新台幣（下同）○○○元，除以分配受償本金及利息計○○○元及其訴訟費用外，尚欠○○○元，不足清償債務，茲因債務人別無財產可供執行，似無繼續執行之必要。爰依強制執行法第27條第1項，狀請

鈞院鑒合，准予核發債權憑證，以便早日結案。

　謹　狀

○○地方法院　公鑒

　　　　　　　　　　　　　　　　　　　　　　　　　具狀人：○○○

---

[1]：應買資格的限制

　(1) 土地法第17條規定對外國人取得土地所有權的限制。

　(2) 土地法對耕地購買之限制。

　(3) 國民住宅對出賣的時間與購買人的限制。

(4) 土地法有關基地租賃優先購買的規定。

(5) 共有土地優先購買的規定。

[2]：一、注意事項：

(1) 投標得委託他人代爲投標。（53年11月10日民刑總會決議）

(2) 投標之願買記載應與公告之標的相符，否則無效。（參51年台抗字第345號判例）

(3) 投標之價款應載明以本國貨幣爲計算單位，否則無效。

(4) 投標之標的有數個，而未標明各宗價額，但有總價者，仍屬有效。（參61年台抗字第631號判例）

(5) 投標特別注意承買資格者，應提出該法定資格證明文件。

二、相關法條：

❖關於第88條部分：

(一) 拍賣開標時間，宜指定爲每日上午9時半至11時，或下午2時至4時之間，不得撥快或撥慢投標室時鐘。

(二) 以投標方法拍賣不動產者，應依照拍賣公告所載時間準時開標，縱當事人請求延緩開標時間，亦不應准許。

(三) 開標期日，應由執行法官全程參與不得委由書記官辦理。執行法官應在法院投標室當眾開示投標書，並朗讀之。關於通訊投標之開標，應先當眾審查投標書是否密封及有無附繳保證金，暨具備其他應備要件。

(四) 開標，應以應買人所出價額達該次拍賣標的物之最低價額並係最高價者爲得標。開標情形，應記明於拍賣筆錄。

(五) 拍賣公告欄已張貼「停止拍賣」之公告或由主持開標之法官於開標前宣告停止拍賣程序，即應停止拍賣，不得開標實施拍賣，以免紛爭。

(六) 以投標方法拍賣不動產時，應注意防範圍標及其他不法行爲。（辦理強制執行事件應行注意事項§49）

❖關於第90條部分：

(一) 數宗不動產合併拍賣時，投標人未記載每宗之價額或其記載每宗價額之合計數與其記載之總價不符者，應以其所載之總價額爲準，其總價額高於其他投標人，且達於拍賣最低總價額者爲得標；投標人僅記載每宗之價額而漏記總價額者執行法院於代爲核計其總價額後，如其總價額高於其他投標人，且達於拍賣最低總價額時，亦爲得標。

(二) 土地與地上建築物合併拍賣者，應於拍賣公告載明，投標人對土地及其建築物所出價額，均應達拍賣最低價額，如投標人所出總價額高於其他投標人，且達拍賣最低總價額，但土地或建築物所出價額未達拍賣最低價額，而投標人不自行調整者，執行法院得按總價額及拍賣最低價額比例調整之。

(三) 投標人對願出之價額，未載明一定之金額，僅表明就他人願出之價額爲增、減之數額者，不應准許得標。

(四) 法院認定投標是否有效時，應依投標書各項記載之外觀，爲整體與綜合之考量，並依其投標能否確保投標之秘密性及正確性，客觀認定之。倘投標書之記載，足以確

定其投標應買之不動產與拍賣之不動產具有同一性者，且無其他無效事由時，其投標即應認為有效。

(五) 投標人願出之最高價額相同者，於定得標人時，其當場增加價額或抽籤，由執行法官主持之。（辦理強制執行事件應行注意事項§50）

[3]：有下列各款情形之一者，法院應依供擔保人之聲請，以裁定命返還其提存物或保證書：

一、應供擔保之原因消滅者。

二、供擔保人證明受擔保利益人同意返還者。

三、訴訟終結後，供擔保人證明已定20日以上之期間，催告受擔保利益人行使權利而未行使，或法院依供擔保人之聲請，通知受擔保利益人於一定期間內行使權利並向法院為行使權利之證明而未證明者。

關於前項聲請之裁定，得為抗告，抗告中應停止執行。（民訴§104）

[4]：擔保提存之提存人於提存後，有下列情形之一者，得聲請該管法院提存所返還提存物：

一、假執行之本案判決已全部勝訴確定。

二、因免為假執行而預供擔保或將請求標的物提存，其假執行之宣告全部失其效力。

三、假扣押、假處分、假執行經裁判後未聲請執行，或於執行程序實施前撤回執行之聲請。

四、因免為假扣押、假處分、假執行預供擔保，而有前款情形。

五、假扣押、假處分所保全之請求，其本案訴訟已獲全部勝訴判決確定；其請求取得與確定判決有同一效力者，亦同。

六、假執行、假扣押或假處分所保全之請求，其本案訴訟經和解或調解成立，受擔保利益人負部分給付義務而對提存物之權利聲明不予保留。

七、依法令提供擔保停止強制執行，其本案訴訟已獲全部勝訴判決確定。

八、受擔保利益人於法官或提存所主任前表明同意返還，經記明筆錄。

九、提存出於錯誤或依其他法律之規定，經法院裁定返還確定。

前項聲請，應於供擔保原因消滅之翌日起10年內為之；逾期其提存物歸屬國庫。（提存§18）

附註：拍賣不動產時，若無人應買，得減價二次（或交債權人承受），每次減價限於鑑定底價之20%，經二次減價後無人應買者，得命付強制管理（或由債權人聲請）。

命付強制管理較拍賣之壓迫性為高，且該強制管理係以該標的物之收益為執行對象，不過該收益在準用不動產拍賣程序時，應如船舶、航空器、計程車營業之收益。應否例外排除因營業或企業所得之收益，以避免債務人受更大的事實上或經濟上之不利益上別有爭議，實務上則偏向亦可強制管理，且命付強制管理時，管理人得占有該不動產。（參76年台上字第2282號判例）

第 ❸ 章　賠償總論

　　賠償的範疇，可區分成為許多不同的領域，本章所要探究的，只是其中有關損害計算的依據及種類。此一單元的重點將放在生命與身體遭受私人與國家侵害的這個層面，詳細地歸納可得請求的項目及計算之準據，同時為了本章中國家賠償的探討而加入了行政爭訟的簡易說明，以方便法律人利用有關的資訊。希望本章所綜合整理的內容，能夠提供讀者一套簡明實用的實務概念。

第一節　民事與國家賠償

　　本節所欲說明的是侵害生命、身體時，所得依法請求完整賠償之法律界定之依據，因此在第二節實際計算之前，歸納有關法律條文，整理如次：

一、民法上損害賠償請求之原因依據

(一) 基礎法條　因故意或過失，不法侵害他人之權利者，負損害賠償責任。故意以背於善良風俗之方法，加損害於他人者亦同。違反保護他人之法律者，致生損害於他人者，負賠償責任。但能證明其行為無過失者，不在此限。（民§184）

(二) 關聯法條

1. 不法侵害他人致死者，對於支出醫療及增加生活上需要之費用或殯葬費之人，亦應負損害賠償責任。被害人對於第三人負有法定扶養義務者，加害人對於該第三人亦應負損害賠償責任。（民§192）

2. 不法侵害他人之身體或健康者，對於被害人因此喪失或減少勞動能力或增加生活上之需要時，應負損害賠償責任。前項損害賠償，法院得因當事人之聲請，定為支付定期金。但須命加害人提出擔保。（民§193）

3. 不法侵害他人致死者，被害人之父、母、子、女及配偶，雖非財產上之損害，亦得請求賠償相當之金額。（民§194）

4. 不法侵害他人之身體、健康、名譽、自由、信用、隱私、貞操，或不法侵害其他人格法益而情節重大者，被害人雖非財產上之損害，亦得請求賠償相當之金額。其名譽被侵害者，並得請求為回復名譽之適當處分。前項請求權，不得讓與或繼承。但以金額賠償之請求權已依契約承諾，或已起訴者，不在此限。（民§195）

5. 因侵權行為所生之損害賠償請求權，自請求權人知有損害及賠償義務人時起，2年間不行使而消滅。自有侵權行為時起，逾10年者亦同。損害賠償之義務人，因侵權行為受利益，致被害人受損害者，於前項時效完成後，仍應依關於不當得利之規定，返還其所受之利益於被害人。（民§197）

6. 因侵權行為對於被害人取得債權者，被害人對該債權之廢止請求權，雖因時效而消滅，仍得拒絕履行。（民§198）

(三) 民法一般侵害態樣

1. 行為能力欠缺者：無行為能力人或限制行為能力人，不法侵害他人之權利者，以行為時有識別能力為限，與其法定代理人連帶負損害賠償責任。行為時無識別能力者，由其法定代理人負損害賠償責任。前項情形，法定代理人如其監督並未疏懈，或縱加以相當之監督，而仍不免發生損害者，不負賠償責任。如不能依前二項規定受損害賠償時，法院因被害人之聲請，得斟酌行為人及其法定代理人與被害人之經濟狀況，令行為人或其法定代理人為全部或一部之損害賠償。前項規定，於其他之人，在無意識或精神錯亂中所為之行為致第三人受損害時，準用之。（民§187）

2. 受僱人之侵害：受僱人因執行職務，不法侵害他人之權利者，由僱用人與行為人連帶負損害賠償責任。但選任受僱人及監督其職務之執行，已盡相當之注意或縱加以相當之注意而仍不免發生損害者，僱用人不負賠償責任。如被害人依前項但書之規定，不能受損害賠償時，法院因其聲請，得斟酌僱用人與被害人之經濟狀況，令僱用人為全部或一部之損害賠償。僱用人賠償損害時，對於為侵權行為之受僱人，有求償權。（民§188）

3. 承攬人之侵害：承攬人因執行承攬事項，不法侵害他人之權利者，定作人不負損害賠償責任。但定作人於定作或指示有過失者，不在此限。（民§189）

4. 動物之侵害：動物加損害於他人者，由其占有人負損害賠責任。但依動物之種類及性質已為相當注意之管束，或縱為相當注意之管束而仍不免發生損害者，不在此限。動物係由第三人或他動物之挑動，致加損害於他人者，其占有人對於該第三人或他動物之占有人，有求償權。（民§190）

5. 定著物造成之侵害：土地上之建築物或其他工作物所致他人權利之損害，由工作物之所有人負賠償責任。但其對於設置或保管並無欠缺，或損害非因設置或保管有欠缺，或於防止損害之發生，已盡相當之注意者，不在此限。前項損害之發生，如別有應負責任之人時，賠償損害之所有人，對於該應負責者，有求償權。（民§191）

6. 商品製造人因其商品之通常使用或消費所致他人之損害，負賠償責任。但其對於商品之生產、製造或加工、設計並無欠缺或其損害非因該項欠缺所致或於防止損害之發生，已盡相當之注意者，不在此限。前項所稱商品製造人，謂商品之生產、製造、加工業者。其在商品上附加標章或其他文字、符號，足以表彰係其自己所生產、製造、加工者，視為商品製造人。商品之生產、製造或加工、設計，與其說明書或廣告內容不符者，視為有欠缺。商品輸入業者，應與商品製造人負同一之責任。（民§191-1）

7. 汽車、機車或其他非依軌道行駛之動力車輛，在使用中加損害於他人者，駕駛人應賠償因此所生之損害。但於防止損害之發生，已盡相當之注意者，不在此限。（民§191-2）

8. 經營一定事業或從事其他工作或活動之人，其工作或活動之性質或其使用之工具或方法有生損害於他人之危險者，對他人之損害應負賠償責任。但損害非由於其工作或活動或其使用之工具或方法所致，或於防止損害之發生已盡相當之注意者，不在此限。（民§191-3）

9. 共同侵權行為：數人共同不法侵害他人之權利者，連帶負損害賠償責任；不能知其中孰為加害人者，亦同。造意人及幫助人，視為共同行為人。（民§185）

二、國賠請求之原因依據

第一次權利保護（以訴願再訴願、行政訴訟為之） → 第二次權利保護（以國家賠償法為依據向普通法院為之）

我國家賠償法係採國家機關賠償之制度，亦即雖以國家賠償為主體，但仍以各級行政機關為賠償義務人，此觀國家賠償法第9條之規定甚明。是賠償義務人如有獨立之編制及組織法之依據，且有決定國家意思並對外表示之權限，自得為賠償義務人。

公務員於執行職務行使公權力時，因故意或過失不法侵害人民自由或權利者，國家應負擔損害賠償責任。公務員怠於執行職務，致人民自由或權利遭受損害者亦同。前項情形，公務員有故意或重大過失時，賠償義務機關對之有求償權（參國賠§2）。所謂執行職務並不包括利用執行公法職務之機會，且其故意或過失與損害之發生須具備相當之因果關係。國家賠償法第2條第2項規定之損害賠償請求權，與一般損害賠償請求權相同，須以實際受有損害為成立要件。民法第217條第1項規定，損害之發生或擴大，被害人與有過失者，法院得減輕賠償金額或免除之。此項基於過失相抵之責任減輕或免除，非僅視為抗辯之一種，亦可使請求權全部或一部為之消滅，法院對於賠償金額減至何程度，抑為完全免除，雖有裁量之自由，但應斟酌雙方原因力之強弱與過失之輕重以定之。

☆冤獄賠償法為國家賠償責任之特別立法，憲法第24條規定：「凡公務員違法侵害人民之自由或權利者，除依法律受懲戒外，應負刑事及民事責任。被害人民就其所受損害，並得依法律向國家請求賠償」，立法機關據此有制定有關國家賠償法律之義務，而此等法律對人民請求各類國家賠償要件之規定，並應符合憲法上之比例原則。刑事被告之羈押，係為確保訴訟程序順利進行，於被告受有罪判決確定前，拘束其身體自由於一定處所之強制處分，乃對人民身體自由所為之嚴重限制，故因羈押而生之冤獄賠償，尤須尊重憲法保障人身自由之精神。冤獄賠償法第2條第2款前段，僅以受害人之行為違反公共秩序或善良風俗為由，剝奪其請求賠償之權利，未能以其情節是否重大，有無逾越社會通常觀念所能容忍之程度為衡量標準，與前述憲法意旨未盡相符。上開法律第2條第2款與本解釋不合部分，應不予適用。（釋487）

☆憲法第7條規定，人民在法律上一律平等。立法機關制定冤獄賠償法，對於人民犯罪案件，經國家實施刑事程序，符合該法第1條所定要件者，賦予身體自由、生命或財產權受損害之人民，向國家請求賠償之權利。凡自由、權利遭受同等損害者，應受平等之保障，始符憲法第7條規定之意旨。

冤獄賠償法第1條規定，就國家對犯罪案件實施刑事程序致人民身體自由、生命或財產權遭受損害而得請求國家賠償者，依立法者明示之適用範圍及立法計畫，僅限於司法機關依刑事訴訟法令受理案件所致上開自由、權利受損害之人民，未包括軍事機關依軍事審判法令受理案件所致該等自由、權利受同等損害之人民，係對上開自由、權

利遭受同等損害，應享有冤獄賠償請求權之人民，未具正當理由而為差別待遇，若仍令依軍事審判法令受理案件遭受上開冤獄之受害人，不能依冤獄賠償法行使賠償請求權，足以延續該等人民在法律上之不平等，自與憲法第7條之本旨有所牴觸。司法院與行政院會同訂定發布之辦理冤獄賠償事件應行注意事項（下稱注意事項）第2點規定，雖符合冤獄賠償法第1條之意旨，但依其規定內容，使依軍事審判法令受理案件遭受冤獄之人民不能依冤獄賠償法行使賠償請求權，同屬不符平等原則之要求。為符首揭憲法規定之本旨，在冤獄賠償法第1條修正施行前，或規範軍事審判所致冤獄賠償事項之法律制定施行前，凡自中華民國48年9月1日冤獄賠償法施行後，軍事機關依軍事審判法令受理之案件，合於冤獄賠償法第1條之規定者，均得於本解釋公布之日起2年內，依該法規定請求國家賠償。（釋624）

△原告以私權侵害為理由，對於行政官署提起除去侵害或損害賠償之訴者，既為私法上之法律關係，縱被告以基於行政處分，不負民事上之責任為抗辯，亦不得謂其事件非民事事件，此際法院應就被告主張之行政處分是否存在，有無效力而為審究，如其處分確係有效存在，雖內容有不當或違法，而在上級官署未依訴願程序撤銷以前，司法機關固亦不能否認其效力，反之，若該處分為權限外之行為，應認為無效時，則其因此所生之損害自不能不負賠償責任。（52台上694）

○按行政機關之行政處分，係屬公權力之行使，縱其處分內容不當或違法，而被其上級機關撤銷，亦僅得於依有關法律（如國家賠償法第2條）應負損害賠償責任時，始得對之請求賠償，若無有關法律可資依據，尚不得僅依民法規定命行政機關負損害賠償責任。（71台抗86）

△國家賠償法第2條第2項後段所謂公務員怠於執行職務，係指公務員對於被害人有應執行之職務而怠於執行者而言。換言之，被害人對於公務員為特定職務行為，有公法上請求權存在，經請求其執行而怠於執行，致自由或權利遭受損害者，始得依上開規定，請求國家負損害賠償責任。若公務員對於職務之執行，雖可使一般人民享有反射利益，人民對於公務員仍不得請求為該職務之行為者，縱公務員怠於執行該職務，人民尚無公法上請求權可資行使，以資保護其利益，自不得依上開規定請求國家賠償損害。（72台上704）

○依國家賠償法第2條第2項前段規定，公務員於執行職務行使公權力時，因故意或過失不法侵害人民自由或權利者，國家固應負損害賠償責任，所謂行使公權力，係指公務員居於國家機關之地位，行使統治權作用之行為而言。並包括運用命令及強制等手段干預人民自由及權利之行為，以及提供給付、服務、救濟、照顧等方法，增進公共及社會成員之利益，以達成國家任務之行為。如國家機關立於私法主體之地位，從事一般行政之補助行為，如購置行政業務所需之物品或處理行政業務相關之物品，自與公權力之行使有間，不生國家賠償法適用之問題。（80台上525）

△行政機關於審酌是否撤銷授予利益之違法行政處分時，除受益人具有：一、以詐欺、脅迫或賄賂方法使行政機關作成行政處分；二、對重要事項提供不正確資料或為不完全陳述，致使行政機關依該資料或陳述而作成行政處分；三、明知行政處分違法或因重大過失而不知等信賴不值得保護之情形之一者外，依行政法上信賴保護原則，為

撤銷之行政機關固應顧及該受益人之信賴利益。但爲撤銷之行政機關行使裁量權之結果，倘認爲撤銷該授予利益之違法行政處分所欲維護之公益顯然大於受益人之信賴利益者，該機關仍非不得依職權爲全部或一部之撤銷。（83判151）

○(一)按國家賠償法第2條第2項前段規定：「公務員於執行職務行使公權力時，因故意或過失不法侵害人民自由或權利者，國家應負損害賠償責任。」又民法第184條第1項前段規定：「因故意或過失，不法侵害他人之權利者，負損害賠償責任。」均以不法行爲爲其要件之一。所謂不法，係指違反法律強制禁止之規定而言。查兩造因系爭土地，於81年2月24日召開協調會，決議由被上訴人於82會計年度編列頂算，（於該預算獲市議會審議通過後，即行）依當年期公告現值加4成辦理價購補償上訴人，有協調會議紀錄可考，復爲兩造所不爭。依此協議被上訴人固有編列預算價購系爭土地之義務，惟被上訴人屆期不予辦理，僅爲違反約定而已，屬債務不履行之問題，究不能謂被上訴人違反法律強行規定或違背公序良俗。上訴人以被上訴人未如期編列預算辦理價購手續，即指爲不法行爲，殊不足取。

(二)國家賠償法第2條第2項後段所謂公務員怠於執行職務，係指公務員對於被害人有應執行之職務而怠於執行者而言。換言之，被害人對於公務員爲特定職務行爲，有公法上請求權存在，經請求其執行而怠於執行，致自由或權利遭受損害者，始得依上開規定，請求國家負損害賠償責任。若人民無公法上請求權可行使，或公務員未怠於執行職務者，即不得請求國家賠償。（86台上1815）

○按公務員之侵權行爲責任，須以民法第186條之規定爲據。故其因過失違背對於第三人應執行之職務，致第三人之權利受有損害者，被害人須以不能依他項方法受賠償時爲限，始得向公務員個人請求損害賠償。惟國家賠償法已於民國70年7月1日施行，被害人非不得依該法之規定，以公務員因過失違背對於第三人應執行之職務，致其權利受損害，而請求國家賠償。（87台上473）

△國家機關因裁撤或改組而不存在者，其性質與法人因合併而消滅者相類，故其訴訟程序應類推適用民事訴訟法第169條第1項規定，在承受其業務之機關承受其訴訟以前當然停止。（89台上868）

○國家賠償法第2條第2項前段所定：公務員於執行職務、行使公權力時，因故意或過失不法侵害人民自由或權利者，國家應負損害賠償責任，應具備(一)行爲人須爲公務員、(二)須爲執行職務行使公權力之行爲、(三)須係不法之行爲、(四)須行爲人有故意過失、(五)須侵害人民之自由或權利、(六)須不法行爲與損害之發生有相當因果關係之要件，始足相當。所謂人民，乃指應受公權力支配之一般人民，即指居於國家主權作用下一般統治關係者而言。至於特別權力關係（特別服從關係），在一定範圍內國家對相對人有概括之命令強制之權利，另一方面相對人即負有服從義務，與國家基於主權之作用，對其管轄所及之一般人民行使公權力，與人民發生一般關係者不同，應非國家賠償法第2條第2項前段所謂之「人民」。是以，國家賠償法係以一般人民爲保護對象之法律，此觀該法第2條第2項之文義自明。（90台上371）

○按公務員於執行職務行使公權力時，因故意或過失不法侵害人民自由或權利者，國家應負損害賠償責任，國家賠償法第2條第2項定有明文。所謂行使公權力係指公務員

居於國家機關之地位，行使統治權作用之行為而言，並包括運用命令及強制等手段干預人民自由及權利之行為，以及提供給付、服務、救濟、照顧等方法，增進公共及社會成員之利益，以達成國家任務之行為。垃圾車司機定時駕駛垃圾車至各指定地點收集垃圾，而鎮民亦須依規定於定時定點放置垃圾，不得任意棄置，此為國家福利行政（給付行政）範圍，固為公務員行使公權力之行為；惟查，湯某於夜間駕駛垃圾車因機件故障路邊臨時停車，時間竟長達一日，始發生本件車禍，則此時是否仍係於執行職務行使公權力之行為中，攸關當事人究應依民法或國家賠償法之規定為請求，乃原審未詳予調查審認，並於判決理由項下，剖析清楚，僅謂此乃服務性質之給付行政行為，非屬行使公權力之行為，自屬難昭折服。（92台上740）

○刑事訴訟法第140條第1項、第2項規定扣押物，因防其喪失或毀損，應為適當之處置。不便搬運或保管之扣押物，得命人看守，或命所有人或其他適當之人保管。是檢察官實施扣押之強制處分後，為防止扣押物喪失或毀損，自應盡其注意義務，為適當之處置，如有必要並得命其他適當之人保管。此際，受檢察官之委託保管扣押物者，即該當於國家賠償法第4條所謂之受委託行使公權力之個人。倘受委託執行職務之人，因故意過失不法侵害人民自由或權利者，參照國家賠償法第2條第2項前段、第4條第2項之規定，自應由委託之檢察官所屬之檢察署負損害賠償責任，而非受委託之人。（92台上1642）

△人民因國家之行政處分而受有損害，請求損害賠償時，現行法制，得依國家賠償法規定向民事法院訴請賠償外，亦得依行政訴訟法第7條規定，於提起其他行政訴訟時合併請求。二者為不同之救濟途徑，各有其程序規定。人民若選擇依國家賠償法請求損害賠償時，應依國家賠償法規定程序為之。若選擇依行政訴訟法第7條規定請求損害賠償時，自僅依行政訴訟法規定程序辦理即可。行政訴訟法既未規定依該法第7條規定合併請求損害賠償時，應準用國家賠償法規定，自無須踐行國家賠償法第10條規定以書面向賠償義務機關請求賠償及協議之程序。（93判494）

○人民對於公務員為（或不為）行政處分而執行職務、行使公權力時，認有違法不當者，除得依行政爭訟程序尋求救濟外，當然亦得依國家賠償法請求賠償，且二者併行不悖，應無先後次序之限制，始符法律保障人民權利之本旨。至於行政訴訟法第12條第1項、第2項規定：「民事或刑事訴訟之裁判，以行政處分是否無效或違法為據者，應依行政爭訟程序確定之。前項行政爭訟程序已經開始者，於其程序確定前，民事或刑事法院應停止其審判程序。」，其立法目的係為防止對於同一基礎事實所衍生之民、刑事訴訟及行政訴訟，由於不同法院對事實認定歧異，致生裁判結果互相牴觸之情形而設，並非因此剝奪人民之民事或刑事訴訟權。故民事之裁判，如以行政處分是否無效或違法為據者，苟行政爭訟程序尚未開始，民事法院審判長即應依民事訴訟法第199條第2項規定行使闡明權，曉諭當事人就行政處分是否無效或違法，先依行政爭訟程序確定之。若當事人已表明不循行政爭訟程序請求救濟，或捨棄該行政程序救濟之途，而選擇逕行提起民事訴訟請求國家賠償者，民事法院固不能否認該行政處分之效力，然究非不得就公務員為該行政處分行使公權力時，有無故意或過失不法侵害人民權利之情事，自行審查認定。（96台上1595）

三、國賠適用法律簡表

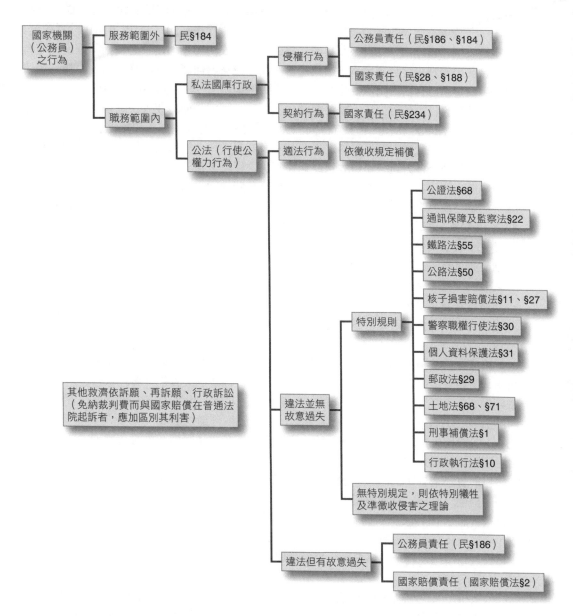

從前開之賠償簡表，我們可以清楚地瞭解到，因公務員在職務範圍內造成人民之損害時，必須因執行公法上之職務，且係故意造成，始可合併適用行政訴訟之附帶請求賠償及國家賠償制度，顯然對於原告不利。又依國賠法第11條但書規定「已依行政訴訟法規定，附帶請求損害賠償者，就同一原因事實，不得更行起訴」，故被害人為求獲得完整的賠償，經常透過雙重途徑，即先利用行政法院撤銷或變更原處分或原決定獲得勝訴

判決後,以此證明原公權力之不法,再依國家賠償法請求賠償,此對突遭變故的家庭是否有能力去面對兩場官司,打到最後究竟是贏得實質正義或僅是形式正義,頗值得玩味。[1] 若對國家賠償訴訟判決聲請再審,應依民事訴訟法第507條準用第501條第1項第4款規定表明再審理由。此為必須具備之程式。所謂表明再審理由,必須指明確定裁定有如何合於再審理由之具體情事,始為相當;倘僅泛言有何條款之再審事由,而無具體情事者,尚難謂已合法表明再審理由。如未表明再審理由,法院無庸命其補正。

對於公務員因執行公法上職務範圍內之行為,因過失而造成人民之損害時,只有在不能依國賠法向國家求償時,方得向該公務員求償,此亦選擇適用之適例,合併說明之。另有服從特別權力關係義務之人,其本身亦屬人民,故於其執行公務時,受其他執行公務,行使公權力之公務員故意或過失不法之侵害,當亦得依國家賠償法之規定請求國家賠償。例如公立大學教師評審委員會評審有關教師之聘任,聘期、停聘、解聘等事宜,係屬公權力之行使,如有怠於執行職務,致教師權利遭受損害,自應許教師依國家賠償法第2條第2項後段規定,請求國家賠償。

○ 請求權人依國家賠償法之規定,請求國家賠償,受訴法院固應依民事訴訟程序予以審理,惟若係人民於戒嚴時期因犯內亂、外患罪,於受無罪之判決確定前曾受羈押或刑之執行,而依戒嚴時期人民受損權利回復條例第6條規定,聲請所屬地方法院比照冤獄賠償法相關規定,請求國家賠償時,則應由受理案件之機關依冤獄賠償法第13條規定決定應否賠償,兩者所應踐行之程序顯然有別。(87台抗595)

國家賠償法第3條規定:公共設施因設置或管理有欠缺,致人民生命、身體、人身自由或財產受損害者,國家應負損害賠償責任,係採無過失責任(參85年台上字第2776號判例)。前項情形,就損害原因有應負責任之人時,賠償義務機關對之有求償權。前開公有公共設施(公眾公物)須視其是否開放為判斷之標準(參45年判字第8號判例)。又設置係指設立之初即有瑕疵,而管理係指設立後管理及維護有瑕疵。(參50年台上字第1464號判例)

目前實務上界定公有公共設施較為具體的,為都市計畫法第42條第1項之「道路、公園、綠地、廣場、兒童遊樂場、民用航空站、停車場所、河道及港埠用地、學校、社教機構、社會福利設施、體育場所、市場、醫療衛生機構及機關用地、上下水道、郵政、變電所及其他公用事業用地」等,可供實務運用上的參考。

公共場所指性質上為供多數人聚集之場所。如會場、公園、街道、戲院、營房、公署。(參院2025)

公眾得出入之場所,指不特定人均得隨時自由出入之場所。如旅館、飯店、茶樓、酒樓、寺廟、百貨公司、防空壕洞(參院2111)、賭場或其他遊藝場所(參院1371)及山野僻靜處所。(參院1455)

依據本條之立法意旨,係採無過失責任,即不問國家對該設置管理之欠缺有無過失,或於防止損害之發生已否盡其注意義務。

同時凡供公共使用或供公務使用之設施,事實上處於國家或地方自治團體管理狀態者,均有國家賠償法第3條之適用,並不以國家或地方自治團體所有為限,以符合國家

賠償法之立法本旨。（參94年台上字第2327號判例）

公共設施設置或管理不當導致人民死亡，目前協議之金額常在百萬元上下，而依主管機關之等級權限而有不同。國家賠償法施行細則第24條：「賠償義務機關得在一定金額限度內，逕行決定賠償金額。前項金額限度，中央政府各機關，由行政院依機關等級定之；縣（市）、鄉（鎮、市），由縣（市）定之；直轄市，由其自行定之。」第25條：「賠償義務機關認應賠償之金額，超過前條所定之限度時，應報請其直接上級機關核定後，始得爲賠償之決定。前項金額如超過其直接上級機關，依前條規定所得決定之金額限度時，直接上級機關應報請再上級機關核定。有核定權限之上級機關，於接到前二項請求時，應於15日內爲核定。」之規定，係依據國家賠償法第16條概括授權所訂之委任命令。本於我國國家賠償法採行協議先行程序之目的，旨在便利人民，並尊重賠償義務機關，簡化賠償程序，俾使賠償義務機關能迅速與請求權人達成協議，解決糾紛，同時疏減訟源。爲基於行政一體，並確保賠償義務機關與人民協議決定賠償金額時，能審慎評估，俾免失出或失入，而能有其一致性，因而於施行細則第24條、第25條訂定賠償義務機關於協議中決定賠償金額之程序。倘賠償協議不能成立時，被害人既仍得循訴訟程序，請求爲完足之賠償，並無金額之限制，對人民財產之行使，並無增加法律所無之限制。（參95年台上字第499號判決要旨）

另台北地院針對地政事務所在審查土地抵押權設定登記案時，因未查明權狀、印鑑等文件係僞造，而以內政部函示，登記案是由代理人申請，如有虛僞不實，應由代理人負責一節，僅認係行政內部之行政規則，而不能主張卸責，故依法判決2,835萬8,299元一案，頗值得注意。

扶養費之計算係以政府核定所得親屬寬減額而非以每人每年消費支出。

○公有公共設施因設置或管理有欠缺，致人民生命、身體或財產受損害者，依國家賠償法第3條之規定，國家應負賠償責任，同法第14條規定：本法於其他公法人準用之。（72台上4163）

△上訴人（台南市政府）管理之路段既留有坑洞未能及時修補，又未設置警告標誌，足以影響行車之安全，已不具備通常應有之狀態及功能，即係公共設施管理之欠缺，被上訴人因此受有身體或財產之損害，自得依國家賠償法第3條第1項及第9條第2項規定請求上訴人負賠償責任，至損害之原因，縱係由於某公司挖掘路面所致，倘認該公司應負責任，依同法第3條第2項之規定，上訴人對之有求償權，並不因而可免除上訴人對被上訴人之賠償義務。（73台上3938）

○公有公共設施因設置或管理有欠缺，致人民生命、身體或財產受損害者，國家應負賠償責任，國家賠償法第3條定有明文。系爭路段係屬上訴人管理，其對該道路當有管理維護之義務。查公路用地使用規則係就使用人於公路施工使用時關於使用地之安全及設施應負責養護所爲規定，縱於使用期間，公路管理機關可免因使用公路所致損害負賠償之責，於使用完畢公路回歸管理機關管理時，管理機關即應負責管理，注意所管理公路有無不當，如經發現不當，即令係前使用人施工不良所致，應由其負責修補，亦應即通知該使用人修補，於其修補前且應設置警告標誌。參加人於系爭路段鋪設管線早經完成，本件車禍發生時，已非其使用期間，爲上訴人所不爭。該管線縱因

設置時深度不足,致路面柏油剝落形成坑洞,惟上訴人疏於管理巡視及通知參加人修補,仍難辭其責。被上訴人依國家賠償法請求上訴人賠償遭拒,其提起本件訴訟,洵屬有據。(85台上1338)

○按在平均地權條例實施地區之土地,經依都市計畫法指定爲公共設施保留地,嗣予徵收,其補償地價所據之公告土地現值,以徵收當期者爲準。平均地權條例第10條、都市計畫法第49條第1項之規定相同。既以徵收當期之公告現值爲準,縱徵收後通知領取補償地價之時,土地之公告現值已定期調整,仍不能變更以徵收當期公告現值爲計算之標準,而改以通知領取補償地價當時之公告現值計算之。本件原告承租之系爭耕地爲林○辛所有,在平均地權條例實施地區內,並經彰化市都市計畫編定爲公共設施保留地,於80年5月13日經被告公告徵收在案。被告依徵收當期即79年度公告現值計算補償地價,以80.06.19彰府地權字第21790號函通知林○辛會同承租人共同領取。83年11月21日復以彰府地權字第226332號函分別通知林○辛及原告領取補償費。原告以被告83年11月21日始通知其領取佃農部之地價補償費,其補償地價應按83年下半年度公告土地現值計算等由,向被告提出異議,被告予以核駁,按諸首開說明,並無違誤。訴願、再訴願決定遞予維持均無不合。原告起訴主張:被告徵收系爭耕地,以當期公告現值計算補償地價,初未通知原告領取應補償承租人之部分,直至83年11月21日始通知原告領取,自應依83年下半年度之公告現值計算補償地價云云。惟如前述,本件補償地價應依徵收當期即79年度公告之現值爲準,原告主張依通知當時即83年度公告現值爲準,並非有據。至被告通知原告領取承租人應得補償地價部分,究竟有無遲延,嗣後辦理提存是否合法,有無因而損害原告之權益,均爲被告應否負之問題,殊不能據以認被告否准依83年度公告現值計算補償地價,有何違誤。起訴意旨非有理由。又原告請求補償地價免徵土地增值稅部分,原處分否准後,原告循序向內政部提起再訴願,經內政部以事屬財政部管轄,移送財政部審理而未爲再訴願決定,本院自無從論究。原告於接獲該部分之再訴願決定時得另爲行政爭訟,係別一問題。至原告於再訴願時即主張被告徵收系爭耕地,應補償其在地上之農作改良物部分,並未經被告於原處分併予核駁,訴願、再訴願決定亦均未論及,本院亦無從論究。應由被告查明有無應併予徵收其農作改良物而補償(土地法第215條、第242條)或應補償其改良費用及農作改良物(平均地權條例第11條)之情形,另爲適法之處理。附予指明。(86判180)

○國家賠償法第3條第1項規定:「公有公共設施因設置或管理有欠缺,致人民生命身體或財產受損害者,國家應負損害賠償責任。」其所謂「公有公共設施」,自係指已設置完成並開始供公眾使用之設施,始足當之;在施工建造中之建築物或工作物,因尚非供公務或公眾使用,即不得謂爲公有公共設施,即無適用上開法條之餘地。本件上訴人對被上訴人提起損害賠償之訴,無非謂被上訴人進行建造上開工程時,因設置基樁發生震動,致其所有之房屋各層牆壁磁磚等全部龜裂,遭受損害,爲其論據。惟按上開工程既尚未完工,即非屬供公眾使用之設施,且依上訴人所述發生損害之原因,係由於施工單位施工不當所致,亦非公有公共設施有何設置或管理上之欠缺,則其依上開規定請求國家賠償,於法即有未合。至最高法院50年度台上字第1464號判例意

旨：「所謂設置有欠缺，係指土地上之建築物或其他工作物，於建築之初即存有瑕疵而言」，係針對民法第191條第1項所爲之闡釋，與國家賠償法第3條第1項所定情形有別，自無援用之餘地。又同院73年度台上字第3938號判例意旨所謂「政府管理之路段留有坑洞未能及時修補，又未設置警告標誌，致人民生命身體或財產受損害，應負國家損害賠償責任。」道路設施既經政府管理中，顯指已設置完成並供公眾使用甚明，亦與本件工程仍在施工中尚未供公眾使用之情形不同。（86台上2466）

○公有公共設施之結構基礎如已完工，且已開放供公眾使用，縱尚未正式驗收，仍應認有國家賠償法第3條之適用，方足以保護大眾之利益。本件事故發生時，系爭道路工程固尚未經正式驗收，惟倘已開放供公眾使用，仍應認有國家賠償法第3條之適用。（87台上857）

○上訴人○○公司係公司組織之國營事業機關，依國有財產法第4條第1項第3款規定，僅其股份爲公用財產。其餘之財產或設備，應屬私法人之公司所有，而非國有之公用財產。上訴人林某以○○公司之配電室屬公有之公共設施，因該配電室之設置或管理有欠缺，損害其財產爲由，依國家賠償法第3條第1項規定，請求○○公司負損害賠償責任，固屬無據。惟台電公司於林某所承租系爭房屋之後側設置之配電室內之變壓器確先起火燃燒，既經台北市政府警察局消防警察大隊勘查研判屬實，有該大隊之火災現場勘查報告表可稽，而變壓器之所以起火燃燒，經送請財團法人台灣大電力研究試驗中心鑑定結果認爲：「變壓器房周圍加蓋，造成變壓器無法通風，且因變壓器長期過載運轉，導致溫度上升，無法散熱」，有該中心之鑑定報告爲憑，並經鑑定人黃仁智、葉志明、虞德明證述無訛。是○○公司苟就該變電室之設置或管理有欠缺，致生火災而使林某受損害，林某依民法第191條第1項規定，請求○○公司負賠償責任，即無不合。（87台上1197）

○國家機關因公有公共設施設置或管理有欠缺，致人民生命、身體或財產受損害，而爲賠償者，若就損害原因有應負責任之人時，賠償機關對之有求償權，此觀國家賠償法第3條之規定自明。倘有他人須與該應負責任之人連帶賠償者，賠償機關自得請求其爲連帶賠償。若國家機關依民法規定，須與該應負責任之人負連帶賠償責任，而國家機關已爲賠償，致該應負責任之人同免責任者，賠償機關自得依民法第281條第1項規定，請求該應負責任之人，償還其應分擔之部分。此時若有他人應與該應負責任之人負連帶賠償責任者，賠償機關亦非不得請求其連帶償還應分擔之部分。（87台上1224）

○國家賠償法第3條所定公共設施設置或管理欠缺所生國家賠償責任之立法，旨在使政府對於提供人民使用之公共設施，負有維護通常安全狀態之義務，重在公共設施不具通常應有之安全狀態或功能時，其設置或管理機關是否積極並有效爲足以防止危險或損害發生之具體行爲，倘其設置或管理機關對於防止損害之發生，已爲及時且必要之具體措施，即應認其管理並無欠缺，自不生國家賠償責任，故國家賠償法第3條公有公共設施之管理有無欠缺，須視其設置或管理機關有無及時採取足以防止危險損害發生之具體措施爲斷。（92台上2672）

△凡供公共使用或供公務使用之設施，事實上處於國家或地方自治團體管理狀態者，均

有國家賠償法第3條之適用，並不以國家或地方自治團體所有爲限，以符合國家賠償法之立法本旨。（94台上2327）

○ 國家賠償法第3條第1項所謂之「公有公共設施」，係指已設置完成並開始供公眾使用之設施而言，施工中之建築物或工作物，固非此之「公有公共設施」。然施工中不能認爲公共設施者，應係指新建工程尚未完工開放供一般民眾使用，或舊有之公共設施因修繕或擴建暫時封閉不供公眾使用之情形而言。如舊有公共設施並未封閉，一面修繕或擴建，一面仍供使用者，則仍有國家賠償法之適用。（96台上434）

○ 國家賠償法第3條第1項所定「公有公共設施因設置或管理欠缺」而生之國家賠償責任，性質上屬無過失責任賠償主義之特殊侵權行爲，不以故意或過失爲責任要件。此於國家機關無可歸責之事由時，固得於對被害人爲賠償後，依同條第2項規定，對損害原因有應負責任之人，就該賠償額行使求償權。惟於國家機關就「公有公共設施因設置或管理有欠缺」有過失責任，依民法規定須與該損害原因有應負責任之第三人負共同過失之連帶賠償責任時，如國家機關或該應負責任之第三人已爲全部或一部賠償，且超過其自己應分擔部分，致該第三人或國家機關同免責任者，自僅得依國家賠償法第5條及民法第185條、第281條第1項規定，請求該他人或國家機關償還超過其應分擔之部分，並自免責時起之利息。又連帶債務人於對外關係，乃各負全部之債務，在內部關係，係依各自分擔之部分而負義務，故連帶債務人中之一人爲自己分擔部分以上之清償時，即係就他人之債務爲免責行爲，若同免責任之數額未超過該債務人自己應分擔部分，就連帶債務人內部關係而言，祇係履行其自己之債務，即不在得依民法第281條第1項規定對他債務人行使求償權之列。（98台上1130）

　　國家賠償責任係依據憲法第34條規定，可分爲：國家賠償法第2條第2項前段：「公務員於執行職務行使公權力時，因故意或過失不法侵害人民自由或權利者，國家應負損害賠償責任。」係國家就公務員之侵權行爲應負損害賠償責任之一般規定。而同法第13條：「有審判或追訴職務之公務員，因執行職務侵害人民自由或權利，就其參與審判或追訴案件犯職務上之罪，經判決有罪確定者，適用本法規定。」則係國家就有審判或追訴職務之公務員之侵權行爲應負損害賠償責任之特別規定。（釋228）

　　其程序係須先以書面向賠償義務機關請求，而賠償義務機關拒絕賠償，或自提出之請求之日起逾30日不開始協議，或自開始協議之日起逾60日協議不成立，方得提起損害賠償之訴。但一般均依行政訴訟法附帶提民事請求。另國家賠償之實務案例解析，請參閱劉俊良律師著之《國家賠償與冤獄賠償》。

四、司法院及其所屬法院賠償請求書及委任書

機關名稱	得逕行決定賠償金額限度（單位：新台幣）		
最高法院	未滿300萬元		
行政法院	未滿300萬元		
公務員懲戒委員會	未滿300萬元		

機關名稱	得逕行決定賠償金額限度（單位：新台幣）	
台灣高等法院	100萬元以下	
高等法院		50萬元以下
地方法院及其分院		50萬元以下

賠償請求書

請求權人 ○○○　　性別：　　出生年月日：　　出生地：　職業：
　　　　　　　　　國民身分證統一編號：
　　　　　　　　　住居所：　　　　　　　　　　　郵遞區號：○○○○○
　　　　　　　　　電話：
　　　　　　　　　（註：若一行不敷記載而於次行連續記載時，應與性別齊頭記載）

代表人（或）○○○　性別：　　出生年月日：　　出生地：　職業：
法定代理人　　　　國民身分證統一編號：
　　　　　　　　　住居所：　　　　　　　　　　　郵遞區號：○○○○○
　　　　　　　　　電話：
　　　　　　　　　（註：若為數人之法定代理人，稱謂則記載為「共同法定代理人」或
　　　　　　　　　「上○人法定代理人」，以下訴訟代理人及送達代收人情形相同者，亦
　　　　　　　　　同）

代 理 人 ○○○　　性別：　　出生年月日：　　出生地：　職業：
　　　　　　　　　國民身分證統一編號：
　　　　　　　　　住居所：　　　　　　　　　　　郵遞區號：○○○○○
　　　　　　　　　電話：
　　　　　　　　　送達代收人 ○○○
　　　　　　　　　住居所：　　　　　　　　　　　郵遞區號：○○○○○
　　　　　　　　　電話：

賠償義務 ○○○　　設：○○市○路○號　　　　郵遞區號：○○○○○
機　　　關　　　　電話：
代 表 人 ○○○　　住：

請求之事項：
事實及理由：（註：事實及理由若複雜，則分點敘述）

證人：○○○　　　　住：台北市○路○號
證物：

此致
○○○

請 求 權 人　○○○印

代表人（或）

法定代理人　○○○印

代理人　　　○○○印

中　華　民　國　　　年　　　月　　　日

填寫說明：

一、「請求權人」如為法人或其他團體，應記載其名稱及主事務所或營業所，例如：「請求權人○○有限公司　設：○○市○○區○○路○○號○○樓」。

二、「請求權人」如為法人或其他團體、無行為能力人或限制行為能力人時，並應記載其代表人或法定代理人之性別、出生年月日、出生地、國民身分證統一編號、職業及住（居）所，其方式如下：「代表人（或法定代理人）○○○……」即「請求權人」為法人或其他團體者，記載該法人或團體之代表人或管理人、經理人及其他依法令得為協議行為之代理人；「請求權人」如為無行為能力人（如未滿7歲之未成年人或禁治產人）或限制行為能力人（如滿7歲以上之未成年人）者，記載該禁治產人之監護人或該未成年人之父、母、委託監護人、遺囑指定監護人或法定監護人等。

三、「請求權人」如為華僑時，「國民身分證統一編號」欄改為記載「護照」或「入出境證」或「居留證」字號，「住（居）所」欄則詳細記載「國內住址」及「僑居地住址」二項。「請求權人」如為外國人時，除增加記載其「原國籍」一項外，「國民身分證統一編號」欄並改為記載「外國護照」或「入境證」或「外僑居留證」字號，「住（居）所」欄則詳細記載「國內」及「國外」之住、居所二項。

四、「請求權人」（或代表人）得委任他人為代理人，與賠償義務機關進行協議。「請求權人」（代表人或法定代理人）委任一人為其代理人時，記載為「代理人○○○」；數人同時委任一人為其代理人時，記載為「共同代理人○○○」。又同一損害賠償事件有多數請求權人者，得委任其中一人或數人為代理人，與賠償義務機關進行協議。如委任其中一人或數人為其代理人時，記載為「請求權人兼上○人之代理人○○○」。此外，於同一損害賠償事件有多數請求權人之情形，如其中一人同時為另一人或數人之法定代理人時，記載為「請求權人兼上○人之法定代理人○○○」。

五、請求賠償金錢損害時，記載如「請求賠償請求權人新台幣○仟○佰○萬○仟○佰○拾○元整」：請求回復原狀時，記載如「請求將坐落○○縣○○鎮○○段第○○地號地上建物即門牌○○縣○○鎮○○街○○號本國式平房一棟毀損倒塌之房屋牆壁重建」、「請求將毀壞之廠牌○○牌照號碼○○－○○○○汽車○輛修復」等回復原狀之內容或程度。

六、「請求權人」、「代理人」蓋印欄與「請求權人」、「代理人」欄之記載格式宜一致。

七、請求權人之電話號碼，宜一併記載，以方便接洽與連絡。

委任書

委　任　人	姓名、性別、出生年月日、出生地、職業、國民身分證統一編號、住居所（事務所、營業所或就業處所）
代表人（或）法定代理人	姓名、性別、出生年月日、出生地、職業、國民身分證統一編號、住居所（事務所、營業所或就業處所）
受　任　人	姓名、性別、出生年月日、出生地、職業、國民身分證統一編號、住居所（事務所、營業所或就業處所）

委任人○○○茲委任○○○爲向最高法院請求損害賠償事件之代理人，有爲一切協議行爲之權，並有但無拋棄損害賠償請求權、撤回損害賠償之請求、領取損害賠償金、受領原狀之回復或選任代理人之特別代理權。

　此 致
○○○○

委　　任　　人　○○○簽章
代表人或法定代理人　○○○簽章
受　　任　　人　○○○簽章

中　華　民　國　　　　　年　　　　月　　　　日

五、最高行政法院及高等行政法院賠償請求書及委任書

<table>
<tr><th colspan="5" style="text-align:center">賠　償　請　求　書</th></tr>
<tr><td>稱　謂</td><td>姓名或名稱</td><td>性　別</td><td>出生年月日</td><td>出生地</td></tr>
<tr><td>請求權人</td><td></td><td></td><td></td><td></td></tr>
<tr><td>代表人
（或）法定代理人</td><td></td><td></td><td></td><td></td></tr>
<tr><td>代理人</td><td></td><td></td><td></td><td></td></tr>
<tr><td>稱　謂</td><td>身分證統一編號</td><td>職　業</td><td colspan="2">住居所（或事務所、營業所）</td></tr>
<tr><td>請求權人</td><td></td><td></td><td colspan="2"></td></tr>
<tr><td>代表人
（或）法定代理人</td><td></td><td></td><td colspan="2"></td></tr>
<tr><td>代理人</td><td></td><td></td><td colspan="2"></td></tr>
<tr><td>賠償義務機關</td><td colspan="4">設</td></tr>
<tr><td>代表人</td><td colspan="4">住</td></tr>
<tr><td colspan="5">請求之事項</td></tr>
<tr><td colspan="5">事實及理由</td></tr>
<tr><td>證　人</td><td colspan="4"></td></tr>
<tr><td>證　物</td><td colspan="4"></td></tr>
<tr><td colspan="5">　　此　致
最 高 行 政 法 院

　　　　　　　　　　　　請　求　權　人　　　　簽章
　　　　　　　　　　　　代表人或法定代理人　　簽章
　　　　　　　　　　　　代　理　人　　　　　簽章

中　華　民　國　　　　　　年　　　月　　　日</td></tr>
</table>

```
┌─────────────────────────────────────────────────────────┐
│               國 家 賠 償 協 議 事 件 委 任 書                │
├─────────────────────────────────────────────────────────┤
│  委    任    人                                           │
│  代表人或法定代理人                                         │
│  受    任    人                                           │
│                                                         │
│                                                         │
│                                                         │
│                                                         │
│                                                         │
├──────────────┬──────────────────────────────────────────┤
│              │  姓名、性別、出生年月日、出生地、身分證統一編號、職業、住 │
│  請詳細填寫    │  居所或事務所、營業所                        │
├──────────────┴──────────────────────────────────────────┤
│     委任人        茲委任        為向最高行政法院請求損害賠償事件之代理人,有為一切協 │
│  議行為之權,並有                                          │
│          但無拋棄損害賠償請求權、撤回損害賠償之請求、領取損害賠償金、受領原狀 │
│  之回復或選任代理人之特別代理權。                          │
│                                                         │
│     此    致                                             │
│                                                         │
│  最 高 行 政 法 院                                        │
│                                                         │
│                                                         │
│                          委    任    人        簽章       │
│                          代表人或法定代理人      簽章       │
│                          受    任    人        簽章       │
│                                                         │
│                                                         │
│  中        華        民        國        年        月        日 │
└─────────────────────────────────────────────────────────┘
```

◯ 國家賠償法第8條第1項規定,賠償請求權,自請求權人知有損害時起,因2年間不行使而消滅。所稱知有損害,須知有損害事實及國家賠償責任之原因事實,國家賠償法施行細則第3條之1定有明文。而所謂知有國家賠償責任之原因事實,指知悉所受損害,係由於公務員於執行職務行使公權力時,因故意或過失不法行為,或怠於執行職務,或由於公有公共設施因設置或管理有欠缺所致而言。於人民因違法之行政處分而受損害之情形,賠償請求權之消滅時效,應以請求權人實際知悉損害及其損害係由於違法之行政處分所致時起算,非以知悉該行政處分經依行政爭訟程序確定其為違法時

為準。（94台上1350）

---

[1]：參考法條

❖國家賠償法第13條規定：「有審判或追訴職務之公務員，因執行職務侵害人民自由或權利，就其參與審判或追訴案件犯職務上之罪，經判決有罪確定者，適用本法規定。」係針對審判與追訴職務之特性所為之特別規定，尚未逾越立法裁量範圍，與憲法並無牴觸。（釋228）

❖人民就同一事件向行政法院及民事法院提起訴訟，均被以無審判之權限為由而予駁回，致其憲法上所保障之訴訟權受侵害，而對其中一法院之確定終局裁判所適用之判例，發生有牴觸憲法之疑義，請求本院解釋，本院依法受理後，並得對與該判例有牽連關係之歧異見解，為統一解釋。本件行政法院判決所適用之判例與民事法院確定終局裁判，對於審判權限之見解歧異，應依上開說明解釋之。

公營事業依公司法規定設立者，為私法人，與其人員間，為私法上之契約關係，雙方如就契約關係已否消滅有爭執，應循民事訴訟途徑解決。行政法院60年度裁字第232號判例，認為此種公司無被告當事人能力，其實質意義為此種事件不屬行政法院之權限，與憲法尚無牴觸。至於依公司法第27條經國家或其他公法人指派在公司代表其執行職務或依其他法律逕由主管機關任用、定有官等，在公司服務之人員，與其指派或任用機關之關係，仍為公法關係，合併指明。（釋305）

❖法律規定之內容非僅屬授予國家機關推行公共事務之權限，而其目的係為保護人民生命、身體及財產等法益，且法律對主管機關應執行職務行使公權力之事項規定明確，該管機關公務員依此規定對可得特定之人所負作為義務已無不作為之裁量餘地，猶因故意或過失怠於執行職務，致特定人之自由或權利遭受損害，被害人得依國家賠償法第2條第2項後段，向國家請求損害賠償。最高法院72年台上字第704號判例謂：「國家賠償法第2條第2項後段所謂公務員怠於執行職務，係指公務員對於被害人有應執行之職務而怠於執行者而言。換言之，被害人對於公務員為特定職務行為，有公法上請求權存在，經請求其執行而怠於執行，致自由或權利遭受損害者，始得依上開規定，請求國家負損害賠償責任。若公務員對於職務之執行，雖可使一般人民享有反射利益，人民對於公務員仍不得請求為該職務之行為者，縱公務員怠於執行該職務，人民尚無公法上請求權可資行使，以資保護其利益，自不得依上開規定請求國家賠償損害。」對於符合一定要件，而有公法上請求權，經由法定程序請求公務員作為而怠於執行職務者，自有其適用，惟與首開意旨不符部分，則係對人民請求國家賠償增列法律所無之限制，有違憲法保障人民權利之意旨，應不予援用。（釋469）

❖一、法院收受書狀人員，於收受國家賠償事件起訴狀時，應注意有無附具拒絕賠償或協議不成立之證明書，或已申請協議或已請求發給證明書之證明文件。如未附具者，宜命其當場或攜回補正。惟當事人不願當場或攜回補正時，仍應收受，而於狀面黏簽記明其事由，俾法官於處理時注意。

　二、法院受理之國家賠償事件，應由對國家賠償法令有相當研究之法官專人或專庭辦理，惟於此類事件不多時，仍應兼辦其他民事事件，以免勞逸不均。

三、法院依聲請，命賠償義務機關暫先支付醫療費或喪葬費之假處分時，應注意民事訴訟法有關保全程序規定之適用。

四、第一審法院對於原告提起之損害賠償之訴在指定期日前，應調查原告已否以書面向被告機關請求，並具備本法第11條第1項前段規定之情形，如經調查結果，發現原告迄未以書面向被告機關請求或未具備本法第11條第1項規定之情形者，應依民事訴訟法第249條第1項第6款規定，以其起訴不備其他要件裁定駁回其訴。

五、法官辦理國家賠償事件，如發現原告於言詞辯論終結前，業與被告機關達成協議，作成協議書時，應以其訴無保護之必要，以判決駁回之。

六、公務員於執行職務行使公權力時，因故意不法侵害人民自由或權利者，有請求權人依民法第186條規定，向該公務員提起損害賠償之同時或先後，復依本法之規定，向賠償義務機關請求協議或提起損害賠償之訴者，法院在賠償義務機關協議程序終結或損害賠償訴訟裁判確定前，應以裁定停止對公務員損害賠償訴訟程序之進行。

七、公務員於執行職務行使公權力時，因過失不法侵害人民自由或權利者，有請求權人僅得依本法之規定，向賠償義務機關請求損害賠償，不得依民法第186條第1項規定，向該有過失之公務員請求損害賠償。如原告逕向該有過失之公務員提起損害賠償之訴，得依民事訴訟法第249條第2項規定，認其訴顯無理由，逕以判決駁回之。

八、公務員怠於執行職務，致人民自由或權利遭受損害時，以公務員因故意或過失怠於行使公權力時，國家始應負損害賠償責任。如其所怠於執行之職務，並非公權力之行使，仍非本法第2條第2項後段所稱怠於執行職務。

九、本法所稱賠償義務機關，係指依法組織之中央或地方機關，有決定國家意思並對外表示之權限而言，如各縣市警察局、衛生局等是。（法院辦理國家賠償事件應行注意事項）

第二節　損害賠償之分類

按損害賠償之債，以有損害之發生及有責任原因之事實，且兩者之間，有相當因果關係為成立要件（參30年渝上字第18號、48年台上字第481號判例）。所謂相當因果關係，謂無此行為，必不生此種損害，有此行為，通常即足生此種損害者，為有相當因果關係；如無此行為，必不生此種損害，有此行為，通常亦不生此種損害者，即為無相當因果關係。而損害之發生或擴大，被害人與有過失者，法院得減輕賠償金額或免除之（參85年台上字第1756號判例）。對於詳細的分類說明另可參閱拙著《車禍民事責任》。

△刑法上之過失，其過失行為與結果間，在客觀上有相當因果關係始得成立。所謂相當因果關係，係指依經驗法則，綜合行為當時所存在之一切事實，為客觀之事後審查，認為在一般情形下，有此環境、有此行為之同一條件，均可發生同一之結果者，則該條件即為發生結果之相當條件，行為與結果即有相當之因果關係。反之，若在一般情形下，有此同一條件存在，而依客觀之審查，認為不必皆發生此結果者，則該條件與結果不相當，不過為偶然之事實而已，其行為與結果間即無相當因果關係。（76台上192）

○公有公共設施因設置或管理有欠缺，致人民生命、身體或財產受損害者，國家應負損害賠償責任，國家賠償法第3條第1項固定有明文。惟所謂公共設施之設置有欠缺，係指公共設施建造之初，即存有瑕疵而言；管理有欠缺者，係指公共設施建造後未妥善保管，怠爲修護致該物發生瑕疵而言。又人民依上開規定請求國家賠償時，尚須人民之生命、身體或財產所受之損害，與公有公共設施之設置或管理之欠缺，具有相當因果關係，始足當之。亦即在公有公共設施因設置或管理有欠缺之情況下，依客觀之觀察，通常會發生損害者，即爲有因果關係，如必不生該等損害或通常亦不生該等損害者，則不具有因果關係。（95台上923）

　　同時向國家機關爲請求損害賠償時，必須特別注意是否符合國賠法施行細則第17條第1項所定之程式：

　　「損害賠償之請求，應以書面載明左列各款事項，由請求權人或代理人簽名或蓋章，提出於賠償義務機關。

一、請求權人之姓名、性別、出生年月日、出生地、身分證統一編號、職業、住所或居所。請求權人爲法人或其他團體者，其名稱、主事務所或主營業所及代表人之姓名、性別、住所或居所。

二、有代理人者，其姓名、性別、出生年月日、出生地、身分證統一編號、職業、住所或居所。

三、請求賠償之事實、理由及證據。

四、請求損害賠償之金額或回復原狀之內容。

五、賠償義務機關。

六、年、月、日。

　　損害賠償之請求，不合前項所定程式者，賠償義務機關應即通知請求權人或其代理人於相當期間內補正。」

　　至於繼承人有無損害賠償請求權，可參下列裁判。

△不法侵害他人致死者，其繼承人得否就被害人如尚生存所應得之利益，請求加害人賠償，學者間立說不一。要之，被害人之生命因受侵害而消滅時，其爲權利主體之能力即已失去，損害賠償請求權亦無由成立，則爲一般通說所同認，參以我民法就不法侵害他人致死者，特於第192條及第194條定其請求範圍，尤應解爲被害人如尚生存所應得之利益，並非被害人以外之人所得請求賠償。（54台上951）

○國家賠償法第6條規定：國家損害賠償，本法及民法以外其他法律有特別規定者，適用其他法律。而57年11月22日修正公布之警械使用條例第10條第1項規定：警察人員非遇第4條各款情形之一，而使用警刀、槍械或其他經核定之器械者，由該管長官懲戒之。其因而傷人或致死者，除加害之警察人員依刑法處罰外，被害人由各該級政府先給予醫藥費或撫卹費。但出於故意之行爲，各級政府得向行爲人求償。第2項規定：警察人員依本條例使用警械，因而傷人或致死者，其醫藥費或埋葬費由各該級政府負擔。第3項規定：前二項醫藥費、撫卹費或埋葬費之標準，由省（市）政府訂定後報內政部核定。上述第3項，於91年5月15日修正爲：前二項醫藥費、撫卹費或埋

葬費之標準，由內政部定之。該第10條於91年6月26日修正爲第11條，其內容修正爲第一項規定：警察人員依本條例規定使用警械，因而致第三人受傷、死亡或財產損失者，應由各該級政府支付醫療費、慰撫金、補償金或喪葬費。第2項規定：警察人員執行職務違反本條例使用警械規定，因而致人受傷、死亡或財產損失者，由各該級政府支付醫療費、慰撫金、補償金或喪葬費；其出於故意之行爲，各該級政府得向其求償。第3項規定：前二項醫療費、慰撫金、補償金或喪葬費之標準，由內政部定之。此爲關於警察人員於執行職務使用警械致人傷亡時應負損害賠償責任及範圍之特別規定，於此類事件，其適用應優先於國家賠償法第2條、第5條、民法第184條第1、2項、第186條之規定。（95台上1346）

一、生命權受侵害之情形

△因過失不法侵害他人致死者，固應負民法第192條、第194條所定之損害賠償責任，惟過失爲注意之欠缺，民法上所謂過失，以其欠缺注意之程度爲標準，可分爲抽象的過失、具體的過失，及重大過失三種。應盡善良管理人之注意（即依交易上一般觀念，認爲有相當知識經驗及誠意之人應盡之注意）而欠缺者，爲抽象的過失，應與處理自己事務爲同一注意而欠缺者，爲具體的過失，顯然欠缺普通人之注意者，爲重大過失。故過失之有無，抽象的過失，則以是否欠缺應盡善良管理人之注意定之，具體的過失，則以是否欠缺應與處理自己事務爲同一之注意定之，重大過失，則以是否顯然欠缺普通人之注意定之，苟非欠缺其注意，即不得謂之有過失。（42台上865）

△不法侵害他人致死者，其繼承人得否就被害人如尚生存所應得之利益，請求加害人賠償，學者間立說不一。要之，被害人之生命因受侵害而消滅時，其爲權利主體之能力即已失去，損害賠償請求權亦無由成立，則爲一般通說所同認，參以我民法就不法侵害他人致死者，特於第192條及第194條定其請求範圍，尤應解爲被害人如尚生存所應得之利益，並非被害人以外之人所得請求賠償。（54台上951）

△侵權行爲所發生之損害賠償請求權，以有故意或過失不法侵害他人權利爲其成立要件，若其行爲並無故意或過失，即無賠償之可言，第三人所有之財產，如有足以信其屬債務人所有之正當理由，則請求查封之債權人，尚不得謂之有過失。（54台上1523）

△民法第217條第1項規定，損害之發生或擴大，被害人與有過失者，法院得減輕賠償金額或免除之。此項規定之適用，原不以侵權行爲之法定損害賠償請求權爲限，即契約所定之損害賠償，除有反對之特約外，於計算賠償金額時亦難謂無其適用，且此項基於過失相抵之責任減輕或免除，非僅視爲抗辯之一種，亦可使請求權全部或一部爲之消滅，故債務人就此得爲提起確認之訴之標的，法院對於賠償金額減至何程度，抑爲完全免除，雖有裁量之自由，但應斟酌雙方原因力之強弱與過失之輕重以定之。（54台上2433）

△不法侵害他人致死者，被害人之子女得請求賠償相當數額之慰撫金，又胎兒以將來非死產者爲限，關於其個人利益之保護，視爲既已出生，民法第194條、第7條定有明文，慰撫金之數額如何始爲相當，應酌量一切情形定之，但不得以子女爲胎兒或年幼

爲不予賠償或減低賠償之依據。（66台上2759）

△受僱人因執行職務，不法侵害他人致死者，被害人之父、母、子、女及配偶受有非財產上之損害，依民法第194條及第188條第1項規定，請求受僱人及其僱用人連帶賠償相當金額之慰撫金時，法院對於慰撫金之量定，應斟酌該受僱人及應負連帶賠償責任之僱用人，並被害人暨其父、母、子、女及配偶之身分、地位及經濟狀況等關係定之，不得僅以被害人與實施侵權行爲之受僱人之資力爲衡量之標準。（76台上1908）

(一) 殯葬費 依民法第192條第1項：「不法侵害他人致死者，對於支出醫療及增加生活上需要費用或殯葬費之人，亦應負損害賠償責任。」殯葬費用：指收殮及埋葬死者之費用。

1. 得請求之項目：
(1) 棺木費、運棺車資。
(2) 壽衣、墓地、誦經等費用。
(3) 孝服、麻布。
(4) 造墓及材料費、搬運屍體及埋葬費用。
(5) 米飯、金紙。
(6) 屍體保管、化妝、引魂、式場設備、遺像費用。

2. 不得請求之項目：
(1) 祭獻牲禮費。
(2) 喪宴費用。
(3) 樂隊費用。
(4) 置祿位及奉祀之費用。
(5) 毛巾、手帕、鮮花山。
(6) 訃聞、登報費。

上述得請求、不得請求項目係依法院個案判例列舉，應該訂定統一最高及最低標準，以減少爭執。有關殯葬費之請求，須附有葬儀館開立之收費明細單及收據爲憑，另墓地買賣或靈骨塔位、造墳材料費、工資等，亦須買賣契約書或收據爲憑證。

△民法第192條第1項規定不法侵害他人致死者，對於支出殯葬費之人，亦應負損害賠償責任，係間接被害人得請求賠償之特例。此項請求權，自理論言，雖係固有之權利，然其權利係基於侵權行爲之規定而發生，自不能不負擔直接被害人之過失，倘直接被害人於損害之發生或擴大與有過失時，依公平之原則，亦應有民法第217條過失相抵規定之適用。（73台再182）

(二) 教養費用 關於被害人生前之教養費用之支出，係法定義務，不在請求之列，在此特提出說明之。

(三) 扶養費 被害人對於第三人負有法定扶養義務者，加害人對於該第三人亦應負損害賠償責任。（民§192Ⅱ）

1. 受扶養權利人須提出戶籍謄本爲證，因患疾病而無謀生能力時，則須同時檢具醫院診

斷書及村（里）長證明。

2. 受扶養權利人之被害程度，應就被害人之經濟能力具體認定之。

3. 依民法第1115條第3項規定，負扶養義務者有數人，而其親等同一時，應各依其能力分擔義務。

4. 扶養權利人依法受領之撫卹金及收受親友之奠儀，不應由賠償金額中扣除。

5. 夫妻之一方，他方如原不能維持生活且無謀生能力，而受另一方之扶養者。

6. 扶養權利人扶養期間之計算：

(1) 未成年人係以成年之前。

(2) 無謀生能力之直系血親尊親屬以統計上之殘餘壽命為準。若非直系尊親屬，則以不能維持生活而無謀生能力者為限。（參民§1117Ⅰ）

(3) 其若已成年，依通常情形雖有謀生能力，惟如有特殊情形而不能維持生活且無謀生能力者，則不以成年為限。

7. 侵害扶養之賠償計算方式（參第三節之說明）。

☆撫卹金係依公務人員撫卹法（公法）之規定而受領之給與，其性質與依民法規定對於加害人請求賠償之扶養費，全異其趣，自不得於依法應賠償扶養費金額中予以扣除。（63年10月22日第五次民庭庭推總會決議(三)）

(四) 慰撫金　依民法第194條：「不法侵害他人致死者，被害人之父、母、子、女及配偶，雖非財產上之損害，亦得請求賠償相當之金額。」本項請求權因與被害人之人身攸關，其有專屬性，不適於讓與或繼承（參84年台上字第2934號判例）；實務上法院就此部分之審酌似嫌偏低，通常法官均以60萬為基準或以請求額之二分之一為給付之標準。依常理及國外案例均依喪子、喪夫、喪父之情形，依其精神上所受痛苦，斟酌兩造身分、地位、經濟能力、職業等因素認定方屬適宜。

△不法侵害他人致死者，被害人之子女得請求賠償相當數額之慰撫金，又胎兒以將來非死產者為限，關於其個人利益之保護，視為既已出生，民法第194條、第7條定有明文，慰撫金之數額如何始為相當，應酌量一切情形定之，但不得以子女為胎兒或年幼為不予賠償或減低賠償之依據。（66台上2759）

△被上訴人於姦淫時尚未滿16歲，顯無同意姦淫之意思能力，雖上訴人以其與被上訴人相姦係得被上訴人之同意為抗辯，仍不能阻卻其違法性，上訴人此項不法行為，同時侵害被上訴人之身體健康及名譽，被上訴人謂其因此而受有非財產上之損害，訴求給付慰撫金殊無不合。（66台上3484）

△民法第233條第1項規定，遲延之債務，以支付金錢為標的者，債權人得請求依法定利率計算之遲延利息，慰撫金債權仍屬以支付金錢為標的，本件吳某請求謝某自收受訴狀繕本之翌日起加給遲延利息，依民法第229條第2項及第233條第1項規定，尚無不合。（69台上746）

△受僱人因執行職務，不法侵害他人致死者，被害人之父、母、子、女及配偶受有非財產上之損害，依民法第194條及第188條第1項規定，請求受僱人及其僱用人連帶賠償相當金額之慰撫金時，法院對於慰撫金之量定，應斟酌該受僱人及應負連帶賠償責任

之僱用人，並被害人暨其父、母、子、女及配偶之身分、地位及經濟狀況等關係定之，不得僅以被害人與實施侵權行為之受僱人之資力為衡量之標準。（76台上1908）

○被上訴人賴○苔被訴之犯罪事實，係意圖姦淫和誘未滿20歲之女子脫離家庭，顯係侵害有監督權人之監督權，而非侵害上訴人身體等之權利。然監督權既非身體、健康、名譽或自由等人格權可比，即無適用民法第195條第1項規定，請求賠償非財產損害慰撫金之餘地。（69台上2253）

○人格權受損害者，以法律有特別規定者為限，始得請求損害賠償或慰撫金，此觀諸民法第18條第2項規定甚明，上訴人主張被上訴人於64年間，意圖姦淫誘使其未成年女張慶蓮脫離家庭，前往胞姊楊敏家中姦淫之事實，業據被上訴人在其被訴妨害家庭刑事訴訟中供承不諱，亦經刑事法院判處罪刑在案，惟意圖姦淫，和誘未滿20歲之女子脫離家庭，係侵害有監督權人之監督權，並未侵害有監督權人之名譽權（本院48年台上字272號判例），而監督權受侵害者，法律並無得請求損害賠償或慰撫金之明文，上訴人以其名譽權受損害，請求被上訴人賠償2萬元及精神慰藉金3萬元，均屬無據。（69台上3656）

○民事訴訟法第572條第2項未如同法第1項規定於第二審言詞辯論終結前亦得為之。因之，該第2項所列非婚姻事件之訴，在第二審為訴之追加或反訴，除有同法第446條第1項但書之情形外，非經他造同意不得為之。上訴人在第二審提起反訴請求命被上訴人給付慰撫金並酌定子女之監護，被上訴人既表示不同意，即難認為合法。（70台上2796）

○按原告以受被告誣告為理由，依民法第195條第1項規定名譽受損害，請求賠償慰撫金者，須原告因該誣告，名譽受損害，精神上有痛苦為必要。（71台上4661）

○受僱人因執行職務不法侵害他人之人格權，被害人受有非財產上之損害，請求該受僱人及其僱用人連帶賠償相當金額之慰撫金時，法院對於慰撫金之量定，應斟酌兩造（包括負連帶賠償責任之僱用人在內）之身分地位及經濟狀況等關係定之，不宜單以被害人與實施侵權行為之受僱人之資力為衡量之標準。（75台上2164）

(五) 撫卹金　撫卹金係依公務人員撫卹法之規定而取得，其性質為受領國家之恩惠，與依民法之規定對於加害人請求扶養費，全異其趣，自不得於應負賠償扶養費中扣除之。（參63年10月22日民事庭決議）

(六) 醫療費用

1. 住院、急診雜費、特別藥費及手續費：通常依實際支付且有收據之金額請求為準。

2. 看護費：分特別看護及近親看護。特別看護屬住院雜費部分，近親看護之親屬應視其工作能力來認定之。

3. 送醫車資部分，無證據足資證明者，自難准許請求。

4. 膳食費用之給付。（參78年4月18日第九次民事庭會議決議）

二、身體權或健康權受侵害之情形

在討論傷害時須注意輕傷與重傷的基本差異及其影響。稱重傷者，謂下列傷害：

(一) 毀敗或嚴重減損一目或二目之視能。

(二) 毀敗或嚴重減損一耳或二耳之聽能。

(三) 毀敗或嚴重減損語能、味能或嗅能。

(四) 毀敗或嚴重減損一肢以上之機能。

(五) 毀敗或嚴重減損生殖之機能。

(六) 其他於身體或健康，有重大不治或難治之傷害。（參刑§10IV）

○ 按稱重傷害者，謂係以毀敗視能、聽能、語能、味能、嗅能、或一肢以上之機能或生殖機能或其他於身體或健康有重大不治或難治之傷害而言，刑法第10條第4項第1至6款分別定有明文。本件上訴人究係以前述何條款重傷害之故意，著手於犯罪行為之實行，原判決事實欄內，並未明確認定，詳為記載，已不足為適用法律之準據。依診斷書記載被害人之傷痕僅：「頭顱右側頂部裂傷長約7公分，深2公分，合併出血」，似不嚴重，本件純因雙方買賣藥膏發生衝突，事出偶然，而上訴人持用之兇器即鐵條其粗細及硬度情形如何？原審並未記明其勘驗結果之意見，依上觀察，能否謂上訴人於行兇時，即具有重傷害之故意，亦待推求。（76台上176）

○ 刑法第10條第4項第6款之重傷，係指除去同項第1款至第5款之傷害而於身體或健康有重大不治或難治之傷害者而言，如毀敗1目或2目之視能，按照該項第1款之規定，固屬重傷，假使所傷之目，僅祇視能減衰，並未完全毀敗，縱令此種減衰具有不治或難治之情形，仍與第6款所定之內容並不相當，即祇應成立普通傷害，不能遽依重傷論科。原判決事實認定被害人即自訴人陳幼回遭上訴人襲擊灼傷致左眼視力為自覺性裸視0.1無法矯正之重大傷害。理由亦謂自訴人之視覺因受上訴人以化學性藥物之灼傷致使成重大難治之傷害。意指自上訴人之重傷為刑法第10條第4項第6款之重大難治之傷害。顯將同項第1款及第6款重傷害，混而為一。（76台上1344）

○ (一) 債務不履行之債務人之所以應負損害賠償責任，係以有可歸責之事由存在為要件。若債權人已證明有債之關係存在，並因債務人不履行債務而受有損害，即得請求債務人負債務不履行責任。倘債務人抗辯損害之發生為不可歸責於債務人之事由所致，自應由其負舉證責任，如未能舉證證明，即不能免責。

(二) 查醫療契約係受有報酬之勞務契約，其性質類似有償之委任關係，依民法第535條後段規定，醫院既應負善良管理人之注意義務注，自應依當時醫療水準，對病患履行診斷或治療之義務。故為其履行輔助人之醫師或其他醫療人員（即醫療團隊）於從事診療時，如未具當時醫療水準，或已具上開醫療水準而欠缺善良管理人之注意，因而誤診或未能為適當之治療，終致病患受有傷害時，醫療機構即應與之同負債務不履行之損害賠償責任。（97台上1000）

得請求之賠償範圍，依民法第193條第1項：「不法侵害他人之身體或健康者，對於被害人因此喪失或減少勞動能力或增加生活上之需要時，應負損害賠償責任。」若以定期金支付，應斟酌命加害人提供相當之擔保。此一請求可區分為：

(一) **喪失或減少勞動能力（即日本所稱逸失利益）**　所謂減少及殘存勞動能力之價值，似應以其勞動能力在一般通常情況下，所可能取得之收入為標準，且不以現階段為

限，故將來之謀生能力，在可預期之情形下，亦得請求損害賠償。其金額則依被害人受侵害前之身體狀況、教育程度、專門技能、社會經驗等酌定之。（參61年台上字第1987號判例）

○按不法侵害他人之身體或健康者，對於被害人因此喪失或減少勞動能力或增加生活上之需要者，固負賠償責任。惟關於財產者之運用，被害人因而喪失管理能力，除可請求雇用與自己有同等能力之管理人之費用外，不得請求所失利益之賠償。（60台上2245）

△身體或健康受侵害，而減少勞動能力者，其減少及殘存勞動能力之價值，不能以現有之收入爲準，蓋現有收入每因特殊因素之存在而與實際所餘勞動能力不能相符，現有收入高者，一旦喪失其職位，未必能自他處獲得同一待遇，故所謂減少及殘存勞動能力之價值，應以其能力在通常情形下可能取得之收入爲標準。（61台上1987）

△被害人因身體健康被侵害而喪失勞動能力所受之損害，其金額應就被害人受侵害前之身體健康狀態、教育程度、專門技能、社會經驗等方面酌定之，不能以一時一地之工作收入爲準。又商人之經營能力固爲勞動能力之一種，但營業收入乃出於財產之運用，資本及機會等皆其要素，不能全部視爲勞動能力之所得。（63台上1394）

○按不法侵害他人之身體或健康者，對於被害人因此喪失或減少勞動能力或增加生活上之需要時，應負損害賠償責任，民法第193條第1項定有明文。其所謂勞動能力，即謀生能力，亦即工作能力。雖被害人於受傷時，尚屬年幼，而未具有謀生能力，然其將來成年時，依通常情形必有之。此種將來之謀生能力，如由於身體或健康現在受有侵害，致預期有減少之情形時，於現在非不得向加害人爲損害賠償之請求；至其損害賠償額，因被害人將來之職業現在不可預知，當可斟酌其資質、性格、及其家庭狀況，與夫其他情形以認定之。（72台上1550）

○依民法第193條第1項規定，不法侵害他人之身體或健康者，對於被害人因此喪失或減少勞動能力，或增加生活上之需要時，應負損害賠償責任。是因勞動能力喪失或減少所生之損害，不以實際已發生者爲限，即將來之收益，因勞動能力喪失或減少之結果而不能獲致者，被害人亦得請求賠償。此與民法第184條規定侵權行爲之損害賠償責任以受有實際損害爲成立要件者，居於特別規定之地位。（75台上1828）

○按保險人依強制汽車責任保險法規定給付之保險金，視爲加害人或被保險人損害賠償金額之一部分，加害人或被保險人受賠償請求時，得扣減之，該法第30條定有明文。並未限定屬於被害人之財產上損害，加害人或被保險人始得予以扣減。而不法侵害他人致死之損害賠償責任，包括非財產上損害在內，爲民法第194條所明定，則得扣除強制汽車責任保險金之損害賠償金額，除財產上損害賠償金額外，是否未含非財產上損害賠償金額在內，非無再研求之餘地。（94台上1403）

○(一)不法侵害他人之身體或健康者，對於被害人因此喪失或減少勞動能力或增加生活上之需要時，應負損害賠償責任。前項損害賠償，法院得因當事人之聲請，定爲支付定期金。但須命加害人提出擔保。又被害人雖非財產上之損害，亦得請求賠償相當之金額。此觀民法第193條第1項、第2項，第195條第1項前段規定自明。既謂法院得因當事人之聲請，定爲支付定期金，可見關於民法第193條第1項之損害，係以金錢一次

賠償爲原則；而就被害人非財產上之損害，亦明定賠償相當之金額。是民法就身體健康之侵害，係明定應爲金錢賠償，此即同法第213條第1項所謂之「法律另有規定」回復原狀以外之損害賠償方法。

(二)身體或健康受侵害，而請求賠償喪失或減少勞動能力之損害，於估定被害人喪失或殘存勞動能力之價值時，應以其勞動能力在通常情形下可取得之對價爲標準。僱主於給付薪資時，基於稅法或其他法律規定，代爲扣繳之所得稅、保險費或公務人員之退休撫卹基金等，乃原薪資之一部分，於估定被害人勞動能力之對價時，自應計算在內。（94台上2128）

(二) 增加生活上之需要

1. 醫療實用（日本稱爲治療關連費）：

(1) 住院及急診雜費：通常依實際支付且有收據之金額請求爲準。中、西醫之醫療費均得憑據給付。（詳參81年台上字第2686號判決）

(2) 看護費：分特別看護及近親看護。特別看護屬住院雜費部分，近親看護之親屬應視其工作能力來認定之。

(3) 診斷書之費用：非係因侵權行爲所生之財產上損害，不得請求。（參66年6月11日民庭庭推總會決議）

(4) 膳食費用之給付：依78年度第九次民事庭會議決議提案二：

「因侵權行爲致需住院治療而支出之膳食費用，原告請求給付，有無理由？有甲、乙、丙三說：

甲說：膳食費用之支出，乃居家生活必需之支出，原告請求爲無理由。

乙說：基於住院之特殊環境，由醫院控制之伙食，實爲治療行爲之一環，因此支出之膳食費用，應屬醫療費用，原告請求爲有理由。

丙說：一般膳食，乃居家生活所必需，即令身體健康未受侵害，亦應支出，宜採甲說。反之，如因受侵害，醫師認有供給特別伙食時，其費用即屬治療行爲，應採乙說。

以上三說，應以何說爲當，提請公決。

參考台灣高等法院暨所屬77年法律座談會民事類第二號法律問題之研究意見：『民法第193條第1項規定：「不法侵害他人之身體或健康者，對於被害人因此喪失或減少勞動能力或增加生活上之需要時，應負損害賠償責任。」所謂增加生活上之需要，係指被害以前並無此需要，因爲受侵害，始有支付此費用之需要而言。因此身體或健康受不法侵害，如需住入醫院治療，於住院期間所支付之膳食費用，應屬增加生活上需要之費用，加害人應予賠償。』」

○ 親屬代爲照顧被害人之起居，固係基於親情，但親屬看護所付出之勞力並非不能評價爲金錢，雖因二者身分關係而免除被害人之支付義務，惟此種基於身分關係之恩惠，自不能加惠於加害人。故由親屬看護時雖無現實看護費之支付，仍應認被害人受有相當於看護費之損害，得向上訴人請求賠償，始符公平原則。上訴人抗辯被上訴人係由其母照顧，不得請求看護費云云，自不足採。（94台上1543）

2. 傷害慰撫金（日本稱爲入通院慰謝料）：此一部分將視其究竟屬輕或重傷害而有不同的規定。依民法第195條前段：「不法侵害他人之身體、健康、名譽或自由者，被害人雖非財產上之損害，亦得請求賠償相當之金額。」此項請求限於本人，被害人之父母就此一部分不得請求（參56年台上字第1016號判例）。另日本對此區分爲住院、通院慰撫金與後遺症慰撫金，並依年齡劃分增減度（此部分分析可參閱曾隆興博士所編寫的《損害賠償論》，將有助瞭解日本法之規定）。

3. 維持被傷害身體所必需支出之費用（日本稱後遺症慰謝料）：不法侵害他人之身體或健康者，對於被害人因此喪失或減少勞動能力或增加生活上之需要時，因負賠償責任，自應包括因勞動能力之喪失或減少，而喪失將來一部或全部之收入，及將來維持傷害後身體或健康之必需支出在內，參以民法第193條支付定期金之意旨，尤爲顯然。同時倘其將來必須按期換裝義肢，此爲維持身體及健康上必要之支出，非不得請求。（參65年10月12日民庭庭推總會決議）

4. 養贍費用：被害人如爲未成年，其父母可訴求加害人賠償。

(二) 刑事附帶民事訴訟時之重要決議

　　民三庭提案：茲有某甲以某乙開車時疏於注意，將其子某丙撞死，於某乙被訴追過失致人於死之刑事訴訟中，在第二審提起附帶民事訴訟，請求某乙賠償殯葬費、扶養費及慰撫金。第二審刑事庭依刑事訴訟法第504條第1項規定裁定將該附帶民事訴訟移送同院民事庭。該民事庭以某甲之請求是否有理由，與某乙之過失致人於死罪是否成立有關（一審判乙無罪，二審判乙有罪，乙上訴三審中）。因依民事訴訟法第183條規定裁定在某乙被訴過失致人於死罪刑事訴訟終結前停止民事訴訟。該裁定是否正當，有兩說：

　　甲說：按民事訴訟法第183條所謂訴訟中有犯罪嫌疑牽涉其裁判，係指在民事訴訟繫屬中，當事人或第三人涉有犯罪嫌疑，足以影響民事訴訟之裁判，非俟刑事訴訟解決，其民事訴訟即無從或甚難判斷者而言，此項犯罪嫌疑，如當事人或第三人於民事訴訟涉有偽造文書、證人偽證、鑑定人爲不實之鑑定等罪嫌均屬之。趙某於錢某被訴重傷害刑事訴訟中提起附帶民事訴訟，經刑事法院以裁定移送民事庭審判，查附帶民事訴訟經刑事法院以裁定移送民事庭後，即成爲獨立之民事訴訟，既無非俟刑事訴訟解決，民事訴訟即無從或難判斷之情形，民事法院當可自行調查審查，不受刑事法院認定事實之拘束，即無在刑事訴訟程序終結前，停止訴訟程序之必要，民事法院依民事訴訟法第183條規定裁定在刑事訴訟終結前停止民事訴訟程序，自有未合。

　　乙說：民事訴訟法第183條立法理由與同法第182條之立法理由相同（該兩條係由19年公布之第178條第1、2項拆開分別規定而來），皆以避免裁判矛盾（參看該第178條之立法理由）損害司法威信爲目的。因之，第183條之規定應從寬解釋，即該條係謂，因有犯罪嫌疑牽涉民事裁判時，民事法院得於訴訟進行中裁定在刑事訴訟終結前停止民事訴訟程序，就現今社會言，尤宜如此解釋，以免增加困擾。因之，就本提案言，第二審民事法院得依民事訴訟法第183條裁定停止訴訟程序。本院以前採此說者，亦甚多。

　　何者爲當，請公決。

　　決議：採甲說。（78年5月9日第十一次民事庭會議）

三、減少勞動力及增加生活需方面

(一) 喪失或減少勞動能力之損害（此在日本稱為休業補償）

民法第193條第1項規定：「不法侵害他人之身體或健康者，對於被害人因此喪失或減少之勞動能力，應負賠償責任。」

1. 勞動能力是全部或一部分喪失，法院審理過程常參考醫院鑑定報告、被害人原有工作技能、工作性質、再就業可能，依心證認定之。
2. 勞動年數計算標準依訴訟實務有多種標準，有計算至60歲退休年齡者，亦有計算至50歲或55歲者，法院常參酌被害人原有職業、健康狀況、減少勞動能力程度核定之。
3. 喪失或減少勞動能力損害之評價標準：
(1) 有工作者不以現有收入爲準。評價殘存勞動能力應就被害人受侵害前之教育程度、專門技能、社會經驗、健康狀態，在通常情形下可能取得之收入爲準。
(2) 無工作之未成年人可按其在校成績及政府單位公布之各統計資料作爲參考；無工作之主婦可按同樣工作內容僱請傭人或管理代勞應付之報酬，估算損害額；失業者就其年齡、學經歷及失業前之職業、年收入等認定之。
4. 一次給付或分期支付：法院得因當事人聲請，命肇事者提出擔保並命其之付定期金分期賠償；亦可依當事人聲請，命肇事者一次支付賠償額，以塡補被害人所受喪失或減少勞動能力之損害。

(二) 增加生活上需要之費用

1. 看護費。僱請特別護士或醫院護佐而有合法公司開立之收據爲憑者，訴訟實務准予請求賠償。但由被害人親屬看護時，實務上認爲未實際支出費用不得請求。
2. 義肢、義齒、義眼、拐杖等費用。
3. 營養補品費。但無醫師處方，私自購買者不准請求。
4. 被害人乘車前往醫院之交通費。

四、繼承或代位權

被害人因傷致死，其生前因傷害所支出之醫療費用，被害人之繼承人得依繼承關係，主張繼承被害人之損害賠償請求權，由全體繼承人向加害人請求賠償。其由無繼承權之第三人支出者，對於被害人得依無因管理或其他法律關係主張有賠償請求權，並得代位被害人之繼承人向加害人請求。（參67年12月5日民事庭庭推會議決議）

△ 非財產上之損害賠償請求權，因與被害人之人身攸關，具有專屬性，不適於讓與或繼承。民法第195條第2項規定，於同法第194條規定之非財產上損害賠償請求權，亦有其適用。（84台上2934）

○ 民法第194條規定不法侵害他人致死者，被害人之父、母、子、女及配偶，雖非財產上之損害，亦得請求賠償相當之金額；同法第195條規定不法侵害他人之身體、健康者，被害人雖非財產上之損害，亦得請求賠償相當之金額；二者雖均屬學說所謂之精神慰撫金，即受精神之損害得請求賠償者，然其基礎並不相同，前者爲被害人之父、母、子、女及配偶之獨立請求權，後者爲被害人本身之請求權，倘原告同時有此二精

神慰撫金請求權，法院於審酌其金額時，自應分別依其情形核定之，不可混爲一談。（88台上2634）

○ 不法侵害他人之名譽者，被害人雖非財產上之損害，亦得請求賠償相當之金額，並得請求爲回復名譽之適當處分，民法第195條定有明文。而「名譽」爲個人在社會上享有一般人對其品德、聲望或信譽等所加之評價，屬於個人在社會上所受之價值判斷。因此名譽有無受損害，應以社會上對其評價是否貶損爲斷。準此，查封不動產之強制執行行爲，既具有公示性，客觀上即足使被查封人被指爲債信不良，其原所建立之聲望必有減損，信譽勢必因此低落。若係以故意或過失而造成該信用（譽）之損害，自屬民法第195條所規定之名譽遭受損害。經查被上訴人於上訴人聲請假扣押時係從事貿易，其業務之經營自與其債信息息相關。上訴人已同意被上訴人退保，竟因本身之過失行爲，於86年3月間聲請假扣押被上訴人如附表二所示之不動產，而波及被上訴人之商業債信，被上訴人主張其債信名譽因上訴人之查封行爲而遭受損害，應堪認定。其據以訴請上訴人賠償非財產上之損害及爲回復名譽之適當處分，應爲法之所許。（90台上1814）

○ 言論自由爲人民之基本權利，有個人實現自我、促進民主政治、實現多元意見等多重功能，維護言論自由即所以促進民主多元社會之正常發展，與個人名譽之可能損失，兩相權衡，顯然有較高之價值，國家應給予最大限度之保障。是行爲人以善意發表言論，對於可受公評之事而爲適當之評論，或行爲人雖不能證明言論內容爲眞實，但所言爲眞實之舉證責任應有相當程度之減輕（證明強度不必至於客觀之眞實），且不得完全加諸於行爲人。倘依行爲人所提證據資料，可認有相當理由確信其爲眞實，或對行爲人乃出於明知不實故意捏造或因重大過失、輕率、疏忽而不知其眞僞等不利之情節未善盡舉證責任者，均不得謂行爲人爲未盡注意義務而有過失。縱事後證明其言論內容與事實不符，亦不能令負侵權行爲之損害賠償責任，庶幾與「眞實惡意」（actual malice）原則所揭櫫之旨趣無悖。（93台上1979）

以下爲特殊參考案例：

(一) 公路事件

侵權行爲之債，固須損害之發生與侵權行爲間有相當因果關係始能成立，惟所謂相當因果關係，係以行爲人之行爲所造成的客觀存在事實，爲觀察的基礎，並就此客觀存在事實，依吾人智識經驗判斷，通常均有發生同樣損害結果之可能者，該行爲人之行爲與損害之間，即有因果關係。（參76年台上字第158號判決）

同時交通部在現行強制汽車責任險外，依法強制國道客運、遊覽車、市區客運等加保乘客險，法定理賠金將以台北市公車150萬元標準加上強制汽車責任給付的140萬元爲參考，擬提高至300萬元。另外93年通過「汽車運輸業行車事故損害賠償金額標準及醫療補助費發給辦法」，將死亡賠償上限由120萬元提高至250萬元，重傷則從80萬元提高至140萬元，非重傷者40萬元，作爲雙方和解之標準。

(二) 鐵路事件

鐵路法第62條第1項規定：鐵路機構因行車及其他事故致人死亡、傷害或財物毀損

喪失時，負損害賠償責任。但如能證明其事故之發生非由於鐵路機構之過失者，對於人之死亡或傷害，仍應酌給撫卹金或醫藥補助費。故鐵路因行車及其他事故致人死亡者，該死者家屬得依此規定請求鐵路局賠償損害，不以鐵路局就事故之發生有過失爲要件（參照交通部依同條第2項規定訂定「鐵路機構行車與其他事故損害賠償及補助費發給辦法」），此與鐵路之受僱人因執行職務，不法侵害他人之權利者，被害人（包括民法第192條及第194條所定受被害人扶養之權利人，爲被害人支出殯葬費之第三人，以及被害人之父、母、子、女、配偶）得依民法第188條第1項規定請求鐵路爲損害賠償，係屬二事。兩者之損害賠償構成要件，賠償金額及舉證責任既不相同，即不得因鐵路法第62條之規定而排除民法第188條規定之適用。（參75年台上字第1433號判決）

目前鐵路車禍造成乘客死傷，均依過去「造橋車禍」的案例，死亡者先各發放20萬元慰問金，而後再補發120萬元；另重傷者先發放5萬元慰問金，後再補發80萬元；輕傷者則先發給2萬元，後再補發40萬元，一併在此提出說明。而依95年修訂之標準，除醫療費用外，死亡者250萬，重傷140萬，一般爲40萬。

(三) 捷運事件

依據交通部所擬定「大眾捷運系統行車及其他事故撫卹金及醫療補助費發給辦法」中之規定：死亡者新台幣40萬元。傷害者依實際發生之必要醫療費用爲準，其最高金額，分別爲重傷30萬元，非重傷20萬元。倘事故發生係被害人過失所致者，酌給最高額爲3萬元，故意則不予發給。

(四) 航空事件

依據現行「航空客貨損害賠償辦法」規定：死亡者新台幣300萬元，重傷者150萬元，非死亡或重傷者，按實際損害計算，最高不得超過150萬元。在華航名古屋事件賠償金額是420萬元時，便已打破此一賠償之上限。

(五) 汽車運輸業

依「汽車運輸業行車事故損害賠償金額及醫療補助費發給辦法」，分別爲死亡250萬元、重傷140萬元、非重傷40萬元，財務毀損及喪失由雙方協議，而喪葬或醫藥補助費，死亡最高10萬元，毀傷按實際費用，最高7萬元。同時必須注意案例：欣欣客運的天價賠償事件，受害的32歲騎士，基本工資2萬（算到70歲計822萬）及看護費、醫療費同樣算到70歲（計935萬），慰撫金100萬，合計判賠1,858萬的驚人數字。

(六) 醫療疏失的損害賠償

民國84年台灣醫界發生的「白色巨塔」案，當時台北榮總6名病患接受電腦斷層掃描時，爆發院內癆疾感染，導致4人死亡；結果高等法院審理本案有重大發展，不僅認定重複使用相關針筒導管、導致感染擴散的決定者，正是榮總放射線部主任張政彥之外，經過10年在95年更二審宣判時，更史無前例未給予張某緩刑，逕依業務過失致死罪判刑1年6個月；足以爲醫界借鏡。

近年來醫療糾紛案件越來越多，以前民眾可以用較寬容的態度來包容醫師疏失，只要醫師術前用心，事後態度誠懇一點，大都不會去追究；然而現在情況似乎不同，主因就在於94年醫療法修正之後，明定醫師必須給予病人全本影本病歷，病人有知的權利，且能與醫師一起完成治療計畫，實施之後，民眾對醫療越來越有概念，許多病患及家屬

開始懂得收集有利於自己的資料，甚至私下使用錄音筆，捍衛自身就醫的權益，且因為醫療費用如果支付得越多，那索賠的金額就會越大，加上近年賠償金額屢創新高，如此更造成醫病關係越來越緊繃。

　　不過如果醫療疏失在刑事判決中對於被訴業務過失致死罪嫌，如經第一審法院諭知無罪判決，則部分之附帶民事訴訟幾乎都不可能成立，這點務必釐清。

　　正如同黃達夫院長所說：「醫療疏失的發生，醫界必須負最大的責任，但是，國人也應該體認加深這個問題的多重因素，並以最積極的行動去促成醫學教育、健保制度與醫院評鑑制度的改革，才是保障病人安全，提升醫療品質的根本之道。」

歷年重大賠償一覽

時　　間	醫療院所	醫療糾紛爭點	賠償金額
2006/04/20	展東人愛醫院	腦部開刀疏失	672萬定讞
2007/08/10	北市婦幼醫院	麻醉操作不當	2,300萬，10年850萬利息定讞
2007/08/28	中山附醫	術前未告知風險	256萬多
2007/10/04	中國附醫	在恢復室內出血腦部缺氧成植物人	3,300萬及每月支付4萬元看護費
2008/01/03	建成中醫	推拿致脊髓硬膜血管破裂，神經受損	963萬
2008/05/29	北縣板信醫院	生產未發現子宮內翻，出血過多致死	1,006萬
2009/04/13	中國附醫	傷科治療不當	233萬多
2010/03/25	三軍總醫院	連續七次插管失敗，致呼吸困難成植物人	600餘萬
2010/02/21	中國附醫	插鼻胃管成植物人	3,100萬
2014/07	馬偕醫院	痔瘡手術，術後感染致死	700餘萬

第三節　損害賠償之計算

一、計算公式

(一) 按月或按年依損害額之給付。

(二) 一次給付：須扣除中間利息。

1. 利率按年息5%計算。（參47年4月24日民刑庭總會決議）

2. 計算方式：（霍夫曼計算法）

$$X = \frac{A}{(1+NR)}$$

X：一次給付所應給付之金額

A：現在應付之今年金額

N：年

R：利率

扣除中間利息後之最新的計算方式：（參表一計算之）

$X=A×S-A×s$

X：一次給付所應給付之金額

A：當年度扶養親屬寬減額

S：死亡時之平均餘命（依平均餘命表對照霍夫曼係數表查得）

s：一般退休時之年齡（依年齡對照霍夫曼係數表查得）

二、舉例説明

(一) 案由：車禍傷害致死事件。（參80年台上字第1773號判決）

(二) 法院認定加害人應負60%之責任。

(三) 被害人資料：

- 父：29年次（依75年高雄市平均餘命表為26.65年）。
- 母：32年次（依75年高雄市平均餘命表為32.11年）。
- 兄弟姐妹：計三人。

(四) 起訴時，被害人父母請求16年及19年之扶養期間。

(五) 扶養親屬寬減額依75年台灣地區國民所得統計表，平均每年每人實質消費支出3萬元。

(六) 損害賠償之計算：

1. 醫藥費：以有收據為憑，計70,840元。

$70,840×60% = 42,504$

$42,504÷2 = 21,252$

2. 扶養費：目前實務上以霍夫曼係數不扣除第1年利息為計算之準據。按兄弟姐妹三人加上受害人及父母互負扶養義務，故分擔扶養費為五分之一。

父：$(30,000×11.5363)×60%×1/5=41,531$

母：$(30,000×13.1160)×60%×1/5=47,218$

3. 審酌兩造身分、職業、地址、經濟狀況等因素，以400,000元計算：

父、母：$400,000×60%＝240,000$

4. 各項合計：

父：302,783

母：308,470

但一般律師為使期能獲得較優厚之賠償，均不扣除其退休之期限，其中精神慰撫金法院以60萬元為準，但請求時皆以100萬元請求之，特提出説明供參考。

三、時效期間及法院認定爭議

在請求國家賠償時，須特別注意行使公權力，究竟是行使統治權作用之公法行為，抑或是一般行政補助行為，務必請教專業人士釐清。倘非國家賠償之範疇，則要特別注意改依民事侵權行為告訴，而其時效期間為2年，如逾期的話，將求償無門，此點不可不慎。

四、附表

表一：依霍夫曼係數計算之一次給付金額

年數	金　額	累　計	年數	金　額	累　計
1	1,000,000	1,000,000	26	444,444	16,944,170
2	952,381	1,952,381	27	434,783	17,378,953
3	909,091	2,861,472	28	425,532	17,804,485
4	869,565	3,731,037	29	416,667	18,221,152
5	833,333	4,564,370	30	408,163	18,629,315
6	800,000	5,364,370	31	400,000	19,029,315
7	769,231	6,133,601	32	392,157	19,421,472
8	740,741	6,874,342	33	384,615	19,806,087
9	714,286	7,588,628	34	377,358	20,183,445
10	689,655	8,278,283	35	370,370	20,553,815
11	666,667	8,944,950	36	363,636	20,917,451
12	645,161	9,590,111	37	357,143	21,274,594
13	625,000	10,215,111	38	350,877	21,625,471
14	606,061	10,821,172	39	344,828	21,970,299
15	588,235	11,409,407	40	338,983	22,309,282
16	571,429	11,980,836	41	333,333	22,642,615
17	555,556	12,536,392	42	327,869	22,970,484
18	540,541	13,076,933	43	322,581	23,293,065
19	526,316	13,603,249	44	317,460	23,610,525
20	512,821	14,116,070	45	312,500	23,923,025
21	500,000	14,616,070	46	307,692	24,230,717
22	487,805	15,103,875	47	303,030	24,533,747
23	476,190	15,580,065	48	298,507	24,832,254
24	465,116	16,045,181	49	294,118	25,126,372
25	454,545	16,499,726	50	289,855	25,416,277

表二：霍夫曼係數表

勞動能力喪失期間	霍夫曼係數	勞動能力喪失期間	霍夫曼係數
01	0.9523	35	19.9174
02	1.8614	36	20.2745
03	2.7310	37	20.6254
04	3.5643	38	20.9702
05	4.3643	39	21.3092
06	5.1336	40	21.6426
07	5.8743	41	21.9704
08	6.5886	42	22.2930
09	7.2782	43	22.6105
10	7.9449	44	22.9210
11	8.5981	45	23.2307
12	9.2151	46	23.5337
13	9.8211	47	23.8322
14	10.4094	48	24.1263
15	10.9800	49	24.6462
16	11.5363	50	24.7019
17	12.0769	51	24.9835
18	12.6032	52	25.2614
19	13.1160	53	25.5353
20	13.6160	54	25.8056
21	14.1038	55	26.0723
22	14.5800	56	26.3354
23	15.0451	57	26.5952
24	15.4997	58	26.8516
25	15.9441	59	27.1047
26	16.3789	60	27.3547
27	16.8044	61	27.6017
28	17.2211	62	27.8456
29	17.6293	63	28.0065
30	18.0293	64	28.3246
31	18.4214	65	28.5599
32	18.8000	66	28.7925
33	19.1834	67	29.0224
34	19.5538		

表三：民國108年全國簡易生命表

一、全體

年齡 X	死亡機率 q_x	生存數 l_x	死亡數 d_x	定常人口		平均餘命 e°_x
				L_x	T_x	
0M	0.00242	100000	242	8323	8085602	80.86
1M	0.00019	99758	19	8312	8077279	80.97
2M	0.00024	99739	24	8311	8068967	80.90
3M	0.00053	99716	53	24922	8060656	80.84
6M	0.00049	99663	48	49819	8035734	80.63
0	0.00386	100000	386	99688	8085602	80.86
1	0.00027	99614	27	99601	7985914	80.17
2	0.00020	99588	20	99578	7886313	79.19
3	0.00015	99568	15	99561	7786735	78.20
4	0.00013	99553	13	99547	7687174	77.22
5	0.00012	99540	12	99534	7587628	76.23
6	0.00011	99528	11	99523	7488094	75.24
7	0.00010	99517	10	99512	7388571	74.24
8	0.00009	99507	9	99502	7289059	73.25
9	0.00008	99498	8	99494	7189557	72.26
10	0.00008	99490	8	99486	7090063	71.26
11	0.00009	99482	9	99478	6990576	70.27
12	0.00011	99474	11	99469	6891098	69.28
13	0.00015	99463	15	99456	6791630	68.28
14	0.00020	99448	20	99438	6692174	67.29
15	0.00027	99428	27	99415	6592736	66.31
16	0.00033	99401	33	99385	6493321	65.32
17	0.00038	99368	38	99349	6393936	64.35
18	0.00042	99330	41	99310	6294587	63.37
19	0.00044	99289	44	99267	6195277	62.40
20	0.00045	99246	45	99223	6096009	61.42
21	0.00046	99201	46	99178	5996786	60.45
22	0.00046	99155	46	99132	5897608	59.48
23	0.00046	99109	46	99086	5798476	58.51
24	0.00045	99064	45	99041	5699390	57.53
25	0.00044	99019	44	98997	5600349	56.56
26	0.00044	98975	44	98953	5501352	55.58
27	0.00046	98931	45	98908	5402399	54.61
28	0.00049	98886	48	98861	5303491	53.63
29	0.00053	98837	53	98811	5204630	52.66

年齡 X	死亡機率 q_x	生存數 l_x	死亡數 d_x	定常人口		平均餘命 $e°_x$
				L_x	T_x	
30	0.00059	98785	58	98755	5105819	51.69
31	0.00065	98726	65	98694	5007063	50.72
32	0.00072	98662	71	98626	4908369	49.75
33	0.00078	98591	77	98552	4809743	48.78
34	0.00085	98514	84	98472	4711191	47.82
35	0.00093	98430	91	98384	4612719	46.86
36	0.00102	98339	100	98289	4514335	45.91
37	0.00112	98239	110	98184	4416046	44.95
38	0.00124	98129	121	98068	4317862	44.00
39	0.00137	98007	134	97940	4219794	43.06
40	0.00152	97873	149	97798	4121854	42.11
41	0.00169	97724	165	97641	4024056	41.18
42	0.00187	97559	182	97468	3926414	40.25
43	0.00207	97377	202	97276	3828946	39.32
44	0.00229	97175	223	97064	3731671	38.40
45	0.00252	96952	244	96830	3634607	37.49
46	0.00276	96708	267	96574	3537777	36.58
47	0.00301	96441	290	96296	3441203	35.68
48	0.00326	96151	313	95994	3344907	34.79
49	0.00351	95838	336	95670	3248913	33.90
50	0.00377	95501	360	95321	3153243	33.02
51	0.00404	95141	385	94949	3057922	32.14
52	0.00433	94757	410	94552	2962973	31.27
53	0.00463	94346	437	94128	2868421	30.40
54	0.00495	93910	465	93677	2774293	29.54
55	0.00529	93445	494	93198	2680616	28.69
56	0.00564	92951	524	92688	2587419	27.84
57	0.00601	92426	555	92149	2494730	26.99
58	0.00640	91871	588	91577	2402582	26.15
59	0.00683	91283	624	90971	2311005	25.32
60	0.00725	90659	657	90330	2220034	24.49
61	0.00771	90002	694	89655	2129703	23.66
62	0.00823	89308	735	88940	2040049	22.84
63	0.00881	88573	780	88183	1951108	22.03
64	0.00948	87792	832	87376	1862926	21.22
65	0.01025	86961	891	86515	1775549	20.42

年齡 X	死亡機率 q_x	生存數 l_x	死亡數 d_x	定常人口		平均餘命 e^o_x
				L_x	T_x	
66	0.01114	86069	959	85590	1689034	19.62
67	0.01218	85110	1037	84592	1603445	18.84
68	0.01337	84073	1124	83511	1518853	18.07
69	0.01472	82949	1221	82339	1435342	17.30
70	0.01621	81728	1325	81066	1353003	16.55
71	0.01787	80403	1437	79684	1271938	15.82
72	0.01970	78966	1555	78188	1192253	15.10
73	0.02169	77411	1679	76571	1114065	14.39
74	0.02386	75732	1807	74828	1037494	13.70
75	0.02620	73925	1937	72956	962665	13.02
76	0.02872	71988	2067	70954	889709	12.36
77	0.03146	69921	2200	68821	818754	11.71
78	0.03445	67721	2333	66555	749934	11.07
79	0.03773	65388	2467	64154	683379	10.45
80	0.04131	62921	2599	61622	619225	9.84
81	0.04522	60322	2728	58958	557603	9.24
82	0.04949	57594	2850	56169	498645	8.66
83	0.05415	54744	2964	53262	442476	8.08
84	0.05924	51780	3067	50246	389214	7.52
85+	1.00000	48712	48712	338968	338968	6.96

二、男性

年齡 X	死亡機率 q_x	生存數 l_x	死亡數 d_x	定常人口		平均餘命 e^o_x
				L_x	T_x	
0M	0.00267	100000	267	8322	7768737	77.69
1M	0.00020	99733	20	8310	7760415	77.81
2M	0.00022	99713	22	8309	7752105	77.74
3M	0.00053	99691	53	24916	7743796	77.68
6M	0.00057	99639	56	49805	7718880	77.47
0	0.00418	100000	418	99662	7768737	77.69
1	0.00031	99582	31	99567	7669075	77.01
2	0.00023	99551	23	99540	7569508	76.04
3	0.00018	99529	18	99520	7469968	75.05
4	0.00015	99511	15	99504	7370448	74.07
5	0.00014	99496	14	99489	7270945	73.08
6	0.00013	99483	13	99476	7171455	72.09
7	0.00012	99470	12	99464	7071979	71.10

年齡	死亡機率	生存數	死亡數	定常人口		平均餘命
X	q_x	l_x	d_x	L_x	T_x	$e°_x$
8	0.00010	99458	10	99454	6972515	70.10
9	0.00007	99449	7	99445	6873061	69.11
10	0.00006	99442	6	99439	6773616	68.12
11	0.00006	99436	6	99433	6674177	67.12
12	0.00009	99429	9	99425	6574745	66.12
13	0.00014	99421	14	99414	6475319	65.13
14	0.00023	99406	23	99395	6375906	64.14
15	0.00033	99383	33	99367	6276511	63.15
16	0.00043	99350	43	99329	6177144	62.18
17	0.00051	99307	51	99282	6077816	61.20
18	0.00056	99256	56	99228	5978534	60.23
19	0.00060	99200	59	99171	5879306	59.27
20	0.00062	99141	61	99110	5780135	58.30
21	0.00063	99080	62	99049	5681025	57.34
22	0.00063	99018	62	98986	5581976	56.37
23	0.00062	98955	62	98924	5482990	55.41
24	0.00061	98893	61	98863	5384065	54.44
25	0.00060	98833	59	98803	5285203	53.48
26	0.00060	98773	59	98744	5186400	52.51
27	0.00061	98714	60	98684	5087656	51.54
28	0.00065	98654	64	98622	4988971	50.57
29	0.00071	98590	70	98555	4890349	49.60
30	0.00078	98520	77	98482	4791794	48.64
31	0.00087	98443	85	98401	4693312	47.68
32	0.00096	98358	94	98311	4594911	46.72
33	0.00105	98264	103	98212	4496601	45.76
34	0.00115	98160	113	98104	4398389	44.81
35	0.00127	98047	125	97985	4300285	43.86
36	0.00141	97922	138	97853	4202301	42.91
37	0.00157	97784	154	97707	4104447	41.97
38	0.00177	97631	173	97544	4006740	41.04
39	0.00199	97458	194	97361	3909196	40.11
40	0.00224	97264	218	97155	3811835	39.19
41	0.00250	97046	243	96925	3714680	38.28
42	0.00279	96803	270	96668	3617755	37.37
43	0.00309	96534	298	96385	3521087	36.48
44	0.00340	96236	327	96072	3424702	35.59

年齡 X	死亡機率 q_x	生存數 l_x	死亡數 d_x	定常人口		平均餘命 e°_x
				L_x	T_x	
45	0.00373	95908	358	95729	3328630	34.71
46	0.00407	95550	389	95356	3232901	33.83
47	0.00442	95161	421	94951	3137545	32.97
48	0.00477	94741	452	94514	3042594	32.12
49	0.00513	94288	483	94047	2948080	31.27
50	0.00550	93805	516	93547	2854033	30.43
51	0.00588	93289	549	93015	2760486	29.59
52	0.00630	92741	584	92449	2667471	28.76
53	0.00675	92156	622	91845	2575022	27.94
54	0.00724	91534	662	91203	2483177	27.13
55	0.00774	90872	704	90520	2391973	26.32
56	0.00826	90168	745	89796	2301453	25.52
57	0.00878	89424	785	89031	2211657	24.73
58	0.00929	88639	824	88227	2122626	23.95
59	0.00982	87815	863	87384	2034399	23.17
60	0.01034	86952	899	86503	1947015	22.39
61	0.01092	86054	940	85584	1860512	21.62
62	0.01160	85114	987	84620	1774929	20.85
63	0.01238	84127	1041	83606	1690308	20.09
64	0.01328	83085	1104	82534	1606702	19.34
65	0.01431	81982	1173	81395	1524168	18.59
66	0.01549	80808	1252	80183	1442773	17.85
67	0.01682	79557	1338	78888	1362590	17.13
68	0.01830	78219	1432	77503	1283702	16.41
69	0.01997	76787	1533	76021	1206199	15.71
70	0.02181	75254	1641	74434	1130178	15.02
71	0.02384	73613	1755	72735	1055745	14.34
72	0.02607	71858	1874	70921	983009	13.68
73	0.02850	69984	1995	68987	912088	13.03
74	0.03112	67990	2116	66932	843101	12.40
75	0.03393	65874	2235	64756	776169	11.78
76	0.03693	63639	2350	62464	711413	11.18
77	0.04016	61289	2461	60058	648950	10.59
78	0.04367	58827	2569	57543	588892	10.01
79	0.04747	56258	2671	54923	531349	9.44
80	0.05160	53588	2765	52205	476426	8.89
81	0.05608	50822	2850	49397	424221	8.35

年齡 X	死亡機率 q_x	生存數 l_x	死亡數 d_x	定常人口		平均餘命 e^o_x
				L_x	T_x	
82	0.06094	47972	2923	46511	374824	7.81
83	0.06619	45049	2982	43558	328313	7.29
84	0.07189	42067	3024	40555	284756	6.77
85+	1.00000	39043	39043	244201	244201	6.25

三、女性

年齡 X	死亡機率 q_x	生存數 l_x	死亡數 d_x	定常人口		平均餘命 e^o_x
				L_x	T_x	
0M	0.00215	100000	215	8324	8423070	84.23
1M	0.00018	99785	18	8315	8414745	84.33
2M	0.00025	99767	25	8313	8406431	84.26
3M	0.00053	99742	53	24929	8398118	84.20
6M	0.00040	99689	40	49835	8373189	83.99
0	0.00351	100000	351	99715	8423070	84.23
1	0.00022	99649	22	99638	8323354	83.53
2	0.00016	99627	16	99619	8223716	82.54
3	0.00013	99611	13	99605	8124097	81.56
4	0.00011	99598	11	99593	8024492	80.57
5	0.00010	99587	10	99582	7924899	79.58
6	0.00010	99577	9	99572	7825317	78.59
7	0.00009	99568	9	99563	7725745	77.59
8	0.00008	99559	8	99555	7626181	76.60
9	0.00009	99551	9	99547	7526626	75.61
10	0.00010	99542	10	99538	7427080	74.61
11	0.00011	99533	11	99527	7327542	73.62
12	0.00013	99522	13	99515	7228015	72.63
13	0.00015	99509	15	99501	7128500	71.64
14	0.00017	99494	17	99485	7028999	70.65
15	0.00020	99476	20	99466	6929514	69.66
16	0.00022	99457	22	99446	6830048	68.67
17	0.00024	99435	24	99423	6730602	67.69
18	0.00025	99411	25	99398	6631179	66.70
19	0.00027	99386	26	99372	6531781	65.72
20	0.00027	99359	27	99346	6432409	64.74
21	0.00028	99332	28	99318	6333063	63.76
22	0.00028	99304	28	99290	6233745	62.77
23	0.00028	99276	28	99262	6134455	61.79

年齡 X	死亡機率 q_x	生存數 l_x	死亡數 d_x	定常人口		平均餘命 e°_x
				L_x	T_x	
24	0.00028	99248	28	99234	6035192	60.81
25	0.00028	99221	27	99207	5935958	59.83
26	0.00028	99193	28	99179	5836751	58.84
27	0.00029	99166	29	99151	5737572	57.86
28	0.00031	99137	31	99121	5638421	56.88
29	0.00035	99106	34	99088	5539299	55.89
30	0.00039	99071	38	99052	5440211	54.91
31	0.00043	99033	42	99012	5341159	53.93
32	0.00047	98990	46	98967	5242147	52.96
33	0.00051	98944	50	98919	5143180	51.98
34	0.00055	98894	54	98867	5044261	51.01
35	0.00059	98840	58	98811	4945394	50.03
36	0.00063	98782	62	98751	4846583	49.06
37	0.00067	98720	66	98687	4747832	48.09
38	0.00072	98654	71	98618	4649146	47.13
39	0.00077	98583	76	98545	4550527	46.16
40	0.00083	98507	81	98466	4451983	45.19
41	0.00090	98425	88	98381	4353516	44.23
42	0.00098	98337	97	98289	4255135	43.27
43	0.00109	98241	107	98187	4156846	42.31
44	0.00122	98134	119	98074	4058659	41.36
45	0.00135	98014	133	97948	3960585	40.41
46	0.00150	97882	147	97808	3862637	39.46
47	0.00164	97735	161	97655	3764829	38.52
48	0.00179	97575	175	97487	3667174	37.58
49	0.00194	97400	189	97306	3569686	36.65
50	0.00209	97211	203	97109	3472381	35.72
51	0.00225	97008	218	96899	3375271	34.79
52	0.00241	96790	233	96673	3278373	33.87
53	0.00257	96557	248	96433	3181700	32.95
54	0.00273	96309	263	96177	3085267	32.04
55	0.00291	96046	279	95906	2989090	31.12
56	0.00311	95766	298	95618	2893183	30.21
57	0.00335	95469	320	95309	2797566	29.30
58	0.00364	95149	346	94976	2702257	28.40
59	0.00398	94803	377	94614	2607281	27.50
60	0.00432	94426	408	94222	2512666	26.61

年齡 X	死亡機率 q_x	生存數 l_x	死亡數 d_x	定常人口		平均餘命 e°_x
				L_x	T_x	
61	0.00469	94018	441	93797	2418444	25.72
62	0.00508	93576	475	93339	2324647	24.84
63	0.00549	93101	511	92846	2231308	23.97
64	0.00595	92591	551	92315	2138462	23.10
65	0.00650	92040	598	91741	2046147	22.23
66	0.00716	91442	654	91115	1954406	21.37
67	0.00795	90788	722	90427	1863291	20.52
68	0.00889	90066	801	89666	1772864	19.68
69	0.00997	89265	890	88820	1683199	18.86
70	0.01120	88375	989	87880	1594379	18.04
71	0.01256	87386	1098	86837	1506498	17.24
72	0.01408	86288	1215	85681	1419662	16.45
73	0.01576	85073	1340	84403	1333981	15.68
74	0.01761	83733	1475	82995	1249578	14.92
75	0.01965	82258	1616	81450	1166583	14.18
76	0.02189	80642	1765	79759	1085133	13.46
77	0.02436	78877	1922	77916	1005374	12.75
78	0.02711	76955	2087	75912	927458	12.05
79	0.03017	74868	2259	73739	851546	11.37
80	0.03356	72610	2437	71391	777807	10.71
81	0.03733	70173	2620	68863	706416	10.07
82	0.04152	67553	2805	66151	637554	9.44
83	0.04616	64748	2989	63254	571403	8.82
84	0.05130	61760	3168	60175	508149	8.23
85+	1.00000	58591	58591	447974	447974	7.65

表四:民國108年台灣地區簡易生命表

一、全體

年齡 X	死亡機率 q_x	生存數 l_x	死亡數 d_x	定常人口		平均餘命 e^o_x
				L_x	T_x	
0M	0.00243	100000	243	8323	8083941	80.84
1M	0.00019	99757	19	8312	8075618	80.95
2M	0.00024	99737	24	8310	8067306	80.89
3M	0.00053	99714	53	24922	8058995	80.82
6M	0.00049	99661	49	49818	8034074	80.61
0	0.00388	100000	388	99686	8083941	80.84
1	0.00027	99612	27	99599	7984255	80.15
2	0.00020	99585	20	99575	7884657	79.17
3	0.00015	99566	15	99558	7785081	78.19
4	0.00013	99550	13	99544	7685523	77.20
5	0.00012	99537	12	99531	7585979	76.21
6	0.00011	99525	11	99520	7486448	75.22
7	0.00010	99514	10	99509	7386928	74.23
8	0.00009	99504	9	99500	7287419	73.24
9	0.00008	99495	8	99491	7187919	72.24
10	0.00008	99488	8	99484	7088428	71.25
11	0.00009	99480	9	99476	6988944	70.25
12	0.00011	99471	11	99466	6889469	69.26
13	0.00015	99460	15	99453	6790003	68.27
14	0.00021	99446	20	99436	6690550	67.28
15	0.00027	99425	27	99412	6591114	66.29
16	0.00033	99399	33	99382	6491702	65.31
17	0.00038	99366	38	99347	6392320	64.33
18	0.00042	99328	41	99307	6292974	63.36
19	0.00044	99286	43	99265	6193667	62.38
20	0.00045	99243	45	99220	6094402	61.41
21	0.00046	99198	46	99175	5995181	60.44
22	0.00046	99152	46	99129	5896006	59.46
23	0.00046	99107	45	99084	5796877	58.49
24	0.00045	99061	45	99039	5697793	57.52
25	0.00044	99016	44	98995	5598754	56.54
26	0.00044	98973	44	98951	5499760	55.57
27	0.00045	98929	45	98906	5400809	54.59
28	0.00049	98884	48	98860	5301902	53.62
29	0.00053	98836	53	98810	5203042	52.64

年齡 X	死亡機率 q_x	生存數 l_x	死亡數 d_x	定常人口		平均餘命 e°_x
				L_x	T_x	
30	0.00059	98783	58	98754	5104233	51.67
31	0.00066	98725	65	98692	5005479	50.70
32	0.00072	98660	71	98624	4906786	49.73
33	0.00079	98589	77	98550	4808162	48.77
34	0.00085	98511	84	98469	4709612	47.81
35	0.00093	98427	91	98382	4611142	46.85
36	0.00102	98336	100	98286	4512760	45.89
37	0.00112	98236	110	98181	4414474	44.94
38	0.00124	98126	121	98065	4316293	43.99
39	0.00137	98005	135	97937	4218228	43.04
40	0.00153	97870	149	97795	4120290	42.10
41	0.00169	97721	165	97638	4022495	41.16
42	0.00188	97555	183	97464	3924857	40.23
43	0.00208	97372	202	97271	3827393	39.31
44	0.00230	97170	223	97058	3730122	38.39
45	0.00253	96947	245	96824	3633064	37.47
46	0.00277	96702	268	96568	3536239	36.57
47	0.00301	96434	291	96289	3439671	35.67
48	0.00326	96143	314	95987	3343383	34.77
49	0.00352	95830	337	95661	3247396	33.89
50	0.00378	95493	361	95313	3151735	33.00
51	0.00405	95132	385	94940	3056422	32.13
52	0.00434	94747	411	94541	2961482	31.26
53	0.00464	94336	438	94117	2866941	30.39
54	0.00496	93898	466	93665	2772824	29.53
55	0.00530	93432	495	93184	2679159	28.67
56	0.00565	92937	526	92674	2585974	27.83
57	0.00603	92411	557	92133	2493300	26.98
58	0.00642	91854	590	91559	2401168	26.14
59	0.00685	91265	625	90952	2309608	25.31
60	0.00726	90640	658	90310	2218656	24.48
61	0.00773	89981	695	89634	2128346	23.65
62	0.00824	89286	736	88918	2038712	22.83
63	0.00883	88550	782	88159	1949794	22.02
64	0.00949	87768	833	87352	1861635	21.21
65	0.01026	86935	892	86489	1774283	20.41
66	0.01116	86043	961	85563	1687794	19.62

年齡 X	死亡機率 q_x	生存數 l_x	死亡數 d_x	定常人口 L_x	定常人口 T_x	平均餘命 e^{o}_x
67	0.01220	85082	1038	84563	1602231	18.83
68	0.01339	84044	1126	83481	1517668	18.06
69	0.01474	82919	1222	82307	1434187	17.30
70	0.01624	81696	1327	81033	1351879	16.55
71	0.01789	80370	1438	79651	1270846	15.81
72	0.01972	78932	1556	78154	1191195	15.09
73	0.02171	77375	1680	76536	1113041	14.38
74	0.02387	75696	1807	74792	1036506	13.69
75	0.02621	73889	1937	72920	961714	13.02
76	0.02873	71952	2067	70918	888793	12.35
77	0.03147	69885	2199	68785	817875	11.70
78	0.03446	67686	2332	66520	749089	11.07
79	0.03773	65354	2466	64121	682570	10.44
80	0.04130	62888	2597	61589	618449	9.83
81	0.04521	60291	2726	58928	556859	9.24
82	0.04947	57565	2848	56141	497932	8.65
83	0.05413	54717	2962	53237	441790	8.07
84	0.05921	51756	3064	50224	388554	7.51
85+	1.00000	48691	48691	338330	338330	6.95

二、男性

年齡 X	死亡機率 q_x	生存數 l_x	死亡數 d_x	定常人口 L_x	定常人口 T_x	平均餘命 e^{o}_x
0M	0.00269	100000	269	8322	7766944	77.67
1M	0.00020	99731	20	8310	7758622	77.80
2M	0.00022	99711	22	8308	7750312	77.73
3M	0.00053	99689	53	24916	7742003	77.66
6M	0.00057	99636	57	49804	7717088	77.45
0	0.00421	100000	421	99660	7766944	77.67
1	0.00031	99579	31	99563	7667284	77.00
2	0.00023	99548	23	99536	7567721	76.02
3	0.00018	99525	18	99516	7468184	75.04
4	0.00015	99507	15	99500	7368668	74.05
5	0.00014	99493	13	99486	7269168	73.06
6	0.00013	99479	12	99473	7169682	72.07
7	0.00011	99467	11	99461	7070209	71.08
8	0.00010	99455	9	99450	6970748	70.09

年齡 X	死亡機率 q_x	生存數 l_x	死亡數 d_x	定常人口 L_x	定常人口 T_x	平均餘命 e°_x
9	0.00007	99446	7	99442	6871298	69.10
10	0.00006	99439	6	99436	6771856	68.10
11	0.00006	99433	6	99430	6672420	67.10
12	0.00009	99427	9	99422	6572990	66.11
13	0.00015	99418	14	99411	6473568	65.11
14	0.00023	99403	23	99392	6374158	64.12
15	0.00034	99380	33	99364	6274766	63.14
16	0.00043	99347	43	99325	6175402	62.16
17	0.00051	99304	51	99278	6076077	61.19
18	0.00056	99253	56	99225	5976799	60.22
19	0.00060	99197	59	99167	5877574	59.25
20	0.00062	99138	61	99107	5778406	58.29
21	0.00063	99077	62	99046	5679299	57.32
22	0.00063	99015	62	98984	5580253	56.36
23	0.00062	98953	61	98922	5481269	55.39
24	0.00061	98891	60	98861	5382348	54.43
25	0.00060	98831	59	98802	5283486	53.46
26	0.00059	98772	58	98743	5184685	52.49
27	0.00061	98714	60	98684	5085942	51.52
28	0.00065	98654	64	98622	4987258	50.55
29	0.00071	98590	70	98555	4888636	49.59
30	0.00078	98520	77	98482	4790081	48.62
31	0.00087	98443	86	98400	4691600	47.66
32	0.00096	98357	95	98310	4593200	46.70
33	0.00106	98262	104	98210	4494890	45.74
34	0.00116	98158	113	98102	4396680	44.79
35	0.00127	98045	124	97983	4298578	43.84
36	0.00140	97920	138	97852	4200595	42.90
37	0.00157	97783	153	97706	4102744	41.96
38	0.00177	97629	172	97543	4005037	41.02
39	0.00199	97457	194	97360	3907494	40.09
40	0.00224	97263	218	97154	3810134	39.17
41	0.00251	97045	244	96923	3712980	38.26
42	0.00279	96801	271	96666	3616057	37.36
43	0.00310	96531	299	96382	3519391	36.46
44	0.00341	96232	328	96068	3423009	35.57
45	0.00374	95904	359	95724	3326941	34.69

年齡 X	死亡機率 q_x	生存數 l_x	死亡數 d_x	定常人口		平均餘命 $e^o{}_x$
				L_x	T_x	
46	0.00408	95545	390	95350	3231217	33.82
47	0.00443	95155	422	94944	3135867	32.96
48	0.00478	94733	453	94507	3040923	32.10
49	0.00513	94280	484	94038	2946416	31.25
50	0.00550	93796	516	93538	2852378	30.41
51	0.00589	93280	549	93006	2758839	29.58
52	0.00631	92731	585	92439	2665834	28.75
53	0.00676	92146	623	91835	2573395	27.93
54	0.00725	91523	664	91191	2481560	27.11
55	0.00776	90859	705	90507	2390369	26.31
56	0.00828	90154	747	89780	2299863	25.51
57	0.00880	89407	787	89014	2210082	24.72
58	0.00932	88620	826	88207	2121069	23.93
59	0.00985	87794	864	87362	2032862	23.15
60	0.01035	86930	900	86480	1945500	22.38
61	0.01094	86030	941	85559	1859020	21.61
62	0.01161	85089	988	84595	1773461	20.84
63	0.01240	84101	1043	83579	1688866	20.08
64	0.01331	83058	1105	82505	1605287	19.33
65	0.01435	81952	1176	81365	1522781	18.58
66	0.01553	80777	1254	80150	1441417	17.84
67	0.01686	79522	1340	78852	1361267	17.12
68	0.01834	78182	1434	77465	1282415	16.40
69	0.02000	76748	1535	75980	1204950	15.70
70	0.02185	75212	1643	74391	1128970	15.01
71	0.02388	73569	1757	72691	1054579	14.33
72	0.02611	71813	1875	70875	981888	13.67
73	0.02853	69938	1996	68940	911013	13.03
74	0.03115	67942	2117	66884	842073	12.39
75	0.03396	65826	2235	64708	775189	11.78
76	0.03695	63590	2350	62415	710481	11.17
77	0.04018	61240	2461	60010	648066	10.58
78	0.04369	58779	2568	57495	588056	10.00
79	0.04749	56211	2670	54877	530561	9.44
80	0.05162	53542	2764	52160	475684	8.88
81	0.05609	50778	2848	49354	423524	8.34
82	0.06094	47930	2921	46469	374170	7.81

年齡 X	死亡機率 q_x	生存數 l_x	死亡數 d_x	定常人口		平均餘命 e°_x
				L_x	T_x	
83	0.06619	45009	2979	43519	327701	7.28
84	0.07188	42029	3021	40519	284182	6.76
85+	1.00000	39008	39008	243663	243663	6.25

三、女性

年齡 X	死亡機率 q_x	生存數 l_x	死亡數 d_x	定常人口		平均餘命 e°_x
				L_x	T_x	
0M	0.00216	100000	216	8324	8421519	84.22
1M	0.00018	99784	18	8315	8413195	84.31
2M	0.00025	99766	25	8313	8404880	84.25
3M	0.00053	99741	53	24929	8396568	84.18
6M	0.00040	99688	40	49834	8371639	83.98
0	0.00353	100000	353	99714	8421519	84.22
1	0.00022	99647	22	99637	8321805	83.51
2	0.00016	99626	16	99617	8222169	82.53
3	0.00013	99609	13	99603	8122551	81.54
4	0.00011	99596	11	99591	8022949	80.55
5	0.00010	99585	10	99580	7923358	79.56
6	0.00010	99575	10	99570	7823777	78.57
7	0.00009	99566	9	99561	7724207	77.58
8	0.00008	99557	8	99553	7624645	76.59
9	0.00009	99549	9	99545	7525093	75.59
10	0.00010	99540	10	99535	7425548	74.60
11	0.00011	99530	11	99525	7326013	73.61
12	0.00013	99519	13	99513	7226488	72.61
13	0.00015	99506	15	99499	7126975	71.62
14	0.00017	99491	17	99483	7027476	70.63
15	0.00020	99474	20	99464	6927994	69.65
16	0.00022	99454	22	99443	6828530	68.66
17	0.00024	99432	24	99420	6729087	67.68
18	0.00025	99409	25	99396	6629666	66.69
19	0.00027	99383	26	99370	6530270	65.71
20	0.00027	99357	27	99343	6430900	64.73
21	0.00028	99330	28	99316	6331557	63.74
22	0.00028	99302	28	99288	6232241	62.76
23	0.00028	99274	28	99260	6132953	61.78
24	0.00028	99245	28	99232	6033694	60.80

年齡 X	死亡機率 q_x	生存數 l_x	死亡數 d_x	定常人口		平均餘命 e^o_x
				L_x	T_x	
25	0.00028	99218	27	99204	5934462	59.81
26	0.00028	99190	28	99177	5835258	58.83
27	0.00029	99163	29	99148	5736081	57.85
28	0.00031	99134	31	99119	5636933	56.86
29	0.00035	99103	34	99086	5537814	55.88
30	0.00039	99069	38	99049	5438729	54.90
31	0.00043	99030	42	99009	5339679	53.92
32	0.00047	98988	47	98965	5240670	52.94
33	0.00051	98941	50	98916	5141706	51.97
34	0.00055	98891	54	98864	5042789	50.99
35	0.00059	98837	58	98808	4943926	50.02
36	0.00063	98779	62	98747	4845118	49.05
37	0.00068	98716	67	98683	4746371	48.08
38	0.00072	98649	71	98614	4647688	47.11
39	0.00077	98578	76	98540	4549074	46.15
40	0.00083	98502	82	98461	4450534	45.18
41	0.00090	98420	88	98376	4352073	44.22
42	0.00099	98332	97	98283	4253697	43.26
43	0.00109	98235	107	98181	4155413	42.30
44	0.00122	98128	120	98068	4057232	41.35
45	0.00136	98008	133	97942	3959164	40.40
46	0.00150	97875	147	97802	3861223	39.45
47	0.00165	97728	161	97648	3763421	38.51
48	0.00179	97567	175	97480	3665773	37.57
49	0.00195	97392	189	97297	3568294	36.64
50	0.00210	97203	204	97100	3470996	35.71
51	0.00226	96998	219	96889	3373896	34.78
52	0.00242	96779	234	96662	3277007	33.86
53	0.00258	96545	249	96421	3180345	32.94
54	0.00274	96296	264	96165	3083924	32.03
55	0.00292	96033	280	95893	2987759	31.11
56	0.00312	95752	298	95603	2891867	30.20
57	0.00336	95454	320	95294	2796264	29.29
58	0.00365	95134	347	94960	2700970	28.39
59	0.00399	94787	378	94597	2606010	27.49
60	0.00434	94408	410	94203	2511412	26.60
61	0.00471	93999	443	93777	2417209	25.72

年齡 X	死亡機率 q_x	生存數 l_x	死亡數 d_x	定常人口		平均餘命 e°_x
				L_x	T_x	
62	0.00509	93556	477	93318	2323432	24.83
63	0.00550	93079	512	92823	2230114	23.96
64	0.00596	92568	551	92292	2137290	23.09
65	0.00650	92016	598	91717	2044999	22.22
66	0.00716	91418	655	91091	1953282	21.37
67	0.00795	90763	722	90402	1862191	20.52
68	0.00890	90041	801	89641	1771789	19.68
69	0.00998	89240	891	88795	1682148	18.85
70	0.01121	88349	990	87854	1593353	18.03
71	0.01258	87359	1099	86810	1505499	17.23
72	0.01409	86260	1216	85653	1418689	16.45
73	0.01577	85045	1341	84374	1333037	15.67
74	0.01762	83704	1475	82966	1248663	14.92
75	0.01966	82229	1616	81421	1165696	14.18
76	0.02189	80613	1765	79730	1084276	13.45
77	0.02436	78848	1921	77888	1004545	12.74
78	0.02711	76927	2085	75885	926657	12.05
79	0.03016	74842	2257	73714	850773	11.37
80	0.03354	72585	2435	71368	777059	10.71
81	0.03731	70150	2617	68842	705691	10.06
82	0.04148	67533	2801	66133	636850	9.43
83	0.04611	64732	2985	63240	570717	8.82
84	0.05124	61747	3164	60166	507477	8.22
85+	1.00000	58584	58584	447312	447312	7.64

表五：民國108年台灣省簡易生命表

一、全體

年齡 X	死亡機率 q_x	生存數 l_x	死亡數 d_x	定常人口		平均餘命 $e°_x$
				L_x	T_x	
0M	0.00240	100000	240	8323	7968648	79.69
1M	0.00019	99760	19	8313	7960325	79.79
2M	0.00024	99741	24	8311	7952012	79.73
3M	0.00054	99717	53	24923	7943702	79.66
6M	0.00049	99664	49	49820	7918779	79.46
0	0.00385	100000	385	99689	7968648	79.69
1	0.00020	99615	20	99605	7868959	78.99
2	0.00016	99595	16	99586	7769355	78.01
3	0.00015	99578	15	99571	7669768	77.02
4	0.00014	99564	14	99557	7570197	76.03
5	0.00014	99550	14	99543	7470641	75.04
6	0.00013	99536	13	99529	7371098	74.05
7	0.00011	99523	11	99517	7271569	73.06
8	0.00009	99512	9	99507	7172052	72.07
9	0.00008	99503	8	99499	7072545	71.08
10	0.00008	99495	8	99491	6973046	70.08
11	0.00009	99487	9	99482	6873555	69.09
12	0.00012	99478	12	99472	6774073	68.10
13	0.00017	99466	17	99457	6674601	67.10
14	0.00023	99449	23	99438	6575144	66.12
15	0.00030	99426	30	99412	6475706	65.13
16	0.00036	99397	36	99379	6376294	64.15
17	0.00042	99361	42	99340	6276915	63.17
18	0.00047	99319	46	99296	6177576	62.20
19	0.00050	99273	50	99248	6078280	61.23
20	0.00053	99223	52	99197	5979032	60.26
21	0.00054	99171	54	99144	5879835	59.29
22	0.00055	99117	55	99090	5780691	58.32
23	0.00055	99063	54	99035	5681602	57.35
24	0.00053	99008	53	98982	5582566	56.38
25	0.00052	98956	52	98930	5483584	55.41
26	0.00052	98904	51	98879	5384654	54.44
27	0.00053	98853	52	98827	5285776	53.47
28	0.00056	98801	55	98773	5186949	52.50
29	0.00061	98746	60	98715	5088176	51.53

年齡 X	死亡機率 q_x	生存數 l_x	死亡數 d_x	定常人口		平均餘命 e^o_x
				L_x	T_x	
30	0.00068	98685	67	98652	4989460	50.56
31	0.00076	98619	74	98581	4890808	49.59
32	0.00084	98544	83	98503	4792227	48.63
33	0.00094	98461	92	98415	4693724	47.67
34	0.00105	98368	103	98317	4595310	46.72
35	0.00117	98266	115	98208	4496993	45.76
36	0.00130	98151	127	98087	4398784	44.82
37	0.00144	98023	141	97953	4300697	43.87
38	0.00160	97882	156	97804	4202745	42.94
39	0.00176	97726	172	97640	4104941	42.00
40	0.00194	97554	190	97459	4007301	41.08
41	0.00214	97364	208	97260	3909842	40.16
42	0.00236	97156	229	97041	3812582	39.24
43	0.00260	96926	252	96800	3715542	38.33
44	0.00287	96674	277	96535	3618742	37.43
45	0.00315	96396	303	96245	3522207	36.54
46	0.00344	96093	330	95928	3425962	35.65
47	0.00373	95763	357	95584	3330034	34.77
48	0.00402	95406	384	95214	3234450	33.90
49	0.00432	95022	411	94817	3139236	33.04
50	0.00463	94612	438	94393	3044419	32.18
51	0.00493	94174	464	93942	2950026	31.33
52	0.00523	93710	490	93465	2856085	30.48
53	0.00553	93219	515	92962	2762620	29.64
54	0.00583	92704	540	92434	2669658	28.80
55	0.00614	92164	566	91881	2577224	27.96
56	0.00647	91599	593	91302	2485342	27.13
57	0.00685	91006	623	90694	2394040	26.31
58	0.00727	90383	657	90054	2303346	25.48
59	0.00775	89725	695	89378	2213292	24.67
60	0.00824	89030	734	88663	2123915	23.86
61	0.00879	88296	776	87908	2035251	23.05
62	0.00941	87520	823	87108	1947343	22.25
63	0.01009	86697	875	86259	1860235	21.46
64	0.01086	85822	932	85356	1773975	20.67
65	0.01174	84890	997	84391	1688619	19.89
66	0.01274	83893	1069	83358	1604228	19.12

年齡 X	死亡機率 q_x	生存數 l_x	死亡數 d_x	定常人口		平均餘命 e°_x
				L_x	T_x	
67	0.01388	82824	1149	82249	1520870	18.36
68	0.01515	81675	1237	81056	1438620	17.61
69	0.01657	80437	1333	79771	1357564	16.88
70	0.01814	79105	1435	78387	1277793	16.15
71	0.01986	77670	1542	76899	1199406	15.44
72	0.02174	76128	1655	75300	1122507	14.75
73	0.02379	74473	1771	73587	1047206	14.06
74	0.02601	72702	1891	71756	973619	13.39
75	0.02840	70811	2011	69805	901863	12.74
76	0.03098	68800	2132	67734	832058	12.09
77	0.03377	66668	2252	65542	764324	11.46
78	0.03681	64417	2371	63231	698781	10.85
79	0.04011	62045	2489	60801	635550	10.24
80	0.04370	59557	2603	58255	574749	9.65
81	0.04761	56954	2712	55598	516494	9.07
82	0.05185	54242	2813	52836	460896	8.50
83	0.05647	51430	2904	49978	408060	7.93
84	0.06148	48526	2983	47034	358082	7.38
85+	1.00000	45542	45542	311048	311048	6.83

二、男性

年齡 X	死亡機率 q_x	生存數 l_x	死亡數 d_x	定常人口		平均餘命 e°_x
				L_x	T_x	
0M	0.00240	100000	240	8323	7629835	76.30
1M	0.00018	99760	18	8313	7621512	76.40
2M	0.00020	99742	20	8311	7613199	76.33
3M	0.00048	99722	48	24925	7604888	76.26
6M	0.00052	99674	52	49824	7579964	76.05
0	0.00378	100000	378	99696	7629835	76.30
1	0.00017	99622	17	99614	7530139	75.59
2	0.00015	99605	14	99598	7430526	74.60
3	0.00014	99591	14	99584	7330928	73.61
4	0.00014	99577	14	99570	7231344	72.62
5	0.00015	99563	15	99556	7131774	71.63
6	0.00015	99549	15	99541	7032218	70.64
7	0.00014	99534	14	99527	6932677	69.65
8	0.00012	99521	12	99515	6833149	68.66

年齡 X	死亡機率 q_x	生存數 l_x	死亡數 d_x	定常人口		平均餘命 $e°_x$
				L_x	T_x	
9	0.00010	99509	10	99504	6733635	67.67
10	0.00010	99498	10	99493	6634131	66.68
11	0.00011	99488	11	99483	6534638	65.68
12	0.00014	99477	14	99470	6435155	64.69
13	0.00020	99463	20	99452	6335686	63.70
14	0.00029	99442	29	99428	6236233	62.71
15	0.00039	99414	38	99394	6136805	61.73
16	0.00048	99375	48	99351	6037411	60.75
17	0.00057	99327	56	99299	5938060	59.78
18	0.00063	99271	63	99239	5838761	58.82
19	0.00069	99208	68	99174	5739522	57.85
20	0.00073	99140	72	99104	5640348	56.89
21	0.00076	99067	75	99030	5541244	55.93
22	0.00077	98992	76	98954	5442215	54.98
23	0.00076	98916	75	98878	5343260	54.02
24	0.00074	98841	73	98804	5244382	53.06
25	0.00071	98768	70	98733	5145578	52.10
26	0.00070	98697	69	98663	5046845	51.13
27	0.00071	98629	70	98594	4948182	50.17
28	0.00075	98559	74	98522	4849589	49.21
29	0.00083	98484	82	98444	4751067	48.24
30	0.00093	98403	91	98357	4652623	47.28
31	0.00104	98312	102	98261	4554266	46.32
32	0.00118	98209	115	98152	4456006	45.37
33	0.00132	98094	130	98029	4357854	44.43
34	0.00149	97964	146	97891	4259825	43.48
35	0.00167	97818	164	97737	4161934	42.55
36	0.00188	97655	183	97563	4064197	41.62
37	0.00210	97471	205	97369	3966634	40.70
38	0.00235	97266	229	97152	3869265	39.78
39	0.00262	97038	254	96911	3772113	38.87
40	0.00290	96784	281	96643	3675202	37.97
41	0.00321	96503	310	96348	3578559	37.08
42	0.00354	96193	341	96022	3482211	36.20
43	0.00390	95852	374	95665	3386189	35.33
44	0.00427	95478	408	95274	3290524	34.46
45	0.00466	95070	443	94849	3195250	33.61

年齡 X	死亡機率 q_x	生存數 l_x	死亡數 d_x	定常人口		平均餘命 e^o_x
				L_x	T_x	
46	0.00506	94627	479	94387	3100402	32.76
47	0.00547	94148	515	93890	3006014	31.93
48	0.00589	93633	551	93357	2912124	31.10
49	0.00631	93081	587	92788	2818767	30.28
50	0.00674	92494	623	92182	2725980	29.47
51	0.00716	91871	658	91542	2633797	28.67
52	0.00759	91213	692	90867	2542255	27.87
53	0.00801	90521	725	90158	2451389	27.08
54	0.00843	89796	757	89417	2361230	26.30
55	0.00887	89039	789	88644	2271813	25.51
56	0.00932	88250	823	87838	2183169	24.74
57	0.00981	87427	858	86998	2095331	23.97
58	0.01034	86569	895	86121	2008333	23.20
59	0.01091	85674	935	85207	1922211	22.44
60	0.01150	84739	975	84252	1837005	21.68
61	0.01220	83765	1022	83254	1752753	20.92
62	0.01301	82743	1077	82204	1669499	20.18
63	0.01396	81666	1140	81096	1587295	19.44
64	0.01504	80526	1211	79920	1506199	18.70
65	0.01625	79314	1288	78670	1426279	17.98
66	0.01757	78026	1371	77341	1347608	17.27
67	0.01901	76655	1457	75927	1270268	16.57
68	0.02058	75198	1547	74425	1194341	15.88
69	0.02230	73651	1642	72830	1119917	15.21
70	0.02419	72009	1742	71138	1047087	14.54
71	0.02627	70267	1846	69344	975949	13.89
72	0.02855	68421	1954	67444	906605	13.25
73	0.03104	66468	2063	65436	839160	12.63
74	0.03372	64405	2172	63319	773724	12.01
75	0.03660	62233	2278	61094	710406	11.42
76	0.03967	59955	2379	58766	649312	10.83
77	0.04297	57576	2474	56339	590546	10.26
78	0.04653	55102	2564	53820	534207	9.69
79	0.05038	52538	2647	51215	480386	9.14
80	0.05454	49891	2721	48531	429171	8.60
81	0.05903	47170	2785	45778	380640	8.07
82	0.06388	44386	2835	42968	334862	7.54

年齡 X	死亡機率 q_x	生存數 l_x	死亡數 d_x	定常人口		平均餘命 e^o_x
				L_x	T_x	
83	0.06911	41550	2872	40114	291894	7.03
84	0.07476	38679	2892	37233	251780	6.51
85+	1.00000	35787	35787	214547	214547	6.00

三、女性

年齡 X	死亡機率 q_x	生存數 l_x	死亡數 d_x	定常人口		平均餘命 e^o_x
				L_x	T_x	
0M	0.00240	100000	240	8323	8357058	83.57
1M	0.00020	99760	20	8312	8348735	83.69
2M	0.00028	99740	28	8310	8340423	83.62
3M	0.00059	99711	59	24920	8332112	83.56
6M	0.00045	99652	45	49815	8307192	83.36
0	0.00393	100000	393	99681	8357058	83.57
1	0.00024	99607	23	99595	8257377	82.90
2	0.00019	99583	19	99574	8157782	81.92
3	0.00016	99565	16	99557	8058208	80.93
4	0.00014	99549	14	99542	7958651	79.95
5	0.00013	99535	13	99528	7859109	78.96
6	0.00012	99522	12	99516	7759581	77.97
7	0.00008	99510	8	99506	7660065	76.98
8	0.00006	99502	6	99499	7560559	75.98
9	0.00005	99496	5	99494	7461060	74.99
10	0.00006	99491	6	99489	7361566	73.99
11	0.00007	99486	7	99482	7262077	73.00
12	0.00009	99479	9	99474	7162595	72.00
13	0.00012	99469	12	99463	7063121	71.01
14	0.00016	99457	16	99449	6963658	70.02
15	0.00020	99441	20	99431	6864210	69.03
16	0.00023	99421	23	99410	6764779	68.04
17	0.00026	99398	26	99385	6665369	67.06
18	0.00028	99372	28	99358	6565984	66.07
19	0.00029	99344	29	99330	6466626	65.09
20	0.00030	99315	30	99300	6367296	64.11
21	0.00031	99285	31	99270	6267996	63.13
22	0.00031	99254	31	99239	6168727	62.15
23	0.00031	99224	31	99208	6069488	61.17
24	0.00031	99193	31	99177	5970279	60.19

年齡 X	死亡機率 q_x	生存數 l_x	死亡數 d_x	定常人口		平均餘命 e^o_x
				L_x	T_x	
25	0.00031	99162	31	99147	5871102	59.21
26	0.00031	99131	31	99116	5771955	58.23
27	0.00032	99100	32	99084	5672840	57.24
28	0.00034	99068	34	99051	5573756	56.26
29	0.00037	99034	36	99016	5474705	55.28
30	0.00040	98998	39	98978	5375689	54.30
31	0.00043	98958	43	98937	5276711	53.32
32	0.00047	98916	47	98892	5177774	52.35
33	0.00052	98869	51	98843	5078882	51.37
34	0.00057	98817	57	98789	4980039	50.40
35	0.00063	98761	62	98730	4881249	49.42
36	0.00069	98699	68	98665	4782520	48.46
37	0.00075	98631	74	98593	4683855	47.49
38	0.00082	98556	80	98516	4585262	46.52
39	0.00088	98476	87	98432	4486746	45.56
40	0.00095	98389	94	98342	4388313	44.60
41	0.00104	98295	102	98244	4289972	43.64
42	0.00114	98193	112	98137	4191728	42.69
43	0.00127	98081	125	98018	4093591	41.74
44	0.00142	97956	139	97886	3995573	40.79
45	0.00158	97817	154	97740	3897686	39.85
46	0.00174	97663	170	97578	3799946	38.91
47	0.00189	97493	184	97401	3702368	37.98
48	0.00203	97309	198	97210	3604967	37.05
49	0.00218	97111	211	97005	3507757	36.12
50	0.00232	96900	225	96787	3410752	35.20
51	0.00247	96675	239	96556	3313965	34.28
52	0.00262	96436	253	96310	3217409	33.36
53	0.00278	96184	268	96050	3121099	32.45
54	0.00295	95916	283	95775	3025049	31.54
55	0.00314	95633	301	95483	2929274	30.63
56	0.00337	95332	321	95172	2833792	29.73
57	0.00364	95011	346	94839	2738620	28.82
58	0.00397	94666	376	94478	2643781	27.93
59	0.00437	94290	412	94084	2549303	27.04
60	0.00479	93877	449	93653	2455220	26.15
61	0.00522	93428	488	93184	2361567	25.28

年齡 X	死亡機率 q_x	生存數 l_x	死亡數 d_x	定常人口		平均餘命 $e^{°}_x$
				L_x	T_x	
62	0.00566	92940	526	92677	2268383	24.41
63	0.00612	92414	565	92131	2175706	23.54
64	0.00661	91849	607	91545	2083575	22.68
65	0.00721	91241	657	90913	1992030	21.83
66	0.00792	90584	718	90225	1901117	20.99
67	0.00880	89866	791	89471	1810892	20.15
68	0.00984	89075	876	88637	1721422	19.33
69	0.01103	88199	972	87713	1632784	18.51
70	0.01235	87227	1077	86688	1545071	17.71
71	0.01380	86150	1188	85556	1458383	16.93
72	0.01538	84961	1306	84308	1372828	16.16
73	0.01711	83655	1431	82939	1288520	15.40
74	0.01901	82224	1563	81442	1205580	14.66
75	0.02111	80661	1703	79809	1124138	13.94
76	0.02342	78958	1849	78033	1044329	13.23
77	0.02598	77109	2003	76107	966295	12.53
78	0.02881	75106	2164	74024	890188	11.85
79	0.03195	72941	2331	71776	816165	11.19
80	0.03542	70611	2501	69360	744388	10.54
81	0.03927	68110	2675	66772	675028	9.91
82	0.04352	65435	2848	64011	608256	9.30
83	0.04822	62587	3018	61079	544245	8.70
84	0.05341	59570	3182	57979	483166	8.11
85+	1.00000	56388	56388	425187	425187	7.54

表六：民國108年新北市簡易生命表

一、全體

年齡 X	死亡機率 q_x	生存數 l_x	死亡數 d_x	定常人口		平均餘命 e^o_x
				L_x	T_x	
0M	0.00286	100000	286	8321	8151655	81.52
1M	0.00033	99714	33	8308	8143333	81.67
2M	0.00027	99681	27	8306	8135025	81.61
3M	0.00054	99654	54	24907	8126719	81.55
6M	0.00050	99600	49	49787	8101813	81.34
0	0.00450	100000	450	99629	8151655	81.52
1	0.00027	99550	26	99537	8052025	80.88
2	0.00017	99524	17	99515	7952488	79.91
3	0.00012	99507	12	99501	7852973	78.92
4	0.00010	99495	10	99490	7753473	77.93
5	0.00010	99485	10	99480	7653983	76.94
6	0.00010	99475	10	99470	7554503	75.94
7	0.00011	99465	11	99460	7455033	74.95
8	0.00010	99455	10	99449	7355573	73.96
9	0.00009	99444	9	99440	7256124	72.97
10	0.00009	99435	9	99430	7156684	71.97
11	0.00009	99426	9	99421	7057254	70.98
12	0.00010	99417	10	99412	6957833	69.99
13	0.00013	99406	13	99400	6858421	68.99
14	0.00018	99393	18	99384	6759021	68.00
15	0.00023	99375	23	99364	6659637	67.01
16	0.00028	99353	28	99339	6560273	66.03
17	0.00032	99325	32	99309	6460935	65.05
18	0.00035	99293	35	99275	6361626	64.07
19	0.00037	99258	37	99239	6262351	63.09
20	0.00039	99221	39	99201	6163111	62.12
21	0.00040	99182	40	99162	6063910	61.14
22	0.00040	99143	40	99123	5964748	60.16
23	0.00040	99103	40	99083	5865625	59.19
24	0.00039	99063	39	99043	5766542	58.21
25	0.00039	99024	38	99004	5667499	57.23
26	0.00039	98985	38	98966	5568495	56.26
27	0.00040	98947	39	98927	5469529	55.28
28	0.00043	98907	42	98886	5370601	54.30
29	0.00047	98865	46	98842	5271715	53.32

年齡 X	死亡機率 q_x	生存數 l_x	死亡數 d_x	定常人口		平均餘命 e^o_x
				L_x	T_x	
30	0.00052	98819	51	98793	5172873	52.35
31	0.00058	98767	57	98739	5074080	51.37
32	0.00064	98710	63	98679	4975341	50.40
33	0.00070	98647	69	98612	4876662	49.44
34	0.00077	98578	76	98540	4778050	48.47
35	0.00084	98502	83	98461	4679510	47.51
36	0.00093	98419	91	98373	4581050	46.55
37	0.00102	98328	101	98277	4482676	45.59
38	0.00114	98227	112	98171	4384399	44.64
39	0.00126	98115	124	98054	4286227	43.69
40	0.00140	97992	137	97923	4188174	42.74
41	0.00155	97854	151	97779	4090251	41.80
42	0.00170	97703	166	97620	3992472	40.86
43	0.00187	97537	182	97446	3894852	39.93
44	0.00204	97355	198	97256	3797407	39.01
45	0.00222	97156	216	97049	3700151	38.08
46	0.00241	96941	234	96824	3603103	37.17
47	0.00261	96707	252	96581	3506279	36.26
48	0.00282	96455	272	96319	3409698	35.35
49	0.00304	96183	292	96037	3313379	34.45
50	0.00327	95890	314	95733	3217342	33.55
51	0.00352	95576	336	95408	3121609	32.66
52	0.00378	95240	360	95060	3026201	31.77
53	0.00407	94880	386	94687	2931140	30.89
54	0.00437	94494	413	94288	2836453	30.02
55	0.00469	94081	442	93860	2742166	29.15
56	0.00502	93639	470	93404	2648306	28.28
57	0.00536	93169	499	92919	2554902	27.42
58	0.00571	92669	529	92405	2461983	26.57
59	0.00607	92141	560	91861	2369578	25.72
60	0.00643	91581	589	91287	2277717	24.87
61	0.00684	90992	622	90681	2186430	24.03
62	0.00731	90370	661	90039	2095749	23.19
63	0.00786	89709	705	89356	2005710	22.36
64	0.00850	89004	757	88625	1916353	21.53
65	0.00926	88247	817	87839	1827728	20.71
66	0.01015	87430	888	86986	1739890	19.90

年齡 X	死亡機率 q_x	生存數 l_x	死亡數 d_x	定常人口		平均餘命 e^o_x
				L_x	T_x	
67	0.01120	86542	970	86057	1652903	19.10
68	0.01242	85573	1062	85041	1566846	18.31
69	0.01379	84510	1165	83928	1481805	17.53
70	0.01532	83345	1277	82707	1397877	16.77
71	0.01700	82068	1395	81371	1315170	16.03
72	0.01885	80673	1521	79913	1233800	15.29
73	0.02087	79152	1652	78326	1153887	14.58
74	0.02307	77501	1788	76607	1075561	13.88
75	0.02547	75712	1929	74748	998954	13.19
76	0.02808	73784	2072	72748	924206	12.53
77	0.03095	71712	2220	70602	851458	11.87
78	0.03412	69492	2371	68307	780856	11.24
79	0.03760	67121	2524	65860	712549	10.62
80	0.04142	64598	2676	63260	646689	10.01
81	0.04563	61922	2826	60509	583429	9.42
82	0.05025	59097	2970	57612	522920	8.85
83	0.05533	56127	3106	54574	465308	8.29
84	0.06091	53021	3229	51406	410734	7.75
85+	1.00000	49792	49792	359328	359328	7.22

二、男性

年齡 X	死亡機率 q_x	生存數 l_x	死亡數 d_x	定常人口		平均餘命 e^o_x
				L_x	T_x	
0M	0.00327	100000	327	8320	7850685	78.51
1M	0.00038	99673	38	8304	7842365	78.68
2M	0.00031	99634	31	8302	7834061	78.63
3M	0.00056	99603	56	24894	7825759	78.57
6M	0.00058	99547	58	49759	7800866	78.36
0	0.00511	100000	511	99579	7850685	78.51
1	0.00036	99489	36	99472	7751106	77.91
2	0.00021	99454	21	99443	7651635	76.94
3	0.00013	99432	13	99426	7552192	75.95
4	0.00009	99420	9	99415	7452766	74.96
5	0.00009	99410	9	99406	7353351	73.97
6	0.00010	99401	10	99396	7253945	72.98
7	0.00011	99391	11	99386	7154548	71.98
8	0.00011	99380	11	99375	7055162	70.99

年齡 X	死亡機率 q_x	生存數 l_x	死亡數 d_x	定常人口		平均餘命 e°_x
				L_x	T_x	
9	0.00010	99370	10	99365	6955787	70.00
10	0.00010	99360	10	99355	6856423	69.01
11	0.00010	99350	10	99345	6757068	68.01
12	0.00012	99340	12	99334	6657722	67.02
13	0.00016	99328	16	99320	6558388	66.03
14	0.00022	99312	22	99301	6459068	65.04
15	0.00030	99290	29	99275	6359767	64.05
16	0.00037	99261	36	99243	6260491	63.07
17	0.00042	99224	42	99203	6161249	62.09
18	0.00047	99182	46	99159	6062045	61.12
19	0.00050	99136	49	99111	5962886	60.15
20	0.00052	99087	52	99061	5863775	59.18
21	0.00054	99035	53	99008	5764714	58.21
22	0.00055	98981	54	98954	5665706	57.24
23	0.00055	98927	54	98900	5566752	56.27
24	0.00054	98873	53	98847	5467852	55.30
25	0.00053	98820	52	98794	5369005	54.33
26	0.00052	98768	52	98742	5270211	53.36
27	0.00054	98716	53	98690	5171469	52.39
28	0.00058	98663	57	98634	5072779	51.42
29	0.00063	98606	63	98575	4974145	50.44
30	0.00070	98543	69	98509	4875570	49.48
31	0.00078	98474	77	98436	4777062	48.51
32	0.00085	98397	84	98355	4678626	47.55
33	0.00092	98313	90	98268	4580271	46.59
34	0.00099	98223	97	98174	4482003	45.63
35	0.00106	98126	104	98074	4383828	44.68
36	0.00117	98022	114	97965	4285754	43.72
37	0.00130	97907	128	97844	4187790	42.77
38	0.00149	97780	146	97707	4089946	41.83
39	0.00171	97634	167	97551	3992239	40.89
40	0.00196	97467	191	97372	3894688	39.96
41	0.00221	97276	215	97169	3797317	39.04
42	0.00246	97061	239	96942	3700148	38.12
43	0.00270	96822	262	96691	3603206	37.21
44	0.00294	96560	284	96418	3506515	36.31
45	0.00319	96276	307	96123	3410097	35.42

年齡 X	死亡機率 q_x	生存數 l_x	死亡數 d_x	定常人口		平均餘命 e^o_x
				L_x	T_x	
46	0.00345	95969	331	95804	3313975	34.53
47	0.00374	95638	357	95460	3218171	33.65
48	0.00405	95281	386	95088	3122711	32.77
49	0.00440	94895	418	94686	3027623	31.91
50	0.00477	94477	450	94252	2932937	31.04
51	0.00515	94027	485	93785	2838685	30.19
52	0.00556	93542	520	93282	2744901	29.34
53	0.00598	93023	556	92745	2651618	28.51
54	0.00642	92467	593	92170	2558874	27.67
55	0.00688	91873	632	91558	2466704	26.85
56	0.00735	91242	670	90906	2375146	26.03
57	0.00783	90571	709	90217	2284240	25.22
58	0.00834	89862	750	89487	2194023	24.42
59	0.00888	89112	791	88717	2104536	23.62
60	0.00939	88321	829	87906	2015819	22.82
61	0.00995	87492	871	87056	1927913	22.04
62	0.01058	86621	916	86163	1840856	21.25
63	0.01127	85705	966	85222	1754694	20.47
64	0.01207	84739	1023	84228	1669472	19.70
65	0.01301	83716	1089	83172	1585244	18.94
66	0.01414	82627	1168	82043	1502073	18.18
67	0.01547	81459	1260	80829	1420030	17.43
68	0.01702	80199	1365	79516	1339201	16.70
69	0.01877	78834	1480	78094	1259685	15.98
70	0.02072	77354	1603	76553	1181591	15.28
71	0.02287	75751	1732	74885	1105038	14.59
72	0.02520	74019	1865	73086	1030153	13.92
73	0.02773	72154	2001	71153	957067	13.26
74	0.03047	70153	2137	69084	885913	12.63
75	0.03341	68015	2273	66879	816829	12.01
76	0.03657	65743	2404	64541	749950	11.41
77	0.04003	63338	2535	62071	685409	10.82
78	0.04381	60803	2664	59471	623339	10.25
79	0.04793	58139	2787	56746	563867	9.70
80	0.05243	55353	2902	53902	507121	9.16
81	0.05735	52450	3008	50946	453220	8.64
82	0.06270	49443	3100	47892	402273	8.14

年齡 X	死亡機率 q_x	生存數 l_x	死亡數 d_x	定常人口		平均餘命 $e^°_x$
				L_x	T_x	
83	0.06854	46342	3176	44754	354381	7.65
84	0.07491	43166	3233	41549	309627	7.17
85+	1.00000	39932	39932	268078	268078	6.71

三、女性

年齡 X	死亡機率 q_x	生存數 l_x	死亡數 d_x	定常人口		平均餘命 $e^°_x$
				L_x	T_x	
0M	0.00243	100000	243	8323	8457300	84.57
1M	0.00027	99757	27	8312	8448977	84.70
2M	0.00023	99730	23	8310	8440665	84.63
3M	0.00052	99707	52	24920	8432355	84.57
6M	0.00041	99655	40	49817	8407435	84.37
0	0.00385	100000	385	99683	8457300	84.57
1	0.00016	99615	16	99606	8357617	83.90
2	0.00013	99598	13	99592	8258011	82.91
3	0.00011	99585	11	99580	8158419	81.92
4	0.00010	99574	10	99569	8058839	80.93
5	0.00010	99564	10	99559	7959270	79.94
6	0.00010	99554	10	99549	7859712	78.95
7	0.00010	99543	10	99538	7760163	77.96
8	0.00010	99533	10	99529	7660625	76.97
9	0.00009	99524	9	99519	7561096	75.97
10	0.00008	99515	8	99511	7461577	74.98
11	0.00008	99506	8	99502	7362066	73.99
12	0.00009	99498	9	99494	7262564	72.99
13	0.00010	99489	10	99484	7163070	72.00
14	0.00013	99479	13	99473	7063586	71.01
15	0.00016	99467	16	99459	6964113	70.01
16	0.00019	99451	19	99441	6864654	69.03
17	0.00021	99432	21	99422	6765213	68.04
18	0.00023	99411	23	99400	6665791	67.05
19	0.00024	99389	24	99377	6566391	66.07
20	0.00024	99365	24	99353	6467014	65.08
21	0.00025	99341	25	99328	6367662	64.10
22	0.00025	99316	25	99304	6268333	63.11
23	0.00025	99291	24	99279	6169029	62.13
24	0.00024	99267	24	99255	6069750	61.15

年齡 X	死亡機率 q_x	生存數 l_x	死亡數 d_x	定常人口		平均餘命 e^o_x
				L_x	T_x	
25	0.00024	99243	23	99231	5970495	60.16
26	0.00024	99220	23	99208	5871264	59.17
27	0.00025	99196	24	99184	5772056	58.19
28	0.00027	99172	26	99159	5672872	57.20
29	0.00029	99145	29	99131	5573713	56.22
30	0.00033	99116	33	99100	5474583	55.23
31	0.00037	99084	37	99065	5375483	54.25
32	0.00042	99047	42	99025	5276418	53.27
33	0.00049	99004	48	98980	5177392	52.29
34	0.00055	98956	55	98929	5078412	51.32
35	0.00063	98902	62	98871	4979483	50.35
36	0.00070	98840	69	98805	4880612	49.38
37	0.00075	98771	74	98734	4781807	48.41
38	0.00080	98697	79	98657	4683073	47.45
39	0.00083	98618	82	98577	4584416	46.49
40	0.00087	98536	85	98493	4485839	45.53
41	0.00091	98450	90	98405	4387346	44.56
42	0.00098	98360	96	98312	4288941	43.60
43	0.00107	98264	105	98212	4190629	42.65
44	0.00118	98160	116	98102	4092417	41.69
45	0.00130	98044	127	97981	3994315	40.74
46	0.00143	97917	140	97847	3896334	39.79
47	0.00156	97777	152	97701	3798487	38.85
48	0.00168	97625	164	97543	3700786	37.91
49	0.00180	97461	175	97373	3603244	36.97
50	0.00192	97286	187	97192	3505870	36.04
51	0.00206	97099	200	96999	3408678	35.11
52	0.00221	96899	214	96792	3311679	34.18
53	0.00238	96685	230	96570	3214888	33.25
54	0.00257	96454	248	96330	3118318	32.33
55	0.00278	96206	267	96073	3021988	31.41
56	0.00299	95939	286	95796	2925915	30.50
57	0.00320	95653	306	95500	2830119	29.59
58	0.00341	95347	325	95184	2734619	28.68
59	0.00364	95022	346	94849	2639434	27.78
60	0.00387	94676	366	94493	2544585	26.88
61	0.00415	94310	391	94115	2450092	25.98

年齡 X	死亡機率 q_x	生存數 l_x	死亡數 d_x	定常人口		平均餘命 e°_x
				L_x	T_x	
62	0.00449	93919	422	93708	2355977	25.09
63	0.00491	93497	459	93268	2262269	24.20
64	0.00542	93038	504	92786	2169001	23.31
65	0.00601	92534	557	92255	2076215	22.44
66	0.00671	91977	617	91669	1983960	21.57
67	0.00751	91360	686	91017	1892291	20.71
68	0.00843	90675	764	90293	1801273	19.87
69	0.00947	89910	852	89485	1710981	19.03
70	0.01066	89059	949	88584	1621496	18.21
71	0.01198	88110	1056	87582	1532912	17.40
72	0.01346	87054	1172	86468	1445331	16.60
73	0.01511	85882	1298	85233	1358863	15.82
74	0.01694	84584	1433	83868	1273629	15.06
75	0.01897	83151	1578	82362	1189761	14.31
76	0.02122	81574	1731	80708	1107399	13.58
77	0.02373	79843	1894	78895	1026691	12.86
78	0.02653	77948	2068	76914	947796	12.16
79	0.02965	75881	2250	74756	870881	11.48
80	0.03313	73631	2440	72411	796126	10.81
81	0.03702	71191	2636	69873	723715	10.17
82	0.04135	68556	2835	67138	653841	9.54
83	0.04618	65721	3035	64203	586703	8.93
84	0.05156	62686	3232	61070	522500	8.34
85+	1.00000	59454	59454	461431	461431	7.76

表七：民國108年台北市簡易生命表

一、全體

年齡 X	死亡機率 q_x	生存數 l_x	死亡數 d_x	定常人口		平均餘命 e^o_x
				L_x	T_x	
0M	0.00242	100000	242	8323	8385858	83.86
1M	0.00028	99758	28	8312	8377535	83.98
2M	0.00023	99730	23	8310	8369223	83.92
3M	0.00044	99707	44	24921	8360913	83.85
6M	0.00041	99663	41	49821	8335992	83.64
0	0.00378	100000	378	99688	8385858	83.86
1	0.00024	99622	24	99610	8286170	83.18
2	0.00018	99598	18	99589	8186560	82.20
3	0.00012	99580	12	99574	8086971	81.21
4	0.00008	99568	8	99564	7987397	80.22
5	0.00006	99560	6	99557	7887833	79.23
6	0.00005	99554	5	99552	7788277	78.23
7	0.00005	99549	5	99547	7688725	77.24
8	0.00006	99544	6	99541	7589178	76.24
9	0.00007	99538	7	99535	7489637	75.24
10	0.00008	99531	8	99527	7390102	74.25
11	0.00010	99523	10	99518	7290574	73.26
12	0.00012	99513	12	99507	7191056	72.26
13	0.00014	99501	14	99494	7091549	71.27
14	0.00017	99487	17	99478	6992055	70.28
15	0.00020	99470	20	99460	6892577	69.29
16	0.00022	99451	22	99439	6793117	68.31
17	0.00024	99428	24	99416	6693677	67.32
18	0.00026	99404	26	99391	6594261	66.34
19	0.00028	99378	28	99364	6494870	65.36
20	0.00029	99350	29	99336	6395506	64.37
21	0.00031	99321	30	99306	6296170	63.39
22	0.00032	99291	31	99275	6196864	62.41
23	0.00032	99259	32	99243	6097589	61.43
24	0.00033	99227	33	99211	5998346	60.45
25	0.00034	99194	34	99177	5899135	59.47
26	0.00035	99161	35	99143	5799958	58.49
27	0.00037	99126	37	99108	5700814	57.51
28	0.00040	99090	39	99070	5601707	56.53
29	0.00043	99050	43	99029	5502637	55.55

年齡 X	死亡機率 q_x	生存數 l_x	死亡數 d_x	定常人口		平均餘命 $e^°_x$
				L_x	T_x	
30	0.00048	99007	47	98984	5403608	54.58
31	0.00051	98960	51	98935	5304625	53.60
32	0.00055	98909	54	98882	5205690	52.63
33	0.00057	98855	57	98827	5106808	51.66
34	0.00059	98798	59	98769	5007981	50.69
35	0.00062	98740	61	98709	4909212	49.72
36	0.00065	98679	64	98647	4810503	48.75
37	0.00069	98615	68	98581	4711857	47.78
38	0.00073	98547	72	98511	4613276	46.81
39	0.00079	98475	78	98436	4514764	45.85
40	0.00086	98397	85	98355	4416328	44.88
41	0.00096	98312	94	98265	4317974	43.92
42	0.00108	98218	106	98165	4219708	42.96
43	0.00124	98112	122	98051	4121543	42.01
44	0.00143	97990	140	97920	4023492	41.06
45	0.00164	97850	161	97769	3925573	40.12
46	0.00185	97689	181	97599	3827803	39.18
47	0.00205	97508	200	97408	3730205	38.26
48	0.00224	97308	218	97199	3632797	37.33
49	0.00241	97090	234	96973	3535598	36.42
50	0.00259	96856	251	96730	3438626	35.50
51	0.00277	96605	268	96471	3341895	34.59
52	0.00299	96337	288	96193	3245425	33.69
53	0.00323	96049	311	95894	3149232	32.79
54	0.00351	95738	336	95570	3053338	31.89
55	0.00380	95402	362	95221	2957768	31.00
56	0.00409	95040	389	94845	2862546	30.12
57	0.00438	94651	415	94443	2767701	29.24
58	0.00466	94236	439	94016	2673258	28.37
59	0.00494	93797	463	93566	2579241	27.50
60	0.00520	93334	485	93092	2485676	26.63
61	0.00551	92849	511	92593	2392584	25.77
62	0.00589	92338	544	92066	2299991	24.91
63	0.00636	91794	584	91502	2207925	24.05
64	0.00692	91209	631	90894	2116424	23.20
65	0.00755	90578	684	90236	2025530	22.36
66	0.00825	89894	742	89523	1935294	21.53

年齡 X	死亡機率 q_x	生存數 l_x	死亡數 d_x	定常人口		平均餘命 e^o_x
				L_x	T_x	
67	0.00902	89152	804	88751	1845770	20.70
68	0.00986	88349	871	87913	1757020	19.89
69	0.01081	87478	946	87005	1669107	19.08
70	0.01192	86532	1031	86016	1582102	18.28
71	0.01319	85500	1128	84936	1496086	17.50
72	0.01465	84372	1236	83754	1411150	16.73
73	0.01629	83136	1355	82459	1327396	15.97
74	0.01809	81781	1480	81041	1244938	15.22
75	0.02004	80301	1609	79497	1163896	14.49
76	0.02213	78692	1741	77822	1084400	13.78
77	0.02437	76951	1875	76013	1006578	13.08
78	0.02684	75076	2015	74068	930565	12.40
79	0.02955	73061	2159	71981	856496	11.72
80	0.03254	70901	2307	69748	784515	11.06
81	0.03582	68594	2457	67366	714768	10.42
82	0.03943	66137	2608	64833	647402	9.79
83	0.04339	63529	2756	62151	582569	9.17
84	0.04774	60773	2901	59323	520417	8.56
85+	1.00000	57872	57872	461095	461095	7.97

二、男性

年齡 X	死亡機率 q_x	生存數 l_x	死亡數 d_x	定常人口		平均餘命 e^o_x
				L_x	T_x	
0M	0.00278	100000	278	8322	8118607	81.19
1M	0.00033	99722	33	8309	8110285	81.33
2M	0.00027	99689	27	8306	8101976	81.27
3M	0.00046	99662	46	24910	8093670	81.21
6M	0.00049	99616	49	49796	8068760	81.00
0	0.00433	100000	433	99642	8118607	81.19
1	0.00018	99567	18	99558	8018965	80.54
2	0.00014	99549	14	99542	7919407	79.55
3	0.00011	99535	11	99529	7819865	78.56
4	0.00008	99524	8	99520	7720336	77.57
5	0.00006	99515	6	99513	7620816	76.58
6	0.00005	99510	5	99507	7521304	75.58
7	0.00005	99505	5	99502	7421797	74.59
8	0.00007	99499	7	99496	7322294	73.59

年齡	死亡機率	生存數	死亡數	定常人口		平均餘命
X	q_x	l_x	d_x	L_x	T_x	$e°_x$
9	0.00007	99493	7	99489	7222798	72.60
10	0.00008	99485	8	99481	7123309	71.60
11	0.00010	99477	10	99472	7023828	70.61
12	0.00012	99467	12	99461	6924356	69.61
13	0.00016	99455	16	99447	6824895	68.62
14	0.00021	99439	21	99429	6725448	67.63
15	0.00026	99418	26	99406	6626019	66.65
16	0.00030	99393	30	99378	6526613	65.66
17	0.00034	99362	34	99346	6427236	64.68
18	0.00036	99329	36	99311	6327890	63.71
19	0.00037	99293	36	99275	6228579	62.73
20	0.00037	99257	37	99238	6129305	61.75
21	0.00037	99220	37	99202	6030066	60.77
22	0.00037	99183	37	99165	5930865	59.80
23	0.00037	99146	37	99128	5831700	58.82
24	0.00038	99109	38	99091	5732572	57.84
25	0.00039	99072	38	99053	5633482	56.86
26	0.00040	99034	40	99014	5534429	55.88
27	0.00043	98994	42	98973	5435415	54.91
28	0.00047	98951	46	98928	5336443	53.93
29	0.00052	98905	52	98879	5237514	52.95
30	0.00058	98853	57	98825	5138635	51.98
31	0.00064	98796	63	98764	5039810	51.01
32	0.00069	98733	68	98699	4941046	50.04
33	0.00073	98665	72	98629	4842347	49.08
34	0.00076	98593	75	98556	4743718	48.11
35	0.00079	98518	78	98479	4645162	47.15
36	0.00083	98440	82	98399	4546683	46.19
37	0.00088	98358	87	98315	4448284	45.23
38	0.00094	98271	92	98225	4349969	44.26
39	0.00100	98179	98	98130	4251744	43.31
40	0.00109	98081	107	98028	4153613	42.35
41	0.00121	97974	118	97915	4055586	41.39
42	0.00138	97856	135	97788	3957670	40.44
43	0.00162	97721	158	97642	3859882	39.50
44	0.00191	97562	187	97469	3762240	38.56
45	0.00224	97375	218	97267	3664771	37.64

年齡 X	死亡機率 q_x	生存數 l_x	死亡數 d_x	定常人口		平均餘命 e^o_x
				L_x	T_x	
46	0.00256	97158	249	97033	3567505	36.72
47	0.00286	96909	277	96771	3470471	35.81
48	0.00312	96632	301	96481	3373701	34.91
49	0.00335	96331	322	96170	3277219	34.02
50	0.00358	96008	344	95837	3181050	33.13
51	0.00383	95665	367	95481	3085213	32.25
52	0.00414	95298	395	95101	2989732	31.37
53	0.00453	94903	430	94688	2894631	30.50
54	0.00498	94473	470	94238	2799943	29.64
55	0.00544	94003	512	93747	2705705	28.78
56	0.00590	93491	551	93216	2611958	27.94
57	0.00630	92940	585	92647	2518743	27.10
58	0.00663	92354	612	92048	2426096	26.27
59	0.00691	91743	634	91426	2334047	25.44
60	0.00716	91109	652	90783	2242621	24.61
61	0.00750	90457	678	90117	2151839	23.79
62	0.00799	89778	717	89420	2061721	22.96
63	0.00865	89061	771	88676	1972301	22.15
64	0.00946	88291	836	87873	1883625	21.33
65	0.01036	87455	906	87002	1795753	20.53
66	0.01132	86549	980	86059	1708751	19.74
67	0.01231	85569	1054	85042	1622692	18.96
68	0.01336	84515	1129	83951	1537650	18.19
69	0.01453	83386	1212	82780	1453699	17.43
70	0.01590	82174	1307	81521	1370919	16.68
71	0.01750	80868	1415	80160	1289399	15.94
72	0.01936	79452	1539	78683	1209239	15.22
73	0.02147	77914	1673	77077	1130556	14.51
74	0.02379	76241	1814	75334	1053479	13.82
75	0.02628	74427	1956	73449	978145	13.14
76	0.02892	72471	2096	71423	904696	12.48
77	0.03174	70375	2233	69258	833273	11.84
78	0.03482	68142	2373	66955	764014	11.21
79	0.03821	65769	2513	64512	697059	10.60
80	0.04191	63256	2651	61930	632547	10.00
81	0.04596	60605	2786	59212	570617	9.42

年齡 X	死亡機率 q_x	生存數 l_x	死亡數 d_x	定常人口		平均餘命 e°_x
				L_x	T_x	
82	0.05040	57819	2914	56362	511405	8.84
83	0.05525	54905	3034	53388	455042	8.29
84	0.06055	51872	3141	50301	401654	7.74
85+	1.00000	48730	48730	351353	351353	7.21

三、女性

年齡 X	死亡機率 q_x	生存數 l_x	死亡數 d_x	定常人口		平均餘命 e°_x
				L_x	T_x	
0M	0.00203	100000	203	8325	8649784	86.50
1M	0.00023	99797	23	8315	8641459	86.59
2M	0.00018	99774	18	8314	8633144	86.53
3M	0.00042	99756	42	24934	8624830	86.46
6M	0.00033	99713	33	49849	8599897	86.25
0	0.00319	100000	319	99736	8649784	86.50
1	0.00031	99681	31	99665	8550048	85.77
2	0.00021	99650	21	99639	8450383	84.80
3	0.00014	99629	13	99622	8350744	83.82
4	0.00009	99615	9	99611	8251122	82.83
5	0.00006	99607	6	99604	8151511	81.84
6	0.00004	99601	4	99599	8051907	80.84
7	0.00005	99597	5	99594	7952308	79.85
8	0.00005	99592	5	99590	7852714	78.85
9	0.00007	99587	7	99584	7753124	77.85
10	0.00008	99580	8	99576	7653541	76.86
11	0.00010	99572	10	99567	7553964	75.86
12	0.00012	99562	12	99556	7454397	74.87
13	0.00013	99550	12	99544	7354841	73.88
14	0.00013	99538	13	99531	7255297	72.89
15	0.00013	99525	13	99519	7155766	71.90
16	0.00013	99512	13	99506	7056247	70.91
17	0.00014	99499	14	99492	6956741	69.92
18	0.00016	99485	16	99477	6857249	68.93
19	0.00019	99469	18	99460	6757772	67.94
20	0.00021	99451	21	99440	6658312	66.95
21	0.00024	99430	24	99418	6558872	65.96
22	0.00026	99406	26	99393	6459454	64.98

年齡 X	死亡機率 q_x	生存數 l_x	死亡數 d_x	定常人口		平均餘命 e^o_x
				L_x	T_x	
23	0.00027	99380	27	99367	6360061	64.00
24	0.00028	99353	28	99340	6260694	63.01
25	0.00029	99326	28	99311	6161354	62.03
26	0.00029	99297	29	99283	6062043	61.05
27	0.00031	99268	30	99253	5962760	60.07
28	0.00033	99237	32	99221	5863507	59.09
29	0.00035	99205	35	99188	5764286	58.10
30	0.00038	99170	37	99152	5665098	57.12
31	0.00040	99133	40	99113	5565947	56.15
32	0.00042	99093	42	99072	5466834	55.17
33	0.00044	99051	43	99030	5367761	54.19
34	0.00045	99008	44	98986	5268732	53.22
35	0.00046	98963	46	98941	5169746	52.24
36	0.00048	98918	48	98894	5070806	51.26
37	0.00051	98870	51	98845	4971912	50.29
38	0.00055	98819	55	98792	4873067	49.31
39	0.00060	98765	60	98735	4774275	48.34
40	0.00067	98705	66	98672	4675540	47.37
41	0.00074	98640	73	98603	4576868	46.40
42	0.00082	98567	81	98527	4478264	45.43
43	0.00091	98486	90	98441	4379738	44.47
44	0.00102	98396	100	98346	4281297	43.51
45	0.00113	98296	111	98241	4182950	42.55
46	0.00125	98185	122	98124	4084709	41.60
47	0.00136	98063	134	97996	3986585	40.65
48	0.00148	97929	145	97857	3888589	39.71
49	0.00161	97784	157	97705	3790733	38.77
50	0.00173	97627	169	97542	3693027	37.83
51	0.00186	97458	181	97367	3595485	36.89
52	0.00199	97276	193	97179	3498118	35.96
53	0.00211	97083	205	96980	3400939	35.03
54	0.00224	96878	217	96769	3303959	34.10
55	0.00238	96660	230	96545	3207190	33.18
56	0.00254	96430	245	96308	3110644	32.26
57	0.00273	96186	262	96055	3014336	31.34
58	0.00296	95924	284	95782	2918281	30.42

年齡 X	死亡機率 q_x	生存數 l_x	死亡數 d_x	定常人口		平均餘命 e^o_x
				L_x	T_x	
59	0.00323	95640	309	95486	2822499	29.51
60	0.00350	95332	333	95165	2727013	28.61
61	0.00378	94998	359	94819	2631849	27.70
62	0.00407	94639	386	94446	2537030	26.81
63	0.00439	94254	413	94047	2442583	25.91
64	0.00474	93840	445	93618	2348536	25.03
65	0.00515	93396	481	93155	2254918	24.14
66	0.00564	92914	524	92652	2161763	23.27
67	0.00622	92390	575	92103	2069111	22.40
68	0.00690	91815	634	91498	1977008	21.53
69	0.00770	91181	702	90831	1885510	20.68
70	0.00861	90480	779	90090	1794679	19.84
71	0.00964	89701	865	89268	1704589	19.00
72	0.01082	88836	961	88355	1615320	18.18
73	0.01213	87875	1066	87342	1526965	17.38
74	0.01357	86809	1178	86220	1439623	16.58
75	0.01515	85631	1298	84982	1353403	15.81
76	0.01687	84333	1423	83622	1268421	15.04
77	0.01874	82910	1554	82133	1184800	14.29
78	0.02082	81356	1694	80509	1102666	13.55
79	0.02313	79662	1843	78741	1022157	12.83
80	0.02569	77820	1999	76820	943416	12.12
81	0.02853	75820	2163	74739	866596	11.43
82	0.03168	73657	2333	72491	791857	10.75
83	0.03517	71324	2508	70070	719366	10.09
84	0.03903	68815	2686	67472	649297	9.44
85+	1.00000	66129	66129	581824	581824	8.80

表八：民國108年高雄市簡易生命表

一、全體

年齡 X	死亡機率 q_x	生存數 l_x	死亡數 d_x	定常人口 L_x	T_x	平均餘命 e^o_x
0M	0.00349	100000	349	8319	7956374	79.56
1M	0.00041	99651	40	8303	7948055	79.76
2M	0.00033	99611	33	8300	7939752	79.71
3M	0.00066	99578	66	24886	7931453	79.65
6M	0.00062	99512	61	49741	7906567	79.45
0	0.00550	100000	550	99548	7956374	79.56
1	0.00029	99450	29	99436	7856826	79.00
2	0.00021	99422	20	99411	7757390	78.03
3	0.00016	99401	16	99393	7657978	77.04
4	0.00015	99385	15	99377	7558585	76.05
5	0.00015	99370	15	99362	7459208	75.07
6	0.00015	99355	15	99347	7359846	74.08
7	0.00012	99340	12	99334	7260499	73.09
8	0.00010	99328	10	99323	7161165	72.10
9	0.00009	99318	9	99314	7061842	71.10
10	0.00009	99310	9	99305	6962528	70.11
11	0.00010	99301	10	99296	6863223	69.12
12	0.00012	99291	12	99285	6763927	68.12
13	0.00016	99279	16	99272	6664641	67.13
14	0.00021	99264	21	99254	6565370	66.14
15	0.00026	99243	26	99230	6466116	65.15
16	0.00032	99217	31	99201	6366886	64.17
17	0.00036	99186	36	99168	6267684	63.19
18	0.00039	99150	38	99131	6168517	62.21
19	0.00040	99112	40	99092	6069386	61.24
20	0.00041	99072	41	99051	5970294	60.26
21	0.00042	99031	41	99010	5871243	59.29
22	0.00043	98990	42	98968	5772233	58.31
23	0.00044	98947	44	98925	5673264	57.34
24	0.00046	98904	45	98881	5574339	56.36
25	0.00047	98858	47	98835	5475458	55.39
26	0.00050	98812	49	98787	5376623	54.41
27	0.00053	98762	52	98736	5277836	53.44
28	0.00056	98710	55	98683	5179099	52.47
29	0.00060	98655	60	98625	5080417	51.50
30	0.00065	98596	65	98563	4981791	50.53

年齡 X	死亡機率 q_x	生存數 l_x	死亡數 d_x	定常人口		平均餘命 e°_x
				L_x	T_x	
31	0.00072	98531	70	98496	4883228	49.56
32	0.00079	98461	77	98422	4784732	48.60
33	0.00087	98383	86	98340	4686310	47.63
34	0.00097	98297	95	98250	4587970	46.67
35	0.00107	98202	105	98150	4489720	45.72
36	0.00119	98097	117	98038	4391571	44.77
37	0.00132	97980	129	97915	4293532	43.82
38	0.00146	97850	143	97779	4195617	42.88
39	0.00161	97708	157	97629	4097838	41.94
40	0.00177	97551	172	97465	4000209	41.01
41	0.00194	97379	189	97284	3902744	40.08
42	0.00214	97189	208	97086	3805460	39.16
43	0.00235	96982	228	96868	3708374	38.24
44	0.00258	96754	250	96629	3611506	37.33
45	0.00283	96505	273	96368	3514877	36.42
46	0.00308	96232	297	96083	3418508	35.52
47	0.00335	95935	322	95774	3322425	34.63
48	0.00362	95613	347	95440	3226651	33.75
49	0.00391	95267	372	95081	3131211	32.87
50	0.00420	94895	399	94696	3036130	31.99
51	0.00451	94496	426	94283	2941434	31.13
52	0.00483	94070	455	93843	2847151	30.27
53	0.00519	93616	486	93373	2753308	29.41
54	0.00556	93130	518	92871	2659935	28.56
55	0.00596	92612	552	92336	2567064	27.72
56	0.00635	92060	585	91768	2474727	26.88
57	0.00675	91475	618	91167	2382959	26.05
58	0.00715	90858	650	90533	2291793	25.22
59	0.00757	90208	683	89867	2201260	24.40
60	0.00797	89525	713	89169	2111393	23.58
61	0.00843	88812	749	88438	2022224	22.77
62	0.00897	88063	790	87668	1933787	21.96
63	0.00960	87273	838	86854	1846118	21.15
64	0.01033	86435	893	85989	1759264	20.35
65	0.01120	85543	958	85064	1673275	19.56
66	0.01223	84585	1035	84067	1588212	18.78
67	0.01346	83550	1124	82988	1504144	18.00

年齡 X	死亡機率 q_x	生存數 l_x	死亡數 d_x	定常人口		平均餘命 e^o_x
				L_x	T_x	
68	0.01487	82426	1226	81813	1421157	17.24
69	0.01646	81200	1337	80532	1339344	16.49
70	0.01820	79863	1454	79137	1258812	15.76
71	0.02009	78410	1575	77622	1179676	15.05
72	0.02211	76835	1699	75985	1102054	14.34
73	0.02430	75135	1826	74222	1026069	13.66
74	0.02668	73309	1956	72332	951846	12.98
75	0.02926	71354	2088	70310	879515	12.33
76	0.03207	69266	2222	68155	809205	11.68
77	0.03517	67044	2358	65865	741050	11.05
78	0.03855	64686	2494	63439	675185	10.44
79	0.04226	62192	2628	60878	611746	9.84
80	0.04631	59564	2759	58185	550868	9.25
81	0.05074	56805	2883	55364	492683	8.67
82	0.05559	53923	2997	52424	437319	8.11
83	0.06088	50925	3100	49375	384895	7.56
84	0.06665	47825	3188	46231	335520	7.02
85+	1.00000	44637	44637	289289	289289	6.48

二、男性

年齡 X	死亡機率 q_x	生存數 l_x	死亡數 d_x	定常人口		平均餘命 e^o_x
				L_x	T_x	
0M	0.00369	100000	369	8318	7648171	76.48
1M	0.00043	99631	43	8301	7639853	76.68
2M	0.00035	99588	35	8298	7631552	76.63
3M	0.00063	99553	63	24880	7623255	76.57
6M	0.00068	99490	67	49728	7598374	76.37
0	0.00577	100000	577	99525	7648171	76.48
1	0.00033	99423	33	99406	7548646	75.92
2	0.00023	99390	23	99378	7449240	74.95
3	0.00018	99367	18	99358	7349861	73.97
4	0.00017	99349	17	99340	7250504	72.98
5	0.00017	99332	17	99323	7151164	71.99
6	0.00016	99314	16	99306	7051841	71.01
7	0.00012	99298	12	99292	6952535	70.02
8	0.00007	99286	7	99282	6853243	69.03
9	0.00005	99279	5	99276	6753960	68.03
10	0.00004	99274	4	99272	6654684	67.03

年齡 X	死亡機率 q_x	生存數 l_x	死亡數 d_x	定常人口		平均餘命 $e°_x$
				L_x	T_x	
11	0.00006	99269	6	99267	6555412	66.04
12	0.00009	99264	9	99259	6456146	65.04
13	0.00016	99254	16	99247	6356887	64.05
14	0.00025	99239	25	99226	6257640	63.06
15	0.00035	99214	35	99197	6158414	62.07
16	0.00044	99179	44	99158	6059217	61.09
17	0.00051	99136	50	99111	5960059	60.12
18	0.00054	99085	53	99059	5860949	59.15
19	0.00054	99032	54	99005	5761890	58.18
20	0.00054	98978	53	98952	5662885	57.21
21	0.00053	98925	52	98899	5563934	56.24
22	0.00053	98873	52	98847	5465035	55.27
23	0.00054	98821	53	98794	5366188	54.30
24	0.00057	98767	56	98739	5267394	53.33
25	0.00060	98711	59	98682	5168655	52.36
26	0.00064	98652	63	98621	5069973	51.39
27	0.00068	98590	67	98556	4971352	50.42
28	0.00074	98522	73	98486	4872795	49.46
29	0.00081	98450	79	98410	4774309	48.49
30	0.00088	98370	87	98327	4675899	47.53
31	0.00097	98284	96	98236	4577572	46.58
32	0.00107	98188	105	98135	4479337	45.62
33	0.00118	98083	116	98025	4381201	44.67
34	0.00130	97967	127	97903	4283177	43.72
35	0.00144	97839	141	97769	4185274	42.78
36	0.00160	97699	156	97620	4087505	41.84
37	0.00180	97542	175	97455	3989884	40.90
38	0.00203	97367	197	97268	3892430	39.98
39	0.00229	97170	222	97058	3795161	39.06
40	0.00258	96947	250	96822	3698103	38.15
41	0.00288	96698	279	96558	3601280	37.24
42	0.00320	96419	309	96265	3504722	36.35
43	0.00354	96110	340	95940	3408458	35.46
44	0.00389	95770	372	95584	3312517	34.59
45	0.00425	95398	405	95195	3216933	33.72
46	0.00461	94993	438	94774	3121738	32.86

年齡 X	死亡機率 q_x	生存數 l_x	死亡數 d_x	定常人口		平均餘命 e°_x
				L_x	T_x	
47	0.00498	94555	471	94319	3026964	32.01
48	0.00533	94084	501	93833	2932645	31.17
49	0.00568	93583	531	93317	2838811	30.33
50	0.00604	93052	562	92771	2745494	29.51
51	0.00643	92490	595	92192	2652724	28.68
52	0.00688	91895	633	91578	2560532	27.86
53	0.00741	91262	676	90924	2468953	27.05
54	0.00800	90586	725	90223	2378029	26.25
55	0.00862	89861	775	89474	2287806	25.46
56	0.00924	89086	823	88675	2198332	24.68
57	0.00984	88263	868	87829	2109657	23.90
58	0.01041	87395	910	86940	2021828	23.13
59	0.01097	86485	949	86011	1934888	22.37
60	0.01150	85537	984	85045	1848877	21.62
61	0.01211	84553	1024	84041	1763833	20.86
62	0.01282	83529	1071	82993	1679792	20.11
63	0.01364	82458	1125	81896	1596798	19.37
64	0.01458	81333	1186	80740	1514903	18.63
65	0.01570	80147	1258	79518	1434162	17.89
66	0.01701	78889	1342	78218	1354644	17.17
67	0.01856	77547	1439	76828	1276425	16.46
68	0.02034	76108	1548	75334	1199598	15.76
69	0.02233	74560	1665	73727	1124264	15.08
70	0.02446	72895	1783	72003	1050537	14.41
71	0.02673	71112	1901	70161	978533	13.76
72	0.02913	69211	2016	68203	908372	13.12
73	0.03167	67195	2128	66131	840169	12.50
74	0.03441	65067	2239	63947	774038	11.90
75	0.03736	62828	2347	61654	710091	11.30
76	0.04056	60481	2453	59254	648437	10.72
77	0.04406	58027	2557	56749	589183	10.15
78	0.04786	55471	2655	54143	532434	9.60
79	0.05198	52816	2745	51443	478291	9.06
80	0.05644	50070	2826	48657	426848	8.52
81	0.06127	47244	2895	45797	378191	8.01
82	0.06651	44349	2949	42874	332394	7.49

年齡 X	死亡機率 q_x	生存數 l_x	死亡數 d_x	定常人口 L_x	定常人口 T_x	平均餘命 $e°_x$
83	0.07217	41400	2988	39906	289520	6.99
84	0.07829	38412	3007	36909	249614	6.50
85+	1.00000	35405	35405	212705	212705	6.01

三、女性

年齡 X	死亡機率 q_x	生存數 l_x	死亡數 d_x	定常人口 L_x	定常人口 T_x	平均餘命 $e°_x$
0M	0.00327	100000	327	8320	8281938	82.82
1M	0.00038	99673	38	8305	8273618	83.01
2M	0.00031	99635	30	8302	8265313	82.96
3M	0.00070	99605	70	24893	8257012	82.90
6M	0.00055	99535	55	49754	8232119	82.71
0	0.00520	100000	520	99572	8281938	82.82
1	0.00024	99480	24	99468	8182365	82.25
2	0.00018	99456	18	99447	8082897	81.27
3	0.00014	99438	14	99431	7983450	80.29
4	0.00013	99424	13	99417	7884019	79.30
5	0.00013	99411	13	99405	7784602	78.31
6	0.00013	99398	13	99392	7685197	77.32
7	0.00012	99385	12	99379	7585806	76.33
8	0.00012	99373	12	99367	7486427	75.34
9	0.00013	99360	13	99354	7387060	74.35
10	0.00013	99348	13	99341	7287706	73.36
11	0.00014	99335	14	99328	7188365	72.37
12	0.00015	99321	15	99314	7089037	71.38
13	0.00016	99306	15	99299	6989723	70.39
14	0.00016	99291	16	99283	6890425	69.40
15	0.00017	99275	17	99266	6791142	68.41
16	0.00018	99258	18	99248	6691876	67.42
17	0.00020	99239	20	99229	6592628	66.43
18	0.00022	99219	22	99208	6493398	65.44
19	0.00025	99197	25	99185	6394190	64.46
20	0.00028	99173	27	99159	6295005	63.48
21	0.00030	99145	30	99130	6195846	62.49
22	0.00032	99115	32	99099	6096715	61.51
23	0.00033	99083	33	99067	5997616	60.53

年齡 X	死亡機率 q_x	生存數 l_x	死亡數 d_x	定常人口		平均餘命 e°_x
				L_x	T_x	
24	0.00034	99051	33	99034	5898549	59.55
25	0.00034	99017	34	99000	5799515	58.57
26	0.00035	98983	34	98966	5700515	57.59
27	0.00036	98949	35	98931	5601549	56.61
28	0.00037	98914	37	98895	5502617	55.63
29	0.00039	98877	38	98858	5403722	54.65
30	0.00041	98839	41	98818	5304864	53.67
31	0.00045	98798	44	98776	5206046	52.69
32	0.00049	98754	49	98730	5107270	51.72
33	0.00055	98705	55	98678	5008540	50.74
34	0.00063	98651	62	98620	4909862	49.77
35	0.00071	98589	70	98554	4811242	48.80
36	0.00079	98519	78	98480	4712689	47.84
37	0.00085	98441	84	98399	4614209	46.87
38	0.00090	98357	89	98312	4515810	45.91
39	0.00094	98268	93	98222	4417497	44.95
40	0.00098	98175	96	98127	4319275	44.00
41	0.00103	98079	101	98028	4221148	43.04
42	0.00110	97978	108	97923	4123120	42.08
43	0.00120	97869	117	97811	4025197	41.13
44	0.00132	97752	129	97688	3927386	40.18
45	0.00145	97623	142	97553	3829699	39.23
46	0.00160	97482	156	97404	3732146	38.29
47	0.00177	97326	172	97239	3634742	37.35
48	0.00196	97153	191	97058	3537503	36.41
49	0.00217	96963	210	96857	3440445	35.48
50	0.00239	96752	231	96637	3343587	34.56
51	0.00261	96521	252	96395	3246951	33.64
52	0.00282	96269	272	96133	3150556	32.73
53	0.00302	95998	290	95853	3054422	31.82
54	0.00322	95708	308	95554	2958570	30.91
55	0.00342	95400	326	95237	2863016	30.01
56	0.00363	95074	345	94902	2767779	29.11
57	0.00386	94729	366	94546	2672878	28.22
58	0.00413	94364	390	94169	2578331	27.32
59	0.00444	93974	417	93765	2484163	26.43

年齡 X	死亡機率 q_x	生存數 l_x	死亡數 d_x	定常人口		平均餘命 e°_x
				L_x	T_x	
60	0.00475	93557	444	93335	2390397	25.55
61	0.00510	93113	475	92875	2297062	24.67
62	0.00551	92638	510	92383	2204187	23.79
63	0.00598	92127	551	91852	2111804	22.92
64	0.00653	91577	598	91278	2019952	22.06
65	0.00719	90979	654	90651	1928675	21.20
66	0.00798	90324	721	89964	1838023	20.35
67	0.00891	89604	799	89204	1748059	19.51
68	0.01001	88805	889	88360	1658855	18.68
69	0.01127	87916	991	87421	1570495	17.86
70	0.01268	86925	1103	86374	1483074	17.06
71	0.01426	85823	1224	85211	1396700	16.27
72	0.01601	84599	1355	83921	1311489	15.50
73	0.01796	83244	1495	82496	1227568	14.75
74	0.02011	81749	1644	80927	1145071	14.01
75	0.02249	80105	1802	79204	1064144	13.28
76	0.02511	78304	1967	77320	984940	12.58
77	0.02804	76337	2140	75267	907620	11.89
78	0.03129	74197	2322	73036	832353	11.22
79	0.03492	71875	2510	70620	759317	10.56
80	0.03896	69365	2703	68014	688697	9.93
81	0.04346	66662	2897	65214	620683	9.31
82	0.04846	63765	3090	62220	555470	8.71
83	0.05403	60675	3278	59036	493250	8.13
84	0.06021	57397	3456	55669	434214	7.57
85+	1.00000	53941	53941	378545	378545	7.02

表九：一般公路汽車煞車距離與行車速度對照表（本表是汽車肇事時鑑定其是否超速之參考）

路面情況			車速 係數	行車速度												
				20	25	30	35	40	45	50	55	60	65	70	75	80
瀝青	乾燥	新築	0.85	1.8	2.8	4.2	5.6	7.4	9.3	11.5	14	16.6	19.9	23	26.2	30
		1至3年	0.75	2.0	3.2	4.6	6.4	8.4	10.5	13	16	18	22.8	26	30	34
		3年以上	0.70	2.2	3.4	5	6.9	9	11.5	14.1	17	20.2	24	27.9	32	36
	潮濕	新築	0.80	1.9	3.2	4.4	6.0	8.8	10	12.2	15	17.9	21	24.5	28	32
		1至3年	0.65	2.4	3.7	5.4	7.4	9.5	12.2	15	18.4	22	26	30	35	37
		3年以上	0.60	2.6	4.1	5.9	8	10.5	13.4	16.5	20	24	28.5	32.2	37	41
混凝土	乾燥	新築	0.90	1.7	2.7	3.8	5.3	6.9	8.9	10.9	13.2	16	18.6	21.8	25	28
		1至3年	0.78	1.9	2.2	4.5	6	7.9	10.2	12.5	15	18.2	21.1	25	28.5	35
		3年以上	0.70	2.2	2.5	5	6.7	8.9	11.4	14.2	17	20.5	24	28	32.2	37
	潮濕	新築	0.78	1.9	3.1	4.5	6	7.9	10.2	12.5	15	18.2	21.1	25	28.5	35
		1至3年	0.70	2.2	3.5	5	6.7	8.9	11.4	14.2	17	20.5	24	28	32.2	37
		3年以上	0.62	2.5	3.8	5.6	7.6	10.2	12.7	16	19.1	23	26.9	31.5	36	41
砂石			0.68	2.3	3.1	5.2	7.2	9	11.6	14	17.2	21	24	28	32	36

磨擦係數

一般參考值	靜磨擦係數	動磨擦係數
輪胎於乾燥路面	1.0	0.7～0.8
輪胎於潮濕路面	0.7	0.5
輪胎於結冰路面	0.3	0.02

表十：勞工保險失能給付標準表（勞工保險失能給付標準§3）

失能種類	失能項目	失能狀態	失能等級	失能審核	開具診斷書醫療機構層級
1 精神	1-1	精神遺存極度失能，終身無工作能力，為維持生命必要之日常生活活動，全須他人扶助，經常須醫療護理及專人周密照護者。	一	一、精神失能等級之審定基本原則：須經治療2年以上，始得認定。審定時應綜合其全部症狀，對於永久喪失勞動能力與影響日常生活或社會生活活動狀態及需他人扶助之情況定其等級。 二、審定時，須由精神科專科醫師診斷開具失能診斷書；必要時保險人得另行指定神經科、復健科、職業醫學科等專科醫師會同認定。 三、精神失能須經心理衡鑑或職能評估、「簡易智能狀態測驗（MMSE）」、「魏氏成人智力測驗（WAIS）」或「臨床失智評估量表（CDR）」等評估始可診斷。 四、精神失能同時併存中樞神經系統機能失能時，須綜合全部症狀定其失能等級。	應由全民健康保險特約醫院或診所出具。
	1-2	精神遺存高度失能，終身無工作能力，為維持生命必要之日常生活活動之一部須他人扶助者。	二		
	1-3	精神遺存顯著失能，終身無工作能力，為維持生命必要之日常生活活動尚可自理者。	三		
	1-4	精神遺存顯著失能，終身僅能從事輕便工作，精神及身體之勞動能力較一般顯明低下者。	七		
	1-5	醫學上可證明精神遺有失能，但通常無礙勞動者。	十三		
2 神經	2-1	中樞神經系統機能遺存極度失能，終身無工作能力，為維持生命必要之日常生活活動，全須他人扶助，經常須醫療護理及專人周密照護者。	一	一、神經失能等級之審定基本原則：須經治療6個月以上，始得認定；如經手術，須最後一次手術後6個月以上，始得認定；併存失智症所致之認知功能失能適用精神失能審核原則認定。審定時，應綜合其全部症狀，對於永久喪失勞動能力與影響日常生活或社會生活活動狀態及需他人扶助之情況定其等級。 二、審定時，須由神經科、神經外科或復健科專科醫師診斷開具失能診	應由全民健康保險特約醫院或診所出具。

失能種類	失能項目	失能狀態	失能等級	失能審核	開具診斷書醫療機構層級
2 神經	2-2	中樞神經系統機能之病變，引起截癱或偏癱，終身無工作能力，為維持生命必要之日常生活活動之一部須他人扶助者。	二	斷書，但已達植物人狀態，經查證屬實者除外；必要時保險人得另行指定精神科或職業醫學科專科醫師會同認定。 三、因腦疾、創傷或失智症等所致之認知功能失能，須經心理衡鑑或職能評估、「簡易智能狀態測驗（MMSE）」、「魏氏成人智力測驗（WAIS）」或「臨床失智評估量表（CDR）」等評估始可診斷。 四、中樞神經系統病變產生的症狀，若僅存在於單一失能種類，則按其影響部位所定等級定之，例如因言語損傷所致之表達性失語症，準用言語機能失能審定之。 五、「平衡機能失能與聽力失能」等級之審定：因頭部損傷引起聽力失能與平衡機能失能同時併存時，須綜合其失能狀況定其等級。 六、「癲癇」失能等級之審定：癲癇發作，同時應重視因反覆發作致性格變化而終至癡呆、人格崩壞，即成癲癇性精神病狀態者，依精神失能之審定原則審定之。癲癇症狀之固定時期，應以經專科醫師之治療，認為不能期待醫療效果時，而其癲癇發作合併有意識障礙情況，依下列標準審定之： (一)雖經二種或二種以上抗癲癇藥物充分治療，每週仍有一次以上發作致終身無工作能力者：適用第三等級。 (二)雖經二種或二種以上抗癲癇藥物充分治療，每月仍有一次以上發作，勞動能力明顯低下，終身僅能從事輕便工作者：適用第七等級。 (三)雖經二種或二種以上抗癲癇藥物充分治療，每月仍有一次以上發作，但通常無礙勞動者：適用第十三等級。 七、「頭痛」失能等級之審定： 頭痛之病因甚多，因頭外傷或各種中毒等，遺存主要的頭痛包括： (一)挫傷、創傷部位之疼痛。 (二)血管性頭痛。 (三)肌肉緊張性頭痛。 (四)頸神經根或三叉神經病變所致之神經痛。	
	2-3	中樞神經系統機能遺存顯著失能，終身無工作能力，為維持生命必要之日常生活活動尚可自理者。	三		
	2-4	中樞神經系統機能遺存顯著失能，終身僅能從事輕便工作者。	七		

失能種類	失能項目	失能狀態	失能等級	失能審核	開具診斷書醫療機構層級
2 神經	2-5	神經系統之病變，通常無礙勞動，但由醫學上可證明局部遺存頑固神經症狀者。	十三	審定標準依下列規定： (一)一般的勞動能力尚存，但因頭痛屢發，不能從事工作，致就業職種之範圍，受相當限制者：適用第九等級。 (二)通常勞動無礙，但有時發作即有礙勞動者：適用第十三等級。 八、「眩暈及平衡機能失能」等級之審定： 頭部外傷後或因中樞神經系統疾病起因之眩暈及平衡機能失能，不單由於內耳失能引起，因小腦、腦幹部、額葉等中樞神經系統之失能發現者亦不少，其審定標準如下： (一)因高度平衡機能失能，僅能維持生命必要之日常生活活動者，適用第三等級。 (二)因中等度平衡機能失能、勞動能力較一般平常人顯明低下者：適用第七等級。 (三)通常無礙勞動，但因眼震盪或其他平衡機能檢查認為有失能所見者：適用第十三等級。 九、「脊髓失能」等級之審定，依其損傷之程度發現四肢等之運動失能、感覺失能、腸管失能、尿路失能、生殖器失能等，依失能審核一之原則，綜合其症狀選用合適等級。 十、「外傷後疼痛症候群」失能等級之審定： 外傷後疼痛症候群：外傷後疼痛之特別形態，因四肢或其他神經不完全損傷而生之神經痛，於自然經過仍不消退，由醫學上可予證明者，得依下列標準審定其等級： (一)由於腦神經及脊髓神經之外傷或其他原因之神經痛，依其疼痛發作頻度，疼痛強度與持續時間及疼痛原因之他覺所見，對於疼痛影響勞動能力等判定其等級：例如於輕便勞動以外之勞動，經常有失能程度之疼痛者：適用第七等級。 (二)由於外傷引起之神經痛，按前列說明分別按其程度以第七等級、第十三等級審定之。 十一、「脊神經根及週邊神經功能失能」等級之審定： 原則上準用受失能神經支配之身體各部器官之機能失能所定等	

失能種類		失能項目	失能狀態	失能等級	失能審核	開具診斷書醫療機構層級
2 神經					級，但神經麻痺由於他覺可予證明而無相當等級可資適用時，按第十三等級審定之。 十二、「一氧化碳中毒或缺氧造成後遺症」失能等級之審定： 　一氧化碳中毒或缺氧造成後遺症失能之審定，綜合其所遺諸症狀，按照審核神經失能等級之審定基本原則判斷，定其等級。 十三、中樞神經系統機能失能同時併存精神失能時，須綜合全部症狀定其失能等級。	
3 眼	眼球	視力失能	3-1 雙目均失明者。	二	一、「視力」之測定： (一)應用萬國式視力表以矯正後視力為準。但矯正不能者，得以裸眼視力測定之。 (二)視力失能之測定，須通過「測盲（Malingering）」檢查。 二、「失明」包括眼球喪失或摘出或僅能辨明暗或辨眼前1公尺以內手動或辨眼前5公分以內指數者。 三、「視力失能」、「視野失能」、「調節或運動失能」等有二種以上失能時，得依規定提高等級，但最高等級雙目不得超過第二等級，一目不得超過第八等級。如另有「眼瞼缺損失能」者，不在此限。	應由衛生福利部醫院評鑑優等以上、醫院評鑑合格之醫學中心或區域醫院、醫院評鑑及教學醫院評鑑合格之全民健康保險特約醫院出具。
			3-2 雙目視力均減退至〇‧〇二以下，未達失明者。	三		
			3-3 雙目視力均減退至〇‧〇六以下者。	五		
			3-4 雙目視力均減退至〇‧一以下者。	七		
			3-5 一目失明，他目視力減退至〇‧〇二以下，未達失明者。	三		
			3-6 一目失明，他目視力減退至〇‧〇六以下者。	四		
			3-7 一目失明，他目視力減退至〇‧一以下者。	六		
			3-8 一目失明，他目視力減退至〇‧四以下者。	七		
			3-9 雙目視力均減退至〇‧四以下者。	十		
			3-10 一目失明者。	八		
			3-11 一目視力減退至〇‧〇二以下，未達失明者。	九		

失能種類		失能項目	失能狀態	失能等級	失能審核	開具診斷書醫療機構層級
3 眼	眼球		3-12	一目視力減退至〇‧〇六以下者。	十	
			3-13	一目視力減退至〇‧一以下者。	十一	
		視野失能	3-14	兩目均遺存半盲症,視野狹窄或視野變形者。	十	一、視野之判定,在晝光下,明白視標直徑1公分,以八方位視野角度測定,減退至正常視野60%以下者,謂之視野變形。暗點以採取絕對暗點為準,比較暗點不在此列。
			3-15	一目遺存半盲症,視野狹窄或視野變形者。	十四	二、視野失能應依最近3個月內「以視神經及黃斑部為中心之眼底神經盤照片」、「視野圖」予以診斷,且須通過「測盲(Malingering)」檢查。
		調節或運動失能	3-16	兩眼眼球均遺存顯著調節機能失能或運動失能者。	十二	一、「眼球遺存顯著調節機能失能」係指調節力減退二分之一以上者。
			3-17	一眼眼球遺存顯著調節機能失能或運動失能者。	十三	二、「眼球遺存顯著運動機能失能」係指眼球之注視野(向各方面之單眼視約五十度,兩眼視約四十五度)減退二分之一以上者。
			3-18	眼肌麻痺,正面視發生複視,以致兩眼視引起高度頭痛、眩暈,對日常生活與勞動,有顯著失能者。	十三	
			3-19	外傷引起高度之散瞳,且畏光流淚顯著,對於勞動有顯著之妨礙者。	十三	
	眼瞼	缺損失能	3-20	兩眼眼瞼均遺存顯著缺損者。	十	一、「眼瞼遺存顯著缺損」,係指閉瞼時,不能完全覆蓋角膜者。閉瞼時,角膜能夠完全覆蓋,僅球結膜(眼白)外露程度之眼瞼部分缺損,不在給付範圍。
			3-21	一眼眼瞼遺存顯著缺損者。	十二	二、眼瞼缺損同時併存頭、臉、頸部醜形時,得依規定提高等級。
		運動失能	3-22	兩眼眼瞼均遺存顯著運動失能者。	十二	「眼瞼遺存顯著運動失能」,係指開瞼時,瞳孔範圍全覆(如眼瞼下垂),或閉瞼時,不能完全覆蓋角膜(如兔眼)者。
			3-23	一眼眼瞼遺存顯著運動失能者。	十三	

失能種類	失能項目		失能狀態	失能等級	失能審核	開具診斷書醫療機構層級
4耳	內耳及中耳	聽覺失能	4-1 兩耳聽力平均閾值在九十分貝以上者。	五	一、本條例失能給付規定之「同一部位」，於聽覺失能係指兩耳；兩耳聽覺失能程度不同時，應將兩耳之聽覺失能綜合審定，不得分別核定各耳失能等級後再提高其等級。如一耳適合第4-3項，他耳適合第4-4項之失能時，應綜合其失能程度，按第4-2項第七等級審定之。 二、聽覺失能應依最近3個月內之二次「純音聽力檢查（PTA）」（二次測試應間隔24小時以上）、「語言聽閾測試（SRT）」及「聽性腦幹聽力檢查（ABR）」報告予以診斷。必要時得配合Stenger test氏詐聾測試結果或穩定相位誘發電位檢查（SSEP）診斷。 三、內耳損傷引起平衡機能失能之審定，準用神經失能審定原則，並按其失能與勞動能力之減損程度審定之。 四、平均閾值指精密聽力計檢查所得500Hz、1kHz和2kHz閾值的平均值。	應由衛生福利部醫院評鑑優等以上、醫院評鑑合格之醫學中心或區域醫院、醫院評鑑及教學醫院評鑑合格之全民健康保險特約醫院出具。
			4-2 兩耳聽力平均閾值在七十分貝以上者。	七		
			4-3 一耳聽力平均閾值在九十分貝以上者。	十		
			4-4 一耳聽力平均閾值在七十分貝以上者。	十一		
	耳廓	缺損失能	4-5 一側耳廓大部分缺損者。	十三	一、「耳廓大部分缺損者」，係指耳廓軟骨缺損二分之一以上者。 二、同一耳，同時遺存聽覺失能（機能失能）與耳廓缺損（器質失能）者，得依規定提高等級。	應由全民健康保險特約醫院或診所出具。
5鼻	缺損及機能失能		5-1 鼻部缺損者。	十	一、「鼻部缺損」，係指鼻外部軟骨缺損二分之一以上者。 二、「鼻部缺損」同時併存頭、臉、頸部醜形時，得依規定提高等級。 三、「機能遺存顯著失能」係指兩側鼻孔閉塞、鼻呼吸困難、不能矯治，或兩側嗅覺完全喪失者。	應由全民健康保險特約醫院或診所出具。
			5-2 鼻未缺損，而鼻機能遺存顯著失能者。	十三		
6口	咀嚼、吞嚥及言語機能失能		6-1 喪失咀嚼、吞嚥及言語之機能者。	二	一、咀嚼、吞嚥或言語機能失能者，須最後一次手術後6個月以上，始得認定；未經手術而以放射或化學治療者，於放射或化學治療終止後6個月以上，始得認定。但全喉切除所致之言語機能失能不在此限。 二、咀嚼、吞嚥機能失能，須經吞嚥復健評估始可診斷，必要時得配合吞嚥相關之特殊X光檢查（videofluorography）診斷；言語機能失能，須經語言復健評估始可診斷。但全喉切除所致之言語機能失能不在此限。 三、咀嚼機能發生失能之主要原因，由於牙齒之損傷者，本表已另有專項訂明，此處規定之咀嚼機能失能，	應由衛生福利部醫院評鑑優等以上、醫院評鑑合格之醫學中心或區域醫院、醫院評鑑及教學醫院評鑑合格之全民健康保險特約醫院出具。
			6-2 喪失咀嚼、吞嚥或言語之機能者。	四		
			6-3 咀嚼、吞嚥及言語之機能遺存顯著失能者。	五		
			6-4 咀嚼、吞嚥或言語之機能遺存顯著失能者。	七		

失能種類	失能項目	失能狀態	失能等級	失能審核	開具診斷書醫療機構層級
6口 咀嚼、吞嚥及言語機能失能	6-5	言語中樞損傷所致之失語症，無法用言語或聲音與人溝通，屬表達或理解功能嚴重失能者。	四	係專指由於牙齒損傷以外之原因（如頰、舌、軟硬口蓋、顎骨、下顎關節等之失能），所引起者。食道狹窄、舌異常、咽喉頭支配神經麻痺等引起之吞嚥失能，往往併發咀嚼機能失能，故兩項失能合併定為「咀嚼、吞嚥失能」： (一)「喪失咀嚼、吞嚥之機能」，係指因器質失能或機能失能以致不能作咀嚼、吞嚥運動，除流質食物外，不能攝取或吞嚥者。 (二)「咀嚼、吞嚥機能遺存顯著失能」，係指不能充分作咀嚼、吞嚥運動，致除粥、糊、或類似之食物以外，不能攝取或吞嚥者。 四、言語中樞損傷以外之言語機能失能，係指非因牙齒損傷所引起之構音機能失能、發聲機能失能及綴音機能失能等： (一)「喪失言語機能」，係指唇、舌、軟顎、硬顎、喉頭等構造中，有嚴重損傷，致使下列構成言語之七種語音，有五種以上不能構音者。 (二)「言語機能遺存顯著失能」，係指唇、舌、軟顎、硬顎、喉頭等構造中，有嚴重損傷，致使下列構成言語之七種語音，有三種以上不能構音者。 1.雙唇音：ㄅ、ㄆ、ㄇ（發音部位雙唇） 2.唇齒音：ㄈ（發音部位唇齒） 3.舌尖音：ㄉ、ㄊ、ㄋ、ㄌ（發音部位舌尖與牙齦） 4.舌根音：ㄍ、ㄎ、ㄏ（發音部位舌根與軟顎） 5.舌面音：ㄐ、ㄑ、ㄒ（發音部位舌面與硬顎） 6.舌尖後音：ㄓ、ㄔ、ㄕ、ㄖ（發音部位舌尖與硬顎） 7.舌尖前音：ㄗ、ㄘ、ㄙ（發音部位舌尖與上牙齦） 五、咀嚼、吞嚥機能失能併存言語機能或味覺失能者，均屬同一種類之失能，不得合併提高等級，應按其中較重者定其等級。 六、胸腹部臟器病變所致之言語或咀嚼、吞嚥機能失能同時併存胸腹部臟器失能時，適用胸腹部臟器失能審查原則定其等級。	
	6-6	言語中樞損傷所致之失語症，語言理解、表達、說話清晰度、流暢性或發聲有困難，導致與人溝通有顯著困難，屬表達或理解功能輕度失能者。	七		
	6-7	因綴音機能遺存顯著失能，衹以言語表示對方不能通曉其語意者。	七		
	6-8	頭部外傷、顎骨周圍組織損傷或舌之損傷而引起之味覺完全喪失者。	十三		
	6-9	經放射線或化學治療後致唾液減少，需佐以液體始能吞嚥者。	十三		

失能種類	失能項目	失能狀態	失能等級	失能審核	開具診斷書醫療機構層級
6 口 牙齒失能	6-10	因遭受意外傷害致牙齒缺損十齒以上者。	十一	一、「牙齒失能」，以遭受意外傷害者為限。 二、「牙齒缺損」包括缺、損二種症狀，「缺」係指牙齒完全脫落，無殘根，且無法將原脫落牙齒再植入原齒槽骨內；「損」係指牙齒意外斷落牙冠二分之一以上者。 三、上顎骨與下顎骨運動機能失能致開口受限制因而言語、咀嚼失能者，依其程度，適用咀嚼、吞嚥、言語失能所定等級審定。	應由全民健康保險特約醫院或診所出具。
	6-11	因遭遇意外傷害而致牙齒缺損五齒以上者。	十三		
7 胸腹部臟器	7-1	胸腹部臟器機能遺存極度失能，終身無工作能力，為維持生命必要之日常生活活動，全須他人扶助，經常需要醫療護理及專人周密照護者。	一	一、胸腹部臟器遺存失能須經治療6個月以上，始得認定；如經手術，須最後一次手術後6個月以上，始得認定；未經手術而以放射或化學治療者，於放射或化學治療終止後6個月以上，始得認定。但個別臟器有不同之合理治療期間者，從其規定，另器質性失能項目或慢性腎衰竭需長期透析治療之患者，應於器官切除或移植出院之日或初次接受透析治療（洗腎）之日審定等級。 二、胸腹部臟器失能等級之審定：胸腹部臟器機能遺存失能須將全部症狀綜合衡量，對於永久喪失勞動能力與影響日常生活或社會生活活動之狀態及須他人扶助之情況，綜合審定其等級。 三、胸腹部臟器諸器官中，有二種以上器官同時併存失能時，須將所有症狀綜合衡量，並依前述原則，綜合審定，不得按各個器官失能等級合併再為提高等級。 四、胸腹部臟器遺存失能者係指胸腹部遺存機能失能，致工作上確有明顯之阻害而由醫學上可予證明者。至未遺存明顯之永久性機能失能者，不在給付範圍。	一、機能失能部分：應由衛生福利部醫院評鑑優等以上、醫院評鑑合格之醫學中心或區域醫院、醫院評鑑及教學醫院評鑑合格之全民健康保險特約醫院出具。 二、其他部分：應由全民健康保險特約醫院或診所出具。
	7-2	胸腹部臟器機能遺存高度失能，終身無工作能力，為維持生命必要之日常生活活動之一部須他人扶助者。	二		
	7-3	胸腹部臟器機能遺存顯著失能，終身無工作能力，為維持生命必要之日常生活活動尚可自理者。	三		
	7-4	胸腹部臟器機能遺存顯著失能，終身僅能從事輕便工作者。	七		
	7-5	胸腹部臟器遺存失能者。	十二		

失能種類	失能項目	失能狀態	失能等級	失能審核	開具診斷書醫療機構層級
7 胸腹部臟器	心臟	7-6	心臟機能遺存失能，無法活動，終身無工作能力，符合失能審核二之(一)者。	一	一、心臟機能損害分類標準：第一度：有心臟病，但無運動失能，平常之活動下無疲倦、心悸、呼吸困難或心絞痛等症狀。第二度：有心臟病，且有輕度運動失能，在休息或輕工作時無症狀，但日常生活較重之工作時，則有疲倦、心悸、呼吸困難或心絞痛等症狀。第三度：有心臟病，且有重度運動失能，休息時無症狀，但稍有活動即有疲倦、心悸、呼吸困難或心絞痛等症狀。第四度：有心臟病，且無法活動者，在靜止狀態下仍有疲倦、心悸、呼吸困難或心絞痛等症狀，而活動時症狀加重。二、心臟失能等級之審定：(一)第一等級：符合下列各項情況者：1.符合心臟機能損害　分類標準第四度。2.住院接受四週以上連續性機械輔助或靜脈注射強心藥物治療，且仍須持續上述治療者。3.有無法控制之進行性慢性心臟衰竭者。4.經核子醫學檢查測得左心室射出分率（LVEF）≦25%者。(二)第二等級：符合下列各項情況者：1.符合心臟機能損害分類標準第四度。2.住院接受2週以上連續性機械輔助或靜脈注射強心藥物治療，且仍不定時須要上述治療者。3.有無法控制之進行性慢性心臟衰竭者。4.經核子醫學檢查測得左心室射出分率（LVEF）≦25%者。(三)第三等級：符合下列各項情況者：1.符合心臟機能損害分類標準第四度。2.不定期住院接受未超過2週之連續性機械輔助或靜脈注射強心藥物治療者。	
		7-7	心臟機能遺存失能，終身無工作能力，符合失能審核二之(二)者。	二		
		7-8	心臟機能遺存失能，終身無工作能力，符合失能審核二之(三)者。	三		
		7-9	心臟機能遺存失能，符合失能審核二之(四)者。	七		
		7-10	心臟移植者。	七		
		7-11	心臟機能遺存失能，符合失能審核二之(五)者。	十二		

失能種類	失能項目	失能狀態	失能等級	失能審核	開具診斷書醫療機構層級
7 胸腹部臟器	心臟			3.有無法控制之進行性慢性心臟衰竭者。 4.經核子醫學檢查測得左心室射出分率（LVEF）≦25%者。 (四)第七等級：符合心臟機能損害分類標準第三、四度，並經核子醫學檢查測得左心室射出分率（LVEF）≦25%，且符合下列情況之一者： 1.冠狀動脈心臟病：有心肌梗塞病史或經冠狀動脈攝影術證實者。 2.瓣膜性心臟病：經心臟超音波檢查證實有中重度以上瓣膜異常（狹窄或逆流）者。 3.心肌疾病（擴大性、肥厚性、侷限性）：經心臟超音波檢查證實者。 4.動脈瘤（含主動脈剝離或非剝離性瘤達直徑五公分者）：經適當影像學檢查證實者。 5.其他心臟血管疾病：經心臟專科醫師診斷，評估與判定有相當程度之心臟功能失能者。 (五)第十二等級：符合心臟機能損害分類標準第二、三、四度，並經核子醫學檢查測得左心室射出分率（LVEF）26%～49%，且符合下列情況之一者： 1.冠狀動脈心臟病：有心肌梗塞病史或經冠狀動脈攝影術證實者。 2.瓣膜性心臟病：經心臟超音波檢查證實有中度以上瓣膜異常（狹窄或逆流）者。 3.心肌疾病（擴大性、肥厚性、侷限性）：經心臟超音波檢查證實者。 4.主動脈剝離：經適當影像學檢查證實者。 5.其他心臟血管疾病：經心臟專科醫師診斷，評估與判定有相當程度之心臟功能失能者。	

失能種類	失能項目	失能狀態	失能等級	失能審核	開具診斷書醫療機構層級
7 胸腹部臟器	肺臟	7-12 肺臟機能遺存失能，終身無工作能力，符合失能審核(一)者。	一	肺臟失能等級之審定（PAO2：血氧分壓；FEV1：第一秒分時肺活量；FVC：用力肺活量；DLCO：氣體交換，肺瀰散功能；VO2max：最高耗氧量）：	
		7-13 肺臟機能遺存失能，終身無工作能力，符合失能審核(二)者。	二	(一)第一等級：呼吸系統疾病引起肺功能失能，需氧氣或人工呼吸器維持生命，未予氧氣時PAO2≦50mmHg，終身無工作能力，日常生活限於病床之狀態。	
		7-14 肺臟機能遺存失能，終身無工作能力，符合失能審核(三)者。	三	(二)第二等級：符合下列情況之一者： 1.呼吸系統疾病引起肺功能失能，且FEV1＜25%；FEV1/FVC≦25%。 2.肺臟切除一側（含）以上。 3.永久性氣切後未予氧氣時，PAO2=50～55mmHg，日常生活主要在病床，可以如廁、用餐、自家內行走，但須他人協助、照顧。	
		7-15 肺臟機能遺存失能，符合失能審核(四)者。	七	(三)第三等級：符合下列情況之一者： 1.呼吸系統疾病引起肺功能失能，且FEV1=25～30%；FEV1/FVC=26～40%；DLCO=25～30%。 2.肺臟切除兩葉以上。 3.永久性氣切後未予氧氣時，PAO2=50～60mmHg。	
		7-16 肺臟移植者。	七		
		7-17 肺臟機能遺存失能，符合失能審核(五)者。	十二	(四)第七等級：符合下列情況之一者： 1.呼吸系統疾病引起肺功能失能，且FEV1=31～59%；FEV1/FVC=41～59%；DLCO=31～59%。 2.放射性肺炎兩葉以上。 (五)第十二等級：呼吸系統疾病引起肺功能失能，且FEV1=60～79%；FEV1/FVC=60～74%；VO2max=20～25ml /kg.min。 (六)塵肺症必須經X光照片確認為第二症度以上者，始可依上述肺臟失能等級及臨床症狀審定。	
	肝臟	7-18 肝臟機能遺存失能，終身無工作能力，符合失能審核(一)者。	一	肝臟失能等級之審定：肝病曾經住院治療且已觀察滿6個月以上，始得以診斷失能最近一次之評估報告進行認定。（申請第十二等級者，無需住院）	

失能種類	失能項目	失能狀態	失能等級	失能審核	開具診斷書醫療機構層級
7 胸腹部臟器	肝臟	7-19 肝臟機能遺存失能，終身無工作能力，符合失能審核(二)者。	二	(一)第一等級：符合Child-Pugh肝功能失代償指標分類C級，且符合下列各項情況者： 1.身體遺有頑固難治之腹水。 2.有多次發生肝腦病變。 3.胃或食道靜脈曲張破裂出血。 (二)第二等級：符合Child-Pugh肝功能失代償指標分類C級，身體遺有頑固難治之腹水，且符合下列情況之一者： 1.多次發生肝腦病變。 2.胃或食道靜脈曲張破裂出血。 (三)第三等級：符合Child-Pugh肝功能失代償指標分類C級，身體遺有頑固難治之腹水者。 (四)第七等級：符合Child-Pugh肝功能失代償指標分類B級或C級，曾有肝腦病變，且符合下列情況之一者： 1.有持續存在之腹水。 2.曾有胃靜脈瘤破裂出血。 3.曾有食道靜脈瘤破裂出血。 (五)第十二等級：慢性肝病其肝功能符合Child-Pugh指標分類A級或以上，合併門脈高壓且內視鏡證實胃或食道有靜脈瘤者。 (六)前述肝臟失能等級之審定係以肝功能失代償指標分項計分法訂定審定標準；又所稱「多次」肝腦病變之定義，係指二次或二次以上。 (七)Child-Pugh肝功能失代償指標分項計分法：	
		7-20 肝臟機能遺存失能，終身無工作能力，符合失能審核(三)者。	三		
		7-21 肝臟機能遺存失能，符合失能審核（四）者。	七		
		7-22 肝臟移植者。	九		
		7-23 肝臟機能遺存失能，符合失能審核(五)者。	十二		

計分\項目	1分	2分	3分
總膽紅數	<2	2至3	>3
血清白蛋白	>3.5	3.0至3.5	<3.0
腹水	無	少量容易控制	中量以上，不易控制
肝腦病變	無	第1或第2級	第3或第4級
凝血脢原時間（比對照組延長秒數）或國際標準比值（INR）	<4秒 　 　 　 <1.7	4至6秒 　 　 1.7至2.3	>6秒 　 　 >2.3

A級：6分（含）以下
B級：7至9分
C級：10分（含）以上

失能種類	失能項目	失能狀態	失能等級	失能審核	開具診斷書醫療機構層級
7 胸腹部臟器	胰臟	7-24	胰臟全切除者。	七	胰臟部分切除者，須經手術後六個月以上，始得認定。	
		7-25	胰臟部分切除致糖尿病或致原患糖尿病加重者。	九		
	胃	7-26	胃全切除者。	十二		
	脾臟	7-27	脾臟切除者。	九		
	腎臟	7-28	二側腎臟無機能且須終身定期透析治療者。	七		
		7-29	腎臟移植者。	九		
		7-30	一側腎臟切除或萎縮完全喪失功能者。	九		
	小腸	7-31	小腸切除50%以上，且有短腸症候群者。	七	「短腸症候群」係指：小腸切除手術6個月以上，仍因小腸腸道過短以致吸收不良，需長期靜脈營養支持者。	
		7-32	小腸切除50%以上，但無短腸症候群者。	九		
	大腸	7-33	大腸全切除且無裝置人工肛門者。	九		
	肛	7-34	裝置永久性人工肛門者。	七	裝置永久性人工肛門者，須經手術後6個月以上，始得認定。	
		7-35	肛門括約肌不全（因斷裂等）所致之大便失禁者。	十二		
	膀胱	7-36	膀胱機能完全喪失且無裝置人工膀胱者。	三	審定時，須由泌尿科專科醫師診斷開具失能診斷書；必要時保險人得另行指定婦產科、復健科或婦女泌尿科等專科醫師會同認定。	
		7-36-1	裝置永久性人工膀胱者。	七		
		7-37	膀胱萎縮容量祇存50c.c.以下者。	八		
		7-38	膀胱括約肌變化所致之尿失禁者。	十二		

失能種類	失能項目	失能狀態	失能等級	失能審核	開具診斷書醫療機構層級
7 胸腹部臟器	腎上腺素	7-39	喪失兩側腎上腺需要終身補充荷爾蒙者。	十二	
	骨盆	7-40	骨盆環骨折引起尿道外傷，導致嚴重尿道狹窄，無法以外科手術矯正，必須終身置放恥骨上膀胱造口者。	十三	
	生殖器	7-41	生殖器遺存顯著失能者。	十一	「生殖器遺存顯著失能」，係指： (一)陰莖大部分缺損或瘢痕等畸形，致性行為不能，因而喪失生殖機能者。 (二)因瘢痕致陰道口窄狹，陰莖不可能插入，致性行為不能，因而喪失生殖機能者。 (三)喪失兩側睪丸，或因放射線或化學治療，致不能生育者。 (四)未滿45歲，原有生殖能力，因傷病割除兩側卵巢或子宮，或因放射線或化學治療，致不能生育者。
		7-42	骨盆環骨折引起骨盆內臟神經（勃起中樞神經）病變所致之陽萎者。	十三	
	乳腺	7-43	雙側乳腺全部切除者。	十一	
		7-44	單側乳腺全部切除者。	十三	
8 軀幹	脊柱畸形或運動失能	8-1	脊柱遺存顯著畸形或顯著運動失能者。	七	一、脊柱為保持體位之支柱，其有遺存運動失能、畸形失能或荷重失能者，對於勞動能力之喪失程度，不應拘執於脊柱椎骨個別之損傷程度作個別判斷，應比照神經失能等級之審定原則作綜合性的審查。遺存前述失能者，若併存神經失能時，亦應比照神經失能等級之審定原則審定其等級。 二、脊柱失能者須經治療1年以上，始得認定，如經多次手術治療者，須最後一次手術後1年以上，始得認定（拔釘除外）。但因惡性腫瘤所致，經醫師診斷已無好轉可能，無法期待其治療效果者，得治療6個月以上認定。 三、脊柱失能須經X光照片檢查始可診斷，如經診斷有明顯骨折、脫位、畸形或明顯病變者，應依下列規定審定： (一)「遺存顯著運動失能」，係指脊柱連續固定四個椎體及三個椎間盤以上，且喪失生理運動範圍二分之一以上者。	應由衛生福利部醫院評鑑優等以上、醫院評鑑合格之醫學中心或區域醫院、醫院評鑑及教學醫院評鑑合格之全民健康保險特約醫院出具。
		8-2	脊柱遺存運動失能者。	九	
		8-3	脊柱遺存畸形者。	十二	

失能種類	失能項目	失能狀態	失能等級	失能審核	開具診斷書醫療機構層級
8 軀幹	脊柱畸形或運動失能			(二)「遺存運動失能」，係指脊柱連續固定四個椎體及三個椎間盤以上，且喪失生理運動範圍三分之一以上者。 (三)脊柱運動限制不明顯或脊柱固定三個椎體及二個椎間盤以下者，不在給付範圍。 (四)前述所稱「明顯骨折」係指脊柱發生不穩定之骨折（脊椎骨折後滑脫、移位）、壓迫性骨折（脊椎被壓迫塌陷達50%以上）、爆裂性骨折（具有三片以上的骨碎片）、脫臼必須施手術治療之骨折者而言。 「明顯脫位」係指關節脫位在二度以上（關節滑脫弧度以寬度面積百分比計算，約為25%以上）。 四、「脊柱遺存顯著畸形」係指穿著衣服，由外部可以察知者。 五、「脊柱遺存畸形」，係指符合下列情況之一者： (一)著衣時由外部不易察見，但脫衣後或由X光照片可以明顯察知脊柱或脊椎之一部，確有因骨折或其他病變引起之明顯變形（含缺損）者。 (二)經手術切除棘狀突起三個以上者。 (三)前述「明顯變形」係指符合下列情況之一者： 1.單節椎體因骨折導致椎體高度喪失50%以上者。 2.椎體滑脫25%以上者（第二度以上）。 3.脊柱側彎30度以上者。 4.脊柱前傾（kyphosis）50度以上者。 六、脊柱併存畸形、運動或四肢麻痺失能之審定原則： (一)脊柱遺存畸形同時併存運動失能者，兩者均屬同一種類之失能不得合併提高等級，應按其中較重者定其等級。 (二)脊柱畸形且有因脊髓之壓迫而致四肢麻痺他覺可以證明者，脊柱畸形與四肢麻痺可以合併提高等級。 (三)脊柱運動失能或畸形失能與第8-4項鎖骨等之體幹骨畸形失能同時併存時，因失能種類不同，可以合併提高等級。	

失能種類	失能項目	失能狀態	失能等級	失能審核	開具診斷書醫療機構層級
8 軀幹	其他軀幹骨畸形失能	8-4	鎖骨、胸骨、肋骨、肩胛骨或骨盤骨遺存顯著畸形者。	十三	一、「胸骨、肋骨、鎖骨、肩胛骨或骨盤骨遺存顯著畸形」，係指脫衣後，由外部可以察知因骨折（含缺損）所致之明顯變形者。由X光診斷始能察知之變形，不在規定之列。 二、肋軟骨畸形，比照肋骨畸形辦理。 三、第8-4項各項不同之體幹骨中併存二項以上之顯著畸形時，得合併提高為第十二等級。	應由全民健康保險特約醫院或診所出具。
9 頭、臉、頸	頭、臉、頸部醜形	9-1	女性被保險人頭部、顏面部或頸部受損壞致遺存顯著醜形者。	八	一、頭部、顏面部及頸部之醜形係指本表前列眼瞼、鼻及耳廓缺損以外，遺存於頭部、臉部及頸部日常露出有礙外觀之醜形者。 二、本項失能須經治療1年以上，始得認定；如經手術，須最後一次手術後1年以上始得認定。 三、「顯著醜形」依下列範圍為準： 　(一)在頭部遺存直徑8公分以上之瘢痕者。 　(二)在顏面部遺存直徑5公分以上之瘢痕，或8公分以上之線狀痕，或不同部分之線狀痕合計達12公分以上，或直徑3公分以上之組織凹陷者。 　(三)在頸部、下頜部遺存直徑8公分以上之瘢痕者。 四、「顯著醜形」，除診斷書上記載之失能程度外，並應輔以彩色照片（應附量尺及拍攝日期之4*6照片）佐證。	應由全民健康保險特約醫院或診所出具。
		9-2	男性被保險人頭部、顏面部或頸部受損壞致遺存顯著醜形者。	十		
10 皮膚		10-1	身體皮膚排汗功能喪失71%以上，且終身無工作能力者。	二	一、本項失能之鑑定時間，應於最後一次外科手術後1年以上，始得認定；如未經手術者，須經治療1年以上，始得認定。 二、身體皮膚排汗功能喪失者，係指外傷或燒燙傷或化學灼傷或手術的影響引起功能失能，除頭、臉、頸部以外身體遺存肥厚性疤痕（含植皮供應之肥厚疤痕）或植皮後疤痕。 三、身體皮膚排汗功能喪失者，以皮膚外觀或疤痕高度、硬度為測量評估標準。必要時應以非侵入性儀器測定排汗異常或經皮水分蒸發，或以皮膚病理切片輔助作評估。其失能程度除應以失能診斷書上記載之疤痕占體表面積之百分比（%）外，並應輔以彩色照片（應附量尺及拍攝日期之4*6照片）為佐證。 四、身體皮膚排汗功能喪失者失能等級之審定，依失能面積審定其等級。	應由衛生福利部醫院評鑑優等以上、醫院評鑑合格之醫學中心或區域醫院、醫院評鑑及教學醫院評鑑合格之全民健康保險特約醫院出具。
		10-2	身體皮膚排汗功能喪失61%至70%，且終身無工作能力者。	三		
		10-3	身體皮膚排汗功能喪失51%以上者。	四		
		10-4	身體皮膚排汗功能喪失41%至50%者。	五		

失能種類	失能項目	失能狀態	失能等級	失能審核	開具診斷書醫療機構層級
10 皮膚	10-5	身體皮膚排汗功能喪失31%至40%者。	六	上開失能面積之測量計算,以一手掌面積約佔人體表面積的1%為測量計算基準。 五、同時併存頭、臉、頸部醜形或其他失能種類失能時,得依規定提高等級。	
	10-6	身體皮膚排汗功能喪失21%至30%者。	七		
	10-7	身體皮膚排汗功能喪失16%至20%者。	九		
	10-8	身體皮膚排汗功能喪失11%至15%者。	十一		
	10-9	身體皮膚排汗功能喪失6%至10%者。	十二		
	10-10	身體皮膚排汗功能喪失2%至5%者。	十三		
11 上肢	上肢缺損失能				應由全民健康保險特約醫院或診所出具。
	11-1	兩上肢肘關節以上殘缺者。	二		
	11-2	兩上肢腕關節以上殘缺者。	三		
	11-3	一上肢肘關節以上殘缺者。	五		
	11-4	一上肢腕關節以上殘缺者。	六		
	手指缺損失能			一、「手指殘缺」係指: (一)拇指由指節間關節以上切斷者。 (二)其他各指由近位指節間關節以上切斷者。 二、一手手指殘缺,同手其他任何手指喪失機能,同時適合兩項失能項目時,原則上可以合併提高等級或按合計額審定,但失能程度未達一手手指殘缺之最高等級第七等級者,應按其下一等級之第八等級審定之。 三、前述合併提高等級或按合計額給付之日數,低於各該手指喪失機能所定之給付日數時,得按喪失機能之失能等級審定之。例如:一手食	應由全民健康保險特約醫院或診所出具。
	11-5	雙手十指均殘缺者。	四		
	11-6	雙手拇指均殘缺者。	七		
	11-7	一手五指均殘缺者。	七		
	11-8	一手拇指殘缺者。	十		
	11-9	一手食指殘缺者。	十一		
	11-10	一手中指或無名指殘缺者。	十二		
	11-11	一手小指殘缺者。	十四		

失能種類	失能項目	失能狀態	失能等級	失能審核	開具診斷書醫療機構層級
11 上肢	手指缺損失能	11-12 一手拇指、食指及其他任何手指共有四指殘缺者。	七	指殘缺為第11-9項第十一等級及拇指喪失機能為第11-48項第十一等級，其最高等級升一等級為第十等級，因低於拇指及食指喪失機能者之給付標準第11-54項第九等級，可按第11-54項第九等級審定。 四、同一手指併存「機能失能」及「器質失能」時，應按其中較高等級給與之，不得合併提高等級。 五、「指骨一部分殘缺」係指：指骨缺損一部分，其程度由X光照相可明確顯示其指骨有一部分損失而未達該指末節二分之一者。	
		11-13 一手拇指、食指及其他任何手指共有三指殘缺者。	八		
		11-14 一手拇指及食指殘缺者。	八		
		11-15 一手拇指或食指及其他任何手指共有三指以上殘缺者。	八		
		11-16 一手拇指及其他任何手指共有二指殘缺者。	九		
		11-17 一手食指及其他任何手指共有二指殘缺者。	十		
		11-18 一手中指、無名指及小指殘缺者。	十		
		11-19 一手拇指及食指以外之任何手指共有二指殘缺者。	十一		
		11-20 一手拇指之指骨一部分殘缺者。	十四		
		11-21 一手食指之指骨一部分殘缺者。	十四		
		11-22 一手中指、無名指或小指之指骨一部分殘缺者。	十五		
	上肢機能失能	11-23 兩上肢均喪失機能者。	二	一、「三大關節」，係指「肩關節」、「肘關節」及「腕關節」。 二、「一上肢喪失機能」，係指一上肢完全廢用，符合下列情況之一者： (一)一上肢三大關節完全強直或完全麻痺，及該手五指均喪失機能者。	應由衛生福利部醫院評鑑優等以上、醫院評鑑合格之醫學中心或區域醫院、醫院評鑑及教學醫院
		11-24 兩上肢三大關節中，各有二大關節喪失機能者。	三		

失能種類	失能項目	失能狀態	失能等級	失能審核	開具診斷書醫療機構層級
11 上肢	上肢機能失能	11-25 兩上肢三大關節中，各有一大關節喪失機能者。	六	（二）一上肢三大關節完全強直或完全麻痺者。 三、「一上肢遺存顯著運動失能」，係指一上肢各關節遺存顯著運動失能，符合下列情況之一者： （一）一上肢三大關節均遺存顯著運動失能，及該手五指均喪失機能者。	評鑑合格之全民健康保險特約醫院出具。
		11-26 一上肢喪失機能者。	六		
		11-27 一上肢三大關節中，有二大關節喪失機能者。	七	（二）一上肢三大關節均遺存顯著運動失能者。 四、「一上肢遺存運動失能」係指一上肢三大關節均遺存運動失能。	
		11-28 一上肢三大關節中，有一大關節喪失機能者。	九	五、上肢機能失能，須經治療1年以上，始得認定；如經手術，須最後一次手術後1年，始得認定（拔釘除外）。因器質性失能，應於肢體切除出院之日審定等級。以生理運動範圍，作審定關節機能失能之標準，規定如下：	
		11-29 兩上肢均遺存顯著運動失能者。	四	（一）「喪失機能」，係指關節完全強直或完全麻痺狀態者。	
		11-30 兩上肢三大關節中，各有二大關節遺存顯著運動失能者。	五	（二）「顯著運動失能」，係指喪失生理運動範圍二分之一以上者。 （三）「運動失能」，係指喪失生理運動範圍三分之一以上者。	
		11-31 兩上肢三大關節中，各有一大關節遺存顯著運動失能者。	七	六、運動限制之測定： （一）以各關節之生理運動範圍為基準。機能（運動）失能原因及程度明顯時，採用自動運動之運動範圍，如有心因性因素或失能原因與程度不明確時，則須由他動運動之可能運動範圍參考決定之。	
		11-32 一上肢遺存顯著運動失能者。	七		
		11-33 一上肢三大關節中，有二大關節遺存顯著運動失能者。	八	（二）經石膏固定患部者，應考慮其癒後恢復之程度，作適宜之決定。	
		11-34 一上肢三大關節中，有一大關節遺存顯著運動失能者。	十一	七、同一上肢遺存機能失能及因神經損傷所致之肌力失能，應綜合衡量定其等級，不得合併提高等級。 八、運動神經失能：	
		11-35 兩上肢均遺存運動失能者。	六	（一）「上臂神經叢完全麻痺者」，準用第11-26項第六等級審定。	
		11-36 兩上肢三大關節中，各有二大關節遺存運動失能者。	九	（二）上肢部分神經麻痺引起肢關節自動運動失能者，視其因麻痺範圍及引起運動失能之程度與部位，準用肢關節「喪失機能」或「顯著運動失能」各該項規定審定之。	

失能種類	失能項目	失能狀態	失能等級	失能審核	開具診斷書醫療機構層級
11 上肢	上肢機能失能	11-37 兩上肢三大關節中，各有一大關節遺存運動失能者。	十一	(三)全部神經或多數之神經麻痺時，得按其引起自動運動失能之程度與範圍，參考同一上肢「喪失機能」或「顯著運動失能」定之。 (四)前述(二)、(三)兩項規定，於殘肢廣泛範圍，完全喪失知覺之失能者準用之。 九、關於上肢「動搖關節」，不論其為他動或自動，均依下列標準，定其等級： (一)勞動及日常行動有顯著妨礙，時常必須裝著固定裝具者，準用關節喪失機能規定等級。 (二)勞動及日常行動，有相當之妨礙，但無經常裝著固定裝具之必要者，準用關節遺存顯著運動失能規定等級。 十、同一上肢遺存器質失能，同時遺存機能失能時準用等級特別審核規定：同一上肢遺存器質失能（變形者除外）與機能失能時，原則上可以合併提高等級，但器質失能（不論曾已局部失能或新致之失能）在腕關節以上殘缺或者肘關節以上殘缺時，不論殘存關節之機能失能程度，在前者失能應按第六等級，在後者失能應按第五級審定之。例如： (一)一上肢腕關節以上殘缺（第六等級）同時肘關節及肩關節均喪失機能時（第七等級）應為第六等級。 (二)一上肢肘關節以上殘缺（第五等級）同時肩關節喪失機能時（第九等級）應為第五等級。 十一、同一上肢遺存機能失能同時手指遺存器質失能或機能失能時準用等級特別審核規定：同一上肢三大關節遺存機能失能與手指器質失能或機能失能同時併存時，原則上可以合併提高等級，但任何情形（不論手指為器質失能或機能失能）其失能程度未達一上肢腕關節以上殘缺者（第六等級）或一上肢喪失機能者（第六等級）時，應按其下一等級之第七等級審定之。例如： 左上肢肩關節、腕關節均喪失機能（第七等級）同時左手食指、	
		11-38 一上肢遺存運動失能者。	九		
		11-39 一上肢三大關節中，有二大關節遺存運動失能者。	十一		
		11-40 一上肢三大關節中，有一大關節遺存運動失能者。	十三		
		11-41 一上肢遺存假關節且有顯著運動失能者。	八		
		11-42 一上肢遺存假關節者。	九		

失能種類	失能項目	失能狀態	失能等級	失能審核	開具診斷書醫療機構層級
11 上肢	上肢機能失能			中指、無名指三指均喪失機能時，此等失能合併提高等級即為第六等級，但該手腕關節仍然存在，應按一上肢腕關節以上殘缺者第六等級之下一等級第七等級審定之。 十二、「一上肢遺存假關節且有顯著運動失能者」係指符合下列情況之一者。 (一)上臂骨遺存假關節。 (二)橈骨及尺骨雙方均遺存假關節者。 十三、「一上肢遺存假關節者」係指橈骨或尺骨任何一方遺存假關節者。 十四、「假關節」係指骨折後折骨兩端無法癒合，肢體在斷處可以活動，形成一種關節之狀；相似之情況亦可發生於非機械性骨折，承重之長骨產生去骨現象，造成彎曲及病理性骨折，在骨折處無法鈣化癒合而形成假關節，但非人工關節。 十五、類風濕關節炎、退化性關節炎、痛風等所致之關節失能（含上、下肢及手指、足趾關節），如關節間隙完整，無明顯關節面損傷或變形，經藥物治療可達緩解者，不在給付範圍。	
	畸形失能（上臂骨或前臂骨）	兩上肢長管骨遺存畸形者。	十一	一、「上肢長管骨遺存畸形」，係指符合下列情況之一者： (一)上臂骨遺存畸形者。 (二)前臂即橈骨及尺骨雙方均遺存畸形者（橈骨或尺骨之任何一方遺存畸形者，不在規定之列）。 二、前述畸形，須由外部可以察見，或X光片上有明顯之變形（形成約165度以上屈曲之不正癒合者）為準。 三、長管骨骨折部骨痂增生（CALLUS），或有肥厚不能認為畸形（變形）。	應由全民健康保險特約醫院或診所出具。
		一上肢長管骨遺存畸形者。	十三		
	手指機能失能	雙手十指均喪失機能者。	五	一、「手指喪失機能」係指： (一)拇指之中手指節關節或指節間關節，喪失生理運動範圍二分之一以上者。 (二)其他各指之中手指節關節，或近位指間關節，喪失生理運動範圍二分之一以上者。 (三)拇指或其他各指之末節切斷達二分之一以上者。	應由全民健康保險特約醫院或診所出具。
		雙手拇指均喪失機能者。	八		
		一手五指均喪失機能者。	八		
		一手拇指喪失機能者。	十一		

（11-43、11-44、11-45、11-46、11-47、11-48 為各列失能項目編號）

失能種類		失能項目	失能狀態	失能等級	失能審核	開具診斷書醫療機構層級
11上肢	手指機能失能	11-49	一手食指喪失機能者。	十二	(四)掌關節運動限制失能，第一中手指關節運動（拇指與小指之對向角及指間之離開）限制，準用指關節遺存顯著失能（喪失機能）所定等級辦理。 (五)握力失能，不在給付範圍。 二、「手指末關節不能屈伸」係指： (一)遠位指節間關節完全強直之狀態者。 (二)因明確之屈伸肌之損傷致自動屈伸不能者。	
		11-50	一手中指或無名指喪失機能者。	十三		
		11-51	一手小指喪失機能者。	十五		
		11-52	一手拇指、食指及其他任何手指，共有四指喪失機能者。	八		
		11-53	一手拇指、食指及其他任何手指，共有三指喪失機能者。	九		
		11-54	一手拇指及食指喪失機能者。	九		
		11-55	一手拇指或食指及其他任何手指，共有三指以上喪失機能者。	九		
		11-56	一手拇指及其他任何手指，共有二指喪失機能者。	十		
		11-57	一手食指及其他任何手指，共有二指喪失機能者。	十一		
		11-58	一手中指、無名指及小指喪失機能者。	十一		
		11-59	一手拇指及食指以外之任何手指，共有二指喪失機能者。	十二		
		11-60	一手食指之末關節不能屈伸者。	十四		
		11-61	一手中指、無名指或小指之末關節不能屈伸者。	十五		

失能種類	失能項目	失能狀態	失能等級	失能審核	開具診斷書醫療機構層級
12 下肢	下肢缺損失能	12-1 兩下肢膝關節以上殘缺者。	二	「跗蹠關節以上殘缺」係指： (一)於足跟骨切斷以下損缺者。 (二)中足骨與足跟骨離斷以下損缺者。	應由全民健康保險特約醫院或診所出具。
		12-2 兩下肢足關節以上殘缺者。	三		
		12-3 兩下肢跗蹠關節以上殘缺者。	五		
		12-4 一下肢膝關節以上殘缺者。	五		
		12-5 一下肢足關節以上殘缺者。	六		
		12-6 一下肢跗蹠關節以上殘缺者。	八		
	縮短失能	12-7 一下肢縮短5公分以上者。	九	下肢縮短之測定，自患側之腸骨前上棘與內踝下端之長度，與健側下肢比較測定其短縮程度，應輔以雙下肢站立全長X光片（需附有長度標尺）佐證。	應由全民健康保險特約醫院或診所出具。
		12-8 一下肢縮短3公分以上者。	十一		
	足趾缺損失能	12-9 雙足十趾均殘缺者。	六	一、「足趾殘缺」係指：自中趾關節切斷而足趾全部缺損者。 二、手指缺損失能審核三有關「一手手指殘缺，同時其他任何手指喪失機能」之審核規定，於足趾準用之。例如：一足第三趾殘缺為第12-17項第十四等級，同時該足第一趾喪失機能為第12-42項第十二等級，按第十四、十二等級之合計額為140日，因低於一足第一、三趾喪失機能者之給付標準第12-44項第十一等級，可按第12-44項第十一等級審定。	應由全民健康保險特約醫院或診所出具。
		12-10 一足五趾均殘缺者。	九		
		12-11 一足第一趾或其他之四趾均殘缺者。	十一		
		12-12 一足第二趾殘缺者。	十三		
		12-13 一足第一趾及其他任何之足趾，共有二趾以上殘缺者。	十		
		12-14 一足第二趾及其他任何之足趾，共有三趾殘缺者。	十二		
		12-15 一足第二趾及其他任何之足趾，共有二趾殘缺者。	十三		
		12-16 一足第三趾、第四趾及第五趾殘缺者。	十三		
		12-17 一足第一趾及第二趾以外之任何足趾中，有一趾或二趾殘缺者。	十四		

失能種類	失能項目	失能狀態	失能等級	失能審核	開具診斷書醫療機構層級
12 下肢	下肢機能失能	12-18 兩下肢均喪失機能者。	二	一、「三大關節」，係指「髖關節」、「膝關節」及「踝關節」。	應由衛生福利部醫院評鑑優等以上、醫院評鑑合格之醫學中心或區域醫院、醫院評鑑及教學醫院評鑑合格之全民健康保險特約醫院出具。
		12-19 兩下肢三大關節中，各有二大關節喪失機能者。	三	二、「一下肢喪失機能」，係指一下肢完全廢用，符合下列情況之一者： (一)一下肢三大關節均完全強直或完全麻痺，以及一足五趾均喪失機能者。 (二)一下肢三大關節均完全強直或完全麻痺者。	
		12-20 兩下肢三大關節中，各有一大關節喪失機能者。	六	三、「一下肢遺存顯著運動失能」，係指一下肢各關節遺存顯著運動失能，符合下列情況之一者： (一)一下肢三大關節均遺存顯著運動失能，及該足五趾均喪失機能者。 (二)一下肢三大關節均遺存顯著運動失能者。	
		12-21 一下肢喪失機能者。	六		
		12-22 一下肢三大關節中，有二大關節喪失機能者。	七	四、「一下肢遺存運動失能」，係指一下肢三大關節均遺存運動失能者。 五、下肢機能失能之「治療期間」、「喪失機能」、「顯著運動失能」或「運動失能」及類風濕關節炎、退化性關節炎、痛風等之審定，參照上肢之各該項規定。 六、下肢之動搖關節及假關節審定，參照上肢之各該項規定。	
		12-23 一下肢三大關節中，有一大關節喪失機能者。	九		
		12-24 兩下肢均遺存顯著運動失能者。	四	七、踵骨骨折後，骨折部如遺存第2-5項規定之神經症狀，同時足關節亦遺有機能失能時，得合併提高其等級。	
		12-25 兩下肢三大關節中，各有二大關節遺存顯著運動失能者。	五	八、同一下肢遺存機能失能及因神經損傷所致之肌力失能，應綜合衡量定其等級，不得合併提高等級。 九、運動神經失能： (一)下肢部分神經麻痺引起之自動運動失能，比照上肢機能失能審核八之(二)規定審定之。 (二)全部神經或多數之神經麻痺時，比照上肢機能失能審核八之(三)規定審定之。	
		12-26 兩下肢三大關節中，各有一大關節遺存顯著運動失能者。	七		
		12-27 一下肢遺存顯著運動失能者。	七		
		12-28 一下肢三大關節中，有二大關節遺存顯著運動失能者。	八	十、下肢之廣泛範圍，完全喪失知覺失能者，比照上肢機能失能審核八之(四)規定審定之。	
		12-29 一下肢三大關節中，有一大關節遺存顯著運動失能者。	十一	十一、上肢機能失能審核十有關「同一上肢遺存器質失能，同時遺存機能失能時準用等級特別審核規定」及失能審核十一有關「同一上肢遺存機能失能同時手指遺存器質失能或機能失能時準用等級特別審核規定」於下肢均準用之。	
		12-30 兩下肢均遺存運動失能者。	六		

失能種類	失能項目	失能狀態	失能等級	失能審核	開具診斷書醫療機構層級
12 下肢	下肢機能失能	12-31 兩下肢三大關節中，各有二大關節遺存運動失能者。	九	十二、「一下肢遺存假關節且有顯著運動失能者」係指： (一)大腿骨遺存假關節者。 (二)脛骨及腓骨雙方遺存假關節者。 十三、「一下肢遺存假關節者」係指脛骨或腓骨任何一方遺存假關節者。	
		12-32 兩下肢三大關節中，各有一大關節遺存運動失能者。	十一		
		12-33 一下肢遺存運動失能者。	九		
		12-34 一下肢三大關節中，有二大關節遺存運動失能者。	十一		
		12-35 一下肢三大關節中，有一大關節遺存運動失能者。	十三		
		12-36 一下肢遺存假關節且有顯著運動失能者。	八		
		12-37 一下肢遺存假關節者。	九		
	畸形失能（大腿骨或下腿骨）	12-38 兩下肢長管骨遺存畸形者。	十一	一、「下肢長管骨遺存畸形」係指： (一)大腿骨遺存畸形者。 (二)下腿骨脛骨遺存畸形者。 二、前述畸形，須由外部可以察見，或X光片上有明顯之變形（形成約165度以上屈曲之不正癒合者）為準。 三、長管骨骨折部骨痂增生（CALLUS），或有肥厚不能認為畸形（變形）。	應由全民健康保險特約醫院或診所出具。
		12-39 一下肢長管骨遺存畸形者。	十三		
	足趾機能失能	12-40 雙足十趾均喪失機能者。	八	「足趾喪失機能者」係指符合下列情況之一者： 一、第一趾末節切斷二分之一以上者，或中足趾關節，或趾關節喪失生理運動範圍二分之一以上者。 二、第二趾自末關節以上切斷者，或中足趾關節，或第一趾關節喪失生理運動範圍二分之一以上者。 三、第三、四、五各趾，係指末關節以上切斷，或中足趾關節及第一趾關節均完全強直者。	應由全民健康保險特約醫院或診所出具。
		12-41 一足五趾均喪失機能者。	十		
		12-42 一足第一趾或其他之四趾喪失機能者。	十二		
		12-43 一足第二趾喪失機能者。	十四		

失能種類	失能項目	失能狀態	失能等級	失能審核	開具診斷書醫療機構層級
12下肢	足趾機能失能	12-44 一足第一趾及其他任何之足趾，共有二趾以上喪失機能者。	十一		
		12-45 一足第二趾及其他任何之足趾，共有三趾喪失機能者。	十三		
		12-46 一足第二趾及其他任何之足趾，共有二趾喪失機能者。	十四		
		12-47 一足第三趾、第四趾及第五趾喪失機能者。	十四		
		12-48 一足第一趾及第二趾以外之任何足趾中，有一趾或二趾喪失機能者。	十五		

表十一：各失能等級給付標準（勞工保險失能給付標準§5）

失能等級	給付標準
1	1,200日
2	1,000日
3	840日
4	740日
5	640日
6	540日
7	440日
8	360日
9	280日
10	220日
11	160日
12	100日
13	60日
14	40日
15	30日

註：上述失能等級及給付標準，於請領失能年金給付者不適用之。

表十二：各失能等級喪失給付標準比率表

失能等級	投保日薪標準（天）
1	1,200
2	1,000
3	840
4	740
5	640
6	540
7	440
8	360
9	280
10	220
11	160
12	100
13	60
14	40
15	30

第四節　先執行程序（假處分運用）

　　係針對國家賠償中有關當事人所支付的醫療或喪葬費得因急需及必要，而請求賠償機關給付的一種先行執行的方式。而本節假處分的設計，是針對國家賠償而來的，因為國家是立於統治權的上位，而一般人民受到侵害，往往成為弱勢的一群，同時因為一般人民在遭到此侵害的重大變故時，常常會因被直接侵害者是家中經濟的支柱，因此在突然失去此一經濟來源時，生活已頓失依，更別談如何進行善後工作，為此特別權衡此一實際行政上可能的耽誤而設計的一套應急措施。[註]

　　同時為便於整合運用起見；特將行政訴訟法明訂移送訴訟前如有急迫情形，行政法院應依當事人聲請或依職權為必要之處分（指為保全公法上金錢給付之強制執行，得聲請假扣押。前項聲請，就未到履行期之給付，亦得為之（行訴§293）。）納入此節中一併說明。

　　公法上之權利因現狀變更，有不能實現或甚難實現之虞者，為保全強制執行，得聲請假處分。於爭執之公法上法律關係，為防止發生重大之損害或避免急迫之危險而有必要時，得聲請為定暫時狀態之處分。前項處分，得命先為一定之給付。關於行政機關之行政處分，不得為前條之假處分（行訴§298、§299）。移送訴訟之裁定確定時，視為該訴訟自始即繫屬於受移送之法院。前項情形，行政法院書記官應速將裁定正本附入卷宗，送交受移送之法院。（行訴§12-3）

　　同時新增訂民事訴訟法之規定，除本法已規定準用者外，與行政訴訟性質不相牴觸者，亦準用之。（行訴§307-1）

○主管機關之核發建築執照後，土地權利關係人方始提出異議時，應飭其向法院提起訴訟，俟法院判決確定後，再行處理，在法院未經判決確定前，異議人如欲對造停工，

得依民事訴訟法規定之保全程序，請求假處分，以定暫時狀態，經法院裁定准許後，主管建築機關始得禁止施工。（72判28）

○ 惟查於爭執之公法上法律關係，得聲請爲定暫時狀態之假處分，固爲行政訴訟法第298條第2項所規定。然此之所謂爭執之公法上法律關係，係指爲假處分所保全之本案行政爭訟標的之公法上法律關係而言，不包括與該法律關係相牽涉之其他公法上法律關係在內。本件相對人主張其因申請89年研究所畢業役男志願服國防役，經抗告人以前述函復，謂其專長與規定不符，不予准許，乃對之提起訴願云云，則爲本件爭訟標的者，顯係就相對人是否具有服國防役之資格，兩造間有爭執，乃相對人不針對其此一資格之有無，聲請定暫時狀態之假處分，而對台南市政府依法徵召其服預備軍官役之處分，爲此項聲請，已嫌無據。且依同法第299條規定，關於行政機關之行政處分，不得爲假處分。台南市政府前開預備軍官入營通知，係就相對人應服預備軍官役所爲對外直接發生法律效果之單方行政行爲，自屬行政處分。依上開規定，不得爲假處分之標的，乃相對人聲請准其暫不依該徵召通知入營服預備軍官役，並暫保留其此一預備軍官役資格之定暫時狀態假處分，亦屬無據。原裁定未查，遽予准許，即非無違誤。（89裁1728）

○ 本件抗告人聲請假處分所保全之土地買回權，並非繼續性之公法上法律關係，自非屬定暫時狀態假處分之標的，應屬通常假處分之範圍，而法律就通常假處分之規定，所稱公法上之權利現狀變更，有不能實現或甚難實現之虞，應係指爲公法上權利標的之物，其現狀之變更情況，日後有不能以強制執行回復原狀或甚難回復者而言。本件徵收之土地，據抗告人所陳，係作爲闢建公園，果所言非虛，其開闢後地上物應不複雜，倘抗告主張之買回權日後果能獲勝訴確定判決，非不能以相對人之費用，藉強制執行程序回復土地原狀。（91裁249）

○ 按所有「暫時權利保護」制度（包括「停止執行」及「假扣押」或「假處分」等），其審理程序之共同特徵，均是要求法院在有時間壓力之情況下，以較爲簡略之調查程序，按當事人提出之有限證據資料，權宜性地、暫時性地決定、是否要先給予當事人適當之法律保護（以免將來的保護緩不濟急）。是以行政訴訟法第116條第2項所定「行政訴訟繫屬中，行政法院認爲原處分或決定之執行，將發生難於回復之損害，且有急迫情事者，得依職權或依聲請裁定停止執行，但於公益有重大影響或抗告人之訴在法律上顯無理由者，不得爲之」，其構成要件之詮釋，或許不宜過於拘泥於條文，而謂一定要先審查「行政處分之執行結果是否將立即發生難於回復之損害」，而在有確認有此等難以回復之損害將立即發生後，才去審查「停止原處分之執行是否於公益有重大影響」或「本案請求在法律上是否顯無理由」，因爲這樣的審查方式似乎過於形式化。比較穩當的觀點或許是把「保全之急迫性」與「本案請求勝訴之蓋然率」當成是否允許停止執行之二個衡量因素，而且彼此間有互補功能，當本案請求勝訴機率甚大時，保全急迫性之標準即可降低一些；當保全急迫性之情況很明顯，本案請求勝訴機率值或許可以降低一些。另外「難以回復之損害」，固然要考慮將來可否以金錢賠償，但也不應只以「能否用金錢賠償損失」當成惟一之判準。如果損失之填補可以金錢爲之，但其金額過鉅時，或者計算有困難時，爲了避免將來國家負擔過重的金錢

支出或延伸出耗費社會資源的不必要爭訟，仍應考慮此等後果是否有必要列為「難以回復損害」之範圍。（95裁2380）

「於爭執之公法上法律關係，為防止發生重大之損害或避免急迫之危險而有必要時，得聲請為定暫時狀態之處分。」得為此項聲請之人，應係於爭執之公法上法律關係將受重大損害或急迫危險之人，否則，即不得依此規定聲請假處分。（行訴§298Ⅱ）

註：參考法條

❖賠償義務機關拒絕賠償，或自提出請求之日起逾30日不開始協議，或自開始協議之日起逾60日協議不成立時，請求權人得提起損害賠償之訴。但已依行政訴訟法規定，附帶請求損害賠償者，就同一原因事實，不得更行起訴。

依本法請求損害賠償時，法院得依聲請為假處分，命賠償義務機關暫先支付醫療費或喪葬費。（國賠§11）

❖法院依本法第11條第2項規定為假處分，命賠償義務機關暫先支付醫療費或喪葬費者，賠償義務機關於收受假處分裁定時，應立即墊付。（國賠施§35）

第五節　行政訴願與訴訟概述

國家賠償法關於請求程序係採雙軌制，當事人得循民事訴訟或行政訴訟途徑請求，其依民事訴訟法請求者，固應先以書面向賠償義務機關請求，協議不成始得提起民事訴訟；惟如依行政訴訟法第7條規定，於行政訴訟之同一程序中，合併請求損害賠償或其他財產上給付者，因該規定屬國家賠償法之特別規定，而在行政訴訟法上並無協議先行之規定，自亦無協議先行原則之適用，故未先與賠償義務機關協議即逕行起訴仍為合法。次查當事人於行政訴訟程序中附帶提起損害賠償之訴，其實體上之法律關係，仍以民法有關規定為依據，則民法上有關損害賠償之相關規定，亦應準用於公法上之損害賠償，而由行政法院於行政訴訟程序中加以審理裁判。

適用簡易程序之金額或價額修正為新台幣40萬元，及司法院得因情勢需要，以命令將此數額修正減為新台幣20萬元或增至新台幣60萬元，並配合修改相關規定。（行訴§229、§230）

一、行政爭訟簡述

(一) 國家賠償（參前一節說明）

1. 公務員於執行職務行使公權力時，因故意或過失不法侵害人民自由或權利者。
2. 公有公共設施因設置或管理有欠缺，致人民生命、身體或財產受損害者。
（以上兩項競合時以提起第2項為原則請求國家賠償。）

(二) 行政爭訟

依訴願法第2條第1項及行政訴訟法第5條之規定，行政機關對人民依法申請之案件，有作成行政處分之義務，如其應作為而不作為，致人民之權利或法律上利益受損害者，人民須先循訴願程序後，始得提起課予義務訴訟，不得直接提起一般給付訴訟，否

則因起訴不備其他要件,自為法所不許。

1. 訴願之客體(前置程序)

(1)人民對於中央或地方機關之行政處分,認為違法或不當,致損害其權利或利益者,得依本法提起訴願。但法律另有規定者,從其規定。(訴願§1Ⅰ)

(2)各級地方自治團體或其他公法人對上級監督機關之行政處分,認為違法或不當,致損害其權利或利益者,亦同。(訴願§1Ⅱ)

(3)人民因中央或地方機關對其依法申請之案件,於法定期間內應作為而不作為,認為損害其權利或利益者,亦得提起訴願。法令未規定期間者,自機關受理申請之日起為2個月。(訴願§2)

行政處分,係指中央或地方機關就公法上具體事件所為之決定或其他公權力措施而對外直接發生法律效果之單方行政行為。前項決定或措施之相對人雖非特定,而依一般性特徵可得確定其範圍者,亦為行政處分。有關公物之設定、變更、廢止或一般使用者,亦同。(訴願§3)

訴願或再訴願程序中,訴願標的所牽涉之實體上權利義務關係,移轉於第三人,而該受讓人復未承當當事人地位時,是否影響一再訴願程序中當事人實施行政救濟之權能,訴願法雖無明文,亦無類似行政訴訟法第33條準用民事訴訟法第254條第1項之規定。惟基於行政爭訟救濟程序,訴願程序與行政訴訟程序之一貫性,並求訴願程序之安定性,不使因實體上之權利義務移轉而影響其程序,宜類推適用民事訴訟法第254條第1項、第401條第1項之規定,於原程序不生影響。除經由繼受訴願標的所牽涉之實體上權利義務關係之第三人承當訴願者外,仍得由原當事人繼續進行,尚難因此謂為當事人不適格。其決定確定之效力,則及於訴願開始後為當事人之受讓人、繼受人。(參81年判字第185號判例)

△訴願為人民對中央或地方機關之行政處分,認為違法或不當,致損害其權利或利益之行政救濟程序,故訴願受理機關於受理訴願之初,必須先行查明訴願人所指為違法或不當之行政處分為何,否則,審查之對象不確定,其所為之決定,自難謂為適法。(73判415)

○苟人民不服視同行政處分對之提起訴願、再訴願,受理訴願、再訴願機關即不得以應為處分機關之函告進行情形,僅屬通知性質,而非行政處分,遽認無行政處分存在,無視擬制之存在,從程序上駁回人民之訴願、再訴願。(85判2283)

2. 行政訴訟

公法上之爭議,除法律別有規定外,得依本法提起行政訴訟(行訴§2);所稱之行政訴訟,指撤銷訴訟、確認訴訟及給付訴訟(行訴§3)。提起行政訴訟,得於同一程序中,合併請求損害賠償或其他財產上給付(行訴§7)。兩階段理論係德國學者因應行政機關基於公權力,為公共利益而執行給付行政(補貼貸款)所面臨之法律困境,亦即當行政機關准否補貼貸款時,一方面依當時之法律見解,補貼貸款屬國家之私法行為,人民不得對之提起行政訴訟,另一方面,基於契約自由原則,人民亦不得對之提起民事訴訟,以致無法律救濟途徑,因而從貸款給付之前,分析出具行政處分性質之准否

補貼貸款決定，形成前公法後私法之兩階段法律關係，將其准否補貼貸款之決定歸入公法約束，尤其是平等原則之遵守，並受司法審查，而建構出一套法律適用上的理論基礎。

(1) 人民因中央或地方機關之違法行政處分，認爲損害其權利或法律上之利益，經依訴願法提起訴願而不服其決定，或提起訴願逾3個月不爲決定，或延長訴願決定期間逾2個月不爲決定者，得向高等行政法院提起撤銷訴訟。逾越權限或濫用權力之行政處分，以違法論。訴願人以外之利害關係人，認爲第一項訴願決定，損害其權利或法律上之利益者，得向高等行政法院提起撤銷訴訟。（行訴§4）

(2) 人民因中央或地方機關對其依法申請之案件，於法令所定期間內應作爲而不作爲，認爲其權利或法律上利益受損害者，經依訴願程序後，得向高等行政法院提起請求該機關應爲行政處分或應爲特定內容之行政處分之訴訟。人民因中央或地方機關對其依法申請之案件，予以駁回，認爲其權利或法律上利益受違法損害者，經依訴願程序後，得向高等行政法院提起請求該機關應爲行政處分或應爲特定內容之行政處分之訴訟。（行訴§5）

(3) 確認行政處分無效及確認公法上法律關係成立或不成立之訴訟，非原告有即受確認判決之法律上利益者，不得提起之。其確認已執行而無回復原狀可能之行政處分或已消滅之行政處分爲違法之訴訟，亦同。確認行政處分無效之訴訟，須已向原處分機關請求確認其無效未被允許，或經請求後於30日內不爲確答者，始得提起之。確認訴訟，於原告得提起或可得提起撤銷訴訟、課予義務訴訟或一般給付訴訟者，不得提起之。但確認行政處分無效之訴訟，不在此限。應提起撤銷訴訟、課予義務訴訟，誤爲提起確認行政處分無效之訴訟，其未經訴願程序者，行政法院應以裁定將該事件移送於訴願管轄機關，並以行政法院收受訴狀之時，視爲提起訴願。（行訴§6）

提起行政訴訟，得於同一程序中，合併請求損害賠償或其他財產上給付（行訴§7）。人民爲維護公益，就無關自己權利及法律上利益之事項，對於行政機關之違法行爲，得提起行政訴訟。但以法律有特別規定者爲限。選舉罷免事件之爭議，除法律別有規定外，得提起行政訴訟。（行訴§9、§10）

△逾越權限或濫用權力之行政處分，以違法論，行政訴訟法第1條第2項定有明文。基於相同原因事實作成之行政處分，若有意作不公平之差別待遇，致損及特定當事人之權益，即有權力濫用之違法。（81判1006）

△按合法之授益處分除具有：一、法規有准許廢止之規定；二、原處分機關保留行政處分之廢止權；三、附負擔之行政處分受益人未履行該負擔；四、行政處分所依據之法規或事實事後發生變更致不廢止該處分對公益將有重大危害；五、其他爲防止或除去對公益之重大危害等要件之一時，得由原處分機關依職權爲全部或一部之廢止外，基於行政法上之信賴保護原則，行政機關不得任意廢止之。且原處分機關倘依「行政處分所依據之法規或事實事後發生變更，致不廢止該處分對公益將有重大危害」或「其他爲防止或除去對公益之重大危害」之理由，而廢止授予利益之合法行政處分時，對受益人因信賴該處分致遭受財產上之損失，應給予合理之補償。（83判1223）

△行政處分之作成，須2個以上機關本於各自職權先後參與者，為多階段行政處分。此際具有行政處分性質者，原則上為最後階段之行政行為，即直接對外發生法律效果部分。人民對多階段行政處分如有不服，固不妨對最後作成行政處分之機關提起訴訟，惟行政法院審查之範圍，則包含各個階段行政行為是否適法（91判2319）。

二、行政爭訟訴狀簡述

(一) 訴願書簡述　必須附送原處分書影本及受理申請機關收受證明，其他證件如係抄本，應註明「與原本無異」，並蓋章。

當事人書狀，除別有規定外，應記載下列各款事項：

1. 當事人姓名、性別、年齡、身分證明文件字號、職業及住所或居所；當事人為法人、機關或其他團體者，其名稱及所在地、事務所或營業所。
2. 有法定代理人、代表人或管理人者，其姓名、性別、年齡、身分證明文件字號、職業、住所或居所，及其與法人、機關或團體之關係。
3. 有訴訟代理人者，其姓名、性別、年齡、身分證明文件字號、職業、住所或居所。
4. 應為之聲明。
5. 事實上及法律上之陳述。
6. 供證明或釋明用之證據。
7. 附屬文件及其件數。
8. 行政法院。
9. 年、月、日。（行訴§57）

訴願人：　　　　住址：

代表人：　　　　住址：（以上之訴願、代表、代理人均須加蓋印章）

代理人：　　　　事務所：

原處分機關：

為不服○○○單位○年○月○日○字第○號之○○○處分，爰依法於收受處分緣後之法定期間內提起訴願事：

撤銷原處分之聲明（訴願聲明）

一、原處分撤銷。

二、原機關應將○○○撤銷准予訴願人○○○。

本件訴願之有關問題聲先予說明如次：

事實與理由（或將事實與理由分別說明之）

(二)行政訴訟起訴狀簡述

行政起訴狀（撤銷訴訟）

訴訟標的金額或價額：新台幣　　　　　　　　元

原告：　　　　　　　　　　　　　　　　（即　　　　）

法定代理人：　　　　　　　　　　　電話：

地址：

E-mail：

　　　（□是，□否　聲請『案件進度線上查詢服務』）

被告（機關名稱）：

代表人（機關首長）：　　　　　　　電話：

地址：

訴願決定日期及字號：

（機關名稱）

　　　　　年　　　　月　　　　日　　　　字 第　　　　　　　　號

收受訴願決定日期：　　年　　月　　日

為訴請撤銷事：

壹、訴之聲明

一、訴願決定及原處分均撤銷。

二、訴訟費用由被告負擔。

貳、事實及理由

參、證據

證人（請寫明姓名及其住居所）

證物名稱及件數

□原處分影本　　件　　□訴願決定書影本　　件

　　此　　致

台灣新北地方法院行政訴訟庭　公鑒

中　　華　　民　　國　　　　　　年　　　　　　月　　　　　　日

　　　　　　　　　　　　　　　　具狀人：

　　　　　　　　　　　　　　　　（簽章）

行政起訴狀（課予義務）

訴訟標的金額或價額：新台幣　　　　　　元

原告：　　　　　　　　　　　　　　（即　　　　　　　）

法定代理人：　　　　　　　　　　　電話：

地址：

E-mail：

　　　（□是，□否　聲請『案件進度線上查詢服務』）

被告（機關名稱）：

代表人（機關首長）：　　　　　　　電話：

地址：

訴願決定日期及字號：

（機關名稱）

　　　　　　年　　　　月　　　　日　　　　　　字第　　　　　　　　號

收受訴願決定日期：　　年　　　月　　　日

為訴請課予義務事：

壹、訴之聲明

一、訴願決定及原處分均撤銷。

二、被告對於原告　　　年　　　月　　　日申請，應作成　　　　　　　之行政處分。

三、訴訟費用由被告負擔。

貳、事實及理由

參、證據

證人（請寫明姓名及其住居所）

證物名稱及件數

□原處分影本　　件　　□訴願決定書影本　　件

　　　此　致

台灣新北地方法院行政訴訟庭　公鑒

中　華　民　國　　　　　　　年　　　　　　　月　　　　　　　日

　　　　　　　　　　　　　　　　　　具狀人：

　　　　　　　　　　　　　　　　　　（簽章）

行政起訴狀（確認訴訟）

訴訟標的金額或價額：新台幣　　　　　　元

（即　　　　　　）

原告：

法定代理人：　　　　　　　　　電話：

地址：

E-mail：

　　　（□是，□否　聲請『案件進度線上查詢服務』）

被告（機關名稱）：

代表人（機關首長）：　　　　　電話：

地址：

為訴請確認事：

壹、訴之聲明

一、確認

二、訴訟費用由被告負擔。

貳、事實及理由

參、證據

證人（請寫明姓名及其住居所）

證物名稱及件數

此　致

台灣新北地方法院行政訴訟庭　公鑒

中　華　民　國　　　　　年　　　　　月　　　　　日

具狀人：

（簽章）

行政起訴狀（給付訴訟）

訴訟標的金額或價額：新台幣　　　　　元

原告：　　　　　　　　　　　　　　　　（即　　　　　）

法定代理人：　　　　　　　　　電話：

地址：

E-mail：

　　（□是，□否　聲請『案件進度線上查詢服務』）

被告（機關名稱）：

代表人（機關首長）：　　　　　　電話：

地址：

為訴請給付事：

壹、訴之聲明

一、被告應

二、訴訟費用由被告負擔。

貳、事實及理由

參、證據

證人（請寫明姓名及其住居所）

證物名稱及件數

　　此　致

台灣新北地方法院行政訴訟庭　公鑒

中　華　民　國　　　　　年　　　　　月　　　　　日

具狀人：

（簽章）

司法院行政訴訟書狀查詢

三、處分與其訴願機關（訴願§4）

處分機關	訴願、再訴願（類推）機關
鄉、鎮、市（獨立機關）	縣（市）政府
縣政府或市政府所屬各級機關	縣市政府本身
縣、市政府	中央主管部、會、行、處、局、署
直轄市各局、處	直轄市政府
直轄市政府	中央主管部、會、行、處、局、署
中央各部、會、行、處、局、署所屬機關	原部、會、行、處、局、署
中央各部、會、行、處、局、署	原部、會、行、處、局、署
中央各院	原院本身

四、相關法規適用之引用依據條文

　　訴願人只要在法定期間內（行政處分達到或公告期滿之次日起30日內；利害關係人則自知悉時起算，但仍不得逾原處分達到或公告後之3年期間）聲請不服，但須補提訴願書。（參訴願§14）

☆提起訴願，依訴願法第1條規定，以有行政處分存在為前提，行政處分之定義，同法
　第2條亦有明文規定。行政法院62年裁字第41號判例：「官署所為單純的事實敘述或
　理由說明，並非對人民之請求有所准駁，既不因該項敘述或說明而生法律上之效果，
　非訴願法上之行政處分，人民對之提起訴願，自非法之所許」，係前開訴願法條文之
　當然詮釋，與憲法第16條並無牴觸。（釋23）

　　對於二以上不同隸屬或不同層級機關共為之行政處分，應向其共同之上級機關訴願；無隸屬關係之委託事件，為委託機關之行政處分；如有隸屬關係，則向受委任機關或其直接上級機關提起訴願。

　　例外：不服海關緝私條例之處分應先申請復查（參海關緝私條例§47、§48）。不服專利法之審查應先經再審查；但因申請程序不合法或申請人不適格而不受理或駁回者，得進行依法為行政救濟。（參專利§48）

　　訴願不停止原執行之原則，僅應先行重新審查，否則可運用程序上（參訴願§58）之例外：（訴願有訴願法第97條之情形，得聲請再審）

(一) 執行標的將來無法恢復原狀或回復有重大困難者。

(二) 事實上如經執行於勝訴後有其他難以彌補之損害者。（參48年裁字第58號判例）

行政爭訟程序已經開始，於其程序確定前，民事或刑事法院應停止審判程序，但不停止執行（參行訴§12）。其起訴期間如下：

(一) 提起訴願而不服其決定者，應於決定書送達後2個月之不變期間提起，撤銷訴訟，自決定書送達後，已逾3年不得提起。

(二) 提起訴願逾3個月，或延長決定期間又逾2個月不決定。

(三) 如因天災或不可歸責於己的事由，得於原因消滅後1個月內向行政法院聲請回復原狀；但不變期間已逾1年者，不得聲請。

五、行政訴訟之提起

因行政程序大幅度之修正，故本文僅扼要說明目前之一般概況供參考。

訴訟費用指裁判費及其他進行訴訟之必要費用（採預繳制），由敗訴之當事人負擔。但為受理撤銷訴訟，發現原處分或決定雖屬違法，但其撤銷或變更於公益有重大損害，經斟酌原告所受損害、賠償程度、防止方法及其他一切情事，認原處分或決定之撤銷或變更顯與公益相違背時，得駁回原告之訴之判決時，由被告負擔。

1. 起訴，按件徵收裁判費新台幣4,000元。適用簡易訴訟程序之事件，徵收裁判費新台幣2,000元。（參行訴§98Ⅱ）

2. 以一訴主張數項標的，或為訴之變更、追加或提起反訴者，不另徵收裁判費。（參行訴§98-1）

3. 上訴，依第98條第2項規定，加徵裁判費二分之一。發回或發交更審再行上訴，或依第257條第2項為移送，經判決後再行上訴者，免徵裁判費。（參行訴§98-2）

4. 再審之訴，按起訴法院之審級，依第98條第2項及前條第1項規定徵收裁判費。對於確定之裁定聲請再審者，徵收裁判費新台幣1,000元。（參行訴§98-3）

5. 抗告，徵收裁判費新台幣1,000元。（參行訴§98-4）

6. 聲請或聲明，不徵收裁判費。但下列聲請，徵收裁判費新台幣1,000元：

(1) 聲請參加訴訟或駁回參加。

(2) 聲請回復原狀。

(3) 聲請停止執行或撤銷停止執行之裁定。

(4) 起訴前聲請證據保全。

(5) 聲請重新審理。

(6) 聲請假扣押、假處分或撤銷假扣押、假處分之裁定。

(7) 第237條之39聲請事件。（參行訴§98-5）

7. 下列費用之徵收，除法律另有規定外，其項目及標準由司法院定之：

(1) 影印費、攝影費、抄錄費、翻譯費、運送費、公告法院網站費及登載公報新聞紙費。

(2) 證人及通譯之日費、旅費。

(3) 鑑定人之日費、旅費、報酬及鑑定所需費用。

(4) 其他進行訴訟及強制執行之必要費用。

郵電送達費及行政法院人員於法院外爲訴訟行爲之食、宿、交通費，不另徵收。（參行訴§98-6）

提起行政訴訟，係人民因中央或地方機關之違法行政處分，基於可能性理論而導出者，這其中較具關鍵性爭議者，係行政訴訟法第1條第2項，關於逾越權限或濫用權力之準行政處分。此一處分係指一種賦予行爲之法律效果之決定或選擇有瑕疵成分存在，而違反了「禁止過當」及「比例」原則之適用（請參47年判字第26號判例），及「信賴保證」原則之適用（參83年判字第1223號判例），故此一逾越權限或濫用權力之「裁量」與「不確定之法律概念」係完全不同的觀念與範疇。因此如屬「不確定之法律概念」，即針對法律構成要件，由立法者賦予行政機關依其職掌專長加以認定，法院即不得以意見之不同，藉是否違法之審查，以自己意見取代行政機關之意見，此點在提起行政訴訟時，必須特別注意。[註]

一般行政訴訟依該法第98條第1項明訂不徵收裁判費，但因可歸責於參加人之事由致生無益之費用者，得命參加人負擔其全部成一部；而進行訴訟之必要費用（指裁判費以外其他進行訴訟之必要費用），得定期命當事人預納，逾期未納由國庫墊付，待判決確定後，再向應負擔訴訟費用之人徵收。（參行訴§98～§100）

☆ 司法院解釋憲法，並有統一解釋法律及命令之權，爲憲法第78條所明定，其所爲之解釋，自有拘束全國各機關及人民之效力，各機關處理有關事項，應依解釋意旨爲之，違背解釋之判例，當然失其效力。確定終局裁判所適用之法律或命令，或其適用法律、命令所表示之見解，經本院依人民聲請解釋認爲與憲法意旨不符，其受不利確定終局裁判者，得以該解釋爲再審或非常上訴之理由，已非法律見解歧異問題。行政法院62年判字第61號判例，與此不合部分應不予援用。（釋185）

☆ 憲法第16條規定，人民訴訟權應予保障，至訴訟救濟應循之審級、程序及相關要件，應由立法機關衡量訴訟之性質，以法律爲正當合理之規定。行政訴訟法第28條第7款規定「爲判決基礎之證物係僞造或變造者」得據以提起再審之訴，係指該證物確係僞造或變造而言，非謂僅須再審原告片面主張其爲僞造或變造，即應重開訴訟程序而予再審。而所謂證物確係僞造或變造，則又以其僞造或變造經宣告有罪之判決已確定，或其刑事訴訟不能開始或續行，非因證據不足者爲限。此乃因再審係對確定裁判之非常救濟程序，影響法秩序之安定，故對其提起要件應有所限制。行政法院76年判字第1451號判例，符合上開意旨，與憲法第16條保障人民訴訟權之規定尚無牴觸。（釋393）

☆ 最高行政法院中華民國90年11月份庭長法官聯席會議暨法官會議決議：「行政訴訟法簡易程序之金額（價額）於91年1月1日提高爲10萬元後，訴訟標的金額（價額）逾3萬元至10萬元間之事件，於提高後始提起行政訴訟者，依簡易程序審理。提高前已繫屬各高等行政法院而於提高後尚未終結者，改分爲簡字案件，並通知當事人，仍由原股依簡易程序繼續審理；於提高前已終結者以及於提高前已提起上訴或抗告者，均仍依通常程序辦理。」符合行政訴訟法第229條第2項規定及司法院90年10月22日（90）院台廳行一字第25746號令之意旨，與法律保留原則、法安定性原則與法明確性原則

均無違背，於憲法第16條、第23條規定尚無牴觸。（釋629）

△建築物有妨礙都市計劃者，市縣主管建築機關得令其修改或停止使用，必要時得令其拆除，固為建築法第31條第1款所規定。但建築物是否有拆除之必要，應依客觀情事以為認定，不容任意率斷。若無拆除必要而令其拆除，即非合法。本件原告所有平房舖屋兩間，係原業主未經聲請核准擅自建築之房屋，按其位置，固跨越都市計劃道路範圍，於都市計劃，不能謂無妨礙。在實施都市計劃拓寬道路時，所有此種跨越計劃內道路範圍之違章建築，固應一律拆除，但在未按照計劃實施拓寬道路以前，究尚難謂對原告之兩間舖屋，有單獨予以拆除之必要。參照行政院（45）台內字第2898號令頒違章建築處理原則第五條規定，對於舊有違章建築之拆除，亦應依其所定之先後順序，有計劃的分區執行，不應對於某一所房屋單獨執行拆除。被告官署單獨通知原告將該項舖屋拆除，而鄰近同樣房屋，均未同時取締，顯難認其係因妨礙都市計劃而有拆除之必要。按之首開規定，自有未合。（47判26）

△公法與私法，雖各具特殊性質，但二者亦有其共通之原理，私法規定之表現一般法理者，應亦可適用於公法關係。依本院最近之見解，私法中誠信公平之原則，在公法上應有其類推適用。關於舊所得稅法第53條之規定，營利事業之固定資產，在獎勵投資條例、營利事業資產重估價辦法及營利事業資產重估價處理準則等法令施行以前毀棄時，其帳面上之殘餘價額，固無從溯及適用獎勵投資條例第13條、營利事業資產重估價辦法第9條及營利事業資產估價處理準則第44條等規定。惟按之誠信公平之原則，參照司法院院解字第3489號第3項解釋意旨及舊所得稅法第52條規定之旨趣，應參酌當地躉售物價總指數上漲幅度，比例增高其帳面數額，與廢料售價收入比較，以核定其有無收益，如有收益，始據以課徵營利事業所得稅。本件原告購進兩輪時之39年，與解體出售計算其收益憑以課稅之48年，台北市躉售物價上漲比率達3倍有奇（見台灣省政府主計處編印之台灣物價統計月報第一期、第15期及第48期），可見原告於39年間入帳之該兩輪價額，與48年間之實際價額，已顯不相符。如果依此種與實際不符之價額，與解體出售廢料所收入之價款，兩相比較而算出其盈餘，實際必不正確。若復從而課徵營利事業所得稅，自難謂為合理。上開法令規定之資產重估，係因自38年幣制改革以後，物價指數繼續上揚，致營利事業帳面資產，遠較市價為低，造成虛盈實虧現象，為徹底消除此種不合理現象，故有資產重估之規定（依該項規定，營利事業之固定資產，得按重估價基準日之年份，即就營利事業帳面所有之資產辦理重估價之日之年份，與取得該項資產年份台北市躉售物價總指數之比率，重估其固定資產之價款），使其帳面價值與實際相合，以免除不合理之稅負（參照工業發展投資研究小組編印「中華民國投資法令」前言）。對於各該法令公布施行前已發生之同樣情形之事件，其課稅處分尚未確定者，若恝置不顧，任其負擔不合理之稅捐，不予救濟，當非政府制訂各該法令之本意，而與各該法令施行以後之同樣情形事件相比較，亦顯有違稅法上公平之原則。原處分未考慮物價上漲幅度，以重估原告39年購進之該兩輪帳面上殘餘價值，不能不認為有違誠信公平之原則，亦即難謂為適法。（52判345）

△行政機關於審酌是否撤銷授予利益之違法行政處分時，除受益人具有：一、以詐欺、脅迫或賄賂方法使行政機關作成行政處分；二、對重要事項提供不正確資料或為不完

全陳述，致使行政機關依該資料或陳述而作成行政處分；三、明知行政處分違法或因重大過失而不知等信賴不值得保護之情形之一者外，依行政法上信賴保護原則，爲撤銷之行政機關固應顧及該受益人之信賴利益。但爲撤銷之行政機關行使裁量權之結果，倘認爲撤銷該授予利益之違法行政處分所欲維護之公益顯然大於受益人之信賴利益者，該機關仍非不得依職權爲全部或一部之撤銷。（83判151）

△ 按合法之授益處分除具有：一、法規有准許廢止之規定；二、原處分機關保留行政處分之廢止權；三、附負擔之行政處分受益人未履行該負擔；四、行政處分所依據之法規或事實事後發生變更致不廢止該處分對公益將有重大危害；五、其他爲防止或除去對公益之重大危害等要件之一時，得由原處分機關依職權爲全部或一部之廢止外，基於行政法上之信賴保護原則，行政機關不得任意廢止之。且原處分機關倘依「行政處分所依據之法規或事實事後發生變更，致不廢止該處分對公益將有重大危害」或「其他爲防止或除去對公益之重大危害」之理由，而廢止授予利益之合法行政處分時，對受益人因信賴該處分致遭受財產上之損失，應給予合理之補償。（83判1223）

△ 當事人對於行政法院之判決，依行政訴訟法第28條規定，固得提起再審之訴。惟此所謂當事人，依同法第7條第1項規定，係指曾參與訴訟之原告、被告及參加人而言。訴願、再訴願決定機關除依同法第9條第2款規定爲最後撤銷或變更原處分或決定之機關，而爲行政訴訟之被告外，如未參與訴訟之訴願決定機關，即非原判決之當事人，不得提起再審之訴。（84裁1272）

△ 查教師升等資格評審程序既爲維持學術研究與教學之品質所設，其決定之作成應基於客觀專業知識與學術成就之考量。受理此類決定所生爭議事件之行政救濟機關及行政法院，對該決定之作成是否遵守相關之程序，或其判斷、評量有無違法或顯然不當之情事具有審查權，自得依行政救濟程序予以審理。（88判749）

△ 按土地法第73條之1第1項規定得由地政機關代管未辦繼承登記之土地或建築改良物者，其立法目的在防止繼承人逾期怠於申辦繼承登記，故倘繼承人逾期未申辦繼承登記係有正當原因時，即無本條規定之適用。本件原告係因稅捐機關久未核定遺產稅，無法繳納並提出遺產稅繳納證明書，致無法辦理繼承登記，被告未斟酌此項原因，遽命將原告應繼承之土地及建築物代管，顯然有違上開規定之立法目的。（88判3900）

○ 按公法上損失補償之意義，乃指國家基於公益需要，依法行使公權力，致特定人之財產上利益特別犧牲，國家應給予相當之補償之謂。依87年11月11日修正公布前之行政執行法第9條規定：「遇有天災、事變及其他交通上、衛生上或公安上有危害情形，非使用或處分其土地、家屋、物品或限制其使用，不能達防護之目的時，得使用或處分，或將其使用限制之。」行政機關依上開規定執行公權力，致人民財產遭受損失者，自應給予相當之財產補償，乃屬當然。次按行政上之損害賠償與損失補償不同，前者係以不法行爲爲前提，爲公法上之侵權行爲；後者係對適法之行爲而生之補償，以彌補相對人之損失。在行政執行法修正施行前，人民因執行機關依法實施即時強制，致其生命、身體或財產遭受特別損失時，並無得請求補償之規定，僅能附帶於行政訴訟提起。是以，苟人民主張因行政機關公權力之行使，致其財產受有損害，而請求損失補償，經行政機關以與有關補償費發給之法規不符而函復拒絕，則行政機關拒

絕補償之函復，不能謂非針對具體事件，所爲足以發生拒絕補償之法律上效果，自屬行政處分，人民即得依法提起訴願及行政訴訟。現行行政執行法第41條第3項規定：「對於執行機關所爲損失補償之決定不服者，得依法提起訴願及行政訴訟。」亦明文揭示此意旨。準此，不論行政執行法修正前、後之規定，應解爲因行政機關實施即時強制，致人民財產遭受損失，而請求補償者，均應先向行政機關提出申請，於行政機關否准其請求時，方得提起訴願及行政訴訟。原判決以人民對於執行機關所爲即時強制之損失補償不服者，應循訴願程序，始得提起行政訴訟。（92判1171）

○ 本院按因不服中央或地方機關之行政處分而循訴願或行政訴訟程序謀求救濟之人，依現有之解釋判例，固包括利害關係人而非專以受處分人爲限，所謂利害關係乃指法律上之利害關係而言，不包括事實上之利害關係在內，本院75年判字第362號著有判例。又原告有即受確認判決法律上利益者，對已執行完畢或其他事由而消滅之行政處分爲違法者，得提起確認之訴，固爲行政訴訟法第六條第一項後段所明定。惟所謂違法行政處分，係指於作成行政處分時，即構成違法者爲限。（92判1325）

○ 按「營業人以較時價顯著偏低之價格銷售貨物或勞務而無正當理由者，主管稽徵機關得依時價認定其銷售額。」爲行爲時營業稅法第17條所明定。至於「房屋款顯較市價爲低」應如何查證乙節，依財政部81年2月25日台財稅第81075390號函示，應參酌財政部賦稅署80年6月28日邀集省市稽徵機關會商結論辦理。準此，有關房屋款是否顯較市價爲低，核屬事實認定問題，事實審法院有衡情斟酌之權，苟已斟酌全辯論意旨及調查證據之結果，而未違背論理法則或經驗法則，不得遽指爲違法。原判決以系爭房屋之售價，被上訴人係依財政部賦稅署80年6月28日邀集省市稽徵機關會商結論，以銀行貸款評定之房屋價款作爲房屋款市價之參考資料，依行爲時營業稅法第17條規定，按查得銀行貸款估價金額調整售價，未查得銀行估價部分，依同法施行細則第25條「本法稱時價，係指當地同時期銷售該項貨物或勞務之價格」之規定意旨，比照建坪數、購屋日期相近、相同樓層者查得之銀行估價資料調整，已如前述，經核與論理法則或經驗法則無違，難認原判決有適用法規不當之違法。（92判1559）

○ 按請求國家賠償應先以書面向賠償義務機關請求之，如遭賠償義務機關拒絕者，得提起損害賠償之訴，適用民事訴訟法規定，向普通法院民事庭起訴。觀國家賠償法第10條第1項、第11條第1項、第12條規定甚明。此種事件雖屬公法上之爭議，然因國家賠償法特別規定應向民事法院起訴，即爲行政訴訟法第2條所指之法律別有規定者，自不得提起行政訴訟，行政法院並無審判權。（92判1807）

○ 查台灣高等法院86年度上更（一）字第452號民事判決認定之事實，尚無拘束行政事件之效力，該判決嗣經最高法院88年度台上字第2946號民事判決予以廢棄，高院88年度上更（二）字第485號改判旭航公司等敗訴，最高法院90年度台上字第1679號判決駁回旭航公司等上訴而告確定。且該案法院至現場勘驗，似僅能勘查出當時情形，不能單憑現場勘驗得出已供公眾通行逾20年，成爲既成巷道之結論。該判決第6頁第16行載：「……而被上訴人所有系爭既成道路，乃民國68年以前即提供公眾通行之私設8米巷道，並已由台北縣樹林鎮公所舖設柏油馬路，爲可供汽車通行之私有道路等情」，僅認定係「68」年以前提供，爲「私有道路」，復稱爲既成道路，亦有未區分

既成巷道與私有巷道之嫌，縱自68年起供公眾通行，至本件建造執照核發時止，未滿20年，亦不合既成巷道要件，原處分依上開判決理由，認系爭土地爲既成巷道，亦有矛盾。原處分所載事證，尚不足以認定系爭8111地號土地爲既成巷道。（92判1894）

△人民因國家之行政處分而受有損害，請求損害賠償時，現行法制，得依國家賠償法規定向民事法院訴請賠償外，亦得依行政訴訟法第7條規定，於提起其他行政訴訟時合併請求。二者爲不同之救濟途徑，各有其程序規定。人民若選擇依國家賠償法請求損害賠償時，應依國家賠償法規定程序爲之。若選擇依行政訴訟法第7條規定請求損害賠償時，自僅依行政訴訟法規定程序辦理即可。行政訴訟法既未規定依該法第7條規定合併請求損害賠償時，應準用國家賠償法規定，自無須踐行國家賠償法第10條規定以書面向賠償義務機關請求賠償及協議之程序。（93判494）

○人民因國家之行政處分而受有損害，請求損害賠償時，現行法制，得依國家賠償法規定向民事法院訴請外，亦得依行政訴訟法第7條規定，於提起其他行政訴訟時合併請求。二者爲不同之救濟途徑，各有其程序規定。人民若選擇依國家賠償法請求損害賠償時，應依國家賠償法規定程序請求。若選擇依行政訴訟法第7條規定請求損害賠償時，自僅依行政訴訟法規定程序爲之即可。行政訴訟法既未規定依該法第7條規定合併請求損害賠償時，應準用國家賠償法規定，自無須踐行國家賠償法第10條規定以書面向賠償義務機關請求賠償及協議之程序。況國家賠償法第10條規定須先以書面請求及協議，係予行政機關對其所爲是否違法有自省機會，減少不必要之訴訟。如人民對行政機關之違法處分，已提起行政救濟（異議、復查、訴願等），行政機關認其處分並無違法而駁回其訴願等，受處分人不服該決定而提起行政訴訟，且合併請求請求損害賠償，若要求其亦應踐行國家賠償法之先議程序，行政機關既認其處分無違誤，協議結果，必係拒絕賠償，起訴前之先行協議顯無實益。是依行政訴訟法第7條合併提起損害賠償之訴，其請求內容縱屬國家賠償範圍，亦無準用國家賠償法踐行該法第10條規定程序之理。（93判576）

△對於高等行政法院判決提起上訴，而經本院認上訴爲不合法以裁定駁回，對於該高等行政法院判決提起再審之訴者，無論本於何種法定再審事由，仍應專屬原高等行政法院管轄。又當事人向本院提起上訴，是否合法，係屬本院應依職權調查裁判之事項，聲請人對本院以其上訴爲不合法而駁回之裁定，以發見未經斟酌之證物爲由聲請再審，依行政訴訟法第283條準用第275條第1項之規定，應專屬本院管轄，同法第275條第3項規定不在準用之列。（95裁1167）

△行政訴訟法第101條所謂無資力，係指窘於生活，且缺乏經濟上之信用者而言。（97裁聲18）

△按行政訴訟法第273條第1項第1款所稱適用法規顯有錯誤者，係指確定判決所適用之法規顯然不合於法律規定，或與司法院現尚有效之解釋，或本院尚有效之判例顯然違反者而言。（97判360）

△按行政訴訟法第273條第1項第1款所謂適用法規顯有錯誤，應以確定判決違背法規或現存判例解釋者爲限，若在學說上諸說併存尚無法規判解可據者，不得指爲適用法規顯有錯誤。（97判395）

△當事人對於高等行政法院判決上訴，如依行政訴訟法第243條第1項規定，以高等行政法院判決有不適用法規或適用不當爲理由時，其上訴狀或理由書應有具體之指摘，並揭示該法規之條項或其內容；若係成文法以外之法則，應揭示該法則之旨趣；倘爲司法院解釋或本院之判例，則應揭示該判解之字號或其內容。如以行政訴訟法第243條第2項所列各款情形爲理由時，其上訴狀或理由書，應揭示合於該條項各款之事實。上訴狀或理由書如未依此項方法表明者，即難認爲已對高等行政法院判決之違背法令有具體之指摘，其上訴自難認爲合法。（97裁934）

△行政訴訟法第91條第1項所謂不應歸責於己之事由，係指依客觀之標準，以通常人之注意，而不能預見或不可避免之事由，且該事由之發生與訴訟行爲逾期有相當因果關係者而言。當事人因病居住他處，既非不能指定他人代收送達及委任他人代爲訴訟行爲，其未爲指定及委任致遲誤不變期間，不能謂非應歸責於己之事由，自不得聲請回復原狀。（97裁2499）

辦理行政訴訟事件應行注意事項

壹、收受書狀

一、注意程式

行政法院收受書狀人員宜注意下列事項：

(一) 當事人遞送之書狀不合程式，如住居所未記載明確或未合法簽名者，應請其補正。其未添具必要之繕本者，亦同。（行訴§57、§58、§59準用民訴§119Ⅰ、§121Ⅰ）

(二) 依書狀內容應徵收裁判費者，應請當事人依法繳納，遇有應納數額不明者，送請審判長指示。（行訴§98、§98-1至§98-5、§237-5Ⅰ）

(三) 如當事人不補正或拒絕繳納裁判費者，仍應收受，而於書狀黏簽記明其事由，俾法官注意。

二、收受附件

經記明書狀內之附屬文件、所引用之文書或其他證物，如隨同書狀提出者，應即一併收受，並當場點明。（行訴§59準用民訴§118）

三、事件與書狀之處理

(一) 行政法院收受當事人訴狀後，應即編案。收受聲請或聲明書狀而應編案者，亦同。

(二) 收受當事人或其他訴訟關係人關於訴訟之書狀，應逕送承辦法官或該庭，無須經由法院其他長官。但收受之書狀如屬密件時，應依相關規定辦理。

(三) 撤銷訴訟與課予義務訴訟，應即調卷。

貳、事件之初步審查

四、訴訟要件之審查

(一) 行政法院對於原告之訴，於指定期日前，應先依據書狀審查其是否合法。如認有不合法之情形而可以補正者，例如能力、代理權有欠缺或於撤銷訴訟、課予義務訴訟誤列被告機關時，審判長應速定期間命其補正。如原告不遵命補正，或其欠缺本屬不能補正者，無須指定期日，應逕以裁定駁回其訴。（行訴§107Ⅰ、Ⅱ）

（二）原告起訴時未繳裁判費或所繳裁判費不足額者，應先送請審判長裁定限期命原告補繳。分案後，承辦法官仍應切實審核，不足額者應隨時送審判長裁定命其補繳。（行訴§100Ⅰ）

五、起訴期間

（一）撤銷訴訟及課予義務訴訟之起訴期間為2個月（行訴§237-3Ⅱ）。但法律別有規定者，不在此限（例如犯罪被害人保護法§19）。此項期間為訴訟法上之不變期間。起訴逾期者，其訴為不合法，應以裁定駁回之。（行訴§107Ⅰ⑥）

（二）確認訴訟（行訴§6）、一般給付訴訟（行訴§8）無起訴期間之限制。

六、先行程序之踐行

（一）撤銷訴訟之先行程序

1.原則：

(1) 須經訴願程序。

①訴願決定維持原處分而不服者。（行訴§4Ⅰ）

②訴願決定撤銷原處分並逕為變更之決定，而該決定對訴願人仍為不利益或更不利益者。（訴願§81）

③提起訴願逾3個月不為決定，或延長訴願決定期間逾2個月不為決定者。（行訴§4Ⅰ）

(2) 其他法規就行政救濟設有特別程序者，如已踐行該特別程序，實質上相當於訴願決定，均得逕提起行政訴訟。

2.例外：

(1) 訴願人以外之利害關係人認為訴願決定損害其權利或法律上利益，得逕行提起撤銷訴訟。（行訴§4Ⅲ）但前述利害關係人應以該訴願決定撤銷或變更原處分，致損害其權利或利益者為限。

(2) 如訴訟標的對於原訴願人及其他有相同利害關係之人必須合一確定者，與原訴願人利害關係相同之人得逕依行政訴訟法第4條第1項起訴。

(3) 經聽證程序作成之行政處分，免除訴願及其先行程序，得逕行提起撤銷訴訟。（行程§109）

(4) 交通裁決事件訴訟之提起，以原處分機關為被告，免除訴願或其他先行程序，直接向管轄之地方法院行政訴訟庭起訴（行訴§237-3Ⅰ、道路交通管理處罰條例§87）。

（二）課予義務訴訟之先行程序

1.原則：須經訴願程序。（行訴§5）

2.例外：經聽證程序作成之行政處分，免除訴願及其先行程序，得逕行提起課予義務訴訟。（行程§109）

（三）確認行政處分無效訴訟之先行程序

1.原則：須已向原處分機關請求確認其無效未被允許，或經請求後於30日內不為確答者，始得提起之。（行訴§6Ⅱ）

2.例外：交通裁決事件訴訟之提起，以原處分機關為被告，免除向原處分機關請求確認

其無效之先行程序，直接向管轄之地方法院行政訴訟庭起訴。（行訴§237-3Ⅰ、道路交通管理處罰條例§87）

七、審判權

(一) 行政訴訟程序所審理之公法上之爭議，須爲當事人間有具體之法律關係或法律上利益之爭議。

(二) 公法上之爭議，法律另有規定其救濟途徑者，非屬行政訴訟事件之範圍。

(三) 行政法院認其對訴訟無審判權，應依職權以裁定移送至有審判權之法院。但如屬刑罰案件者，應逕以裁定駁回，不必移送。有審判權之管轄法院有數個，而原告有所指定時，應移送至原告指定之法院。該裁定得爲抗告。如當事人就行政法院有無受理訴訟權限有爭執時，行政法院應先爲裁定。行政法院於作成移送裁定前，並應先徵詢當事人之意見。（行訴§12-2Ⅱ、Ⅴ、Ⅵ、Ⅶ）

八、管轄權

行政法院對於原告起訴之事件無管轄權者，應依原告聲請或依職權，裁定移送於管轄法院（行訴§18準用民訴§28）。又因行政訴訟法不採合意管轄及應訴管轄制度，被告雖不爲無管轄權之抗辯，而爲本案之辯論，或雙方當事人合意定管轄法院，均不生定管轄之效力。

九、訴訟代理人

(一) 當事人得委任代理人爲訴訟行爲。但每一當事人委任之訴訟代理人不得逾3人。（行訴§49Ⅰ）

(二) 行政訴訟應以律師爲訴訟代理人。（行訴§49Ⅱ前段）

(三) 非律師具有下列情形之一者，經審判長許可，亦得爲訴訟代理人：

1. 稅務行政事件，具備會計師資格者。

2. 專利行政事件，具備專利師資格或依法得爲專利代理人者。

3. 當事人爲公法人、中央或地方機關、公法上之非法人團體時，其所屬專任人員辦理法制、法務、訴願業務或與訴訟事件相關業務者。

4. 交通裁決事件：

(1) 原告爲自然人時，其配偶、三親等內之血親或二親等內之姻親。

(2) 原告爲法人或非法人團體時，其所屬人員辦理與訴訟事件相關業務。（行訴§49Ⅱ後段）

(四) 強制代理：

1. 對於通常訴訟程序、都市計畫審查程序之判決上訴，上訴人應委任律師爲訴訟代理人。但有下列情形之一者，不在此限：

(1) 上訴人或其法定代理人具備律師資格或爲教育部審定合格之大學或獨立學院公法學教授、副教授。

(2) 稅務行政事件，上訴人或其法定代理人具備會計師資格。

(3) 專利行政事件，上訴人或其法定代理人具備專利師資格或依法得爲專利代理人。

2. 非律師具有下列情形之一，經最高行政法院認爲適當者，亦得爲通常訴訟程序、都市計畫審查程序上訴審訴訟代理人：

(1) 上訴人之配偶、三親等內之血親、二親等內之姻親具備律師資格。

(2) 稅務行政事件，具備會計師資格。

(3) 專利行政事件，具備專利師資格或依法得爲專利代理人。

(4) 上訴人爲公法人、中央或地方機關、公法上之非法人團體時，其所屬專任人員辦理法制、法務、訴願業務或與訴訟事件相關業務。（行訴§241-1Ⅰ、Ⅱ）

(五) 關於委任書：

1. 當事人爲外國人或外國公司時，其委任書須經我外交部駐外單位之認證，但如依卷證資料已足認其委任爲眞正者，不在此限。

2. 當事人爲機關之事件，該機關委任訴訟代理人之委任書，如已蓋用機關印信及機關首長職章者，得認機關首長有代表機關爲該委任行爲之意思，故雖未由機關首長簽名或蓋用私章，其程式應爲合法。

九之一、確保身心障礙者之司法近用

　　爲促進行政訴訟程序對於身心障礙者之保護與協助，宜注意下列規定及措施：

(一) 對於無訴訟能力之身心障礙者爲訴訟行爲，或無訴訟能力之身心障礙者有爲訴訟之必要者，得聲請選任特別代理人。（行訴§28準用民訴§51Ⅰ、Ⅱ）

(二) 身心障礙者於行政訴訟進行中，有必要時得向行政法院聲請許可或由法院依職權命其偕同輔佐人到場。（行訴§55Ⅰ、Ⅱ）

(三) 因神經系統構造及精神、心智功能損傷或不全，無法爲完全陳述，於審判中未經選任代理人，審判長認有選任之必要，得通知法律扶助基金會提供法律扶助，亦得告知當事人得申請法律扶助；或由身心障礙福利機構逕以其爲申請人代爲申請。（法扶§5Ⅳ③、§17Ⅱ）

(四) 對於無訴訟能力之身心障礙者送達行政訴訟相關文書，應向其法定代理人爲之；尚未陳明其法定代理人者，於補正前得向其本人爲送達。（行訴§64Ⅰ、Ⅳ）

(五) 當事人爲身心障礙者，除有急迫情形外，言詞辯論期日，距訴狀之送達，宜有較十日長之就審期間，予其較充裕之時間準備。（行訴§109Ⅱ）

(六) 身心障礙之當事人所在處所或所在地法院與行政法院間有聲音及影像相互傳送之科技設備而得直接審理者，行政法院認爲適當時，得依聲請或依職權以該設備審理。（行訴§130-1）

(七) 參與行政訴訟辯論人如爲聽覺、語言之身心障礙者，法院應用通譯，亦得以文字發問或使其以文字陳述。法院審理案件時，宜主動瞭解、詢問當事人或關係人有無傳譯需求，並視個案需要選任通譯。（行訴§131、§132準用民訴§207Ⅱ、法院使用通譯作業規定§3Ⅰ）

(八) 因身心障礙致不解行政訴訟法上具結意義及其效果之人爲證人，不得令其具結。（行訴§150）

(九) 對於身心障礙之當事人或其他關係人，法官得視實際需要使其就座陳述，或予適當之協助（法院便民禮民實施要點§19）。並善用科技設備協助身心障礙者參與法庭活動。

(十) 適時於法庭活動中提供語言播報，供身心障礙者知悉庭訊內容，俾提供身心障礙者

更友善之法庭環境。

(十一) 視覺、聽覺、肢體功能障礙者攜帶使用者證明及合格犬工作證，得由著導盲鞍之合格導盲犬或著背心之合格導聾犬、肢體輔助犬陪同出入法院。（合格導盲導聾肢體輔助犬及其幼犬資格認定及使用管理辦法§11、身障§60）

(十二) 當事人為身心障礙者，宜注意裁判書之公開，除身心障礙者之姓名外，得不含其身分證統一編號及其他足資識別其個人之資料。（行政法院組織法§47準用法組§83Ⅱ）

十、上訴審查

(一) 上訴事件，原行政法院應審查其是否合法，上訴審法院亦應注意審查。

(二) 上訴有不合法之情形者，原行政法院應依下列原則處置：

1. 上訴不合法而其情形不能補正者：以裁定駁回之。（行訴§246Ⅰ、§236-2Ⅲ準用§246Ⅰ、§237-9Ⅱ準用§236-2Ⅲ再準用§246Ⅰ）

2. 上訴不合法而其情形可以補正者：應先定期間命其補正，如不於期間內補正，以裁定駁回之。（行訴§246Ⅱ、§236-2Ⅲ準用§246Ⅱ、§237-9Ⅱ準用§236-2Ⅲ再準用§246Ⅱ）

3. 上訴狀內未表明上訴理由，上訴人亦未於提起上訴後20日補提理由書，毋庸命其補正，逕以裁定駁回之。（行訴§245Ⅰ、§236-2Ⅲ準用§245Ⅰ、§237-9Ⅱ準用§236-2Ⅲ再準用§245Ⅰ）

十一、抗告審查

(一) 原行政法院或審判長對於提起抗告者，應立即予以調查，如認抗告為有理由者，應撤銷或變更原裁定（行訴§272準用民訴§490Ⅰ）。原行政法院或審判長認為已逾抗告期間或係對於不得抗告之裁定而抗告者，以裁定駁回之；認有其他不合法之情形而可以補正者，得定期間命其補正，惟如不於期間內補正者，或不合法之情形不能補正者，應以裁定駁回之（行訴§272準用民訴§495-1、§442）。如認為無理由時，應檢送卷宗連同抗告狀送交抗告法院，必要時，並得添具意見書（行訴§272準用民訴§490Ⅱ）。如因續行程序，需用卷宗者，應自備卷宗之繕本、影本或節本。

(二) 抗告法院廢棄原裁定時，應自為裁定，非有難於調查自為裁定之情形，不得率命原行政法院或審判長更為裁定。（行訴§272準用民訴§492）

十二、再審審查

(一) 再審之訴，應先就程序上是否合法為調查。

1. 關於再審理由之記載及關於再審理由並遵守不變期間之證據，為再審之訴必要之程式。如未於訴狀內表明，毋庸命其補正。（行訴§277Ⅰ）

2. 如有不合法情形，經通知補正，逾期不補正或其情形不能補正者，均係再審之訴不合法，應以裁定駁回之。（行訴§278Ⅰ）

3. 再審之訴經行政法院認無再審理由而判決駁回者，不得以同一事由對於原確定判決或駁回再審之訴之確定判決，更行提起再審之訴（行訴§274-1）。違者，其訴為不合法，應以裁定駁回之。

4. 對於再審確定判決不服，復提起再審之訴者，行政訴訟法第276條第4項所定期間，應自原判決確定時起算。但再審之訴有理由者，自該再審判決確定時起算。（行訴§276Ⅴ）

(二) 再審之訴有無再審理由之審查：

1. 如顯無再審理由者，得不經言詞辯論，逕以判決駁回之。（行訴§278Ⅱ）

2. 再審之訴，有無再審理由之審查，已屬實體之審理。原則上應經言詞辯論而為判決（行訴§188Ⅰ、§281），審理結果認無再審事由者，為再審無理由。至於上訴審判決原則上不經言詞辯論，如認不具備再審之事由，應以「無再審理由」，判決駁回。

十三、重新審理之審查

(一) 聲請重新審理書狀不合程式或有其他要件欠缺而可補正者，審判長應定期間命其補正。

(二) 聲請人逾期不補正或不能補正，或已參加訴訟，或原判決尚未確定或非係撤銷或變更原處分或決定，或已逾不變期間，或聲請人未主張因確定判決受有損害者，均係聲請不合法，行政法院應以裁定駁回之。（行訴§284、§286、§287）

(三) 聲請人如具備聲請要件者，為聲請有理由，應以裁定命為開始重新審理；認為無理由，應以裁定駁回之（行訴§288）。命為開始重新審理裁定確定後，應即回復原訴訟程序，依其審級更為審判。（行訴§290Ⅰ）

十四、當然停止

　　因當事人死亡而訴訟程序停止者，為免事件久懸起見，行政法院應迅速調查其繼承人，並通知其應即為承受訴訟之聲明。當事人不聲明承受訴訟者，行政法院宜依職權以裁定命其續行訴訟，但應注意繼承人拋棄繼承期間已否屆滿（行訴§186準用民訴§177、§178）。惟訴訟標的法律關係不得承受者，不在此限。

十五、裁定停止

(一) 行政訴訟之法律關係或訴訟所為之抗辯以民事法律關係之存否為其先決問題者，於該民事訴訟法律關係已經訴訟繫屬尚未終結者，行政法院應以裁定停止訴訟程序。（行訴§177）

(二) 行政法院與普通法院間就受理訴訟之權限，不論涉及積極衝突或消極衝突，均應以裁定停止訴訟程序，並聲請司法院大法官解釋。（行訴§178）

(三) 行政法院就其受理事件，對所適用之法律，確信有牴觸憲法之疑義時，得聲請司法院大法官解釋。經聲請解釋者，行政法院應裁定停止訴訟程序。（行訴§178-1）

(四) 當事人於戰時服役或因天災、戰事或其他不可避之事故與法院交通隔絕者或有民事、刑事或其他行政爭訟牽涉行政訴訟之裁判者，或認受告知訴訟人能為參加訴訟者，其訴訟程序非當然停止，若於訴訟程序之進行無礙或牽涉行政訴訟裁判之民事、刑事或其他行政訴訟對行政法院判決結果無影響時，即不能逕以裁定停止，以免訴訟延滯。（行訴§177Ⅱ、§186準用民訴§181、§185）

十六、合意停止

(一) 當事人得以合意停止訴訟程序。但於公益之維護有礙者，不在此限。（行訴§183Ⅰ）

(二) 行政法院認當事人合意停止訴訟，或當事人兩造無正當理由遲誤言詞辯論期日而視為合意停止訴訟，有礙公益之維護者，應於兩造陳明或視為合意停止訴訟期日起，一個月內裁定續行訴訟。對於上開裁定，不得聲明不服。（行訴§183Ⅰ、Ⅲ、Ⅳ、§185Ⅰ、Ⅲ、Ⅳ）

(三) 合意停止訴訟程序之次數，應按審級個別計算。發回更審者，應認為另一審級，更新計算。

(四) 當事人未如期續行訴訟或第二度合意停止訴訟程序復續行訴訟後，再次陳明合意停止訴訟程序者，視為撤回其訴。（行訴§184）

(五) 合意或視為合意停止訴訟程序，視為撤回其訴者，其效力於法定要件具備時當然發生，不因行政法院或當事人嗣後之訴訟行為，使已消滅之訴訟繫屬回復。當事人如認遲誤期日有正當理由者，應向受訴行政法院聲請續行訴訟，惟當事人如對於視為撤回其訴之通知提出異議或抗告，已表明其遲誤期日有正當理由之意旨者，應以續行訴訟之聲請處理。

參、言詞辯論前之準備

十七、迅速準備言詞辯論

(一) 法官在言詞辯論期日前，應作充分準備，務須詳閱卷宗，諳悉其訴訟關係及兩造攻擊防禦方法，並就有關問題摘記要點，俾於辯論時，克盡指揮之能事。

(二) 法官為充分準備言詞辯論，應命當事人將其所掌握之事實、證據及相關訴訟資料，儘可能於期日前提出。（行訴§132準用民訴§265～§268）

(三) 審判長如認言詞辯論之準備尚未充足，得定期間命當事人提出記載完全之準備書狀或答辯狀，並得命其就特定事項詳為表明或聲明所用之證據（行訴§132準用民訴§268）。並得以言詞、書面或依民事訴訟法第153條之1規定，以電信傳真或其他科技設備傳送之方式命當事人為上開補正。（行訴§83準用民訴§153-1）

(四) 審判長命當事人就特定事項詳為表明或聲明所用之證據時，應斟酌該特定事項或所用證據之性質、種類及當事人為該補正所必要之準備時間等因素，酌定相當之期間。

十八、書狀交換

　　當事人因準備言詞辯論而提出於行政法院之書狀及其添具所用書證之影本，應以繕本或影本直接通知他造。當事人如就曾否受領他造直接通知之書狀及書證繕本或影本有爭執時，應由提出之當事人釋明之，如未釋明，即應補行通知。如直接通知有困難者，得聲請書記官依一般規定送達。（行訴§132準用民訴§265、§267）

肆、調查證據

十九、舉證責任

　　行政訴訟法第136條規定：除本法有規定者外，民事訴訟法第277條之規定於第二編第一章第四節證據準用之。所謂「本法有規定者」，係指同法第133條：於撤銷訴訟及其他為維護公益訴訟，應依職權調查證據；及第134條：於撤銷訴訟及其他為維護公益訴訟，當事人主張之事實，雖經他造自認，仍應調查其他必要之證據而言。

二十、無庸舉證之事實

(一) 事實於行政法院已顯著或爲其職務上所已知者，無庸舉證。上開事實，雖非當事人提出者，亦得斟酌之。但裁判前應令當事人就其事實有辯論之機會。（行訴§176準用民訴§278）

(二) 於撤銷訴訟及其他爲維護公益之訴訟以外之訴訟，當事人主張之事實，經他造於準備書狀內或言詞辯論時或在受命法官、受託法官前自認者，無庸舉證。

(三) 擬制或推定之事實：

1. 擬制之事實：不論事實之眞相如何，他造均不得再舉證用以推翻法律所定之事實。

2. 法律上之推定：法律上推定之事實無反證者，無庸舉證（行訴§176準用民訴§281），其爲相異之主張者，應負證據提出責任。

3. 事實上之推定：行政法院得依已明瞭之事實，推定應證事實之眞僞（行訴§176準用民訴§282），應證之事實雖無直接證據足資證明，但可應用經驗法則，依已明確之間接事實，推定其眞僞。有間接證據證明間接事實者，即得據以推定應證事實之眞僞。惟仍應令當事人就該推定之事實爲辯論。

二一、認他造證據之主張或應證之事實爲眞實

當事人以不正當手段妨礙他造之舉證，而故意將證據滅失、隱匿或致礙難使用者，行政法院得審酌當事人妨礙他造舉證之態樣、所妨礙證據之重要性等情形，依自由心證認他造關於該證據之主張或依該證據應證之事實爲眞實。惟應於裁判前令當事人有辯論之機會。（行訴§135）

二二、裁判之實質要件

(一) 行政法院依自由心證判斷事實之眞僞，係指行政法院基於裁量權取捨證據方法及調查證據後爲證據評價時，除受法律拘束外，並應遵守論理法則及經驗法則而言。至所謂論理法則，係指理論認識及邏分析之方法；經驗法則，則指人類本於經驗累積歸納所得之法則；另所謂經驗，包括通常經驗及特別知識經驗。故行政法院判斷事實眞僞時，不得違反邏輯上推論之論理法則，亦不得違背日常生活經驗所得而爲一般人知悉之普通法則，或各種專門職業、科學上或技術上之特殊法則。（行訴§189Ⅰ）

(二) 當事人已證明受有損害而不能證明其數額或證明顯有重大困難者，行政法院應審酌全辯論意旨及調查證據之結果，於不違背經驗法則及論理法則之範圍內，依所得心證定其數額。（行訴§189Ⅱ）

二三、證據之調查

(一) 調查證據之處所：由受訴法院、受命法官或受託法官實施者，原則上應於法庭內爲之，例外於下列處所行之：有在證據所在地調查之必要者（行訴§132準用民訴§270Ⅲ①）。元首爲證人者，應就其所在詢問之（行訴§176準用民訴§304）。遇證人不能到場，或有其他必要情形時，得就其所在訊問之（行訴§176準用民訴§305Ⅰ）。於必要時，得在管轄區域外調查證據。（行訴§176準用民訴§293）

(二) 囑託調查證據：囑託調查證據時，囑託法院宜先命聲請調查證據之當事人預納必要費用。審判長應告知當事人，得於受囑託法院所在地指定應受送達之處所，或委任

住居該地之人爲訴訟代理人，陳報受囑託之法院。受託法官指定調查證據期日均應通知當事人，如經委任有訴訟代理人者，則向該代理人爲通知。（行訴§100Ⅱ、§176準用民訴§291）

(三) 於外國、大陸、香港或澳門地區調查證據之方式：

1. 應於外國地區囑託調查證據者：囑託外國管轄機關或駐在該國之中華民國大使、公使、領事或其他機構、團體爲調查者，高等行政法院得逕函外交部辦理。地方法院行政訴訟庭應報請臺灣高等法院轉請外交部辦理，但福建金門地方法院及福建連江地方法院行政訴訟庭應報請司法院轉請外交部辦理。（行訴§176準用民訴§295Ⅰ）

2. 應於大陸地區調查證據者：應於大陸地區調查之事件，行政法院得逕行囑託法務部辦理。（參照司法院100年11月22日院台廳刑二字第1000029358號函）

3. 應於香港及澳門地區調查證據者：由囑託法院逕函行政院大陸委員會辦理。

(四) 調查證據期日與當事人到場：

1. 審判長、受命法官或受託法官定調查證據期日後，行政法院書記官應作通知書，送達於訴訟關係人。但經面告以所定之期日命其到場，或訴訟關係人曾以書狀陳明屆期到場者，與送達有同一之效力。（行訴§85、§94Ⅱ）

2. 調查證據，於當事人之一造或兩造不到場時，亦得爲之。（行訴§176準用民訴§296）

(五) 告知爭點：行政法院於調查證據前，應將該訴訟事實上爭點、證據上爭點、法律上爭點及其他攻擊或防禦方法告知當事人後，始進行證據之調查。（行訴§176準用民訴§296-1Ⅰ）

(六) 調查證據後之處置：

1. 調查證據之結果，應告知當事人爲辯論。（行訴§141Ⅰ）

2. 於受訴行政法院外調查證據者，當事人應於言詞辯論時陳述其調查之結果。但審判長得令書記官朗讀調查證據筆錄代之。（行訴§141Ⅱ）

二四、證人、鑑定人之訊問

(一) 證人之訊問

1. 訊問之程序：

(1) 人別訊問：應先訊問其姓名、年齡、職業及住、居所；於必要時，並應訊問證人與當事人之關係及其他關於證言信用之事項。（行訴§176準用民訴§317）

(2) 命爲具結：於訊問前，應命證人各別具結。但其應否具結有疑義者，於訊問後行之。審判長於證人具結前，應告以具結之義務及僞證之處罰。（行訴§149Ⅰ、Ⅱ）

2. 訊問之方法：

(1) 隔別訊問：應與他證人隔別訊問之，於必要時，得命與他證人或當事人對質。（行訴§176準用民訴§316Ⅰ）

(2) 命連續陳述：應命證人就訊問事項之始末，連續陳述。證人之陳述，不得朗讀文件或用筆記代之。但經審判長許可者，不在此限。（行訴§176準用民訴§318）

(3) 行政法院之發問權：審判長因使證人之陳述明瞭完足，或推究證人得知事實之原因，得爲必要之發問。陪席法官告明審判長後，得對於證人發問。（行訴§176準用

民訴§319）

(4) 當事人之發問：當事人得就應證事實及證言信用之事項，聲請審判長對於證人為必要之發問，或向審判長陳明後自行發問（行訴§154 I）。當事人之發問與應證事實、證言信用事項無關、重複發問、誘導發問、侮辱證人或不具體、不明確或非各別之發問、威嚇或利誘證人之發問、涉及證人拒絕證言事項之發問或其他不當情形之發問，審判長得依聲請或依職權限制或禁止之。（行訴§154 II）

(5) 命當事人或特定旁聽人退庭之訊問：行政法院如認證人在當事人或特定旁聽人前不能盡其陳述者，得於其陳述時命當事人或特定旁聽人退庭（行訴§176準用民訴§321 I本文、II）。但證人陳述畢後，審判長應命當事人入庭，告以陳述內容之要旨。（行訴§176準用民訴§321 I但書）

3. 證人之書狀陳述：

(1) 證人須依據文書、資料為陳述，或依事件之性質或依證人身分、職業、健康、住居地及其他狀況判斷，不宜或無強令其到場之必要時，行政法院於參酌當事人之意見認為適當者，得命兩造會同證人於公證人前作成陳述書狀（行訴§176準用民訴§305 II）。惟如認證人之書狀陳述須加說明，或經當事人聲請對證人為必要之發問者，行政法院仍得通知該證人到場陳述。（行訴§176準用民訴§305 IV）

(2) 經兩造同意者，證人亦得於行政法院外以書狀為陳述（行訴§176準用民訴§305 III）。惟如認證人之書狀陳述須加說明，或經當事人聲請對證人為必要之發問者，行政法院仍得通知該證人到場陳述。（行訴§176準用民訴§305 IV）

(3) 證人以書狀為陳述者，仍應令其具結，將結文附於書狀經公證人認證後提出。行政法院以科技設備訊問證人時，亦應於訊問前或訊問後令證人具結。（行訴§176準用民訴§305 VI）

(4) 證人以書狀為陳述者，其具結應於結文內記載係據實陳述並無匿、飾、增、減，如有虛偽陳述，願受偽證之處罰等語，並簽名。（行訴§176準用民訴§313-1）

(二) 鑑定人之訊問：訊問鑑定人，除準用關於訊問證人之規定外，依下列之規定：

1. 得命鑑定人具鑑定書陳述（行訴§176準用民訴§335 I）：具結之結文，得附於鑑定書提出（行訴§176準用民訴§335 II）；惟鑑定書須說明者，得命鑑定人到場說明。（行訴§176準用民訴§335 III）

2. 鑑定人有數人者，得命其共同或各別陳述意見。（行訴§176準用民訴§336）

3. 鑑定所需資料在行政法院者，應告知鑑定人准其利用（行訴§176準用民訴§337 I前段）。鑑定人因行鑑定，得聲請調取證物或訊問證人或當事人，經許可後，並得對於證人或當事人自行發問；當事人亦得提供意見（行訴§176準用民訴§337 II）。行政法院於必要時，亦得依職權或依聲請命證人或當事人提供鑑定所需資料。（行訴§176準用民訴§337 I後段）

二五、文書之提出

(一)文書為當事人所執者：

1. 當事人於其訴訟程序中曾經引用之文書、他造依法律規定，得請求交付或閱覽之文書、為他造之利益而作之文書、商業帳簿或就與本件訴訟之事實及法律關係有關事項

所作之文書等當事人有提出之義務。（行訴§163）

2. 當事人無正當理由不從提出文書之命者，行政法院得審酌情形認他造關於該文書之主張或依該文書應證之事實為真實。（行訴§165Ⅰ）

(二) 文書為第三人所執者：當事人聲明書證係使用第三人所執之文書而向行政法院聲請命第三人提出，應釋明文書為第三人所執之事由及第三人有提出義務之原因；如行政法院認應證之事實重要且舉證人之聲請正當者，應以裁定命第三人提出文書或定由舉證人提出文書之期間。如應提出之文書或文書之內容表明顯有困難時，行政法院得命他造為必要之協助（行訴§167Ⅰ、§166Ⅱ準用民訴342Ⅱ、Ⅲ）。行政法院為裁定前，應使該第三人有陳述之機會。第三人無正當理由不從提出文書之命者，行政法院得裁定處罰鍰；於必要時，並得為強制處分（行訴§169Ⅰ）。該強制處分之執行，適用行政訴訟法第306條之規定，準用強制執行法關於物之交付請求權執行之規定。（行訴§169Ⅱ）

(三) 準文書：文書或與文書有相同效用之物件，須以科技設備始能呈現其內容者，例如錄音帶、錄影帶、磁碟片、光碟片等，行政法院得命持有人提出呈現其內容之書面（包括作成之人、時間、地點及其內人物等相關資料），並證明其內容與原件相符。（行訴§173）

二六、書證閱覽

(一) 凡當事人一造提出書證者，審判長、受命法官或受託法官查閱後應即交他造當事人閱覽，詢其是否認文書為真正，如認為真正，更詢其關於文書內容之意見，如他造不認為真正，則除依法得推定為真正者外，應令舉證人證其真正。此際行政法院亦可依職權調查關於該文書真偽之證據。如核對筆跡印鑑，以經驗法則察驗紙墨新舊，或覓有專門學術技藝之人審查鑑定，或通知該文書所載作成名義人或其他列名參與之人或請求作成名義之公務員或機關陳述其真偽。

(二) 行政法院依職權向機關或公務員調取或命第三人提出之書證，應交當事人兩造閱覽，詢其關於形式上及實質上證據力之意見。

二七、勘驗方法

(一) 所謂勘驗者，凡審判長、受命法官或受託法官因觀察某事實依其五官作用而查驗其標的物之行為均屬之。勘驗非必盡依視覺，其標的亦不以物為限，人亦可為勘驗標的。其勘驗所得結果，即審判長、受命法官或受託法官依勘驗所認識之事項，應示知當事人，使為辯論。

(二) 事件須行勘驗者，應速定期勘驗。於必要時，應繪具圖說或攝影，詳細記載，並得以錄音、錄影或其他有關物件附於卷宗；必要時，系爭範圍外之四周形勢，亦須記明，以備查考。（行訴§176準用民訴§366）

二八、證據保全

(一) 保全證據之要件：聲請保全證據，除證據有滅失或礙難使用之虞或經他造同意者，得向行政法院聲請保全外，就確定事、物之現狀亦得聲請保全證據，惟以有法律上利益且有必要者為限。保全證據的方法得以鑑定、勘驗或保全書證實施。（行訴§176準用民訴§368Ⅰ）

(二) 保全證據之程序：

1. 調查證據期日，應通知聲請人，除有急迫或有礙證據保全情形外，並應於期日前送達聲請書狀或筆錄及裁定於他造當事人而通知之。當事人於前項期日在場者，得命其陳述意見。（行訴§176準用民訴§373）

2. 他造當事人不明或調查證據期日不及通知他造者，行政法院因保護該當事人關於調查證據之權利，得為選任特別代理人。（行訴§176準用民訴§374Ⅰ）

(三) 行政法院於保全證據時，得命司法事務官協助調查證據。（行訴§175-1）

(四) 保全證據之利用：保全證據調查所得之證據，基於證據共通原則，聲請人及他造當事人，均得於訴訟程序中利用之。當事人就已於保全證據程序訊問之證人，於言詞辯論程序中聲請再為訊問時，行政法院應為訊問。但行政法院認為不必要者，不在此限。（行訴§176準用民訴§375-1）

(五) 保全證據程序終結後之處置：保全證據程序終結後逾30日，除須行先行程序之訴訟種類外，本案尚未繫屬者，行政法院得依利害關係人之聲請，以裁定解除因保全證據所為文書、物件之留置或為其他適當之處置（行訴§176準用民訴§376-2Ⅰ）。上開裁定得為抗告。（行訴§176準用民訴§376-2Ⅲ）

伍、言詞辯論

二九、聲明事項

　　言詞辯論，以當事人聲明起訴之事項為始（行訴§122Ⅰ）。當事人於言詞辯論期日如不為訴之聲明時，審判長應令其聲明（行訴§125Ⅲ）。故行政法院於辯論之初，須確知兩造當事人各欲受如何之判決，當事人須各為應受判決事項之聲明，如不知為此聲明時，審判長應為告知。又除別有規定外，行政法院不得就當事人未聲明之事項為判決。（行訴§218準用民訴§388）

三十、闡明案情

(一) 審判長應隨時注意行使闡明權，向當事人發問或告知，令其陳述事實或法律意見、聲明證據，或為其他確定訴訟關係所必要之聲明及陳述；其所聲明或陳述有不明瞭或不完足者，應令其敘明或補充之。並應注意使當事人就訴訟關係之事實及法律為適當完全之辯論。（行訴§125Ⅱ、Ⅲ）

(二) 應在判決中斟酌之所有訴訟資料，均須賦予當事人充分辯論機會，其就某一事項為辯論時，務令連續陳述，以盡其詞，勿為不必要之發問，但支離重複之言，得禁止或限制之。

(三) 審判長之發問或告知，不得出以嚴厲辭色或輕率態度，並切忌使用具有暗示性或誘導性之語句。

三一、適時提出攻擊或防禦方法

(一) 當事人應依訴訟進行之程度，於言詞辯論終結前，依法律規定或行政法院酌定之適當時期提出攻擊或防禦方法。（行訴§132準用民訴§196Ⅰ）

(二) 當事人意圖延滯訴訟，或因重大過失，逾時始行提出攻擊或防禦方法，或攻擊或防禦方法之意旨不明瞭，經命其敘明而不為必要之敘明，致有礙訴訟之終結者，行政法院得駁回該攻擊或防禦方法（行訴§132準用民訴§196Ⅱ）。但行政法院如認有

　　依職權調查之必要者，仍得依職權調查之。

三二、本人到場

(一) 當事人雖委任有訴訟代理人，行政法院爲闡明或確定訴訟關係或因使辯論便於終結起見，仍得命當事人或法定代理人本人到場，而以其陳述作爲全辯論意旨之一部分加以斟酌。（行訴§121）

(二) 當事人本人或其法定代理人到場而無正當理由拒絕陳述或不遵命到場者，行政法院於判斷事實眞僞時，得斟酌當事人或其法定代理人拒絕陳述之理由及其他相關情形，依論理及經驗法則判斷事實之眞僞。（行訴§189 I）

三三、聲請發問

　　當事人聲請審判長對於他造當事人發問，或聲請自行發問而審判長認爲無妨礙者，應予准許；惟審判長認爲當事人聲請之發問或經許可後所爲之自行發問有不當者，得不爲發問或禁止之。（行訴§132準用民訴§200）

三四、證據辯論

　　關於調查證據之結果，如證人、鑑定人之陳述、證書之記載及審判長依勘驗所認識之事項等，當事人有爲辯論之權，審判長應命當事人爲辯論。其調查證據之結果，除調查時當事人在場聞見或因閱覽卷宗爲其所已知者外，審判長應告知或交給閱覽；由受命法官或受託法官於受訴法院外調查證據或囑託他機關、學校、團體調查者，並應令當事人陳述調查結果，或由書記官朗讀筆錄或其他文書代之。（行訴§130 I、§141）

三五、指定期日

　　指定言詞辯論期日，應斟酌事件之繁簡、當事人住居所距離行政法院遠近及交通情形，預留相當之期間，予兩造準備之機會，俾開庭一次，即可終結。如因調查證據，或其他重大理由，而須延展期日者，其續行辯論期日亦應於可能範圍內指定最近之期日，並應當庭面告下次庭期，命其到場，無需另發通知書。（行訴§85）

三六、筆錄記載

(一) 言詞辯論筆錄當庭製作之，筆錄內無須將辯論內容或其結果一一詳記無遺，只須記載其要領即可。惟遇有必要時，應將訊問及陳述或不爲陳述之情態，例如當事人默然不語，或俯首無詞，以及喜怒哀樂之類，加以記載，其前後矛盾者，並應記明。又筆錄內得引用當事人書狀及其他卷宗內之文件，書記官於開庭前，應閱覽卷宗，了解案情大要，俾易於了解訴訟關係人之陳述，並知卷宗內之文件何者可以引用。其應記入筆錄之事項，審判長於認爲必要時，得口授之，命其照書，並得命其將記載更正。但書記官如以審判長之命令爲不當者，應於筆錄內附記其意見，至書記官就應記載之事項，如訴訟標的之捨棄、認諾及自認，證據之聲明或撤回及對於違背訴訟程序規定之異議，證人或鑑定人之陳述及勘驗所得之結果等，得隨時請示審判長。（行訴§128、§129）

(二) 當事人及訴訟關係人到場者，應逐行記明於筆錄，不得僅在筆錄內記載「詳報到單」，或其他同義字樣。

(三) 筆錄應記載當事人應受判決事項之聲明，而引用其書狀之記載時，以其言詞聲明與書狀之記載相同者爲限，其爲擴張、減縮、變更、追加或撤回、訴訟標的之捨棄、

認諾、提起反訴等，致彼此互異時，應本於其言詞聲明在筆錄內記載明確，不得仍引用書狀。

(四) 事件非一庭終結，而其首次準備程序筆錄或首次言詞辯論筆錄已記明當事人應受判決事項之聲明者，以後同樣之筆錄無需再予記載。但其聲明有擴張、減縮、變更、追加、撤回、訴訟標的之捨棄、認諾或提起反訴或參與言詞辯論之法官有變更者，不在此限。

(五) 審判長或受命法官行使闡明權，向當事人發問或告知時，應以問答方式將其問答之詞分別記明於筆錄。當事人聲明證據者，應將其證據及待證之事項記明於筆錄。

(六) 審判長、受命法官或受託法官提示證據或卷宗內文書命當事人辯論時，除記載當事人對於該證據或文書之意見外，並應將證據之編號或卷宗之頁數註明。

(七) 訊問證人，應將其陳述記明於準備程序或言詞辯論筆錄，除依行政訴訟法第176條準用民事訴訟法第304條及第305條情形外，無需另紙製作訊問證人筆錄。當事人對於證言之意見，應記載於證言之次。

(八) 當事人聲請審判長為必要之發問，或陳明審判長後自行發問者，應記明於筆錄。

(九) 當事人當場所為法律上之陳述，例如解釋、判例或學說之援引及意見，應摘要記明於筆錄。

(十) 準備程序筆錄及行獨任審判事件之筆錄，除應記載各當事人之聲明、所用之攻擊防禦方法，及對於他造之聲明、所用之攻擊防禦方法之陳述外，法官為闡明訴訟關係，而於公開或不公開法庭命當事人就書狀記載事項之說明、就事實文書物件之陳述、整理爭點之結果或其他必要事項之說明、陳述或結果，均應記載之。

(十一) 本案尚未繫屬而兩造於保全證據程序期日到場，就訴訟標的、事實、證據或其他事項成立協議時，應將其協議記明筆錄。兩造如就訴訟標的成立協議者，並應將協議之法律關係及爭議情形記明筆錄。（行訴§176準用民訴§376-1Ⅰ、Ⅱ）

三七、更審辯論

(一) 受發回或發交之行政法院，就上級行政法院指示調查之事項（行訴§260Ⅱ、§236-2Ⅲ準用§260Ⅱ、§237-9Ⅱ準用§236-2Ⅲ再準用§260Ⅱ），應詳加調查，並於判決內敘明調查結果及意見。

(二) 受發回或發交之行政法院，應以上級行政法院所為廢棄理由之法律上判斷為其判決之基礎。（行訴§260Ⅲ、§236-2Ⅲ準用§260Ⅲ、§237-9Ⅱ準用§236-2Ⅲ再準用§260Ⅲ）

(三) 上級行政法院發回更審之事件，其辯論範圍不以上級行政法院判決理由所指示之事項為限，原行政法院就上級行政法院未指示調查而應調查之事項，應注意調查認定，不得遺漏。

陸、訴之變更、追加及反訴

三八、訴之變更、追加

(一) 變更或追加之新訴，其須踐行先行程序或遵守法定起訴期限者，仍須踐行並遵守之：如為撤銷訴訟（行訴§111Ⅳ）或課予義務訴訟，而未經訴願程序或未於法定期限內起訴者，或確認處分無效訴訟，而未經請求確認無效程序者，其訴之變更或

追加不合法，應以裁定駁回之。

(二) 訴之變更或追加，如新訴專屬他法院管轄或不得行同種類之訴訟程序者，不得爲之。（行訴§115準用民訴§257）

(三) 訴之變更、追加之裁判：

1. 訴之變更之裁判：

(1) 原告表明以變更之新訴代替原訴並撤回原訴時：

①行政法院須先審查新訴是否具備訴之變更之要件及實體判決要件。欠缺訴之變更要件者，其訴之變更不合法，應以裁定駁回之；至已具備訴之變更要件，但欠缺實體判決要件而可補正者，應依行政訴訟法第107條規定，裁定限期補正，如逾期不補正或不能補正時，應以裁定駁回原告之新訴。

②如具備上開要件，行政法院應就變更之新訴爲實體之審理及判決，原訴則因已撤回，自毋庸爲裁判，且縱令被告已爲本案之言詞辯論者，亦毋庸得其同意。

③適用通常訴訟程序之事件，因訴之變更，致其訴之全部屬於簡易訴訟程序或交通裁決事件訴訟程序之範圍者，高等行政法院應裁定移送管轄之地方法院行政訴訟庭。（行訴§114-1）

④簡易訴訟程序事件，因訴之變更，致訴訟標的金額或價額逾新臺幣（以下同）40萬元，其辯論及裁判改依通常訴訟程序之規定，地方法院行政訴訟庭應裁定移送管轄之高等行政法院。（行訴§230前段）

⑤交通裁決事件，因訴之變更，致其訴之全部或一部，不屬於交通裁決事件之範圍者，地方法院行政訴訟庭應簽結原案號，並改分字別及號數，依簡易訴訟程序由原法官繼續審理；其應改依通常訴訟程序審理者，並應裁定移送管轄之高等行政法院。（行訴§237-6）

(2) 原告未明示其有撤回原訴之意者：爲保護原告之利益，宜解爲係以變更新訴之提起合法作爲條件而撤回原訴，是亦須先審查新訴是否具備訴之變更之要件及實體裁判要件而爲處置。

2. 訴之追加之裁判：

(1) 行政法院須先審查追加之新訴是否具備訴之追加之要件及實體裁判要件。欠缺訴之追加要件者，其訴之追加不合法，應以裁定駁回之；至已具備訴之追加要件，但欠缺實體判決要件而可補正者，應裁定限期補正，如逾期不補正或不能補正時，應以裁定駁回原告追加之新訴。

(2) 如具備上開要件，行政法院應就追加之新訴與原訴，依訴之合併之情形，爲實體之審理及判決。

(3) 簡易訴訟程序事件，追加之新訴，其訴訟標的之金額或價額逾40萬元，而以原訴與之合併辯論及裁判者，其辯論及裁判改依通常訴訟程序之規定，地方法院行政訴訟庭應裁定移送管轄之高等行政法院。（行訴§230後段）

(4) 交通裁決事件，因訴之追加，致其訴之全部或一部，不屬於交通裁決事件之範圍者，地方法院行政訴訟庭應簽結原案號，並改分字別及號數，依簡易訴訟程序由原法官繼續審理；其應改依通常訴訟程序審理者，並應裁定移送管轄之高等行政法

院。（行訴§237-6）

三九、反訴

　　反訴之請求如專屬他行政法院之管轄，或與本訴之請求或其防禦方法不相牽連者，不得提起（行訴§112Ⅲ）。對於撤銷訴訟及課予義務訴訟，不得提起反訴（行訴§112Ⅰ但書）。反訴之訴訟標的金額或價額逾40萬元，而以原訴與之合併辯論及裁判者，其辯論及裁判改依通常訴訟程序之規定，地方法院行政訴訟庭並應裁定移送管轄之高等行政法院。（行訴§230後段）

四十、訴訟上和解

(一) 訴訟上和解之實體法上要件，須當事人就訴訟標的有處分權，且其和解無礙公益之維護者；而訴訟法上要件，則須由有訴訟能力之當事人或由有特別代理權之訴訟代理人爲之，但第三人經行政法院之許可，得參加和解。訴訟上和解須於期日在受訴行政法院、受命法官或受託法官前爲之，須以終結訴訟爲目的，就訴訟標的之爭執爲解決之合意。（行訴§219）

(二) 請求繼續審判：和解成立後，當事人因有實體法或訴訟法上無效或得撤銷之原因，應於30日之不變期間內，請求繼續審判。（行訴§223、§224Ⅰ）

(三) 宣告和解無效或撤銷和解之訴：和解成立後，參加和解之第三人主張和解有無效或得撤銷原因者，得以原當事人爲被告；原當事人主張和解有無效或得撤銷原因者，得以他造當事人以第三人爲被告，於30日之不變期間內，向原行政法院提起宣告和解無效或撤銷和解之訴。（行訴§227Ⅱ）

四一、訴之撤回、捨棄及認諾

(一) 訴之撤回：

1. 須由有訴訟能力之原告或由有特別代理權之訴訟代理人，於判決確定前爲之。但被告已爲本案之言詞辯論者，應得其同意。（行訴§113Ⅰ本文、Ⅱ）

2. 訴之撤回於公益之維護有礙者，應以裁定不准其撤回。（行訴§113Ⅰ但書、§114Ⅰ）

3. 訴之撤回不得附有任何條件，撤回之意思表示，亦不得於事後撤銷。

4. 以言詞所爲之撤回，應記載於筆錄，如他造不在場，應將筆錄送達。（行訴§113Ⅳ）

5. 訴之撤回，被告於期日到場，未爲同意與否之表示者，自該期日起；其未於期日到場或係以書狀撤回者，自筆錄或撤回書狀送達之日起，10日內未提出異議者，視爲同意撤回。（行訴§113Ⅴ）

6. 行政法院裁定不予准許訴之撤回之裁定，不得抗告。（行訴§114）

7. 訴經撤回者，視同未起訴。於本案經終局判決後將訴撤回者，不得復提起同一之訴。（行訴§115準用民訴§263）

8. 適用通常訴訟程序之事件，因訴之一部撤回，致其訴之全部屬於簡易訴訟程序或交通裁決事件訴訟程序之範圍者，高等行政法院應裁定移送管轄之地方法院行政訴訟庭。（行訴§114-1）

(二) 捨棄及認諾：有訴訟能力之當事人或由有特別代理權之訴訟代理人，對不涉及公

益之維護且具有處分權之訴訟標的，於其內容非法律禁止或違反公序良俗者，得於言詞辯論時爲捨棄或認諾，行政法院並應依此爲該當事人敗訴之判決。（行訴§202）

柒、裁判

四二、判決資料

(一) 行政法院之判決，原則上應本於當事人之言詞辯論爲之。所有當事人之聲明及陳述以提供判決資料爲目的者，應於言詞辯論時以言詞爲之，始爲有效。其以言詞提供之資料，雖未見於該當事人提出之書狀，行政法院亦應斟酌之。如未以言詞提出而僅表明於辯論前或辯論後提出之書狀者，則不得以爲判決之基礎。

(二) 言詞辯論期日，當事人之一造不到場者，仍應按時開庭，如訴訟已達於可爲裁判之程度，而無民事訴訟法第386條所列各款情形，應告知他造得聲請，由其一造辯論而爲判決。不到場之當事人，經再次通知而仍不到場者，並得依職權由一造辯論而爲判決，俾可早日結案。（行訴§218準用民訴§385Ⅰ）

(三) 行政法院依法由到場人一造辯論而爲判決時，應斟酌未到場人提出書狀內所記載之事項，並須使到場人就其事項爲辯論。

(四) 行政訴訟有關公益之維護者，當事人兩造於言詞辯論期日無正當理由均不到場時，行政法院得依職權調查事實，不經言詞辯論，逕爲判決。（行訴§194）

四三、判決範圍

(一) 除法律別有規定外，行政法院判決事項以當事人聲明爲據，不得就當事人未聲明之事項或超過其聲明之範圍而爲判決。所謂當事人未聲明之事項，不以應受判決事項之聲明爲限，即當事人所未主張之訴訟標的，亦不得據爲判決基礎。惟如當事人所爲之聲明僅爲用語錯誤，行政法院本於其眞意而爲之判決，不得謂其所判決者，係未經當事人聲明之事項。所謂法律別有規定，例如訴訟費用之負擔、履行期間之酌定等是。（行訴§104準用民訴§87、行訴§218準用民訴§388、§396Ⅰ）

(二) 上級行政法院應於上訴聲明之範圍內調查之，不得逾越上訴聲明之範圍。但上級行政法院調查原行政法院判決有無違背法令，不受上訴理由之拘束（行訴§251Ⅰ、Ⅱ、§236-2Ⅲ準用§251Ⅰ、Ⅱ、§237-9Ⅱ準用§236-2Ⅲ再準用§251Ⅰ、Ⅱ）。上級行政法院應以原行政法院判決確定之事實爲判決基礎。（行訴§254Ⅰ、§236-2Ⅲ準用§254Ⅰ、§237-9Ⅱ準用§236-2Ⅲ再準用§254Ⅰ）

(三) 應適用簡易訴訟程序或交通裁決訴訟程序之事件，最高行政法院不得以高等行政法院行通常訴訟程序而廢棄原判決（行訴§256-1Ⅰ）。應適用交通裁決事件訴訟程序，誤用簡易訴訟程序之情形，亦同。（行訴§236-2Ⅲ準用§256-1Ⅰ）

(四) 撤銷訴訟，其訴訟標的之行政處分涉及金錢或其他代替物之給付或確認者，行政法院得以確定不同金額之給付或以不同之確認代替之。（行訴§197）

(五) 行政法院受理撤銷訴訟，發現原處分或決定雖屬違法，但其撤銷或變更於公益有重大損害，經斟酌原告所受損害、賠償程度、防止方法及其他一切情事，認原處分或決定之撤銷或變更顯與公益相違背時，得駁回原告之訴，並於判決主文中諭知原處分或決定違法。（行訴§198Ⅰ、Ⅱ）

四三之一、判決之宣示

　　判決主文若輔以附表表示，附表即為主文之一部，宣示判決時應連同構成主文之附表要旨一併說明。為使訴訟當事人、代理人能夠確實理解，各類訴訟案件均宜適當說明主文之意義。

　　重大或社會矚目案件宣示判決時，宜向在庭聽判之訴訟當事人及旁聽民眾說明判決理由要領，必要時宜透過發言人為後續之闡述，以避免誤解。

四四、判決記載

(一) 判決主文，須力求簡明，並就當事人所聲明之事項逐一予以裁判，毋有遺漏。必要時宜附圖說或帳目核算清冊，俾臻明確。

(二) 判決書事實項下，應分別記載兩造當事人於言詞辯論時所為應受判決事項之聲明及所提攻擊或防禦方法之要領，法院所認定之事實，應敘明理由。

(三) 理由乃說明主文所由構成之根據，應記載關於攻擊或防禦方法之意見及法律上之意見，故凡當事人提出之攻擊、防禦方法，行政法院應斟酌全辯論意旨及調查證據之結果，依論理及經驗法則判斷其真偽，而將得心證之理由記明於判決。

(四) 判決書文字宜通俗化，內容宜分點論述，使用階層架構及簡淺明確文字，並參考行政訴訟裁判書類簡化原則。（行訴§209）

四五、裁定記載

(一) 裁定書之製作，並無一定之格式，主文、事實、理由是否分欄記載，依為裁定者之意見。除駁回聲明或就有爭執之聲明所為裁定，應附理由（行訴§218準用民訴§237）外，其他裁定，得不附理由。

(二) 經言詞辯論之裁定，應宣示之。但當事人明示於宣示期日不到場或於宣示期日未到場者，以公告代之；終結訴訟之裁定，應公告之。（行訴§207）

四六、程序終結之退費

(一) 經言詞辯論之事件，於言詞辯論終結前，不經言詞辯論之事件，於裁判作成前，當事人撤回其訴、上訴、抗告或成立訴訟和解者，得於撤回或和解成立之日起3個月內，聲請退還其於該審級所繳裁判費三分之二。法院宜主動告知當事人得聲請退費，遇有聲請退費時，應儘速發還。（行訴§104準用民訴§83、§84）

(二) 交通裁決事件依行政訴訟法第237條之4第3項規定，視為撤回起訴者，法院應依職權退還已繳之裁判費。（行訴§237-4Ⅲ、§237-5Ⅱ）

(三) 所稱該審級所繳裁判費，於發回更審之情形，應包括更審前當事人在該審級所繳之裁判費在內。原依通常訴訟程序裁判之事件，因行政訴訟法修正或司法院令定，於更審後改依簡易訴訟程序審理者，應按更審前當事人依通常訴訟程序所繳裁判費退還。至於更審前上訴或抗告所繳之裁判費，則不得聲請退還。當事人如尚未依法繳足起訴或上訴、抗告應繳納之裁判費時，其所得聲請退還者，應限於所繳納超過應繳裁判費三分之一之部分。

(四) 當事人和解成立所得聲請退還之裁判費，以其於和解成立之審級所繳之裁判費為限；發回更審之事件，更審前在該審級所繳之裁判費亦包括在內。原依通常訴訟程序裁判之事件，因行政訴訟法修正或司法院令定，於更審後改依簡易訴訟程序審理

者，應按更審前當事人依通常訴訟程序所繳裁判費退還。至於僅成立部分和解，尚不得聲請退還裁判費。

(五) 依行政訴訟法第184條、第185條規定，而視為撤回其訴者，均不得聲請退還裁判費。

(六) 訴訟費用如有溢收情事者，法院應依聲請並得依職權以裁定返還之。聲請返還裁判費，至遲應於裁判確定或事件終結後3個月內為之。裁判費如有因法院曉示文字記載錯誤或其他類此情形而繳納者，得於繳費之日起5年內聲請返還，法院並得依職權以裁定返還之。（行訴§104準用民訴§77-26）

捌、送達

四七、郵務送達

訴訟文書除交付執達員送達外，由郵務機構之郵務人員行之。其由郵務人員送達者，以郵務人員為送達人，應依行政訴訟法及郵務機構送達行政訴訟文書實施辦法關於送達之規定辦理。

四八、囑託他法院送達

行政法院得向送達地之地方法院為送達之囑託（行訴§63）。囑託他法院為送達者，應以法院名義向他法院發送囑託書。他法院收受囑託書後，即由書記官交執達員送達，並將送達證書或不能送達之報告書迅速送交囑託法院。受囑託法院之書記官及執達員辦理此項事件是否迅速，其長官應隨時督查。

四九、囑託外國送達

(一) 囑託外國管轄機關或駐在該國之中華民國使領館或其他機構、團體為送達者，應由囑託法院函請外交部辦理。（行訴§77 I）

(二) 前項送達，受送達人為外國人時，其送達之通知及裁判書類，仍應以我國文字製作，惟如囑託外國管轄機關為送達者，應備有關訴訟文書之譯本。囑託駐在該國之中華民國使領館或其他機構、團體為送達者，除訴狀可由當事人附譯本外，關於法院之裁判書類得附主文譯本。

(三) 依行政訴訟法第77條第2項為送達者，應以雙掛號交郵務機構發送，受送達人為外國人時，亦應備相關訴訟文書之譯本。（行訴§77 II）

五十、送達方法

送達於住居所、事務所或營業所不獲會晤應受送達人且無同居人或受雇人等可以交付文書，但在他處會晤應受送達人時，得於會晤處所行之；其得適用寄存送達或留置送達者，應即照行，遇應受送達人之住居所或事務所、營業所遷徙者，執達員應詢明其所遷之處所，前往送達或報告法院。（行訴§71～§74）

五一、寄存送達之效力

寄存送達自寄存之日起，經10日發生效力（行訴§73 III）。但受送達人於10日內領取受送達文書者，於實際領取之日發生效力。

五二、公示送達

對於當事人之送達，如有下列情形之一者，行政法院得依聲請或依職權為公示送達：

(一) 應爲送達之處所不明者。

(二) 於有治外法權人住居所或事務所爲送達而無效。

(三) 於外國爲送達，不能依行政訴訟法第77條之規定辦理或預知雖依該條規定辦理而無效。

五二之一、公示送達生效之起始日

　　公示送達，自將公告或通知書黏貼牌示處之日起，公告於法院網站者，自公告之日起，其登載公報或新聞紙者，自最後登載之日起，經20日發生效力；於依前條第3款爲公示送達者，經60日發生效力。但對同一當事人仍爲公示送達者，自黏貼牌示處之翌日起發生效力。（行訴§82）

五三、電信傳眞或其他科技設備傳送

　　訴訟文書以電信傳眞或其他科技設備爲送達方法者，依行政訴訟文書使用電信傳眞或其他科技設備作業辦法之規定辦理。（行訴§59、§83、§156及§176準用民訴§116Ⅲ、§153-1及§305Ⅷ）

玖、簡易訴訟程序

五四、適用簡易程序之事件

(一) 是否屬於行政訴訟法第229條之事件，應以原告起訴所主張之原因事實爲準。

(二) 訴訟標的金額或價額之核定，第一審行政法院應以原告起訴聲明之客觀上交易金額、價額或原告得受之客觀利益核定之，並應依職權調查，經核定後，即據以適用通常訴訟程序或簡易訴訟程序，不得因日後價值之波動，而改易其原適用之訴訟程序。（行訴§229Ⅱ）

(三) 行政訴訟法第229條第2項第5款所稱之行政收容事件，係指下列因收容涉訟之行政訴訟事件，不論其訴訟標的如涉及金額或價額是否在新台幣40萬元以下：

1. 不服內政部移民署（以下簡稱移民署）關於具保、定期報告生活動態、限制住居、定期接受訪視及提供聯絡方式等收容替代處分涉訟。

2. 除收容替代處分外，其他關於因入出國及移民法（以下簡稱移民法）、臺灣地區與大陸地區人民關係條例（以下簡稱兩岸條例）及香港澳門關係條例（以下簡稱港澳條例）之收容所生而涉訟者。例如：不服移民署拒絕受收容人申請作成收容替代處分之決定；或不服移民署以違反收容替代處分所命義務而爲沒入保證金之處分，所提起之行政訴訟。

3. 提起前二目之行政訴訟，合併請求損害賠償或其他財產上給付者。（行訴§229Ⅱ⑤）

(四) 不服移民署依移民法、兩岸條例及港澳條例所爲之暫予收容處分，行政訴訟法已於第二編第四章增訂收容聲請事件之即時司法救濟程序；又不服收容前之強制（驅逐）出國（境）等原因處分，並非因收容所生而涉訟，是前述二者涉訟之行政訴訟事件，不在第3款所稱行政收容事件之列。

(五) 關於行政訴訟法第229條第2項第5款行政收容事件，原告僅得向受收容人受收容或曾受收容所在地之地方法院行政訴訟庭起訴，其他法院對之無管轄權，不適用行政訴訟法第13條之以原就被原則。但未曾受收容者，仍由被告機關所在地之地方法院

　　行政訴訟庭管轄。（行訴§229Ⅳ）
(六) 通常訴訟程序與簡易訴訟程序之轉換：
1. 訴訟進行中，因訴訟標的之變動，致原適用通常訴訟程序事件應轉換為適用簡易訴訟程序，高等行政法院應裁定將訴訟移送管轄之地方法院行政訴訟庭（行訴§114-1）；原適用簡易訴訟程序事件應轉換為適用通常訴訟程序者，地方法院行政訴訟庭應裁定將訴訟移送管轄之高等行政法院。（行訴§230前段）
2. 應適用何種訴訟程序當事人有爭執者，為訴訟程序之中間爭點，行政法院得為中間裁定。（行訴§193）
3. 由通常訴訟程序轉換為簡易訴訟程序者，以前進行較為周詳之通常訴訟程序，於當事人並無不利，應不失其效力；反之，由簡易訴訟程序轉換為通常訴訟程序者，以前進行之簡易訴訟程序與通常訴訟程序有異者，行政法院自應重新踐行其程序。
4. 通常訴訟程序事件，第一審誤用簡易訴訟程序審理並為判決，如當事人在第一審程序曾依行政訴訟法第132條準用民事訴訟法第197條第1項之規定行使責問權者，其訴訟程序即有重大瑕疵，如當事人對之提起上訴，受理其上訴之高等行政法院應廢棄原判決，逕依通常訴訟程序為第一審判決（行訴§236-2Ⅰ）。如當事人已表示無異議或無異議而就該訴訟有所聲明或陳述者，高等行政法院應適用簡易訴訟上訴審程序之規定為裁判。（行訴§236-2Ⅰ但書、Ⅱ）

五五、特別規定
(一) 起訴及其他期日外之聲明或陳述，概得以言詞為之：（行訴§231Ⅰ）
1. 當事人以言詞為聲明或陳述時，應於行政法院書記官前為之，並由書記官作成筆錄（行訴§60）；以言詞起訴者，應將筆錄送達於他造即被告。（行訴§231Ⅱ）
2. 起訴及其他期日外之聲明或陳述以外之訴訟行為，例如訴訟參加、訴訟告知及終止委任等，法律規定須以書狀為之者，仍應以書狀為之。
(二) 簡易訴訟程序在獨任法官前行之。（行訴§232）
(三) 言詞辯論期日之通知書應為特別之表明：言詞辯論期日之通知書，應表明適用簡易訴訟程序，並記載當事人務於期日攜帶所用證物及偕同所舉證人到場。（行訴§237準用民訴§430）。
(四) 關於人證、鑑定之特別規定：通知證人或鑑定人，得不送達通知書，依地方法院行政訴訟庭認為便宜之方法行之。但證人或鑑定人如不於期日到場，仍應送達通知書。（行訴§237準用民訴§433）
(五) 判決書製作之簡化：判決書內之事實、理由，得不分項記載，並得僅記載其要領。（行訴§234）
(六) 當事人對於適用簡易訴訟程序之裁判不服者，除別有規定外，得於法定期間內以原裁判違背法令為理由，上訴或抗告於高等行政法院（行訴§235Ⅰ、Ⅱ）。為便利高等行政法院能迅速審理，提起上訴或抗告，應於上訴或抗告狀內，記載上訴或抗告理由並添具必要之證據。上訴或抗告理由，應表明下列事項之一：
1. 原裁判所違背之法令及其具體內容，如揭示所違背法令之條項或有關解釋字號或成文法以外之習慣或法理等及其具體內容。

2. 依訴訟資料可認為原裁判有違背法令之具體事實。（行訴§236-1）

(七) 高等行政法院受理上訴或抗告後，認有確保裁判見解統一之必要者，應以裁定移送最高行政法院裁判之。對於上開裁定，不得聲明不服。最高行政法院認該訴訟事件並未涉及裁判見解統一之必要者，應以裁定發回。受發回之高等行政法院，不得再將訴訟事件裁定移送最高行政法院。（行訴§235-1）

(八) 對於簡易訴訟程序之第二審裁判，不得上訴或抗告。（行訴§235Ⅲ）

（略）

拾壹、暫時權利保護及強制執行程序

五九、停止執行

(一) 執行不停止之原則：原處分或決定之執行，除法律另有規定（例如稅捐稽徵法§39Ⅰ但書、§50-2但書、公務人員考績法§18但書等）外，不因提起行政訴訟而停止。（行訴§116Ⅰ）

(二) 停止執行之程序：

1. 於訴訟繫屬中：依原告之聲請或依職權為之。（行訴§116Ⅱ、§117）

2. 訴訟繫屬前：依受處分人或訴願人之聲請為之（行訴§116Ⅲ、§117）。行政訴訟法第116條第3項之適用，雖不限於「訴願決定後起訴前」，惟適用該法條聲請停止執行，必須已向原處分機關或受理訴願機關申請但申請被駁回，或原處分機關或受理訴願機關不於適當期間內為准駁，或情況緊急須即時由行政法院處理，否則難以救濟之情形，始得認有聲請利益。

(三) 停止執行聲請之裁判：

1. 行政法院應先從程序上審查其聲請是否合法，如有不合法之情形而可以補正者，審判長應限期命為補正，如逾期不補正或不能補正者，則應以其聲請不合法，裁定駁回之。

2. 行政法院於為停止執行裁定前，應先徵詢當事人及利害關係人之意見（行訴§116Ⅳ前段）；聲請人對於有停止執行必要之事實，亦負有釋明之義務。如原處分或決定機關已依職權或依聲請停止執行者，應為駁回聲請之裁定。（行訴§116Ⅳ後段）

3. 如認聲請為無理由者，行政法院應以裁定駁回之；如認聲請為有理由者，應以裁定停止原處分或決定之效力（例如：停止撤銷醫師執照之處分）、原處分或決定之執行（例如：停止拆除違章建築之執行）或原處分或決定之續行（例如：徵收之處分經停止執行者，停止續為徵收登記）之全部或一部。（行訴§116Ⅴ）

4. 停止執行之原因消滅，或有其他情事變更之情形，行政法院得依職權或依聲請撤銷停止執行之裁定。（行訴§118）

六十、假扣押、假處分

(一) 因保全公法上金錢給付之強制執行，應聲請假扣押。因保全公法上金錢給付以外之請求之強制執行，得聲請假處分。又就有爭執之公法上法律關係得聲請定暫時狀態之假處分。（行訴§293、§298）

(二) 假扣押之聲請，由管轄本案之行政法院或假扣押標的所在地之地方法院行政訴訟庭管轄。管轄本案之行政法院為訴訟已繫屬或應繫屬之第一審法院（行訴§294Ⅰ、

Ⅱ）。假處分之聲請，由管轄本案之行政法院管轄。但有急迫情形時，得由請求標的所在地之地方法院行政訴訟庭管轄。（行訴§300）

(三) 行政法院於收受假扣押或假處分之聲請書狀後，應立即分案送交承辦法官。承辦法官收案後，除須調查或命補正者，應即裁定；其應調查或命補正者，應儘速辦理後裁定之。假扣押、假處分執行，免為或撤銷假扣押、假處分之裁定或執行事件，除須調查或補正者外，亦應儘速辦理完畢。

(四) 當事人聲請假扣押、假處分時，如有誤用名稱者，行政法院仍應按聲請之本旨分別予以法律所認許之裁定。

(五) 假扣押之審理程序：

1. 行政法院應先從程序上審查其聲請是否合法，如有不合法之情形而可以補正者，審判長應限期命為補正，如逾期不補正或不能補正者，則應以其聲請不合法，裁定駁回之。

2. 審查聲請有無理由時，應考量聲請人對於請求及假扣押之原因已否釋明。（行訴§297準用民訴§526Ⅰ）

3. 如認聲請為無理由者，行政法院應以裁定駁回之；如認聲請為有理由者，行政法院應依審理之結果，斟酌是否命債權人供擔保及擔保之數額。

4. 假扣押之裁定，債務人惟於假扣押之原因消滅或其他命假扣押之情事變更，或陳明可供行政法院所定之擔保或將請求之標的物提存時，始得聲請撤銷，而債權人則可隨時聲請撤銷之。（行訴§297準用民訴§530Ⅰ、Ⅱ、Ⅲ）

5. 假扣押裁定後，尚未提起給付之訴者，應於裁定送達後10日內提起；逾期未起訴者，行政法院應依聲請撤銷假扣押裁定。（行訴§295）

(六) 假處分之審理程序：

1. 關於假處分之請求及原因，除該假處分所造成之損害係得以金錢補償之特別情事者外，應不准命供擔保以代釋明。（行訴§301）

2. 行政法院為定暫時狀態之假處分裁定前，得訊問當事人、關係人或為其他必要之調查（行訴§298Ⅳ）；保全之假處分，因具有秘密性，為裁定前不得訊問債務人。

3. 假處分之種類，不受聲請人聲明之拘束，依審理結果，具備何種類之假處分要件而定。

4. 假處分所必要之方法，由行政法院以裁定酌定之（行訴§303準用民訴§535Ⅰ），不受聲請人所聲請方法之拘束，亦毋庸就不採之方法為駁回之表示。行政法院得選任管理人及命令或禁止債務人為一定行為（行訴§303準用民訴§535Ⅱ）。於定暫時狀態之假處分，亦得命先為一定之給付。（行訴§298Ⅲ）

5. 債權人請求及假處分原因雖經釋明，行政法院亦得裁定命債權人供擔保後為假處分。（行訴§302準用同法§297再準用民訴§526Ⅲ）

6. 假處分所保全之請求，得以金錢之給付達其目的，或債務人將因假處分而受難以補償之重大損害，或有其他特別情事者，行政法院始得於假處分裁定內，記載債務人供所定金額之擔保後免為或撤銷假處分。（行訴§303準用民訴§536Ⅰ）

7. 得依行政訴訟法第116條請求停止原處分或決定之執行者，不得聲請為同法第298條之

假處分。（行訴§299）

(七) 特別法規定之假扣押、假處分：

1. 特別法規定之假扣押、假處分（例如：稅捐稽徵法§24Ⅱ、§49前段；關稅法§48Ⅱ；海關緝私條例§49-1Ⅰ；廢棄物清理法§71Ⅰ），性質上僅為稅捐或其他公法上金錢給付之保全，其給付內容由行政機關以下命處分即可達成目的，無起訴之必要，不適用行政訴訟法第295條、第302條限期起訴之規定。

2. 依各該法律規定免提供擔保或得免提供擔保。

3. 行政法院依法律規定就公法上金錢給付義務為假扣押、假處分之裁定者，得經主管機關移送，由法務部行政執行署所屬各分署執行之（行執§11Ⅱ）；主管機關如向地方法院行政訴訟庭聲請強制執行者，地方法院行政訴訟庭得依行政訴訟法第306條第1項之規定，囑託法務部行政執行署所屬各分署執行之。

六、強制執行程序

(一) 強制執行之實施：

1. 地方法院行政訴訟庭於收到強制執行之聲請後，應先審查其聲請是否合法，例如有無執行名義、已否繳納執行費（行訴§306Ⅱ準用強執§28-2），如有不合法之情形而可以補正者，應限期命為補正，如逾期不補正或不為補正者，則應以其聲請不合法，裁定駁回之。

2. 強制執行聲請合法者，除假扣押及保全之假處分外，應定相當期間通知債務人履行（行訴§305Ⅱ）；債務人為中央或地方機關或其他公法人者，並應通知其上級機關督促其如期履行。（行訴§305Ⅲ）。

3. 債務人如經通知而不履行或毋庸通知者，地方法院行政訴訟庭得依下列情形，分別自行執行或囑託執行及適用法律：

(1) 課予義務判決及定暫時狀態之假處分裁定（命為一定金錢給付者除外）之執行：由地方法院行政訴訟庭自行執行，其執行程序準用強制執行法之規定。（行訴§306Ⅱ）

(2) 公法上金錢給付裁判，包括假扣押裁定、命為一定金錢給付假處分裁定及處怠金裁定（行訴§306Ⅱ準用強執§128Ⅰ）之執行：得囑託民事執行處代為執行，其執行程序準用強制執行法之規定；亦得囑託行政機關代為執行，其執行程序準用行政執行法之規定。（行訴§306Ⅱ）

(二) 強制執行救濟之管轄法院：

1. 聲請或聲明異議：

(1) 由地方法院行政訴訟庭自行執行者：由地方法院行政訴訟庭裁定之。

(2) 囑託民事執行處代為執行者：對於執行名義有異議，由地方法院行政訴訟庭裁定之（行訴§306Ⅲ）。對執行名義以外之事由異議，由執行法院裁定之。（行訴§306Ⅱ準用強執§12Ⅱ）

(3) 囑託行政機關代為執行者：對於執行名義有異議，由地方法院行政訴訟庭裁定之（行訴§306Ⅲ）。對於執行名義以外之事由異議，由執行機關準用行政執行法第9條第1項、第2項之規定處理之。（行訴§306Ⅱ）

2. 有關強制執行之訴訟：債務人異議之訴，依其執行名義係適用簡易訴訟程序或通常訴訟程序，分別由地方法院行政訴訟庭或高等行政法院受理之（行訴§307前段）。其餘訴訟均由普通法院受理之。（行訴§307後段）

(三) 強制執行程序之停止：

1. 強制執行程序開始後，除法律另有規定外，不停止執行。（行訴§306Ⅱ準用強執§18Ⅰ）

2. 無論由地方法院行政訴訟庭自為執行或囑託民事執行處代為執行，強制執行程序開始後，債務人如有回復原狀之聲請，或提起再審或債務人異議之訴，或對於和解為繼續審判之請求，或提起宣告和解無效或撤銷和解之訴等得停止強制執行之事由，應由各該聲請、訴訟或請求現繫屬之行政法院裁定准許與否；如以提起第三人異議之訴為停止事由，則由該訴訟現繫屬之普通法院裁定之。

第④章　廣義之非訟事件

　　本章對於在目前實務上較爲常用的非訟事件程序，予以歸納整理。學者間對非訟事件範圍的界定，未有定論，各家學說均言之有理，然而因爲本書在整體架構上，強調務實做法，故所有資料，均係實務上的慣行；同時將判例、總會決議等實務見解亦一併納入，供參考引用。

　　關於其費用之徵收如次（參非訟§13～18）：

一、因財產權關係爲聲請者，按其標的之金額或價額，以新台幣依下列標準徵收費用：
(一) 未滿10萬元者，500元。
(二) 10萬元以上未滿100萬元者，1,000元。
(三) 100萬元以上未滿1,000萬元者，2,000元。
(四) 1,000萬元以上未滿5,000萬元者，3,000元。
(五) 5,000萬元以上未滿1億元者，4,000元。
(六) 1億元以上者，5,000元。

二、因非財產權關係爲聲請者，徵收費用新台幣1,000元。因非財產權關係而爲聲請，並爲財產上之請求者，關於財產上之請求，不另徵收費用。

三、夫妻財產制契約登記及法人設立登記，徵收費用新台幣1,000元。除前項登記外，有關夫妻財產制及法人之其他登記，每件徵收費用新台幣500元。

四、對於非訟事件之裁定提起抗告者，徵收費用新台幣1,000元；再抗告者亦同。

五、聲請付與法人登記簿、補發法人登記證書、夫妻財產制契約登記簿或管理財產報告及有關計算文件之謄本、繕本、影本或節本、法人及代表法人董事之印鑑證明書者，每份徵收費用新台幣200元。

第一節　本票裁定

　　本票乃指由發票人簽發一定之金額，於指定到期日，由自己無條件支付（或由銀行保證支付）與受款人或執票人之信用票據，前者即一般所謂的商業本票（或稱玩具本票），因此類本票可由文具店購得或只要具備本票之必備要件即可，而後者則是由發票人將一定金額交付銀行，而由銀行開立，此二者均充分發揮本票之信用效力，不過本節所欲討論且較具爭議性者，均屬前者。同時本票爲無因證券，不能僅以票面之簽發及交付，證明有借貸之事實。（82年台上字第1061號判決）

　　聲請裁定時應注意：

一、本票裁定係以指定付款人之住址（票據付款地）爲聲請地。實務上於未載付款地者，以發票地或發票人之住所地爲付款地；兩人以上爲發票人，未載付款地，以發票地爲付款地，而發票地不在一法院管轄者，各該發票地均有管轄權。

二、本票裁定係以形式審查，即絕對必要記載事項須無欠缺。

三、本票一經裁定即可聲請強制執行，惟仍需等待確定證明書。

四、本票裁定得於收到後10日內提出抗告或在收到許可裁定後20日不變期間內提起確認之訴。雖逾非訟事件法第195條第1項所定之20日期間始起訴者，僅無同條第2項規定之適用，非謂逾此一期間即不得起訴。

五、相對人得供擔保而免為執行，且抗告中並不停止執行。

六、一般聲請本票裁定均附本票原本供查驗後再發還，須同時附具繕本以備存查。

七、准許本票強制執行之裁定，如經債務人以本票係偽造而提起確認該債權不存在之訴（應於裁定送達後20日提起，發票人證明已起訴，則應停止執行），獲得勝訴判決確定時，應認原執行名義之執行力即因而不存在。若尚在強制執行中，債務人可依強制執行法第12條規定聲明異議。此與同法第14條所謂執行名義成立後，有消滅或妨礙債權人請求之事由發生之情形有別，債權人自無由依該條規定提起異議之訴（參69年台上字第3989號判決）。倘逾前開起訴之不變期間，僅不得聲請執行法院停止執行，並非不得再提起確認之訴。

八、本票執票人依票據法第123條聲請法院強制執行時，如其將本票債權轉讓與第三人時，前開裁定效力不當然及於該第三人。但如係執票人於聲請後死亡者，其繼承人得以該執行名義聲請執行，此係繼承法則而非民事訴訟法第400條既判力之客觀範圍（參75年第一次民庭總會決議）。

九、本票裁定正本若無法送達，得聲請公示送達。

十、許可執行之範圍包括本票金額、約定利息、到期日起之利息（未約定者為年利6釐）及作成拒絕證書與通知及其他費用。

為聲請本票裁定准予強制執行事：

應受裁定事項之聲明

一、請就相對人所簽發如附表所示之本票三紙共計新台幣54萬元整，及自本票到期日至清償日止按年息6%計算之利息，准予強制執行。

二、程序費用由相對人負擔。

事實及理由

一、按票據法第123條之規定，本票執票人向發票人行使追索權時，得依法聲請法院裁定後強制執行。

二、查聲請人執有相對人簽發如聲明所示經提示後遭拒絕往來之本票和退票理由兩紙及免作成拒絕證書之本票乙紙，茲有本票原本兩紙及本票影本乙紙可資證明。

三、前開本票經聲請人提示未獲清償，謹依法聲請

鈞院裁定如應受裁定事項之聲明。

　　謹　狀

○○地方法院民事庭　公鑒

具狀人：○○○

為本票聲請裁定強制執行事件聲明異議理由事：

一、查聲明人係某乙之債權人，於某乙財產在鈞院受理執行（案號〇〇年執行第〇〇號）中參與分配在案。某乙與〇〇公司負責人〇〇〇明知無債權債務關存在，竟由某乙簽發本票乙紙，面額達新台幣（下同）〇〇元交由〇〇〇以〇〇公司名義向鈞院聲請裁定強制執行後參與分配，圖使聲明人之債權無法獲償。

二、〇〇公司對某乙無債權存在之事實，前已具狀稟明。

三、又因為〇〇公司於民國〇〇年〇月〇日已經台灣省建設廳以建〇字第〇號函核准解散登記在案，該函業呈鈞院作為證據。〇〇公司解散後，向台灣〇〇地方法院申報〇〇〇為清算人，復有〇〇地方法院〇〇年〇月〇日准清算人備查之〇〇地方法院〇字第〇〇號函可憑，此有〇〇〇因詐欺破產被〇〇地檢署〇〇年度〇字第〇〇號起訴書可證。公司因解散而消滅，故〇〇公司並無人格，自無聲請鈞院裁定之當事人能力。

四、於非訟事件中，法院並無確定實體上法律關係存否之效力，但對當事人能力有無具形式要件，仍有審查之義務，既〇〇公司不具人格而消滅，法院應駁回其聲請本票強制執行，始符法制。

　　謹　狀

〇〇地方法院民事庭　公鑒

具狀人：〇〇〇

為確認本票債權不存在起訴事：

訴之聲明

一、確認〇〇地方法院〇〇年票字第〇〇號兩造間本票強制執行事件，其中新台幣（下同）〇〇元自民國〇年〇月〇日起至清償日止按年利率6%計算之利息債權不存在。

二、請准供擔保後停止〇〇地方法院〇〇年票字第〇〇號之強制執行。

三、訴訟費用由被告負擔。

理由

一、被告曾經於台灣〇〇地方法院〇〇年度票字第〇〇號案中聲請裁定准許強制執行時，自承「於到期後經提示僅支付其中〇〇元外，其餘未獲付款」（請參酌裁定書影本），依此被告所為書狀之記載，被告本人曾受償現金〇〇元，已甚明顯，被告已然聲稱原欠債務〇〇元扣掉貨款〇〇元其餘額是〇〇元，但查本件原告於本票強制執行事件中係稱「支付〇〇元」，其用語明確表示係清償支付，並非以貨款抵帳，被告亦於書狀載明此種陳述，故依法提起確認本件本票債權業已清償而不存在。

二、兩造間就原告所提貨款抵帳之事並無爭執，而僅爭執其間價格，今即以被告所主張之〇〇元計算之，被告於此已合計共受償已達〇〇元整，兩相折抵，被告所剩之債權亦不超過〇〇元，況被告本人所提之貨價明細表係被告個人所製作，應與原告所提之貨價明細表核較以查證該債權業已清償。

三、同時因本件本票正為強制執行，故望先裁示准予停止該項強制執行，以免將工廠查封拍賣後，將嚴重影響工廠信譽，及目前生產之產品延誤所造成之損害將無法彌補，為此具狀懇請

鈞院鑒核，賜判決如訴之聲明，實感德便。

具狀人：○○○

△票據法第123條規定「執票人向本票發票人行使追索權時，得聲請法院裁定後強制執行」，是法院之應否為准予強制執行之裁定，當視本票之執票人可否向發票人行使追索權以為斷，至發票日或到期日之記載如何，既未加以明文限制，依立法本旨，其發票日或到期日是否在該法條施行以後，要無排斥其適用之可言。（51台抗145）

△執票人依票據法第123條規定，向本票發票人行使追索權時，聲請法院裁定對發票人之財產強制執行者，發票人縱對於簽章之真正有所爭執，法院仍應為准許強制行之裁定。（52台抗163）

△執票人依票據法第123條規定，向本票發票人行使追索權時，聲請法院裁定對發票人之財產強制執行者，其性質與非訟事件無殊，法院就本票形式上之要件是否具備為審查為已足。至該本票債務是否已因清償而消滅，應依訴訟程序另謀解決，殊不容於裁定程序中為此爭執。（56台抗714）

△本票執票人，依票據法第123條規定，聲請法院裁定許可對發票人強制執行，係屬非訟事件，此項聲請之裁定，及抗告法院之裁定，僅依非訟事件程序，以審查強制執行許可與否，並無確定實體上法律關係存否之效力，如發票人就票據債務之存否有爭執時，應由發票人提起確認之訴，以資解決。（57台抗76）

△(一)上訴人於系爭本票背面簽名背書為其所不爭，揆諸票據法第124條準用同法第30條第1、3、4項規定，背書僅記載於本票背面即可，並無一定之位置，亦「得」不記載年、月、日。則上訴人辯其未按背書順序簽名，未載年、月、日，故不生背書之效力云云，洵無足採。

(二)系爭本票載明免除作成拒絕證書，縱令被上訴人未於票據法第89條所定期限內，將拒絕付款事由，以書面通知上訴人，僅係怠於通知，是否發生損害之問題，仍非不得依票據法第96條、第97條規定，向上訴人行使追索權。（63台上771）

△本票執行事件，依非訟事件法第100條之規定，應由票據付款地之法院管轄，本票未載付款地及發票地，依票據法第120條第5項、第4項，以發票人之營業所、住所或居所所在地為付款地。本件本票之共同發票人有8人，其營業所、住居所所在地之地方法院俱有管轄權，原裁定法院所在地，既屬付款地之一，又係受理在先之法院，依非訟事件法第3條第1項之規定，原裁定法院就再抗告人部分自屬有管轄權。（64台抗224）

△本票發票人以相對人所執伊名義簽發之本票三張皆第三人所偽造，訴求確認兩造間就該本票債權不存在之判決，雖逾非訟事件法第101條第1項所定之期間，惟本票發票人不依該條項所定期間提起確認之訴，僅無同條第2項之適用，非謂逾此期間即不得起訴。（64台抗242）

△ 本票之發票人應於本票上記載受款人之姓名或商號，未載受款人者以執票人為受款人。至於無記名本票則得依交付轉讓之。又執票人得於無記名本票之空白內記載自己或他人為受款人，將其變更為記名本票，票據法第120條第1項第3款、第3項、第124條準用同法第30條第1項後段及第25條第2項，分別定有明文。故如由發票人將受款人記載於本票時，須由受款人先為背書轉讓，始能認為背書之連續。倘由執票人於無記名本票之空白內記載受款人，並將本票背書轉讓與受款人時，則因受款人並非自發票人受讓本票之人，即不能因該受款人未在本票背書，遽指為背書不連續，遂謂其不得向背書人行使票據上權利。（68台上1939）

○ 本票是否真實，應由執票人負證明之責，故發票人主張本票係偽造，依非訟事件法第101條第1項規定對執票人提起確認本票係偽造或不存在之訴者，自應由執票人就本票為真正之事實，先負舉證之責。（70台上1016）

○ 票據法第11條第1項規定：欠缺本法所規定票據上應記載事項之一者，其票據無效。但本法別有規定者，不在此限。又依同法第120條第1項第6款規定，發票年、月、日為本票絕對應記載事項。故簽發本票而未記載發票年、月、日者，依上開規定，不能認有發票之效力。又如基本票據行為（發票行為）因形式欠缺而無效者，於該票據所為之其他附屬票據行為（如背書、保證等行為），亦皆無效。再所謂無效，係指自始、當然、確定的不生效力，縱經當事人承認，亦不能使其發生效力。（73台上1633）

○ 本票為無因證券，本票債權人就其取得本票之原因，固不負證明之責任，惟既經被上訴人主張系爭本票係上訴人向伊借款而背書交付，上訴人復抗辯其未收受借款，消費借貸並未成立，則就借款已交付之事實，即應由被上訴人負舉證責任。（73台上1723）

△ 非訟事件法第4條第1項所謂直接上級法院，係指管轄各該有爭議事件之上級法院而言，故有爭議之各法院為地方法院或其分院，而在同一高等法院或其分院管轄區域內者，以該高等法院或其分院為直接上級法院，若不在同一高等法院或其分院管轄區域內，或有爭議之各法院為高等法院或其分院者，均應以最高法院為再上級法院。（79台抗292）

△ 欠缺本法所規定票據上應記載事項之一者，其票據無效，票據法第11條第1項前段定有明文。又依同法第120條第1項第6款規定，發票年、月、日為本票應記載事項。故本票上如未記載發票年、月、日，或記載不清難以辨識發票日期者，其本票當然無效。（90台抗37）

○ 本件簡易訴訟事件，相對人花蓮區中小企業銀行股份有限公司起訴請求抗告人給付票款及利息、違約金，原裁判之第二審法院以系爭本票上所蓋抗告人之印章為真正，相對人信賴兩造約定作為憑信之印章而進行交易，且抗告人不能舉證證明該印章被盜用，自應負發票人責任等詞，將第一審所為相對人敗訴之判決廢棄，改命抗告人給付。抗告人以系爭本票非伊簽名，相對人並自承該本票上伊之印文係訴外人林○慧持伊之印章交由其行員蓋用，該印章既非伊所蓋，自應由相對人就伊同意林○慧使用伊印章簽發系爭本票之事實負舉證責任，第二審判決疏未斟酌論斷，即認應由伊負證明

印章被盜用之責，顯違反民事訴訟法第277條規定等語，向本院提起上訴。則本件法律見解所涉及之舉證責任分配原則及其適用，殊有加以闡釋之必要，自具原則上之重要性。原法院以抗告人指應由相對人就伊同意林○慧使用伊印章之事實負舉證責任，係誤解舉證責任分配原則，其法律上見解並無原則上重要性為由，裁定駁回其上訴，自有未合。（90台簡抗62）

△民法第205條既已立法限制最高利率，明定債權人對於超過週年20%部分之利息無請求權，則當事人將包含超過週年20%部分之延欠利息滾入原本，約定期限清償，其滾入之利息數額，仍應受法定最高利率之限制。故債權人對於滾入原本之超過限額利息部分，應認仍無請求權，以貫徹「防止重利盤剝，保護經濟弱者」之立法目的。又債之更改，固在消滅舊債務，以成立新債務，惟超過限額部分之利息，法律既特別規定債權人對之無請求權，債權人自不能以債之更改方式，使之成為有請求權，否則無異助長脫法行為，難以保護經濟上之弱者。（91台簡抗49）

○按物之出賣人，負交付其物於買受人之義務，民法第348條第1項定有明文。上訴人承諾以所買受之系爭房屋向銀行抵押貸款，並簽發取款憑條同意被上訴人逕向銀行領取該款項。另簽發本票一紙以為擔保，嗣上訴人於取得該房屋所有權後，竟通知貸款銀行阻止向被上訴人付款，被上訴人為確保權益，乃將執有之前開本票聲請裁定准許強制執行，於取得執行名義後聲請強制執行，則被上訴人遽以准許該本票強制執行之裁定，聲請執行法院強制執行其尚未「交付」於上訴人之系爭房屋，被上訴人行使權利是否有違誠實及信用之方法？能否謂被上訴人已依系爭房地買賣契約「交付」系爭房屋與上訴人而為債務本旨之給付？原審悉未調查審認，遽以前揭理由為上訴人不利之判決，殊嫌率斷。（91台上758）

△票據乃文義證券，不允許債務人以其他立證方法變更或補充其文義，故凡在票據背面或其黏單上簽名而形式上合於背書之規定者，即應負票據法上背書人之責任。縱令係屬隱存保證背書，且為執票人所明知，仍不能解免其背書人之責任。（92台簡上24）

○執票人向本票發票人行使追索權時，得聲請法院裁定後強制執行，票據法第123條定有明文。是聲請法院裁定本票強制執行，僅得對發票人為之，對本票發票人以外之人，即不得援用該法條之規定，對之聲請裁定執行。發票人死亡後，執票人僅得依訴訟程序而為請求，尚不得依上開票據法規定，聲請對發票人之繼承人或遺產管理人裁定執行。（92台抗241）

○惟按法院採為裁判基礎之證據，應使當事人就該證據及其調查之結果為辯論，若未踐行此程序，遽行以該項證據為判決基礎，其判決即有法律上之瑕疵，第查文書之真偽，法院得自行核對筆跡或印跡證之。此項核對，其性質本為勘驗，故應適用關於勘驗之規定，民事訴訟法第359條定有明文。本件遍查全卷筆錄，並無將讓渡書上訴人親簽周鐘泰筆跡，與系爭本票發票人周鐘泰筆跡，加以比對，二者非常神似。將系爭本票筆跡與上訴人於偵查中應訊時所為簽名比對，更屬相似。系爭本票周鐘泰，其「泰」字，與偵查中應訊「泰」字簽名筆劃，運筆結束，數筆氣勢，極為雷同。另外系爭本票「鐘」字，與應訊時「鐘」字，該鐘字左側「金」字姿態，二者極為相似之記載，更無就比對之結果予當事人辯論之資料，原審泛謂將上開筆跡比對，認屬相

似，系爭本票之簽名，為上訴人簽名，非無可能，而為上訴人不利之判斷，於法已有未合。（92台上2540）

○ 本票准許強制執行之裁定，係強制執行法第4條第1項第6款之執行名義，屬非訟事件程序（非訟事件法第194條）。法院之裁定並無確定實體法律關係之效力。參酌本票具提示性及繳回性，執票人行使追索權時，仍需提示票據始能行使權利。本票執票人聲請裁定准許強制執行，亦係其行使追索權方式之一，從強制執行在滿足債權人私法上請求權之觀點，其聲請強制執行時，自仍需提出本票原本於執行法院，以證明其係執票人而得以行使追索權。（95台簡上26）

○ 按本票雖為無因證券，然發票人非不得以自己與執票人間所存之抗辯事由對抗執票人，如發票人提出其基礎原因關係不存在之對人抗辯，執票人自應就該基礎原因關係存在之積極事實，負舉證責任。（96台簡上23）

第二節　監護及輔助宣告與撤銷

依民法第14條對於因精神障礙或其他心智缺陷，致不能為意思表示或受意思表示，或不能辨識其意思表示之效果者，法院得因本人、配偶、四親等內之親屬、最近1年有同居事實之其他親屬、檢察官、主管機關、社會福利機構、輔助人、意定監護受任人或其他利害關係人之聲請，為監護之宣告。或依民法第15條之1對於因精神障礙或其他心智缺陷，致其為意思表示或受意思表示，或辨識其意思表示效果之能力，顯有不足者，法院得因本人、配偶、四親等內之親屬、最近1年有同居事實之其他親屬、檢察官、主管機關或社會福利機構之聲請，為輔助之宣告。

關於聲請監護宣告程序之費用，如宣告監護者，由受監護宣告之人負擔。除前項情形外，其費用由聲請人負擔。檢察官為聲請人時，由國庫支付。

一、監護宣告

(一) 管轄係專由應受監護人之住所地法院管轄。

(二) 得聲請之人為本人、配偶、四親等內之親屬、最近1年有同居事實之其他親屬、檢察官、主管機關、社會福利機構、輔助人、意定監護受任人或其他利害關係人之聲請。

(三) 聲請須表明其原因、事實及證據。

(四) 聲請人於監護程序前應提出診斷證明書。

(五) 法院依聲請為職權調查（調查費用如聲請人未預納由國庫墊付；參民訴§601），並得開庭詢問（依法不得公開）後，再行安排至當地療養院鑑定（一般由法院發函後再通知聲請人鑑定之期日）；因為每個受監護人的情形不同，故毋庸先行前往繳費，而由醫生視情況安排之鑑定項目再行繳納，鑑定時法官將會在現場於鑑定人面前訊問應受監護人與鑑定人。

監護之宣告，非就應受監護宣告之人精神或心智狀況訊問鑑定人後，不得為之。

(六) 該宣告於法院選定之監護人收受送達或當庭告知時生效，而該宣告書應送達於聲請人、受監護宣告之人、法院選定之監護人及法院指定會同開具財產清冊之人；受監

護宣告之人另有法定代理人者，並應送達之。

法院於監護宣告前後，因保護應受監護宣告之人之身體或財產，得命爲必要之處分；前項處分，法院得依聲請或依職權撤銷之。關於前開處分及撤銷處分之裁定，及駁回聲請之裁定均得依法爲抗告。

書狀範例：

為聲請裁定監護宣告事：

請求之聲明

請求宣告○○○為受監護人。

請求之原因事實

按聲請人之夫於民國○年○月○日因突然中風，致神智經常不清且無法辨別事理，經延醫診治至今已經年餘，仍然毫無起色，惟恐於其心神喪失期間遭人利用，爰依民事訴訟法第597條之規定，並檢具診斷書乙份具狀懇請

鈞院鑒核，迅賜准予宣告○○○受監護，並指定○○○為其監護人，實感法便。

　　謹　　狀

○○地方法院民事庭　公鑒

具狀人：○○○

二、撤銷監護宣告之訴

(一) 因宣告監護之裁定不得抗告，故監護宣告若有不當，應使有聲請權之人（即前述提出聲請者），得提起撤銷監護宣告之訴，此時以聲請監護宣告之人爲被告提出；若由聲請監護宣告之人起訴或該聲請人死亡者，以監護人爲被告；如該聲請人爲監護人者，以受監護宣告之人爲被告。

(二) 撤銷之訴應於受監護宣告之本人知悉或他人自裁定生效後30日之不變期間內提出。

(三) 管轄，專屬受監護宣告之人住所地之地方法院管轄。依民法規定得聲請監護或輔助宣告之人，得向曾就前條第1項聲請爲裁判之地方法院，提起撤銷輔助宣告之訴或宣告監護之訴。

(四) 其撤銷仍以向法院聲請之方式辦理之，且不得合併提起他訴，或於其程序爲訴之追加或提起反訴。故嚴格而言，並不屬非訟事件。

三、聲請撤銷監護

(一) 此應與前項加以區別，前項之撤銷監護宣告之訴乃因有聲請權人對宣告監護之裁定有所不服而設計之救濟方法。本項則是因監護之原因消滅後，原來之監護宣告自無存續之理，故使聲請人得依簡便程序，撤銷監護之聲請。而仍有輔助之必要者，得依聲請或依職權以裁定變更爲輔助之宣告。

(二) 管轄原則上同前：無法確定其專屬管轄者，則得向就監護之聲請曾爲裁判之地方法

院爲之之規定。

(三) 撤銷監護宣告與宣告監護同樣有關公益，故關於職權調查、程序不公開、鑑定人之參與均準用監護宣告之規定。

(四) 撤銷監護宣告之裁定應送達於聲請人及受監護人，並由第一審受訴法院公告之。駁回監護宣告之裁定不得抗告，但得提起撤銷之訴。

(五) 撤銷監護宣告之判決確定後，應由第一審受訴法院公告之。但撤銷前監護人及受監護人之行爲並不失其效力。

註：受輔助宣告之人爲下列行爲時，應經輔助人同意。但純獲法律上利益，或依其年齡及身分、日常生活所必需者，不在此限：

一、爲獨資、合夥營業或爲法人之負責人。

二、爲消費借貸、消費寄託、保證、贈與或信託。

三、爲訴訟行爲。

四、爲和解、調解、調處或簽訂仲裁契約。

五、爲不動產、船舶、航空器、汽車或其他重要財產之處分、設定負擔、買賣、租賃或借貸。

六、爲遺產分割、遺贈、拋棄繼承權或其他相關權利。

七、法院依前條聲請權人或輔助人之聲請，所指定之其他行爲。

第78條至第83條規定，於未依前項規定得輔助人同意之情形，準用之。

第85條規定，於輔助人同意受輔助宣告之人爲第1項第1款行爲時，準用之。

第1項所列應經同意之行爲，無損害受輔助宣告之人利益之虞，而輔助人仍不爲同意時，受輔助宣告之人得逕行聲請法院許可後爲之。（民§15-2）

第三節　死亡宣告與拋棄繼承

　　死亡宣告制度之設計，乃係針對一個人在失蹤後，有關於其個人之身分上或財產上的法律關係，如果始終處於不確定之狀態下，對於其利害關係人及社會秩序之維持均有不良的影響，因此特別針對符合(1)生死不明狀態之失蹤人，(2)失蹤達一定期間，(3)經利害關係人或檢察官的聲請，由法院以推定之方式宣告死亡，以結束失蹤人原住居所爲中心的一切法律關係。

　　同時在受死亡宣告者，安然生還後，依民事訴訟法第640條規定，撤銷死亡宣告判決前的善意行爲不受影響。他人僅在受利益限度內負返還責任。

第一款　死亡宣告登記

第一目　宣告內容

一、宣告要件

(一) 失蹤人失蹤滿7年後，法院得因利害關係人或檢察官之聲請。

(二) 失蹤人為80歲以上者，失蹤滿3年後。

(三) 失蹤人為遭遇特別災難者，於特別災難終了滿1年後。

二、確定

受死亡宣告者，除有反證外，以失蹤期滿最後日終止之時為判決內所確定死亡之時，推定其為死亡。

△民法第9條第1項規定受死亡宣告者，以判決內所確定死亡之時，推定其為死亡。所謂推定，並無擬制效力，自得由法律上利害關係人提出反證以推翻之。（51台上1732）

三、未宣告前之財產管理

(一) 關於失蹤人之財產管理事件，專屬由其住所地之法院管轄。

(二) 失蹤人失蹤後未受死亡宣告前，其財產之管理依非訟事件法之規定。

(三) 失蹤人未置財產管理人者，其財產管理人依序定之：配偶、父母、成年子女、與失蹤人同居之祖父母、家長、法院依利害關係人或檢察官之聲請選任之財產管理人。

(四) 財產管理人之權限，因死亡、受監護、輔助或破產之宣告或其他原因消滅時終止。

第二目　登記

一、申請人

(一) 戶長。

(二) 同居人。

(三) 死亡者死亡時之房屋或土地的管理人。

(四) 辦理殯葬的人。

(五) 聲請死亡宣告者。

(六) 被執行死刑或在監獄、看守所內死亡，而無人承領者，由監獄或看守所通知戶政事務所為死亡登記。

(七) 軍人在服役期間死亡者，憑軍事機關之死亡通報辦理。

(八) 因災難死亡或死亡者之籍別不明不能辨別為何人時，由警察機關查明通知處理。

二、應檢附書件及注意事項

(一) 死亡診斷書或檢驗報告書，死亡宣告者檢附法院判決書及確定書。

(二) 死亡者須附戶口名簿、國民身分證及申請人印章、國民身分證。

(三) 國外死亡者，准憑其死亡地之醫院出具死亡證明，須經我駐外單位驗證，如係外文證明文件應翻譯成中文並經市警局外事室譯證或外交部審核之。

(四) 人民因遭遇災難死亡，無法獲得檢察官或法醫之檢驗書時，得憑在場親見其死亡者，2人以上之死亡事實證明書，經戶籍人員會同查實後受理之。

(五) 無法提出死亡證明文件，得提憑衛生主管機關所發之埋葬許可證辦理之。

三、申請期限：自死亡發生日起30日內。

第二款　如何辦理不動產繼承登記

　　繼承的觀念，是基於延續生命遺澤後代的社會產物，它是針對一定親屬間，因一方之死亡，而由另一方承受其非專屬性財產上之法律地位。依據目前現行不動產繼承之實務規定，很容易造成無法辦理登記，蓋必須全體會合辦理；然於82年中旬已經修正相關規定，故於83年初即可由繼承人中之部分人士辦理繼承登記，也免了許多延滯案子無法結案而形成民怨的困擾。

一、一般繼承

(一) 辦理繼承需要之除戶證明及子女全戶之戶籍謄本以證明彼此間之親屬關係。

(二) 繼承系統表（如有拋棄應另附拋棄書）、繳納遺產稅之證明、所有權狀及登記書表（向各地政機關購買）。

(三) 無人承認之繼承財產管理事件，由繼承開始時被繼承人住所地法院管轄。

(四) 民法第1156條所定繼承之陳報，及第1178條所定繼承開始及選定管理人之陳報，由繼承開始時被繼承人住所地法院管轄。遺產清冊陳報書應載明下列事項：（家事§128、§129）

1. 陳報人之姓名、性別、年齡、籍貫、職業及住、居所。

2. 由代理人陳報者，其姓名、性別、年齡、籍貫、職業及住、居所。

3. 被繼承人之姓名及最後住所；如有其他繼承人者，其姓名、性別、出生年月日及住、居所。

4. 前項遺產清冊應記載被繼承人之財產狀況及繼承人已知之債權人、債務人。

5. 陳報之意旨。

6. 法院。

7. 年、月、日。

二、應備之相關資料

(一) 戶籍謄本：被繼承人死亡時之戶籍謄本（如無法領取時應備保證書）、繼承人現在之戶籍謄本。

(二) 繼承系統表：由申請人依民法有關規定自行訂定，註明「如有遺漏或錯誤致他人受損害者，申請人願負法律首任」，並簽名或蓋章。

(三) 遺產稅繳（免）納證明書或其他有關證明文件。

(四) 繼承人如有拋棄其繼承者，應檢附拋棄繼承權有關文件。其向其他繼承人表示拋棄者，並應加附印鑑證明。因法院確定判決申請繼承登記者，得不提出被繼承人之戶籍謄本、繼承系統表及本項文件。

(五) 登記申請書。

(六) 登記原因證明文件（如遺囑）。

(七) 已登記者，其所有權狀或他項權利證明書。登記原因證明文件為法院權利移轉證書、確定判決、訴訟上之和解或調解筆錄時，得免提出本項之文件。

(八) 申請人身分證明。

(九) 其他依法令應提出之證明文件（如分割協議、農地繼承之自耕能力）。

(十) 登記清冊。

(十一) 土地現值與房屋契稅申報書。

(十二) 委託書。

(十三) 稅賦證明。

第三款　如何辦理限定與拋棄繼承

一、限定繼承

限定繼承係繼承人以其所繼承之被繼承人之財產為限，依民法第1153條規定，負連帶責任作為償還被繼承人債務的一種法律上表示行為。

除前開證明外（參第二款一般繼承之規定），應於繼承開始後3個月內開具遺產清冊陳報法院（如必要得延長），同時如繼承人有數人時，一人為陳報繼承，其效力及於全體。

法院於接到陳報後應即為公示催告程序，被繼承人之債權人於該期限報明債權者，得以所繼承之限定財產範圍內由限定繼承人製作分配表按比例清償之，並應於報明債權屆滿6個月內向法院陳報償還債務之狀況；倘限定繼承人於催告期滿不為者，只能訴請給付。

二、拋棄繼承

(一) **拋棄繼承的意義**　繼承人在繼承開始之後，向法院表示否認他當然為繼承人的效力；即繼承人於3個月內具狀向法院表示其不願繼承被繼承人所遺留的全部財產，且其債權人不得依民法第244條規定行使撤銷訴權（參73年2月28日民事庭會議決議）。

(二) **拋棄繼承的規定**

1. 管轄的法院：由被繼承人住所在地的地方法院，或被繼承的財產所在地的地方法院管轄。民法第1174條所定拋棄繼承事件，由繼承開始時，被繼承人住所地之法院管轄。

2. 拋棄人須為繼承人，即有繼承權的人，才有拋棄繼承權，如已經出養的子女，或後順位繼承人在先順位繼承人拋棄繼承之前，都沒有拋棄繼承之權利。

3. 拋棄繼承，須在知悉得繼承之時起，3個月以內為之。如已逾3個月期間，即不生拋棄的效力。所謂知悉得繼承之時，指知悉被繼承人死亡事實之時，後順位之繼承人因先順位之繼承人拋棄繼承，而得為繼承人者，於知悉先順位繼承人拋棄繼承之事實時。

4. 須以書狀向法院為之。並以書面通知因其拋棄而應為繼承之人，前開應為繼承之人，係指拋棄之繼承人以外之全體繼承人而言。（參62年2月10日民事庭庭長會議決議）

(三) **拋棄繼承的效果**　拋棄繼承，溯及於繼承開始時發生效力。亦即被繼承人死亡時，拋棄人雖為繼承人而自願與該繼承立於無關係之地位。

拋棄繼承人之子女，並不因而有代位繼承權。但直系血親卑親屬親等近者均拋棄繼

承權時，由次親等直系血親卑親屬繼承，因此，子女輩全部拋棄繼承時，孫輩始有繼承權。先順位均拋棄繼承時，由次順位繼承人繼承。無後順位繼承人時，其應繼分歸屬於配偶，配偶拋棄繼承時，其應繼分歸屬於與其同為繼承之人。

(四) 聲請拋棄繼承權備查應具備之證明文件

1. 拋棄繼承人及應為被繼承人戶籍謄本各乙份。

2. 被繼承人除戶戶籍謄本乙份；如戶籍謄本尚無被繼承人死亡之記載，應同時提出死亡證明書。

3. 繼承系統表乙份。

4. 拋棄繼承證明書乙份。

5. 拋棄繼承人印鑑證明書各乙份。

6. 通知應為繼承人證明書各乙份：拋棄繼承人以郵局存證信函通知應為繼承人拋棄繼承之事實。

繼承權拋棄書

立拋棄書人某甲因○○○於民國○○年○○月○○日亡故，針對遺產，依法擁有繼承之權利。茲出於拋棄人自由意思，爰依民法第1174條之規定拋棄繼承權，全都遺產由其他繼承人繼承之，絕無異議，特立本拋棄書以為憑證。

　　此　　致

○○○君　收執

拋棄人：○○○

法定代理人：○○○

中華民國○○年○○月○○日

為聲請拋棄繼承權，請准予備查事：

聲請人某甲為被繼承人○○○之子，被繼承人○○○於本年○○月○○日因病去世，聲請人自願拋棄繼承權，除分別通知其他繼承人外，爰依法檢同戶籍謄本乙件及印鑑證明具狀聲請拋棄繼承權，請依法准予備查。

　　謹　狀

○○地方法院民事庭　公鑒

具狀人：某甲

為限定繼承，並呈報被繼承人之遺產清冊事：

一、按「繼承人得限定以因繼承所得之遺產償還被繼承人之債務」，並「於繼承開始時起3個月內，開具遺產清冊呈報法院」，此觀之民法第1154條第1項、第1156條第1項自清，合代先為陳明。

二、查呈報人之被繼承人○○○業於民國○○○年○月○○日過世（參證一），呈報人等

　　為其依法應為繼承之人（參證二），故特開具遺產清冊（參附表），呈報
鈞院鑒核，實感法便。
　　謹　狀
○○地方法院家事法庭　公鑒

具狀人：○○○

第四節　公示催告及除權判決

第一款　公示催告

　　依民事訴訟須知第23點(八)聲請公示催告，係對於不確定之相對人，令其就所有之
權利，依照限期向地方法院申報，逾期不申報，即喪失其權利之程序。例如指示證券、
提單、載貨證券、匯票、本票、支票等，不慎遺失，請求宣告該證券無效，即應聲請公
示催告。公示催告之聲請，經法院裁定准許而為公示催告者，聲請人得於申報權利之期
間屆滿後3個月內，或該期間未滿前聲請法院為除權判決。（民訴§539、§545）
　　公示催告，應記載下列各款事項：
一、聲請人。
二、申報權利之期間及在期間內應為申報之催告。
三、因不申報權利而生之失權效果。
四、法院。
　　公示催告由證券所載履行地之法院管轄之，如未記載履行地則以發行人即被告之住
所地法院管轄，或依民事訴訟法第1條之規定辦理之。當事人因支票、本票、匯票、股
票及其他以背書轉讓之證券遺失或被竊，聲請公示催告時，如係票據應由喪失證券之發
票人或執票人先到付款銀行、合作社或農會，辦理掛失止付手續；如為股票應先到發行
公司辦理掛失手續；然後持銀行、合作社或農會所書寫蓋妥印鑑之票據掛失止付通知書
或股票發行書；聲請公示催告應撰寫聲請狀，正副（繕）本各乙份；持聲請狀正本至法
院收費處繳納聲請費用新台幣1,000元（參第二編第八章）；持聲請正本取得收狀處核
發之收據後，再連同聲請狀副本一併送交付款銀行、合作社、農會或發行股票之公司備
查，其止付手續才算完成。
　　聲請人收到法院寄發之公示催告裁定後，應詳細核對記載之姓名、票據號碼、金
額、發票日期及其他記載，有無錯誤或漏寫，如發現有錯誤或漏寫，應速請求更正裁定
後才登報，如登報後始發覺裁定內容有錯誤或漏寫，亦應即請求更正裁定，並將更正後
之裁定再行登報。
　　裁定如無記載錯誤或漏寫，應將裁定內容全部（不得刪減）刊登新聞報紙（不限版
面和報社）。如擅自刪減裁定內容登報，則不生效力。又如未將裁定登報，不得聲請除
權判決（申報權利之期間至少於登報之日起2個月以上）。
　　空白支票、保證付款之支票、已經辦妥止付之票據、屆到期日之匯票只能辦理登記
手續，不得辦理掛失止付。

△民法第440條第1項所謂支付租金之催告，屬於意思通知之性質，其效力之發生，應準用同法關於意思表示之規定，如催告人非因有自己之過失不知相對人之居所者，僅得準用同法第97條，依民事訴訟法公示送達之規定，向該管法院聲請以公示送達爲催告之通知，始生催告之效力。被上訴人定期催告承租人某商號支付租金，僅將催告啓事標貼已被查封無人居住之某商號門首，自無催告效力之可言。（41台上490）

爲聲請公示催告事：

查聲請人○○○原執有發票人○○○所簽發以○○企業銀行爲付款人，面額新台幣○○○元正，到期日民國○○年○月○○日，支票號碼○○○號之支票○紙，不恨於民國○○年○月○日遺失，除已依法向付款銀行辦理止付手續外，爰特檢附掛失止付通知書（證）。
懇請
鈞院鑒核，惠予裁定准予公示催告，以保權益，實感德便。
　　謹　狀
○○地方法院民事庭　公鑒

　　　　　　　　　　　　　　　　　　　　　　　　　　　具狀人：○○○

第二款　除權判決

一、聲請除權判決

(一) 將刊公示催告之報紙全張保存（不要剪裁），俟申請權利期間（此期間以裁定內所載者爲準，自最後登報之日起算）屆滿後3個月內，持裁定、報紙乙份、身分證、印章到法院辦理除權判決。例如裁定記載申報權利之期間爲6個月，應於登報之日起3個月之內辦理除權判決，亦即不能逾越9個月，如超過9個月即不能辦理除權判決，應重行登報並候申報權利期間屆滿後3個月內，再行辦理聲請除權判決；反之，提早聲請則因尚未經過申報權利期間，亦會遭到駁回。

(二) 聲請除權判決，亦可委託他人代理，惟應提出委任狀，並撰寫除權判決聲請狀。

(三) 持塡妥之除權判決聲請狀至法院收費處繳納聲請費用新台幣1,000元。

(四) 將書狀綠色繳費單、裁定、報紙、郵票一併送交法院收狀處（目前一般事務所有委託特定代辦人均會代爲送交法院）。

(五) 聲請人7日後會收到法院民事庭出庭通知，請按通知日期準時到記載之法庭報到，開庭完畢後聲請人會收到法院民事庭寄發之除權判決書正本。

(六) 持判決書正本即可到銀行、合作社或農會領取掛失止付之金額票據，或到發行股票公司申請另行發給新股票。

(七) 目前台北地院係歸馬上辦中心處理，可節省相當的時間。

(八) 善意第三人雖未於公示催告申報期間內爲權利之申報，但如在除權判決前申報者，仍有同一效力（參民訴§544）。

(九) 執票人喪失票據，而依除權判決行使權利，則毋庸再爲付款的提示，而逕行行使票

　　據追索權。

訴狀範例：

為因支票遺失業經公示催告期滿，無人申報，提出聲請賜准除權判決，宣告該支票無效事
聲請人因不慎遺失○○○簽發○○銀行○○○年○○月○○○日到期支票乙紙，帳號○
號、票據號碼○號、票面金額○元正，業經狀請鈞院以○○○年度○字第○號裁定准許公
示催告，並登載○○日報呈報在卷。茲本件催告期限已屆，迄今未見權利人申報權利，為
此謹檢同報紙乙份狀請
鈞院鑒核，賜准宣告該支票為無效之判決，以維權益，實為德便。
　　謹　狀
○○地方法院民事庭　公鑒
　　　　　　　　　　　　　　　　　　　　　　　　　　　　具狀人：○○○

二、除權判決之撤銷

　　除權判決不得上訴，僅得於有下列原因時，由原告知悉該判決時起，30日內向原法
院提起撤銷除權判決之訴，且原判決自宣示時起算未逾5年，始得訴請撤銷。
(一) 法律不許公示催告程序者，即非得依背書轉讓之證券及依其他法律規定，如票據
　　　法、海商法。
(二) 未為公示催告之公告或不依法定方式為公告者。（參51年台上字第3197號判例）
(三) 不遵守公示催告之3個月公告期間者。
(四) 為除權判決之法官，應自行迴避而未迴避者。
(五) 已經在2個月內申報權利而不依法律於判決中斟酌者。
(六) 有民事訴訟法第496條第1項第7款至第10款之再審理由者。
1. 參與裁判之法官關於該訴訟違背職務犯刑事上之罪者。
2. 當事人之代理人或他造或其代理人關於該訴訟有刑事上應罰之行為，影響於判決者。
3. 為判決基礎之證物係偽造或變造者。
4. 證人、鑑定人、通譯、當事人或法定代理人經具結後，就為判決基礎之證言、鑑定、
　　通譯或有關事項為虛偽陳述者。
(七) 撤銷除權判決之訴，應依民事訴訟法規定徵收裁判費新台幣1,000元。

書狀範例：

為撤銷除權判決依法起訴事：
訴之聲明
一、請准予將鈞院○○年○○月○○日○字第○○號除權判決撤銷。
二、訴訟費用由被告負擔。

事實及理由

爰原告持有發票人（即被告）〇〇〇所開立〇〇銀行〇〇分行票載金額新台幣（下同）〇〇元，付款日為〇〇年〇月〇日之支票乙紙（證一）。迨於前日專期屆至之日提示，不料銀行以此票已經除權判決而歸無效云云。惟查前開支票係由被告簽發交由〇〇〇，再由其背書轉讓給本人，本人因取得票據後出國經商，而於最近返國，故其竟趁此空檔謊稱票據遺失，意圖不法，為此特依民事訴訟法第551條第2項第6款及第552條之規定，於法定期間內提起本訴，狀請

鈞院鑒核，依法將該除權判決撤銷，以維權益，而障良善，實感法便。

　　謹　狀

〇〇地方法院民事庭　公鑒

　　　　　　　　　　　　　　　　　　　　　　　　　具狀人：〇〇〇

△查證券遺失時，是否聲請公示催告，俾獲除權判決而對證券義務人主張其權利，乃證券權利人之自由。本件上訴人原執有之支票，既經查明認定為被上訴人所竊取並撕毀，且將撕毀殘片寄回發票人，則原執票人之上訴人當時業已不能行使其票據上之權利，殊難因上訴人尚得依公示催告程序主張權利，而認上訴人未受損害，不得依侵權行為之法律關係請求賠償。（66台上3515）

△記名股票遺失，在公示催告中，尚未經法院為除權判決者，公司對於其股東身分之認定，依公司法第165條第1項規定之旨趣，仍應以股東名簿之記載為依據。（68台上2189）

△再抗告人向台灣台北地方法院申報權利，並提出股票後，經該地方法院通知相對人到場，認該股票為其所遺失之物，因相對人之聲請而開始之公示催告程序即已終結，無停止該程序之可言。乃台灣台北地方法院在再抗告人申報權利並提出股票後，竟裁定停止公示催告程序，殊屬不合。（70台抗110）

第五節　認領、收養、監護

第一款　認領

　　非婚生子女而其生父與生母結婚者，稱為準正，使民法第1064條，毋庸經由認領或法院判決。

　　申請認領登記由認領人或遺囑執行人申請之。經判決確定、訴訟上之和解或調解（參本編第二章第一節第三款）成立認領者，認領人或遺囑執行人不為申請時，得由被認領人為之。

　　認領時應附書件及注意事項：

一、一般認領：認領同意書、生母戶籍謄本（非婚生子女，依民法第1065條規定，自幼經其生父撫育者免附）。

二、遺囑認領：遺囑。

三、判決認領：法院判決確定書。

四、撫育認領：生父撫育證明文件。

五、認領者未與被認領人在同一戶籍轄區時，應另附全戶戶籍謄本。

六、申請人私章、戶口名簿、身分證暨被認領人之戶口名簿、身分證。

七、申請認領同時從母姓名，應提母無兄弟之有關戶籍謄本及約定書。

八、外國人認領本國人子女時，應提認領公證書，申請認領登記後，依規定辦理喪失國籍除籍登記，改報外僑居留。

☆子女獲知其血統來源，確定其真實父子身分關係，攸關子女之人格權，應受憲法保障。民法第1063條規定：「妻之受胎，係在婚姻關係存續中者，推定其所生子女為婚生子女。前項推定，如夫妻之一方能證明妻非自夫受胎者，得提起否認之訴。但應於知悉子女出生之日起，1年內為之。」係為兼顧身分安定及子女利益而設，惟其得提起否認之訴者僅限於夫妻之一方，子女本身則無獨立提起否認之訴之資格，且未顧及子女得獨立提起該否認之訴時應有之合理期間及起算日，是上開規定使子女之訴訟權受到不當限制，而不足以維護其人格權益，在此範圍內與憲法保障人格權及訴訟權之意旨不符。最高法院23年上字第3473號及同院75年台上字第2071號判例與此意旨不符之部分，應不再援用。有關機關並應適時就得提起否認生父之訴之主體、起訴除斥期間之長短及其起算日等相關規定檢討改進，以符前開憲法意旨。

確定終局裁判所適用之法規或判例，經本院依人民聲請解釋認為與憲法意旨不符時，其受不利確定終局裁判者，得以該解釋為基礎，依法定程序請求救濟，業經本院釋字第177號、第185號解釋闡釋在案。本件聲請人如不能以再審之訴救濟者，應許其於本解釋公布之日起1年內，以法律推定之生父為被告，提起否認生父之訴。其訴訟程序，準用民事訴訟法關於親子關係事件程序中否認子女之訴部分之相關規定，至由法定代理人代為起訴者，應為子女之利益為之。

法律不許親生父對受推定為他人之婚生子女提起否認之訴，係為避免因訴訟而破壞他人婚姻之安定、家庭之和諧及影響子女受教養之權益，與憲法尚無牴觸。至於將來立法是否有限度放寬此類訴訟，則屬立法形成之自由。（釋587）

△非婚生子女經生父撫育者，視為認領，經認領者，視為婚生子女，既為民法第1065條第1項所明定，則經生父撫育或認領之非婚生子女，因繼承而承受之權利及義務，亦與婚生子女同，不以該子女係從父姓抑從母姓而生差異。（42台上1125）

△非婚生子女除經生父認領或視同認領外，與其生父在法律上不生父子關係，不得提起確認父子關係成立之訴。（43台上1180）

△非婚生子女經生父認領者，視為婚生子女，其經生父撫育者，視為認領，為民法第1065條第1項所明定。至撫育費用亦並非不得預付，倘依據卷附被上訴人之親筆信函，足以認定被上訴人早已有預付上訴人出生後撫育費用之事，則依上說明，自非不可視為認領。（44台上1167）

△民法第1067條第1項第1款所謂同居，以男女雙宿同眠為已足，無須同住一處，此就同條項第3、4款規定比照觀之自明。上訴人於被上訴人受胎期間，既與被上訴人發生數次姦情，則縱兩造並未在同一居所或住所共同居住，亦未嘗不可據以訴請認領。（47台上1806）

△民法第1065條第1項之生父認領，其性質為形成權之一種，惟此種形成權之行使，法律既未明定生父應以訴為之，上訴人起訴請求，自屬不合。（63台上1796）

△民法親屬編修正前夫妻聯合財產中，不屬於妻之原有財產，而以其名義登記之不動產，於夫死亡後，如妻會同其他繼承人申請辦理繼承登記時，為顧及登記之連續性，自應由妻先辦理更名登記為夫名義後，再據以辦理繼承登記。（79台上2681）

△因認領而發生婚生子女之效力，須被認領人與認領人間具有真實之血緣關係，否則其認領為無效，此時利害關係人均得提起認領無效之訴。又由第三人提起認領無效之訴者，如認領當事人之一方死亡時，僅以其他一方為被告即為已足。（86台上1908）

第二款　收養

民法第1079條第1項所定認可收養子女事件，由收養人住所地之法院管轄；收養人在中華民國無住所者，由被收養人住所地或所在地之法院管轄。

一、申請收養登記

申請人為收養人或其授權之人、受其委任之人。收養人不為申請時，由被收養人申請。收養兒童及少年經法院認可者，收養關係溯及於收養契約成立時發生效力。

收養登記應繳附書件及注意事項：

(一) 收養子女應聲請法院認可後，同時憑該法院之「裁定書」及「裁定確定證明書」辦理申請。

(二) 被收養人須遷入收養人戶內時，須附遷出登記申請書副本。

(三) 戶口名簿、收養人及被收養人身分證、印章（未滿7歲者免）。

(四) 收養人與被收養者不在同一戶籍管轄區，而不辦理戶籍遷徙者，應另附收養者全戶之戶籍謄本。

(五) 僑居國外委託辦理時，須附經當地駐外使領館簽證之授權委任書。

(六) 因收養約定從母姓者，應憑母無兄弟之有關戶籍謄本及約定書辦理。

(七) 外國人認領中國子女者，應先向法院聲請法院管轄之指定。

二、申請終止收養登記

申請人為收養人，收養人不為申請或係以遺囑終止收養時，由被收養人或遺囑執行人為之。

終止收養應繳附書件及注意事項：

(一) 終止收養書約或法院判決確定書（在國外發生之事實，須經當地駐外使領館簽證，譯本經市警局外事室譯證）。

(二) 養父母死亡後，養子女不能維持生活而無謀生能力者，得聲請法院認可終止收養，提憑法院認可終止收養裁定書及裁定確定證明辦理。

(三) 戶口名簿、國民身分證、印章（未滿7歲者免）。

(四) 遺囑：以遺囑終止收養者亦同。

三、聲請辦理收養子女之認可

自民國74年6月5日起，收養子女應聲請法院認可。收養就是收養他人的子女，來作自己的養子、養女。養子、養女跟婚生子女的權利義務是相同的。收養須訂收養書面契約，但是被收養人未滿7歲而無法定代理人時，可以不訂立書面契約。收養契約的當事人是收養人和被收養人。被收養人未滿7歲則由法定代理人代為辦理；7歲以上之未成年人，則應得到法定代理人的同意。

夫妻收養子女應共同辦理，不得單獨一人收養子女。但是一方收養他方的子女時，則可由1人收養。收養人應比被收養人年長20歲以上，夫妻有1人年齡不比養子女年長20歲以上，收養就不合法，法院不會認可。

直系血親不得收養，所以祖父母、外祖父母，不得收養自己的孫子女、外孫子女為養子女。直系姻親也不得收養，因此公婆不得收媳婦為養女，岳父母也不得收女婿為養子。但是夫可收養妻前夫之子女，妻也可收養夫前妻之子女。旁系血親及旁系姻親的輩份不相當者不得收養。但是旁系血親在八親等之外、旁系姻親在五親等之外，則可以收養。

一個人除給夫妻二人同時收養外，只能給一人收養。因此，先被某甲收養，就不能同被某乙收養。已結婚之人被收養時，應得到配偶即丈夫或妻子的同意。成年人被收養時，對本生父母若有不利的情形，也是不可以的。

收養契約

某甲與某乙為夫妻，願共同收養某丙、某丁所生之某戊為養子。雙方依法訂立本收養協議契約。

特立此約憑證

收養人某甲（蓋章）

民國〇年〇月〇日出生

住〇市〇街〇號

收養人某乙（蓋章）

民國〇年〇月〇日出生

住〇市〇街〇號

被收養人某戊

民國〇年〇月〇日出生

住〇市〇街〇號

法定代理人某丙（蓋章）

住〇市〇街〇號

法定代理人某丁（蓋章）

住〇市〇街〇號

中　華　民　國　〇　〇　年　〇　〇　月　〇　〇　日

收養認可之程序：

(一) 聲請認可之人：由收養人和被收養人一同具狀聲請，欠缺收養人或被收養人之一，即不合規定。聲請狀向法院購買，一份新台幣2元。狀內最好詳盡說明有關本身能力、品行、學經歷及生活狀況等。

(二) 隨聲請狀附交之文件：

1. 收養契約書。

2. 收養人及被收養人之身分證明文件。

3. 被收養人為未成年人時，收養人職業、健康及有關資力之證明文件。

4. 夫妻之一方被收養時，他方之同意書。但有民法第1076條但書情形者，不在此限。

5. 經公證之被收養人本生父母同意書。但有民法第1076條之1第1項但書、第2項但書或第1076條之2第3項情形者，不在此限。

6. 收養人或被收養人為外國人時，收養符合其本國法之證明文件。前項文件在境外作成者，應經當地中華民國駐外機構認證或證明；如係外文，並應添具中文譯本。經最高法院指定管轄的裁定通知、外國人委託他人辦理時的授權證明、家庭調查及合於外國人本國法的有關證明。

內容說明：

1. 收養契約書：收養子女應以書面為之，但被收養者未滿7歲而無法定代理人時，不在此限。有配偶者收養子女，應與其配偶共同為之。但夫妻之一方，收養他方之子女者，不在此限。未滿7歲之未成年人被收養時，由法定代理人代為意思表示並代受意思表示。但無法定代理人時，不在此限。滿7歲以上之未成年人被收養時，應得法定代理人之同意。但無法定代理人時，不在此限。

2. 戶籍資料文件：收養者之年齡，應長於被收養者20歲以上，收養當事人間原有親屬關係者，應證明非民法第1076條之1所規定不得收養之親屬，故宜提出戶籍謄本及親屬系統表。收養當事人之一方為外國人者，應提出該國護照影本。但被收養人未滿7歲，未申報戶口，且無法定代理人者，勿庸提出上開戶籍文件。

3. 被收養者之配偶同意書：有配偶者被收養時，應得其配偶之同意。

4. 成年人被收養時，應取得其本生父母所具無須由其照顧、扶養之證明文件。如未能取該文件者，應陳明其事由。

5. 未成年人被收養時，收養人應提出職業、財產及健康證明文件。外國人收養我國人為養子女者，並應提出收養行為合於其本國法律之證明書。

(三) 認可裁定送達：10日內無人抗告即確定，聲請人可聲請發給確定證明，持裁定及確定證明，就可到戶籍機關辦理收養戶籍登記，收養手續即完畢。若無辦理戶籍登記，子女經過法院認可後，收養的權利義務亦同樣發生，不因此而有所差異。

(四) 外國人收養本國人為養子女時，須向最高法院聲請為管轄法院指定之裁定。

(五) 法院認可收養事件，依兒童及少年福利與權益保障法規定。[註]

1. 基於兒童及少年之最佳利益，斟酌收養人之人格、經濟能力、家庭狀況及以往照顧或監護其他兒童及少年之紀錄決定之。

2. 滿7歲之兒童及少年被收養時，兒童及少年之意願應受尊重。兒童及少年不同意時，

非確信認可被收養，乃符合其最佳利益，法院應不予認可。

3. 法院認可兒童及少年之收養前：

(1) 得准收養人與兒童及少年先行共同生活一段期間，供法院決定認可之參考；共同生活期間，對於兒童及少年權利義務之行使或負擔，由收養人爲之。

(2) 應命主管機關或兒童及少年福利機構進行訪視，提出訪視報告及建議。收養人或收養事件之利害關係人亦得提出相關資料或證據，供法院斟酌。

　前項主管機關或兒童及少年福利機構進行前項訪視，應評估出養之必要性，並給予必要之協助；其無出養之必要者，應建議法院不爲收養之認可。

4. 法院對被遺棄兒童及少年爲收養認可前，應命主管機關調查其身分資料。

5. 父母對於兒童及少年出養之意見不一致，或一方所在不明時，父母之一方仍可向法院聲請認可。經法院調查認爲收養乃符合兒童及少年之最佳利益時，應予認可。

6. 法院認可或駁回兒童及少年收養之聲請時，應以書面通知主管機關，主管機關應爲必要之訪視或其他處置，並作成紀錄。

四、判決收養子女之終止

(一) 聲請理由

　依兒童及少年福利與權益保障法第20條規定，養父母對養子女有下列行爲之一者，養子女、利害關係人或主管機關得向法院請求宣告終止其收養關係：

1. 有第49條各款所定行爲之一：

(1) 遺棄。

(2) 身心虐待。

(3) 利用兒童及少年從事有害健康等危害性活動或欺騙之行爲。

(4) 利用身心障礙或特殊形體兒童及少年供人參觀。

(5) 利用兒童及少年行乞。

(6) 剝奪或妨礙兒童及少年接受國民教育之機會。

(7) 強迫兒童及少年婚嫁。

(8) 拐騙、綁架、買賣、質押兒童及少年。

(9) 強迫、引誘、容留或媒介兒童及少年爲猥褻行爲或性交。

(10) 供應兒童及少年刀械、槍砲、彈藥或其他危險物品。

(11) 利用兒童及少年拍攝或錄製暴力、血腥、色情、猥褻、性交或其他有害兒童及少年身心健康之出版品、圖畫、錄影節目帶、影片、光碟、磁片、電子訊號、遊戲軟體、網際網路或其他物品。

(12) 迫使或誘使兒童及少年處於對其生命、身體易發生立即危險或傷害之環境。

(13) 帶領或誘拐兒童及少年進入有礙其身心健康之場所。

(14) 強迫、引誘、容留或媒介兒童及少年爲自殺行爲。

(15) 其他對兒童及少年或利用兒童及少年犯罪或爲不正當之行爲。

2. 父母、監護人或其他實際照顧兒童及少年之人、違反第43條第2項或第47條第2項規定，情節重大：

(1) 吸菸、飲酒、嚼檳榔。

(2) 施用毒品、非法施用管制藥品或其他有害身心健康之物質。

(3) 觀看、閱覽、收聽或使用有害其身心健康之暴力、血腥、色情、猥褻、賭博之出版品、圖畫、錄影節目帶、影片、光碟、磁片、電子訊號、遊戲軟體、網際網路內容或其他物品。

(4) 在道路上競駛、競技或以蛇行等危險方式駕車或參與其行為。

(5) 超過合理時間持續使用電子類產品，致有害身心健康。

(6) 出入酒家、特種咖啡茶室、成人用品零售店、限制級電子遊戲場及其他涉及賭博、色情、暴力等經主管機關認定足以危害其身心健康之場所。

其訴狀之聲明如次：

1. 請求判令被告應與原告終止本件訴訟關係（或判令對於本件收養關係應予撤銷）。

2. 訴訟費用由被告負擔。

(二) 終止效力　收養關係經判決終止時，無過失之一方，因而陷於生活困難者，得請求他方給與相當之金額。（民§1082）

養子女自收養關係終止時起，回復其本姓，並回復其與本生父母及其親屬間之權利義務。但第三人已取得之權利，不因此而受影響。（民§1083）

☆最高法院對於非常上訴所為之判決，係屬終審判決，自有拘束該訴訟之效力。惟關於本件原附判決所持引用法條之理由，經依大法官會議規則第17條向有關機關徵詢意見，據最高法院覆稱，該項判決係以司法院院字第2747號及院解字第3004號解釋為立論之根據。復據最高法院檢察署函復，如該項判決所持見解，係由大院行憲前之解釋例演繹而來，亦請重為適當之解釋，以便今後統一適用各等語。是本件係對於行憲前本院所為上述解釋發生疑義，依41年8月16日，本會議第九次會議臨時動議第一案之決議，認為應予解答。養子女與本生父母及其兄弟姊妹原屬民法第967條所定之直系血親與旁系血親。其與養父母之關係，縱因民法第1077條所定，除法律另有規定外，與婚生子女同，而成為擬制血親，惟其與本生父母方面之天然血親仍屬存在。同法第1083條所稱養子女自收養關係終止時起，回復其與本生父母之關係。所謂回復者，係指回復其相互間之權利義務，其固有之天然血親自無待於回復。當養父母與養子女利害相反涉及訴訟時，依民事訴訟法第582條規定，其本生父母得代為訴訟行為，可見雖在收養期間，本生父母對於養子女之利益，仍得依法加以保護。就本件而論，刑事訴訟法第214條後段所稱被害人之血親得獨立告訴，尤無排斥其天然血親之理由。本院院字第2747號及院解字第3004號解釋，僅就養父母方面之親屬關係立論，初未涉及其與本生父母方面之法律關係，應予補充解釋。（釋28）

△民法第1063條第1項之規定，係就妻在婚姻關係存續中受胎而生之子女，推定為夫之婚生子女，其子女究係妻在婚姻關係存續中受胎而生，抑係妻收養他人之子女，有爭執時，仍應以妻有無分娩之事實為斷，自無適用該條推定為婚生子女之餘地。（28渝上1445）

△收養關係之終止，除由養父母與養子女雙方，依民法第1080條之規定為之者外，必一方有民法第1081條所列各款情形之一，經法院因他方之請求以判決宣告之，俟判決確

定時始生終止之效力，若僅一方對於他方爲終止之意思表示，縱令他方有同條所列各款情形之一，其收養關係亦不因而終止。（28渝上1525）

△甲收養被上訴人之父乙爲子，係在民法親屬編施行之前，依民法親屬編施行法第1條，不適用民法第1079條之規定，其收養縱未以書面爲之，亦不得謂爲無效。（29渝上532）

△收養年已19歲之人爲子，未以書面爲之，既於民法第1079條所定之方式有未具備，依民法第73條之規定，即屬無效，自不能發生收養關係。（29渝上1817）

△養子無故將其養母鎖在門內1日，不得謂非對於養母爲虐待，依民法第1081條第1款之規定，養母自得請求法院宣告其收養關係之終止。（29渝上2027）

△民法第1079條之規定，惟在民法親屬編施行後收養子女者，有其適用，若在同編施行前立嗣者，不適用之。（31上2127）

△民法上之收養，祇須合於所定之要件，並不限制其所以收養之原因，故是否繼承宗祧，均可不問。（31上2596）

△收養子女違反民法第1076條之規定者，僅得向法院請求撤銷收養關係，並非當然無效。（31上2893）

△收養他人之子女爲子女，惟本人始得爲之，若以遺囑委託他人於其故後代爲收養子女，按之現行法律自非有效。（32永上284）

△(一)收養關係因收養他人之子女而發生，凡收養他人之子爲子女者，雖用義男或寄子之名稱，亦爲民法所稱之養子，被上訴人係由某甲夫婦收養爲子，業經原判決合法認定，茲上訴人以某甲墓碑上載有義男字樣，甲妻某氏在另案所具呈文，載有過寄此子以來因書籍各費耗產業字樣，遂謂被上訴人不過爲某甲夫婦之乾兒，而非養子，即難認爲正當。

(二)養子從收養者之姓爲收養關係成立後之效果，並非收養關係成立之要件，收養關係存續中，養子在實際上冠以本姓，其收養關係在法律上亦非當然因而終止。（33上1180）

△被上訴人於收養上訴人爲養子時，既以上訴人應與被上訴人同居一家爲條件，而上訴人竟不履行諾言，終年在學校服務，雖在假期亦不還家對被上訴人爲必要之扶助保養，殊難謂非惡意遺棄他方。（33上5296）

△養子女與養父母之關係與婚生子女同，爲民法第1077條所明定。被上訴人甲乙間所訂立之離婚書，於上訴人之監護既有由被上訴人乙（養母）擔任之約定，此項約定原非法所不許，自不能以被上訴人甲（養父），將上訴人棄置不問爲理由，請求終止收養關係。（41台上744）

△收養子女未與配偶共同爲之者，其配偶僅得依司法院院字第2271號解釋，向法院請求撤銷，不容於經過相當期間以後，猶以此爲藉口主張收養無效。（42台上357）

○養父母對於所收養之未成年女子，乘其年輕識淺使暗操淫業，自屬民法第1081條第6款所謂其他重大事由，該養女據以請求終止收養關係，即非不當。（48台上1669）

△被上訴人爲上訴人之養母，上訴人動輒與之爭吵，並惡言相加，肆意辱罵，有背倫常之道，已具有民法第1081條第1款及第6款情形，自得構成終止收養關係之原因。（50

台上88）

○ 養父母對於未成年養子女，不僅有保護及教養之權利抑且有此義務，上訴人於收養某甲爲養女後，任其同居人虐待至於遍體鱗傷，難謂已盡其保護之責任，則該養女拒絕返回上訴人家中，亦不得謂無正當理由，自無由命其生母即被上訴人，反於該養女之意思，而認其有交人之義務。（50台上103）

△ 依照我國民法親屬編規定，法律擬制之親子關係以收養關係爲限，倘出於其他關係者，除民法親屬編施行法有特別規定者外，無該親屬編之適用，民法親屬編施行前所立之嗣子女，與其所後之父母之關係與婚生子女同，因民法親屬編施行法第9條定有明文，故承認該嗣父母與嗣子間具有親子關係，至繼父繼子或嫡母庶子關係，雖發生於民法親屬編施行前，因民法親屬編施行法就此未有特別規定，故不能認其具有親子關係。（58台再9）

第三款　監護

一、申請監護登記申請人爲監護人或受其委託之人。

二、應繳附書件及注意事項：

(一) 各種監護類別文件：

1. 法定監護：親屬關係證明文件。

2. 委託監護：受監護人生父母之委託書。

3. 遺囑監護：父母遺囑。

4. 指定監護：依法院出具之文件。

5. 選定監護：親屬會議之選定書件。

6. 宣告監護：監護之宣告文件。

(二) 戶口名簿、國民身分證、印章。

(三) 國外委託代辦須附經當地駐外使領館簽證之委託或授權書。

註：參考法條

❖任何人對於兒童及少年不得有下列行爲：

一、遺棄。

二、身心虐待。

三、利用兒童及少年從事有害健康等危害性活動或欺騙之行爲。

四、利用身心障礙或特殊形體兒童及少年供人參觀。

五、利用兒童及少年行乞。

六、剝奪或妨礙兒童及少年接受國民教育之機會。

七、強迫兒童及少年婚嫁。

八、拐騙、綁架、買賣、質押兒童及少年。

九、強迫、引誘、容留或媒介兒童及少年爲猥褻行爲或性交。

十、供應兒童及少年刀械、槍砲、彈藥或其他危險物品。

十一、利用兒童及少年拍攝或錄製暴力、血腥、色情、猥褻、性交或其他有害兒童及少

年身心健康之出版品、圖畫、錄影節目帶、影片、光碟、磁片、電子訊號、遊戲
軟體、網際網路或其他物品。

十二、迫使或誘使兒童及少年處於對其生命、身體易發生立即危險或傷害之環境。

十三、帶領或誘使兒童及少年進入有礙其身心健康之場所。

十四、強迫、引誘、容留或媒介兒童及少年爲自殺行爲。

十五、其他對兒童及少年或利用兒童及少年犯罪或爲不正當之行爲。（兒少法§49）

❖養父母對養子女有下列行爲之一者，養子女、利害關係人或主管機關得向法院聲請宣告
終止其收養關係：

一、有第49條各款所定行爲之一。

二、違反第43條第2項或第47條第2項規定，情節重大。（兒少法§20）

❖父母或監護人對兒童及少年疏於保護、照顧情節嚴重，或有第49條、第56條第1項各款
行爲，或未禁止兒童及少年施用毒品、非法施用管制藥品者，兒童及少年或其最近尊親
屬、直轄市、縣（市）主管機關、兒童及少年福利機構或其他利害關係人，得請求法
院宣告停止其親權或監護權之全部或一部，或得另行聲請選定或改定監護人；對於養父
母，並得請求法院宣告終止其收養關係。

法院依前項規定選定或改定監護人時，得指定直轄市、縣（市）主管機關、兒童及少年
福利機構之負責人或其他適當之人爲兒童及少年之監護人，並得指定監護方法、命其父
母、原監護人或其他扶養義務人交付子女、支付選定或改定監護人相當之扶養費用及報
酬、命爲其他必要處分或訂定必要事項。

前項裁定，得爲執行名義。（兒少法§71）

兒童及少年因家庭發生重大變故，致無法正常生活於其家庭者，其父母、監護人、利害
關係人或兒童及少年福利機構，得申請直轄市、縣（市）主管機關安置或輔助。

前項安置，直轄市、縣（市）主管機關得辦理家庭寄養、交付適當之兒童及少年福利機
構或其他安置機構教養之。

直轄市、縣（市）主管機關、受寄養家庭或機構依第1項規定，在安置兒童及少年之範圍
內，行使、負擔父母對於未成年子女之權利義務。

第1項之家庭情況改善者，被安置之兒童及少年仍得返回其家庭，並由直轄市、縣（市）
主管機關續予追蹤輔導至少1年。

第2項及第56條第5項之家庭寄養，其寄養條件、程序與受寄養家庭之資格、許可、督
導、考核及獎勵之規定，由直轄市、縣（市）主管機關定之。（兒少法§62）

❖兒童及少年不得爲下列行爲：

一、吸菸、飲酒、嚼檳榔。

二、施用毒品、非法施用管制藥品或其他有害身心健康之物質。

三、觀看、閱覽、收聽或使用有害其身心健康之暴力、血腥、色情、猥褻、賭博之出版
品、圖畫、錄影節目帶、影片、光碟、磁片、電子訊號、遊戲軟體、網際網路或其
他物品。

四、在道路上競駛、競技或以蛇行等危險方式駕車或參與其行爲。

五、超過合理時間持續使用電子類產品，致有害身心健康。

父母、監護人或其他實際照顧兒童及少年之人,應禁止兒童及少年爲前項各款行爲。

任何人均不得販賣、交付或供應第1項第1款至第3款之物質、物品予兒童及少年。(兒少法§43)

❖兒童及少年不得出入酒家、特種咖啡茶室、成人用品零售店、限制級電子遊戲場及其他涉及賭博、色情、暴力等經主管機關認定足以危害其身心健康之場所。

父母、監護人或其他實際照顧兒童及少年之人,應禁止兒童及少年出入前項場所。

第1項場所之負責人及從業人員應拒絕兒童及少年進入。

第1項之場所應距離幼兒園、國民中小學、高中、職校200公尺以上,並檢附證明文件,經商業登記主管機關登記後,始得營業。(兒少法§47)

❖法院爲第1055條裁判時,應依子女最佳利益,審酌一切情況,尤應注意下列事項:

一、子女之年齡、性別、人數及健康標準。

二、子女之意願及人格發展之需要。

三、父母之年齡、職業、品行、健康情形、經濟能力及生活狀況。

四、父母保護教養子女的意願及態度。

五、父母子女間或未成年子女與其他共同生活之人間之感情狀況。

六、父母之一方是否有妨礙他方對未成年子女權利義務行使負擔之行爲。

七、各族群之傳統習俗、文化及價值觀。

前項子女最佳利益之審酌,法院除得參考社工人員之訪視報告或家事調查官之調查報告外,並得依囑託警察機關、稅捐機關、金融機構、學校及其他有關機關、團體或具有相關專業知識之適當人士就特定事項調查之結果認定之。(民§1055-1)

第六節　夫妻財產制

夫妻之一方受破產宣告時,其夫妻財產制,當然成爲分別財產制;夫妻於婚姻關係存續中,得以契約廢止其財產契約,或改用他種約定財產制。

一、登記範圍

夫妻財產制得於結婚前或結婚後,以契約就民法所定約定財產制擇一爲夫妻財產制,於婚姻關係存續中並得以契約廢止其財產制契約,或改用他種約定財產制。

二、登記效力

夫妻財產制契約之訂立、變更或廢止,應以書面爲之,非經登記不得對抗第三人。對於登記前夫或妻所負債務之債權人,不生效力,亦不影響依其他法律所爲財產權登記之效力。

三、登記類別

分訂約登記、變更登記、廢止登記等共計三類。登記應用夫妻財產制之法定名稱。

四、管轄

由夫妻住所地之法院管轄，不能在住所地爲登記或其主要財產在居所地者，得由居所地之法院管轄，如再不能依上項規定定管轄法院者，由司法院所在地之法院管轄。

五、聲請手續

(一) 聲請登記應具夫妻財產制契約登記聲請書、財產契約書，記載夫妻姓名、職業、住居所，由聲請人簽名或蓋章。另加印5份（繕本）送交法院。

(二) 財產清冊乙份並另加印5份（繕本）送交法院。其中財產價值申報書，應記載每筆財產價額。如有土地房屋，並應檢具地價證明與房屋稅單影本乙份。最近一年度之土地與建物登記籍謄本各乙份。而動產則應提出原始發票或收據。

(三) 夫妻最近1個月內之戶籍謄本，如戶籍不在一起應分別申請之。

(四) 聲請登記，如委由代理人爲之者，應附具委任書。登記時應提出結婚證書影本、國民身分證，或其他證明文件（並應準備印鑑證明乙份），且夫妻不能同時委託一人辦理。

(五) 聲請人或代理人爲外國人者，應提出其護照或居留證或其他證件，以證明申請人或代理人確係本人。

訂約登記聲請書，應記載結婚年、月、日、結婚地點、約定財產制之種類，附具夫妻財產制契約書、財產目錄及其證明文件，財產依法應登記者，應提出該管機關所發給之謄本。變更登記聲請書，應記載原登記之約定財產制、變更之種類、訂定變更契約年、月、日，並附具契約書原本。廢止登記之聲請書，應記載原登記之約定財產制、訂立廢止契約年、月、日，並附具契約書原本。

六、簽名式或印鑑

訂約登記，應同時提出夫與妻之簽名或印鑑於法院，以後提出於法院之文書，應爲同式之簽名或蓋印鑑章（由夫妻向戶政機關聲請，如係首次辦理並須親自爲之）。印鑑毀損、遺失或被盜時，應即刊登當地新聞紙3日聲明作廢，並取具2人之證明，向法院申請更換之。

七、登記之異議

聲請人或利害關係人對於登記處處理登記事務認爲違法或不當時，得於知悉後10日內提出異議。但於處理事務完畢後已逾2個月者，不得提出異議。

八、登記完成及公告

登記手續應於收案後3日內登記完畢，登記處應於登記後3日內公告，並以書面通知由聲請人將法院寄交之文件刊登於新聞紙1日，並檢送全張報紙及收據寄回以完成整個手續；同時登記處應於公告牌公告7日以上。

關於夫妻財產制之登記規則，請參見本書附錄一。

第七節　法人登記

　　法人登記後，有應登記之事項而不登記，或已登記之事項有變更而不爲變更之登記者，不得以其事項對抗第三人。

　　辦理法人登記：

一、如何辦理財團法人登記

二、如何辦理社團法人登記

　　祭祀公業條例於97年7月1日施行，祭祀公業依該條例第21條、第22條規定向主管機關登記爲祭祀公業法人者，固有當事人能力，未登記爲法人者，仍不失爲非法人團體，亦有當事人能力（最高法院98年度台上字第270號判決、97年度第2次民事庭會議決議意旨參照）。又祭祀公業規約倘訂有管理人之選任方式，必待依該方式完成選任，派下員與管理人間之選任契約始行有效成立（最高法院89年度台上字第1220號裁判要旨參照），顯見祭祀公業派下全員依該規約之約定選任方式選任之管理人，即得以該管理人爲該祭祀公業之法定代理人而起訴或被訴，與主管機關是否准予核備無涉。

△法人之董事爲法人之代表及執行機關，聲請法人登記，由董事爲之，民法第48條第2項（舊）、第61條第2項（舊）定有明文。本件卷附之法人登記證書載明法人名稱爲「財團法人私立永達工業專科學校」，台灣屏東地方法院復原法院函之意旨亦同，原法院竟以聲請法人登記及登記之公告均爲該學校董事會，即認法人爲該學校董事會，於法顯屬有誤。法人之董事既爲法人之代表及執行機關，不可能爲另一有權利能力之主體，原判決謂被上訴人學校與學校董事會「乃係二個個別之主體」法律見解，尤有違誤。（63台上628）

△法人依非訟事件法聲請設立登記後，一經法院依法登記於法人登記簿，即行成立而取得法人資格，得爲權利義務主體，此觀民法第30條（舊）之規定自明。已經爲設立登記之財團法人之董事，無與財團法人對財團法人之債權人負連帶責任之可言，與民法規定合夥財產爲合夥人公同共有，合夥人對合夥債務負連帶責任者，迥不相同。某私立高級中學，請台灣台北地方法院准予爲財團法人之設立登記並將聲請登記事項登記

於法人登記簿，雖未領得登記證書，但該校已取得法人資格，上訴人依民法規定之合夥關係，請求爲該校董事之被上訴人對於該校向上訴人所借款項負清償責任，於法無據。（64台上1558）

△ 強制執行法第15條所謂就執行標的物有足以排除強制執行之權利者，係指對於執行標的物有所有權、典權、留置權、質權存在情形之一者而言。上訴人（道教會團體）主張訟爭房屋係伊所屬眾信徒捐款購地興建，因伊尚未辦妥法人登記，乃暫以住持王某名義建屋並辦理所有權登記，由王某出其字據，承諾俟伊辦妥法人登記後，再以捐助方式將房地所有權移轉登記與伊各節，就令非虛，上訴人亦僅得依據信託關係，享有請求王某返還房地所有權之債權而已，訟爭房地之所有權人既爲執行債務人王某，上訴人即無足以排除強制執行之權利。（68台上3190）

○ 查上訴人提出台灣台中地方法院法人登記證書記載，完成法人登記者，乃「台灣省台中縣私立萊園中學董事會」，而非上訴人「台中縣私立萊園中學」，按董事會只爲法人之機關，並無獨立之人格，究竟上訴人本身有無爲法人之登記？苟已登記成立，其法定代理人爲誰？於被上訴人之起訴是否合法，以及上訴人有無當事人能力，可否提起第二審上訴，均欠明瞭，原審就程序上問題先爲調查研究，即爲實體上之裁判，自嫌率斷。（69台上4095）

○ 上訴人觀音寺雖未辦理財團法人登記，然其既有一定之名稱、事務所，一定之目的，並有獨立之財產及管理人，核與民事訴訟法第40條第3項之非法人團體相當，應有當事人能力。上訴人既已具備非法人團體之要件，依同法第41條第1項規定，不得更行選定上訴人劉文姜爲全體信徒起訴，劉文姜以此身分起訴，即有未合。（71台上2123）

○ 神明會可分爲財團性質之神明會及社團性質之神明會，財團性質之神明會，以會產爲會之重心，會員對於會產並無直接之權利義務，反之，社團性質之神明會，如未經爲法人登記者係以會員爲會之中心，會員之權利，除共益權外，亦多自益權，一般情形，具有濃厚的私益色彩，乃屬公同共有之性質（見台灣民事習慣調查報告636、644、645頁）。即原審亦認會員對於神明會之會產有潛在之應有部分，則上訴人以被上訴人主張其爲上訴人祖先創設之關聖帝君神明會之會員，與其權益有關，因之對被上訴人提起本件消極確認之訴，似難謂無即受確認判決之法律上利益。原審見未及此，遽認上訴人不得提起本件消極確認之訴，尚有未合。（72台上1174）

○ 某私立中學董事會前固辦妥財團法人登記，惟嗣經變更登記爲財團法人某私立中學，自是時起該董事會已不具法人資格，僅爲財團法人某私立中學執行事務之機關。該董事會並無權利能力，依民事訴訟法第40條第1項之規定，即無當事人能力。（74台上1978）

○ 法人之董事爲法人之代表及執行機關，聲請法人登記，由董事爲之，民法第48條第2項、第61條第2項定有明文。本件被上訴人之名稱爲「財團法人私立華興育幼院董事會」，然董事會既爲法人之執行機關，即不可能爲另一有權利能力之主體（本院63年台上字第628號判例參照）。是則被上訴人雖誤以「財團法人華興育幼院董事會」之名義，聲請登記爲法人，能否即謂該董事會已具有法人資格，而得提起本件訴訟，殊

非無疑。（81台上3141）

○寺廟財產及法物爲寺廟所有，由住持管理之，監督寺廟條例第6條第1項定有明文。故凡私人捐施於寺廟之財產，其所有權已不屬於原施主，並不屬於寺廟住持，而應屬於該寺廟所有。系爭舊有之建物係被上訴人前董事長及董事爲被上訴人所建造，依法由被上訴人原始取得所有權，自無歸屬任何個人所有之可能。而上訴人擔任被上訴人住持期間所增建之建物，係由動產附合於原有建物而成，且成爲其重要成分，依民法第811條規定，其所有權亦由原不動產所有人即被上訴人取得。（87台上1241）

○設立財團者，應訂立捐助章程。但以遺囑捐助者，不在此限。捐助章程，應訂明法人目的及所捐財產，民法第60條第1項、第2項定有明文。故設立財團須有捐助行爲，捐助行爲乃以設立財團法人爲目的，捐出一定財產之要式行爲。本件上訴人既未參與訂立捐助章程，僅將捐助金經由設立人之一廖天才，並由廖○才出名訂立捐助章程，上訴人之捐助，自非屬以設立財團法人爲目的之捐助行爲，至上訴人與廖○才間，有何法律關係，則屬另一問題。（88台上223）

△國家機關因裁撤或改組而不存在者，其性質與法人因合併而消滅者相類，故其訴訟程序應類推適用民事訴訟法第169條第1項規定，在承受其業務之機關承受其訴訟以前當然停止。（89台上868）

○因任職關係獲准配住宿舍，其性質爲使用借貸，目的在使任職者安心盡其職責，是倘借用人喪失其與所屬機關之任職關係，當然應認依借貸之目的，已使用完畢，配住機關自得請求返還。故公務員因任職關係配住宿舍，於任職中死亡時，既喪失其與所屬機關之任職關係，依借貸目的應認已使用完畢，使用借貸契約因而消滅，此與一般使用借貸契約，借用人死亡時，貸與人僅得終止契約之情形尚有不同。（91台上1926）

○依公寓大廈管理條例第3條第9款規定，管委會係由區分所有權人選任住戶若干人爲管理委員所設立之組織，旨在執行「區分所有權人會議決議事項」及「公寓大廈管理維護事務」，於完成社團法人登記前，僅屬非法人團體，固無實體法上完全之權利能力。然現今社會生活中，以管委會之名義爲交易者比比皆是。於民事訴訟法已有第40條第3項：「非法人之團體，設有代表人或管理人者，有當事人能力」規定之外，公寓大廈管理條例更於第38條第1項明文規定：「管理委員會有當事人能力」，明文承認管委會具有成爲訴訟上當事人之資格，得以其名義起訴或被訴，就與其執行職務相關之民事紛爭享有訴訟實施權；並於同條例第6條第3項、第9條第4項、第14條第1項、第20條第2項、第21條、第22條第1項、第2項、第33條第3款但書，規定其於實體法上亦具享受特定權利、負擔特定義務之資格，賦與管委會就此類紛爭有其固有之訴訟實施權。故管委會倘基於規約約定或區分所有權人會議決議所爲職務之執行致他人於損害，而應由區分所有權人負賠償責任時，其本身縱非侵權行爲責任之權利義務歸屬主體，亦應認被害人得基於程序選擇權，並依上開同條例第38條第1項規定及訴訟擔當法理，選擇非以區分所有權人而以管委會爲被告起訴請求，俾迅速而簡易確定私權並實現私權，避免當事人勞力、時間、費用及有限司法資源之不必要耗費。且因同條第2項明定：「管理委員會爲原告或被告時，應將訴訟事件要旨速告區分所有權人」，與民事訴訟法第65條訴訟告知之規定旨趣相當，而受訴法院亦得依同法第67

條之1規定，依職權通知各區分所有權人，賦與各區分所有權人參與該訴訟程序之機
會，則將來確定判決之既判力，依同法第401條第2項規定及於各區分所有權人，即具
正當化之基礎。對於未受告知或通知之區分所有權人，因係非可歸責於己之事由而未
獲參與訴訟程序機會，即未獲事前之程序保障，如認有不能提出足以影響判決結果之
攻擊或防禦方法，致對其不利之情事，自得依同法第507條之1以下有關事後程序保障
規定之第三人撤銷訴訟程序行使權利，其應有之權益亦獲確保。否則，公寓大廈管理
條例規定管委會有當事人能力，即失其意義，當非立法本意（併參見本院50年台上字
第2719號判例意旨）。（98台上790）

第八節　提存

　　提存乃債務人將其應爲之給付，提存於法院提存所，以代清償而使債務歸爲消滅，
或達到法律上某一目的之行爲，其性質爲非訟事件。有關提存手續，在程序上大致分爲
三個階段，首爲提存人將提存物提存於法院提存所，次爲提存所保管提存物，三爲提存
所將提存物交付受領人領取或交由提存人取回，規定此三個階段之程序法，即提存法及
提存法施行細則。另外，如票據法第76條之匯票到期不爲付款之提示，亦得依法提存。[1]

提存須知

一、聲請提存須備「提存書」一式2份，依式逐項塡明（請複寫或打字，以免不符），
　　並簽名或蓋章。（所塡提存人姓名住址，須與國民身分證相符）。
二、清償提存，須附具提存通知書一式2份，提存物受取權人每增一人，應增一份。
三、擔保提存，須檢附法院裁判書正本或影本乙份。
四、前述各項辦妥後，聲請人應塡具提存費繳款書一式6份，逕向該管法院所在地代
　　理國庫之銀行，繳納提存費。清償提存費，其提存金額或價額在新台幣1萬元以下
　　者，徵收100元；逾1萬元至10萬元者，徵收500元；逾10萬元者，徵收1,000元。但
　　執行法院依強制執行法、管理人依破產法或消費者債務清理條例規定辦理提存者，
　　免徵提存費。擔保提存費，每件徵收新台幣500元。
五、提存現金者，應由提存人塡具國庫存款收款書一式6聯後，將提存物連同提存書及
　　前項繳款書等一併提交當地代理國庫之銀行，並索取提存物收取收據存執。
六、提存有價證券者，應由提存人塡具國庫保管品聲請書1份後，將提存物連同提存書
　　及第四項之繳款書一併提交當地代理國庫之銀行，並索取提存物收取收據存執。
七、提存其他動產者，提存人應將提存書報請法院提存所指定提存物保管處所，同時繳
　　納提存費，俟提存所指定保管處所並將提存書交還後，再向指定之處所提交提存書
　　類及提存物並取據存執。
八、代理國庫之銀行或指定之提存物保管處所收取提存書，不另給收據。
九、提存物須預繳保管費者，由提存人逕向保管機構繳納，取據存執。
十、聲請人提交提存物後5日內，未獲法院提存所通知時，得向該管提存所查詢原因。
十一、提存物保管機構收清提存物後，應即將提存書連同應交該管法院之聯單，一併交
　　　該法院提存所。

一、辦理清償提存程序

清償提存事件，於債權人受領遲延或不能確知孰為債權人而難為給付者，清償人得將其給付物（款）替債權人提存之，其辦理提存手續：

(一) 提存人應先向法院聯合服務處購買提存書一式2份，依式逐項填明，由提存人簽名蓋章。如提存物受取人有2人以上時，應按增加人數每人加添1份。

(二) 提存所就提存人填就之提存書，認為合於提存程序，應告知提存人向法院收費處駐院代理國庫之台灣銀行繳納提存款及聲請費。提存人並將提存通知書連同國庫存款收款書，再送提存所分案，並繳納送達郵資。提存通知書1份由提存所送達提存物受領人，1份由提存所交提存人收執，1份存卷。

(三) 一般清償提存以現金或台支（台灣銀行支票）為原則，因受領人係相對人。

(四) 如因提存物受取人原址無法送達，提存人應依提存所之通知查報新址。如新址仍無法送達，提存人應檢具戶籍謄本或有關證明文件聲請公示送達。

(五) 提存人因事故無法親自辦理提存，亦得提出本人國民身分證、印章，委任他人代為辦理，此項委任書狀應載明特別代理權（代理人亦應攜帶國民身分證、印章）。

(六) 為確保清償提存之受領人可提領該金額，在附帶條件上需特別注意「或」這個字的運用。

二、辦理擔保提存程序

擔保提存事件，有依法律規定之原因者，亦有係當事人請求為假扣押、假執行、假處分或請求免為假執行、假扣押、假處分，而依據法院之裁判者。或於執行程序中經法院裁定將一定金額或有價證券，提存於法院提存所，以供對造為擔保者，其辦理提存手續：

(一) 提存人應先向法院聯合服務處購買提存書一式2份，依式逐項填明，由提存人簽名蓋章。並將准予提供擔保或免為假執行、假處分、假扣押所供擔保之裁判書影印附於提存書之後，經提存所加蓋准予提存章戳。

(二) 提存人應持提存書連同裁判書向法院收費處駐院代理國庫之台灣銀行繳納擔保金。其擔保品如係有價證券，須向中央銀行繳納，再持同國庫台北支庫保管品經收通知書交由提存所分案，1份交由提存人收執。

(三) 一般擔保提存之取回權人為擔保提存人本人，因此為使提存期間內之利息不致喪失，故均以可轉讓銀行定期存單為主。

(四) 提存所依提存人提供之擔保物，即時通知民事執行處，以便依法執行或免予（停止）強制執行。

△ 供擔保應提存現金，或法院認為相當之有價證券，如應擔保之原告不能依前項規定為提存者，法院得許由該管區域內有資產之人具保證書代之，民事訴訟法第102條規定甚明。至同法第105條所謂供擔保之提存物或保證書，得由當事人約定變換外，法院得依供擔保人之聲請，以裁定許其變換，係指已為提存或已具保證書供擔保後復請變換之情形而言，與上述應供擔保之原告不能為提存者，法院得許以保證書代之之情

形迥異，故保證書得易以提存物或仍易以他人之保證書，但將提存物易爲保證書，則屬於法無據，不應准許。（43台抗122）

提存書附式

提 存 書			年度存字第　　　　號
提存物受取權人姓名或名稱及國民身分證號碼或統一編號	住居所或公務所、事務所、營業所及電話號碼		不知受取權人者其事由
提存原因及事實			
提存物爲金錢者，其金額；爲有價證券者，其種類、標記、號數、張數、面額；爲其他動產者，其物品之名稱、種類、品質及數量			
清償提存－對待給付之標的及其他受取提存物所附之要件			
擔保提存－命供擔保法院名稱及案號			
證明文件			
提存所名稱	台灣　　地方法院提存所	聲請提存日期	中 華 民 國　　年　　月　　日
提存人代理人姓名或名稱及國民身分證號碼或統一編號	（簽名或蓋章）	住居所或公務所、事務所、營業所	電話號碼
提存人姓名或名稱及國民身 分證號碼或統一編號	（簽名或蓋章）	住居所或公務所、事務所、營業所	電話號碼
提存物保管機構名稱及地址		保管機構收受日期	中華民國　年　月　日　保管機構收受證明
提存所處理結果			
中 華 民 國　　　　年　　　　月　　　　日			
台 灣　　地 方 法 院 提 存 所　主 任			

三、辦理變更提存物程序

　　擔保提存可能因為訴訟程序過長致原辦理提存之定存單到期，因此依法提出聲請更換擔保品，經法院裁定，按與原來相當之金額或有價證券，再提存於法院提存所後，即同時辦理取回原擔保之程序：

(一) 先提出聲請變更書狀，待法院裁定准予變更並確定後，依次述之手續辦理。

(二) 提存人應先填寫提存書一式2份，依式逐項填明，由提存人簽名蓋章。並將准予變更提供擔保書影印附於提存書之後，經提存所加蓋准予提存章戳。

(三) 提存人應持提存書連同裁判書向法院收費處駐院代理國庫之台灣銀行繳納擔保金。其擔保品如係有價證券，須向中央銀行繳納，再持同國庫台北支庫保管品經收通知書交由提存所分案，1份交由提存人收執。

(四) 將下列物品準備齊全：

1. 原裁定正本（影印繕本2份）。

2. 新裁定正本（影印繕本2份）。

3. 原提存書定正本（因需繳交正本，故需影印繕本留存）。

4. 新提存書定正本（另影印繕本留存）。

5. 國庫簽收之單據。

6. 取回提存書一式2份。然後等待通知取回新提存書與取回單據，以此向中央銀行國庫署辦理取回手續。

(五) 接獲通知後：

1. 親自領取者，應攜帶國民身分證（經核對後由領取人自行影印正、背面影本各乙份，以下同）及印章。如請求人現住址與提存通知書所載住址不符時，應附最近戶籍登記（記載有「遷徙登記者」）證明或請求原提存人更正之。

2. 委任代領者，應附具委任狀，載明特別代理權或代理權之範圍，並提出委任人最近印鑑證明（向現住戶籍所在地或本籍地戶政事務所申領，以下同）。但其領取金額在新台幣3萬元以下者，代理人如提出委任人之國民身分證並能證明其為委任人（即受取權人）之配偶、直系血親尊親屬、或已成年之直系血親卑親屬或二親等之兄弟姐妹，得免提出印鑑證明。

3. 憑取回單據向國庫署領取原擔保提存之定存單。

四、辦理領取提存物程序（清償提存）

(一) 請求領取提存物，應檢具下列證件，[2]向法院提存所辦理：

1. 填寫領取提存物請求書一式2份。

2. 繳交原提存通知書。如通知書遺失，應依照規定聲請公告。其金額在新台幣4,000元以上者，應登報1日，並將報紙送交提存所處理。

3. 檢附送達通知郵票：但受取權人或其委任之代理人，如親至提存所依約定日期領取通知者，免交郵票。

4. 親自領取者，應攜帶國民身分證（經核對後由領取人自行影印正、背面影本各1份，以下同）及印章。如請求人現住址與提存通知書所載住址不符時，應附最近戶籍登記

（記載有「遷徙登記」者）證明或請求原提存人更正之。

5. 委任代領者，應附具委任狀，載明特別代理權或代理權之範圍，並提出委任人最近印鑑證明（向現住戶籍所在地或本籍地戶政事務所申領，以下同）。但其領取金額在新台幣3萬元以下者，代理人如提出委任人之國民身分證並能證明其為委任人（即受取權人）之配偶、直系血親尊親屬、或已成年之直系血親卑親屬或二親等之兄弟姐妹，可免提出印鑑證明。

6. 提存物受取權人如應為對待給付者，應提出有關證件，如提存人之受領證明書、裁判書、公證書或其他證明已經給付或免除其給付或已提出相當擔保之文件。如係領取地價款，應依地政機關所附條件辦理。

7. 如由提存物受取權人之繼承人請求領取者，應提出足以證明其為合法繼承人之文件（如全部戶籍謄本）。

(二) 清償提存之受取權人同意提存人取回提存物者，除應照上開有關「受領權人同意返還提存物」規定手續辦理外，並應繳回原提存通知書。如通知遺失，應依照法令規定聲請公告。其金額在新台幣4,000元以上者，應登報1日，並將報紙交提存所處理。提取權利人原則上為債權人本人。

五、辦理取回提存物程序（擔保提存）

(一) 請求取回提存物，應檢具下列證件，[3]向法院提存所辦理：

1. 填寫取回提存物請求書一式2份，請求書上應蓋提存人前為提存時同一之印章，如印章不同者，並應提出最近之印鑑證明書；其地址不同者，亦應提出有關證明文件。

2. 繳回原提存書，如原提存書遺失，應依規定聲請公告。其金額在新台幣4,000元以上者，應登報1日，並將報紙送交提存所處理。

3. 檢附送達郵票（送達通知用）。但取回人或其委任之代理人如親自至提存所依約定日期領取通知者，免交郵票。

4. 依據下列原因請求取回者，並應分別提出各該規定所需之證明文件：

(1) 以假執行、假扣押、假處分所保全之請求，其本案訴訟已獲全部勝訴判決確定為原因者，應提出各審級判決正本及確定證明書。

(2) 以假扣押、假處分所保全之請求，其本案已依督促程序所發之支付命令確定為原因者，應提出支付命令正本及確定證明書。

(3) 以假扣押、假處分所保全之請求，其本案訴訟經和解或調解成立，受擔保利益人應負全部給付義務或受擔保利益人同意返還提存物為原因者，應提出和解或調解筆錄正本或受擔保利益人所出具之證明文件。

(4) 以在假執行、假扣押、假處分之執行程序中，供擔保人證明經受擔保利益人同意返還提存物，並提出證明文件為原因者，應提出經執行書記官證明與原本無異之執行筆錄影本或其他足以證明經受擔保利益人同意之文件。

(5) 以在假執行、假扣押、假處分執行程序實施前撤回執行之聲請為原因者，應提出由民事執行處發給強制執行程序實施前撤回執行聲請之證明。

(6) 以受擔保利益人同意返還提存物為原因者，應提出：受擔保利益人之同意書及其最近印鑑證明書。但取回金額在新台幣3萬元以下者，由提存人提出受擔保利益人之同

意書及國民身分證，經核對後，留存其正、背面影本1份，得免提出印鑑證明書。受擔保利益人親自攜帶國民身分證到法院提存所製作同意筆錄。但其地址與裁判不同者，應提出有關證明文件。

(7) 以供擔保之原因消滅或提存出於錯誤或訴訟終結後，供擔保人證明已定20日以上之期間催告受擔保利益人行使權利而未行使為原因者，應先向民事庭聲請裁定准予返還提存物，俟裁定確定後提出裁定正本及確定證明書。

(8) 其他經聲請民事庭裁定准予返還提存物已確定為原因者，應提出裁定正本及確定證明書。[4]

5. 提存人委任代理人取回提存物者，應附具委任狀，載明特別代理權，並加蓋與原提存書同一印章。如印章不同者，並附具提存人最近印鑑證明書。其地址不同者，亦應提出有關證明文件（例如公司變更登記事項卡）。

(二) 依民事執行處發給之收取函，請求領取提存物者，除須提出該收取單，免提出原提存通知書外，餘仍應照上開規定辦理。提取權利人原則上為提存人本人。如為公司法人辦理提存有關事宜者，則應備妥公司執照與營利事業登記證影本，及公司大小章及印鑑證明書。

受擔保利益人行使權利催告書範例：

爾等與本人間於清償債務一案，前承台灣台北地方法院以○○年全字第○○號民事裁定，於本人提供擔保金額新台幣○○元後，准予對爾等之財產假扣押，並經本人以○○年度存字第○○號提存書提後聲請執行在案可稽，今本案業已確定（和解），然爾等就此假扣押之執行所受之損害，迄未對聲請人行使權利，爰依民事訴訟法第104條第1項第2款之規定，函請於文到20日內行使權利，逾期視為無異議，本人將依法取回提存物，尚請鑒察是幸，為禱。

催告人：○○○
（即債權人）

同意書範例：

本人茲同意債權人○○○領回按鈞院○○年○○字第○○號民事裁定所實施之假扣押提存書文號為○○年度存字第○○號之擔保金額新台幣○○元無訛。

　此　致
○○地方法院提存所　公鑒

受擔保利益人：○○○
（即債務人）
地址：
身分證字號：
（公司統一編號）

請求取回提存物須知

一、請求取回提存物，須備「取回提存物聲請書」一式2份，依式填寫，所填各項，須與原提存書所載者相符，並爲與提存時同式之簽名或加蓋提存時所用印章。

二、提存人依第10條第3項規定聲請取回者，應證明未依提存之效果行使權利或雖行使權利而已回復原狀。但有第17條第1項第2款或第3款規定之情形，不在此限。

三、聲請取回者，如爲因判決或裁定而提供之擔保金，須具有提存法第18條第1項各款情形之一者，始可檢同提存書及有關證明文件請求發還。

四、請求人接到法院提存所發還通知，即可攜帶國民身分證和原印章及本聲請書，向該法院出納室領取國庫存款收款書代存單或保管品寄存證，持向當地代理國庫之銀行或指定之提存物保管處所取回。

五、取回人得將國庫存款收款書代存單請求代庫銀行將應領款項，轉存於其設於銀行之帳戶。

六、提存物保管機構請求交付保管費用者，取回人應於取回時付清，以免提存物的全部或一部爲其留置。

七、取回提存物聲請書一份存提存所附卷，一份交付請求人以代通知。

請求領取提存物須知

一、聲請領取提存物，須備領取提存物聲請書一式2份，依式填寫，連同有領取提存物權利之證明文件提出於原受理提存之提存所。

二、請求人接到法院提存所准許領取通知，即可攜帶國民身分證及印章，向該法院出納室領取國庫存款收款書代存單或保管品寄存證，持向當地代理國庫之銀行或指定之提存物保管處所領取。

三、領取人得將國庫存款收款書代存單請求代庫銀行將應領款項，轉存於其設於銀行之帳戶。

四、提存物保管機構請求交付保管費用者，領取人應於領取時付清，以免提存物的全部或一部爲其留置。

五、領取提存物聲請書1份存提存所附卷，1份交付請求人以代通知。

---

[1]：參考法條

❖聲請提存，應提出下列文書：

一、提存書：提存人應作成提存書一式2份（附式一），依式逐項填明，由提存人簽名或蓋章。

二、提存通知書：爲清償提存者，應添附提存通知書一式2份（附式二），如提存物受取權人有2人以上時，應按增加人數每人加添1份。

三、國庫存款收款書或保管品聲請書：提存物爲現金者，應填具國庫存款收款書一式6聯（附式三）；提存物如爲有價證券者，應填具國庫保管品聲請書1份（附式四）。

四、提存費繳款證明，其依法免徵提存費者，無庸附具。

五、提存原因證明文件：擔保提存，提存人應附具法院裁判書正本或影本；如以抄本或節本代替者，應由提存人簽名或蓋章證明與原本無異。清償提存，關於提存原因之

證明文件，無庸附具。

六、團體代表人或管理人資格之證明文件：提存人爲法人或非法人團體時，應附具足資證明代表人或管理人資格之書面文件。

七、委任書：提存人委任代理人辦理提存者，應附具委任書。（提施§20）

❖提存物保管機構收到提存書及收清提存物後，應依下列規定制作聯單：

一、現金部分：該管法院所在地代庫銀行，應於國庫存款收款書，加蓋收款印章及日期，將第1聯交提存人收執，第2聯黏附於提存書交提存所，以代通知，第3聯交該管法院提存所轉送會計室登帳，第4聯代存單交該管法院提存所轉送出納室作爲發還提存款之憑證，第5聯留國庫登帳，第6聯代國庫備查簿。

二、有價證券部分：該管法院所在地代庫銀行，應於國庫保管品收入憑證（附式五），加蓋收受印章及日期，第1、2、3聯由國庫機構留用，第4聯交該管法院提存所，轉送會計室登帳，第五聯黏附於提存書交提存所，以代通知，第6聯交提存人收執，第7聯寄存證交該管法院提存所轉送出納室，作爲發還提存物之憑證。

三、前二款以外之物品部分：法院提存所所指定之提存物保管機構，應於保管品收入憑證加蓋收受印章及日期，將第1聯交提存人收執，第2聯黏附於提存書交提存所，以代通知，第3聯交該管法院提存所轉送會計室登帳，第4聯代存單交該管法院提存所轉送出納室，作爲發還提存物之憑證，第5聯留存代備查簿。（提施§26）

[2]：參考法條

❖聲請領取提存物，應作成領取提存物聲請書一式2份（附式七），由聲請人簽名蓋章，並檢附下列文件：

一、原提存通知書；但提存通知書未經合法送達或以公示送達方式爲之者，不在此限。

二、領取提存物之人，如應爲對待給付時，應提出提存人之受領證書、裁判書、公證書或其他證明已經給付或免除其給付或已提出相當擔保之文件。受取權人領取提存物如應具備其他要件時，應提出已具備其要件之證明文件。

三、由提存物領取人之繼承人聲請領取者，應提出足以證明其爲合法繼承人之文件。（提施§31）

[3]：參考法條

❖聲請取回提存物，應作成取回提存物聲請書一式2份（附式六），爲提存時同式之簽名或加蓋同一之印章，並附具下列文件：

一、原提存書。

二、依本法第10條第3項規定而聲請取回時，應提出通知書。

三、依本法第17條第1項各款規定或指定受取權人無權受領而聲請取回時，應提出相當確實之證明。

四、依本法第18條第1項第1款、第7款或第9款規定聲請取回時，應提出法院裁判書及確定證明書；依第2款規定聲請時，應提出裁判書；依第3款、第4款規定聲請時，應提出執行法院核發之未聲請執行證明或執行程序實施前撤回執行之證明文件；依第5款、第6款規定聲請時，應提出法院裁判書及確定證明書、支付命令及確定證明書、和解筆錄、調解筆錄、經法院核定之鄉鎮市調解委員會之調解書、仲裁判斷書、其

他與確定判決有同一效力之文書或受擔保利益人對提存物之權利聲明不予保留之證明文件；依第8款規定聲請時，應提出受擔保利益人表明同意返還之筆錄影本。但支付命令以中華民國104年7月2日以前確定者爲限。

前項裁判或支付命令之確定證明書、和解筆錄、調解筆錄及受擔保利益人表明同意返還之筆錄影本未提出者，提存所得向原法院查明。

本法第18條第1項第2款所指之假執行之宣告全部失其效力，不包括假執行之宣告經變更之情形。（提施§30）

❖前二條之聲請，如委任代理人爲之者，應提出代理人之國民身分證，附具委任書，載明代理權之範圍。委任人在國外者，應提出3個月內經中華民國駐外使領館、代表處、辦事處或其他經外交部授權機構驗證之委任書或授權書。委任人在大陸地區者，應提出3個月內經財團法人海峽交流基金會驗證之委任書或授權書。

提存人委任代理人取回提存物者，前項委任書，應加蓋提存人於提存時使用之同一印章。必要時，提存所得命提出提存人之印鑑證明或其他足以證明身分眞正之文件。

受取權人委任代理人領取提存物者，第1項之委任書，並應附具委任人之國民身分證影本、印鑑證明或其他足以證明印文眞正之文件。提存物之金額或價額逾新台幣100萬元者，其委任行爲或委任書並應經公證人公證或認證。

取回或領取提存物，其金額或價額在新台幣3萬元以下者，代理人如證明爲提存人或受取權人之配偶、直系血親尊親屬、或已成年之直系血親卑親屬或二親等之兄弟姐妹時，毋庸提出前二項規定之證明文件。（提施§32）

❖提存人或受取權人不能提出取回或領取提存物之必要文件，提存所應爲公告，公告期間爲20日，利害關係人對於提存物之取回或領取有異議者，得於該期間內聲明之。

前項公告，應黏貼於法院公告處或公告於法院網站；法院認爲必要時，得命登載於新聞紙。

第1項期間內，無人聲明異議者，視爲已提出必要文件。（提施§33）

❖聲請人領取前項代存單或保管品寄存證，應攜帶國民身分證（必要時應提影本2份附卷）及取回或領取聲請書上所用之同一印章，代理人代領時，亦同。（提施§34Ⅱ）

❖領取人應在前條「代存單」或「保管品寄存證」上簽名、蓋章，並攜帶領取或取回提存物聲請書、身分證明文件，向當地代庫銀行或指定保管提存物之處所具領。（提施§35）

[4]：假扣押擔保提存後，依本票裁定准予強制執行後，在執行中欲取回擔保提存金時，必須先依法撤銷假扣押裁定，然後以存證信函催告請求擔保利益人於20日前行使權利之證明，最後將前項二種文件直接向提存所辦理取回擔保提存金。

附註：依現行法院見解，有關提存爭議之解決，因提存所爲國家所設之機關，提存程序是基於公法（提存法），而提存所所爲處分方式係行政處分，因此當事人或利害關係人對提存有爭議時，應先向提存所異議，由提存所於5日內變更原處分成附具意見送達法院，再由法院裁定命提存所爲相當之處分，而不得逕行提起民事訴訟請求返還提存物。

取回提存物聲請書　　年度取字第　　　號

聲　　請　　人 姓　名　或　名　稱	簽名或蓋章	國民身分證號碼或 統　一　編　號	住居所或公務所、 事務所、營業所	電　話 號　　碼
代　　理　　人 姓　名　或　名　稱	簽名或蓋章	國民身分證號碼或 統　一　編　號	住居所或公務所、 事務所、營業所	電　話 號　　碼

取回提存物 之原因事實	
取回物為金錢者，其 金額；為有價證券 者，其種類、標記、 號數、張數、面額； 為其他動產者，其物 品之名稱、種類、品 質及數量	
證　明　文　件	
請　求　日　期	中　華　民　國　　　　年　　　　月　　　　日
提存所名稱	臺灣　　　地方法院提存所

以上各欄請求人填寫

提　存　所 處　理　結　果	

中　華　民　國　　　　年　　　　月　　　　日

臺灣　　　地方法院提存所

主　任

領取提存物聲請書　　年度取字 第　　　號

聲　　請　　人 姓　名　或　名　稱	簽名或蓋章	國民身分證號碼或 統　一　編　號	住居所或公務所、 事務所、營業所	電　話 號　碼
代　　理　　人 姓　名　或　名　稱	簽名或蓋章	國民身分證號碼或 統　一　編　號	住居所或公務所、 事務所、營業所	電　話 號　碼

有領取提存物之 權利之原因事實	
領取物為金錢者,其 金額;為有價證券 者,其種類、標記、 號數、張數、面額; 為其他動產者,其物 品之名稱、種類、品 質及數量	
應為對待給付者 其已經給付或提 出相當擔保之證明	
證　明　文　件	
請　求　日　期	中　華　民　國　　　　年　　　　月　　　　日
提　存　所　名　稱	臺灣　　　地　方　法　院　提　存　所

以上各欄請求人填寫

提　存　所 處　理　結　果	
中　華　民　國　　　　年　　　　月　　　　日	

臺灣　　　地　方　法　院　提　存　所

主　任

第九節　拍賣抵押物與質物之聲請

抵押物係由債務人或第三人提供不動產來擔保債務之履行，只辦理抵押權登記（請參閱「土地及建築改良物設定抵押權登記簡化辦法」），但不移轉占有，而於其擔保之債務不獲清償時，得就此不動產拍賣，對此價金優先受償。相對於抵押物者為動產質物，其必須移轉占有，亦即交付之，於拍賣後，亦優先受清償。

1. 法定抵押權人或未經登記之擔保物權人聲請拍賣擔保物事件，如債務人就擔保物權所擔保債權之發生或其範圍有爭執時，法院僅得就無爭執部分裁定准許拍賣之。
2. 最高限額抵押權人聲請拍賣抵押物事件。

以上拍賣程序之法院於裁定前，應使債務人有陳述意見之機會。（參非訟§73～74）

一、拍賣聲請程序及相關事項

拍賣由拍賣物所在地之地方法院管轄。其標的不論係不動產、動產或權利，亦不論係因法律行為、法律規定或繼承而取得均可聲請之。

訴狀範例：

聲請事項

一、相對人所有如附表所示之動產准予拍賣。

二、程序費用由相對人負擔。

聲請之原因及事實

相對人於民國〇〇年〇月〇日向聲請人借用新台幣〇〇〇元，約定清償期為〇〇年〇月〇日，按年息為百分之〇利率計算，並以附表所示之動產為擔保，設定質權交付聲請人在案，此有借據及質權設定契約書可資憑證（參證物），詎屆清償期相對人竟藉詞拖延，不為清償。為此，謹依民法第893條第1項規定，狀請

鈞院鑒核

為聲請拍賣抵押物事：

聲請事項

一、請將相對人所有如附表所示建物及土地（所示之不動產）裁定准予拍賣。

二、聲請程序費用由相對人負擔。

事實及理由

相對人於民國〇〇年〇月〇日向聲請人借款新台幣（下同）〇〇〇元，約定〇〇年〇月〇日償還，利息按〇〇〇計算，逾期按〇〇〇計付違約金，並以前述不動產為擔保，設定本金最高限額〇〇〇元抵押權，經依法登記在案可稽（此有抵押權設定契約書、他項權利證明書為證）。未料屆期不為清償，為此乃依據民法第873條、非訟事件法第72條、民事訴訟法第78條及第95條之規定，聲請裁定准予拍賣抵押物，以資受償，俾保權益。

謹　狀

如對抵押物之拍賣，須已依法登記及債權已屆清償期。如對質物之拍賣，可直接因民法第892條與第893條之情形，得逕行拍賣（釋字第55號解釋及41年台上字第1432號判例可資參照）。質權人因有民法第893條情形而拍賣質物者，仍應依照院字第80號解釋辦理。如不自行拍賣而聲請法院拍賣時，即應先取得執行名義。（參52年3月25日第一次民刑庭總會決議）

質權與抵押權均屬擔保物權，抵押權人依民法第873條第1項規定，得聲請法院拍賣抵押物，而以法院所為許可強制執行之裁定為執行名義，至質權人依民法第892條第1項規定，本可拍賣質物不經強制執行，惟質權人不自行拍賣而聲請法院拍賣質物，則法院自亦應為許可強制執行之裁定（參52年台抗字第128號判例）。此一許可之裁定即為強制執行法所謂之執行名義。

聲請法院拍賣抵押物，就其賣得價金而受清償。前開聲請之裁定亦毋庸等到確定，即可據以直接請求執行，同時聲請時必須提出抵押權設定契約書、他項權利證明書、債權證明。債務人因該裁定而受侵害者，得抗告；而對債權存否有爭議，則須另提起確認之訴。

抵押權經設定登記後，債權人因債務屆期未受清償，依民法第873條第1項之規定，即得聲請法院拍賣抵押物，如對於此項法律關係有爭執時，亦應由有爭執之人提起訴訟，以求解決，不得僅依抗告程序聲明其有爭執，並據為廢棄拍賣裁定之理由（參51年台抗字第269號判例）。倘拍賣程序業已終結者，所有權人得提起拍賣無效之訴。（參院字第646號解釋）

抵押權所擔保者為原債權、利息、遲延利息、違約金及實行抵押權之費用。但契約另有訂定者，不在此限（參民§861 I）。土地所有人於設定抵押權後，在抵押之土地上營造建築物者，抵押權人於必要時，得於強制執行程序中聲請法院將其建築物與土地併付拍賣。但對於建築物之價金，無優先受清償之權（參民§877 I）。不動產所有人設定抵押權後，於同一不動產上，得設定地上權及其他以使用收益為目的之物權，或成立租賃關係。但其抵押權不因此而受影響。（參民§866 I）

☆所有人於其不動產上設定抵押權後，復就同一不動產上與第三人設定典權，抵押權自不因此而受影響。抵押權人屆期未受清償，實行抵押權拍賣抵押物時，因有典權之存在，無人應買，或出價不足清償抵押債權，執行法院得除去典權負擔，重行估價拍賣。拍賣之結果，清償抵押債權有餘時，典權人之典價，對於登記在後之權利人，享有優先受償權。執行法院於發給權利移轉證書時，依職權通知地政機關塗銷其典權之登記。（釋119）

△司法院院字第1553號關於民法第873條所為之解釋，係指債務人就抵押權設定契約之本身，即就契約之訂立並不爭執為有無效或撤銷之原因，毋庸經過判決程序，得逕予拍賣而言。意在加強抵押權設定契約之效力，以保護抵押權人之利益。若債務人就抵押權設定契約外之事項，無論是否有爭執，既不影響於該項契約之成立，即不應阻卻民法第873條規定之適用。（40台抗51）

△不動產所有人設定抵押權後，將不動產讓與他人者，依民法第867條但書規定，其抵押權不因此而受影響，抵押權人得本於追及其物之效力實行抵押權。系爭不動產既經

抵押人讓與他人而屬於受讓之他人所有，則因實行抵押權而聲請法院裁定准許拍賣該不動產時，自應列受讓之他人為相對人。（74台抗431）

△法院為准許拍賣抵押物之裁定後，抵押權人即得以之為執行名義聲請強制執行，若該抵押權人嗣後重複聲請法院裁定拍賣，為無實益，應不予准許。（80台抗66）

△執行債務人某公司所有之不動產於強制管理中積欠房屋稅及地價稅共140餘萬元未繳，此項稅捐，屬強制執行法第110條第1項所定應自不動產之收益扣除之其他必需之支出。管理人如未向稅捐機關繳納，執行法院應自收益中代為扣除，以其餘額分配於各債權人。執行法院如未代為扣除，於製作分配表時，應列入分配優先於抵押權而受清償。（80台上1938）

△抵押之不動產如經分割，或讓與其一部者，其抵押權不因此而受影響，民法第868條定有明文。故抵押之不動產雖讓與為數人所共有，抵押權人對於受讓抵押物之各人之應有部分，仍得就全部債權行使權利，受讓抵押物應有部分之人，不得僅支付與受讓部分相當之金額，而免其責任。（82台上3153）

△最高限額抵押契約定有存續期間者，其期間雖未屆滿，然若其擔保之債權所由生之契約已合法終止或因其他事由而消滅，且無既存之債權，而將來亦確定不再發生債權，其原擔保之存續期間內所可發生之債權，已確定不存在，依抵押權之從屬性，應許抵押人請求抵押權人塗銷抵押權設定登記。（83台上1055）

△抵押權所擔保之債權，其種類及範圍，屬於抵押權之內容，依法應經登記，始生物權之效力，但如因內容過於冗長，登記簿所列各欄篇幅不能容納記載，可以附件記載，作為登記簿之一部分。因此關於最高限額抵押權所擔保之債權，雖未記載於土地登記簿，然於聲請登記時提出之最高限額抵押權設定契約書，有該項債權之記載者，此契約書既作為登記簿之附件，自為抵押權效力所及。（84台上1967）

△所謂最高限額抵押權者，乃為預定抵押物應擔保債權之最高限額所設定之抵押權。如所預定擔保之債權非僅限於本金，而登記為本金最高限額新台幣若干元，其約定利息、遲延利息及約定擔保範圍內之違約金，固為抵押權效力之所及，但仍受最高限額之限制，故其約定利息、遲延利息及違約金連同本金合併計算，如超過該限額者，其超過部分即無優先受償之權。（85台上2065）

△抵押權為擔保物權，不動產所有人設定抵押權後，於同一不動產上，固仍得為使用收益，但如影響於抵押權者，對於抵押權人不生效力。故土地所有人於設定抵押權後，在抵押之土地上營造建築物，並將該建築物出租於第三人，致影響於抵押權者，抵押權人自得聲請法院除去該建築物之租賃權，依無租賃狀態將該建築物與土地併付拍賣。（86台抗588）

△民法第877條係為保護抵押權人之利益，及社會之經濟而設之規定，故於土地抵押後，在其上營造之建築物，雖非土地所有人所建，但於抵押權實行時，該建築物若與抵押之土地已歸一人所有，則為貫徹上開立法目的，宜解為有該條之適用，得於必要時，將土地抵押後，在其上營造之建築物，與該土地併付拍賣。（89台抗352）

○(一)最高限額抵押權係指債務人或第三人提供其所有之不動產，就債權人對債務人一定範圍內之不特定債權，在一定金額限度內為擔保之特殊抵押權。是以最高限額抵押

權所擔保者，係在一定範圍內之法律關係（即基礎關係）所不斷發生之債權，故抵押權存續期間內已發生之債權，雖因清償或其他事由而消滅，原訂之抵押權契約依然有效。嗣後在存續期間內陸續發生之債權，債權人仍得對抵押物行使權利。

(二)最高限額抵押契約定有存續期間者，其訂約之目的顯在擔保存續期間內所發生之債權，亦即凡在存續期間內所發生之債權皆為抵押權效力所及，除債權人拋棄其權利外，自不許抵押人於抵押權存續期間屆滿前任意終止契約。縱令嗣後所擔保之債權並未發生，僅債權人不得就未發生之債權實行抵押權而已，非謂抵押人得於存續期間屆滿前任意終止契約而享有請求塗銷抵押權設定登記之權利。故定有存續期間之最高限額抵押契約，未定有決算期者，在期間未屆滿前，須其擔保之債權所由生之契約已合法終止，或因其他事由而消滅，且無既存之債權，而將來亦確定不再發生債權，其原擔保之存續期間內所可發生之債權已確定不存在，依抵押權之從屬性，方許抵押人請求塗銷抵押權設定登記，此為本院83年台上字第1055號判例意旨所在。（92台上2340）

○最高限額抵押權人既聲請裁定拍賣抵押物，足見其已有終止與債務人間往來交易之意思，最高限額抵押權所擔保之債權，其流動性隨之喪失，亦即該抵押權所擔保者，由不特定債權變為特定債權，該抵押權與擔保債權之結合狀態隨之確定，此時該最高限額抵押權之從屬性即與普通抵押權相同。（95台上596）

○按以拍賣抵押物裁定為執行名義，應提出債權及抵押權之證明文件及裁定正本，強制執行法第6條第1項第5款定有明文。該條款所稱之「債權及抵押權之證明文件」，執行法院仍應為形式上之審查，於最高限額抵押權之情形，因未登記有被擔保之債權存在，如債務人或抵押人否認抵押債權存在，且從抵押權人提出之債權證明文件為形式上之審查，不能明瞭是否有抵押債權存在時，自不得准許其強制執行之聲請。（96台抗298）

○按原債權確定前，最高限額抵押權之抵押權人或債務人為法人而有合併之情形者，抵押人得自知悉合併之日起相當期間內，請求確定原債權，俾以減少抵押人之責任。準此以觀，抵押人請求確定原債權乃其權利，非其義務，自不得僅因為抵押權人之法人有合併而改變，肇致加重抵押人之責任，則就最高限額抵押權於確定前之擔保物權言，除該法人合併後當事人另有訂定變更擔保債權範圍之契約外，此擔保物權不應及於抵押人在該法人合併前另向抵押權人（例如合併後為消滅法人）以外之人（例如合併後為存續法人）所負未經設定物上擔保之債務，以保護抵押人之利益。（96台上927）

○依一般銀行實務，銀行借款是否屬於可循環動用和最高限額抵押權無必然關係，即便屬於長期擔保放款且放款科目屬於不可循環動用，惟日後如已部分清償，在最高限額抵押權範圍內，仍可申請增貸。（97台上974）

　　抵押權人得自由選擇拍賣抵押物優先受償或就債務人其他財產與一般債權人共同受償，故債務人不能藉口有擔保物而拒絕清償之請求。

　　除稅捐稽徵法第6條規定，土地增值稅得優先於一切債務及抵押權外，餘均與普通

債權地位相等（參院字第1714號）。強制執行之費用及取得執行名義之費用，均優先於其他優先權。（參57年3月20日民、刑庭總會決議）

　　民法第884條及第893條第1項，雖均僅曰受清償，而無優先字樣，係屬當然解釋（參49年台上字第2211號判例）。其不依強制執行程序拍賣，得逕依債編施行法第14條規定拍賣。（參院字第980號）

　　關於租賃及占有，依44年台上字第561號及44年台上字第721號判例，均認爲無排除強制執行的權利。

二、其他抵押權之種類

(一) 最高限額抵押權[註]

　　所謂最高限額之抵押契約，係指所有人提供抵押物，與債權人訂立在一定金額之限度內，擔保現在已發生及將來可能發生之債權之抵押權設定契約而言。此種抵押權所擔保之債權，除訂約時已發生之債權外，即將來發生之債權，在約定限額之範圍內（包含債權本金、利息、違約金），亦爲抵押權效力所及。雖抵押權存續期間內已發生之債權，因清償或其他事由而減少或消滅，原訂立之抵押契約依然有效，嗣後在存續期間內陸續發生之債權，債權人仍得對抵押物行使權利。此種抵押契約如未定存續期間，其性質與民法第754條第1項所定就連續發生之債務爲保證而未定有期間之保證契約相似，類推適用同條項規定，抵押人固得隨時通知債權人終止抵押契約，對於終止契約後發生之債務，不負擔保責任，故許抵押人請求塗銷抵押權設定登記。反之，此種抵押契約定有存續期間者，訂立契約之目的，顯在擔保存續期間內所發生之債權，凡在存續期間所發生之債權，皆爲抵押權效力所及，於存續期間屆滿前所發生之債權，債權人在約定限額範圍內，對於抵押物均享有抵押權，除債權人拋棄爲其擔保之權利外，自無許抵押人於抵押權存續期間屆滿前，任意終止此種契約。縱令嗣後所擔保之債權並未發生，僅債權人不得就未發生之債權實行抵押權而已，非謂抵押人得於存續期間屆滿前終止契約而享有請求塗銷抵押權設定登記之權利（參66年台上字第1097號判例）。且其聲請以實際發生之債權額爲限。（參62年台上字第776號判例）

　　另按最高限額抵押權登記時，無須先有債權存在，法院無從依登記資料判斷債權之存否，債務人或抵押人對於被擔保之債權存否有爭執時，法院僅須就證據爲形式上之審查，而爲准駁。

(二) 法定抵押權

　　法定抵押權之實行，依民法第883條規定準用設定抵押權之規定，得聲請法院拍賣抵押物。

　　法定抵押權是針對承攬人就其所承攬工作所附於定作人之不動產，法律上所特設的一種權利保障。

　　另法定抵押權是否存在，而得據以請求執行者，須具備：

1. 須釋明承攬債權之存在及符合法定抵押之意旨。
2. 債務人（即定作人）確有遲延給付。

　　而法院對於前項聲請則必須審查該抵押關係有無爭議，否則需要聲請人先提起確認

及履行給付之訴訟後，再據以請求執行。

(三) 動產抵押權

　　稱動產抵押者，謂抵押權人對債務人或第三人不移轉占有而就供擔保債權人之動產設定動產抵押權，於債務人不履行契約時，抵押權人得占有抵押物，並得出賣，就其賣得價金優先於其他債權而受清償之交易（動擔§15）。如聲請法院拍賣，則無須先占有（動擔§17）。

　　抵押權人出賣占有抵押物，除抵押物有敗壞之處，或其價值顯有減少，足以妨害抵押權人之權利，或其保管費用過鉅者，抵押權人於占有後，得立即出賣之情形外，應於占有後30日內，經5日以上之揭示公告，就地公開拍賣之，並應於拍賣10日前，以書面通知債務人或第三人。（動擔§18、§19）

　　當然動產抵押之契約如經登記，並載明應逕受強制執行時，則係指執行解除債務人或第三人之占有，最常見的是汽車分期買賣。

○ 強制執行法第114條之3規定：「外國船舶經中華民國法院拍賣者，關於船舶之優先權及抵押權，依船籍國法。當事人對於優先權與抵押權之存在，所擔保之債權額或優先次序有爭議者，應由主張有優先權或抵押權之人，訴請執行法院裁判；在裁判確定前，其應受償之金額，應予提存」，係民國64年4月22日修正時所增列，其立法理由謂：「外國船舶停泊於我國港口，或航行於我國領域內，依屬地主義之原則，為我國法權所及，我國法院得予強制執行，但關於船舶之優先權及抵押權，參照涉外民事法律適用法第10條第4項之規定，及國際私法上互相承認其效力，准其享受優先受償之權利。惟優先權係不經登記之權利，而外國官署所為抵押權登記，屬於外國政府之公法行為，執行債務人對其存在及其所擔保之債權額或優先次序有爭議者，就本法第43條及民事訴訟法第402條之意旨觀之，該優先權及抵押權之效力，並非當然及於我國領域，故增設本條，以杜糾紛」云云。準此以觀，該條前段所定：「外國船舶經中華民國法院拍賣者，關於船舶之優先權及抵押權，依船籍國法」，僅在當事人對於優先權或抵押權之存在，所擔保之債權額或優先次序無爭執之情形，始有其適用。如當事人對此有所爭執，則應適用同條後段之規定，於主張有優先權或抵押權之人訴請法院裁判時，法院認定其有無優先權或抵押權，仍應斟酌國際私法上相互承認之原則，即外國法如不承認依中華民國法律所定優先權或抵押權之效力，亦得拒絕適用外國法有關優先權或抵押權之規定，非謂外國法所定優先權或抵押權之效力，當然及於我國領域，否則，同條後段之規定，豈非毫無意義。上訴人對於被上訴人之抵押權及其優先次序既有爭執，依法即有同條後段之適用。（70台上338）

○ 原審以被上訴人華比銀行對萬富公司、真實公司、誠實公司所有新萬富輪、真實輪、誠實輪之抵押權，係向巴國申請設定登記取得，有卷附抵押登記證明書等件可稽。依強制執行法第114條之3規定，應依船籍國法即巴國商事法為準據法，以定其船舶優先權及抵押權之位次。依巴國商事法第1507條規定，船舶優先權分配船價之順位為：七、船舶抵押權，八、因船舶必須之補給而發生之債務。執行法院依此項規定，將被上訴人華比銀行之債權列在上訴人債權之前優先受償，並無不合。（71台上3620）

○ 法定抵押權，旨在保護承攬人之私人利益，究與公益無涉，非不得由承攬人事先予以

處分而爲拋棄之意思表示，此細繹修正後民法第513條已規定法定抵押權應辦理物權登記，並可預爲登記。如未辦理登記，縱其承攬關係之報酬請求權發生在先，仍不能取得抵押權，自無優先於設定抵押權之效力等意旨益明。（92台上2744）

○ 承攬之工作爲建築物或其他土地上之工作物，或爲此等工作物之重大修繕者，承攬人就承攬關係所生之債權，對於其工作所附之定作人之不動產，有抵押權。乃民國88年4月21日修正前民法第513條基於公平原則之考量所爲立法，即所謂之法定抵押權。依其規定意旨觀之，法定抵押權之成立，必承攬人爲定作人施作建築物或地上工作物，或爲此等建築物、工作物之重大修繕，始足當之。是以認定是否成立法定抵押權，須觀諸承攬之工作究否爲新建築物、工作物，或爲相當於該建築物、工作物「重大修繕」之工程。此之謂「重大修繕」，係指就工作物爲保存或修理，其程度已達重大者而言。（95台上1074）

○ 不動產物權，依法律行爲而取得、設定、喪失及變更者，非經登記，不生效力，民法第758條定有明文。修正前民法第513條規定之法定抵押權，係基於法律規定、非本於法律行爲而發生，原不待承攬人與定作人意思表示合致及辦理物權登記即生效力。至其拋棄，因屬依法律行爲而喪失其不動產物權之處分，非依法爲登記，不生效力（司法院院字第2193號解釋參照），即於未依法爲拋棄登記前，仍不生消滅法定抵押權之效果（本院74年台上字第2322號判例參照）。惟法定抵押權，旨在保護承攬人之私人利益，究與公益無涉，非不得由承攬人事先予以處分而爲拋棄之意思表示，此細繹修正後民法第513條已規定法定抵押權應辦理物權登記，並可預爲登記。如未辦理登記，縱其承攬關係之報酬請求權發生在先，仍不能取得抵押權，亦無優先於設定抵押權之效力等意旨益明。（95台上1809）

○ 按民法修正前之法定抵押權，固不待登記即生效力，但法定抵押權係屬物權，其拋棄依據民法第758條規定非經登記不生效力，惟權利之行使，不得以損害他人爲主要目的，應依誠實信用方法，民法第148條定有明文，法定抵押權既係以保護承攬人對定作人之工程款債權爲主要目的，核與公益無涉，則就此項私有權利，非不得由承攬人拋棄之，倘承攬人明知有此項權利，但爲確保其對於定作人之工程款債權得以早日實現，於無待法定抵押權之行使前，即向金融業者以拋棄就定作人所有工作物之法定抵押權爲條件，以換取定作人得經由該金融業者取得資金之意思表示，自難謂該拋棄之意思表示，於承攬人及金融業者之間不生債之效力。（96台上110）

　　抵押物爲可分割者，於拍賣得價足以清償債務及費用時，應即停止。債權人本人或其家屬亦得參加拍賣，買受抵押物（動擔§19Ⅱ）。動產抵押權人欲實行其抵押權必先占有抵押物，其抵押物爲第三人占有者，亦必追蹤取得占有後，始得出賣（參60年台上字第3206號判例）。如聲請法院裁定拍賣者，則毋庸占有抵押物。（參66年台抗字第435號裁定）

　　民法第936條留置權人拍賣留置物，亦得依拍賣質物之規定處理之。

　　最後，需特別注意的是，質權人聲請拍賣質押物時，其相對人之記載並非絕對必要事項，蓋因此項聲請之裁定，係針對質押物，因而裁定之執行，恆以裁定內標示之質押

物於「執行開始時」之所有人爲該裁定之應執行之相對人（即債務人）。

註：抵押人對債權之存否縱有爭執，法院僅就形式審查，仍然應爲准許之裁定（參80年8月
　　20日民庭總會決議）。另外本抵押權擔保之不動產經他人查封後，自抵押權人知悉查
　　封事實後，最高限額抵押權擔保之債權額即告確定。（參78年8月1日民庭總會決議）

第十節　公、認證

一、意義及其範圍

　　公、認證係針對法律行爲及私權之事實請求法院給予證明之方法，前者偏向於各類
契約方面且得據此公證書產生近似形成之訴效果的執行名義，且屬雙方共同行爲；而後
者偏向於信函、遺失證明、結婚、離婚及親屬關係之證明而有近似確認之訴效果的證明
文件，且屬單方個別爲之。當然以上說明僅爲方便釐清觀念而非絕對的分野，就像租賃
與認領可分別爲公、認證即是一例。同時必須注意的是，公證的內容須明確而無疑，且
其所訂的時期也必須明確或可得確定。

　　當事人或其他關係人得請求公證或認證之種類，舉例如下：

(一) 法律行爲

1.關於買賣、贈與、租賃、借貸、僱傭、承攬、委任、合夥或其他關於債權、債務之契
　約行爲。

2.關於所有權、地上權、地役權、農育權、抵押權、質權、典權或其他有關物權取得、
　設定、喪失及變更之行爲。（依現行公證法，對於前開行爲，採行「必要公證」，即
　作成公證書或認證該契約。）

3.關於婚姻、認領、收養或其他涉及親屬關係之行動。

4.關於遺產處分之行爲。（舊公證§4）

5.關於票據之拒絕承兌、拒絕付款、船舶全部或一部之運送契約、保險契約或其他涉及
　商事之行爲。

6.關於其他涉及私權之法律行爲。

(二) 私權事實

1.關於時效之事實。

2.關於不當得利、無因管理、侵權行爲、債務履行或不履行之事實。

3.關於不動產相鄰關係、無主物之先占、遺失物之拾得、埋藏物之發見、漂流物或沉沒
　品之拾得、財產共有或先占之事實。

4.關於其他涉及私權之事實。（舊公證§5）

(三) 得據此公證書爲強制執行之事項　當事人請求公證人就下列各款法律行爲作成之公
　　證書，載明應逕受強制執行者，得依該證書執行之：

1.以給付金錢或其他代替物或有價證券之一定數量爲標的者。

2.以給付特定之動產爲標的者。

3.租用或借用建築物或其他工作物，定有期限並應於期限屆滿時交還者。

4. 租用或借用土地，約定非供耕作或建築為目的，而於期限屆滿時應交還土地者。

　　公證書作成後，就該法律行為，為當事人之繼受人，及為當事人或其繼受人占有請求之標的物者，亦有效力。債務人、繼受人或占有人，主張公證書有不得強制執行之事由提起訴訟時，受訴法院得因必要情形，命停止執行，但聲請人陳明願供擔保者，法院應定相當之擔保額，命停止執行。（參公證§13）

二、各種類公認證之程序

(一) **基本程序**　請求人請求作成公證書或認證私文書或交付公證書正本或閱覽公證書原本，應提出下列之文書：

1. 請求人為本人者，應提出公證法第73條所定之身分證明文件（公證人作成公證書，應令請求人提出國身分證或其他身分證明文件證明其實係本人；如請求人為外國人者，應令其提出護照、其本國使領館出具證明書或其他身分證明文件或該本國領事出具之證明書）。

2. 請求人為無行為能力或限制行為能力人而由其法定代理人代為請求者，應提出具有法定代理人資格之證明文件。通譯及見證人，應由請求人或其代理人選定之，見證人得兼充通譯。

　　請求人或其代理人未選定通譯者，得由公證人選定之。

(1) 請求人如使用公證人所不通曉之語言，或為聽覺、聲音及語言障礙而不能使用文字表達意思，公證人作成公證書，應由通譯傳譯之。但經請求人同意由公證人傳譯者，不在此限。

(2) 請求人為視覺障礙或不識文字者，公證人作成公證書，應使見證人在場。但經請求人放棄並記明筆錄者，不在此限。

　　下列各款之人，不得充本法所定之見證人。但第75條第2項之情形，不在此限：

① 未成年人。

② 受監護或輔助宣告之人。

③ 於請求事件有利害關係者。

④ 於請求事件為代理人或曾為代理人者。

⑤ 為公證人之配偶、直系血親或直系姻親者。

⑥ 公證人之佐理員及助理人。

　　前項第4款至第6款規定之人，如經請求人全體同意者，仍得為見證人。

3. 請求人為法人或非法人之團體者，應提出其代表人或管理人之資格證明文件。

4. 由代理人請求者，應提出公證法第76條所定之授權書，如未經公、認證，依下列方式之一證明：

(1) 經有關公務機關證明。

(2) 於境外作成者，經中華民國駐外使領館或經外交部授權之駐外機構或經其他有權機關授權之團體證明。

(3) 外國人或居住境外之人作成者，經該國駐中華民國使領館或經該國授權之機構或經該地區有權機關授權之團體證明。

　　授權書附有請求人之印鑑證明書者，與前項證明有同一效力。

5. 請求人就須得第三人允許或同意之法律行為為請求而第三人未到場者，應提出公證法第77條所定已得允許或同意之證明書。請求人之繼承人或就公證事件有法律上利害關係之人，請求交付公證書正本或繕本或閱覽公證書原本，應提出公證法第73條所定之身分證明及為繼承人或就公證事件確有法律上利害關係之證明文件。

6. 公證人認證私文書，應使當事人當面於私文書簽名，或承認為其簽名，並於認證書內記明其事由。認證私文書之繕本或影本，應與經審認為其真正之原本、正本對照相符，並於繕本或影本內記明其事由。私文書有增刪、塗改、損壞或形式上顯有可疑之點者，應記明於認證書內。

(二) 一般程序概述　　（摘自各級法院之說明整理而成）

1. 辦理房屋租賃契約公證：

(1) 向各法院公證處服務台購買公證請求書乙份，每份2元（新台幣，以下同）。

(2) 請求書的填寫方式：

①填明請求人即出租人、承租人雙方（承租人覓有保證人時，填在承租人之後）姓名、年籍、身分證統一號碼及地址。

②「請求公證之法律行為或私權事實」欄內，僅須填寫「當事人間依法訂立房屋租賃契約，請求公證。」。

③「約定逕受強制執行」欄內，分別寫明需要強制執行的標的，如「租賃期滿交還房屋」、「給付房租金及違約金」、「返還押租金」等事項之說明。

④最後由請求人雙方簽名蓋章，並記明年、月、日。

(3) 請求書寫好後，交公證處收件登記，分由公證人辦理（注意最後加蓋逕予執行的印文）。

(4) 請求人（指雙方當事人）均應攜帶國民身分證及印章，出租人並要帶房屋稅單。請求人如係公司法人，請攜帶公司執照、營利事業登記證（複印本亦可）、負責人身分證、公司及負責人印章。

(5) 請求人本人不能到場，可以委任他人代理，但要提出授權書及私人或公司印鑑證明書原本1份交法院存卷。

(6) 所需租賃契約書，請求人如有自備至少攜帶3份，如未準備可利用公證處印製的契約，每3份3元。

(7) 依公證法第80條、公證法施行細則第41條第5款規定，公證人認為必要時須至建築物所在地實際勘驗。

(8) 應徵公證費為：（租賃期間租金總額或公告現值較高者＋保證金或押租金）依公證之費用表計收，附有強制執行效力之請求時，則為依前項標準加收二分之一。

2. 辦理債權債務契約公證：

(1) 向各法院公證處購買公證請求書乙份，新台幣2元。

(2) 訂立契約雙方的當事人保證人都是請求人。依次序將姓名、年籍、身分證統一編號、住址填入請求人欄內，如有見證人填入證人欄內。

(3) 請求書「請求公證之法律行為或私權事實」欄內，填明聲請的事由，如買賣、贈

與、借貸、僱傭、承攬、委任、合夥等事件所訂立契約，請求公證。

(4) 在「約定逕受強制執行」欄內，寫明強制執行的標的，請求書末尾由請求人簽名或蓋章，並記明年月日。

(5) 請求書填好後交公證處收案登記，分由公證人辦理。

(6) 請求人均應攜帶國民身分證、印章，親自到場，公司法人要攜帶公司執照及營利事業登記證、公司印章。不能親自到場者，應提出授權書及戶政事務所之印鑑證明書。

(7) 各種法律行為契約書，除公證處有印好的例稿之外，由當事人自備。至少須3份，1份由公證處存卷。

(8) 公證人依公證法第80條規定，於必要時得對公證之標的物實際體驗。

(9) 公證費用[註]請參閱公證費用一覽表。

3. 辦理出國手續、婚姻或出生證件遺失請求證明其關係或事實之認證：

(1) 當事人前在大陸結婚，或在台灣結婚，因經過多年，結婚證書未能帶出或業已遺失，或出生證明因多年前遺失，無法提出，但設有戶籍者，可以請求認證。

(2) 遺失結婚證書之夫妻，遺失出生證明之本人或其父母，攜帶身分證、圖章、戶口名簿或戶籍謄本，至公證處請求辦理。

(3) 向該院公證處購買認證請求書乙份，新台幣2元。填好後交公證處服務台收件，分由公證人辦理。

(4) 公證人依據證件之記載審查屬實，作成英文宣誓書，予以認證。證明請求人夫妻關係，或出生日期地點之事實。

(5) 是項宣誓書英文本，由公證處作成及打字，當事人及關係人之英文姓名，由請求人自行提供。

(6) 此類認證事件，每件徵收公證費新台幣1,000元，翻譯費以每百字計，英文譯本新台幣200元，其他外文新台幣300元。

4. 辦理遺囑公證：

(1) 依民法規定公證遺囑的方式是由遺囑人在公證人之前口述遺囑意旨，並有見證人2人在場，由公證人筆記作成遺囑，向在場人宣讀、講解，經遺囑人之認可，與見證人一同簽名，由公證人簽名，加蓋公證處圖記，其手續才算完成。

(2) 遺囑人可偕同見證人親至公證處辦理，均應攜帶國民身分證及印章，遺囑人因衰病不能外出者，得請求公證人至醫院或其家中辦理。

(3) 聲請時須填寫公證請求書乙份，在法院公證處服務台購買，每份新台幣2元。

(4) 遺囑內容有關於財產之事項，如內容甚繁瑣，遺囑人不能記憶者，得提供有關文件，指示公證人逐一填載記錄。

(5) 遺囑人如因病或年老，精神耗弱，不能清楚表示意見，僅憑他人提示，答以是或否，或用搖頭點頭表示意見者，則難以據此作成公證遺囑，此點須特別注意。

(6) 見證人須非親屬及對遺囑事件無利害關係之人方可擔任。

(7) 公證費用依遺囑內財產標的之價額徵收。

5. 辦理信函（寄信）認證：

(1) 首先當事人要準備好須寄出的文件，如信函、通知、催告書、具結書等，一式複寫或打字3份。1份寄與對造人，1份存法院公證處，1份寄信人自己收存。如對造人不止1人時，按人數增加份數。

(2) 持準備好的文件，至公證處服務台購買認證請求書乙份，新台幣2元。填好後交公證處服務台收件，分由公證人辦理。

(3) 請求人要攜帶國民身分證及印章，親自到場辦理。不能到場者須提出授權書及印鑑證明書。

(4) 認證費新台幣1,000元，國內外掛號回執郵票，由請求人負擔（此即與一般之存證信函同旨）。

6. 辦理認領子女公證：

(1) 向各法院公證處服務台購買公證請求書乙份，每份新台幣2元。

(2) 請求書的填寫方式：

①依認領人（被認領人之生父）、被認領人及其法定代理人（被認領人之生母）之次序，將姓名、年齡、籍貫、身分證統一號碼、住址等，填入請求人欄中。

②「請求公證之法律行為或私權事實」欄內填寫「當事人間因認領子女，請求公證。」。

③其餘各欄無需填寫，最後由請求人簽名蓋章，並寫明年月日。

(3) 請求書寫好後，交公證處服務台收件，分由公證人辦理即可。

(4) 認領人及被認領人之生母須攜帶國民身分證和印章，親自到場，另須帶被認領人與生母之戶籍謄本乙份，子女尚未報戶口者，帶出生證明書一份。被認領人年滿7歲者，亦應親自到場。（有關認領請參本章第五節第一款之說明）

(5) 公證處有印好的認領書，當事人無須自備。

(6) 此類事件在辦公時間內可隨到隨辦，除出生證明書視情形需加以實際查對外，均可即時作成公證書，交付與請求人。

7. 公證結婚：

(1) 時間：結婚日期由結婚人自定，舉行儀式時間就下列時間擇定：星期一至星期五每天上午10時、11時及下午3時；星期六、星期日上午10時及11時。請至少提前兩三天於上班時間向該處登記。

(2) 結婚日期任由結婚人自行選定，於前三天攜帶國民身分證（或軍人身分補給證）、公證請求書，以及其他有關證明文件，向公證處辦理聲請手續，並繳納公證費用。

(3) 結婚人自找滿20歲以上之證人2名，均須攜帶印章及國民身分證（或軍人身分補給證）到場，再婚者（包括原配偶死亡或離婚者）如身分證記載不明應提出戶口名簿或戶籍謄本予以核對之。

(4) 結婚人以滿20歲者為限，但男已滿18歲，女已滿16歲，其法定代理人（即生父母、養父母，或監護人）應攜帶國民身分證（或軍人身分補給證）及印章親自到場行使同意權，其不能到場者，應提出附有印鑑證明書之同意書。

(5) 現役軍人聲請公證結婚者，應繳驗所屬長官核准其結婚之證明文件，附卷備查，證明文件如必須取回者，應具備複印本經核相符後，始准發還之。

(6) 結婚人如為外國人或其一方為外國人時，應繳驗護照、居留證及各該當事人所屬大使館、領事館發給之婚姻狀況宣誓書（即未婚身分證明書），或經其簽證得為結婚之證明文件，如為外國軍人時應繳驗各該當事人所屬大使館、領事或服務機關，部隊主管發給之軍人結婚批准書。

(7) 華僑聲請公證結婚時，應提出僑居地大使館、領事館或華僑團體等相當機關簽證之證明文件。

(8) 結婚人如為無國籍人或為與我國無外交關係之外國人時，應繳驗足以證明其婚姻狀況之適當證明文件。

(9) 有下列情形之一者，不得聲請辦理公證結婚：

①男未滿18歲，女未滿16歲者。（參民§980）

②女子自前婚姻關係消滅後未逾6個月之期間，但已分娩者不在此限。（參民§987）

③違反民法第983條所定親屬結婚之限制者。

④監護人與受監護人於監護關係存續中結婚，而未經受監護人之父母同意者。（參民§984）

⑤重婚者。（參民§985）

(10) 聲請登記得由一人攜帶前開證件、印章及費用前來辦理。結婚當天，結婚人、未成年人之法定代理人及證人均應攜帶身分證件親自到場，提前半小時報到舉行儀式。

(11) 參加婚禮人員，應服裝整齊，新郎新娘穿不穿禮服均可。

(12) 結婚儀式在該處公證結婚禮堂舉行，禮畢交付結婚公證書正本2份及繕本乙份供申報婚姻登記用。

8. 辦理公司資格及廠商機具設備私權事宜公證：

(1) 向各法院公證處購買公證請求書乙份，新台幣2元。

(2) 請求書請求人欄內應填明公司或廠商名稱，營業所在地及負責人的姓名、年齡、籍貫、身分證統一編號。在「請求公證之法律行為或私權事實」欄內寫明「本公司（工廠商行）向某單位申請登記之用，請求就所具備之資格，及工廠機具設備等私權事實，予以公證。」請求書末尾記明年月日及由負責人簽名或蓋章，並加蓋公司或廠商印章。

(3) 請求書填好後，交公證處收案登記，分由公證人辦理。

(4) 公證人先就公司廠商所持有之證件作書面審查，請求人應提出之證件如下：

①經濟部公司登記執照。

②縣市政府營利事業登記證。

③工廠登記證。

④營造業或水管電氣業登記證照。

⑤工作人員資格證件或執照。

⑥公會會員證。

⑦承攬之工程合同。

⑧核定使用電力證明。

⑨最近1年內繳納營業稅單。

⑩最近1年之營業額計算書。

(5) 就公司及工廠設備、所有機具等，由公證人排定時間，至現場實際勘驗。如係價值甚高之機具，並應提出來源證明。

(6) 依機具價額徵收公證費，公證人及佐理員之出差旅費依規定徵收，此外無任何費用。

(7) 此類事件將視實際受理件數之多寡，通常均在2至3日內作成公證書，交付請求人。

註：公證費用

一、請求就法律行為或涉及私權之事實作成公證書者，其費用除本法另有規定外，按其標的之金額或價額，依下列標準收取之：

(一)20萬元以下者，1,000元。

(二)逾20萬元至50萬元者，2,000元。

(三)逾50萬元至100萬元者，3,000元。

(四)逾100萬元至200萬元者，4,000元。

(五)逾200萬元至500萬元者，5,000元。

(六)逾500萬元至1,000萬元者，6,000元。

(七)逾1,000萬元至5,000萬元者，其超過1,000萬元部分，每1,000萬元加收2,000元；不滿1,000萬元者，按1,000萬元計算。

(八)逾5,000萬元者，其超過部分，每1,000萬元加收1,000元；不滿1,000萬元者，按1,000萬元計算。

二、典權之價額，以其典價為準。

三、公證之法律行為或涉及私權之事實，其標的之價額不能算定者，收取費用1,000元。

四、請求就婚姻、認領、收養或其他非因財產關係之法律行為或涉及私權之事實，作成公證書者，收取費用1,000元。於非財產關係之公證，並請求為財產關係之公證者，其公證費用分別收取之。

五、請求就下列各款事項作成公證書者，收取費用1,000元：

(一)承認、允許或同意。

(二)契約之解除或終止。

(三)遺囑全部或一部之撤回。

(四)曾於同一公證處或公證人事務所作成公證書之法律行為之補充或更正。但以不增加標的之金額或價額為限。其增加標的之金額或價額者，就增加之部分，依第109條之規定收取費用。

六、請求作成公證書，須實際體驗者，依其所需之時間，按一小時加收費用1,000元；不滿1小時者，按1小時計算。請求就股東會或其他集會之決議作成公證書者亦同。

七、請求作成授權書、催告書、受領證書或拒絕證書者及請求就密封遺囑完成法定方式者，收取費用1,000元。

八、請求就法律行為作成公證書，並載明應逕受強制執行者，依第109條或第112條所定之費用額，加收二分之一。

九、請求就文書為認證者，依作成公證書所定之費用額，減半收取之。

第 **5** 章 法 人

　　法人乃自然人以外，依法律之規定，享有權利能力之團體。詳言之，法人乃法律上賦與權利能力之團體，此種團體或為社團，或為財團，前者為多數人之組織體，後者為財產之集合體。關於法人之本質，通說採法人實在說，組織體說認為法人被賦與人格，乃因其能擔當與自然人相同之社會作用，而具社會價值，我國民法亦以此說為基礎，認為法人有權利能力、行為能力及侵權行為能力。

第一節　通則

第一款　法人之種類

一、法人之分類

　　法人依其成立之依據或目的、性質內容，各有以下之分類：
(一) 依其依據之法律可區分為公法人及私法人。前者例如國家、地方自治團體（縣、市），其他依法設立之團體，其構成員資格之取得有強制性，而有行使公權力之權能，且得為權利義務之主體者，例如水利會；後者例如民法上之法人或公司法上之法人。
(二) 依其設立之目的可區分為公益法人、營利法人及中間社團。公益法人例如農會、漁會、工會、商會等；營利法人例如公司、銀行、合作社；中間社團指非為公益亦非營利之團體，例如同學會、同鄉會等。
(三) 依其成立基礎可區分為社團法人及財團法人。前者以社員為基礎，例如農會、工會等；後者以財產之集合為基礎，例如私立學校、基金會等。

二、法人之法律上能力

(一) 公司
1. 民事
(1) 公司具有民事訴訟法上當事人之能力（起訴或受訴之能力）（民§26）。董事代表法人簽名，以載明為法人代表之旨而簽名為已足，加蓋法人之圖記並非其要件。（63年台上字第356號判例）
(2) 分公司在其業務範圍內事項涉訟，有當事人能力（40年台上字第105號、66年台上字第3470號判例），且其訴訟之裁判力當然及於總公司。（參52年台上字第2866號判決）
(3) 公司未經登記，雖非法人，仍不失為前述之當事人。
(4) 公司董事長之改選雖無效，但既經主管機關變更登記，其代表公司所簽發之本票，除執票人為惡意外，對公司仍發生效力。（參76年台上字第607號判決及77年5月17

日民事庭會議決議）

(5) 某國或某股份有限公司台灣分公司經理人，對該分公司所負給付價金之債務未履行完畢前，負有連帶賠償責任。（參43年台上字第634號判例）

(6) 國家機關因裁撤或改組而不存在者，其訴訟程序應類推適用民事訴訟法第169條第1項規定，在承受其業務之機關承受前當然停止。（參89年台上字第868號判例）

2. 刑事

(1) 犯罪之被害人始得提起自訴，所謂被害人係指因犯罪直接受損害而言，依法組織之公司爲私法人，在法律上乃獨立之人格者。如因他人之犯罪行爲致公司受損害，其被害人固爲公司，僅公司有提起自訴之權，即令如本件情形，被告等雖爲公司之職員，即令確有違背公司任務，致公司財產受有損害，其直接之被害人仍爲公司，該公司始得提起自訴，雖公司股東或其他常務董事等，除有代表公司對被告等得提起自訴外，要無逕行自訴被告等背信之權能，況查股份有限公司與董事間之訴訟，依公司法第213條規定由監察人或股東會另選爲訴訟之人代表公司起訴，而訴訟之主體要仍爲公司，要之上訴人等顯無逕行對於被告等提起自訴之權。（參71年台上字第800號判決）

(2) 公司得由其代表人提起自訴（參院字第1394號），故其反面觀之，亦得爲告訴人（參院字第2775號）。但如未記載代表人者，即屬不合程式，得命補正。（參院字第1480號）

(3) 公司之經理（院字第1844號）及股東或董事（參27年上字第946號判例），未取得代表資格者，不得代表公司提起自訴，但依章程或約定，總經理對其職務範圍內之訴訟權限，以公司法定代理人起訴則可。（參72年台上字第1459號判決）

(4) 公司無刑事訴訟被告之能力，否則爲當事人之不適格（參29年上字第89號、54年台上字第1894號判例）。但66年第四次刑庭總會決議，將犯罪與處罰之主體分離，而處罰工廠負責人，值得商榷。

3. 行政：依據憲法第16條、訴願法第1、5條及行政訴訟法第22條，公司均得享有訴願及行政訴訟之權利（但須註明代表人）。其代表人依公司種類而異：

(1) 股份有限公司：董事或監察人。

(2) 有限公司：董事或執行業務股東。

(3) 無限公司：執行業務股東或代表公司股東。

此外公司法中之經理人、監察人、重整人、清算人在執行職務範圍內亦得代表公司或爲其他法律行爲，未經呈請登記取得公司資格者，祇能認爲係合夥。

☆公營事業依公司法規定設立者，爲私法人，與其人員間，爲私法上之契約關係，雙方如就契約關係已否消滅有爭執，應循民事訴訟途徑解決。（釋305節錄）

△票據爲文義證券，票據上之權利義務，悉應依票據記載之文字以爲決定。股份有限公司之董事長，依公司法第193條（舊）之規定，本有代表公司之權限，其於背書係爭支票時，除加蓋其個人私章外，既尚蓋有公司及董事長印章，即難謂非以公司名義爲背書。（55台上1873）

△公司增資之新股認受行爲，並不以經增資登記爲生效要件，認股行爲一經成立，認股

人即取得公司股東之資格，依公司法之規定，一面就其所認股份對公司負出資責任，一面得享受股東之權利。至增資登記乃公司董事之職責，其未依限登記，公司董事僅應受處罰而已，並非公司基於認股行為對於認股人所負之債務。公司董事不依限辦理增資登記，股東應另謀救濟之道，公司對認受新股之股東，並不因而發生債務不履行或給付遲延之問題。（57台上1374）

△民法第28條所謂法人對於董事或職員，因執行職務所加於他人之損害，與該行為人連帶負賠償之責任，係專以保護私權為目的。換言之，權利之為侵權行為之客體者，為一切之私權，政府向人民徵稅，乃本於行政權之作用，屬於公權範圍，納稅義務人縱有違反稅法逃漏稅款，致政府受有損害，自亦不成立民法上之侵權行為，無由本於侵權行為規定，對之有所請求。公司法第23條所謂公司負責人，對於公司業務之執行，如有違反法令致他人受損害，對他人應與公司連帶負賠償責任云云，仍以違反法令致他人私權受有損害，為責任發生要件，若公權受有損害，則不得以此為請求賠償之依據。（62台上2）

△上訴人公司係依公司法成立之社團法人，其以私法人地位，與被上訴人公司成立本件互易契約，既未附有何種停止條件，自難謂尚未生效，此種私經濟行為，應受私法之適用，不因內部稽察程序而有所影響，被上訴人以其已依契約履行自己應負之義務，爰訴請上訴人亦就系爭建地為所有權移轉登記與伊，即無不合。（62台上2783）

△公司法第23條所謂公司業務之執行，指公司負責人處理有關公司之事務而言。解散之公司進行清算，亦屬公司負責人執行業務之範圍。（65台上3031）

△公司之檢查人，在執行職務範圍內，亦為公司負責人，公司法第8條第2項定有明文。本件參加人某會計師，既經台灣彰化地方法院依公司法第245條規定，選派為某公司之檢查人，執行檢查某公司業務帳目及財產情形之職務，則檢查人某會計師為執行其檢查職務，依法自應由伊以某公司負責人（法定代理人）身分，而以某公司為原告，對保管該業務帳冊等資料之董事或其他公司職員（如經理人等）起訴，請求交付業務帳冊等資料，方屬合法。（69台上3845）

○分公司係本公司之分支機構（參照公司法第3條第2項），其本身並無獨立之人格。本件美商·美國總統輪船股份有限公司，係經我國認許之外國公司，依公司法第375條規定，在我國固有人格，但該公司之台灣分公司，依上說明則其有無獨立人格？尚待推求。原判決謂其在我國亦有獨立之人格，不知何所依憑？如果上訴人（即台灣分公司）並無獨立人格，則其所為行為，自屬上訴人本公司之行為。至分公司就分公司業務範圍內事務涉訟時，現行判例雖從寬認其有當事人能力，究不能執此即謂本件運送契約當事人之一造為上訴人，而非上訴人之本公司。（72台上4666）

△經理人就所任之事務，視為有代商號為原告或被告或其他一切訴訟行為之權，此觀民法第555條之規定自明，此項規定於公司之經理人並未排斥適用。安某既為被上訴人（公司）之經理，而系爭工程又為其所任事務權限範圍內之事項，自有代表被上訴人（公司）應訴之權限。（75台上1598）

○所謂關係企業，其轄下之數公司仍具有獨立之法律上人格，其財務結構亦截然分開，故母公司似無以關係企業各公司之名義採購物品之可能，蓋如由母公司統籌採購而分

送其關係企業，其購買之主體仍爲母公司，應以母公司之名義採購，因母公司似無當然得以子公司名義採購之權限。（76台上431）

○股東會會議主席，主持並指揮會議之進行，對於會議決議之過程及結果有極大之影響，故如由無法定資格者擔任主席，則經其主持之股東會決議，其決議方法，不能謂非違反法令，自構成決議撤銷之原因。按股東會除公司法另有規定外，由董事會召集之，又董事長爲股東會、董事會主席，公司法第171條、第208條第3項前段分別定有明文，是股東會由董事會召集時，應由董事長擔任主席，固無疑義，惟如由監察人依公司法第220條規定召集股東會時，即宜由監察人擔任股東會主席，始能達成監察人爲行使監察權而召集股東會之目的。查黃○錦既非現任上訴人公司之董事長，且此次上訴人公司股東臨時會，又係監察人依照公司法第220條規定召集。原審因認宜由監察人擔任該股東臨時會主席，不應由董事黃○錦充任主席，並認股東會主席，對於股東會決議影響甚大，如由不得擔任股東會主席之人，擔任主席，並主持股東會決議，其決議方法自屬違反法令，經核尚無違誤。（76台上957）

△公司重整乃公開發行股票或公司債之股份有限公司因財務困難、暫停營業或有暫停營業之虞，依公司法所定公司重整程序清理債務，以維持公司之營業爲目的，參加公司重整程序之債權應受重整計劃之限制，故具有強制和解之性質，債權人對於債務人債務之減免，非必出於任意爲之，公司法第311條第2項所以規定公司債權人對於公司債務之保證人之權利，不因公司重整而受影響，其立法意旨在使重整計劃於關係人會議中易獲可決。保證人原以擔保債務人債務之履行爲目的，債務人陷於無資力致不能清償債務時，保證人之擔保功能更具作用，在公司重整之情形，公司財務已陷於困難，此項危險，與其由債權人負擔，毋寧由保證人負責。故債權人就因重整計劃而減免之部分，請求保證人代負履行責任，不因公司重整而受影響。（79台上1301）

○公司法爲民法之特別法，依特別法優於普通法之原則，「公司」自應優先適用公司法之有關規範，如公司法中無特別規定時，則應回歸適用民法之普通規定。查「被上訴人公司於84年7月5日上午在公司所在地召開之股東常會中，未經公司全體股東之同意，僅由無限責任及少數有限責任股東之決議，即通過將公司資本額由1,060萬元增加爲1億9仟萬元，並修改公司章程，上訴人當場表示異議」，爲原審所認定，衡此情形，上訴人據以主張系爭股東會之決議方法違反公司法第115條及第47條之規定，似無不當。而公司法雖未對兩合公司決議方法違法之撤銷爲規定，但民法第56條既就社團法人總會決議方法之撤銷已有明文，上訴人依該規定爲撤銷系爭股東會決議之備位聲明，亦難謂全然無據，原審就此部分亦爲上訴人不利之判斷，自有未合。（86台上3282）

(二) **其他社團法人**　公司以外之社團法人如漁會、工會、農會、商業同業公會等，原則上各理事均得代表法人。

對於合作社社員大會決議違反法令及漁會會員大會選舉理事之決議違反法令（參77年11月29日民事庭會議決議），均得向普通法院請求撤銷該決議。

△合作社法第38條第1項關於經營第3條第4款所定業務之合作社，不能清償存款之債務

時，理事連帶負清償之責，及第2項關於前項責任，理事解任後經過2年方得解除之各規定，尋繹其規定之本旨，係指理事在其所任職務期間內，對於合作社已負責之存款債務而言，此項存款固與理事之職務有關，故如合作社不能清償時，仍應於解任後2年內負連帶清償之責，至解任後合作社新負之存款債務，則與理事解任前所任職務不相牽涉，自難謂為亦在理事應負連帶清償責任之列。（44台上70）

△法人為當事人時，固得由其代表人代表法人提起上訴，但代表權有欠缺之人，既無權代表法人，自無以法人名義提起上訴之權。上訴人某區合作社自訴被告等侵占案件，經原審判決後，由某甲以該合作社名義提起上訴到院，查某甲並非依合作社法第39條第1項第4款規定得代表該合作社為訴訟行為之人，竟以合作社名義提起上訴，自屬違背法律上之程式。（44台上736）

△經營合作社法第3條第4款所定業務之合作社，不能清償存款之債務時，理事負連帶清償之責，為合作社法第38條第1項之所明定。所謂不能清償存款之債務，不僅指其存款之債務全部不能清償者而言，即其一部不能清償者亦包含之，故經營此項業務之合作社理事，對於該合作社不能清償存款之債務，如為全部時，應就其全部負連帶清償責任，如為一部時，應就其一部負連帶清償責任，並非僅就其存款債務全部不能清償，而始負有此種責任。（44台上908）

△合作社法第38條第1項所加於合作社理事之連帶清償責任，以該合作社經營同法第3條第4款所定為謀金融之流通，貸放生產上或製造上必要之資金於社員，並收受社員之存款業務而不能清償存款之債務者為限，而同法第9條規定合作社業務項目，為章程及登記之必要的記載事項，故合作社之章程及登記證記載之業務項目，如不包括所謂信用業務在內，就令實際上有向外收受存款情事，仍難謂係依法經營信用業務，而使理事連帶負責清償。（49台上1572）

△董事（合作社之理事相當於民法及公司法之董事）就法人之一切事務對外代表法人，對於董事代表權所加之限制，不得對抗善意第三人，為民法第27條所明定，合作社法既未認合作社有特殊理由，不許理事有對外代表之權，則理事之代表權仍應解為與其他法人相同，不受任何之限制，且理事代表合作社簽名，以載明為合作社代表之旨而簽名為已足，加蓋合作社之圖記並非其要件。（49台上2434）

△信用合作社違反合作社法施行細則第5條第3款規定，而對非社員貸款，祇受違反法規之制裁（見同細則第40條），究不能謂其貸款行為為無效。（51台上132）

△民法上所謂保證，為債權人與保證人間之契約。本件合作社社員與合作社債權人既未締結保證契約，自不發生民法上之保證責任問題。至合作社法第4條第2款所謂保證責任，係指社員以其所認股額及保證金額為限負其責任而言，合作社於其財產（包括社員已認繳之股款）不足清償債務時，得在社員所認保證金額內追繳，以供清償，合作社之債權人要無依據該條款規定逕向保證責任社員請求履行保證債務之餘地。（69台上2080）

△監獄合作社之業務與該監獄之公務有別，且合作社之資金為社員交付之股金，並非監獄撥付之經費，上訴人奉派擔任該監獄合作社飲食部採買工作，將預借合作社之採購金予以侵占，應成立業務上侵占罪。（70台上5088）

○青果社係社團法人，其聘僱職員而給付報酬，應屬僱傭性質。又其任免職員，悉依合作社有關之章程、人事管理規則與乎內政部令頒之上開改進辦法各規定辦理，故該章程、人事管理規則以及改進辦法等規定，均為僱傭契約內容之一部，僱用人及受僱人均應受其拘束。（80台上1673）

㈢ 財團法人　原則上董事或理事有代表權；同時董事會得依捐助人之真意遴選及解聘相關工作人員之權限；另外司法院捐助設立之法律扶助基金會頗值得關注。

△聖母會財產，除合於民法上財團法人之規定，依民法第62條因捐助章程所定重要管理之方法不具備時，法院得因利害關係人之聲請，依非訟程序為必要之處分外，如其財產僅為多數人所共有，儘可由共有人全體協議定其管理方法，或由共有人共同管理之，苟對於管理權誰屬有所爭執，亦應提起訴訟以求解決，不得依非訟程序，聲請法院以裁定選任臨時管理人或撤銷臨時管理人。（38台抗66）

△財團法人與人民團體性質迥不相同，上訴人由財團法人改組為人民團體，雖其宗旨未變，然殊難謂僅係上訴人內部組織之變更，而非主體之變更。（44台上56）

△法人之董事為法人之代表及執行機關，聲請法人登記，由董事為之，民法第48條第2項（舊）、第61條第2項（舊）定有明文。本件卷附之法人登記證書載明法人名稱為「財團法人私立永達工業專科學校」，台灣屏東地方法院復原法院函之意旨亦同，原法院竟以聲請法人登記及登記之公告均為該學校董事會，即認法人為該學校董事會，於法顯屬有誤。法人之董事既為法人之代表及執行機關，不可能為另一有權利能力之主體，原判決謂被上訴人學校與學校董事會「乃係二個個別之主體」法律見解，尤有違誤。（63台上628）

△法人依非訟事件法聲請設立登記後，一經法院依法登記於法人登記簿，即行成立而取得法人資格，得為權利義務主體，此觀民法第30條（舊）之規定自明。已經為設立登記之財團法人之董事，無與財團法人對財團法人之債權人負連帶責任之可言，與民法規定合夥財產為合夥人公同共有，合夥人對合夥債務負連帶責任者，迥不相同。某私立高級中學，請台灣台北地方法院准予為財團法人之設立登記並將聲請登記事項登記於法人登記簿，雖未領得登記證書，但該校已取得法人資格，上訴人依民法規定之合夥關係，請求為該校董事之被上訴人對於該校向上訴人所借款項負清償責任，於法無據。（64台上1558）

○財團法人係以捐助財產為組織之基礎而成立之法人，與社團法人係以社員為組織之基礎，設有社員總會，為其意思機關者不同，財產法人之目的應由捐助章程訂定，除設董事為其執行機關，監察人為監察機關外，別無社員總會之設置，如財團董事有違反捐助章程之行為時，主管機關、檢察官或利害關係人得依民法第64條規定，聲請法院宣告其行為為無效。若捐助章程訂定以社員總會為財團法人之最高意思機關者，與財團法人之性質有違，為法所不許。（80台抗365）

○財團法人，係以財產之集合為基礎之他律法人，與社團法人，係以人之集合基礎之自律法人，設有總會、會員大會等意思機關者，自有不同。故民法第56條關於社團總會決議之撤銷與無效之規定，即無適用於財團法人之餘地。又民法第64條規定：「財

團董事，有違反捐助章程之行爲時，法院得因主管機關、檢察官、或利害關係人之聲請，宣告其行爲爲無效。」從而財團董事會議違反其捐助章程之規定，改選董事及董事長，而對之提起宣告該董事行爲爲無效之訴者，自應以爲改選行爲之董事爲被告。（82台上3168）

(四) **各種公家機關及公營事業機（行政法人）**　依據中央行政機關組織基準法第37條規定：「爲執行特定公共事務，於國家及地方自治團體以外，得設具公法性質之行政法人……。」例如國立藝術表演中心設置條例第11條規定；所以一般原則上各機關首長、董事長、校長有代表權。

對行政法人所爲之行政處分不服者，得依訴願法之規定，向監督機關提起訴願。（參行政法人法§39）

所稱行政法人，指國家及地方自治團體以外，由中央目的事業主管機關，爲執行特定公共事務，依法律設立之公法人。

前項特定公共事務須符合下列規定：

一、具有專業需求或須強化成本效益及經營效能者。

二、不適合由政府機關推動，亦不宜交由民間辦理者。

三、所涉公權力行使程度較低者。

行政法人應制定個別組織法律設立之；其目的及業務性質相近，可歸爲同一類型者，得制定該類型之通用性法律設立之。（參行政法人法§2）

△國有財產撥給各地國家機關使用者，名義上雖仍爲國有，實際上即爲使用機關行使所有人之權利，故本院對於是類財產，向准由管領機關起訴，代國家主張所有權人之權利，被上訴人持有所有權狀及駐用房屋保管卡，原審認其得爲起訴行使所有人之權利尚非無據。（51台上2680）

(五) **祭祀公業及非法人團體**　祭祀公業及非法人團體祭祀公業之管理人有代表權，其他非法人團體如校友會，未爲法人設立登記的同鄉會等，若有管理人則管理人行使代表權，但行使代表權時須以該法人之名義爲之始生效力，而登記爲祭祀公業名義下之不動產，應認爲係其派下公同共有（參40年台上字第998號判例），且祭祀公業之繼承，依從習慣，係以享有派下權之男系子孫或奉祀本家祖先之子女及從母姓之子孫爲限（參院字第647號）。以下並附判例若干，以助瞭解。

△獨資經營之商號，與民事訴訟法第40條第3項所稱之非法人團體並非相當，自難認爲有當事人能力。又被告雖無當事人能力，但第一審既就實體上而爲判決，原審即應以判決變更之，其以裁定廢棄該判決，於法顯有違背。（42台抗12）

△被上訴人係某某兩村人民所組織之寺廟，既有一定之辦事處及獨立之財產，與乎一定之目的，核與民事訴訟法第40條第3項所稱之非法人之團體相當，原審依其管理章程記載內容，逕列其機構名稱爲當事人，而以其管理人爲法定代理人，於法尚無不合。（43台上143）

△村雖爲地方行政區域之一，亦爲全村人民之集合團體，既有村辦公處之組織，其由村

民大會選舉之村長可為其代表人,依法又有執行上級機關交辦及村民大會決議事務之職權,縱非法人亦不失為非法人之團體,依民事訴訟法第40條第3項之規定,自有當事人能力。(43台上1064)

△未經認許其成立之外國法人,雖不能認其為法人,然仍不失為非法人之團體,苟該非法人團體設有代表人或管理人者,依民事訴訟法第40條第3項規定,自有當事人能力。至其在台灣是否設有事務所或營業所則非所問。(50台上1898)

△民事訴訟法第40條第3項所謂非法人之團體設有代表人或管理人者,必須有一定之名稱及事務所或營業所,並有一定之目的及獨立之財產者,始足以當之。(64台上2461)

△民事訴訟法第40條第3項固規定「非法人之團體,設有代表人或管理人者,有當事人能力」,並可據此規定,認非法人團體於民事訴訟得為確定私權請求之人或為其相對人。惟此乃程序法對非法人團體認其有形式上之當事人能力,尚不能因之而謂非法人團體有實體上之權利能力。(67台上865)

○上訴人尚未經登記設立,自無法人資格,僅為非法人團體,無獨立人格,在實體法上尚無權利能力,而無享有所有權之資格,故教室大樓登記為被上訴人名義所有,及上訴人主張教室大樓為其原始建築而取得所有權,即屬無據。(70台上592)

○祭祀公業,係以祭祀祖先為目的,而設立之財產,自難認為法人(最高法院39年台上字第364號判例參照)。民法第56條有關總會決議撤銷之規定,係指社團總會之決議而言,祭祀公業派下員大會決議,即無適用該規定之餘地,又祭祀公業,無非祀產之總稱,屬於派下員全體所公同共有,與社團法人係由人即社員構成之組織體,其財產屬於社團本身所有,與社員無關不同。故祭祀公業派下員大會之決議,係權利主體自身之共同意思,與社團總會決議,係社團之意思,自亦不同。從而無從依據撤銷社團總會決議之法理,請求撤銷祭祀公業派下員大會之決議。(82台上212)

○民法第56條第1項規定,總會之召集程序或決議方法違反法令或章程時,社員得於決議後3個月內請求法院撤銷其決議,係以民法規定社團法人之總會召集程序或決議方法違反法令或章程時,始有其適用。台灣之祭祀公業並非法人,僅屬於某死亡者後裔公同共有祀產之總稱,其本身並無權利能力,不能為權利能力之主體,其財產應為祭祀公業派下員公同共有。祭祀公業派下員大會之決議,自無適用或準用民法第56條第1項規定之餘地。(85台上1371)

(六) **未經認許之外國法人** 外國法人在我國並不當然具有法人之權利能力,外國法人在我國須經認許程序,始具有享受權利負擔義務之能力,則法人之代表亦同我國法人。然而經認許之外國法人之行為,則由其真正行為人負責,若未經認許而以外國法人名義為之,則行為人就該法律行為應與該外國法人負連帶責任。

刑事訴訟法所謂之自訴人,以自然人或法人為限,未經依法註冊之外國公司,既未取得法人資格,其以公司法人提起自訴自不應受理(參院字第533號)。然依中美友好通商條約增修商標法第62條之1及公平交易法第47條以解決此一問題。

△外國銀行為未經認許其成立之外國法人時,其裏理以該銀行名義收受存款,簽名於存

單者，自屬民法總則施行法第15條所稱之行爲人。（26渝上1320）

△未經認許其成立之外國法人，雖不能認其爲法人，然仍不失爲非法人之團體，苟該非法人團體設有代表人或管理人者，依民事訴訟法第40條第3項規定，自有當事人能力。至其在台灣是否設有事務所或營業所則非所問。（50台上1898）

○民法總則施行法第15條規定，未經認許其成立之外國法人，以其名義與他人爲法律行爲者，其行爲人就該法律行爲應與該外國法人負連帶責任。訴外人東○海外貨櫃航業有限公司爲外國法人，並未經我國認許其成立。則上訴人就其代理東○海外貨櫃航業有限公司與被上訴人訂立之運送契約，應與運送人東○海外貨櫃航業有限公司負連帶責任。（72台上2245）

(七) 其他

1. 中間社團：當以該團體爲當事人，而由其代表人或管理人爲其代表人，屬中間性質如宗親會及同鄉會等。

2. 同鄉會：已組織而未依法取得法人之資格者，雖不得認爲法人，然仍不失爲非法人之團體。非法人之團體設有代表人或管理人爲該團體與人涉訟時，自應以該團體爲當事人，而由此項代表人或管理人爲其法定代理人。（參39年台上字第1227號判例）

3. 無權利能力之法人：即未辦法人登記或未經許可成立之社團或外國法人未經認許登記者，內部類推適用社團法人，外部則適用合夥（由其代表人或管理人爲其代表人）。

△非法人之團體設有代表人或管理人者，有當事人能力，爲民事訴訟法第40條第3項所明定。此項代表人或管理人爲該團體與人涉訟時，自應以該團體爲當事人，而由此項代表人或管理人爲其法定代理人。（27渝上766）

△非法人之團體雖無權利能力，然日常用其團體之名義爲交易者比比皆是，民事訴訟法第40條第3項爲應此實際上之需要，特規定此等團體設有代表人或管理人者，亦有當事人能力。所謂有當事人能力，自係指其於民事訴訟得爲確定私權之請求人及其相對人而言，若僅認許其爲當事人得以其名義起訴或被訴，而不許其爲確定私權之請求，則上開規定勢將毫無實益，當非立法之本意。（50台上2719）

△民事訴訟法第40條第3項所謂非法人之團體設有代表人或管理人者，必須有一定之名稱及事務所或營業所，並有一定之目的及獨立之財產者，始足以當之。（64台上2461）

4. 獨資商號：個人商號，則由個人代表商號爲各種行爲，亦即此一個人需負「無限責任」。

△獨資經營之商號，與民事訴訟法第40條第3項所稱之非法人團體並非相當，自難認爲有當事人能力。又被告雖無當事人能力，但第一審既就實體上而爲判決，原審即應以判決變更之，其以裁定廢棄該判決，於法顯有違背。（42台抗12）

△上訴人等四商號係某甲等四人各別獨資經營，雖無從認爲非法人之團體，但該商號與其主人既屬一體，而被上訴人提出之起訴狀，亦係列其主人爲該商號之法定代理人，茲祇改列其主人爲當事人，即不生無當事人能力之問題。（43台上601）

△某商行爲某甲獨資經營，固難認爲有當事人能力，但某甲在一、二兩審既以法定代理

人名義，代其自己獨資經營之某商行而為訴訟行為，與實際上自為當事人無異，祇應於當事人欄內予以改列，藉資糾正，不生當事人能力欠缺之問題。（44台上271）

△強制執行法第15條所謂就執行標的物有足以排除強制執行之權利者，係指對於執行標的物有所有權、典權、留置權、質權存在情形之一者而言。上訴人（道教會團體）主張訟爭房屋係伊所屬眾信徒捐款購地興建，因伊尚未辦妥法人登記，乃暫以住持王某名義建屋並辦理所有權登記，由王某出其字據，承諾俟伊辦妥法人登記後，再以捐助方式將房地所有權移轉登記與伊各節，就令非虛，上訴人亦僅得依據信託關係，享有請求王某返還房地所有權之債權而已，訟爭房地之所有權人既為執行債務人王某，上訴人即無足以排除強制執行之權利。（68台上3190）

5. 合夥：兩人以上互約出資（含代替物）以經營共同事業之組織。合夥非要式行為，除當事人間有以作成書據為成立要件之約定外，苟二人以上已互約出資以經營共同事業，雖未訂立書據，其合夥亦不得謂未成立（參32年上字第4718號判例），同時合夥人，亦負有連帶「無限責任」，目前國內正研擬有限合夥法及有限責任合夥法。

△合夥已依商業登記法第9條第1項為登記，而合夥人退夥者，依同法第10條尚應於15日內將退夥事項為登記，其未為退夥登記者，按諸同法第13條第1項即不得對抗善意第三人。至本院41年台上字第113號判例，所謂合夥人之聲明退夥，祇須具備民法第686條所規定之要件，即生退夥之效力，不以並須公開表示及予善意第三人得知之機會為限，係指合夥未依商業登記法登記之情形而言，若業經依法登記之合夥，其退夥則非登記，不生對抗善意第三人之效力。（49台上1840）

△經營商業之合夥，原應依照商業登記法第9條第1項規定，向主管官署聲請登記，倘未依此項規定為登記，則合夥人之聲明退夥，祇須具備民法第686條所規定之要件，即生退夥之效力，不以並須公開表示及予善意第三人得知之機會為限（參照本院41年台上字第113號判例），惟合夥已依前項規定為登記，則合夥人聲明退夥，依商業登記法第13條第1項規定，應登記之事項非經登記及公告後，不得對抗善意第三人。（49台上2189）

△合夥商號為人保證，在民法上並無如公司法第23條設有禁止之規定，故合夥商號業務執行人以合夥商號名義為人作保之行為，倘係在其依委任本旨執行該商號事務之權限範圍內者，即應認其保證為合法生效。（50台上2852）

△民法第681條係規定合夥財產不足清償合夥之債務時，各合夥人對於不足之額始連帶負其責任。現上訴人既未向合夥人請求貨款，即無從知悉其合夥財產是否不足清償債務，更不知其不足金額如何，是顯難令被上訴人逕負連帶給付責任。（63台上1862）

△(二)合夥關係之存在與否，應就當事人有無互約出資經營共同事業之客觀事實予以認定，至有無辦理廠商登記，在所不問。（64台上1122）

△法人依非訟事件法聲請設立登記後，一經法院依法登記於法人登記簿，即行成立而取得法人資格，得為權利義務主體，此觀民法第30條（舊）之規定自明。已經為設立登記之財團法人之董事，無與財團法人對財團法人之債權人負連帶責任之可言，與民法規定合夥財產為合夥人公同共有，合夥人對合夥債務負連帶責任者，迥不相向。某私

立高級中學，請台灣台北地方法院准予爲財團法人之設立登記並將聲請登記事項登記於法人登記簿，雖未領得登記證書，但該校已取得法人資格，上訴人依民法規定之合夥關係，請求爲該校董事之被上訴人對於該校向上訴人所借款項負清償責任，於法無據。（64台上1558）

△ 合夥財產，爲合夥人全體公同共有，其爲金錢出資，勞務出資，抑以他物出資，均無不同（包括動產或不動產）。又於合夥關係存續中，執行合夥事業之合夥人爲他合夥之代表，其爲合夥取得之物及權利，亦屬合夥人全體公同共有。（64台上1923）

△ 現行商業登記法，並未規定由出名營業人登記爲獨資營業時，其他合夥人即視爲隱名合夥人，上訴人究爲隱名合夥抑爲普通合夥，端視上訴人與其他合夥人間之合夥契約內容而定，尚不能以商業登記爲獨資即認上訴人爲隱名合夥人，謂有民法第704條第2項之適用。（65台上2936）

○ 具有合夥性質之非法人團體，在程序法上，依民事訴訟法第40條第3項規定，固可認其有形式上之當事人能力，而得於民事訴訟程序爲當事人之資格。但在實體法上，依民法第681條規定合夥人之補充連帶責任，及司法院院字第918號解釋明示「原確定判決，雖僅令合夥團體履行債務，但合夥財產不足清償時，自得對合夥人執行」意旨，加以延伸，亦應認合夥人全體（公同共有人）爲其權利主體。（95台上1606）

第二款　法人之成立

法人之成立，須具備下列要件：

一、須經設立

法人之設立，其立法主義有五：

(一) 放任主義　我國對任何一種法人，均不採取自由放任主義，故法人之成立，定須經下列各種主義。

(二) 特許主義　乃立法特許主義，例如中央銀行（依中央銀行法），中央信託局（依據中央信託局條例）。

(三) 許可主義　乃行政許可主義，例如財團及以公益爲主的社團，設立前須經主管機關之同意。

(四) 準則主義　例如營利社團之公司，須依公司法之規定成立，但公司業務，若須經政府許可者，仍須先經主管機關之許可，方可設立，例如保險公司。

(五) 強制主義　例如律師公會、醫師公會，此等法人之成立及社員之參加，採取強制入會之規定，以加強監督及利益之維護。

二、須有法律之依據

民法第25條規定：「法人非依本法或其他法律之規定，不得成立。」所謂其他法律者，例如公司法第6條、銀行法第52條。

三、須經登記

民法第30條規定：「法人非經向主管機關登記，不得成立。」可見法人之登記係採登記要件主義。而登記須向法院爲登記或依特別法之規定向各主管機關登記。前者依法人及夫妻財產制契約登記規則第二章第15條至第30條之規定辦理之；後者例如公司須依公司法第5條、第6條向經濟部、建設局爲登記，金融控股公司依金融控股公司法第3條、銀行依銀行法第19條之規定，須向金融監督管理委員會爲登記。一般獨資或合資商號依商業登記法第6條向經濟部、直轄市政府或縣（市）政府辦理登記。

第二節　法人之機關

法人雖得爲權利義務之主體，惟本身不能自行活動，故須設立機關，[註]以爲其活動之基礎，一般而言，法人有三種機關：

一、社員總會

爲社團最高機關、決議機關，並具有監督法人之機能，例如公司中之股東大會。

二、董事

爲社團及財團之代表機關及執行機關，民法第27條第1、2、3項分別就法人之董事的權限爲規定。

謹按董事者執行事務之機關也，法人爲欲達其一定之目的事業，自不能不設置執行事務之機關，故本條第1項規定，不問爲社團法人或財團法人，均以設置董事爲必要。董事爲法人之代表機關，凡關於法人之業務，對外均應由董事代表行之，否則法人之目的不得達也，故董事有代理法人爲一切行爲之權，特設第2項規定之。法人對於董事之代表權，雖亦可加限制，然不得以之對抗善意之第三人。善意云者，謂不知其代表權受有限制也，此爲保護善意第三人之利益也。

三、監察人

監察人乃法人得設之監察事務之機關，民法第27條第4項：「法人得設監察人，監察法人事務之執行。監察人有數人者，除章程另有規定外，各監察人均得單獨行使監察權。」乃對法人監察人之規定。

註：法人應設董事。董事有數人者，法人事務之執行，除章程另有規定外，取決於全體董事過半數之同意。

董事就法人一切事務，對外代表法人。董事有數人者，除章程另有規定外，各董事均得代表法人。

對於董事代表權所加之限制，不得對抗善意第三人。

法人得設監察人，監察法人事務之執行。監察人有數人者，除章程另有規定外，各監察人均得單獨行使監察權。（民§27）

第三節　法人之代表

第一款　法人之代表人

　　法人依法聲請登記後，一經登記於法人登記簿，即行成立而取得法人資格，此見民法第30條之規定自明，而依民法第26條之規定，法人於法令限制內，有享受權利、負擔義務之能力，認其得爲權利義務之主體。

　　法人之董事爲法人之代表及執行機關，聲請法人登記，由董事爲之，民法第48條第2項（舊）、第61條第2項（舊）定有明文。本件卷附之法人登記證書載明法人名稱爲「財團法人私立永達工業專科學校」，台灣屏東地方法院復原法院函之意旨亦同，原法院竟以聲請法人登記及登記之公告均爲該學校董事會，即認法人爲該學校董事會，於法顯屬有誤。法人之董事既爲法人之代表及執行機關，不可能爲另一有權利能力之主體，原判決謂被上訴人學校與學校董事會「乃係二個個別之主體」法律見解，尤有違誤。（參63年台上字第628號判例）

☆(一)法人之代表人在民法上固非所謂法定代理人，在民事訴訟法上則視作法定代理人，適用關於法定代理之規定，故法人之代表人有數人時，在訴訟上是否均得單獨代表法人，按諸民事訴訟法第47條，應依民法及其他法令定之，民法第26條第2項所定代表法人之董事有數人時，均得單獨代表法人，公司法第30條所定代表無限公司之股東有數人時，亦均得單獨代表公司，若依實體法之規定，法人之代表人數人必須共同代表者，在訴訟上不得準用民事訴訟法第71條之規定，使之單獨代表。至非法人之團體其代表人或管理人有數人時，在訴訟上是否均得單獨代表團體，按諸民事訴訟法第52條、第47條亦應依民法及其他法令定之，法令未就此設有規定者，應解爲均得單獨代表團體。（院解2936）

○我國刑事訴訟法制兼採被害人向檢察機關告訴爲訴追罪犯之公訴制，與被害人逕向該管法院提起自訴以訴追罪犯之自訴制併存設計；一般而言，倘若具體之訴訟案件，其告訴與自訴程序同時併存者，又以自訴程序有其優先受訴處理地位。因此，刑事訴訟法第323條第2項明定：「在偵查終結前檢察官知有自訴者，應即停止偵查，將案件移送法院。……」故除特別情形外，當無同一刑事訴訟程序中，既爲公訴案件，又爲自訴案件之情形。而法人爲被害人時，固得由其代表人代表法人提起自訴；然該提起自訴之法人，是否依法登記取得法人資格，以及其代表人確否爲該法人之代表人？均屬法院就所受理之自訴案件，首應審認之前提條件；苟該法人與其代表人，均不備適法之資格，即無從受理此項自訴。是以受訴法院就該項得否受理自訴之前提條件，應命提出相當之證據資料，憑以審認，其訴訟程序之踐行，方稱適法。（84台上5656）

○著作權法第101條第1項規定：「法人之代表人、法人或自然人之代理人、受雇人或其他從業人員，因執行業務，犯第91條至第96條之罪者，除依各該條規定處罰其行爲人外，對該法人或自然人亦科各該條之罰金」，係爲保障著作權，就從業人員因執行業務而爲違反著作權法第91條至第96條之行爲時，併處罰其業務主（或稱事業主）之兩罰規定，對於從業人員因執行業務之違法行爲，既處罰實際行爲之從業人員，並罰其

業務主；按業務主爲事業之主體者，應負擔其所屬從業人員於執行業務時，不爲違法行爲之注意義務，是處罰其業務主乃罰其怠於使從業人員不爲此種犯罪行爲之監督義務，故兩罰規定，就同一犯罪，既處罰行爲人，又處罰業務主，無關責任轉嫁問題，從業人員係就其自己之違法行爲負責，而業務主則係就其所屬從業人員關於業務上之違法行爲，負業務主監督不周之責任，從業人員及業務主就其各自犯罪構成要件負其責任。著作權法第101條第1項之規定，係以業務主爲處罰對象；從業人員因執行業務犯該法第91條至第96條之罪者，仍依各該條規定處罰之，並無著作權法第101條第1項之適用。（92台上2720）

○ 按公司爲法人，公司負責人爲自然人，二者在法律上並非同一人格主體，公司負責人爲公司之代表，其爲公司所爲行爲，除法律有明文規定應由其自負其責者外，應由公司負責。依刑法之一般原理，犯罪主體應與刑罰主體一致，即僅犯罪行爲人始負刑事責任，刑罰係因犯罪行爲人之犯罪行爲而生之法律上效果，基於刑罰個別化之理論，因其行爲而生之法律上效果，應歸屬於實行行爲之人，此即爲刑事責任個別化、刑止一身之原則；惟行政刑法，爲適應社會經濟之需要，擴大企業組織活動之範圍，而制定各種行政法規，且爲達成其行政目的，對於違反其命令或禁止之企業組織者設有處罰規定，其處罰之型態略分爲三種：(一)兩罰責任：行爲人與法人同負其責。(二)自己責任：由實際行爲人自負其責。(三)轉嫁責任：轉嫁其責任於他人。稅捐稽徵法第47條之規定，即爲轉嫁責任之型態；此類轉嫁責任之規定，雖符合行政上之目的性，但尚難認係國家發動刑罰權之常態。是公司負責人因法人責任轉嫁而「代罰」，其性質與因法人犯罪而與法人同時被獨立處罰之兩罰情形並不相同。公司負責人因公司責任轉嫁而代罰，其犯罪主體仍爲公司，而非其負責人，乃因法人之公司於事實上無從擔負自由刑之責任，基於刑事政策之考慮，將應對公司處以徒刑之規定，轉嫁於自然人之公司負責人，但並不因而改變其犯罪主體，亦即縱公司之負責人因轉嫁而代公司負其刑責，其犯罪主體仍爲該公司本身。故公司負責人爲公司以不正當方法逃漏稅捐，因納稅義務人爲公司，其所觸犯稅捐稽徵法第41條之罪之犯罪主體及刑罰主體，仍爲公司，而非自然人之公司負責人。又單一之犯罪，在實體法上僅生一個刑罰權，自不能就單一之犯罪，重複予以評價，即屬轉嫁代罰之情形，亦不能就犯罪主體單一之犯罪而重複轉嫁及多重代罰，此爲法理所當然；此與兩罰規定，例如就業服務法第63條第2項規定：「法人之代表人、法人或自然人之代理人、受僱人或其他從業人員，因執行業務違反（就業服務法）第44條或第57條第1款、第2款、第3款規定者，除依前項規定處罰其行爲人外，對該法人或自然人亦科處前項之罰鍰或罰金」。除處罰法人外，對於從業人員亦併予處罰；其從業人員之受罰，無關責任轉嫁之問題，從業人員係各就其自己之違法行爲負責，複數之從業人員，有可能均爲刑罰主體者之情形不同，不可不辨。（96台上5520）

第二款 法人之代理人（簽約代表）

　　與法人爲法律行爲時，須注意其代表公司法人或以其個人名義，若以法人爲名義，則須由法人之代表或其所授權代表之人爲之，方可約束法人。與代理人簽約，須注意以

下事項：

一、確認代理權之有無：代理人又分二種，一為法定代理人，一為意定代理人。辨認法定代理人之方法為查驗其身分證（營業登記證）等公文或證書；而意定代理人則須視有無委任狀或授權書，而委任狀或授權書上則需有代理人姓名及本人（法人及代表人）簽章。

二、確認代理權範圍：應明確瞭解委任書狀之授權範圍及授權人之本意，以免生困擾。

三、確認授權有效期限：若授權書之期限屆滿，則代理人所為代理歸於消滅，與無代理權同。

四、確定為本人之代理人：代理人簽約時，應以本人名義為之，其效力才會及於本人，故須註明為本人之代理人。

五、如為公司法人之代表，須同時並列公司章與代理（代理人）章，始具效力。

　　法定代理人通常固有受領清償之償限，如為意定代理人，受領權之有無，尚應依授與代理權之範圍定之。（參66年台上字第1893號判例）（民§107適用之前提）

　　民法上所謂代理，係指本人以代理權授與他人，由他人代理本人為法律行為，該代理人之意思表示對本人發生效力而言。故必先有代理權之授與，而後始有民法第107條前段「代理權之限制及撤回，不得以之對抗善意第三人」規定之適用。（參62年台上字第1099號判例）

　　簽約後欲修改所訂事項，則須注意以下幾點：

一、變更方式有以下數種方法：直接增刪、另立變更協議書、另簽新契約。其中增刪時應於增刪處註明修改的年月日及字數，並經當事人簽章。

二、變更契約書之處理：採此方式者須註明原契約之當事人，作成日期及標題，最好能將原契約書影本附在變更協議書之末頁，加蓋騎縫章。

三、變更契約當事人：此時法律關係較複雜，最好由原當事人及新當事人三方面，共同簽訂變更契約書，記載免除原當事人的債務，而由新當事人承擔履行。

四、擔保物權及保證的影響，倘變更契約內容或延長契約期限應獲保證人同意，否則保證人可主張免責。

五、原則上應該儘可能將契約條文訂得完整與預先保留之條款，以免增刪造成將來訴訟爭端。

第四節　社團法人

　　民法上之法人，以其設立的基礎，可區分為社團法人及財團法人。社團法人中之成員，與團體乃全部分離，法人自有機關為其法律行為，成員個人並不得代表法人。營利社團法人主要為公司法中之公司法人，現先就公司法中股份有限公司之設立為一介紹。

第一款　營利社團法人

　　營利公司有許多類別，現最常利用者，乃股份有限公司，其利益乃在經營者與所有者分開，亦即股東（所有者）乃公司之出資人，而公司可另以高薪聘請能力較強之經理人（經營者），而使公司提高其營運業績及盈餘；然公司法修訂第100條、第156條取消

公司最低資本額的規定，未來理論上只要資本額1元就可開公司，而申請公司登記費要1,000元，此一設計，將導致未來銀行徵信的困難度。

一、公司之成立，首須募集一定資金，而資金之募集有賴股東之股資，[1]故公司之發起人須先募集股東參與投資，而有募股契約書（請參見本書附錄二）。

　　按公司法係民法之特別法，公司法第128條第2項既明定無行為能力人，不得為發起人，亦即股份有限公司發起人，均須有行為能力，則未成年人自不得依民法第85條規定作為股份有限公司之發起人（經濟部71年1月14日商字第01355號）。

二、公司須有一定之規章，以約束公司之目的，規範公司之行為，方可保護股東，以昭公信，故須有公司章程。

(一) 章程之絕對必要記載事項：發起人應以全體之同意訂立章程，載明下列各款事項，並簽名或蓋章：

1. 公司名稱。

2. 所營事業。

3. 採行票面金額股者，股份總數及每股金額；採行無票面金額股者，股份總數。

4. 本公司所在地。

5. 董事及監察人之人數及任期。

6. 訂立章程之年、月、日。（公§129）

(二) 章程之相對必要記載事項：下列各款事項，非經載明於章程者，不生效力：

1. 分公司之設立。

2. 解散之事由。

3. 特別股之種類及其權利義務。

4. 發起人所得受之特別利益及受益者之姓名。

　　前項第4款發起人所得受之特別利益，股東會得修改或撤銷之。但不得侵及發起人既得之利益。（公§130）

(三) 招股章程應記載事項：

1. 第129條及第130條所列各款事項。

2. 各發起人所認之股數。

3. 股票超過票面金額發行者，其金額。

4. 招募股份總數募足之期限，及逾期未募足時，得由認股人撤回所認股份之聲明。

5. 發行特別股者，其總額及第157條各款之規定。（公§137）

　　因而在一般公司法人的基本章程中之規範，均大同小異，而其中較為不同的是有關共同合作投資中之技術合作或合作生產，甚至包括轉投資事項，而這些問題所牽涉的範圍甚廣，並非本章所欲談論的問題，故不列入。股份有限公司章程例示請參見本書附錄三。

〔訴訟代理〕

△偽造及變造私文書罪之構成，以足生損害於公眾或他人為已足，至其是否足以證明犯罪人個人之權義，在所不問，上訴人所經理之某商號，原係自訴人與各股東集資開設，其商號與各股東均有權義關係，乃上訴人未得各股東同意，擅於原招牌添加和記

字樣，致與該商號成立時之名稱不符，顯足以生損害於各股東。自不能以此項加記行爲，並非證明上訴人個人之權利義務，而主張無罪。（26上1432）

〔代位權〕

△股份有限公司，對於股東之股款繳納請求權怠於行使者，該公司之債權人，自得依民法第242條、第243條之規定代位行使。（27渝上2377）

〔轉讓〕

△股份有限公司股份之轉讓，固係包括股東應有權利義務之全體而爲轉讓，與一般財產權之讓與有別，但股東之個性與公司之存續並無重大關係，故除公司法第160條、第161條但書規定外，股東自可將其股份自由轉讓於他人。（43台上771）

△股份有限公司發起人之股份，非於公司設立登記1年後，不得轉讓，公司法第163條第2項定有明文。違反此項禁止規定之股份轉讓，應屬無效。（70台上458）

〔委託出席〕

△股東委託他人出席股東會，應出具委託書，固爲公司法第175條第1項（舊）所明定，但此規定僅於股東委託代理人出席股東會時，始有其適用。若股東親自出席股東會，而將已領取之選舉票囑人代爲填寫被選人姓名，並將其投入票櫃，尚無上開法條之適用。（54台上1687）

△公司法第12條之規定，不包括同法第205條第5項董事個人事由應向主管機關申請之登記在內，凡居住國外之股份有限公司董事，以書面委託居住國內之其他股東經常代理出席股東會者，必須將其事項向主管機關申請登記，否則不生授與代理權之效力，此項登記，非僅爲對抗要件。而同條第4項規定居住國外之董事得以書面委託居住國內之其他股東，經常代理出席董事會，所謂其他股東並不包括居住國內已當選爲董事之股東在內。此就該條項與同條第1、2項規定，比較觀之，即可明瞭。（68台上1749）

〔增益〕

△公司增資之新股認受行爲，並不以經增資登記爲生效要件，認股行爲一經成立，認股人即取得公司股東之資格，依公司法之規定，一面就其所認股份對公司負出資責任，一面得享受股東之權利。至增資登記乃公司董事之職責，其未依限登記，公司董事僅應受處罰而已，並非公司基於認股行爲對於認股人所負之債務。公司董事不依限辦理增資登記，股東應另謀救濟之道，公司對認受新股之股東，並不因而發生債務不履行或給付遲延之問題。（57台上1374）

〔權利質權〕

△依民法第902條規定，權利質權之設定，除有特別規定外，應依關於其權利讓與之規定爲之。此爲質權設定之通則，對債權質權及證券質權俱有其適用，上訴人雖主張其依民法第908條證券質權設定之要件，其出質人已將被上訴人公司發行之記名股票交付於上訴人，並依背書方法爲之，但關於公司法第165條第1項對記名股票轉讓之規定於設定權利質權自亦有其適用，故非將質權人之本名或名稱記載於股票，並將質權人之本名或名稱及住所記載於公司股東名簿，不得以其設質對抗公司。（60台上4335）

〔股票遺失〕

△記名股票遺失，在公示催告中，尚未經法院爲除權判決者，公司對於其股東身分之認

定，依公司法第165條第1項規定之旨趣，仍應以股東名簿之記載爲依據。（68台上2189）

〔減資〕

△公司法第106條第1項前段所謂：「公司不得減少其資本總額」，其立法意旨係藉此以確保有限公司之財產，不使無端減少，而維護有限公司之信用。茲被上訴人公司之財產已被股東分配殆盡，處於眞空狀態，此項分產行爲違反上開規定，自不生效力。（77台上771）

〔股東會之召集〕

△股東會之召集程序或其決議方法違反法令或章程時，股東得自決議之日起1個月內，訴請法院撤銷其決議，固爲公司法第189條所明示，然既謂股東得訴請法院撤銷其決議，則提起撤銷決議之訴之原告，在起訴時須具有股東身分，其當事人之適格，始無欠缺。（57台上3381）

△股東常會召集之通知及公告，應載明召集事由，此項召集事由得列臨時動議，公司法第172條第3、4項定有明文。本件被上訴人公司召集股東常會之通知上所載「其他有關提案等事項」，依其文義，當然包括臨時動議在內。（62台上2674）

△依公司法第189條所定請求撤銷股東會決議之訴，應以股東會所由屬之公司爲被告，其當事人之適格始無欠缺。（68台上603）

△依公司法第189條規定訴請法院撤銷股東會決議之股東，應受民法第56條第1項之限制。此綜觀公司法與民法關於股東得訴請法院撤銷股東會決議之規定，始終一致。除其提起撤銷之訴，所應遵守之法定期間不同外，其餘要件，應無何不同。若謂出席而對股東會召集程序或決議方法，原無異議之股東，事後得轉而主張召集程序或決議方法爲違反法令或章程，而得訴請法院撤銷該決議，不啻許股東任意翻覆，影響公司之安定甚鉅，法律秩序，亦不容許任意干擾。故應解爲依公司法第189條規定訴請法院撤銷股東會決議之股東，仍應受民法第56條第1項但書之限制。又同條係關於撤銷訴權之規定，股東依此規定提起撤銷之訴，其於股東會決議時，雖尚未具有股東資格，然若其前手即出讓股份之股東，於股東會決議時，具有股東資格，且已依民法第56條規定取得撤銷訴權時，其訴權固不因股份之轉讓而消滅。但若其前手未取得撤銷訴權，則繼受該股份之股東，亦無撤銷訴權可得行使。查本件系爭股東會決議事項，既屬全體股東無異議後併案一致通過而無人異議。則上訴人之前手既未依民法第56條規定取得撤銷訴權，依上說明，上訴人亦無由繼受其前手訴權之可言。（73台上595）

△股份有限公司之股東，依公司法第189條規定訴請撤銷股東會之決議，仍應受民法第56條第1項但書之限制，如已出席股東會而其對於股東會之召集程序或決議方法未當場表示異議者，不得爲之。（75台上594）

〔表決提議〕

○按股份有限公司記名股票之轉讓，係以背書爲唯一之方式，此觀公司法第164條規定自明，且經本院著有60年台上字第817號判例。至於同法第165條第1項規定：將受讓人之本名或名稱及住所或居所記載於股東名簿，則係對抗公司要件，而非轉讓之生效要件，該項股東名簿記載變更之聲請，是否應由讓與人協同爲之，尚非無疑。（69台

上515）

○公司法第213條所謂公司與董事間訴訟，無論由何人提起，均有其適用，且亦不限於其訴之原因事實係基於董事資格而發生，即其事由基於個人資格所生之場合，亦包括在內，蓋股份有限公司之董事，係以合議方式決定公司業務之執行，如董事與公司間之訴訟，仍以董事為公司之代表起訴或應訴，則難免利害衝突，故應改由監察人或股東會另行選定之人代表公司之必要，此就同法第223條及第59條參互以觀，極為明瞭。（69台上846）

○查本院63年度台上字第965號判例僅就股東會出席之股東，不足代表已發行股份總數三分之二以上之情形，而為法律上之判斷。若股東會出席之股東，不足代表已發行股份總數之過半數時，則依公司法第175條第1項規定，根本已不得為決議，而祇得為假決議，此際，倘竟為所謂「決議」，除能否視作假決議，係另一問題外，要無成為決議之餘地，更無所謂究為決議之方法違法，抑為決議之內容違法之問題。（69台上1415）

○查公司法第213條規定「公司與董事間訴訟，除法律另有規定外，由監察人代表公司，股東會亦得另選代表公司為訴訟之人」。所謂公司與董事間之訴訟，當指同法第212條所定股東會決議於董事提起訴訟而言，蓋股東會為公司最高權力機關，唯其有權決定公司是否對董事（或監察人）提起訴訟。至監察人行使監察權，如認董事有違法失職，僅得依同法第220條召集股東會，由股東會決議是否對董事提起訴訟。同法第213條所稱除法律另有規定外，則指如同法第214條所定不經股東會決議之例外情形而言。（69台上1995）

△被上訴人所有股份之移轉，依公司法第187條第3項之規定，於上訴人支付價款時始生效力。上訴人係於68年12月27日始行支付價款與被上訴人，在上訴人支付價款以前，前開股份既尚未移轉於上訴人，而仍為被上訴人所有，則被上訴人於該股份移轉前之68年1月10日及同年5月10日領取系爭股息增資股及股息，自難謂無法律上之原因，至於公司法第187條第3項規定公司對法院裁定之價格，自第2項之期間屆滿日起，應支付法定利息，純為保護小股東而設，意在促使公司早日為價款之支付，非謂一經法院裁定價格，即發生股份移轉之效力。（69台上2613）

○股份有限公司之股東會，為公司意思決定之最高機關，其所為有關公司經營方針及股東權利義務之決議，除違反法令或章程者，依公司法第191條規定應屬當然無效外，要無不能拘束各股東之理。本件被上訴人公司為求股票上市，依經濟部證券管理委員會證管(62)發字第0355號函規定，於65年度股東常會決議，以資產重估所得之資產增值準備金轉作資本3,500萬元，發行新股350萬股，按各股東持有股份比例增發與各股東，而各股東均應將增發之股票提供被上訴人委託承銷商銷售，此項決議並無違反法令或章程之情形。被上訴人其後於66年及67年度股東常會，雖將上開發行新股委託銷售股票數額遞減為200萬股，但銷售股票原決議之本質並未變更，上訴人自應受其拘束，不得獨自請求返還該股票。（69台上2962）

○(一)股東會之決議應依公司法第189條規定訴請法院撤銷之；或依同法第191條規定認為無效，原屬二事，前者以股東會之召集程序或其決議方法違反法令或章程為要

件；後者則以股東會決議之內容違返法令或章程為必要，故兩者不能併存。（69台上3879）

○按犯罪之被害人固得提起自訴，但此所謂之被害人，係以直接被害人為限，依法組織之公司被人侵害，雖股東（包括監察人）之利益亦受影響，但直接受害者究為公司，當以公司為直接被害人。僅得由公司之代表人以公司之名義提起自訴，公司與董事間訴訟，依公司法第213條，監察人雖得代表公司，仍須監察人以公司名義提起自訴。（69台上3920）

○公司法第196條規定：「董事之報酬未經章程訂明者，應由股東會議定」，所謂「董事之報酬」，係指董事為公司服勞務應得之酬金而言。所謂「車馬費」，顧名思義，則指董事前往公司或為公司與他人洽商業務所應支領之交通費用而言，自與董事之報酬有別。且查上訴人公司章程第32條規定：「本公司董事、監察人及技術顧問，凡非每日到公司辦事者，得依實際情形，按月致送車馬費，其支給標準，授權董事長決定之。」縱認車馬費亦係董事報酬之一種，既經章程訂明，自無經股東會議定之必要。（69台上4049）

○股份有限公司為被害人時，僅得由其代表人提起自訴，公司之股東董事等，如未取得代表資格，自無以公司名義提起自訴之權，有最高法院27年上字第946號判例可考。陳○仁尚未取得代表資格，其以公司名義對於被告王○○珠及王○芬提起本件自訴，自非合法。（69台上4245）

○公司法第220條雖規定監察人認為必要時，得召集股東會，但所謂「必要時」，應指公司發生重大事項，必須召開董事會，而董事會不能召開或不為召開股東會之情形而言。（70台再130）

○公司股東會之普通決議或特別決議，固須有法定數額以上股份之股東出席，始得為之，惟欠缺此項定額所為決議，係屬股東會決議方法之違法，並非決議內容之違法，依公司法第189條規定，股東得於決議日起1個月內，訴請法院撤銷之。（70台上594）

○上訴人雖以其公司股東唐清山曾出具承諾書，約定讓售系爭股票，以轉讓於公司同仁為限，而被上訴人並非公司同仁不得受讓，並請過戶等語為辯；然此約定，無拘束第三人之效力。且公司股份之轉讓，不得以章程禁止或限制之，公司法第163條第1項定有明文。所辯自難成立。（70台上1025）

○公司負責人違反法令，未經股東會議決議以盈餘償還貸款，依公司法第23條規定，公司應與該負責人同負連帶賠償責任者，以他人因此受有損害為要件，上訴人公司負責人未經股東會議決議，以盈餘償還貸款，一方面其積極財產固因而減少，但他方面消極財產亦相對的因而減少，公司資產業並無增減，對被上訴人所有股份之價值，並無影響，何得認為被上訴人因而受有損害。（70台上1573）

○公司法第191條所謂股東會決議之內容違反法令或章程者，係指其決議內容違反法令或章程之明文規定或公序良俗等情形而言。例如違反公司法第232條之規定而決議分派股息及紅利，或決議經營非法之業務等是，雖公司法第184條第1項規定股東會得查核董事會造具之表冊及監察人之報告。但此乃股東會之權利而非義務，雖未查核，

亦難指其有何違反法令。至於董事會造送股東會請求承認之表冊內容如有一或其他情弊，乃係董事應否負民刑事責任之另一問題，股東亦得依據公司法第245條之規定檢查公司之帳目，此與股東會決議違反法令之情形迥不相同。（70台上1862）

○ 股票係屬有價證券，其票面所表彰權利之行使，與股票之持有，有不能分離之關係。又關於股份有限公司記名股票之轉讓，係以背書為唯一之方式，只須背書轉讓，受讓人即為股票之合法持有人，因此記名股票在未過戶以前，可由該股票持有人行背書轉讓他人，該他人雖因未將其本名或名稱及住居所記載於公司股東名簿，而不得以其轉讓對抗公司，但其既為股票之合法持有人，依照民法第70條第2項規定，即有收取法定孳息之權利。（70台上1864）

○ 查無召集權人召集之股東會所為之決議所以為當然無效，係因股東會應由有召集權人召集，其由無召集權人召集之股東會，既非合法成立之股份有限公司之意思機關，自不能為有效之決議，此與公司法第191條規定股東會決議之內容違反法令或章程者無效，迥然有異。（70台上2235）

○ 關於股份有限公司股東臨時會之召開，公司法第171條、第220條、第173條均有規定，以董事及監察人之職權各別，並無應由該公司董監事會議決定召開之規定，上訴人公司章程內亦同，原判決竟認定上訴人公司召開股東臨時會應由該公司董監事會議決定後始得召集，殊嫌乏據，亦與公司法上開規定有違。（70台上2516）

△ 公司法第205條第2項規定：「董事委託其他董事出席董事會，應於每次出具委託書，並列舉召集事由之授權範圍」，旨在限制董事為概括之委任，以杜絕少數董事操縱董事會之弊，故董事委託其他董事出席董事會時，課其「每次」出具委託書，並於該委託書列舉「召集事由之授權範圍」之義務，違反此項規定而為委任者，不生委託出席之效力。（70台上3410）

○ 股東會，既係被上訴人秉承有召集權限之董事之決議所召集，即與單純無召集權之人擅為召集之情形有別，縱其召集之公告，僅載有董事會委託新聞紙刊登之函號，並未刊載董事會名義，因已足供一般人瞭解係依董事會意旨而召集，且其召集毫未侵犯董事會之職權，更不危害公司整體營運及股東個人權益，亦難指其召集為不合法。（73台再98）

○ 公司股東會決議撤銷之訴提起後，在撤銷判決未確定前，該決議固非無效，惟決議撤銷之判決確定時，該決議即溯及決議時成為無效。（73台上2463）

○ 股東依公司法第189條規定，訴請法院撤銷股東會之決議，仍應受民法第56條第1項但書規定之適用。上訴人既曾出席系爭股東臨時會，而又不能證明其對召集程序或決議方法曾當場表示異議，自不得提起本件撤銷股東會決議訴訟。（73台上2800）

○ 現行公司法第189條，係規定股東會之召集程序或其決議方法，違反法令或章程時，股東得自決議之日起1個月以內，訴請法院撤銷其決議。而民國18年公布施行之舊公司法第137條，則規定股東會之召集或決議違反法令或章程時，股東得自決議之日起1個月內，聲請法院宣告其決議為無效。兩者規定之內容不完全相同。本院28年上字第1911號判例係於舊法施行時所編著者。本件原審認定被上訴人公司於72年8月6日召開之72年度股東臨時會決議，未經法院判決撤銷確定，並據此為不利於上訴人之判決，

即無違反前述本院判例之可言。（73台上4446）

○公司法第213條規定，股份有限公司與董事間訴訟，除法律另有規定外，由監察人代表公司為之。此所謂公司與董事間訴訟，並不限於其訴之原因事實係基於董事資格而發生，即其事由基於個人資格所生之情形，亦包括在內。又該法條既未明定監察人代表公司對於董事提起訴訟，須經股東會議之決議，始得為之，從而本件之蘇某代表高雄區中小企業銀行股份有限公司於民國（下同）72年12月8日提起本件之自訴時，既係該銀行之監察人，被告為該銀行之董事，則蘇某於73年4月起固未再擔任該銀行之監察人，但其自訴當時之合法性要不因此而受影響。（74台上1096）

○公司股東會之召集程序或其決議方法，違反法令或章程時，依公司法第189條規定，股東得自決議之日起1個月內訴請撤銷其決議，在該項決議未經撤銷前，仍屬有效。又股份有限公司之新任董事長，自其就任後即生效力，並非經主管機關准予變更登記後始生效力，此觀公司法第12條之規定自明。（76台上106）

○按股份有限公司股東會出席股東所代表之股份，不足公司法第174條之定額而為之決議，乃決議方法違背法令，依同法第189條規定，僅得由股東訴請法院撤銷其決議，在未經撤銷前，並非當然無效，尤非決議不成立。（76台上4048）

〔合法代理〕

○被上訴人起訴之主張及原判決所敘，既謂上訴人公司68年4月4日下午3時召集之股東會選舉董監事為無效，則基於無效決議選舉之董監事，自非公司之法定代理人，從而被上訴人以郭詩禮為上訴人公司法定代理人提起本件訴訟，即難認上訴人經合法代理。（71台上247）

○查公司於不能依公司法第322條第1項規定定清算人時，利害關係人始得聲請法院選派清算人，此觀同條第2項規定自明。本件民生公司如無不能由股東會選任清算人之情形，似難謂相對人得聲請法院選任。（71台抗420）

○公司除依公司法第158條、第186條、及第317條規定，或於股東清算或受破產之宣告時，得按市價收回其股份抵償其於清算或破產宣告前，結欠公司之債務外，不得自將股份收回，觀諸公司法第167條第1項規定甚明，此為禁止規定，不得違反，是上訴人有金公司之上開臨時股東會關於股東資格喪失之決議，其內容顯然違法，依同法第191條規定，應屬無效。（71台上1912）

○公司法第177條第3項所定委任書應於股東會開會5日前送達公司，不過為便利公司之作業，與代理出席會議之人已否受委任無關，亦與同法第172條所定之日數有所不同。參以修正後之公司法第177條第3項已將舊有之「非於股東會開會前5日送交公司不得出席」之規定刪除之情形以觀，此5日之限制，似非強行規定。（71台上2409）

○(二)查股東會，股東於簽到（或提出出席簽到卡）出席後，又行退席，固不影響已出席股東之額數（代表已發行股份總數幾分之幾股東之出席數），但其表決通過議案，是否已有出席股東表決權（非謂在場出席股東表決權）過半數之同意，仍應就其同意者之股東表決權核定計算，方符法意。（71台上2763）

○股東會議事錄，應與出席股東之簽名簿及代理出席之委託書一併保存；又董事會應將章程及歷屆股東會議事錄、資產負債表、損益表備置於本公司，公司法（舊）第183

條第3項及第210條第1項，分別定有明文。依此規定，高豐公司股東會議事錄應爲被上訴人所保管。原審未注意及此，竟採黃○偉之證言，謂「前董事長張○昌未予移交」，而未命被上訴人提出該議事錄，以查明上訴人前開主張是否實在，遽爲上訴人不利之認定，自嫌速斷。（71台上4116）

○ 查我國民法，就法人資格之取得，採登記要件主義，在公司法人，公司法第6條亦訂有明文。公司在設立登記前，既不得謂其已取得法人之資格，自不能爲法律行爲之主體，而以其名稱與第三人爲法律行爲。若以其名稱而與第三人爲法律行爲，則應由行爲人自負其責，即認行爲人爲該項行爲之主體。此公司法第19條規定之所由設。因之在未經設立登記，而以公司名稱與第三人所爲之法律行爲，除雙方預期於公司設立登記後，由公司承受，而公司於設立登記後已表示（無論明示或默示）承受，或公司另有與該爲法律行爲之雙方當事人成立「契約承擔」之契約外，公司原不當然承受，且由於公司非該法律行爲之主體，亦不因其後股東之承認，而變爲該法律行爲之當事人。（71台上4315）

○ 按所謂表決權拘束契約，係指股東與他股東約定，於一般的或特定的場合，就自己持有股份之表決權，爲一定方向之行使所締結之契約而言。此項契約乃股東基於支配公司之目的，自忖僅以持有之表決權無濟於事，而以契約結合多數股東之表決權，冀能透過股東會之決議，以達成支配公司所運用之策略。此種表決權拘束契約，是否是法律所准許，在學說上雖有肯定與否認二說，惟選任董事表決權之行使，必須顧及全體股東之利益，如認選任董事之表決權，各股東得於事前訂立表決權拘束契約，則公司易爲少數大股東所把持，對於小股東甚不公平。因此，公司法第198條第1項規定：「股東會選任董事時，每一股份有與應選出董事人數相同之選舉權，得集中選舉一人，或分配選舉數人，由所得選票代表選舉權較多者當選爲董事」。此種選舉方式，謂之累積選舉法；其立法本旨，係補救舊法時代當選之董事均公司之大股東，祇須其持有股份總額過半數之選舉集團，即得以壓倒數使該集團支持之股東全部當選爲董事，不僅大股東併吞小股東，抑且引起選舉集團收買股東或其委託書，組成集團，操縱全部董事選舉之流弊而設，並使小股東亦有當選董事之機會。如股東於董事選舉前，得訂立表決權拘束契約，其結果將使該條項之規定形同虛設，並導致選舉董事前有威脅、利誘不法情事之發生，更易使有野心之股東，以不正當手段締結此種契約，達其操縱公司之目的，不特與公司法公平選舉之原意相左且與公序良俗有違，自應解爲無效。（71台上4500）

○ 股份有限公司爲法人，與自然人同爲權利義務之主體，有權利能力，亦有行爲能力。然公司之行爲，不外爲自然人之現實行爲，此等自然人即爲公司之機關。股份有限公司有股東會爲其最高意思機關，有董事會爲其執行機關，更有監察人爲其監督機關。因此等機關系統之活動，公司即能營業之行爲。機關之存在，爲公司維持其人格之條件，是以機關爲存在於公司之內部而爲公司組織之一部。本件被上訴人以公司組織全部名義爲公告，而非以公司組織之一部機關即董事會名義公告，其餘召集程序又均合法，尚不得僅以此即謂依該公告所召集之股東常會決議有得撤銷之原因。（71台上5299）

○被上訴人公司之董事會通知召開股東臨時會已載明召集事由為「討論修改章程，改選董監事及其他董事會所提議案」，上訴人謂：召開股東臨時會之通知，未詳載擬討論修改章程之何一條項為不合云云。惟查公司法第172條第4項之規定意旨，無非謂：以變更章程為召集事由者，應於召集通知之召集事由中列舉，未載明者，不得以臨時動議提出之意，非謂應將擬修正之章程條項詳列，上訴人執此指摘召集程序違法，自非可取。（72台上113）

○股東會，其已出席之股東，於中途退席，固不影響已出席股東所代表公司已發行股份之額數。但其表決通過議案，是否已有出席股東表決權（非指表決時在場股東之表決權）過半數之同意，仍應就其表決同意之股東表決權核算之，始符法意。（72台上1066）

○兩造間關於就董事互選常務董事或常務董事互選董事長所為董事或常務董事表決權拘束之契約，與目前盛行於外國所謂股東表決權拘束契約，係「股東」為基於支配公司之目的，而與「他股東」約定於一般的或特定的場合，就自己持有股份之表決權為一定方向之行使之情形，在性質上尚有不同。而本院前次發回更審，僅因原審更審前所為上訴人有利之判決，以前述所謂「股東」表決權拘束契約，非屬無效，為立論基礎，而表示法律上之意見。就董事或常務董事，互選常務董事或董事長，所為董事或常務董事表決權拘束之契約，是否有效，則未加判斷。又關於董事互選常務董事或常務董事互選董事長，公司法第208條第1、2項規定，以由三分之二以上董事或常務董事出席及出席董事或常務董事過半數同意之方式為之，並無如股東選任董事，而有公司法第198條第1項之規定。（72台上2825）

○查公司法固規定股份有限公司之股東就其所認股份，對公司負其責任，然除上開應負之責任外，各股東既已立具同意書，願就公司債務負無限連帶責任，自無不可。（72台上3775）

○抗告，非因裁定而受不利益者不得為之，是為訴訟法上之原則，再抗告人公司之重整計劃係經關係人會議可決。相對人為再抗告人之股東，依公司法第300條第1項之規定，應為公司重整之關係人，倘有出席關係人會議，而對該重整計劃未為異議時，應解為非因該認可重整計劃裁定而受不利益之人，對該裁定不得提起抗告。（73台抗497）

○按法人與自然人是不同之權利主體，兩者所享之權利或所負之義務應屬個別，不得混為一體。依法組織之公司（法人）被人侵害，雖股東之利益亦受影響，但直接受損害者究為公司，當以該公司為直接被害人。（本院25年上字第1305號判例參照），此不因該股東是否為公司之創立人或「實際負責人」而有異。（76台上6519）

○公司法第305條第1項前段規定：「重整計劃經關係人會議可決者，重整人應聲請法院裁定認可後執行之。」所以規定須由法院再次審核，旨在防範關係人會議多數決之濫用，俾重整計劃能符合公正原則，以維護公司、公司債權人及股東之權益。（78台抗133）

公司營運後，若須籌集長期資金，得就其所須總額分割成數單位後，依法定程序，

以發行有價證券之方式，向大眾募集資金。[2]其公司債契約範例請參見本書附錄四。另外公司設立後得發行新股作爲受讓他公司股份之對價，但需經董事會三分之二董事出席，以出席董事過半數決議行之。（公§156-3）

律師在公開發行新股或公司債時，應就下列事項予以簽證：

一、公開發行新股部分：依公司法第268條第1項第8、9款之規定代收股款之銀行或郵局名稱及地址，有承銷或代銷機構者，其名稱及約定事項。

二、募集與發行公司債部分：依公司法第248條第1項第12至16款之規定公司債權人之受託人名稱及其約定事項；代收款項之銀行或郵局名稱及地址；有承銷或代銷之機構者，其名稱及約定事項；有發行擔保者，其種類、名稱及證明文件；有發行保證人者，其名稱及證明文件。公司債之私募不受第249條第2款及第250條第2款之限制，並於發行後15日內檢附資料向金管會報備。

公司債募集結束後，董事會應於15日，備具關於募集公司債之董事會議事錄、最近之資產負債表、募集公司債業經核准與合法公告之證明文件、債款繳足證明書。

除股份有限公司外，則以有限公司爲較多，雖有限公司資產較少，然台灣經濟之起飛，實賴此等公司之努力，其有限公司之章程請參見本書附錄五。

△被上訴人向某某儲蓄有限公司辦事處交存款項之日期，既在該公司停止付款，亦即不能清償債務之後，則任該辦事處主任職務之上訴人，自應負告知停止存款之義務，乃竟曖蔽不爲告知而仍吸收其存款，對於被上訴人因此不能受償之損害，究難辭其賠償之責任。（42台上490）

△公司之檢查人，在執行職務範圍內，亦爲公司負責人，公司法第8條第2項定有明文。本件參加人某會計師，既經台灣彰化地方法院依公司法第245條規定，選派爲某公司之檢查人，執行檢查某公司業務帳目及財產情形之職務，則檢查人某會計師爲執行其檢查職務，依法自應由伊以某公司負責人（法定代理人）身分，而以某公司爲原告，對保管該業務帳冊等資料之董事或其他公司職員（如經理人等）起訴，請求交付業務帳冊等資料，方屬合法。（69台上3845）

○有限公司之一切事務，由其董事或執行業務股東對外代表法人爲之（民法第27條第2項、69年5月9日修正前之公司法第8條、第108條第1項、第2項）。如非董事或執行業務股東，而以代表人自居，以有限公司之名義對外爲法律行爲者，其行爲對有限公司不發生效力。（70台上2290）

○有限公司股東經變動而不足公司法所定之最低人數，除有新股東加入而得變更章程繼續經營外，依公司法第113條準用同法第71條第1項第4款規定，應認爲業已解散。（70台上4780）

○有限公司在設立登記前，由執行業務股東，以有限公司名義所爲法律行爲發生之權利義務，於公司辦理設立登記後，即由公司繼受。（72台上2246）

△公司法第106第1項前段所謂：「公司不得減少其資本總額」，其立法意旨係藉此以確保有限公司之財產，不使無端減少，而維護有限公司之信用。茲被上訴人公司之財產已被股東分配殆盡，處於眞空狀態，此項分產行爲違反上開規定，自不生效力。（77台上771）

△原判決以上訴人非本件犯罪之直接被害人為由，維持第一審諭知本件自訴不受理之判決，駁回上訴人在第二審之上訴，已敘明其認定之理由，從形式上觀察，並無違背法令之情形。按徵收屬於公司所有之土地，其補償款所有權自亦歸屬法人所有，不因被徵收土地於公司成立前原屬合夥人出資所購置或公司成立後另有約定該補償款應歸墊各合夥人之出資而有不同。故縱被告有因背信（或侵占）侵害該公司所有補償費情事，其直接被害人仍為上述公司法人，上訴人不過係居於股東或原合夥人之個人地位間接被害而已。上訴意旨所陳，基於誤解系爭補償款直接歸屬公司成立前之合夥人全體公同共有，所為之爭執，核與法律規定得為第三審上訴理由之違法情形，不相適合。（77台上3657）

△公司重整乃公開發行股票或公司債之股份有限公司因財務困難、暫停營業或有暫停營業之虞，依公司法所定公司重整程序清理債務，以維持公司之營業為目的，參加公司重整程序之債權應受重整計劃之限制，故具有強制和解之性質，債權人對於債務人債務之減免，非必出於任意為之，公司法第311條第2項所以規定公司債權人對於公司債務之保證人之權利，不因公司重整而受影響，其立法意旨在使重整計劃於關係人會議中易獲可決。保證人原以擔保債務人債務之履行為目的，債務人陷於無資力致不能清償債務時，保證人之擔保功能更具作用，在公司重整之情形，公司財務已陷於困難，此項危險，與其由債權人負擔，毋寧由保證人負責。故債權人就因重整計劃而減免之部分，請求保證人代負履行責任，不因公司重整而受影響。（79台上1301）

△監察人於無召集股東會之必要時召集股東會，與無召集權人召集股東會之情形有別，僅係該股東會之召集程序有無違反法令，得否依公司法第189條規定，由股東自決議之日起1個月內，訴請法院撤銷其決議而已，該決議在未經撤銷前，仍為有效。（86台上1579）

　　轉投資中的技術合作（參技術合作條例）由技術人（提供專門技術或專利權之一方）與合作人（投資的一方，亦即技術轉移之一方），正如台翔合資案，由雙方當事人會同向經濟部申請並檢附以下文件：

一、技術人為華僑者應具僑委會之華僑證明文件；為外國人者應具其本國官署之國籍證明文件；其委託代理人者，應附本人授權書。

二、技術合作契約書：

(一) 技術合作之產品名稱、規格及產量或勞務種類及項目。

(二) 專門技術或專利權之內容，合作人之使用計畫及受益情形。亦即技術轉移之程度與範圍，另外在我國設廠時的技術指導及市場的供需及風險的評估。

(三) 技術報酬金數額及給付方法。如為合資計畫則包括財務之擔保，銀行融資可行性及範圍。

(四) 合約有效期間。

三、技術合作人之營運狀況及合作計畫，內、外銷的比例及評估其可行性。

　　發行新股律師審查意見書：公司現金發行新股申報生效案件律師審查意見書，其內容依次逐項填寫：

(一) 申報公司章程所規定股份總數，種類及面額。

(二) 申報公司章程是否授權分次發行。

(三) 申報公司已發行股份總數、種類與資本額。

(四) 申報公司之資產狀況。

(五) 申報公司是否不得修改章程以增加資本。

(六) 申報公司董事會是否經過合法決議。

(七) 申報公司股東會是否經過合法決議。

(八) 申報公司董事會與股東會議事錄是否清楚記載。

(九) 申報公司章程如須變更，是否經過合法變更。

(十) 申報公司股東會所使用之委託書是否符合規定。

(十一) 申報公司是否受不得公開發行新股之限制。

(十二) 申報公司是否受不得發行優先股之限制。

(十三) 申報公司本次現金發行是否有以債權抵繳股款之情事。

(十四) 申報公司本次如係現金增資，增資計畫是否用於公司章程所列營業範圍內之業務。

(十五) 申報公司現金發行新股所得資金如係用以收回已發行之特別股，是否有損害特別股股東按照章程應有之權利。

(十六) 申報公司於本次申報時，轉投資金額是否超過法定限制而未改善。

(十七) 申報公司是否透過其所控制之法人將自己股份收回、收買或收為質物。

(十八) 申報公司本次現金發行新股，是否有預收股款之情事。

(十九) 申報公司全體董事、監察人所持記名股東股份總數是否符合規定之比例。

(二十) 申報公司股權分散，是否達分散標準，而無公開承銷之必要。

(二一) 申報公司原股東與員工是否有優先認股權。

(二二) 申報公司發行新股所需文件是否依規定編製。

(二三) 公開說明書是否依規定編製。

(二四) 發行商評估報告是否依規定編製。

(二五) 申報公司本次發行新股，是否以時價對外發行。

(二六) 申報公司本年度現金發行之股數與金額。

(二七) 申報公司是否具有價證券處理準則（請參見本書附錄六）第27條所規定須對外發行之情形。

(二八) 申報公司前次由證管會停止申報是否已滿30日、是否已申請解除、是否仍有其他須停止之原因。

(二九) 申報公司前次增資計畫是否有準則14(5)之情形，而且尚未改善。

(三十) 申報公司本次現金發行新股，是否有準則14(7)或14(8)規定之情形。

(三一) 申報公司如為上市或上櫃公司是否有準則14(12)規定之情形。

(三二) 公司是否有準則14(13)規定之情形。

(三三) 申報公司前次被證管會依準則14(13)～(15)退回其申報者是否已滿3個月。

第二款 公益社團法人

以社會上不特定多數人之利益爲目的，非以營利爲目的之法人，即屬公益法人；例如仲裁機構。因公益法人之業務與公共利益、國家政策以及公序良俗關係至爲密切，故於設立時，須得主管機關之許可，於成立後，亦須受主管機關之監督。

一、籌備成立社會團體流程表（依內政部頒定）

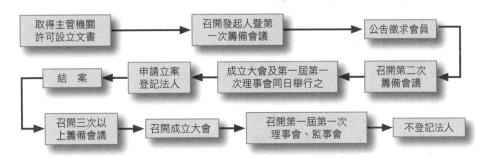

(一) 發起人會議、籌備會議、理事會、監事會應於7日前通知，並函報主管機關備查。
(二) 各次會議紀錄應於30日內分發，並函報主管機關。
(三) 大會應於15日前通知，並函報主管機關備查。

二、全國性社會團體章程草案範例

(一) 發起人須年滿20歲，並應有30人以上，且無人民團體法第8條之情形。
(二) 申請全國性團體，發起人之戶籍應分布於三省（院轄市）以上含台灣省，其中省內發起人之戶籍應分布於過半數之縣（市）。
(三) 世界同鄉會除前開省市同鄉團體外，應另有分布世界三大洲以上之華僑同鄉團體列入。
(四) 世界宗親會發起人，除國內宗親外，亦同前同鄉會之規定。
(五) 申請省級團體者，其省內發起人之戶籍應分布於過半數之縣（市）。
　　關於社會團體財務處理方法及章程範例，請參見本書附錄七及附錄八。

---

[1]：發起人公開招募股份時，應先具備左列事項，申請證券管理機關審核：
　　一、營業計畫書。
　　二、發起人姓名、經歷、認股數目及出資種類。
　　三、招股章程。
　　四、代收股款之銀行或郵局名稱及地址。
　　五、有承銷或代銷機構者，其名稱及約定事項。
　　六、證券管理機關規定之其他事項。
　　前項發起人所認股份，不得少於第一次發行股份四分之一。

第1項各款，應於證券管理機關通知到達之日起30日內，加記核准文號及年、月、日公告招募之。但第5款約定事項，得免予公告。（公§133）

[2]：參考法條

❖公司經董事會決議後，得募集公司債。但須將募集公司債之原因及有關事項報告股東會。

前項決議，應由三分之二以上董事之出席，及出席董事過半數之同意行之。（公§246）

❖公司發行公司債時，應載明下列事項，向證券管理機關辦理之：

一、公司名稱。

二、公司債總額及債券每張之金額。

三、公司債之利率。

四、公司債償還方法及期限。

五、償還公司債款之籌集計畫及保管方法。

六、公司債募得價款之用途及運用計畫。

七、前已募集公司債者，其未償還之數額。

八、公司債發行價格或最低價格。

九、公司股份總數與已發行股份總數及其金額。

十、公司現有全部資產，減去全部負債後之餘額。

十一、證券主管機關規定之財務報表。

十二、公司債權人之受託人名稱及其約定事項。公司債之私募不在此限。

十三、代收款項之銀行或郵局名稱及地址。

十四、有承銷或代銷機構者，其名稱及約定事項。

十五、有發行擔保者，其種類、名稱及證明文件。

十六、有發行保證人者，其名稱及證明文件。

十七、對於前已發行之公司債或其他債務，曾有違約或遲延支付本息之事實或現況。

十八、可轉換股份者，其轉換辦法。

十九、附認股權者，其認購辦法。

二十、董事會之議事錄。

二一、公司債其他發行事項，或證券主管機關規定之其他事項。

普通公司債、轉換公司債或附認股權公司債之私募不受第249條第2款及第250條第2款之限制，並於發行後15日內檢附發行相關資料，向證券主管機關報備；私募之發行公司不以上市、上櫃、公開發行股票之公司為限。

前項私募人數不得超過35人。但金融機構應募者，不在此限。

公司就第1項各款事項有變更時，應即向證券主管機關申請更正；公司負責人不為申請更正時，由證券主管機關各處新台幣1萬元以上5萬元以下罰鍰。

第1項第7款、第9款至第11款、第17款，應由會計師查核簽證；第12款至第16款，應由律師查核簽證。

第1項第12款之受託人，以金融或信託事業為限，由公司於申請發行時約定之，並負擔其報酬。

第1項第18款之可轉換股份數額或第19款之可認購股份數額加計已發行股份總數、已發行轉換公司債可轉換股份總數、已發行附認股權公司債可認購股份總數、已發行附認股權特別股可認購股份總數及已發行認股權憑證可認購股份總數，如超過公司章程所定股份總數時，應先完成變更章程增加資本額後，始得為之。（公§248）

❖公司募集公司債款後，未經申請核准變更，而用於規定事項以外者，處公司負責人1年以下有期徒刑、拘役或科或併科新台幣6萬元以下罰金，如公司因此受有損害時，對於公司並負賠償責任。（公§259）

第五節　財團法人

　　財團法人乃財產的集合體，以財產為基礎之公益法人，須由捐助人捐助財產設立，且捐助之財產須足以推展法人之業務，否則不得許可設立。財團法人以私立學校、文教基金會或醫院（如長庚）為典型的例子；另外政府捐助經費達法院設立登記財產總額50%以上財團法人，依法屬於專任公職之一種型態。

△業經立案之私立學校，辦理具有成績而經主管機關證明，但未完成財團法人登記者，其供校舍或辦公使用之房屋，依法仍不得免徵房屋稅。（62判83）

△法人依非訟事件法聲請設立登記後，一經法院依法登記於法人登記簿，即行成立而取得法人資格，得為權利義務主體，此觀民法第30條（舊）之規定自明。已經為設立登記之財團法人之董事，無與財團法人對財團法人之債權人負連帶責任之可言，與民法規定合夥財產為合夥人公同共有，合夥人對合夥債務負連帶責任者，迥不相同。某私立高級中學，請台灣台北地方法院准予為財團法人之設立登記並將聲請登記事項登記於法人登記簿，雖未領得登記證書，但該校已取得法人資格，上訴人依民法規定之合夥關係，請求為該校董事之被上訴人對於該校向上訴人所借款項負清償責任，於法無據。（64台上1558）

◯財團法人係以捐助之財產為基礎，以實現特定目的而取得法律上人格之組織體，故須有一定獨立之財產為其成立及存在要件，要難專賴他人將來不確定金錢支助。（71台上779）

◯中華民國紡織業外銷拓展會（下簡稱為紡拓會）係財團法人，而非政府機關。其職員自非公務員。雖經濟部國際貿易局委託紡拓會辦理紡織品出口配額之事務，其職員承辦處理是項事務時，為受公務機關委託承辦公務之人員，亦僅犯戡亂時期貪污治罪條例之罪時應依同條例處罰而已（見同條例第2條後段）尚不能因而認係法律上之公務員。其製作之文書仍非公文書。上訴人為該紡拓會之職員，其變造輸美特種海關發票，應係刑法第210條之變造私文書罪。原判決未察，論以刑法第211條、第216條之變造及行使變造公文書罪，其適用法則，自有可議。（73台上4549）

◯財團法人為財產之集合體，其成立基礎為財產，並無組成分子之個人，在法律上為一獨立之主體。（75台上1834）

一、財團法人申請流程

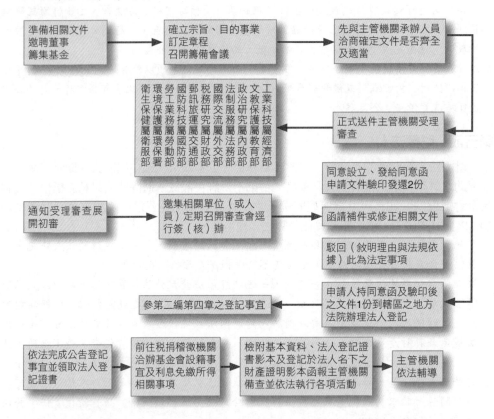

(一) 勞工業務屬勞動部，於申請時應檢附下列文件一式3份：申請書、捐助章程或遺囑正本、捐助財產清冊及證明文件、業務計畫說明書、其他經主管機關指定之文件。

(二) 環境保護屬環保署，於申請時應檢附下列文件一式4份：申請書、捐助章程或遺囑影本、捐助人會議紀錄、董事名冊及董事戶籍謄本、董事會會議紀錄、願任董事之同意書（設有董事長、監察人者亦同）、財團法人及董事印鑑清冊（設有監察人者亦同）、目的事業計畫說明書及第一年業務計畫書、收支預算書（含員工待遇表）、人事、會計及財務制度與其稽核制度。

(三) 法制、法服屬法務部，於申請時應檢附下列文件一式3份：申請書、捐助章程或其遺囑影本、捐助財產清冊及其證明文件、董事名冊及其戶籍謄本（未在國內設籍，其身分證明文件，設有監察人者同）、願任董事之同意書（設有監察人者亦同）、財團法人及董事印鑑或簽名清冊、董事會會議紀錄、捐助人同意財團法人獲准登記時，將捐助財產移轉為財團法人所有之同意書、業務計畫。

(四) 文教屬教育部，於申請時應檢附下列文件4份：申請書、捐助章程或遺囑影本、捐助財產清冊及其證明文件、董事名冊及其戶籍謄本、願任董事之同意書、法人及董事印鑑清冊、董事會會議紀錄、業務計畫書及其說明書。

　　財團法人申請設立許可文件及捐助章程之範例，請參見本書附錄九。

二、董事名冊範例

財團法人○○○○文教基金會董事名冊

職稱	姓名	性別	出　生 年月日	籍貫	最高 學歷	經歷	現任 職業	住址 (含通訊處)	電話
董事長									
董　事									
董　事									
董　事									

說明：1.董事相互間有配偶及三親等以內血親、姻親關係者不得超過其總名額三分之一。

　　　2.學歷僅填最高學歷（如某校哲學博士）。

　　　3.現任職業欄應書明任職機構暨職稱。

　　　4.電話應留上班且較爲容易聯繫者。

　　　5.監事名冊亦適用本格式。

三、董事印鑑名冊範例

財團法人○○○○文教基金會印鑑

法人名稱及印模	董事姓名及印鑑
財團人○○○○文教基金會 印信	 印鑑

四、願任董事同意書範例

　　本人願任財團法人○○○○文教基金會第○屆董事，自民國○年○月○日起至○年○月○日費，任期3年。

簽　名	印鑑章	簽　名	印鑑章
	印鑑		

說明：1.所有董事應儘可能同簽乙張。不得已時亦應分別簽章。

　　　2.文教性財團向教育部社教司申辦之。

五、董事改選（聘）流程

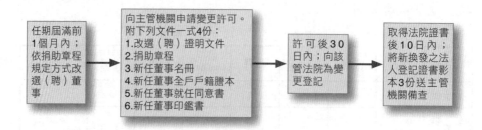

六、章程變更登記流程

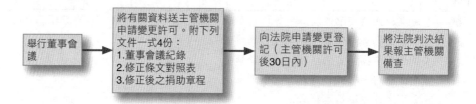

第六節　企業購併

　　台灣自2002年加入世界貿易組織後，企業經營者便不得不面臨來自全世界產業的競爭，因此為因應我國產業全球化的大趨勢，藉此鼓勵本國企業藉由合併、收購及分割等方式，尋求水平、垂直的未來整合契機，並加速產業調整與企業轉型，因而著眼於企業併購法制的完備，有其現實上的必要性。因而該年1月15日立法院通過通過企業併購三法（企業併購法、公平交易法修正、證交法修正），為我國提供企業快速轉型與成長之新機制。而此三法當中的「企業併購法」（下簡稱「本法」），直到民國93年5月5日開始施行，並例示性的給予符合一定條件的公司進行有關分割、合併或收購時，不但能享有租稅優惠，同時亦得適用促進產業升級條例及申請行政院開發基金專案融資的法源。這業已開啟國內企業併購的新里程，也讓企業可以重整跨國投資的組織架構，並進而提升我國企業的國際競爭力。

　　企業為了提升競爭優勢而透過組織重建或轉型的方式，提高企業經營績效或應付國際競爭，此乃不得不然的唯一選擇；所以透過併購乃是企業轉型與成長最快速的方法之一：例如聯電公司五合一之合併案、台北銀行與富邦金控合併案、台新銀行購併大安銀行、中國信託合併萬通銀行等等均使公司快速發展即為適例；而在2010年元月亦有元大金控，開始布局針對證券、銀行、壽險均伺機發動購併行動。

　　一般我們在國際上最常見到之「收購」（take over）與「併購」（merger and acquisition）之概念，其實僅是英美兩國間用語之不同，其內涵上並無太大之歧異；本書將以後者來進行全書的藍本架構。

　　然而企業併購法之制定，不僅挑戰行政機關以往對私人企業扮演高度管理的角色；同時因應市場大環境之變化，透過簡化程序及「免稅改組」（tax-free reorganization）的

獎勵模式，以換取企業組織大型化發展及產業轉型的競爭利基。在這種時空背景下，政府陸續制定或修正金融機構合併法、金融控股公司法、公司法、企業併購法、證券交易法、公平交易法等六法，直接或間接提供一般企業及金融服務業併購整合的工具，期能提升台灣企業在全球化之後的國際競爭力。

雖然目前政府正積極對外招商，外資除了投入國內股市、來台投資設廠外，併購國內企業也將成為外資很重要的的投資行為，因此，未來併購行為，絕不單只是國內企業間的併購問題，跨國併購行為亦會愈來愈多。至於國內則以鴻海併購芬蘭藝模，因而取得Nokia代工手機的商機；2005年5月明碁併購西門子手機部門，除了拿到品牌和市場，更逼得市場生態必須重新洗牌的效應；可是明碁失敗的教訓將可以在實務中提供一些反向思考的空間。

另外頗值得注意的是人民幣一旦升值，很可能會重蹈1980年代末期日本憑藉其強勢日圓而在全球瘋狂收購的情事上演，因為中國大陸企業跨入國際正與過去數10年美國企業的策略雷同，因為採行跳躍式的成長時機，此時正在成熟及醞釀發酵。

根據彭博（Bloomberg L. P.）統計調查2005年全球1兆1,000億美元的併購案中，中國便占了165億美元；同時還發現過去至今中國大陸的企業已經花費5,200億併購外商；截至民國94年6月底的統計已達630件，其詳細資料參以下購併概況之圖表。

有關國內企業及國際購併概述如下：

1. 國際生活消費：Sony和Ericsson、Benq和西門子、新加坡電訊與香港電訊；國內生活消費有：遠傳電信和和信電信、台灣大哥大和泛亞電信、台灣大哥大和東訊電信。

2. 國內鋼鐵業：燁聯鋼鐵股份有限公司合併前已發行之股份與燁興企業股份有限公司之換股比例為每一股換取燁興股份3.22股，另燁興為消除因合併換股計算所產生之累積虧損，擬於合併基準日併同減資，減資比率為111/161；係考量雙方之營運狀況及資產依本益比還原值法、淨值還原值法及市場價格所計算之結果，並衡酌經營績效、經營規模及未來發展方向等因素，參考專家意見後共同議定，換股比率已經本公司與燁興公司之股東會分別於93年3月16日決議通過。

3. 國內中小企業：順益汽車和華中汽車、安鋒鋼鐵與澳商金士奇合併。

4. 國內金融方面：富邦金控與北銀、萬泰銀行和新竹五信、玉山銀行和高雄企銀、新光集團和誠泰銀行、國泰集團和世華銀行、復華銀行和六信合社、中信金併購萬通銀。

5. 國內電子產業：達碁科技與聯友光電合併為友達後再次合併廣輝、和光購併東莞宏光光學。

6. 國際方面：國際互聯網大型公司美國在線（AOL）與美國傳媒集團時代—華納（Time Warner）、日本IBM顧問部門和日本PwC顧問（PwCC）、日本新力與德國BMG、東芝（Toshiba）與松下（Matsushita）宣布將LCD事業部門合併成TMDisplay公司、法商馬特拉公司與法國航太集團、法商拉卡德爾集團（Lagardere Group）與歐洲最大直播衛星電視公司Canal Settlite合併、日本商社日商岩井和日綿聯姻、澳洲新聞集團（News）收購美國休斯電子公司具控制性股權、賓士汽車與克萊斯勒汽車合併。

7. 國際金融方面：花旗集團與旅行家集團、三菱銀行和東京銀行、芝加哥第一國民銀行與Banc・One。

中國企業購併概況表

中國購併公司名稱	被購併外商公司名稱	收購時間	備註
TCL國際控股公司（前身TTK）	法國阿爾卡特（Alcatel）手機事業	2004年4月	5.4億美元入股55%；2002年，TCL集團以820萬歐元的價格並購德國老牌彩電企業施耐德公司；2003年，TCL收購樂華品牌；在美國的控股公司蓮花太平洋全資收購了美國高威達公司。
TCL國際控股公司	法國湯姆生（Thomson）	2004年7月	成立合資成為全球最大的彩電製造企業。
上海汽車工業集團（China's Shanghai Automotive Industrial Corporation, SAIC）	韓國雙龍汽車	2004年10月	5億美元入股48.9%；2005年間英國汽車製造商路華公司（M.G. Rover）的合資生產及收購計畫談判破裂。
聯想（Lenovo）	美國IBM電腦事業部	2005年5月	IBM持有聯想18.9%的股票；而聯想出資17.5億美元買下其子公司電腦事業部；並將總部設於紐約；另外還加入Bain Capital、Blackstone Group等投資集團擬聯手收購美國家電商Maytag。
海爾（Haier）	美國Maytag	國會打回票	計畫13億美元購併。
中國海洋石油（CNOOC）；中國第三大油廠（擁有渤海油田）	美國優尼科Unocal（美國第八大）	國會打回票	計畫185億美元競標；不過該公司卻166億美元同意出讓雪佛龍。

台灣及國際購併概況表

中國購併公司名稱	被購併外商公司名稱	收購時間	備註
澳洲西銀集團	蘇格蘭皇家銀行資產	2009年8月	以大約5億5千萬美元的代價，買下蘇格蘭皇家銀行在台灣、新加坡、印尼和香港的個人金融、財富管理與商業金融業務，以及在台灣、菲律賓和越南的企業金融業務。
鴻海集團	Sony的墨西哥液晶電視組裝廠	2009年12月	以21.76億元，Sony的墨西哥液晶電視組裝廠，這已是鴻海〇九年的第10件大型投資案。
美國食品業鉅子「卡夫食品」（Kraft Food）	英國糖果公司「吉百利」（Cadbury）	2010年1月	已同意以115億英鎊（131億歐元，189億美元）的價格。
中國海爾集團	美國奇異家電（GE）	2016年1月	以54億美元收購其智財權及使用GE的品牌。

第一款　企業併購基本概念理論

　　企業成長方式，主要可區分爲：「內部擴充」（internal expansion）：即利用資本預算程序來決定投資方案，然後逐步使公司的規模呈現穩定地成長；以及所謂的「外部擴充」（external expansion）：則是探行激烈而迅速的一種成長方式，也就是直接利用「併購」達成。

　　而一般將以併購方式取得某家公司主導權或經營權的企業稱爲「獲取或主併公司」（acquiring firm），另將被取得主導權或經營權的公司稱爲「目標或標的公司」（target firm）。

　　此處所謂的併購（merger and acquisition）即所謂M&A，其範圍涵蓋「合併」（merger）和「收購」（Acquisition），併購包含跨國併購和國內併購。跨國購併投資（M&A investment, MAI），顧名思義爲企業間跨越國界的購併行爲，而其與本國內部企業間的購併行爲除有國界之分野外，其所涉及的問題，自然也涉及不同國度人文及社會環境與法令規章等相關複雜的問題。

　　一般而言，學理上的探討可以將併購分爲「廣義的概念」及「狹義的概念」。廣義的併購泛指所有一切涉及企業控制權移轉與合作之行爲；狹義的併購則僅限於以取得股份、讓與營業及法規上之公司合併爲手段之企業控制權移轉與合作行爲。

　　企業之所以會如此熱衷於併購有三大主要原因：
一、企業規模化心態及其整合重要性。
二、經濟及市場的需求有利因素刺激。
三、跨國企業全球經營無國界的理念。

　　「企業收購」（acquisition）依買入賣方所持有的全部或取得30%以上的資產及股份，又可區分爲「股份或股權收購」（stock acquisition）、「營業收購或通路收購」（the business procures）及「資產或財產收購」（asset acquisition）。

　　「企業合併」（merger）則係指法規上和其他公司的股份交換，把發行兩種以上股份的公司合併變成一個獨立公司。具體而言，合併則指兩種以上的企業結成一個法律實體之意。而合併一般依據經濟意義可區分爲「水平式合併」（horizontal merger）是兩個屬於同一產業中的企業合併、「垂直式合併」（vertical merger）是處於不同生產流程階段之企業間的合併、「同源式合併」（congeneric merger）指同一產業中，兩家業務性質不大一樣，且沒有業務往來的公司之結合、「複合式合併」（conglomerate merger）又稱作集團企業之購併（the merger of the group enterprise）則可以說是兩個相屬或不相關產業的企業之合併等四種外；[1]另可再依據公司存續狀況區分爲：「存續合併」（statutory merger）與「新設合併或創設合併」（statutory consolidation）。

　　值得注意的是垂直合併包括：1. 向前整合（forward integration）：下游併購上游；2. 向後整合（backward integration）：上游併購下游等兩種模式。

　　其中「存續合併」又稱「吸收合併」，乃是指兩家以上之公司相互融合之合併，以其中一家爲存續公司（dominate unit），其餘公司消滅（passive units），存續公司概括承受消滅公司之權利、義務。新設合併又稱對等合併，係兩家以上公司，以創設另一新

公司之方式辦理合併，創設公司概括承受所有消滅公司之權利、義務。其實質效力與上述吸收合併相同，僅是存續公司名稱及申請手續不同而已。

併購行為所包含的企業結合態樣，依目標公司對合併之態度可分為：1.協議或協談式併購（agreed merger）；2.中立式併購（unopposed merger）；3.防禦式併購（defended merger）；及4.競爭或對立式併購（competitive merger）等[2]。

此等分類標準較著重於合併之策略面及經濟面，本文限於篇幅不予探討，而就下述以合併之法律手段為合併之分類標準為介紹。

以企業採取何等之法律途徑作分類標準，企業合併之態樣可區分為：1.公司合併；2.購買資產；3.股權移轉等三種合併方式。公司合併為企業結合最基本之型態，即透過公司法中有關規定，以吸收合併或新設合併[3]之方式，達到企業結合之目的；購買資產乃企業透過購買對方企業的資產來完成結合對方企業的目的，購買的範圍可能為其資產之全部或一部；股權移轉乃以取得對方公司股票的方式來達到控制對方企業的目的，股份移轉的方式可以透過原有股權移轉或發行新股的認購等方式來進行。

除以上三種合併態樣外，對於合併若採較廣義之態度，企業在進行併購行為時如並不要求取得對目標公司全面的控制權，則所謂的少數股本投資（minority equity investment）與合資事業（joint venture）亦應為合併態樣之種類。所謂少數股本投資，乃購買目標公司之股份（通常未過半），其目的通常不僅在獲得該公司之資產或利潤，尚可能為了參與該公司之營運以學習其營運技巧、建立長期的商務關係等等。而合資事業係二企業共同設立一目標公司，各擁有該公司大致相當之股份（通常為各持有一半的股份，或各為49%及51%），其目的乃是企業雙方為經營共同事業。

此外，併購行為如採用「購買股權」的方式，尤其在敵對性合併（hostile take-over）的情形，合併公司常採所謂公開收購股份（tender offer）的方式以取得目標公司之股權。收買股份要約乃收購者直接公開向目標公司股東收購已發行股份。收購者一旦收購到過半數或其他必要比例之股票，則其可以新的董事取代現行董事，再由董事會投票同意合併。

併購之基本考量，除了租稅及多角化目標（multi-field target）考量外，最關鍵者為綜效（synergy）之創造。所謂綜效係指當A、B兩公司組織合併成C，而C之價值大於A＋B之價值，即有綜效之存在。

然而，企業併購法畢竟仍在原有的公司法、勞動基準法、所得稅法、促進產業升級條例外，所採行另一種替代性之法律，所以無可避免地引起法律衝突，但考慮到台灣業者的學習成本（過去經驗較少），所以當時專案立法乃是企業合併法不得不然之選擇。

企業併購法在立法程序上未能及時和金融控股公司法一併完成，只不過是其中的一項例證而已。由於金控法以特別立法先行，一舉突破公司法、稅法、公平交易法、證交法、勞基法等多項法律對企業併購、資本密集（控股）化、跨業經營的限制，也因此造成與其他法令規範不同步的例子。在目前階段，這些問題是以「特別法優先於普通法」的原則來處理，惟就整體而言，仍突顯財經改革步調不一的缺失，亟待制度化的整合。

企業併購法立法目的乃在促進企業經營規模化、大型化，以及公營事業民營化。企業併購法的特色，是將各種和併購相關的規定於一身，有股份轉換制度、分割、公開收

購、連結稅制等，是過去沒有的規定，方便企業適用，公司爲合併不必遍尋公司法、證交法、公平法、稅法等法律，才可以找齊須適用的法規。

企業併購法的制定，對於我國現行公司法制帶來衝擊。過去我國公司法、證交法等法律，防弊重於興利，形式重於實質，企業併購法制定後，規範是從較實質的角度出發，此也牽動了相關法律的修正。

我國加入世界貿易組織（WTO）後，企業面對全球競爭，勢必尋找更多資金，以擴大經營規模。企業尋求資金之管道有三：資本市場、貨幣市場及企業資本。併購就是企業尋找其他企業資金、壯大規模的最好手段。無論是國內併購、跨國併購，或是藉由分割，賣掉不適合繼續發展的部門等，都要利用併購，調整經營體質及規模。

近年來我國爲推動金融機構整合，發揮規模經濟與範疇經濟，「金融機構合併法」業於民國89年12月13日公布施行，「金融機構合併法」限制銀行、保險與證券必須同業合併。至於「金融控股公司法」則於90年7月9日經總統公布施行，以促進金融機構之跨業經營與金融專業集團化之發展。但規範一般公司之現行公司法、證券交易法、公平交易法及勞動基準法等相關法令對併購行爲仍有部分不合時宜之限制，造成企業進行併購之障礙，不利於一般企業之長遠發展。

各國控股公司法之比較表

項目	美國	日本	我國
法案	金融服務業現代法（1999）	金融控股公司整備法（1997）	金融控股公司法（2001）
控股公司種類	金融控股公司	銀行控股公司、保險控股公司、證券控股公司	金融控股公司
控制性持股	持有銀行超過25%以上	至少須持有50%股權	持有銀行、保險或證券至少25%股權
業務範圍	與金融本質相關業務	銀行控股公司可經營銀行、保險、證券、創投等金融業務。保險控股公司保險、銀行、證券等金融相關業務。證券控股公司則無限制	銀行、票券金融業、信用卡業、信託業、保險業、證券業、期貨業、創業投資事業、外國金融機構及其經主管機關認定之金融相關事業
連結稅制	有	有	有
上市規定	金融控股公司可上市	控股公司與子公司皆可上市	金融控股公司上市，其餘子公司下市

資料來源：鄭瑞眞（2001），「成立金融控股公司之投資效率與風險評估—以我國銀行爲例」。

第二款 企業併購法之法律架構

企業併購法（以下簡稱本法）乃引進簡易合併制度，爲避免上市上櫃公司在分割後，因資本額減少不符現行規定而慘遭下市，本法也同意符合公司分割及上市上櫃規定者，在完成公司分割程序後，得繼續上市上櫃，已上市上櫃者不受影響。

　　本法對於因併購留下的員工權益保障問題亦也有相關規定，條文規定因合併而消滅的公司其勞工退休準備金，得於支付勞工退休金及資遣費後，移轉至合併後新設公司或存續公司的勞工退休準備金專戶，且存續公司、新設公司或受讓公司應事先通知留用勞工，若該員工未於10日內表示異議，即視爲同意留用。例如明文規定因合併而消滅公司之勞工退休準備金，得於支付勞工退休金及資遣費後，移轉至合併後新設公司或存續公司之勞工退休準備金專戶；至於職工福利金之提撥，則承認新設公司於股份轉換之資本額度內，得免依職工福利金條例之規定再行提發。另明文規定併購後之存續公司、新設公司或受讓公司應事先通知留用勞工，該員工若未於10日內表示異議者，則視爲同意留用，以保障員工權益。

　　同時爲加速產業結構調整，鼓勵有盈餘的公司併購虧損公司，在一定期間內，就併購的財產或營業部分產生的所得，免徵營利事業所得稅，且須優先用於償還併購時隨同移轉的銀行債務；倘若兩家公司均屬於虧損的公司而互爲合併時，亦可比照辦理。

　　因而歸納本法重點如下：

一、公司在一定條件下進行併購，得免徵印花稅、契稅、證券交易稅及營利事業所得稅，並准予記存土地增值稅。（「免稅改組」（tax-free reorganization）的獎勵模式）（參企業併購償還積欠銀行債務免徵營利事業所得稅辦法）

二、因併購衍生的商譽及併購費用，可以分別在併購後15年和10年內平均攤銷。公司以營業或財產認購或交換其他公司股票，如果所得股票的價值低於營業或財產帳面價值時，其交易損失，可以在15年內認列。

三、本法允許公司以股東會特別決議方式，將全部已發行的股份，作爲繳足原公司股東承購預定成爲控股公司之他公司發行新股或發起設立股款的行爲，公司股東會應作成轉換契約及轉換決議。

四、如果公司爲合併擬發行的新股未超過已發行有表決權股份總數20%者時，得經公司董事會以三分之二以上董事出席，及出席董事過半數決議行之，不需再另行召開股東會。

五、公司爲概括承受或概括讓與時，就債權讓與得以「公告」方式行之，取代民法規定的「通知」。公司發行新股全數用於一定類型的併購行爲，得不進行員工及原有股東優先承購或分認等程序。

　　本法共分爲「總則」、「合併、收購及分割」、「租稅措施」、「金融措施」、「公司重整之組織再造」及「附則」等六章，計54條：

　　本法用詞定義如下：

一、公司：指依公司法設立之股份有限公司。

二、併購：指公司之合併、收購及分割。

三、合併：指依本法或其他法律規定參與之公司全部消滅，由新成立之公司概括承受消滅公司之全部權利義務；或參與之其中一公司存續，由存續公司概括承受消滅公司之全部權利義務，並以存續或新設公司之股份、或其他公司之股份、現金或其他財產作爲對價之行爲。

四、收購：指公司依本法、公司法、證券交易法、金融機構合併法或金融控股公司法規

定取得他公司之股份、營業或財產,並以股份、現金或其他財產作爲對價之行爲。

五、股份轉換:指公司讓與全部已發行股份予他公司,而由他公司以股份、現金或其他財產支付公司股東作爲對價之行爲。

六、分割:指公司依本法或其他法律規定將其得獨立營運之一部或全部之營業讓與既存或新設之他公司,而由既存公司或新設公司以股份、現金或其他財產支付予該公司或其股東對價之行爲。

七、母、子公司:直接或間接持有他公司已發行有表決權之股份總數或資本總額超過半數之公司,爲母公司;被持有者,爲子公司。

八、外國公司:指以營利爲目的,依照外國法律組織登記之公司。

公司組織之營利事業,其虧損及申報扣除年度,會計帳冊簿據完備,均使用所得稅法第77條所稱之藍色申報書或經會計師查核簽證,且如期辦理申報並繳納所得稅額者,合併後存續或新設公司於辦理營利事業所得稅結算申報時,得將各該參與合併之公司於合併前經該管稽徵機關核定之前10年內各期虧損,按各該公司股東因合併而持有合併後存續或新設公司股權之比例計算之金額,自虧損發生年度起10年內,從當年度純益額中扣除。

公司的董事對外代表公司,對內執行公司之業務,由於董事與公司之間的法律關係屬於有償的委任關係,因此,依民法規定,董事於執行公司業務時,應對公司盡善良管理人之注意義務,否則對於公司因此所生之損害負損害賠償任。由於董事對於公司應盡善良管理人之注意義務,因此,在善意併購時,法律審查程序顯得格外重要,一個完整的法律審查程序正是董事長及公司經理人已盡善良管理人的注意義務的重要證據;反之,如果未進行法律審查之程序,一旦併購程序出現法律上瑕疵,未進行完整的法律審查程序亦是未盡善良管理人之注意義務之明證,董事以及公司經理人恐難辭其咎。

控制公司持有從屬公司90%以上已發行股份者,得經控制公司及從屬公司之董事會以董事三分之二以上出席,及出席董事過半數之決議,與其從屬公司合併。其合併之決議,不適用第316條第1項至第3項有關股東會決議之規定。從屬公司董事會爲前項決議後,應即通知其股東,並指定30日以上期限,聲明其股東得於期限內提出書面異議,請求從屬公司按當時公平價格,收買其持有之股份(公司§316-2Ⅰ、Ⅱ)。公司分割或與他公司合併時,董事會應就分割、合併有關事項,作成分割計畫、合併契約,提出於股東會;股東在集會前或集會中,以書面表示異議,或以口頭表示異議經紀錄者,得放棄表決權,而請求公司按當時公平價格,收買其持有之股份。(公司§317Ⅰ)

如公司董事係爲圖利自己或他人,故意違背其善良管理人之注意義務,除有民法上的損害賠償責任之外,尚有成立刑法第312條之背信罪之虞,可處5年以下有期徒刑。董事通常是公司的大股東,掌握公司多數股份,並且與公司監察人聲息相通。少數股東爲確保權益,依據公司法第214條之規定:繼續6個月以上,持有已發行股份總數1%以上之股東,得以書面請求監察人爲公司對董事提起訴訟。監察人自有前項之請求日起,30日內不提起訴訟時,前項之股東,得爲公司提起訴訟;股東提起訴訟時,法院因被告之申請,得命起訴之股東,提供相當擔保;如因敗訴,致公司受有損害時,起訴之股東,對於公司負有賠償之責,此即公司股東代位訴訟之權。

　　企業併購法爲公司法之特別法，公司法已納入者則因條文競合仍由企業併購法適用。

　　董事會應以善良管理人之注意，處理公司併購事宜。（企併§5、公§23Ⅰ）

　　新修公司法未規範者，由企業併購法適用者有：

一、承認股東表決權契約及表決權信託（企業併購法第10條）。

二、明定股份轉讓或設質之限制（企業併購法第11條：排除公司法之適用）。

三、增加公司買回股份之情形及處理方式（企業併購法第12條、第13條：排除公司法之適用）。

四、增訂公司臨時管理制度（企業併購法第14條）與勞動基準法有的部分。

五、明定公司併購時有關勞工退休金之餘額應移轉並依法補足之規定（企業併購法第15條）。

六、明定公司併購有關勞工之留用與資遣（企業併購法第16條、第17條）。

　　企業併購以透過買入股權取得經營權的模式，則須注意證券交易法的規範，不得有違反內線交易或提早揭露資訊意圖影響行情之行爲。另證券交易法第28條之2規定上市、上櫃公司得在下列三種情形之下，按主管機關所規定的程序、價格、數量、方式、轉讓方法及應申報公告事項買回自己公司的股份，不受公司法第167條第1項規定之限制：

一、轉讓股份予員工。

二、配合附認股權公司債、附認股權特別股、可轉換公司債、可轉換特別股或認股權憑證之發行，作爲股權轉換之用。

三、爲維護公司信用及股東權益所必要而買回，並辦理銷除股份。

　　前項公司買回股份之數量比例，不得超過該公司已發行股份總數10%；收買股份之總金額，不得逾保留盈餘加發行股份溢價及已實現之資本公積之金額。

　　併購案公開後，目標公司的股票通常炙手可熱，股價持紅攀高自不待言，由於內部人對於併購案之內線消息獲利可觀，因此，鋌而走險的人亦不在少數。爲此我國證券交易法第157條之1規定，下列各款之人，實際知悉發行股票公司有重大影響其股票價格之消息時，在該消息明確後，公開或公開後18小時內，不得對該公司之上市或在證券商營業處所買賣之股票或其他具有股權性質之有價證券，自行或以他人名義買入或賣出：

一、該公司之董事、監察人、經理人及依公司法第27條第1項規定受指定代表行使職務之自然人。

二、持有該公司之股份超過10%之股東。

三、基於職業或控制關係獲悉消息之人。

四、喪失前三款身分後，未滿6個月者。

五、從前四款所列之人獲悉消息之人。

　　違反前項規定者，對於當日善意從事相反買賣之人買入或賣出該證券之價格，與消息公開後10個營業日收盤平均價格之差額，負損害賠償責任；其情節重大者，法院得依善意從事相反買賣之人之請求，將賠償額提高至3倍；其情節輕微者，法院得減輕賠償金額。第1項第5款之人，對於前項損害賠償，應與第1項第1款至第4款提供消息之人，

負連帶賠償責任。但第1項第1款至第4款提供消息之人有正當理由相信消息已公開者，不負賠償責任。

此外，內線交易依法3年以上應處10年以下有期徒刑，得併科新台幣1,000萬元以上2億元以下罰金。

同時明定公司為決議前應委請獨立專家就換股比例等事項提供意見。（企併§6）

另就法律上的涵義而言，更深一層「購併」的說明係指收購與合併兩種財務活動的合稱。而其中收購（acquisitions）可分為股權收購和資產收購兩種已如前述。因此股權收購是指直接或間接購買目標公司部分或全部的股權，使目標公司成為收購者之轉投資事業，而收購者需承受目標公司一切的權義、資產與負債；而資產收購則指收購者只依自己需要而購買目標公司部分或全部之資產，屬於一般資產買賣行為（然而此項收購因國內企業不懂得如何保護自己的權益，往往只就財務部分考量，卻忽略法律上行銷的歸屬，而經常大意失荊州），因此雖不需承受目標公司的負債，但必須留意買下的是一加一大於二，還是無法承受的負擔及包袱。兩者之間的差異我們可由下表看出一些端倪：

股權收購與資產收購的差異表

項目說明	股權收購	資產收購
賣方稅賦名目	股票交易稅	營所稅
公司原有名稱	承接	可能承接
公司一般債務	承接	不需承接
股東承接問題	較複雜	較單純
公司與第三者合約	原則上承接	重新議定
銀行貸款債務轉換	原則上承接	重新議定
勞資問題及相關福利	承接	無
資產帳面價值之計算	原價值	收購價值
土地增值稅	遞延	當時繳納
累積虧損及稅務優惠	承接	喪失

資料來源：謝劍平（1997），「財務管理—新觀念與本土化」，頁665。

---

[1]：參見，Weinberg M.A. & Black M. V.,Weinberg and Black on Take over and Mergers , (5th Ed.), 1989, p. 1004。

[2]：參照，Weinberg and Black on Take over and Mergers , M.A. Weinberg & M. V. Black , (5th Ed.), 1989, p. 1005。

[3]：參見，柯芳枝，公司法論，三民書局，民國83年8月修訂四版，頁71。

第 6 章　智慧財產權

　　本單元係針對智慧財產權及無體財產權有關申辦事項所作的說明，且因本書發行之際，正值中美智慧財產權談判緊鑼密鼓之時，所以在面對美國的壓力下，有關智慧財產權中商標、專利的修正亦一併納入，並對新修正的條文，略作適用差異的解說。有關申請手續、文件等程序上事項，應不屬修正的範圍，故仍依原經濟部智財局、內政部著委會的服務手冊整理編輯。在程序聲請上的更易較不大，同時著作及商標的內容對法律人來說應該不是難事，反倒是專利牽涉到技術層面，在申請上尚須借助各專業領域的工程師協助，是頗值得研究的一項工作。而依著作權法第10條之1的規定：「依本法取得之著作權，其保護僅及於該著作之表達，而不及於其所表達之思想、程序、製程、系統、操作方法、概念、原理、發現」。

　　如今華人社會通常還是使用版權一詞，然而除了香港之外，在中華民國的法律中，對於著作相關權利的正式稱呼，已不再使用版權；而中華人民共和國的《著作權法》第56條（2001年修訂版本）中，則規定「本法所稱的著作權即版權」。

　　因此受到現行著作權保護的許多創作性作品，為了進行大量發行、傳播和投資起見，才能有效率地獲得推廣（例如：出版物、音樂作品和電影）；其中最引人注目的就是哈利波特的全球版權費使該作者一夕致富。因此著作權人常常將其對作品享有的權利，授權給最有能力推銷作品的公司，以獲得高額的報酬。這種報酬經常是在實際使用作品時才支付，因此被稱作授權費或者版稅。

　　另外國際社會則透過《世界知識產權組織著作權條約》（WCT）和《世界知識產權組織表演和錄音製品條約》（WPPT）（統稱為「網際網路條約」）規定了一些國際上的適用準則來規範，其目的便是在防止未經許可而任意在網際網路獲得和使用著作的非法行為。

　　修正「著作權法第87條、第93條條文」，未來業者提供利用機上盒或APP應用程式連結侵權網站，將處以2年以下有期徒刑、拘役的刑事責任，或科或併科最高新台幣50萬元以下罰金。

　　針對市售的機上盒或APP應用程式，提供民眾便捷管道連結侵權網站觀看非法影音內容，業者未經授權，藉由收取月租費或賣斷該機上盒的方式謀取暴利，嚴重損害著作財產權人或合法取得授權OTT業者的權益，進而影響我國內容產業發展。

1. 有關侵害著作權行為，包括將匯集非法影音網路連結的APP應用程式（俗稱追劇神器）上架到Google Play商店、Apple Store等平臺或其他網站給民眾下載使用。
2. 至於未直接提供電腦程式，而是另以指導、協助或預設路徑供公眾下載使用電腦程式，也被視為侵權，例如機上盒雖沒有內建前述的APP應用程式，但卻提供指導或協助民眾安裝；或是在機上盒內提供預設路徑，供民眾安裝使用。
3. 製造、輸入或銷售載有可以連結前述電腦程式的設備或器材，例如：製造、進口或是在市面上銷售內建此類APP應用程式的機上盒。未來明知銷售的機上盒可供民眾連結

侵權內容而仍繼續販售，也會觸法。

第一節　著作權

一、名詞釋義

(一) 著作財產權與著作人格權

取得著作權的形式要件：創作完成即成立，無須登記但需自行證明；而實體要件，須為原創表示作者的個性及獨特性。

1. 著作財產權：對著作物所享有之財產價值之權利，所以著作財產權得全部或部分讓與他人或與他人共有、授權他人利用，或以著作財產權為質權之標的物，其可包括自行錄音、錄影、攝影重製權、公開口述權、公開播送權、公開上映權、公開演出權、公開展示權、著作人之改作衍生或編輯著作權、出租著作權。[註]

(1) 以各種形式對各種著作進行重製，例如以印刷或錄音的方式重製語文著作或音樂著作。

(2) 將其著作公開口述、演出，例如將戲劇或音樂著作公開演出、將語文著作透過公開口述的方式等等。

(3) 將其著作通過無線、有線或衛星或網際網路加以公開播送或公開傳輸。

(4) 對其視聽著作公開上映；對其攝影著作、美術著作、圖形著作加以公開展示。

(5) 將其著作翻譯成其他語文，或對其加以改編，例如將小說改編成劇本、將英文版本改譯為中文或其他各國的版本均屬於此種範圍。

存續之計算：於著作人之生存期間及死亡後50年；著作於著作人死亡後40年至50年間首次公開發表者，著作財產權之期間，自公開發表時起存續10年；共同著作之著作財產權，存續至最後死亡之著作人死亡後50年。

第30條至第34條所定存續期間，以該期間屆滿當年之末日為期間之終止。

繼續或逐次公開發表之著作，依公開發表日計算著作財產權存續期間時，如各次公開發表能獨立成一著作者，著作財產權存續期間自各別公開發表日起算。如各次公開發表不能獨立成一著作者，以能獨立成一著作時之公開發表日起算。

前項情形，如繼續部分未於前次公開發表日後3年內公開發表者，其著作財產權存續期間自前次公開發表日起算。

製版人之權利，自製版完成時起算存續10年。

2. 著作人格權：就其作品有對外公開發表之權利，依著作人之生存而存續及因死亡而視同消滅之。

或許有很多人無法區別，而事實上只要將兩者運用一點思考的模式即可獲得答案。著作財產權如以人代表，則著作人格權便是影子，兩者就如影隨形一般，因此凡是因著作所衍生的權利均在法律上賦予特殊的人格予以保障之，所以我們在看MTV或唱KTV時涉及到作者的心血結晶，因而產生了使用者付費之觀念，但目前實務對此有不同之看法，因為同樣一個東西卻要付兩次費用，是否合理值得深思。

(二) 真品平行輸入

　　產品由代理商向原著作財產權人取得某一地區之代理權或產品另由貿易商透過第三地向著作財產權人取得該地區之代理權或單純購買大批產品後經由轉口貿易而輸入，均屬此一範圍定義之內。

　　以上兩種產品均屬於真品（亦即均由原合法之原版著作權人之合法授權而來），由於代理商在本地須花費龐大的廣告爭取市場，再加上取得代理權的權利金又相當高，好不容易在本地打下市場，正準備收益時，貿易（進口）商一進來便以低價位占據代理商辛苦經營的市場，於是產生爭議，此亦目前國際間對此權益之爭執保護方興未艾之故，特提出淺顯之說明。

(三) 著作權相關組織

1. 中華台北著作權人協會：新北市三重區環河北路三段60號2樓，2853-2313。
2. 社團法人中華錄音著作權人協會（ARCO）：台北市八德路四段83號3樓，2718-9517。
3. 社團法人中華有聲出版錄音著作權管理協會（RPAT）：台北市後港街161號9樓之2，2883-1833。
4. 中華民國資訊軟體協會（CISA）：台北市承德路二段239號6樓，2553-3988。
5. 社團法人中華音樂著作權協會（MUST）：台北市南京東路二段71號4樓，2511-0869。
6. 社團法人中華語文著作權集體管理協會（COLCIA）：台北市重慶南路二段21號2樓之3，2396-2089。

(四) 著作物之歸屬

1. 受雇人於職務上完成之著作，以該受雇人為著作人。但契約約定以雇用人為著作人者，從其約定。

　　依前項規定，以受雇人為著作人者，其著作財產權歸雇用人享有。但契約約定其著作財產權歸受雇人享有者，從其約定。

　　前二項所稱受雇人，包括公務員。（著作§11）

2. 出資聘請他人完成之著作，除前條情形外，以該受聘人為著作人。但契約約定以出資人為著作人者，從其約定。

　　依前項規定，以受聘人為著作人者，其著作財產權依契約約定歸受聘人或出資人享有。未約定著作財產權之歸屬者，其著作財產權歸受聘人享有。

　　依前項規定著作財產權歸受聘人享有者，出資人得利用該著作。（著作§12）

3. 在著作之原件或其已發行之重製物上，或將著作公開發表時，以通常之方法表示著作人之本名或眾所周知之別名者，推定為該著作之著作人。

　　前項規定，於著作發行日期、地點及著作財產權人之推定，準用之。（著作§13）

(五) 侵害著作權之執行與損害賠償之計算

1. 一般均先遞告訴狀，狀中並載明侵害事實與標的所在地以便申請搜索票；當然告訴可分為向警察局或法院檢察署之雙軌制。
2. 遞向警察局則做筆錄並由警方代聲請搜索票；如向法院檢察署遞狀則開偵查庭後由檢

察機關開出搜索票。

3. 搜索時須注意依法定程序，以免因爭執而受到包圍或傷害，完畢後就依檢方偵查之結果，看是否起訴而定，不起訴時提出再議，起訴則依刑事程序爲之以終結本案。

4. 和解之條件，須視侵害之範圍與標的而有不同之認定，一般包括公開登報道歉啓事及損害賠償金。

5. 因故意或過失不法侵害他人之著作財產權或製版權者：(1)以侵害著作人名譽之方法利用其著作者。(2)明知爲侵害製版權之物而散布或意圖散布而公開陳列或持有者。(3)輸入未經著作財產權人或製版權人授權重製之重製物或製版物者。(4)未經著作財產權人同意而輸入著作原件或其國外合法重製物者。(5)以侵害電腦程式著作財產權之重製物作爲營業之使用者。(6)明知爲侵害著作財產權之物而以移轉所有權或出租以外之方式散布者，或明知爲侵害著作財產權之物，意圖散布而公開陳列或持有者。(7)未經著作財產權人同意或授權，意圖供公眾透過網路公開傳輸或重製他人著作，侵害著作財產權，對公眾提供可公開傳輸或重製著作之電腦程式或其他技術，而受有利益者。(8)明知他人公開播送或公開傳輸之著作侵害著作財產權，意圖供公眾透過網路接觸該等著作，有下列情形之一而受有利益者：①提供公眾使用匯集該等著作網路位址之電腦程式。②指導、協助或預設路徑供公眾使用前目之電腦程式。③製造、輸入或銷售載有第一目之電腦程式之設備或器材。前項第7款、第8款之行爲人，採取廣告或其他積極措施，教唆、誘使、煽惑、說服公眾利用者，爲具備該款之意圖，負損害賠償責任。數人共同不法侵害者，連帶負賠償責任。

　　前項損害賠償，被害人得依下列規定擇一請求：(1)依民法第216條之規定請求。但被害人不能證明其損害時，得以其行使權利依通常情形可得預期之利益，減除被侵害後行使同一權利所得利益之差額，爲其所受損害。(2)請求侵害人因侵害行爲所得之利益。但侵害人不能證明其成本或必要費用時，以其侵害行爲所得之全部收入，爲其所得利益。

　　依前項規定，如被害人不易證明其實際損害額，得請求法院依侵害情節，在新台幣1萬元以上100萬元以下酌定賠償額。如損害行爲屬故意且情節重大者，賠償額得增至新台幣500萬元。（著作§88）

6. 其他規定事項：

(1) 著作權人或製版權人對於侵害其權利者，得請求排除時，對於侵害行爲作成之物或主要供侵害所用之物，得請求銷燬或爲其他必要之處置。（著作§88-1）

(2) 被害人得請求由侵害人負擔費用，將判決書內容全部或一部登載新聞紙、雜誌。（著作§89）

(3) 第85條（侵害著作人格權者，負損害賠償責任。雖非財產上之損害，被害人亦得請求賠償相當之金額。前項侵害，被害人並得請求表示著作人之姓名或名稱、更正內容或爲其他回復名譽之適當處分）及第88條之損害賠償請求權，自請求權人知有損害及賠償義務人時起，2年間不行使而消滅。自有侵權行爲時起，逾10年者亦同。（著作§89-1）

(4) 著作人死亡後，除其遺囑另有指定外，下列之人，依順序對於違反第18條或有違反

之虞者，得依第84條及第83條第2項規定，請求救濟：①配偶。②子女。③父母。④孫子女。⑤兄弟姐妹。⑥祖父母。（著作§86）

(5) 著作權人或製版權人對輸入或輸出侵害其著作權或製版權之物者，得申請海關先予查扣。前項申請應以書面爲之，並釋明侵害之事實，及提供相當於海關核估該進口貨物完稅價格或出口貨物離岸價格之保證金，作爲被查扣人因查扣所受損害之賠償擔保。海關受理查扣之申請，應即通知申請人。如認符合前項規定而實施查扣時，應以書面通知申請人及被查扣人。申請人或被查扣人，得向海關申請檢視被查扣之物。查扣之物，經申請人取得法院民事確定判決，屬侵害著作權或製版權者，由海關予以沒入。沒入物之貨櫃延滯費、倉租、裝卸費等有關費用暨處理銷燬費用應由被查扣人負擔。前項處理銷燬所需費用，經海關限期通知繳納而不繳納者，依法移送強制執行。

　　有下列情形之一者，除由海關廢止查扣依有關進出口貨物通關規定辦理外，申請人並應賠償被查扣人因查扣所受損害：①查扣之物經法院確定判決，不屬侵害著作權或製版權之物者。②海關於通知申請人受理查扣之日起12日內，未被告知就查扣誤爲侵害物之訴訟已提起者。③申請人申請廢止查扣者。前項第2款規定之期限，海關得視需要延長12日。

　　有下列情形之一者，海關應依申請人之申請返還保證金：①申請人取得勝訴之確定判決或與被查扣人達成和解，已無繼續提供保證金之必要者。②廢止查扣後，申請人證明已定20日以上之期間，催告被查扣人行使權利而未行使者。③被查扣人同意返還者。被查扣人就第2項之保證金與質權人有同一之權利。（著作§90-1）

(六) 刑事責任

1. 擅自以重製之方法侵害他人之著作財產權者，處3年以下有期徒刑、拘役，或科或併科新台幣75萬元以下罰金。意圖銷售或出租而擅自以重製之方法侵害他人之著作財產權者，處6月以上5年以下有期徒刑，得併科新台幣20萬元以上200萬元以下罰金。以重製於光碟之方法犯前項之罪者，處6月以上5年以下有期徒刑，得併科新台幣50萬元以上500萬元以下罰金。著作僅供個人參考或合理使用者，不構成著作權侵害。（著作§91）

2. 擅自以移轉所有權之方法散布著作原件或其重製物而侵害他人之著作財產權者，處3年以下有期徒刑、拘役，或科或併科新台幣50萬元以下罰金。明知係侵害著作財產權之重製物而散布或意圖散布而公開陳列或持有者，處3年以下有期徒刑，得併科新台幣7萬元以上75萬元以下罰金。犯前項之罪，其重製物爲光碟者，處6月以上3年以下有期徒刑，得併科新台幣20萬元以上200萬元以下罰金。但違反第87條第4款規定輸入之光碟，不在此限。犯前二項之罪，經供出其物品來源，因而破獲者，得減輕其刑。（著作§91-1）

3. 擅自以公開口述、公開播送、公開上映、公開演出、公開傳輸、公開展示、改作、編輯、出租之方法侵害他人之著作財產權者，處3年以下有期徒刑、拘役、或科或併科新台幣75萬元以下罰金。（著作§92）

4. 有下列情形之一者，處2年以下有期徒刑、拘役，或科或併科新台幣50萬元以下罰

金：(1)侵害第15條至第17條規定之著作人格權者。(2)違反第70條規定者。(3)以第87條第1款、第3款、第5款或第6款方法之一侵害他人之著作權者。但第91條之1第2項及第3項規定情形，不包括在內。(4)違反第87條第1項第7款或第8款規定者。（著作§93）

5. 違反第112條規定者，處1年以下有期徒刑、拘役，或科或併科新台幣2萬元以上25萬元以下罰金。（著作§95）

6. 違反第59條第2項或第64條規定者，科新台幣5萬元以下罰金。（著作§96）

7. 有下列情形之一者，處1年以下有期徒刑、拘役，或科或併科新台幣2萬元以上25萬元以下罰金：(1)違反第80條之1規定者。(2)違反第80條之2第2項規定者。（著作§96-1）

8. 依本章科罰金時，應審酌犯人之資力及犯罪所得之利益。如所得之利益超過罰金最多額時，得於所得利益之範圍內酌量加重。（著作§96-2）

9. 事業以公開傳輸之方法，犯第91條、第92條及第93條第4款之罪，經法院判決有罪者，應即停止其行為；如不停止，且經主管機關邀集專家學者及相關業者認定侵害情節重大，嚴重影響著作財產權人權益者，主管機關應限期1個月內改正，屆期不改正者，得命令停業或勒令歇業。（著作§97-1）

△ 翻印他人著作出版之書籍，如係翻印其著作物之內容，固係單純侵害他人著作權，若竟連同著作出版書籍之底頁，依出版法所載著作人、發作人、印刷者等等，一併加以翻印出售圖利者，則除觸犯著作權法第30條第1項侵害他人著作權之罪外，又已構成刑法第216條行使第210條偽造私文書之罪名，應依同法第55條，從一重之行使偽造私文書罪處斷。（49台非24）

○ 將他人之平面美術著作，製成立體物，究竟有無侵害著作權，自應由爭議雙方當事人就事實具體舉證。法院於認定有無侵害著作權之事實時，允宜審酌一切相關情狀，就認定著作權侵害的兩個要件，即所謂接觸及實質相似為審慎調查，其中實質相似不僅指量之相似，亦兼指質之相似；在判斷圖形、攝影、美術、視聽等具有藝術性或美感性之著作是否抄襲時，如使用與文字著作相同之分析解構方法為細節比對，往往有其困難度或可能失其公平。因此在為質之考量時，尤應特加注意著作間之「整體觀念與感覺」。又著作權法第3條第1項第11款所謂「改作」係指以翻譯、編曲、改寫、拍攝影片或其他方法就原著作另為創作者而言。故立體物上除以立體形式單純性質再現美術著作之著作內容者外，尚另有新的創意表現，且此有創意之立體物復為著作權法第5條第1項所例示保護之著作，即屬上開所定之改作行為，此立體物即為著作權法第6條第1項所稱之「衍生著作」，亦受著作權法之保護。從而立體物製成者，自亦需取得美術著作財產權人之同意，否則即有侵害著作權（改作權）之情形。（94台上6398）

○ 按著作權法第92條之擅自以公開演出之方法侵害他人著作財產權罪及行為時著作權法第94條第1項之常業犯，係以未經著作財產權人同意，而為他人著作之公開演出為成立要件；若行為人誤信其公開演出之著作已得著作財產權人之同意，而為公開演出之行為，即欠缺意思要件，自難認為構成擅自以公開演出之方法侵害他人著作財產權罪或為該罪之常業犯。（95台上4331）

○法院於認定有無侵害著作權之事實時，應審酌一切相關情狀，就認定著作權侵害的兩個要件，即所謂接觸及實質相似為審慎調查，其中實質相似不僅指量之相似，亦兼指質之相似。在判斷圖形、攝影、美術、視聽等具有藝術性或美感性之著作是否抄襲時，如使用與文字著作相同之分析解構方法為細節比對，往往有其困難度或可能失其公平，因此在為質之考量時，尤應特加注意著作間之「整體觀念與感覺」。又著作權法第3條第1項第11款所謂「改作」係指以翻譯、編曲、改寫、拍攝影片或其他方法就原著作另為創作者而言。從而立體物製成者，自亦需取得美術著作財產權人之同意，否則即有侵害著作權（改作權）之情形。（97台上6499）

　　提供「超連結」之行為是否符合著作權法第3條第1項第10款「公開傳輸」之定義，基於「技術中立原則」，應以其技術本身客觀上之運作方式資為認定。所謂的「超連結」，乃使用者藉由點選連結路徑開啟、新增外部網站，將使用者帶至該連結之網頁為瀏覽，是超連結之技術手段只是「提供」外部原始已經存在足以供不特定大眾瀏覽、播放各該著作之「路徑」，事實上向公眾提供或傳達著作內容者為將影片上傳之外部影音平台之人，並不是提供超連結之人，故而單純提供超連結，似與「公開傳輸」（指以有線電、無線電之網路或其他通訊方法，藉聲音或影像向公眾提供或傳達著作內容，包括使公眾得於其各自選定之時間或地點，以上述方法接收著作內容。）之構成要件不該當。倘若行為人是使用嵌入式超連結技術，也就是使用者點選連結後，實際上已經連結到外部網站觀看影片，但行為人透過內部程式語言運作，讓頁面外觀看起來仍然停留在原來操作介面的錯覺，這種嵌入式超連結的行為，似仍非「公開傳輸」行為。至於行為人是否基於營利意圖、所彙整之超連結數量多寡、超連結後之影音檔是否集盜版之大成等，係涉及行為人主觀要件，與其所為之客觀行為是否構成「公開傳輸」無涉。

各訴訟繫屬之法院管轄

	民事訴訟	刑事訴訟	行政訴訟
第一審管轄法院	智慧財產法院	各地方法院	智慧財產法院
第二審管轄法院	智慧財產法院	智慧財產法院	最高行政法院
第三審管轄法院	最高法院	最高法院	
		少年刑事案件仍由少年法院（庭）審理，不由智慧財產法院審理	

智財局著作權解釋資料檢索

第二節　商標權

　　商標是將代表某一公司之品牌圖案化，作為一種特殊的標記，經由法律保障以防他人之冒用與仿傚，進而有助於企業形象之建立（同時有名氣的商標附在信用放款中設定權利，可增加貸款額度）。另為維護國家經濟發展而擬訂法院相關處理原則。

　　商標法，特別增訂外國商標的優先權，即該外國與我國間若訂有相互保護協定，於首次申請日之翌日起6個月內向我國申請註冊者，得主張優先權，同時將過去所使用較模糊的「顯著性」文字，予以具體化，要求必須足以使一般商品購買人能夠認識其所為表彰商品之標幟，並得藉以與他人之商品相區別。同時增加防護商標，得指定使用於非類似而性質相關聯者，同時也將申請延展註冊的期間改為應於屆滿前6個月起至屆滿後6個月內之1年期間，且對於註冊人取得專用權，以公告期滿次日為註冊日外，且對於商標文字之使用的限制加以刪除，使其更具有合理性。另修正條文對有相互保護協定、承認者，得主張優先權，不過此處承認必須經濟部核可，才能生效。

　　有關真正商品之平行輸入，依照中美智慧財產權之談判，達成對真品平行輸入以原則禁止，例外許可，使得消費者權益受損之情形，比比皆是，由於該類產品屬真品均無疑義，倘若真品平行輸入，其與我國商標使用權人行銷之產品，其品質無引起一般社會消費大眾之混同、誤認或欺矇之事實的話，其對商標使用權人之營業信譽及消費者之利益保障均無實質可供證明之損害者，將可一方面有助於避免商品獨占而觸犯到公平交易法所規範的獨占壟斷並控制商品價格之問題發生，同時另一方面亦將有助於促進消費價格之合理發展，而達到市場自由競爭的立法目的，此可參照81年台上字第2444號判決所為之說明而得到一個印證，特提出供參酌之。

　　同時依據財政部關稅總局公告，從83年10月1日起，只有向經濟部國貿局登錄商標權（手續費50元）者，海關方實施仿冒商標監視，而海關查扣侵害商標者，係依據101年8月2日公布之「海關查扣侵害商標權物品實施辦法」提出資料及保證金，此點須特別留意，以保障權益。

　　申請分割費如下：

一、註冊申請案，按分割後增加之件數，每件新台幣2,000元。

二、商標權、證明標章權或團體商標權，按分割後增加之件數，每件新台幣2,000元。

三、商標權、證明標章權或團體商標權，於異議、評定或廢止案件確定前申請分割者，依前款規定核計後，加收新台幣2,000元。

　　商標註冊：商標應依商品服務分類表之類別順序，指定使用之商品或服務類別。

　　商標權之消滅：

一、商標權期間屆滿未經依商標法第34條延展註冊者。

二、商標權人死亡而無繼承人者。（商標§47）。

三、依第45條規定拋棄商標權者，自其書面表示到達商標專責機關之日消滅。

四、商標權人為法人，經解散或主管機關撤銷登記者。但於清算程序或破產程序終結前，其商標權視為存續。

五、未依規定繳費，自加倍繳費期限屆滿之次日起。

商標專用權之撤銷：

一、異議案件經異議成立者。（商標§54）

二、案件經評定成立者。（商標§60）

三、自行變換商標或加附記，致與他人使用於同一商品或類似之商品或服務之註冊商標構成相同或近似而使用者。

四、無正當事由迄未使用或繼續停止使用已滿3年者。（商標§63）

　　服務時間：星期一至五，上午9時至12時，下午2時至5時止（收費至下午4時止）。

經濟部光碟聯合查核小組（台北市大安區辛亥路二段185號3樓，TEL：(02)2376-6153）

第一款　智慧財產局閱覽複印資料之申請

承辦單位：資料服務組
地址：台北市辛亥路二段185號3、4樓
電話：專利商標資料（02）23767164，著作資料27380007

一、申請辦法

　　該局主管之商標、專利及著作資料，除供應該局同仁閱覽參考外，並對外開放，提供閱覽服務，各界人士應至服務台登記，並提出身分證明文件換取閱覽證（此係一般前往公家機關閱覽之統一規定）。

二、應備文件

(一) 身分證明文件。

(二) 專利、商標、著作資料閱覽複印申請表（逕洽該局四樓服務台索取）。

三、申請手續

(一) 依式填寫專利、商標、著作資料閱覽複印申請表，分交該局四樓或六樓服務台。

(二) 服務台收到申請表後，即檢索申請人所需資料並交給申請人閱覽或複印。

(三) 申請人閱畢或複印後，應將資料送還服務台換回證件。

　　開放時間：

(一) 星期一至星期五：上午8時30分至下午5時30分止。

(二) 星期六、日及國定假日不開放。

　　辦理各類商標申請事項，應繳規費者，請以下列方式，擇一為之：

(一) 現金：限臨櫃繳納，不可郵寄。

(二) 轉帳（ATM、網路ATM、網路轉帳）、電匯或至合作金庫銀行任一分行填寫「聯行存款憑條」存款繳納，帳號0877-705-658811、戶名為「經濟部智慧財產局」。繳納後請將繳納之證明文件（如ATM之交易明細單、網路轉帳成功資料、電匯單、聯行存款憑條收據聯），連同申請案件（或繳費通知單）郵寄或現場臨櫃送件。

(三) 票據：限即期票據（支票、匯票、銀行本票），受款人為「經濟部智慧財產局」並請記載「禁止背書轉讓」。

(四) 郵政劃撥：劃撥帳號00128177，戶名爲「經濟部智慧財產局」，劃撥單通訊欄請加註「商標申請案號／註冊案號」、「申請人名稱」、「商標名稱」、「聯絡電話」等項目（俾便聯絡），本劃撥帳號請勿以電匯或轉帳方式辦理。寄件地址：台北市大安區辛亥路二段185號3樓。

第二款　商標權申請案之申請

> 承辦單位：商標權組
> 地址：台北市辛亥路二段185號3樓
> 電話：（02）23767500、23767530、23767560（規費）
> 　　　（02）23767570（查詢）

一、申請辦法

(一) 商標即表彰個人或法人營業範圍內所生產、製造、加工、揀選、批售或經紀之商品之標誌，其可爲具有特別顯著性之文字、圖形、記號或其聯合式。註冊商標設有聯合及防護商標，只要使用其一，其餘未使用者，即認並無迄未使用或繼續停止使用滿2年之情事。商標之使用雖不以註冊爲要件，但在採註冊主義之我國，欲專用某一商標者，必須向商標主管機關智財局申請核准註冊後，才有法律上的保障而得據以排除或防止他人之侵害。商標註冊登記之另一項好處爲防止他人以相同或近似之商標搶先申請註冊，避免商標首創使用人反成爲仿冒者，而任商標老鼠予取予求。

(二) 商標申請所需文件及資料如下：

1. 申請書表一份：申請人無論是自然人或法人均需於申請書上蓋章。

2. 商標部分：

(1) 指定使用在第一類至第三十四類者，同類商品中指定使用之商品個數在20種以下者，每類新台幣3,000元。

(2) 指定使用在第三十五類至第四十五類者，每類新台幣3,000元；分期繳納者，第一期每類新台幣1,000元，第二期每類新台幣1,500元。依本法第13條規定以電子方式申請商標註冊者，前項註冊申請費，每一案件減收新台幣300元；指定使用在第三十五類之特定商品零售服務，超過5個，每增加1個加收新台幣500元。

3. 申請人之資格證明文件：申請人若爲個人，主管機關認爲有必要時，得通知申請人檢附身分證明或法人證件；申請人若本國公司，以具結書爲之，請於具結書簽章（但亦得檢送工廠登記證或公司執照影本代之）；申請人若爲外國法人／個人，則檢送指定商品之證明文件（如宣誓書、商品型錄等）。

4. 委任書原本1份：本國申請人未設代理人者免附；外國申請人之委任書應檢附中譯文。

5. 商標圖樣5張，如爲彩色另加2張黑白圖：以堅韌光潔之紙料爲之，長與寬均不得超過5公分，同時可用影印紙。

6. 指定商品名稱及類別：一申請案僅能涵蓋一個商標於一類產品上，商標權範圍僅限於所指定之商品。

7.商標申請註冊規費：正商標或聯合商標每類新台幣2,500元整（全期）。

二、申請手續

(一) 依式填寫申請書，並加蓋申請人印鑑後，連同規費逕送或郵寄該局收文單位收文掛號。申請程序中可檢附文件，更換或變更申請人名義；同時在申請程序中，亦可變更商品類別及商品名稱，合併說明之。

(二) 關於商標申請或其他程序違背有關法令所定之程序及程式，不繳規費、申請書、圖樣、不明晰、不完備或營業範圍與指定使用商品不符者，該局將通知補正或更換，為把握申請時效，此點請特別注意。

(三) 商標之申請及其他程序延誤法定或指定之期間者得予駁回，但因不可抗力或不可歸責於該當事人之事經查明屬實者不在此限。

(四) 關於申請註冊之商標，經審查後，認為合法者，除以審定書送達申請人外，先刊登於商標公報，俟滿3個月無利害關係人之異議或異議經確定不成立後，始予註冊。

(五) 在他人申請商標註冊前，善意使用相同或近似之商標於同一或類似之商品或服務，不受他人商標專用權之效力所拘束。

委任狀

為○○服務標章（商標）案件，茲委任受任人為特別授權代理人，就本案件有直接向主管機關申辦一切事項之權。

　　謹　呈

經濟部智慧財產局　公鑒

　　　　　　　　　　　　　　　　　　委任人：
　　　　　　　　　　　　　　　　　　代表人：
　　　　　　　　　　　　　　　　　　住址：
　　　　　　　　　　　　　　　　　　受任人：
　　　　　　　　　　　　　　　　　　住址：

第三款　標章專用權申請案之申請

一、申請辦法

標章類別區分為證明標章及團體標章二類。

(一) 證明標章，指證明標章權人用以證明他人商品或服務之特定品質、精密度、原料、製造方法、產地或其他事項，並藉以與未經證明之商品或服務相區別之標識。

(二) 團體標章，指具有法人資格之公會、協會或其他團體，為表彰其會員之會籍，並藉以與非該團體會員相區別之標識。

以上依商標法第二章規定申請註冊。

二、應備文件

(一) 申請書一全份（逕向該局書表室洽購，每份售價新台幣10元整，或劃撥郵政第010727-2號帳戶即寄）。

(二) 規費：服務標章每件新台幣5,000元整；團體標章或證明標章註冊費，每件新台幣2,500元。分期繳納者，第一期每類新台幣1,000元，第二期每類新台幣1,500元。可以即期之銀行支票、本票或郵政劃撥方式繳付，受款人請書明「經濟部智慧財產局」，帳號為0012817-7。電子申請全部指定使用之商品或服務與電子申請系統參考名稱相同，每件減收新台幣300元。

(三) 標章圖樣15張（應用堅韌光潔之紙料為之，其長及寬均不得超過5公分，如標章圖樣為彩色，應另檢附黑白圖樣3張）。圖樣上若有外文，則須具其三倍大以上之中文。

(四) 申請人應檢具之證明文件：

1. 本國法人：以具結書為之，請於具結書簽章（但亦得檢送工廠登記證、營利事業登記證或公司執照影本代之）。

2. 本國人：須經相關主管機關特許之服務項目仍請檢送具體營業證明文件。

3. 外國法人／個人：檢送指定服務之營業證明文件，如宣誓書。

(五) 營業範圍證明，請檢附下列證件：

1. 外國商：

(1) 載明經營指定營業之法人或國籍證明（須經駐外機構簽證或當地法院認證）。

(2) 聲明經營指定營業之宣誓書（須經公證）。

(3) 在主要國家或其本國註冊於申請註冊服務標章所指定營業之註冊證影本。

(4) 報章雜誌廣告（國內外）指定營業之資料或營業型錄正本等。

(5) 經公證之公司章程或其本國主管機關發給之商業登記證明。

(6) 子公司或被控股公司經營指定營業時，可檢附其經營指定營業之前述(1)至(5)證明及該公司為其控股或子公司之證明（須經簽證或認證）。

(7) 申請人公司名稱即可明瞭經營指定營業者，免附營業範圍證明。

2. 本國商：公司、行號或工廠

(1) 公司執照、營利事業登記證或工廠登記證，擇一檢送。

(2) 前項營業證明所載經營事業範圍未具體明確者，請檢送經營指定商品之銷貨憑證、廣告或型錄等。

3. 個人：

(1) 繳納營業稅之證明及經營指定商品之銷貨憑證、廣告或型錄等。

(2) 村、里長或警政機關證明及經營指定之商品之進貨銷貨憑證、帳簿、廣告或型錄。

4. 證明標章之申請人證明文件：

(1) 申請人得為證明之資格或能力之文件（例如：組織章程或法人登記文件）。

(2) 標示標章之條件（例如：認證規章或作業規範）。

(3) 控制標章使用之方式（說明他人在何條件下取得或喪失標章使用權）。

(4) 申請人不以本標章從事商品之製造行銷或服務提供之聲明書。

(5) 申請人註冊時已使用者，檢附使用之證明，未使用者，檢附使用計畫書。

5. 團體標章之申請人證明文件：

(1) 申請人組織之證明文件（例如：組織章程）。

(2) 申請人成員資格之規定文件（例如：規定第三人如何成為會員之說明文件）。

(3) 對於標章使用之控制（例如：說明會員在何種條件下取得或喪失標章使用權）。

(4) 同前證明標章之(5)。

三、申請手續

(一) 依式填寫申請書，並加蓋申請人印鑑後，連同規費巡送或郵寄該局收文單位收文掛號。

(二) 關於標章申請或其他程序違背有關法令所定之程序及程式，不繳規費、申請書、圖樣、不明晰、不完備或營業範圍與指定使用商品不符者，該局將通知補正或更換，為把握申請時效，此點請特別注意。

(三) 標章之申請及其他程序延誤法定或指定之期間者得予駁回，但因不可抗力或不可歸責於該當事人之事經查明屬實者不在此限。

(四) 關於申請註冊之標章，經審查後，認為合法者，除以審定書送達申請人及其代理人外，先刊登於商標公報，俟滿3個月無利害關係人之異議或異議經確定不成立後，始予註冊。

第四款　商標審定及註冊事項變更登記之申請

一、申請辦法

商標審定或註冊事項有變更時，應檢具有關文件向商標主管機關申請變更登記。

二、應辦理審定或註冊事項變更登記之認定標準

(一) 於審定公告3個月期間或審定公告中被異議未確定前，發生註冊事項有變更時，辦理審定變更。

(二) 於審定公告3個月期滿無人異議或異議不成立確定後，發生註冊事項有變更時，辦理註冊變更。

1. 申請變更註冊申請事項或註冊事項，每件新台幣500元；其於一變更申請案中同時申請變更多件相同事項者，依變更案件數計算之。

2. 申請減縮註冊商標所指定使用之商品或服務，每件新台幣500元。

三、審定事項之變更應檢具之文件及資料

(一) 申請書乙份（逕向該局服務台洽購）。

(二) 證明文件：

1. 申請人名義之變更：應附讓與同意書。審定商標變更申請人名義，應附讓與同意書。

讓與同意書應載明「與其營業一併讓與」，並加蓋雙方（讓與人、受讓人）印鑑。讓與人（即原商標申請人）印鑑須與申請時之原印鑑相符。若原申請印鑑遺失，應先另案以原申請人名義辦理印鑑變更後，再行辦理申請人名義變更。若雙方之代表人係同一人時，因涉及公司法「雙方代表」禁止之規定，應加蓋一方不執行業務股東章，並附股東名冊影本（以行號負責人名義取得之註冊商標，若行號負責人變更，應辦理移轉）。

2. 申請人公司名稱之變更：應附更名文件（如載明更名事項之公司執照或公司變更登記事項卡影本）。

3. 申請人公司代表人之變更：應附公司執照或營利事業登記證影本。如為外國公司，應另檢附經簽證之公司更名及法人證明各乙份辦理之。

4. 申請人地址之變更：公司應附公司執照、營利事業登記證影本，個人應附國民身分證影本。

5. 印鑑之變更：若係更換，應同時蓋原印鑑及新印鑑；若係遺失，應附報紙遺失啓事；倘僅不知原印鑑為何，可申請影印原登記印鑑。

6. 代理人之變更：應附委任狀。

7. 商標種類變更：應檢附相關商標之審定書或註冊證影本。

四、註冊事項之變更應檢具之文件及資料

(一) 申請書乙份（逕向該局服務台洽購）。

(二) 證明文件：

1. 註冊人姓名或公司名稱之變更：應附身分證（正反面）影本或公司更名文件（如公司執照或公司變更登記事項卡影本）及註冊證原本。

2. 註冊人公司代表人之變更：應附營利事業登記證，或公司變更登記事項卡影本。

3. 外商公司名稱變更應附經公證之更名文件，法人證明文件及其中文譯本、註冊證原本。

4. 外商公司中文譯名變更應附載有新中文譯名之證明文件、註冊證原本。

5. 個人變更為個人獨資行號應附行號營利事業登記影本、註冊證原本。

6. 行號變更為行號獨資之個人應附國民身分證正反面影本各乙份、該行號目前尚在營業之證明文件、註冊證原本。

7. 地址之變更：公司應附公司執照或營利事業登記。個人應附國民身分證影本。

8. 印鑑之變更：若係更換，應同時蓋原印鑑及新印鑑；若係遺失，應附報紙遺失啓事。

9. 代理人之變更：應附委任狀。

10. 商標種類變更：應檢附相關商標之審定書或註冊證影本。

五、指定商品之減縮

(一) 每件規費新台幣500元。

(二) 申請書乙份。

(三) 申請書內容應載明原指定商品、擬減縮商品及減縮後指定商品。

(四) 註冊證原本。

(五) 代理人委任書應載明該項減縮商品之特別委任。

第五款　商標移轉註冊、授權及設定質權案之申請

一、申請辦法

商標權如有移轉情事，應依商標法第42條之規定，向商標專責機關申請移轉登記。公司雖已解散，但因清算程序而暫行營業中，不得將公司所有之註冊商標移轉；申請移轉登記後，關係人亦不得以申請人不履行移轉契約上之債務而請求撤回或緩辦；公司合併入他公司者，則得檢附合併證明文件，辦理移轉登記。同時依商標法第39條、第44條可分別辦理授權及設定質權之申請。

(一) 申請授權或再授權登記，每件新台幣2,000元。

(二) 申請廢止授權或再授權登記，每件新台幣1,000元。

(三) 申請移轉登記，每件新台幣2,000元。

(四) 申請質權設定登記，每件新台幣2,000元。

(五) 申請質權消滅登記，每件新台幣1,000元。

二、申請人（即受讓人）應具備之文件及資料

(一) 移轉登記申請書1份。

(二) 申請人證明文件：

1. 本國法人／本國人：以具結書為之，請於具結書簽章。

2. 外國法人／外國人：檢送委任書指定商品營業之證明文件（如宣誓書、商品型錄等）。

(三) 關係人（即讓與人）證明文件：

1. 個人（包括冠以行號名稱者），應檢附身分證正反面影本1份。

2. 外國法人：經我國駐外機構簽證之最近1年內之法人證明文件暨其中譯本。

3. 外國人：經我國駐外機構簽證之最近1年內之國籍證明書暨其中譯本。

(四) 註冊證正本。

(五) 委任代理人者：應附代理人委任書正本乙份，如前已附正本者，可附影本，但須註明正本附於何案卷內，以最近5年內為限。委任書內應載明得為移轉登記之代理權限。外商依法應設有代理人。（商標§61Ⅰ）

(六) 關係人（即原專用權人）係本國公司行號者：應附移轉當時尚在營業之證明（如當月或當季之營業稅單影本，或統一發票購買證封面及當月份之存根影本各乙份，如已申請停業者，得以稅捐處核准暫停營業之證明代替尚在營業之證明）。

(七) 外商移轉予外商者：附雙方簽署之移轉契約書正本暨其中譯本。

(八) 繼承移轉者：應附原專用權人死亡證明書、原專用權人全戶之戶口謄本影本及各繼承人同意讓歸一人使用或其他各繼承人均拋棄繼承之證明文件。

三、移轉登記應注意事項

(一) 商標權之移轉，應向商標專責機關申請登記，未經登記者，不得對抗第三人。（商標§42）

(二) 商標權移轉，申請人係為「表彰自己營業之商品，確具移轉意思者」。

(三) 商標權人為法人，經解散或主管機關撤銷登記及商標權人死亡而無繼承人者，其商標權當然消滅。（商標§47）

四、商標移轉登記與變更事項登記之區分標準

商標權人遇有更異時，究應辦理移轉登記抑或變更登記，常為申請人困擾之問題。簡言之，即權利主體有變動時，應辦理移轉登記；權利主體未變動，僅名稱有更異時，則辦理變更登記。又審定公告中縱權利主體有變動，依法亦僅辦理變更登記，蓋移轉登記乃專指已註冊之商標而言。詳言之如下：

變更情形	應辦理事項	變更情形	應辦理事項
個人甲→商號甲（個人甲）	變更	個人甲→A 公司	移轉
A 商號甲→B 商號甲	變更	商號甲→A 公司	移轉
A 公司（更名）→A 公司	變更	A 公司（或合併）→B 公司	移轉
A 有限公司→A 股份有限公司	變更	個人甲→個人乙	移轉
		個人甲→商號乙	移轉

五、授權使用應備文件

(一) 商標權及授權使用人資格證明。

(二) 授權使用合約及使用公告表。

(三) 註冊證正本及代理人委任書。

如為再授權：

(一) 再授權使用之商標權人同意書。

(二) 原授權核准函影本。

六、質權應備文件

除質權契約書及設定質權公告表，餘同前。

第六款 商標或團體標章延展註冊案之申請

一、申請辦法

商標或團體標章專用期間屆滿欲申請延展註冊者，應於期滿前半年內向商標專責機關申請。

二、申請人（即商標權人）應檢具之文件及資料

(一) 每件規費新台幣4,000元整。

(二) 申請書暨證明書乙份（內附商標或標章圖樣浮貼一張註冊公告表一式2張，逕向該局服務台洽購）。申請書及公告均須具體指明有實際使用且欲延長之商品名稱。

(三) 商標原設色圖樣5張（浮貼於商標圖樣浮貼紙）。

(四) 必要時得通知申請人檢送之證明文件：

1. 本國法人：法人證明文件影本，如經濟部公司執照影本暨營利事業登記證影本。

2. 本國人：

(1) 工廠：應以代表人申請，但得冠以工廠名稱、檢附工廠登記證影本及營利事業登記證影本各乙份。

(2) 行號：應以代表人申請，但得冠以行號名稱、檢送營利事業登記證影本乙份。

(3) 個人：成年人應附身分證正反面影本乙份。如為限制行為能力人，除身分證正反面影本外，另附戶籍謄本影本及法定代理人簽章之同意書。（民法§77、§79）

3. 外國法人：經我國駐外機構簽證或當地法院認證之最近5年內之法人證明文件暨其中譯本。

4. 外國人：經我國駐外機構簽證或當地法院認證之最近5年內之國籍證明文件暨其中譯本。

(五) 申請人為本國公司或商號者：應附尚在營業之證明（如當月或當季之營業稅單影本，或統一發票購買證封面及當月份之存根影本各乙份，如已申請停業者，得以稅捐處核准暫停營業之證明代替尚在營業之證明）。

(六) 註冊證正本。

(七) 委任代理人者：應附代理人委任書正本乙份，如前於他案已送正本者，可以影本替代，但須註明正本附於何案卷內，外商依法應設有代理人。（商標§6及施行細則§5 I）

(八) 申請延展註冊應於屆滿前6個月至屆滿後6個月內申請（商標§34 I），如係外文者，應附中譯本。（施行細則§3）

(九) 商標權人名稱或其代表人、代理人之姓名、住所、營業所、事務所或印章有變更者，請於申請書上直接填寫新註冊人名稱、代表人、代理人、住所及加蓋新印章，並檢附證明文件，毋庸另案辦理變更。

三、註冊商標應如何使用

(一) 應由註冊本人或經登記之被授權人使用：註冊商標應由註冊人本人使用，未經商標專責機關核准授權他人，及註冊人本人無正當理由迄未使用或繼續停止使用已滿3年者，應廢止其商標之專用權（商標§63 I 參照）。如註冊人為個人，而實際使用者為此個人負責之公司，此時不僅構成違法授權，亦構成迄未使用之情事。

(二) 應使用於指定之商品：營業內實際使用之商品（營業）

1. 依修正後商標法註冊之商標，應使用於指定之商品，若使用於未經指定之其他商品，

不視為合法使用註冊商標。其已經延展註冊者，使用時亦同。且若同時註冊數種商品，而使用時僅使用其中一種商品，則延展時，僅能就有使用之商品延展。另外，有撤銷案時，亦可僅就未使用之商品部分撤銷。（商標§55）

2. 商標相同或近似於他人同一商品或類似商品之註冊商標或期滿失效後，未滿年之註冊商標者不得申請註冊，但註冊商標失效前已有2年以上未使用者，不在此限。

(三) 應以請准註冊商標之圖樣使用：使用商標，應以請准註冊商標之圖樣登記使用。若註冊商標實際使用之圖樣與核准註冊之商標圖樣不同，當非原註冊之商標。

(四) 商標之使用應使用於商品、包裝或容器、標帖、證明書、價目表或其他類似物上，而持有、陳列或散布、行銷國內市場或外銷為其目的。商標於電視、新聞紙類廣告或參加展覽會展示以促銷其商品者，視為使用。惟需以所促銷之產品確實存在為前提，不實之廣告自難採信。

商標之使用，應具備二要件：

1. 為行銷目的，將商標標示於商品、服務或其有關之物件之上。

2. 行銷或為行銷之目的利用平面圖像、數位影音、電子媒體或其他媒介物足以使消費者認識其商標者。

(五) 註冊商標有使用之證明文件：

1. 標示商標圖樣或持有證明：例如註冊人或經登記之授權使用人，為行銷之目的而將標示於商品實物、型錄、照片、包裝袋、容器、說明書、價目表或載有商標之交易憑證等類似物件，又該證物上須標示日期與製造廠商。

2. 行銷國內市場之證明：例如買賣收據、統一發票、進口證明、提單、發貨單、經稅捐稽徵處驗印之帳冊、銷貨簿等。

3. 外銷之證明：例如輸出許可證，出口報單、檢查證明、完稅證明等。

4. 廣告之證明：例如各種報紙、雜誌、電視之廣告及參加展覽會展示（收據、現場照片）之證明等。

5. 陳列證明：例如陳列於商店、賣場商場、販賣所等。將標示商標圖樣之物件陳列於第三人得任意選購、瀏覽之場所證明。

6. 散布之證明：將有標示商標圖樣之物件散布於第三人得自由取得之場所證明，如沿街分送、挨戶遞送等。

四、延展註冊之申請之核准

以該商標（標章）註冊指定商品（營業）內實際使用之商品（營業）為限。

第七款　商標、服務標章補（換）發註冊證之申請

一、申請辦法

註冊證遺失或毀損時，商標權人得依商標法之規定敘明理由，並檢附證明申請補（換）發。

二、應繳規費及應檢具之文件

(一) 規費每件新台幣500元整。
(二) 申請書表及補（換）發註冊證公告表各乙份。
(三) 與原服務標章設色一致之圖樣2張（浮貼於申報書）。
(四) 原註冊證遺失者：附報紙遺失啓事，報紙應爲全張，若係剪貼，應經刊登廣告之報社註明刊登日期並加蓋印章。
(五) 原註冊證毀損者，附毀損之原註冊證。
(六) 設有代理人者，附送最近5年內委任狀。
(七) 商標（服務標章）專用權補（換）發註冊證公告表。

三、補（換）發註冊證注意事項

　　申請書上應蓋用原申請時所用之印鑑。如係原印鑑遺失，應另案辦理變更印鑑，並於申請書正面左下角註明申請日期。

第八款　商標異議案之申請

一、申請辦法

　　依商標法第48條規定，對於違反第29條第1項、第30條第1項或第65條第3項規定之情形者，任何人得自商標註冊公告之日後3個月內，檢具該局統一印製之申報書、規費及有關證件提出異議。

二、應備文件

(一) 異議申請書正、副本各乙份（每份新台幣10元整，請劃撥郵政0107027-2號帳戶，填明數量即寄），並載明：
1. 異議人姓名或公司名稱、地址、電話。
2. 被異議人姓名或公司名稱、地址、電話。
3. 兩造若設有代理人，其代理人姓名、地址、電話。
4. 被異議商標之審定號數及名稱。以一案一商標爲原則。
5. 主張法條（務必註明條、項、款）。
6. 事實理由（除應詳實外，如有證據並應依序編號）。
7. 證據資料2份（包括市場調查報告、補充證據正、副本乙份，多數案件應個別處理，勿多案援引一份證據資料；若係外文資料，應檢送中文譯本，重點翻譯即可）。證據應採用正本以爲查核之準據。
8. 異議人、代理人之署名蓋章。
9. 年、月、日。
(二) 申請費：每類新台幣4,000元整（以現金、支票、劃撥郵政0012817-7號帳戶爲限，惟不得以一張支票或劃撥單同時繳付二種以上之費用）。

(三) 異議人資格證明文件：

1. 自然人：身分證影本。
2. 公司：公司執照影本。
3. 團體：主管機關核准成立之文件。
4. 工廠：工廠登記證影本。
5. 行號：營利事業登記證影本。
6. 外國人或外國法人：經簽證之國籍或法人證明文件。

(四) 設有代理人者，須附委任狀。

(五) 國籍證明書及外國法人證明文件或其代理人委任書及其他文件係外文者，應檢附中文譯本。

三、申請手續

由異議人或其委任之代理人填具前項應備文件依(一)異議申請書正本、(二)資格證明文件、(三)委任狀、(四)證據資料正本、(五)異議申請書副本及證據資料副本之順序排列後，可親送該局商標服務台收辦或逕以掛號郵寄該局辦理。

第九款　商標評定案之申請

一、申請辦法

商標之註冊違反商標法第29條第1項、第30條第1項或第65條第3項規定之情形者，依商標法第57條之規定具有利害關係之人或審查人員，得檢具該局統一印製之申請書、規費及有關證件申請評定。

二、應備文件

(一) 評定申請書正、副本各乙份（每份新台幣10元整，請劃撥郵政0107027-2號帳戶，填明數量即寄），並載明：

1. 申請人姓名或公司名稱、地址、電話。
2. 被申請人姓名或公司名稱、地址。
3. 兩造若設有代理人，其代理人姓名、地址、電話。
4. 被評定商標之註冊號數及名稱。以一案一商標為原則。
5. 主張法條（務必註明條、項、款）。
6. 事實理由，除應詳實外如有證據正、副本各乙份。多數案件應個別處理，勿多案援引乙份證據資料。若係外文資料，應檢送中文譯本，重點部分翻譯即可。
7. 證據資料：包括補充證據正、副本乙份，多數案件應個別處理，勿多案援引一份證據資料。若係外文資料，應檢送中文譯本，重點部分翻譯即可。
8. 異議人署名蓋章。
9. 有代理人者署名蓋章。
10. 年、月、日。

(二) 申請費：每類新台幣7,000元整（以現金、支票、劃撥郵政0012817-7號帳戶為限，惟不得以一張支票或劃撥單同時繳付二種以上之費用）。

(三) 申請人資格證明文件：

1. 自然人：身分證影本。

2. 公司：公司執照影本。

3. 團體：主管機關核准成立之文件。

4. 工廠：工廠登記證影本。

5. 行號：營利事業登記證影本。

6. 外國人或外國法人：經簽證之國籍或法人證明文件。

(四) 設有代理人者，須附委任狀。

(五) 國籍證明書及外國法人證明文件或其代理人委任書及其他文件係外文者，應檢附中文譯本。

三、申請手續

由異議人或其委任之代理人填具前項應備文件依(一)評定申請書正本、(二)資格證明文件、(三)委任狀、(四)證據資料正本、(五)評定申請書副本及證據資料副本之順序排列後，可親送該局商標服務台收辦或逕以掛號郵寄該局辦理。

第十款　聲請流程及實體審查

一、聲請流程圖

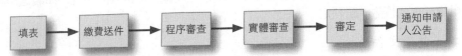

二、實體審查事項

(一) 特別顯著性：商標圖樣必須具備有能讓一般消費者認識為表彰商品來源之特質而得以據以與他人之商標區別，上述「特質」即特別顯著性；最高行政法院73年度判字第461號判例中所述：「所謂『特別』，係指商標本身具有與眾不同之特別性，能引起一般消費者之注意而言，所謂『顯著』，係指一般生活經驗加以衡酌，其外觀、稱呼及觀念，與其指定使用商品間之關係，足以與他人商品相區別」，亦即有商品商標識別適應性而言。無特別顯著性之商標，自在不准註冊之列。良以特別顯著性係商標之註冊要件，標章之使用，僅以使用者有主觀之意念，以其作為商標而使用於商品，猶有未足，應以一般消費者有以其作為商品營業者信譽之標誌之客觀認識而後可」，即對「特別顯著性」作較具體的定義。依目前實務，有下列情形之一之商標不被認為具有特別顯著性：

1. 簡單常見之線條或幾何圖形，如單純三角形或圓圈；

2. 構圖複雜之圖形，如風景畫；

3. 標語、口號或祝賀詞，如「法律之前，人人平等」、「復興中華文化」、「新年快樂、萬事如意」；

4. 包裝圖形，如皮夾之邊飾，包裝盒之展開圖；

5. 單純數字之組合，如PCX-2000易被認為係產品型號；

6. 通用之法人、組織或團體名稱，如「股份有限公司」、「基金會」、「法律事務所」、「俱樂部」。

以上僅為例示，實際運用狀況仍需視個案而定。

(二) 說明性：商標圖樣中之文字、圖形、記號或其聯合式係表示申請註冊商標所使用商品之說明或表示商品本身習慣上所通用之名稱、形狀、品質、功用者，不得申請註冊。其例如次：

1. 「滋養露」之用於汽水；

2. 「牛黃散」之用於藥品；

3. 「螢光劑」之用於染料；

4. 「兩用」之用於肥皂；

5. 「爽口」之用於藥品含錠；

6. 「COPYER」之用於影印機。

針對說明性，中央標準局為顧及申請人所設計商標之整體性，准許申請人以聲明方式捨棄商標圖樣中不能申請專用之部分，此部分通常具有說明性。欲適用此「捨棄部分專用權制度」，必須符合下列三個要件：

1. 去除該部分則失其商標之完整性；

2. 申請人聲明該部分無商標權；

3. 該商標已在使用。

(三) 近似性：商標圖樣相同或近似於他人同一商品或類似商品之註冊商標或期滿失效後未滿2年之註冊商標者不得申請註冊，但註冊商標失效前已有2年以上未使用者，不在此限。

經上述三項審查後若無問題，並不表示該商標可獲准審定，若商標圖樣有下列情形之一者，其申請案亦會遭核駁：

1. 僅為發揮商品或服務之功能所必要者。

2. 相同或近似於中華民國國旗、國徽、國璽、軍旗、軍徽、印信、勳章或外國國旗者或世界貿易組織會員依巴黎公約第6條之3第3款所為通知之外國國徽、國璽或國家徽章者。

3. 相同於國父或國家元首之肖像或姓名者。

4. 相同或近似於中華民國政府機關或其主辦展覽會之標章，或其所發給之褒獎牌狀者。

5. 相同或近似於國際跨政府組織或國內外著名且具公益性機構之徽章、旗幟、其他徽記、縮寫或名稱，有致公眾誤認誤信之虞者。

6. 相同或近似於國內外用以表明品質管制或驗證之國家標誌或印記，且指定使用於同一或類似之商品或服務者。

7. 妨害公共秩序或善良風俗者。

8. 使公眾誤認誤信其商品或服務之性質、品質或產地之虞者。

9. 相同或近似於中華民國或外國之葡萄酒或蒸餾酒地理標示,且指定使用於與葡萄酒或蒸餾酒同一或類似商品,而該外國與中華民國簽訂協定或共同參加國際條約,或相互承認葡萄酒或蒸餾酒地理標示之保護者。

10. 相同或近似於他人同一或類似商品或服務之註冊商標或申請在先之商標,有致相關消費者混淆誤認之虞者。但經該註冊商標或申請在先之商標所有人同意申請,且非顯屬不當者,不在此限。

11. 相同或近似於他人著名商標或標章,有致相關公眾混淆誤認之虞,或有減損著名商標或標章之識別性或信譽之虞者。但得該商標或標章之所有人同意申請註冊者,不在此限。

12. 相同或近似於他人先使用於同一或類似商品或服務之商標,而申請人因與該他人間具有契約、地緣、業務往來或其他關係,知悉他人商標存在,意圖仿襲而申請註冊者。但經其同意申請註冊者,不在此限。

13. 有他人之肖像或著名之姓名、藝名、筆名、字號者。但經其同意申請註冊者,不在此限。

14. 有著名之法人、商號或其他團體之名稱,有致相關公眾混淆誤認之虞者。但經其同意申請註冊者,不在此限。

15. 商標侵害他人之著作權、專利權或其他權利,經判決確定者。但經其同意申請註冊者,不在此限。

(四) 商標自申請至智慧財產局作出核准或核駁處分,約需費時3至5個月。若為核准審定,該商標將會刊載於商標公報上供公眾審查,自刊載之日起3個月內若無人提起異議,則該商標即進入註冊程序,註冊證則需再等2個月才會獲頒發。商標若被核駁,申請人得於收受核駁審定書30日內向經濟部提起訴願,訴願審查期間約為3個月;訴願人對訴願決定若仍不服,得於收受訴願決定書後或30日內不為確答者得向行政法院提起行政訴訟,行政法院之判決為二審終局判決。

(五) 商標獲准註冊後,其專用期間為10年,自註冊之日起算,但聯合商標及防護商標之專用期間則以其正商標為準。(商標專用權之範圍以請准註冊之圖樣及所指定之商品為限,依商標法之規定取得註冊之商品若欲將之用於同類之其他未指定商品上,可向中央標準局提出聯合商標之申請。)

(六) 服務標章則為表彰自己營業上所提供之服務之標誌,目前一般企業所謂之「形象標誌」(Corporate Image Symbol,簡稱為CIS)絕大部分均以服務標章申請之。服務標章之註冊與保護均與商標相同。

☆憲法上所保障之權利或法律上之利益受侵害者,其主體均得依法請求救濟。中華民國78年5月26日修正公布之商標法第37條第1項第11款(現行法為第37條第11款)前段所稱「其他團體」,係指自然人及法人以外其他無權利能力之團體而言,其立法目的係在一定限度內保護該團體之人格權及財產上利益。自然人及法人為權利義務之主體,固均為憲法保護之對象;惟為貫徹憲法對人格權及財產權之保障,非具有權利能力之「團體」,如有一定之名稱、組織而有自主意思,以其團體名稱對外為一定商業行

為或從事事務有年，已有相當之知名度，為一般人所知悉或熟識，且有受保護之利益者，不論其是否從事公益，均為商標法保護之對象，而受憲法之保障。商標法上開規定，商標圖樣，有其他團體之名稱，未得其承諾者，不得申請註冊，目的在於保護各該團體之名稱不受侵害，並兼有保護消費者之作用，與憲法第22條規定之意旨尚無牴觸。（釋486）

△仿造商標，衹以製造類似之商標可使一般人誤認為真正商標為已足。上訴人等鈐用之三金錢商標，雖無圈帶，然其金錢之個數平排之形狀等，均與某號之三金錢嗲商標相類似，實足以使一般人誤認為即係該號之出品，自不得謂非仿造。（25上7249）

△行政法院之判決，就其事件有拘束各關係官署之效力，為行政訴訟法第4條所明定。本件被告官署根據本院前所為判決以評定原告之南興商標註冊無效，訴願決定、再訴願決定遞予維持，自均無違法可言。（47判3）

△依司法院院字第1557號解釋，原處分、原決定或再訴願官署，於訴願、再訴願之決定確定後，發見錯誤，或因有他種情形，而撤銷原處分，另為新處分，固以訴願人、再訴願人之權利或利益，並不因之受何損害為前提。惟尋繹該項解釋意旨，無非為維護人民之權利或利益。對訴願人、再訴願人之權利或利益，固應注意維護，倘訴願人或再訴願人有其利害關係之相對人時，則該相對人之權利或利益，自亦應同樣維護。本件被告官署於其所為之訴願決定確定後，發見其與本院前就同一事件所為之判決旨趣相牴觸，因而停止原決定之執行。此項處分，固使原告之商標一時不能註冊，但如許原告註冊，則其相對之利害關係人已註冊之商標即不受保護，權衡輕重，應以優先保護該相對人之既得權利為宜。被告官署此項停止訴願決定之執行之處分，應認為與上開解釋之意旨，並無二致。（49判134）

△上訴人曾經申請註冊之「可利痛」商標，其名稱中「利痛」二字，與業經核准被上訴人公司註冊之第6448號，「散利痛」商標名稱主要部分「利痛」二字既屬相同，而其英文商標Coridon與Saridon後五個字母完全相同，字型亦相若，此二商標極相近似，其「龍頭圖」形商標與「虎頭圖」形商標之佈局形狀亦屬相似，尤其裝盒圖樣文字排列構造均相倣效，如將兩造所用之商標在地隔離觀察，均有足以引起混同誤認之虞，自在不應准許之列。（49台上2627）

△(一)商標法第12條規定，係指以普通使用之方法，而表示自己之姓名、商號、或其商品之名稱、產地、品質、形狀、功用等事，附記於商品之上者，始不為他人商標專用權之效力所拘束。上訴人係以與被上訴人近似之商標使用於同一商品，自與該條規定不符。（55台上140）

△商標法第34條（舊）雖規定，關於商標專用權之事項，提出民事或刑事訴訟者，應俟評定之評決確定後，始得進行其訴訟程序。但此所謂商標專用權之事項，參照司法院院字第2134號解釋，係指商標專用權之取得，是否有依商標法規定註冊應為無效之原因，或應認定其範圍有待評定等，屬於商標專用權本身之事項而言。如係單純妨害業經註冊之商標專用權，而由權利人提起排除侵害之民事訴訟時，尚無該條之適用。（56台上503）

○偽造貨物稅查驗證，加貼於偽造之味○味素紙盒，係為達到欺騙他人，銷售偽造商標

商號貨品之目的，故行使偽造公文書罪與偽造商標商號罪，具有方法結果之牽連關係，應從行使偽造公文書一重罪處斷。（69台上1756）

○擅用或冒用他人藥品之名稱、商標、仿單或標籤者，處2年以下有期徒刑、拘役或科或併科5,000元以下罰金。藥物藥商管理法第76條第1項已定有處罰明文，依特別法優於普通法之原則，當排除刑法第253條及商標法第62條之適用，本件被告於製造偽藥外，既有冒用他人藥品名稱、商標、仿單情事，自應另構成藥物藥商管理法第76條第1項之罪，且與其製造偽藥部分，有方法結果之牽連關係，應從一重之製造偽藥罪處斷。（69台上3468）

○上訴人偽造印章戳記及偽造酒類商標加蓋於偽造之金門酒廠出品特級高粱酒商標上，表示業經金門酒廠檢驗合格，依刑法第220條規定，應以文書論，其行為係犯刑法第211條偽造公文書罪及台灣省內煙酒專賣暫行條例第37條第2款之偽造酒類商標罪。（71台上2096）

△被告機關職司商標註冊申請之准駁，其審查應循一切法律規定周詳為之，本件原處分所認定兩商標圖樣近似之事實既無違誤，則其援引核駁之法條雖有錯誤，其上級機關於審理訴願暨再訴願時，予以指日更正，並以其結果並無不合予以決定維持，應屬其職權之正當行使。（72判1575）

○偽造或仿造他人已登記之商標，同時偽造仿單附於偽冒商品行使之行為，如偽造他人商品之仿單，未附加偽造或仿造之商標圖樣者，參照本院19年上字第1773號判例意旨，應依刑法第253條、第216條、第210條及第55條從一重處斷。如偽造他人商品之仿單附加有偽造或仿造商標圖樣者，關於附加偽造或仿造之商標圖樣部分，適用商標法第62條第2款，依刑法第253條處罰。關於文字部分仍屬行使偽造之私文書，為一行為觸犯二罪名，再與其偽造商標行為，仍依上開判例辦理。（72台上1583）

○偽造或仿造他人已登記之商標，同時偽造仿單附於偽冒之商品內行使之行為，如偽造他人商品之仿單附加有偽造或仿造商標圖樣者，關於附加偽造或仿造之商標圖樣部分，應適用商標法第62條第2款，依刑法第253條處罰，關於仿單之文字部分，仍屬偽造私文書，則明知為偽造或仿造之商標商號之貨物及以偽造之「正」字標記之準公文書及私文書之仿單附於偽冒之商品內而販賣，自有刑法第216條、第220條、第210條、第211條及第254條之適用，為一行為觸犯數罪名。（72台上3394）

△商標以圖樣為準，所用之文字、圖形、記號或其聯合式，應特別顯著，並應指定所施顏色，為商標法第4條第1項所明定。茲所謂「特別」係指商標本身具有與眾不同之特別性，能引起一般消費者之注意而言；所謂「顯著」，係指依一般生活經驗加以衡酌，其外觀、稱呼及觀念，與其指定使用商品間之關係，足以與他人商品相區別者而言。（73判461）

○偽造或仿造他人已登記之商標，同時偽造仿單附於偽冒之商品內行使之行為，如偽造他人商品之仿單附加有偽造或仿造商標圖樣者，關於附加偽造或仿造之商標圖樣部分，適用商標法第62條之2處罰。關於文字部分仍屬偽造之私文書，為一行為觸犯二罪名，再與偽造商標行為從一重處斷。（75台上1051）

○以購印有「金帝」牌等商標機油空罐，以自製機油裝入該空罐以賤價出售與各機車

行,原判決事實並未認定上訴人等有意圖不法所有詐欺之犯意,自不能認違反商標法當然含有詐欺性質而與詐欺罪有方法結果之牽連關係。(76台上568)

△系爭「阪井サカイ」商標圖樣阪井サカイ,其「阪井」之日文讀法即爲「サカイ」。而日本文字係包括漢字及假名;系爭商標圖樣中之「阪井」二字固屬中文,但與圖樣中之「サカイ」作整體觀察已成日文型態,何況「阪井」乃日本國之地名,我國境內迄無該地名,我國法人竟使用十足具有外國(日本)商標態樣之外國地名作爲商標,自有使一般消費者誤認其指定使用之商品爲日商所生產、製造、加工、揀選、批售、經紀而購買之虞。(76判1313)

○商標法所稱商標之使用,係指將商標用於商品或其包裝或容器之上,行銷國內市場或外銷者而言。同法第6條第1項定有明文。故行爲人於其商品上僞造或仿造他人已登記或註冊之商標,在商品尚未銷售國內市場或外銷國外前,僅能論以刑法第253條意圖欺騙他人而僞造或仿造已登記之商標罪,尚不能遽以商標法第62條第1款於同類商品,使用相同或近似於他人註冊商標之圖樣罪責相繩。(76台上8513)

△商標專用權人或利害關係人爲認定商標專用權之範圍,得申請商標主管機關評定之,爲商標法第54條所規定。茲所謂利害關係,係指因該商標專用權範圍之認定有爭議,致影響其現尚存在之權利或合法利益者而言,並不以有商標之註冊存在爲必要。(77判1049)

△商標法第37條第1項第12款前段所謂同類商品係指依社會一般通念性質相類似之商品。又商標法施行細則第27條(修正後爲第24條)所規定之商品類別,單純係爲商標申請註冊時,審查上之便利而爲規定,初與商品是否類似,原不盡一致,要非絕對受其拘束。(78判2594)

○判斷商標之近似與否,應就其主要部分隔離觀察有無引起混同誤認之虞以爲斷,商標在外觀、觀念或讀音方面有一近似者,即爲近似之商標;商標圖樣上之外文,有一單字相同或主要部分相同或近似,有混同誤認之虞者,爲外觀近似。(84判1552)

○系爭商標圖樣爲草寫外文,字母不易一一辨識,與據以異議商標爲印刷體外文有別,外觀似不相雷同。惟無論草寫外文或印刷體外文,一般消費者均能認定二者均指畢卡索(Picasso)而言,從而原告主張系爭商標圖樣之草寫外文與據以異議商標圖樣即外文Picasso所指相同,觀念相似,兩商標即爲近似,似非虛妄。(85判2442)

○查系爭註冊第615538號「黑面蔡及圖」商標於80年8月5日申請註冊時,與據以評定商標同屬關係人所有,而原告係於85年10月16日始經移轉登記公告取得據以評定之註冊第119123號「黑面蔡及圖」商標專用權,有被告85年9月25日台商923字第218713號函影本可稽,二商標圖樣雖均有相同之中文黑面蔡,且指定使用於同一或同類商品,惟系爭商標申請註冊時,該二商標非分屬不同之人所有,即無襲用他人商標或相同、近似於他人商標,而有使人發生混淆誤認之虞可言。(88判237)

第十一款　商標之損害賠償計算及海關查扣程式

一、外國法人之準據法

　　外國法人或團體，就本章規定事項亦得為告訴、自訴或提起民事訴訟，不以業經認許者為限。（商標§99）

二、侵害商標權

　　未得商標權人同意，有下列情形之一者，視為侵害商標權：

(一) 明知為他人著名之註冊商標，而使用相同或近似之商標，有致減損該商標之識別性或信譽之虞者。

(二) 明知為他人著名之註冊商標，而以該著名商標中之文字作為自己公司、商號、團體、網域或其他表彰營業主體之名稱，有致相關消費者混淆誤認之虞或減損該商標之識別性或信譽之虞者。

(三) 明知有第68條侵害商標權之虞，而製造、持有、陳列、販賣、輸出或輸入尚未與商品或服務結合之標籤、吊牌、包裝容器或與服務有關之物品。

三、損害賠償計算

　　商標權人依第71條請求損害賠償時，得就下列各款擇一計算其損害：

(一) 依民法第216條之規定。但不能提供證據方法以證明其損害時，商標權人得就其使用註冊商標通常所可獲得之利益，減除受侵害後使用同一商標所得之利益，以其差額為所受損害。

(二) 依侵害商標權行為所得之利益；於侵害商標權者不能就其成本或必要費用舉證時，以銷售該項商品全部收入為所得利益。

(三) 就查獲侵害商標權商品零售單價1,500倍以下之金額。但所查獲商品超過1,500件時，以其總價定賠償金額。

(四) 以相當於商標權人授權他人使用所得收取之權利金數額為其損害。

　　前項賠償金額顯不相當者，法院得予酌減之。

四、申請查扣

　　商標權人對輸入或輸出之物品有侵害其商標權之虞者，得申請海關先予查扣。

　　前項申請，應以書面為之，並釋明侵害之事實，及提供相當於海關核估該進口物品完稅價格或出口物品離岸價格之保證金或相當之擔保。

　　海關受理查扣之申請，應即通知申請人；如認符合前項規定而實施查扣時，應以書面通知申請人及被查扣人。

　　被查扣人得提供與第2項保證金二倍之保證金或相當之擔保，請求海關廢止查扣，並依有關進出口物品通關規定辦理。

　　查扣物經申請人取得法院確定判決，屬侵害商標權者，被查扣人應負擔查扣物之貨

櫃延滯費、倉租、裝卸費等有關費用。（商標§72）

五、廢止查扣

有下列情形之一者，海關應廢止查扣：

(一) 申請人於海關通知受理查扣之翌日起12日內，未依第69條規定就查扣物為侵害物提起訴訟，並通知海關者。

(二) 申請人就查扣物為侵害物所提訴訟經法院裁定駁回確定者。

(三) 查扣物經法院確定判決，不屬侵害商標權之物者。

(四) 申請人申請廢止查扣者。

(五) 符合前條第4項規定者。

前項第1款規定之期限，海關得視需要延長12日。

海關依第1項規定廢止查扣者，應依有關進出口物品通關規定辦理。

查扣因第1項第1款至第4款之事由廢止者，申請人應負擔查扣物之貨櫃延滯費、倉租、裝卸費等有關費用。（商標§73）

六、損害賠償

查扣物經法院確定判決不屬侵害商標權之物者，申請人應賠償被查扣人因查扣或提供第72條第4項規定保證金所受之損害。

申請人就第72條第4項規定之保證金，被查扣人就第72條第2項規定之保證金，與質權人有同一之權利。但前條第4項及第72條第5項規定之貨櫃延滯費、倉租、裝卸費等有關費用，優先於申請人或被查扣人之損害受償。

有下列情形之一者，海關應依申請人之申請，返還第72條第2項規定之保證金：

(一) 申請人取得勝訴之確定判決，或與被查扣人達成和解，已無繼續提供保證金之必要者。

(二) 因前條第1項第1款至第4款規定之事由廢止查扣，致被查扣人受有損害後，或被查扣人取得勝訴之確定判決後，申請人證明已定20日以上之期間，催告被查扣人行使權利而未行使者。

(三) 被查扣人同意返還者。

有下列情形之一者，海關應依被查扣人之申請返還第72條第4項規定之保證金：

(一) 因前條第1項第1款至第4款規定之事由廢止查扣，或被查扣人與申請人達成和解，已無繼續提供保證金之必要者。

(二) 申請人取得勝訴之確定判決後，被查扣人證明已定20日以上之期間，催告申請人行使權利而未行使者。

(三) 申請人同意返還者。（商標§74）

第十二款　商標之刑事罰則

罪名	罰責
未得商標權人或團體商標權人同意，為行銷目的有下列情形之一者： 一、於同一商品或服務，使用相同於註冊商標或團體商標之商標者。 二、於類似之商品或服務，使用相同之註冊商標或團體商標之商標，有致相關消費者混淆誤認之虞者。 三、於同一或類似之商品或服務，使用近似於其註冊商標或團體商標之商標，有致相關消費者混淆誤認之虞者。 （商標§95）	處3年以下有期徒刑、拘役或科或併科新台幣20萬元以下罰金。
明知他人所為第95條商品而販賣，或意圖販賣而持有、陳列、輸出或輸入者。（商標§97）	處1年以下有期徒刑、拘役或科或併科新台幣5萬元以下罰金。
侵害商標權、證明標章權或團體商標權之物品或文書。（商標§98）	不問屬於犯人與否，沒收之。

註：本法用詞，定義如下：

一、著作：指屬於文學、科學、藝術或其他學術範圍之創作。

二、著作人：指創作著作之人。

三、著作權：指因著作完成所生之著作人格權及著作財產權。

四、公眾：指不特定人或特定之多數人。但家庭及其正常社交之多數人，不在此限。

五、重製：指以印刷、複印、錄音、錄影、攝影、筆錄或其他方法直接、間接、永久或暫時之重複製作。於劇本、音樂著作或其他類似著作演出或播送時予以錄音或錄影；或依建築設計圖或建築模型建造建築物者，亦屬之。

六、公開口述：指以言詞或其他方法向公眾傳達著作內容。

七、公開播送：指基於公眾直接收聽或收視為目的，以有線電、無線電或其他器材之廣播系統傳送訊息之方法，藉聲音或影像，向公眾傳達著作內容。由原播送人以外之人，以有線電、無線電或其他器材之廣播系統傳送訊息之方法，將原播送之聲音或影像向公眾傳達者，亦屬之。

八、公開上映：指以單一或多數視聽機或其他傳送影像之方法於同一時間向現場或現場以外一定場所之公眾傳達著作內容。

九、公開演出：指以演技、舞蹈、歌唱、彈奏樂器或其他方法向現場之公眾傳達著作內容。以擴音器或其他器材，將原播送之聲音或影像向公眾傳達者，亦屬之。

十、公開傳輸：指以有線電、無線電之網路或其他通訊方法，藉聲音或影像向公眾提供或傳達著作內容，包括使公眾得於其各自選定之時間或地點，以上述方法接收著作內容。

十一、改作：指以翻譯、編曲、改寫、拍攝影片或其他方法就原著作另為創作。

十二、散布：指不問有償或無償，將著作之原件或重製物提供公眾交易或流通。

十三、公開展示：指向公眾展示著作內容。

十四、發行：指權利人散布能滿足公眾合理需要之重製物。

十五、公開發表：指權利人以發行、播送、上映、口述、演出、展示或其他方法向公眾公開提示著作內容。

十六、原件：指著作首次附著之物。

十七、權利管理電子資訊：指於著作原件或其重製物，或於著作向公眾傳達時，所表示足以確認著作、著作名稱、著作人、著作財產權人或其授權之人及利用期間或條件之相關電子資訊；以數字、符號表示此類資訊者，亦屬之。

十八、防盜拷措施：指著作權人所採取有效禁止或限制他人擅自進入或利用著作之設備、器材、零件、技術或其他科技方法。

十九、網路服務提供者，指提供下列服務者：

(一)連線服務提供者：透過所控制或營運之系統或網路，以有線或無線方式，提供資訊傳輸、發送、接收，或於前開過程中之中介及短暫儲存之服務者。

(二)快速存取服務提供者：應使用者之要求傳輸資訊後，透過所控制或營運之系統或網路，將該資訊為中介及暫時儲存，以供其後要求傳輸該資訊之使用者加速進入該資訊之服務者。

(三)資訊儲存服務提供者：透過所控制或營運之系統或網路，應使用者之要求提供資訊儲存之服務者。

(四)搜尋服務提供者：提供使用者有關網路資訊之索引、參考或連結之搜尋或連結之服務者。

前項第8款所稱之現場或現場以外一定場所，包含電影院、俱樂部、錄影帶或碟影片播映場所、旅館房間、供公眾使用之交通工具或其他供不特定人進出之場所。（著作§3）

智財局商標檢索系統

第三節　專利權

專利與商標最大的不同點在於商標比較偏向法律用語本身的認知分野，而專利較為強調理工本身學術的專業領域，因此一般專利的製圖到產品說明，往往非一般法律人所能理解，因而形成認知上的謬誤，就拿今日的智財局來說，有關專利審查的案件，經常無法自行辦理而需委外。然而即使委外亦無法解決理工與法律兩者如何融貫為一體的問題，形成許多各說各話的弊病。究其原因無非是兩者本身基礎訓練的立足點不同所致，而又未曾思索去聘用具有雙重學養的人士去作全方位的審閱，殊堪怪哉！就因為如此，目下市面的專利商標事務所單以理工出身的人員來擬專利文件，卻又在法律的基礎不明下，以經驗去揣測專利審查人員的看法，如此的錯誤導向很難提升專業的形象，而形成一種模糊的抽象意識在現行制度上推敲，真不知如何步入未來國際化的趨勢。而吾亦人

微言輕，只望諸法律人能多多涉獵他種科學以彌補此缺陷，而因應未來的需求，故在此著墨甚少以求教諸先進以爲然否，加上理工的範圍極爲廣泛，非有基礎概念者，很難一窺殿堂，更非隻字片語所能道盡其萬一，是故在此僅略微述說之，以免混淆。

按發明專利所謂「組合發明」，乃係指將複合數個既有之構成要件組合而成之發明而言。此種組合必須在整體上要有「相乘」之功效增進，始爲創作，若僅有「相加」之效果，則與發明要件不符。（參84年判字第1933號判例）

過去我們曾經一路從農業、輕工業（傳統產業）、電子業的重點轉型而到今日；而今我們正面臨生物科技業的重點轉移工程，而生技產業的發展重心爲何呢？如何避免投機、躁進，便是我們必須加以關注的核心技術問題所在。

首先從事生物科技的業主必須瞭解，基因科技的關鍵在於專利，因爲市場並不在乎您賣什麼藥生技產品？或賺多少錢？而是在乎您究竟擁有多少「實質」的專利權！倘若一家沒有專利的生技公司，就等於沒有生物經濟所必須生產的核心智慧財產權，因此最有價值（創造獨占的資產）、且具潛力的投資規劃，應屬基因專利的投資者。

然而充分公開是專利法的一項原則，但基因技術一旦和盤拖出，將會造成國內、外的模仿變得輕而易舉，因此如何拿捏分寸，這時如果不靠基因專利代理人的話，門外漢的科學家恐怕將望塵莫及，且平白將一生的心血在瞬間成爲泡沫。

從西元2000年5月，人類已有1,800條基因被登記註冊，而專家預估到西元2005年人類10萬條基因將被註冊完畢。

一般專利申請前可做暫時性的資料登錄階段，而專利申請以美國爲例，每份專利報告約5,000到1萬美元不等；專利申請每小時以300美元計算；而美國一種新藥雖可以拿到17年的專利保護期限，但美國食品及藥物管理局大概會先用10年的時間來試用及驗證該項產品，所以廠商實際只擁有7年的時間來從中獲利，並藉此來籌措新藥研發的經費，這點投資者必須瞭解。

雖然在中國大陸申請一項基因專利只需花費3,000元人民幣；而且有優惠政策及專項資金的投資挹注；然而一項專利在國外30個國家申請下來，則需要花費6萬美金的代價；其中日本申請需繳納2萬美金、美國1萬7,000美金、歐盟不包括英國爲2萬美金，而在提出國際申請前必須向國際專利條約組織（PCT）提出申請，待該組織向所有成員國發出通知，才能獲得專利申請的優先權，此項服務的每項專利約需收2,400元美金（折合1萬2,000元人民幣）。

然而因爲中國大陸是專利合作條約（Pest Control Technology, PCT）與歐洲專利局（EPO）的會員，因此廠商若提出申請可享有與其他會員國「一體適用」的好處。

同時中國大陸在西元2001年7月1日起開始實施新的專利法，當事人如欲在中國大陸興訟，可以選擇向人民法院或專利處理機關（只根據侵權與否做事實認定，而不處理賠償問題）。

然而最近台商向中國大陸已在台灣提出專利申請，而有意向大陸專利局尋求優先權（right of priority：所謂優先權原則是指在會員國中的任何一處申請專利後，可以在特定的期限內在向其他成員國尋求保護的一種措施。）保障，但遭到拒絕一案；究其原因一方面在台灣並非保護工業產權巴黎公約（Paris Convention for the protection of Industrial

Property）的締約國；另一方面WTO中有關〈與貿易有關的智慧財產權協議〉文本，並未明訂優先權之適用，而是援引「巴黎公約」，如此一來便成爲一個關鍵；究竟該如何解決？是否透過WTO爭端解決之程序：一、雙方協商（consultations）、二、斡旋、調停和調解、仲裁（good offices, conciliation and mediation）、三、專家小組（panels）、四、上訴複審機構（standing appellate body's review）、五、進行允許的賠償和交叉報復（compensation and cross retaliation）；其實以退爲進或者暗渡陳倉亦是良策。

又按法律所規定，提出申請專利之後，產品即可上市，不須核准即能生產。同時專利係針對發明者，以法律加以保障，防止他人模仿剽竊其心血之結晶。另專利要提出告訴，必須檢附侵害鑑定報告及請求排除侵害之書面通知。當然專利權人在任何公開場合或新聞紙上刊登啓事及散發攻訐信函時，如無法提出專利本身的內涵及指控侵權的內容，將可能觸犯公平交易法，不能不愼思之。

同時專利申請之爭議應循行政救濟程序決定，行政救濟程序確定後，民事法院即應予以尊重，不得再予審查。本案系爭專利權之撤銷，既經行政院爲實體上審查，終局的認定不符新型專利之要件，而按舊專利法第110條準用同法第63條之規定，新型專利權經撤銷者，專利權之效力，視爲自始即不存在。從而若仍執意依國家賠償法第2條第1項規定，請求負損害賠償責任，即非有據。

關於專利授權及技術移轉之相關合約，常見的可分類如下：

一、專利授權合約（patent licensing agreement）

爲專利所有權人基於本身之利益而將其所擁有之專利以一定的條件授予他人使用。授權者與被授權者就授權範圍，授權報酬金額及其他相關授權條件，雙方取得共識而簽訂合約。依其授權之內容又可約略分爲下列數種：

(一) 獨家授權合約（exclusive licensing agreement）：所謂獨家授權即授權者將專利所有權利僅單一授權予被授權者，如受報侵害則有提起訴訟的權利；此乃與非獨家授權的使用上區分。

(二) 非獨家授權合約（non-exclusive licensing agreement）：所謂非獨家授權合約即授權者可以分別授權給不同人，而被授權者僅享有自由使用授權專利之權利，並因此免於被控訴侵權之危險，然對於任何人侵害其所授之專利權時，並無權利對之提起訴訟。

(三) 單向專利授權合約（unilateral patent licensing agreement）：所謂單向授權合約，簡言之即在合約中，授權者提供被授權者專利使用權，其權利義務關係分別視授權者與被授權者之需求狀況而定。

(四) 雙向專利授權合約（bilateral patent licensing agreement）：所謂雙向專利授權合約，即合約之雙方同時爲授權者及被授權者，雙方互相就其所擁有之專利授權予另一方使用，由於具備授權者及被授權者之身分，因而得視其身分，而訂立單純使用的權利義務關係。

(五) 交互授權合約（cross-licensing agreement）

所謂交互授權表面上看來與雙向授權有其相同點，然而此交互授權，而係利用對方的專利技術，進而運用於其產品製作方法或產品之改良，屬於一種更進一層次的利用授

權。

二、技術移轉合約（technology transfer agreement）

技術移轉合約與專利授權合約其最大不同點在於，前者並不負責提供任何資訊及訓練被授權者如何使用技術，而後者必須提供。

至於受雇人所完成的發明、新型或新式樣其專利權及申請權之歸屬為何？

(一) 如為職務上所完成（即僱傭關係中之工作所完成者而言），其權利歸雇用人，但雇用人應支付適當之報酬。但契約另有規定，從其約定。

(二) 如為非職務上所完成者，其權利歸受雇人，但係利用雇用人資源或經驗者，雇用人得支付合理報酬後，於該事業實施該產品；受雇人完成前開發明、新型及新式樣，應及以書面通知雇用人，通知到達後6個月，未向受雇人為反對表示者，不得主張之。

(三) 一方出資聘請他人從事研究開發者，其專利權及專利權之歸屬依雙方約定，如未約定則屬發明或創作人，但出資人得實施該產品。

其申請基本須知：

一、申請格式分為申請書、宣誓言、專利說明書（發明、新型）及圖說（設計）。

二、書件繕為應一律以打字為準（一式3份），同時對外文應一律翻譯成中文譯本附於其後。

三、申請流程：

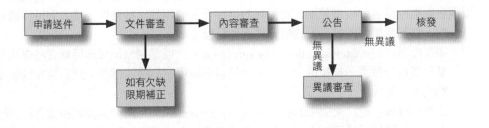

申請專利宣誓書

茲就本申請專利之：〔　　　　　〕宣誓確係宣誓人自行研創，如有仿冒、抄襲、模仿、影射或其他不實之情形，願依法受制裁。

　謹　誓

宣誓人：○○○

住址：

中華民國　年　月　日

四、專利說明書應包括：

(一) 發明（或創作）名稱。

(二) 發明（或創作）人。

(三) 申請人。

(四) 發明（或創作）摘要。

(五) 發明（或創作）說明。

(六) 申請專利範圍。

(七) 圖式。

其中摘要說明應注意究竟是針對基本發明或舊的器具方法、物品或組合物的改良，須分別針對完整技術的揭露，同時在撰寫中不可提及揣測或意想之應用，也不應作先前技藝的比較分析，另外對於一些器具更應描述機械及設計的細部。

五、專利權之消滅：（參專利§70）

(一) 專利權期滿時，自期滿後消滅。

(二) 專利權人死亡，而無繼承人。

(三) 第2年以後之專利年費未於補繳期限屆滿前繳納者，自原繳費期限屆滿後消滅。但依第17條第2項回復原狀者，不在此限。

(四) 專利權人拋棄時，自其書面表示之日消滅。

醫藥品、農藥品或其製造方法發明專利權之實施，依其他法律規定，應取得許可證者，其於專利案公告後取得時，專利權人得以第一次許可證申請延長專利權期間，並以一次為限。專利權人得申請延長專利以5年為限。（專利§53）

第一款 發明專利之申請

承辦單位：專利處專利一組、專利二組
地址：台北市辛亥路2段185號3樓
電話：（02）23767780

新發明者以具有產業上（工業上）利用價值而與不合實用或尚未達到產業上實施之階段者，專利權為20年。[1]

一、申請辦法

由專利權人（發明人、創作人或其受讓人或繼承人）依專利法提出專利申請，其專利權期間為自申請日起算滿20年屆滿。

凡利用自然法則之技術思想之高度創作，可供產業上利用，而無專利法第22條所規定之情事者，得申請發明專利。

有關於發明與新型之區分，以新型的創作範圍，限於物品之形狀、構造或組合之設計，其技術上的思想，必須能夠藉由前開之空間外在型態予以具體表現，此點與發明除須仰賴物品表現於外有形之思想創作外，且及於不順藉一定形狀之物表現而僅屬物的製造方法之思想創作者不同（參79年判字第2087號判決）。發明就其解決問題所應用之手段，在原理上必須全新，且須從未使用該手段解決問題，倘係習用技術，並非前所未有的創新，僅空間型態係屬創新，而增進該物品某種功效者，即是新型。（參79年判字第526號判決）

二、應備文件

(一) 申請書乙份（須以該局公告使用之表格或二維表單繕打）。

(二) 宣誓書乙份（發明人未簽章者文件不齊備）。

(三) 說明書、申請專利範圍（得先送原文，未附申請專利範圍者文件不齊備）及必要圖式（無圖式者免送）同式2份（以上書表逕洽服務台價購）。

(四) 申請權證明書乙份（發明人與申請人非同一人，發明人未簽章者文件不齊備）。

(五) 代理人委任書乙份（委任專利代理人代爲申請者）。

(六) 國籍證明書或法人證明乙份（外國人申請者，專利專責機關於必要時得通知限期檢送），如爲華僑應出具華僑證明。

(七) 國民身分證或公司執照或法人登記證照影本（本國人申請者，專利專責機關於必要時得通知限期檢送）。

(八) 原文說明書同式2份（說明書原本係外國文者）。

(九) 主張優先權之證明文件正本及首頁影本各乙份，首頁中譯文2份。

(十) 微生物寄存機構之寄存證明文件或易於獲得之證明文件，正本及影本乙份。

(十一) 本案有關國防機密之證明文件正本乙份。

(十二) 申請規費新台幣3,500元。

(十三) 以前述(一)(二)(三)(四)(十二)項文件齊備之日爲申請日，如欠缺上列文件之一者，本局將予以收件後通知補正，並以文件齊備之日爲申請日。

(十四) 前述(二)～(七)項文件如爲外文，應附中譯文。

三、申請手續

(一) 申請專利，由發明人或其受讓人或繼承人填妥前項應備文件，親送該局專利收文櫃台收辦或逕以掛號郵寄該處辦理。

(二) 申請書、宣誓書、詳細說明及必要圖式等應依該局所訂之格式繕製，詳細說明書應載明下列事項：

1. 發明名稱。

2. 發明人姓名、籍貫（或國籍）、住居所。

3. 申請人姓名、籍貫（或國籍）、住居所。如爲法人，其名稱、事務所及其代表人姓名。

4. 主張優先權之各第一次申請專利之國家或地區、案號及申請年、月、日；於一申請案主張二項以上之優先權時，以最早優先權之次日起算。

5. 發明之摘要。

6. 發明之說明。

7. 圖式簡單說明。

8. 申請專利圖。

(三) 圖式應參照工業製圖方法以墨線繪製，並註明符號，圖式說明應於說明書內記載，圖式上不得有文字敘述。照片應列爲附件，不得做爲圖式。

(四) 申請人2人以上時，應指定其中1人爲應受送達人，以利文件送達，如未指定者，以第一順序申請人爲應受送達人。

第二款　新型專利之申請

一、申請辦法

凡指利用自然法則於物品之形狀、構造或裝置首先創作合於實用而無專利法第112條 [2] 所規定之情事者，得申請新型專利，其專利權年限爲10年。

二、應備文件

(一) 申請書乙份（須以本局公告使用之表格或二維表單繕打）。

(二) 宣誓書乙份（創作人未簽章者文件不齊備）。

(三) 說明書、申請專利範圍（得先送原文，未附申請專利範圍者文件不齊備）及必要圖式同式2份（以上書表逕洽服務台價購）。

(四) 申請權證明書乙份（創作人與申請人非同一人者，創作人未簽章者文件不齊備）。

(五) 代理人委任書乙份（委任專利代理人代爲申請者）。

(六) 國籍證明書或法人證明乙份（外國人申請者，專利專責機關於必要時得通知限期檢送），如爲華僑，應出具華僑證明。

(七) 國民身分證或公司執照或法人登記證照影本（本國人申請者，專利專責機關於必要時得通知限期檢送）。

(八) 原文說明書同式2份（說明書原本係外國文者）。

(九) 主張優先權之證明文件正本及首頁影本各乙份，首頁中譯本2份。

(十) 本案有關國防機密之證明文件正本乙份。

(十一) 申請規費新台幣3,000元。

(十二) 以前述(一)(二)(三)(四)(十一)項文件齊備之日爲申請日，如欠缺上列文件之一者，本局將予以收件後通知補正，並以文件齊備之日爲申請日。

(十三) 前述(二)～(七)項文件如爲外文，應附中譯文。

三、申請手續

(一) 由創作人或其受讓人或繼承人塡妥前項應備文件，親送該局專利收件櫃台收辦或逕以掛號郵寄辦理。

(二) 申請書、宣誓書、詳細說明及圖式等應依該局所訂之格式繕製，詳細說明書應載明下列事項：

1. 創作名稱（新型名稱）。

2. 創作人姓名，籍貫（或國籍）、住居所。

3. 申請人姓名、籍貫（或國籍）、住居所。如爲法人，其名稱、事務所及其代表人姓名。

4. 創作之摘要。

5. 創作說明。

6. 申請專利範圍。

7. 圖示簡單說明（應參照工業製圖以墨線繪製，並註明符號，圖式上不得有文字敘述，照片應為附件）。

8. 主張優先權之各第一次申請專利之國家或地區、案號及申請年、月、日。

(三) 圖式應參照工業製圖方法以墨線繪製，並註明符號，圖式說明應於說明書內記載，圖式上不得有文字敘述。照片應列為附件，不得做為圖式。

(四) 申請人2人以上時，應指定其中1人為應受送達人，以利文件送達，如未指定者，以第一順序申請人為應受送達人。

第三款　設計專利之申請

稱設計者，對於物品之形狀、花紋、色彩或其結合，透過視覺訴求之創作。

一、申請辦法

可供產業上利用之設計而無專利法第122條[3]所規定之情事者，得申請設計專利。

二、應備文件

(一) 申請書乙份（須以該局公告使用之表格或二維表單繕打）。

(二) 宣誓書乙份（創作人未簽章者文件不齊備）。

(三) 圖說（包含申請專利範圍，得先送原文，未附申請專利範圍者文件不齊備）、圖式同式2份（以上書表逕向合作社洽購或二維表單繕打）。

(四) 申請權證明書乙份（發明人與申請人非同一人者，發明人未簽章者文件不齊備）。

(五) 代理人委任書乙份（委任專利代理人代為申請者）。

(六) 國籍證明書或法人證明乙份（外國人申請者，專利專責機關於必要時得通知限期檢送），如為華僑，應出具華僑證明。

(七) 國民身分證或公司執照或法人登記證照影本（本國人申請者，專利專責機關於必要時得通知限期檢送）。

(八) 原文圖書同式2份（圖書原本係外國文者）。

(九) 主張優先權之證明文件正本及其首頁影本各乙份，首頁中譯文二份。

(十) 申請規費新台幣3,000元。

(十一) 以前述(一)(二)(三)(四)(十)項文件齊備之日為申請日，如欠缺上列文件之一者，該局將予以收件後通知補正，並以文件齊備之日為申請日。

(十二) 前述(二)～(七)項文件如為外文，應附中譯文。

三、申請手續

(一) 由創作人或其受讓人或繼承人填妥前項應備文件，親送該局專利收件櫃台收收辦或逕以掛號郵寄該局辦理。

(二) 申請表、宣誓書、圖說及圖面、圖卡等應依該局所訂之格式繕製，圖說應載明下列

事項：

1. 設計名稱（不得加註無關之文字）及應指定使用之物品類別。
2. 設計人姓名、籍貫（或國籍）、住居所。
3. 申請人姓名、籍貫（或國籍）、住居所。如為法人，其名稱、事務所及其代表人姓名。
4. 設計說明。
5. 申請專利範圍。
6. 圖面（得以照片代之）。
7. 圖面說明。
8. 圖卡。
9. 主張優先權之各第一次申請專利之國家或地區、案號及申請年、月、日。

(三) 申請人2人以上時，應指定其中1人為應受送達人，以利文件送達，如未指定者，以第一順序申請人為應受送達人。

第四款　專利舉發之申請

一、申請辦法

凡對於請准之專利，任何人認為有專利法第57條、第71條（發明）、第119條（新型）、第141條（設計）或第73條（發明、新型、設計）所規定之情事者，得附具證據向該局提起舉發。惟依專利法第71條第2款、第119條第2款或第141條第2款之舉發，限於有專利申請權人，始得提起。倘理由、證據準備不及，可申請在3個月內補送。依目前一般實務做法，如妥善地利用舉發案，可使專利權人之民事侵權訴訟達到暫緩的功能，因為這必須等待行政法院的判決，因此約可有1至2年的緩衝時間可供利用。

二、應備文件

(一) 申請書同式4份（逕向該局服務台洽購）。
(二) 申請規費：發明每件新台幣1萬元，新型、設計每件新台幣9,000、8,000元。
(三) 舉發人國民身分證（自然人）或法人登記證照及公司執照（法人）影本乙份。
(四) 舉證證據原本乙份，其複製本3份（外文書證，應附中譯文）。
(五) 代理人委任書乙份（委任專利代理人代為申請者）。

三、申請手續

(一) 由舉發人或其委任之代理人填具前項應備文件後，可親送該局專利收件櫃台收辦或逕以掛號郵寄辦理。
(二) 舉發申請書應載明下列事項：
1. 被舉發之申請案號數或專利權號數。
2. 發明或創作之名稱。
3. 被舉發人之姓名、住居所。如為法人，其名稱、事務所及其代表人姓名。

4. 舉發人之姓名、住居所。如為法人，其名稱、事務所及其代表人姓名。

5. 理由及證據。

6. 舉發人或其代理人簽章。

7. 年、月、日。

(三) 異議案及舉發案經審查不成立確定者，任何人不得以同一事實及同一證據，再為舉發。

(四) 舉發人2人以上時，應指定其中1人為應受送達人，以利文件送達，如未指定者，以第一順序舉發人為應受送達人。

(五) 利害關係人對於專利權之撤銷有可回復之法律上利益，而於專利權期滿或當然消滅後提起舉發者，應檢附有可回復之法律上利益證明文件到局。

(六) 舉發人補提理由及證據，應自舉發之日起3個月內為之。

第五款　專利再審查之申請

一、申請辦法

專利申請人對於不予專利之審定有不服者，得於審定書送達後2個月內備具理由書，申請再審查，如理由書準備不及，可先提出再審查的申請，同時申請延期補送理由書；對於再審查（異議、舉發亦同）因申請程序不合法或申請人不適格而不受理或駁回者，則可逕行提起行政救濟。

二、應備文件

(一) 再審查申請乙份（逕向該局服務台洽購）。

(二) 再審查理由書同式2份。

(三) 申請規費：發明專利說明書、申請專利範圍、摘要及圖式合計在50頁以下者，且請求項合計在10項以內者，每件新台幣7,000元；超過50頁者，每50頁加收新台幣500元；其不足50頁者，以50頁計。設計每件新台幣3,500元。未繳規費者，將予以退件。

三、申請手續

(一) 由申請人填妥前項應備文件後，親送該局專利收件櫃台收辦，或逕以掛號郵寄辦理。

(二) 再審查理由書應載明下列事項：

1. 申請案號數。

2. 發明或創作之名稱。

3. 申請人之姓名、住居所。如為法人，其名稱、事務所及其代表人姓名。

4. 初審審定書字號及送達日期。

5. 申請再審查之理由。

6. 異議人簽章。

7. 年、月、日。

　　再審查理由如蒐證不及，得先敘明原因（先繳規費）申請後補。

第六款　讓與申請權之申請

一、申請辦法

　　專利申請人得以其申請權之全部或一部讓與他人申請，申請權之讓與，應由讓與人及受讓人附具讓受之證件，向該局申請。

二、應備文件

(一) 申請書乙份（逕向該局服務台洽購）。
(二) 申請權讓與證明書乙份。
(三) 代理人委任書（委任專利代理人代為辦理者）。
(四) 申請規費新台幣2,000元。
(五) 國籍或法人證明文件（受讓人為外國人者）。
(六) 國民身分證影本或公司執照（營利事業登記證）影本。
(七) 前述(二)(三)項文件，如為外文，應附中譯文。

三、申請手續

(一) 受讓人或其代理人備妥前項應備文件後，親送該局專利收件櫃台收辦，或逕以掛號郵寄辦理。
(二) 申請權讓與證明書應由讓與人簽署（簽章）證明。申請書應由讓與人及受讓人雙方連署。

四、注意事項

(一) 讓與人之印鑑、代理人、公司名稱、公司代表人或地址應與該局卷存者相同，否則應同時繳納新台幣300元申請變更。
(二) 代表人如同時代表公司與自己為讓與行為，或讓與人及受讓人雙方之代表人為同一人時，須由監察人（股份有限公司）或全體不執行業務股東（有限公司）連署，並附具公司變更登記事項卡影本。
(三) 受讓人有2人以上時，須指其中1人為應受送達人。
(四) 在中華民國境內無住所或營業所者，應委任專利代理人代為辦理。
(五) 專利申請權為共有時，除另有約定外，非得共有人全體之同意，不得讓與他人。專利申請權之共有人未得共有人全體之同意，不得以其應有部分讓與他人。

第七款　讓與專利權之申請

一、申請辦法

專利權人得以其發明專利權讓與他人實施，非經登記，不得對抗第三人。但衍生設計專利權不得分別讓與。

二、應備文件

(一) 申請書乙份（逕向該局服務台洽購）。

(二) 讓與契約書正本乙份。或經驗證、認證或公證之讓與契約書影本乙份。

(三) 申請規費新台幣2,000元。

(四) 代理人委任書（委任專利代理人代爲辦理者）。

(五) 國籍或法人證明文件（受讓人爲外國人者需檢附經驗證、認證或公證之國籍或法人證明文件）。

(六) 原發專利證書。

(七) 國民身分證影本或公司執照（營利事業登記證）影本。

三、申請手續

(一) 由受讓人或其代理人備妥前項應備文件後，親送該局專利收件櫃台收辦，或逕以掛號郵寄辦理。

(二) 申請書及專利權讓與契約書應由當事人雙方連署，有共有人或關係人者亦同。

四、注意事項

(一) 讓與人之印鑑、代理人、公司名稱、公司代表人與地址應與卷存者相同，如有不同，應同時繳納新台幣300元依法變更。

(二) 代表人如同時代表公司與自己爲讓與行爲，或讓與人及受讓人雙方之代表人爲同一人時，須由監察人（股份有限公司）或全體不執行業務股東（有限公司）連署，並附具公司變更登記事項卡正、反面影本。

(三) 受讓人有2人以上時，須指定其中1人爲應受送達人。

(四) 在中華民國境內無住所或營業所者，應委任專利代理人代爲辦理。

(五) 專利權爲共有時，除另有約定，非得全體共有人同意，不得讓與。專利權之共有人未得共有人全體之同意，亦不得以其應有部分讓與他人。

第八款　授權專利權或設定質權之申請

一、申請辦法

專利權人得以其專利權授權他人實施或設定質權，但衍生設計專利權不得單獨授權或設定質權。專利權之授權或設定質權，應由各當事人署名，附具契約，向該局申請登記。

二、應備文件

(一) 申請書乙份（需詳細敘明授權之部分、地域及期間；申請設質，請記載質權擔保之債權金額、登記原因等事項）。

(二) 授權或設質契約書正本乙份。

(三) 申請規費新台幣2,000元。

(四) 代理人委任書（委任專利代理人代為辦理者）。

(五) 國籍或法人證明文件（承租人為外國人者）。

(六) 國民身分證或公司執照（營利事業登記證）影本。

(七) 申請設質者，應附具原發之專利證書。

三、申請手續

(一) 由授權人或出質人（即專利權人）及被授權人或質權人或其代理人填具備妥前項應備文件，親送該局專利收件櫃台收辦或逕以掛號郵寄該局辦理。

(二) 申請書及契約書應由當事人雙方共同連署，有共有人或關係人者亦同。

四、注意事項

(一) 授權人之印章、代理人、公司名稱、公司代表人或地址應與該局卷存者相同，如有不同時，應同時繳納規費新台幣300元申請變更。

(二) 代表人如同時代表公司與自己為授權或設質行為，或授權人、出質人及被授權人、質權人雙方之代表人為同一人時，須由監察人（股份有限公司）或全體不執行業務股東（有限公司）連署，並附具公司變更登記事項卡正、反面影本。

(三) 被授權人或質權人有2人以上時，須指定其中1人為應受送達人。

(四) 在中華民國境內無住所或營業所者，應委任專利代理人代為辦理。

(五) 專利權設定質權後，質權有變更或消滅者，仍應由當事人雙方連署，附具證明文件，向該局申請登記。

(六) 專利申請案經審定公告後，暫准發生專利權效力者，亦得申請授權登記。

(七) 專利權以外之人得依專利法第87條之規定，附規費新台幣10萬元整、申請書及詳細之實施計畫書，向本局申請特許實施專利權。

(八) 專利申請權不得授權他人實施或設定質權。

(九) 以專利權為標的設定質權者，除契約另有訂定外，質權人不得實施該專利權。

(十) 專利權為共有時，除另有約定外，非得共有人全體之同意，不得授權他人實施或設定質權。專利權之共有人未得共有人全體之同意，亦不得以其應有部分授權他人實施或設定質權。

第九款　繼承申請權或專利權之申請

一、申請辦法

專利權之繼承，於申請期間或專利權人於專利權期間內死亡時，繼承人應附具證明

文件，向該局申請繼承登記。

二、應備文件

(一) 申請書乙份（應由共同繼承人連署）。
(二) 繼承證件（全戶戶籍謄本、死亡證明書、繼承系統表各乙份）。
(三) 申請規費：新台幣2,000元。
(四) 原發之專利權證書（繼承專利權者）。
(五) 代理人委任書乙份（委任專利代理人代為辦理者）。

三、申請手續

(一) 由繼承人或其代理人備妥前項應備文件，親送該局專利收件櫃台收辦或逕以掛號郵寄該局辦理。
(二) 全體繼承人應共同申請繼承登記。如繼承人尚未成年，應由法定代理人或監護人連署。拋棄繼承者，須出具法院之拋棄繼承證明文件。

四、注意事項

(一) 繼承人有2人以上時，須指定其中一人為應受送達人。
(二) 在中華民國境內無住所或營業所者，應委任代理人代為辦理。

第十款　領取專利證書之申請

一、申請辦法

　　經審定公告之發明、新型或設計，公告期滿無人提起異議或異議不成立確定時，專利權人應於公告期滿後，或依該局通知之期限內，同該局申請領取專利證書。

二、應備文件

(一) 申請書乙份。
(二) 申請規費：專利證書[4]新台幣1,000元。

三、申請手續

(一) 由專利權人或其委任之代理人備妥前項應備文件，親送該局專利處服務台驗明後，送該局專利收件櫃台收辦，或逕以掛號郵寄該局辦理。
(二) 前項之申請書，該局專利處服務台提供備用，申請書請加蓋與原申請專利時相同之印章。
(三) 未於該局指定之期限內繳納年費者，得依專利法第52條之規定於期滿後6個月內加倍補繳，逾補繳期仍未繳納者，專利權自始不存在。
(四) 專利年費之金額：
1. 經核准之發明專利，每件每年專利年費如下：

(1) 第1年至第3年，每年新台幣2,500元。

(2) 第4年至第6年，每年新台幣5,000元。

(3) 第7年至第9年，每年新台幣8,000元。

(4) 第10年以上，每年新台幣1萬6,000元。

2. 經核准之新型專利，每件每年專利年費如下：

(1) 第1年至第3年，每年新台幣2,500元。

(2) 第4年至第6年，每年新台幣4,000元。

(3) 第7年以上，每年新台幣8,000元。

3. 經核准之設計專利，每件每年專利年費如下：

(1) 第1年至第3年，每年新台幣800元。

(2) 第4年至第6年，每年新台幣2,000元。

(3) 第7年以上，每年新台幣3,000元。

四、注意事項

(一) 專利權人之印章、代理人、公司名稱、公司代表人或地址應與該局卷存者相同，如有不同，應同時繳納規費新台幣300元整申請變更。

(二) 專利證書遺失或毀損者，專利權人得附具規費新台幣600元整並以書面敘明理由，向該局申請補發。專利證書毀損者，並應附具原發之專利證書。

(三) 申請更正說明書、圖式或圖說經核准後，如其更正事項與專利證書應載事項有關者，專利權人應附具原發之專利證書及規費新台幣2,000元整，向該局申請換發專利證書。

(四) 專利權人或其繼承人無資力繳納專利年費者，得於專利年費屆期前6個月內，附具低收入戶證明文件，以書面向本局申請減免。

(五) 醫藥品、農藥品或其製造方法發明專利，專利權人得於取得第一次許可證後3個月內，備具申請書、證明文件及規費新台幣9,000元整，向該局申請延長專利權。經核准後，於延長期間仍應依法繳納專利年費。

△原告之「標準垃圾容器符合國際衛生之組合方法」申請專利，其中第4項係「雙邊蓋與容器之結密閉之衛生法」，原告自承於52年8月10日公開試驗，製作模型參加台北市衛生局召集之會議，向與會各單位代表詳加說明後，將模型送與台北市衛生大隊之事實，核與其自參加開會之日起至53年12月18日申請發明專利之日止，已逾期6個月，顯屬違反專利法第2條第4款規定之申請專利限期，自不得准為發明專利。（60判636）

△專利法第73條後段所定：「未附加標記致他人不知為專利品而侵害其專利者，不得請求損害賠償」，係以未加標記致他人不知為專利品而侵害其權利為要件，故他人知為專利品而侵害專利權，縱專利權人未加標記，仍得請求加害人賠償。（65台上1034）

△提起專利之異議或舉發者，依專利法施行細則第29條第4項規定，異議人或舉發人得自異議或舉發之日起1個月內補提理由及證據，逾期未補提理由及證據，受理異議或舉發之主管專利行政機關，得依現存證據資料，以職權調查事實逕為決定。惟期間雖

已經過,如尚未就異議或舉發予以審定,專利人或舉發人於此時補提理由及證據,仍應受理。(72判1419)

△新式樣係將物品之形狀、花紋或色彩予以表現即可使用,非如發明或新型之本身具有技術性,須多次之實驗始能公開使用。故新式樣於產製後即可公開使用,因而喪失新穎性,系爭新式樣係於4年前即已產製,爲專利權人所自承,難謂未公開使用。(73判1642)

△專利法第112條所稱之刊物,係指國內、國外之雜誌、新聞紙、書籍、商品說明書(型錄)、傳單、海報等印刷品,具有公開性之文書或圖畫,可供不特定之多眾閱覽之謂。(75判1348)

△原告於訴願程序中提出與本案系爭裝置相似之實物,既經證明與發本案時所提出刊物上登載之照片所指物品爲同一物,則該物即係原告舉發本案之同一基礎事實之證據,顯非另一獨立之近證據,其提出自不受專利法施行細則第29條第4項自異議或舉發之日起1個月內補提理由及證據之限制。(78判437)

△原告在異議申請書內,形式上未引用專利法第32條、第1條、第2條第1款、第2款,而只引用同法第15條之規定,但核其異議實質內容,顯見其有依同法第32條、第1條、第2條第1款、第2款對之提起異議之意思。況專利法第15條規定,2人以上對同一發明申請發明專利者,申請在先之人,對於申請在後而經核准在前之發明專利者,如何救濟,專利法內並未明定補救程序,自不能僅因其只引用同法第15條之規定,遂置其實質異議內容於不顧而不予受理。(82判142)

△按發明專利所謂「組合發明」,乃係指將複合數個既有之構成要件組合而成之發明而言。此種組合必須在整體上要有「相乘」之功效增進,始爲創作,若僅有「相加」之效果,則與發明要件不符。(84判1933)

○修正刑事訴訟法施行前,刑事訴訟之基本架構係採取大陸法系之職權主義,對於證據之種類並未設有限制,凡得爲證據之資料,均具有論理的證據能力,修正刑事訴訟法施行後,始酌採英美法系當事人進行主義之精神,排斥傳聞證據,於第159條第1項規定:「被告以外之人於審判外之言詞或書面陳述,除法律有特別規定者外,不得作爲證據。」而修正前該法第198條規定:「鑑定人由審判長、受命推事或檢察官就左列之人選任一人或數人充之:一、就鑑定事項有特別知識經驗者。二、經政府機關委任有鑑定職務者。」係就偵查或審判中如何選任鑑定人加以規範,並非限定僅審判長、受命推事(法官)或檢察官選任之鑑定人所製作之鑑定報告,始有證據能力。且92年2月6日修正專利法公布施行前,該法第131條第2項明定:專利權人就(同法)第123條至第126條提出告訴,應檢附「侵害鑑定報告」與侵害人經專利權人請求排除侵害之書面通知。倘認專利權人提出告訴時依法檢附之「侵害鑑定報告」無證據能力,則上開規定且非成爲具文?其不合理甚明。(94台非283)

第十一款　登記專利師之申請

承辦單位:專利一組 地址:台北市辛亥路二段185號3樓 電話:(02) 23767786~8

一、申請辦法

　　凡中華民國國民經專利師考試及格，並依本法領有專利師證書者，得充任專利師。外國人得依我國法律，應專利師考試；其考試及格，並依本法領有專利師證書者，得充任專利師。

二、應備文件

(一) 加蓋申請人印章之申請書乙份（應註明登記地址及電話）。
(二) 資格證件影本乙份（專利師考試及格證書或其證明文件）。
(三) 身分證明文件影本乙份。
(四) 二吋光面照片2張。
(五) 證書費新台幣1,500元整。

三、申請手續

　　由申請人填具前項應備文件後，親送該局專利收件櫃台收辦，或逕以掛號郵寄該局辦理。至於登記後，除地址依規定變更外，以ipolpl@tipo.gov.tw通知即可。

第十二款　電路布局權之授權實施或設定質權之登記申請

一、申請辦法

　　電路布局權人得以其電路布局權授權他人實施或設定質權。電路布局權之授權或設定質權，應由各當事人署名，附具契約或證明文件，向該局申請登記。

二、應備文件

(一) 申請書乙份。
(二) 授權或設質契約書或證明文件正本乙份。
(三) 申請規費新台幣3,000元整。
(四) 代理人委任書（未委任代理人代為申請者免附）。
(五) 身分證明或法人證明文件（該局認有必要時，始通知被授權人或質權人檢附）。
(六) 申請設質者，應附具原發之電路布局登記證書。

三、申請手續

(一) 由當事人或其代理人備妥前項應備文件，親送該局專利收件櫃台收辦，或逕以掛號郵寄該局辦理。
(二) 申請書與契約書應由當事人雙方連署。
(三) 設定質權申請書應載明下列事項：
1. 質權權利範圍。
2. 質權所擔保之債權金額。

3. 電路布局權號數。

4. 電路布局名稱或利用該布局所製造之積體電路名稱。

5. 積體電路分類。

6. 質權人及出質人之姓名、住居所；如爲法人，其名稱、事務所及其代表人姓名。

7. 債務人之姓名、住居所；如爲法人，其名稱、事務所及其代表人姓名。

8. 登記原因。如有存續期間、清償日期、利息、違約金或賠償數額之約定者，其約定。

(四) 授權申請書應載明授權範圍、地域及期間。

四、注意事項

(一) 授權人之印章、代理人、公司名稱、公司代表人或地址應與該局卷存者相同，如有不同時，應同時繳納規費新台幣1,000元整申請變更登記。

(二) 代表人如同時代表公司與自己爲授權或設質行爲，或授權人、出質人及被授權人、質權人雙方之代表人爲同一人時，須由監察人（股份有限公司）或全體不執行業務股東（有限公司）連署，並附具公司變更登記事項卡影本。

(三) 被授權人或質權人有2人以上時，須指定其中1人爲應受送達人。

(四) 在中華民國境內無住所或營業所者，應委任代理人代爲辦理。

(五) 電路布局權設定質權後，質權有變更或消滅，仍應由當事人雙方連署，附具證明文件，向該局申請登記。

(六) 電路布局權人以外之人得依積體電路電路布局保護法第24條之規定，附規費新台幣3,000元整、申請書及詳細之實施計畫書，向該局申請特許實施電路布局權。

(七) 以電路布局權爲標的設定質權者，除契約另有約定外，質權人不得利用該電路布局。

(八) 電路布局權爲共有時，非得共有人全體之同意，不得授權他人實施或設定質權。

(九) 電路布局權之共有人未得共有人全體之同意，亦不得以其應有部分授權他人實施或設定質權。

第十三款　積體電路電路布局登記之申請

一、申請辦法

　　凡積體電路電路布局創作人或其繼受人，無積體電路電路布局保護法第13條所規定之情事者，得申請電路布局登記。

二、應備文件

(一) 申請書乙份（須以該局公告使用之表格繕寫）。

(二) 說明書一式2份（須以該局公告使用之表格繕寫）。

(三) 圖式或照片一式2份。

(四) 成品4顆（申請時已商業利用而積體電路有成品者，應予檢附）。

(五) 受讓或繼承證明文件（申請人非創作人者，應予檢附；該文件得以傳眞本先行提

出，並於指定期間內補正與傳真本爲同一文件之正本）。

(六) 委任書（委任代理人者，應予檢附）。

(七) 身分證明或法人證明文件（該局認爲有必要時，始通知申請人檢附）。

(八) 圖式或照片及成品如涉及積體電路製造方法之秘密者，申請人得以書面敘明理由，申請以其他資料代之。

(九) 以上文件原係外文者，並應檢附原文本。

(十) 申請電路布局登記每件新台幣2,000元。

(十一) 申請電路布局登記，以規費及(一)至(五)之文件齊備日爲申請日，如欠缺上列文件之一者，該局將予以收件後通知補正，並以文件齊備之日爲申請日。

三、申請手續

(一) 申請電路布局登記，由創作人或其受讓人或繼承人填妥前項應備文件，親送該局專利收件櫃台收辦，或逕以掛號郵寄本局辦理。

(二) 申請書、說明書等應依該局所訂之格式繕製，說明書應載明下列事項：

1. 電路布局名稱或利用該布局所製造之積體電路名稱。

2. 積體電路分類。

3. 創作人姓名、國籍、住居所；如爲法人，其名稱、事務所及其代表人姓名。

4. 申請人姓名、國籍、住居所；如爲法人，其名稱、事務所及其代表人姓名。

5. 電路布局之說明。

(三) 圖式或照片：

1. 利用繪圖機製作有關申請之電路布局之圖式或其複製品者。

2. 利用有關申請之電路布局爲製造積體電路之光罩之照片，或記載光罩之形狀之圖式。

3. 利用有關電路布局製造之積體電路之表面及表現在內部形成之各層之照片。

　　前項圖式或照片，除應以國家標準A4號（210×297公釐）紙或折疊成國家標準A4號（210×297公釐）紙格式製作一式2份，並須以大於實際電路布局二十倍之比例記載或表現該電路布局外，且應足以辨識。

第十四款 專利損害賠償之計算

依專利法第96條請求賠償損害時，得就下列各款擇一計算其損害：

一、依民法第216條之規定。但不能提供證據方法以證明其損害時，發明專利權人得就其實施專利權通常所可獲得之利益，減除受害後實施同一專利權所得之利益，以其差額爲所受損害。

二、依侵害人因侵害行爲所得之利益。

三、依授權實施該發明專利所得收取之合理權利金爲基礎計算損害。

　　依前項規定，侵害行爲如屬故意，法院得因被害人之請求，依侵害情節，酌定損害額以上之賠償。但不得超過損害額之3倍。（專利§97）

[1]：參考法條

❖可供產業上利用之發明，無下列情事之一，得依本法申請取得發明專利：

一、申請前已見於刊物者。

二、申請前已公眾實施者。

三、申請前已為公眾所知悉者。

發明雖無前項各款所列情事，但為其所屬技術領域中具有通常知識者依申請前之先前技術所能輕易完成時，仍不得取得發明專利。

申請人出於本意或非出於本意所致公開之事實發生後12個月內申請者，該事實非屬第1項各款或前項不得取得發明專利之情事。

因申請專利而在我國或外國依法於公報上所為之公開係出於申請人本意者，不適用前項規定。（專利§22）

❖下列各款，不予發明專利：

一、動、植物及生產動、植物之主要生物學方法。但微生物學之生產方法，不在此限。

二、人體或動物疾病之診斷、治療或外科手術方法。

三、妨害公共秩序、善良風俗者。（專利§24）

❖申請生物材料或利用生物材料之發明專利，申請人最遲應於申請日將該生物材料寄存於專利專責機關指定之國內寄存機構。但該生物材料為所屬技術領域中具有通常知識者易於獲得時，不須寄存。

申請人應於申請日起後4個月內檢送寄存證明文件，並載明寄存機構、寄存日期及寄存號碼；屆期未檢送者，視為未寄存。

前項期間，如依第28條規定主張優先權者，為最早之優先權日後16個月內。

申請前如已於專利專責機關認可之國外寄存機構寄存，並於第2項或前項規定之期間內，檢送寄存於專利專責機關指定之國內寄存機構之證明文件及國外寄存機構出具之證明文件者，不受第1項最遲應於申請日在國內寄存之限制。

申請人在與中華民國有相互承認寄存效力之外國所指定其國內之寄存機構寄存，並於第2項或第3項規定之期間內，檢送該寄存機構出具之證明文件者，不受應在國內寄存之限制。

第1項生物材料寄存之受理要件、種類、型式、數量、收費費率及其他寄存執行之辦法，由主管機關定之。（專利§27）

[2]：參考法條

❖新型專利申請案，經形式審查認有下列各款情事之一，應為不予專利之處分：

一、新型非屬物品形狀、構造或組合者。

二、違反第105條規定者。

三、違反第120條準用第26條第4項規定之揭露方式者。

四、違反第120條準用第33條規定者。

五、說明書、申請專利範圍及圖式未揭露必要事項，或其揭露明顯不清楚者。

六、修正，明顯超出申請時說明書、申請專利範圍或圖式所揭露之範圍者。（專利§112）

[3]：參考法條

❖可供產業上利用之設計，無下列情事之一，得依本法申請取得設計專利：

一、申請前有相同或近似之設計，已見於刊物者。

二、申請前有相同或近似之設計，已公開實施者。

三、申請前已爲公眾所知悉者。

設計雖無前項各款所列情事，但爲其所屬技藝領域中具有通常知識者依申請前之先前技藝易於思及時，仍不得取得設計專利。

申請人出於本意或非出於本意所致公開之事實發生後6個月內申請者，該事實非屬第1項各款或前項不得取得設計專利之情事。

因申請專利而在我國或外國依法於公報上所爲之公開係出於申請人本意者，不適用前項規定。（專利§122）

❖下列各款，不予設計專利：

一、純功能性之物品造形。

二、純藝術創作。

三、積體電路電路布局及電子電路布局。

四、物品妨害公共秩序或善良風俗者。（專利§124）

[4]：參考法條

❖發明專利各項申請費如下：

一、申請發明專利，每件新台幣3,500元。

二、申請提早公開發明專利申請案，每件新台幣1,000元。

三、申請實體審查，說明書、申請專利範圍、摘要及圖式合計在50頁以下，且請求項合計在10項以內者，每件新台幣7,000元；請求項超過10項者，每項加收新台幣800元；說明書、申請專利範圍、摘要及圖式超過50頁者，每50頁加收新台幣500元；其不足50頁者，以50頁計。

四、申請回復優先權主張，每件新台幣2,000元。

五、申請誤譯之訂正，每件新台幣2,000元。

六、申請改請爲發明專利，每件新台幣3,500元。

七、申請再審查，說明書、申請專利範圍、摘要及圖式合計在50頁以下，且請求項合計在10項以內者，每件新台幣7,000元；請求項超過10項者，每項加收新台幣800元；說明書、申請專利範圍、摘要及圖式超過50頁者，每50頁加收新台幣500元；其不足50頁者，以50頁計。

八、申請舉發，每件新台幣5,000元，並依其舉發聲明所載之請求項數按項加繳，每一請求項加收新台幣800元。但依本法第57條、第71條第1項第1款中第32條第1項及第3項、第71條第1項第2款及第3款規定之情事申請舉發者，每件新台幣1萬元。

九、申請分割，每件新台幣3,500元。

十、申請延長專利權，每件新台幣9,000元。

十一、申請更正說明書、申請專利範圍或圖式，每件新台幣2,000元。

十二、申請強制授權專利權，每件新台幣10萬元。

十三、申請廢止強制授權專利權,每件新台幣10萬元。

十四、申請舉發案補充理由、證據,每件新台幣2,000元。

前項第3款之實體審查申請費及第7款之再審查申請費,於修正請求項時,其計算方式依下列各款規定為之:

一、於申請案發給第一次審查意見通知前,以修正後之請求項數計算之。

二、於申請案已發給第一次審查意見通知後,其新增之請求項數與審查意見通知前已提出之請求項數合計超過10項者,每項加收新台幣800元。

發明專利申請案所檢附之申請書中發明名稱、申請人姓名或名稱、發明人姓名及摘要同時附有英文翻譯者,第1項第1款、第6款及第9款之申請費減收新台幣800元。但依本法第25條第3項規定先提出之外文本為英文本者,不適用之。

第1項第1款、第6款及第9款之申請案,以電子方式提出者,其申請費,每件減收新台幣600元。

同時為第1項第5款及第11款之申請者,每件新台幣2,000元。(專利規費收費辦法§2)

❖新型專利各項申請費如下:

一、申請新型專利,每件新台幣3,000元。

二、申請回復優先權主張,每件新台幣2,000元。

三、申請誤譯之訂正,每件新台幣2,000元。

四、申請改請為新型專利,每件新台幣3,000元。

五、申請舉發,每件新台幣5,000元,並依其舉發聲明所載之請求項數按項加繳,每一請求項加收新台幣800元。但依本法第119條第1項第2款及第3款規定之情事申請舉發者,每件新台幣9,000元。

六、申請分割,每件新台幣3,000元。

七、申請新型專利技術報告,其請求項合計在10項以內者,每件新台幣5,000元;請求項超過10項者,每項加收新台幣600元。

八、申請更正說明書、申請專利範圍或圖式,每件新台幣2,000元。

九、申請舉發案補充理由、證據,每件新台幣2,000元。

前項第1款、第4款及第6款之申請案,以電子方式提出者,其申請費,每件減收新台幣600元。

同時為第1項第3款及第8款之申請者,每件新台幣2,000元。(專利規費收費辦法§5)

❖設計專利各項申請費如下:

一、申請設計專利或衍生設計專利,每件新台幣3,000元。

二、申請回復優先權主張,每件新台幣2,000元。

三、申請誤譯之訂正,每件新台幣2,000元。

四、申請改請為設計專利或衍生設計專利,每件新台幣3,000元。

五、申請再審查,每件新台幣3,500元。

六、申請舉發,每件新台幣8,000元。

七、申請分割,每件新台幣3,000元。

八、申請更正說明書或圖式,每件新台幣2,000元。

九、申請舉發案補充理由、證據，每件新台幣2,000元。

前項第1款、第4款及第7款之申請案，以電子方式提出者，其申請費，每件減收新台幣600元。

同時為第1項第3款及第8款之申請者，每件新台幣2,000元。（專利規費收費辦法§6）

❖其他登記申請費如下：

一、申請專利申請權讓與或繼承登記，每件新台幣2,000元。

二、申請專利權讓與或繼承登記，每件新台幣2,000元。

三、申請專利權授權或再授權登記，每件新台幣2,000元。

四、申請專利授權塗銷登記，每件新台幣2,000元。

五、申請專利權質權設定登記，每件新台幣2,000元。

六、申請專利權質權消滅登記，每件新台幣2,000元。

七、申請專利權信託登記，每件新台幣2,000元。

八、申請專利權信託塗銷登記，每件新台幣2,000元。

九、申請專利權信託歸屬登記，每件新台幣2,000元。（專利規費收費辦法§7）

❖證書費每件新台幣1,000元。

前項證書之補發或換發，每件新台幣600元。（專利規費收費辦法§9）

❖經核准之發明專利，每件每年專利年費如下：

一、第1年至第3年，每年新台幣2,500元。

二、第4年至第6年，每年新台幣5,000元。

三、第7年至第9年，每年新台幣8,000元。

四、第10年以上，每年新台幣1萬6,000元。

經核准之新型專利，每件每年專利年費如下：

一、第1年至第3年，每年新台幣2,500元。

二、第4年至第6年，每年新台幣4,000元。

三、第7年以上，每年新台幣8,000元。

經核准之設計專利，每件每年專利年費如下：

一、第1年至第3年，每年新台幣800元。

二、第4年至第6年，每年新台幣2,000元。

三、第7年以上，每年新台幣3,000元。

核准延長之發明專利權，於延長期間仍應依前項規定繳納年費；核准延展之專利權，每件每年應繳年費新台幣5,000元。

專利權有拋棄或被撤銷之情事者，已預繳之專利年費，得申請退還。

第1項年費之金額，於繳納時如有調整，應依調整後所定之數額繳納。

依本法規定計算專利權期間不滿1年者，其應繳年費，仍以1年計算。（專利規費收費辦法§10）

中華民國專利檢索系統

全球專利檢索系統

第 **7** 章 公共工程、政府採購及仲裁

　　各國使用於公共工程的契約，通常都備有制式的標準契約，例如後列的我國行政院公共工程委員會版本的工程採購契約範本，可作為訂定契約之參考。另外美國的聯邦政府營繕工程標準承攬契約，英國的公共工程一般契約，日本的公共工程標準請負契約等亦是。至於一般民間工程常用的契約範例，例如美國的建築師學會工程契約，英國的ICE土木工程契約，JCT建築工程契約（通常稱為RIBA條款），IChemE製程工廠工程契約，日本的四會聯合約款，都已在各國國內沿用相當長的時間。

　　至於最有名的國際工程契約範本，首推國際工程顧問聯盟（Federation Internationale des Ingenieurs-Conseils, FIDIC）發行的FIDIC土木工程標準契約條款、機電工程設計安裝標準契約條款以及統包工程的標準契約條款。另外有一套極有潛力的NEC（The New Engineering Contract）合約範本，也不容忽視。這也是英國土木工程師學會（ICE）發行的，以彈性大，文字清晰，用語淺顯，著重於管理為其特色。雖非特地為國際工程合約所設計，但無論大型、小型或綜合土木建築與機電設備的工程都能適用。

　　當時代隨著國際化後，面對國際化的競爭，政府相關工程單位，必須考慮新工法且與外國類似制度與規定的接軌，並試圖將此一觀念融入整體規劃中，方能發揮「新、速、實、簡」的實益並減少爭議的發生；加上現今法律不斷的更新與創新，因而承辦法律的相關工作人員必須不斷尋求自我成長的管道及吸收國內外新的經驗，否則將會影響委辦部門在相關爭議上的優勢地位，因此對於相關法制之通盤規劃與認知，也是未來承辦單位應建立追求之目標。

　　而現今有關公共工程相關採購上爭議的處理模式，依據工程會的異議處理流程圖如次：

異議處理流程

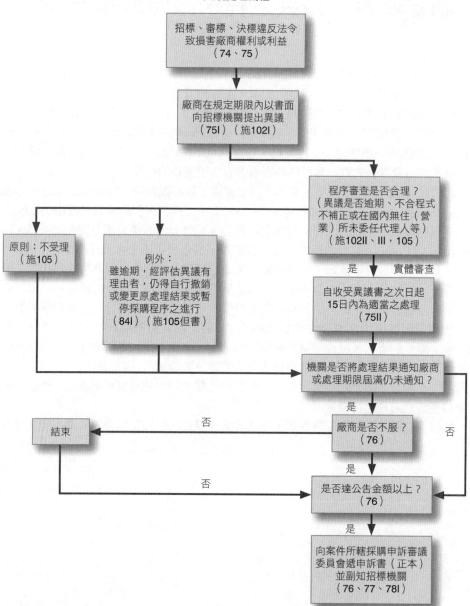

其次為調解案件的處理流程如次：

一、按採購履約爭議調解規則第20條第1項規定，調解事件應自收受調解申請書之次日起4個月內完成調解程序。但經雙方同意延長者，得延長之。

二、其調解時間之起算情形有三：

(一)申請人書面申請且繳調解費，不須再補正文件者，自申請次日起算。

(二) 申請人未繳費或申請書尚未補正者，自補繳及補正之次日起算。

(三) 調解期間，當事人續以書面補具理由或擴張請求並補繳調解費者，自最後收受理由書之次日起算。

至於相關文件可到公共工程委員會網站直接下載，其網址為：http://www.pcc.gov.tw/pccap2/TMPLfronted/ChtIndex.do?site=002。

第一節　政府採購與承攬

現行每件市場上的商業交易或工程承攬均可能各有不同之契約目的、特性或時空因素，因此應把握各該筆交易或工程之特性，徵詢專業人士，設計一份最適合的契約條款，才能達成你簽訂書面契約的目的，切忌囫圇吞棗照單全收信手拈來的所謂「契約範本」；同時承攬除當事人間有特約外，非必須承攬人自服其勞務，其使用他人，完成工作，亦無不可。（參65年台上字第1974號判例）

而一般較常遇見的契約問題如次：

一、當事人適格的認知上錯誤

在一般自然人與自然人的簽約，較無問題，但當契約當事人之一方或雙方為法人或非法人團體（例如：寺廟、祭祀公業等）時，便會問題即生，此時在名稱使用上必須清楚明確。

二、契約條款的拘束

私法契約之當事人，除該契約有無效之原因，或因停止條件尚未成就、或因要物性未具備等因素而不生效外，於通常情形，契約一經成立即告生效，此私經濟行為應受私法之適用，不因內部稽查程序而有所影響。查工程發包單位系爭工程有隨時變更計劃及增減工程數量之權，為合約書第13條所約定，並無以上級機關或稽核單位之核准為生效要件之限制，此約定自當拘束兩造當事人。（參89年度台上字第513號判決）

三、契約標的不明的謬誤

特定的契約標的必須明確，因此在工程契約的劃分上，一般均屬民法的承攬範疇，依據民法第490條第1項規定：「稱承攬者，謂當事人約定，一方為他方完成一定之工作，他方俟工作完成，給付報酬之契約。」在一般工程合約書當中所謂完成一定之工作即標的本身均記載為「工程名稱及範圍」或「契約範圍」或「工程範圍」，行政院公共工程委員會頒布之工程採購契約範本則記載為「履約標的」。

然而一般常見工程契約不明確情形，諸如約定為：「詳如圖說」、「詳如工程項目表或估價單」或「詳如圖及價目表」，倘標的之完成，依工程慣例，當然係指「按圖施工」，所以，當工程圖說與工程價目表或估價單不一致時，一般承包商對於工程總價之計算均依照工程價目表估算之，故倘工程價目表對照工程圖說之結果有漏項而漏未估算在工程總價內，依照契約規定，承包商又須按圖施工不能要求遺漏項目的加價時，那麼，承包商就必須特別加以注意！另外關於工期之計算倘亦依工程價目表為估算依據，

則遲延完工時，可能尚須負擔額外之逾期罰款，故對於工程契約標的之範圍必須清楚明確，以免得不償失。

四、工程追加的證據保全

工程的完成常需一特定的時間完成，故於施工期間，或因法令變更，或因業主的單方指示，或因種種其他因素，致工程有所變更時，就必須要經由雙方進行實際計算工程項目及工程款之追加減事項。因此發生業主要求追加減工程項目或做其他變更時，倘遇業主一概否認，承包商就必須負擔舉證之責任，因此在施作特定追加工程項目前，應該明確留下書面資料，載明追加工程之項目及工程款以及工期之延長，請業主或業主委託之現場監工簽名確認，免生無謂之紛執。

五、終止契約之報酬計算

按承攬人承攬工作之目的，在取得報酬。民法第511條規定工作未完成前，定作人得隨時終止契約，但應賠償承攬人因契約終止而生之損害。因在終止前，原承攬契約既仍屬有效，是此項定作人應賠償因契約終止而生之損害，自應包括承攬人已完成工作部分之報酬及其就未完成部分應可取得之利益，但應扣除承攬人因契約消滅所節省之費用及其勞力使用於其他工作所可取得或惡意怠於取得之利益，始符立法之本旨及公平原則。（參92年度台上字第738號判決）

六、瑕疵擔保責任

承攬人之瑕疵擔保責任固係無過失責任，不以承攬人具有過失為必要。而瑕疵擔保責任，依民法第498條至第501條、第514條第1項之規定，有瑕疵發現期間及權利行使期間（定作人之瑕疵修補請求權、修補費用償還請求權、減少報酬請求權或契約解除權，均因瑕疵發現後1年間不行使而消滅）。關於因可歸責於承攬人之事由，致工作發生瑕疵，發生不完全給付之情事，定作人依同法第495條規定行使損害賠償請求權之行使期間，並未特別規定，自應與不完全給付損害賠償請求權同樣適用民法第125條一般請求權15年時效之規定。（參87年台上字第2835號判決）

以下檢附公共工程委員會所制定之六大重要修正後版本：
一、工程採購契約範本（1090630）。
二、統包工程採購契約範本（1090114）。
三、財物採購契約範本（1090115）。
四、勞務採購契約範本（1090630）。
五、公共工程技術服務契約範本（1090115）。
六、公共工程專案管理契約範本（1090115）。

工程採購契約範本（109.06.30版）

招標機關（以下簡稱機關）及得標廠商（以下簡稱廠商）雙方同意依政府採購法（以下簡稱採購法）及其主管機關訂定之規定訂定本契約，共同遵守，其條款如下：

第一條 契約文件及效力

(一) 契約包括下列文件：

1. 招標文件及其變更或補充。
2. 投標文件及其變更或補充。
3. 決標文件及其變更或補充。
4. 契約本文、附件及其變更或補充。
5. 依契約所提出之履約文件或資料。

(二) 定義及解釋：

1. 契約文件，指前款所定資料，包括以書面、錄音、錄影、照相、微縮、電子數位資料或樣品等方式呈現之原件或複製品。
2. 工程會，指行政院公共工程委員會。
3. 工程司，指機關以書面指派行使本契約所賦予之工程司之職權者。
4. 工程司代表，指工程司指定之任何人員，以執行本契約所規定之權責者。其授權範圍須經工程司以書面通知承包商。
5. 監造單位，指受機關委託執行監造作業之技術服務廠商。
6. 監造單位／工程司，有監造單位者，為監造單位；無監造單位者，為工程司。
7. 工程司／機關，有工程司者，為工程司；無工程司者，為機關。
8. 分包，謂非轉包而將契約之部分由其他廠商代為履行。
9. 書面，指所有手書、打字及印刷之來往信函及通知，包括電傳、電報及電子信件。機關得依採購法第93條之1允許以電子化方式為之。
10. 規範，指列入契約之工程規範及規定，含施工規範、施工安全、衛生、環保、交通維持手冊、技術規範及工程施工期間依契約規定提出之任何規範與書面規定。
11. 圖說，指機關依契約提供廠商之全部圖樣及其所附資料。另由廠商提出經機關認可之全部圖樣及其所附資料，包含必要之樣品及模型，亦屬之。圖說包含（但不限於）設計圖、施工圖、構造圖、工廠施工製造圖、大樣圖等。

(三) 契約所含各種文件之內容如有不一致之處，除另有規定外，依下列原則處理：

1. 招標文件內之投標須知及契約條款優於招標文件內之其他文件所附記之條款。但附記之條款有特別聲明者，不在此限。
2. 招標文件之內容優於投標文件之內容。但投標文件之內容經機關審定優於招標文件之內容者，不在此限。招標文件如允許廠商於投標文件內特別聲明，並經機關於審標時接受者，以投標文件之內容為準。
3. 文件經機關審定之日期較新者優於審定日期較舊者。
4. 大比例尺圖者優於小比例尺圖者。
5. 施工補充說明書優於施工規範。
6. 決標紀錄之內容優於開標或議價紀錄之內容。
7. 同一優先順位之文件，其內容有不一致之處，屬機關文件者，以對廠商有利者為準；屬廠商文件者，以對機關有利者為準。
8. 招標文件內之標價清單，其品項名稱、規格、數量，優於招標文件內其他文件之內

容。

(四) 契約文件之一切規定得互為補充，如仍有不明確之處，應依公平合理原則解釋之。如有爭議，依採購法之規定處理。

(五) 契約文字：

1. 契約文字以中文為準。但下列情形得以外文為準：

(1) 特殊技術或材料之圖文資料。

(2) 國際組織、外國政府或其授權機構、公會或商會所出具之文件。

(3) 其他經機關認定確有必要者。

2. 契約文字有中文譯文，其與外文文意不符者，除資格文件外，以中文為準。其因譯文有誤致生損害者，由提供譯文之一方負責賠償。

3. 契約所稱申請、報告、同意、指示、核准、通知、解釋及其他類似行為所為之意思表示，除契約另有規定或當事人同意外，應以中文（正體字）書面為之。書面之遞交，得以面交簽收、郵寄、傳真或電子資料傳輸至雙方預為約定之人員或處所。

(六) 契約所使用之度量衡單位，除另有規定者外，以法定度量衡單位為之。

(七) 契約所定事項如有違反法令或無法執行之部分，該部分無效。但除去該部分，契約亦可成立者，不影響其他部分之有效性。該無效之部分，機關及廠商必要時得依契約原定目的變更之。

(八) 經雙方代表人或其授權人簽署契約正本2份，機關及廠商各執1份，並由雙方各依印花稅法之規定繳納印花稅。副本＿份（請載明），由機關、廠商及相關機關、單位分別執用。副本如有誤繕，以正本為準。

(九) 機關應提供＿份（由機關於招標時載明，未載明者，為1份）設計圖說及規範之影本予廠商，廠商得視履約之需要自費影印使用。除契約另有規定，如無機關之書面同意，廠商不得提供上開文件，供與契約無關之第三人使用。

(十) 廠商應提供＿份（由機關於招標時載明，未載明者，為1份）依契約規定製作之文件影本予機關，機關得視履約之需要自費影印使用。除契約另有規定，如無廠商之書面同意，機關不得提供上開文件，供與契約無關之第三人使用。

(十一) 廠商應於施工地點，保存1份完整契約文件及其修正，以供隨時查閱。廠商應核對全部文件，對任何矛盾或遺漏處，應立即通知工程司／機關。

第二條　履約標的及地點

(一) 廠商應給付之標的及工作事項（由機關於招標時載明）：＿＿＿＿＿＿＿
　　□維護保養□代操作營運：（如須由得標廠商提供驗收合格日起一定期間內之服務，由招標機關視個案特性於招標時勾選，並注意訂明投標廠商提供此類服務須具備之資格、編列相關費用及視需要擇定以下項目）

1. 期間：（例如驗收合格日起若干年，或起迄年、月、日；未載明者，為1年）

2. 工作內容：

(1) 工作範圍、界面。

(2) 設備項目、名稱、規格及數量。

(3) 定期維護保養頻率。

(4) 作業方式。

(5) 廠商須交付之文件及交付期限。（例如工作計畫、維修設備清冊、設備改善建議書）

3. 人力要求：

(1) 人員組織架構表。

(2) 工作人員名冊（含身分證明及學經歷文件）。

4. 備品供應：

(1) 備品庫存數量。

(2) 備品進場時程。

(3) 所需備品以現場設備廠牌型號優先；使用替代品應先徵得機關同意。

5. 故障維修責任：

(1) 屬保固責任者，依第16條規定辦理。

(2) 維修時效（例如機關發現契約項下設備有故障致不能正常運作時，得通知廠商派員維修，廠商應於接獲通知起24小時內派員到機關處理，並應於接獲通知起72小時內維修完畢，使標的物回復正常運作）。

6. 廠商逾契約所定期限進行維護（修）、交付文件者，比照第17條遲延履約規定計算逾期違約金（或另定違約金之計算方式），該違約金一併納入第17條第4款規定之上限內計算。

7. 因可歸責於廠商之事由所致之損害賠償規定；賠償金額上限依第18條第8款規定。

(二) 機關辦理事項（由機關於招標時載明，無者免填）：_____

(三) 履約地點（由機關於招標時載明，屬營繕工程者必填）：_____

(四) 本契約依「資源回收再利用法」第22條及其施行細則第10條規定，機關應優先採購政府認可之環境保護產品、本國境內產生之再生資源或以一定比例以上再生資源為原料製成之再生產品。廠商應配合辦理。

(五) 機關依政府循環經濟政策需於本案使用再生粒料者，廠商應配合辦理。機關於履約階段須新增使用者，依第20條辦理。

(六) 廠商依契約提供環保、節能、省水或綠建材等綠色產品，應至行政院環境保護署設置之「民間企業及團體綠色採購申報平台」申報。

第三條　契約價金之給付

(一) 契約價金之給付，得為下列方式（由機關擇一於招標時載明）：

　□依契約價金總額結算。因契約變更致履約標的項目或數量有增減時，就變更部分予以加減價結算。若有相關項目如稅捐、利潤或管理費等另列一式計價者，該一式計價項目之金額應隨與該一式有關項目之結算金額與契約金額之比率增減之。但契約已訂明不適用比率增減條件，或其性質與比率增減無關者，不在此限。

　□依實際施作或供應之項目及數量結算，以契約中所列履約標的項目及單價，依完成履約實際供應之項目及數量給付。若有相關項目如稅捐、利潤或管理費等另列一式計價者，該一式計價項目之金額應隨與該一式有關項目之結算金額與契約金額之比率增減之。但契約已訂明不適用比率增減條件，或其性質與比率增減無關

者,不在此限。

□部分依契約價金總額結算,部分依實際施作或供應之項目及數量結算。屬於依契約價金總額結算之部分,因契約變更致履約標的項目或數量有增減時,就變更部分予以加減價結算。屬於依實際施作或供應之項目及數量結算之部分,以契約中所列履約標的項目及單價,依完成履約實際供應之項目及數量給付。若有相關項目如稅捐、利潤或管理費等另列一式計價者,該一式計價項目之金額應隨與該一式有關項目之結算金額與契約金額之比率增減之。但契約已訂明不適用比率增減條件,或其性質與比率增減無關者,不在此限。

(二) 採契約價金總額結算給付之部分:

1. 工程之個別項目實作數量較契約所定數量增減達3%以上時,其逾3%之部分,依原契約單價以契約變更增減契約價金。未達3%者,契約價金不予增減。

2. 工程之個別項目實作數量較契約所定數量增加達30%以上時,其逾30%之部分,應以契約變更合理調整契約單價及計算契約價金。

3. 工程之個別項目實作數量較契約所定數量減少達30%以上時,依原契約單價計算契約價金顯不合理者,應就顯不合理之部分以契約變更合理調整實作數量部分之契約單價及計算契約價金。

(三) 採實際施作或供應之項目及數量結算給付之部分:

1. 工程之個別項目實作數量較契約所定數量增加達30%以上時,其逾30%之部分,應以契約變更合理調整契約單價及計算契約價金。

2. 工程之個別項目實作數量較契約所定數量減少達30%以上時,依原契約單價計算契約價金顯不合理者,應就顯不合理之部分以契約變更合理調整實作數量部分之契約單價及計算契約價金。

(四) 契約價金,除另有規定外,含廠商及其人員依中華民國法令應繳納之稅捐、規費及強制性保險之保險費。依法令應以機關名義申請之許可或執照,由廠商備具文件代為申請者,其需繳納之規費(含空氣污染防制費)不含於契約價金,由廠商代為繳納後機關覈實支付,但已明列項目而含於契約價金者,不在此限。

(五) 中華民國以外其他國家或地區之稅捐、規費或關稅,由廠商負擔。

第四條 契約價金之調整

(一) 驗收結果與規定不符,而不妨礙安全及使用需求,亦無減少通常效用或契約預定效用,經機關檢討不必拆換、更換或拆換、更換確有困難者,得於必要時減價收受。

1. 採減價收受者,按不符項目標的之契約單價____%(由機關視需要於招標時載明;未載明者,依採購法施行細則第98條第2項規定)與不符數量之乘積減價,並處以減價金額____%(由機關視需要於招標時載明;未載明者為20%)之違約金。但其屬尺寸不符規定者,減價金額得就尺寸差異之比率計算之;屬工料不符規定者,減價金額得按工料差額計算之;非屬尺寸、工料不符規定者,減價金額得就重量、權重等差異之比率計算之。

2. 個別項目減價及違約金之合計,以標價清單或詳細價目表該項目所載之複價金額為限。

3. 若有相關項目如稅捐、利潤或管理費等另列一式計價者，該一式計價項目之金額，應隨上述減價金額及違約金合計金額與該一式有關項目契約金額之比率減少之。但契約已訂明不適用比率增減條件，或其性質與比率增減無關者，不在此限。

(二) 契約所附供廠商投標用之工程數量清單，其數量為估計數，除另有規定者外，不應視為廠商完成履約所須供應或施作之實際數量。

(三) 採契約價金總額結算給付者，未列入前款清單之項目，其已於契約載明應由廠商施作或供應或為廠商完成履約所必須者，仍應由廠商負責供應或施作，不得據以請求加價。如經機關確認屬漏列且未於其他項目中編列者，應以契約變更增加契約價金。

(四) 廠商履約遇有下列政府行為之一，致履約費用增加或減少者，契約價金得予調整：

1. 政府法令之新增或變更。

2. 稅捐或規費之新增或變更。

3. 政府公告、公定或管制價格或費率之變更。

(五) 前款情形，屬中華民國政府所為，致履約成本增加者，其所增加之必要費用，由機關負擔；致履約成本減少者，其所減少之部分，得自契約價金中扣除。屬其他國家政府所為，致履約成本增加或減少者，契約價金不予調整。

(六) 廠商為履約須進口自用機具、設備或材料者，其進口及復運出口所需手續及費用，由廠商負責。

(七) 契約規定廠商履約標的應經第三人檢驗者，其檢驗所需費用，除另有規定者外，由廠商負擔。

(八) 契約履約期間，有下列情形之一（且非可歸責於廠商），致增加廠商履約成本者，廠商為完成契約標的所需增加之必要費用，由機關負擔。但屬第13條第7款情形、廠商逾期履約，或發生保險契約承保範圍之事故所致損失（害）之自負額部分，由廠商負擔：

1. 戰爭、封鎖、革命、叛亂、內亂、暴動或動員。

2. 民眾非理性之聚眾抗爭。

3. 核子反應、核子輻射或放射性污染。

4. 善盡管理責任之廠商不可預見且無法合理防範之自然力作用（例如但不限於山崩、地震、海嘯等）。

5. 機關要求全部或部分暫停執行（停工）。

6. 機關提供之地質鑽探或地質資料，與實際情形有重大差異。

7. 因機關使用或佔用本工程任何部分，但契約另有規定者不在此限。

8. 其他可歸責於機關之情形。

第五條　契約價金之給付條件

(一) 除契約另有約定外，依下列條件辦理付款：

1. □預付款（由機關視個案情形於招標時勾選；未勾選者，表示無預付款）：

(1) 契約預付款為契約價金總額＿＿＿％（由機關於招標時載明；查核金額以上者，預付款額度不逾30%），其付款條件如下：＿＿＿＿＿＿＿＿＿＿＿＿＿（由機關於招標時

載明）

(2) 預付款於雙方簽定契約，廠商辦妥履約各項保證，並提供預付款還款保證，經機關核可後於＿日（由機關於招標時載明）內撥付。

(3) 預付款應於銀行開立專戶，專用於本採購，機關得隨時查核其使用情形。

(4) 預付款之扣回方式0，應自估驗金額達契約價金總額20%起至80%止，隨估驗計價逐期依計價比例扣回。

2. □估驗款（由機關視個案情形於招標時勾選；未勾選者，表示無估驗款）：

(1) 廠商自開工日起，每＿日曆天或每半月或每月（由機關於招標時載明；未載明者，為每月）得申請估驗計價1次，並依工程會訂定之「公共工程估驗付款作業程序」提出必要文件，以供估驗。機關於15工作天（含技術服務廠商之審查時間）內完成審核程序後，通知廠商提出請款單據，並於接到廠商請款單據後15工作天內付款。但涉及向補助機關申請核撥補助款者，付款期限為30工作天。

(2) 竣工後估驗：確定竣工後，如有依契約所定估驗期程可辦理估驗而尚未辦理估驗之項目或數量，廠商得依工程會訂定之「公共工程估驗付款作業程序」提出必要文件，辦理末期估驗計價。未納入估驗者，併尾款給付。機關於15工作天（含技術服務廠商之審查時間）內完成審核程序後，通知廠商提出請款單據，並於接到廠商請款單據後15工作天內付款。但涉及向補助機關申請核撥補助款者，付款期限為30工作天。

(3) 估驗以完成施工者為限，如另有規定其半成品或進場材料得以估驗計價者，從其規定。該項估驗款每期均應扣除5%作為保留款（有預付款之扣回時一併扣除）。

半成品或進場材料得以估驗計價之情形（由機關於招標時載明；未載明者無）：

□鋼構項目：鋼材運至加工處所，得就該項目單價之＿%（由機關於招標時載明；未載明者，為20%）先行估驗計價；加工、假組立完成後，得就該項目單價之＿%（由機關於招標時載明；未載明者，為30%）先行估驗計價。估驗計價前，須經監造單位／工程司檢驗合格，確定屬本工程使用。已估驗計價之鋼構項目由廠商負責保管，不得以任何理由要求加價。

□其他項目：＿＿＿＿＿＿＿＿

(4) 查核金額以上之工程，於初驗合格且無逾期情形時，廠商得以書面請求機關退還已扣留保留款總額之50%。辦理部分驗收或分段查驗供驗收之用者，亦同。

(5) 經雙方書面確定之契約變更，其新增項目或數量尚未經議價程序議定單價者，得依機關核定此一項目之預算單價，以＿%（由機關於招標時載明，未載明者，為80%）估驗計價給付估驗款。

(6) 如有剩餘土石方需運離工地，除屬土方交換、工區土方平衡或機關認定之特殊因素者外，廠商估驗計價應檢附下列資料（未勾選者，無需檢附）：

□經機關建議或核定之土資場之遠端監控輸出影像紀錄光碟片。

□符合機關規定格式（例如日期時間、車號、車輛經緯度、行車速度等，由機關於招標時載明）之土石方運輸車輛行車紀錄與軌跡圖光碟片。

□其他＿＿＿＿＿＿（由機關於招標時載明）。

(7) 於履約過程中，如因可歸責於廠商之事由，而有施工查核結果列爲丙等、發生重大勞安或環保事故之情形，或發現廠商違反勞安或環保規定且情節重大者，機關得將估驗計價保留款提高爲原規定之__倍（由機關於招標時載明；未載明者，爲2倍），至上開情形改善處理完成爲止，但不溯及已完成估驗計價者。

3. 驗收後付款：於驗收合格，廠商繳納保固保證金後，機關於接到廠商提出請款單據後15工作天內，一次無息結付尾款。但涉及向補助機關申請核撥補助款者，付款期限爲30工作天。

4. 機關辦理付款及審核程序，如發現廠商有文件不符、不足或有疑義而需補正或澄清者，機關應一次通知澄清或補正，不得分次辦理。其審核及付款期限，自資料澄清或補正之次日重新起算；機關並應先就無爭議且可單獨計價之部分辦理付款。

5. 廠商履約有下列情形之一者，機關得暫停給付估驗計價款至情形消滅爲止：

(1) 履約實際進度因可歸責於廠商之事由，落後預定進度達__%（由機關於招標時載明；未載明者爲20%）以上，且經機關通知限期改善未積極改善者。但廠商如提報趕工計畫經機關核可並據以實施後，其進度落後情形經機關認定已有改善者，機關得恢復核發估驗計價款；如因廠商實施趕工計畫，造成機關管理費用等之增加，該費用由廠商負擔。

(2) 履約有瑕疵經書面通知改正而逾期未改正者。

(3) 未履行契約應辦事項，經通知仍延不履行者。

(4) 廠商履約人員不適任，經通知更換仍延不辦理者。

(5) 廠商有施工品質不良或其他違反公共工程施工品質管理作業要點之情事者。

(6) 其他違反法令或違約情形。

6. 物價指數調整：

(1) 物價調整方式：依□行政院主計總處；□台北市政府；□高雄市政府；□其他____（由機關擇一載明；未載明者，爲行政院主計總處）發布之營造工程物價指數之個別項目、中分類項目及總指數漲跌幅，依下列順序調整：

① 工程進行期間，如遇物價波動時，依____個別項目（例如預拌混凝土、鋼筋、鋼板、型鋼、瀝青混凝土等，由機關於招標時載明；未載明者，爲預拌混凝土、鋼筋、鋼板、型鋼及瀝青混凝土）指數，就此等項目漲跌幅超過__%（由機關於招標時載明；未載明者，爲10%）之部分，於估驗完成後調整工程款

② 工程進行期間，如遇物價波動時，依____中分類項目（例如金屬製品類、砂石及級配類、瀝青及其製品類等，由機關於招標時載明；未載明者，依營造工程物價指數所列中分類項目）指數，就此等項目漲跌幅超過__%（由機關於招標時載明；未載明者，爲5%）之部分，於估驗完成後調整工程款。前述中分類項目內含有已依①計算物價調整款者，依「營造工程物價指數不含①個別項目之中分類指數」之漲跌幅計算物價調整款。

③ 工程進行期間，如遇物價波動時，依「營造工程物價總指數」，就漲跌幅超過__%（由機關於招標時載明；未載明者，爲2.5%）之部分，於估驗完成後調整工程款。已依①、②計算物價調整款者，依「營造工程物價指數不含①個別項目及②中分類項目

之總指數」之漲跌幅計算物價調整款。

(2) 物價指數基期更換時，換基當月起實際施作之數量，自動適用新基期指數核算工程調整款，原依舊基期指數調整之工程款不予追溯核算。每月公布之物價指數修正時，處理原則亦同。

(3) 契約內進口製品或非屬台灣地區營造工程物價指數表內之工程項目，其物價調整方式如下：＿＿＿＿＿＿（由機關視個案特性及實際需要，於招標時載明；未載明者，無物價調整方式）。

(4) 廠商於投標時提出「投標標價不適用招標文件所定物價指數調整條款聲明書」者，履約期間不論營建物價各種指數漲跌變動情形之大小，廠商標價不適用招標文件所定物價指數調整條款，指數上漲時不依物價指數調整金額；指數下跌時，機關亦不依物價指數扣減其物價調整金額；行政院如有訂頒物價指數調整措施，亦不適用。

7. 契約價金依物價指數調整者：

(1) 調整公式：＿＿＿＿＿＿（由機關於招標時載明；未載明者，依工程會97年7月1日發布之「機關已訂約施工中工程因應營建物價變動之物價調整補貼原則計算範例」及98年4月7日發布之「機關已訂約工程因應營建物價下跌之物價指數門檻調整處理原則計算範例」，公開於工程會全球資訊網＞政府採購＞工程款物價指數調整）。

(2) 廠商應提出調整數據及佐證資料。

(3) 規費、規劃費、設計費、土地及權利費用、法律費用、管理費（品質管理費、安全維護費、安全衛生管理費……）、保險費、利潤、利息、稅雜費、訓練費、檢（試）驗費、審查費、土地及房屋租金、文書作業費、調查費、協調費、製圖費、攝影費、已支付之預付款、自政府疏濬砂石計畫優先取得之砂石、假設工程項目、機關收入項目及其他＿＿＿（由機關於招標時載明）不予調整。

(4) 逐月就已施作部分按□當月□前1月□前2月（由機關於招標時載明；未載明者為當月）指數計算物價調整款。逾履約期限（含分期施作期限）之部分，應以實際施作當月指數與契約規定履約期限當月指數二者較低者為調整依據。但逾期履約係非可歸責於廠商者，依上開選項方式逐月計算物價調整款；如屬物價指數下跌而需扣減工程款者，廠商得選擇以契約原訂履約期程所對應之物價指數計算扣減之金額，但該期間之物價指數上漲者，不得據以轉變為需由機關給付物價調整款，且選擇後不得變更，亦不得僅選擇適用部分履約期程。

(5) 累計給付逾新台幣10萬元之物價調整款，由機關刊登物價調整款公告。

(6) 其他：＿＿＿＿＿＿

8. 契約價金總額曾經減價而確定，其所組成之各單項價格得依約定或合意方式調整（例如減價之金額僅自部分項目扣減）；未約定或未能合意調整方式者，如廠商所報各單項價格未有不合理之處，視同就廠商所報各單項價格依同一減價比率（決標金額／投標金額）調整。投標文件中報價之分項價格合計數額與決標金額不同者，依決標金額與該合計數額之比率調整之。但以下情形不在此限：

(1) 廠商報價之安全衛生經費項目、空氣污染及噪音防制設施經費項目編列金額低於機關所訂底價之各該同項金額者，該報價金額不隨之調低；該報價金額高於同項底價

金額者，調整後不得低於底價金額。

(2) 人力項目之報價不隨之調低。

9. 廠商計價領款之印章，除另有約定外，以廠商於投標文件所蓋之章爲之。

10. 廠商應依身心障礙者權益保障法、原住民族工作權保障法及採購法規定僱用身心障礙者及原住民。僱用不足者，應依規定分別向所在地之直轄市或縣（市）勞工主管機關設立之身心障礙者就業基金及原住民族中央主管機關設立之原住民族綜合發展基金之就業基金，定期繳納差額補助費及代金；並不得僱用外籍勞工取代僱用不足額部分。招標機關應將國內員工總人數逾100人之廠商資料公開於政府採購資訊公告系統，以供勞工及原住民族主管機關查核差額補助費及代金繳納情形，招標機關不另辦理查核。

11. 契約價金總額，除另有規定外，爲完成契約所需全部材料、人工、機具、設備、交通運輸、水、電、油料、燃料及施工所必須之費用。

12. 如機關對工程之任何部分需要辦理量測或計量時，得通知廠商指派適合之工程人員到場協同辦理，並將量測或計量結果作成紀錄。除非契約另有規定，量測或計量結果應記錄淨值。如廠商未能指派適合之工程人員到場時，不影響機關辦理量測或計量之進行及其結果。

13. 因非可歸責於廠商之事由，機關有延遲付款之情形，廠商投訴對象：

(1) 採購機關之政風單位；

(2) 採購機關之上級機關；

(3) 法務部廉政署；

(4) 採購稽核小組；

(5) 採購法主管機關；

(6) 行政院主計總處（延遲付款之原因與主計人員有關者）。

14. 其他（由機關於招標時載明；無者免填）：＿＿＿＿＿＿＿＿＿＿＿

(二) 廠商請領契約價金時應提出電子或紙本統一發票，依法免用統一發票者應提出收據。

(三) 廠商履約有逾期違約金、損害賠償、採購標的損壞或短缺、不實行爲、未完全履約、不符契約規定、溢領價金或減少履約事項等情形時，機關得自應付價金中扣抵；其有不足者，得通知廠商給付或自保證金扣抵。

(四) 履約範圍包括代辦訓練操作或維護人員者，其費用除廠商本身所需者外，有關受訓人員之旅費及生活費用，由機關自訂標準支給，不包括在契約價金內。

(五) 分包契約依採購法第67條第2項報備於機關，並經廠商就分包部分設定權利質權予分包廠商者，該分包契約所載付款條件應符合前列各款規定（採購法第98條之規定除外），或與機關另行議定。

(六) 廠商延誤履約進度案件，如施工進度已達75%以上，機關得經評估後，同意廠商及分包廠商共同申請採監督付款方式，由分包廠商繼續施工，其作業程序包括廠商與分包廠商之協議書內容、監督付款之付款程序及監督付款停辦時機等，悉依行政院頒公共工程廠商延誤履約進度處理要點規定辦理。

(七) 廠商於履約期間給與全職從事本採購案之員工薪資，如採按月計酬者，至少為＿＿＿＿＿元（由機關於招標時載明，不得低於勞動基準法規定之最低基本工資；未載明者，為新台幣3萬元）。

第六條　稅捐

(一) 以新台幣報價之項目，除招標文件另有規定外，應含稅，包括營業稅。由自然人投標者，不含營業稅，但仍包括其必要之稅捐。

(二) 廠商為進口施工或測試設備、臨時設施、於我國境內製造財物所需設備或材料、換新或補充前已進口之設備或材料等所生關稅、貨物稅及營業稅等稅捐、規費，由廠商負擔。

(三) 進口財物或臨時設施，其於中華民國以外之任何稅捐、規費或關稅，由廠商負擔。

第七條　履約期限

(一) 履約期限（由機關於招標時載明）：

1. 工程之施工：

　　□應於＿＿＿年＿＿＿月＿＿＿日以前竣工。

　　□應於（□決標日□機關簽約日□機關通知日）起＿＿＿＿日內開工，並於開工之日起＿＿日內竣工。預計竣工日期為＿＿年＿＿月＿＿日。

2. 本契約所稱日（天）數，除已明定為日曆天或工作天者外，以□日曆天□工作天計算（由機關於招標時勾選；未勾選者，為工作天）：

(1) 以日曆天計算者，所有日數，包括(2)所載之放假日，均應計入。但投標文件截止收件日前未可得知之放假日，不予計入。

(2) 以工作天計算者，下列放假日，均應不計入：

①星期六（補行上班日除外）及星期日。但與②至⑤放假日相互重疊者，不得重複計算。

②依「紀念日及節日實施辦法」規定放假之紀念日、節日及其補假。

③軍人節（9月3日）之放假及補假（依國防部規定，但以國軍之工程為限）。

④行政院人事行政總處公布之調整放假日。

⑤全國性選舉投票日及行政院所屬中央各業務主管機關公告放假者。

3. 免計工作天之日，以不得施工為原則。廠商如欲施作，應先徵得機關書面同意，該日數□應；□免計入工期（由機關於招標時勾選，未勾選者，免計入工期）。

4. 其他：＿＿＿＿＿＿＿＿＿＿（由機關於招標時載明）。

(二) 契約如需辦理變更，其工程項目或數量有增減時，變更部分之工期由雙方視實際需要議定增減之。

(三) 工程延期：

1. 履約期限內，有下列情形之一（且非可歸責於廠商），致影響進度網圖要徑作業之進行，而需展延工期者，廠商應於事故發生或消滅後＿＿日內（由機關於招標時載明；未載明者，為7日）通知機關，並於＿＿日內（由機關於招標時載明；未載明者，為45日）檢具事證，以書面向機關申請展延工期。機關得審酌其情形後，以書面同意延長履約期限，不計算逾期違約金。其事由未逾半日者，以半日計；逾半日未達1日者，

以1日計。

(1) 發生第17條第5款不可抗力或不可歸責契約當事人之事故。

(2) 因天候影響無法施工。

(3) 機關要求全部或部分停工。

(4) 因辦理變更設計或增加工程數量或項目。

(5) 機關應辦事項未及時辦妥。

(6) 由機關自辦或機關之其他廠商之延誤而影響履約進度者。

(7) 機關提供之地質鑽探或地質資料,與實際情形有重大差異。

(8) 因傳染病或政府之行為,致發生不可預見之人員或貨物之短缺。

(9) 因機關使用或佔用本工程任何部分,但契約另有規定者,不在此限。

(10) 其他非可歸責於廠商之情形,經機關認定者。

2. 前目事故之發生,致契約全部或部分必須停工時,廠商應於停工原因消滅後立即復工。其停工及復工,廠商應儘速向機關提出書面報告。

3. 第1目停工之展延工期,除另有規定外,機關得依廠商報經機關核備之預定進度表之要徑核定之。

(四) 履約期間自指定之日起算者,應將當日算入。履約期間自指定之日後起算者,當日不計入。

第八條　材料機具及設備

(一) 契約所需工程材料、機具、設備、工作場地設備等,除契約另有規定外,概由廠商自備。

(二) 前款工作場地設備,指廠商為契約施工之場地或施工地點以外專為契約材料加工之場所之設備,包括施工管理、工人住宿、材料儲放等房舍及其附屬設施。該等房舍設施,應具備滿足生活與工作環境所必要之條件。

(三) 廠商自備之材料、機具、設備,其品質應符合契約之規定,進入施工場所後由廠商負責保管。非經機關書面許可,不得擅自運離。

(四) 由機關供應之材料、機具、設備,廠商應提出預定進場日期。因可歸責於機關之原因,不能於預定日期進場者,應預先書面通知廠商;致廠商未能依時履約者,廠商得依第7條第3款規定,申請延長履約期限;因此增加之必要費用,由機關負擔。

(五) 廠商領用或租借機關之材料、機具、設備,應憑證蓋章並由機關檢驗人員核轉。已領用或已租借之材料、機具、設備,須妥善保管運用維護;用畢(餘)歸還時,應清理整修至符合規定或機關認可之程度,於規定之合理期限內運交機關指定處所放置。其未辦理者,得視同廠商未完成履約。

(六) 廠商對所領用或租借自機關之材料、機具、設備,有浪費、遺失、被竊或非自然消耗之毀損,無法返還或修理復原者,得經機關書面同意以相同者或同等品返還,或折合現金賠償。

第九條　施工管理

(一) 廠商應按預定施工進度,僱用足夠且具備適當技能的員工,並將所需材料、機具、設備等運至工地,如期完成契約約定之各項工作。施工期間,所有廠商員工之管

理、給養、福利、衛生與安全等，及所有施工機具、設備及材料之維護與保管，均由廠商負責。

(二) 廠商及分包廠商員工均應遵守有關法令規定，包括施工地點當地政府、各目的事業主管機關訂定之規定，並接受機關對有關工作事項之指示。如有不照指示辦理，阻礙或影響工作進行，或其他非法、不當情事者，機關得隨時要求廠商更換員工，廠商不得拒絕。該等員工如有任何糾紛或違法行為，概由廠商負完全責任，如遇有傷亡或意外情事，亦應由廠商自行處理，與機關無涉。

(三) 適用營造業法之廠商應依營造業法規定設置專任工程人員、工地主任。依營造業法第31條第5項規定，工地主任應加入全國營造業工地主任公會。工地施工期間工地主任應專駐於工地，且不得兼任工地其他職務。應設置技術士之專業工程特定施工項目、技術士種類及人數，依附錄2第9點辦理。

(四) 施工計畫與報表：

1. 廠商應於開工前，擬定施工順序及預定進度表等，並就主要施工部分敘明施工方法，繪製施工相關圖說，送請機關核定。機關為協調相關工程之配合，得指示廠商作必要之修正。

   預算金額達新台幣2億元之工程，或未達2億元但經□上級機關；□機關認定（由機關於招標時勾選），廠商應於開工前查填招標文件所附「重大公共工程開工管制條件廠商應辦事項檢核表」（招標文件未附者，為工程會所訂「重大公共工程開工要件注意事項」第8點附件檢核表），經監造單位／工程司審查後報請機關備查，於開工後確實執行。

2. 對於汛期施工有致災風險之工程，廠商應於提報之施工計畫內納入相關防災內容；其內容除機關及監造單位另有規定外，重點如下：

(1) 充分考量汛期颱風、豪雨對工地可能造成之影響，合理安排施工順序及進度，並妥擬緊急應變及防災措施。

(2) 訂定汛期工地防災自主檢查表，並確實辦理檢查。

(3) 凡涉及河川堤防之破堤或有水患之虞者，應納入防洪、破堤有關之工作項目及作業規定。

3. 預定進度表之格式及細節，應標示施工詳圖送審日期、主要器材設備訂購與進場之日期、各項工作之起始日期、各類別工人調派配置日期及人數等，並標示契約之施工要徑，俾供後續契約變更時檢核工期之依據。廠商在擬定前述工期時，應考量施工當地天候對契約之影響。預定進度表，經機關修正或核定者，不因此免除廠商對契約竣工期限所應負之全部責任。

4. 廠商應繪製職業安全衛生相關設施之施工詳圖。機關應確實依廠商實際施作之數量辦理估驗。

5. 廠商於契約施工期間，應按機關同意之格式，按約定之時間，填寫施工日誌，送請機關核備。

(五) 工作安全與衛生：依附錄1辦理。

(六) 配合施工：與契約工程有關之其他工程，經機關交由其他廠商承包時，廠商有與其

他廠商互相協調配合之義務，以使該等工作得以順利進行，如因配合施工致增加不可預知之必要費用，得以契約變更增加契約價金。因工作不能協調配合，致生錯誤、延誤工期或意外事故，其可歸責於廠商者，由廠商負責並賠償。如有任一廠商因此受損者，應於事故發生後儘速書面通知機關，由機關邀集雙方協調解決。其經協調仍無法達成協議者，由相關廠商依民事程序解決。

(七) 工程保管：

1. 履約標的未經驗收移交接管單位接收前，所有已完成之工程及到場之材料、機具、設備，包括機關供給及廠商自備者，均由廠商負責保管。如有損壞缺少，概由廠商負責賠償。其經機關驗收付款者，所有權屬機關，禁止轉讓、抵押或任意更換、拆換。

2. 工程未經驗收前，機關因需要使用時，廠商不得拒絕。但應由雙方會同使用單位協商認定權利與義務。使用期間因非可歸責於廠商之事由，致遺失或損壞者，應由機關負責。

(八) 廠商之工地管理：依附錄2辦理。

(九) 廠商履約時於工地發現化石、錢幣、有價文物、古蹟、具有考古或地質研究價值之構造或物品、具有商業價值而未列入契約價金估算之砂石或其他有價物，應通知機關處理，廠商不得占為己有。

(十) 各項設施或設備，依法令規定須由專業技術人員安裝、施工或檢驗者，廠商應依規定辦理。

(十一) 轉包及分包：

1. 廠商不得將契約轉包。廠商亦不得以不具備履行契約分包事項能力、未依法登記或設立，或依採購法第103條規定不得作為參加投標或作為決標對象或分包廠商之廠商為分包廠商。

2. 廠商擬分包之項目及分包廠商，機關得予審查。

3. 廠商對於分包廠商履約之部分，仍應負完全責任。分包契約報備於機關者，亦同。

4. 分包廠商不得將分包契約轉包。其有違反者，廠商應更換分包廠商。

5. 廠商違反不得轉包之規定時，機關得解除契約、終止契約或沒收保證金，並得要求損害賠償。

6. 轉包廠商與廠商對機關負連帶履行及賠償責任。再轉包者，亦同。

(十二) 廠商及分包廠商履約，不得有下列情形：僱用依法不得從事其工作之人員（含非法外勞）、供應不法來源之財物、使用非法車輛或工具、提供不實證明、違反人口販運防制法、非法棄置土石、廢棄物或其他不法或不當行為。

(十三) 廠商及分包廠商履約時，除依規定申請聘僱或調派外籍勞工者外，均不得僱用外籍勞工。違法僱用外籍勞工者，機關除通知就業服務法主管機關依規定處罰外，情節重大者，得與廠商終止或解除契約。其因此造成損害者，並得向廠商請求損害賠償。

(十四) 採購標的之進出口、供應、興建或使用涉及政府規定之許可證、執照或其他許可文件者，依文件核發對象，由機關或廠商分別負責取得。但屬應由機關取得者，機關得通知廠商代為取得，費用詳第3條第4款。屬外國政府或其授權機構核發之

文件者，由廠商負責取得，並由機關提供必要之協助。如因未能取得上開文件，致造成契約當事人一方之損害，應由造成損害原因之他方負責賠償。

(十五) 廠商應依契約文件標示之參考原點、路線、坡度及高程，負責辦理工程之放樣，如發現錯誤或矛盾處，應即向監造單位／工程司反映，並予澄清，以確保本工程各部分位置、高程、尺寸及路線之正確性，並對其工地作業及施工方法之適當性、可靠性及安全性負完全責任。

(十六) 廠商之工地作業有發生意外事件之虞時，廠商應立即採取防範措施。發生意外時，應立即採取搶救，並依職業安全衛生法等規定實施調查、分析及作成紀錄，且於取得必要之許可後，為復原、重建等措施，另應對機關與第三人之損害進行賠償。

(十七) 機關於廠商履約中，若可預見其履約瑕疵，或其有其他違反契約之情事者，得通知廠商限期改善。

(十八) 廠商不於前款期限內，依照改善或履行者，機關得採行下列措施：

1. 自行或使第三人改善或繼續其工作，其費用由廠商負擔。

2. 終止或解除契約，並得請求損害賠償。

3. 通知廠商暫停履約。

(十九) 機關提供之履約場所，各得標廠商有共同使用之需要者，廠商應依與其他廠商協議或機關協調之結果共用場所。

(二十) 機關提供或將其所有之財物供廠商加工、改善或維修，其須將標的運出機關場所者，該財物之滅失、減損或遭侵占時，廠商應負賠償責任。機關並得視實際需要規定廠商繳納與標的等值或一定金額之保證金＿＿＿＿＿＿＿＿＿＿＿＿＿＿（由機關視需要於招標時載明）。

(二一) 契約使用之土地，由機關於開工前提供，其地界由機關指定。如因機關未及時提供土地，致廠商未能依時履約者，廠商得依第7條第3款規定，申請延長履約期限；因此增加之必要費用，由機關負擔。該土地之使用如有任何糾紛，除因可歸責於廠商所致者外，由機關負責；其地上（下）物的清除，除另有規定外，由機關負責處理。

(二二) 本工程使用預拌混凝土之情形如下：（由機關於招標時載明）

　　□廠商使用之預拌混凝土，應為「領有工廠登記證」之預拌混凝土廠供應。

　　□符合公共工程性質特殊並經上級機關同意者，或工地附近20公里運距內無足夠合法預拌混凝土廠，或其產品無法滿足工程之需求者，廠商得經機關同意後，依「公共工程工地型預拌混凝土設備設置及拆除管理要點」規定辦理。其處理方式如下：

1. 工地型預拌混凝土設備設置生產前，應依職業安全衛生法、空氣污染防制法、水污染防治法、噪音管制法等相關法令，取得各該主管機關許可。

2. 工程所需材料應以合法且未超載車輛運送。

3. 設置期間應每月製作生產紀錄表，並隨時提供機關查閱。

4. 工程竣工後，預拌混凝土設備之拆除，應列入驗收項目；未拆除時，列入驗收缺點限

期改善，逾期之日數，依第17條遲延履約規定計算逾期違約金。

5. 工程竣工後，預拌混凝土設備拆除完畢前，不得支付尾款。

6. 屆期未拆除完畢者，機關得強制拆除並由廠商支付拆除費用，或由工程尾款中扣除，並視其情形依採購法第101條規定處理。

7. 廠商應出具切結書；其內容應包括下列各款：

(1) 專供本契約工程預拌混凝土材料，不得對外營業。

(2) 工程竣工後驗收前或契約終止（解除）後1個月內，該預拌混凝土設備必須拆除完畢並恢復原狀。

(3) 因該預拌混凝土設備之設置造成之污染、損鄰等可歸責之事故，悉由廠商負完全責任。

　　□本工程處離島地區，且境內無符合「工廠管理輔導法」之預拌混凝土廠，其處理方式如下：_____

　　□預拌混凝土廠或「公共工程工地型預拌混凝土設備」之品質控管方式，依工程會所訂「公共工程施工綱要規範」（完整版）第03050章「混凝土基本材料及施工一般要求」第1.5.2款「拌合廠規模、設備及品質控制等資料」辦理。

(二三) 營建土石方之處理：

　　□廠商應運送_____或向_____借土（機關於招標文件中擇一建議之合法土資場或借土區），或於不影響履約、不重複計價、不提高契約價金及扣除節省費用價差之前提下，自覓符合契約及相關法規要求之合法土資場或借土區，依契約變更程序經機關同意後辦理（廠商如於投標文件中建議其他合法土資場或借土區，並經機關審查同意者，亦可）。

　　□由機關另案招標，契約價金不含營建土石方處理費用；誤列為履約項目者，該部分金額不予給付。

(二四) 基於合理的備標成本及等標期，廠商應被認為已取得了履約所需之全部必要資料，包含（但不限於）法令、天候條件及機關負責提供之現場數據（例如機關提供之地質鑽探或地表下地質資料）等，並於投標前已完成該資料之檢查與審核。

(二五) 工作協調及工程會議：依附錄3辦理。

(二六) 其他：_____（由機關擇需要者於招標時載明）。

第十條 監造作業

(一) 契約履約期間，機關得視案件性質及實際需要指派工程司駐場，代表機關監督廠商履行契約各項應辦事項。如機關委託技術服務廠商執行監造作業時，機關應通知廠商，技術服務廠商變更時亦同。該技術服務廠商之職權依機關之授權內容，並由機關書面通知廠商。

(二) 工程司所指派之代表，其對廠商之指示與監督行為，效力同工程司。工程司對其代表之指派及變更，應通知廠商。

(三) 工程司之職權如下（機關可視需要調整）：

1. 契約之解釋。

2. 工程設計、品質或數量變更之審核。

3. 廠商所提施工計畫、施工詳圖、品質計畫及預定進度表等之審核及管制。

4. 工程及材料機具設備之檢（試）驗。

5. 廠商請款之審核簽證。

6. 於機關所賦職權範圍內對廠商申請事項之處理。

7. 契約與相關工程之配合協調事項。

8. 其他經機關授權並以書面通知廠商之事項。

(四) 廠商依契約提送機關一切之申請、報告、請款及請示事項，除另有規定外，均須送經監造單位／工程司核轉。廠商依法令規定提送政府主管機關之有關申請及報告事項，除另有規定外，均應先照會監造單位／工程司。監造單位／工程司在其職權範圍內所作之決定，廠商如有異議時，應於接獲該項決定之日起10日內以書面向機關表示，否則視同接受。

(五) 工程司代表機關處理下列非廠商責任之有關契約之協調事項：

1. 工地週邊公共事務之協調事項。

2. 工程範圍內地上（下）物拆遷作業協調事項。

3. 機關供給材料或機具之供應協調事項。

第十一條　工程品管

(一) 廠商應對契約之內容充分瞭解，並切實執行。如有疑義，應於履行前向機關提出澄清，否則應依照機關之解釋辦理。

(二) 廠商自備材料、機具、設備在進場前，應依個案實際需要，將有關資料及可提供之樣品，先送監造單位／工程司審查同意。如需辦理檢（試）驗之項目，得為下列方式（由機關擇一於招標時載明），且檢（試）驗合格後始得進場：

　　□檢（試）驗由機關辦理：廠商會同監造單位／工程司取樣後，送往機關指定之檢（試）驗單位辦理檢（試）驗，檢（試）驗費用由機關支付，不納入契約價金。

　　□檢（試）驗由廠商依機關指定程序辦理：廠商會同監造單位／工程司取樣後，送往機關指定之檢（試）驗單位辦理檢（試）驗，檢（試）驗費用納入契約價金，由機關以代收代付方式支付。

　　□檢（試）驗由廠商辦理：監造單位／工程司會同廠商取樣後，送經監造單位／工程司提報並經機關審查核定之檢（試）驗單位辦理檢（試）驗，並由監造單位／工程司指定檢（試）驗報告寄送地點，檢（試）驗費用由廠商負擔。

　　因機關需求而就同一標的作2次以上檢（試）驗者，其所生費用，結果合格者由機關負擔；不合格者由廠商負擔。該等材料、機具、設備進場時，廠商仍應通知監造單位／工程司或其代表人作現場檢驗。其有關資料、樣品、取樣、檢（試）驗等之處理，同上述進場前之處理方式。

(三) 廠商於施工中，應依照施工有關規範，對施工品質，嚴予控制。隱蔽部分之施工項目，應事先通知監造單位／工程司派員現場監督進行。

(四) 廠商品質管理作業：依附錄4辦理。

(五) 依採購法第70條規定對重點項目訂定之檢查程序及檢驗標準（由機關於招標時載明）：＿＿＿＿＿＿＿＿＿＿＿＿＿＿＿＿＿＿＿＿＿＿＿＿＿＿

(六) 工程查驗:

1. 契約施工期間,廠商應依規定辦理自主檢查;監造單位／工程司應按規範規定查驗工程品質,廠商應予必要之配合,並派員協助。但監造單位／工程司之工程查驗並不免除廠商依契約應負之責任。

2. 監造單位／工程司如發現廠商工作品質不符合契約規定,或有不當措施將危及工程之安全時,得通知廠商限期改善、改正或將不符規定之部分拆除重做。廠商逾期未辦妥時,機關得要求廠商部分或全部停工,至廠商辦妥並經監造單位／工程司審查及機關書面同意後方可復工。廠商不得為此要求展延工期或補償。如主管機關或上級機關之工程施工查核小組發現上開施工品質及施工進度之缺失,而廠商未於期限內改善完成且未經該查核小組同意延長改善期限者,機關得通知廠商撤換工地負責人及品管人員或安全衛生管理人員。

3. 契約施工期間,廠商應按規定之階段報請監造單位／工程司查驗,監造單位／工程司發現廠商未按規定階段報請查驗,而擅自繼續次一階段工作時,機關得要求廠商將未經查驗及擅自施工部分拆除重做,其一切損失概由廠商自行負擔。但監造單位／工程司應指派專責查驗人員隨時辦理廠商申請之查驗工作,不得無故遲延。

4. 本工程如有任何事後無法檢驗之隱蔽部分,廠商應在事前報請監造單位／工程司查驗,監造單位／工程司不得無故遲延。為維持工作正常進行,監造單位／工程司得會同有關機關先行查驗或檢驗該隱蔽部分,並記錄存證。

5. 因監造單位／工程司遲延辦理查驗,致廠商未能依時履約者,廠商得依第7條第3款,申請延長履約期限;因此增加之必要費用,由機關負擔。

6. 廠商為配合監造單位／工程司在工程進行中隨時進行工程查驗之需要,應妥為提供必要之設備與器材。如有不足,經監造單位／工程司通知後,廠商應立即補足。

7. 契約如有任何部分須報請政府主管機關查驗時,除依法規應由機關提出申請者外,應由廠商提出申請,並按照規定負擔有關費用。

8. 工程施工中之查驗,應遵守營造業法第41條第1項規定。(適用於營造業者之廠商)。

(七) 廠商應免費提供機關依契約辦理查驗、測試、檢驗、初驗及驗收所必須之儀器、機具、設備、人工及資料。但契約另有規定者,不在此限。契約規定以外之查驗、測試或檢驗,其結果不符合契約規定者,由廠商負擔所生之費用;結果符合者,由機關負擔費用。

(八) 機關提供設備或材料供廠商履約者,廠商應於收受時作必要之檢查,以確定其符合履約需要,並作成紀錄。設備或材料經廠商收受後,其滅失或損害,由廠商負責。

(九) 有關其他工程品管未盡事宜,契約施工期間,廠商應遵照公共工程施工品質管理作業要點辦理。

(十) 對於依採購法第70條規定設立之工程施工查核小組查核結果,廠商品質缺失懲罰性違約金之基準如下:

1. 懲罰性違約金金額,應依查核小組查核之品質缺失扣點數計算之。每點罰款金額如下:

(1) 巨額之工程：新台幣8,000元。

(2) 查核金額以上未達巨額之工程：新台幣4,000元。

(3) 新台幣1,000萬元以上未達查核金額之工程：新台幣2,000元。

(4) 未達新台幣1,000萬元之工程：新台幣1,000元。

2. 查核結果，成績為丙等且可歸責於廠商者，除依「工程施工查核小組作業辦法」規定辦理外，其品質缺失懲罰性違約金金額，應依前目計算之金額加計本工程品管費用之__%（由機關於招標時載明；未載明者，為1%）。

3. 品質缺失懲罰性違約金之支付，機關應自應付價金中扣抵；其有不足者，得通知廠商繳納或自保證金扣抵。

4. 品質缺失懲罰性違約金之總額，以契約價金總額之__%（由機關於招標時載明；未載明者，為20%）為上限。所稱契約價金總額，依第17條第11款認定。

第十二條　災害處理

(一) 本條所稱災害，指因下列天災或不可抗力所生之事故：

1. 山崩、地震、海嘯、火山爆發、颱風、豪雨、冰雹、水災、土石流、土崩、地層滑動、雷擊或其他天然災害。

2. 核生化事故或放射性污染，達法規認定災害標準或經政府主管機關認定者。

3. 其他經機關認定確屬不可抗力者。

(二) 驗收前遇颱風、地震、豪雨、洪水等不可抗力災害時，廠商應在災害發生後，按保險單規定向保險公司申請賠償，並儘速通知機關派員會勘。其經會勘屬實，並確認廠商已善盡防範之責者，廠商得依第7條第3款規定，申請延長履約期限。其屬本契約所載承保範圍以外者，依下列情形辦理：

1. 廠商已完成之工作項目本身受損時，除已完成部分仍按契約單價計價外，修復或需重做部分由雙方協議，但機關供給之材料，仍得由機關核實供給之。

2. 廠商自備施工用機具設備之損失，由廠商自行負責。

第十三條　保險

(一) 廠商應於履約期間辦理下列保險（由機關擇定後於招標時載明；未載明者無），其屬自然人者，應自行投保人身意外險。

　　□營造綜合保險或□安裝工程綜合保險。（由機關視個案特性，擇一勾選）

　　□營建機具綜合保險。

　　□其他＿＿＿＿＿＿＿＿＿＿＿＿＿＿＿＿＿＿＿＿＿＿＿＿＿＿

(二) 廠商依前款辦理之營造綜合保險或安裝工程綜合保險，其內容如下：（由機關視保險性質擇定或調整後列入招標文件）

1. 承保範圍：

(1) 工程財物損失。

(2) 第三人意外責任。

(3) 修復本工程所需之拆除清理費用。

(4) 機關提供之施工機具設備。

(5) 其他：（由機關依個案需要於招標文件載明）

2. 廠商投保之保險單，包括附加條款、附加保險等，須經保險主管機關核准或備查；未經機關同意，不得以附加條款限縮承保範圍。

3. 保險標的：履約標的。

4. 被保險人：以機關及其技術服務廠商、施工廠商及全部分包廠商為共同被保險人。

5. 保險金額：

(1) 營造或安裝工程財物損失險：

①工程契約金額。

②修復本工程所需之拆除清理費用：＿＿＿元（由機關依工程特性載明；未載明者，為工程契約金額之5%）。

③機關提供之機具設備費用：＿＿＿元（未載明或機關未提供施工機具設備者無）。

④機關供給之材料費用：＿＿＿元（未載明或契約金額已包含材料費用者無）。

(2) 第三人意外責任險：（由機關於招標時載明最低投保金額，不得為無限制）

①每一個人體傷或死亡：＿＿＿元。

②每一事故體傷或死亡：＿＿＿元。

③每一事故財物損害：＿＿＿元。

④保險期間內最高累積責任：＿＿＿元。

(3) 其他：（由機關於招標文件載明）

6. 每一事故之廠商自負額上限：（由機關於招標時載明）

(1) 營造或安裝工程財物損失：＿＿＿＿＿。（視工程性質及規模，載明金額、損失金額比率；未載明者，為每一事故損失金額10%）

(2) 第三人意外責任險：

①體傷或死亡：＿＿＿元。（未載明者，為新台幣10,000元）

②財物損失：＿＿＿元。（未載明者，為新台幣10,000元）

(3) 其他：（由機關於招標文件載明）

7. 保險期間：自申報開工日起至履約期限屆滿之日加計3個月止。有延期或遲延履約者，保險期間比照順延。

8. 受益人：機關（不包含責任保險）。

9. 未經機關同意之任何保險契約之變更或終止，無效。但有利於機關者，不在此限。

10. 附加條款及附加保險如下，但其內容不得限縮本契約對保險之要求（由機關視工程性質，於招標時載明）：

　　■罷工、暴動、民眾騷擾附加條款。

　　■交互責任附加條款。

　　□擴大保固保證保險。

　　□鄰近財物附加條款。

　　■受益人附加條款。

　　□保險金額彈性（自動增加）附加條款。

　　□四十八小時勘查災損附加條款。

　　■雇主意外責任保險。

　　■定作人同意附加條款。

　　□設計者風險附加條款。

　　□已啓用、接管或驗收工程附加條款。

　　□第三人建築物龜裂、倒塌責任險附加保險。

　　□定作人建築物龜裂、倒塌責任附加條款。

　　□其他＿＿＿＿＿＿。

11. 其他：＿＿＿＿＿＿＿＿＿＿＿＿＿＿＿＿＿＿＿＿＿

(三) 廠商依前款辦理之雇主意外責任險附加保險，其內容如下：（由機關視保險性質擇定或調整後列入招標文件）

1. 保險人所負之賠償責任：□不扣除社會保險之給付部分；□以超過社會保險之給付部分爲限。（由機關於招標時勾選；未勾選者，不扣除社會保險之給付部分）

2. 保險金額：（由機關於招標時載明最低投保金額，不得爲無限制）

(1) 每一個人體傷或死亡：□新台幣2,000,000元；□新台幣3,000,000元；□新台幣5,000,000元；□新台幣6,000,000元；□新台幣＿＿＿元（由機關於招標時載明；未載明者，爲新台幣5,000,000元）。

(2) 每一事故體傷或死亡：每一個人體傷或死亡保險金額之＿＿倍（由機關於招標時載明；未載明者，爲5倍）。

(3) 保險期間內最高累積責任：每一個人體傷或死亡保險金額之＿＿倍（由機關於招標時載明；未載明者，爲10倍）。

3. 每一事故之廠商自負額上限：＿＿＿元。（未載明者爲新台幣10,000元）

(四) 廠商辦理之營建機具綜合保險之保險金額應爲新品重置價格。

(五) 保險範圍不足或未能自保險人獲得足額理賠，其風險及可能之賠償由廠商負擔。但符合第4條第8款約定由機關負擔必要費用之情形（屬機關承擔之風險），不在此限。

(六) 廠商向保險人索賠所費時間，不得據以請求延長履約期限。

(七) 廠商未依本契約約定辦理保險者，其損失或損害賠償，由廠商負擔。

(八) 依法非屬保險人可承保之保險範圍，或非因保費因素卻於國內無保險人願承保，且有保險公會書面佐證者，依第1條第7款辦理。

(九) 保險單正本1份及繳費收據副本1份，應於辦妥保險後即交機關收執。因不可歸責於廠商之事由致須延長履約期限者，因而增加之保費，由契約雙方另行協議其合理之分擔方式。

(十) 廠商應依中華民國法規爲其員工及車輛投保勞工保險、全民健康保險及汽機車第三人責任險。其依法屬免投勞工保險者，得以其他商業保險代之。廠商並應爲其屬勞工保險條例所定應參加或得參加勞工保險（含僅參加職業災害保險）對象之員工投保；其員工非屬前開對象者，始得以其他商業保險代之。

(十一) 機關及廠商均應避免發生採購法主管機關訂頒之「常見保險錯誤及缺失態樣」所載情形。

第十四條 保證金

(一) 保證金之發還情形如下（由機關擇定後於招標時載明）：
  □預付款還款保證，依廠商已履約部分所占進度之比率遞減。
  □預付款還款保證，依廠商已履約部分所占契約金額之比率遞減。
  □預付款還款保證，依預付款已扣回金額遞減。
  □預付款還款保證，於驗收合格後一次發還。
  □履約保證金於履約驗收合格且無待解決事項後30日內發還。有分段或部分驗收情形者，得按比例分次發還。
  □履約保證金於工程進度達25%、50%、75%及驗收合格後，各發還25%。（機關得視案件性質及實際需要於招標時載明，尚不以4次為限；惟查核金額以上之工程採購，不得少於4次）
  □履約保證金於履約驗收合格且無待解決事項後30日內發還__%（由機關於招標時載明）。其餘之部分於_____（由機關於招標時載明）且無待解決事項後30日內發還。
  □廠商於履約標的完成驗收付款前應繳納保固保證金。
  □保固保證金於保固期滿且無待解決事項後30日內一次發還。
  □保固保證金於完成以下保固事項或階段：_____（由機關於招標時載明；未載明者，為非結構物或結構物之保固期滿），且無待解決事項後30日內按比例分次發還。保固期在1年以上者，按年比例分次發還。
  □差額保證金之發還，同履約保證金。
  □植栽工程涉及養護期、保活期，需約定保證金者，發還方式（含分階段）為：_____（由機關於招標時載明）。
  □其他：_____
(二) 因不可歸責於廠商之事由，致全部終止或解除契約，或暫停履約逾__個月（由機關於招標時載明；未載明者，為6個月）者，履約保證金應提前發還。但屬暫停履約者，於暫停原因消滅後應重新繳納履約保證金。因可歸責於機關之事由而暫停履約，其需延長履約保證金有效期之合理必要費用，由機關負擔。
(三) 廠商所繳納之履約保證金及其孳息得部分或全部不予發還之情形：
1. 有採購法第50條第1項第3款至第5款、第7款情形之一，依同條第2項前段得追償損失者，與追償金額相等之保證金。
2. 違反採購法第65條規定轉包者，全部保證金。
3. 擅自減省工料，其減省工料及所造成損失之金額，自待付契約價金扣抵仍有不足者，與該不足金額相等之保證金。
4. 因可歸責於廠商之事由，致部分終止或解除契約者，依該部分所占契約金額比率計算之保證金；全部終止或解除契約者，全部保證金。
5. 查驗或驗收不合格，且未於通知期限內依規定辦理，其不合格部分及所造成損失、額外費用或懲罰性違約金之金額，自待付契約價金扣抵仍有不足者，與該不足金額相等之保證金。

6. 未依契約規定期限或機關同意之延長期限履行契約之一部或全部，其逾期違約金之金額，自待付契約價金扣抵仍有不足者，與該不足金額相等之保證金。

7. 須返還已支領之契約價金而未返還者，與未返還金額相等之保證金。

8. 未依契約規定延長保證金之有效期者，其應延長之保證金。

9. 其他因可歸責於廠商之事由，致機關遭受損害，其應由廠商賠償而未賠償者，與應賠償金額相等之保證金。

(四) 前款不予發還之履約保證金，於依契約規定分次發還之情形，得為尚未發還者；不予發還之孳息，為不予發還之履約保證金於繳納後所生者。

(五) 廠商如有第3款所定2目以上情形者，其不發還之履約保證金及其孳息應分別適用之。但其合計金額逾履約保證金總金額者，以總金額為限。

(六) 保固保證金及其孳息不予發還之情形，準用第3款至第5款之規定。

(七) 廠商未依契約規定履約或契約經終止或解除者，機關得就預付款還款保證尚未遞減之部分加計年息__%（由機關於招標時合理訂定，如未填寫，則依機關撥付預付款當日中華郵政股份有限公司牌告一年期郵政定期儲金機動利率）之利息，隨時要求返還或折抵機關尚待支付廠商之價金。

(八) 保證金以定期存單、連帶保證書、連帶保證保險單或擔保信用狀繳納者，其繳納文件之格式依採購法之主管機關於「押標金保證金暨其他擔保作業辦法」所訂定者為準。

(九) 保證金之發還，依下列原則處理：

1. 以現金、郵政匯票或票據繳納者，以現金或記載原繳納人為受款人之禁止背書轉讓即期支票發還。

2. 以無記名政府公債繳納者，發還原繳納人；以記名政府公債繳納者，同意塗銷質權登記或公務保證登記。

3. 以設定質權之金融機構定期存款單繳納者，以質權消滅通知書通知該質權設定之金融機構。

4. 以銀行開發或保兌之不可撤銷擔保信用狀繳納者，發還開狀銀行、通知銀行或保兌銀行。但銀行不要求發還或已屆期失效者，得免發還。

5. 以銀行之書面連帶保證或保險公司之連帶保證保險單繳納者，發還連帶保證之銀行或保險公司或繳納之廠商。但銀行或保險公司不要求發還或已屆期失效者，得免發還。

(十) 保證書狀有效期之延長：廠商未依契約規定期限履約或因可歸責於廠商之事由，致有無法於保證書、保險單或信用狀有效期內完成履約之虞，或機關無法於保證書、保險單或信用狀有效期內完成驗收者，該保證書、保險單或信用狀之有效期應按遲延期間延長之。廠商未依機關之通知予以延長者，機關將於有效期屆滿前就該保證書、保險單或信用狀之金額請求給付並暫予保管。其所生費用由廠商負擔。其須返還而有費用或匯率損失者，亦同。

(十一) 履約保證金或保固保證金以其他廠商之履約及賠償連帶保證代之或減收者，履約及賠償連帶保證廠商（以下簡稱連帶保證廠商）之連帶保證責任，不因分次發還保證金而遞減。該連帶保證廠商同時作為各機關採購契約之連帶保證廠商者，以

2契約爲限。
(十二) 連帶保證廠商非經機關許可，不得自行申請退保。其經機關查核，中途失其保證能力者，由機關通知廠商限期覓保更換，原連帶保證廠商應俟換保手續完成經機關認可後，始能解除其保證責任。
(十三) 機關依契約規定認定有不發還廠商保證金之情形者，依其情形可由連帶保證廠商履約而免補繳者，應先洽該廠商履約。否則，得標廠商及連帶保證廠商應於5日內向機關補繳該不發還金額中原由連帶保證代之或減收之金額。
(十四) 廠商爲優良廠商或押標金保證金暨其他擔保作業辦法第33條之6所稱全球化廠商而減收履約保證金、保固保證金者，其有不發還保證金之情形者，廠商應就不發還金額中屬減收之金額補繳之。其經採購法主管機關或相關中央目的事業主管機關取消優良廠商資格或全球化廠商資格，或經各機關依採購法第102條第3項規定刊登政府採購公報，且尙在採購法第103條第1項所定期限內者，亦同。
(十五) 於履約過程中，如因可歸責於廠商之事由，而有施工查核結果列爲丙等、發生重大勞安或環保事故之情形，機關得不按原定進度發還履約保證金，至上開情形改善處理完成爲止，並於改善處理完成後30日內一次發還上開延後發還之履約保證金。已發生扣抵履約保證金之情形者（例如第5條第3款），發還扣抵後之金額。
(十六) 契約價金總額於履約期間增減累計金額達新台幣100萬元者（或機關於招標時載明之其他金額），履約保證金之金額應依契約價金總額增減比率調整之，由機關通知廠商補足或退還。

第十五條　驗收

(一) 廠商履約所供應或完成之標的，應符合契約規定，無減少或滅失價值或不適於通常或約定使用之瑕疵，且爲新品。

(二) 驗收程序：

1. 廠商應於履約標的預定竣工日前或竣工當日，將竣工日期書面通知監造單位／工程司及機關，除契約另有約定外，該通知須檢附工程竣工圖表。機關應於收到該通知之日起__日（由機關於招標時載明；未載明者，依採購法施行細則第92條規定，爲7日）內會同監造單位／工程司及廠商，依據契約、圖說或貨樣核對竣工之項目及數量，以確定是否竣工；廠商未依機關通知派代表參加者，仍得予確定。機關持有設計圖電子檔者，廠商依其提送竣工圖期程，需使用該電子檔者，應適時向機關申請提供該電子檔；機關如遲未提供，廠商得定相當期限催告，以應及時提出工程竣工圖之需。

2. 初驗及驗收：（由機關擇一勾選；未勾選者，無初驗程序）
　　□工程竣工後，有初驗程序者，機關應於收受監造單位／工程司送審之全部資料之日起__日（由機關於招標時載明；未載明者，依採購法施行細則第92條規定，爲30日）內辦理初驗，並作成初驗紀錄。初驗合格後，機關應於__日（由機關於招標時載明；未載明者，依採購法施行細則第93條規定，爲20日）內辦理驗收，並作成驗收紀錄。廠商未依機關通知派代表參加初驗或驗收者，除法令另有規定外（例如營造業法第41條），不影響初驗或驗收之進行及其結果。如因可歸責於機關之事由，延誤辦理初驗或驗收，該延誤期間不計逾期違約金；廠商因此增加之必要費用，由

機關負擔。

□工程竣工後，無初驗程序者，機關應於接獲廠商通知備驗或可得驗收之程序完成後＿＿日（由機關於招標時載明；未載明者，依採購法施行細則第94條規定，為30日）內辦理驗收，並作成驗收紀錄。廠商未依機關通知派代表參加驗收者，除法令另有規定外（例如營造業法第41條），不影響驗收之進行及其結果。如因可歸責於機關之事由，延誤辦理驗收，該延誤期間不計逾期違約金；廠商因此增加之必要費用，由機關負擔。

(三) 查驗或驗收有試車、試運轉或試用測試程序者，其內容（由機關於招標時載明，無者免填）：廠商應就履約標的於＿＿＿＿＿＿＿＿＿＿（場所）、＿＿＿＿＿＿＿＿＿（期間）及＿＿＿＿＿＿＿＿（條件）下辦理試車、試運轉或試用測試程序，以作為查驗或驗收之用。試車、試運轉或試用所需費用，由廠商負擔。但另有規定者，不在此限。

(四) 查驗或驗收人對隱蔽部分拆驗或化驗者，其拆除、修復或化驗所生費用，拆驗或化驗結果與契約規定不符者，該費用由廠商負擔；與規定相符者，該費用由機關負擔。契約規定以外之查驗、測試或檢驗，亦同。

(五) 查驗、測試或檢驗結果不符合契約規定者，機關得予拒絕，廠商應於限期內免費改善、拆除、重作、退貨或換貨，機關得重行查驗、測試或檢驗。且不得因機關辦理查驗、測試或檢驗，而免除其依契約所應履行或承擔之義務或責任，及費用之負擔。

(六) 機關就廠商履約標的為查驗、測試或檢驗之權利，不受該標的曾通過其他查驗、測試或檢驗之限制。

(七) 廠商應對施工期間損壞或遷移之機關設施或公共設施予以修復或回復，並填具竣工報告，經機關確認竣工後，始得辦理初驗或驗收。廠商應將現場堆置的施工機具、器材、廢棄物及非契約所應有之設施全部運離或清除，方可認定驗收合格。

(八) 工程部分完工後，有部分先行使用之必要或已履約之部分有減損滅失之虞者，應先就該部分辦理驗收或分段查驗供驗收之用，並就辦理部分驗收者支付價金及起算保固期。可採部分驗收方式者，優先採部分驗收；因時程或個案特性，採部分驗收有困難者，可採分段查驗供驗收之用。分段查驗之事項與範圍，應確認查驗之標的符合契約規定，並由參與查驗人員作成書面紀錄。供機關先行使用部分之操作維護所需費用，除契約另有規定外，由機關負擔。

(九) 工程驗收合格後，廠商應依照機關指定的接管單位：＿＿＿＿＿＿＿（由機關視個案特性於招標時載明；未載明者，為機關）辦理點交。其因非可歸責於廠商的事由，接管單位有異議或藉故拒絕、拖延時，機關應負責處理，並在驗收合格後＿＿日（由機關視個案特性於招標時載明；未載明者，為15日）內處理完畢，否則應由機關自行接管。如機關逾期不處理或不自行接管者，視同廠商已完成點交程序，對本工程的保管不再負責，機關不得以向未點交作為拒絕結付尾款的理由。

(十) 廠商履約結果經機關初驗或驗收有瑕疵者，機關得要求廠商於＿＿＿＿日內（機關未填列者，由主驗人定之）改善、拆除、重作、退貨或換貨（以下簡稱改正）。

(十一) 廠商不於前款期限內改正、拒絕改正或其瑕疵不能改正，或改正次數逾＿＿次（由

　　機關於招標時載明；無者免填）仍未能改正者，機關得採行下列措施之一：

1. 自行或使第三人改正，並得向廠商請求償還改正必要之費用。

2. 終止或解除契約或減少契約價金。

(十二) 因可歸責於廠商之事由，致履約有瑕疵者，機關除依前2款規定辦理外，並得請求損害賠償。

(十三) 採購標的為公有新建建築工程：

1. 如須由廠商取得目的事業主管機關之使用執照或其他類似文件者，其因可歸責於機關之事由以致有遲延時，機關不得以此遲延為由拒絕辦理驗收付款。

2. 如須由廠商取得綠建築標章／智慧建築標章者，於驗收合格並取得合格級（如有要求高於合格級者，另於契約載明）綠建築標章／智慧建築標章後，機關始得發給結算驗收證明書。但驗收合格而未能取得綠建築標章／智慧建築標章，其經機關確認非可歸責於廠商者，仍得發給結算驗收證明書。

(十四) 廠商履行本契約涉及工程會訂定之「公共工程施工廠商履約情形計分要點」所載加減分事項者，應即主動通知機關，機關應將相關事實登錄於工程會「公共工程標案管理系統」，並於驗收完成後據以辦理計分作業。廠商未主動通知機關者，機關仍得本於事實予以登錄。

　　驗收完成後，廠商應於收到機關書面通知之計分結果後，確實檢視各項計分內容及結果，是否與實際履約情形相符。

第十五條之一　操作、維護資料及訓練

□廠商應依本條規定履約（由機關視個案需要勾選，未勾選者，表示無需辦理本條規定事項）：

(一) 資料內容：

1. 中文操作與維護資料：

(1) 製造商之操作與維護手冊。

(2) 完整說明各項產品及其操作步驟與維護（修）方式、規定。

(3) 示意圖及建議備用零件表。

(4) 其他：＿＿＿＿＿＿

2. 上述資料應包括下列內容：

(1) 契約名稱與編號；

(2) 主題（例如土建、機械、電氣、輸送設備…）；

(3) 目錄；

(4) 最接近本工程之維修廠商名稱、地址、電話；

(5) 廠商、供應商、安裝商之名稱、地址、電話；

(6) 最接近本工程之零件供應商名稱、地址、電話；

(7) 預計接管單位將開始承接維護責任之日期；

(8) 系統及組件之說明；

(9) 例行維護作業程序及時程表；

(10) 操作、維護（修）所需之機具、儀器及備品數量；

(11) 以下資料由機關視個案特性勾選：
　　□操作前之檢查或檢驗表
　　□設備之啓動、操作、停機作業程序
　　□操作後之檢查或關機表
　　□一般狀況、特殊狀況及緊急狀況之處置說明
　　□經核可之測試資料
　　□製造商之零件明細表、零件型號、施工圖
　　□與未來維護（修）有關之圖解（分解圖）、電（線）路圖
　　□製造商原廠備品明細表及建議價格
　　□可編譯（Compilable）之原始程式移轉規定
　　□軟體版權之授權規定
　　□其他：＿＿＿＿＿＿
(12) 索引。

3. 保固期間操作與維護資料之更新，應以書面提送。各項更新資料，包括定期服務報告，均應註明契約名稱及編號。

4. 教育訓練計畫應包括下列內容：

(1) 設備及佈置說明；

(2) 各類設備之功能介紹；

(3) 各項設備使用說明；

(4) 設備規格；

(5) 各項設備之操作步驟；

(6) 操作維護項目及程序解說；

(7) 故障檢查程序及排除說明；

(8) 講師資格；

(9) 訓練時數。

(10) 其他：＿＿＿＿＿＿

5. 廠商須依機關需求時程提供完整中文教育訓練課程及手冊，使機關或接管單位指派人員瞭解各項設備之操作及維護（修）。

(二) 資料送審：

1. 操作與維護資料格式樣本、教育訓練計畫及內容大綱草稿，應於竣工前＿天（由機關於招標時載明；未載明者，爲60天），提出1份送審；並於竣工前＿天（由機關於招標時載明；未載明者，爲30天），提出1份正式格式之完整資料送審。製造商可證明其現成之手冊資料，足以符合本條之各項規定者，不在此限。

2. 廠商須於竣工前＿天（由機關於招標時載明；未載明者，爲15天），提出＿份（由機關於招標時載明；未載明者，爲5份）經機關核可之操作與維護資料及教育訓練計畫。

3. 廠商應於竣工前提供最新之操作與維護（修）手冊、圖說、定期服務資料及其他與設備相關之資料＿份（由機關於招標時載明；未載明者，爲5份），使接管單位有足夠

能力進行操作及維護（修）工作。

(三) 在教育訓練開始時，廠商應將所有操作與維護資料備妥，並於驗收前依核可之教育訓練計畫，完成對機關或接管單位指派人員之訓練。

(四) 廠商所提送之資料，應經監造單位／工程司審查同意；修正時亦同。

(五) 操作與維護（修）手冊之內容，應於試運轉測試程序時，經機關或接管單位指派之人員驗證為可行，否則應辦理修正後重行測試。

第十六條　保固

(一) 保固期之認定：

1. 起算日：

(1) 全部完工辦理驗收者，自驗收結果符合契約規定之日起算。

(2) 有部分先行使用之必要或已履約之部分有減損滅失之虞，辦理部分驗收者，自部分驗收結果符合契約規定之日起算。

(3) 因可歸責於機關之事由，逾第15條第2款規定之期限遲未能完成驗收者，自契約標的足資認定符合契約規定之日起算。

2. 期間：

(1) 非結構物由廠商保固＿年（由機關於招標時載明；未載明者，為1年）；

(2) 結構物，包括護岸、護坡、駁坎、排水溝、涵管、箱涵、擋土牆、防砂壩、建築物、道路、橋樑等，由廠商保固＿年（由機關於招標時視個案特性載明；未載明者，為5年）。

(3) 臨時設施之保固期為其使用期間。

(二) 本條所稱瑕疵，包括損裂、坍塌、損壞、功能或效益不符合契約規定等。但屬第17條第5款所載不可抗力或不可歸責於廠商之事由所致者，不在此限。

(三) 保固期內發現之瑕疵，應由廠商於機關指定之合理期限內負責免費無條件改正。逾期不為改正者，機關得逕為處理，所需費用由廠商負擔，或動用保固保證金逕為處理，不足時向廠商追償。但屬故意破壞、不當使用、正常零附件損耗或其他非可歸責於廠商之事由所致瑕疵者，由機關負擔改正費用。

(四) 為釐清發生瑕疵之原因或其責任歸屬，機關得委託公正之第三人進行檢驗或調查工作，其結果如證明瑕疵係因可歸責於廠商之事由所致，廠商應負擔檢驗或調查工作所需之費用。

(五) 瑕疵改正後30日內，如機關認為可能影響本工程任何部分之功能與效益者，得要求廠商依契約原訂測試程序進行測試。該瑕疵係因可歸責於廠商之事由所致者，廠商應負擔進行測試所需之費用。

(六) 保固期內，採購標的因可歸責於廠商之事由造成之瑕疵致全部工程無法使用時，該無法使用之期間不計入保固期；致部分工程無法使用者，該部分工程無法使用之期間不計入保固期，並由機關通知廠商。

(七) 機關得於保固期間及期滿前，通知廠商派員會同勘查保固事項。

(八) 保固期滿且無待決事項後30日內，機關應簽發一份保固期滿通知書予廠商，載明廠商完成保固責任之日期。除該通知書所稱之保固合格事實外，任何文件均不得證明

廠商已完成本工程之保固工作。

(九) 廠商應於接獲保固期滿通知書後30日內,將留置於本工程現場之設備、材料、殘物、垃圾或臨時設施,清運完畢。逾期未清運者,機關得逕為變賣並遷出現場。扣除機關一切處理費用後有剩餘者,機關應將該差額給付廠商;如有不足者,得通知廠商繳納或自保固保證金扣抵。

第十七條　遲延履約

(一) 逾期違約金,以日為單位,按逾期日數,每日依契約價金總額__‰(由機關於招標時載明比率;未載明者,為1‰)計算逾期違約金,所有日數(包括放假日等)均應納入,不因履約期限以工作天或日曆天計算而有差別。因可歸責於廠商之事由,致終止或解除契約者,逾期違約金應計算至終止或解除契約之日止。

1. 廠商如未依照契約所定履約期限竣工,自該期限之次日起算逾期日數。

2. 初驗或驗收有瑕疵,經機關通知廠商限期改正,自契約所定履約期限之次日起算逾期日數,但扣除以下日數:

(1) 履約期限之次日起,至機關決定限期改正前歸屬於機關之作業日數。

(2) 契約或主驗人指定之限期改正日數(機關得於招標時刪除此部分文字)。

3. 未完成履約/初驗或驗收有瑕疵之部分不影響其他已完成且無瑕疵部分之使用者(不以機關已有使用事實為限),按未完成履約/初驗或驗收有瑕疵部分之契約價金,每日依其__‰(由機關於招標時載明比率;未載明者,為3‰)計算逾期違約金,其數額以每日依契約價金總額計算之數額為上限。

(二) 採部分驗收者,得就該部分之金額計算逾期違約金。

(三) 逾期違約金之支付,機關得自應付價金中扣抵;其有不足者,得通知廠商繳納或自保證金扣抵。

(四) 逾期違約金為損害賠償額預定性違約金,其總額(含逾期未改正之違約金)以契約價金總額之__%(由機關於招標時載明,但不高於20%;未載明者,為20%)為上限,且不計入第18條第8款之賠償責任上限金額內。

(五) 因下列天災或事變等不可抗力或不可歸責於契約當事人之事由,致未能依時履約者,廠商得依第7條第3款規定,申請延長履約期限;不能履約者,得免除契約責任:

1. 戰爭、封鎖、革命、叛亂、內亂、暴動或動員。

2. 山崩、地震、海嘯、火山爆發、颱風、豪雨、冰雹、惡劣天候、水災、土石流、土崩、地層滑動、雷擊或其他天然災害。

3. 墜機、沉船、交通中斷或道路、港口冰封。

4. 罷工、勞資糾紛或民眾非理性之聚眾抗爭。

5. 毒氣、瘟疫、火災或爆炸。

6. 履約標的遭破壞、竊盜、搶奪、強盜或海盜。

7. 履約人員遭殺害、傷害、擄人勒贖或不法拘禁。

8. 水、能源或原料中斷或管制供應。

9. 核子反應、核子輻射或放射性污染。

10. 非因廠商不法行為所致之政府或機關依法令下達停工、徵用、沒入、拆毀或禁運命令者。

11. 政府法令之新增或變更。

12. 我國或外國政府之行為。

13. 其他經機關認定確屬不可抗力者。

(六) 前款不可抗力或不可歸責事由發生或結束後，其屬可繼續履約之情形者，應繼續履約，並採行必要措施以降低其所造成之不利影響或損害。

(七) 廠商履約有遲延者，在遲延中，對於因不可抗力而生之損害，亦應負責。但經廠商證明縱不遲延履約，而仍不免發生損害者，不在此限。

(八) 契約訂有分段進度及最後履約期限，且均訂有逾期違約金者，屬分段完工使用或移交之情形，其逾期違約金之計算原則如下：

1. 未逾分段進度但逾最後履約期限者，扣除已分段完工使用或移交部分之金額，計算逾最後履約期限之違約金。

2. 逾分段進度但未逾最後履約期限者，計算逾分段進度之違約金。

3. 逾分段進度且逾最後履約期限者，分別計算違約金。但逾最後履約期限之違約金，應扣除已分段完工使用或移交部分之金額計算之。

4. 分段完工期限與其他採購契約之進行有關者，逾分段進度，得個別計算違約金，不受前目但書限制。

(九) 契約訂有分段進度及最後履約期限，且均訂有逾期違約金者，屬全部完工後使用或移交之情形，其逾期違約金之計算原則如下：

1. 未逾分段進度但逾最後履約期限者，計算逾最後履約期限之違約金。

2. 逾分段進度但未逾最後履約期限，其有逾分段進度已收取之違約金者，於未逾最後履約期限後發還。

3. 逾分段進度且逾最後履約期限，其有逾分段進度已收取之違約金者，於計算逾最後履約期限之違約金時應予扣抵。

4. 分段完工期限與其他採購契約之進行有關者，逾分段進度，得計算違約金，不受第2目及第3目之限制。

(十) 廠商未遵守法令致生履約事故者，由廠商負責。因而遲延履約者，不得據以免責。

(十一) 本條所稱「契約價金總額」為：□結算驗收證明書所載結算總價，並加計可歸責於廠商之驗收扣款金額；□原契約總金額（由機關於招標時勾選；未勾選者，為第1選項）。有契約變更之情形者，雙方得就變更之部分另為協議（例如契約變更新增項目或數量之金額）。

第十八條　權利及責任

(一) 廠商應擔保第三人就履約標的，對於機關不得主張任何權利。

(二) 廠商履約，其有侵害第三人合法權益時，應由廠商負責處理並承擔一切法律責任及費用，包括機關所發生之費用。機關並得請求損害賠償。

(三) 廠商履約結果涉及智慧財產者：（由機關於招標時載明）
　　□機關有權永久無償利用該著作財產權。

□機關取得部分權利（內容由機關於招標時載明）。

□機關取得全部權利。

□機關取得授權（內容由機關於招標時載明）。

□廠商因履行契約所完成之著作，其著作財產權之全部於著作完成之同時讓與機關，廠商放棄行使著作人格權。廠商保證對其人員因履行契約所完成之著作，與其人員約定以廠商為著作人，享有著作財產權及著作人格權。

□其他：＿＿＿＿＿＿＿＿＿＿＿＿＿（內容由機關於招標時載明）。

(四) 除另有規定外，廠商如在契約使用專利品，或專利性施工方法，或涉及著作權時，其有關之專利及著作權益，概由廠商依照有關法令規定處理，其費用亦由廠商負擔。

(五) 機關及廠商應採取必要之措施，以保障他方免於因契約之履行而遭第三人請求損害賠償。其有致第三人損害者，應由造成損害原因之一方負責賠償。

(六) 機關對於廠商、分包廠商及其人員因履約所致之人體傷亡或財物損失，不負賠償責任。對於人體傷亡或財物損失之風險，廠商應投保必要之保險。

(七) 廠商依契約規定應履行之責任，不因機關對於廠商履約事項之審查、認可或核准行為而減少或免除。

(八) 因可歸責於一方之事由，致他方遭受損害者，一方應負賠償責任，其認定有爭議者，依照爭議處理條款辦理。

1. 損害賠償之範圍，依民法第216條第1項規定，以填補他方所受損害及所失利益為限。

□但非因故意或重大過失所致之損害，契約雙方所負賠償責任不包括「所失利益」（得由機關於招標時勾選）。

2. 除第17條約定之逾期違約金外，損害賠償金額上限為：（機關欲訂上限者，請於招標時載明）

□契約價金總額。

□契約價金總額之＿＿＿倍。

□契約價金總額之＿＿＿％。

□固定金額＿＿＿＿元。

3. 前目訂有損害賠償金額上限者，於法令另有規定（例如民法第227條第2項之加害給付損害賠償），或一方故意隱瞞工作之瑕疵、故意或重大過失行為，或對第三人發生侵權行為，對他方所造成之損害賠償，不受賠償金額上限之限制。

(九) 連帶保證廠商應保證得標廠商依契約履行義務，如有不能履約情事，即續負履行義務，並就機關因此所生損害，負連帶賠償責任。

(十) 連帶保證廠商經機關通知代得標廠商履行義務者，有關廠商之一切權利，包括尚待履約部分之契約價金，一併移轉由該保證廠商概括承受，本契約並繼續有效。得標廠商之保證金及已履約而尚未支付之契約價金，如無不支付或不發還之情形，得依原契約規定支付或發還該得標廠商。

(十一) 廠商與其連帶保證廠商如有債權或債務等糾紛，應自行協調或循法律途徑解決。

(十二) 契約文件要求廠商提送之各項文件，廠商應依其特性及權責，請所屬相關人員於

該等文件上簽名或用印。如有偽造文書情事，由出具文件之廠商及其簽名人員負刑事及民事上所有責任。

(十三) 廠商接受機關或機關委託之機構之人員指示辦理與履約有關之事項前，應先確認該人員係有權代表人，且所指示辦理之事項未逾越或未違反契約規定。廠商接受無權代表人之指示或逾越或違反契約規定之指示，不得用以拘束機關或減少、變更廠商應負之契約責任，機關亦不對此等指示之後果負任何責任。

(十四) 契約內容有須保密者，廠商未經機關書面同意，不得將契約內容洩漏予與履約無關之第三人。

(十五) 廠商履約期間所知悉之機關機密或任何不公開之文書、圖畫、消息、物品或其他資訊，均應保密，不得洩漏。

(十六) 契約之一方未請求他方依契約履約者，不得視為或構成一方放棄請求他方依契約履約之權利。

(十七) 機關不得於本契約納列提供機關使用之公務車輛及油料、影印機、電腦設備、行動電話（含門號）、傳真機及其他應由機關自備之辦公設施及其耗材。

(十八) 機關不得指揮廠商人員從事與本契約無關之工作。

第十九條 連帶保證

(一) 廠商如有履約進度落後達＿%（由機關於招標時載明；未載明者為5%）等情形，經機關評估並通知由連帶保證廠商履行連帶保證責任。

(二) 機關通知連帶保證廠商履約時，得考量公共利益及連帶保證廠商申請之動員進場施工時間，重新核定工期；惟增加之工期至多為＿日（由機關視個案特性於招標時載明；未載明者，不得增加工期）。連帶保證廠商如有異議，應循契約所定之履約爭議處理機制解決。

(三) 連帶保證廠商接辦後，應就下列事項釐清或確認，並以書面提報機關同意／備查：

1. 各項工作銜接之安排。
2. 原分包廠商後續事宜之處理。
3. 工程預付款扣回方式。
4. 未請領之工程款（得包括已施作部分），得標廠商是否同意由其請領；同意者，其證明文件。
5. 工程款請領發票之開立及撥付方式。
6. 其他應澄清或確認之事項。

第二十條 契約變更及轉讓

(一) 機關於必要時得於契約所約定之範圍內通知廠商變更契約（含新增項目），廠商於接獲通知後，除雙方另有協議外，應於30日內向機關提出契約標的、價金、履約期限、付款期程或其他契約內容須變更之相關文件。契約價金之變更，其底價依採購法第46條第1項之規定。

契約原有項目，因機關要求契約變更，如變更之部分，其價格或施工條件改變，得就該等變更之部分另行議價。新增工作中如包括原有契約項目，經廠商舉證依原單價施作顯失公平者，亦同。

(二) 廠商於機關接受其所提出須變更之相關文件前，不得自行變更契約。除機關另有請求者外，廠商不得因前款之通知而遲延其履約期限。

(三) 機關於接受廠商所提出須變更之事項前即請求廠商先行施作或供應，應先與廠商書面合意估驗付款及契約變更之期限；涉及議價者，並於__個月（由機關於招標時載明；未載明者，為3個月）內辦理議價程序（應先確認符合限制性招標議價之規定）；其後未依合意之期限辦理或僅部分辦理者，廠商因此增加之必要費用及合理利潤，由機關負擔。

(四) 如因可歸責於機關之事由辦理契約變更，需廢棄或不使用部分已完成之工程或已到場之合格材料者，除雙方另有協議外，機關得辦理部分驗收或結算後，支付該部分價金。但已進場材料以實際施工進度需要並經檢驗合格者為限，因廠商保管不當致影響品質之部分，不予計給。

(五) 契約約定之採購標的，其有下列情形之一者，廠商得敘明理由，檢附規格、功能、效益及價格比較表，徵得機關書面同意後，以其他規格、功能及效益相同或較優者代之。但不得據以增加契約價金。其因而減省廠商履約費用者，應自契約價金中扣除：

1. 契約原標示之廠牌或型號不再製造或供應。
2. 契約原標示之分包廠商不再營業或拒絕供應。
3. 較契約原標示者更優或對機關更有利。
4. 契約所定技術規格違反採購法第26條規定。

　　　屬前段第3目情形，而有增加經費之必要，其經機關綜合評估其總體效益更有利於機關者，得不受前段序文但書限制。

(六) 廠商提出前款第1目、第2目或第4目契約變更之文件，其審查及核定期程，除雙方另有協議外，為該書面請求送達之次日起30日內。但必須補正資料者，以補正資料送達之次日起30日內為之。因可歸責於機關之事由逾期未核定者，得依第7條第3款申請延長履約期限。

(七) 廠商依前款請求契約變更，應自行衡酌預定施工時程，考量檢（查、試）驗所需時間及機關受理申請審查及核定期程後再行適時提出，並於接獲機關書面同意後，始得依同意變更情形施作。除因機關逾期未核定外，不得以資料送審為由，提出延長履約期限之申請。

(八) 廠商得提出替代方案之相關規定（含獎勵措施）：＿＿＿＿＿＿。（由機關於招標時載明）

(九) 契約之變更，非經機關及廠商雙方合意，作成書面紀錄，並簽名或蓋章者，無效。

(十) 廠商不得將契約之部分或全部轉讓予他人。但因公司分割或其他類似情形致有轉讓必要，經機關書面同意轉讓者，不在此限。

　　　廠商依公司法、企業併購法分割，受讓契約之公司（以受讓營業者為限），其資格條件應符合原招標文件規定，且應提出下列文件之一：

1. 原訂約廠商分割後存續者，其同意負連帶履行本契約責任之文件；
2. 原訂約廠商分割後消滅者，受讓契約公司以外之其他受讓原訂約廠商營業之既存及新

設公司同意負連帶履行本契約責任之文件。

第二十一條 契約終止解除及暫停執行

(一) 廠商履約有下列情形之一者,機關得以書面通知廠商終止契約或解除契約之部分或全部,且不補償廠商因此所生之損失:

1. 有採購法第50條第2項前段規定之情形者。

2. 有採購法第59條規定得終止或解除契約之情形者。

3. 違反不得轉包之規定者。

4. 廠商或其人員犯採購法第87條至第92條規定之罪,經判決有罪確定者。

5. 因可歸責於廠商之事由,致延誤履約期限,有下列情形者(由機關於招標時勾選;未勾選者,為第1選項):

   □履約進度落後__%(由機關於招標時載明;未載明者為20%)以上,且日數達10日以上。百分比之計算方式如下:

   (1) 屬尚未完成履約而進度落後已達百分比者,機關應先通知廠商限期改善。屆期未改善者,如機關訂有履約進度計算方式,其通知限期改善當日及期限末日之履約進度落後百分比,分別以各該日實際進度與機關核定之預定進度百分比之差值計算;如機關未訂有履約進度計算方式,依逾期日數計算之。

   (2) 屬已完成履約而逾履約期限,或逾最後履約期限尚未完成履約者,依逾期日數計算之。

   □其他:_____

6. 偽造或變造契約或履約相關文件,經查明屬實者。

7. 擅自減省工料情節重大者。

8. 無正當理由而不履行契約者。

9. 查驗或驗收不合格,且未於通知期限內依規定辦理者。

10. 有破產或其他重大情事,致無法繼續履約者。

11. 廠商未依契約規定履約,自接獲機關書面通知次日起10日內或書面通知所載較長期限內,仍未改正者。

12. 違反環境保護或職業安全衛生等有關法令,情節重大者。

13. 違反法令或其他契約規定之情形,情節重大者。

(二) 機關未依前款規定通知廠商終止或解除契約者,廠商仍應依契約規定繼續履約。

(三) 廠商因第1款情形接獲機關終止或解除契約通知後,應即將該部分工程停工,負責遣散工人,將有關之機具設備及到場合格器材等就地點交機關使用;對於已施作完成之工作項目及數量,應會同監造單位/工程司辦理結算,並拍照存證,廠商不會同辦理時,機關得逕行辦理結算;必要時,得洽請公正、專業之鑑定機構協助辦理。廠商並應負責維護工程至機關接管為止,如有損壞或短缺概由廠商負責。機具設備器材至機關不再需用時,機關得通知廠商限期拆走,如廠商逾限未照辦,機關得將之予以變賣並遷出工地,將變賣所得扣除一切必須費用及賠償金額後退還廠商,而不負責任何損害或損失。

(四) 契約經依第1款規定或因可歸責於廠商之事由致終止或解除者,機關得自通知廠商

終止或解除契約日起，扣發廠商應得之工程款，包括尚未領取之工程估驗款、全部保留款等，並不發還廠商之履約保證金。至本契約經機關自行或洽請其他廠商完成後，如扣除機關為完成本契約所支付之一切費用及所受損害後有剩餘者，機關應將該差額給付廠商；無洽其他廠商完成之必要者，亦同。如有不足者，廠商及其連帶保證人應將該項差額賠償機關。

(五) 契約因政策變更，廠商依契約繼續履行反而不符公共利益者，機關得報經上級機關核准，終止或解除部分或全部契約，並與廠商協議補償廠商因此所生之損失。但不包含所失利益。

(六) 依前款規定終止契約者，廠商於接獲機關通知前已完成且可使用之履約標的，依契約價金給付；僅部分完成尚未能使用之履約標的，機關得擇下列方式之一洽廠商為之：

1. 繼續予以完成，依契約價金給付。

2. 停止製造、供應或施作。但給付廠商已發生之製造、供應或施作費用及合理之利潤。

(七) 非因政策變更且非可歸責於廠商事由（例如但不限於不可抗力之事由所致）而有終止或解除契約必要者，準用前二款。

(八) 廠商未依契約規定履約者，機關得隨時通知廠商部分或全部暫停執行，至情況改正後方准恢復履約。廠商不得就暫停執行請求延長履約期限或增加契約價金。

(九) 廠商不得對本契約採購案任何人要求、期約、收受或給予賄賂、佣金、比例金、仲介費、後謝金、回扣、餽贈、招待或其他不正利益。分包廠商亦同。違反約定者，機關得終止或解除契約，並將2倍之不正利益自契約價款中扣除。未能扣除者，通知廠商限期給付之。

(十) 因可歸責於機關之情形，機關通知廠商部分或全部暫停執行（停工）：

1. 致廠商未能依時履約者，廠商得依第7條第3款規定，申請延長履約期限；因此而增加之必要費用（例如但不限於管理費），由機關負擔。

2. 暫停執行期間累計逾＿個月（由機關於招標時合理訂定，如未填寫，則為2個月）者，機關應先支付已依機關指示由機關取得所有權之設備。

3. 暫停執行期間累計逾＿個月（由機關於招標時合理訂定，如未填寫，履約期間逾1年者為6個月；未達1年者為4個月）者，廠商得通知機關終止或解除部分或全部契約，並得向機關請求賠償因契約終止或解除而生之損害。因可歸責於機關之情形無法開工者，亦同。

(十一) 因非可歸責於廠商之事由，機關有延遲付款之情形：

1. 廠商得向機關請求加計年息＿%（由機關於招標時合理訂定，如未填寫，則依機關簽約日中華郵政股份有限公司牌告一年期郵政定期儲金機動利率）之遲延利息。

2. 廠商得於通知機關＿個月後（由機關於招標時合理訂定，如未填寫，則為1個月）暫停或減緩施工進度、依第7條第3款規定，申請延長履約期限；廠商因此增加之必要費用，由機關負擔。

3. 延遲付款達＿個月（由機關於招標時合理訂定，如未填寫，則為3個月）者，廠商得通知機關終止或解除部分或全部契約，並得向機關請求賠償因契約終止或解除而生之

損害。

(十二) 履行契約需機關之行為始能完成，而機關不為其行為時，廠商得定相當期限催告機關為之。機關不於前述期限內為其行為者，廠商得通知機關終止或解除契約，並得向機關請求賠償因契約終止或解除而生之損害。

(十三) 因契約規定不可抗力之事由，致全部工程暫停執行，暫停執行期間持續逾＿個月（由機關於招標時合理訂定，如未填寫，則為3個月）或累計逾＿個月（由機關於招標時合理訂定，如未填寫，則為6個月）者，契約之一方得通知他方終止或解除契約。

(十四) 依第5款、第7款、第13款終止或解除部分或全部契約者，廠商應即將該部分工程停工，負責遣散工人，撤離機具設備，並將已獲得支付費用之所有物品移交機關使用；對於已施作完成之工作項目及數量，應會同監造單位／工程司辦理結算，並拍照存證。廠商應依監造單位／工程司之指示，負責實施維護人員、財產或工程安全之工作，至機關接管為止，其所須增加之必要費用，由機關負擔。機關應儘快依結算結果付款；如無第14條第3款情形，應發還保證金。

(十五) 本契約終止時，自終止之日起，雙方之權利義務即消滅。契約解除時，溯及契約生效日消滅。雙方並互負保密義務。

第二十二條　爭議處理

(一) 機關與廠商因履約而生爭議者，應依法令及契約規定，考量公共利益及公平合理，本誠信和諧，盡力協調解決之。其未能達成協議者，得以下列方式處理之：

1. 提起民事訴訟，並以□機關；□本工程（由機關於招標時勾選；未勾選者，為機關）所在地之地方法院為第一審管轄法院。

2. 依採購法第85條之1規定向採購申訴審議委員會申請調解。工程採購經採購申訴審議委員會提出調解建議或調解方案，因機關不同意致調解不成立者，廠商提付仲裁，機關不得拒絕。

3. 經契約雙方同意並訂立仲裁協議後，依本契約約定及仲裁法規定提付仲裁。

4. 依採購法第102條規定提出異議、申訴。

5. 依其他法律申（聲）請調解。

6. 契約雙方合意成立爭議處理小組協調爭議。

7. 依契約或雙方合意之其他方式處理。

(二) 依前款第2目後段或第3目提付仲裁者，約定如下：

1. 由機關於招標文件及契約預先載明仲裁機構。其未載明者，由契約雙方協議擇定仲裁機構。如未能獲致協議，屬前款第2目後段情形者，由廠商指定仲裁機構；屬前款第3目情形者，由機關指定仲裁機構。上開仲裁機構，除契約雙方另有協議外，應為合法設立之國內仲裁機構。

2. 仲裁人之選定：

(1) 當事人雙方應於一方收受他方提付仲裁之通知之次日起14日內，各自從指定之仲裁機構之仲裁人名冊或其他具有仲裁人資格者，分別提出10位以上（含本數）之名單，交予對方。

(2) 當事人之一方應於收受他方提出名單之次日起14日內，自該名單內選出1位仲裁人，作爲他方選定之仲裁人。

(3) 當事人之一方未依(1)提出名單者，他方得從指定之仲裁機構之仲裁人名冊或其他具有仲裁人資格者，逕行代爲選定1位仲裁人。

(4) 當事人之一方未依(2)自名單內選出仲裁人，作爲他方選定之仲裁人者，他方得聲請□法院；□指定之仲裁機構（由機關於招標時勾選；未勾選者，爲指定之仲裁機構）代爲自該名單內選定1位仲裁人。

3. 主任仲裁人之選定：

(1) 2位仲裁人經選定之次日起30日內，由□雙方共推；□雙方選定之仲裁人共推（由機關於招標時勾選）第三仲裁人爲主任仲裁人。

(2) 未能依(1)共推主任仲裁人者，當事人得聲請□法院；□指定之仲裁機構（由機關於招標時勾選；未勾選者，爲指定之仲裁機構）爲之選定。

4. 以□機關所在地；□本工程所在地；□其他：＿＿＿＿＿＿＿爲仲裁地（由機關於招標時載明；未載明者，爲機關所在地）。

5. 除契約雙方另有協議外，仲裁程序應公開之，仲裁判斷書雙方均得公開，並同意仲裁機構公開於其網站。

6. 仲裁程序應使用□國語及中文正體字；□其他語文：＿＿＿＿＿＿＿。（由機關於招標時載明；未載明者，爲國語及中文正體字）

7. 機關□同意；□不同意（由機關於招標時勾選；未勾選者，爲不同意）仲裁庭適用衡平原則爲判斷。

8. 仲裁判斷書應記載事實及理由。

(三) 依第1款第6目成立爭議處理小組者，約定如下：

1. 爭議處理小組於爭議發生時成立，得爲常設性，或於爭議作成決議後解散。

2. 爭議處理小組委員之選定：

(1) 當事人雙方應於協議成立爭議處理小組之次日起10日內，各自提出5位以上（含本數）之名單，交予對方。

(2) 當事人之一方應於收受他方提出名單之次日起10日內，自該名單內選出1位作爲委員。

(3) 當事人之一方未依(1)提出名單者，爲無法合意成立爭議處理小組。

(4) 當事人之一方未能依(2)自名單內選出委員，且他方不願變更名單者，爲無法合意成立爭議處理小組。

3. 爭議處理小組召集委員之選定：

(1) 二位委員經選定之次日起10日內，由雙方或雙方選定之委員自前目(1)名單中共推1人作爲召集委員。

(2) 未能依(1)共推召集委員者，爲無法合意成立爭議處理小組。

4. 當事人之一方得就爭議事項，以書面通知爭議處理小組召集委員，請求小組協調及作成決議，並將繕本送達他方。該書面通知應包括爭議標的、爭議事實及參考資料、建議解決方案。他方應於收受通知之次日起14日內提出書面回應及建議解決方案，並將

繕本送達他方。

5. 爭議處理小組會議：

(1) 召集委員應於收受協調請求之次日起30日內召開會議，並擔任主席。委員應親自出席會議，獨立、公正處理爭議，並保守秘密。

(2) 會議應通知當事人到場陳述意見，並得視需要邀請專家、學者或其他必要人員列席，會議之過程應作成書面紀錄。

(3) 小組應於收受協調請求之次日起90日內作成合理之決議，並以書面通知雙方。

6. 爭議處理小組委員應迴避之事由，參照採購申訴審議委員會組織準則第13條規定。委員因迴避或其他事由出缺者，依第2目、第3目辦理。

7. 爭議處理小組就爭議所為之決議，除任一方於收受決議後14日內以書面向召集委員及他方表示異議外，視為協調成立，有契約之拘束力。惟涉及改變契約內容者，雙方應先辦理契約變更。如有爭議，得再循爭議處理程序辦理。

8. 爭議事項經一方請求協調，爭議處理小組未能依第5目或當事人協議之期限召開會議或作成決議，或任一方於收受決議後14日內以書面表示異議者，協調不成立，雙方得依第1款所定其他方式辦理。

9. 爭議處理小組運作所需經費，由契約雙方平均負擔。

10. 本款所定期限及其他必要事項，得由雙方另行協議。

(四) 依採購法規定受理調解或申訴之機關名稱：_____；
　　地址：_____；
　　電話：_____。

(五) 履約爭議發生後，履約事項之處理原則如下：

1. 與爭議無關或不受影響之部分應繼續履約。但經機關同意無須履約者不在此限。

2. 廠商因爭議而暫停履約，其經爭議處理結果被認定無理由者，不得就暫停履約之部分要求延長履約期限或免除契約責任。

(六) 本契約以中華民國法律為準據法。

(七) 廠商與本國分包廠商間之爭議，除經本國分包廠商同意外，應約定以中華民國法律為準據法，並以設立於中華民國境內之民事法院、仲裁機構或爭議處理機構解決爭議。廠商並應要求分包廠商與再分包之本國廠商之契約訂立前開約定。

第二十三條　其他

(一) 廠商對於履約所僱用之人員，不得有歧視性別、原住民、身心障礙或弱勢團體人士之情事。

(二) 廠商履約時不得僱用機關之人員或受機關委託辦理契約事項之機構之人員。

(三) 廠商授權之代表應通曉中文或機關同意之其他語文。未通曉者，廠商應備翻譯人員。

(四) 機關與廠商間之履約事項，其涉及國際運輸或信用狀等事項，契約未予載明者，依國際貿易慣例。

(五) 機關及廠商於履約期間應分別指定授權代表，為履約期間雙方協調與契約有關事項之代表人。

(六) 機關、廠商、監造單位及專案管理單位之權責分工，除契約另有約定外，依招標當時工程會所訂「公有建築物施工階段契約約定權責分工表」或「公共工程施工階段契約約定權責分工表」辦理（由機關依案件性質檢附，並訂明各項目之完成期限、懲罰標準）。

(七) 廠商如發現契約所定技術規格違反採購法第26條規定，或有犯採購法第88條之罪嫌者，可向招標機關書面反映或向檢調機關檢舉。

(八) 依據「政治獻金法」第7條規定，與政府機關（構）有巨額採購契約，且在履約期間之廠商，不得捐贈政治獻金。

(九) 本契約未載明之事項，依採購法及民法等相關法令。

統包工程採購契約範本（109.01.14版）

招標機關（以下簡稱機關）及得標廠商（以下簡稱廠商）雙方同意依政府採購法（以下簡稱採購法）及其主管機關訂定之規定訂定本契約，共同遵守，其條款如下：

第一條　契約文件及效力

(一) 契約包括下列文件：

1. 招標文件及其變更或補充。
2. 投標文件及其變更或補充。
3. 決標文件及其變更或補充。
4. 契約本文、附件及其變更或補充。
5. 依契約所提出之履約文件或資料。

(二) 定義及解釋：

1. 契約文件，指前款所定資料，包括以書面、錄音、錄影、照相、微縮、電子數位資料或樣品等方式呈現之原件或複製品。
2. 工程會，指行政院公共工程委員會。
3. 工程司，指機關以書面指派行使本契約所賦予之工程司之職權者。
4. 工程司代表，指工程司指定之任何人員，以執行本契約所規定之權責者。其授權須經工程司以書面通知承包商。
5. 監造單位，指受機關委託執行監造作業之技術服務廠商。
6. 監造單位／工程司，有監造單位者，為監造單位；無監造單位者，為工程司。
7. 工程司／機關，有工程司者，為工程司；無工程司者，為機關。
8. 分包，謂非轉包而將契約之部分由其他廠商代為履行。
9. 書面，指所有手書、打字及印刷之來往信函及通知，包括電傳、電報及電子信件。
10. 規範，指列入契約之工程規範及規定，含施工規範、施工安全、衛生、環保、交通維持手冊、技術規範及工程施工期間依契約規定提出之任何規範與書面規定。
11. 圖說，指機關依契約提供廠商之全部圖樣及其所附資料。另由廠商提出經機關認可之全部圖樣及其所附資料，包含必要之樣品及模型，亦屬之。圖說包含（但不限於）設計圖、施工圖、構造圖、工廠施工製造圖、大樣圖等。

(三) 契約所含各種文件之內容如有不一致之處，除另有規定外，依下列原則處理：

1. 契約條款優於招標文件內之其他文件所附記之條款。但附記之條款有特別聲明者，不在此限。
2. 招標文件之內容優於投標文件之內容。但投標文件之內容經機關審定優於招標文件之內容者，不在此限。招標文件如允許廠商於投標文件內特別聲明，並經機關於審標時接受者，以投標文件之內容爲準。
3. 文件經機關審定之日期較新者優於審定日期較舊者。
4. 大比例尺圖者優於小比例尺圖者。
5. 施工補充說明書優於施工規範。
6. 決標紀錄之內容優於開標或議價紀錄之內容。

(四) 契約文件之一切規定得互爲補充，如仍有不明確之處，應依公平合理原則解釋之。如有爭議，依採購法之規定處理。

(五) 契約文字：

1. 契約文字以中文爲準。但下列情形得以外文爲準：
(1) 特殊技術或材料之圖文資料。
(2) 國際組織、外國政府或其授權機構、公會或商會所出具之文件。
(3) 其他經機關認定確有必要者。
2. 契約文字有中文譯文，其與外文文意不符者，除資格文件外，以中文（正體字）爲準。其因譯文有誤致生損害者，由提供譯文之一方負責賠償。
3. 契約所稱申請、報告、同意、指示、核准、通知、解釋及其他類似行爲所爲之意思表示，除契約另有規定或當事人同意外，應以中文書面爲之。書面之遞交，得以面交簽收、郵寄、傳眞或電子資料傳輸至雙方預爲約定之人員或處所。

(六) 契約所使用之度量衡單位，除另有規定者外，以公制爲之。

(七) 契約所定事項如有違反法令或無法執行之部分，該部分無效。但除去該部分，契約亦可成立者，不影響其他部分之有效性。該無效之部分，機關及廠商必要時得依契約原定目的變更之。

(八) 經雙方代表人或其授權人簽署契約正本2份，機關及廠商各執1份，並由雙方各依印花稅法之規定繳納印花稅。副本＿份（請載明），由機關、廠商及相關機關、單位分別執用。副本如有誤繕，以正本爲準。

(九) 機關應提供＿份（由機關於招標時載明，未載明者，爲1份）需求書及規範之影本予廠商，廠商得視履約之需要自費影印使用。除契約另有規定，如無機關之書面同意，廠商不得提供上開文件，供與契約無關之第三人使用。

(十) 廠商應提供＿份（由機關於招標時載明，未載明者，爲1份）依契約規定製作之文件影本予機關，機關得視履約之需要自費影印使用。除契約另有規定，如無廠商之書面同意，機關不得提供上開文件，供與契約無關之第三人使用。

(十一) 廠商應於施工地點，保存1份完整契約文件及其修正，以供隨時查閱。廠商應核對全部文件，對任何矛盾或遺漏處，應立即通知工程司／機關。

第二條 履約標的及地點

(一) 基於統包精神，廠商應依本工程契約、規範及圖說之規定執行完成工作，以達成機

關之需求。

(二) 本統包工程工作範圍如下：

1. 本工程標的之細部設計。

2. 本工程標的之供應及施工。

3. 依法令規定應由建築師、技師及其他專門職業人員辦理之簽證、審查事項。

4. 本工程之進度安排與管制。

5. 整合設計、施工之介面協調。

6. 本工程之品質管理。

7. 本工程之保固。

8. 爲達成本工程應具備之使用機能，所配需辦理之事項、供應之設施、提供之文件、施工等。

9. 招標文件規定之其他事項。

(三) 廠商提出之材料或設備，須符合機關招標文件之規定及契約標的之功能、效益目的。其有不符合者（包括於機關核定後才發現者），應予修正，並由廠商負擔費用。

(四) 除另有約定外，廠商應負責收集執行本工程所需之一切資料，至少包含相關法令規定之研析、工程地點調查、實測（例如地質鑽探、現地測量等），進行必要之研究、試驗、分析，以應用於本工程範圍之工作，本項費用已包含於契約總價內。廠商之設計應送監造單位 / 工程司審查並經機關核定後，始得據以施工。

(五) □維護保養□代操作營運：（如須由得標廠商提供驗收合格日起一定期間內之服務，由招標機關視個案特性於招標時勾選，並注意訂明投標廠商提供此類服務須具備之資格、編列相關費用及視需要擇定以下項目）

1. 期間：（例如驗收合格日起若干年，或起迄年、月、日；未載明者，爲1年）

2. 工作內容：

(1) 工作範圍、界面。

(2) 設備項目、名稱、規格及數量。

(3) 定期維護保養頻率。

(4) 作業方式。

(5) 廠商須交付之文件及交付期限。（例如工作計畫、維修設備清冊、設備改善建議書）

3. 人力要求：

(1) 人員組織架構表。

(2) 工作人員名冊（含身分證明及學經歷文件）。

4. 備品供應：

(1) 備品庫存數量。

(2) 備品進場時程。

(3) 所需備品以現場設備廠牌型號優先；使用替代品應先徵得機關同意。

5. 故障維修責任：

(1) 屬保固責任者，依第17條規定辦理。

(2) 維修時效（例如機關發現契約項下設備有故障致不能正常運作時，得通知廠商派員維修，廠商應於接獲通知起＿＿＿小時內派員到機關處理，並應於接獲通知起＿＿＿小時內維修完畢，使標的物回復正常運作）。

6. 廠商逾契約所定期限進行維護（修）、交付文件者，比照第18條遲延履約規定計算逾期違約金（或另定違約金之計算方式），該違約金一併納入第18條第4款規定之上限內計算。

7. 因可歸責於廠商之事由所致之損害賠償規定；賠償金額上限依第19條第8款規定。

(六) 機關辦理事項（由機關於招標時載明，無者免填）：＿＿＿＿＿＿＿＿＿

(七) 履約地點（由機關於招標時載明，屬營繕工程者必填）：＿＿＿＿＿＿＿

第三條　契約價金之給付

(一) 契約價金總額及其組成，包括設計費及施工費等，詳標價清單及其他相關文件。所含各項費用應合理，不得就付款期程較早之項目，故意提高其價金。有此情形者，應予修正。

(二) 契約價金之給付，得為下列方式（由機關擇一於招標時載明）：

　　□依契約價金總額結算。因契約變更致履約標的項目或數量有增減時，就變更部分予以加減價結算。若有相關項目如稅捐、利潤或管理費等另列一式計價者，應依結算總價與原契約價金總額比例增減之。但契約已訂明不適用比例增減條件者，不在此限。

　　□部分依契約價金總額結算，部分依實際施作或供應之項目及數量結算。屬於依契約價金總額結算之部分，因契約變更致履約標的項目或數量有增減時，就變更部分予以加減價結算。屬於依實際施作或供應之項目及數量結算之部分，以契約中所列履約標的項目及單價，依完成履約實際供應之項目及數量給付。若有相關項目如稅捐、利潤或管理費等另列一式計價者，應依結算總價與契約價金總額比例增減之。但契約已訂明不適用比例增減條件者，不在此限。

(三) 廠商於投標時製作之價格詳細表及後續減價資料，經機關決標後為契約文件之一；其項目及數量於決標後完成核定之細部設計與投標階段之服務建議書有差異時，除有逾越統包範疇而辦理契約變更情形者外，不得據以增加契約價金。

(四) 經機關核定之契約價金詳細表，為契約文件之一部分，如有變更，經雙方同意者，得於契約總價不變下調整流用。經機關同意或依機關之通知辦理之契約變更，依第21條規定辦理。

(五) 廠商實際施作或供應之項目與契約所附詳細表有減少者，其金額不予給付。但可證明移作其他變更項目之用者，不在此限。

(六) 工程之個別項目實作數量之減少，以有正當理由者始得為之。如因機關需求變更，致與契約所定數量不同時，得以契約變更依原契約單價增減契約價金。增減達30%以上者，其逾30%之部分，得以契約變更合理調整契約單價及增減契約價金。

第四條　契約價金之調整

(一) 驗收結果與規定不符，而不妨礙安全及使用需求，亦無減少通常效用或契約預定效

用，經機關檢討不必拆換、更換或拆換、更換確有困難，或不必補交者，得於必要時減價收受。

□採減價收受者，按不符項目標的之契約價金＿＿＿%或＿＿＿倍（由機關視需要於招標時載明）減價，並處以減價金額＿＿＿%或＿＿＿倍（由機關視需要於招標時載明）之違約金。但其屬尺寸不符規定者，減價金額得就尺寸差異部分按契約價金比例計算之；屬工料不符規定者，減價金額得按工料差額計算之。

(二) 契約所附供廠商投標用之工程數量清單，其數量為估計之基本數量，實際施作之數量應以完成細部設計之成果為準。

(三) 為完成履約標的所必須具備或提供之工程、財物及勞務，只要符合原招標文件之範圍，廠商應負責設計、施工、供應或安裝，不得要求增加契約價金或補償。

(四) 契約價金，除另有規定外，含廠商及其人員依中華民國法令應繳納之稅捐、規費及強制性保險之保險費。依法令應以機關名義申請之許可或執照，由廠商備具文件代為申請，其需繳納之規費（含空氣污染防制費）不含於契約價金，由廠商代為繳納後機關覈實支付，但已明列項目而含於契約價金者，不在此限。

(五) 中華民國以外其他國家或地區之稅捐、規費或關稅，由廠商負擔。

(六) 廠商履約遇有下列政府行為之一，致履約費用增加或減少者，契約價金得予調整：

1. 政府法令之新增或變更。

2. 稅捐或規費之新增或變更。

3. 政府公告、公定或管制價格或費率之變更。

(七) 前款情形，屬中華民國政府所為，致履約成本增加者，其所增加之必要費用，由機關負擔；致履約成本減少者，其所減少之部分，得自契約價金中扣除。屬其他國家政府所為，致履約成本增加或減少者，契約價金不予調整。

(八) 廠商為履約須進口自用機具、設備或材料者，其進口及復運出口所需手續及費用，由廠商負擔。

(九) 契約規定廠商履約標的應經第三人檢驗者，其檢驗所需費用，除另有規定者外，由廠商負擔。

(十) 契約履約期間，有下列情形之一，且非可歸責於廠商，致增加廠商履約成本者，廠商為完成契約標的所需增加之必要費用，由機關負擔。但屬第13條第7款情形、廠商逾期履約，或發生保險契約承保範圍之事故所致損失（害）之自負額部分，由廠商負擔：

1. 戰爭、封鎖、革命、叛亂、內亂、暴動或動員。

2. 民眾非理性之聚眾抗爭。

3. 核子反應、核子輻射或放射性污染。

4. 善盡管理責任之廠商不可預見且無法合理防範之自然力作用（例如但不限於山崩、地震、海嘯等）。

5. 機關要求全部或部分暫停執行（停工）。

6. 因機關辦理規劃或提供規範之錯誤。

7. 機關提供之地質鑽探或地質資料，與實際情形有重大差異者。

8.因機關使用或佔用本工程任何部分，但契約另有規定者不在此限。

9.其他可歸責於機關之情形。

(十一) 因機關書面要求須於履約期限提前完工，廠商每提前完工1日，機關於預算額度
　　　 內每日給予_____之獎勵（由機關於招標時載明；未載明者，為施工部分契約
　　　 價金1‰）。

第五條　契約價金之給付條件

(一) 除契約另有約定外，依下列條件辦理付款：

1.□預付款（由機關視個案情形於招標時勾選；未勾選者，表示無預付款）：

(1) 契約預付款為契約價金總額____%（由機關於招標時載明；查核金額以上者，預付
　　 款額度不逾30%），其付款條件如下：_____（由機關於招標時
　　 載明）。

(2) 預付款於雙方簽定契約，廠商辦妥履約各項保證，並提供預付款還款保證，經機關
　　 核可後於__日（由機關於招標時載明）內撥付。

(3) 預付款應於銀行開立專戶，專用於本採購，機關得隨時查核其使用情形。

(4) 預付款之扣回方式，應自機關支付金額達契約價金總額20%起至80%止，隨計價逐期
　　 依計價比例扣回。

2.□設計費（由機關視個案情形於招標時勾選或另載明支付方式；未勾選且未載明支付
　　方式者，表示於驗收合格後支付）：

(1) 第1期：廠商取得建造執照後，撥付設計費之__%（由機關於招標時載明；未載明
　　 者，為30%。工程無需取得建造執照者，由機關依個案特性訂定付款時機）。

(2) 第2期：廠商細部設計經機關核定後，撥付設計費之__%（由機關於招標時載明；未
　　 載明者，為50%）。

(3) 第3期：工程經驗收合格，無待解決事項，並由廠商出具保固期間設計責任切結書，
　　 經機關核定後，付清尾款。

(4) 符合前述付款條件後，機關於接到廠商請款單據後15工作天內付款。但涉及向補助
　　 機關申請核撥補助款者，付款期限為30工作天。

3.□工程估驗款（由機關視個案情形於招標時勾選；未勾選者，表示無估驗款）：

(1) □定期估驗計價：廠商自工程施工開工日起，每__日曆天或每半月或每月（由機關
　　 於招標時載明；未載明者，為每月）得申請估驗計價1次，並依工程會訂定之「公共
　　 工程估驗付款作業程序」提出必要文件，以供估驗。機關於15工作天（含技術服務
　　 廠商之審查時間）內完成審核程序後，通知廠商提出請款單據，並於接到廠商請款
　　 單據後15工作天內付款。但涉及向補助機關申請核撥補助款者，付款期限為30工作
　　 天。

　　 □依里程碑估驗計價：（由機關於招標時載明；未載明者，採定期估驗計價）。

(2) 竣工後估驗：確定竣工後，如有依契約所定估驗期程可辦理估驗而尚未辦理估驗之
　　 項目或數量，廠商得依工程會訂定之「公共工程估驗付款作業程序」提出必要文
　　 件，辦理末期估驗計價。未納入估驗者，併尾款給付。機關於15工作天（含技術服
　　 務廠商之審查時間）內完成審核程序後，通知廠商提出請款單據，並於接到廠商請

款單據後15工作天內付款。但涉及向補助機關申請核撥補助款者，付款期限為30工
作天。

(3) 估驗以完成施工者為限，如另有規定其半成品或進場材料得以估驗計價者，從其規
定。該項估驗款每期均應扣除5%作為保留款（有預付款之扣回時一併扣除）。但廠
商比照預付款還款保證規定提出與保留款同額之保證金作為擔保者，機關於估驗付
款時免扣保留款，已保留之款項無息給付。

　　□半成品或進場材料得以估驗計價之情形：（由機關於招標時載明）

　　□永久性設備得以估驗計價之情形：（由機關於招標時載明，例如運抵工地、安裝
　　　完成、運轉測試正常等階段之計價方式）

(4) 查核金額以上之工程，於初驗合格且無逾期情形時，廠商得以書面請求機關退還已
扣留保留款總額之50%。辦理部分驗收或分段查驗供驗收之用者，亦同。

(5) 經雙方書面確定之契約變更，其新增項目或數量尚未經議價程序議定單價者，得依
機關核定此一項目之預算單價，以__%（由機關於招標時載明，未載明者，為80%）
估驗計價給付估驗款。

(6) 於履約過程中，如因可歸責於廠商之事由，而有施工查核結果列為丙等、發生重大
勞安或環保事故之情形，機關得將估驗計價保留款提高為原規定之__倍（由機關於
招標時載明；未載明者，為2倍），至上開情形改善處理完成為止，但不溯及已完成
估驗計價者。

4. 驗收後付款：於驗收合格，廠商繳納保固保證金後，機關於接到廠商請款單據後15工
作天內，一次無息結付尾款。但涉及向補助機關申請核撥補助款者，付款期限為30工
作天。

5. 機關辦理付款及審核程序，如發現廠商有文件不符、不足或有疑義而需補正或澄清
者，機關應一次通知澄清或補正，不得分次辦理。其審核及付款期限，自資料澄清或
補正之次日重新起算；機關並應先就無爭議且可單獨計價之部分辦理付款。

6. 廠商履約有下列情形之一者，機關得暫停給付估驗計價款至情形消滅為止：

(1) 履約實際進度因可歸責於廠商之事由，落後預定進度達__%（由機關於招標時載
明；未載明者為20%）以上，且經機關通知限期改善未積極改善者。但廠商如提報
趕工計畫經機關核可並據以實施後，其進度落後情形經機關認定已有改善者，機關
得恢復核發估驗計價款；如因廠商進度落後實施之趕工計畫，造成機關管理費用等
之增加，該費用由廠商負擔。

(2) 履約有重大瑕疵經書面通知改正而逾期未改正者。

(3) 未履行契約應辦事項，經通知仍延不履行者。

(4) 廠商履約人員不適任，經通知更換仍延不辦理者。

(5) 廠商有施工品質不良或其他違反公共工程施工品質管理作業要點之情事者。

(6) 其他違反法令或違約情形。

7. 工程物價指數調整：

(1) 物價調整方式：（由機關於下列2選項中擇一勾選；未勾選者，依選項A方式調整）

　　□選項A：依□行政院主計處；□台北市政府；□高雄市政府；□其他____（由機

關擇一勾選；未勾選者，爲行政院主計處）發布之「營造工程物價總指數」漲跌幅調整：工程進行期間，如遇物價波動時，就總指數漲跌幅超過__%（由機關於招標時載明；未載明者，爲2.5%）之部分，於估驗完成後調整工程款。

　□選項B：依□行政院主計處；□台北市政府；□高雄市政府；□其他____（由機關擇一勾選；未勾選者，爲行政院主計處）發布之營造工程物價指數之個別項目、中分類項目及總指數漲跌幅，依下列順序調整：（擇此選項者，須於下列①或②指定1項以上之個別項目或中分類項目）

①工程進行期間，如遇物價波動時，依____個別項目（例如水泥、預拌混凝土、鋼筋等，由機關於招標時載明；未載明者，不依個別項目指數漲跌幅調整）指數，就此等項目漲跌幅超過__%（由機關於招標時載明；未載明者，爲10%）之部分，於估驗完成後調整工程款。

②工程進行期間，如遇物價波動時，依____中分類項目（例如金屬製品類、砂石及級配類、瀝青及其製品類等，由機關於招標時載明；未載明者，不依中分類指數漲跌幅調整）指數，就此等項目漲跌幅超過__%（由機關於招標時載明；未載明者，爲5%）之部分，於估驗完成後調整工程款。前述中分類項目內含有已依①計算物價調整款者，依「營造工程物價指數不含①個別項目之中分類指數」之漲跌幅計算物價調整款。

③工程進行期間，如遇物價波動時，依「營造工程物價總指數」，就漲跌幅超過__%（由機關於招標時載明；未載明者，爲2.5%）之部分，於估驗完成後調整工程款。已依①、②計算物價調整款者，依「營造工程物價指數不含①個別項目及②中分類項目之總指數」之漲跌幅計算物價調整款。

(2) 物價指數基期更換時，換基當月起實際施作之數量，自動適用新基期指數核算工程調整款，原依舊基期指數調整之工程款不予追溯核算。每月公布之物價指數修正時，處理原則亦同。

(3) 契約內非屬台灣地區營造工程物價指數表內之工程項目或進口品，其物價調整方式如下：_____（由機關視個案特性及實際需要，於招標時載明；未載明者無）。

8. 機關於契約載明契約價金得依物價指數調整者，應註明下列事項（必塡）：

(1) 得調整之成本項目及金額。

(2) 調整所依據之物價指數類別及基期。

(3) 得調整及不予調整之情形。

(4) 調整公式。

(5) 廠商應提出之調整數據及佐證資料。

(6) 廠商所提細部設計項目之單價，應以開標當月之物價作爲編列依據，且應符合機關原招標內容之需求。

(7) 規費、規劃費、土地及權利費用、法律費用、承商管理費、保險費、利潤、利息、稅雜費及其他_____（由機關於招標時載明）不予調整。除契約另有規定外，設計費不予調整。

(8) 逐月就已施作部分按□當月□前1月□前2月（由機關於招標時載明；未載明者爲當

月）指數計算物價調整款。逾履約期限（含分期施作期限）之部分，應以實際施作當月指數與契約規定履約期限當月指數二者較低者為調整依據。但逾期履約係非可歸責於廠商者，依上開選項方式逐月計算物價調整款。

(9) 累計給付逾新台幣10萬元之物價調整款，由機關刊登物價調整款公告。

(10) 其他：＿＿＿＿＿＿＿

9. 契約價金總額曾經減價而確定，其所組成之各單項價格得依約定或合意方式調整（例如減價之金額僅自部分項目扣減）；未約定或未能合意調整方式者，如廠商所報各單項價格未有不合理之處，視同就廠商所報各單項價格依同一減價比率（決標金額／投標金額）調整。投標文件中報價之分項價格合計數額與決標金額不同者，依決標金額與該合計數額之比率調整之。但以下情形不在此限：

(1) 廠商報價之安全衛生經費項目、空氣污染及噪音防制設施經費項目編列金額低於機關所訂底價之各該同項金額者，該報價金額不隨之調低；該報價金額高於同項底價金額者，調整後不得低於底價金額。

(2) 人力項目之報價不隨之調低。

10. 廠商計價領款之印章，除另有規定外，以廠商於投標文件所蓋之章為準。

11. 廠商於國內員工總人數逾100人，履約期間應僱用身心障礙者及原住民之人數，各應達其國內員工總人數1%，並均以整數為計算標準，未達整數部分不予計入。僱用不足者，應分別依規定向所在地之直轄市或縣（市）勞工主管機關設立之身心障礙者就業基金專戶及原住民族中央主管機關設立之原住民族就業基金專戶，繳納上月之代金；並不得僱用外籍勞工取代僱用不足額部分。招標機關應將國內員工總人數逾100人之廠商資料公開於政府採購資訊公告系統，以供勞工及原住民族主管機關查核代金繳納情形，招標機關不另辦理查核。

12. 契約價金總額，除另有規定外，為完成契約所需全部材料、人工、機具、設備、交通運輸、水、電、油料、燃料及施工所必須之費用。

13. 如機關對工程之任何部分需要辦理量測或計量時，得通知廠商指派適合之工程人員到場協同辦理，並將量測或計量結果作成紀錄。除非契約另有規定，量測或計量結果應記錄淨值。如廠商未能指派適合之工程人員到場時，不影響機關辦理量測或計量之進行及其結果。

14. □設計費得依「台灣地區專業、科學及技術服務業受僱員工平均薪資指數」，就漲跌幅超過＿＿%（由機關於招標時載明；未載明者，為2.5%）之部分，逐月計算調整款，並準用上開各目調整規定。（機關未勾選此選項者，表示設計費無物價調整款）

15. 其他（由機關於招標時載明；無者免填）：＿＿＿＿＿＿＿＿＿＿

(二) 廠商請領契約價金時應提出電子或紙本統一發票，依法免用統一發票者應提出收據。

(三) 廠商履約有逾期違約金、損害賠償、採購標的之損壞或短缺、不實行為、未完全履約、不符契約規定、溢領價金或減少履約事項等情形時，機關得自應付價金中扣抵；其有不足者，得通知廠商給付或自保證金扣抵。

(四) 履約範圍包括代辦機關人員之訓練操作或維護者，有關受訓人員之旅費及生活費用，由機關自訂標準支給，不包括在契約價金內，其餘費用由廠商負擔。

(五) 分包契約依採購法第67條第2項報備於機關，並經廠商就分包部分設定權利質權予分包廠商者，該分包契約所載付款條件應符合前列各款規定（採購法第98條之規定除外），或與機關另行議定。

(六) 廠商延誤履約進度案件，如施工進度已達75%以上，機關得經評估後，同意廠商及分包廠商共同申請採監督付款方式，由分包廠商繼續施工，其作業程序包括廠商與分包廠商之協議書內容、監督付款之付款程序及監督付款停辦時機等，悉依行政院頒公共工程廠商延誤履約進度處理要點規定辦理。

(七) 廠商於履約期間給與全職從事本採購案之員工薪資，如採按月計酬者，至少為＿＿＿元（由機關於招標時載明，不得低於勞動基準法規定之最低基本工資；未載明者，為新台幣3萬元）。

第六條 稅捐

(一) 以新台幣報價之項目，除招標文件另有規定外，應含營業稅。由自然人投標者，不含營業稅，但仍包括其必要之稅捐。

(二) 廠商為進口施工或測試設備、臨時設施、於我國境內製造財物所需設備或材料、換新或補充前已進口之設備或材料等所生關稅、貨物稅及營業稅等稅捐、規費，由廠商負擔。

(三) 進口財物或臨時設施，其於中華民國以外之任何稅捐、規費或關稅，由廠商負擔。

第七條 履約期限

(一) 履約期限（由機關於招標時載明）：

1. 工程之設計應於（□決標日□機關簽約日□機關通知日）起＿＿＿日（由機關視個案特性於招標時載明）內完成，並提送機關審查，機關審查時程為＿日（由機關視個案特性於招標時載明）。設計如不符機關需求而有修正之需要，由機關指定修正項目、期限及機關複審時程，並通知廠商進行修正。同一項目設計內容之修正次數逾＿次者（由機關於招標時載明，未載明者為1次），廠商除應依機關之指示繼續修正設計至獲機關審定為止外，修正及複審期間仍列入履約期限計算。

2. 工程之施工：

　　□應於＿＿＿年＿＿＿月＿＿＿日以前全部完成。

　　□應於（□決標日□機關簽約日□機關通知日）起＿＿＿日內開工，並於開工之日起＿＿＿日內全部完成。

3. 本工程係以日曆天計算工期，所有日數均應計入履約期限。

4. 其他：＿＿＿＿＿＿＿＿＿＿＿＿（由機關於招標時載明）。

(二) 契約如需辦理變更，其工程項目或數量有增減時，工期得由雙方視實際需要議定增減之。

(三) 工程延期：

1. 契約履約期間，有下列情形之一，且非可歸責於廠商，致影響進度網圖要徑作業之進行，而需展延工期者，廠商應於事故發生或消滅後，＿日內（由機關於招標時載明；

未載明者，爲7日）通知機關、＿日內（由機關於招標時載明；未載明者，爲45日）檢具事證，以書面向機關申請展延工期。機關得審酌其情形後，以書面同意延長履約期限，不計算逾期違約金。其事由未達半日者，以半日計；逾半日未達1日者，以1日計。

(1) 發生第18條第5款不可抗力或不可歸責契約當事人之事故。

(2) 因天候影響無法施工。

(3) 機關要求全部或部分停工。

(4) 因機關要求辦理變更設計或增加工程數量或項目。

(5) 機關應辦事項未及時辦妥。

(6) 由機關自辦或機關之其他廠商之延誤而影響履約進度者。

(7) 機關提供之地質鑽探或地質資料，與實際情形有重大差異者。

(8) 因傳染病或政府之行爲，致發生不可預見之人員或貨物之短缺。

(9) 因機關使用或佔用本工程任何部分，但契約另有規定者，不在此限。

(10) 因機關辦理規劃或提供規範之錯誤。

(11) 其他非可歸責於廠商之情形，經機關認定者。

2. 第1目事故之發生，致契約全部或部分必須停工時，廠商應於停工原因消滅後立即復工。其停工及復工，廠商應儘速向機關提出書面報告。

3. 第1目停工之展延工期，除另有規定外，機關得依廠商報經機關核備之預定進度表之要徑核定之。

(四) 履約期間自指定之日起算者，應將當日算入。履約期間自指定之日後起算者，當日不計入。

第八條　材料機具及設備

(一) 契約所需工程材料、機具、設備、工作場地設備等，除契約另有規定外，概由廠商自備。

(二) 前款工作場地設備，指廠商爲契約施工之場地或施工地點以外專爲契約材料加工之場所之設備，包括施工管理、工人住宿、材料儲放等房舍及其附屬設施。該等房舍設施，應具備滿足生活與工作環境所必要之條件。

(三) 廠商自備之材料、機具、設備，其品質應符合契約之規定，進入施工場所後由廠商負責保管。非經機關書面許可，不得擅自運離。

(四) 由機關供應之材料、機具、設備，廠商應提出預定進場日期。因可歸責於機關之原因，不能於預定日期進場者，應預先書面通知廠商；致廠商未能依時履約者，廠商得依第7條第3款規定，申請延長履約期限；因此增加之必要費用，由機關負擔。

(五) 廠商領用或租借機關之材料、機具、設備，應憑證蓋章並由機關檢驗人員核轉。已領用或已租借之材料、機具、設備，須妥善保管運用維護；用畢（餘）歸還時，應清理整修至符合規定或機關認可之程度，於規定之合理期限內運交機關指定處所放置。其未辦理者，得視同廠商未完成履約。

(六) 廠商對所領用或租借自機關之材料、機具、設備，有浪費、遺失、被竊或非自然消耗之毀損，無法返還或修理復原者，得經機關書面同意以相同者或同等品返還，或

折合現金賠償。

第九條　履約管理

(一) 廠商接受機關或機關委託之機構之人員指示辦理與履約有關之事項前，應先確認該人員係有權代表人，且所指示辦理之事項未逾越或未違反契約規定。廠商接受無權代表人之指示或逾越或違反契約規定之指示，不得用以拘束機關或減少、變更廠商應負之契約責任，機關亦不對此等指示之後果負任何責任。

(二) 機關及廠商之一方未請求他方依契約履約者，不得視為或構成一方放棄請求他方依契約履約之權利。

(三) 契約內容有須保密者，廠商未經機關書面同意，不得將契約內容洩漏予與履約無關之第三人。廠商履約期間所知悉之機關機密或任何不公開之文書、圖畫、消息、物品或其他資訊，均應保密，不得洩漏。

(四) 廠商應對設計成果自行實施設計校對及審查，以確保工程設計之正確性，相關成果介面均須妥善處理。廠商負責施工之單位亦應參與設計審查工作，以減少未來衍生施工困難之設計問題。審查作業過程應留存紀錄備查。

(五) 廠商應使用合法性之工程專業軟體，對於數位化工作成果之電腦圖文檔案，應建立管制程序，並指定專人負責。對於圖說（設計圖、施工圖、竣工圖等）之製圖作業，應依據工程會發布之最新版「公共工程製圖手冊」內容繪製。

(六) 廠商承辦技術服務，其實際提供服務人員應於完成之圖樣及書表上簽署。其依法令須由執（開）業之專門職業及技術人員辦理者，應交由各該人員辦理，並依法辦理簽證。各項設施或設備，依法令規定須由專業技術人員安裝、施工或檢驗者，廠商應依規定辦理。

依本契約完成之圖樣或書表，如屬技師執行業務所製作者，應依技師法第16條規定，由技師本人簽署並加蓋技師執業圖記。

□本契約屬□公共工程實施簽證範圍；□機關依「公共工程專業技師簽證規則」第5條第3項規定，另行擇定應實施簽證範圍：_____（由機關於招標時載明）及項目：_____（由機關於招標時載明）。其簽證應依下列規定辦理。

1. 本契約實施公共工程專業技師簽證，廠商須於簽約後____日內（由機關於招標時載明）提報其實施簽證之執行計畫，經機關同意後執行之。（本執行計畫應具之工作項目，機關應依工程種類、規模及實際需要定之）

□屬設計簽證者，包括□補充測量、□補充地質調查與鑽探、□施工規範與施工說明、□數量計算、□預算書、□設計圖與計算書、□施工安全評估、□工地環境保護監測與防治及□其他必要項目_____。（由機關視工程之特性及實際需要勾選）

2. 技師執行簽證時，應親自為之，並僅得就本人或在本人監督下完成之工作為簽證。其涉及現場作業者，技師應親自赴現場實地查核後，始得為之。

3. 技師執行簽證，應依技師法第16條規定於所製作之圖樣、書表及簽證報告上簽署，並加蓋技師執業圖記。

4. 本契約執行技師應依「公共工程專業技師簽證規則」規定，就其辦理經過，連同相關資料、文件彙訂為工作底稿，並向機關提出簽證報告。廠商應於設計完成之圖樣及書

表上簽署，並依法令辦理相關簽證或審查。各項設施或設備，依法令規定須由專業技術人員安裝、施工或檢驗者，廠商應依規定辦理。

(七) 工地管理：

1. 契約施工期間，廠商應指派適當之代表人為工地負責人，代表廠商駐在工地，督導施工，管理其員工及器材，並負責一切廠商應辦理事項。廠商應於工程施工開工前，將其工地負責人之姓名、學經歷等資料，報請機關核准；變更時亦同。機關如認為廠商工地負責人不稱職時，得要求廠商更換，廠商不得拒絕。

2. 廠商應按預定施工進度，僱用足夠且具備適當技能的員工，並將所需材料、機具、設備等運至工地，如期完成契約約定之各項工作。施工期間，所有廠商員工之管理、給養、福利、衛生與安全等，及所有施工機具、設備及材料之維護與保管，均由廠商負責。

3. 廠商及分包廠商員工均應遵守有關法令規定，包括施工地點當地政府各目的事業主管機關訂定之規章，並接受機關對有關工作事項之指示。如有不照指示辦理，阻礙或影響工作進行，或其他非法、不當情事者，機關得隨時要求廠商更換員工，廠商不得拒絕。該等員工如有任何糾紛或違法行為，概由廠商負完全責任，如遇有傷亡或意外情事，亦應由廠商自行處理，與機關無涉。

4. 適用營造業法之廠商應依營造業法規定設置專任工程人員、工地主任及技術士。依營造業法第31條第5項規定，工地主任應加入全國營造業工地主任公會。

(八) 施工計畫與報表：

1. 廠商應於申報工程施工開工前，擬定施工順序及預定進度表等，並就主要施工部分敘明施工方法，繪製施工相關圖說，送請機關核定。機關為協調相關工程之配合，得指示廠商作必要之修正。

2. 對於汛期施工有致災風險之工程，廠商應於提報之施工計畫內納入相關防災內容；其內容除機關及監造單位另有規定外，重點如下：

(1) 充分考量汛期颱風、豪雨對工地可能造成之影響，合理安排施工順序及進度，並妥擬緊急應變及防災措施。

(2) 訂定汛期工地防災自主檢查表，並確實辦理檢查。

(3) 凡涉及河川堤防之破堤或有水患之虞者，應納入防洪、破堤有關之工作項目及作業規定。

3. 預定進度表之格式及細節，應標示施工詳圖送審日期、主要器材設備訂購與進場之日期、各項工作之起始日期、各類別工人調派配置日期及人數等，並標示契約之施工要徑，俾供後續契約變更時檢核工期之依據。廠商在擬定前述工期時，應考量施工當地天候對契約之影響。預定進度表，經機關修正或核定者，不因此免除廠商對契約完工期限所應負之全部責任。

4. 廠商應繪製勞工安全衛生相關設施之施工詳圖。機關應確實依廠商實際施作之數量辦理估驗。

5. 廠商於契約施工期間，應按機關同意之格式，按約定之時間，填寫施工日誌，送請機關核備。

(九) 工作安全與衛生：

1. 契約施工期間，廠商應遵照勞工安全衛生法及其施行細則、勞工安全衛生設施規則、營造安全衛生設施標準、勞動檢查法及其施行細則、危險性工作場所審查暨檢查辦法、勞動基準法及其施行細則、道路交通標誌標線號誌設置規則等有關規定確實辦理，並隨時注意工地安全及災害之防範。如因廠商疏忽或過失而發生任何意外事故，均由廠商負一切責任。凡工程施工場所，除另有規定外，應於施工基地四周設置圍牆（籬），鷹架外部應加防護網圍護，以防止物料向下飛散或墜落，並應設置行人安全走廊及消防設備。

2. 契約施工期間如發生緊急事故，影響工地內外人員生命財產安全時，廠商得逕行採取必要之適當措施，以防止生命財產之損失，並應在事故發生後24小時內向監造單位／工程司報告。事故發生時，如監造單位／工程司在工地有所指示時，廠商應照辦。

3. 廠商應辦理下列事項：（適用於查核金額以上之工程採購）

   □廠商應於申報工程施工開工前＿＿＿日內提報安全衛生管理計畫，送機關核准後確實執行。

   □分項作業安全衛生管理計畫得於各分項作業施工前提報。（由機關依工程規模、性質及僱用、承攬關係，決定是否分整體與分項作業安全衛生管理計畫2種，且於招標時敘明）安全衛生管理計畫之內容包括：

   (1) 計畫期間。

   (2) 基本方針。

   (3) 管理目標。

   (4) 重點實施事項（如安全衛生管理體制、機械設備之安全化、作業環境測定與管理、安全衛生自動檢查、各項作業安全作業標準、勞工健康管理、勞工安全衛生教育、承攬廠商之安全衛生管理、緊急應變計畫、災害調查分析與紀錄、安全衛生經費之編列、矯正與預防措施、內部稽核、文件紀錄管理系統及其他有關之安全衛生事項等）。

4. 廠商就高度5公尺以上之施工架、開挖深度在1.5公尺以上之擋土支撐及模板支撐等假設工程之組立及拆除，施工前應由專任工程人員或專業技師等妥為設計，並繪製相關設施之施工詳圖等項目，納入施工計畫或安全衛生管理計畫據以施行。施工架構築完成使用前、開挖及灌漿前，廠商應通知機關查驗施工架、擋土支撐及模板支撐是否按圖施工。如不符規定，機關得要求廠商部分或全部停工，至廠商辦妥並經監造單位／工程司審查及機關核定後方可復工。前述各項假設工程組立及拆除時，廠商應指定作業主管在現場辦理營造安全衛生設施標準規定之事項。

5. 高度在2公尺以上之工作場所，勞工作業有墜落之虞者，應依營造安全衛生設施標準規定，訂定墜落災害防止計畫（得併入施工計畫或安全衛生管理計畫內），採取適當墜落災害防止設施。

6. 進駐工地人員，應依其作業性質分別施以從事工作及預防災變所必要之安全衛生教育訓練。

7. 廠商於工程施工開工前，應將勞工安全衛生人員依法令規定向勞動檢查機構報備，並

副知機關、監造單位／工程司備查；異動時，亦同。上述勞工安全衛生人員，施工時應在工地執行職務。

8. 廠商未確實要求其勞工安全衛生人員實際於工地執行勞工安全衛生管理業務，或因而致工程施工品質查核為丙等者，機關得通知廠商於____日內更換其勞安人員，並副知勞動檢查機構。

9. 廠商除應依勞安相關法令辦理外，應採下列安全衛生設施規定：

(1) 20公尺以下高處作業，宜使用於工作台即可操作之高空工作車或搭設施工架等方式作業，不得以移動式起重機加裝搭乘設備搭載人員作業。

(2) 無固定護欄或圍籬之臨時道路施工場所，應依核定之交通維持計畫辦理，除設置適當交通號誌、標誌、標示或柵欄外，於勞工作業時，另應指派交通引導人員在場指揮交通，以防止車輛突入等災害事故。

(3) 移動式起重機應具備1機3證（移動式起重機檢查合格證、操作人員及從事吊掛作業人員之安衛訓練結業證書），除操作人員外，應至少隨車指派起重吊掛作業人員1人（可兼任指揮人員）。

(4) 工作場所邊緣及開口所設置之護欄，應符合營造安全衛生設施標準第20條固定後之強度能抵抗75公斤之荷重無顯著變形及各類材質尺寸之規定。惟特殊設計之工作架台、工作車等護欄，經安全檢核無虞者不在此限。

(5) 施工架斜籬搭設、直井或人孔局限空間作業、吊裝台吊運等特殊高處作業，應一併使用背負式安全帶及捲揚式防墜器。

(6) 開挖深度超過1.5公尺者，均應設置擋土支撐或開挖緩坡；但地質特殊，提出替代方案經監造單位／工程司、機關同意者，得依替代方案施作。

(7) 廠商所使用之鋼管施工架，應符合營造安全衛生設施標準第59條第1款規定。

10. 因廠商施工場所應有之安全衛生設施欠缺或不良，致發生重大職業災害經勞動檢查機構通知停工，並經機關認定屬查驗不合格情節重大者，為採購法第101條第1項第8款之情形之一。

(十) 工地環境清潔與維護：

1. 契約施工期間，廠商應切實遵守水污染防治法及其施行細則、空氣污染防制法、噪音管制法、廢棄物清理法及營建剩餘土石方處理方案等法令規定，隨時負責工地環境保護。

2. 契約施工期間，廠商應隨時清除工地內暨工地週邊道路一切廢料、垃圾、非必要或檢驗不合格之材料、鷹架、工具及其他設備，以確保工地安全及工作地區環境之整潔，其所需費用概由廠商負責。

3. 工地周圍排水溝，因契約施工所生損壞或沉積砂石、積廢土或施工產生之廢棄物，廠商應隨時修復及清理，並於完成時，拍照留存紀錄，必要時並邀集當地管理單位現勘確認。其因延誤修復及清理，致生危害環境衛生或公共安全事件者，概由廠商負完全責任。

4. 本契約工程如須申報營建工程空氣污染防制費，廠商應辦理空氣污染及噪音防制事項如下：

(1) 施工計畫應納入空氣污染及噪音防制相關法規規定事項，並包括空氣污染及噪音防制執行作業，並落實執行。

(2) 全程依空氣污染及噪音防制相關法規規定辦理，並督導分包商依規定施作。

(3) 進駐工地人員，應定期依其作業性質、工作環境及環境污染因素，施以應採取之空氣污染及噪音防制設施之注意事項宣導。

(十一) 交通維持及安全管制措施：

1. 廠商所提出之圖樣及書表內對於施工期間之交通維持及安全衛生設施經費應以量化方式編列。

2. 廠商施工時，不得妨礙交通。因施工需要暫時影響交通時，須有適當臨時交通路線及公共安全設施，並事先提出因應計畫送請監造單位／工程司核准。監造單位／工程司如另有指示者，廠商應即照辦。

3. 廠商施工如需佔用都市道路範圍，廠商應依規定擬訂交通維持計畫，併同施工計畫，送請機關核轉當地政府交通主管機關核准後，始得施工。該項交通維持計畫之格式，應依當地政府交通主管機關之規定辦理，並維持工區週邊路面平整，加強行人動線安全防護措施及導引牌設置，同時視需要於重要路口派員協助疏導交通。

4. 交通維持及安全管制措施應確實依核准之交通維持計畫及圖樣、數量佈設並據以估驗計價。

(十二) 配合施工：與契約工程有關之其他工程，經機關交由其他廠商承包時，廠商有與其他廠商互相協調配合之義務，以使該等工作得以順利進行，如因配合施工致增加不可預知之必要費用，得以契約變更增加契約價金。因工作不能協調配合，致生錯誤、延誤工期或意外事故，其可歸責於廠商者，由廠商負責並賠償。如有任一廠商因此受損者，應於事故發生後儘速書面通知機關，由機關邀集雙方協調解決。其經協調仍無法達成協議者，由相關廠商依民事程序解決。

(十三) 工程保管：

1. 履約標的未經驗收移交接管單位接收前，所有已完成之工程及到場之材料、機具、設備，包括機關供給及廠商自備者，均由廠商負責保管。如有損壞缺少，概由廠商負責賠償。其經機關驗收付款者，所有權屬機關，禁止轉讓、抵押或任意更換、拆換。

2. 工程未經驗收前，機關因需要使用時，廠商不得拒絕。但應由雙方會同使用單位協商認定權利與義務。使用期間因非可歸責於廠商之事由，致遺失或損壞者，除已由保險獲得理賠外，應由機關負責。

(十四) 廠商為執行施工管理之事務，其指派之工地負責人，應全權代表廠商駐場，率同其員工處理下列事項：

1. 工地管理事項：

(1) 工地範圍內之部署及配置。

(2) 工人、材料、機具、設備、門禁及施工裝備之管理。

(3) 已施工完成定作物之管理。

(4) 公共安全之維護。

(5) 工地突發事故之處理。

2. 工程推動事項：

(1) 開工之準備。

(2) 交通維持計畫之研擬、申報。

(3) 材料、機具、設備檢（試）驗之申請、協調。

(4) 施工計畫及預定進度表之研擬、申報。

(5) 施工前之準備及施工完成後之查驗。

(6) 向機關提出施工動態（開工、停工、復工、竣工）書面報告。

(7) 向機關填送施工日誌及定期工程進度表。

(8) 協調相關廠商研商施工配合事項。

(9) 會同監造單位／工程司勘研契約變更計畫。

(10) 依照監造單位／工程司之指示提出施工大樣圖資料。

(11) 施工品管有關事項。

(12) 施工瑕疵之改正、改善。

(13) 天然災害之防範。

(14) 施工棄土之處理。

(15) 工地災害或災變發生後之善後處理。

(16) 其他施工作業屬廠商應辦事項者。

3. 工地環境維護事項：

(1) 施工場地及受施工影響地區排水系統設施之維護及改善。

(2) 工地圍籬之設置及維護。

(3) 工地內外環境清潔及污染防治。

(4) 工地施工噪音之防治。

(5) 工地週邊地區交通之維護及疏導事項。

(6) 其他有關當地交通及環保目的事業主管機關規定應辦事項。

4. 工地週邊協調事項：

(1) 加強工地週邊地區的警告標誌與宣導。

(2) 與工地週邊地區鄰里辦公處暨社區加強聯繫。

(3) 定時提供施工進度及有關之資訊。

5. 其他應辦事項。

(十五) 廠商履約時於工地發現化石、錢幣、有價文物、古蹟、具有考古或地質研究價值
之構造或物品、具有商業價值而未列入契約價金估算之砂石或其他有價埋藏物，
應通知機關處理，廠商不得占為己有。

(十六) 轉包及分包：

1. 廠商不得將契約轉包。廠商亦不得以不具備履行契約分包事項能力、未依法登記或設
立，或依採購法第103條規定不得作為參加投標或作為決標對象或分包廠商之廠商為
分包廠商。

2. 廠商擬分包之項目及分包廠商，機關得予審查。

3. 廠商對於分包廠商履約之部分，仍應負完全責任。分包契約報備於機關者，亦同。

4. 分包廠商不得將分包契約轉包。其有違反者，廠商應更換分包廠商。

5. 廠商違反不得轉包之規定時，機關得解除契約、終止契約或沒收保證金，並得要求損害賠償。

6. 第5目轉包廠商與廠商對機關負連帶履行及賠償責任。再轉包者，亦同。

(十七) 廠商及分包廠商履約，不得有下列情形：僱用依法不得從事其工作之人員（含非法外勞）、供應不法來源之財物、使用非法車輛或工具、提供不實證明、違反人口販運防制法、非法棄置土石、廢棄物或其他不法或不當行為。

(十八) 廠商及分包廠商履約時，除依規定申請聘僱或調派外籍勞工者外，均不得僱用外籍勞工。違法僱用外籍勞工者，機關除通知就業服務法主管機關依規定處罰外，情節重大者，得與廠商終止或解除契約。其因此造成損害者，並得向廠商請求損害賠償。

(十九) 採購標的之進出口、供應、興建或使用，涉及政府規定之許可證、執照或其他許可文件者，由廠商負責取得或代機關取得，費用詳第4條。屬外國政府或其授權機構核發之文件者，以由廠商負責取得或代為取得為原則，並由機關提供必要之協助。如因未能取得上開文件，致造成契約當事人之損害，應由造成損害原因之一方負責賠償。

(二十) 廠商應依契約文件標示之參考原點、路線、坡度及高程，負責辦理工程之放樣，如發現錯誤或矛盾處，應即向監造單位／工程司反應，並予澄清，以確保本工程各部分位置、高程、尺寸及路線之正確性，並對其工地作業及施工方法之適當性、可靠性及安全性負完全責任。

(二一) 廠商之工地作業有發生意外事件之虞時，廠商應立即採取防範措施。發生意外時，應立即採取搶救，並依勞工安全衛生法等規定實施調查、分析及作成紀錄，且於取得必要之許可後，為復原、重建等措施，另應對機關與第三人之損害進行賠償。

(二二) 機關於廠商履約中，若可預見其履約瑕疵，或其有其他違反契約之情事者，得通知廠商限期改善。

(二三) 廠商不於前款期限內，依照改善或履行者，機關得採行下列措施：

1. 自行或使第三人改善或繼續其工作，其費用由廠商負擔。

2. 終止或解除契約，並得請求損害賠償。

3. 通知廠商暫停履約。

(二四) 機關提供之履約場所，各得標廠商有共同使用之需要者，廠商應依與其他廠商協議或機關協調之結果共用場所。

(二五) 機關提供或將其所有之財物供廠商加工、改善或維修，其須將標的運出機關場所者，該財物之滅失、減損或遭侵占時，廠商應負賠償責任。機關並得視實際需要規定廠商繳納與標的等值或一定金額之保證金＿＿＿＿＿＿＿＿＿＿＿（由機關視需要於招標時載明）。

(二六) 契約使用之土地，由機關於工程施工開工前提供，其地界由機關指定。如因機關未及時提供土地，致廠商未能依時履約者，廠商得依第7條第3款規定，申請延

長履約期限；因此增加之必要費用，由機關負擔。該土地之使用如有任何糾紛，除因可歸責於廠商所致者外，由機關負責；其地上（下）物的清除，除另有規定外，由機關負責處理。

(二七) 施工所需臨時用地，除另有規定外，由廠商自理。廠商應規範其人員、設備僅得於該臨時用地或機關提供之土地內施工，並避免其人員、設備進入鄰地。

(二八) 廠商及其砂石、廢土、廢棄物、建材等分包廠商不得有使用非法車輛或超載行為。其有違反者，廠商應負違約責任。情節重大者，依採購法第101條第1項第3款規定處理。

(二九) 本工程使用預拌混凝土之情形如下：（由機關於招標時載明）

　　□廠商使用之預拌混凝土，應為「領有工廠登記證」之預拌混凝土廠供應。

　　□符合公共工程性質特殊者，或工地附近適當運距內無足夠合法預拌混凝土廠，或其產品無法滿足工程之需求者，廠商得經機關同意後，依「公共工程工地型預拌混凝土設備設置及拆除管理要點」規定辦理。其處理方式如下：

1. 工地型預拌混凝土設備設置生產前，應依勞工安全衛生法、環境保護法、空氣污染防制法、水污染防治法、噪音管制法等相關法令，取得各該主管機關許可。

2. 工程所需材料應以合法且未超載車輛運送。

3. 工程竣工後，預拌混凝土設備之拆除，應列入驗收項目；未拆除時，列入驗收缺點限期改善，逾期之日數，依第18條遲延履約規定計算逾期違約金。

4. 工程竣工後，預拌混凝土設備拆除完畢前，不得支付尾款。

5. 屆期未拆除完畢者，機關得強制拆除並由廠商支付拆除費用，或由工程尾款中扣除，並視其情形依採購法第101條規定處理。

6. 廠商應出具切結書；其內容應包括下列各款：

(1) 專供該工程預拌混凝土材料，不得對外營業。

(2) 工程竣工後驗收前或契約終止（解除）後1個月內，該預拌混凝土設備必須拆除完畢並恢復原狀。

(3) 因該預拌混凝土設備之設置造成之污染、損鄰等可歸責之事故，悉由該設置廠商負完全責任。

　　□本工程處離島地區，且境內無符合「工廠管理輔導法」之預拌混凝土廠，其處理方式如下：＿＿＿＿＿＿＿＿＿＿＿＿＿＿＿＿＿＿

(三十) 工程告示牌設置：（由機關擇需要者於招標時載明）

　　□廠商應於工程施工開工前將工程告示牌相關施工圖說報機關審查核可後設置。

　　□工程告示牌之位置、規格、型式、材質、色彩、字型等，應考量工程特性、周遭環境及地方民情設置，規格如下：（機關得調整，且於招標時載明）

　　□長500公分，寬320公分。（適用於巨額之工程採購）

　　□長300分，寬170公分。（適用查核金額以上未達巨額之工程採購）

　　□長120公分，寬75公分。（適用於未達查核金額之工程採購）

　　□工程告示牌之基本內容含：

　　□工程名稱、主辦機關、監造單位、施工廠商、工地主任(負責人）姓名與電

話、施工起迄時間、重要公告事項、全民督工電話及網址等相關通報專線。

☐專任工程人員、品質管理人員、勞工安全衛生人員姓名、電話及工程透視圖或平面位置圖等。（適用查核金額以上未達巨額之工程採購）

☐專任工程人員姓名、電話及工程透視圖或平面位置圖、設計單位、工程概要及工程效益等。（適用於巨額之工程採購）

(三一) 廠商處理營建土石方應運送＿＿＿＿＿＿＿或向＿＿＿＿＿＿借土（機關於招標文件中擇一建議之合法土資場或借土區），或於不影響履約、不重複計價、不提高契約價金及扣除節省費用價差之前提下，自覓符合契約及相關法規要求之合法土資場或借土區，依契約變更程序經機關同意後辦理（廠商如於投標文件中建議其他合法土資場或借土區，並經機關審查同意者，亦可）。

☐廠商估驗計價應檢附經機關建議或核定之土資場之遠端監控輸出影像紀錄光碟片及＿＿＿＿＿＿等資料（由機關於招標時載明），其屬土方交換、工區土方平衡或機關認定之特殊因素者不在此限。（未勾選者，無需檢附）

(三二) 基於合理的備標成本及等標期，廠商應被認為已取得了履約所需之全部必要資料，包含（但不限於）法令、天候條件及機關負責提供之現場數據（例如機關提供之地質鑽探或地表下地質資料）等，並於投標前已完成該資料之檢查與審核。

(三三) 契約雙方應依附錄1「工作協調及工程會議」之規範辦理。

(三四) 其他：＿＿＿＿＿＿＿＿＿＿＿＿＿（由機關擇需要者於招標時載明）。

第十條 監造作業

(一) 契約履約期間，機關得視案件性質及實際需要指派工程司駐場，代表機關監督廠商履行契約各項應辦事項。如機關委託技術服務廠商執行監造作業時，機關應通知廠商，技術服務廠商變更時亦同。該技術服務廠商之職權依機關之授權內容，並由機關書面通知廠商。

(二) 工程司所指派之代表，其對廠商之指示與監督行為，效力同工程司。工程司對其代表之指派及變更，應通知廠商。

(三) 工程司之職權如下（機關可視需要調整）：

1. 契約之解釋。

2. 工程設計、品質或數量變更之審核。

3. 廠商所提設計計畫、施工計畫、施工詳圖、品質計畫及預定進度表等之審核及管制。

4. 工程及材料機具設備之檢（試）驗。

5. 廠商請款之審核簽證。

6. 於機關所賦職權範圍內對廠商申請事項之處理。

7. 契約與相關工程之配合協調事項。

(四) 廠商依契約提送機關一切之申請、報告、請款、變更設計及請示事項，除另有規定外，均須送經監造單位／工程司核轉。廠商依法令規定提送政府主管機關之有關申請及報告事項，除另有規定外，均應先照會監造單位／工程司。監造單位／工程司在其職權範圍內所作之決定，廠商如有異議時，應於接獲該項決定之日起10日內以書面向機關表示，否則視同接受。

(五) 工程司代表機關協助處理下列有關契約之協調事項，廠商應主動提供必要之資訊，避免影響工程之進行：

1. 工地週邊公共事務之協調事項。

2. 工程範圍內地上（下）物拆遷作業協調事項。

3. 機關供給材料或機具之供應協調事項。

第十一條　履約品管

(一) 廠商應對契約之內容充分瞭解，並切實執行。如有疑義，應於履行前向機關提出澄清，否則應依照機關之解釋辦理。

(二) 廠商在履約中，應對設計品質依照契約有關規範，嚴予控制，並辦理自主查核。

(三) 監造單位／工程司於履約期間發現廠商設計品質或進度不符合契約規定者，機關得通知廠商限期改善或改正。廠商逾期未辦妥時，機關得要求廠商部分或全部停止履約，至廠商辦妥並經監造單位／工程司審查及機關書面同意後方可恢復履約。廠商不得為此要求展延履約期限或補償。

(四) 廠商分段提送設計審查時，應提送該階段之細部設計圖說、詳細價目表、單價分析表、數量計算書及施工規範等，報請監造單位／工程司及機關審查核可後始得據以施工或供應安裝。設計如不符機關需求而有修正之需要，由機關指定修正項目及期限，並通知廠商進行修正。同一項目設計內容之修正次數逾＿次者（由機關於招標時載明，未載明者為1次），依第5款規定計算懲罰性違約金。

(五) 設計工作之修正次數逾契約規定者，每逾1次，扣款懲罰性違約金新台幣＿＿＿元整（由機關於招標時載明；未載明者，為10,000元）。懲罰性違約金之支付，機關得自應付價金中扣抵；其有不足者，得通知廠商繳納或自保證金扣抵。其總額，以設計部分契約價金之＿%（由機關於招標時載明；未載明者，為20%）為上限。

(六) 廠商應依機關核定之圖說施工，如有不涉及契約項目、數量、金額之增減，而需增補圖面以利施工者，廠商得報請監造單位／工程司審查同意後，增補該部分圖面，不適用本契約「契約變更及轉讓」規定程序。

(七) 廠商自備材料、機具、設備在進場前，應將有關資料及可提供之樣品，先送監造單位／工程司審查同意，如需辦理檢（試）驗之項目，應會同監造單位／工程司或其代表人取樣，並會同送往檢（試）驗單位檢（試）驗合格後始得進場。該等材料、機具、設備進場時，廠商仍應通知監造單位／工程司或其代表人作現場檢驗。前開需辦理檢（試）驗之項目為：＿＿＿＿＿＿＿（機關依工程規模及性質擇需要者於招標時載明）。其中鋼筋、混凝土、瀝青混凝土之下列檢驗項目者，應由符合CNS 17025（ISO/IEC 17025）規定之實驗室辦理，並出具印有依標準法授權之實驗室認證機構之認可標誌之檢驗報告：

1. 水泥混凝土：（機關依工程規模及性質擇需要者於招標時載明）
　　□混凝土圓柱試體抗壓強度試驗。
　　□混凝土鑽心試體抗壓強度試驗。

2. 瀝青混凝土：（機關依工程規模及性質擇需要者於招標時載明）
　　□瀝青舖面混合料壓實試體之厚度或高度試驗。

　　□瀝青混凝土之粒料篩分析試驗。

　　□熱拌瀝青混合料之瀝青含量試驗。

　　□瀝青混合料壓實試體之比重及密度試驗（飽和面乾法）。

3. 金屬材料：（機關依工程規模及性質擇需要者於招標時載明）

　　□鋼筋混凝土用鋼筋試驗。

(八) 廠商於各項工程項目施工前，應將其施工方法、施工步驟及施工中之檢（試）驗作業等計畫，先洽請監造單位／工程司同意，並在施工前會同監造單位／工程司完成準備作業之檢查工作無誤後，始得進入施工程序。施工後，廠商亦應會同監造單位／工程司或其代表人對施工之品質進行檢驗。另應辦理下列事項：

1. 廠商應於品質計畫之材料及施工檢驗程序，明定各項重要施工作業（含假設工程）及材料設備檢驗之自主檢查之查驗點（應涵蓋監造單位明定之檢驗停留點）。另應於施工計畫（或安全衛生管理計畫）之施工程序，明定安全衛生查驗點。

2. 廠商應確實執行上開查驗點之自主檢查，並留下紀錄備查。

3. 有關監造單位監造檢驗停留點（含安全衛生事項），須經監造單位派員會同辦理施工抽查及材料抽驗合格後，方得繼續下一階段施工，並作為估驗計價之付款依據。如擅自進行下階段施工，應依契約敲除重作並追究施工廠商責任。

(九) 廠商於施工中，應依照施工有關規範，對施工品質，嚴予控制。隱蔽部分之施工項目，應事先通知監造單位／工程司派員現場監督進行。

(十) 品質管制：

1. 廠商應於工程施工開工前＿＿＿日內提報品質計畫送機關核准後確實執行。但分項品質計畫得於各分項工程施工前提報。（由機關依工程規模及性質，決定是否分整體與分項品質計畫2種，且於招標時敘明）

2. 品質計畫之內容包括（適用於查核金額以上之採購）：

(1) 管理責任。

(2) 施工要領。

(3) 品質管理標準。

(4) 材料及施工檢驗程序。

(5) 自主檢查表。

(6) 不合格品之管制。

(7) 矯正與預防措施。

(8) 內部品質稽核。

(9) 文件紀錄管理系統。

(10) 設備功能運轉檢測程序及標準（無機電設備者免）。

3. 品質計畫之內容包括：（適用於新台幣1,000萬元以上未達查核金額之採購）

(1) 品質管理標準。

(2) 自主檢查表。

(3) 材料及施工檢驗程序。

(4) 文件紀錄管理系統。

(5) 其他：（由機關於招標時載明）

4. 品質計畫之內容包括：（適用於公告金額以上未達新台幣1,000萬元之採購）

　　□品質管理標準。

　　□自主檢查表。

　　□材料及施工檢驗程序。

　　□文件紀錄管理系統。

　　□其他：（由機關於招標時載明）

5. 品管人員之設置應符合下列規定：（適用於查核金額以上之採購）

(1) 人數應有＿人（查核金額以上，未達巨額採購之工程，至少1人。巨額採購之工程，至少2人）。

(2) 基本資格為：應接受工程會或其委託訓練機構辦理之公共工程品質管理訓練課程，並取得結業證書；取得前開結業證書逾4年者，應再取得最近4年內之回訓證明，始得擔任品管人員。

(3) 其他資格為：＿＿＿＿＿＿＿＿＿＿＿＿＿＿＿＿＿＿

(4) 應專任，不得跨越標案，且施工時應在工地執行職務。

(5) 廠商應於工程施工開工前，將品管人員之登錄表報監造單位／工程司審查並經機關核定後，由機關填報於行政院公共工程委員會資訊網路系統備查；品管人員異動或工程竣工時，亦同。

(6) 品管人員，有未實際於工地執行品管工作，或未能確實執行品管工作，或工程經施工品質查核為丙等可歸責於其者，由機關通知廠商於＿日內更換並調離工地。

6. 品管人員工作重點如下：

(1) 依據工程契約、設計圖說、規範、相關技術法規及參考品質計畫製作綱要等，訂定品質計畫，據以推動實施。

(2) 執行內部品質稽核，如稽核自主檢查表之檢查項目、檢查結果是否詳實記錄等。

(3) 品管統計分析、矯正與預防措施之提出及追蹤改善。

(4) 品質文件、紀錄之管理。

(5) 其他提升工程品質事宜。

7. 營造廠商專任工程人員工作重點如下：（適用於公告金額以上之採購，且廠商資格適用營造業法者）

(1) 督察品管人員及現場施工人員，落實執行品質計畫，並填具督察紀錄表。

(2) 依據營造業法第35條規定，辦理相關工作，如督導按圖施工、解決施工技術問題；估驗、查驗工程時到場說明，並於工程估驗、查驗文件簽名或蓋章等。

(3) 依據工程施工查核小組作業辦法規定於工程查核時，到場說明。

(4) 未依上開各款規定辦理之處理規定：＿＿＿＿＿＿＿。（由機關於招標時載明）

8. 廠商應於施工前及施工中定期召開施工講習會或檢討會，說明各項施工作業之規範規定、機具操作、人員管理、物料使用及相關注意事項。另於工程施工開工前將重要施工項目，於工地現場製作樣品。

9. 未達查核金額之採購，廠商應辦理之品質管制措施，除指定人員辦理品管自主檢查作

業外,其他如下(由機關參酌本款第5目內容,視案件需要於招標時敘明):＿＿＿＿＿
＿＿＿＿＿＿＿＿＿＿＿＿＿＿＿＿＿

(十一) 依採購法第70條規定對重點項目訂定之檢查程序及檢驗標準(由機關於招標時載明):＿＿＿＿＿＿＿＿＿＿＿＿＿＿＿

(十二) 工程查驗:

1. 契約施工期間,廠商應依規定辦理自主檢查;監造單位/工程司應按規範規定查驗工程品質,廠商應予必要之配合,並派員協助。但監造單位/工程司之工程查驗並不免除廠商依契約應負之責任。

2. 監造單位/工程司如發現廠商工作品質不符合契約規定,或有不當措施將危及工程之安全時,機關得通知廠商限期改善、改正或將不符規定之部分拆除重做。廠商逾期未辦妥時,機關得要求廠商部分或全部停工,至廠商辦妥並經監造單位/工程司審查及機關書面同意後方可復工。廠商不得為此要求展延工期或補償。如主管機關或上級機關之工程施工查核小組發現上開施工品質及施工進度之缺失,而廠商未於期限內改善完成且未經該查核小組同意延長改善期限者,機關得通知廠商撤換工地負責人及品管人員或安全衛生管理人員。

3. 契約施工期間,廠商應按規定之階段報請監造單位/工程司查驗,監造單位/工程司發現廠商未按規定階段報請查驗,而擅自繼續次一階段工作時,機關得要求廠商將未經查驗及擅自施工部分拆除重做,其一切損失概由廠商自行負擔。但監造單位/工程司應指派專責查驗人員隨時辦理廠商申請之查驗工作,不得無故遲延。

4. 本工程如有任何事後無法檢驗之隱蔽部分,廠商應在事前報請監造單位/工程司查驗,監造單位/工程司不得無故遲延。為維持工作正常進行,監造單位/工程司得會同有關機關先行查驗或檢驗該隱蔽部分,並記錄存證。

5. 因監造單位/工程司遲延辦理查驗,致廠商未能依時履約者,廠商得依第7條第3款規定,申請延長履約期限;因此增加之必要費用,由機關負擔。

6. 廠商為配合監造單位/工程司在工程進行中隨時進行工程查驗之需要,應妥為提供必要之設備與器材。如有不足,經監造單位/工程司通知後,廠商應立即補足。

7. 契約如有任何部分須報請政府主管機關查驗時,應由廠商提出申請,並按照規定負擔有關費用。

8. 工程施工中之查驗,應遵守營造業法第41條第1項規定。(適用於營造業者之廠商)。

(十三) 廠商應免費提供機關依契約辦理查驗、測試、檢驗、初驗及驗收所必須之儀器、機具、設備、人工及資料。但契約另有規定者,不在此限。契約規定以外之查驗、測試或檢驗,其結果不符合契約規定者,由廠商負擔所生之費用;結果符合者,由機關負擔費用。

(十四) 機關提供設備或材料供廠商履約者,廠商應於收受時作必要之檢查,以確定其符合履約需要,並作成紀錄。設備或材料經廠商收受後,其滅失或損害,由廠商負責。

(十五) 有關其他工程品管未盡事宜,契約施工期間,廠商應遵照公共工程施工品質管理

作業要點辦理。

(十六) 對於依採購法第70條規定設立之工程施工查核小組查核結果，廠商品質缺失懲罰性違約金之基準如下：

1. 懲罰性違約金金額，應依查核小組查核之品質缺失扣點數計算之。每點扣款新台幣＿＿元（由機關於招標時載明；未載明者，為4,000元）。

2. 查核結果，成績為丙等且可歸責於廠商者，除依「工程施工查核小組作業辦法」規定辦理外，其品質缺失懲罰性違約金額，應依前目計算之金額加計本工程品管費用之＿＿%（由機關於招標時載明；未載明者，為1%）。

3. 品質缺失懲罰性違約金之支付，機關應自應付價金中扣抵；其有不足者，得通知廠商繳納或自保證金扣抵。

4. 品質缺失懲罰性違約金之總額，以契約價金總額之＿＿%（由機關於招標時載明；未載明者，為20%）為上限。所稱契約價金總額，依第18條第11款認定。

第十二條　災害處理

(一) 本條所稱災害，指因下列天災或不可抗力所生之事故：

1. 山崩、地震、海嘯、火山爆發、颱風、豪雨、冰雹、水災、土石流、土崩、地層滑動、雷擊或其他天然災害。

2. 核生化事故或放射性污染，達法規認定災害標準或經政府主管機關認定者。

3. 其他經機關認定確屬不可抗力者。

(二) 驗收前遇颱風、地震、豪雨、洪水等不可抗力災害時，廠商應在災害發生後，按保險單規定向保險公司申請賠償，並儘速通知機關派員會勘。其經會勘屬實，並確認廠商已善盡防範之責者，廠商得依第7條第3款規定，申請延長履約期限。其屬本契約所載承保範圍以外者，依下列情形辦理：

1. 廠商已完成之工作項目本身受損時，除已完成部分仍按契約單價計價外，修復或需重做部分由雙方協議，但機關供給之材料，仍得由機關核實供給之。

2. 廠商自備施工用機具設備之損失，由廠商自行負責。

第十三條　保險

(一) 廠商應於履約期間辦理下列保險（由機關擇定後於招標時載明），其屬自然人者，應自行投保人身意外險。

　　□營造綜合保險。（是否附加第三人建築物龜裂倒塌責任險、雇主意外責任險或鄰近財物附加條款，由機關擇定後於招標時載明）

　　□安裝工程綜合保險。（是否附加雇主意外責任險或鄰近財物附加條款，由機關擇定後於招標時載明）

　　□專業責任險。包括因業務疏漏、錯誤或過失，違反業務上之義務，致機關或其他第三人受有之損失。

　　□雇主意外責任險。

　　□營建機具綜合保險。

　　□貨物運輸保險。

　　□其他：＿＿＿＿＿＿＿＿＿＿＿＿＿＿＿＿＿＿＿＿＿＿＿＿＿

(二) 廠商依前款辦理之營造綜合保險或安裝工程綜合保險，其內容如下：（由機關視保險性質擇定或調整後列入招標文件）

1. 承保範圍：（由機關於招標時載明，得包括山崩、地震、海嘯、火山爆發、颱風、豪雨、冰雹、水災、土石流、土崩、地層滑動、雷擊或其他天然災害、火災、爆炸、破壞、竊盜、搶奪、強盜、暴動、罷工、勞資糾紛或民眾非理性之聚眾抗爭等事項所生之損害。其他事項，機關得視個案特性及實際需要選擇納入）。

2. 保險標的：履約標的。

3. 被保險人：以機關、廠商、契約全部分包廠商及顧問機構或專案管理廠商為共同被保險人（由機關擇定後於招標時載明）。

4. 保險金額：營造或安裝工程財物損失險之保險金額應為完成該工程所需之總工程費或其預估金額，包含工程契約金額、機關供給材料費用等，並得加保拆除清理費用及機關提供之施工機具設備。

5. 第三人意外責任險：（載明各分項保險金額之下限。包括每一個人體傷或死亡，每一事故體傷或死亡，每一事故財物損害與保險期間內最高累積責任）。

6. 每一事故之廠商自負額上限：（由機關於招標時載明）

7. 保險期間：自＿＿＿＿＿＿＿起至預定驗收合格之日止。有延期或遲延履約者，保險期間比照順延。

8. 受益人：機關（不包含責任保險）。

9. 未經機關同意之任何保險契約之變更或終止，無效。但有利於機關者，不在此限。

10. 其他：＿＿＿＿＿＿＿＿＿＿＿＿＿＿＿＿

(三) 廠商依第1款辦理之營建機具綜合保險之保險金額應為新品重置價格。

(四) 廠商依第1款辦理之貨物運輸保險，得包括設備器材運抵機關場所之內陸貨物運輸保險，保險範圍得包括地震、雷擊、搶劫、偷竊、未送達、漏失、破損、短缺、戰爭、罷工及暴動等事項所生之損害（由機關擇定後於招標時載明）。

(五) 保險單或保險契約規定之不保事項，其風險及可能之賠償由廠商負擔。但符合第4條第10款規定由機關負擔必要費用之情形（屬機關承擔之風險），不在此限。

(六) 廠商向保險人索賠所費時間，不得據以請求延長履約期限。

(七) 廠商未依本契約規定辦理保險，致保險範圍不足或未能自保險人獲得足額理賠者，其損失或損害賠償，由廠商負擔。

(八) 保險單正本1份及繳費收據副本1份，應於辦妥保險後即交機關收執。因不可歸責於廠商之事由致須延長履約期限者，因而增加之保費，由契約雙方另行協議其合理之分擔方式。

(九) 廠商應依中華民國法規為其員工及車輛投保勞工保險、全民健康保險及汽機車第三人責任險。其依法屬免投勞工保險者，得以其他商業保險代之。

第十四條 保證金

(一) 保證金之發還情形如下（由機關擇定後於招標時載明）：

　　□預付款還款保證，依廠商已履約部分所占進度之比率遞減。

　　□預付款還款保證，依廠商已履約部分所占契約金額之比率遞減。

□預付款還款保證，依預付款已扣回金額遞減。

□預付款還款保證，於驗收合格後一次發還。

□履約保證金於履約驗收合格且無待解決事項後30日內發還。有分段或部分驗收情形者，得按比例分次發還。

□履約保證金於履約實際進度達25%、50%、75%及驗收合格後，各發還25%。（機關得視案件性質及實際需要於招標時載明，尚不以4次為限；惟查核金額以上之工程採購，不得少於4次）

□履約保證金於履約驗收合格且無待解決事項後30日內發還__%（由機關於招標時載明）。其餘之部分於_____（由機關於招標時載明）且無待解決事項後30日內發還。

□廠商於履約標的完成驗收付款前應繳納保固保證金。

□保固保證金於保固期滿且無待解決事項後30日內一次發還。

□保固保證金於完成以下保固事項或階段：_____（由機關於招標時載明；未載明者，為非結構物或結構物之保固期滿），且無待解決事項後30日內按比例分次發還。

□差額保證金之發還，同履約保證金。

□其他：_____

(二) 因不可歸責於廠商之事由，致終止或解除契約或暫停履約者，履約保證金得提前發還。但屬暫停履約者，於暫停原因消滅後應重新繳納履約保證金。

(三) 廠商所繳納之履約保證金及其孳息得部分或全部不予發還之情形：

1. 有採購法第50條第1項第3款至第5款情形之一，依同條第2項前段得追償損失者，與追償金額相等之保證金。

2. 違反採購法第65條規定轉包者，全部保證金。

3. 擅自減省工料，其減省工料及所造成損失之金額，自待付契約價金扣抵仍有不足者，與該不足金額相等之保證金。

4. 因可歸責於廠商之事由，致部分終止或解除契約者，依該部分所占契約金額比率計算之保證金；全部終止或解除契約者，全部保證金。

5. 查驗或驗收不合格，且未於通知期限內依規定辦理，其不合格部分及所造成損失、額外費用或懲罰性違約金之金額，自待付契約價金扣抵仍有不足者，與該不足金額相等之保證金。

6. 未依契約規定期限或機關同意之延長期限履行契約之一部或全部，其逾期違約金之金額，自待付契約價金扣抵仍有不足者，與該不足金額相等之保證金。

7. 須返還已支領之契約價金而未返還者，與未返還金額相等之保證金。

8. 未依契約規定延長保證金之有效期者，其應延長之保證金。

9. 其他因可歸責於廠商之事由，致機關遭受損害，其應由廠商賠償而未賠償者，與應賠償金額相等之保證金。

(四) 前款不予發還之履約保證金，於依契約規定分次發還之情形，得為尚未發還者；不予發還之孳息，為不予發還之履約保證金於繳納後所生者。

(五) 廠商如有第3款所定2目以上情形者，其不發還之履約保證金及其孳息應分別適用之。但其合計金額逾履約保證金總金額者，以總金額爲限。

(六) 保固保證金及其孳息不予發還之情形，準用第3款至第5款之規定。

(七) 廠商未依契約規定履約或契約經終止或解除者，機關得就預付款還款保證尚未遞減之部分加計年息__%（由機關於招標時合理訂定，如未填寫，則依機關撥付預付款當日中華郵政股份有限公司牌告一年期郵政定期儲金機動利率）之利息，隨時要求返還或折抵機關尚待支付廠商之價金。

(八) 保證金以定期存款單、連帶保證書、連帶保證保險單或擔保信用狀繳納者，其繳納文件之格式依採購法之主管機關於「押標金保證金暨其他擔保作業辦法」所訂定者爲準。

(九) 保證金之發還，依下列原則處理：

1. 以現金、郵政匯票或票據繳納者，以現金或記載原繳納人爲受款人之禁止背書轉讓即期支票發還。

2. 以無記名政府公債繳納者，發還原繳納人；以記名政府公債繳納者，同意塗銷質權登記或公務保證登記。

3. 以設定質權之金融機構定期存款單繳納者，以質權消滅通知書通知該質權設定之金融機構。

4. 以銀行開發或保兌之不可撤銷擔保信用狀繳納者，發還開狀銀行、通知銀行或保兌銀行。但銀行不要求發還或已屆期失效者，得免發還。

5. 以銀行之書面連帶保證或保險公司之連帶保證保險單繳納者，發還連帶保證之銀行或保險公司或繳納之廠商。但銀行或保險公司不要求發還或已屆期失效者，得免發還。

(十) 保證書狀有效期之延長：廠商未依契約規定期限履約或因可歸責於廠商之事由，致有無法於保證書、保險單或信用狀有效期內完成履約之虞，或機關無法於保證書、保險單或信用狀有效期內完成驗收者，該保證書、保險單或信用狀之有效期應按遲延期間延長之。廠商未依機關之通知予以延長者，機關將於有效期屆滿前就該保證書、保險單或信用狀之金額請求給付並暫予保管。其所生費用由廠商負擔。其須返還而有費用或匯率損失者，亦同。

(十一) 履約保證金或保固保證金以其他廠商之履約及賠償連帶保證代之或減收者，連帶保證廠商之連帶保證責任，不因分次發還保證金而遞減。該連帶保證廠商同時作爲各機關採購契約之連帶保證廠商者，以2契約爲限。

(十二) 連帶保證廠商非經機關許可，不得自行申請退保。其經機關查核，中途失其保證能力者，由機關通知廠商限期覓保更換，原連帶保證廠商應俟換保手續完成經機關認可後，始能解除其保證責任。

(十三) 機關依契約規定認定有不發還廠商保證金之情形者，依其情形可由連帶保證廠商履約而免補繳者，應先洽該廠商履約。否則，得標廠商及連帶保證廠商應於5日內向機關補繳該不發還金額中原由連帶保證代之或減收之金額。

(十四) 廠商爲優良廠商而減收履約保證金、保固保證金者，其有不發還保證金之情形者，廠商應就不發還金額中屬減收之金額補繳之。

(十五) 於履約過程中，如因可歸責於廠商之事由，而有施工查核結果列為丙等、發生重大勞安或環保事故之情形，機關得不按原定進度發還履約保證金，至上開情形改善處理完成為止，並於驗收合格且無待解決事項後30日內一次發還上開延後發還者。

第十五條　驗收

(一) 廠商履約所供應或完成之標的，應符合契約規定，無減少或滅失價值或不適於通常或約定使用之瑕疵，且為新品。

(二) 驗收程序（由機關擇需要者於招標時載明）：

　□廠商應於履約標的預定竣工日前或竣工當日，將竣工日期書面通知監造單位／工程司及機關，除契約另有約定外，該通知須檢附工程竣工圖表。機關應於收到該通知之日起__日（由機關於招標時載明；未載明者，依採購法施行細則第92條規定，為7日）內會同監造單位／工程司及廠商，依據契約、圖說或貨樣核對竣工之項目及數量，以確定是否竣工；廠商未依機關通知派代表參加者，仍得予確定。

　□工程竣工後，有初驗程序者，機關應於收受監造單位／工程司送審之全部資料之日起__日（由機關於招標時載明；未載明者，依採購法施行細則第92條規定，為30日）內辦理初驗，並作成初驗紀錄。初驗合格後，機關應於__日（由機關於招標時載明；未載明者，依採購法施行細則第93條規定，為20日）內辦理驗收，並作成驗收紀錄。廠商未依機關通知派代表參加初驗或驗收者，除法令另有規定外（例如營造業法第41條），不影響初驗或驗收之進行及其結果。如因可歸責於機關之事由，延誤辦理初驗或驗收，該延誤期間不計逾期違約金；廠商因此增加之必要費用，由機關負擔。

　□工程竣工後，無初驗程序者，機關應於接獲廠商通知備驗或可得驗收之程序完成後__日（由機關於招標時載明；未載明者，依採購法施行細則第94條規定，為30日）內辦理驗收，並作成驗收紀錄。廠商未依機關通知派代表參加驗收者，除法令另有規定外（例如營造業法第41條），不影響驗收之進行及其結果。如因可歸責於機關之事由，延誤辦理驗收，該延誤期間不計逾期違約金；廠商因此增加之必要費用，由機關負擔。

(三) 查驗或驗收有試車、試運轉或試用測試程序者，其內容（由機關於招標時載明，無者免填）：廠商應就履約標的於_____（場所）、_____（期間）及_____（條件）下辦理試車、試運轉或試用測試程序，以作為查驗或驗收之用。試車、試運轉或試用所需費用，由廠商負擔。但另有規定者，不在此限。

(四) 查驗或驗收人對隱蔽部分拆驗或化驗者，其拆除、修復或化驗所生費用，拆驗或化驗結果與契約規定不符者，該費用由廠商負擔；與規定相符者，該費用由機關負擔。契約規定以外之查驗、測試或檢驗，亦同。

(五) 查驗、測試或檢驗結果不符合契約規定者，機關得予拒絕，廠商應於限期內免費改善、拆除、重作、退貨或換貨，機關得重行查驗、測試或檢驗。且不得因機關辦理查驗、測試或檢驗，而免除其依契約所應履行或承擔之義務或責任，及費用之負

擔。

(六) 機關就廠商履約標的為查驗、測試或檢驗之權利，不受該標的曾通過其他查驗、測試或檢驗之限制。

(七) 工程竣工後，廠商應對施工期間損壞或遷移之機關設施或公共設施予以修復或回復，並將現場堆置的施工機具、器材、廢棄物及非契約所應有之設施全部運離或清除，並填具竣工報告，經機關勘驗認可，始得認定為工程完工。

(八) 工程部分完工後，有部分先行使用之必要或已履約之部分有減損減失之虞者，應先就該部分辦理驗收或分段查驗供驗收之用，並得就該部分支付價金及起算保固期。可採部分驗收方式者，優先採部分驗收；因時程或個案特性，採部分驗收有困難者，可採分段查驗供驗收之用。分段查驗之事項與範圍，應確認查驗之標的符合契約規定，並由參與查驗人員作成書面紀錄。供機關先行使用部分之操作維護所需費用，除契約另有規定外，由機關負擔。

(九) 工程驗收合格後，廠商應依照機關指定的接管單位：_____（由機關視個案特性於招標時載明；未載明者，為機關）辦理點交。其因非可歸責於廠商的事由，接管單位有異議或藉故拒絕、拖延時，機關應負責處理，並在驗收合格後__日（由機關視個案特性於招標時載明；未載明者，為15日）內處理完畢，否則應由機關自行接管。如機關逾期不處理或不自行接管者，視同廠商已完成點交程序，對本工程的保管不再負責，機關不得以尚未點交作為拒絕結付尾款的理由。若建築工程須取得目的事業主管機關之使用執照或其他類似文件時，其因可歸責於機關之事由以致延誤時，機關應先行辦理驗收付款。

(十) 廠商履約結果經機關初驗或驗收有瑕疵者，機關得要求廠商於____日內（機關未填列者，由主驗人定之，以不逾30日為限）改善、拆除、重作、退貨或換貨（以下簡稱改正）。逾期未改正者，依第18條遲延履約規定計算逾期違約金。但逾期未改正仍在契約原訂履約期限內者，不在此限。

(十一) 廠商不於前款期限內改正、拒絕改正或其瑕疵不能改正，或改正次數逾__次（由機關於招標時載明；無者免填）仍未能改正者，機關得採行下列措施之一：

1. 自行或使第三人改正，並得向廠商請求償還改正必要之費用。

2. 終止或解除契約或減少契約價金。

(十二) 因可歸責於廠商之事由，致履約有瑕疵者，機關除依前2款規定辦理外，並得請求損害賠償。

第十六條　操作、維護資料及訓練

□廠商應依本條規定履約（由機關視個案需要勾選，未勾選者，表示無需辦理本條規定事項）：

(一) 資料內容：

1. 中文操作與維護資料：

(1) 製造商之操作與維護手冊。

(2) 完整說明各項產品及其操作步驟與維護（修）方式、規定。

(3) 示意圖及建議備用零件表。

(4) 其他：_____

2. 上述資料應包括下列內容：

(1) 契約名稱與編號；

(2) 主題（例如土建、機械、電氣、輸送設備…）；

(3) 目錄；

(4) 最接近本工程之維修廠商名稱、地址、電話；

(5) 廠商、供應商、安裝商之名稱、地址、電話；

(6) 最接近本工程之零件供應商名稱、地址、電話；

(7) 預計接管單位將開始承接維護責任之日期；

(8) 系統及組件之說明；

(9) 例行維護作業程序及時程表；

(10) 操作、維護（修）所需之機具、儀器及備品數量；

(11) 以下資料由機關視個案特性勾選：

　　□操作前之檢查或檢驗表

　　□設備之啟動、操作、停機作業程序

　　□操作後之檢查或關機表

　　□一般狀況、特殊狀況及緊急狀況之處置說明

　　□經核可之測試資料

　　□製造商之零件明細表、零件型號、施工圖

　　□與未來維護（修）有關之圖解（分解圖）、電（線）路圖

　　□製造商原廠備品明細表及建議價格

　　□可編譯（Compilable）之原始程式移轉規定

　　□軟體版權之授權規定

　　□其他：_____

(12) 索引。

3. 保固期間操作與維護資料之更新，應以書面提送。各項更新資料，包括定期服務報告，均應註明契約名稱及編號。

4. 教育訓練計畫應包括下列內容：

(1) 設備及佈置說明；

(2) 各類設備之功能介紹；

(3) 各項設備使用說明；

(4) 設備規格；

(5) 各項設備之操作步驟；

(6) 操作維護項目及程序解說；

(7) 故障檢查程序及排除說明；

(8) 講師資格；

(9) 訓練時數。

(10) 其他：_____

5. 廠商須依機關需求時程提供完整中文教育訓練課程及手冊，使機關或接管單位指派人員瞭解各項設備之操作及維護（修）。

(二) 資料送審：

1. 操作與維護資料格式樣本、教育訓練計畫及內容大綱草稿，應於竣工前__天（由機關於招標時載明；未載明者，為60天），提出1份送審；並於竣工前__天（由機關於招標時載明；未載明者，為30天），提出1份正式格式之完整資料送審。製造商可證明其現成之手冊資料，足以符合本條之各項規定者，不在此限。

2. 廠商須於竣工前__天（由機關於招標時載明；未載明者，為15天），提出__份（由機關於招標時載明；未載明者，為5份）經機關核可之操作與維護資料及教育訓練計畫。

3. 廠商應於竣工前提供最新之操作與維護（修）手冊、圖說、定期服務資料及其他與設備相關之資料__份（由機關於招標時載明；未載明者，為5份），使接管單位有足夠能力進行操作及維護（修）工作。

(三) 在教育訓練開始時，廠商應將所有操作與維護資料備妥，並於驗收前依核可之教育訓練計畫，完成對機關或接管單位指派人員之訓練。

(四) 廠商所提送之資料，應經監造單位／工程司審查同意；修正時亦同。

(五) 操作與維護（修）手冊之內容，應於試運轉測試程序時，經機關或接管單位指派之人員驗證為可行，否則應辦理修正後重行測試。

第十七條　保固

(一) 保固期之認定：

1. 起算日：

(1) 全部完工辦理驗收者，自驗收結果符合契約規定之日起算。

(2) 有部分先行使用之必要或已履約之部分有減損滅失之虞，辦理部分驗收或分段查驗供驗收之用者，除無起算保固期可能之部分外，自驗收或分段查驗結果符合契約規定之日起算。

(3) 因可歸責於機關之事由，逾第15條第2款規定之期限遲未能完成驗收者，自契約標的足資認定符合契約規定之日起算。

2. 期間：

(1) 非結構物由廠商保固__年（由機關於招標時載明；未載明者，為1年）；

(2) 結構物由廠商保固__年（由機關於招標時視個案特性載明；未載明者，為5年）。

(二) 本條所稱瑕疵，包括損裂、坍塌、損壞、功能或效益不符合契約規定等。

(三) 保固期內發現之瑕疵，應由廠商於機關指定之合理期限內負責免費無條件改正。逾期不為改正者，機關得逕為處理，所需費用由廠商負擔，或動用保固保證金逕為處理，不足時向廠商追償。但屬故意破壞、不當使用、正常零附件損耗或其他非可歸責於廠商之事由所致瑕疵者，由機關負擔改正費用。

(四) 為釐清發生瑕疵之原因或其責任歸屬，機關得委託公正之第三人進行檢驗或調查工作，其結果如證明瑕疵係因可歸責於廠商之事由所致，廠商應負擔檢驗或調查工作所需之費用。

(五) 瑕疵改正後30日內，如機關認為可能影響本工程任何部分之功能與效益者，得要求廠商依契約原訂測試程序進行測試。該瑕疵係因可歸責於廠商之事由所致者，廠商應負擔進行測試所需之費用。

(六) 保固期內，採購標的因可歸責於廠商之事由造成之瑕疵致無法使用時，該無法使用之期間得不計入保固期，並由機關通知廠商。

(七) 機關得於保固期間及期滿前，通知廠商派員會同勘查保固事項。

(八) 保固期滿且無待決事項後30日內，機關應簽發一份保固期滿通知書予廠商，載明廠商完成保固責任之日期。除該通知書所稱之保固合格事實外，任何文件均不得證明廠商已完成本工程之保固工作。

(九) 廠商應於接獲保固期滿通知書後30日內，將留置於本工程現場之設備、材料、殘物、垃圾或臨時設施，清運完畢。逾期未清運者，機關得逕為變賣並遷出現場。扣除機關一切處理費用後有剩餘者，機關應將該差額給付廠商；如有不足者，得通知廠商繳納或自保固保證金扣抵。

第十八條　遲延履約

(一) 逾期違約金，以日為單位。廠商設計工作如未依照契約規定之送審及修正期限辦理，應按逾期日數，每日依設計部分契約價金__‰（由機關於招標時載明比率；未載明者，為1‰）計算逾期違約金；如未依照契約規定期限完工，應按逾期日數，每日依施工部分契約價金__‰（由機關於招標時載明比率；未載明者，為1‰）計算逾期違約金。但未完成履約之部分不影響其他已完成部分之使用者，按未完成履約部分之契約價金，每日依其__‰（由機關於招標時載明比率；未載明者，為1‰）計算逾期違約金。

(二) 採部分驗收者，得就該部分之金額計算逾期違約金。

(三) 逾期違約金之支付，機關得自應付價金中扣抵；其有不足者，得通知廠商繳納或自保證金扣抵。

(四) 逾期違約金為損害賠償額預定性違約金，其總額（含逾期未改正之違約金）以契約價金總額之__%（由機關於招標時載明，但不高於20%；未載明者，為20%）為上限，且不計入第19條第8款之賠償責任上限金額內。

(五) 因下列天災或事變等不可抗力或不可歸責於契約當事人之事由，致未能依時履約者，廠商得依第7條第3款規定，申請延長履約期限；不能履約者，得免除契約責任：

1. 戰爭、封鎖、革命、叛亂、內亂、暴動或動員。

2. 山崩、地震、海嘯、火山爆發、颱風、豪雨、冰雹、惡劣天候、水災、土石流、土崩、地層滑動、雷擊或其他天然災害。

3. 墜機、沉船、交通中斷或道路、港口冰封。

4. 罷工、勞資糾紛或民眾非理性之聚眾抗爭。

5. 毒氣、瘟疫、火災或爆炸。

6. 履約標的遭破壞、竊盜、搶奪、強盜或海盜。

7. 履約人員遭殺害、傷害、擄人勒贖或不法拘禁。

8. 水、能源或原料中斷或管制供應。

9. 核子反應、核子輻射或放射性污染。

10. 非因廠商不法行為所致之政府或機關依法令下達停工、徵用、沒入、拆毀或禁運命令者。

11. 政府法令之新增或變更。

12. 我國或外國政府之行為。

13. 其他經機關認定確屬不可抗力者。

(六) 前款不可抗力或不可歸責事由發生或結束後，其屬可繼續履約之情形者，應繼續履約，並採行必要措施以降低其所造成之不利影響或損害。

(七) 廠商履約有遲延者，在遲延中，對於因不可抗力而生之損害，亦應負責。但經廠商證明縱不遲延履約，而仍不免發生損害者，不在此限。

(八) 契約訂有分段進度及最後履約期限，且均訂有逾期違約金者，屬分段完工使用或移交之情形，其逾期違約金之計算原則如下：

1. 未逾分段進度但逾最後履約期限者，扣除已分段完工使用或移交部分之金額，計算逾最後履約期限之違約金。

2. 逾分段進度但未逾最後履約期限者，計算逾分段進度之違約金。

3. 逾分段進度且逾最後履約期限者，分別計算違約金。但逾最後履約期限之違約金，應扣除已分段完工使用或移交部分之金額計算之。

4. 分段完工期限與其他採購契約之進行有關者，逾分段進度，得個別計算違約金，不受前款但書限制。

(九) 契約訂有分段進度及最後履約期限，且均訂有逾期違約金者，屬全部完工後使用或移交之情形，其逾期違約金之計算原則如下：

1. 未逾分段進度但逾最後履約期限者，計算逾最後履約期限之違約金。

2. 逾分段進度但未逾最後履約期限，其有逾分段進度已收取之違約金者，於未逾最後履約期限後發還。

3. 逾分段進度且逾最後履約期限，其有逾分段進度已收取之違約金者，於計算逾最後履約期限之違約金時應予扣抵。

4. 分段完工期限與其他採購契約之進行有關者，逾分段進度，得計算違約金，不受第2目及第3目之限制。

(十) 廠商未遵守法令致生履約事故者，由廠商負責。因而遲延履約者，不得據以免責。

(十一) 本條所稱「契約價金總額」為：□結算驗收證明書所載結算總價，並加計可歸責於廠商之驗收扣款金額；□原契約總金額（由機關於招標時勾選；未勾選者，為第1選項）。有契約變更之情形者，雙方得就變更之部分另為協議（例如契約變更新增項目或數量之金額）。

第十九條 權利及責任

(一) 廠商應擔保第三人就履約標的，對於機關不得主張任何權利。

(二) 廠商履約，其有侵害第三人合法權益時，應由廠商負責處理並承擔一切法律責任。

(三) 廠商履約結果涉及智慧財產權者：（由機關於招標時載明）

□機關有權永久無償利用該著作財產權。

□機關取得部分權利（內容由機關於招標時載明）。

□機關取得全部權利。

□機關取得授權（內容由機關於招標時載明）。

□廠商因履行契約所完成之著作，其著作財產權之全部於著作完成之同時讓與機關，廠商放棄行使著作人格權。廠商保證對其人員因履行契約所完成之著作，與其人員約定以廠商為著作人，享有著作財產權及著作人格權。

□其他：＿＿＿＿＿＿＿＿＿＿＿（內容由機關於招標時載明）。

(四) 除另有規定外，廠商如在契約使用專利品，或專利性施工方法，或涉及著作權時，其有關之專利及著作權益，概由廠商依照有關法令規定處理，其費用亦由廠商負擔。

(五) 機關及廠商應採取必要之措施，以保障他方免於因契約之履行而遭第三人請求損害賠償。其有致第三人損害者，應由造成損害原因之一方負責賠償。

(六) 機關對於廠商、分包廠商及其人員因履約所致之人體傷亡或財物損失，不負賠償責任。對於人體傷亡或財物損失之風險，廠商應投保必要之保險。

(七) 廠商依契約規定應履行之責任，不因機關對於廠商履約事項之審查、認可或核准行為而減少或免除。

(八) 因可歸責於一方之事由，致他方遭受損害者，一方應負賠償責任，其認定有爭議者，依照爭議處理條款辦理。

1. 損害賠償之範圍，依民法第216條第1項規定，以填補他方所受損害及所失利益為限。

　　□但非因故意或重大過失所致之損害，契約雙方所負賠償責任不包括「所失利益」（得由機關於招標時勾選）。

2. 除第18條約定之逾期違約金外，損害賠償金額上限為：（機關欲訂上限者，請於招標時載明）

　　□契約價金總額。

　　□契約價金總額之＿倍。

　　□契約價金總額之＿％。

　　□固定金額＿元。

3. 前目訂有損害賠償金額上限者，於法令另有規定（例如民法第227條第2項之加害給付損害賠償），或一方故意隱瞞工作之瑕疵、故意或重大過失行為，或對第三人發生侵權行為，對他方所造成之損害賠償，不受賠償金額上限之限制。

(九) 履約及賠償連帶保證廠商應保證得標廠商依契約履行義務，如有不能履約情事，即續負履行義務，並就機關因此所生損害，負連帶賠償責任。

(十) 履約及賠償連帶保證廠商經機關通知代得標廠商履行義務者，有關廠商之一切權利，包括尚待履約部分之契約價金，一併移轉由該保證廠商概括承受，本契約並繼續有效。得標廠商之保證金及已履約而尚未支付之契約價金，如無不支付或不發還之情形，得依原契約規定支付或發還該得標廠商。

(十一) 廠商與其連帶保證廠商如有債權或債務等糾紛，應自行協調或循法律途徑解決。

(十二) 契約文件要求廠商提送之各項文件，廠商應依其特性及權責，請所屬相關人員於該等文件上簽名或用印。如有偽造文書情事，由出具文件之廠商及其簽名人員負刑事及民事上所有責任。

第二十條　連帶保證

(一) 廠商履約進度落後，經機關評估並通知由連帶保證廠商履行保證責任，繼續完成者，廠商同意將契約之全部權利讓與保證廠商。

(二) 機關通知連帶保證廠商履約時，得考量公共利益及連帶保證廠商申請之動員進場施工時間，重新核定工期；連帶保證廠商如有異議，應循採購法第85條之1所定之履約爭議處理機制解決。

(三) 連帶保證廠商接辦後，應就下列事項釐清或確認，並以書面提報機關同意：

1. 各項工作銜接之安排。

2. 原分包廠商後續事宜之處理。

3. 工程預付款扣回方式。

4. 已施作未請領工程款廠商是否同意由其請領；同意者，其證明文件。

5. 工程款請領發票之開立及撥付方式。

6. 其他應澄清或確認之事項。

第二十一條　契約變更及轉讓

(一) 設計有變更之必要者，應經機關同意或依機關之通知辦理。其變更係不可歸責於廠商者，廠商得向機關請求償付履約所增加之必要費用。

(二) 機關於必要時得於契約所約定之範圍內通知廠商變更契約（含新增項目），廠商於接獲通知後應向機關提出契約標的、價金、履約期限、付款期程或其他契約內容須變更之相關文件。契約價金之變更，其底價依採購法第46條第1項之規定。

(三) 廠商於機關接受其所提出須變更之相關文件前，不得自行變更契約。除機關另有請求者外，廠商不得因前款之通知而遲延其履約期限。

(四) 機關於接受廠商所提出須變更之事項前即請求廠商先行施作或供應，應先與廠商書面合意估驗付款及完成契約變更之期限，其後未依合意之期限辦理或僅部分辦理者，廠商因此增加之必要費用及合理利潤，由機關負擔。

(五) 契約約定之採購標的，其有下列情形之一者，廠商得敘明理由，檢附規格、功能、效益及價格比較表，徵得機關書面同意後，以其他規格、功能及效益相同或較優者代之。但不得據以增加契約總價金。其因而減省廠商履約費用者，應自契約價金中扣除，或移供其他項目變更所需增加費用之用：

1. 契約原標示之廠牌或型號不再製造或供應。

2. 契約原標示之分包廠商不再營業或拒絕供應。

3. 較契約原標示者更優或對機關更有利。

(六) 廠商投標時提出之建材或設備，其品牌或種類超過1家（種）時，除契約另有規定外，廠商同意機關得擇優通知廠商使用，廠商不會就此表示異議。請統包廠商投標時提出主要建材及設備廠牌明細表。（註：招標機關可列出項目供廠商填寫）

(七) 契約（含設計資料）未明定規範之建材或設備，在符合或優於CNS規範之前提下，

統包商得提出適當之建材及設備供機關選用。

(八) 廠商得提出替代方案之相關規定（含獎勵措施）：＿＿＿＿＿＿。（由機關於招標時載明）

(九) 契約之變更，非經機關及廠商雙方合意，作成書面紀錄，並簽名或蓋章者，無效。

(十) 廠商不得將契約或債權之部分或全部轉讓予他人。但因公司合併、銀行實行權利質權或其他類似情形致有轉讓必要，經機關書面同意者，不在此限。

得標廠商依採購法第67條第2項規定，就分包部分設定權利質權予分包廠商者，不受前項限制。

第二十二條　契約終止解除及暫停執行

(一) 廠商履約有下列情形之一者，機關得以書面通知廠商終止契約或解除契約之部分或全部，且不補償廠商因此所生之損失：

1. 有採購法第50條第2項前段規定之情形者。

2. 有採購法第59條規定得終止或解除契約之情形者。

3. 違反不得轉包之規定者。

4. 廠商或其人員犯採購法第87條至第92條規定之罪，經判決有罪確定者。

5. 因可歸責於廠商之事由，致延誤履約期限，有下列情形者（由機關於招標時勾選；未勾選者，為第1選項）：

□履約進度落後__%（由機關於招標時載明；未載明者為20%）以上，且日數達10日以上。百分比之計算方式如下：

(1) 屬尚未完成履約而進度落後已達百分比者，機關應先通知廠商限期改善。屆期未改善者，如機關訂有履約進度計算方式，其通知限期改善當日及期限末日之履約進度落後百分比，分別以各該日實際進度與機關核定之預定進度百分比之差值計算；如機關未訂有履約進度計算方式，依逾期日數計算之。

(2) 屬已完成履約而逾履約期限，或逾最後履約期限尚未完成履約者，依逾期日數計算之。

□其他：＿＿＿＿＿

6. 偽造或變造契約或履約相關文件，經查明屬實者。

7. 擅自減省工料情節重大者。

8. 無正當理由而不履行契約者。

9. 查驗或驗收不合格，且未於通知期限內依規定辦理者。

10. 有破產或其他重大情事，致無法繼續履約者。

11. 廠商未依契約規定履約，自接獲機關書面通知次日起10日內或書面通知所載較長期限內，仍未改正者。

12. 違反環境保護或勞工安全衛生等有關法令，情節重大者。

13. 設計結果不符合契約規定或無法依機關之通知變更者。

14. 違反法令或其他契約規定之情形，情節重大者。

(二) 機關未依前款規定通知廠商終止或解除契約者，廠商仍應依契約規定繼續履約。

(三) 廠商因第1款情形接獲機關終止或解除契約通知後，應即將該部分工程停工，負責

遣散工人，將有關之機具設備及到場合格器材等就地點交機關使用；對於已施作完成之工作項目及數量，應會同監造單位／工程司辦理結算，並拍照存證，廠商不會同辦理時，機關得逕行辦理結算；必要時，得洽請公正、專業之鑑定機構協助辦理。廠商並應負責維護工程至機關接管為止，如有損壞或短缺概由廠商負責。機具設備器材至機關不再需用時，機關得通知廠商限期拆走，如廠商逾限未照辦，機關得將之予以變賣並遷出工地，將變賣所得扣除一切必須費用及賠償金額後退還廠商，而不負責任何損害或損失。

(四) 契約經依第1款規定或因可歸責於廠商之事由致終止或解除者，機關得自通知廠商終止或解除契約日起，扣發廠商應得之工程款，包括尚未領取之工程估驗款、全部保留款等，並不發還廠商之履約保證金。至本契約經機關自行或洽請其他廠商完成後，如扣除機關為完成本契約所支付之一切費用及所受損害後有剩餘者，機關應將該差額給付廠商；無洽其他廠商完成之必要者，亦同。如有不足者，廠商及其連帶保證人應將該項差額賠償機關。

(五) 契約因政策變更，廠商依契約繼續履行反而不符公共利益者，機關得報經上級機關核准，終止或解除部分或全部契約，並與廠商協議補償廠商因此所生之損失。但不包含所失利益。

(六) 依前款規定終止契約者，廠商於接獲機關通知前已完成且可使用之履約標的，依契約價金給付；僅部分完成尚未能使用之履約標的，機關得擇下列方式之一洽廠商為之：

1. 繼續予以完成，依契約價金給付。
2. 停止製造、供應或施作。但給付廠商已發生之製造、供應或施作費用及合理之利潤。

(七) 非因政策變更且非可歸責於廠商事由（例如但不限於不可抗力之事由所致）而有終止或解除契約必要者，準用前2款及第14款規定。

(八) 廠商未依契約規定履約者，機關得隨時通知廠商部分或全部暫停執行，至情況改正後方准恢復履約。廠商不得就暫停執行請求延長履約期限或增加契約價金。

(九) 廠商不得對本契約採購案任何人要求、期約、收受或給予賄賂、佣金、比例金、仲介費、後謝金、回扣、餽贈、招待或其他不正利益。分包廠商亦同。違反約定者，機關得終止或解除契約，並將2倍之不正利益自契約價款中扣除。未能扣除者，通知廠商限期給付之。

(十) 因可歸責於機關之情形，機關通知廠商部分或全部暫停執行（停工）：

1. 致廠商未能依時履約者，廠商得依第7條第3款規定，申請延長履約期限；因此而增加之必要費用（例如但不限於管理費），由機關負擔。
2. 暫停執行期間累計逾__個月（由機關於招標時合理訂定，如未填寫，則為2個月）者，機關應先支付已依機關指示由機關取得所有權之設備。
3. 暫停執行期間累計逾__個月（由機關於招標時合理訂定，如未填寫，則為6個月）者，廠商得通知機關終止或解除部分或全部契約，並得向機關請求賠償因契約終止或解除而生之損害。

(十一) 因非可歸責於廠商之事由，機關有延遲付款之情形：

1. 廠商得向機關請求加計年息__%（由機關於招標時合理訂定，如未填寫，則依機關簽約日中華郵政股份有限公司牌告一年期郵政定期儲金機動利率）之遲延利息。

2. 廠商得於通知機關__個月後（由機關於招標時合理訂定，如未填寫，則為1個月）暫停或減緩施工進度、依第7條第3款規定，申請延長履約期限；廠商因此增加之必要費用，由機關負擔。

3. 延遲付款達__個月（由機關於招標時合理訂定，如未填寫，則為3個月）者，廠商得通知機關終止或解除部分或全部契約，並得向機關請求賠償因契約終止或解除而生之損害。

(十二) 履行契約需機關之行為始能完成，而機關不為其行為時，廠商得定相當期限催告機關為之。機關不於前述期限內為其行為者，廠商得通知機關終止或解除契約，並得向機關請求賠償因契約終止或解除而生之損害。

(十三) 因契約規定不可抗力之事由，致全部工程暫停執行，暫停執行期間持續逾__個月（由機關於招標時合理訂定，如未填寫，則為3個月）或累計逾__個月（由機關於招標時合理訂定，如未填寫，則為6個月）者，契約之一方得通知他方終止或解除契約。

(十四) 廠商依契約規定通知機關終止或解除部分或全部契約後，應即將該部分工程停工，負責遣散工人，撤離機具設備，並將已獲得支付費用之所有物品移交機關使用；對於已施作完成之工作項目及數量，應會同監造單位／工程司辦理結算，並拍照存證。廠商應依監造單位／工程司之指示，負責實施維護人員、財產或工程安全之工作，至機關接管為止，其所須增加之必要費用，由機關負擔。機關應盡快依結算結果付款；如無第14條第3款情形，應發還保證金。

(十五) 本契約終止時，自終止之日起，雙方之權利義務即消滅。契約解除時，溯及契約生效日消滅。雙方並互負保密義務。

第二十三條　爭議處理

(一) 機關與廠商因履約而生爭議者，應依法令及契約規定，考量公共利益及公平合理，本誠信和諧，盡力協調解決之。其未能達成協議者，得以下列方式處理之：

1. 提起民事訴訟，並以□機關；□本工程（由機關於招標時勾選；未勾選者，為機關）所在地之地方法院為第一審管轄法院。

2. 依採購法第85條之1規定向採購申訴審議委員會申請調解。工程採購經採購申訴審議委員會提出調解建議或調解方案，因機關不同意致調解不成立者，廠商提付仲裁，機關不得拒絕。

3. 經契約雙方同意並訂立仲裁協議後，依本契約約定及仲裁法規定提付仲裁。

4. 依其他法律申（聲）請調解。

5. 契約雙方合意成立爭議處理小組協調爭議。

6. 依契約或雙方合意之其他方式處理。

(二) 依前款第2目後段或第3目提付仲裁者，約定如下：

1. 由契約雙方協議擇定仲裁機構。如未能獲致協議，屬前款第2目後段情形者，由廠商指定仲裁機構；屬前款第3目情形者，由機關指定仲裁機構。上開仲裁機構，除契約

雙方另有協議外,應爲合法設立之國內仲裁機構。

2. 仲裁人之選定:

(1) 當事人雙方應於一方收受他方提付仲裁之通知之次日起14日內,各自從指定之仲裁機構之仲裁人名冊或其他具有仲裁人資格者,分別提出10位以上(含本數)之名單,交予對方。

(2) 當事人之一方應於收受他方提出名單之次日起14日內,自該名單內選出1位仲裁人,作爲他方選定之仲裁人。

(3) 當事人之一方未依(1)提出名單者,他方得從指定之仲裁機構之仲裁人名冊或其他具有仲裁人資格者,逕行代爲選定1位仲裁人。

(4) 當事人之一方未依(2)自名單內選出仲裁人,作爲他方選定之仲裁人者,他方得聲請□法院;□指定之仲裁機構(由機關於招標時勾選;未勾選者,爲指定之仲裁機構)代爲自該名單內選定1位仲裁人。

3. 主任仲裁人之選定:

(1) 2位仲裁人經選定之次日起30日內,由□雙方共推;□雙方選定之仲裁人共推(由機關於招標時勾選)第三仲裁人爲主任仲裁人。

(2) 未能依(1)共推主任仲裁人者,當事人得聲請□法院;□指定之仲裁機構(由機關於招標時勾選;未勾選者,爲指定之仲裁機構)爲之選定。

4. 以□機關所在地;□本工程所在地;□其他:＿＿＿爲仲裁地(由機關於招標時載明;未載明者,爲機關所在地)。

5. 除契約雙方另有協議外,仲裁程序應公開之,仲裁判斷書雙方均得公開,並同意仲裁機構公開於其網站。

6. 仲裁程序應使用□國語及中文正體字;□其他語文:＿＿＿＿。(由機關於招標時載明;未載明者,爲國語及中文正體字)

7. 機關□同意;□不同意(由機關於招標時勾選;未勾選者,爲不同意)仲裁庭適用衡平原則爲判斷。

8. 仲裁判斷書應記載事實及理由。

(三) 依第1款第5目成立爭議處理小組者,約定如下:

1. 爭議處理小組於爭議發生時成立,得爲常設性,或於爭議作成決議後解散。

2. 爭議處理小組委員之選定:

(1) 當事人雙方應於協議成立爭議處理小組之次日起10日內,各自提出5位以上(含本數)之名單,交予對方。

(2) 當事人之一方應於收受他方提出名單之次日起10日內,自該名單內選出1位作爲委員。

(3) 當事人之一方未依(1)提出名單者,爲無法合意成立爭議處理小組。

(4) 當事人之一方未能依(2)自名單內選出委員,且他方不願變更名單者,爲無法合意成立爭議處理小組。

3. 爭議處理小組召集委員之選定:

(1) 2位委員經選定之次日起10日內,由雙方或雙方選定之委員自前目(1)名單中共推1人

　　作爲召集委員。

(2) 未能依(1)共推召集委員者，爲無法合意成立爭議處理小組。

4. 當事人之一方得就爭議事項，以書面通知爭議處理小組召集委員，請求小組協調及作成決議，並將繕本送達他方。該書面通知應包括爭議標的、爭議事實及參考資料、建議解決方案。他方應於收受通知之次日起14日內提出書面回應及建議解決方案，並將繕本送達他方。

5. 爭議處理小組會議：

(1) 召集委員應於收受協調請求之次日起30日內召開會議，並擔任主席。委員應親自出席會議，獨立、公正處理爭議，並保守秘密。

(2) 會議應通知當事人到場陳述意見，並得視需要邀請專家、學者或其他必要人員列席，會議之過程應作成書面紀錄。

(3) 小組應於收受協調請求之次日起90日內作成合理之決議，並以書面通知雙方。

6. 爭議處理小組委員應迴避之事由，參照採購申訴審議委員會組織準則第13條規定。委員因迴避或其他事由出缺者，依第2目、第3目辦理。

7. 爭議處理小組就爭議所爲之決議，除任一方於收受決議後14日內以書面向召集委員及他方表示異議外，視爲協調成立，有契約之拘束力。惟涉及改變契約內容者，雙方應先辦理契約變更。如有爭議，得再循爭議處理程序辦理。

8. 爭議事項經一方請求協調，爭議處理小組未能依第5目或當事人協議之期限召開會議或作成決議，或任一方於收受決議後14日內以書面表示異議者，協調不成立，雙方得依第1款所定其他方式辦理。

9. 爭議處理小組運作所需經費，由契約雙方平均負擔。

10. 本款所定期限及其他必要事項，得由雙方另行協議。

(四) 依採購法規定受理調解或申訴之機關名稱：＿＿＿＿＿＿＿＿＿＿＿＿＿＿＿＿＿＿；

　　地址：＿＿＿＿＿＿＿＿＿＿＿＿＿＿＿＿＿＿＿＿＿＿＿＿＿＿＿＿＿＿＿；

　　電話：＿＿＿＿＿＿＿＿＿＿＿＿＿。

(五) 履約爭議發生後，履約事項之處理原則如下：

1. 與爭議無關或不受影響之部分應繼續履約。但經機關同意無須履約者不在此限。

2. 廠商因爭議而暫停履約，其經爭議處理結果被認定無理由者，不得就暫停履約之部分要求延長履約期限或免除契約責任。

(六) 本契約以中華民國法律爲準據法。

(七) 廠商與本國分包廠商間之爭議，除經本國分包廠商同意外，應約定以中華民國法律爲準據法，並以設立於中華民國境內之民事法院、仲裁機構或爭議處理機構解決爭議。廠商並應要求分包廠商與再分包之本國廠商之契約訂立前開約定。

第二十四條　其他

(一) 廠商對於履約所僱用之人員，不得有歧視性別、原住民、身心障礙或弱勢團體人士之情事。

(二) 廠商履約時不得僱用機關之人員或受機關委託辦理契約事項之機構之人員。

(三) 廠商授權之代表應通曉中文或機關同意之其他語文。未通曉者，廠商應備翻譯人

員。

(四) 機關與廠商間之履約事項,其涉及國際運輸或信用狀等事項,契約未予載明者,依國際貿易慣例。

(五) 機關及廠商於履約期間應分別指定授權代表,為履約期間雙方協調與契約有關事項之代表人。

(六) 機關、廠商、監造單位及專案管理單位之權責分工,除契約另有約定外,依招標當時工程會所訂「統包模式之工程進度及品質管理參考手冊」辦理。

(七) 機關如須辦理本工程之公共藝術設置,廠商應就公共藝術設置相關事宜提供協助。

(八) 依據政治獻金法第7條規定,與政府機關(構)有巨額採購契約,且在履約期間之廠商,不得捐贈政治獻金。

(九) 本契約未載明之事項,依採購法及民法等相關法令。

財物採購契約範本(109.01.15版)

招標機關(以下簡稱機關)及得標廠商(以下簡稱廠商)雙方同意依政府採購法(以下簡稱採購法)及其主管機關訂定之規定訂定本契約,共同遵守,其條款如下:

第一條 契約文件及效力

(一) 契約包括下列文件:

1. 招標文件及其變更或補充。

2. 投標文件及其變更或補充。

3. 決標文件及其變更或補充。

4. 契約本文、附件及其變更或補充。

5. 依契約所提出之履約文件或資料。

(二) 契約文件,包括以書面、錄音、錄影、照相、微縮、電子數位資料或樣品等方式呈現之原件或複製品。

(三) 契約所含各種文件之內容如有不一致之處,除另有規定外,依下列原則處理:

1. 招標文件內之投標須知及契約條款優於招標文件內之其他文件所附記之條款。但附記之條款有特別聲明者,不在此限。

2. 招標文件之內容優於投標文件之內容。但投標文件之內容經機關審定優於招標文件之內容者,不在此限。招標文件如允許廠商於投標文件內特別聲明,並經機關於審標時接受者,以投標文件之內容為準。

3. 文件經機關審定之日期較新者優於審定日期較舊者。

4. 大比例尺圖者優於小比例尺圖者。

5. 決標紀錄之內容優於開標或議價紀錄之內容。

6. 同一優先順位之文件,其內容有不一致之處,屬機關文件者,以對廠商有利者為準;屬廠商文件者,以對機關有利者為準。

7. 本契約之附件與本契約內之廠商文件,其內容與本契約條文有歧異者,除對機關較有利者外,其歧異部分無效。

8. 招標文件內之標價清單,其品項名稱、規格、數量,優於招標文件內其他文件之內

容。

(四) 契約文件之一切規定得互爲補充，如仍有不明確之處，應依公平合理原則解釋之。如有爭議，依採購法之規定處理。

(五) 契約文字：

1. 契約文字以中文爲準。但下列情形得以外文爲準：

(1) 特殊技術或材料之圖文資料。

(2) 國際組織、外國政府或其授權機構、公會或商會所出具之文件。

(3) 其他經機關認定確有必要者。

2. 契約文字有中文譯文，其與外文文意不符者，除資格文件外，以中文爲準。其因譯文有誤致生損害者，由提供譯文之一方負責賠償。

3. 契約所稱申請、報告、同意、指示、核准、通知、解釋及其他類似行爲所爲之意思表示，除契約另有規定或當事人同意外，應以中文（正體字）書面爲之。書面之遞交，得以面交簽收、郵寄、傳眞或電子資料傳輸至雙方預爲約定之人員或處所。

(六) 契約所使用之度量衡單位，除另有規定者外，以法定度量衡單位爲之。

(七) 契約所定事項如有違反法令或無法執行之部分，該部分無效。但除去該部分，契約亦可成立者，不影響其他部分之有效性。該無效之部分，機關及廠商必要時得依契約原定目的變更之。

(八) 經雙方代表人或其授權人簽署契約正本2份，機關及廠商各執1份，並由雙方各依印花稅法之規定繳納印花稅。副本__份（請載明），由機關、廠商及相關機關、單位分別執用。副本如有誤繕，以正本爲準。

第二條　履約標的

(一) 廠商應給付之標的及工作事項（由機關於招標時載明）：_____

(二) 機關辦理事項（由機關於招標時載明，無者免塡）：_____

第三條　契約價金之給付

契約價金之給付，得爲下列方式（由機關擇一於招標時載明）：

□依契約價金總額結算。因契約變更致履約標的項目或數量有增減時，就變更部分予以加減價結算。若有相關項目如稅捐、利潤或管理費等另列一式計價者，應依結算總價與原契約價金總額比例增減之。但契約已訂明不適用比例增減條件，或其性質與比例增減無關者，不在此限。

□依實際供應之項目及數量結算，以契約中所列履約標的項目及單價，依完成履約實際供應之項目及數量給付。若有相關項目如稅捐、利潤或管理費等另列一式計價者，應依結算總價與原契約價金總額比例增減之。但契約已訂明不適用比例增減條件，或其性質與比例增減無關者，不在此限。

□部分依契約價金總額結算，部分依實際供應之項目及數量結算。屬於依契約價金總額結算之部分，因契約變更致履約標的項目或數量有增減時，就變更部分予以加減價結算。屬於依實際供應之項目及數量結算之部分，以契約中所列履約標的項目及單價，依完成履約實際供應之項目及數量給付。若有相關項目如稅捐、利潤或管理費等另列一式計價者，應依結算總價與契約價金總額比例增減之。但契約已訂明不適用比例增

減條件，或其性質與比例增減無關者，不在此限。

□其他：＿＿＿＿＿＿＿＿＿＿＿＿＿＿＿＿＿＿＿＿＿＿＿

第四條 契約價金之調整

(一) 驗收結果與規定不符，而不妨礙安全及使用需求，亦無減少通常效用或契約預定效用，經機關檢討不必拆換、更換或拆換、更換確有困難者，得於必要時減價收受。

1. 採減價收受者，按不符項目標的之契約單價＿＿＿％（由機關視需要於招標時載明；未載明者，依採購法施行細則第98條第2項規定）與不符數量之乘積減價，並處以減價金額＿＿＿％（由機關視需要於招標時載明；未載明者為20%）之違約金。但其屬尺寸不符規定者，減價金額得就尺寸差異之比率計算之；屬工料不符規定者，減價金額得按工料差額計算之；非屬尺寸、工料不符規定者，減價金額得就重量、權重等差異之比率計算之。

2. 個別項目減價及違約金之合計，以標價清單或詳細價目表該項目所載之複價金額為限。

(二) 依契約價金總額結算給付者，未列入標價數量清單之項目或數量，其已於契約載明應由廠商供應或為廠商完成履約所必須者，仍應由廠商負責供應，不得據以請求加價。如經機關確認屬漏列且未於其他項目中編列者，應以契約變更增加契約價金。

(三) 契約價金，除另有規定外，含廠商及其人員依中華民國法令應繳納之稅捐、規費及強制性保險之保險費。依法令應以機關名義申請之許可或執照，由廠商備具文件代為申請者，其需繳納之規費不含於契約價金，由廠商代為繳納後機關覈實支付，但已明列項目而含於契約價金者，不在此限。

(四) 中華民國以外其他國家或地區之稅捐、規費或關稅，由廠商負擔。

(五) 廠商履約遇有下列政府行為之一，致履約費用增加或減少者，契約價金得予調整：

1. 政府法令之新增或變更。

2. 稅捐或規費之新增或變更。

3. 政府公告、公定或管制費率之變更。

(六) 前款情形，屬中華民國政府所為，致履約成本增加者，其所增加之必要費用，由機關負擔；致履約成本減少者，其所減少之部分，得自契約價金中扣除。其他國家政府所為，致履約成本增加或減少者，契約價金不予調整。

(七) 廠商為履約須進口自用機具、設備或材料者，其進口及復運出口所需手續及費用，由廠商負責。

(八) 契約規定廠商履約標的應經第三人檢驗者，除另有規定外，其檢驗所需費用，由廠商負擔。

第五條 契約價金之給付條件

(一) 除契約另有約定外，依下列條件辦理付款：

1. 預付款（無者免填）：

(1) 契約預付款為契約價金總額＿＿＿％（由機關於招標時載明；其額度以不逾契約價金總額或契約價金上限之30%為原則），付款條件如下：＿＿＿＿＿＿＿＿＿（由機關於招標時載明）。

(2) 預付款於雙方簽定契約，廠商辦妥履約各項保證，並提供預付款還款保證，經機關核可後在＿＿＿日（由機關於招標時載明）內撥付。

(3) 預付款應於銀行開立專戶，專用於本採購，機關得隨時查核其使用情形。

(4) 預付款之扣回方式如下：＿＿＿＿＿＿＿＿＿（由機關於招標時載明；無者免填）。

2. 分期付款（無者免填）：

(1) 契約分期付款為契約價金總額＿＿＿%（由機關於招標時載明），其各期之付款條件：＿＿＿＿＿＿＿＿＿（由機關於招標時載明）。

(2) 廠商於符合前述各期付款條件後提出證明文件及預付款還款保證（契約未約定預付款還款保證者則免）。機關於15工作天內完成審核程序後，通知廠商提出請款單據，並於接到廠商請款單據後15工作天內付款。但涉及向補助機關申請核撥補助款者，付款期限為30工作天。

3. 分批付款（由機關視需要於招標時載明，無者免填）：

　　□分批交貨，分批付款，每批數交貨完畢後付款。廠商於符合前述付款條件後提出證明文件。機關於15工作天內完成審核程序後，通知廠商提出請款單據，並於接到廠商請款單據後15工作天內付款。但涉及向補助機關申請核撥補助款者，付款期限為30工作天。

　　□得分批交貨，但全部批數交貨完畢後付款。廠商於符合前述付款條件後提出證明文件。機關於15工作天內完成審核程序後，通知廠商提出請款單據，並於接到廠商請款單據後15工作天內付款。但涉及向補助機關申請核撥補助款者，付款期限為30工作天。

4. 訓練費之付款（由機關視需要於招標時載明，無者免填）：

　　□訓練完成後付款。廠商於符合前述付款條件後提出證明文件。機關於15工作天內完成審核程序後，通知廠商提出請款單據，並於接到廠商請款單據後15工作天內付款。但涉及向補助機關申請核撥補助款者，付款期限為30工作天。

　　□其他：＿＿＿＿＿＿（由機關於招標時載明）。

5. 安裝測試費之付款（由機關視需要於招標時載明，無者免填）：

　　□安裝測試完成後付款。廠商於符合前述付款條件後提出證明文件。機關於15工作天內完成審核程序後，通知廠商提出請款單據，並於接到廠商請款單據後15工作天內付款。但涉及向補助機關申請核撥補助款者，付款期限為30工作天。

　　□其他：＿＿＿＿＿＿（由機關於招標時載明）。

6. 驗收後付款：於驗收合格，廠商繳納保固保證金（契約未明定需繳納保固保證金者則免）後，機關於接到廠商提出請款單據後15工作天內，一次無息結付尾款。但涉及向補助機關申請核撥補助款者，付款期限為30工作天。

7. 其他付款條件：＿＿＿＿＿＿＿＿＿＿＿＿＿＿＿＿＿＿＿

8. 機關辦理付款及審核程序，如發現廠商有文件不符、不足或有疑義而需補正或澄清者，機關應一次通知澄清或補正，不得分次辦理。其審核及付款期限，自資料澄清或補正之次日重新起算；機關並應先就無爭議且可單獨計價之部分辦理付款。

9. 廠商履約有下列情形之一者，機關得暫停給付契約價金至情形消滅為止：

(1) 履約實際進度因可歸責於廠商之事由，落後預定進度達__%（由機關於招標時載明，未載明者為20%）以上，且經機關通知限期改善未積極改善者。

(2) 履約有瑕疵經書面通知改善而逾期未改善者。

(3) 未履行契約應辦事項，經通知仍延不履行者。

(4) 廠商履約人員不適任，經通知更換仍延不辦理者。

(5) 其他違反法令或契約情形。

10. 物價指數調整（無者免填）：

(1) 履約進行期間，如遇物價波動時，得依行政院主計總處公布之物價指數_____（由機關載明指數名稱），就漲跌幅超過5%之部分，調整契約價金（由機關於招標時載明得調整之標的項目）。

(2) 適用物價指數基期更換者，其換基當月起完成之履約標的，自動適用新基期指數核算履約標的調整款，原依舊基期指數結清之履約標的款不予追溯核算。每月公布之物價指數修正時，處理原則亦同。

11. 契約價金得依前目或_____（如指定指數，由機關於招標時載明，無者免填）調整者，應註明下列事項：

(1) 得調整之成本項目及金額。

(2) 調整所依據之一定物價指數及基期。

(3) 得調整及不予調整之情形。

(4) 調整公式。

(5) 廠商應提出之調整數據及佐證資料。

(6) 管理費及利潤不予調整。

(7) 逾履約期限之部分，以契約規定之履約期限當時之物價指數（如指定指數，由機關於招標時載明，無者免填）為當期資料。但逾期履約係可歸責於機關者，不在此限。

12. 契約價金總額曾經減價而確定，其所組成之各單項價格得依約定或合意方式調整（例如減價之金額僅自部分項目扣減）；未約定或未能合意調整方式者，如廠商所報各單項價格未有不合理之處，視同就廠商所報各單項價格依同一減價比率（決標金額／投標金額）調整。投標文件中報價之分項價格合計數額與決標金額不同者，依決標金額與該合計數額之比率調整之。但人力項目之報價不隨之調低。

13. 廠商計價領款之印章，除另有約定外，以廠商於投標文件所蓋之章為之。

14. 廠商應依身心障礙者權益保障法、原住民族工作權保障法及採購法規定僱用身心障礙者及原住民。僱用不足者，應依規定分別向所在地之直轄市或縣（市）勞工主管機關設立之身心障礙者就業基金及原住民族中央主管機關設立之原住民族綜合發展基金之就業基金，定期繳納差額補助費及代金；並不得僱用外籍勞工取代僱用不足額部分。招標機關應將國內員工總人數逾100人之廠商資料公開於政府電子採購網，以供勞工及原住民族主管機關查核差額補助費及代金繳納情形，招標機關不另辦理查核。

15. 契約價金總額，除另有規定外，為完成契約所需全部材料、人工、機具、設備及施

工所必須之費用。

16. 因非可歸責於廠商之事由，機關有延遲付款之情形，廠商投訴對象：

(1) 採購機關之政風單位；

(2) 採購機關之上級機關；

(3) 法務部廉政署；

(4) 採購稽核小組；

(5) 採購法主管機關；

(6) 行政院主計總處。

(二) 廠商請領契約價金時應提出電子或紙本統一發票，依法免用統一發票者應提出收據。

(三) 廠商請領契約價金時應提出之其他文件為（由機關於招標時載明，無者免填）：

　　□外國廠商之商業發票。

　　□成本或費用證明。

　　□海運、空運提單或其他運送證明。

　　□送貨簽收單。

　　□裝箱單。

　　□重量證明。

　　□檢驗或檢疫證明。

　　□保險單或保險證明。

　　□保固證明。

　　□契約規定之其他給付憑證文件。

(四) 前款文件，應有出具人之簽名或蓋章。但慣例無需簽名或蓋章者，不在此限。

(五) 履約標的自中華民國境外輸入，契約允許以不可撤銷信用狀支付外國廠商契約價金，廠商遲延押匯或所提示之文件不符契約或信用狀規定，致機關無法提貨時，不論機關是否辦理擔保提貨，其因此而發生之額外倉租及其他費用，概由廠商負擔。

(六) 廠商履約有逾期違約金、損害賠償、採購標的損壞或短缺、不實行為、未完全履約、不符契約規定、溢領價金或減少履約事項等情形時，機關得自應付價金中扣抵；其有不足者，得通知廠商給付或自保證金扣抵。

(七) 履約範圍包括代辦訓練操作或維護人員者，其費用除廠商本身所需者外，有關受訓人員之旅費及生活費用，由機關自訂標準支給，不包括在契約價金內。

(八) 分包契約依採購法第67條第2項報備於機關，並經廠商就分包部分設定權利質權予分包廠商者，該分包契約所載付款條件應符合本條前列各款規定（採購法第98條之規定除外），或與機關另行議定。

(九) 廠商於履約期間給與全職從事本採購案之員工薪資，如採按月計酬者，至少為＿＿＿＿＿元（由機關於招標時載明，不得低於勞動基準法規定之最低基本工資；未載明者，為新台幣3萬元）。

第六條　稅捐

(一) 以新台幣報價之項目，除招標文件另有規定外，應含稅，包括營業稅。由自然人投

標者，不含營業稅，但仍包括其必要之稅捐。

(二) 廠商為進口施工或測試設備、臨時設施、於我國境內製造財物所需設備或材料、換新或補充前已進口之設備或材料等所生關稅、貨物稅及營業稅等稅捐、規費，由廠商負擔。

(三) 進口財物或臨時設施，其於中華民國以外之任何稅捐、規費或關稅，由廠商負擔。

第七條　履約期限

(一) 履約期限（由機關於招標時載明）：

　　□廠商應於__年__月__日以前或（□決標日□機關簽約日□機關通知日□收到信用狀日）起__天／月內將採購標的送達____（指定之場所）／完成____（交易條件）。

　　□廠商應於__年__月__日以前或（□決標日□簽約日□收到信用狀日）起__天／月內將採購標的送達（指定之場所），安裝測試完畢，且測試結果符合契約規定。

　　□分批交貨之期限：_____

　　□完成交貨之期限：_____

　　□完成安裝測試之期限：_____

　　□其他：_____

(二) 測試期間（無者免填）：_____

(三) 本契約所稱日（天）數，除已明定為日曆天或工作天者外，以□日曆天　□工作天計算（由機關於招標時勾選；未勾選者，為日曆天）：

1. 以日曆天計算者，所有日數均應計入。

2. 以工作天計算者，下列放假日，均應不計入：

(1) 星期六（補行上班日除外）及星期日。但與(2)至(6)放假日相互重疊者，不得重複計算。

(2) 中華民國開國紀念日（1月1日）、和平紀念日（2月28日）、兒童節（4月4日，放假日依「紀念日及節日實施辦法」規定）、勞動節（5月1日）、國慶日（10月10日）。

(3) 勞動節之補假（依勞動部規定）；軍人節（9月3日）之放假及補假（依國防部規定，但以國軍之採購為限）。

(4) 農曆除夕及補假、春節及補假、民族掃墓節、端午節、中秋節。

(5) 行政院人事行政總處公布之調整放假日及補假。

(6) 全國性選舉投票日及行政院所屬中央各業務主管機關公告放假者。

3. 履約項目如包括工程之施工，免計工作天之日，以不得施工為原則。廠商如欲施工，應先徵得機關書面同意，該日數□應；□免計入履約期限（由機關於招標時勾選，未勾選者，免計入履約期限）。

4. 其他：_____（由機關於招標時載明）。

　　□前述期間全天之工作時間為上午__時__分至下午____時____分，中午休息時間為中午____時____分至下午____時____分；半天之工作時間為上午____時____分至下午____時____分。

(四) 契約如需辦理變更，其履約標的項目或數量有增減時，變更部分之履約期限由雙方視實際需要議定增減之。不受增減項目或數量影響之部分，契約原約定之履約期限不予變更。

(五) 履約期限展延：

1. 履約期限內，有下列情形之一，且確非可歸責於廠商，而需展延履約期限者，廠商應於事故發生或消失後＿日內（由機關於招標時載明；未載明者，為7日）通知機關，並檢具事證，以書面向機關申請展延履約期限。機關得審酌其情形後，以書面同意延長履約期限，不計算逾期違約金。其事由未逾半日者，以半日計；逾半日未達1日者，以1日計。

(1) 發生契約規定不可抗力之事故。

(2) 因天候影響無法施工。

(3) 機關要求全部或部分暫停履約。

(4) 因辦理契約變更或增加履約標的數量或項目。

(5) 機關應辦事項未及時辦妥。

(6) 由機關自辦或機關之其他廠商因承包契約相關履約標的之延誤而影響契約進度者。

(7) 其他非可歸責於廠商之情形，經機關認定者。

2. 前目事故之發生，致契約全部或部分必須停止履約時，廠商應於停止履約原因消滅後立即恢復履約。其停止履約及恢復履約，廠商應儘速向機關提出書面報告。

(六) 期日：

1. 履約期間自指定之日起算者，應將當日算入。履約期間自指定之日後起算者，當日不計入。

2. 履約標的須於一定期間內送達機關之場所者，履約期間之末日，以機關當日下班時間為期間末日之終止。當日為機關之辦公日，但機關因故停止辦公致未達原定截止時間者，以次一辦公日之同一截止時間代之。

(七) 廠商履約交貨之批數如下（由機關視需要於招標時載明，無者免填）。

　　　□一次交清。

　　　□分＿＿＿批交貨。

第八條　履約管理

(一) 與契約履約標的有關之其他標的，經機關交由其他廠商承包時，廠商有與其他廠商互相協調配合之義務，以使該等工作得以順利進行。因工作不能協調配合，致生錯誤、延誤履約期限或意外事故，其可歸責於廠商者，由廠商負責並賠償。受損之一方應於事故發生後儘速書面通知機關，由機關邀集雙方協調解決。

(二) 履約標的未經驗收移交機關前，所有已完成之履約標的及到場之材料、機具、設備，包括機關供給及廠商自備者，均由廠商負責保管。如有損壞缺少，概由廠商負責。其屬經機關已估驗計價者，由廠商賠償。部分業經驗收付款者，其所有權屬機關，禁止轉讓、抵押、出租、任意更換或其他有害所有權行使之行為。

(三) 履約標的未經驗收前，機關因需要使用時，廠商不得拒絕。但應由雙方會同使用單位協商認定權利與義務後，由機關先行接管。使用期間因非可歸責於廠商之事由，

致遺失或損壞者，應由機關負責。

(四) 契約所需履約標的材料、機具、設備、工作場地設備等，除契約另有規定外，概由廠商自備。

(五) 前款工作場地設備，指廠商為契約履約之場地或履約地點以外專為契約材料加工之場所之設備，包括履約管理、工人住宿、材料儲放等房舍及其附屬設施。該等房舍設施，應具備滿足工作人員生活與工作環境所必要的條件。

(六) 廠商自備之材料、機具、設備，其品質應符合契約之規定，進入機關履約場所後由廠商負責保管。非經機關許可，不得擅自運離。

(七) 各項設施或設備，依法令規定須由專業技術人員安裝、履約或檢驗者，廠商應依規定辦理。

(八) 廠商接受機關或機關委託之機構之人員指示辦理與履約有關之事項前，應先確認該人員係有權代表人，且所指示辦理之事項未逾越或未違反契約規定。廠商接受無權代表人之指示或逾越或違反契約規定之指示，不得用以拘束機關或減少、變更廠商應負之契約責任，機關亦不對此等指示之後果負任何責任。

(九) 契約之一方未請求他方依契約履約者，不得視為或構成一方放棄請求他方依契約履約之權利。

(十) 契約內容有須保密者，廠商未經機關書面同意，不得將契約內容洩漏予與履約無關之第三人。

(十一) 廠商履約期間所知悉之機關機密或任何不公開之文書、圖畫、消息、物品或其他資訊，均應保密，不得洩漏。

(十二) 轉包及分包：

1. 廠商不得將契約轉包。廠商亦不得以不具備履行契約分包事項能力、未依法登記或設立，或依採購法第103條規定不得參加投標或作為決標對象或作為分包廠商之廠商為分包廠商。

2. 廠商擬分包之項目及分包廠商，機關得予審查。

3. 廠商對於分包廠商履約之部分，仍應負完全責任。分包契約報備於機關者，亦同。

4. 分包廠商不得將分包契約轉包。其有違反者，廠商應更換分包廠商。

5. 廠商違反不得轉包之規定時，機關得解除契約、終止契約或沒收保證金，並得要求損害賠償。

6. 前目轉包廠商與廠商對機關負連帶履行及賠償責任。再轉包者，亦同。

(十三) 廠商及分包廠商履約，不得有下列情形：僱用無工作權之人員、供應不法來源之履約標的、使用非法車輛或工具、提供不實證明、違反人口販運防制法、商品標示法、非法棄置廢棄物或其他不法或不當行為。

(十四) 契約訂有履約標的之原產地者，廠商供應之標的應符合該原產地之規定。

(十五) 採購標的之進出口、供應、興建或使用涉及政府規定之許可證、執照或其他許可文件者，依文件核發對象，由機關或廠商分別負責取得。但應由機關取得者，機關得通知廠商代為取得，費用詳第4條。屬外國政府或其授權機構核發之文件者，由廠商負責取得，並由機關提供必要之協助。如因未能取得上開文件，致造

　　成契約當事人一方之損害，應由造成損害原因之他方負責賠償。

(十六) 廠商應對其履約場所作業及履約方法之適當性、可靠性及安全性負完全責任。

(十七) 廠商之履約場所作業有發生意外事件之虞時，廠商應立即採取防範措施。發生意外時，應立即採取搶救、復原、重建及對機關與第三人之賠償等措施。

(十八) 機關於廠商履約中，若可預見其履約瑕疵，或其有其他違反契約之情事者，得通知廠商限期改善。

(十九) 廠商不於前款期限內，依照改善或履行者，機關得採行下列措施：

1. 自行或使第三人改善或繼續其工作，其費用由廠商負擔。

2. 終止或解除契約，並得請求損害賠償。

3. 通知廠商暫停履約。

(二十) 履約所需臨時場所，除另有規定外，由廠商自理。廠商應規範其人員、設備僅得於該臨時場所或機關提供之場所內履約，並避免其人員、設備進入其他場所或鄰地。

(二一) 機關提供之履約場所，各得標廠商有共同使用之需要者，廠商應依與其他廠商協議或機關協調之結果共用場所。

(二二) 機關提供或將其所有之財物供廠商加工、改善或維修，其須將標的運出機關場所者，該財物之滅失、減損或遭侵占時，廠商應負賠償責任。機關並得視實際需要規定廠商繳納與標的等值或一定金額之保證金_____（由機關視需要於招標時載明）。

(二三) 廠商於機關場所履約者，應隨時清除在該場所暨週邊一切廢料、垃圾、非必要或檢驗不合格之材料、工具及其他設備，以確保該場所之安全及環境整潔，其所需費用概由廠商負責。

(二四) 廠商供應履約標的之包裝方式，應符合下列規定（無者免填）：

　　□防潮、防水、防震、防破損、防變質、防鏽蝕、防曬、防鹽漬、防污或防碰撞等。

　　□恆溫、冷藏、冷凍或密封。

　　□每單位包裝之重量、體積或數量：_____

　　□包裝材料：_____

　　□包裝外應標示之文字或標誌：_____

　　□包裝內應隨附之文件：_____

　　□其他必要之方式：_____

(二五) 採購標的之包裝及運輸方式，契約未訂明者，由廠商擇適當方式為之。包裝及運輸方式不當，致採購標的受損，除得向保險公司求償者外，由廠商負責賠償。

(二六) 以海空運輸入履約標的：

1. 以CFR/CPT或CIF/CIP條件簽約者，廠商應依照契約規定負責洽船或洽機裝運。以其他條件簽約者，由機關負責洽船或洽機裝運。

2. 廠商安排之承運船舶，如因船齡或船級問題而發生之額外保險費，概由廠商負擔。除另有規定外，財物不得裝於艙面。

(二七) 廠商履約人員對於所應履約之工作有不適任之情形者，機關得要求更換，廠商不得拒絕。

(二八) 履約項目如包括工程之施工，廠商及分包廠商履約時，除依規定申請聘僱或調派外籍勞工者外，均不得僱用外籍勞工。每進用1名外籍勞工，每月扣回_____元（由機關於招標前調查市場行情預先載明；未載明者，由廠商提出本外勞人力成本價金分析後，機關核實扣回差額）。違法僱用外籍勞工者，機關除自契約價金扣除該等勞工之人力價金，並通知「就業服務法」主管機關依規定處罰外，情節重大者，得與廠商終止或解除契約。其因此造成損害者，並得向廠商請求損害賠償。

(二九) 其他（由機關擇需要者於招標時載明）。

第九條　履約標的品管

(一) 廠商在履約中，應對履約品質依照契約有關規範，嚴予控制，並辦理自主檢查。

(二) 機關於廠商履約期間如發現廠商履約品質不符合契約規定，得通知廠商限期改善或改正。廠商逾期未辦妥時，機關得要求廠商部分或全部停止履約，至廠商辦妥並經機關書面同意後方可恢復履約。廠商不得為此要求展延履約期限或補償。

(三) 契約履約期間如有由機關分段查驗之規定，廠商應按規定之階段報請機關監督人員查驗。機關監督人員發現廠商未按規定階段報請查驗，而擅自繼續次一階段工作時，得要求廠商將未經查驗及擅自履約部分拆除重做，其一切損失概由廠商自行負擔。但機關監督人員應指派專責查驗人員隨時辦理廠商申請之查驗工作，不得無故遲延。

(四) 契約如有任何部分須報請政府主管機關查驗時，除依法規應由機關提出申請者外，應由廠商提出申請，並按照規定負擔有關費用。

(五) 廠商應免費提供機關依契約辦理查驗、測試、檢驗、初驗及驗收所必須之儀器、機具、設備、人工及資料。但契約另有規定者，不在此限。契約規定以外之查驗、測試或檢驗，其結果不符合契約規定者，由廠商負擔所生之費用；結果符合者，由機關負擔費用。

(六) 查驗、測試或檢驗結果不符合契約規定者，機關得予拒絕，廠商應免費改善、拆除、重作、退貨或換貨。

(七) 廠商不得因機關辦理查驗、測試或檢驗，而免除其依契約所應履行或承擔之義務或責任，及費用之負擔。

(八) 機關就廠商履約標的為查驗、測試或檢驗之權利，不受該標的曾通過其他查驗、測試或檢驗之限制。

(九) 機關提供設備或材料供廠商履約者，廠商應於收受時作必要之檢查，以確定其符合履約需要，並作成紀錄。設備或材料經廠商收受後，其滅失或損害，由廠商負責。

第十條　保險

(一) 廠商應於履約期間辦理下列保險（由機關擇定後於招標時載明；未載明者無），其屬自然人者，應自行另投保人身意外險。

□與安裝財物有關之綜合保險。（例如安裝工程綜合保險；是否附加第三人意外責

　　任險、鄰近財物險、雇主意外責任險，由機關擇定後於招標時載明）

　　□雇主責任險。

　　□機械保險、電子設備綜合保險或鍋爐保險。

　　□廠商應按進口財物契約價格（CIF/CIP價款）之110%投保海／空運輸全險，包括協會貨物條款（海）／（空運），協會貨物兵險條款，協會貨物罷工條款及偷竊、挖盜、未送達、漏失、破損、短缺、暴動險等（由機關於招標時載明），並延伸至機關指定之地點，以涵蓋在中華民國境內之內陸保險。

　　□其他＿＿＿＿＿＿

(二) 廠商依前款辦理之保險，其內容如下（由機關視保險性質擇定或調整後於招標時載明）：

1. 承保範圍：（由機關於招標時載明，包括得為保險人之不保事項）。

2. 保險標的：履約標的。

3. 被保險人：以機關及廠商為共同被保險人。

4. 保險金額：含財物金額、運費及保險費之110%。

5. 第三人意外責任險：（載明每一個人體傷或死亡之保險金額下限，每一事故體傷或死亡之保險金額下限，每一事故財物損害之保險金額下限，上述理賠合併單一事件之保險金額下限與保險期間最高累積責任上限。應含廠商、分包廠商、機關及其他任何人員，並包括鄰近財物險。）

6. 每一事故之自負額上限：（由機關於招標時載明）。

7. 運輸險保險期間：自＿＿＿（地點）起至契約所定＿＿＿（地點）止。

8. 受益人：機關（不包含責任保險）。

9. 未經機關同意之任何保險契約之變更或終止，無效。但有利於機關者，不在此限。

10. 其他：＿＿＿＿＿＿＿＿

(三) 保險單記載契約規定以外之不保事項者，其風險及可能之賠償由廠商負擔。

(四) 採購進口財物以CIF或CIP條件簽約者，廠商應依契約規定條件辦理保險。保險單或保險證明書應於押匯時背書予機關。

(五) 採購進口財物以CFR/CPT或FOB/FCA條件簽約者，廠商應於每批貨物裝運前將裝運資料書面通知機關，以便機關辦理保險。廠商如未及時通知，致機關未能辦妥貨物保險因而發生之一切損失或損害，應由廠商負責賠償。

(六) 前款之書面資料應記載下列資料：招標案號、契約編號、財物名稱、數量、發票總金額、船名或機名（加註航次）、裝貨港口或機場、預定啟運時間、預定到達時間。

(七) 廠商向保險人索賠所費時間，不得據以請求延長履約期限。

(八) 廠商未依契約規定辦理保險、保險範圍不足或未能自保險人獲得足額理賠者，其損失或損害賠償，由廠商負擔。

(九) 保險單正本1份及繳費收據副本1份，應於辦妥保險後即交機關收執。因不可歸責於廠商之事由致須延長履約期限者，因而增加之保費，由契約雙方另行協議其合理之分擔方式。

(十) 廠商應依中華民國法規爲其員工及車輛投保勞工保險、全民健康保險及汽機車第三人責任險。其依法免投勞工保險者，得以其他商業保險代之。

(十一) 海空運輸險之保險金額，得爲包括內陸險在內之設備器材運抵機關場所金額之全險，並包括偷竊、挖盜、未送達、漏失、破損、短缺、戰爭、罷工及暴動險（由機關擇定後於招標時載明）。

(十二) 安裝綜合保險之承保範圍，得包括山崩、地震、海嘯、火山爆發、颱風、豪雨、冰雹、水災、土石流、土崩、地層滑動、雷擊或其他天然災害、火災、爆炸、破壞、竊盜、搶奪、強盜、暴動、罷工、勞資糾紛或民眾非理性之聚眾抗爭等事項所生之損害（實際承保範圍，由機關於招標時載明）。

(十三) 機關及廠商均應避免發生採購法主管機關訂頒之「常見保險錯誤及缺失態樣」所載情形。

第十一條　保證金

(一) 保證金之發還情形如下（由機關擇定後於招標時載明）：

☐預付款還款保證，依廠商已履約部分所占進度之比率遞減。

☐預付款還款保證，依廠商已履約部分所占契約金額之比率遞減。

☐預付款還款保證，於驗收合格後一次發還。

☐履約保證金於履約驗收合格且無待解決事項後30日內發還。有分段或部分驗收情形者，得按比例分次發還。

☐履約保證金依履約進度分＿＿期平均發還。

☐履約保證金依履約進度分＿＿期發還，各期之條件及比率如下（由機關於招標時載明）：

☐履約保證金於履約驗收合格且無待解決事項後30日內發還＿＿％（由機關於招標時載明）。其餘之部分於＿＿（由機關於招標時載明）且無待解決事項後30日內發還。

☐廠商於履約標的完成驗收付款前應繳納保固保證金。

☐保固保證金於保固期滿且無待解決事項後30日內一次發還。

☐差額保證金之發還，同履約保證金。

☐其他：

(二) 因不可歸責於廠商之事由，致全部終止或解除契約，或暫停履約逾＿個月（由機關於招標時載明；未載明者，爲6個月）者，履約保證金應提前發還。但屬暫停履約者，於暫停原因消滅後應重新繳納履約保證金。因可歸責於機關之事由而暫停履約，其需延長履約保證金有效期之合理必要費用，由機關負擔。

(三) 廠商所繳納之履約保證金及其孳息得部分或全部不予發還之情形：

1. 有採購法第50條第1項第3款至第5款、第7款情形之一，依同條第2項前段得追償損失者，與追償金額相等之保證金。

2. 違反採購法第65條規定轉包者，全部保證金。

3. 擅自減省工料，其減省工料及所造成損失之金額，自待付契約價金扣抵仍有不足者，與該不足金額相等之保證金。

4. 因可歸責於廠商之事由，致部分終止或解除契約者，依該部分所占契約金額比率計算之保證金；全部終止或解除契約者，全部保證金。

5. 查驗或驗收不合格，且未於通知期限內依規定辦理，其不合格部分及所造成損失、額外費用或懲罰性違約金之金額，自待付契約價金扣抵仍有不足者，與該不足金額相等之保證金。

6. 未依契約規定期限或機關同意之延長期限履行契約之一部或全部，其逾期違約金之金額，自待付契約價金扣抵仍有不足者，與該不足金額相等之保證金。

7. 須返還已支領之契約價金而未返還者，與未返還金額相等之保證金。

8. 未依契約規定延長保證金之有效期者，其應延長之保證金。

9. 其他因可歸責於廠商之事由，致機關遭受損害，其應由廠商賠償而未賠償者，與應賠償金額相等之保證金。

(四) 前款不予發還之履約保證金，於依契約規定分次發還之情形，得為尚未發還者；不予發還之孳息，為不予發還之履約保證金於繳納後所生者。

(五) 廠商如有第3款所定2目以上情形者，其不發還之履約保證金及其孳息應分別適用之。但其合計金額逾履約保證金總金額者，以總金額為限。

(六) 保固保證金及其孳息不予發還之情形，準用第3款至第5款之規定。

(七) 廠商未依契約規定履約或契約經終止或解除者，機關得就預付款還款保證尚未遞減之部分加計年息__%（由機關於招標時合理訂定，如未填寫，則依機關撥付預付款當日中華郵政股份有限公司牌告一年期郵政定期儲金機動利率）之利息，隨時要求返還或折抵機關尚待支付廠商之價金。

(八) 保證金以定期存款單、連帶保證書、連帶保證保險單或擔保信用狀繳納者，其繳納文件之格式依採購法之主管機關於「押標金保證金暨其他擔保作業辦法」所訂定者為準。

(九) 保證金之發還，依下列原則處理：

1. 以現金、郵政匯票或票據繳納者，以現金或記載原繳納人為受款人之禁止背書轉讓即期支票發還。

2. 以無記名政府公債繳納者，發還原繳納人；以記名政府公債繳納者，同意塗銷質權登記或公務保證登記。

3. 以設定質權之金融機構定期存款單繳納者，以質權消滅通知書通知該質權設定之金融機構。

4. 以銀行開發或保兌之不可撤銷擔保信用狀繳納者，發還開狀銀行、通知銀行或保兌銀行。但銀行不要求發還或已屆期失效者，得免發還。

5. 以銀行之書面連帶保證或保險公司之連帶保證保險單繳納者，發還連帶保證之銀行或保險公司或繳納之廠商。但銀行或保險公司不要求發還或已屆期失效者，得免發還。

(十) 保證書狀有效期之延長：廠商未依契約規定期限履約或因可歸責於廠商之事由，致有無法於保證書、保險單或信用狀有效期內完成履約之虞，或機關無法於保證書、保險單或信用狀有效期內完成驗收者，該保證書、保險單或信用狀之有效期應按遲延期間延長之。廠商未依機關之通知予以延長者，機關將於有效期屆滿前就該保證

書、保險單或信用狀之金額請求給付並暫予保管，其所生費用由廠商負擔。其須返還而有費用或匯率損失者，亦同。

(十一) 履約保證金或保固保證金以其他廠商之履約及賠償連帶保證代之或減收者，履約及賠償連帶保證廠商（以下簡稱連帶保證廠商）之連帶保證責任，不因分次發還保證金而遞減。該連帶保證廠商同時作為各機關採購契約之連帶保證廠商者，以2契約為限。

(十二) 連帶保證廠商非經機關許可，不得自行申請退保。其經機關查核，中途失其保證能力者，由機關通知廠商限期覓保更換，原連帶保證廠商應俟換保手續完成經機關認可後，始能解除其保證責任。

(十三) 機關依契約規定認定有不發還廠商履約保證金之情形者，除已洽由連帶保證廠商接續履約者外，該連帶保證廠商應於5日內向機關補繳該不發還金額中，原由連帶保證代之或減收之金額。

(十四) 廠商為優良廠商或押標金保證金暨其他擔保作業辦法第33條之6所稱全球化廠商而減收履約保證金、保固保證金者，其有不發還保證金之情形者，廠商應就不發還金額中屬減收之金額補繳之。

(十五) 契約價金總額於履約期間增減累計金額達新台幣100萬元者（或機關於招標時載明之其他金額），履約保證金之金額應依契約價金總額增減比率調整之，由機關通知廠商補足或退還。

第十二條 驗收

(一) 廠商履約所供應或完成之標的，應符合契約規定，無減少或滅失價值或不適於通常或約定使用之瑕疵，且為新品。

(二) 驗收程序（由機關擇需要者於招標時載明）：

□廠商應於履約標的預定完成履約日前或完成履約當日，將完成履約日期書面通知機關。除招標文件另有規定者外，機關應於收到該書面通知之日起__日（由機關於招標時載明；未載明者，依採購法施行細則第92條規定，為7日）內會同廠商，依據契約核對完成履約之項目及數量，以確定是否完成履約。

□履約標的完成履約後有初驗程序者，廠商應於完成履約後__日（由機關於招標時載明；未載明者，依採購法施行細則第92條規定，為7日）內，將相關資料送請機關審核。機關應於收受全部資料之日起__日（由機關於招標時載明；未載明者，依採購法施行細則第92條規定，為30日）內辦理初驗，並作成初驗紀錄。初驗合格後，機關應於__日（由機關於招標時載明；未載明者，依採購法施行細則第93條規定，為20日）內辦理驗收，並作成驗收紀錄。廠商未依機關通知派代表參加初驗或驗收者，除法令另有規定外，不影響初驗或驗收之進行及其結果。如因可歸責於機關之事由，延誤辦理初驗或驗收，該延誤期間不計逾期違約金；廠商因此增加之必要費用，由機關負擔。

□無初驗程序者，機關應於接獲廠商通知備驗或可得驗收之程序完成後__日（由機關於招標時載明；未載明者，依採購法施行細則第94條規定，為30日）內辦理驗收，並作成驗收紀錄。廠商未依機關通知派代表參加驗收者，除法令另有規定

外，不影響驗收之進行及其結果。如因可歸責於機關之事由，延誤辦理驗收，該
延誤期間不計逾期違約金；廠商因此增加之必要費用，由機關負擔。

□其他（例如得依履約進度分期驗收，並得視案件情形採書面驗收）：＿＿＿＿。

(三) 查驗或驗收有試車、試運轉或試用測試程序者，其內容（由機關於招標時載明，無
者免填）：廠商應就履約標的於＿＿（場所）、＿＿（期間）及＿＿（條件）下辦
理試車、試運轉或試用測試程序，以作為查驗或驗收之用。試車、試運轉或試用所
需費用，由廠商負擔。但契約另有規定者，不在此限。

(四) 查驗或驗收人對隱蔽部分拆驗或化驗者，其拆除、修復或化驗所生費用，拆驗或化
驗結果與契約規定不符者，該費用由廠商負擔；與規定相符者，該費用由機關負
擔。契約規定以外之查驗、測試或檢驗，亦同。

(五) 履約標的完成履約後，廠商應對履約期間損壞或遷移之機關設施或公共設施予以修
復或回復，並將現場堆置的履約機具、器材、廢棄物及非契約所應有之設施全部運
離或清除，並填具完成履約報告，經機關勘驗認可，始得認定為完成履約。

(六) 履約標的部分完成履約後，如有部分先行使用之必要，應先就該部分辦理驗收或分
段查驗供驗收之用，並得就該部分支付價金及起算保固期。

(七) 廠商履約結果經機關初驗或驗收有瑕疵者，機關得要求廠商於＿＿日內（機關未填
列者，由主驗人定之）改善、拆除、重作、退貨或換貨（以下簡稱改正）。逾期未
改正者依第14條規定計算逾期違約金。但逾期未改正仍在契約原訂履約期限內者，
不在此限。

(八) 廠商不於前款期限內改正、拒絕改正或其瑕疵不能改正，或改正次數逾＿＿次（由
機關於招標時載明；無者免填）仍未能改正者，機關得採行下列措施之一：

1. 自行或使第三人改正，並得向廠商請求償還改正必要之費用。

2. 終止或解除契約或減少契約價金。

(九) 因可歸責於廠商之事由，致履約有瑕疵者，機關除依前二款規定辦理外，並得請求
損害賠償。

第十三條　保固

(一) 保固期：本履約標的自全部完成履約經驗收合格日之日起，由廠商保固＿＿＿＿年
（由機關於招標時載明）。

(二) 本條所稱瑕疵，包括損裂、坍塌、損壞、功能或效益不符合契約規定等。但屬第14
條第5款所載不可抗力或不可歸責於廠商之事由所致者，不在此限。

(三) 保固期內發現之瑕疵，應由廠商於機關指定之合理期限內負責免費無條件改正。逾
期不為改正者，機關得逕為處理，所需費用由廠商負擔，或動用保固保證金逕為處
理，不足時向廠商追償。但屬故意破壞、不當使用、正常零附件損耗或其他非可歸
責於廠商之事由所致瑕疵者，由機關負擔改正費用。

(四) 保固期內，採購標的因可歸責於廠商之事由造成之瑕疵致全部無法使用時，該無法
使用之期間不計入保固期；致部分採購標的無法使用者，該部分採購標的的無法使用
之期間不計入保固期，並由機關通知廠商。

(五) 為釐清發生瑕疵之原因或其責任歸屬，機關得委託公正之第三人進行檢驗或調查工

作，其結果如證明瑕疵係因可歸責於廠商之事由所致者，廠商應負擔檢驗或調查工作所需之費用。

(六) 瑕疵改正後30日內，如機關認為可能影響本履約標的任何部分之功能與效益者，得要求廠商依契約原訂測試程序進行測試。該瑕疵係因可歸責於廠商之事由所致者，廠商應負擔進行測試所需之費用。

(七) 機關得於保固期間及期滿前，通知廠商派員會同勘查保固事項。

(八) 保固期滿且無待決事項後30日內，機關得應廠商要求簽發一份保固期滿通知書予廠商，載明廠商完成保固責任之日期。

第十四條 遲延履約

(一) 逾期違約金，以日為單位，按逾期日曆天數，每日依契約價金總額＿‰（由機關於招標時載明比率；未載明者，為1‰）計算逾期違約金。因可歸責於廠商之事由，致終止或解除契約者，逾期違約金應計算至終止或解除契約之日止。

1. 廠商如未依照契約所定履約期限完成履約標的之供應，自該期限之次日起算逾期日數。但未完成履約之部分不影響其他已完成部分之使用者（不以機關已有使用事實為限），按未完成履約部分之契約價金，每日依其＿‰（由機關於招標時載明比率；未載明者，為3‰，但以每日依契約價金總額計算之數額為上限）計算逾期違約金。

2. 初驗或驗收有瑕疵，經機關通知廠商限期改正，自契約所定履約期限之次日起算逾期日數，但扣除以下日數：

(1) 履約期限之次日起，至機關決定限期改正前歸屬於機關之作業日數。

(2) 契約或主驗人指定之限期改正日數（機關得於招標時刪除此部分文字）。

(二) 採部分驗收或分期驗收者，得就該部分或該分期之金額計算逾期違約金。

(三) 逾期違約金之支付，機關得自應付價金中扣抵；其有不足者，得通知廠商繳納或自保證金扣抵。

(四) 逾期違約金為損害賠償額預定性違約金，其總額（含逾期未改正之違約金）以契約價金總額之＿％（由機關於招標時載明，但不高於20%；未載明者，為20%）為上限，且不計入第15條第10款之賠償責任上限金額內。

(五) 因下列天災或事變等不可抗力或不可歸責於契約當事人之事由，致未能依時履約者，廠商得依第7條第5款規定，申請延長履約期限；不能履約者，得免除契約責任：

1. 戰爭、封鎖、革命、叛亂、內亂、暴動或動員。

2. 山崩、地震、海嘯、火山爆發、颱風、颶風、豪雨、冰雹、水災、土石流、土崩、地層滑動、雷擊或其他天然災害。

3. 墜機、沉船、交通中斷或道路、港口冰封。

4. 罷工、勞資糾紛或民眾非理性之聚眾抗爭。

5. 毒氣、瘟疫、火災或爆炸。

6. 履約標的遭破壞、竊盜、搶奪、強盜或海盜。

7. 履約人員遭殺害、傷害、擄人勒贖或不法拘禁。

8. 水、能源或原料中斷或管制供應。

9. 核子反應、核子輻射或放射性污染。

10. 非因廠商不法行為所致之政府或機關依法令下達停工、徵用、沒入、拆毀或禁運命令者。

11. 政府法令之新增或變更。

12. 我國或外國政府之行為。

13. 其他經機關認定確屬不可抗力者。

(六) 前款不可抗力或不可歸責事由發生或結束後,其屬可繼續履約之情形者,應繼續履約,並採行必要措施以降低其所造成之不利影響或損害。

(七) 廠商履約有遲延者,在遲延中,對於因不可抗力而生之損害,亦應負責。但經廠商證明縱不遲延給付,而仍不免發生損害者,不在此限。

(八) 契約訂有分段進度及最後履約期限,且均訂有逾期違約金者,屬分段完成履約使用或移交之情形,其逾期違約金之計算原則如下:

1. 未逾分段進度但逾最後履約期限者,扣除已分段完成履約使用或移交部分之金額,計算逾最後履約期限之違約金。

2. 逾分段進度但未逾最後履約期限者,計算逾分段進度之違約金。

3. 逾分段進度且逾最後履約期限者,分別計算違約金。但逾最後履約期限之違約金,應扣除已分段完成履約使用或移交部分之金額計算之。

4. 分段完成履約期限與其他採購契約之進行有關者,逾分段進度,得個別計算違約金,不受前目但書限制。

(九) 契約訂有分段進度及最後履約期限,且均訂有逾期違約金者,屬全部完成履約後使用或移交之情形,其逾期違約金之計算原則如下:

1. 未逾分段進度但逾最後履約期限者,計算逾最後履約期限之違約金。

2. 逾分段進度但未逾最後履約期限,其有逾分段進度已收取之違約金者,於未逾最後履約期限後發還。

3. 逾分段進度且逾最後履約期限,其有逾分段進度已收取之違約金者,於計算逾最後履約期限之違約金時應予扣抵。

4. 分段完成履約期限與其他採購契約之進行有關者,逾分段進度,得計算違約金,不受第2目及第3目之限制。

(十) 廠商未遵守法令致生履約事故者,由廠商負責。因而遲延履約者,不得據以免責。

(十一) 本條所稱「契約價金總額」為:□結算驗收證明書所載結算總價,並加計可歸責於廠商之驗收扣款金額;□原契約總金額(由機關於招標時勾選;未勾選者,為第1選項)。有契約變更之情形者,雙方得就變更之部分另為協議(例如契約變更新增項目或數量之金額)。

第十五條　權利及責任

(一) 廠商應擔保第三人就履約標的,對於機關不得主張任何權利。

(二) 廠商履約,其有侵害第三人合法權益時,應由廠商負責處理並承擔一切法律責任及費用,包括機關所發生之費用。機關並得請求損害賠償。

(三) 廠商履約結果涉及智慧財產權(包含專利權、商標權、著作權、積體電路電路布局

權、營業秘密、植物品種權等）者：（由機關於招標時載明，互補項目得複選，如僅涉及著作權者，請就第4目至第12目勾選。註釋及舉例文字，免載於招標文件）

註：在流通利用方面，考量資訊軟體系統開發之特性，如其內容包含機關與廠商雙方之創作智慧，且不涉及機關安全、專屬使用或其他特殊目的之需要，機關得允許此軟體著作權於機關外流通利用，以增進社會利益。機關亦宜考量避免因取得不必要之權利而增加採購成本。

□機關取得部分權利（內容由機關於招標時載明）。

□機關取得全部權利。

□機關取得授權（內容由機關於招標時載明）。

□機關有權永久無償利用該著作財產權。

　例：採購已在一般消費市場銷售之套裝資訊軟體，機關依廠商或第三人之授權契約條款取得永久無償使用權。

□以廠商為著作人，並取得著作財產權，機關取得下列著作財產權授權，於該著作之著作財產權存續期間及約定授權範圍內，有在任何地點、任何時間、以任何方式利用該著作之權利，廠商不得撤銷此項授權，且機關不須因此支付任何費用。（項目由機關於招標時勾選）

　【1】□重製權　　　　【2】□公開口述權　　【3】□公開播送權
　【4】□公開上映權　　【5】□公開演出權　　【6】□公開傳輸權
　【7】□公開展示權　　【8】□改作權　　　　【9】□編輯權
　【10】□出租權

　例：採購一般共通性需求規格所開發之資訊應用軟體，如約定由廠商取得著作財產權，機關得就業務需要，為其內部使用之目的，勾選【1】重製權及【9】編輯權。如機關擬自行修改著作物，可勾選【8】改作權。如採購教學著作物，可勾選【2】公開口述權及【6】公開播送權。

□以廠商為著作人，其下列著作財產權於著作完成同時讓與機關，廠商並承諾不行使其著作人格權。（項目由機關於招標時勾選）

　【1】□重製權　　　　【2】□公開口述權　　【3】□公開播送權
　【4】□公開上映權　　【5】□公開演出權　　【6】□公開傳輸權
　【7】□公開展示權　　【8】□改作權　　　　【9】□編輯權
　【10】□出租權

　例：採購一般共通性需求規格所開發之資訊應用軟體，機關得就業務需要，為其內部使用之目的，勾選【1】重製權及【9】編輯權。如機關擬自行修改著作物，可勾選【8】改作權。如採購教學著作物，可勾選【2】公開口述權及【3】公開播送權。

□以廠商為著作人，機關取得著作財產權，廠商並承諾對機關不行使其著作人格權。

　例：採購機關專用或機關特殊需求規格所開發之資訊應用軟體，機關取得著作財產權之全部。

□以機關為著作人，並由機關取得著作財產權之全部。

□機關出資委託廠商設計之資訊應用軟體於開發或維護完成後，以機關為著作人，並由機關取得著作財產權之全部，廠商於開發或維護完成該應用軟體時，經機關同意：（項目由機關於招標時勾選）

　【1】□取得機關之使用授權與再授權之權，於每次使用時均不需徵得機關之同意。

　【2】□取得機關之使用授權與再授權之權，於每次使用均需徵得機關同意。

□機關與廠商共同享有著作人格權及著作財產權。

　例：採購廠商已完成之資訊應用軟體，並依機關需求進行改作，且機關與廠商均投入人力、物力，該衍生之共同完成之著作，其著作人格權由機關與廠商共有，其著作財產權享有之比例、授權範圍、後續衍生著作獲利之分攤內容，由機關於招標時載明。

□機關取得授權，於利用著作財產權存續期間，有轉授權他人利用該著作之權利。
　上開他人包括：＿＿＿＿＿＿＿＿（由機關於招標時載明）。

□其他。（內容由機關於招標時載明）

　例：機關得就其取得之著作財產權，允許廠商支付對價，授權廠商使用。

(四) 訂約機關為政府機關者，以政府機關所屬公法人為權利義務主體。

(五) 廠商保證對於其受雇人或受聘人職務上完成之著作，依著作權法第11條第1項但書及第12條規定，與其受雇人或受聘人約定以廠商為著作人，享有著作人格權及著作財產權。惟此一約定僅止於廠商與其受雇人或受聘人間。廠商與機關間之權利及責任，仍以本契約為準。

(六) 除另有規定外，廠商如在契約使用專利品，或專利性施工方法，或涉及著作權時，其有關之專利及著作權益，概由廠商依照有關法令規定處理，其費用亦由廠商負擔。

(七) 機關及廠商應採取必要之措施，以保障他方免於因契約之履行而遭第三人請求損害賠償。其有致第三人損害者，應由造成損害原因之一方負責賠償。

(八) 機關對於廠商、分包廠商及其人員因履約所致之人體傷亡或財物損失，不負賠償責任。對於人體傷亡或財物損失之風險，廠商應投保必要之保險。

(九) 廠商依契約規定應履行之責任，不因機關對於廠商履約事項之審查、認可或核准行為而減少或免除。

(十) 因可歸責於一方之事由，致他方遭受損害者，一方應負賠償責任，其認定有爭議者，依照爭議處理條款辦理。

1. 損害賠償之範圍，依民法第216條第1項規定，以填補他方所受損害及所失利益為限。

　□但非因故意或重大過失所致之損害，契約雙方所負賠償責任不包括「所失利益」（得由機關於招標時勾選）。

2. 除第14條規定之逾期違約金外，損害賠償金額上限為：（機關欲訂上限者，請於招標時載明）

　□契約價金總額。

　□契約價金總額之＿倍。

　□契約價金總額之＿％。

　□固定金額＿元。

3. 前目訂有損害賠償金額上限者，於法令另有規定（例如民法第227條第2項之加害給付損害賠償），或一方故意隱瞞工作之瑕疵、故意或重大過失行為，或對第三人發生侵權行為，對他方所造成之損害賠償，不受賠償金額上限之限制。

(十一) 連帶保證廠商應保證得標廠商依契約履行義務，如有不能履約情事，即續負履行義務，並就機關因此所生損失，負連帶賠償責任。

(十二) 連帶保證廠商經機關通知代得標廠商履行義務者，有關廠商之一切權利，包括尚待履約部分之契約價金，一併移轉由該連帶保證廠商概括承受，本契約並繼續有效。得標廠商之保證金及已履約而尚未支付之契約價金，如無不支付或不發還之情形，得依原契約規定支付或發還該得標廠商。

(十三) 廠商與其連帶保證廠商如有債務等糾紛，應自行協調或循法律途徑解決。

第十六條　契約變更及轉讓

(一) 機關於必要時得於契約所約定之範圍內通知廠商變更契約（含新增項目），廠商於接獲通知後，除雙方另有協議外，應於＿天（由機關於招標時載明；未載明者，為10天）內向機關提出契約標的、價金、履約期限、付款期程或其他契約內容須變更之相關文件。契約價金之變更，其底價依採購法第46條第1項之規定。

　契約原有項目，因機關要求契約變更，如變更之部分，其價格或履約條件改變，得就該等變更之部分另行議價。新增工作中如包括原有契約項目，經廠商舉證依原單價履約顯失公平者，亦同。

(二) 廠商於機關接受其所提出須變更之相關文件前，不得自行變更契約。除機關另有請求者外，廠商不得因前款之通知而遲延其履約期限。

(三) 機關於接受廠商所提出須變更之事項前即請求廠商先行施作或供應，其後未依原通知辦理契約變更或僅部分辦理者，應補償廠商所增加之必要費用。

(四) 契約約定之採購標的，其有下列情形之一者，廠商得敘明理由，檢附規格、功能、效益及價格比較表，徵得機關書面同意後，以其他規格、功能及效益相同或較優者代之。但不得據以增加契約價金。其因而減省廠商履約費用者，應自契約價金中扣除。

1. 契約原標示之廠牌或型號不再製造或供應。

2. 契約原標示之分包廠商不再營業或拒絕供應。

3. 較契約原標示者更優或對機關更有利。

4. 契約所定技術規格違反採購法第26條規定。

　　屬前段第三目情形，而有增加經費之必要，其經機關綜合評估其總體效益更有利於機關者，得不受前段序文但書限制。

(五) 廠商提出前款第1目、第2目或第4目契約變更之文件，其審查及核定期程，除雙方另有協議外，為該書面請求送達之次日起＿天（由機關於招標時載明；未載明者，為10天）內。但必須補正資料者，以補正資料送達之次日起＿天（由機關於招標時

載明；未載明者，爲10天）內爲之。因可歸責於機關之事由逾期未核定者，得依第7條第5款申請延長履約期限。

(六) 廠商依前款請求契約變更，應自行衡酌預定履約時程，考量檢（查、試）驗所需時間及機關受理申請審查及核定期程後再行適時提出，並於接獲機關書面同意後，始得依同意變更情形施作。除因機關逾期未核定外，不得以資料送審爲由，提出延長履約期限之申請。

(七) 契約之變更，非經機關及廠商雙方合意，作成書面紀錄，並簽名或蓋章者，無效。

(八) 廠商不得將契約之部分或全部轉讓予他人。但因公司分割或其他類似情形致有轉讓必要，經機關書面同意轉讓者，不在此限。

　　廠商依公司法、企業併購法分割，受讓契約之公司（以受讓營業者爲限），其資格條件應符合原招標文件規定，且應提出下列文件之一：

1. 原訂約廠商分割後存續者，其同意負連帶履行本契約責任之文件；

2. 原訂約廠商分割後消滅者，受讓契約公司以外之其他受讓原訂約廠商營業之既存及新設公司同意負連帶履行本契約責任之文件。

第十七條　契約終止解除及暫停執行

(一) 廠商履約有下列情形之一者，機關得以書面通知廠商終止契約或解除契約之部分或全部，且不補償廠商因此所生之損失：

1. 有採購法第50條第2項前段規定之情形者。

2. 有採購法第59條規定得終止或解除契約之情形者。

3. 違反不得轉包之規定者。

4. 廠商或其人員犯採購法第87條至第92條規定之罪，經判決有罪確定者。

5. 因可歸責於廠商之事由，致延誤履約期限，有下列情形者（由機關於招標時勾選；未勾選者，爲第1選項）：

　　□履約進度落後＿＿%（由機關於招標時載明，未載明者爲20%）以上，且日數達10日以上。

　　百分比之計算方式：

(1) 屬尚未完成履約而進度落後已達百分比者，機關應先通知廠商限期改善。屆期未改善者，如機關訂有履約進度計算方式，其通知限期改善當日及期限末日之履約進度落後百分比，分別以各該日實際進度與機關核定之預定進度百分比之差值計算；如機關未訂有履約進度計算方式，依逾期日數計算之。

(2) 屬已完成履約而逾履約期限，或逾最後履約期限尚未完成履約者，依逾期日數計算之。

　　□其他：＿＿＿＿＿＿＿＿

6. 僞造或變造契約或履約相關文件，經查明屬實者。

7. 擅自減省工料情節重大者。

8. 無正當理由而不履行契約者。

9. 查驗或驗收不合格，且未於通知期限內依規定辦理者。

10. 有破產或其他重大情事，致無法繼續履約者。

11. 廠商未依契約規定履約，自接獲機關書面通知之次日起10日內或書面通知所載較長期限內，仍未改正者。

12. 違反環境保護或勞工安全衛生等有關法令，情節重大者。

13. 違反法令或其他契約規定之情形，情節重大者。

(二) 機關未依前款規定通知廠商終止或解除契約者，廠商仍應依契約規定繼續履約。

(三) 契約經依第1款規定或因可歸責於廠商之事由致終止或解除者，機關得依其所認定之適當方式，自行或洽其他廠商完成被終止或解除之契約；其所增加之費用及損失，由廠商負擔。無洽其他廠商完成之必要者，得扣減或追償契約價金，不發還保證金。機關有損失者亦同。

(四) 契約因政策變更，廠商依契約繼續履行反而不符公共利益者，機關得報經上級機關核准，終止或解除部分或全部契約，並與廠商協議補償廠商因此所生之損失。但不包含所失利益。

(五) 依前款規定終止契約者，廠商於接獲機關通知前已完成且可使用之履約標的，依契約價金給付；僅部分完成尚未能使用之履約標的，機關得擇下列方式之一洽廠商為之：

1. 繼續予以完成，依契約價金給付。

2. 停止製造、供應或施作。但給付廠商已發生之製造、供應或施作費用及合理之利潤。

(六) 非因政策變更而有終止或解除契約必要者，準用前二款規定。

(七) 廠商未依契約規定履約者，機關得隨時通知廠商部分或全部暫停執行，至情況改正後方准恢復履約。廠商不得就暫停執行請求延長履約期限或增加契約價金。

(八) 因可歸責於機關之情形，機關通知廠商部分或全部暫停執行：

1. 致廠商未能依時履約者，廠商得依第7條第5款規定，申請展延履約期限；因此而增加之必要費用（例如但不限於管理費），由機關負擔。

2. 暫停執行期間累計逾__個月（由機關於招標時合理訂定，如未填寫，則為2個月）者，機關應先支付已依機關指示由機關取得所有權之履約標的之價金。

3. 暫停執行期間累計逾__個月（由機關於招標時合理訂定，如未填寫，則為6個月）者，廠商得通知機關終止或解除部分或全部契約，並得向機關請求賠償因契約終止或解除而生之損害。因可歸責於機關之情形無法開始履約者，亦同。

(九) 因非可歸責於廠商之事由，機關有延遲付款之情形：

1. 廠商得向機關請求加計年息__%（由機關於招標時合理訂定，如未填寫，則依機關簽約日中華郵政股份有限公司牌告一年期郵政定期儲金機動利率）之遲延利息。

2. 廠商得於通知機關__個月後（由機關於招標時合理訂定，如未填寫，則為1個月）暫停或減緩履約進度、依第7條第5款規定，申請展延履約期限；廠商因此增加之必要費用，由機關負擔。

3. 延遲付款達__個月（由機關於招標時合理訂定，如未填寫，則為3個月）者，廠商得通知機關終止或解除部分或全部契約，並得向機關請求賠償因契約終止或解除而生之損害。

(十) 除契約另有約定外，履行契約需機關之行為始能完成，而機關不為其行為時，廠商

得定相當期限催告機關爲之。機關不於前述期限內爲其行爲者，廠商得通知機關終止或解除契約，並得向機關請求賠償因契約終止或解除而生之損害。

(十一) 因契約規定不可抗力之事由，致全部契約暫停執行，暫停執行期間持續逾＿個月（由機關於招標時合理訂定，如未塡寫，則爲3個月）或累計逾＿個月（由機關於招標時合理訂定，如未塡寫，則爲6個月）者，契約之一方得通知他方終止或解除契約。。

(十二) 廠商不得對本契約採購案任何人要求、期約、收受或給予賄賂、佣金、比例金、仲介費、後謝金、回扣、餽贈、招待或其他不正利益。分包廠商亦同。違反規定者，機關得終止或解除契約，並將2倍之不正利益自契約價款中扣除。未能扣除者，通知廠商限期給付之。

(十三) 本契約終止時，自終止之日起，雙方之權利義務即消滅。契約解除時，溯及契約生效日消滅。雙方並互負保密義務。

第十八條　爭議處理

(一) 機關與廠商因履約而生爭議者，應依法令及契約規定，考量公共利益及公平合理，本誠信和諧，盡力協調解決之。其未能達成協議者，得以下列方式處理之：

1. 依採購法第85條之1規定向採購申訴審議委員會申請調解。

2. 經契約雙方同意並訂立仲裁協議書後，依本契約約定及仲裁法規定提付仲裁。

3. 依採購法第102條規定提出異議、申訴。

4. 提起民事訴訟。

5. 依其他法律申（聲）請調解。

6. 契約雙方合意成立爭議處理小組協調爭議。

7. 依契約或雙方合意之其他方式處理。

(二) 依前款第2目提付仲裁者，約定如下：

1. 由機關於招標文件及契約預先載明仲裁機構。其未載明者，由契約雙方協議擇定仲裁機構。如未能獲致協議，由機關指定仲裁機構。上開仲裁機構，除契約雙方另有協議外，應爲合法設立之國內仲裁機構。

2. 仲裁人之選定：

(1) 當事人雙方應於一方收受他方提付仲裁之通知之次日起14日內，各自從指定之仲裁機構之仲裁人名冊或其他具有仲裁人資格者，分別提出10位以上（含本數）之名單，交予對方。

(2) 當事人之一方應於收受他方提出名單之次日起14日內，自該名單內選出1位仲裁人，作爲他方選定之仲裁人。

(3) 當事人之一方未依(1)提出名單者，他方得從指定之仲裁機構之仲裁人名冊或其他具有仲裁人資格者，逕行代爲選定1位仲裁人。

(4) 當事人之一方未依(2)自名單內選出仲裁人，作爲他方選定之仲裁人者，他方得聲請□法院；□指定之仲裁機構（由機關於招標時勾選；未勾選者，爲指定之仲裁機構）代爲自該名單內選定1位仲裁人。

3. 主任仲裁人之選定：

(1) 2位仲裁人經選定之次日起30日內，由□雙方共推；□雙方選定之仲裁人共推（由機關於招標時勾選）第三仲裁人爲主任仲裁人。

(2) 未能依(1)共推主任仲裁人者，當事人得聲請□法院；□指定之仲裁機構（由機關於招標時勾選；未勾選者，爲指定之仲裁機構）爲之選定。

4. 以□機關所在地；□其他：＿＿＿＿＿＿＿爲仲裁地（由機關於招標時載明；未載明者，爲機關所在地）。

5. 除契約雙方另有協議外，仲裁程序應公開之，仲裁判斷書雙方均得公開，並同意仲裁機構公開於其網站。

6. 仲裁程序應使用□國語及中文正體字；□其他語文：＿＿＿＿＿＿。（由機關於招標時載明；未載明者，爲國語及中文正體字）

7. 機關□同意；□不同意（由機關於招標時勾選；未勾選者，爲不同意）仲裁庭適用衡平原則爲判斷。

8. 仲裁判斷書應記載事實及理由。

(三) 依第1款第6目成立爭議處理小組者，約定如下：

1. 爭議處理小組於爭議發生時成立，得爲常設性，或於爭議作成決議後解散。

2. 爭議處理小組委員之選定：

(1) 當事人雙方應於協議成立爭議處理小組之次日起10日內，各自提出5位以上（含本數）之名單，交予對方。

(2) 當事人之一方應於收受他方提出名單之次日起10日內，自該名單內選出1位作爲委員。

(3) 當事人之一方未依(1)提出名單者，爲無法合意成立爭議處理小組。

(4) 當事人之一方未能依(2)自名單內選出委員，且他方不願變更名單者，爲無法合意成立爭議處理小組。

3. 爭議處理小組召集委員之選定：

(1) 2位委員經選定之次日起10日內，由雙方或雙方選定之委員自前目(1)名單中共推1人作爲召集委員。

(2) 未能依(1)共推召集委員者，爲無法合意成立爭議處理小組。

4. 當事人之一方得就爭議事項，以書面通知爭議處理小組召集委員，請求小組協調及作成決議，並將繕本送達他方。該書面通知應包括爭議標的、爭議事實及參考資料、建議解決方案。他方應於收受通知之次日起14日內提出書面回應及建議解決方案，並將繕本送達他方。

5. 爭議處理小組會議：

(1) 召集委員應於收受協調請求之次日起30日內召開會議，並擔任主席。委員應親自出席會議，獨立、公正處理爭議，並保守秘密。

(2) 會議應通知當事人到場陳述意見，並得視需要邀請專家、學者或其他必要人員列席，會議之過程應作成書面紀錄。

(3) 小組應於收受協調請求之次日起90日內作成合理之決議，並以書面通知雙方。

6. 爭議處理小組委員應迴避之事由，參照採購申訴審議委員會組織準則第13條規定。委

員因迴避或其他事由出缺者，依第2目、第3目辦理。

7. 爭議處理小組就爭議所爲之決議，除任一方於收受決議後14日內以書面向召集委員及他方表示異議外，視爲協調成立，有契約之拘束力。惟涉及改變契約內容者，雙方應先辦理契約變更。如有爭議，得再循爭議處理程序辦理。

8. 爭議事項經一方請求協調，爭議處理小組未能依第5目或當事人協議之期限召開會議或作成決議，或任一方於收受決議後14日內以書面表示異議者，協調不成立，雙方得依第1款所定其他方式辦理。

9. 爭議處理小組運作所需經費，由契約雙方平均負擔。

10. 本款所定期限及其他必要事項，得由雙方另行協議。

(四) 依採購法規定受理調解或申訴之機關名稱：＿＿＿＿＿＿＿＿＿＿＿＿
　　　地址：＿＿＿＿＿＿＿＿＿＿＿＿＿
　　　電話：＿＿＿＿＿＿＿＿＿＿＿＿＿

(五) 履約爭議發生後，履約事項之處理原則如下：

1. 與爭議無關或不受影響之部分應繼續履約。但經機關同意無須履約者不在此限。

2. 廠商因爭議而暫停履約，其經爭議處理結果被認定無理由者，不得就暫停履約之部分要求延長履約期限或免除契約責任。

(六) 本契約以中華民國法律爲準據法，並以機關所在地之地方法院爲第一審管轄法院。

第十九條　其他

(一) 廠商對於履約所僱用之人員，不得有歧視性別、原住民、身心障礙或弱勢團體人士之情事。

(二) 廠商履約時不得僱用機關之人員或受機關委託辦理契約事項之機構之人員。

(三) 廠商授權之代表應通曉中文或機關同意之其他語文。未通曉者，廠商應備翻譯人員。

(四) 機關與廠商間之履約事項，其涉及國際運輸或信用狀等事項，契約未予載明者，依國際貿易慣例。

(五) 機關及廠商於履約期間應分別指定授權代表，爲履約期間雙方協調與契約有關事項之代表人。

(六) 依據「政治獻金法」第7條規定，與政府機關（構）有巨額採購契約，且在履約期間之廠商，不得捐贈政治獻金。

(七) 本契約未載明之事項，依採購法及民法等相關法令。

勞務採購契約範本（109.06.30版）

招標機關（以下簡稱機關）及得標廠商（以下簡稱廠商）雙方同意依政府採購法（以下簡稱採購法）及其主管機關訂定之規定訂定本契約，共同遵守，其條款如下：

第一條　契約文件及效力

(一) 契約包括下列文件：

1. 招標文件及其變更或補充。

2. 投標文件及其變更或補充。

3. 決標文件及其變更或補充。

4. 契約本文、附件及其變更或補充。

5. 依契約所提出之履約文件或資料。

(二) 契約文件，包括以書面、錄音、錄影、照相、微縮、電子數位資料或樣品等方式呈現之原件或複製品。

(三) 契約所含各種文件之內容如有不一致之處，除另有規定外，依下列原則處理：

1. 招標文件內之契約條款及投標須知優於招標文件內之其他文件所附記之條款。但附記之條款有特別聲明者，不在此限。契約條款與投標須知內容有不一致之處，以契約條款為準。

2. 招標文件之內容優於投標文件之內容。但投標文件之內容經機關審定優於招標文件之內容者，不在此限。招標文件如允許廠商於投標文件內特別聲明，並經機關於審標時接受者，以投標文件之內容為準。

3. 文件經機關審定之日期較新者優於審定日期較舊者。

4. 大比例尺圖者優於小比例尺圖者。

5. 決標紀錄之內容優於開標或議價紀錄之內容。

6. 同一優先順位之文件，其內容有不一致之處，屬機關文件者，以對廠商有利者為準；屬廠商文件者，以對機關有利者為準。

7. 招標文件內之標價清單，其品項名稱、規格、數量，優於招標文件內其他文件之內容。

(四) 契約文件之一切規定得互為補充，如仍有不明確之處，應依公平合理原則解釋之。如有爭議，依採購法之規定處理。

(五) 契約文字：

1. 契約文字以中文為準。但下列情形得以外文為準：

(1) 特殊技術或材料之圖文資料。

(2) 國際組織、外國政府或其授權機構、公會或商會所出具之文件。

(3) 其他經機關認定確有必要者。

2. 契約文字有中文譯文，其與外文文意不符者，除資格文件外，以中文為準。其因譯文有誤致生損害者，由提供譯文之一方負責賠償。

3. 契約所稱申請、報告、同意、指示、核准、通知、解釋及其他類似行為所為之意思表示，除契約另有規定或當事人同意外，應以中文（正體字）書面為之。書面之遞交，得以面交簽收、郵寄、傳真或電子資料傳輸至雙方預為約定之人員或處所。

(六) 契約所使用之度量衡單位，除另有規定者外，以法定度量衡單位為之。

(七) 契約所定事項如有違反法律強制或禁止規定或無法執行之部分，該部分無效。但除去該部分，契約亦可成立者，不影響其他部分之有效性。該無效之部分，機關及廠商必要時得依契約原定目的變更之。

(八) 經雙方代表人或其代理人簽署契約正本2份，機關及廠商各執1份，並由雙方各依印花稅法之規定繳納印花稅。副本____份（請載明），由機關、廠商及相關機關、單位分別執用。副本如有誤繕，以正本為準。

第二條　履約標的

(一) 廠商應給付之標的及工作事項（由機關於招標時載明）：＿＿＿＿＿＿＿

(二) 機關辦理事項（由機關於招標時載明，無者免填）：＿＿＿＿＿＿＿＿

第三條　契約價金之給付

　　契約價金結算方式（由機關衡酌個案情形於招標時勾選）：

□總包價法。

□單價計算法。

□服務成本加公費法。

1. 服務成本加公費法之服務費用＿＿＿＿＿元（由機關於決標後填寫），包括直接費用（直接薪資、管理費用及其他直接費用，其項目由機關於招標時載明）、公費及營業稅。

2. 公費，為定額＿＿＿＿＿元（由機關於決標後填寫），不得按直接薪資及管理費之金額依一定比率增加，且全部公費不得超過直接薪資扣除非經常性給與之獎金後與管理費用合計金額之25%。

3. 廠商應記錄各項費用並提出憑證，機關並得至廠商處所辦理查核。

4. 實際履約費用達＿＿＿＿＿元（上限，由機關於決標後填寫）時，非經機關同意，廠商不得繼續履約。

□按月計酬法。每月薪資按契約所載工作人員月薪計算。實際履約費用達＿＿＿＿＿元（上限，由機關於決標後填寫）時，非經機關同意，廠商不得繼續履約。

□按日計酬法。每日薪資按契約所載工作人員日薪計算。實際履約費用達＿＿＿＿＿元（上限，由機關於決標後填寫）時，非經機關同意，廠商不得繼續履約。

□按時計酬法。每時薪資按契約所載工作人員時薪計算。實際履約費用達＿＿＿＿＿元（上限，由機關於決標後填寫）時，非經機關同意，廠商不得繼續履約。

□年終獎金。廠商應給付派駐勞工年終獎金及廠商應負擔之補充保費，該費用由機關另支給廠商，但已明列年終獎金及補充保費項目且含於契約價金者，不在此限。年終獎金應如實核付予派駐勞工，年終獎金為＿個月薪資（由機關於招標時載明），未滿1年者依為機關服務月份比例發給，且須於＿年＿月＿日（由機關於招標時載明；未載明者，為履約期限最後一日）仍為機關服務者。（例：機關契約載明年終獎金為1個月薪資，未滿1年者依為機關服務月份比例發給，且須於107年12月15日仍為機關服務者，有甲派駐勞工於107年6月15日離職，接續其工作之乙派駐勞工於107年6月20日為機關服務並服務至107年12月31日履約期限期滿，甲派駐勞工於107年12月15日未為機關服務，故不發給年終獎金，乙派駐勞工於107年6月20日起，至107年12月15日仍為機關服務，按其為機關服務月份比例發給1個月薪資乘以7/12之年終獎金。）

第四條　契約價金之調整

(一) 驗收結果與規定不符，而不妨礙安全及使用需求，亦無減少通常效用或契約預定效用，經機關檢討不必拆換、更換或拆換、更換確有困難，或不必補交者，得於必要時減價收受。

　　□採減價收受者，按不符項目標的之契約價金＿＿＿%（由機關視需要於招標時載

明）減價，並處以減價金額__%（由機關視需要於招標時載明）之違約金。減價及違約金之總額，以該項目之契約價金為限。

(二) 契約價金採總價給付者，未列入標價清單之項目或數量，其已於契約載明應由廠商施作或供應或為廠商完成履約所必須者，仍應由廠商負責供應或施作，不得據以請求加價。

(三) 契約價金，除另有規定外，含廠商及其人員依中華民國法令應繳納之稅捐、規費及強制性保險之保險費。

(四) 中華民國以外其他國家或地區之稅捐、規費或關稅，由廠商負擔。

(五) 廠商履約遇有下列政府行為之一，致履約費用增加或減少者，契約價金得予調整：

1. 政府法令之新增或變更。

2. 稅捐或規費之新增或變更。

3. 政府公告、公定或管制價格或費率之變更。

(六) 前款情形，屬中華民國政府所為，致履約成本增加者，其所增加之必要費用，由機關負擔；致履約成本減少者，其所減少之部分，得自契約價金中扣除。屬其他國家政府所為，致履約成本增加或減少者，契約價金不予調整。

第五條　契約價金之給付條件

(一) 除契約另有約定外，依下列條件辦理付款：

1. 預付款（無者免填）：

(1) 契約預付款為契約價金總額____%（由機關於招標時載明；其額度以不逾契約價金總額或契約價金上限之30%為原則），付款條件如下：_____（由機關於招標時載明）。

(2) 預付款於雙方簽定契約，廠商辦妥履約各項保證，並提供預付款還款保證，經機關核可後在_____日（由機關於招標時載明）內撥付。

(3) 預付款應於銀行開立專戶，專用於本採購，機關得隨時查核其使用情形。

(4) 預付款之扣回方式如下（由機關於招標時載明；無者免填）：_____
_____

2. 分期付款（無者免填）：

(1) 契約分期付款為契約價金總額____%（由機關於招標時載明），其各期之付款條件：_____（由機關於招標時載明）。

(2) 廠商於符合前述各期付款條件後提出證明文件。機關於15工作天內完成審核程序後，通知廠商提出請款單據，並於接到廠商請款單據後15工作天內付款。但涉及向補助機關申請核撥補助款者，付款期限為30工作天。

3. 驗收後付款：於驗收合格後，機關於接到廠商提出請款單據後15工作天內，一次無息結付尾款。但涉及向補助機關申請核撥補助款者，付款期限為30工作天。

4. 機關辦理付款及審核程序，如發現廠商有文件不符、不足或有疑義而需補正或澄清者，機關應一次通知澄清或補正，不得分次辦理。其審核及付款期限，自澄清或補正資料送達機關之次日重新起算；機關並應先就無爭議且可單獨計價之部分辦理付款。

5. 廠商履約有下列情形之一者，機關得暫停給付契約價金至情形消滅為止：

(1) 履約實際進度因可歸責於廠商之事由，落後預定進度達____%（由機關於招標時載明）以上者。

(2) 履約有瑕疵經書面通知限期改善而逾期未改善者。

(3) 未履行契約應辦事項，經通知限期履行，屆期仍不履行者。

(4) 廠商對其派至機關提供勞務之派駐勞工，未依法給付工資，未依規定繳納勞工保險費、就業保險費、全民健康保險費或未提繳勞工退休金，且可歸責於廠商，經通知改正而逾期未改正者。

(5) 其他違反法令或契約情形。

6. 物價指數調整（無者免填）：

(1) 履約進行期間，如遇物價波動時，得依行政院主計總處公布之_____物價指數_____（由機關載明指數名稱），就漲跌幅超過5%之部分，調整契約價金（由機關於招標時載明得調整之標的項目）。

(2) 適用物價指數基期更換者，其換基當月起完成之履約標的，自動適用新基期指數核算履約標的調整款，原依舊基期指數結清之履約標的款不予追溯核算。每月公布之物價指數修正時，處理原則亦同。

(3) 逾1年期之長期服務契約，廠商每年提供服務之費用，其調整上限為_____（由機關於招標時載明，無者免填）。

7. 因非可歸責於廠商之事由，機關有延遲付款之情形，廠商投訴對象：

(1) 採購機關之政風單位；

(2) 採購機關之上級機關；

(3) 法務部廉政署；

(4) 採購稽核小組；

(5) 採購法主管機關；

(6) 行政院主計總處（延遲付款之原因與主計人員有關者）。

(二) 契約價金得依物價指數（如指定指數，由機關於招標時載明，無者免填）調整者，應註明下列事項：

1. 得調整之成本項目及金額。

2. 調整所依據之一定物價指數及基期。

3. 得調整及不予調整之情形。

4. 調整公式。

5. 廠商應提出之調整數據及佐證資料。

6. 管理費及利潤不予調整。

7. 逾履約期限之部分，以契約規定之履約期限當時之物價指數（如指定指數，由機關於招標時載明，無者免填）為當期資料。但逾期履約係可歸責於機關者，不在此限。

(三) 契約價金總額曾經減價而確定，其所組成之各單項價格得依約定或合意方式調整（例如減價之金額僅自部分項目扣減）；未約定或未能合意調整方式者，如廠商所報各單項價格未有不合理之處，視同就廠商所報各單項價格依同一減價比率（決標金額／投標金額）調整。投標文件中報價之分項價格合計數額與決標金額不同者，

依決標金額與該合計數額之比率調整之,但人力項目之報價不隨之調低。

(四) 廠商計價領款之印章,除另有約定外,以廠商於投標文件所蓋之章爲之。

(五) 廠商應依身心障礙者權益保障法、原住民族工作權保障法及採購法規定僱用身心障礙者及原住民。僱用不足者,應依規定分別向所在地之直轄市或縣(市)勞工主管機關設立之身心障礙者就業基金及原住民族中央主管機關設立之原住民族綜合發展基金之就業基金,定期繳納差額補助費及代金;並不得僱用外籍勞工取代僱用不足額部分。招標機關應將國內員工總人數逾100人之廠商資料公開於政府電子採購網,以供勞工及原住民族主管機關查核差額補助費及代金繳納情形,招標機關不另辦理查核。

(六) 契約價金總額,除另有規定外,爲完成契約所需全部材料、人工、機具、設備及履約所必須之費用。

(七) 廠商請領契約價金時應提出電子或紙本統一發票,依法免用統一發票者應提出收據。

(八) 廠商請領契約價金時應提出之其他文件爲(由機關於招標時載明):
　　□成本或費用證明。
　　□保險單或保險證明。
　　□外國廠商之商業發票。
　　□履約勞工薪資支付證明(僅適用於契約價金結算方式採服務成本加公費法或招標文件已載明廠商應給付履約勞工薪資基準者)。
　　□契約約定之其他給付憑證文件。
　　□其他:

(九) 前款文件,應有出具人之簽名或蓋章。但慣例無需簽名或蓋章者,不在此限。

(十) 廠商履約有逾期違約金、損害賠償、採購標的損壞或短缺、不實行爲、未完全履約、不符契約規定、溢領價金或減少履約事項等情形時,機關得自應付價金中扣抵;其有不足者,得通知廠商給付或自保證金扣抵。

(十一) 服務範圍包括代辦訓練操作或維護人員者,其服務費用除廠商本身所需者外,有關受訓人員之旅費及生活費用,由機關自訂標準支給,不包括在服務費用項目之內。

(十二) 分包契約依採購法第67條第2項報備於機關,並經廠商就分包部分設定權利質權予分包廠商者,該分包契約所載付款條件應符合前列各款規定(採購法第98條之規定除外)或與機關另行議定。

(十三) 廠商於履約期間給與全職從事本採購案之員工薪資,如採按月計酬者,至少爲　　　元(由機關於招標時載明,不得低於勞動基準法規定之最低基本工資;未載明者,爲新台幣3萬元)。

第六條　稅捐

(一) 以新台幣報價之項目,除招標文件另有規定外,應含稅,包括營業稅。由自然人投標者,不含營業稅,但仍包括其必要之稅捐。

(二) 以外幣報價之勞務費用或權利金,加計營業稅後與其他廠商之標價比較。但決標時

將營業稅扣除，付款時由機關代繳。

(三) 外國廠商在中華民國境內發生之勞務費或權利金收入，於領取價款時按當時之稅率繳納營利事業所得稅。上述稅款在付款時由機關代為扣繳。但外國廠商在中華民國境內有分支機構、營業代理人或由國內廠商開立統一發票代領者，上述稅款在付款時不代為扣繳，而由該等機構、代理人或廠商繳納。

第七條　履約期限

(一) 履約期限（由機關擇需要者於招標時載明）：

　　□廠商應於＿＿＿年＿＿＿月＿＿＿日以前（□決標日□機關簽約日□機關通知日□收到信用狀日起＿＿＿天／月內）完成履行採購標的之供應。

　　□廠商應於＿＿＿年＿＿＿月＿＿＿日至＿＿＿年＿＿＿月＿＿＿日之期間內履行採購標的之供應。

　　□其他：＿＿＿＿＿＿＿＿＿＿

(二) 本契約所稱日（天）數，除已明定為日曆天或工作天者外，係以□日曆天□工作天計算（由機關於招標時勾選；未勾選者，為日曆天）：

1. 以日曆天計算者，所有日數，包括第2目所載之放假日，均應計入。但投標文件截止收件日前未可得知之放假日，不予計入。

2. 以工作天計算者，下列放假日，均應不計入：

(1) 星期六（補行上班日除外）及星期日。但與(2)至(5)放假日相互重疊者，不得重複計算。

(2) 依「紀念日及節日實施辦法」規定放假之紀念日、節日及其補假。

(3) 軍人節（9月3日）之放假及補假（依國防部規定，但以國防部及其所屬之採購為限）。

(4) 行政院人事行政總處公布之調整放假日。

(5) 全國性選舉投票日及行政院所屬中央各業務主管機關公告放假者。

3. 免計工作天之日，以不得施作或供應為原則。廠商如欲施作或供應，應先徵得機關書面同意，該日數□應；□免計入履約期間（由機關於招標時勾選，未勾選者，免計入履約期間）。

4. 其他：＿＿＿＿＿＿＿＿＿＿（由機關於招標時載明）。

□前述期間全天之工作時間為上午＿＿＿時＿＿＿分至下午＿＿＿時＿＿＿分，中午休息時間為中午＿＿＿時＿＿＿分至下午＿＿＿時＿＿＿分；半天之工作時間為上午＿＿＿時＿＿＿分至下午＿＿＿時＿＿＿分。

(三) 契約如需辦理變更，其履約標的項目或數量有增減時，履約期限得由雙方視實際需要議定增減之。

(四) 履約期限延期：

1. 契約履約期間，有下列情形之一，且確非可歸責於廠商，而需展延履約期限者，廠商應於事故發生或消失後，檢具事證，儘速以書面向機關申請展延履約期限。機關得審酌其情形後，以書面同意延長履約期限，不計算逾期違約金。其事由未達半日者，以半日計；逾半日未達1日者，以1日計。

(1) 發生契約規定不可抗力之事故。

(2) 因天候影響無法施工。

(3) 機關要求全部或部分暫停履約。

(4) 因辦理契約變更或增加履約標的數量或項目。

(5) 機關應辦事項未及時辦妥。

(6) 由機關自辦或機關之其他廠商因承包契約相關履約標的之延誤而影響契約進度者。

(7) 其他非可歸責於廠商之情形，經機關認定者。

2. 前目事故之發生，致契約全部或部分必須停止履約時，廠商應於停止履約原因消滅後立即恢復履約。其停止履約及恢復履約，廠商應儘速向機關提出書面報告。

(五) 期日：

1. 履約期間自指定之日起算者，應將當日算入。履約期間自指定之日後起算者，當日不計入。

2. 履約標的須於一定期間內送達機關之場所者，履約期間之末日，以機關當日下班時間為期間末日之終止。當日為機關之辦公日，但機關因故停止辦公致未達原定截止時間者，以次一辦公日之同一截止時間代之。

第八條　履約管理

(一) 與契約履約標的有關之其他標的，經機關交由其他廠商承包時，廠商有與其他廠商互相協調配合之義務，以使該等工作得以順利進行。因工作不能協調配合，致生錯誤、延誤履約期限或意外事故，其可歸責於廠商者，由廠商負責並賠償。如有任一廠商因此受損者，應於事故發生後儘速書面通知機關，由機關邀集雙方協調解決。

(二) 契約所需履約標的之材料、機具、設備、工作場地設備等，除契約另有規定外，概由廠商自備。

(三) 廠商接受機關或機關委託之機構之人員指示辦理與履約有關之事項前，應先確認該人員係有權代表人，且所指示辦理之事項未逾越或未違反契約規定。廠商接受無權代表人之指示或逾越或違反契約規定之指示，不得用以拘束機關或減少、變更廠商應負之契約責任，機關亦不對此等指示之後果負任何責任。

(四) 機關及廠商之一方未請求他方依契約履約者，不得視為或構成一方放棄請求他方依契約履約之權利。

(五) 契約內容有須保密者，廠商未經機關書面同意，不得將契約內容洩漏予與履約無關之第三人。

(六) 廠商履約期間所知悉之機關機密或任何不公開之文書、圖畫、消息、物品或其他資訊，均應保密，不得洩漏。

(七) 轉包及分包：

1. 廠商不得將契約轉包。廠商亦不得以不具備履行契約分包事項能力、未依法登記或設立，或依採購法第103條規定不得參加投標或作為決標對象或作為分包廠商之廠商為分包廠商。

2. 廠商擬分包之項目及分包廠商，機關得予審查。

3. 廠商對於分包廠商履約之部分，仍應負完全責任。分包契約報備於機關者，亦同。

4. 分包廠商不得將分包契約轉包。其有違反者，廠商應更換分包廠商。

5. 廠商違反不得轉包之規定時，機關得解除契約、終止契約或沒收保證金，並得要求損害賠償。

6. 前目轉包廠商與廠商對機關負連帶履行及賠償責任。再轉包者，亦同。

(八) 廠商及分包廠商履約，不得有下列情形：僱用依法不得從事其工作之人員（含非法外勞）、供應不法來源之履約標的、使用非法車輛或工具、提供不實證明、違反人口販運防制法、非法棄置廢棄物或其他不法或不當行為。

(九) 廠商應對其履約場所作業及履約方法之適當性、可靠性及安全性負完全責任。

(十) 廠商之履約場所作業有發生意外事件之虞時，廠商應立即採取防範措施。發生意外時，應立即採取搶救、復原、重建及對機關與第三人之賠償等措施。

(十一) 機關於廠商履約中，若可預見其履約瑕疵，或其有其他違反契約之情事者，得通知廠商限期改善。

(十二) 廠商不於前款期限內，依照改善或履行者，機關得採行下列措施：

1. 自行或使第三人改善或繼續其工作，其風險及費用由廠商負擔。

2. 終止或解除契約，並得請求損害賠償。

3. 通知廠商暫停履約。

(十三) 機關提供之履約場所，各得標廠商有共同使用之需要者，廠商應與其他廠商協議或依機關協調之結果共用場所。

(十四) 機關提供或將其所有之財物供廠商加工、改善或維修，其須將標的運出機關場所者，該財物之滅失、減損或遭侵占時，廠商應負賠償責任。機關並得視實際需要規定廠商繳納與標的等值或一定金額之保證金＿＿＿＿＿＿＿（由機關視需要於招標時載明）。

(十五) 履約所需臨時場所，除另有規定外，由廠商自理。

(十六) 勞工權益保障：

1. 廠商對其派至機關提供勞務之派駐勞工，應訂立書面勞動契約，其內容包含勞動條件、就業與性別歧視禁止、性騷擾防治、遵守義務、違反責任及應注意事項等派駐勞工在機關工作期間之權益與義務事項，並將該契約影本於簽約後＿＿＿工作天（由機關衡酌個案情形自行填列；未載明者，為10工作天）內或機關另外通知之期限內送機關備查，如履約期間勞動契約有變更者，亦同。勞動契約如有缺漏或違反相關勞動法令，機關應要求廠商補正。

2. 廠商為自然人時，應提出勞工保險及全民健康保險投保證明文件，如屬依法不得參加職業災害保險者，應提出履約期間參加含有傷害、失能及死亡保障之商業保險相關證明文件，其保險保障應不低於以相同薪資參加職業災害保險，機關依商業保險費支付，並以相同薪資條件參加職業災害保險之費用為上限。

3. 派駐勞工（指受廠商僱用，派駐於機關工作場所，依廠商指示完成契約所定工作項目者）權益保障：（由機關衡酌個案情形於招標時勾選）

(1) 廠商如僱用原派駐於機關之派駐勞工，並指派繼續在該機關提供勞務而未中斷年資者，應溯自該派駐勞工在機關提供勞務之第一日併計該派駐勞工服務之年資，計算

特別休假日數，以保障其休假權益。派駐勞工依性別工作平等法申請育嬰留職停薪，並於復職後繼續派駐於同機關，除留職停薪期間外，依前揭約定併計特別休假。

☐(2) 派駐勞工薪資採固定金額（由機關於招標時勾選）：

☐按月計酬。每月薪資＿＿＿＿＿＿元（由機關於招標時載明；未載明者，詳標價明細表。不得少於勞動基準法規定之最低基本工資）；在機關提供服務期間如不足1個月，以每月薪資除以當月日曆天數後，按實際工作日數（含期間之休息日及例假日）比例核算。

☐按日計酬。每日薪資＿＿＿＿＿＿元（由機關於招標時載明；未載明者，詳標價明細表。於法定正常工作時間內不得少於勞動基準法基本工資之每小時基本工資額乘以工作時數之金額）。

☐按時計酬。每小時薪資＿＿＿＿＿元（由機關於招標時載明；未載明者，詳標價明細表。不得低於勞動基準法基本工資之每小時基本工資額）。

(3) 廠商對於派至機關提供勞務之派駐勞工，其請假、特別休假（含年資併計給予）、加班（延長工作時間）及年終獎金（獎金或分配紅利）等工資給付之勞動條件，應依勞動基準法暨其施行細則、勞工請假規則及性別工作平等法規定辦理。但廠商為合作社，提供勞務者非屬僱傭關係之社員時，依第17款辦理。

(4) 廠商對於派至機關提供勞務之派駐勞工，應落實消除對婦女一切形式歧視公約施行法、性別工作平等法之性別歧視禁止、性騷擾防治及性別工作平等措施規定。

(5) 廠商不得因派駐勞工提出申訴（含性騷擾）或協助他人申訴（含性騷擾），而予以解僱、調職或其他不利之處分。

(6) 其他：＿＿＿＿＿＿＿

4. 機關發現廠商違反相關勞動法令、性別工作平等法等情事時，檢附具體事證，主動通知當地勞工主管機關或勞工保險局（有關勞工保險投保及勞工退休金提繳事項）依法查處。

5. 機關每＿個月（由機關於招標時載明；未載明者，為每1個月）定期抽訪派駐勞工，以瞭解廠商是否如期依約履行其保障勞工權益之義務。

6. 機關發現廠商未依約履行保障勞工權益之義務，經查證屬實，除有不可抗力或不可歸責於廠商事由者外，依本目約定計算違約金，如有減省費用或不當利益情形，扣減或追償契約價金。本目所定違約金情形如下，每點新台幣＿＿＿＿＿元（由機關於招標時載明，未載明者每點以新台幣500元計），其總額以契約價金總額之20%為上限（以下各子目所載計罰點數，各機關得於招標文件視個案需要調整之）：

(1) 未依第1目約定辦理者，每一人次計罰1點，限期改正仍未改正者，按次連續計罰。

(2) 未依第2目或第3目（包括勾選第3目第2選項者）約定辦理者，每一人依每一事件計罰1點，限期改正仍未改正者，按次連續計罰。

(3) 其他：＿＿＿＿＿＿

7. 機關應提供內部申訴管道予派駐勞工，包括受理單位、申訴方式及流程等，並公告於機關網站及工作場所顯著之處，並適時向派駐勞工宣導。機關於受理後，應妥為處

理，並回復當事人。

8. 派駐勞工如遭受機關所屬人員性騷擾時，經調查屬實，機關應對所屬人員懲處，並將結果告知廠商及當事人。

9. 機關不得自行招募人員，再轉由廠商僱用後派駐於機關工作，亦不得要求廠商僱用特定人員派駐於機關工作。

10. 廠商派至機關提供勞務之派駐勞工，依相關勞動法令或性別工作平等法規定請假者：（由機關四擇一於招標時載明）

☐(1) 廠商應指派相同資格及能力人員代理並須經機關同意，其費用由機關另行支付：每人每次請假超過__工作天或每人每月請假累計超過__日（由機關視個案性質於招標文件載明，未載明者均為2日）。

☐(2) 廠商應指派相同資格及能力人員代理並須經機關同意，機關不另行支付費用：每人每次請假超過__工作天或每人每月請假累計超過__日（由機關視個案性質於招標文件載明，未載明者均為2日）；但法定天數內之婚假、喪假、產假（包含流產假），或特別休假，廠商無須指派人員代理。

☐(3) 廠商無須指派人員代理。

☐(4) 其他：_____

　　上開派駐勞工請假，其屬依法令不給付全部或部分薪資者，機關應比照扣除契約價金。另上開第2子目廠商應派員代理而未派相當之勞工代理者，機關將扣除契約相當金額，扣除金額之計算方式如下（由機關於招標時載明），廠商不得將未派員代理遭受機關扣款之金額轉嫁予請假之派駐勞工負擔或採取其他不利派駐勞工之作為：

☐(1) 依每人每月薪資，除以__小時（由機關於招標時載明；未載明者，為240小時）為單價小時基準，乘以未派相當之勞工代理之時數。

☐(2) 依每人每月之契約價金扣除廠商應提繳之勞工退休金、勞工保險費、就業保險費、工資墊償基金、職業災害保險費、全民健保費、廠商管理費、利潤及稅捐，除以__小時（由機關於招標時載明；未載明者，為240小時）為單價小時基準，乘以未派相當之勞工代理之時數。

☐(3) 其他：_____

(十七) 合作社社員權益保障（非屬僱傭關係之社員適用）：

1. 提供勞務之社員，合作社應輔導其加入職業工會辦理勞工保險及全民健康保險。另應為其投保團體傷害保險，保障內容應包含傷害、失能及死亡等項目。其保障不得低於以相同報酬參加職業災害保險者。機關應依商業保險費支付，並以相同條件參加職業災害保險之費用為上限。

2. 提供勞務之社員，其權利義務除依合作社法規定辦理外，應提出社員（代表）大會通過之社員勞務條件規章（名稱合作社得自行訂定），明訂工作規範、教育訓練、福利制度等辦法，但各機關得於招標文件視個案增訂其需用條件（例如工作時數、休息日等）。

3. 在機關提供勞務之社員（含原駐點人員加入合作社為社員者）權益保障：（由機關衡酌個案情形於招標時勾選）

□(1) 社員勞務報酬：
　　□按月計酬。其勞務報酬不得低於政府公布之基本工資。提供服務期間如不足1個
　　　月，以每月勞務報酬除以當月日曆天數後，按實際工作日數（含期間之休息日
　　　及例假日）比例核算。
　　□按日計酬。每日勞務報酬＿＿＿＿＿＿元（由機關於招標時載明；未載明者，
　　　詳標價明細表。於法定正常工作時間內不得少於勞動基準法基本工資之每小時
　　　基本工資額乘以工作時數之金額）。
　　□按時計酬。每小時勞務報酬＿＿＿＿＿元（由機關於招標時載明；未載明者，
　　　詳標價明細表。不得低於勞動基準法基本工資之每小時基本工資額）。
(2) 合作社與提供勞務之社員不得有虛偽不實之情事，經機關發現者，機關應檢附具體
　　事證，主動通知合作社主管機關依法查處。
(3) 合作社未依社員（代表）大會通過之社員勞務條件規章辦理，經社員發現者，社員
　　得檢附具體事證向機關申訴。
(4) 機關每＿個月（由機關於招標時載明；未載明者，為每1個月）定期抽訪提供勞務之
　　社員，以瞭解合作社是否依約履行其保障社員權益之義務。
(5) 機關發現合作社未依約履行保障社員權益之義務，經查證屬實，除有不可抗力或不
　　可歸責於合作社事由者外，依本子目約定計算違約金，如有減省費用或不當利益
　　情形，扣減或追償契約價金。本子目所定違約金情形如下，每點新台幣＿＿＿＿元
　　（由機關於招標時載明，未載明者每點以新台幣500元計），其總額以契約價金總
　　額之20%為上限（以下各子目所載計罰點數，各機關得於招標文件視個案需要調整
　　之）：
①未依第3目第1子目（適用勾選本子目選項者）至第3子目或約定辦理者，每一人依每
　一事件計罰1點，限期改正仍未改正者，按次連續計罰。
②其他：＿＿＿＿＿＿
(6) 機關應提供內部申訴管道予提供勞務之社員，包括受理單位、申訴方式及流程等，
　　並公告於機關網站及工作場所顯著之處，並適時向提供勞務之社員宣導。機關於受
　　理後，應妥為處理，並回復當事人。
(7) 提供勞務之社員如遭受機關所屬人員性騷擾時，經調查屬實，機關應對所屬人員懲
　　處，並將結果告知合作社及當事人。
(8) 機關不得自行招募人員，再轉加入合作社為社員於機關提供勞務，亦不得要求合作
　　社指定特定人員於機關提供勞務。
(十八) 其他（由機關擇需要者於招標時載明）：
　　□廠商所提出之圖樣及書表內對於施工期間之交通維持及安全衛生設施經費應以量
　　　化方式編列。
　　□廠商履約期間，應於每月5日前向機關提送工作月報，其內容包括工作事項、工
　　　作進度、工作人數及時數、異常狀況及因應對策等。
　　□廠商實際提供服務人員應於完成之圖樣及書表上簽署，並依法辦理相關簽證。所
　　　稱圖樣及書表，包括其工作提出之預算書、設計圖、規範、施工說明書及其他依

　　法令及契約應提出之文件。

□與本契約有關之證照，依法規應以機關名義申請，而由廠商代為提出申請者，其所需規費由機關負擔。

□廠商所擬定之招標文件，其內容不得有不當限制競爭之情形。其有要求或提及特定之商標或商名、專利、設計或型式、特定來源地、生產者或供應者之情形時，應於提送履約成果文件上敘明理由。

□履約標的涉及國家安全資訊、國家機密資訊、國家安全技術、國家機密技術之領域，不允許未具中華民國國民身分者提供履約服務。

□其他：＿＿＿＿＿＿＿＿＿＿

(十九) 廠商於設計完成經機關審查確認後，應將設計圖說之電子檔案（如CAD檔）交予機關。

(二十) 廠商使用之柴油車輛，應符合空氣污染物排放標準。

(二一) 廠商人員執行契約之委辦事項時，有利益衝突者，應自行迴避，並不得假借執行契約之權力、機會或方法，圖謀其本人、廠商或第三人之不正當利益；涉及本人、配偶、二親等以內親屬，或共同生活家屬之利益者，亦應自行迴避，並由廠商另行指派人員執行。

(二二) 廠商依契約提供環保、節能、省水或綠建材等綠色產品，應至行政院環境保護署設置之「民間企業及團體綠色採購申報平台」申報。

第九條　履約標的品管

(一) 廠商在履約中，應對履約品質依照契約有關規範，嚴予控制，並辦理自主檢查。

(二) 機關於廠商履約期間如發現廠商履約品質不符合契約規定，得通知廠商限期改善或改正。廠商逾期未辦妥時，機關得要求廠商部分或全部停止履約，至廠商辦妥並經機關書面同意後方可恢復履約。廠商不得為此要求展延履約期限或補償。

(三) 契約履約期間如有由機關分段審查、查驗之規定，廠商應按規定之階段報請機關監督人員審查、查驗。機關監督人員發現廠商未按規定階段報請審查、查驗，而擅自繼續次一階段工作時，得要求廠商將未經審查、查驗及擅自履約部分重做，其一切損失概由廠商自行負擔。但機關監督人員應指派專責審查、查驗人員隨時辦理廠商申請之審查、查驗工作，不得無故遲延。

(四) 契約如有任何部分須報請政府主管機關審查、查驗時，除依法規應由機關提出申請者外，應由廠商提出申請，並按照規定負擔有關費用。

(五) 廠商應免費提供機關依契約辦理審查、查驗、測試或檢驗所必須之設備及資料。但契約另有規定者，不在此限。契約規定以外之審查、查驗、測試或檢驗，其結果不符合契約規定者，由廠商負擔所生之費用；結果符合者，由機關負擔費用。

(六) 審查、查驗、測試或檢驗結果不符合契約規定者，機關得予拒絕，廠商應免費改善或改正。

(七) 廠商不得因機關辦理審查、查驗、測試或檢驗，而免除其依契約所應履行或承擔之義務或責任，及費用之負擔。

(八) 機關就廠商履約標的為審查、查驗、測試或檢驗之權利，不受該標的曾通過其他審

查、查驗、測試或檢驗之限制。

(九) 機關提供設備或材料供廠商履約者，廠商應於收受時作必要之檢查，以確定其符合履約需要，並作成紀錄。設備或材料經廠商收受後，其滅失或損害，由廠商負責。

第十條　保險

(一) 廠商應於履約期間辦理下列保險種類（由機關擇定後於招標時載明；未載明者無），其屬自然人者，應自行另投保人身意外險：

　　□專業責任險。包括因業務疏漏、錯誤或過失，違反業務上之義務，致機關或其他第三人受有之損失。

　　□雇主意外責任險（履約標的涉派駐勞工者，應擇定）。

　　□公共意外責任險（履約標的涉舉辦活動者，建議擇定）。

　　□營繕承包人意外責任險（履約標的之一部分涉工程者，建議擇定）。

　　□旅行業責任保險（履約標的涉旅行社安排活動者，建議擇定）。

　　□其他：＿＿＿＿＿＿＿＿＿

(二) 廠商依前款辦理之保險，其內容如下（由機關視保險性質擇定或調整後於招標時載明）：

1. 被保險人：以廠商為被保險人。

2. 保險金額：

(1) 專業責任險：（由機關依個案特性、規模、風險於招標時載明）

　　□契約價金總額。

　　□契約價金總額之＿＿倍。

　　□契約價金總額之＿＿％。

　　□固定金額＿＿元。

(2) 雇主意外責任險：（由機關於招標時載明最低投保金額，不得為無限制）

①每一個人體傷或死亡：＿＿＿＿＿元。

②每一事故體傷或死亡：＿＿＿＿＿元。

③保險期間內最高累積責任：＿＿＿＿＿元。

(3) 公共意外責任險：（由機關於招標時載明最低投保金額，不得為無限制）

①每一個人體傷或死亡：＿＿＿＿＿元。

②每一事故體傷或死亡：＿＿＿＿＿元。

③每一意外事故財損：＿＿＿＿＿元。

④保險期間內最高累積責任：＿＿＿＿＿元。

(4) 營繕承包人意外責任險：（由機關於招標時載明最低投保金額，不得為無限制）

①每一個人體傷或死亡：＿＿＿＿＿元。

②每一事故體傷或死亡：＿＿＿＿＿元。

③每一意外事故財損：＿＿＿＿＿元。

④保險期間內最高累積責任：＿＿＿＿＿元。

(5) 旅行業責任保險：每一個人體傷或死亡：＿＿＿＿＿元（由機關於招標時載明最低投保金額，不得為無限制）。

(6) 其他保險種類：＿＿＿＿＿＿＿＿＿＿＿（請參考上述內容敘明）。

3. 每一事故之廠商自負額上限：（由機關於招標時載明）

(1) 專業責任險：＿＿＿＿＿元。

(2) 雇主意外責任險：＿＿＿＿＿元。

(3) 公共意外責任險：＿＿＿＿＿元。

(4) 營繕承包人意外責任險：＿＿＿＿＿元。

(5) 旅行業責任保險：＿＿＿＿＿元。

(6) 其他保險種類：＿＿＿＿＿＿＿＿＿＿。

4. 保險期間：自＿＿＿＿＿＿＿起至□契約所定履約期限之日止；□＿＿＿＿＿之日止（由招標機關載明），有延期或遲延履約者，保險期間比照順延。

5. 保險契約之變更、效力暫停或終止，應經機關之書面同意。任何未經機關同意之保險（契約）批單，如致損失或損害賠償，由廠商負擔。

6. 其他：

(三) 保險單記載契約規定以外之不保事項者，其風險及可能之賠償由廠商負擔。

(四) 廠商向保險人索賠所費時間，不得據以請求延長履約期限。

(五) 廠商未依契約規定辦理保險、保險範圍不足或未能自保險人獲得足額理賠者，其損失或損害賠償，由廠商負擔。

(六) 保險單正本或保險機構出具之保險證明1份及繳費收據副本1份，應於辦妥保險後即交機關收執。因不可歸責於廠商之事由致須延長履約期限者，因而增加之保費，由契約雙方另行協議其合理之分擔方式；如因可歸責於機關之事由致須延長履約期限者，因而增加之保費，由機關負擔。

(七) 廠商應依中華民國法規為其員工及車輛投保勞工保險、就業保險、全民健康保險及汽機車第三人責任險。其依法免投保勞工保險者，得以其他商業保險代之。

(八) 依法非屬保險人可承保之保險範圍，或非因保費因素卻於國內無保險人願承保，且有保險公會書面佐證者，依第1條第7款辦理。

(九) 機關及廠商均應避免發生採購法主管機關訂頒之「常見保險錯誤及缺失態樣」所載情形。

第十一條　保證金（由機關擇定後於招標時載明，無者免填）

(一) 保證金之發還情形如下（由機關擇定後於招標時載明）：

　　□預付款還款保證，依廠商已履約部分所占進度之比率遞減。

　　□預付款還款保證，依廠商已履約部分所占契約金額之比率遞減。

　　□預付款還款保證，於驗收合格後一次發還。

　　□履約保證金於履約驗收合格且無待解決事項後30日內發還。有分段或部分驗收情形者，得按比例分次發還。

　　□履約保證金依履約進度分＿＿＿期平均發還。

　　□履約保證金依履約進度分＿＿＿期發還，各期之條件及比率如下（由機關於招標時載明）：＿＿＿＿＿＿＿＿＿＿

　　□履約保證金於履約驗收合格且無待解決事項後30日內發還百分之＿＿＿＿＿（由機

關於招標時載明）。其餘之部分於_____（由機關於招標時載明）且無待解決
事項後30日內發還。

　　□廠商於履約標的完成驗收付款前應繳納保固保證金。

　　□保固保證金於保固期滿且無待解決事項後30日內發還。

　　□差額保證金之發還，同履約保證金。

　　□其他：

(二) 因不可歸責於廠商之事由，致終止或解除契約，或暫停履約逾__個月（由機關於招
標時載明；未載明者，為6個月）者，履約保證金得提前發還。但屬暫停履約者，
於暫停原因消滅後應重新繳納履約保證金。因可歸責於機關之事由而暫停履約，其
需延長履約保證金有效期之合理必要費用，由機關負擔。

(三) 廠商所繳納之履約保證金及其孳息得部分或全部不予發還之情形：

1. 有採購法第50條第1項第3款至第5款、第7款情形之一，依同條第2項前段得追償損失
者，與追償金額相等之保證金。

2. 違反採購法第65條規定轉包者，全部保證金。

3. 擅自減省工料，其減省工料及所造成損失之金額，自待付契約價金扣抵仍有不足者，
與該不足金額相等之保證金。

4. 因可歸責於廠商之事由，致部分終止或解除契約者，依該部分所占契約金額比率計算
之保證金；全部終止或解除契約者，全部保證金。

5. 查驗或驗收不合格，且未於通知期限內依規定辦理，其不合格部分及所造成損失、額
外費用或懲罰性違約金之金額，自待付契約價金扣抵仍有不足者，與該不足金額相等
之保證金。

6. 未依契約規定期限或機關同意之延長期限履行契約之一部或全部，其逾期違約金之金
額，自待付契約價金扣抵仍有不足者，與該不足金額相等之保證金。

7. 須返還已支領之契約價金而未返還者，與未返還金額相等之保證金。

8. 未依契約規定延長保證金之有效期者，其應延長之保證金。

9. 其他因可歸責於廠商之事由，致機關遭受損害，其應由廠商賠償而未賠償者，與應賠
償金額相等之保證金。

(四) 前款不予發還之履約保證金，於依契約規定分次發還之情形，得為尚未發還者；不
予發還之孳息，為不予發還之履約保證金於繳納後所生者。

(五) 廠商如有第3款所定2目以上情形者，其不發還之履約保證金及其孳息應分別適用
之。但其合計金額逾履約保證金總金額者，以總金額為限。

(六) 保固保證金及其孳息不予發還之情形，準用第3款至第5款之規定。

(七) 廠商未依契約約定履約或契約經終止或解除者，機關得就預付款還款保證尚未遞減
之部分加計年息__%（由機關於招標時合理訂定，如未填寫，則依機關撥付預付款
當日中華郵政股份有限公司牌告一年期郵政定期儲金機動利率）之利息，隨時要求
返還或折抵機關尚待支付廠商之價金。

(八) 保證金以定期存款單、連帶保證書、連帶保證保險單或擔保信用狀繳納者，其繳納
文件之格式依採購法之主管機關於「押標金保證金暨其他擔保作業辦法」所訂定者

為準。

(九) 保證金之發還，依下列原則處理：

1. 以現金、郵政匯票或票據繳納者，以現金或記載原繳納人為受款人之禁止背書轉讓即期支票發還。

2. 以無記名政府公債繳納者，發還原繳納人；以記名政府公債繳納者，同意塗銷質權登記或公務保證登記。

3. 以設定質權之金融機構定期存款單繳納者，以質權消滅通知書通知該質權設定之金融機構。

4. 以銀行開發或保兌之不可撤銷擔保信用狀繳納者，發還開狀銀行、通知銀行或保兌銀行。但銀行不要求發還或已屆期失效者，得免發還。

5. 以銀行之書面連帶保證或保險公司之連帶保證保險單繳納者，發還連帶保證之銀行或保險公司或繳納之廠商。但銀行或保險公司不要求發還或已屆期失效者，得免發還。

(十) 保證書狀有效期之延長：廠商未依契約規定期限履約或因可歸責於廠商之事由，致有無法於保證書、保險單或信用狀有效期內完成履約之虞，或機關無法於保證書、保險單或信用狀有效期內完成驗收者，該保證書、保險單或信用狀之有效期應按遲延期間延長之。廠商未依機關之通知予以延長者，機關將於有效期屆滿前就該保證書、保險單或信用狀之金額請求給付並暫予保管，其所生費用由廠商負擔。其須返還而有費用或匯率損失者，亦同。

(十一) 履約保證金或保固保證金以其他廠商之履約及賠償連帶保證代之或減收者，履約及賠償連帶保證廠商（以下簡稱連帶保證廠商）之連帶保證責任，不因分次發還保證金而遞減。該連帶保證廠商同時作為各機關採購契約之連帶保證廠商者，以2契約為限。

(十二) 連帶保證廠商非經機關許可，不得自行退保。其經機關查核，中途失其保證能力者，由機關通知廠商限期覓保更換，原連帶保證廠商應俟換保手續完成經機關認可後，始能解除其保證責任。

(十三) 機關依契約規定認定有不發還廠商履約保證金之情形者，除已洽由連帶保證廠商履約而免補繳者外，該連帶保證廠商應於5日內向機關補繳該不發還金額中，原由連帶保證代之或減收之金額。

(十四) 廠商為押標金保證金暨其他擔保作業辦法第33條之5或第33條之6所稱優良廠商或全球化廠商而減收履約保證金、保固保證金者，其有不發還保證金之情形者，廠商應就不發還金額中屬減收之金額補繳之。其經主管機關或相關中央目的事業主管機關取消優良廠商資格或全球化廠商資格，或經各機關依採購法第102條第3項規定刊登政府採購公報，且尚在採購法第103條第1項所定期限內者，亦同。

(十五) 契約價金總額於履約期間增減累計金額達新台幣100萬元者（或機關於招標時載明之其他金額），履約保證金之金額應依契約價金總額增減比率調整之，由機關通知廠商補足或退還。

第十二條　驗收

(一) 廠商履約所供應或完成之標的，應符合契約規定，具備一般可接受之專業及技術水

準，無減少或減失價值或不適於通常或約定使用之瑕疵。

(二) 驗收程序（由機關擇需要者於招標時載明）：

□1. 廠商應於履約標的預定完成履約日前或完成履約當日，將完成履約日期書面通知機關。除招標文件另有規定者外，機關應於收到該書面通知之日起＿日（由機關於招標時載明；未載明者，依採購法施行細則第92條規定，為7日）內會同廠商，依據契約核對完成履約之項目及數量，以確定是否完成履約。

□2. 履約標的完成履約後，有初驗程序者，廠商應於完成履約後＿日（由機關於招標時載明；未載明者，依採購法施行細則第92條規定，為7日）內，將相關資料送請機關審核。機關應於收受全部資料之日起＿日（由機關於招標時載明；未載明者，依採購法施行細則第92條規定，為30日）內辦理初驗，並作成初驗紀錄。初驗合格後，機關應於＿日（由機關於招標時載明；未載明者，依採購法施行細則第93條規定，為20日）內辦理驗收，並作成驗收紀錄。

□3. 履約標的完成履約後，無初驗程序者，機關應於接獲廠商通知備驗或可得驗收之程序完成後＿日（由機關於招標時載明；未載明者，依採購法施行細則第94條規定，為30日）內辦理驗收，並作成驗收紀錄。

□4. 其他（例如得依履約進度分期驗收，並得視案件情形採書面驗收）：＿＿＿＿＿

5. 廠商未依機關通知派代表參加初驗或驗收者，除法規另有規定外，不影響初驗或驗收之進行及其結果。如因可歸責於機關之事由，延誤辦理初驗或驗收，該延誤期間不計逾期違約金；機關因此造成延遲付款情形，其遲延利息，及廠商因此增加之延長保證金費用，由機關負擔。

(三) 履約標的完成履約後，廠商應對履約期間損壞或遷移之機關設施或公共設施予以修復或回復，並將現場堆置的履約機具、器材、廢棄物及非契約所應有之設施全部運離或清除，並填具完成履約報告，經機關勘驗認可，始得認定為完成履約。

(四) 履約標的部分完成履約後，如有部分先行使用之必要，應先就該部分辦理驗收或分段審查、查驗供驗收之用。

(五) 廠商履約結果經機關初驗或驗收有瑕疵者，機關得要求廠商於＿＿＿日內（機關未填列者，由主驗人定之）改善、拆除、重作、退貨或換貨（以下簡稱改正）。逾期未改正者，依第13條規定計算逾期違約金。但逾期未改正仍在契約原訂履約期限內者，不在此限。

(六) 廠商不於前款期限內改正、拒絕改正或其瑕疵不能改正，或改正次數逾＿＿＿（由機關於招標時載明；無者免填）次仍未能改正者，機關得採行下列措施之一：

1. 自行或使第三人改善，並得向廠商請求償還改善必要之費用。

2. 終止或解除契約或減少契約價金。

(七) 因可歸責於廠商之事由，致履約有瑕疵者，機關除依前2款規定辦理外，並得請求損害賠償。

第十三條　遲延履約

(一) 逾期違約金，以日為單位，按逾期日數，每日依契約價金總額＿‰（由機關於招標時載明比率；未載明者，為1‰）計算逾期違約金，所有日數（包括放假日等）均

應納入，不因履約期限以工作天或日曆天計算而有差別。因可歸責於廠商之事由，致終止或解除契約者，逾期違約金應計算至終止或解除契約之日止：

1. 廠商如未依照契約所定履約期限完成履約標的，自該期限之次日起算逾期日數。

2. 初驗或驗收有瑕疵，經機關通知廠商限期改正，自契約所定履約期限之次日起算逾期日數，但扣除以下日數：

(1) 履約期限之次日起，至機關決定限期改正前歸屬於機關之作業日數。

(2) 契約或主驗人指定之限期改正日數（機關得於招標時刪除此部分文字）。

3. 前2目未完成履約／初驗或驗收有瑕疵之部分不影響其他已完成且無瑕疵部分之使用者（不以機關已有使用事實為限），按未完成履約／初驗或驗收有瑕疵部分之契約價金，每日依其＿‰（由機關於招標時載明比率；未載明者，為3‰）計算逾期違約金，其數額以每日依契約價金總額計算之數額為上限。

4. 廠商如有第8條第16款第10目應派員代理而未派相當之勞工代理情形，除扣減該部分契約價金外，另自應派員代理而未派相當之勞工代理之日起算違約日數，違約金依該請假派駐勞工每月薪資＿%（由機關於招標時載明；未載明者，為20%），除以＿日（由機關於招標時載明；未載明者，為30日）為單價日基準，乘以違約日數。

(二) 採部分驗收或分期驗收者，得就該部分或該分期之金額計算逾期違約金。

(三) 逾期違約金之支付，機關得自應付價金中扣抵；其有不足者，得通知廠商繳納或自保證金扣抵。

(四) 逾期違約金為損害賠償額預定性違約金，其總額（含逾期未改正之違約金），以契約價金總額之＿%（由機關於招標時載明，但不高於20%；未載明者，為20%）為上限，不包括第8條第16款第6目之違約金，亦不計入第14條第8款第2目之賠償責任上限金額內。

(五) 機關及廠商因下列天災或事變等不可抗力或不可歸責於契約當事人之事由，致未能依時履約者，得展延履約期限；不能履約者，得免除契約責任：

1. 戰爭、封鎖、革命、叛亂、內亂、暴動或動員。

2. 山崩、地震、海嘯、火山爆發、颱風、豪雨、冰雹、水災、土石流、土崩、地層滑動、雷擊或其他天然災害。

3. 墜機、沉船、交通中斷或道路、港口冰封。

4. 罷工、勞資糾紛或民眾非理性之聚眾抗爭。

5. 毒氣、瘟疫、火災或爆炸。

6. 履約標的遭破壞、竊盜、搶奪、強盜或海盜。

7. 履約人員遭殺害、傷害、擄人勒贖或不法拘禁。

8. 水、能源或原料中斷或管制供應。

9. 核子反應、核子輻射或放射性污染。

10. 非因廠商不法行為所致之政府或機關依法令下達停工、徵用、沒入、拆毀或禁運命令者。

11. 政府法令之新增或變更。

12. 我國或外國政府之行為。

13. 依傳染病防治法第3條發生傳染病且足以影響契約之履行時。

14. 其他經機關認定確屬不可抗力或不可歸責於廠商者。

(六) 前款不可抗力或不可歸責事由發生或結束後，其屬可繼續履約之情形者，應繼續履約，並採行必要措施以降低其所造成之不利影響或損害。

(七) 廠商履約有遲延者，在遲延中，對於因不可抗力而生之損害，亦應負責。但經廠商證明縱不遲延給付，而仍不免發生損害者，不在此限。

(八) 契約訂有分段進度及最後履約期限，且均訂有逾期違約金者，屬分段完成使用或移交之情形，其逾期違約金之計算原則如下：

1. 未逾分段進度但逾最後履約期限者，扣除已分段完成使用或移交部分之金額，計算逾最後履約期限之違約金。

2. 逾分段進度但未逾最後履約期限者，計算逾分段進度之違約金。

3. 逾分段進度且逾最後履約期限者，分別計算違約金。但逾最後履約期限之違約金，應扣除已分段完成使用或移交部分之金額計算之。

4. 分段完成期限與其他採購契約之進行有關者，逾分段進度，得個別計算違約金，不受前目但書限制。

(九) 契約訂有分段進度及最後履約期限，且均訂有逾期違約金者，屬全部完成後使用或移交之情形，其逾期違約金之計算原則如下：

1. 未逾分段進度但逾最後履約期限者，計算逾最後履約期限之違約金。

2. 逾分段進度但未逾最後履約期限，其有逾分段進度已收取之違約金者，於未逾最後履約期限後發還。

3. 逾分段進度且逾最後履約期限，其有逾分段進度已收取之違約金者，於計算逾最後履約期限之違約金時應予扣抵。

4. 分段完成期限與其他採購契約之進行有關者，逾分段進度，得計算違約金，不受第2目及第3目之限制。

(十) 廠商未遵守法令致生履約事故者，由廠商負責。因而遲延履約者，不得據以免責。

(十一) 本條所稱「契約價金總額」為：□結算驗收證明書所載結算總價，並加計可歸責於廠商之驗收扣款金額；□原契約總金額（由機關於招標時勾選；未勾選者，為第1選項）。有契約變更之情形者，雙方得就變更之部分另為協議（例如契約變更新增項目或數量之金額）。

第十四條　權利及責任

(一) 廠商應擔保第三人就履約標的，對於機關不得主張任何權利。

(二) 廠商履約，其有侵害第三人合法權益時，應由廠商負責處理並承擔一切法律責任及費用，包括機關所發生之費用。機關並得請求損害賠償。

(三) 廠商履約結果涉及履約標的所產出之智慧財產權（包含專利權、商標權、著作權、營業秘密等）者：（由機關於招標時載明，互補項目得複選。如僅涉及著作權者，請就第1目至第6目及第10目勾選。註釋及舉例文字，免載於招標文件）

　　註：1. 在流通利用方面，考量履約標的之特性，如其內容包含機關與廠商雙方之創作智慧，且不涉及機關安全、專屬使用或其他特殊目的之需要，機關得允許

此著作權於機關外流通利用，以增進社會利益。機關亦宜考量避免因取得不必要之權利而增加採購成本。

2. 履約標的如非完全客製化而產生之著作，建議約定由廠商享有著作人格權及著作財產權，機關則享有不限時間、地域、次數、非專屬、無償利用、並得再轉授權第三人之權利，廠商承諾對機關及其再授權利用之第三人不行使著作人格權。

□1. 以廠商為著作人，並取得著作財產權，機關則享有不限時間、地域、次數、非專屬、無償利用、並得再轉授權第三人利用之權利，廠商承諾對機關及其再授權利用之第三人不行使著作人格權。（項目由機關於招標時勾選）

【1】□重製權　　　　　【2】□公開口述權　　　【3】□公開播送權
【4】□公開上映權　　　【5】□公開演出權　　　【6】□公開傳輸權
【7】□公開展示權　　　【8】□改作權　　　　　【9】□編輯權
【10】□出租權

例：採購一般共通性需求規格所開發之著作，如約定由廠商取得著作財產權，機關得就業務需要，為其內部使用之目的，勾選【1】重製權及【9】編輯權。如機關擬自行修改著作物，可勾選【8】改作權。如採購教學著作物，可勾選【2】公開口述權及【3】公開播送權。

□2. 以廠商為著作人，其下列著作財產權於著作完成同時讓與機關，廠商並承諾對機關及其同意利用之人不行使其著作人格權。（項目由機關於招標時勾選）

【1】□重製權　　　　　【2】□公開口述權　　　【3】□公開播送權
【4】□公開上映權　　　【5】□公開演出權　　　【6】□公開傳輸權
【7】□公開展示權　　　【8】□改作權　　　　　【9】□編輯權
【10】□出租權

例：採購一般共通性需求規格所開發之著作，機關得就業務需要，為其內部使用之目的，勾選【1】重製權及【9】編輯權。如機關擬自行修改著作物，可勾選【8】改作權。如採購教學著作物，可勾選【2】公開口述權及【3】公開播送權。

□3. 以廠商為著作人，機關取得著作財產權，廠商並承諾對機關及其同意利用之人不行使其著作人格權。

例：採購機關專用或機關特殊需求規格所開發之著作，機關取得著作財產權之全部。

□4. 機關與廠商共同享有著作人格權及著作財產權。

例：採購廠商已完成之著作，並依機關需求進行改作，且機關與廠商均投入人力、物力，該衍生之共同完成之著作，其著作人格權由機關與廠商共有，其著作財產權享有之比例、授權範圍、後續衍生著作獲利之分攤內容，由機關於招標時載明。

□5. 機關有權永久無償利用該著作財產權。

例：履約標的包括已在一般消費市場銷售之套裝資訊軟體，機關依廠商或第三人之

　　授權契約條款取得永久無償使用權。

☐ 6. 以機關為著作人，並由機關取得著作財產權之全部，廠商於完成該著作時，經機關同意：（項目由機關於招標時勾選）

　　【1】☐取得使用授權與再授權之權利，於每次使用時均不需徵得機關之同意。

　　【2】☐取得使用授權與再授權之權利，於每次使用均需徵得機關同意。

☐ 7. 機關取得部分權利（內容由機關於招標時載明）。

☐ 8. 機關取得全部權利。

☐ 9. 機關取得授權（內容由機關於招標時載明）。

☐ 10. 其他（內容由機關於招標時載明）。

　　例：機關得就其取得之著作財產權，允許廠商支付對價，授權廠商使用。

11. 廠商依本契約提供機關服務時，如使用開源軟體，應依該開源軟體之授權範圍，授權機關利用，並以執行檔及原始碼共同提供之方式交付予機關使用，廠商並應交付開源軟體清單（包括但不限於：開源專案名稱、出處資訊、原始著作權利聲明、免責聲明、開源授權條款標示與全文）。

(四) 除另有規定外，廠商如在契約使用專利品，或專利性履約方法，或涉及著作權時，其有關之專利及著作權益，概由廠商依照有關法令規定處理，其費用亦由廠商負擔。

(五) 機關及廠商應採取必要之措施，以保障他方免於因契約之履行而遭第三人請求損害賠償。其有致第三人損害者，應由造成損害原因之一方負責賠償。

(六) 機關對於廠商、分包廠商及其人員因履約所致之人體傷亡或財物損失，不負賠償責任。對於人體傷亡或財物損失之風險，廠商應投保必要之保險。

(七) 廠商依契約規定應履行之責任，不因機關對於廠商履約事項之審查、認可或核准行為而減少或免除。

(八) 因可歸責於一方之事由，致他方遭受損害者，一方應負賠償責任，其認定有爭議者，依照爭議處理條款辦理。

1. 損害賠償之範圍，依民法第216條第1項規定，以填補他方所受損害及所失利益為限。

　　☐但非因故意或重大過失所致之損害，契約雙方所負賠償責任不包括「所失利益」（得由機關於招標時勾選）。

2. 除第8條第16款第6目、第13條及第14條第10款約定之違約金外，損害賠償金額上限為：（機關欲訂上限者，請於招標時載明）

　　☐契約價金總額。

　　☐契約價金總額之__倍。

　　☐契約價金總額之__%。

　　☐固定金額__元。

3. 前目訂有損害賠償金額上限者，於法令另有規定（例如民法第227條第2項之加害給付損害賠償），或一方故意隱瞞工作之瑕疵、故意或重大過失行為，或對第三人發生侵權行為，對他方所造成之損害賠償，不受賠償金額上限之限制。

(九) 廠商履約有瑕疵時，應於接獲機關通知後自費予以修正或重做。但以該通知不逾履

約結果驗收後1年內者為限。其屬部分驗收者,亦同。

(十) 機關依廠商履約結果辦理另案採購,因廠商計算數量錯誤或項目漏列,致該另案採購結算增加金額與減少金額絕對值合計,逾該另案採購契約價金總額5%者,應就超過5%部分占該另案採購契約價金總額之比率,乘以本契約價金總額計算違約金。但本款累計違約金以本契約價金總額之10%為上限。

(十一) 連帶保證廠商應保證得標廠商依契約履行義務,如有不能履約情事,即續負履行義務,並就機關因此所生損失,負連帶賠償責任。

(十二) 連帶保證廠商經機關通知代得標廠商履行義務者,有關廠商之一切權利,包括尚待履約部分之契約價金,一併移轉由該保證廠商概括承受,本契約並繼續有效。得標廠商之保證金及已履約而尚未支付之契約價金,如無不支付或不發還之情形,得依原契約規定支付或發還該得標廠商。

(十三) 廠商與其連帶保證廠商如有債權或債務等糾紛,應自行協調或循法律途徑解決。

(十四) 派駐勞工:

1. 廠商保證其派至機關提供勞務之派駐勞工於機關工作期間以及本契約終止後,在未取得機關之書面同意前,不得向任何人、單位或團體透露任何業務上需保密之文件及資料。且廠商保證所派駐勞工於契約終止(或解除)時,應交還機關所屬財產,及在履約期間所持有之需保密之文件及資料。

2. 前目所稱保密之文件及資料,係指:

(1) 機關在業務上定義為密、機密、極機密或絕對機密之一切文件及資料,包括與其業務或研究開發有關之內容。

(2) 與廠商派至機關提供勞務之派駐勞工的工作有關,其成果尚不足以對外公布之資料、訊息及文件。

(3) 依法令須保密或受保護之文件及資料,例如個人資料保護法所規定者。

3. 廠商不得指派機關首長之配偶及三親等以內血親、姻親,擔任機關及其所屬機關之派駐勞工,且不得指派機關各級單位主管及採購案件採購人員之配偶及三親等以內血親、姻親,擔任各該單位之派駐勞工。如有違反上開迴避進用規定情事,機關應通知廠商限期改正,並作為違約處罰之事由。

(十五) 機關不得於本契約納列提供機關使用之公務車輛、提供機關人員使用之影印機、電腦設備、行動電話(含門號)、傳真機及其他應由機關人員自備之辦公設施及其耗材。

第十五條　契約變更及轉讓

(一) 機關於必要時得於契約所約定之範圍內通知廠商變更契約(含新增項目),廠商於接獲通知後,除雙方另有協議外,應於10日內向機關提出契約標的、價金、履約期限、付款期程或其他契約內容須變更之相關文件。契約價金之變更,其底價依採購法第46條第1項之規定。

(二) 廠商於機關接受其所提出須變更之相關文件前,不得自行變更契約。除機關另有請求者外,廠商不得因前款之通知而遲延其履約期限。

(三) 機關於接受廠商所提出須變更之事項前即請求廠商先行施作或供應,其後未依原通

知辦理契約變更或僅部分辦理者,應補償廠商所增加之必要費用。

(四) 契約約定之採購標的,其有下列情形之一者,廠商得敘明理由,檢附規格、功能、效益及價格比較表,徵得機關書面同意後,以其他規格、功能及效益相同或較優者代之。但不得據以增加契約價金。其因而減省廠商履約費用者,應自契約價金中扣除:

1. 契約原標示之廠牌或型號不再製造或供應。
2. 契約原標示之分包廠商不再營業或拒絕供應。
3. 因不可抗力原因必須更換。
4. 較契約原標示者更優或對機關更有利。

　　屬前段第4目情形,而有增加經費之必要,其經機關綜合評估其總體效益更有利於機關者,得不受前段序文但書限制。

(五) 契約之變更,非經機關及廠商雙方合意,作成書面紀錄,並簽名或蓋章者,無效。

(六) 廠商不得將契約之部分或全部轉讓予他人。但因公司分割或其他類似情形致有轉讓必要,經機關書面同意轉讓者,不在此限。

　　廠商依公司法、企業併購法分割,受讓契約之公司(以受讓營業者為限),其資格條件應符合原招標文件規定,且應提出下列文件之一:

1. 原訂約廠商分割後存續者,其同意負連帶履行本契約責任之文件;
2. 原訂約廠商分割後消滅者,受讓契約公司以外之其他受讓原訂約廠商營業之既存及新設公司同意負連帶履行本契約責任之文件。

第十六條　契約終止解除及暫停執行

(一) 廠商履約有下列情形之一者,機關得以書面通知廠商終止契約或解除契約之部分或全部,且不補償廠商因此所生之損失:

1. 違反採購法第39條第2項或第3項規定之專案管理廠商。
2. 有採購法第50條第2項前段規定之情形者。
3. 有採購法第59條規定得終止或解除契約之情形者。
4. 違反不得轉包之規定者。
5. 廠商或其人員犯採購法第87條至第92條規定之罪,經判決有罪確定者。
6. 因可歸責於廠商之事由,致延誤履約期限,有下列情形者(由機關於招標時勾選;未勾選者,為第1選項):

　　□履約進度落後＿＿＿%(由機關於招標時載明,未載明者為20%)以上,且日數達10日以上。

　　百分比之計算方式:

(1) 屬尚未完成履約而進度落後已達百分比者,機關應先通知廠商限期改善。屆期未改善者,如機關訂有履約進度計算方式,其通知限期改善當日及期限末日之履約進度落後百分比,分別以各該日實際進度與機關核定之預定進度百分比之差值計算;如機關未訂有履約進度計算方式,依逾期日數計算之。

(2) 屬已完成履約而逾履約期限,或逾最後履約期限尚未完成履約者,依逾期日數計算之。

　　☐其他：＿＿＿＿＿＿＿＿＿＿

7. 偽造或變造契約或履約相關文件，經查明屬實者。

8. 擅自減省工料情節重大者。

9. 無正當理由而不履行契約者。

10. 審查、查驗或驗收不合格，且未於通知期限內依規定辦理者。

11. 有破產或其他重大情事，致無法繼續履約者。

12. 廠商未依契約規定履約，自接獲機關書面通知之次日起10日內或書面通知所載較長期限內，仍未改善者。

13. 違反本契約第8條第16款第1目、第2目、第3目第1子目、第17款第3目第1子目（適用勾選本子目選項者）至第3子目、第21款及第14條第14款第3目情形之一，經機關通知改正而未改正，情節重大者。

14. 違反環境保護或職業安全衛生等有關法令，情節重大者。

15. 違反法令或其他契約約定之情形，情節重大者。

(二) 機關未依前款規定通知廠商終止或解除契約者，廠商仍應依契約規定繼續履約。

(三) 契約經依第1款規定或因可歸責於廠商之事由致終止或解除者，機關得依其所認定之適當方式，自行或洽其他廠商完成被終止或解除之契約；其所增加之費用及損失，由廠商負擔。無洽其他廠商完成之必要者，得扣減或追償契約價金，不發還保證金。機關有損失者亦同。

(四) 契約因政策變更，廠商依契約繼續履行反而不符公共利益者，機關得報經上級機關核准，終止或解除部分或全部契約，並補償廠商因此所生之損失。但不包含所失利益。

(五) 依前款規定終止契約者，廠商於接獲機關通知前已完成且可使用之履約標的，依契約價金給付；僅部分完成尚未能使用之履約標的，機關得擇下列方式之一洽廠商為之：

1. 繼續予以完成，依契約價金給付。

2. 停止製造、供應或施作。但給付廠商已發生之製造、供應或施作費用及合理之利潤。

(六) 非因政策變更且非可歸責於廠商事由（例如不可抗力之事由所致）而有終止或解除契約必要者，準用前2款規定。

(七) 廠商未依契約規定履約者，機關得隨時通知廠商部分或全部暫停執行，至情況改正後方准恢復履約。廠商不得就暫停執行請求延長履約期限或增加契約價金。

(八) 因可歸責於機關之情形，機關通知廠商部分或全部暫停執行：

1. 暫停執行期間累計逾__個月（由機關於招標時合理訂定，如未填寫，則為2個月）者，機關應先支付已完成履約部分之價金。

2. 暫停執行期間累計逾__個月（由機關於招標時合理訂定，如未填寫，則為6個月）者，廠商得通知機關終止或解除部分或全部契約，並得向機關請求賠償因契約終止或解除而生之損害。因可歸責於機關之情形無法開始履約者，亦同。

(九) 廠商不得對本契約採購案任何人要求、期約、收受或給予賄賂、佣金、比例金、仲介費、後謝金、回扣、餽贈、招待或其他不正利益。分包廠商亦同。違反約定者，

機關得終止或解除契約，並將2倍之不正利益自契約價款中扣除。未能扣除者，通知廠商限期給付之。

(十) 本契約終止時，自終止之日起，雙方之權利義務即消滅。契約解除時，溯及契約生效日消滅。雙方並互負相關之保密義務。

(十一) 因可歸責於機關之事由，機關有延遲付款之情形：

1. 廠商得向機關請求加計年息__%（由機關於招標時合理訂定，如未填寫，則依簽約日中華郵政股份有限公司牌告一年期郵政定期儲金機動利率）之遲延利息。

2. 延遲付款達__個月（由機關於招標時合理訂定，如未填寫，則為3個月）者，廠商得通知機關終止或解除部分或全部契約。

(十二) 除契約另有約定外，履行契約需機關之行為始能完成，因可歸責於機關之事由而機關不為其行為時，廠商得定相當期限催告機關為之。機關不於前述期限內為其行為者，廠商得通知機關終止或解除契約。

(十三) 因契約約定不可抗力之事由，致全部契約暫停執行，暫停執行期間持續逾__個月（由機關於招標時合理訂定，如未填寫，則為3個月）或累計逾__個月（由機關於招標時合理訂定，如未填寫，則為6個月）者，契約之一方得通知他方終止或解除契約。

第十七條　爭議處理

(一) 機關與廠商因履約而生爭議者，應依法令及契約規定，考量公共利益及公平合理，本誠信和諧，盡力協調解決之。其未能達成協議者，得以下列方式處理之：

1. 依採購法第85條之1規定向採購申訴審議委員會申請調解。

2. 經契約雙方同意並訂立仲裁協議書後，依本契約約定及仲裁法規定提付仲裁。

3. 提起民事訴訟。

4. 依其他法律申（聲）請調解。

5. 契約雙方合意成立爭議處理小組協調爭議。

6. 依契約或雙方合意之其他方式處理。

(二) 依前款第2目提付仲裁者，約定如下：

1. 由機關於招標文件及契約預先載明仲裁機構。其未載明者，由契約雙方協議擇定仲裁機構。如未能獲致協議，由機關指定仲裁機構。上開仲裁機構，除契約雙方另有協議外，應為合法設立之國內仲裁機構。

2. 仲裁人之選定：

(1) 當事人雙方應於一方收受他方提付仲裁之通知之次日起14日內，各自從指定之仲裁機構之仲裁人名冊或其他具有仲裁人資格者，分別提出10位以上（含本數）之名單，交予對方。

(2) 當事人之一方應於收受他方提出名單之次日起14日內，自該名單內選出1位仲裁人，作為他方選定之仲裁人。

(3) 當事人之一方未依(1)提出名單者，他方得從指定之仲裁機構之仲裁人名冊或其他具有仲裁人資格者，逕行代為選定1位仲裁人。

(4) 當事人之一方未依(2)自名單內選出仲裁人，作為他方選定之仲裁人者，他方得聲

請□法院；□指定之仲裁機構（由機關於招標時勾選；未勾選者，為指定之仲裁機構）代為自該名單內選定1位仲裁人。

3. 主任仲裁人之選定：

(1) 2位仲裁人經選定之次日起30日內，由□雙方共推；□雙方選定之仲裁人共推（由機關於招標時勾選）第三仲裁人為主任仲裁人。

(2) 未能依(1)共推主任仲裁人者，當事人得聲請□法院；□指定之仲裁機構（由機關於招標時勾選；未勾選者，為指定之仲裁機構）為之選定。

4. 以□機關所在地；□其他：＿＿＿＿＿＿為仲裁地（由機關於招標時載明；未載明者，為機關所在地）。

5. 除契約雙方另有協議外，仲裁程序應公開之，仲裁判斷書雙方均得公開，並同意仲裁機構公開於其網站。

6. 仲裁程序應使用□國語及中文正體字；□其他語文：＿＿＿＿＿。（由機關於招標時載明；未載明者，為國語及中文正體字）

7. 機關□同意；□不同意（由機關於招標時勾選；未勾選者，為不同意）仲裁庭適用衡平原則為判斷。

8. 仲裁判斷書應記載事實及理由。

(三) 依第1款第5目成立爭議處理小組者，約定如下：

1. 爭議處理小組於爭議發生時成立，得為常設性，或於爭議作成決議後解散。

2. 爭議處理小組委員之選定：

(1) 當事人雙方應於協議成立爭議處理小組之次日起10日內，各自提出5位以上（含本數）之名單，交予對方。

(2) 當事人之一方應於收受他方提出名單之次日起10日內，自該名單內選出1位作為委員。

(3) 當事人之一方未依(1)提出名單者，為無法合意成立爭議處理小組。

(4) 當事人之一方未能依(2)自名單內選出委員，且他方不願變更名單者，為無法合意成立爭議處理小組。

3. 爭議處理小組召集委員之選定：

(1) 2位委員經選定之次日起10日內，由雙方或雙方選定之委員自前目(1)名單中共推1人作為召集委員。

(2) 未能依(1)共推召集委員者，為無法合意成立爭議處理小組。

4. 當事人之一方得就爭議事項，以書面通知爭議處理小組召集委員，請求小組協調及作成決議，並將繕本送達他方。該書面通知應包括爭議標的、爭議事實及參考資料、建議解決方案。他方應於收受通知之次日起14日內提出書面回應及建議解決方案，並將繕本送達他方。

5. 爭議處理小組會議：

(1) 召集委員應於收受協調請求之次日起30日內召開會議，並擔任主席。委員應親自出席會議，獨立、公正處理爭議，並保守秘密。

(2) 會議應通知當事人到場陳述意見，並得視需要邀請專家、學者或其他必要人員列

席，會議之過程應作成書面紀錄。

(3) 小組應於收受協調請求之次日起90日內作成合理之決議，並以書面通知雙方。

6. 爭議處理小組委員應迴避之事由，參照採購申訴審議委員會組織準則第13條規定。委員因迴避或其他事由出缺者，依第2目、第3目辦理。

7. 爭議處理小組就爭議所為之決議，除任一方於收受決議後14日內以書面向召集委員及他方表示異議外，視為協調成立，有契約之拘束力。惟涉及改變契約內容者，雙方應先辦理契約變更。如有爭議，得再循爭議處理程序辦理。

8. 爭議事項經一方請求協調，爭議處理小組未能依第5目或當事人協議之期限召開會議或作成決議，或任一方於收受決議後14日內以書面表示異議者，協調不成立，雙方得依第1款所定其他方式辦理。

9. 爭議處理小組運作所需經費，由契約雙方平均負擔。

10. 本款所定期限及其他必要事項，得由雙方另行協議。

(四) 依採購法規定受理調解或申訴之機關名稱：＿＿＿＿＿＿＿＿＿＿＿＿＿＿＿＿＿；
　　地址：＿＿＿＿＿＿＿＿＿＿＿＿＿＿；電話：＿＿＿＿＿＿＿＿＿＿＿＿＿。

(五) 履約爭議發生後，履約事項之處理原則如下：

1. 與爭議無關或不受影響之部分應繼續履約。但經機關同意無須履約者不在此限。

2. 廠商因爭議而暫停履約，其經爭議處理結果被認定無理由者，不得就暫停履約之部分要求延長履約期限或免除契約責任。

(六) 本契約以中華民國法律為準據法，並以機關所在地之地方法院為第一審管轄法院。

第十八條　其他

(一) 廠商對於履約所僱用之人員，不得有歧視性別、原住民、身心障礙或弱勢團體人士之情事。

(二) 廠商履約時不得僱用機關之人員或受機關委託辦理契約事項之機構之人員。

(三) 廠商授權之代表應通曉中文或機關同意之其他語文。未通曉者，廠商應備翻譯人員。

(四) 機關與廠商間之履約事項，其涉及國際運輸或信用狀等事項，契約未予載明者，依國際貿易慣例。

(五) 機關及廠商於履約期間應分別指定授權代表，為履約期間雙方協調與契約有關事項之代表人。

(六) 依據「政治獻金法」第7條第1項第2款規定，與政府機關（構）有巨額採購契約，且於履約期間之廠商，不得捐贈政治獻金。

(七) 本契約未載明之事項，依採購法及民法等相關法令。

公共工程技術服務契約範本（109.01.15版）

立契約人：委託人：＿＿＿＿＿＿＿＿＿＿＿＿（以下簡稱甲方）
　　　　　受託人：＿＿＿＿＿＿＿＿＿＿＿＿（以下簡稱乙方）

茲為辦理【　　　　　　　　　】案（以下簡稱本案），甲乙雙方同意共同遵守訂立本委託契約。

第一節 契約文件及效力

一、契約包括下列文件：

(一) 招標文件及其變更或補充。

(二) 投標文件及其變更或補充。

(三) 決標文件及其變更或補充。

(四) 契約本文、附件及其變更或補充。

(五) 依契約所提出之履約文件或資料。

二、契約文件，包括以書面、錄音、錄影、照相、微縮、電子數位資料或樣品等方式呈現之原件或複製品。

三、契約所含各種文件之內容如有不一致之處，除另有規定外，依下列原則處理：

(一) 招標文件內之投標須知及契約條款優於招標文件內之其他文件所附記之條款。但附記之條款有特別聲明者，不在此限。

(二) 招標文件之內容優於投標文件之內容。但投標文件之內容經甲方審定優於招標文件之內容者，不在此限。招標文件如允許乙方於投標文件內特別聲明，並經甲方於審標時接受者，以投標文件之內容為準。

(三) 文件經甲方審定之日期較新者優於審定日期較舊者。

(四) 大比例尺圖者優於小比例尺圖者。

(五) 決標紀錄之內容優於開標或議價紀錄之內容。

(六) 同一優先順位之文件，其內容有不一致之處，屬甲方文件者，以對乙方有利者為準；屬乙方文件者，以對甲方有利者為準。

(七) 本契約之附件與本契約內之乙方文件，其內容與本契約條文有歧異者，除對甲方較有利者外，其歧異部分無效。

(八) 招標文件內之標價清單，其品項名稱、規格、數量，優於招標文件內其他文件之內容。

四、契約文件之一切規定得互為補充，如仍有不明確之處，由甲乙雙方依公平合理原則協議解決。如有爭議，依政府採購法（下稱採購法）之規定處理。

五、契約文字：

(一) 契約文字以中文為準。但下列情形得以外文為準：

1. 特殊技術或材料之圖文資料。

2. 國際組織、外國政府或其授權機構、公會或商會所出具之文件。

3. 其他經甲方認定確有必要者。

(二) 契約文字有中文譯文，其與外文文意不符者，除資格文件外，以中文為準。其因譯文有誤致生損害者，由提供譯文之一方負責賠償。

(三) 契約所稱申請、報告、同意、指示、核准、通知、解釋及其他類似行為所為之意思表示，除契約另有規定或當事人同意外，應以中文（正體字）書面為之。書面之遞交，得以面交簽收、郵寄、傳真或電子資料傳輸至雙方預為約定之人員或處所。

六、契約所使用之度量衡單位，除另有規定者外，以法定度量衡單位為之。

七、契約所定事項如有違反法令或無法執行之部分，該部分無效。但除去該部分，契約

亦可成立者，不影響其他部分之有效性。該無效之部分，甲方及乙方必要時得依契約原定目的變更之。

八、經雙方代表人或其授權人簽署契約正本2份，甲方及乙方各執1份，並由雙方各依印花稅法之規定繳納印花稅。副本份（請載明），由甲方、乙方及相關機關、單位分別執用。副本如有誤繕，以正本為準。

第二條 履約標的（由甲方於招標時參照本條之附件載明）

一、甲方辦理事項（由甲方於招標時載明，無者免填）：＿＿＿＿

二、乙方應給付之標的及工作事項：＿＿＿＿

三、其他：＿＿＿＿（由甲方於招標時載明，如由乙方提供服務，甲方應另行支付費用）。

第三條 契約價金之給付

一、契約價金結算方式：

(一) 履約標的如涉可行性研究者（由甲方擇一於招標時載明）：

　　□總包價法

　　□服務成本加公費法

　　□按月、按日或按時計酬法

(二) 履約標的如涉規劃者（由甲方擇一於招標時載明）：

　　□總包價法

　　□建造費用百分比法

　　□服務成本加公費法

　　□按月、按日或按時計酬法

(三) 履約標的如涉設計者（由甲方擇一於招標時載明）：

　　□總包價法

　　□建造費用百分比法

　　□服務成本加公費法

　　□按月、按日或按時計酬法

(四) 履約標的如涉監造者（由甲方擇一於招標時載明）：

　　□總包價法

　　□建造費用百分比法

　　□服務成本加公費法

　　□按月、按日或按時計酬法

(五) 履約標的如涉前條其他服務項目，甲方另行支付費用（由甲方擇一於招標時載明）：

　　□總包價法

　　□建造費用百分比法

　　□服務成本加公費法

　　□按月、按日或按時計酬法

二、計價方式：

(一) 總包價法：依公告固定或決標時議定服務費新台幣＿＿＿＿＿＿元（由甲方於決標後

填寫，請招標機關及投標廠商參考本條附件1之附表編列服務費用明細表，決標後依決標結果調整納入契約執行）。

(二) 建造費用百分比法。

1. 服務費用（由甲方擇一於招標時載明）：

□服務費用為建造費用之百分之＿＿＿＿（依甲方於招標文件載明之固定或決標時議定服務費率；如跨不同級距之費率，甲方應於招標文件載明各級距之固定或決標時議定服務費率）；其各階段分配比率如下：

　□建築物工程：規劃占<u>10</u>%，設計占<u>45</u>%，監造占<u>45</u>%（如有調整該百分比組成，由甲方於招標時載明）。

　□公共工程（不包括建築物工程）：設計及協辦招標決標占<u>56</u>%，監造占<u>44</u>%（如有調整該百分比組成，由甲方於招標時載明）。

□依「機關委託技術服務廠商評選及計費辦法」之附表1建築物工程技術服務建造費用百分比上限參考表第＿類（甲方於招標時載明）所載百分比上限參考之＿%（依甲方於招標文件載明之固定折扣率或決標時議定之折扣率）計；其各階段分配比率如下：規劃占10%，設計占45%，監造占45%（如有調整該百分比組成，由甲方於招標時載明）。

□依「機關委託技術服務廠商評選及計費辦法」之附表2公共工程（不包括建築物工程）技術服務建造費用百分比上限參考表所載百分比上限參考之＿%（依甲方於招標文件載明之固定折扣率或決標時議定之折扣率）計；其各階段分配比率如下：設計及招標決標占56%，監造占44%（如有調整該百分比組成，由甲方於招標時載明）。

2. 建造費用，指經機關核定之工程採購底價金額或評審委員會建議金額。但不包括規費、規劃費、設計費、監造費、專案管理費、物價指數調整工程款、營業稅、土地及權利費用、法律費用、甲方所需工程管理費、承包商辦理工程之各項利息、保險費及＿＿＿＿（其他除外費用；由甲方於招標時載明）。

建造費用如包括甲方收入性質之抵減項目、金額（例如有價值之土方金額）該項金額：（未勾選者以a為準）

　□a. 為除外費用。

　□b. 其他：＿＿＿＿＿＿

3. 工程採購無底價且無評審委員會建議金額者，建造費用以工程預算之90%代之。但仍須扣除第2子目不包括之費用及稅捐等。

4. 依本目計算服務費用者，其工程於履約期間有契約變更、終止或解除契約之情形者，服務費用得視實際情形協議增減之。

(三) 服務成本加公費法。

1. 服務成本加公費法之服務費用上限新台幣＿＿＿＿＿＿元（由甲方於決標後填寫，請招標機關及投標廠商參考本條附件2之附表編列服務費用明細表，決標後依決標結果調整納入契約執行），包括直接費用（直接薪資、管理費用及其他直接費用，其項目由甲方於招標時載明）、公費及營業稅。

2. 公費，為定額新台幣_____元（由甲方於決標後填寫），不得按直接薪資及管理費之金額依一定比率增加，且全部公費不得超過直接薪資扣除非經常性給與之獎金後與管理費用合計金額之25%。

3. 乙方應記錄各項費用並備具憑證，甲方視需要得自行或委託專業第三人至乙方處所辦理查核。

4. 實際履約費用達新台幣_____元（上限，由甲方於決標後填寫）時，非經甲方同意，乙方不得繼續履約。

(四) 按月、按日或按時計酬法，服務費用上限新台幣_____元（由甲方於決標後填寫，請招標機關及投標廠商參考本條附件3之附表編列服務費用明細表，決標後依決標結果調整納入契約執行）。

第四條　契約價金之調整

一、驗收結果與規定不符，而不妨礙安全及使用需求，亦無減少通常效用或契約預定效用，經甲方檢討不必拆換、更換或拆換、更換確有困難，或不必補交者，得於必要時減價收受。

二、採減價收受者，按不符項目標的之契約價金百分之____（由甲方視需要於招標時載明）減價，並處以減價金額百分之____或____倍（由甲方視需要於招標時載明）之違約金。減價及違約金之總額，以該項目之契約價金為限。

三、契約價金，除另有規定外，含乙方及其人員依甲方之本國法令應繳納之稅捐、及強制性保險之保險費。

四、甲方之本國以外其他國家或地區之稅捐，由乙方負擔。

五、乙方履約遇有下列政府行為之一，致履約費用增加或減少者，契約價金得予調整：

(一) 政府法令之新增或變更。

(二) 稅捐或規費之新增或變更。

(三) 政府公告、公定或管制費率之變更。

六、前款情形，屬甲方之本國政府所為，致履約成本增加者，其所增加之必要費用，由甲方負擔；致履約成本減少者，其所減少之部分，得自契約價金中扣除。屬其他國家政府所為，致履約成本增加或減少者，契約價金不予調整。

七、履約期間遇有下列不可歸責於乙方之情形，經甲方審查同意後，契約價金應予調整：

(一) 於設計核准後須變更者。

(二) 超出技術服務契約或工程契約規定施工期限所需增加之監造及相關費用。

(三) 修改招標文件重行招標之服務費用。

(四) 超過契約內容之設計報告製圖、送審、審圖等相關費用。

八、依建造費用百分比法派駐之監造人力，以「公共工程施工品質管理作業要點」及契約所要求者為原則；其超過者，雙方應依比例增加監造費用或另行議定。

九、如增加監造服務期間，不可歸責於乙方之事由者，應依下列計算式增加監造服務費用（由甲方擇一於招標時載明）：

　　□甲：（超出『工程契約工期』之日數－因乙方因素增加之日數）／工程契約工期

之日數＊（監造服務費）＊（增加期間監造人數／契約監造人數）

工程契約工期：指該監造各項工程契約所載明之總工期。

□乙依服務成本加公費法計算：依實際增加之人月，給予甲乙雙方議定之薪資及行政費用；不滿整月者，依所占比率計算。

第五條　契約價金之給付條件

□一、總包價法或建造費用百分比法之給付（配合第3條第1款契約價金結算方式勾選，並由甲方於招標時參照本條附件載明給付條件）

□二、服務成本加公費法：（配合第3條第1款契約價金結算方式勾選，並由甲方擇一於招標時載明）

　　□依核定之工作實際進度，檢附憑證給付。

　　□其他：由承辦單位依雙方議定條件給付。

□三、按月、按日或按時計酬法：（配合第3條第1款契約價金結算方式勾選，並由甲方擇一於招標時載明）

　　□依第3條附件3附表公共工程技術服務費用明細表及實際人力出勤情形，檢附憑證給付。

　　□其他：依雙方議定條件給付。

四、乙方履約有下列之情形者，甲方得暫停給付契約價金至情形消滅為止：

(一) 履約實際進度因可歸責於乙方之事由，落後預定進度達＿＿＿％（由甲方於招標時載明）以上者。

(二) 履約有瑕疵經書面通知改善而逾期未改善者。

(三) 未履行契約應辦事項，經通知仍延不履行者。

(四) 乙方履約人員不適任，經通知更換仍延不辦理者。

(五) 其他違反法令或契約情形。

五、薪資指數調整（無者免填）：

(一) 履約期間在1年以上者，自第2年起，履約進行期間，如遇薪資波動時，得依行政院主計總處發布之台灣地區專業、科學及技術服務業受雇員工平均經常性薪資指數，就漲跌幅超過百分之＿＿＿（由甲方於招標時載明，未載明者，為2.5%）之部分，調整契約價金（由甲方於招標時載明得調整之標的項目）。其調整金額之上限為＿＿＿元（由甲方於招標時載明）。

(二) 適用薪資指數基期更換者，其換基當月起完成之履約標的，自動適用新基期指數核算履約標的之調整款，原依舊基期指數結清之履約標的款不予追溯核算。每月發布之薪資指數修正時，處理原則亦同。

(三) 乙方於投標時提出投標標價不適用招標文件所定薪資指數調整條款之聲明書者，履約期間不論薪資指數漲跌變動情形之大小，乙方標價不適用招標文件所定薪資指數調整條款，指數上漲時不依薪資指數調整金額；指數下跌時，甲方亦不依薪資指數扣減其薪資調整金額；行政院如有訂頒薪資指數調整措施，亦不適用。

六、契約價金得依台灣地區專業、科學及技術服務業受雇員工平均經常性薪資指數調整者，應註明下列事項：

(一) 得調整之成本項目及金額：＿＿＿（未載明者以薪資項目之金額為準；無法明確區分薪資項目金額者，以契約價金總額70%計算）。

(二) 以開標月之薪資指數為基期。

(三) 調整公式：＿＿＿＿＿＿（由甲方於招標時載明；未載明者，參照工程會97年7月1日發布之「機關已訂約施工中工程因應營建物價變動之物價調整補貼原則計算範例」及98年4月7日發布之「機關已訂約工程因應營建物價下跌之物價指數門檻調整處理原則計算範例」，公開於工程會全球資訊網＞政府採購＞工程款物價指數調整）。

(四) 乙方應提出調整數據及佐證資料。

(五) 非屬薪資性質之項目不予調整。

(六) 逐月就已工作部分按當月指數計算薪資調整款。逾履約期限之部分，應以計價當期指數與契約規定履約期限當月指數二者較低者為調整依據。但逾期履約係非可歸責於乙方者，應以計價當期指數為調整依據；如屬薪資指數下跌而需扣減契約價金者，乙方得選擇以契約原訂履約期程所對應之薪資指數計算扣減之金額，但該期間之薪資指數上漲者，不得據以轉變為需由甲方給付薪資調整款，且選擇後不得變更，亦不得僅選擇適用部分履約期程。

(七) 薪資調整款累計給付逾新台幣10萬元者，由甲方刊登契約給付金額變更公告。

七、契約價金總額曾經減價而確定，其所組成之各單項價格得依約定或合意方式調整（例如減價之金額僅自部分項目扣減）；未約定或合意調整方式者，如乙方所報各單項價格未有不合理之處，視同就乙方所報各單項價格依同一減價比率（決標金額／投標金額）調整。投標文件中報價之分項價格合計數額與決標金額不同者，依決標金額與該合計數額之比率調整之。但人力項目之報價不隨之調低。

八、乙方計價領款之印章，除另有約定外，以乙方於投標文件所蓋之章為之。

九、乙方應依身心障礙者權益保障法、原住民族工作權保障法及採購法規定僱用身心障礙者及原住民。僱用不足者，應依規定分別向所在地之直轄市或縣（市）勞工主管機關設立之身心障礙者就業基金專戶及原住民族中央主管機關設立之原住民族綜合發展基金之就業基金，定期繳納差額補助費及代金；並不得僱用外籍勞工取代僱用不足額部分。甲方應將國內員工總人數逾100人之廠商資料公開於政府電子採購網，以供勞工及原住民族主管機關查核差額補助費及代金繳納情形，甲方不另辦理查核。

十、契約價金總額，除另有約定外，為完成契約所需全部材料、人工、機具、設備及履約所必須之費用。

十一、乙方請領契約價金時應提出電子或紙本統一發票，依法免用統一發票者應提出收據。

十二、乙方對其派至甲方提供勞務之受僱勞工，其屬派遣勞工性質者，於最後一次向甲方請款時，應檢送提繳勞工退休金、積欠工資墊償基金、繳納勞工保險費、就業保險費、全民健康保險費之繳費證明影本，供甲方審查後，以憑支付最後一期款。

乙方有繳納履約保證金且涉及上述派遣勞工性質者，於最後一次向甲方請款時可

具結已依規定為其派遣勞工（含名冊）繳納上開費用之切結書，供甲方審查後，以憑支付最後一期款。其尚未發還之履約保證金，應於檢送履約期間提繳勞工退休金、積欠工資墊償基金、繳納勞工保險費、就業保險費、全民健康保險費之繳費證明影本，供甲方審查後，始得發還。

十三、乙方履約有逾期違約金、損害賠償、不實行為、未完全履約、不符契約規定、溢領價金或減少履約事項等情形時，甲方得自應付價金中扣抵；其有不足者，得通知乙方給付。有履約保證金者，並得自履約保證金扣抵。

十四、服務範圍包括代辦訓練操作或維護人員者，其服務費用除乙方本身所需者外，有關受訓人員之旅費及生活費用，由甲方自訂標準支給，不包括在服務費用項目之內。

十五、分包契約依採購法第67條第2項報備於甲方，並經乙方就分包部分設定權利質權予分包廠商者，該分包契約所載付款條件應符合前列各項規定（採購法第98條之規定除外）或與甲方另行議定。

十六、甲方得延聘專家參與審查乙方提送之所有草圖、圖說、報告、建議及其他事項，其所需一切費用（出席費、審查費、差旅費、會場費用等）由甲方負擔。

十七、除契約另有約定外，依下列條件辦理付款：乙方依契約約定之付款條件提出符合契約約定之證明文件後，甲方應於15工作天內完成審核程序後，通知乙方提出請款單據，並於接到乙方請款單據後15工作天內付款；屬驗收付款者，於驗收合格後，甲方於接到乙方請款單據後15工作天內，一次無息結付尾款。但涉及向補助機關申請核撥補助款者，付款期限為30工作天。

十八、甲方辦理付款及審核程序，如發現乙方有文件不符、不足或有疑義而需補正或澄清者，甲方應一次通知澄清或補正，不得分次辦理。其審核及付款期限，自資料澄清或補正之次日重新起算；甲方並應先就無爭議且可單獨計價之部分辦理付款。

十九、因非可歸責於乙方之事由，甲方有延遲付款之情形，乙方投訴對象：

(一) 甲方之政風單位；

(二) 甲方之上級機關；

(三) 法務部廉政署；

(四) 採購稽核小組；

(五) 採購法主管機關；

(六) 行政院主計總處。（延遲付款之原因與主計人員有關者）

二十、廠商於履約期間給與全職從事本採購案之員工薪資，如採按月計酬者，至少為＿＿＿＿＿＿元（由機關於招標時載明，不得低於勞動基準法規定之最低基本工資；未載明者，為新台幣3萬元）。

第六條　稅捐及規費

一、以新台幣報價之項目，除招標文件另有規定外，應含稅，包括營業稅。由自然人投標者，不含營業稅，但仍包括其必要之稅捐。

二、以外幣報價之勞務費用或權利金，加計營業稅後與其他廠商之標價比較。但決標時

將營業稅扣除，付款時由甲方代繳。

三、外國廠商在甲方之本國境內發生之勞務費或權利金收入，於領取價款時按當時之稅率繳納營利事業所得稅。上述稅款在付款時由甲方代為扣繳。但外國廠商在甲方之本國境內有分支機構、營業代理人或由國內廠商開立統一發票代領者，上述稅款在付款時不代為扣繳，而由該等機構、代理人或廠商繳納。

四、與本契約有關之證照，依法應以甲方名義申請，而由乙方代為提出申請者，其所需規費由甲方負擔。除已載明於契約金額項目者外，不含於本契約價金總額。

第七條 履約期限

一、履約期限係指乙方完成履約標的之所需時間（由甲方擇需要者於招標時載明）：

(一) 規劃設計部分：

1. 乙方應於□決標日□甲方簽約日□甲方通知日起＿＿＿天／月內完成規劃設計工作。

2. 依前子目所定期限，履約分段進度如下（由甲方擇一於招標時載明）：

　　□履約各分段進度：＿＿＿＿＿＿＿（甲方於招標時載明）。

　　□履約各分段進度表由雙方協議訂定之。

(二) 乙方對監造服務工作之責任以甲方書面通知開始日起，至本契約全部工程驗收合格止。

(三) 如涉及變更設計應以甲方通知到達日起算。

(四) 本履約期限不含證照取得與甲方審核及修改時間。

二、本契約所稱日（天）數，除已明定為日曆天或工作天者外，係以□日曆天□工作天計算（由甲方於招標時勾選；未勾選者，為工作天）：

(一) 以日曆天計算者，所有日數，包括第2目所載之放假日，均應計入。但投標文件截止收件日前未可得知之放假日，不予計入。

(二) 以工作天計算者，下列放假日，均應不計入：

1. 星期六（補行上班日除外）及星期日。但與第2子目至第5子目放假日相互重疊者，不得重複計算。

2. 依「紀念日及節日實施辦法」規定放假之紀念日、節日及其補假。

3. 軍人節（9月3日）之放假及補假（依國防部規定，但以國軍之採購案為限）。

4. 行政院人事行政總處公布之調整放假日。

5. 全國性選舉投票日及行政院所屬中央各業務主管機關公告放假者。

(三) 免計工作天之日，以不得施作為原則。乙方如欲施作，應先徵得甲方書面同意，該日數□應；□免計入工期（由甲方於招標時勾選，未勾選者，免計入工期）。

(四) 其他：＿＿＿＿＿＿＿＿＿＿＿＿（由甲方於招標時載明）。

三、契約如需辦理變更，其履約標的項目或數量有增減時；或因不可歸責於乙方之變更設計，變更部分或變更設計部分之履約期限由雙方視實際需要議定增減之。

四、履約期限延期：

(一) 履約期限內，有下列情形之一，且確非可歸責於乙方，而需展延履約期限者，乙方應於事故發生或消失後，檢具事證，儘速以書面向甲方申請展延履約期限。甲方得審酌其情形後，以書面同意延長履約期限，不計算逾期違約金。其事由未達半日

者，以半日計；逾半日未達1日者，以1日計。

1. 發生契約規定不可抗力之事故。

2. 因天候影響無法施工。

3. 甲方要求全部或部分暫停履約。

4. 因辦理契約變更或增加履約標的數量或項目。

5. 甲方應辦事項未及時辦妥。

6. 由甲方自辦或甲方之其他廠商因承包契約相關履約標的之延誤而影響契約進度者。

7. 其他非可歸責於乙方之情形，經甲方認定者。

(二) 前目事故之發生，致契約全部或部分必須停止履約時，乙方應於停止履約原因消滅後立即恢復履約。其停止履約及恢復履約，乙方應儘速向甲方提出書面報告。

五、期日：

(一) 履約期間自指定之日起算者，應將當日算入。履約期間自指定之日後起算者，當日不計入。

(二) 履約標的須於一定期間內送達甲方之場所者，履約期間之末日，以甲方當日下班時間為期間末日之終止。當日為甲方之辦公日，但甲方因故停止辦公致未達原定截止時間者，以次一辦公日之同一截止時間代之。

六、甲乙雙方同意於接獲提供之資料送達後儘速檢視該資料，並於檢視該資料發現疑義時，立即以書面通知他方。

七、除招標文件已載明者外，因不可歸責於乙方之因素而須修正、更改、補充，雙方應以書面另行協議延長期限。

第八條　履約管理

一、乙方應依招標文件及服務建議書內容，於簽約後_____日內（由甲方於招標文件載明，未載明者，以14個日曆天計），提出「服務實施計畫書」送甲方核可，該服務實施計畫書內容至少應包括計畫組織、工作計畫流程、工作預定進度表（含分期提出各種書面資料之時程）、工作人力計畫（含人員配當表）、辦公處所等。甲方如有修正意見，經甲方通知乙方後，乙方應於_____日（由甲方於招標文件載明，未載明者，以7個日曆天計）內改正完妥，並送甲方審核。乙方應依工作預定進度表所列預定時程提送各階段書面資料，甲方應於收到乙方提送之各階段書面資料後_____日內（由甲方於招標文件載明，未載明者，以20個日曆天計）完成審查工作；其需退回修正者，乙方應於甲方給予之期限內完成修正工作；乙方依契約規定應履行之專業責任，不因甲方對乙方書面資料之審查認可而減少或免除。

二、與契約履約標的有關之其他標的，經甲方交由其他廠商辦理時，乙方有與其他廠商互相協調配合之義務，以使該等工作得以順利進行。工作不能協調配合，乙方應通知甲方，由甲方邀集各方協調解決。乙方如未通知甲方或未能配合或甲方未能協調解決致生錯誤、延誤履約期限或意外事故，應由可歸責之一方負責並賠償。

三、工程規劃設計階段，接管營運維護單位提供與契約履約標的有關之意見，得經甲方交由乙方辦理，乙方有協調配合之義務，俾使工程完工後之該等工作得以順利進行。工作不能協調配合，乙方應通知甲方，由甲方邀集各方協調解決。

四、乙方接受甲方或甲方委託之機構之人員指示辦理與履約有關之事項前，應先確認該人員係有權代表人，且所指示辦理之事項未逾越或未違反契約規定。乙方接受無權代表人之指示或逾越或違反契約規定之指示，不得用以拘束甲方或減少、變更乙方應負之契約責任，甲方亦不對此等指示之後果負任何責任。

五、甲方及乙方之一方未請求他方依契約履約者，不得視為或構成一方放棄請求他方依契約履約之權利。

六、契約內容有須保密者，乙方未經甲方書面同意，不得將契約內容洩漏予與履約無關之第三人。

七、乙方履約期間所知悉之甲方機密或任何不公開之文書、圖畫、消息、物品或其他資訊，均應保密，不得洩漏。

八、轉包及分包：

(一) 乙方不得將契約轉包。乙方亦不得以不具備履行契約分包事項能力、未依法登記或設立，或依採購法第103條規定不得參加投標或作為決標對象或作為分包廠商之廠商為分包廠商。

(二) 乙方擬分包之項目及分包廠商，甲方得予審查。

(三) 乙方對於分包廠商履約之部分，仍應負完全責任。分包契約報備於甲方者，亦同。

(四) 分包廠商不得將分包契約轉包。其有違反者，乙方應更換分包廠商。

(五) 乙方違反不得轉包之規定時，甲方得解除契約、終止契約或沒收保證金，並得要求損害賠償。

(六) 前目轉包廠商與乙方對甲方負連帶履行及賠償責任。再轉包者，亦同。

九、乙方及分包廠商履約，不得有下列情形：僱用無工作權之人員、供應不法來源之履約標的、使用非法車輛或工具、提供不實證明、違反人口販運防制法或其他不法或不當行為。

十、甲方於乙方履約中，若可預見其履約瑕疵，或有其他違反契約之情事者，得通知乙方限期改善。

十一、履約所需臨時場所，除另有規定外，由乙方自理。

十二、乙方履約人員對於所應履約之工作有不適任之情形者，甲方得要求更換，乙方不得拒絕。

十三、勞工權益保障：

(一) 乙方對其派至甲方提供勞務之受僱勞工，應訂立書面勞動契約，並將該契約影本送甲方備查。

(二) 乙方對其派至甲方提供勞務之受僱勞工，應依法給付工資，依法投保勞工保險、就業保險、全民健康保險及提繳勞工退休金，並依規定繳納前述保險之保險費及提繳勞工退休金。

(三) 乙方應於簽約後＿＿日內（由甲方衡酌個案情形自行填列），檢具派至甲方提供勞務之受僱勞工名冊（包括勞工姓名、出生年月日、身分證字號及住址）、勞工保險被保險人投保資料表（明細）影本及切結書（具結已依法為其受僱勞工投保勞工保險、就業保險、全民健康保險及提繳勞工退休金，並依規定繳納前述保險之保險費

及提繳勞工退休金）送甲方備查。

(四) 甲方發現乙方未依法爲其派至甲方提供勞務之受僱勞工，投保勞工保險、就業保險、全民健康保險及提繳勞工退休金者，應限期改正，其未改正者，通知目的事業主管機關依法處理。

十四、本案委託技術服務範圍若包括監造者，乙方應依「公共工程施工品質管理作業要點」規定辦理，其派遣人員留駐工地，持續性監督施工廠商按契約及設計圖說施工及查證施工廠商履約之監造人力計畫表如下（由甲方於招標時載明）：

派遣人員資格	人數	是否專任	留駐工地期間	權責分工情形

十五、乙方於設計完成經甲方審查確認後，應將工程決標後契約圖說之電子檔案（如CAD檔）交予甲方。

十六、乙方承辦技術服務，其實際提供服務人員應於完成之圖樣及書表上簽署。其依法令須由執（開）業之專門職業及技術人員辦理者，應交由各該人員辦理，並依法辦理簽證。各項設施或設備，依法令規定須由專業技術人員安裝、施工或檢驗者，乙方應依規定辦理。

依本契約完成之圖樣或書表，如屬技師執行業務所製作者，應依技師法第16條規定，由技師本人簽署並加蓋技師執業圖記。（有關應由技師本人簽署並加蓋技師執業圖記之圖樣、書表及技師簽署方式，依行政院公共工程委員會98年12月2日工程技字第09800526520號令，該令公開於行政院公共工程委員會資訊網站http://www.pcc.gov.tw／法令規章／技師法／技師法相關解釋函）

□本契約屬□公共工程實施簽證範圍；□甲方依「公共工程專業技師簽證規則」第5條第3項規定，另行擇定應實施簽證範圍：＿＿＿＿（由甲方於招標時載明）及項目：＿＿（由甲方於招標時載明）。其簽證應依下列規定辦理。

(一) 本契約實施公共工程專業技師簽證，乙方須於簽約後＿＿＿日內（由甲方於招標時載明）提報其實施簽證之執行計畫，經甲方同意後執行之。（本執行計畫應具之工作項目，甲方應依工程種類、規模及實際需要定之）

1. 上述執行計畫如屬設計簽證者，應包括施工規範與施工說明、數量計算、預算書、設計圖與計算書，並得包括□補充測量、□補充地質調查與鑽探、□施工安全評估、□工地環境保護監測與防治及□其他必要項目＿＿＿＿。（由甲方視工程之特性及實際需要勾選及載明其他必要項目）

2. 上述執行計畫如屬監造簽證者，應包括品質計畫與施工計畫審查、施工圖說審查、材料與設備抽驗、施工查驗與查核、設備功能運轉測試之抽驗及□其他必要項目＿＿＿。

（由甲方於招標時載明）

(二) 技師執行簽證時，應親自為之，並僅得就本人或在本人監督下完成之工作為簽證。其涉及現場作業者，技師應親自赴現場實地查核後，始得為之。

(三) 技師執行簽證，應依技師法第16條規定於所製作之圖樣、書表及簽證報告上簽署，並加蓋技師執業圖記。

(四) 本契約執行技師應依「公共工程專業技師簽證規則」規定，就其辦理經過，連同相關資料、文件彙訂為工作底稿，並向甲方提出簽證報告。

十七、其他：

(一) 乙方所提出之圖樣及書表內如涉及施工期間之交通維持、安全衛生設施經費及空氣污染及噪音防制設施經費者，應以量化方式編列。

(二) 乙方履約期間，應於每月五日前向甲方提送工作月報，其內容包括工作事項、工作進度（含當月完成成果說明）、工作人數及時數、異常狀況及因應對策等。

(三) 乙方所擬定之招標文件，其內容不得有不當限制競爭之情形。其有要求或提及特定之商標或商名、專利、設計或型式、特定來源地、生產者或供應者之情形時，應於提送履約成果文件上敘明理由。

(四) 如係辦理公有新建建築物，其工程預算達新台幣5千萬元以上者，建築工程於申報一樓樓版勘驗時，應同時檢附合格級以上候選綠建築證書；工程契約約定由施工廠商負責取得綠建築標章者（如約定為乙方辦理者，招標時由甲方於第2條附件1第2款第4目第7子目勾選），於工程驗收合格並取得合格級以上綠建築標章後，始得發給工程結算驗收證明書。但工程驗收合格而未能取得綠建築標章，其經甲方確認非可歸責於施工廠商者，仍得發給工程結算驗收證明書；另乙方於辦理變更設計，應併同檢討與申請變更候選綠建築證書。

(五) 如係辦理公有新建建築物，建築物使用類組符合內政部「公有建築物申請智慧建築標章適用範圍表」規定，且工程預算達新台幣2億元以上者，除應符合前目候選綠建築證書及綠建築標章之取得要求外，建築工程於申報一樓樓版勘驗時，應同時檢附合格級以上候選智慧建築證書；工程契約約定由施工廠商負責取得智慧建築標章者（如約定為乙方辦理者，招標時由甲方於第2條附件1第2款第4目第9子目勾選），於工程驗收合格並取得合格級以上智慧建築標章後，始得發給工程結算驗收證明書。但工程驗收合格而未能取得智慧建築標章，其經甲方確認非可歸責於施工廠商者，仍得發給工程結算驗收證明書；另乙方於辦理變更設計，應併同檢討與申請變更候選智慧建築證書。如屬國家機密之建築物，得免適用本目之約定。

(六) 如係辦理公有新建建築物，其工程預算未達新台幣5千萬元者，應通過日常節能與水資源2項指標，由乙方承辦建築師以自主檢查方式辦理，甲方必要時得委請各地建築師公會、內政部指定之綠建築標章評定專業機構或其他方式，於填發工程結算驗收證明書前完成確認。但符合下列情形之一者，得免依本目約定辦理：

1. 建築技術規則建築設計施工編第298條第3款規定免檢討建築物節約能源者。

2. 建築物僅具有頂蓋、樑柱，而無外牆或外牆開口面積合計大於總立面面積三分之二者。

3. 建築法第7條規定之雜項工作物。

4. 建築物總樓地板面積在500平方公尺以下者。

5. 屬國家機密之建築物。

6. 其他經內政部認定無須辦理評估者。

(七) 工程應優先求取土石方之自我平衡，其次為甲方其他工程自行平衡土方交換或跨機關鄰近工程土方交換，最後才交由土資場處理，並依規劃之土方處理方式編列相關經費支出。工程有土石方出土達3千立方公尺以上或需土達5千立方公尺以上者，乙方應就圖樣及書表內有關土石方規劃設計內容及收容處理建議提出完整詳細之說明，送甲方審查（該說明書內容之提送及應用如附件）。

(八) 乙方履約內容涉及架設網站開放外界使用者，應依身心障礙者權益保障法第52條之2規定辦理。

(九) 乙方依契約約定審核（查）甲方之其他契約廠商所提出之各該契約約定得付款之證明文件時，乙方應於7工作天內完成審核（查），並將結果交付甲方，以利甲方續於8工作天內完成審核及辦理後續作業。

(十) 乙方應依勞動部「加強公共工程職業安全衛生管理作業要點」第4點，審酌工程之潛在危險，配合災害防止對策，並依據工程需求，參照工程會訂定之「公共工程安全衛生項目編列參考附表」，覈實編列安全衛生經費；第12點所定監督查核事項，乙方應納入提報之監造計畫；依第13點所定，於規劃、設計時，依職業安全衛生法規提供安全衛生注意事項、圖說、規範、經費明細表及＿＿＿（由甲方依個案實際需要，於招標時載明）等資料，以納入工程之招標文件及契約。

(十一) 乙方履約標的如涉監造者，屬公告金額以上之工程採購，應提報其監造計畫。監造計畫之內容除甲方另有規定外，應包括：

1. 查核金額以上工程：監造範圍、監造組織、品質計畫審查作業程序、施工計畫審查作業程序、材料與設備抽驗程序及標準、施工抽查程序及標準、品質稽核、文件紀錄管理系統等。

2. 新台幣1千萬元以上未達查核金額之工程：監造範圍、品質計畫審查作業程序、施工計畫審查作業程序、材料與設備抽驗程序及標準、施工抽查程序及標準、文件紀錄管理系統等。

3. 公告金額以上未達新台幣1千萬元之工程：品質計畫審查作業程序、施工計畫審查作業程序、材料與設備抽驗程序及標準、施工抽查程序及標準等。

   工程具機電設備者，並應增訂設備功能運轉測試等抽驗程序及標準。

(十二) 乙方應依行政院環境保護署（下稱環保署）「加強公共工程空氣污染及噪音防制管理要點」第4點，建立空氣污染及噪音防制設施施工規範、圖說、配置圖及經費明細表，以納入工程之招標文件及契約；第10點所定空氣污染及噪音防制監督查核事項，乙方應納入提報之監造計畫。

(十三) 工程採購之預算金額為新台幣1千萬元以上者，依據工程價格資料庫作業辦法第3條第3項規定，乙方編製工程預算書及招標文件之詳細價目表、單價分析表及資源統計表，應依工程會訂定之「公共工程細目編碼編訂說明」及其各章細目碼

編訂規則表辦理，且其細目編碼正確率應達＿＿％以上（由甲方於招標時載明，未載明者，為40％），並檢附正確率檢核成果表。若經甲方檢核正確率未達前開比率，乙方應於甲方給予之期限內完成修正工作，逾期者，依第13條第1款計算逾期違約金。如因本案工項非屬前開規則表項目之比率較高，致正確率無法達到前開比率且經乙方提出具體事證或說明，並經甲方核准者，不在此限。

(十四) 為推動循環經濟政策，如有可使用以下再生材料之工作項目（由甲方於招標時擇定），乙方應將再生材料妥適納入設計成果中：

☐垃圾焚化廠焚化再生粒料：可運用於「基地及路堤填築」、「級配粒料基層」、「級配粒料底層」、「控制性低強度回填材料」及「低密度再生透水混凝土」等工作項目，相關規範依照環保署訂定之「垃圾焚化廠焚化底渣再利用管理方式」。

☐一貫作業煉鋼爐轉爐石：可運用於「瀝青混凝土鋪面」等工作項目，相關規範依照經濟部認可之「一貫作業煉鋼爐轉爐石瀝青混凝土使用手冊」（公開於工程會資訊網站https://www.pcc.gov.tw／工程技術／工程技術專案／公共工程運用再生粒料專區）。

☐電弧爐煉鋼氧化碴：可運用於「瀝青混凝土鋪面」等工作項目，相關規定依照經濟部訂定之「經濟部事業廢棄物再利用管理辦法」。

(十五) 為落實瀝青混凝土挖（刨）除料再利用，乙方於辦理工程規劃設計時，應儘量以「刨用平衡」為原則（本工程或跨工程使用），以減少膾餘瀝青混凝土挖（刨）除料，如仍有膾餘瀝青混凝土挖（刨）除料時，應依工程個案特性，確實訪價釐清市場行情後編列折價；若已不具市場行情者，則應妥善規劃挖（刨）除料去處，並編列合理處理費用。

(十六) 建築物或公共空間如使用地磚者，為避免使用人滑倒，乙方應優先設計防滑或耐磨地磚。

(十七) 其他：＿＿＿＿＿。（由甲方於招標時載明）

第九條 履約標的品管

一、乙方在履約中，應對履約規劃設計監造品質依照契約有關規範，嚴予控制，並辦理自主查核。本案委託技術服務，如包括設計者，乙方所為之設計應符合節省能源、減少溫室氣體排放、保護環境、節約資源、經濟耐用等目的，並考量景觀、自然生態、生活美學及性別、身心障礙、高齡、兒童等使用者友善環境。

二、甲方於乙方履約期間如發現乙方履約品質或進度不符合契約規定，得通知乙方限期改善或改正。乙方逾期未辦妥時，甲方得要求乙方部分或全部停止履約，至乙方辦妥並經甲方書面同意後方可恢復履約。乙方不得為此要求展延履約期限或補償。

三、乙方不得因甲方辦理審查、查驗、測試、認可、檢驗、功能驗證或核准行為，而免除或減少其依契約所應履行或承擔之義務或責任。

四、甲方應依採購法第70條規定設立之各工程施工查核小組查核結果，對委辦監造廠商或委辦專案管理廠商，辦理品質缺失懲罰性違約金事宜：

(一) 懲罰性違約金金額，應依查核小組查核之品質缺失扣點數計算之。巨額以上之工

程採購案,每點扣款新台幣_____元(由甲方於招標時載明;未載明者,為貳仟元);查核金額以上未達巨額之工程採購案,每點扣款新台幣_____元(由甲方於招標時載明;未載明者,為1仟元);1仟萬元以上未達查核金額之工程採購案,每點扣款新台幣_____元(由甲方於招標時載明;未載明者,為500元);未達1仟萬元之工程採購案,每點扣款新台幣_____元(由甲方於招標時載明;未載明者,為250元)。

(二) 品質缺失懲罰性違約金之支付,甲方應自應付價金中扣抵;其有不足者,得通知乙方繳納或自保證金扣抵。

(三) 品質缺失懲罰性違約金之總額,以契約價金總額20%為上限。

五、前條第14款之監造人力計畫表所列乙方派遣人員未依契約約定到工者,除依契約金額扣除當日應到工人員薪資外,每人每日懲罰性違約金新台幣_____元(由甲方於招標時載明;未載明者以新台幣5仟元計);其他:_____(由甲方於招標時載明)。上開懲罰性違約金之總額,以契約價金總額20%為上限。

六、乙方之建築師、技師或其他依法令、契約應到場執行業務人員,其應到場情形及未到場之處置如下。同次應到場執行業務包含下列2種以上情形而未到場者,其懲罰性違約金□分別計算□僅計其中金額較高者(由甲方於招標時載明;未載明者為分別計算),其總額以契約價金總額20%為上限:

(一) □規劃設計執行計畫內涉及現況調查、鑑界、現地會勘、各階段說明會議及審查會議時,經甲方通知應到場說明者。未到場之處置:
□每人次懲罰性違約金新台幣_____元(由甲方於招標時載明;未載明者以新台幣5仟元計)。

(二) □工程查驗、初驗、驗收及複驗時,經甲方通知應到場說明、協驗者。未到場之處置:
□每人次懲罰性違約金新台幣_____元(由甲方於招標時載明;未載明者以新台幣5仟元計)。
□其他:_____(由甲方於招標時載明)。

(三) 配合工程施工查核小組於預先通知查核時到場說明。未到場之處置:
□每人次懲罰性違約金新台幣_____元(由甲方於招標時載明;未載明者以新台幣5仟元計)。
□其他:_____(由甲方於招標時載明)。

(四) □除前述情形外,視甲方需要配合甲方通知應到場參與工程監造相關事宜,惟每□月□星期□其他:_____(由甲方於招標時載明;未載明者以月計)以不逾____次為原則(由甲方於招標時載明,未載明者無次數限制)。未到場之處置:
□每人次懲罰性違約金新台幣_____元(由甲方於招標時載明;未載明者以新台幣5仟元計)。
□其他:_____(由甲方於招標時載明)。

七、監造計畫內涉及結構安全及隱蔽部分之各項重要施工作業監造檢驗停留點(含安全衛生事項),乙方之建築師、技師或其他依法令、契約應到場執行業務人員,須到

場查證施工廠商履約品質並於相關文件上簽認、督導（複核）。未確實辦理施工廠商履約品質查證及簽認、督導（複核）者，依情節輕重情況，除依本契約相關約定處理外，依法令追究相關人員責任、撤換人員；其屬情節重大者，依法送目的事業主管機關懲處。

八、本案委託技術服務範圍若包括監造者，乙方監督查核人員未能有效執行空氣污染及噪音防制監督查核者，經甲方通知後，應即更換之，若因監督查核不實致甲方受損害者，每次處以乙方懲罰性違約金新台幣_____元（由甲方於招標時載明），上開懲罰性違約金之總額，以監造服務之契約價金總額20%為上限。

第十條 保險

一、乙方應於履約期間辦理下列保險（由甲方擇定後於招標時載明，無者免填），其屬自然人者，應自行另投保人身意外險。

(一) 建築師事務所、技師事務所及工程技術顧問公司應投保專業責任險。包括因業務疏漏、錯誤或過失，違反業務上之義務，致甲方或其他第三人受有之損失。

(二) □雇主意外責任險。

(三) □其他：_____

二、乙方依前款辦理之保險，其內容如下（由甲方視保險性質擇定或調整後於招標時載明）：

(一) 承保範圍：（由甲方於招標時載明，包括得為保險人之不保事項）。

(二) 保險標的：履約標的。

(三) 被保險人：以乙方為被保險人。

(四) 保險金額：契約價金總額。

(五) 每一事故之自負額上限：（由甲方於招標時載明）。

(六) 保險期間：自_____起至□契約所定履約期限之日止；□_____之日止（由甲方載明），有延期或遲延履約者，保險期間比照順延。

(七) 未經甲方同意之任何保險契約之變更或終止，無效。

(八) 其他：

三、保險單記載契約規定以外之不保事項者，其風險及可能之賠償由乙方負擔。

四、乙方向保險人索賠所費時間，不得據以請求延長履約期限。

五、乙方未依契約規定辦理保險、保險範圍不足或未能自保險人獲得足額理賠者，其損失或損害賠償，由乙方負擔。

六、保險單正本1份及繳費收據副本1份應於辦妥保險後即交甲方收執。

七、乙方應依甲方之本國法規為其員工及車輛投保勞工保險、全民健康保險及汽機車第三人責任險。其依法免投保勞工保險者，得以其他商業保險代之。

八、本契約延長服務時間時，乙方應隨之延長專業責任保險之保險期間。因不可歸責於乙方之事由致須延長履約期限者，因而增加之保費，由契約雙方另行協議其合理之分擔方式。

九、依法非屬保險人可承保之保險範圍，或非因保費因素卻於國內無保險人願承保，且有保險公會書面佐證者，依第1條第7款辦理。

十、機關及廠商均應避免發生採購法主管機關訂頒之「常見保險錯誤及缺失態樣」所載情形。

第十一條　保證金（由甲方擇一於招標時載明）

□甲方不收取保證金。

□甲方收取保證金，保證金相關規定：（由甲方依「押標金保證金暨其他擔保作業辦法」規定辦理，並於招標時載明）。

第十二條　驗收

一、驗收時機：乙方完成履約事項後辦理驗收。

二、驗收方式：得以書面或召開審查會議方式進行，審查會議紀錄等同驗收紀錄。

三、履約標的部分完成履約後，如有部分先行使用之必要，應先就該部分辦理驗收或分段審查、查驗供驗收之用。

四、乙方履約結果經甲方審查有瑕疵者，甲方得要求乙方於一定期限內改善。逾期未改正者，依第13條規定計算逾期違約金。

五、乙方履約所完成之標的需另行招標施工，甲方未能於乙方履約完成六個月內完成招標工作且非可歸責於乙方者，乙方得要求甲方終止契約，並辦理結算。

六、乙方履約結果經甲方查驗或驗收有瑕疵者，甲方得要求乙方於＿＿＿日內（甲方未填列者，由主驗人定之）改善、拆除、重作、退貨或換貨（以下簡稱改正）。逾期未改正者，依第13條遲延履約規定計算逾期違約金。但逾期未改正仍在契約原訂履約期限內者，不在此限。

七、乙方不於前款期限內改正、拒絕改正或其瑕疵不能改正者，甲方得採行下列措施之一：

(一) 自行或使第三人改正，並得向乙方請求償還改正必要之費用。

(二) 解除契約或減少契約價金。但瑕疵非重要者，甲方不得解除契約。

八、因可歸責於乙方之事由，致履約有瑕疵者，甲方除依前二款規定辦理外，並得請求損害賠償。

第十三條　遲延履約

一、逾期違約金，以日為單位，乙方如未依照契約規定期限完工，應按逾期日數計算逾期違約金，所有日數（包括放假日等）均應納入，不因履約期限以工作天或日曆天計算而有差別。因可歸責於乙方之事由，致終止或解除契約者，逾期違約金應計算至終止或解除契約之日止。該違約金計算方式：（由甲方擇一於招標時載明）

□每日以新台幣＿＿＿＿＿＿＿元計算逾期違約金。（定額，甲方於招標時載明）

□依逾期工作部分之規劃設計或監造契約價金1‰計算逾期違約金。（契約文件須分別載明規劃設計及監造之契約價金）

□每日依契約價金總額1‰（甲方得於招標文件載明其他比率）計算逾期違約金。但未完成履約／初驗或驗收有瑕疵之部分不影響其他已完成部分之使用者，得按未完成履約／初驗或驗收有瑕疵部分之契約價金，每日依其1‰（甲方得於招標文件載明其他比率；其數額以每日依契約價金總額計算之數額為上限。）計算逾期違約金。

二、逾期違約金之支付，甲方得自應付價金中扣抵；其有不足者，通知乙方繳納或自保證金扣除。

三、逾期違約金之總額（含逾期未改正之違約金），以契約價金總額之20%為上限。

四、甲方及乙方因下列天災或事變等不可抗力或不可歸責於契約當事人之事由，致未能依時履約者，得展延履約期限；不能履約者，得免除契約責任：

(一) 戰爭、封鎖、革命、叛亂、內亂、暴動或動員。

(二) 山崩、地震、海嘯、火山爆發、颱風、豪雨、冰雹、水災、土石流、土崩、地層滑動、雷擊或其他天然災害。

(三) 墜機、沉船、交通中斷或道路、港口冰封。

(四) 罷工、勞資糾紛或民眾非理性之聚眾抗爭。

(五) 毒氣、瘟疫、火災或爆炸。

(六) 履約標的遭破壞、竊盜、搶奪、強盜或海盜。

(七) 履約人員遭殺害、傷害、擄人勒贖或不法拘禁。

(八) 水、能源或原料中斷或管制供應。

(九) 核子反應、核子輻射或放射性污染。

(十) 非因乙方不法行為所致之政府或機關依法令下達停工、徵用、沒入、拆毀或禁運命令者。

(十一) 政府法令之新增或變更。

(十二) 甲方之本國或外國政府之行為。

(十三) 其他經甲方認定確屬不可抗力者。

五、前款不可抗力或不可歸責事由發生或結束後，其屬可繼續履約之情形者，應繼續履約，並採行必要措施以降低其所造成之不利影響或損害。

六、乙方履約有遲延者，在遲延中，對於因不可抗力而生之損害，亦應負責。但經乙方證明縱不遲延給付，而仍不免發生損害者不在此限。

七、契約訂有分段進度及最後履約期限，且均訂有逾期違約金者，屬分段完成使用或移交之情形，其逾期違約金之計算原則如下：

(一) 未逾分段進度但逾最後履約期限者，扣除已分段完成使用或移交部分之金額，計算逾最後履約期限之違約金。

(二) 逾分段進度但未逾最後履約期限者，計算逾分段進度之違約金。

(三) 逾分段進度且逾最後履約期限者，分別計算違約金。但逾最後履約期限之違約金，應扣除已分段完成使用或移交部分之金額計算之。

(四) 分段完成期限與其他採購契約之進行有關者，逾分段進度，得個別計算違約金，不受前目但書限制。

八、契約訂有分段進度及最後履約期限，且均訂有逾期違約金者，屬全部完成後使用或移交之情形，其逾期違約金之計算原則如下：

(一) 未逾分段進度但逾最後履約期限者，計算逾最後履約期限之違約金。

(二) 逾分段進度但未逾最後履約期限，其有逾分段進度已收取之違約金者，於未逾最後履約期限後發還。

(三) 逾分段進度且逾最後履約期限，其有逾分段進度已收取之違約金者，於計算逾最後履約期限之違約金時應予扣抵。

(四) 分段完成期限與其他採購契約之進行有關者，逾分段進度，得計算違約金，不受第2目及第3目之限制。

九、乙方未遵守法令致生履約事故者，由乙方負責。因而遲延履約者，不得據以免責。

十、因非可歸責於乙方之事由，甲方有延遲付款之情形，乙方得向甲方請求加計年息＿＿％（由甲方於招標時合理訂定，如未填寫，則依簽約日中華郵政股份有限公司牌告一年期郵政定期儲金機動利率）之遲延利息。

第十四條　權利及責任

一、乙方應擔保第三人就履約標的，對於甲方不得主張任何權利。

二、乙方履約，其有侵害第三人合法權益時，應由乙方負責處理並承擔一切法律責任及費用，包括甲方所發生之費用。甲方並得請求損害賠償。

三、乙方履約結果涉及履約標的所產出之智慧財產權（包含專利權、商標權、著作權、營業秘密等）者：（由甲方於招標時載明，互補項目得複選。如僅涉及著作權者，請就第1目至第6目及第10目勾選。註釋及舉例文字，免載於招標文件）

　　註：1. 在流通利用方面，考量履約標的之特性，如其內容包含甲方與乙方雙方之創作智慧，且不涉及甲方安全、專屬使用或其他特殊目的之需要，甲方得允許此著作權於甲方外流通利用，以增進社會利益。甲方亦宜考量避免因取得不必要之權利而增加採購成本。

　　　　2. 履約標的如非完全客製化而產生之著作，建議約定由乙方享有著作人格權及著作財產權，甲方則享有不限時間、地域、次數、非專屬、無償利用、並得再轉授權第三人之權利，乙方承諾對甲方及其再授權利用之第三人不行使著作人格權。

(一) □以乙方為著作人，並取得著作財產權，甲方則享有不限時間、地域、次數、非專屬、無償利用、並得再轉授權第三人利用之權利，乙方承諾對甲方及其再授權利用之第三人不行使著作人格權。（項目由甲方於招標時勾選）

　　【1】□重製權　　　　【2】□公開口述權
　　【3】□公開播送權　　【4】□公開上映權
　　【5】□公開演出權　　【6】□公開傳輸權
　　【7】□公開展示權　　【8】□改作權
　　【9】□編輯權　　　　【10】□出租權

　　例：採購一般共通性需求規格所開發之著作，如約定由乙方取得著作財產權，甲方得就業務需要，為其內部使用之目的，勾選【1】重製權及【9】編輯權。如甲方擬自行修改著作物，可勾選【8】改作權。如採購教學著作物，可勾選【2】公開口述權及【3】公開播送權。

(二) □以乙方為著作人，其下列著作財產權於著作完成同時讓與甲方，乙方並承諾對甲方及其同意利用之人不行使其著作人格權。（項目由甲方於招標時勾選）

　　【1】□重製權　　　　【2】□公開口述權

【3】□公開播送權　　【4】□公開上映權

【5】□公開演出權　　【6】□公開傳輸權

【7】□公開展示權　　【8】□改作權

【9】□編輯權　　　　【10】□出租權

例：採購一般共通性需求規格所開發之著作，甲方得就業務需要，為其內部使用之目的，勾選【1】重製權及【9】編輯權。如甲方擬自行修改著作物，可勾選【8】改作權。如採購教學著作物，可勾選【2】公開口述權及【3】公開播送權。

(三) □以乙方為著作人，甲方取得著作財產權，乙方並承諾對甲方及其同意利用之人不行使其著作人格權。

例：甲方專用或甲方特殊需求規格所開發之著作，甲方取得著作財產權之全部。

(四) □甲方與乙方共同享有著作人格權及著作財產權。

例：採購乙方已完成之著作，並依甲方需求進行改作，且甲方與乙方均投入人力、物力，該衍生之共同完成之著作，其著作人格權由甲方與乙方共有，其著作財產權享有之比例、授權範圍、後續衍生著作獲利之分攤內容，由甲方於招標時載明。

(五) □甲方有權永久無償利用該著作財產權。

例：履約標的包括已在一般消費市場銷售之套裝資訊軟體，甲方依乙方或第三人之授權契約條款取得永久無償使用權。

(六) □以甲方為著作人，並由甲方取得著作財產權之全部，乙方於完成該著作時，經甲方同意：（項目由甲方於招標時勾選）

【1】□取得使用授權與再授權之權利，於每次使用時均不需徵得甲方之同意。

【2】□取得使用授權與再授權之權利，於每次使用均需徵得甲方同意。

(七) □甲方取得部分權利（內容由甲方於招標時載明）。

(八) □甲方取得全部權利。

(九) □甲方取得授權（內容由甲方於招標時載明）。

(十) □其他（內容由甲方於招標時載明）。

例：甲方得就其取得之著作財產權，允許乙方支付對價，授權乙方使用。

(十一) 乙方依本契約提供甲方服務時，如使用開源軟體，應依該開源軟體之授權範圍，授權甲方利用，並以執行檔及原始碼共同提供之方式交付予甲方使用，乙方並應交付開源軟體清單（包括但不限於：開源專案名稱、出處資訊、原始著作權利聲明、免責聲明、開源授權條款標示與全文）。

四、有關著作權法第24條與第28條之權利，他方得行使該權利，惟涉有政府機密者，不在此限。

五、除另有規定外，乙方如在履約使用專利品、專利性履約方法，或涉及著作權時，有關專利及著作權，概由乙方依照有關法令規定處理，其費用亦由乙方負擔。

六、甲方及乙方應採取必要之措施，以保障他方免於因契約之履行而遭第三人請求損害賠償。其有致第三人損害者，應由造成損害原因之一方負責賠償。

七、甲方對於乙方、分包廠商及其人員因履約所致之人體傷亡或財物損失，不負賠償責任。

八、因可歸責於一方之事由，致他方遭受損害者，一方應負賠償責任，其認定有爭議者，依照爭議處理條款辦理。

(一) 損害賠償之範圍，依民法第216條第1項規定，以填補他方所受損害及所失利益為限。□但非因故意或重大過失所致之損害，契約雙方所負賠償責任不包括「所失利益」（得由甲方於招標時勾選）。

(二) 除懲罰性違約金、逾期違約金及第9款之違約金外，損害賠償金額上限為：（甲方欲訂上限者，請於招標時載明）

　　□契約價金總額。

　　□契約價金總額之＿＿＿倍。

　　□契約價金總額之＿＿＿％。

　　□固定金額＿＿＿＿＿元。

(三) 前目訂有損害賠償金額上限者，於法令另有規定（例如民法第227條第2項之加害給付損害賠償），或一方故意隱瞞工作之瑕疵、故意或重大過失行為，或對第三人發生侵權行為，對他方所造成之損害賠償，不受賠償金額上限之限制。

九、甲方依乙方履約結果辦理採購，因乙方計算數量錯誤或項目漏列，致該採購結算增加金額與減少金額絕對值合計，逾採購契約價金總額5%者，應就超過5%部分占該採購契約價金總額之比率，乘以契約價金規劃設計部分總額計算違約金。但本款累計違約金以契約價金總額之10%為上限。本款之「採購契約價金總額」，係指依乙方履約結果辦理工程採購決標時之契約價金總額。

十、甲方不得於本契約納列提供甲方使用之公務車輛、提供甲方人員使用之影印機、電腦設備、行動電話（含門號）、傳真機及其他應由甲方人員自備之辦公設施及其耗材。

十一、甲方不得指揮乙方人員從事與本契約無關之工作。

第十五條　契約變更及轉讓

一、甲方於必要時得於契約所約定之範圍內通知乙方變更契約，乙方於接獲通知後，除雙方另有協議外，應於10日內向甲方提出契約標的、價金、履約期限、付款期程或其他契約內容須變更之相關文件。契約價金之變更，由雙方協議訂定之。

二、乙方於甲方接受其所提出須變更之相關文件前，不得自行變更契約。除甲方另有請求者外，乙方不得因前款之通知而遲延其履約期限。

三、甲方於接受乙方所提出須變更之事項前即通知乙方先行辦理，其後未依原通知辦理契約變更或僅部分辦理者，應補償乙方所增加之必要費用。

四、如因可歸責於甲方之事由辦理契約變更，需廢棄或不使用部分已完成之工作者，除雙方另有協議外，甲方得辦理部分驗收或結算後，支付該部分價金。

五、履約期間有下列事項者，甲方應變更契約，並依相關條文合理給付額外酬金或檢討變更之：

(一) 甲方於履約各工作階段完成審定後，要求乙方辦理變更者。

(二) 因不可歸責於乙方之事由，應甲方要求對同一服務事項依不同條件辦理多次規劃或設計者，其重複規劃或設計之部分，甲方應核實另給服務費用。但以經甲方審查同意者為限。

(三) 甲方因故必須變更部分委託服務內容時，得就服務事項或數量之增減情形，調整服務費用及工作期限。但已工作部分之服務費用且甲方審查同意者，應核實給付。

(四) 契約執行中涉及應執行其他之工作內容而未曾議定者。

(五) 甲方要求增派監造人力，而有第4條第8款之情事者。

(六) 有第4條第9款變更監造期程需要者。

甲方對於本款各目應辦事項怠於辦理時，乙方得主動向甲方提出變更契約之請求。

六、契約之變更，非經甲方及乙方雙方合意，作成書面紀錄，並簽名或蓋章者，無效。

七、乙方不得將契約之部分或全部轉讓予他人。但因公司分割或其他類似情形致有轉讓必要，經甲方書面同意轉讓者，不在此限。

乙方依公司法、企業併購法分割，受讓契約之公司（以受讓營業者為限），其資格條件應符合原招標文件規定，且應提出下列文件之一：

(一) 原訂約廠商分割後存續者，其同意負連帶履行本契約責任之文件；

(二) 原訂約廠商分割後消滅者，受讓契約公司以外之其他受讓原訂約廠商營業之既存及新設公司同意負連帶履行本契約責任之文件。

第十六條　契約終止解除及暫停執行

一、乙方履約有下列情形之一者，甲方得以書面通知乙方終止契約或解除契約之部分或全部，且不補償乙方因此所生之損失：

(一) 違反採購法第39條第2項或第3項規定之專案管理廠商。

(二) 有採購法第50條第2項前段規定之情形者。

(三) 有採購法第59條規定得終止或解除契約之情形者。

(四) 違反不得轉包之規定者。

(五) 乙方或其人員犯採購法第87條至第92條規定之罪，經判決有罪確定者。

(六) 因可歸責於乙方之事由，致延誤履約期限，有下列情形者：

□履約進度落後__%（由機關於招標時載明，未載明者為20%）以上，且日數達10日以上。

百分比之計算方式：

1. 屬尚未完成履約而進度落後已達百分比者，機關應先通知廠商限期改善。屆期未改善者，如機關訂有履約進度計算方式，其通知限期改善當日及期限末日之履約進度落後百分比，分別以各該日實際進度與機關核定之預定進度百分比之差值計算；如機關未訂有履約進度計算方式，依逾期日數計算之。

2. 屬已完成履約而逾履約期限，或逾最後履約期限尚未完成履約者，依逾期日數計算之。

□其他：_____

(七) 偽造或變造契約或履約相關文件，經查明屬實者。

(八) 無正當理由而不履行契約者。

(九) 審查、查驗或驗收不合格，且未於通知期限內依規定辦理者。

(十) 有破產或其他重大情事，致無法繼續履約。

(十一) 乙方未依契約約定履約，自接獲甲方書面通知之次日起10日內或書面通知所載較長期限內，仍未改善者。

(十二) 違反本契約第8條第13款第1目至第3目情形之一，經甲方通知改正而未改正，情節重大者。

(十三) 違反環境保護或職業安全衛生等有關法令，情節重大者。

(十四) 違反法令或其他契約約定之情形，情節重大者。

(十五) 契約約定之其他情形。

二、甲方未依前款規定通知乙方終止或解除契約者，乙方仍應依契約規定繼續履約。

三、契約經依第1款約定或因可歸責於乙方之事由致終止或解除者，甲方得依法自行或洽其他廠商完成被終止或解除之契約；其所增加之費用及損失，由乙方負擔。無洽其他廠商完成之必要者，得扣減或追償契約價金，不發還保證金。甲方有損失者亦同。

四、契約因政策變更，乙方依契約繼續履行反而不符公共利益者，甲方得報經上級機關核准，終止或解除部分或全部契約，並補償乙方因此所受之損失。但不包含所失利益。

五、依前款規定終止契約者，乙方於接獲甲方通知前已完成且可使用之履約標的，依契約價金給付；僅部分完成尚未能使用之履約標的，甲方得擇下列方式之一洽乙方為之：

(一) 乙方繼續予以完成，依契約價金給付。

(二) 停止履約，但乙方已完成部分之服務費用由雙方議定之。

六、非因政策變更而有終止或解除契約必要者，準用前二款約定。

七、乙方未依契約規定履約者，甲方得通知乙方部分或全部暫停執行，至情況改正後方准恢復履約。乙方不得就暫停執行請求延長履約期限或增加契約價金。

八、因非可歸責於乙方之情形，甲方通知乙方部分或全部暫停執行，應補償乙方因此而增加之必要費用，並應視情形酌予延長履約期限。

九、因非可歸責於乙方之情形而造成停工時，乙方得要求甲方部分或全部暫停執行監造工作。

十、依前二款約規定暫停執行期間累計逾6個月（甲方得於招標時載明其他期間）者，乙方得通知甲方終止或解除部分或全部契約。

十一、乙方不得對本契約採購案任何人要求期約、收受或給予賄賂、佣金、比例金、仲介費、後謝金、回扣、餽贈、招待或其他不正利益。複委託分包廠商亦同。違反上述約定者，甲方得終止或解除契約，並將2倍之不正利益自契約價款中扣除。未能扣除者，通知廠商限期給付之。

十二、本契約終止時，自終止之日起，雙方之權利義務即消滅。契約解除時，溯及契約生效日消滅。雙方並互負相關之保密義務。

第十七條　爭議處理

一、甲方與乙方因履約而生爭議者，應依法令及契約規定，考量公共利益及公平合理，本誠信和諧，盡力協調解決之。其未能達成協議者，得以下列方式處理之：

(一) 提起民事訴訟，並以甲方所在地之地方法院為第一審管轄法院。

(二) 依採購法第85條之1規定向採購申訴審議委員會申請調解。技術服務採購經採購申訴審議委員會提出調解建議或調解方案，因甲方不同意致調解不成立者，乙方提付仲裁，甲方不得拒絕。

(三) 經契約雙方同意並訂立仲裁協議後，依本契約約定及仲裁法規定提付仲裁。

(四) 依採購法第102條規定提出異議、申訴。

(五) 依其他法律申（聲）請調解。

(六) 契約雙方合意成立爭議處理小組協調爭議。

(七) 依契約或雙方合意之其他方式處理。

二、依前款第2目後段及第3目提付仲裁者，約定如下：

(一) 由甲方於招標文件及契約預先載明仲裁機構。其未載明者，由契約雙方協議擇定仲裁機構。如未能獲致協議，屬前款第2目後段情形者，由乙方指定仲裁機構；屬前款第3目情形者，由甲方指定仲裁機構。上開仲裁機構，除契約雙方另有協議外，應為合法設立之國內仲裁機構。

(二) 仲裁人之選定：

1. 當事人雙方應於一方收受他方提付仲裁之通知之次日起14日內，各自從指定之仲裁機構之仲裁人名冊或其他具有仲裁人資格者，分別提出10位以上（含本數）之名單，交予對方。

2. 當事人之一方應於收受他方提出名單之次日起14日內，自該名單內選出1位仲裁人，作為他方選定之仲裁人。

3. 當事人之一方未依1.提出名單者，他方得從指定之仲裁機構之仲裁人名冊或其他具有仲裁人資格者，逕行代為選定1位仲裁人。

4. 當事人之一方未依2.自名單內選出仲裁人，作為他方選定之仲裁人者，他方得聲請□法院□指定之仲裁機構（由甲方於招標時勾選；未勾選者，為指定之仲裁機構）代為自該名單內選定1位仲裁人。

(三) 主任仲裁人之選定：

1. 2位仲裁人經選定之次日起30日內，由□雙方共推□雙方選定之仲裁人共推（由甲方於招標時勾選）第三仲裁人為主任仲裁人。

2. 未能依1.共推主任仲裁人者，當事人得聲請□法院□指定之仲裁機構（由甲方於招標時勾選；未勾選者，為指定之仲裁機構）為之選定。

(四) 以□甲方所在地□其他：＿＿＿為仲裁地（由甲方於招標時載明；未載明者，為甲方所在地）。

(五) 除契約雙方另有協議外，仲裁程序應公開之，仲裁判斷書雙方均得公開，並同意仲裁機構公開於其網站。

(六) 仲裁程序應使用□國語及中文正體字□其他語文：＿＿＿＿。（由甲方於招標時載

　　明；未載明者，爲國語及中文正體字）

(七) 甲方□同意□不同意（由甲方於招標時勾選；未勾選者，爲不同意）仲裁庭適用衡平原則爲判斷。

(八) 仲裁判斷書應記載事實及理由。

三、依第1款第6目成立爭議處理小組者，約定如下：

(一) 爭議處理小組於爭議發生時成立，得爲常設性，或於爭議作成決議後解散。

(二) 爭議處理小組委員之選定：

1. 當事人雙方應於協議成立爭議處理小組之次日起10日內，各自提出5位以上（含本數）之名單，交予對方。

2. 當事人之一方應於收受他方提出名單之次日起10日內，自該名單內選出1位作爲委員。

3. 當事人之一方未依1.提出名單者，爲無法合意成立爭議處理小組。

4. 當事人之一方未能依2.自名單內選出委員，且他方不願變更名單者，爲無法合意成立爭議處理小組。

(三) 爭議處理小組召集委員之選定：

1. 2位委員經選定之次日起10日內，由雙方或雙方選定之委員自前目1.名單中共推1人作爲召集委員。

2. 未能依1.共推召集委員者，爲無法合意成立爭議處理小組。

(四) 當事人之一方得就爭議事項，以書面通知爭議處理小組召集委員，請求小組協調及作成決議，並將繕本送達他方。該書面通知應包括爭議標的、爭議事實及參考資料、建議解決方案。他方應於收受通知之次日起14日內提出書面回應及建議解決方案，並將繕本送達他方。

(五) 爭議處理小組會議：

1. 召集委員應於收受協調請求之次日起30日內召開會議，並擔任主席。委員應親自出席會議，獨立、公正處理爭議，並保守秘密。

2. 會議應通知當事人到場陳述意見，並得視需要邀請專家、學者或其他必要人員列席，會議之過程應作成書面紀錄。

3. 小組應於收受協調請求之次日起90日內作成合理之決議，並以書面通知雙方。

(六) 爭議處理小組委員應迴避之事由，參照採購申訴審議委員會組織準則第13條規定。委員因迴避或其他事由出缺者，依第2目、第3目辦理。

(七) 爭議處理小組就爭議所爲之決議，除任一方於收受決議後14日內以書面向召集委員及他方表示異議外，視爲協調成立，有契約之拘束力。惟涉及改變契約內容者，雙方應先辦理契約變更。如有爭議，得再循爭議處理程序辦理。

(八) 爭議事項經一方請求協調，爭議處理小組未能依第5目或當事人協議之期限召開會議或作成決議，或任一方於收受決議後14日內以書面表示異議者，協調不成立，雙方得依第1款所定其他方式辦理。

(九) 爭議處理小組運作所需經費，由契約雙方平均負擔。

(十) 本款所定期限及其他必要事項，得由雙方另行協議。

四、依採購法規定受理調解或申訴之機關名稱：＿＿＿＿＿＿＿＿＿＿＿＿＿；

地址：＿＿＿＿＿＿＿＿；電話：＿＿＿＿＿＿＿＿＿。

五、履約爭議發生後，履約事項之處理原則如下：

(一) 與爭議無關或不受影響之部分應繼續履約。但經甲方同意無須履約者不在此限。

(二) 乙方因爭議而暫停履約，其經爭議處理結果被認定無理由者，不得就暫停履約之部分要求延長履約期限或免除契約責任。但結果被認定部分有理由者，由雙方協議延長該部分之履約期限或免除該部分之責任。

(三) 本契約以中華民國法律為準據法。

(四) 乙方與本國分包廠商間之爭議，除經本國分包廠商同意外，應約定以中華民國法律為準據法，並以設立於中華民國境內之民事法院、仲裁機構或爭議處理機構解決爭議。乙方並應要求分包廠商與再分包之本國廠商之契約訂立前開約定。

第十八條 其他

一、乙方對於履約所僱用之人員，不得有歧視性別、原住民、身心障礙或弱勢團體人士之情事。

二、乙方履約時不得僱用甲方之人員或受甲方委託辦理契約事項之機構之人員。

三、乙方授權之代表應通曉中文或甲方同意之其他語文。未通曉者，乙方應備翻譯人員。

四、甲方與乙方間之履約事項，其涉及國際運輸或信用狀等事項，契約未予載明者，依國際貿易慣例。

五、甲方及乙方於履約期間應分別指定授權代表，為履約期間雙方協調與契約有關事項之代表人。

六、乙方參與公共工程可能涉及之法律責任，請查閱行政院公共工程委員會101年1月13日工程企字第10100017900號函（公開於行政院公共工程委員會資訊網站http://www.pcc.gov.tw／法令規章／政府採購法規／採購法規相關解釋函），乙方人員及其他技術服務或工程廠商應遵守法令規定，善盡職責及履行契約義務，以免觸犯法令或違反契約規定而受處罰。

七、甲方、乙方、施工廠商及專案管理單位之權責分工，除契約另有約定外，依招標當時工程會所訂「公有建築物施工階段契約約定權責分工表」或「公共工程施工階段契約約定權責分工表」（由機關依案件性質檢附，並訂明各項目之完成期限、懲罰標準），或「統包模式之工程進度及品質管理參考手冊」辦理。

八、依據「政治獻金法」第7條第1項第2款規定，與政府機關（構）有巨額採購契約，且於履約期間之廠商，不得捐贈政治獻金。

九、本契約未載明之事項，依採購法及民法等相關法令。

公共工程專案管理契約範本（109.01.15版）

立契約人：委託人：＿＿＿＿＿＿＿＿＿＿＿（以下簡稱甲方）

受託人：＿＿＿＿＿＿＿＿＿（以下簡稱乙方）

茲為辦理【　　　　　　　】案（以下簡稱本案），甲乙雙方同意共同遵守訂立本委

託契約。

第一條　契約文件及效力

一、契約包括下列文件：

(一) 招標文件及其變更或補充。

(二) 投標文件及其變更或補充。

(三) 決標文件及其變更或補充。

(四) 契約本文、附件及其變更或補充。

(五) 依契約所提出之履約文件或資料。

二、契約文件，包括以書面、錄音、錄影、照相、微縮、電子數位資料或樣品等方式呈現之原件或複製品。

三、契約所含各種文件之內容如有不一致之處，除另有規定外，依下列原則處理：

(一) 契約條款優於招標文件內之其他文件所附記之條款。但附記之條款有特別聲明者，不在此限。

(二) 招標文件之內容優於投標文件之內容。但投標文件之內容經甲方審定優於招標文件之內容者，不在此限。招標文件如允許乙方於投標文件內特別聲明，並經甲方於審標時接受者，以投標文件之內容為準。

(三) 文件經甲方審定之日期較新者優於審定日期較舊者。

(四) 大比例尺圖者優於小比例尺圖者。

(五) 決標紀錄之內容優於開標或議價紀錄之內容。

四、契約文件之一切規定得互為補充，如仍有不明確之處，由甲乙雙方依公平合理原則協議解決。如有爭議，依採購法之規定處理。

五、契約文字：

(一) 契約文字以中文為準。但下列情形得以外文為準：

1. 特殊技術或材料之圖文資料。

2. 國際組織、外國政府或其授權機構、公會或商會所出具之文件。

3. 其他經甲方認定確有必要者。

(二) 契約文字有中文譯文，其與外文文意不符者，除資格文件外，以中文為準。其因譯文有誤致生損害者，由提供譯文之一方負責賠償。

(三) 契約所稱申請、報告、同意、指示、核准、通知、解釋及其他類似行為所為之意思表示，以中文書面為之為原則。書面之遞交，得以面交簽收、郵寄、傳真或電子郵件至雙方預為約定之人員或處所。

六、契約所使用之度量衡單位，除另有規定者外，以公制為之。

七、契約所定事項如有違反法令或無法執行之部分，該部分無效。但除去該部分，契約亦可成立者，不影響其他部分之有效性。該無效之部分，甲方及乙方必要時得依契約原定目的變更之。

八、經雙方代表人或其授權人簽署契約正本2份，甲方及乙方各執1份，並由雙方各依印花稅法之規定繳納印花稅。副本＿＿＿份（請載明），由甲方、乙方及相關機關、單位分別執用。副本如有誤繕，以正本為準。

第二條 履約標的

一、甲方辦理事項（由甲方於招標時載明，無者免填）：＿＿＿＿＿＿＿

二、乙方應盡善良管理人之注意義務，發揮管理專業協助甲方執行專案管理工作，其最
　　終目標乃在協助甲方完成『＿＿＿＿＿＿＿＿＿＿＿＿＿＿＿＿＿＿＿工程』，並以甲
　　方之權益為依歸。乙方代表甲方協調、整合、管理包括工程、設備、軟體、財物、
　　勞務等與本計畫相關事項之推動，其專案管理之履約標的及工作事項如下：（詳細
　　服務項目內容由甲方於招標時參照本條附件、視個案特性及實際需要擇定載明）

(一) □可行性研究之諮詢及審查

(二) □規劃之諮詢及審查

(三) □設計之諮詢及審查

(四) □招標、決標之諮詢及審查

(五) □施工督導與履約管理之諮詢及審查

第三條 契約價金之給付

一、契約價金結算方式：履約標的屬專案管理者（由甲方擇一於招標時載明）：

　　□總包價法

　　□建造費用百分比法

　　□服務成本加公費法

　　□按月、按日或按時計酬法

二、計價方式：

(一) 總包價法：依公告固定或決標時議定之服務費新台幣＿＿＿＿＿＿元（由甲方於決標
　　後填寫，請招標機關及投標廠商參考本條附件1之附表編列服務費用明細表，決標
　　後依決標結果調整納入契約執行）。

(二) 建造費用百分比法。

1. 服務費用（由甲方擇一於招標時載明）：

　　□服務費用為建造費用之＿＿＿%（依甲方公告之固定或決標時議定之服務費率；如跨
　　　不同級距之費率，依甲方公告各級距之固定或決標時議定之服務費率）；其各階段
　　　分配比率如下：可行性研究之諮詢及審查占5%，規劃之諮詢及審查占5%，設計之
　　　諮詢及審查占35%，招標、決標之諮詢及審查占10%，施工督導與履約管理之諮詢
　　　及審查占45%（如有調整該百分比組成，由甲方於招標時載明）。

　　□依「機關委託技術服務廠商評選及計費辦法」之附表3工程專案管理（不含監造）
　　　技術服務費用百分比上限參考表所載百分比上限之＿＿＿%（依甲方公告之固定或
　　　決標時議定之折扣率）計；其各階段分配比率如下：可行性研究之諮詢及審查占
　　　5%，規劃之諮詢及審查占5%，設計之諮詢及審查占35%，招標、決標之諮詢及審
　　　查占10%，施工督導與履約管理之諮詢及審查占45%（如有調整該百分比組成，由
　　　甲方於招標時載明）。

2. 建造費用，指經機關核定之工程採購底價金額或評審委員會建議金額。但不包括規
　　費、規劃費、設計費、監造費、專案管理費、物價指數調整工程款、營業稅、土地及
　　權利費用、法律費用、甲方所需工程管理費、承包商辦理工程之各項利息、保險費及

　　　　　　（其他除外費用；由甲方於招標時載明）。

建造費用如包括甲方收入性質之抵減項目、金額（例如有價值之土方金額）該項金額：（未勾選者以a為準）

□a. 為除外費用。

□b. 其他：　　　　　　

3. 工程採購無底價且無評審委員會建議金額者，建造費用以工程預算之90%代之。但仍須扣除第2子目不包括之費用及稅捐等。

4. 依本目計算服務費用者，其工程於履約期間有契約變更、終止或解除契約之情形者，服務費用得視實際情形協議增減之。

(三) 服務成本加公費法（請招標機關及投標廠商參考本條附件2之附表編列專案管理服務費用明細表，決標後依決標結果調整納入契約執行）。

1. 服務成本加公費法之服務費用上限新台幣　　　　元（由甲方於決標後填寫），包括專案管理服務費用明細表所列直接費用（直接薪資、管理費用及其他直接費用，其項目由甲方於招標時載明）、公費及營業稅。

2. 公費，為定額新台幣　　　　元（由甲方於決標後填寫），不得按直接薪資及管理費之金額依一定比率增加，且全部公費不得超過直接薪資及管理費用合計金額之30%。

3. 乙方應記錄各項費用並備具憑證，甲方視需要得自行或委託專業第三人至乙方處所辦理查核。

4. 實際履約費用達新台幣　　　　　元（上限，由甲方於決標後填寫）時，非經甲方同意，乙方不得繼續履約；如屬可歸責乙方者，乙方仍應依契約規定完成契約約定事項，並不得增加費用。

(四) 按月、按日或按時計酬法，服務費用上限新台幣　　　元（由甲方於決標後填寫，請招標機關及投標廠商參考本條附件3之附表編列服務費用明細表，決標後依決標結果調整納入契約執行）。

第四條　契約價金之調整

一、驗收結果與規定不符，而不妨礙安全及使用需求，亦無減少通常效用或契約預定效用，經甲方檢討不必更換或更換確有困難，或不必補交者，得於必要時減價收受。

二、採減價收受者，按不符項目標的之契約價金　　%（由甲方視需要於招標時載明）減價，並處以減價金額__%或__倍（由甲方視需要於招標時載明）之違約金。減價及違約金之總額，以該項目之契約價金為限。

三、契約價金，除另有規定外，含乙方及其人員依甲方之本國法令應繳納之稅捐及強制性保險之保險費。

四、甲方之本國以外其他國家或地區之稅捐，由乙方負擔。

五、乙方履約遇有下列政府行為之一，致履約費用增加或減少者，契約價金得予調整：

(一) 政府法令之新增或變更。

(二) 稅捐或規費之新增或變更。

(三) 政府公告、公定或管制費率之變更。

六、前款情形，屬甲方之本國政府所為，致履約成本增加者，其所增加之必要費用，由

甲方負擔；致履約成本減少者，其所減少之部分，得自契約價金中扣除。屬其他國家政府所為，致履約成本增加或減少者，契約價金不予調整。

七、甲方要求乙方辦理本契約外工作時，契約價金應予調整。

八、如有超出契約約定之專案管理服務期程，且屬不可歸責於乙方之事由者，乙方得依第16條第4款規定提出契約變更調整契約價金之要求。

九、於各階段履約期間，甲方得依實際需要通知乙方調整人力需求，修正「工作人力計畫」（含人員配當表），並依調整後之實際人力需求及服務費用明細表調整服務價金，乙方須於＿＿＿個工作日（由甲方於招標時載明）內配合辦理。

第五條　契約價金之給付條件

□一、總包價法或建造費用百分比法之給付（配合第3條第1款契約價金結算方式勾選，並依下列各項載明給付條件給付。）

(一)「工作執行計畫書」之服務費用，占服務費用＿＿＿%（由甲方於招標時載明）。乙方依第8條第1款規定，研擬完成「工作執行計畫書」，並送交甲方審核同意後，得申請甲方支付之。

(二) 規劃與可行性評估之諮詢及審查服務費用，占服務費用＿＿＿%（由甲方於招標時載明）。乙方完成第2條及其相關應辦規劃與可行性評估之諮詢及審查服務事宜，並送交甲方備查後，得申請甲方支付之。

(三) 工程設計之諮詢及審查服務費用，占服務費用＿＿＿%（由甲方於招標時載明）：

1. 乙方完成第2條及其相關應辦工程設計之諮詢及審查事宜，並將結果送交甲方備查後，得申請甲方支付工程設計之諮詢及審查服務費用＿＿＿%（由甲方於招標時載明）。

2. 乙方完成招標文件與協助甲方取得申請建造等必要之許可及執照，乙方得申請甲方支付工程設計之諮詢及審查服務費用＿＿＿%（由甲方於招標時載明）。

(四) 招標發包之諮詢及審查服務費用，占服務費用＿＿＿%（由甲方於招標時載明），於甲方完成各工程決標訂約後，由乙方向甲方申請支付。

(五) 施工督導與履約管理之諮詢及審查服務費用，占服務費用＿＿＿%（由甲方於招標時載明）。乙方依工程施工進度＿＿＿%、＿＿＿%、＿＿＿%……（由甲方於招標時載明，其計算以全部工程估驗金額除以全部工程合約金額比率為準）及驗收通過結算及取得必要之許可及執照後，得申請甲方各支付施工督導與履約管理之諮詢及審查服務費用之餘款。

(六) 乙方如有派遣由甲方指揮調派之專任專案管理工程人員，請領服務費用時，需檢附該專案管理工程人員薪資證明，未檢附者，不予給付費用，該專案管理工程人員專任薪資並不得低於月薪新台幣＿＿＿＿元整（不含年終獎金）（由甲方於招標時載明），如有低於者，其差額得由服務費用中扣除，甲方亦得要求薪資證明之方式。

□二、服務成本加公費法：（配合第3條第1款契約價金結算方式勾選，並由甲方擇一於招標時載明）

　　□乙方定期（每＿＿＿個月（由甲方於招標時載明））於當期結束＿＿＿日（由甲方於招標時載明）內，依核定之工作實際進度，將當期發生之服務費用以書面

報告方式,並檢附實際工作人時報表,其他費用單據等相關憑證及發票(或收據)送交甲方,甲方應於收到後____日(由甲方於招標時載明)內核對無誤後給付,惟各服務項目之服務價金給付累計金額不得超過專案管理服務費用明細表所載之服務費用上限。

□其他:由承辦單位依雙方議定條件給付。

□三、按月、按日或按時計酬法:(配合第3條第1款契約價金結算方式勾選,並由甲方擇一於招標時載明)

　　□依第3條附件3附表專案管理服務費用明細表及實際人力出勤情形,檢附憑證給付。

　　□其他:依雙方議定條件給付。

四、乙方履約有下列之情形者,甲方得暫停給付契約價金至情形消滅為止:

(一) 履約實際進度因可歸責於乙方之事由,落後預定進度達____%(由甲方於招標時載明)以上者。

(二) 履約有瑕疵經書面通知改善而逾期未改善者。

(三) 未履行契約應辦事項,經通知仍延不履行者。

(四) 乙方履約人員不適任,經通知更換仍延不辦理者。

(五) 乙方對其派至甲方提供勞務之受雇員工,未依法給付工資,未依規定繳納勞工保險費、就業保險費、全民健康保險費或未提繳勞工退休金,且可歸責於乙方,經通知改正而未改正者。

(六) 其他違反法令或契約情形。

五、薪資指數調整(無者免填):

(一) 履約期間在1年以上者,自第2年起,履約進行期間,如遇薪資波動時,得依行政院主計總處發布之台灣地區專業、科學及技術服務業受雇員工平均經常性薪資指數,就漲跌幅超過____%(由甲方於招標時載明,未載明者,為2.5%)之部分,調整契約價金。其調整金額之上限為____元(由甲方於招標時載明)。

(二) 適用薪資指數基期更換者,其換基當月起完成之履約標的,自動適用新基期指數核算履約標的調整款,原依舊基期指數之履約標的款不予追溯核算。每月發布之薪資指數修正時,處理原則亦同。

(三) 乙方於投標時提出投標標價不適用招標文件所定薪資指數調整條款之聲明書者,履約期間不論薪資指數漲跌變動情形之大小,乙方標價不適用招標文件所定薪資指數調整條款,指數上漲時不依薪資指數調整金額;指數下跌時,甲方亦不依薪資指數扣減其薪資調整金額;行政院如有訂頒薪資指數調整措施,亦不適用。

六、契約價金得依台灣地區專業、科學及技術服務業受雇員工平均經常性薪資指數調整者,應註明下列事項:

(一) 得調整之成本項目及金額:____(未載明者以薪資項目之金額為準;無法明確區分薪資項目金額者,以契約價金總額70%計算)。

(二) 以開標月之薪資指數為基期。

(三) 調整公式:_____(由甲方於招標時載明;未載明者,參照工程會97年7月1日發

布之「機關已訂約施工中工程因應營建物價變動之物價調整補貼原則計算範例」及98年4月7日發布之「機關已訂約工程因應營建物價下跌之物價指數門檻調整處理原則計算範例」，公開於工程會全球資訊網＞政府採購＞工程款物價指數調整）。

(四) 乙方應提出調整數據及佐證資料。

(五) 非屬薪資性質之項目不予調整。

(六) 逐月就已工作部分按當月指數計算薪資調整款。逾履約期限之部分，應以計價當期指數與契約規定履約期限當月指數二者較低者為調整依據。但逾期履約係非可歸責於乙方者，應以計價當期指數為調整依據；如屬薪資指數下跌而需扣減契約價金者，乙方得選擇以契約原訂履約期程所對應之薪資指數計算扣減之金額，但該期間之薪資指數上漲者，不得據以轉變為需由甲方給付薪資調整款，且選擇後不得變更，亦不得僅選擇適用部分履約期程。

(七) 薪資調整款累計給付逾新台幣10萬元者，由甲方刊登契約給付金額變更公告。

七、契約價金總額曾經減價而確定，其所組成之各單項價格得依約定或合意方式調整（例如減價之金額僅自部分項目扣減）；未約定或未能合意調整方式者，如廠商所報各單項價格未有不合理之處，視同就廠商所報各單項價格依同一減價比率（決標金額／投標金額）調整。投標文件中報價之分項價格合計數額與決標金額不同者，依決標金額與該合計數額之比率調整之。但人力項目之報價不隨之調低。

八、乙方計價領款之印章，除另有規定外，以乙方於投標文件所蓋之章為之。

九、乙方應依身心障礙者權益保障法、原住民族工作權保障法及政府採購法規定僱用身心障礙者及原住民。僱用不足者，應依規定分別向所在地之直轄市或縣（市）勞工主管機關設立之身心障礙者就業基金專戶，及原住民族綜合發展基金之就業基金，定期繳納差額補助費及代金；並不得僱用外籍勞工取代僱用不足額部分。甲方應將國內員工總人數逾100人之廠商資料公開於政府採購資訊公告系統，以供勞工及原住民主管機關查核差額補助費及代金繳納情形，甲方不另辦理查核。

十、契約價金總額，除另有規定外，為完成契約所需全部材料、人工、機具、設備及履約所必須之費用。

十一、乙方請領契約價金時應提出電子或紙本統一發票，依法免用統一發票者應提出收據。

十二、乙方對其派至甲方提供勞務之受僱勞工，於最後一次向甲方請款時，應檢送提繳勞工退休金、繳納勞工保險費、就業保險費、全民健康保險費之繳費證明影本，或具結已依規定為其受僱勞工（含名冊）繳納上開費用之切結書，供甲方審查後，以憑支付最後一期款。

十三、乙方履約有逾期違約金、損害賠償、不實行為、未完全履約、不符契約規定、溢領價金或減少履約事項等情形時，甲方得自應付價金中扣抵；其有不足者，得通知乙方給付。有履約保證金者，並得自履約保證金扣抵。

十四、服務範圍包括代辦訓練操作或維護人員者，其服務費用除乙方本身所需者外，有關受訓人員之旅費及生活費用，由甲方自訂標準支給，不包括在服務費用項目之內。

十五、分包契約依採購法第67條第2項報備於甲方，並經乙方就分包部分設定權利質權予分包廠商者，該分包契約所載付款條件應符合前列各項規定（採購法第98條之規定除外）或與甲方另行議定。

十六、甲方得另延聘專家參與或協助乙方審查其他廠商提送之所有草圖、圖說、報告、建議及其他事項，其所需一切費用（出席費、審查費、差旅費等），除契約另有規定外，由甲方負擔。

十七、除契約另有約定外，依下列條件辦理付款：乙方依契約約定之付款條件提出符合契約約定之證明文件後，甲方應於15工作天內完成審核程序後，通知乙方提出請款單據，並於接到乙方請款單據後15工作天內付款；屬驗收付款者，於驗收合格後，甲方於接到乙方請款單據後15工作天內，一次無息結付尾款。但涉及向補助機關申請核撥補助款者，付款期限為30工作天。

十八、甲方辦理付款及審核程序，如發現乙方有文件不符、不足或有疑義而需補正或澄清者，甲方應一次通知澄清或補正，不得分次辦理。其審核及付款期限，自資料澄清或補正之次日重新起算；甲方並應先就無爭議且可單獨計價之部分辦理付款。

十九、因非可歸責於乙方之事由，甲方有延遲付款之情形，乙方投訴對象：

(一) 甲方之政風單位；

(二) 甲方之上級機關；

(三) 法務部廉政署；

(四) 採購稽核小組；

(五) 採購法主管機關；

(六) 行政院主計總處。（延遲付款之原因與主計人員有關者）

二十、廠商於履約期間給與全職從事本採購案之員工薪資，如採按月計酬者，至少為__　　　　元（由機關於招標時載明，不得低於勞動基準法規定之最低基本工資；未載明者，為新台幣3萬元）。

第六條

一、以新台幣報價之項目，除招標文件另有規定外，應含稅，包括營業稅。由自然人投標者，不含營業稅，但仍包括其必要之稅捐。

二、外國廠商在甲方之本國境內發生之勞務費或權利金收入，於領取價款時按當時之稅率繳納營利事業所得稅。上述稅款在付款時由甲方代為扣繳。但外國廠商在甲方之本國境內有分支機構、營業代理人或由國內廠商開立統一發票代領者，上述稅款在付款時不代為扣繳，而由該等機構、代理人或廠商繳納。

三、與本契約有關之證照，依法應以甲方名義申請，而由乙方代為提出申請者，其所需規費由甲方負擔。

第七條　履約期限

一、本契約預估履約期程為：＿＿＿＿＿＿＿＿＿＿＿＿＿（由甲方於招標時載明）。

二、相關服務項目履約期限以日曆天計，規定如下：

(一) 乙方於本契約簽訂日起＿＿＿日（由甲方於招標時載明，未載明者，以14日計）內提

出「工作執行計畫書」送甲方核可。甲方如有修正意見，乙方於接獲甲方通知之日起＿＿＿日（由甲方於招標文件載明，未載明者，以7日計）內改正完妥，並送甲方複核。

(二) 乙方於規劃單位（或甲方）送達規劃報告（或相關資料）予乙方之日起＿＿＿日（由甲方於招標時載明）內完成規劃與可行性評估之諮詢及審查，且將結果送交甲方，並配合辦理簡報。

(三) 乙方於設計單位送達基本設計資料予乙方之日起＿＿＿日（由甲方於招標時載明）內完成諮詢及審查，且將結果送交甲方。

(四) 乙方於設計單位送達細部設計資料予乙方之日起＿＿＿日（由甲方於招標時載明）內完成諮詢及審查，且將結果送交甲方。

(五) 乙方於設計單位送達草擬之招標文件予乙方之日起＿＿＿日（由甲方於招標時載明）內完成諮詢及審查，且將結果送交甲方。

(六) 如施工中有變更設計時，乙方於接獲變更設計資料予乙方之日起＿＿＿日（由甲方於招標時載明）內完成變更設計預算書圖之諮詢及審查，且將結果送交甲方。

(七) 乙方於監造單位送達監造計畫及監造工程人員資料予乙方之日起＿＿＿日（由甲方於招標時載明）內完成諮詢及審查，且將結果送交甲方。

(八) 乙方應督導監造單位儘速完成各分項工程竣工結算書圖審查，並於審查結果送達之日起＿＿＿日（由甲方於招標時載明）內完成竣工結算書圖複審，且將結果送交甲方。

(九) 乙方於施工單位或甲方提供之資料送達日起＿＿＿日（由甲方於招標時載明）內完成諮詢及審查，且將結果送交提供資料者。

(十) 其他：＿＿＿＿＿＿＿（內容由甲方於招標時載明）

三、乙方辦理之事項內如包括工程採購案之履約估驗計價查核或複核者，乙方於接獲監造單位審核完成之工程承攬廠商之估驗計價申請案次日起之下列日數內查核或複核完妥：

(一) 如該工程已達巨額採購金額者，5日。

(二) 如該工程屬已達查核金額，未達巨額採購金額者，4日。

(三) 如該工程屬已達公告金額，未達查核金額者，3日。

(四) 如該工程屬未達公告金額者，2日。

四、契約如需辦理變更，其履約標的項目或數量有增減，或因不可歸責於乙方之變更設計，履約期限由雙方視實際需要議定增減之。

五、履約期限延期：

(一) 契約履約期間，有下列情形之一，且確非可歸責於乙方，而需展延履約期限者，乙方應於事故發生或消失後，檢具事證，儘速以書面向甲方申請展延履約期限。甲方得審酌其情形後，以書面同意延長履約期限，不計算逾期違約金。其事由未達半日者，以半日計；逾半日未達1日者，以1日計。

1. 發生契約規定不可抗力之事故。

2. 因天候影響無法施工。

3. 甲方要求全部或部分暫停履約。

4. 因辦理契約變更或增加履約標的數量或項目。

5. 甲方應辦事項未及時辦妥。

6. 由甲方自辦或甲方之其他廠商因承包契約相關履約標的之延誤而影響契約進度者。

7. 其他非可歸責於乙方之情形，經甲方認定者。

(二) 前目事故之發生，致契約全部或部分必須停止履約時，乙方應於停止履約原因消滅後立即恢復履約。其停止履約及恢復履約，乙方應儘速向甲方提出書面報告。

六、期日：

(一) 履約期間自指定之日起算者，應將當日算入。履約期間自指定之日後起算者，當日不計入。

(二) 履約標的須於一定期間內送達甲方之場所者，履約期間之末日，為甲方之辦公日時，以甲方當日下班時間為期間末日之終止。履約期間之末日，非為甲方之辦公日時，以次一辦公日之同一截止時間代之。

七、甲乙雙方於接獲提供之資料送達後儘速檢視該資料，並於檢視該資料發現疑義時，立即以書面通知他方。

八、除招標文件已載明者外，因不可歸責於乙方之因素而須修正、更改、補充履約事項，而有延長履約期限必要者，由雙方以書面另行協議。

九、日曆天：本契約規定應繳交之個別文件或應完成之個別事項之天數，以日曆天計；全國性選舉投票日及下列國定假日、民俗節日，不列入天數計算：

(一) 國定假日：中華民國開國紀念日（1月1日）、和平紀念日（2月28日）、兒童節（4月4日）、勞動節（5月1日）及國慶日（10月10日）依行政院人事行政局公布放假日數免計履約期限。

(二) 民俗節日：農曆除夕、春節、民族掃墓節、端午節及中秋節依行政院人事行政局公布放假日數免計履約期限。

第八條　履約管理

一、乙方應依招標文件規定及服務建議書承諾，於前條第2款第1目規定期限提出「工作執行計畫書」送甲方核可，該工作執行計畫書內容至少應包括計畫組織、工作計畫流程、工作預定進度表、工作人力計畫（含人員配當表）、服務費用明細表、計畫時程之安排、工程與經費之控管計畫、辦公處所等。甲方如有修正意見，乙方應於該規定期限內改正完妥，並送甲方複核後，據以執行。

二、乙方應以其專業技術與管理經驗，履行服務工作，隨時維護甲方權益，妥善控制成本、進度與品質。

三、乙方除負責本案全程專業管理服務之外，甲方將分別委託其他廠商負責設計、監造、施工等。在技術層面，乙方代表甲方審定（核定），並需將技術面問題轉化為甲方可瞭解之訊息，以供甲方在行政面決策之參考。乙方參與本計畫相關單位或其他廠商之討論，應充分反映甲方之意見並提供專業技術建議，並善盡協調、管制、審查及監督之責，違者依契約相關條款處理。

四、作業人員指派（本項內容僅供參考，甲方得依個案實際需要修正）：

(一) 乙方於訂約後，應指派其所屬專任開業建築師或執業技師＿人為專案管理計畫主持人，負責綜理本案，前述計畫主持人應有＿＿＿年（由甲方於招標時載明）以上＿＿＿工程計畫（由甲方於招標時載明）之綜合或專業顧問工作經驗。

(二) 乙方於訂約後，應指派專案經理（其證照資格、是否專職及得否由計畫主持人兼任等事項，由甲方於招標文件載明）負責本案之推動與協調整合，前述專案經理應有＿＿＿年（由甲方於招標時載明）以上＿＿＿工程計畫（由甲方於招標時載明）之綜合或專業顧問工作經驗。

(三) 乙方於決標後，依契約指定日期派遣＿人（由甲方於招標時載明）為專案管理工程人員（應為大專院校相關科系畢業）專任長駐甲方辦公處所或工地，接受甲方指揮調派，辦理本契約專案管理服務項目，專案管理工程人員則應有＿年（由甲方於招標時載明）以上相關工程經驗，辦理本契約所規定之各項專案管理事宜，且需為受訓合格之品管人員，並熟悉政府採購法相關法規。

(四) 乙方另於＿＿＿等項目（由甲方於招標時載明）之重點施工期間、派遣＿＿＿人（由甲方於招標時載明）專業工程人員（由甲方於招標時載明，應為大專院校相關科系畢業，＿＿＿（由甲方於招標時載明）年以上相關工程經驗，且需為受訓合格之品管人員），協助上述專案管理工程人員，辦理本契約專案管理服務項目。乙方所派人員能力不足敷工作需要，甲方以要求乙方更換為原則，如經更換後仍無法符合工作需要，且屬可歸責於乙方者，甲方得要求乙方加派人員（含技術人員及協辦人員），辦理本契約專案管理服務項目，所需費用已含於契約內，乙方不得再要求費用。

(五) 上述人員應由乙方造冊附相關證明文件，報請甲方核准且不得隨意更換，如有不能稱職者，甲方得要求更換，乙方應於＿＿＿日（由甲方於招標時載明）內無條件完成更換，乙方要求更換者，應提出具體更換理由連同新進人員相關證明文件，報請甲方核准後始得更換。

(六) 乙方辦理各項服務工作，除依據本契約執行外，應遵守政府採購法、採購人員倫理準則及我國之各項相關法令規定辦理。

(七) 經指派於甲方辦公處所上班者，依甲方上班時間上班，如有須加班時亦應配合。

(八) 施工期間，契約規定之專職專案經理及駐地人員須常駐工務所。

五、乙方應督導各單位依施工階段權責分工表及工程全生命週期之權責劃分表所規定之權責分工事項及期限規定履約（工程全生命週期之權責劃分表請參閱工程會訂頒之表格修正使用，網址http://www.pcc.gov.tw／品質管理／公共工程品質管理教育訓練／品質管理人員回訓班營建工程履約管理實務教材／委託專案管理模式工程進度及品質管理參考手冊之表2.2權責劃分／）。

六、契約執行期間，乙方應依甲方所訂之時間、地點與方式，履行下列出席、報告義務（下列各細項內容甲方於招標時得視個案實際需要調整）：

(一) 月工作報告：乙方須於契約生效後次月起每月7日前，提出前1個月之書面工作報告，送交甲方審核（或備查）。報告內容至少包括下列各項：

1.詳述前1個月進行之工作項目，包括提出乙方前1個月實際參與工作之人員出勤月報表，並經專案經理簽認。出勤月報表內容至少包括人員參與工作項目與當月工作時

數。甲方對於出勤月報表有疑問之內容，應退回由乙方於7日內完成澄清。

2. 當月人員預訂工作項目與時程，每2個月提出未來2個月之人員使用計畫。

3. 預定進度與實際進度之比較。

4. 人員之動員計畫與實際動員狀況之比較。

5. 相關問題之已處理或預定處理方式。

6. 實際進度落後甲方核定之工作執行計畫達（累計進度絕對值）5%時，應督導規劃設計監造廠商及施工廠商提出解決措施及趕工計畫。

(二) 特別報告：乙方於履行契約時，如發現有妨礙契約所載事項與「工作執行計畫書」所列進度時程，或其他廠商違約、工地突發意外事件、甲方應負責之事項、其他與甲方之權益有關之事項或應甲方要求時，應即向甲方以書面提出特別報告，並敘明具體因應措施。

(三) 工程協調會報：由甲方認為需要時召開，由甲方主持，工程協調會報召開前，乙方應負責協調連繫相關人員開會時間，並由甲方指定人員出席，提出工作成果與推估未來作業進度，並由乙方派專人作成會議紀錄，於會議後5日內送甲方審核（或備查）。

(四) 工程月會報（屬月會性質）：由乙方專案計畫主持人主持，安排相關規劃設計監造及施工廠商每月1次派專業代表出席，就近1月工作成果檢討與研擬修正未來1月詳細計劃作業進度，並派專人作成會議紀錄，於會議後5日內送甲方審核（或備查）。

(五) 專業技術協調會（屬週會性質）：由乙方專案計畫主持人或專案經理主持，安排相關規劃設計監造及施工廠商每週1次派專業代表出席，就近1週工作成果檢討與研擬修正未來1週詳細計劃作業進度，並派專人作成會議紀錄，於會議後5日內送甲方審核（或備查），並應視需要時加開專業技術協調會。

(六) 工地觀摩參觀：協助甲方辦理學生或相關人員工地觀摩參觀，負責工地解說、資料準備，並製作紀錄，並於結束後5日內送甲方審核（或備查）。

(七) 結案報告：乙方完成契約內之所有服務工作，或契約因故全部終止或部分終止時，應將完成部分作成結案報告（內容至少包含工作項目、執行過程與績效），提送甲方審核（或備查）。

(八) 建檔與紀錄：

1. 建立本工程之設計圖說及文書檔案（磁片或光碟片）與行政院公共工程委員會工程管理資訊系統之建檔。

2. 提供完整工作紀錄（包含影片或照片、工程大事紀等工作紀錄）與服務期間各服務項目之完整紀錄（包含一般書面與電子檔案），並定期配合工作報表及結案報告提出。

(九) 列席相關會議：配合甲方需求，派員列席相關主管機關審查、查核會議。

(十) 協助處理提報相關資料：協助甲方處理相關提報資料之研擬及製作。

(十一) 協助處理糾紛及索賠事件：協助甲方處理因本工程引起之糾紛及索賠事件（但不含擔任甲方訴訟代理人）。

(十二) 其他（由甲方於招標文件載明，無者免填）。

七、乙方於工作完成提送成果報告時，應一併提送電子檔案（含CAD檔）交予甲方。

八、與契約履約標的有關之其他標的，經甲方交由其他廠商辦理時，乙方有與其他廠商互相協調配合之義務，以使該等工作得以順利進行。工作不能協調配合，乙方應邀集各方協調解決，並通知甲方。乙方如未通知甲方或未能配合或甲方未能協調解決致生錯誤、延誤履約期限或意外事故，應由可歸責之一方負責並賠償。

九、乙方接受甲方或甲方委託之機構之人員指示辦理與履約有關之事項前，應先確認該人員係有權代表人，且所指示辦理之事項未逾越或未違反契約規定。乙方接受無權代表人之指示或逾越或違反契約規定之指示，不得用以拘束甲方或減少、變更乙方應負之契約責任，甲方亦不對此等指示之後果負任何責任。

十、甲方及乙方之一方未請求他方依契約履約者，不得視為或構成一方放棄請求他方依契約履約之權利。

十一、契約內容有須保密者，乙方未經甲方書面同意，不得將契約內容洩漏予與履約無關之第三人。

十二、乙方履約期間所知悉之甲方機密或任何不公開之文書、圖畫、消息、物品或其他資訊，均應保密，不得洩漏。

十三、轉包及分包：

(一) 乙方不得將契約轉包。乙方亦不得以不具備履行契約分包事項能力、未依法登記或設立，或依採購法第103條規定不得參加投標或作為決標對象或作為分包廠商之廠商為分包廠商。

(二) 乙方擬分包之項目及分包廠商，甲方得予審查。

(三) 乙方對於分包廠商履約之部分，仍應負完全責任。分包契約報備於甲方者，亦同。

(四) 分包廠商不得將分包契約轉包。其有違反者，乙方應更換分包廠商。

(五) 乙方違反不得轉包之規定時，甲方得解除契約、終止契約或沒收保證金，並得要求損害賠償。

(六) 前款轉包廠商與乙方對甲方負連帶履行及賠償責任。再轉包者，亦同。

十四、乙方及分包廠商履約，不得有下列情形：僱用依法不得從事其工作之人員（含非法外勞）、供應不法來源之履約標的、使用非法車輛或工具、提供不實證明、違反人口販運防制法、非法棄置廢棄物或其他不法或不當行為。

十五、甲方於乙方履約中，若可預見其履約瑕疵，或有其他違反契約之情事者，得通知乙方限期改善。

十六、履約所需臨時場所，除另有規定外，由乙方自理。

十七、乙方履約人員對於所應履約之工作有不適任之情形者，甲方得要求更換，乙方不得拒絕。

十八、勞工權益保障：

(一) 乙方對其派至甲方提供勞務之受僱勞工，應訂立書面勞動契約，並將該契約影本送甲方備查。

(二) 乙方對其派至甲方提供勞務之受僱勞工，應依法給付工資，依法投保勞工保險、就業保險、全民健康保險及提繳勞工退休金，並依規定繳納前述保險之保險費及提繳

勞工退休金。

(三) 乙方應於簽約後____日（由甲方於招標時載明）內，檢具派至甲方提供勞務之受僱勞工名冊（包括勞工姓名、出生年月日、身分證字號及住址）、勞工保險被保險人投保資料表（明細）影本及切結書（具結已依法為其受僱勞工投保勞工保險、就業保險、全民健康保險及提繳勞工退休金，並依規定繳納前述保險之保險費及提繳勞工退休金）送甲方備查。

(四) 甲方發現乙方未依法為其派至甲方提供勞務之受僱勞工，投保勞工保險、就業保險、全民健康保險及提繳勞工退休金者，應限期改正，其未改正者，通知目的事業主管機關依法處理。

十九、其他（由甲方擇需要者於招標時載明）：

　　□乙方應於完成審查之原始圖樣及書表上簽署。

　　□乙方所擬定或完成審查之招標文件，其內容不得有不當限制競爭之情形。其有要求或提及特定之商標或商名、專利、設計或型式、特定來源地、生產者或供應者之情形時，應於提送履約成果文件上敘明理由。

　　□辦理新台幣5千萬元以上公有新建建築物，乙方應協助甲方（或設計單位）於工程招標前取得候選綠建築證書；另於辦理變更設計時，應併同檢討與協助甲方（或設計單位）申請變更候選綠建築證書。

　　□工程有電機工程高壓設備之新設公有新建築物，乙方應督促設計單位於工程招標前取得台電公司預審台電配電室（場）核准，及提出用電計劃書，並經台電公司核准在案。另於新建築物開工前，乙方應督促設計單位取得台電公司電氣審核證明，以供甲方辦理新建築物開工之必要文件；於辦理變更設計時，乙方應督促設計單位申請變更取得台電公司電氣審核證明。乙方應督促設計單位於工程完成前完成向台電報竣工手續，以利本建築物用電取得及用電安全品質。

　　■乙方依契約約定審核（查）甲方之其他契約廠商所提出之各該契約約定得付款之證明文件時，乙方應於7工作天內完成審核（查），並將結果交付甲方，以利甲方續於8工作天內完成審核及辦理後續作業。

　　□其他：_____。

第九條　履約標的品管

一、乙方在履約中，應對規劃、設計、監造及施工品質依照契約有關規範，協助甲方辦理工程品質之「督導」與「管控」。辦理工程設計之諮詢及審查等服務工作，應力求符合節省能源、減少溫室氣體排放、保護環境、節約資源、經濟耐用等目的，並考量景觀、自然生態、兩性友善環境、生活美學。

二、甲方於乙方履約期間如發現規劃設計監造及施工廠商之履約品質或進度不符合契約規定，得通知乙方「督導」規劃設計監造及施工廠商限期改善或改正，並提出「管控」方案。乙方逾期未辦妥時，甲方得要求乙方就該案檢討及提出「特別報告」，並追究責任。

三、乙方不得因甲方辦理審查、查驗、測試、認可、檢驗、功能驗證或核准行為，而免除或減少其依契約所應履行或承擔之義務或責任。

四、甲方應依政府採購法第70條規定設立之各工程施工查核小組查核結果，對乙方辦理品質缺失懲罰性違約金事宜：

(一) 懲罰性違約金金額，應依查核小組查核之品質缺失扣點數計算之。巨額以上之工程採購案，每點扣款新台幣＿＿＿＿元（由甲方於招標時載明；未載明者，為2仟元）；查核金額以上未達巨額之工程採購案，每點扣款新台幣＿＿＿＿元（由甲方於招標時載明；未載明者，為1仟元）；1仟萬元以上未達查核金額之工程採購案，每點扣款新台幣＿＿＿＿元（由甲方於招標時載明；未載明者，為500元）；未達1仟萬元之工程採購案，每點扣款新台幣＿＿＿＿元（由甲方於招標時載明；未載明者，為250元）。

(二) 品質缺失懲罰性違約金之支付，甲方應自應付價金中扣抵；其有不足者，得通知乙方繳納或自保證金扣抵。

(三) 品質缺失懲罰性違約金之總額，以契約價金總額20%為上限。

第十條　保險

一、乙方應於履約期間辦理下列保險（由甲方擇定後於招標時載明，無者免填），其屬自然人者，應自行另投保人身意外險。

(一) 建築師事務所、技師事務所、工程技術顧問公司、測繪業公司應投保專業責任險。包括因業務疏漏、錯誤或過失，違反業務上之義務，致甲方或其他第三人受有之損失。

(二) 僱主意外責任險。（乙方於施工期間應為其專案管理人員投保僱主意外責任險；有延期或遲延履約者，保險期間比照順延）

(三) 其他：＿＿＿＿＿＿＿＿＿

二、乙方依前款辦理之保險，其內容如下（由甲方視保險性質擇定或調整後於招標時載明）：

(一) 承保範圍：（由甲方於招標時載明，包括得為保險人之不保事項）。

(二) 保險標的：履約標的。

(三) 被保險人：以乙方為被保險人。

(四) 保險金額：契約價金總額。

(五) 每一事故之自負額上限：（由甲方於招標時載明）。

(六) 保險期間：自＿＿＿＿起至□契約所定履約期限之日止；□＿＿＿＿之日止（由甲方於招標時載明），有延期或遲延履約者，保險期間比照順延。

(七) 未經甲方同意之任何保險契約之變更或終止，無效。

(八) 其他：

三、保險單記載契約規定以外之不保事項者，其風險及可能之賠償由乙方負擔。

四、乙方向保險人索賠所費時間，不得據以請求延長履約期限。

五、乙方未依契約規定辦理保險、保險範圍不足或未能自保險人獲得足額理賠者，其損失或損害賠償，由乙方負擔。

六、保險單正本1份及繳費收據副本1份應於辦妥保險後即交甲方收執。

七、乙方應依甲方之本國法規為其員工及車輛投保勞工保險、全民健康保險及汽機車第

三人責任險。其依法免投保勞工保險者，得以其他商業保險代之。

八、本契約延長服務時間時，乙方應隨之延長專業責任保險之保險期間。

九、依法非屬保險人可承保之保險範圍，或非因保費因素卻於國內無保險人願承保，且有保險公會書面佐證者，依第1條第7款辦理。

第十一條　保證金（由甲方擇一於招標時載明）

□甲方不收取保證金。

□甲方收取保證金，保證金相關規定：（由甲方依「押標金保證金暨其他擔保作業辦法」規定辦理，並於招標時載明）。

第十二條　驗收

一、驗收時機：乙方完成履約事項後辦理驗收。

二、驗收方式：得以書面或召開審查會議方式進行，審查會議紀錄等同驗收紀錄。得分段或分期查驗及驗收。

三、履約標的部分完成履約後，得先就該部分辦理驗收或分段審查、查驗供驗收之用。

四、乙方履約結果經甲方審查有瑕疵者，甲方得要求乙方於一定期限內改善。逾期未改正者，依第13條規定計算逾期違約金。

五、乙方不於前款期限內改正、拒絕改正或其瑕疵不能改正者，甲方得採行下列措施之一：

(一) 自行或使第三人改正，並得向乙方請求償還改正必要之費用。

(二) 解除契約或減少契約價金。但瑕疵非重要者，甲方不得解除契約。

六、因可歸責於乙方之事由，致履約有瑕疵者，甲方除依前二款規定辦理外，並得請求損害賠償。

第十三條　遲延履約

一、逾期違約金，以日為單位，乙方如未依照契約規定期限完成工作，應按逾期日數計算逾期違約金，該違約金計算方式：（由甲方擇一於招標時載明）

　　□每日以新台幣＿＿＿＿＿＿＿元計算逾期違約金。（定額，甲方於招標時載明）

　　□每日依逾期工作部分之「工作執行計畫書」送審、規劃與可行性評估之諮詢及審查、工程設計之諮詢及審查、招標發包之諮詢及審查、施工督導與履約管理之諮詢及審查等各部分契約價金1‰計算逾期違約金。（依第5條第1款或第2款計算各服務項目之服務價金）。

　　□每日依契約價金總額1‰（甲方得於招標文件載明其他比率）計算逾期違約金。但未完成履約之部分不影響其他已完成部分之使用者，得按未完成履約部分之契約價金，每日依其1‰（甲方得於招標文件載明其他比率）計算逾期違約金。

二、逾期違約金之支付，甲方得自應付價金中扣抵；其有不足者，通知乙方繳納或自保證金扣除。

三、逾期違約金之總額（含逾期未改正之違約金），以契約價金總額之20%為上限。

四、甲方及乙方因下列天災或事變等不可抗力或不可歸責於契約當事人之事由，致未能依時履約者，得展延履約期限；不能履約者，得免除契約責任：

(一) 戰爭、封鎖、革命、叛亂、內亂、暴動或動員。

(二) 山崩、地震、海嘯、火山爆發、颱風、豪雨、冰雹、水災、土石流、土崩、地層滑動、雷擊或其他天然災害。

(三) 墜機、沉船、交通中斷或道路、港口冰封。

(四) 罷工、勞資糾紛或民眾非理性之聚眾抗爭。

(五) 毒氣、瘟疫、火災或爆炸。

(六) 履約標的遭破壞、竊盜、搶奪、強盜或海盜。

(七) 履約人員遭殺害、傷害、擄人勒贖或不法拘禁。

(八) 水、能源或原料中斷或管制供應。

(九) 核子反應、核子輻射或放射性污染。

(十) 非因乙方不法行為所致之政府或機關依法令下達停工、徵用、沒入、拆毀或禁運命令者。

(十一) 政府法令之新增或變更。

(十二) 甲方之本國或外國政府之行為。

(十三) 其他經甲方認定確屬不可抗力者。

五、前款不可抗力或不可歸責事由發生或結束後，其屬可繼續履約之情形者，應繼續履約，並採行必要措施以降低其所造成之不利影響或損害。

六、乙方履約有遲延者，在遲延中，對於因不可抗力而生之損害，亦應負責。但經乙方證明縱不遲延給付，而仍不免發生損害者不在此限。

七、乙方未遵守法令致生履約事故者，由乙方負責。因而遲延履約者，不得據以免責。

八、因非可歸責於乙方之事由，甲方有延遲付款之情形，乙方得向甲方請求加計年息＿＿％（由甲方於招標時合理訂定，如未填寫，則依簽約日中華郵政股份有限公司牌告一年期郵政定期儲金機動利率）之遲延利息。

第十四條　罰則

一、施工期間乙方專職人員應每日到工，無故不到工者，除依合約金額扣除當日應到工人員薪資外，每人每日罰款新台幣＿＿＿＿元（由甲方於招標時載明；未載明者依契約價金總額4‰計算，未達新台幣2千元者，以新台幣2千元計）。

二、依契約乙方應出席或主持會議之人員未出席或主持者，每人每次罰款新台幣＿＿＿＿元（由甲方於招標時載明；未載明者依契約價金總額1%計算，未達新台幣5千元者，以新台幣5千元計）。

三、乙方有管理不善情形時，其懲罰性違約金計算方式如下，並由甲方自應付價金中扣抵；其有不足者，得通知乙方繳納或自保證金扣抵：

(一) 乙方審查、審定或複核完成之文件或資料，經甲方發現有錯誤或疏漏情形，致須退回修正者，第1次計罰新台幣＿＿＿＿元（由甲方於招標時載明；未載明者，為5千元）；第2次計罰新台幣＿＿＿＿元（由甲方於招標時載明；未載明者，為1萬元）；並自第3次起，每次計罰2萬元；事後發現者，每次計罰各該次該當上述次數之金額。（以上金額，機關得依個案情形調整列入招標文件）

(二) 乙方未能就契約約定之服務項目於約定期限內提出具體性建議，或所提建議內容明顯不符專業需求，致須退回修正者，第1次計罰新台幣＿＿＿＿元（由甲方於招標時載

明；未載明者，爲5千元）；第2次計罰新台幣＿＿＿元（由甲方於招標時載明；未載明者，爲1萬元）；並自第3次起，每次計罰2萬元；事後發現者，每次計罰各該次該當上述次數之金額。（以上金額，機關得依個案情形調整列入招標文件）

(三) 因規劃廠商規劃錯誤，致甲方遭受損害者，就乙方審查規劃結果不實部分，每次計罰金額爲甲方向規劃廠商求償金額之＿＿＿％（由甲方於招標時載明；未載明者，爲20％）。

(四) 因設計廠商設計錯誤，致甲方遭受損害者，就乙方審查設計結果不實部分，每次計罰金額爲甲方向設計廠商求償金額之＿＿＿％（由甲方於招標時載明；未載明者，爲20％）。

(五) 因監造廠商監造不實，致甲方遭受損害者，就乙方履約管理不實部分，每次計罰金額爲甲方向監造廠商求償金額之＿＿＿％（由甲方於招標時載明；未載明者，爲20％）。

四、其他：＿＿＿＿＿＿＿（內容由甲方於招標時載明）。

第十五條　權利及責任

一、乙方應擔保第三人就履約標的，對於甲方不得主張任何權利。

二、乙方履約，其有侵害第三人合法權益時，應由乙方負責處理並承擔一切法律責任及費用，包括甲方所發生之費用。如同時損及甲方之權益時，甲方並得請求損害賠償。

三、乙方履約結果涉及智慧財產權者：（由甲方於招標時載明）

　　□甲方取得全部權利。

　　□甲方取得部分權利（內容由甲方於招標時載明）。

　　□甲方取得授權（由甲方擇一於招標時載明）：

　　　□全部授權。

　　　□部分授權（內容由甲方於招標時載明）。

　　□其他：＿＿＿＿＿＿＿＿（內容由甲方於招標時載明）。

四、有關著作權法第24條與第28條之權利，他方得行使該權利，惟涉有政府機密者，不在此限。

五、除另有規定外，乙方如在履約使用專利品、專利性履約方法，或涉及著作權時，有關專利及著作權，概由乙方依照有關法令規定處理，其費用亦由乙方負擔。

六、甲方及乙方應採取必要之措施，以保障他方免於因契約之履行而遭第三人請求損害賠償。其有致第三人損害者，應由造成損害原因之一方負責賠償。

七、甲方對於乙方、分包廠商及其人員因履約所致之人體傷亡或財物損失，不負賠償責任。

八、因可歸責於一方之事由，致他方遭受損害者，一方應負賠償責任，其認定有爭議者，依照爭議處理條款辦理。

(一) 損害賠償之範圍，依民法第216條第1項規定，以填補他方所受損害及所失利益爲限。□但非因故意或重大過失所致之損害，契約雙方所負賠償責任不包括「所失利益」（得由機關於招標時勾選）。

(二) 除懲罰性違約金、逾期違約金外，損害賠償金額上限為：（甲方欲訂上限者，請於招標時載明）

☐契約價金總額。

☐契約價金總額之＿＿＿倍。

☐契約價金總額之＿＿＿％。

☐固定金額＿＿＿＿＿元。

(三) 前目訂有損害賠償金額上限者，於法令另有規定（例如民法第227條第2項之加害給付損害賠償），或一方故意隱瞞工作之瑕疵、故意或重大過失行為，或對第三人發生侵權行為，對他方所造成之損害賠償，不受賠償金額上限之限制。

九、乙方在工程保固期限，如本工程一部或全部發現有損裂、坍塌、損壞、功能或效益不符合契約規定，其非屬故意破壞或正常零件損耗者，在保固期限內負責督導監造廠商監督施工廠商完成修復工作。

第十六條 契約變更及轉讓

一、甲方於必要時得於契約所約定之範圍內通知乙方變更契約，乙方於接獲通知後，除雙方另有協議外，應於10日內向甲方提出契約標的、價金、履約期限、付款期程或其他契約內容須變更之相關文件。契約價金之變更，由雙方協議訂定之。

二、乙方於甲方接受其所提出須變更之相關文件前，不得自行變更契約。除甲方另有請求者外，乙方不得因前項之通知而遲延其履約期限。

三、甲方於接受乙方所提出須變更之事項前即通知乙方先行辦理，其後未依原通知辦理契約變更或僅部分辦理者，應補償乙方所增加之必要費用。

四、如因可歸責於甲方之事由辦理契約變更，除雙方另有協議外，甲方得就已完成之工作辦理部分驗收或結算後，支付該部分價金。

五、履約期間有下列事項者，應變更契約，並合理增減酬金：

(一) 甲方於履約各工作階段完成審定後，要求辦理工程計劃變更，致乙方需再提供審查及諮詢服務者。

(二) 甲方對同一服務事項依不同條件要求乙方辦理多次規劃或設計之諮詢與審查工作者。

(三) 甲方因故必須變更部分委託服務內容時，得就服務事項或數量之增減情形，調整服務費用及工作期限。

(四) 有第4條第7款之情事者。

(五) 有第4條第8款變更專案管理服務期程需要者。

六、契約之變更，非經甲方及乙方雙方合意，作成書面紀錄，並簽名或蓋章者，無效。

七、乙方不得將契約或債權之部分或全部轉讓予他人。但因公司分割或其他類似情形致有轉讓必要，經甲方書面同意轉讓者，不在此限。

乙方依公司法、企業併購法分割，受讓契約之公司（以受讓營業者為限），其資格條件應符合原招標文件規定，且應提出下列文件之一：

1. 原訂約廠商分割後存續者，其同意負連帶履行本契約責任之文件；

2. 原訂約廠商分割後消滅者，受讓契約公司以外之其他受讓原訂約廠商營業之既存及新

設公司同意負連帶履行本契約責任之文件。

第十七條 契約終止解除及暫停執行

一、乙方履約有下列情形之一者，甲方得以書面通知乙方終止契約或解除契約之部分或全部，且不補償乙方因此所生之損失：

(一) 違反採購法第39條第2項或第3項規定之專案管理廠商。

(二) 有採購法第50條第2項前段規定之情形者。

(三) 有採購法第59條規定得終止或解除契約之情形者。

(四) 違反不得轉包之規定者。

(五) 乙方或其人員犯採購法第87條至第92條規定之罪，經判決有罪確定者。

(六) 因可歸責於乙方之事由，致延誤履約期限，有下列情形者（由機關於招標時勾選；未勾選者，為第1選項）：

□履約進度落後 ％（由機關於招標時載明，未載明者為10％）以上，且日數達10日以上。

百分比之計算方式：

1. 屬尚未完成履約而進度落後已達百分比者，機關應先通知廠商限期改善。屆期未改善者，如機關訂有履約進度計算方式，其通知限期改善當日及期限末日之履約進度落後百分比，分別以各該日實際進度與機關核定之預定進度百分比之差值計算；如機關未訂有履約進度計算方式，依逾期日數計算之。

2. 屬已完成履約而逾履約期限，或逾最後履約期限尚未完成履約者，依逾期日數計算之。

□其他： 。

(七) 偽造或變造契約或履約相關文件，經查明屬實者。

(八) 無正當理由而不履行契約者。

(九) 審查、查驗或驗收不合格，且未於通知期限內依規定辦理者。

(十) 有破產或其他重大情事，致無法繼續履約。

(十一) 乙方未依契約規定履約，自接獲甲方書面通知之次日起10日內或書面通知所載較長期限內，仍未改善者。

(十二) 違反本契約第8條第18款第1目至第3目情形之一，經甲方通知改正而未改正，情節重大者。

(十三) 契約規定之其他情形。

二、甲方未依前款規定通知乙方終止或解除契約者，乙方仍應依契約規定繼續履約。

三、契約經依第1款規定或因可歸責於乙方之事由致終止或解除者，甲方得依法自行或洽其他廠商完成被終止或解除之契約；其所增加之費用及損失，由乙方負擔。無洽其他廠商完成之必要者，得扣減或追償契約價金，不發還保證金。甲方有損失者亦同。

四、契約因政策變更，乙方依契約繼續履行反而不符公共利益者，甲方得終止或解除部分或全部契約，並補償乙方因此所受之損失。但不包含所失利益。乙方於接獲甲方通知前已完成且可使用之履約標的，依契約價金給付；僅部分完成尚未能使用之履

約標的,甲方得擇下列方式之一洽乙方為之:

(一) 乙方繼續予以完成,依契約價金給付。

(二) 停止履約,但乙方已完成部分之服務費用由雙方議定之。

五、乙方未依契約規定履約者,甲方得通知乙方部分或全部暫停執行,並停止計價,至情況改正後方准恢復履約。乙方不得就暫停執行請求延長履約期限或增加契約價金。

六、因非可歸責於乙方之情形,甲方通知乙方部分或全部暫停執行,應視情形酌予延長履約期限。

七、因非可歸責於乙方之情形而造成停工時,乙方得要求甲方部分或全部暫停執行專案管理。

八、依前二款規定暫停執行期間累計逾6個月(甲方得於招標時載明其他期間)者,乙方得通知甲方終止或解除部分或全部契約,甲方應補償乙方因此而增加之必要費用。

九、乙方不得對本契約採購案任何人要求、期約、收受或給予賄賂、佣金、比例金、仲介費、後謝金、回扣、餽贈、招待或其他不正利益。複委託分包廠商亦同。違反上述約定者,甲方得終止或解除契約,並將2倍之不正利益自契約價款中扣除。未能扣除者,通知廠商限期給付之。

十、甲方延遲付款達__個月(由甲方於招標時合理訂定,如未填寫,則為6個月)者,乙方得通知甲方終止或解除部分或全部契約。

十一、本契約終止時,自終止之日起,雙方之權利義務即消滅。契約解除時,溯及契約生效日消滅。雙方並互負相關之保密義務。

第十八條 爭議處理

一、甲方與乙方因履約而生爭議者,應依法令及契約規定,考量公共利益及公平合理,本誠信和諧,盡力協調解決之。其未能達成協議者,得以下列方式處理之:

(一) 提起民事訴訟,並以甲方所在地之地方法院為第一審管轄法院。

(二) 依採購法第85條之1規定向採購申訴審議委員會申請調解。技術服務採購經採購申訴審議委員會提出調解建議或調解方案,因甲方不同意致調解不成立者,乙方提付仲裁,甲方不得拒絕。

(三) 經契約雙方同意並訂立仲裁協議後,依本契約約定及仲裁法規定提付仲裁。

(四) 依採購法第102條規定提出異議、申訴。

(五) 依其他法律申(聲)請調解。

(六) 契約雙方合意成立爭議處理小組協調爭議。

(七) 依契約或雙方合意之其他方式處理。

二、依前款第2目後段及第3目提付仲裁者,約定如下:

(一) 由甲方於招標文件及契約預先載明仲裁機構。其未載明者,由契約雙方協議擇定仲裁機構。如未能獲致協議,屬前款第2目後段情形者,由乙方指定仲裁機構;屬前款第3目情形者,由甲方指定仲裁機構。上開仲裁機構,除契約雙方另有協議外,應為合法設立之國內仲裁機構。

(二) 仲裁人之選定：

1. 當事人雙方應於一方收受他方提付仲裁之通知之次日起14日內，各自從指定之仲裁機構之仲裁人名冊或其他具有仲裁人資格者，分別提出10位以上（含本數）之名單，交予對方。

2. 當事人之一方應於收受他方提出名單之次日起14日內，自該名單內選出1位仲裁人，作為他方選定之仲裁人。

3. 當事人之一方未依1.提出名單者，他方得從指定之仲裁機構之仲裁人名冊或其他具有仲裁人資格者，逕行代為選定1位仲裁人。

4. 當事人之一方未依2.自名單內選出仲裁人，作為他方選定之仲裁人者，他方得聲請□法院□指定之仲裁機構（由甲方於招標時勾選；未勾選者，為指定之仲裁機構）代為自該名單內選定1位仲裁人。

(三) 主任仲裁人之選定：

1. 2位仲裁人經選定之次日起30日內，由□雙方共推□雙方選定之仲裁人共推（由甲方於招標時勾選）第三仲裁人為主任仲裁人。

2. 未能依1.共推主任仲裁人者，當事人得聲請□法院□指定之仲裁機構（由甲方於招標時勾選；未勾選者，為指定之仲裁機構）為之選定。

(四) 以□甲方所在地□其他：＿＿＿為仲裁地（由甲方於招標時載明；未載明者，為甲方所在地）。

(五) 除契約雙方另有協議外，仲裁程序應公開之，仲裁判斷書雙方均得公開，並同意仲裁機構公開於其網站。

(六) 仲裁程序應使用□國語及中文正體字□其他語文：＿＿＿＿。（由甲方於招標時載明；未載明者，為國語及中文正體字）

(七) 甲方□同意□不同意（由甲方於招標時勾選；未勾選者，為不同意）仲裁庭適用衡平原則為判斷。

(八) 仲裁判斷書應記載事實及理由。

三、依第1款第6目成立爭議處理小組者，約定如下：

(一) 爭議處理小組於爭議發生時成立，得為常設性，或於爭議作成決議後解散。

(二) 爭議處理小組委員之選定：

1. 當事人雙方應於協議成立爭議處理小組之次日起10日內，各自提出5位以上（含本數）之名單，交予對方。

2. 當事人之一方應於收受他方提出名單之次日起10日內，自該名單內選出1位作為委員。

3. 當事人之一方未依1.提出名單者，為無法合意成立爭議處理小組。

4. 當事人之一方未能依2.自名單內選出委員，且他方不願變更名單者，為無法合意成立爭議處理小組。

(三) 爭議處理小組召集委員之選定：

1. 2位委員經選定之次日起10日內，由雙方或雙方選定之委員自前目1.名單中共推1人作為召集委員。

2. 未能依1.共推召集委員者，為無法合意成立爭議處理小組。

(四) 當事人之一方得就爭議事項，以書面通知爭議處理小組召集委員，請求小組協調及作成決議，並將繕本送達他方。該書面通知應包括爭議標的、爭議事實及參考資料、建議解決方案。他方應於收受通知之次日起14日內提出書面回應及建議解決方案，並將繕本送達他方。

(五) 爭議處理小組會議：

1. 召集委員應於收受協調請求之次日起30日內召開會議，並擔任主席。委員應親自出席會議，獨立、公正處理爭議，並保守秘密。

2. 會議應通知當事人到場陳述意見，並得視需要邀請專家、學者或其他必要人員列席，會議之過程應作成書面紀錄。

3. 小組應於收受協調請求之次日起90日內作成合理之決議，並以書面通知雙方。

(六) 爭議處理小組委員應迴避之事由，參照採購申訴審議委員會組織準則第13條規定。委員因迴避或其他事由出缺者，依第2目、第3目辦理。

(七) 爭議處理小組就爭議所為之決議，除任一方於收受決議後14日內以書面向召集委員及他方表示異議外，視為協調成立，有契約之拘束力。惟涉及改變契約內容者，雙方應先辦理契約變更。如有爭議，得再循爭議處理程序辦理。

(八) 爭議事項經一方請求協調，爭議處理小組未能依第5目或當事人協議之期限召開會議或作成決議，或任一方於收受決議後14日內以書面表示異議者，協調不成立，雙方得依第1款所定其他方式辦理。

(九) 爭議處理小組運作所需經費，由契約雙方平均負擔。

(十) 本款所定期限及其他必要事項，得由雙方另行協議。

四、依採購法規定受理調解或申訴之機關名稱：_____；
地址：_____；電話：_____。

五、履約爭議發生後，履約事項之處理原則如下：

(一) 與爭議無關或不受影響之部分應繼續履約。但經甲方同意無須履約者不在此限。

(二) 乙方因爭議而暫停履約，其經爭議處理結果被認定無理由者，不得就暫停履約之部分要求延長履約期限或免除契約責任。但結果被認定部分有理由者，由雙方協議延長該部分之履約期限或免除該部分之責任。

六、本契約以中華民國法律為準據法。

七、乙方與本國分包廠商間之爭議，除經本國分包廠商同意外，應約定以中華民國法律為準據法，並以設立於中華民國境內之民事法院、仲裁機構或爭議處理機構解決爭議。乙方並應要求分包廠商與再分包之本國廠商之契約訂立前開約定。

第十九條 其他

一、乙方對於履約所僱用之人員，不得有歧視性別、原住民、身心障礙或弱勢團體人士之情事。

二、乙方履約時不得僱用甲方之人員或受甲方委託辦理契約事項之機構之人員。

三、乙方授權之代表應通曉中文或甲方同意之其他語文。未通曉者，乙方應備翻譯人員。

四、甲方與乙方間之履約事項，其涉及國際運輸或信用狀等事項，契約未予載明者，依國際貿易慣例。

五、甲方及乙方於履約期間應分別指定授權代表，為履約期間雙方協調與契約有關事項之代表人。

六、廠商參與公共工程可能涉及之法律責任如本條附件，乙方應提醒其工作人員及其他技術服務或工程廠商注意法令規定，善盡職責及履行契約義務，以免觸犯法令或違反契約規定而受處罰。

七、甲方、乙方、施工廠商及設計、監造單位之權責分工，除契約另有約定外，依招標當時工程會所訂「公有建築物施工階段契約約定權責分工表」或「公共工程施工階段契約約定權責分工表」（由機關依案件性質檢附，並訂明各項目之完成期限、懲罰標準），或「統包模式之工程進度及品質管理參考手冊」辦理。

八、依據政治獻金法第7條第1項第2款規定，與政府機關（構）有巨額採購契約，且於履約期間之廠商，不得捐贈政治獻金。

九、本契約未載明之事項，依政府採購法及民法等相關法令。

第二節　廠商參與公共工程可能涉及之法律責任

一、規劃、設計、監造或專案管理之廠商

(一) 辦理公共工程採購可能涉及之相關刑事責任之法規

法規名稱	相關條項	違反法規情形	相關刑罰
政府採購法	第87條圍標之處罰	意圖使廠商不為投標、違反其本意投標，或使得標廠商放棄得標、得標後轉包或分包，而施強暴、脅迫、藥劑或催眠術者。	處1年以上7年以下有期徒刑，得併科新台幣300萬元以下罰金。未遂犯罰之。
		犯前項之罪，因而致人於死或致重傷者。	致人於死者，處無期徒刑或7年以上有期徒刑；致重傷者，處3年以上10年以下有期徒刑，各得併科新台幣300萬元以下罰金。
		以詐術或其他非法之方法，使廠商無法投標或開標發生不正確結果者。	處5年以下有期徒刑，得併科新台幣100萬元以下罰金。未遂犯罰之。
		意圖影響決標價格或獲取不當利益，而以契約、協議或其他方式之合意，使廠商不為投標或不為價格之競爭者。	處6月以上5年以下有期徒刑，得併科新台幣100萬元以下罰金。未遂犯罰之。
		意圖影響採購結果或獲取不當利益，而借用他人名義或證件投標者；及容許他人借用本人名義或證件參加投標者。	處3年以下有期徒刑，得併科新台幣100萬元以下罰金。

法規 名稱	相關條項	違反法規情形	相關刑罰
政府採購法	第88條 綁標之處罰	受機關委託提供採購規劃、設計、審查、監造、專案管理或代辦採購廠商之人員，意圖為私人不法之利益，對技術、工法、材料、設備或規格，為違反法令之限制或審查，因而獲得利益者；及意圖為私人不法之利益，對廠商或分包廠商之資格為違反法令之限制或審查，因而獲得利益者。	處1年以上7年以下有期徒刑，得併科新台幣300萬元以下罰金。未遂犯罰之。
	第89條 洩密之處罰	受機關委託提供採購規劃、設計或專案管理或代辦採購廠商之人員，意圖為私人不法之利益，洩漏或交付關於採購應秘密之文書、圖畫、消息、物品或其他資訊，因而獲得利益者。	處5年以下有期徒刑、拘役或科或併科新台幣100萬元以下罰金。未遂犯罰之。
	第90條 強制採購決定之處罰	意圖使機關規劃、設計、承辦、監辦採購人員或受機關委託提供採購規劃、設計或專案管理或代辦採購廠商之人員，就與採購有關事項，不為決定或為違反其本意之決定，而施強暴、脅迫者。	處1年以上7年以下有期徒刑，得併科新台幣300萬元以下罰金。未遂犯罰之。
		犯前項之罪，因而致人於死或重傷者。	致人於死者，處無期徒刑或7年以上有期徒刑；致重傷者，處3年以上10年以下有期徒刑，各得併科新台幣300萬元以下罰金。
	第91條 強制洩密之處罰	意圖使機關規劃、設計、承辦、監辦採購人員或受機關委託提供採購規劃、設計或專案管理或代辦採購廠商之人員，洩漏或交付關於採購應秘密之文書、圖畫、消息、物品或其他資訊，而施強暴、脅迫者。	處5年以下有期徒刑，得併科新台幣100萬元以下罰金。未遂犯罰之。
		犯前項之罪，因而致人於死或重傷者。	致人於死者，處無期徒刑或7年以上有期徒刑；致重傷者，處3年以上10年以下有期徒刑，各得併科新台幣300萬元以下罰金。
	第92條 法人之處罰	廠商之代表人、代理人、受雇人或其他從業人員，因執行業務犯本法之罪者。	除依規定處罰其行為人外，對該廠商亦科以該條之罰金。
刑法	第122條第3項 行賄罪	對於公務員或仲裁人關於違背職務之行為，行求、期約或交付賄賂或其他不正利益者。	處3年以下有期徒刑，得併科30萬元以下罰金。
	第193條 違背建築術成規罪	承攬工程人或監工人於營造或拆卸建築物時，違背建築術成規，致生公共危險者。	處3年以下有期徒刑、拘役或9萬元以下罰金。
	第210條 偽、變造私文書罪	偽造、變造私文書，足以生損害於公眾或他人者。	處5年以下有期徒刑。

法規名稱	相關條項	違反法規情形	相關刑罰
刑法	第214條 使公務員登載不實罪	明知為不實之事項，而使公務員登載於職務上所掌之公文書，足以生損害於公眾或他人者。	處3年以下有期徒刑、拘役或1萬5千元以下罰金。
	第215條 業務上文書登載不實罪	從事業務之人，明知為不實之事項，而登載於其業務上作成之文書，足以生損害於公眾或他人者。	處3年以下有期徒刑、拘役或1萬5千元以下罰金。
	第342條 背信罪	為他人處理事務，意圖為自己或第三人不法之利益，或損害本人之利益，而為違背其任務之行為，致生損害於本人之財產或其他利益者。	處5年以下有期徒刑、拘役或科或併科50萬元以下罰金。未遂犯罰之。
貪污治罪條例 貪污治罪條例	第2條 第3條	公務員犯本條例之罪者，依本條例處斷。 與前條人員共犯本條例之罪者，亦依本條例處斷。	詳貪污治罪條例第4條、第5條、第6條、第10條、第12條、第13條、第15條、第17條規定。
	第11條第1、4項 行賄罪	對於第2條人員，關於違背職務之行為，行求、期約或交付賄賂或其他不正利益者。不具第2條人員之身分而犯第1項之罪者。	處1年以上7年以下有期徒刑，得併科新台幣300萬元以下罰金。
	第11條第2、4項 行賄罪	對於第2條人員，關於不違背職務之行為，行求、期約或交付賄賂或其他不正利益者。不具第2條人員之身分而犯第2項之罪者。	處3年以下有期徒刑、拘役或科或併科新台幣50萬元以下罰金。
技師法	第50條	未依法取得技師資格，擅自執行技師業務者。	中央主管機關應命其停止，並處新台幣20萬元以上100萬元以下罰鍰；其不停止行為者，得按次處罰。

備註：其他各中央目的事業主管機關或地方政府所頒行之相關法規如職安、環保、水利、水保、共同管道、建築、鐵公路等另有規定者，依其規定辦理。

(二) 辦理公共工程採購可能涉及之相關民事責任之法規

法規名稱	相關條項	違反法規情形	相關責任規定
政府採購法	第31條	一、以虛偽不實之文件投標。 二、借用他人名義或證件投標，或容許他人借用本人名義或證件參加投標。 三、冒用他人名義或證件投標。 四、得標後拒不簽約。 五、得標後未於規定期限內，繳足保證金或提供擔保。 六、對採購有關人員行求、期約或交付不正利益。 七、其他經主管機關認定有影響採購公正之違反法令行為。	廠商有左列情形之一者，其所繳納之押標金，不予發還；其未依招標文件規定繳納或已發還者，並予追繳。

法規名稱	相關條項	違反法規情形	相關責任規定
政府採購法	第32條	得標廠商有招標文件規定之不發還其繳納之全部或部分保證金及其孳息之情形。（請參照押標金保證金暨其他擔保作業辦法第20條規定）	廠商如有違反，機關得不發還其所繳納之全部或部分保證金及其孳息。
	第50條	一、未依招標文件之規定投標。 二、投標文件內容不符合招標文件之規定。 三、借用或冒用他人名義或證件投標。 四、以不實之文件投標。 五、不同投標廠商間之投標文件內容有重大異常關聯。 六、第103條第1項不得參加投標或作為決標對象之情形。 七、其他影響採購公正之違反法令行為。	投標廠商有左列情形之一，經機關於開標前發現者，其所投之標應不予開標；於開標後發現者，應不決標予該廠商。決標或簽約後發現得標廠商於決標前有前項情形者，應撤銷決標、終止契約或解除契約，並得追償損失。但撤銷決標、終止契約或解除契約反不符公共利益，並經上級機關核准者，不在此限。第1項不予開標或不予決標，致採購程序無法繼續進行者，機關得宣布廢標。
	第63條	違反採購契約約定。	契約經訂定後，對廠商與機關均發生拘束力，廠商如不遵行，自應負契約責任（如逾期罰款、違約金、不發還履保金、損害賠償等）。
	第66條	得標廠商違反轉包之規定。	機關得解除契約、終止契約或沒收保證金，並得要求損害賠償。 轉包廠商與得標廠商對機關負連帶履行及賠償責任。再轉包者，亦同。
	第70條	工程品質及進度等相關規定。	參閱工程施工查核小組作業辦法第10條及公共工程施工品質管理作業要點之規定。
	第72條	驗收不符之規定。	驗收結果與契約、圖說、貨樣規定不符者，應通知廠商限期改善、拆除、重作、退貨或換貨。其驗收結果不符部分非屬重要，而其他部分能先行使用，並經機關檢討認為確有先行使用之必要者，得經機關首長或其授權人員核准，就其他部分辦理驗收並支付部分價金。驗收結果與規定不符，而不妨礙安全及使用需求，亦無減少通常效用或契約預定效用，經機關檢討不必拆換或拆換確有困難者，得於必要時減價收受。其在查核金額以上之採購，應先報經上級機關核准；未達查核金額之採購，應經機關首長或其授權人員核准。 驗收人對工程、財物隱蔽部分，於必要時得拆驗或化驗。

備註：有關委託設計監造契約，對於廠商規劃設計錯誤、監造不實或管理不善，致機關遭受損害情事及遲延履約、驗收不符規定、監工人員未能達品質要求等，均列有契約責任，應依其規定辦理。

(三) 辦理公共工程採購可能涉及之相關行政責任之法規

法規名稱	相關條項	違反法規情形	相關責任規定
政府採購法	第101條至第103條	機關辦理採購，發現廠商有下列情形之一，應將其事實、理由及依第103條第1項所定期間通知廠商，並附記如未提出異議者，將刊登政府採購公報： 一、容許他人借用本人名義或證件參加投標者。 二、借用或冒用他人名義或證件投標者。 三、擅自減省工料情節重大者。 四、以虛偽不實之文件投標、訂約或履約，情節重大者。 五、受停業處分期間仍參加投標者。 六、犯第87條至第92條之罪，經第一審為有罪判決者。 七、得標後無正當理由而不訂約者。 八、查驗或驗收不合格，情節重大者。 九、驗收後不履行保固責任，情節重大者。 十、因可歸責於廠商之事由，致延誤履約期限，情節重大者。 十一、違反第65條規定轉包者。 十二、因可歸責於廠商之事由，致解除或終止契約，情節重大者。 十三、破產程序中之廠商。 十四、歧視性別、原住民、身心障礙或弱勢團體人士，情節重大者。 十五、對採購有關人員求、期約或交付不正利益者。 廠商之履約連帶保證廠商經機關通知履行連帶保證責任者，適用前項之規定。	經刊登政府採購公報者，於1年或3年內，不得參加投標或作為決標對象或分包廠商。
技師法	第52條	領有技師證書而未領技師執業執照、自行停止執業或未加入技師公會，擅自執行技師業務。	中央主管機關應命其停止，並處新台幣3萬元以上15萬元以下之罰鍰；其不停止行為者，得按次處罰。
	第53條第1項	違反第8條第4項規定，執業執照已逾有效期間未申請換發，而繼續執行技師業務。	處新台幣1萬8,000元以上9萬元以下罰鍰，中央主管機關並應命其限期補辦申請；屆期未辦理而繼續執業者，得按次處罰。
	第53條第2項	違反第9條第2項規定，未於期限內辦理執業執照登記事項變更。	中央主管機關應命其限期改善，屆期未改善或再次違反者，處6,000元以上3萬元以下罰鍰；經處罰鍰後仍未改善者，得按次處罰。
		違反第12條規定，自行停止執業技師，未於停止執業之日起30日內，檢具執業執照向中央主管機關申請註銷執業執照。	中央主管機關應命其限期改善，屆期未改善或再次違反者，處6,000元以上3萬元以下罰鍰；經處罰鍰後仍未改善者，得按次處罰。
		違反第14條第1項規定，無正當理由拒絕政府機關指定辦理公共安全、預防災害或搶救災害有關之技術事項。	中央主管機關應命其限期改善，屆期未改善或再次違反者，處6,000元以上3萬元以下罰鍰；經處罰鍰後仍未改善者，得按次處罰。

法規名稱	相關條項	違反法規情形	相關責任規定
技師法		違反第15條規定，未具備及詳實記載業務登記簿。	中央主管機關應命其限期改善，屆期未改善或再次違反者，處6,000元以上3萬元以下罰鍰；經處罰鍰後仍未改善者，得按次處罰。
	第16條第1項、第41條第1項第1款	未親自簽署業務圖表及加蓋技師執業圖記。	警告或申誡。
	第16條第2項至第3項、第41條第1項第3款	非技師本人或其監督下完成之工作為簽證；涉及現場作業者，技師未親自赴現場實地查核。 技師執行簽證，未提出簽證報告，或未將簽證經過確實作成紀錄，連同所有相關資料、文據彙訂為工作底稿。	申誡、2個月以上2年以下停止業務或廢止執業執照。
	第17條、第41條第1項第2款	委託人或其執業機構擅自變更原定計畫及在計畫進行時或完成後不接受警告，致有發生危險之虞時，受委託技師未據實報告所在地主管機關。	申誡或2個月以上2年以下停止業務。
	第18條、第41條第1項第3款	兼任公務員。	申誡、2個月以上2年以下停止業務或廢止執業執照。
	第19條第1項第1款、第41條第1項第5款	容許他人借用本人名義執行業務或招攬業務。	2個月以上2年以下停止業務、廢止執業執照或廢止技師證書。
	第19條第1項第2款至第6款、第41條第1項第3款	違反或廢弛其業務應盡之義務。 執行業務時，違反與業務有關之法令。 辦理鑑定，提供違反專業或不實之報告或證詞。 無正當理由，洩漏因業務所知悉或持有他人之秘密。 執行業務時，收受不法之利益，或以不正當方法招攬業務。	申誡、2個月以上2年以下停止業務或廢止執業執照之懲戒。
	第20條、第41條第1項第2款	除其他法律另有規定外，承辦逾越執業執照登記之執業範圍。	申誡或2個月以上2年以下停止業務。
	第21條、第41條第1項第4款	受停業處分之技師，於停業期間執行業務。	廢止執業執照。
	第22條、第53條第2項	執業期間不接受主管機關之專業訓練。	中央主管機關應命其限期改善，屆期未改善或再次違反者，處6,000元以上3萬元以下罰鍰；經處罰鍰後仍未改善者，得按次處罰。
	第23條第1項、第41條第1項第2款	拒絕或規避主管機關及中央目的事業主管機關檢查業務或向其報告、提出證明文件、表冊及有關資料。	申誡或2個月以上2年以下停止業務。

法規名稱	相關條項	違反法規情形	相關責任規定
技師法	第39條第2、3款、第41條第2項	因業務上有關之犯罪行為，經判刑確定。違反技師公會章程、倫理規範或第24條第2項規定，情節重大。	由技師懲戒委員會依第40條規定，視情節輕重議定之。
	第40條第2項	依技師法受申誡處分3次以上或受停止業務處分累計滿5年者。	技師受申誡處分3次以上者，應另受停止業務之處分；受停止業務處分累計滿5年者，應廢止其執業執照。
建築師法	第4條、第46條第5款	違反不得充任建築師規定。	撤銷或廢止開業證書。其已充任建築師者，撤銷或廢止其建築師證書。
	第6條、第46條第2款	違反建築師事務所設立及登記規定。	申誡或停止執行業務2月以上2年以下。
	第11條、第46條第1款	開業後之事務所地址變更及從業建築師與技術人員聘僱情形，未向直轄市、縣（市）主管機關分別登記。	警告或申誡。
	第12條、第46條第1款	事務所遷移未向原登記之主管機關申請核轉。	警告或申誡。
	第13條、第46條第1款	自行停止執業建築師，未檢具開業證書向原登記主管機關申請註銷開業證書。	警告或申誡。
	第17條、第46條第4款	違反設計規定。	警告、申誡或停止業務2月以上2年以下或廢止開業證書。
	第18條、第46條第4款	違反監造規定。	警告、申誡或停止業務2月以上2年以下或廢止開業證書。
	第24條、第46條第2款	未襄助辦理經主管機關指定之公共安全、社會福利及預防災害等有關建築事項。	申誡或停止執行業務2月以上2年以下。
	第25條、第46條第3款	兼任或兼營職業。	停止執行業務2月以上2年以下，其不遵從而繼續執業者，應予廢止開業證書。
	第26條、第46條第5款	允諾他人假借其名義執行業務。	撤銷或廢止開業證書。
	第27條、第46條第2款	因業務知悉他人之秘密而洩漏。	申誡或停止執行業務2月以上2年以下。
	第43條	未經領有開業證書、已撤銷或廢止開業證書、未加入建築師公會或受停止執行業務處分而擅自執業者。	除勒令停業外，並處新台幣1萬元以上3萬元以下之罰鍰；其不遵從而繼續執業者，得按次連續處罰。
	第9條之1、第43條之1	開業證書已逾有效期間未申請換發，而繼續執行建築師業務者。	處新台幣6,000元以上1萬5,000元以下罰鍰，並令其限期補辦申請；屆期不遵從而繼續執業者，得按次連續處罰。

法規名稱	相關條項	違反法規情形	相關責任規定
建築師法	第54條第3項、第46條第1款	外國人經許可在中華民國開業為建築師者，其有關業務上所用之文件、圖說，未以中華民國文字為主。	警告或申誡。
	第45條第2項	依本法受申誡處分3次以上或受停止執行業務處分累計滿5年者。	建築師受申誡處分3次以上者，應另受停止執行業務時限之處分；受停止執行業務處分累計滿5年者，應廢止其開業證書。
工程技術顧問公司管理條例	第5條、第29條第1項第1款、第3項	董事長或代表人未由執業技師擔任。所置執業技師，未有1人具7年以上之工程實務經驗，且其中2年以上須負責專案工程業務。未按登記營業範圍之各類科別，各置執業技師1人以上。	主管機關命其限期改善；屆期未改善或再次違反者，處新台幣10萬元以上50萬元以下罰鍰；得按次連續處罰並限期改善；情節重大者，得予以1個月以上1年以下之停業處分，且得廢止其許可及註銷登記證，並通知公司登記主管機關廢止其公司登記或部分登記事項。
	第6條、第29條第1項第2款、第3項	董事、執行業務或代表公司之股東，未有三分之一以上為該公司營業範圍之執業技師。	主管機關命其限期改善；屆期未改善或再次違反者，處新台幣10萬元以上50萬元以下罰鍰；得按次連續處罰並限期改善；情節重大者，得予以1個月以上1年以下之停業處分，且得廢止其許可及註銷登記證，並通知公司登記主管機關廢止其公司登記或部分登記事項。
	第7條、第29條第1項第3款、第3項	負責工程技術業務之經理人或工程技術部門負責人，未由執業技師擔任。	主管機關命其限期改善；屆期未改善或再次違反者，處新台幣10萬元以上50萬元以下罰鍰；得按次連續處罰並限期改善；情節重大者，得予以1個月以上1年以下之停業處分，且得廢止其許可及註銷登記證，並通知公司登記主管機關廢止其公司登記或部分登記事項。
	第8條第1項、第27條第1項第1款	未領有主管機關核發之登記證而營業。	勒令其歇業，並得處新台幣50萬元以上250萬元以下罰鍰。
	第8條第1項、第32條第1款	未加入公會而營業。	主管機關命其限期改善；屆期未改善或再次違反者，處新台幣2萬元以上10萬元以下罰鍰；得按次連續處罰並限期改善；情節重大者，得予以警告處分。
	第12條、第32條第2款	受聘於工程技術顧問公司或組織工程技術顧問公司之執業技師，未於期限內，依法申請或變更執（開）業證照。	主管機關命其限期改善；屆期未改善或再次違反者，處新台幣2萬元以上10萬元以下罰鍰；得按次連續處罰並限期改善；情節重大者，得予以警告處分。
	第13條、第29條第1項第4款、第3項	受聘於工程技術顧問公司或組織工程技術顧問公司之執業技師，非專任之繼續性從業人員，或未僅在該公司執行業務。	主管機關命其限期改善；屆期未改善或再次違反者，處新台幣10萬元以上50萬元以下罰鍰；得按次連續處罰並限期改善；情節重大者，得予以1個月以上1年以下之停業處分，且得廢止其許可及註銷登記證，並通知公司登記主管機關廢止其公司登記或部分登記事項。

法規名稱	相關條項	違反法規情形	相關責任規定
工程技術顧問公司管理條例	第14條第1、2項、第32條第3款	執業技師離職或受停止業務處分，未依規定報請主管機關備查；違反第5條規定期間，其已承接業務未終止契約或委託辦理。	主管機關命其限期改善；屆期未改善或再次違反者，處新台幣2萬元以上10萬元以下罰鍰；得按次連續處罰並限期改善；情節重大者，得予以警告處分。
	第15條、第32條第4款	未依規定向主管機關申請登記證之記載事項、董事、執行業務或代表公司之股東之變更許可；未換發登記證；未依規定申請變更監察人或執業技師名冊。	主管機關命其限期改善；屆期未改善或再次違反者，處新台幣2萬元以上10萬元以下罰鍰；得按次連續處罰並限期改善；情節重大者，得予以警告處分。
	第16條、第27條第1項第2款、第2項	將工程技術顧問公司登記證出租或出借與他人使用。	勒令其歇業，並得處新台幣50萬元以上250萬元以下罰鍰。且主管機關廢止其許可及註銷登記證，並通知公司登記主管機關廢止其公司登記或部分登記事項。
	第17條、第29條第1項第5款、第3項	違反承接工程技術服務業務規定。	主管機關命其限期改善；屆期未改善或再次違反者，處新台幣10萬元以上50萬元以下罰鍰；得按次連續處罰並限期改善；情節重大者，得予以1個月以上1年以下之停業處分，且得廢止其許可及註銷登記證，並通知公司登記主管機關廢止其公司登記或部分登記事項。
	第17條第3項、第29條第2項	受工程技術顧問公司指派之監督業務人員違反承接工程技術服務業務規定。	主管機關命其限期改善；屆期未改善或再次違反者，處新台幣10萬元以上50萬元以下罰鍰；得按次連續處罰並限期改善；情節重大者，得予以1個月以上1年以下之停業處分。
	第18條第2項、第27條第1項第3款、第2項	停業期間再行承接業務。	勒令其歇業，並得處新台幣50萬元以上250萬元以下罰鍰。且主管機關廢止其許可及註銷登記證，並通知公司登記主管機關廢止其公司登記或部分登記事項。
	第20條第2項、第29條第1項第6款、第3項	違反專業責任保險之退保及契約變動之通知義務規定。	主管機關命其限期改善；屆期未改善或再次違反者，處新台幣10萬元以上50萬元以下罰鍰；得按次連續處罰並限期改善；情節重大者，得予以1個月以上1年以下之停業處分，且得廢止其許可及註銷登記證，並通知公司登記主管機關廢止其公司登記或部分登記事項。
	第21條、第32條第5款	違反年度業務報告書規定。	主管機關命其限期改善；屆期未改善或再次違反者，處新台幣2萬元以上10萬元以下罰鍰；得按次連續處罰並限期改善；情節重大者，得予以警告處分。
	第22條、第29條第1項第7款、第3項	工程技術顧問公司及其執業技師規避、妨礙或拒絕主管機關之檢查。	主管機關命其限期改善；屆期未改善或再次違反者，處新台幣10萬元以上50萬元以下罰鍰；得按次連續處罰並限期改善；情節重大者，得予以1個月以上1年以下之停業處分，且得廢止其許可及註銷登記證，並通知公司登記主管機關廢止其公司登記或部分登記事項。

法規名稱	相關條項	違反法規情形	相關責任規定
工程技術顧問公司管理條例	第23條、第32條第6款	違反編列研究發展及人才培育經費規定。	主管機關命其限期改善；屆期未改善或再次違反者，處新台幣2萬元以上10萬元以下罰鍰；得按次連續處罰並限期改善；情節重大者，得予以警告處分。
	第28條	借用、租用、冒用、偽造或變造工程技術顧問公司登記證。	處新台幣50萬元以上200萬元以下罰鍰。
	第30條	工程技術顧問公司之執業技師執行業務，違反與業務有關法令。	依相關法令處罰執業技師。對該工程技術顧問公司亦處新台幣10萬元以上50萬元以下罰鍰，並得命其監督執業技師限期改正；屆期未改正者，得按次連續處罰至改正為止。

備註：其他各中央目的事業主管機關或地方政府所頒行之相關法規如職安、環保、水利、水保、共同管道、建築、鐵公路等另有規定者，依其規定辦理。

(四) 其他法規

法規名稱	相關條項	法規	相關罰責
政治獻金法	第6條、第28條	任何人不得利用職務上之權力、僱傭關係或其他生計上之利害，媒介或妨害政治獻金之捐贈。	處新台幣20萬元以上120萬元以下罰鍰。公務員處1年以下有期徒刑。
	第7條第1項、第29條第2項	得捐贈政治獻金者，以下列各款以外之個人、政黨、人民團體及營利事業為限： 一、公營事業或政府持有資本達20%之民營企業。 二、與政府機關（構）有巨額採購或重大公共建設投資契約，且在履約期間之廠商。 三、有累積虧損尚未依規定彌補之營利事業。 四、宗教團體。 …… 十一、與政黨經營或投資之事業有巨額採購契約，且在履約期間之廠商。	違反第7條第1項捐贈政治獻金者，按其捐贈之金額處2倍以下之罰鍰。
	第8條、第25條第1、2項	政黨、政治團體及擬參選人不得收受第7條所定得捐贈者以外對象之政治獻金。	擬參選人違反第8條規定收受第7條第1項第7款至第9款規定對象之政治獻金，未依第15條規定之期限繳交受理申報機關辦理繳庫，或違反第13條規定募集政治獻金者，處5年以下有期徒刑；為擬參選人收受或募集政治獻金之代理人、受雇人及政黨、政治團體之負責人、代表人或代理人、受雇人犯前項之罪者，亦同。

法規名稱	相關條項	法規	相關罰責
政治獻金法	第9條第1項、第29條第1項	政治獻金之捐贈，不得行求或期約不當利益。	捐贈政治獻金者，按其捐贈之金額處2倍之罰鍰。
	第9條第2項、第27條第1、3項	政治獻金之捐贈，政黨、政治團體及擬參選人不得收受。	收受政治獻金者，按其收受金額處2倍之罰鍰。違法收受之政治獻金，沒入之；如全部或一部不能沒入時，追徵其價額。
	第14條、第29條第2項	任何人不得以本人以外之名義捐贈或為超過新台幣1萬元之匿名捐贈。超過新台幣10萬元現金捐贈，應以支票或經由金融機構匯款為之。	捐贈政治獻金者，按其捐贈之金額處2倍以下之罰鍰。
	第17條、第29條第2項	對同一政黨、政治團體每年捐贈總額，不得超過下列金額： 一、個人：新台幣30萬元。 二、營利事業：新台幣300萬元。 三、人民團體：新台幣200萬元。 對不同政黨、政治團體每年捐贈總額，不得超過下列金額： 一、個人：新台幣60萬元。 二、營利事業：新台幣600萬元。 三、人民團體：新台幣400萬元。	捐贈政治獻金者，按其捐贈之金額處2倍以下之罰鍰。
	第18條第1、3項、第29條第2項	對同一（組）擬參選人每年捐贈總額，不得超過下列金額： 一、個人：新台幣10萬元。 二、營利事業：新台幣100萬元。 三、人民團體：新台幣50萬元。 對不同擬參選人每年捐贈總額，合計不得超過下列金額： 一、個人：新台幣30萬元。 二、營利事業：新台幣200萬元。 三、人民團體：新台幣100萬元。	捐贈政治獻金者，按其捐贈之金額處2倍以下之罰鍰。
公職人員利益衝突迴避法	第6條第1項、第16條第1項	公職人員知有利益衝突者，應即自行迴避。	處新台幣10萬元以上200萬元以下罰鍰。
	第12條、第17條	公職人員不得假借職務上之權力、機會或方法，圖其本人或關係人之利益。	處新台幣30萬元以上600萬元以下罰鍰。
	第8條、第16條第2項	第6、7條受通知或受理之機關團體認該公職人員無須迴避者，應令其繼續執行職務；認該公職人員應行迴避者，應令其迴避。	處新台幣15萬元以上300萬元以下罰鍰，並得按次處罰。
	第9條、第16條第2項	公職人員服務之機關團體、上級機關、指派、遴聘或聘任機關知公職人員有應自行迴避而未迴避情事者，應依職權令其迴避。	處新台幣15萬元以上300萬元以下罰鍰，並得按次處罰。
	第13條第1項、第17條	公職人員之關係人不得向公職人員服務或受其監督之機關團體人員，以請託關說或其他不當方法，圖其本人或公職人員之利益。	處新台幣30萬元以上600萬元以下罰鍰。

法規名稱	相關條項	法規	相關罰責
公職人員利益衝突迴避法	第14條第1項、第18條第1項	公職人員或其關係人，不得與公職人員服務或受其監督之機關團體為補助、買賣、租賃、承攬或其他具有對價之交易行為。	未達新台幣10萬元者，處1萬元以上5萬元以下罰鍰；10萬元以上未達100萬元者，處6萬元以上50萬元以下罰鍰；100萬元以上未達1,000萬元者，處60萬元以上500萬元以下罰鍰；1,000萬元以上者，處600萬元以上該交易金額以下罰鍰。
	第14條第2項、第18條第3項	公職人員或其關係人與公職人員服務之機關團體或受其監督之機關團體為第14條第1項但書第1款至第3款補助或交易前，應主動於申請或投標文件內據實表明其身分關係；於補助或交易行為成立後，該機關團體應連同其身分關係主動公開之。	處新台幣5萬元以上50萬元以下罰鍰，並得按次處罰。
	第15條、第19條	受政風機構查詢而無正當理由拒絕或為不實之說明、提供者。	處新台幣2萬元以上20萬元以下罰鍰；經限期通知配合，屆期仍拒絕或為不實說明、提供者，得按次處罰。

二、工程施工之廠商

(一) 辦理公共工程採購可能涉及之相關刑事責任之法規

法規名稱	相關條項	違反法規情形	相關刑罰
政府採購法	第87條圍標之處罰	意圖使廠商不為投標、違反其本意投標，或使得標廠商放棄得標、得標後轉包或分包，而施強暴、脅迫、藥劑或催眠術者。	處1年以上7年以下有期徒刑，得併科新台幣300萬元以下罰金。未遂犯罰之。
	第87條圍標之處罰	犯前項之罪，因而致人於死或致重傷者。	致人於死者，處無期徒刑或7年以上有期徒刑；致重傷者，處3年以上10年以下有期徒刑，各得併科新台幣300萬元以下罰金。
		以詐術或其他非法之方法，使廠商無法投標或開標發生不正確結果者。	處5年以下有期徒刑，得併科新台幣100萬元以下罰金。未遂犯罰之。
		意圖影響決標價格或獲取不當利益，而以契約、協議或其他方式之合意，使廠商不為投標或不為價格之競爭者。	處6月以上5年以下有期徒刑，得併科新台幣100萬元以下罰金。未遂犯罰之。
		意圖影響採購結果或獲取不當利益，而借用他人名義或證件投標者；及容許他人借用本人名義或證件參加投標者。	處3年以下有期徒刑，得併科新台幣100萬元以下罰金。

法規名稱	相關條項	違反法規情形	相關刑罰
政府採購法	第90條 強制採購決定之處罰	意圖使機關規劃、設計、承辦、監辦採購人員或受機關委託提供採購規劃、設計或專案管理或代辦採購廠商之人員，就與採購有關事項，不為決定或為違反其本意之決定，而施強暴、脅迫者。	處1年以上7年以下有期徒刑，得併科新台幣300萬元以下罰金。未遂犯罰之。
		犯前項之罪，因而致人於死或重傷者。	致人於死者，處無期徒刑或7年以上有期徒刑；致重傷者，處3年以上10年以下有期徒刑，各得併科新台幣300萬元以下罰金。
	第91條 強制洩密之處罰	意圖使機關規劃、設計、承辦、監辦採購人員或受機關委託提供採購規劃、設計或專案管理或代辦採購廠商之人員，洩漏或交付關於採購應秘密之文書、圖畫、消息、物品或其他資訊，而施強暴、脅迫者。	處5年以下有期徒刑，得併科新台幣100萬元以下罰金。未遂犯罰之。
		犯前項之罪，因而致人於死或重傷者。	致人於死者，處無期徒刑或7年以上有期徒刑；致重傷者，處3年以上10年以下有期徒刑，各得併科新台幣300萬元以下罰金。
	第92條 法人之處罰	廠商之代表人、代理人、受雇人或其他從業人員，因執行業務犯本法之罪者。	除依規定處罰其行為人外，對該廠商亦科以該條之罰金。
刑法	第122條第3項 行賄罪	對於公務員或仲裁人關於違背職務之行為，行求、期約或交付賄賂或其他不正利益者。	處3年以下有期徒刑，得併科30萬元以下罰金。
	第193條 違背建築術成規罪	承攬工程人或監工人於營造或拆卸建築物時，違背建築術成規，致生公共危險者。	處3年以下有期徒刑、拘役或9萬元以下罰金。
	第210條 偽、變造私文書罪	偽造、變造私文書，足以生損害於公眾或他人者。	處5年以下有期徒刑。
	第214條 使公務員登載不實罪	明知為不實之事項，而使公務員登載於職務上所掌之公文書，足以生損害於公眾或他人者。	處3年以下有期徒刑、拘役或1萬5千元以下罰金。
	第215條 業務上文書登載不實罪	從事業務之人，明知為不實之事項，而登載於其業務上作成之文書，足以生損害於公眾或他人者。	處3年以下有期徒刑、拘役或1萬5千元以下罰金。
	第342條 背信罪	為他人處理事務，意圖為自己或第三人不法之利益，或損害本人之利益，而為違背其任務之行為，致生損害於本人之財產或其他利益者。	處5年以下有期徒刑、拘役或科或併科50萬元以下罰金。未遂犯罰之。
貪污治罪條例	第2條	公務員犯本條例之罪者，依本條例處斷。	詳貪污罪條例第4條、第5條、第6條、第10條、第12條、第13條、第15條、第17條規定。
	第3條	與前條人員共犯本條例之罪者，亦依本條例處斷。	

法規名稱	相關條項	違反法規情形	相關刑罰
貪污治罪條例	第11條第1、4項行賄罪	對於第2條人員，關於違背職務之行為，行求、期約或交付賄賂或其他不正利益者。不具第2條人員之身分而犯第1項之罪者。	處1年以上7年以下有期徒刑，得併科新台幣300萬元以下罰金。
	第11條第2項及第4項行賄罪	對於第2條人員，關於不違背職務之行為，行求、期約或交付賄賂或其他不正利益者。不具第2條人員之身分而犯第2項之罪者。	處3年以下有期徒刑、拘役或科或併科新台幣50萬元以下罰金。
營造業法	第39條	營造業負責人或專任工程人員違反第37條第1項、第2項或前條規定致生公共危險。	視其情形分別依法負其責任。

備註：其他各中央目的事業主管機關或地方政府所頒行之相關法規如職安、環保、水利、水保、共同管道、建築、鐵公路等另有規定者，依其規定辦理。

(二) 辦理公共工程採購可能涉及之相關民事責任之法規

法規名稱	相關條項	違反法規情形	相關責任規定
政府採購法	第31條	一、以虛偽不實之文件投標。 二、借用他人名義或證件投標，或容許他人借用本人名義或證件參加投標。 三、冒用他人名義或證件投標。 四、得標後拒不簽約。 五、得標後未於規定期限內，繳足保證金或提供擔保。 六、對採購有關人員行求、期約或交付不正利益。 七、其他經主管機關認定有影響採購公正之違反法令行為。	廠商有左列情形之一者，其所繳納之押標金，不予發還；其未依招標文件規定繳納或已發還者，並予追繳。
	第32條	得標廠商有招標文件規定之不發還其繳納之全部或部分保證金及其孳息之情形。（請參照押標金保證金暨其他擔保作業辦法第20條規定）	廠商如有違反，機關得不發還其所繳納之全部或部分保證金及其孳息。
	第50條	一、未依招標文件之規定投標。 二、投標文件內容不符合招標文件之規定。 三、借用或冒用他人名義或證件投標。 四、以不實之文件投標。 五、不同投標廠商間之投標文件內容有重大異常關聯。 六、第103條第1項不得參加投標或作為決標對象之情形。 七、其他影響採購公正之違反法令行為。	投標廠商有左列情形之一，經機關於開標前發現者，其所投之標應不予開標；於開標後發現者，應不決標予該廠商。決標或簽約後發現得標廠商於決標前有前項情形者，應撤銷決標、終止契約或解除契約，並得追償損失。但撤銷決標、終止契約或解除契約反不符公共利益，並經上級機關核准者，不在此限。第1項不予開標或不予決標，致採購程序無法繼續進行者，機關得宣布廢標。

法規名稱	相關條項	違反法規情形	相關責任規定
政府採購法	第63條	違反採購契約約定。	契約經訂定後，對廠商與機關均發生拘束力，廠商如不遵行，自應負契約責任（如逾期罰款、違約金、不發還履保金、損害賠償等）。
	第66條	得標廠商違反轉包之規定。	機關得解除契約、終止契約或沒收保證金，並得要求損害賠償。轉包廠商與得標廠商對機關負連帶履行及賠償責任。再轉包者，亦同。
	第70條	工程品質及進度等相關規定。	參閱工程施工查核小組作業辦法第10條及公共工程施工品質管理作業要點之規定。
	第72條	驗收不符之規定。	驗收結果與契約、圖說、貨樣規定不符者，應通知廠商限期改善、拆除、重作、退貨或換貨。其驗收結果不符部分非屬重要，而其他部分能先行使用，並經機關檢討認為確有先行使用之必要者，得經機關首長或其授權人員核准，就其他部分辦理驗收並支付部分價金。驗收結果與規定不符，而不妨礙安全及使用需求，亦無減少通常效用或契約預定效用，經機關檢討不必拆換或拆換確有困難者，得於必要時減價收受。其在查核金額以上之採購，應先報經上級機關核准；未達查核金額之採購，應經機關首長或其授權人員核准。驗收人對工程、財物隱蔽部分，於必要時得拆驗或化驗。
營造業法	第39條	營造業負責人或專任工程人員違反第37條第1項、第2項或前條規定致生公共危險。	視其情形分別依法負其責任。

備註：有關工程採購契約，對於履約延遲、驗收不合及施工品質不良設有契約責任之約定，應依約辦理。

(三) 辦理公共工程採購可能涉及之相關行政責任之法規

法規名稱	相關條項	違反法規情形	相關責任規定
政府採購法	第101條至第103條	機關辦理採購，發現廠商有下列情形之一，應將其事實、理由及依第103條第1項所定期間通知廠商，並附記如未提出異議者，將刊登政府採購公報： 一、容許他人借用本人名義或證件參加投標者。 二、借用或冒用他人名義或證件投標者。 三、擅自減省工料情節重大者。 四、以虛偽不實文件投標、訂約或履約，情節重大者。	經刊登政府採購公報者，於1年或3年內，不得參加投標或作為決標對象或分包廠商。

法規名稱	相關條項	違反法規情形	相關責任規定
政府採購法		五、受停業處分期間仍參加投標者。 六、犯第87條至第92條之罪，經第一審為有罪判決者。 七、得標後無正當理由而不訂約者。 八、查驗或驗收不合格，情節重大者。 九、驗收後不履行保固責任，情節重大者。 十、因可歸責於廠商之事由，致延誤履約期限，情節重大者。 十一、違反第65條規定轉包者。 十二、因可歸責於廠商之事由，致解除或終止契約，情節重大者。 十三、破產程序中之廠商。 十四、歧視性別、原住民、身心障礙或弱勢團體人士，情節重大者。 十五、對採購有關人員行求、期約或交付不正利益者。 廠商之履約連帶保證廠商經機關通知履行連帶保證責任者，適用前項之規定。	
營造業法	第11條、第56條第1項	土木包工業違反越區營業規定。	按其情節輕重，予以警告或3個月以上1年以下停業處分。
	第16條、第57條	違反申請書變更規定。	處新台幣2萬元以上10萬元以下罰鍰；並限期依規定申請變更登記。屆期不申請者，予以3個月以上1年以下停業處分。
	第18條第2項、第56條第1項	未依限辦理主管機關通知之補正事項。	按其情節輕重，予以警告或3個月以上1年以下停業處分。
	第19條第2項、第57條	違反承攬工程手冊變動規定。	處新台幣2萬元以上10萬元以下罰鍰；並限期依規定申請變更登記。屆期不申請者，予以3個月以上1年以下停業處分。
	第23條第1項、第56條第1項	違反承攬造價限額、工程規模範圍及承攬總額。	按其情節輕重，予以警告或3個月以上1年以下停業處分。
	第26條、第56條第1項	未依照工程圖樣及說明書製作工地現場施工製造圖及施工計畫書，負責施工。	按其情節輕重，予以警告或3個月以上1年以下停業處分。
	第28條、第58條	違反營造業負責人設置規定。	處新台幣20萬元以上100萬元以下罰鍰，並通知該營造業限期辦理解任。屆期不辦理者，對該營造業處新台幣20萬元以上100萬元以下罰鍰。並得繼續通知該營造業辦理解任，屆期仍不辦理者，得按次連續處罰。
	第29條、第53條	技術士未於工地現場依其專長技能及作業規範進行施工操作或品質控管，情節重大者。	予以3個月以上2年以下停止執行營造業業務之處分。

法規名稱	相關條項	違反法規情形	相關責任規定
營造業法	第30條第1項、第56條第1項	違反工地主任設置規定。	按其情節輕重，予以警告或3個月以上1年以下停業處分。
	第32條第1項、第62條	一、依施工計畫書執行按圖施工。 二、按日填報施工日誌。 三、工地之人員、機具及材料等管理。 四、工地勞工安全衛生事項之督導、公共環境與安全之維護及其他工地行政事務。 五、工地遇緊急異常狀況之通報。	按其情節輕重，予以警告或3個月以上1年以下停止執行營造業業務之處分。經依前項規定受警告處分3次者，予以3個月以上1年以下停止執行營造業業務之處分；受停止執行營造業業務處分期間累計滿3年者，廢止其工地主任執業證。自廢止之日起5年內，其工地主任不得重新申請執業證。
	第33條第1項、第56條第1項	違反技術士設置規定。	按其情節輕重，予以警告或3個月以上1年以下停業處分。
	第36條、第63條	土木包工業負責人違反應負責辦理之工作。	按其情節輕重，予以該土木包工業3個月以上2年以下停業處分。
	第37條第2項、第59條	營造業負責人未盡告知定作人義務或適當處理。	處新台幣5萬元以上50萬元以下罰鍰。
	第38條、第59條	營造業負責人未即時為必要之避免危險措施。	處新台幣5萬元以上50萬元以下罰鍰。
營造業法	第39條	營造業負責人或專任工程人員違反第37條第1項、第2項或第38條規定致生公共危險。	視其情形分別依法負其責任。
	第40條、第56條第1項	違反專任工程人員離職或因故不能執行業務之處置規定。	按其情節輕重，予以警告或3個月以上1年以下停業處分。
	第41條第1項、第62條	營造業工地主任違反工程主管或主辦機關於勘驗、查驗或驗收工程應辦理事項之規定。	按其情節輕重，予以警告或3個月以上1年以下停止執行營造業業務之處分。經依前項規定受警告處分3次者，予以3個月以上1年以下停止執行營造業業務之處分；受停止執行營造業業務處分期間累計滿3年者，廢止其工地主任執業證。自廢止之日起5年內，其工地主任不得重新申請執業證。
	第42條第1項、第56條第1項	違反承攬工程手冊簽章證明或註記規定。	按其情節輕重，予以警告或3個月以上1年以下停業處分。
	第52條	未經許可或經撤銷、廢止許可而經營營造業業務。	勒令其停業，並處新台幣100萬元以上1,000萬元以下罰鍰；其不遵從而繼續營業者，得連續處罰。
	第54條	一、使用他人之營造業登記證書或承攬工程手冊經營營造業業務者。 二、將營造業登記證書或承攬工程手冊交由他人使用經營營造業業務者。 三、停業期間再行承攬工程者。	處新台幣100萬元以上500萬元以下罰鍰，並廢止其許可。自廢止許可之日起5年內，其負責人不得重新申請營造業登記。

法規名稱	相關條項	違反法規情形	相關責任規定
營造業法	第55條	一、經許可後未領得營造業登記證或承攬工程手冊而經營營造業業務者。 二、未加入公會而經營營造業業務者。 三、未依第17條第1項規定，申請複查或拒絕、妨礙或規避抽查者。 四、自行停業、受停業處分、復業或歇業時，未依第20條規定辦理者。	處新台幣10萬元以上50萬元以下罰鍰。營造業有第1款或第2款情事者，並得勒令停業及通知限期補辦手續，屆期不補辦而繼續營業者，得按次連續處罰。有第4款情事，經主管機關通知限期補辦手續，屆期不辦者，得按次連續處罰。
	第56條第2項	營造業於5年內受警告處分3次或於5年內受停業處分期間累計滿3年者。	受警告處分3次者，予以3個月以上1年以下停業處分；於5年內受停業處分期間累計滿3年者，廢止期許可。

備註：其他各中央目的事業主管機關或地方政府所頒行之相關法規如職安、環保、水利、水保、共同管道、建築、鐵公路等另有規定者，依其規定辦理。

(四) 其他法規

法規名稱	相關條項	法規	相關罰責
政治獻金法	第6條、第28條	任何人不得利用職務上之權力、僱傭關係或其他生計上之利害，媒介或妨害政治獻金之捐贈。	處新台幣20萬元以上120萬元以下罰鍰。公務員處1年以下有期徒刑。
	第7條第1項、第29條第2項	得捐贈政治獻金者，以下列各款以外之個人、政黨、人民團體及營利事業為限： 一、公營事業或政府持有資本達20%之民營企業。 二、與政府機關（構）有巨額採購或重大公共建設投資契約，且在履約期間之廠商。 三、有累積虧損尚未依規定彌補之營利事業。 四、宗教團體。 …… 十一、與政黨經營或投資之事業有巨額採購契約，且在履約期間之廠商。	違反第7條第1項捐贈政治獻金者，按其捐贈之金額處2倍以下之罰鍰。
	第8條、第25條第1、2項	政黨、政治團體及擬參選人不得收受第7條所定得捐贈者以外對象之政治獻金。	擬參選人違反第8條規定收受第7條第1項第7款至第9款規定對象之政治獻金，未依第15條規定之期限繳交受理申報機關辦理繳庫，或違反第13條規定募集政治獻金者，處5年以下有期徒刑；為擬參選人收受或募集政治獻金之代理人、受雇人及政黨、政治團體之負責人、代表人或代理人、受雇人犯前項之罪者，亦同。
	第9條第1項、第29條第1項	政治獻金之捐贈，不得行求或期約不當利益。	捐贈政治獻金者，按其捐贈之金額處2倍之罰鍰。

法規名稱	相關條項	法規	相關罰責
政治獻金法	第9條第2項、第27條第1、3項	政治獻金之捐贈，政黨、政治團體及擬參選人不得收受。	收受政治獻金者，按其收受金額處2倍之罰鍰。違法收受之政治獻金，沒入之；如全部或一部不能沒入時，追徵其價額。
	第14條、第29條第2項	任何人不得以本人以外之名義捐贈或為超過新台幣1萬元之匿名捐贈。超過新台幣10萬元現金捐贈，應以支票或經由金融機構匯款為之。	捐贈政治獻金者，按其捐贈之金額處2倍以下之罰鍰。
	第17條、第29條第2項	對同一政黨、政治團體每年捐贈總額，不得超過下列金額： 一、個人：新台幣30萬元。 二、營利事業：新台幣300萬元。 三、人民團體：新台幣200萬元。 對不同政黨、政治團體每年捐贈總額，不得超過下列金額： 一、個人：新台幣60萬元。 二、營利事業：新台幣600萬元。 三、人民團體：新台幣400萬元。	捐贈政治獻金者，按其捐贈之金額處2倍以下之罰鍰。
	第18條第1、3項、第29條第2項	對同一（組）擬參選人每年捐贈總額，不得超過下列金額： 一、個人：新台幣10萬元。 二、營利事業：新台幣100萬元。 三、人民團體：新台幣50萬元。 對不同擬參選人每年捐贈總額，合計不得超過下列金額： 一、個人：新台幣30萬元。 二、營利事業：新台幣200萬元。 三、人民團體：新台幣100萬元。	捐贈政治獻金者，按其捐贈之金額處2倍以下之罰鍰。
公職人員利益衝突迴避法	第6條第1項、第16條第1項	公職人員知有利益衝突者，應即自行迴避。	處新台幣10萬元以上200萬元以下罰鍰。
	第12條、第17條	公職人員不得假借職務上之權力、機會或方法，圖其本人或關係人之利益。	處新台幣30萬元以上600萬元以下罰鍰。
	第8條、第16條第2項	第6、7條受通知或受理之機關團體認該公職人員無須迴避者，應令其繼續執行職務；認該公職人員應行迴避者，應令其迴避。	處新台幣15萬元以上300萬元以下罰鍰，並得按次處罰。
	第9條、第16條第2項	公職人員服務之機關團體、上級機關、指派、遴聘或聘任機關知公職人員有應自行迴避而未迴避情事者，應依職權令其迴避。	處新台幣15萬元以上300萬元以下罰鍰，並得按次處罰。
	第13條第1項、第17條	公職人員之關係人不得向公職人員服務或受其監督之機關團體人員，以請託關說或其他不當方法，圖其本人或公職人員之利益。	處新台幣30萬元以上600萬元以下罰鍰。

法規名稱	相關條項	法規	相關罰責
公職人員利益衝突迴避法	第14條第1項、第18條第1項	公職人員或其關係人，不得與公職人員服務或受其監督之機關團體為補助、買賣、租賃、承攬或其他具有對價之交易行為。	未達新台幣10萬元者，處1萬元以上5萬元以下罰鍰；10萬元以上未達100萬元者，處6萬元以上50萬元以下罰鍰；100萬元以上未達1,000萬元者，處60萬元以上500萬元以下罰鍰；1,000萬元以上者，處600萬元以上該交易金額以下罰鍰。
	第14條第2項、第18條第3項	公職人員或其關係人與公職人員服務之機關團體或受其監督之機關團體為第14條第1項但書第1款至第3款補助或交易前，應主動於申請或投標文件內據實表明其身分關係；於補助或交易行為成立後，該機關團體應連同其身分關係主動公開之。	處新台幣5萬元以上50萬元以下罰鍰，並得按次處罰。
	第15條、第19條	受政風機構查詢而無正當理由拒絕或為不實之說明、提供者。	處新台幣2萬元以上20萬元以下罰鍰；經限期通知配合，屆期仍拒絕或為不實說明、提供者，得按次處罰。

切結書1（投標時檢附）

本廠商＿＿＿＿＿＿＿參與（招標機關）辦理（標的名稱）招標案，對於廠商之責任，包括刑事、民事與行政責任，已充分瞭解相關之法令規定，並願確實遵行。

立書人

投標廠商：　　　　　　　　（蓋章）

負責人：　　　　　　　　　（蓋章）

中　華　民　國　　　　　　　年　　　　　　月　　　　　　日

切結書2（投標時檢附）

本人＿＿＿＿＿＿＿受聘於（工程技術顧問公司），為承辦（招標機關）辦理（標的名稱）之執業技師，對於執業技師之責任，包括刑事、民事與行政責任，已充分瞭解相關之法令規定，並願確實遵行。

立書人

技師：　　　　　　　　　　（蓋章）

中　華　民　國　　　　　　　年　　　　　　月　　　　　　日

第三節　工程仲裁

至於當事人於契約中約定以仲裁或訴訟解決爭議，即係賦予當事人程序選擇權，於一方行使程序選擇權而繫屬後，他方即應受其拘束。倘當事人雙方各採取仲裁程序及訴訟程序時，則應以其繫屬先後為準。若仲裁程序繫屬在先，當有仲裁法第4條之適用；另外當事人間之契約訂有仲裁條款者，該條款之效力，應獨立認定，其契約縱不成立、無效或經撤銷、解除、終止，不影響仲裁條款之效力，仲裁法第3條定有明文。此即學

說所稱仲裁條款獨立性原則，於契約因期限屆滿而消滅之情形，亦應解為有其適用。又當事人之爭議是否屬於仲裁協議之範圍，非僅以原告主張之訴訟標的為判斷之標準，並應斟酌該訴訟標的與其原因事實之關係。

而且仲裁程序屬「快程序」，並以「快速為重」為其原則，我國仲裁法於第21條第1項、第3項明定其遵守之仲裁期限，固揭斯旨。但仲裁係基於當事人自治原則，自行合意選擇使用之程序，仲裁庭於當事人未有約定，仲裁法又未規定時，本有相當彈性之裁量空間，且依國際通例，為避免當事人濫用仲裁期限之規定，藉惡意遲延以終結仲裁程序，對仲裁期限多予彈性規定，甚或刻意不加規定，以賦予當事人自行決定與協議延長仲裁期限之權。是該條項所稱之仲裁庭逾期未作成判斷書者乃專指仲裁庭已依法組成，仲裁程序得合法進行，仲裁庭逾該9個月期間未作成判斷書而言，如遇天災、仲裁人死亡、辭任、當事人同意暫停程序或其他仲裁庭因故不能執行職務，致仲裁程序不能合法進行者，該無法進行之期間，自不應計入該條項所定仲裁庭應作成判斷書之期限內，始不失其立法本旨。（參95年台抗字第449號裁定意旨）

仲裁契約，係當事人將彼此間現在或將來之爭議交付仲裁人判斷之協議。仲裁人所為之仲裁判斷，依仲裁法第37條第1項規定，於當事人間與法院確定判決有同一效力，故仲裁人於解決當事人間之爭議，判斷其法律上之效果時，自有適用法律之權限，無待於當事人之約定，亦不受當事人所述法律見解之拘束。從而約定之違約金苟與仲裁協議標的之爭議有關而有過高情事，仲裁人非不得依民法第252條之規定予以酌減。（參90年度台上字第1844號裁定）

同時關於仲裁法第40條第1項第4款所稱仲裁庭之組成或仲裁程序，違反仲裁協議（應以當事人間存在有效之仲裁協議為前提）或法律（則係指仲裁人未具備法律所定之積極資格或有法律所定之消極資格等情形而言）規定，係專指仲裁庭之組成或仲裁程序，有違反仲裁協議或法律規定之程序事項而具有程序上瑕疵者而言；兩者之法律意涵必須加以釐清。

當國內政府相關單位工程發包民間營造公司時，因施工單位與發包單位在認知上常有一些模糊地帶，因此工程相關爭議也因此時常出現。舉一案例中之展延工期糾紛方面，由於廠商為求更高的補償，往往於變更合約後，再以所謂「管理費」名義主張另應支付展延工期期間之管理費，甚且有付款多年後再行請求支付之情事發生，導致業主甚大之困擾及時程的延滯。而一般所指仲裁判斷逾越仲裁協議之範圍者，當事人得對於他方提起撤銷仲裁判斷之訴，仲裁法第40條第1項第1款固定有明文。惟所謂仲裁判斷逾越仲裁協議之範圍，係指就當事人約定仲裁以外之事項作成判斷而言（參98年台上字第543號判決）。同時民法第227條之2第1項所謂情事變更原則（是指非當時所得預料，而依其原有效因顯失公平者，係指情事劇變，非契約成立當時所得預料，依一般觀念，認為如依其原有效果顯然有失公平者而言），旨在規定契約成立後，發生訂約當時不可預料之情事，若依其原有效果顯失公平時，得經由法院裁量增減其給付或變更其他原有之效果，期能公平分配契約當事人間之風險及不可預見之損失。是以法院依該原則為增加給付之判決，應本於客觀之公平標準，審酌一方因情事變更所受之損失，他方因情事變更所得之利益及其他實際之情形，定其增加給付之適當數額（參98年台上字第331號判

決），即可由仲裁人依法為適當的裁決。

　　最後應注意的是仲裁庭應於接獲被選為仲裁人之通知日起，6個月內作成判斷書，必要時得延長3個月；仲裁庭逾上開期間未作成判斷書者，除強制仲裁事件外，當事人得逕行起訴或聲請續行訴訟，其經起訴或續行訴訟者，仲裁程序視為終結，此觀仲裁法第21條之規定自明。故雖逾上開期間，而於當事人提起訴訟或聲請續行訴訟前，仲裁庭已作成判斷書送達與當事人者，當事人即不得再行起訴或聲請續行訴訟；反之，當事人提起訴訟或聲請續行訴訟後，仲裁程序已視為終結，仲裁庭縱再作成判斷書，不影響當事人之訴訟程序。至仲裁庭僅將仲裁判斷主文書送達與當事人者，因判斷主文書與仲裁法第33條第2項所規定判斷書之法定要式有間，不得視為已作成判斷書。

〔**實務案例分析**〕

　　以國工局工程標執行中可能因為用地取得、管線遷移、天災或契約變更等等因素而須辦理工期展延的爭議為例，廠商因此因素所請求額外補償該展延期間之管理費，衍生求償爭議案件。試問此時業主應如何考量支付計算該筆費用？同時廠商應如何舉證？至於律師又應如何應付此類案件呢？

一、業主應如何支付計算該筆費用？

(一) 先依國工局92年版合約規定如何請求加以論述：

1. 依一般條款第G.7條規定：「若承包商於工地施工時遭遇無法預料之不利自然情況（含契約所述與實際情況有顯著差異者，或現場有特殊情況與原設計條件有顯著差異時）或第三人所致之人為障礙，而非一般有經驗之承包商所能合理預料者，或發生除外風險事項者，承包商應立即通知工程司及工程司代表，並即以書面說明所遭遇情況，詳述預計之影響，其所採取或擬採取之辦法，以及是否增加成本或工期。」若有第G.7條情形發生，依一般條款第G.9條規定：「如工程司認定按G.7『不利之自然情況及人為障礙』確係一般有經驗之承包商所無法合理預料者，承包商得依H.7『展延工期』之規定申請延展工期。承包商並得依G.14『求償通知』規定提出書面補償要求（不論工程司是否曾依G.8『工程司之處理』規定給予任何指示），但其補償金額應相當於實際辦理該項增加工作及實際增添之施工設備之合理成本。除上述補償外，承包商不得要求任何其他給付。」此規定為合約關於延長工期補償的主要規定。

2. 依前述第G.9條規定，如果確係一般有經驗之承包商所無法合理預料時，承包商可以向國工局求償，惟「其補償金額應相當於實際辦理該項增加工作及實際增添之施工設備之合理成本」，換言之，依合約國工局所應給付之金額以上述「實際辦理該項增加工作及實際增添之施工設備之合理成本」為限，但是此部分容易發生爭議，也就是什麼叫做「辦理該項增加工作」及「實際增添之施工設備之合理成本」均需依實際案例加以認定，無法以單一方式呈現。

3. 此外，工程司按第E.1條「契約變更」之規定指示承包商所辦理之契約變更，致使承包商之成本及工程或工作所需時間有所增減，依第E.8條規定其工期及費用應作適當合理之調整，亦屬展延工期之一種。關於契約變更延長工期時，依第E.8條規定若承

包商與主辦機關（或經授權之工程司）對工期及費用調整達成協議時，則協議之細節將併入契約變更書中，如未能達成協議，工程司將逕行決定變更所需調整之金額及工期。如承包商不同意工程司之決定，應於接獲決定後7日內，依V「爭議處理」條款之規定提出異議。不過如果廠商依規定提出異議，則廠商得請求之範圍及內容如何？依本條並未規定，也容易發生爭執。

(二) 其他機關處理方式（按比例法居多）：

1. 依交通部台灣區國道高速公路局91年9月版一般規範附錄二之「展延工期補償標準」規定，係以比例法計算，也就是當承包商以契約規定有效之理由申請延長工期，如工程司以書面通知核准其延長之請求，該延期之理由係可歸責於主辦機關者，其補償方式除契約另有規定外，應依以下方式辦理：

(1) 補償範圍：本補償標準僅適用於非因契約變更所致之展延工期案，且其延期之理由可責於主辦機關者。因契約變更所致展延工期，因其變更工作項目單價析表中已列有「包商利稅、保險、品管費及管理費」者，不列入補償範圍。

(2) 計算方式：除契約另有規定外，展延工期補償依下式計算：

$$T = \frac{A \times 3\% + B \times 1\%}{C} \times D$$

T：總補償金額（單位：新台幣　元）

A：原契約總價－原契約安全衛生措施費－原契約環境保護措施費（單位：新台幣　元）

B：安全衛生措施費驗收結算金額＋環境保護措施費驗收結算金額（單位：新台幣　元）

C：原契約定工期天數（單位：天）

D：核定之展延工期合計天數（單位：天）

(3) 本計算式補償內容已包含下列項目，承包商不得要求其他額外費用：

① 保險費：辦理營造／安裝工程綜合保險各項費用。

② 管理費：包含承包商員工薪資、行政管理費、就業安定費、工地辦公室開辦費用（含辦公室租金、各項用地租金或購置費、人員裝備費、設備費、水電費、電話費、伙食費及各項雜費）勞工保險費、其他相保險費及其他必須管理費用。

③ 各項施工設備、臨時設（措）施租金或購置費。

④ 各項保證金利息補償：履約保證金及差額保證金。

⑤ 本補償金之稅金。

2. 依台北市政府93年10月起施行之台北市政府工程採購契約範本第14條第4項規定：「除契約變更或追加契約以外而新增工作項目外，因不可歸責於乙方之事由，經甲方同意展延工期時，乙方並得向甲方請求按工程總價2.5%除以原工期日數所得金額乘以展延日數之工程管理費用，且其費用以不超過契約總價10%為限。如因不可歸責於雙方之事由者，乙方得申請之工程管理費用應予減半。」可知，台北市政府已明認，如因非可歸責於承包商之事由以致展延工期時，承包商勢將就展延日數額外支出工程管

理費,故其乃將承包商請求業主給付管理費之權利訂於契約範本。

(三) 再就實務法院及仲裁案件以觀,仲裁實務上例如93仲聲信字第69號等案例即以此方式請求,而93仲聲仁字第97號等案例判斷時亦以比例法作為判斷依據。至於法院方面,原則上依實支實付法判決,惟在乙式計價方面例如台灣高等法院92年重上字第111號判決、最高法院94年台上字110號裁定等亦有以比例法方式解決之案例。

(四) 綜上,若依92年版合約規定請求時,依合約一般條款第G.9條規定,如果確係一般有經驗之承包商所無法合理預料時,承包商可以向國工局求償,惟「其補償金額應相當於實際辦理該項增加工作及實際增添之施工設備之合理成本」。換言之,如果係管理費時,業主所應給付應以廠商實際因該展延工期事件所增加支出之薪資及其他管理工地所必要之費用為限(例如辦公室租金、交通維持等)。然而在實務上發生爭議的地方即在「如何認定該費用係新增並專供該工地使用」?舉例來說,一般廠商同一時期不一定僅承作單一工程,則在請求時將其他工程人員報至本工程而為請求,將造成成本虛胖之現象,甚且部分案例中尚有將原閒置人員、甚至總經理等公司管理人員報至管理費用內,以期獲得更高的給付,然而相關人員究竟是否實際在場,尤其是停工期間連施工日報表均無,如何認定該員並非實際於該工地進行管理工作中?凡此往往造成業主及裁判者之困擾,也因此台北市政府乃將管理費以定額方式依比例法請求,以免除認定上及不必要損失之發生,凡此均足供業主參考。

二、廠商應如何舉證?

(一) 在論述廠商應如何舉證前,應先研究廠商以往之求償案例,以了解糾紛起源。就廠商以往如何求償方面,分述如下:

1. 以工程進行中之相關費用收據等請求實支實付之請求方式:

在部分案例中,廠商請求此部分損失時係以工程進行中之相關費用收據等請求實支實付,例如93仲聲信字第19號等案例,廠商(聲請人)係請求下列項目:

(1) 履約保證金手續費損失。廠商係以履約保證金保證書及手續費繳費收據可憑。

(2) 保留款保證金手續費損失。廠商主張因相對人之指示停工,致於展延工期期間衍生額外之保留款保證金手續費,而以保留款保證金保證書及手續費繳費收據為證。另亦主張以保證金總額乘上手續費為百分之一(1%),再乘上展延天數,亦可換算損失金額。

(3) 工地管理費損失。廠商主張工程因相對人指示停工,致聲請人需增加支出展延工期期間之工地管理費用,而以相關年度財稅申報書、會計師查核報告書及工地工程費用明細表為證,並扣除手續費、保險費及折舊費用作為求償金額。

(4) 工地人員薪資費用。廠商主張於展延工期期間增加支出工地人員及泰籍勞工之薪資,並以人員名冊及薪資表、扣繳憑單作為證明。

(5) 總公司管理費。廠商主張於展延工期期間增加支出總公司管理費用,並以聲請人84年度及85年度財稅申報書及管理費分攤表作為證明。

(6) 機器設備折舊損失。廠商主張依相對人指示停工，致聲請人於展延工期內受有機器設備折舊之損失，以8年攤提折舊方式計算，並以購買發票作爲舉證方法。

(7) 運輸道路及施工地區交通維持費用、環境保護措施費用、安全維護措施費用。廠商主張展延工期期間內仍需從事該項工作。準此，本工程既經展延工期，自應按比例增加給付予聲請人該項費用。並以詳細價目表作爲依據。

(8) 預期利益損失。廠商主張因展延工期185天，致受有前述損害且無法獲致預期之合理利潤，故相對人應按同業利潤標準百分之十（10%）計算，補償聲請人該項損失。

(9) 請求權基礎：除系爭合約規定外，另引用民法第231條第1項給付遲延、民法第240條受領遲延、及民法第227條之2情事變更原則。

2. 以工程進行中之會計憑證等請求實支實付之請求方式：

　　在部分案例中，廠商請求此部分損失時係以工程進行中之相關會計憑證等請求實支實付，例如93仲聲仁字第97號等案例，廠商（聲請人）係以所製作之會計憑證九冊，作爲請求管理費用之依據。

3. 以比例法請求：

　　在仲裁案例中，廠商多以此方式請求，即以工程詳細價目表之管理費等部分，除以全部工程金額，再乘上展延工期天數所得金額作爲請求之金額。至於法院對於乙式計價項目，亦有參考此方式判決者。（參台灣高等法院92年重上字第111號判決、最高法院94年台上字110號裁定）

(二) 廠商應如何舉證？

1. 依前述案例可知，一般廠商求償所使用的舉證方式相當多元，甚且如總公司管理費、預期利潤損失等方均列如請求舉證範圍內，導致求償金額都相當大，也造成業主實際上的困擾。

2. 惟依實務認定，只要原合約並非以比例法計算得請求金額（即如同本案92年版合約），縱使最後依比例法認定，廠商仍應至少舉出下列證據方式以證明其有相關損害始能求償：

(1) 主張有履約保證金手續費損失時，廠商需提出履約保證金保證書及手續費繳費收據以證明該費用之確實支付。

(2) 主張有工地人員薪資費用損失時，廠商需提出展延工期期間增加支出之工地人員、外籍勞工、臨時工之人員名冊及薪資表、扣繳憑單、領薪表等作爲證明。

(3) 主張有租用辦公室損失，應提出辦公室租約、支出發票或收據等作爲證明。

(4) 主張有管理人員油料款、工程臨時用電費、工地發電機用油費等其他管理上之花費時，應以支付收據、發票憑證明細等作爲證明。

(5) 主張有工程營運週轉利息支出時，應提出貸款合約、利息支出傳票、轉帳證明及支付收據或發票以資證明。

(6) 此外，尚應要求廠商證明該費用之支出確實與本工程有關。

3. 此外，廠商經常引用「情事變更原則」而主張依民法規定調整金額之給付，而不適用合約相關之限制規定，凡此亦造成合約規定內容無法貫徹之原因。

三、律師應如何應付此類案件？

(一) 如廠商依仲裁程序請求（指國工局以前的合約，因92年版已無仲裁條款約定，惟招標內容中仍包含仲裁案件在，故仍加以論述），應先注意下列程序規定：

1. 本件聲請人請求補償工期展延所造成之損失，是否依一般規範之規定，屬工程司有絕對權或最後決定權之事項，如是則非屬仲裁契約標的之爭議，不得提起仲裁。

2. 聲請人主張之請求權基礎，是否在兩造仲裁契約約定之範圍內，如否自不得提起本件仲裁聲請。

3. 縱使本件屬得提起仲裁之事項，惟聲請人如未依本工程一般規範之規定進行仲裁前置程序，則亦不得提起本件仲裁聲請。

(二) 再就實體上以下前置問題進行防禦：

1. 廠商之請求是否已消滅時效，如有即提出時效抗辯。

2. 廠商是否已符合棄權事項之規定，如有即提出抗辯。

3. 廠商是否已按一般規範第規定於期限內提出求償，若未在規定期限內提出報告及求償申請，則視同自願放棄求償，而得提出抗辯主張不得再請求。

(三) 針對展延工期管理費用部分進行防禦：

1. 此部分以合約規定為準，也就是符合合約一般規範第G.9條規定，如果確係一般有經驗之承包商所無法合理預料時，承包商可以向國工局求償，惟「其補償金額應相當於實際辦理該項增加工作及實際增添之施工設備之合理成本」，換言之，依合約國工局所應給付之金額以上述「實際辦理該項增加工作及實際增添之施工設備之合理成本」為限，因此針對廠商所提出的資料進行查核，以保護業主之權益。

2. 首先關於廠商應證明之事項（如前述），其未提供之資料要求提供，並就其金額內容進行核算及查對。

3. 次就該證明事項是否與展延工期有因果關係要求廠商證明。例如請求工人薪資費用之損失，則該工人是否專供本工程使用？是否有其他在建工程？閒置該人員是否合理？工地人員日報表等相關資料應先向監造單位取得，以利開庭時加以舉證，減少不必要之危險發生。

4. 保證金支出雖提出收據，惟是否為本工程保證金？可要求提供相關契約證明，而且其期間是否屬「工期展延」所影響之期間？在許多案例中廠商均提出無關惟較該期間為高之單據，也曾發生業主未注意而顯發生遭求償成功之結果，律師亦應加以注意。

(四) 若廠商引用情事變更原則求償：

1. 最高法院著有91年台上字第2273號判決明白表示：「按契約成立後，情事變更非當時所得預料，而依其原有效果顯失公平者，當事人得聲請法院為增加其給付之判決，固為民法第227條之1第1項所明定，惟主張情事變更而請求增加給付之當事人，除應就情事變更之事實為主張及舉證外，尚應就該情事變更是否為契約成立當時所得預料，及有無顯失公平情事等事項，負主張及舉證之責，初不能以時隔久遠而當然推認已顯失公平。（下略）」是聲請人就其請求如何符合民法第227條之2規定之要件，負有舉證證明之責，故應要求其舉證符合此規定之適用問題。

2. 其次按「民事訴訟法第397條第1項所謂因情事變更，法院應爲增減給付或變更其他原有效果之判決者，以法律行爲成立後，因不可歸責於當事人之事由，致情事變更，非當時所得預料，而依其原有效果顯失公平爲要件。如於法律行爲成立時，即預見情事將有變更，雙方對之應如何調整給付，有所約定者，自無該條項規定之適用」，最高法院著有80年台上字第524號判決。換言之若於簽約時已預見有情事變更之可能發生時，自無法再依情事變更而爲主張。舉例而言，若投標通知已明白告知路權用地取得尚有爭議，可能影響工期半年等規定在內時，廠商於投標時已可考量該成本之問題，即不能再就此主張情事變更要求賠償。

3. 此外，最高法院於93年度台上字第1277號判決更表示：「兩造簽約時既就工期延長、無法如期開工，及不可歸責於被上訴人事由之停工，約定有處理方式，能否謂上訴人就工期之延展無法預料，而有情事變更之適用，尚非無疑。」換言之，如合約已就賠償狀況加以約定明確，則不能再依情事變更而爲主張，律師自可執此而爲抗辯。

△ 爲形成之訴訴訟標的之形成權，有爲財產上者，有爲身分上者。其以身分上之形成權爲訴訟標的者，爲非財產權之訴訟；其以財產上之形成權爲訴訟標的者，爲財產權之訴訟。撤銷仲裁判斷之訴，爲其訴訟標的法律關係之形成權，既非身分上之形成權，自屬財產權之訴訟。其訴訟標的價額，應以原告如獲勝訴判決所得受之客觀上利益定之。（83台抗161）

○ (一)當事人之一方選定仲裁人後，得以書面催告他方於受催告之日起，14日內選定仲裁人」，「受前條第1項之催告，已逾規定期間而不選定仲裁人者，催告人得聲請仲裁機構或法院爲之選定」，仲裁法第11條第1項、第12條第1項分別定有明文。是雖逾規定期間而在法院選定仲裁人前，當事人已自行選任仲裁人者，法院自不得再行選定仲裁人。

(二)以仲裁解決爭議，必須基於雙方當事人之合意，苟無仲裁協議，任何一方當事人無從要求以仲裁爲解決雙方爭議之方法，自無權要求他方當事人選定仲裁人，或聲請法院爲他方當事人選定仲裁人。（89台抗229）

○ 仲裁乃係由爭議之當事人以合意將其爭議事項，交由當事人所遴選之仲裁人，加以判斷，以解決紛爭之制度。由於仲裁人係由各仲裁當事人所遴選，爲判斷時亦較不受法律之拘束，常依本身之識見爲判斷，致因各人價值觀之差異而有不同之判斷，其判斷之基準未必明確一致，是全體仲裁人之共同參與仲裁評議，乃係避免仲裁專斷之途徑。以故，仲裁人於仲裁評議時，應嚴守其程序，判斷書之作成，應合於其程式，以避免仲裁判斷有所偏倚，影響仲裁判斷之公正性。而依仲裁條例第19條規定：「判斷書應記載左列各款事項，並由仲裁人簽名。」仲裁判斷書未經仲裁人簽名時，法院不得爲執行之裁定，並應駁回其聲請，且係提起撤銷仲裁判斷之訴之事由之一，同條例第22條第1項第1款、第23條第1項第1款亦分別定有明文。另中華民國商務仲裁協會仲裁程序實施辦法第27條第1項亦規定：「評議應作成書面，由各仲裁人簽名。」是仲裁判斷書應由仲裁人簽名，自屬必備之程式，倘仲裁人拒絕簽名或因故不能簽名，自得類推適用民事訴訟法第227條之規定，由主任仲裁人或仲裁人附記其事由，以證明該仲裁判斷確經全體仲裁人之評議且係最終而眞實。（89台上317）

○仲裁契約，係基於私法上契約自由原則，由雙方當事人將其紛爭交付第三人即仲裁人
　為判斷之合致意思表示。仲裁人基於其得為仲裁判斷之法律上地位，於解決當事人間
　之實體法律爭議事項，判斷其法律上之效果時，原即有適用法律之職權，而無待於當
　事人之約定，亦不受當事人所述法律見解之拘束。職是仲裁人於為仲裁判斷時，依情
　事變更原則，以解決當事人間之爭議，解釋上自為法之所許，並不以事先取得兩造之
　同意為必要。（89台上967）

○當事人依仲裁法第47條第2項規定，聲請法院裁定承認外國仲裁判斷，係關於仲裁事
　件之裁定，仲裁法第52條既規定非訟事件法未規定者，準用民事訴訟法，則對於此項
　確定裁定聲請再審，應為法之所許。（90台聲511）

○仲裁契約，係當事人將彼此間現在或將來之爭議交付仲裁人判斷之協議。仲裁人所為
　之仲裁判斷，依仲裁法第37條第1項規定，於當事人間與法院確定判決有同一效力，
　故仲裁人於解決當事人間之爭議，判斷其法律上之效果時，自有適用法律之權限，無
　待於當事人之約定，亦不受當事人所述法律見解之拘束。從而約定之違約金苟與仲裁
　協議標的之爭議有關而有過高情事，仲裁人非不得依民法第252條之規定予以酌減。
　（90台上1844）

○按法院選定仲裁人係屬非訟事件，受理此項聲請之法院，僅應就仲裁事件之存在及聲
　請人有否限期催告相對人選定仲裁人等項，為形式上之審查，至當事人間發生仲裁協
　議成立及效力之爭執，要係仲裁程序開始後應由仲裁人詢問、調查及判斷之事項，於
　聲請選定仲裁人之非訟事件程序不得予以審認。又對於仲裁機構或法院依仲裁法第二
　章選定之仲裁人，除請求迴避者外，不得聲明不服，該法第14條定有明文。本件相對
　人因兩造間之工程契約中訂有仲裁協議，並以再抗告人經書面催告後，未於受催告之
　日起14日內選定仲裁人，乃依該仲裁協議及仲裁法第12條規定，聲請法院為之選定。
　（91台抗741）

○(一)按仲裁法第40條第1項第4款規定仲裁程序，違反仲裁協議或法律規定者，當事人
　得提起撤銷仲裁判斷之訴，僅係就程序上有瑕疵之仲裁判斷所設之救濟方法。至仲裁
　判斷實體之內容是否合法、妥適？則不在上開條款規範之列。且該款所稱之「仲裁協
　議」，乃指當事人間就有關現在或將來之爭議，選擇以私程序仲裁取代司法程序，並
　同意依仲裁判斷方式以解決紛爭之程序約定而已，並不涵攝上開提付仲裁程序約定以
　外涉及實體之其他契約內容，此觀該法第一章規定自明。

　(二)仲裁法第38條第4款規定仲裁判斷係命當事人為法律上所不許之行為者，係指仲裁
　判斷主文所命之給付行為或其他行為，有違法律強制或禁止之規定，或有背於公共秩
　序或善良風俗者而言。又按仲裁判斷係以爭議當事人所請求之內容為基準，不得逾越
　當事人之請求而在聲明範圍以外作判斷，如仲裁庭就聲明外之事項作成仲裁法上所稱
　之「越權判斷」（即Ultra Petita或Extra Petita）者，自屬仲裁法第38條第1款規定仲裁
　判斷與仲裁協議標的之爭議無關或逾越仲裁協議範圍之情形，依同法第40條第1項第1
　款規定，即構成當事人得請求法院撤銷仲裁判斷之事由。（92台上234）

○當事人於仲裁契約約定，一方於提付仲裁前，應先踐行前置程序，其目的乃賦予他方
　充分考量之機會，以權衡「接受求償」與「提付仲裁」間之利弊，並決定就何項爭議

得提付仲裁之權利，故前置程序係本於雙方當事人之自由，為雙方合意有效之仲裁約款，有確定當事人間具體爭議之功能，進而過濾此等爭議是否適宜提付仲裁，當事人一方倘未依約履踐仲裁前置程序，則因當事人間就提付仲裁之爭議無法確定，且此等爭議原非當事人願以仲裁程序解決者，即非屬仲裁契約標的之爭議，自不得就此等爭議事項提出仲裁聲請。此種約定並不影響當事人仍得循訴訟程序請求救濟之權利，故無違反平等原則甚或公序良俗之可言。（92台上671）

○87年6月24日修正公布之仲裁法第31條，固引進聯合國國際貿易法委員會國際商務仲裁模範法第28條第3項之規定，增設「法律仲裁」外之「衡平仲裁」制度，惟該條所稱之「衡平仲裁」，係指仲裁庭如發現適用法律之嚴格規定，將產生不公平之結果者，得經由當事人之明示合意授權，基於公平、合理之考量，摒除法律之嚴格規定，改適用衡平原則為判斷而言，若當事人間之契約內容或約定不明者，仲裁庭僅依民法第1條、第148條及第227條之2規定之「法理」、「誠實信用原則」或「情事變更原則」進一步探究、解釋而為判斷，並未將法律之嚴格規定加以摒棄，自仍屬「法律仲裁」判斷之範疇，不生上述經當事人明示合意始得「衡平仲裁」之問題。（92台上1689）

○仲裁判斷，除有特別規定外，須聲請法院為執行裁定後，方得為強制執行。且當事人提起撤銷仲裁判斷之訴者，法院得依當事人之聲請，定相當並確實之擔保，裁定停止執行，仲裁法第37條第2項、第42條第1項分別定有明文。故於仲裁判斷作成後，受利益之當事人得向法院聲請准予強制執行之裁定，以取得執行名義；受不利益之當事人，於認有撤銷仲裁判斷之原因而提起撤銷之訴者，得聲請法院於定擔保後，為停止執行之裁定。仲裁判斷作成後，受不利益之當事人提起撤銷之訴，於其獲勝訴判決確定前，並非妨礙受利益之當事人向法院聲請准予強制執行裁定之事由，不能謂仲裁判斷失其效力。受不利益之當事人如已依法院停止執行之裁定提供擔保，而受利益之當事人尚未聲請准予強制執行裁定，或已取得執行名義而未開始強制執行程序，該受利益之當事人仍得依法聲請准予強制執行之裁定，僅不得實施強制執行；受不利益之當事人如於強制執行程序開始後始提供擔保者，該強制執行程序僅應依當時狀態予以停止，不得續行，先前已為之執行程序，自無應予撤銷之法定事由。（93台抗255）

○仲裁判斷，須聲請法院為執行裁定後，方得為強制執行；仲裁判斷與仲裁協議標的之爭議無關，或逾越仲裁協議之範圍者，法院應駁回其執行裁定之聲請，但除去該部分亦可成立者，其餘部分，不在此限。仲裁法第37條第2項前段、第38條第1款定有明文。是當事人逾越仲裁協議之範圍進行仲裁並成立仲裁判斷後，聲請法院就仲裁判斷為執行之裁定，法院非必應駁回其聲請之全部，倘除去該逾越仲裁協議範圍部分可以成立時，且符合准許執行之情形者，法院自應就該部分准許之。（93台抗377）

○台灣地區與大陸地區人民關係條例（下稱兩岸人民關係條例）第74條第1項規定，聲請法院裁定認可在大陸地區作成之民事仲裁判斷，係非訟事件，而非訟事件法並無再審及準用民事訴訟法關於再審之規定。本件抗告人對於原法院92年度抗字第1209號就上開認可仲裁判斷事件所為之確定裁定，依民事訴訟法第507條、第496條第1項第1款及第5款聲請再審，自非合法。（93台抗633）

○仲裁判斷，除有特別規定外，須聲請法院為執行裁定後，方得為強制執行。且當事人提起撤銷仲裁判斷之訴者，法院得依當事人之聲請，定相當並確實之擔保，裁定停止執行。仲裁判斷，經法院撤銷者，如有執行裁定時，應依職權併撤銷其執行裁定，仲裁法第37條第2項、第42條分別定有明文。故於仲裁判斷作成後，受利益之當事人得向法院聲請准予強制執行之裁定，以取得執行名義；受不利益之當事人，於認有撤銷仲裁判斷之原因而提起撤銷之訴者，得聲請法院於定擔保後，為停止執行之裁定。即受不利益之當事人如已依法院停止執行之裁定提供擔保，而受利益之當事人尚未聲請准予強制執行裁定，或已取得執行名義而未開始強制執行程序者，雖該受利益之當事人仍得依法聲請准予強制執行之裁定，然均不得聲請強制執行。至受不利益之當事人於強制執行程序開始後始提供擔保者，僅生該強制執行程序應依當時狀態予以停止，不得續行之效果，執行法院已為之執行裁定，及已進行之執行程序，仍屬合法有效，自無應予撤銷之法定事由。（93台抗821）

○按仲裁制度乃當事人基於私權自治及處分自由之原則，本於程序選擇權以解決私權紛爭之重要機制。是當事人既得協議以仲裁解決爭議，為賦予他方充分考量之機會，以權衡「接受求償」與「提付仲裁」間之利弊，自亦得約定於提付仲裁前先踐行特定之前置程序，該本於雙方合意之前置程序，固屬有效之仲裁約款，並有確定當事人間具體爭議，進而過濾如透過訴訟外和解或第三人調解等簡便程序為磋商、斡旋，以避免進入仲裁程序，減省勞費支出之功能。惟當事人之一方若認已無和解或調解可能，無從以簡便程序解決爭議，或當事人約定最終僅得以仲裁解決爭議者，為避免因進入前置程序之拖延浪費，逕行提付仲裁，自未違反當初協議以仲裁解決爭議之初衷，自與仲裁前置程序之本質無悖。（93台上992）

○仲裁法第38條第1款規定仲裁判斷與仲裁協議標的之爭議無關，或逾越仲裁協議之範圍者，法院應駁回其執行裁定之聲請。此消極要件具備與否，依上說明，法院僅依非訟事件程序為形式上之審查即可，關於仲裁協議標的爭議或範圍之實體爭執，應另行提起撤銷仲裁判斷之訴以資解決，此觀諸仲裁法第40條第1項第1款、第42條第1、2項之規定自明。（93台抗1019）

○仲裁人之仲裁判斷，於當事人間，與法院確定判決有同一效力，當事人即應受其拘束。於仲裁判斷有重大瑕疵時，固得因法院之介入，而撤銷該仲裁判斷使之失其效力，但法院仍不得就當事人間之爭議加以改判。故撤銷仲裁判斷之訴，本質上並非原仲裁程序之上級審或再審，法院應僅就仲裁判斷是否有仲裁條例第23條（現行仲裁法第40條）第1項所列各款事由加以審查。其中第4款所稱仲裁人之參與仲裁程序有背仲裁契約或法律規定，係指仲裁人在參與仲裁之程序上，違背當事人間就此程序事項所為之特別約定，或有違背法律所規定之仲裁人參與程序者而言。至於仲裁判斷所持之法律見解是否妥適，仲裁判斷之實體內容是否合法、妥適，此係仲裁人之仲裁權限，法院自應予以尊重，不宜再為審查。此觀修正後之仲裁法第40條第1項第4款規定：「仲裁庭之組成或仲裁程序違反仲裁協議或法律規定」，均係關於仲裁庭之組成及程序事項之規定即明。何況仲裁制度不同於訴訟制度，乃基於私法自治及契約自由原則而設之私法紛爭自主解決之制度，具有迅速、經濟、專家判斷等特點，凡具有各業專

門知識、信望素孚之公正人士俱得為仲裁人（仲裁條例第5條第2項、現行仲裁法第6條規定參照），實難苛求仲裁人必依「正確適用法律」之結果而為判斷。再觀之仲裁條例第23條第1項未如民事訴訟法第468條定有「判決不適用法規或適用不當」或同法第496條第1項第1款之「適用法規顯有錯誤」等事由，益見仲裁判斷實體之內容，不以有法律依據為必要，在準據法無誤之情況下，依我國仲裁條例之規定，實不允許當事人再以仲裁判斷適用法規不當或有誤為由，請求撤銷仲裁判斷。（93台上1690）

○訴訟標的之價額，由法院核定；核定訴訟標的之價額以起訴時之交易價額為準，無交易價額者以原告就訴訟標的所有之利益為準，民事訴訟法第77條之1第1項、第2項分別定有明文。而撤銷仲裁判斷之訴，足使原具確定力之仲裁判斷失其效力，性質上屬於形成之訴，其訴訟標的之法律關係係撤銷仲裁判斷之形成權，如該仲裁判斷所涉及者為財產權即屬財產權之訴訟，應以原告獲勝訴判決所得之客觀上利益，為其訴訟標的之價額而核徵裁判費。（94台抗61）

○撤銷仲裁判斷之訴，非就原仲裁判斷認定事實、適用法規是否妥當，再為審判，法院僅得就原仲裁判斷有無仲裁法第40條第1項各款所列情形（含第一款所稱第38條各款情形），加以審查。故仲裁法第38條第3款規定仲裁判斷係命當事人為法律上所不許之行為者，自係指仲裁判斷主文所命之給付行為或其他行為，有違法律強制或禁止之規定，或有背於公共秩序或善良風俗者而言；至於當事人於實體法上有無請求權，仲裁人所命給付是否有誤，並非所問。仲裁人縱因認定事實或適用法規有誤，而命無給付義務之一方為給付，亦非該款所稱之「命當事人為法律上所不許之行為」。（94台上492）

○非訟事件法修正施行後，就事件管轄及審理程序，與修正前規定不同。修正施行前已繫屬之事件，地方法院未為終局裁定者，依非訟事件法修正後之規定，修正非訟事件法第197條第1款定有明文；而依修正非訟事件法第44條第1項規定，抗告，除法律另有規定外，由地方法院以合議裁定之。次按當事人依仲裁法第37條第2項規定，仲裁判斷，須聲請法院為執行裁定後，方得為強制執行。而就上開裁定，應行何種程序，仲裁法既未有特別規定，則依該法第52條規定，即應適用非訟事件法之規定。查本件相對人聲請仲裁判斷准予強制執行，台灣台南地方法院（下稱台南地院）於民國94年8月29日始為准予強制執行之終局裁定，而修正非訟事件法於94年8月5日施行，揆諸前揭說明，本件抗告程序，自應依修正非訟事件法第44條第1項規定，由台南地院以合議裁定之，始為正辦，乃台南地院疏未注意及此，竟將再抗告人之抗告，函送非管轄法院之原法院，已有未合。原法院未將案卷退回，而逕行進行本件抗告程序審理並為裁定，亦難謂於法無違。（95台抗285）

○仲裁法第38條第2款所稱之「仲裁判斷應附理由而未附理由」，係指仲裁判斷書於當事人未依同法第33條第2項第5款但書約定無庸記載其理由時，就聲請仲裁標的之判斷應附理由而完全未附理由之情形而言，該條款規範之事由與民事訴訟法第469條第6款所定「判決不備理由或理由矛盾者為當然違背法令」者未盡相同，倘仲裁判斷書已附具理由，縱其理由不完備，亦僅屬其判斷之理由未盡，尚與該條款所謂仲裁判斷應附理由而未附理由者有間，自不得據以提起撤銷仲裁判斷之訴。（95台上1078）

○查，仲裁法第52條固係規定法院關於仲裁事件之程序，可準用非訟事件法或可準用民事訴訟法，而仲裁人進行仲裁程序，並無該條之適用。然原審係認定上訴人依仲裁法第19條聲請參加仲裁程序，而經上述92年度仲聲信字第002號仲裁程序之仲裁庭依民事訴訟法有關訴訟參加規定，予以准許為仲裁參加。對仲裁判斷，上訴人自應受前述民事訴訟法第61條前段、第63條前段關於參加訴訟效力之拘束。否則無異將民事訴訟法參加訴訟之有關規定予以割裂適用，且有違紛爭一次解決之訴訟經濟原則及誠信原則，自無不合。（95台上2277）

○按關於仲裁判斷書之送達，依仲裁法第27條準用民事訴訟法第141條第1項之規定，固應由送達人製作送達證書，載明應受送達人、應送達之文書，送達處所及年、月、日。但送達證書僅為送達之證明方法，並非完成送達行為之本體。若送達人已完成合法之送達，縱未製作送達證書，或所製作者不符法定方式，仍非不得藉由送達證書以外之方法證明之。此參諸本院21年抗字第26號判例意旨之反面解釋，關於送達之年、月、日、時，如有反證，即得不以送達證書所記載者為準自明。（96台抗399）

○按87年6月24日修正公布之仲裁法第31條，增設「法律仲裁」外之「衡平仲裁」制度，該條所稱之「衡平仲裁」，係指仲裁庭如遇適用法律之嚴格規定，將產生不公平之結果，得經由當事人之明示合意授權，基於公平、合理之考量，摒除法律之嚴格規定，改適用衡平原則為判斷而言。此所以需當事人「明示合意」，蓋因「衡平仲裁」賦予仲裁庭就應受仲裁判斷事項得有高度的自由，秉持其認為之「公平理念」，以更寬鬆方法、調整當事人之權義。此與一般「法律仲裁」所適用之程序法理，未盡一致。則是否「衡平仲裁」自需就仲裁判斷有無刻意摒除法律之嚴格規定或當事人之約定，另以公平、合理之考量而為衡平判斷以為斷。（96台上1047）

○仲裁人之判斷，於當事人間，與法院之確定判決有同一效力，仲裁法第37條第1項定有明文。準此，仲裁庭既具實質法庭之性質，仲裁人之不偏頗，乃仲裁制度得以存續、被信賴之基礎，此為仲裁法第15條第1項規定仲裁人應獨立、公正處理仲裁事件並保守祕密之所由設。是以當事人以仲裁人有上開第15條第2項各款規定之迴避事由，聲請此仲裁人迴避時，即攸關該被聲請迴避之仲裁人得否繼續擔任仲裁之職務。於仲裁庭未依同法第17條規定，作成駁回聲請之決定或當事人不服該決定，聲請法院為裁定之前，被聲請迴避之仲裁人，自不得參與是否迴避之評決（決定），及仲裁事件之判斷，始符仲裁法所定聲請仲裁人迴避之本旨。（96台上1845）

○查仲裁法第54條第2項規定：「仲裁機構之組織、設立許可、撤銷或廢止許可、仲裁人登記、註銷登記、仲裁費用、調解程序及費用等事項之規則，由行政院會同司法院定之。」嗣行政院會同司法院訂定仲裁機構組織與調解程序及費用規則，其第27條規定：「仲裁標的之價額，由仲裁庭核定。民事訴訟費用法第4條至第7條規定，於計算仲裁標的之價額時，準用之。」則仲裁庭核定仲裁標的之價額，自應依上開法條之規定。而當事人倘主張仲裁庭核定不實，致其溢繳仲裁費，請求退還時，法院對仲裁庭有否依法律之規定核定仲裁標的之價額，自有審查權。（97台上782）

○當事人依仲裁法第42條第1項之規定，聲請法院以裁定停止仲裁判斷之執行，既係本於當事人提起撤銷仲裁判斷之訴而為之，並以受理撤銷仲裁判斷之訴之法院為其管轄

法院，則據撤銷仲裁判斷之訴而聲請停止執行，自應與撤銷仲裁判斷之訴同其程序爲當，以避免適用程序不一而有扞格。（98台抗223）

○爲形成之訴訴訟標的之形成權，有爲財產上者，有爲身分上者，其以身分上之形成權爲訴訟標的者，爲非財產權之訴訟；其以財產上之形成權爲訴訟標的者，爲財產權之訴訟。撤銷仲裁判斷之訴，爲其訴訟標的法律關係之形成權，既非身分上之形成權，自屬財產權之訴訟，其訴訟標的價額，應以原告如獲勝訴判決所得受之客觀上利益定之（本院83台抗161號判例意旨參照）。本件相對人起訴請求撤銷中華民國仲裁協會96年度仲雄聲義字第022號有關駁回其請求再抗告人給付新台幣（下同）1億5,094萬5,687元本息之仲裁判斷，自屬財產權之訴訟。相對人如獲勝訴判決所得受之客觀上利益即其訴訟標的價額應爲上開請求給付之金額，並非不能核定。（98台抗412）

第 **8** 章　備忘錄

一、律師公會

- 中華民國律師公會全國聯合會：
  台北市忠孝西路1段4號7樓C室，(02)2388-1707，FAX：(02)2388-1708。
- 台北律師公會：
  台北市羅斯福路1段7號9樓，(02)2351-5071，FAX：(02)2391-3895。
- 桃園律師公會：
  桃園市中正路1221號4樓，(03)356-6301，FAX：(03)356-6302。
- 新竹律師公會：
  新竹縣竹北市成功十六街37號，(03)657-6999，FAX：(03)657-8111。
- 苗栗律師公會：
  苗栗市中正路1190號，(037)322-020，FAX：(037)325-093。
- 台中律師公會：
  台中市台灣大道2段218號32樓，(04)2326-2020，FAX：(04)2326-8686。
- 彰化律師公會：
  彰化縣員林市林森路231巷10號2樓，(04)834-6627，FAX：(04)838-1391。
- 南投律師公會：
  南投市中興路772號，(049)223-9569，FAX：(049)223-9570。
- 雲林律師公會：
  雲林縣虎尾鎮明正路38號，(05)632-6840，FAX：(05)632-7573。
- 嘉義律師公會：
  嘉義市林森東路229號2樓，(05)278-5618，FAX：(05)277-8081。
- 台南律師公會：
  台南市安平區永華路2段248號16樓之4，(06)298-7373，FAX：(06)298-8383。
- 高雄律師公會：
  高雄市前金區市中一路171號2樓，(07)215- 4892，FAX：(07)281-0228。
- 屏東律師公會：
  屏東市復興路468號，(08)753-5416，FAX：(08)756-0049。
- 台東律師公會：
  台東市博愛路128號，(089)349-599，FAX：(089)349-599。
- 花蓮律師公會：
  花蓮市府前路15號，(03)822-6337，FAX：(03)822-3855。
- 宜蘭律師公會：宜蘭市縣政西路1號2樓，(03)925-3455，FAX：(03)925-3477。
- 基隆律師公會：
  基隆市信一路148號3樓，(02)2427-1320，FAX：(02)2427-0314。

二、法律服務社

序號	單位名稱	服務地點	服務時間	聯絡電話或電子信箱	備註	寒暑假是否提供服務（是或否）
1	國立政治大學法律服務社	臺北市文山區指南路2段64號（集英樓3樓）	星期三19:00～21:30 星期五19:00～21:30 星期六14:00～17:00	lawserve@nccu.edu.tw	1.本社僅提供面談諮詢，恕不提供電話、書面諮詢 2.除諮詢時間外，恕本社不提供法律諮詢服務	否，但每年暑假會舉辦外縣市鄉鎮區法律服務
2	國立臺灣大學法律服務社	臺北市辛亥路、復興南路口（臺大法律學院霖澤館）	星期六13:00開始	(02)3366-8918	掛號時間：星期六12:45～14:30	是
3	國立成功大學法律服務社	校內法律服務及駐守臺南地方法院、臺南高等法院，詳請參本系法律服務社網頁	採學期中排班方式，詳請參考每學期公告於本系網站公告之服務時間	無（非電話或email諮詢，採現場服務方式）	本系法律服務社網頁http://www.law.ncku.edu.tw/services/Pages/ServicesTabs.aspx#tab3	否
4	國立中興大學法律服務社	臺中市南區國光路250號社管大樓8樓808社辦	星期四19:00～21:00或信箱解答	(04)2284-0880轉808 lawnchuclub@gmail.com	法律服務作業流程約為兩個禮拜，將先記錄問題摘要，再以E-MAIL或郵寄方式提供解答服務	信箱解答
5	國立臺灣海洋大學法律服務社	基隆市北寧路2號海空大樓5樓501室	16:00～18:00（詳細日期請查閱網站：http://www.ils.ntou.edu.tw/service.php?page=03）	(02)2462-2192轉3601	1.一般法律問題之解答 2.就民、刑事訴訟案件或行政訴訟案件提供法律諮詢	否
6	國立中正大學法律服務社	嘉義縣民雄鄉大學路168號法學院R109法律服務社	星期三14:00～16:00	(05)272-0411轉25120	僅提供面談諮詢（本校期中、期末考週不提供諮詢）	否
7	國立臺北大學法律服務社	新北市三峽區大學路151號三峽校區法律學院1樓R111法律服務社社辦	星期二13:00～15:00	(02)8671-0885 serviceoflaw@gmail.com	1.本社僅提供面談諮詢，恕不提供電話、書面諮詢及撰狀服務 2.除諮詢時間外，恕本社不提供法律諮詢服務 3.每學期確定服務時間，請參本社Facebook：https://www.facebook.com/serviceoflaw 4.寒暑假進行下鄉法律諮詢服務，每次5天共10場，不提供撰狀服務	否（寒假）
		臺北市民生東路3段67號民生校區教學大樓9樓R923法律諮詢室	星期六13:00～15:00			是（暑假）
		新北市板橋區調解委員會	星期三14:00～16:00		法律諮詢服務僅作法律疑難解答，不提供代撰各種書狀	是
8	國立高雄大學法律服務社	高雄市楠梓區高雄大學路700號	請來電洽詢面談時間	(07)591-9291	僅定期舉辦下鄉法律諮詢服務	否
9	國立東華大學法律服務社	花蓮縣壽豐鄉大學路二段一號		Facebook粉絲專業https://www.facebook.com/ndhu.lawservice?ref=aymt_homepage_panel 傳真：(03)863-5660	可傳真問題過來詢問，或於Facebook粉絲專業以訊息方式詢問。可面談，但必須先詢問時間	否

序號	單位名稱	服務地點	服務時間	聯絡電話或電子信箱	備註	寒暑假是否提供服務（是或否）
10	東海大學法律服務中心	臺中市西屯區臺灣大道4段1727號法律學院大樓1樓臺中東海大學郵局第820號信箱	星期一至星期五法律學院大樓104室（L大樓）	(04)2359-0121轉36666	採用預約方式（不接受現場報名）	寒暑假服務另行公布於官網：lsc.thu.edu.tw
11	輔仁大學法律服務中心	新北市新莊區中正路510號（法園SS102）	星期一至星期五8:00～12:00 13:30～16:30	(02)2905-2642http://lawinfo.ls.fju.edu.tw/Consultation.aspx	網路諮詢（在本中心網頁下載作業說明及法律諮詢服務表填寫後申請）	是
		新北市新莊區中正路510號（法園SS101）	不定期於星期六9:00～12:00	(02)2905-2642http://lawinfo.ls.fju.edu.tw/Consultation.aspx	面談諮詢（以電話或網路填表申請預約）	是
		新北市新莊區調解委員會（新北市新莊區中正路176號4樓）	每星期二9:30～11:30	(02)2991-0919	面談諮詢（逕行到場，不必預約）	是
12	東吳大學法律服務社	臺北市貴陽街1段56號（崇基樓R1705實習法庭）	星期六14:00～16:00（依本社粉絲團公告）Facebook：東吳大學法律服務社	(02)2311-1531轉4491	採現場登記（可先領取號碼牌）	否
13	中原大學法律服務社	桃園市中壢區中北路200號（全人村北棟3樓）	星期三14:00～17:00	(03)265-5520（僅提供查詢服務時段）	1.僅提供面談諮詢，恕不提供電話、書面諮詢 2.不負責代撰各種書狀，不引薦律師或訴訟代理人 3.寒暑假期間暫停服務	否
14	中國文化大學法律學系華岡法律服務中心	臺北市士林區華岡路55號大賢館1樓	星期一至星期五	(02)2861-3814 lawservice_pccu@yahoo.com.tw	預約面談時段	否
		新北市三重調解委員會（新北市三重區新北大道一段9號）	星期二14:00～16:30	lawservice_pccu@yahoo.com.tw		否
15	逢甲大學法律諮詢研究中心	臺中市西屯區文華路100號（商學大樓712）	星期一至星期五12:30～14:00	(04)2451-7250轉4081或4181fafufcu@hotmail.com		否
16	靜宜大學法律服務社	臺中市沙鹿區臺灣大道7段200號靜宜大學任垣301	星期四14:00～17:00	(04)2632-8001轉17041～17043pu20650@pu.edu.tw	以擇定日期面談為原則，必要時得以書面或電子郵件回覆	否
17	世新大學法律服務中心	臺北市木柵路1段17巷1號（舍我樓R805）	星期一至星期六，本系網頁公告安排https://sites.google.com/a/mail.shu.edu.tw/shulawdepartment/home	(02)2236-8225分機3704law@cc.shu.edu.tw	本系特聘執業律師進行諮詢面談，恕未提供書面或電話諮詢，預約諮詢請至本系網站登記	否
15	逢甲大學法律諮詢研究中心	臺中市西屯區文華路100號（商學大樓712）	星期一至星期五12:30～14:00	(04)2451-7250轉4081或4181fafufcu@hotmail.com		否
16	靜宜大學法律服務社	臺中市沙鹿區臺灣大道7段200號靜宜大學任垣301	星期四14:00～17:00	(04)2632-8001轉17041～17043pu20650@pu.edu.tw	以擇定日期面談為原則，必要時得以書面或電子郵件回覆	否
17	世新大學法律服務中心	臺北市木柵路1段17巷1號（舍我樓R805）	星期一至星期六，本系網頁公告安排https://sites.google.com/a/mail.shu.edu.tw/shulawdepartment/home	(02)2236-8225分機3704law@cc.shu.edu.tw	本系特聘執業律師進行諮詢面談，恕未提供書面或電話諮詢，預約諮詢請至本系網站登記	否

序號	單位名稱	服務地點	服務時間	聯絡電話或電子信箱	備註	寒暑假是否提供服務（是或否）
18	真理大學法律系	實習法庭	星期三13:30～15:30	(02)2621-2121轉8501	電話預約	否
19	南臺科技大學法律服務社	S棟商管大樓一樓中庭	星期二12:00～13:00 星期四12:00～13:00	(06)253-3131轉5401ifelaw@webmail.stust.edu.tw	1.僅提供面談諮詢，恕不提供電話、書面諮詢 2.不負責代撰各種書狀，不引薦律師或訴訟代理人	否
20	玄奘大學法律服務社	新竹市香山區玄奘路48號	星期三13:00～15:00	(03)530-2255轉2503		否
21	亞洲大學法律實習工場	臺中市霧峰區柳豐路500號（行政大樓1樓：學務處辦公室）	星期三15:10～17:00	(04)2332-3456轉5546	本校接受法律諮詢之單位名稱為「法律實習工場」，非「法律服務社」	定期每年暑假舉辦下鄉法律諮詢服務
22	開南大學法律服務社	桃園市蘆竹區開南路1號至誠樓A213法律服務社	開學後隔週星期三09:00～11:30 僅提供查詢服務時段	(03)341-2500轉4233、3702law@mail.knu.edu.tw	1.僅提供面談諮詢，恕不提供電話、書面諮詢 2.不負責代撰各種書狀，不引薦律師或訴訟代理人 3.桃園法律扶助基金會律師駐點服務	否
23	僑光科技大學	1.僑光科技大學法律服務諮詢室 2.線上諮詢（開辦中）	星期一至星期五09:00～17:00 例假日：預約制	(04)2701-6855轉2202	社區里民服務聯絡據點（參見各里辦公室公告）	是
24	中信金融管理學院（原興國管理學院）	臺南市安中路二段308號臺南市安南區公所	規劃中	felaw@mail.hku.edu.tw		否
25	稻江科技暨管理學院	嘉義縣朴子市學府路二段51號		(05)362-2889轉871（法律系）	1.以擇定日期面談為原則，必要時得以書面或電子郵件回覆 2.不負責代撰各種書狀，不引薦律師或訴訟代理人	否

三、論文期刊

　　法律人的要務在於闡揚法學眞義，適切運用，因此對於資訊之來源必須有效掌握與蒐集，以使理論與實務結合而爲當事人爭取更大的利益爲依歸（關於期刊之種類請參附表）。

戶名	劃撥帳號	訂閱費用
總統府公報（第二局）	1879683-5	每週三出刊，全年1872元
司法院公報	0001575-8	全年360元
司法週刊	50054377	每週五出刊，全年400元
法律評論	0102163-3	全年600元
法學叢刊（雜誌社）	0012604-6	全年600元
軍法專刊	0002973-6	全年850元
刑事法雜誌	0013534-8	全年480元
台大法學論叢（法律系）	0018154-4	一冊400元，全年5期2100元
中興法學（法律系）	19246890	每冊300元
政大法學評論（法律系）	19246890	全年1600元
輔仁法學（法律系）	0729292-1	每冊300元
萬國法律（事務所）	0583593-8	全年900元
植根雜誌	0792999-8	全年600元
智慧財產權月刊	0012817-7	全年1200元

四、罰金折算

刑法第41條規定犯最重本刑為5年以下有期徒刑以下之刑之罪，而受6月以下有期徒刑或拘役之宣告者，得以新台幣1千元、2千元或3千元折算1日，易科罰金。但易科罰金，難收矯正之效或難以維持法秩序者，不在此限。

依前項規定得易科罰金而未聲請易科罰金者，得以提供社會勞動6小時折算一日，易服社會勞動。

受6月以下有期徒刑或拘役之宣告，不符第1項易科罰金之規定者，得依前項折算規定，易服社會勞動。

前二項之規定，因身心健康之關係，執行顯有困難者，或易服社會勞動，難收矯正之效或難以維持法秩序者，不適用之。

第2項及第3項之易服社會勞動履行期間，不得逾1年。

無正當理由不履行社會勞動，情節重大，或履行期間屆滿仍未履行完畢者，於第2項之情形應執行原宣告刑或易科罰金；於第3項之情形應執行原宣告刑。

已繳納之罰金或已履行之社會勞動時數依所定之標準折算日數，未滿1日者，以1日論。

第1項至第4項及第7項之規定，於數罪併罰之數罪均得易科罰金或易服社會勞動，其應執行之刑逾6月者，亦適用之。

數罪併罰應執行之刑易服社會勞動者，其履行期間不得逾3年。但其應執行之刑未

逾6月者，履行期間不得逾1年。

　　數罪併罰應執行之刑易服社會勞動有第6項之情形者，應執行所定之執行刑，於數罪均得易科罰金者，另得易科罰金。

　　另依據宜蘭地檢署資料說明如次：

一、刑法第41條得易科罰金案件，聲請易科罰金並獲准許

(一) 得易科罰金案件准許易科罰金，嗣逾期未繳或無力完納者，得依刑法第41條第2項之規定，聲請易服社會勞動。舉例而言，某甲犯傷害罪被判處有期徒刑6月，如易科罰金以新台幣1千元折算1日。甲先聲請易科罰金，並請求給予分期，經准許分八期，甲於98年10月1日繳納第一期，6個月共計182天（98年10月1日起，迄99年3月31日止），轉換成罰金計18萬2千元（182日×1,000元＝18萬2,000元），第一期繳納3萬2千元，第二、三期繳納2萬5千元，第四期至第八期繳納2萬元。甲於99年1月1日繳納第四期後，自99年2月1日第五期起即逾期未繳，並表示無力繳納而聲請易服社會勞動，於99年3月1日核准易服社會勞動。依「檢察機關辦理易服社會勞動作業要點」第9點之規定，以准許易服社會勞動之日，做為計算徒刑折算社會勞動日數之基準日。故以99年3月1日做為計算有期徒刑6月折算社會勞動日數之基準日，計為184日。甲已繳納之罰金計10萬2千元，折算成徒刑及社會勞動日數計為102日（102,000元÷1,000元＝102日）。故甲剩餘82日（184日－102日＝82日）應履行之社會勞動日數，轉換成社會勞動時數計492小時（82日×6小時＝492小時）。

(二) 准許易科罰金並給予分期，嗣逾期未繳或無力完納者，聲請改易服社會勞動並獲准許，履行部分社會勞動後，若有錢易科罰金，自應許之，惟以一次繳納罰金執行完畢為限，不得再分期。承上例，甲履行社會勞動200小時後，有錢一次完納罰金，則甲履行之社會勞動時數折算成徒刑為33.3日（200小時÷6小時＝33.3日），依據刑法第41條第7項之規定，未滿1日者，以1日論，故折算徒刑為34日。至此，甲尚有48日徒刑之剩餘刑期未執行（82日－34日＝48日），折算成罰金為4萬8,000元（48日×1,000元＝4萬8,000元）。故甲須一次繳納4萬8,000元之罰金，方屬履行完畢。於實際執行上，為避免社會勞動者因刑法第41條第7項之規定，賺取未滿1日的差額利益（如同上例），可要求社會勞動者已提供之社會勞動時數為1日6小時的倍數。

(三) 准許易科罰金並給予分期，嗣逾期未繳或無力完納，聲請改易服社會勞動並獲准許，履行部分社會勞動後，無正當理由不履行社會勞動，或履行期間屆滿仍未履行完畢者，依刑法第41條第6項之規定，除一次完納罰金執行完畢之外，則執行原宣告之自由刑。承上例，甲履行社會勞動200小時後，無故不履行社會勞動，或履行期間屆滿仍只履行200個小時。於99年10月1日傳喚到案入監執行，由於原易服社會勞動指揮書業經註銷而不存在，故以99年10月1日做為計算有期徒刑6月折之基準日，計為182日。則甲履行之社會勞動時數折算成徒刑為33.3日（200小時÷6小時＝33.3日），依據刑法第41條第7項之規定，未滿1日者，以1日論，故應認折算徒刑34日。故甲剩餘46日（182日－102日－34日＝46日）徒刑刑期未執行。

二、刑法第41條得易科罰金案件，未聲請易科罰金，直接聲請易服社會勞動並獲准許

(一) 易服社會勞動執行完畢。舉例而言，某乙因竊盜罪被判處有期徒刑6月，如易科罰金以新台幣1,000元折算1日。乙因無力繳納罰金，故未聲請易科罰金，直接聲請易服社會勞動，並於98年10月1日經檢察官核准。依「檢察機關辦理易服社會勞動作業要點」第9點之規定，以准許易服社會勞動之日，做為計算徒刑折算社會勞動日數之基準日。故以98年10月1日做為計算有期徒刑6月折算社會勞動日數之基準日，計為182日。則乙須提供社會勞動1,092小時（182日×6小時＝1,092小時）。

(二) 履行部分社會勞動後，欲聲請易科罰金，則應提出聲請並經檢察官准許，惟以一次完納罰金為限，不得再分期。此類案件，除有刑法第41條第1項但書規定之情形之外，以准許易科罰金為原則。承上例，乙履行500個小時之後，有錢易科罰金，經提出聲請並獲准許後，則乙履行之社會勞動時數折算成徒刑為83.3日（500小時÷6小時＝83.3日），依據第41條第7項之規定，未滿1日者，以1日論，故應認折算徒刑84日。乙尚有98日徒刑之剩餘刑期未執行（182日－84日＝98日），折算成罰金為9萬8,000元（98日×1,000元＝9萬8,000元）。

(三) 履行部分社會勞動後，無正當理由不履行社會勞動，或履行期間屆滿仍未履行完畢者，依刑法第41條第6項之規定，除非聲請易科罰金並獲准許而一次完納罰金執行完畢之外（參照上述），否則只能執行原宣告之自由刑。承上例，乙履行500個小時之後，無故不履行社會勞動，或履行期間屆滿仍只履行500個小時。於99年11月1日傳喚到案入監執行，由於原易服社會勞動指揮書業經註銷而不存在，故以99年11月1日做為計算有期徒刑6月折之基準日，計為181。乙已履行之社會勞動時數折算成徒刑為83.3日（500小時÷6小時＝83.3日），依據第41條第7項之規定，未滿1日者，以1日論，故應認折算徒刑84日。故乙剩餘97日（181日－84日＝97日）徒刑刑期未執行。

三、刑法第41條不得易科罰金之案件，聲請易服社會勞動並獲准許

(一) 易服社會勞動執行完畢。舉例而言，某丙因誣告罪被判處有期徒刑6月，聲請易服社會勞動，於98年10月1日獲准易服社會勞動。依「檢察機關辦理易服社會勞動作業要點」第9點之規定，以准許易服社會勞動之日，做為計算徒刑折算社會勞動日數之基準日。故以98年10月1日做為計算有期徒刑6月折算社會勞動日數之基準日，計為182日。則丙須提供社會勞動1,092小時（182日×6小時＝1,092小時）。

(二) 履行部分社會勞動後，無正當理由不履行社會勞動，或履行期間屆滿仍未履行完畢者，由於本屬於不得易科罰金之案件，故只能執行原宣告之自由刑。承上例，丙履行500個小時之後，無故不履行社會勞動，或履行期間屆滿仍只履行500個小時。於99年11月1日傳喚到案入監執行，由於原易服社會勞動指揮書業經註銷而不存在，故以99年11月1日做為計算有期徒刑6月折算之基準日，計為181日。則丙履行之社會勞動時數折算成徒刑為83.3日（500小時÷6小時＝83.3日），依據第41條第7項之規定，未滿1日者，以1日論，故折算徒刑為84日。故丙剩餘97日（181日－84日＝97日）徒刑刑期未執行。

四、刑法第42條之1罰金刑案件，罰金、社會勞動與勞役間之轉換與折算

(一) 罰金刑之執行，若於裁判確定後2個月內不完納者，仍應依刑法第42條之規定，先

強制執行或分期繳納。於依第42條第1項但書或第2項易服勞役時，始得依第42條之1之規定，易服社會勞動。

(二) 罰金刑無法完納，經聲請易服社會勞動並獲准許，嗣易服社會勞動執行完畢。舉例而言，某丁被科罰金新台幣10萬元，易服勞役以1,000元折算1日。嗣准許分期十期繳納，每期繳納1萬元，於繳納5期後，於第6期起未能繳納，又查明確無財產可供執行，依刑法第42條易服勞役後，復依刑法第42條之1易服社會勞動。因丁只繳納5萬元，剩餘5萬元易服社會勞動，丁應易服勞役50日（剩餘應納之罰金50,000元÷1,000元＝50日）。勞役50日易服社會勞動亦為50日，折算為300小時（50日×6小時＝300小時）。故丁尚須履行300小時社會勞動。

(三) 罰金刑無法完納，經聲請易服社會勞動並獲准許，於履行部分社會勞動後，有錢繳納罰金，自應許之，惟以一次繳納罰金執行完畢為限，不得再分期。承上例，丁履行社會勞動100小時之後，有錢繳納罰金，100小時的社會勞動時數折算勞役日數（100小時÷6小時＝16.6日），不滿1日者，依據刑法第42條之1第4項之規定，以1日論，故計為17日。依據同條第5項之規定，丁尚須繳納之罰金金額為3萬3,000元（剩餘應納之罰金50,000元－〔17日×1,000元〕＝33,000元）。於實際執行上，為避免社會勞動者因第42條之1第4項之規定，賺取未滿1日的差額利益，可要求社會勞動者已提供之社會勞動時數為1日6小時的倍數。

(四) 罰金刑無法完納，經聲請易服社會勞動並獲准許，於履行部分社會勞動後，無當理由不履行或履行期間屆滿仍未履行完畢，最終易服勞役執行完畢。承上例，丁履行社會勞動100小時之後，不履行社會勞動，或履行期間屆滿未履行完畢，100小時的社會勞動時數折算勞役日數（100小時÷6小時＝16.6日），不滿1日者，依據刑法第42條之1第4項之規定，以1日論，故計為17日。丁尚有33日勞役尚待執行（50日勞役－17日社會勞動＝33日）。

(五) 罰金刑無法完納，經聲請易服社會勞動並獲准許，於履行部分社會勞動後，無當理由不履行或履行期間屆滿仍未履行完畢，易服勞役，於易服勞役期間，有錢繳納罰金。承上例，丁履行社會勞動100小時之後，不履行社會勞動或履行期間屆滿仍未履行完畢，改執行勞役，易服勞役10日之後，有錢繳納罰金。100小時的社會勞動時數折算勞役日數（100小時÷6小時＝16.6日），不滿1日者，依據刑法第42條之1第4項之規定，以1日論，故計為17日。丁尚須繳納2萬3,000元（應納之剩餘罰金50,000元－〔17日社會勞動＋10日勞役〕×1,000元＝23,000元）。

判決主文

……拘役伍拾日併科罰金參萬元（拘役如易科罰金以參拾元折算壹日，罰金如易服勞役以參佰元折算壹日）。

拘役：50×30×3（銀元換算按81年第十次刑庭決議）＝ 4500

罰金：

	72/06/26	94/01/07	
×30		×3	×1

五、產權移轉流程

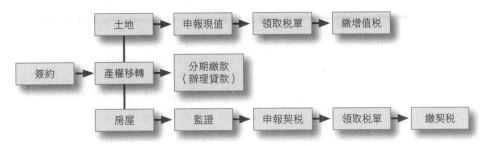

六、申辦貸款

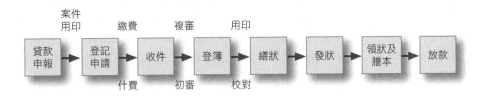

七、抵押權登記

八、建築相關問題

(一) 開工

1. 預售式契約中，在施工方面需注意是何時開工？及是何時完工？

　　常見的情形是僅載明有幾個工作天，卻並無開工期日之記載。同時依據法規，對於預售式房屋，將強制保險，以維護消費者權益。

2. 依建築法第54條之規定，其所謂之開工，依據台灣省政府建設廳63年建4字第175697號函：所謂之開工，係指起造人會同承造人及監造人依法向主管機關申報開工，並在現場實際開始工作，如挖土、整地、打樁等從事安全措施而言，倘僅搭蓋工寮、圍籬或呈送開工報告，而無其他實際工作者，均不得視爲開工。故在簽定買賣契約之同時即須特別加註本項列入條文之中，否則將與法求償。

3. 對於確定實際開工日之方式有二：詳實寫明開工之年、月、日，或註明自領得建築執照之日起第幾日開工。

○ 本件房屋係邱黃○香於民國65年10月14日開工，其地面層不久即行完工。迨至67年6月間，該房屋全棟七層大廈工程，興建達70%時，其起造人名義雖由邱黃○香變爲上訴人，並由上訴人繼續興建完工及辦單保存登記，但在保存登記公告期間內，亦

即保存登記前，業經被上訴人聲請法院將該房屋予以查封，依最高法院50年台上字第929號判例意旨，其後縱已辦畢保存登記，亦非具有創設權利之效力，茲該房屋地面層，既經完工，足蔽風雨，可達經濟上使用之目的，堪認為不動產，且曾由訴外人中小企業銀行所查封，是系爭房屋之所有權人仍為原始建築人邱黃○香而非上訴人，則上訴人對於上開房屋既未取得所有權，即無足以排除強制執行之效力。（70台上439）

○上訴人與被上訴人嘉○公司所訂定者為房屋買賣合約，嘉○公司之契約義務為將上訴人所買受之房屋交付上訴人使用，並使上訴人取得所有權，上訴人則有支付價金之義務，此為買賣雙方之契約主給付義務，並互為對價關係。至於房屋買賣合約第3條約定：「本約工程預定於83年12月底前開工……」等語，其中關於開工日期之約定僅為實現使買受人取得房屋所有權並受領房屋之契約附隨義務而已，與契約之主給付義務在性質上並不相同，縱有違反，亦不得構成對方解除契約之理由。且依兩造合約約定，價金係按工程進度支付，嘉麒公司果未依約開工，上訴人自得拒絕交付開工時及其後應支付之部分價金，尚不得與主給付義務之違反予以相同之評價，而認上訴人有解除契約之權利。（86台上440）

(二) 工作天　應為實際施工之天數，即完整之日曆天數或其中扣除不能或不工作的天數。應扣除者包括：

1. 國定及星期例假日、節日等休息日。
2. 雨天；但僅見雨跡或下午5點後之毛毛雨，若未影響施工者，不得扣除之。
3. 變更設計、名義而未經核准前之日數。
4. 天災、地變或人力所無法抗拒者之天數。
5. 冬夏之晝夜之每日工作時數是否納入計算。
6. 因物價上漲而要求增加費用，而延誤工期的情形。

○以山坡地建築房屋，其建築前之整平土地，與整平後建築房屋，係兩個不同階段行為。故申請政府核准整地，及開工整地，與申請建築執照及開工建變房屋，不能同論。前開合建契約書第9條訂明「設計完成時，提出建築執照申請，自領到建照日起參個月內開工，並於180個工作天完工。工作天之計算，應扣除變更設計、變更名義、雨天、假日、必須中途停工之日期，或遇天災、地變，非人力無法抗拒之事項發生時之日期等」是其所謂3個月內開工，及180個工作天完工，係指房屋建築而言。似無疑問。究竟其房屋建築之開工日期，及依約應扣除之天數有若干，卷內無資料可稽。原審遽憑整地開工日期計算認定上訴人逾期完工，係用違約，殊嫌無據。（71台上4098）

○一般所謂工作天，係指將下雨、颱風等不能工作之日，以及星期日、例假日、節日等休息日扣除後，在通常情形應實際從事約定工作之日而言。（73台上3196）

○按一般營建工程施工之進度常受天候之影響，是以此類契約所稱之「工作天」，係指工地能實際工作之天數而言。換言之，所謂「工作天數」，除應將星期例假日剔除外，凡因天候致影響正常工作之進行，如颱風級數或降雨量達一定之標準者，均不能

計算在內。本件房屋建築工程，兩造約定自開工日起400個「工作天」竣工，既爲原審確定之事實。則計算其「工作天數」，自應將星期例假日及影響正常工作進行之颱風天、雨天扣除。上訴人主張其施工期間應扣除雨天231日，經提出施工期間氣象局晴雨表，及內政部爲劃一各種營繕工程工期之計算，於79年6月15日以台（79）內營字第794622號函示之計算方式爲證。原審非不得斟酌其雨量是否影響工程進度，或函營建主管機關調閱有關資料以爲參考，徒以下雨天並非均不能工作，及上訴人未就雨天不能工作負舉證責任等由，遽認上訴人該部分主張不可採，並進而謂上訴人逾期完工達109日，應給付被上訴人違約金93萬2,713元，准被上訴人以之與其應補足給付上訴人之增加坪數價金48萬143元相抵銷，而爲上訴人不利之判決，於法自欠允洽。（87台上1285）

(三) 完工日期　通常契約中皆有明文，而其約定之情形如下：
1. 以向負責監造之建築師，報備完工之日爲準據基礎。
2. 以建築公司辦理申請使用執照之日爲準據基礎。
3. 以建築公司領得使用執照日期爲準據基礎。
4. 以向縣（市）政府申報竣工之日爲準據基礎。
5. 所謂完工，必須特別注意是否包括公共設施的完成。

　　然而依建築法第70條及行政院54年台內字第3134號規定，合情理認定的完工標準係以領得使用執照之日爲當。

　　對於以上之日期須特別注意外，繳付訂金時最好能將合約及廣告留存一併帶回參考研究其中各相關條文，以維本身之相關權益。

(四) 面積 [1]
1. 使用面積與權狀面積。
2. 開放空間與公共設施坪數之比例。
3. 挑高使用非法之灌水式虛設夾層坪數。
4. 別墅個案之道路面積之計算。
5. 停車位之實際坪數及有無阻隔物。

(五) 稅基　土地增值稅係以訂契約前後作爲繳納之分水嶺，其計算請參考本章之十一。

(六) 其他
1. 工業用地與一般住宅用地。
2. 僅有所有權而無使用權限之爭議。
3. 申請建照與施工圖不符合。
4. 公共設施在集合式大樓中其使用區隔之法律依據。

九、各類應備文件一覽

(一) 買賣應備文件
1. 買方
(1) 戶籍謄本3份。

(2) 便章及身分證影本。

(3) 印鑑證明乙份。

(4) 印鑑章。

2. 賣方

(1) 戶籍謄本3份。

(2) 印鑑證明3份。

(3) 最近一期房屋稅單。

(4) 最近一期地價稅單。

(5) 土地所有權狀正本。

(6) 建物所有權狀正本。

(7) 身分證影本及印鑑章。

(8) 印鑑證明乙份及印鑑章（74年修正前）。

(9) 戶籍謄本乙份。

(二) 抵押貸款應備文件

1. 戶籍謄本2份。

2. 借款人及連帶保證人印鑑證明各2份。

3. 印鑑章。

4. 土地與建物所有權狀影本各乙份。

5. 土地及改良物登記謄本影本各乙份。

6. 前次土地移轉價格證明書乙份。

7. 目前公告土地現值證明乙份。

(三) 抵押權塗銷應備文件

1. 戶籍謄本乙份。

2. 印鑑證明乙份。

3. 印鑑章及身分證。

4. 原抵押設定契約書乙份。

5. 他項權利證明書乙份。

6. 債務清償證明書2份。

(四) 抵押權內容變更應備文件

1. 土地登記申請書。

2. 他項權利變更契約書2份及原他項權利證明書。

3. 建物所有權狀正本。

4. 土地所有權狀正本。

5. 申請人雙方之戶籍謄本或身分證影本。

6. 抵押人之印鑑證明乙份。

7. 如有次順位之抵押權人之同意書及身分證及印鑑證明。

十、遺產及贈與一覽

遺產及贈與稅之換算差距將影響到稅賦的多寡，須特別注意。[2]另外每年可移轉贈與在限定範圍內免課稅賦，可妥善運用之。

(一) 遺產稅部分

1. 申報文件：

(1) 遺產稅申報書乙份。

(2) 繼承系統表乙份。

(3) 被繼承人死亡時之全戶戶籍謄本乙份。

(4) 扣抵與扣除額有關之資料（參遺產及贈與稅法第11、17條之簡明表列）。

(5) 最近一期之房屋稅單與地價證明。

(6) 委託書。

2. 經核准以不動產或實物抵繳遺產稅應檢附之文件：

(1) 繼承及移轉登記申請書。

(2) 各繼承人之印鑑證明書一份及攜帶該印鑑。

(3) 經全體同意所出具簽名之抵繳同意書乙份。

(4) 不動產權狀或其他抵繳之財產證明文件。

(5) 被繼承人之除戶戶籍謄本及所有繼承人之戶籍謄本各乙份。

(6) 其他有關辦理移轉登記所需之文件。

(二) 贈與稅部分[3]

贈與附有負擔者，由受贈人負擔部分應自贈與額中扣除。（參遺產及贈與稅§21）

贈與稅納稅義務人，每年得自贈與總額中減除免稅額220萬元。（參遺產稅及贈與稅§22）

父母於子女婚嫁時所贈與之財物，總金額不超過100萬元，不計入贈與總額。另外扶養義務人為受扶養義務人支付之生活費、教育費及醫療費，亦同。（參遺產及贈與稅§20）

經核准以不動產或實物抵繳贈與稅應檢附之文件：

1. 移轉登記申請書。

2. 印鑑證明書1份及攜帶該印鑑。

3. 不動產權狀或其他抵繳之財產證明文件。

4. 其他有關辦理移轉登記所需之文件。

十一、增值稅部分

土地增值稅之稅率，依下列規定：（土稅§33）

土地漲價總數額超過原規定地價或前次移轉時核計土地增值稅之現值數額未達百分之一百者	就其漲價總數徵收增值稅20%
土地漲價總數額超過原規定地價或前次移轉時核計土地增值稅之現值數額在百分之一百以上未達百分之二百者，除按前款規定辦理外	其超過部分徵收增值稅30%

土地漲價總數額超過原規定地價或前次移轉時核計土地增值稅之現值數額在百分之二百以上者，除按前二款規定分別辦理外	其超過部分徵收增值稅40%

依本法第33條規定計算土地增值稅應徵稅額之公式如下：（土稅施§53）

稅級別	計算公式
第一級	應徵稅額＝土地漲價總數額〔超過原規定地價或前次移轉時申報現值（按台灣地區消費者物價總指數調整後）未達百分之一百者〕×稅率（20％）
第二級	應徵稅額＝土地漲價總數額〔超過原規定地價或前次移轉時申報現值（按台灣地區消費者物價總指數調整後）在百分之一百以上未達百分之二百者〕×〔稅率（30％）－（30％－20％）×減徵率〕－累進差額（按台灣地區消費者物價總指數調整後之原規定地價或前次移轉現值×A） 註：持有土地年限未超過20年者，無減徵，A為0.10 　　持有土地年限超過20年以上者，減徵率為20％，A為0.08 　　持有土地年限超過30年以上者，減徵率為30％，A為0.07 　　持有土地年限超過40年以上者，減徵率為40％，A為0.06
第三級	應徵稅額＝土地漲價總數額〔超過原規定地價或前次移轉時申報現值（按台灣地區消費者物價總指數調整後）在百分之二百以上者〕×〔稅率（40％）－（40％－20％）×減徵率〕－累進差額（按台灣地區消費者物價總指數調整後之原規定地價或前次移轉現值×B） 註：持有土地年限未超過20年者，無減徵，B為0.30 　　持有土地年限超過20年以上者，減徵率為20％，B為0.24 　　持有土地年限超過30年以上者，減徵率為30％，B為0.21 　　持有土地年限超過40年以上者，減徵率為40％，B為0.18

土地漲價總數額之計算公式：（土稅施§50）

土地漲價總數額＝申報土地移轉現值－原規定地價或前次移轉時所申報之土地移轉現值×（台灣地區消費者物價總指數÷100）－（改良土地費用＋工程受益費＋土地重劃負擔總費用＋因土地使用變更而無償捐贈作為公共設施用地其捐贈土地之公告現值總額）

土地增值稅之減免標準如下：（參土地稅減免規則§20）

(一) 因繼承而移轉之土地，全免。

(二) 各級政府出售或依法贈與之公有土地，及受贈之私有土地，全免。

(三) 被徵收之土地，全免。

(四) 依都市計畫法指定之公共設施保留地尚未被徵收前之移轉，全免。

(五) 依法得徵收之私有土地，土地所有權人自願按徵收補償地價售與需地機關者，全免。

(六) 區段徵收之土地，以現金補償其地價者，及因領回抵價地不足最小建築單位面積而領取現金補償者，或以抵價地補償其地價者，全免。領回抵價地後第一次移轉時，減徵40％。

(七) 經重劃之土地，於重劃後第一次移轉時，減徵40％。但以下列土地，於中華民國66年2月2日平均地權條例公布施行後移轉者為限：

1. 在中華民國53年舉辦規定地價或重新規定地價之地區，於該次規定地價或重新規定地

價以後辦理重劃之土地。

2. 在中華民國53年以前已依土地法規定辦理規定地價在中華民國53年以後始舉辦規定地價之地區，於其第一次規定地價以後辦理重劃之土地。

(八) 土地重劃時土地所有權人依法應負擔之公共用地及抵費，全免。於重劃區內原土地所有權人應分配之土地因未達最小分配面積標準改領差額地價者，亦同。

(九) 分別共有土地分割後，各人所取得之土地價值與其分割前應有部分價值相等者，全免。公同共有土地分割，各人所取得之土地價值與分割前相等者，亦同。

(十) 土地合併後，各共有人應有部分價值與其合併前之土地價值相等者，全免。

(十一) 私人捐贈供興辦社會福利事業或依法設立私立學校使用之土地，全免。但以符合下列規定者為限：

1. 受贈人為財團法人。

2. 法人章程載明法人解散時，其賸餘財產歸屬當地地方政府所有。

3. 捐贈人未以任何方式取得所捐贈土地之利益。

　　根據土地稅法第28條規定：「已規定地價之土地，於土地所有權移轉時，應按其土地漲價總數額徵收土地增值稅。但因繼承而移轉之土地，各級政府出售或依法贈與之公有土地，及受贈之私有土地，免徵土地增值稅。」包括：

1. 私人捐贈供興辦社會福利事業或依法設立私立學校使用之土地，免徵土地增值稅。但以符合左列各款規定者為限：

(1) 受贈人為財團法人。

(2) 法人章程載明法人解散時，其賸餘財產歸屬當地地方政府所有。

(3) 捐贈人未以任何方式取得所捐贈土地之利益。（土稅§28-1）

2. 配偶相互贈與之土地，得申請不課徵土地增值稅。但於再移轉第三人時，以該土地第一次贈與前之原規定地價或前次移轉現值為原地價，計算漲價總數額，課徵土地增值稅。

　　前項受贈土地，於再移轉計課土地增值稅時，贈與人或受贈人於其具有土地所有權之期間內，有支付第31條第1項第2款改良土地之改良費用或同條第3項增繳之地價稅者，準用該條之減除或抵繳規定；其為經重劃之土地，準用第39條第4項之減徵規定。該項再移轉土地，於申請適用第34條規定稅率課徵土地增值稅時，其出售前1年內未曾供營業使用或出租之期間，應合併計算。（土稅§28-2）

3. 土地為信託財產者，於左列各款信託關係人間移轉所有權，不課徵土地增值稅：

(1) 因信託行為成立，委託人與受託人間。

(2) 信託關係存續中受託人變更時，原受託人與新受託人間。

(3) 信託契約明定信託財產之受益人為委託人者，信託關係消滅時，受託人與受益人間。

(4) 因遺囑成立之信託，於信託關係消滅時，受託人與受益人間。

(5) 因信託行為不成立、無效、解除或撤銷，委託人與受託人間。（土稅§28-3）

十二、契稅部分

契稅稅率如下：（契稅§3）

買賣契稅	為其契價6%。	贈與契稅	為其契價6%。
典權契稅	為其契價4%。	分割契稅	為其契價2%。
交換契稅	為其契價2%。	占有契稅	為其契價6%。
買賣契稅，應由買受人申報納稅。（第4條） 贈與契稅，應由受贈人估價立契，申報納稅。（第7條） 分割契稅，應由分割人估價立契，申報納稅。（第8條）			

十三、相關場所

基隆市政府（工務處）	基隆市中正區義一路1號	（02）24201122
桃園市政府（工務局）	桃園市縣府路1號7樓	（03）3221101
宜蘭縣政府（建設處）	宜蘭市縣政北路1號	（03）9251000
新竹市政府（工務處）	新竹市中正路120號	（03）5216121
台北市政府（工務局）	台北市市府路1號西南區4樓	（02）27208889轉6785
台北市政府建設局第一科	台北市市府路1號北區1樓	（02）27297166
新北市政府（工務局）	新北市板橋區中山路1段161號5樓、13樓	（02）9603456轉5851
台南市政府（工務局）	台南市安平區永華路2段6號	（06）2991111
新竹縣政府（工務處）	新竹縣竹北市光明六路10號	（03）5518101
高雄市政府（工務局）	高雄市苓雅區四維三路2號5樓	（07）3368333
中華民國仲裁協會	台北市仁愛路4段376號14樓	（02）27078672
中華民國車禍關懷協會	台北市南昌路1段39號9樓	（02）23219533
財團法人犯罪被害人保護協會	台北市博愛路164號5樓	（02）27365850
中華民國旅行業品質保障協會	台北市民權東路2段9號5樓	（02）25995088
社團法人台灣省婦幼協會	台中市西屯區光明路195號	（04）25285566
財團法人中華民國消費者文教基金會	台北市復興南路1段390號10樓之3	（02）27001234
婦女救援基金會	台北市寧夏路18號3樓	（02）25558595
社團法人中華民國工作傷害受害人協會	台北市八德路4段181巷22號	（02）25282938
財團法人法律扶助基金會	台北市金山南路2段189號5樓	（02）23225255

十四、郵局資費

種類		計費標準							備註
		不逾20公克	21-50公克	51-100公克	101-250公克	251-500公克	501-1000公克	1001-2000公克	
信函	普通	8	16	24	40	72	112	160	每件限量不逾20公斤，每續重1公斤加收48元，共滿1公斤按1公斤計算
	限時	15	23	31	47	79	119	67	
	普通掛號	28	36	44	60	92	132	180	
	限時掛號	35	43	51	67	99	139	187	
	普通掛號附回執（回執為平信）	43	51	59	75	107	147	195	
	限時掛號附回執（回執為平信）	50	58	66	82	114	154	202	
印刷物	普通	6		11	16	32	56	88	每續重1公斤加收32元。每件限量不逾2公斤，單本書籍得展至5公斤
	限時	15		18	23	39	63	95	
	普通掛號	26		31	36	52	76	108	
	限時掛號	33		38	43	59	83	115	
	普通掛號附回執（回執為平信）	41		46	51	67	91	123	
	限時掛號附回執（回執為平信）	48		53	58	74	98	130	
	新聞紙	每重50公克2元（每件限量不逾2公斤）							
	雜誌	每重50公克3元（每件限量不逾2公斤）							

十五、地政規費

依內政部103年修正之規定：

(一) 下列費用以每筆每公頃為計收單位，不足1公頃以1公頃計，超過則每增加半公頃增收半數；超過10公頃，由登記機關按規費法核實計算：

1. 土地分割複丈費：按分割後筆數計算，每筆8百元計，但申請人未能埋設界標，一併申請確定分割點界址者，加繳複丈費之半數。

2. 土地合併複丈費：免納複丈費。

3. 土地界址鑑定費：每單位4千元計收。

4. 土地地目變更勘查費：每單位4百元計收。

5. 土地界址調整複丈費：每單位8百元計收，但申請人未能埋設界標，一併申請確定調整後界址點者（協助指界），加繳複丈費之半數。

6. 調整地形複丈費：同5.。

7. 土地他項權利位置之測量費或鑑定費：每單位4千元計收。

8. 未登記土地測量費：每單位4千元計收，但必須辦理基本控制測量或圖根測量者，其費用另案核計。

9. 土地自然增加或浮覆測量費：每單位4千元計收，但必須辦理基本控制測量或圖根測量者，其費用另案核計。

10. 土地坍沒複丈費：以坍沒後存餘土地每單位8百元計收。

(二) 下列費用以每建號每50平方公尺爲計收單位，不足50平方公尺以50平方公尺計：

1. 建物位置圖測量費：每單位4千元計收，以整棟建物爲一測量單位，同棟其他區分所有權人申請測量時，可調原勘測圖轉繪，每張轉繪費2百元。

2. 建物平面圖測量：每單位8百元計收，如係樓房，應分層計算，如係區分所有者，應依其區分，分別計算。

3. 建築改良物合併複丈費：按合併前建號計算，每單位4百元計收。

4. 建築改良物分割複丈費：按分割後建號計算，每單位8百元計收。

5. 建築改良物部分滅失測量費：按未滅失之面積計算，每單位8百元計收。

6. 未登記建築改良物，因納稅需要，申請勘測之勘測費：依建物平面圖測量費計收。

7. 建築改良物基地號、建築改良物門牌號變更及建築改良物全部滅失或部分滅失之勘查費：不論面積，以每建號每單位4百元計收。

8. 建物位置圖、平面圖轉繪費：每建號2百元計收。建物平面圖或測量成果圖採影印，每張15元計收；測量成果圖採電腦列印，每張20元計收。

(三) 各級法院囑託複丈、測量業務，並限期在15日內辦理者，其費用依前述標準加倍計收。

(四) 標示變更、更正、預告、更名、住所變更及塗銷登記，免費。

十六、訴訟與非訟費用

(一) 訴訟標的之價格計算以起訴時爲準。（參32年抗字第117號判例）

(二) 分割共有物之訴，按標的價格計徵裁判費用。

(三) 宣告股東會決議無效之訴，依47年8月11日民刑庭總會決議按非財產權之訴計徵。

(四) 婚姻合併提起非婚姻訴訟事件，分別按民事訴訟法第77條之13、14處理。

(五) 和解、調解有無效或得撤銷原因之請求繼續審判者，免徵裁判費，但提起宣告調解無效之訴或撤銷調解之訴，按一般起訴程序計徵裁判費。

(六) 反訴部分請參閱民事第一審之有關說明。

(七) 發回或發交或更審後之上訴均免徵裁判費。（參66年台抗字第418號判例）

(八) 其他裁判費請參閱以下有關規定。

1. 民事訴訟事件裁判費徵收核算對照表

(1) 民事訴訟法第77條之13、第77條之16、第77條之27：

因財產權起訴／上訴 訴訟標的金（價款）	第一審	第二、三審
10 萬元以下	1,000元	1,500 元
逾10 萬元～100 萬元部分	110元／萬	165元／萬
100 萬元	10,900元	16,350元
逾100 萬元～1000 萬元部分	99元／萬	148.5元／萬
1000 萬元	100,000元	150,000元
逾1000 萬元～1 億元部分	88元／萬	132元／萬
1 億元	892,000元	1,338,000元
逾1 億元～10 億元部分	77元／萬	115.5元／萬
10 億元	7,822,000元	11,733,000元
逾10 億元部分	66元／萬	99元／萬
例如：訴訟標的金（價）額1,500萬元 第一審徵收裁判費500（萬元）×88（元／萬）+100,000 元＝144,000元 第二審徵收裁判費500（萬元）×132（元／萬）+150,000 元＝216,000元		

(2) 民事訴訟法第77條之14、第77條之16：

非因財產權起訴／上訴	第一審	第二、三審
	3,000元	4,500元

(3) 民事訴訟法第77條之17：

再審之訴	按起訴法院之審級，依第77條之13、第77條之14及第77條之16規定徵收	
聲請再審	第一審	第二、三審
	1,000元	1,000元

(4) 民事訴訟法第77條之18：

抗告／再為抗告	第一審	第二、三審
	1,000元	1,000元

(5) 民事訴訟法第77條之19：

聲請事件	第一審	第二、三審
聲請發支付命令	500元	—
聲請參加訴訟或駁回參加		1,000元
聲請回復原狀		1,000元
起訴前聲請證據保全	1,000元	—
聲請假扣押、假處分或撤銷假扣押、假處分裁定		1,000元
聲請公示催告、除權判決		—

(6) 聲請調解：民事訴訟法第77條之20

標的金（價）額	徵收聲請費
未滿10萬元	免徵
10萬元以上～未滿100萬元	1,000元
100萬元以上～未滿500萬元	2,000元
500萬元以上～未滿1,000萬元	3,000元
1,000萬元以上	5,000元
非財產權事件	免徵

(7) 聲請強制執行：強制執行法第28條之2、民事訴訟法第77條之27

財產權案件	執行標的金（價）額	徵收執行費
聲請強制執行／聲明參與分配	未滿5,000元／債權憑證	免徵
	5,000元以上	0.8元／百
	備註：畸零之數未滿百元者以百元計算	
非財產權案件		3,000元

2. 非訟事件徵收費用標準表

(1) 非訟事件法第13條：因財產權關係為聲請者，按其標的之金額或價額，以下列標準徵收費用：

未滿10萬元者	500元
10萬元以上～未滿100萬元	1,000元
100萬元以上～未滿1,000萬元	2,000元
1,000萬元以上～未滿5,000萬元	3,000元
5,000萬元以上～未滿1億元	4,000元
1億元以上者	5,000元

(2) 非訟事件法第14條：

徵收項目	費用
因非財產權關係為聲請者	1,000元
因非財產權關係而為聲請，並為財產上之請求者，關於財產上之請求，不另徵收費用。	

(3) 非訟事件法第15條：

徵收項目	費用
夫妻財產制契約登記、法人設立登記	1,000元
除前項登記外，有關夫妻財產制及法人之其他設立	500元

(4) 非訟事件法第17條：

徵收項目	費用
抗告／再抗告	1,000元

(5) 非訟事件法第18條：

徵收項目	費用
聲請付與法人登記簿、補發法人登記證書、夫妻財產制契約登記簿或管理財產報告及有關計算文件之謄本、繕本、影本或節本、法人及代表法人董事之印鑑證明書者	每份200元

(6) 提存法第28條：

	提存金額或價額	費用
清償提存費	未滿1萬元	100元
	1萬元以上～未滿10萬元	500元
	10萬元以上	1,000元
	執行法院依強制執行法、管理人依破產法或消費者債務清理條例規定辦理	免徵
擔保提存費		500元

(7) 行政訴訟裁判費徵收標準：

徵收裁判費項目	裁判費金額（單位：新台幣）				
	通常訴訟程序	都市計畫審查程序	簡易訴訟程序	羈押法、監獄行刑法簡易訴訟程序	交通裁決事件訴訟程序
起訴事件	4,000元	4,000元	2,000元	1,000元	300元
上訴事件	6,000元	6,000元	3,000元	1,500元	750元
抗告	1,000元	1,000元	1,000元	500元	300元
聲請參加訴訟或駁回參加	1,000元	1,000元	1,000元	500元	300元
聲請回復原狀	1,000元	1,000元	1,000元	500元	300元
聲請停止執行或撤銷停止執行之裁定	1,000元		1,000元	500元	300元
起訴前聲請證據保全	1,000元	1,000元	1,000元	500元	300元
聲請重新審理	1,000元		1,000元	500元	300元
聲請假扣押、假處分或撤銷假扣押、假處分之裁定	1,000元		1,000元	500元	300元
第237條之30聲請事件		1,000元			
再審之訴（地方法院行政訴訟庭）			2,000元	1,000元	300元
再審之訴（高等行政法院）	4,000元（通常訴訟程序之第一審判決）	4,000元（都市計畫審查程序之第一審判決）	3,000元（簡易訴訟程序之上訴審判決）	1,500元（羈押法、監獄行刑法簡易訴訟程序之上訴審判決）	750元（交通裁決事件訴訟程序之上訴審判決）

再審之訴 （最高行政法院）	6,000元	6,000元	3,000元 （簡易訴訟 程序之上訴 審判決）	1,500元	750元 （交通裁決 事件訴訟程 序之上訴審 判決）
聲請再審	1,000元	1,000元	1,000元	500元	300元

(8) 公證費用標準表：

法律行為或涉及私權事實標的金額、價額或請求公、認證事由	費用				
	公證			認證	
	作成中文公證書 （109）	公證書並載明逕受強制執行 （119）	作成外文、中外文對照公證書 （125）	認證中文文書 （120）	認證文書翻譯本、外文、中外文對照文書 （125）
不能算定（112）	1,000	1,500	1,500	500	750
20萬以下	1,000	1,500	1,500	500	750
逾20萬元～50萬元	2,000	3,000	3,000	1,000	1,500
逾50萬元～100萬元	3,000	4,500	4,500	1,500	2,250
逾100萬元～200萬元	4,000	6,000	6,000	2,000	3,000
逾200萬元～500萬元	5,000	7,500	7,500	2,500	3,750
逾500萬元～1,000萬元	6,000	9,000	9,000	3,000	4,500
逾1,000萬元～2,000萬元	8,000	12,000	12,000	4,000	6,000
逾2,000萬元～3,000萬元	10,000	1,500	1,500	5,000	7,500
逾3,000萬元～4,000萬元	12,000	18,000	18,000	6,000	9,000
逾4,000萬元～5,000萬元	14,000	21,000	21,000	7,000	10,500
逾5,000萬元～6,000萬元	15,000	22,500	22,500	7,500	11,250
逾6,000萬元～7,000萬元	16,000	24,000	24,000	8,000	12,000
逾7,000萬元～8,000萬元	17,000	25,500	25,500	8,500	12,750
逾8,000萬元～9,000萬元	18,000	27,000	27,000	9,000	13,500
逾9,000萬元～1億元	19,000	28,500	28,500	9,500	14,250
逾1億元～11,000萬元	20,000	30,000	30,000	10,000	15,000
逾11,000萬元～12,000萬元	21,000	31,500	31,000	10,500	15,650
逾12,000萬元～13,000萬元	22,000	33,000	32,000	11,000	16,500
逾13,000萬元～14,000萬元	23,000	34,500	33,000	11,500	17,250

逾14,000萬元～15,000萬元	24,000	36,000	34,000	12,000	18,000
逾15,000萬元～16,000萬元	25,000	37,500	35,000	12,500	18,750
逾16,000萬元～17,000萬元	26,000	39,000	36,000	13,000	19,500
逾17,000萬元～18,000萬元	27,000	40,500	37,000	13,500	20,250
逾18,000萬元～ 9,000萬元	28,000	42,000	38,000	14,000	21,000
逾19,000萬元～2億元以下類推	29,000	43,500	39,000	14,500	21,750
婚姻、認領、收養或其他非因財產關係事件（113）	1,000		1,500	500	750
公證結婚	同時請求發給中文結婚公證書及其外文翻譯本者，中文結婚公證書1,000 元，翻譯費以200 字計算，英文譯本400 元，其他外文譯本600 元。（113、128）				

十七、各級法院管轄區域暨所在地

各級法院管轄區域及地址、電話一覽表

法院名稱		管轄區域	地址及電話
台灣高等法院（台北市博愛路127號）電話：(02)2371-3261	台北地方法院	台北市中山、大安、中正、萬華、信義、松山、文山等七區，及新北市新店、烏來、石碇、深坑、坪林等五區	地址：台北市博愛路131號 電話：(02)2314-6871
	士林地方法院	台北市士林、北投、大同、內湖、南港等五區，及新北市汐止、石門、三芝、淡水、八里等五區	地址：台北市士林區士東路190號 電話：(02)2831-2321
	新北地方法院	新北市板橋、永和、中和、樹林、土城、三峽、鶯歌、三重、新莊、蘆洲、五股、泰山、林口等十三區	地址：新北市土城區金城路2段249號 電話：(02)2261-6714
	桃園地方法院	桃園市	地址：桃園市法治路1號 電話：(03)339-6100
	新竹地方法院	新竹市、新竹縣	地址：新竹縣竹北市興隆路2段265號 電話：(03)658-6123
	宜蘭地方法院	宜蘭縣	地址：宜蘭縣宜蘭市縣政西路1號 電話：(03)925-2001
	基隆地方法院	基隆市及新北市瑞芳、雙溪、貢寮、平溪、金山、萬里等六區	地址：基隆市東信路176號 電話：(02)2465-2171
智慧財產法院	全國地方法院		地址：新北市板橋區縣民大道2段7號3樓 電話：(02)2272-6696

台灣高等法院花蓮分院（花蓮市民權路127號）電話：(03)822-5116	花蓮地方法院	花蓮縣	地址：花蓮市府前路15號 電話：(03)822-5144
	台東地方法院	台東縣	地址：台東市博愛路128號 電話：(089)310-130
台灣高等法院台中分院（台中市南區五權南路99號）電話：(04)2260-0600	台中地方法院	台中市	地址：台中市自由路1段91號 電話：(04)2223-2311
	苗栗地方法院	苗栗縣	地址：苗栗市中正路1149號 電話：(037)330-083
	南投地方法院	南投縣	地址：南投市中興路759號 電話：(049)224-2590
	彰化地方法院	彰化縣	地址：彰化縣員林市員林大道2段1號 電話：(04)834-3171
台灣高等法院台南分院（台南市中西區中山路170號）電話：(06)228-3101	雲林地方法院	雲林縣	地址：雲林縣虎尾鎮明正路38號 電話：(05)633-6511
	嘉義地方法院	嘉義市、嘉義縣	地址：嘉義市林森東路282號 電話：(05)278-3671
	台南地方法院	台南市	地址：台南市安平區健康路3段308號 電話：(06)295-6566
台灣高等法院高雄分院（高雄市鼓山區明誠三路586號）電話：(07)552-3621	高雄地方法院	高雄市鹽埕、鼓山、三民、新興、前金、苓雅、前鎮、旗津、小港、鳳山、林園、大寮等十二區	地址：高雄市前金區河東路188號 電話：(07)216-1418 第二辦公大樓 地址：高雄市新興區中正三路35號 電話：(07)222-8356
		太平島、東沙島	
	橋頭地方法院	高雄市左營、楠梓、橋頭、岡山、燕巢、大社、仁武、彌陀、梓官、大樹、鳥松、田寮、阿蓮、路竹、湖內、茄定、永安、旗山、美濃、六龜、甲仙、杉林、內門、茂林、桃源、那瑪夏等二十四區	地址：高雄市橋頭區經武路911號 電話：(07)611-0030
	高雄少年及家事法院	高雄市、太平島、東沙島	地址：高雄市楠梓區興楠路182號 電話：(07)357-3511
	屏東地方法院	屏東縣	地址：屏東市棒球路9號 電話：(08)755-0611
	澎湖地方法院	澎湖縣	地址：澎湖縣馬公市西文里西文澳310號 電話：(06)921-6777
福建高等法院金門分院（金門縣金城鎮民權路178號）電話：(082)321-564	金門地方法院	金門縣	地址：金門縣金城鎮民權路178號 電話：(082)327-361～5
	連江地方法院	連江縣	地址：連江縣南竿鄉復興村209號 電話：(0836)22477

各地方法院簡易庭事務分配區域及地址、電話一覽表

法院名稱	簡易庭名稱	事務分配區域	辦公處所
台灣台北地方法院	台北簡易庭	台北市中正區、萬華區、大安區、中山區、松山區、信義區	台北市重慶南路1段126巷1號 (02)2314-3050
	新店簡易庭	台北市文山區、新北市新店區、坪林區、石碇區、烏來區、深坑區	新北市新店區中興路1段248號 (02)8919-3866
台灣士林地方法院	士林簡易庭	台北市士林區、大同區、北投區、新北市石門區、八里區、淡水區、三芝區	台北市士林區重慶北路4段2號 (02)2813-1289
	內湖簡易庭	台北市內湖區、南港區、新北市汐止區	台北市內湖區民權東路6段91號 (02)2791-1521
台灣新北地方法院	板橋簡易庭	新北市板橋區、永和區、中和區、三峽區、鶯歌區、樹林區、土城區	新北市板橋區民生路1段30巷1號 (02)2961-7322
	三重簡易庭	新北市三重區、蘆洲區、新莊區、泰山區、五股區、林口區	新北市三重區重新路3段145號 (02)2971-0166
台灣基隆地方法院	基隆簡易庭	基隆市、新北市金山區、萬里區、瑞芳區、平溪區、雙溪區、貢寮區	基隆市東信路176號 (02)2465-2171
台灣桃園地方法院	桃園簡易庭	桃園市桃園區、龜山區、八德區、大溪區、復興區、大園區、蘆竹區	桃園市桃園區仁愛路120號 (03)379-5470
	中壢簡易庭	桃園市中壢區、平鎮區、楊梅區、新屋區、龍潭區、觀音區	桃園市中壢區中華路2段388號 (03)462-1500
台灣新竹地方法院	新竹簡易庭	新竹市	新竹市中正路136號 (03)521-0022
	竹東簡易庭	新竹縣竹東鎮、芎林鄉、寶山鄉、北埔鎮、峨眉鄉、橫山鄉、五峰鄉、尖石鄉	新竹縣竹東鎮中正路202號 (03)594-3011
	竹北簡易庭	新竹縣竹北市、湖口鄉、新豐鄉、新埔鎮、關西鎮	新竹縣竹北市興隆路2段265號 (03)658-6123
台灣苗栗地方法院	苗栗簡易庭	苗栗縣	苗栗市中正路1149號 (037)330-083
台灣台中地方法院	台中簡易庭	東區、西區、南區、中區、北區、北屯區、西屯區、南屯區、霧峰區、大里區、太平區、烏日區	台中市自由路1段91號 (04)2223-2311
	豐原簡易庭	豐原區、大雅區、潭子區、神岡區、東勢區、石岡區、新社區、和平區	台中市潭子區豐興路1段139號 (04)2538-1698、2538-1700
	沙鹿簡易庭	清水區、沙鹿區、梧棲區、大甲區、大安區、外埔區、后里區、大肚區、龍井區	台中市沙鹿區中山路689號 (04)2623-6621
台灣南投地方法院	南投簡易庭	南投市、草屯鎮、中寮鄉、集集鎮、名間鄉、竹山鎮、鹿谷鄉、信義鄉、水里鄉	南投縣名間鄉彰南路356之7號 (049)223-9550
	埔里簡易庭	埔里鎮、國姓鄉、仁愛鄉、魚池鄉	南投縣埔里鎮南環路640號 (049)299-5544

台灣彰化地方法院	彰化簡易庭	彰化縣彰化市、伸港鄉、線西鄉、和美鎮、花壇鄉、芬園鄉、鹿港鎮、福興鄉、秀水鄉	彰化縣和美鎮東萊路275號 (04)735-8170
	員林簡易庭	彰化縣員林市、永靖鄉、溪湖鎮、埔鹽鄉、埔心鄉、大村鄉	彰化縣員林市員林大道2段1號 (04)834-3171
	北斗簡易庭	彰化縣二林鎮、竹塘鄉、大城鄉、芳苑鄉、北斗鎮、田尾鄉、埤頭鄉、溪州鄉、田中鎮、社頭鄉、二水鄉	彰化縣田尾鄉饒平村建平路2段91號 (04)883-4331
台灣雲林地方法院	虎尾簡易庭	雲林縣虎尾鎮、土庫鎮、褒忠鄉、元長鄉、西螺鎮、二崙鄉、崙背鄉	雲林縣虎尾鎮明正路40巷5號 (05)633-6511
	北港簡易庭	雲林縣台西鄉、東勢鄉、麥寮鄉、四湖鄉、北港鎮、水林鄉、口湖鄉	雲林縣北港鎮文仁路471號 (05)783-1546
	斗六簡易庭	雲林縣斗六市、林內鄉、莿桐鄉、斗南鎮、大埤鄉、古坑鄉	雲林縣斗六市公明路41號 (05)534-2433
台灣嘉義地方法院	嘉義簡易庭	嘉義市、嘉義縣民雄鄉、大林鎮、溪口鄉、新港鄉、竹崎鄉、梅山鄉、阿里鄉、水上鄉、中埔鄉、番路鄉、大埔鄉	嘉義市東區文化路308之1號 (05)277-4460
	朴子簡易庭	嘉義縣朴子鎮、東石鄉、六腳鄉、義竹鄉、布袋鎮、太保市、鹿草鄉	嘉義縣朴子市朴子三路2號 (05)362-3527
台灣台南地方法院	台南簡易庭	台南市東區、南區、北區、安南區、安平區、中西區、歸仁區、仁德區、關廟區、龍崎區	台南市安平區健康路3段308號 (06)295-6566
	新市簡易庭	台南市永康區、新市區、新化區、山上區、左鎮區、玉井區、楠西區、南化區、善化區、大內區、安定區	台南市新市區富強路12號 (06)599-8959
	柳營簡易庭	台南市佳里區、西港區、七股區、麻豆區、下營區、六甲區、官田區、學甲區、北門區、將軍區、白河區、東山區、後壁區、鹽水區、柳營區、新營區	台南市柳營區人和里義士路5段601號 (06)622-5180
台灣高雄地方法院	高雄簡易庭	高雄市鹽埕區、鼓山區、三民區、新興區、前金區、苓雅區、前鎮區、旗津區、小港區、太平島、東沙島	高雄市前金區河東路188號 (07)216-1225
	鳳山簡易庭	高雄市鳳山區、林園區、大寮區	高雄市鳳山區國泰路2段96號 (07)743-2027
台灣橋頭地方法院	橋頭簡易庭	高雄市橋頭區、左營區、楠梓區、大樹區、鳥松區、仁武區、大社區	高雄市橋頭區經武路911號 (07)611-0030
	岡山簡易庭	高雄市岡山區、燕巢區、永安區、彌陀區、梓官區、路竹區、阿蓮區、湖內區、茄萣區、田寮區	高雄市岡山區岡山南路57號 (07)625-0875
	旗山簡易庭	高雄市旗山區、美濃區、內門區、甲仙區、杉林區、六龜區、那瑪夏區、桃源區、茂林區	高雄市旗山區民生二街33號 (07)662-2045

台灣屏東地方法院	屏東簡易庭	屏東縣屏東市、長治鄉、麟洛鄉、萬丹鄉、里港鄉、高樹鄉、鹽埔鄉、九如鄉、三地門鄉、霧台鄉	屏東縣屏東市合作街43號 (08)755-1655
	潮州簡易庭	屏東縣潮州鎮、萬巒鄉、竹田鄉、內埔鄉、新埤鄉、泰武鄉、來義鄉、瑪家鄉、東港鎮、林邊鄉、南州鄉、新園鄉、琉球鄉、崁頂鄉、枋寮鄉、佳冬鄉、春日鄉、獅子鄉、坊山鄉、牡丹鄉、恆春鎮、車城鄉、滿州鄉	屏東縣潮州鎮光春路300號 (08)789-8201
台灣台東地方法院	台東簡易庭	台東縣台東市、綠島鄉、蘭嶼鄉、卑南鄉、關山鎮、池上鄉、鹿野鄉、延平鄉、海端鄉、大武鄉、達仁鄉、太麻里鄉、金峰鄉、成功鎮、東河鄉、長濱鄉	台東市博愛路128號 (089)310-130
台灣花蓮地方法院	花蓮簡易庭	花蓮縣花蓮市、新城鄉、秀林鄉、吉安鄉、壽豐鄉、鳳林鎮、光復鄉、萬榮鄉、豐濱鄉	花蓮市球崙一路286號 (03)823-3422
	玉里簡易庭	花蓮縣玉里鎮、富里鄉、卓溪鄉、瑞穗鄉	花蓮縣玉里鎮莊敬路69號 (03)888-0480
台灣宜蘭地方法院	宜蘭簡易庭	宜蘭縣宜蘭市、員山鄉、礁溪鄉、頭城鎮、壯圍鄉	宜蘭縣宜蘭市縣政西路1號 (03)925-2001
	羅東簡易庭	宜蘭縣羅東鎮、冬山鄉、五結鄉、蘇澳鄉、南澳鄉、三星鄉、大同鄉	宜蘭縣五結鄉仁愛路2段88號 (03)965-5550
台灣澎湖地方法院	馬公簡易庭	澎湖縣馬公市、湖西鄉、白沙鄉、西嶼鄉、七美鄉、望安鄉	馬公市西文里西文澳310號 (06)921-6777
福建金門地方法院	金城簡易庭	金門縣金城鎮、金湖鎮、金沙鎮、金寧鄉、烈嶼鄉、烏坵鄉	金門縣金城鎮民權路178號 (082)327-361～5
福建連江地方法院	連江簡易庭	連江縣南竿鄉、北竿鄉、莒光鄉、東引鄉	連江縣南竿鄉復興村209號 (0836)22477

十八、法院及檢察署訴訟當事人在途期間表

(一) 法院訴訟當事人在途期間標準（107.6.29）

一、台灣地區

地方法院	管轄區域	所在地	地方法院在途期間	高等法院	管轄區域	所在地	高等法院在途期間	最高法院	縣(市)別	所在地	最高法院在途期間
台北地方法院	（台北市）中正區 松山區 信義區 文山區 大安區 萬華區 中山區	（台北市）中正區		台灣高等法院	台北市	台北市		最高法院	台北市	台北市	
	（新北市）新店區 烏來區 深坑區 石碇區 坪林區		二日		新北市		二日		新北市		二日
士林地方法院	（台北市）士林區 北投區 大同區 內湖區 南港區	（台北市）士林區			台北市	台北市			台北市		
	（新北市）汐止區 淡水區 八里區 三芝區 石門區		二日		新北市		二日		新北市		二日
新北地方法院	（新北市）土城區 板橋區 三重區 永和區 中和區 新莊區	土城區			新北市		二日		新北市		二日
	三峽區 樹林區 鶯歌區 泰山區 蘆洲區 五股區 林口區		二日								

地方法院	管轄區域	所在地	地方法院在途期間	高等法院	管轄區域	所在地	高等法院在途期間	最高法院	縣（市）別	所在地	最高法院在途期間
桃園地方法院	（桃園市）桃園區 中壢區 平鎮區 八德區 楊梅區 大溪區 蘆竹區 大園區 龜山區 龍潭區 新屋區 觀音區 復興區	桃園區		台灣高等法院	桃園市		三日	最高法院	桃園市	台北市	三日
			一日								
新竹地方法院	新竹市	新竹市	二日		新竹市 新竹縣		四日		新竹市 新竹縣		四日
	新竹縣	竹北市									
			二日								
宜蘭地方法院	宜蘭縣	宜蘭市			宜蘭縣		四日		宜蘭縣		四日
			二日								
基隆地方法院	基隆市	基隆市			新北市 基隆市		二日		新北市 基隆市		二日
	（新北市）瑞芳區 貢寮區 雙溪區 平溪區 萬里區 金山區		二日								
花蓮地方法院	花蓮縣	花蓮市		台灣高等法院花蓮分院	花蓮縣	花蓮市			花蓮縣		七日
			三日				三日				

地方法院	管轄區域	所在地	地方法院在途期間	高等法院	管轄區域	所在地	高等法院在途期間	最高法院	縣（市）別	所在地	最高法院在途期間
台東地方法院	台東縣	台東市			台東縣（由台東庭審判）	台東市			台東縣		八日
			四日				四日				
苗栗地方法院	苗栗縣	苗栗市			苗栗縣		五日		苗栗縣		六日
			二日								
台中地方法院	（台中市）中區 東區 西區 南區 北區 西屯區 南屯區 北屯區	（台中市）西區		台灣高等法院台中分院	台中市	台中市		最高法院	台中市	台北市	七日
	（台中市）豐原區 大里區 太平區 東勢區 大甲區 清水區 沙鹿區 梧棲區 后里區 神岡區 潭子區 大雅區 新社區 石岡區 外埔區 大安區 烏日區 大肚區 龍井區 霧峰區 和平區		三日		台中市		三日		台中市		
南投地方法院	南投縣	南投市			南投縣		六日		南投縣		七日
			三日								

地方法院	管轄區域	所在地	地方法院在途期間	高等法院	管轄區域	所在地	高等法院在途期間	最高法院	縣（市）別	所在地	最高法院在途期間
彰化地方法院	彰化縣	員林市	二日		彰化縣		五日		彰化縣		六日
雲林地方法院	雲林縣	虎尾鎮	二日		雲林縣		四日		雲林縣		六日
嘉義地方法院	嘉義市 / 嘉義縣	嘉義市	二日		嘉義市 嘉義縣		四日		嘉義市 嘉義縣		六日
台南地方法院	（台南市）東區 南區 北區 中西區 安南區 安平區	安平區（台南市）		台灣高等法院台南分院	台南市	台南市		最高法院	台南市	台北市	六日
	（台南市）新營區 永康區 鹽水區 白河區 麻豆區 佳里區 新化區 善化區 學甲區 柳營區 後壁區 東山區 下營區 六甲區 官田區 大內區 西港區 七股區 將軍區 北門區 新市區 安定區 山上區 玉井區		二日		台南市		二日		台南市		六日

地方法院	管轄區域	所在地	地方法院在途期間	高等法院	管轄區域	所在地	高等法院在途期間	最高法院	縣(市)別	所在地	最高法院在途期間
	楠西區 南化區 左鎮區 仁德區 歸仁區 關廟區 龍崎區										
高雄地方法院	(高雄市) 鹽埕區 鼓山區 三民區 新興區 前金區 苓雅區 前鎮區 旗津區 小港區	(高雄市) 前金區		台灣高等法院高雄分院	高雄市	高雄市		最高法院	高雄市	台北市	八日
	(高雄市) 鳳山區 林園區 大寮區		四日		高雄市		四日				
	(高雄市) 東沙島 太平島		三十日		太平島 東沙島		三十日		太平島 東沙島		三十四日
橋頭地方法院	(高雄市) 左營區 楠梓區 橋頭區 岡山區 燕巢區 大社區 仁武區 彌陀區 梓官區	(高雄市) 橋頭區			高雄市	高雄市			高雄市		八日
	(高雄市) 大樹區 鳥松區 田寮區 阿蓮區 路竹區 湖內區 茄萣區 永安區		四日		高雄市		四日				

地方法院	管轄區域	所在地	地方法院在途期間	高等法院	管轄區域	所在地	高等法院在途期間	最高法院	縣（市）別	所在地	最高法院在途期間
	旗山區 美濃區 六龜區 甲仙區 杉林區 內門區 茂林區 桃源區 那瑪夏區										
高雄少年及家事法院	（高雄市） 鹽埕區 鼓山區 左營區 楠梓區 三民區 新興區 前金區 苓雅區 前鎮區 旗津區 小港區	（高雄市）	四日	台灣高等法院高雄分院	高雄市	高雄市	四日	最高法院	高雄市	台北市	八日
	（高雄市） 鳳山區 林園區 大寮區 大樹區 仁武區 大社區 鳥松區 岡山區 橋頭區 燕巢區 田寮區 阿蓮區 路竹區 湖內區 茄萣區 彌陀區 永安區 梓官區 旗山區 美濃區 六龜區 甲仙區 杉林區 內門區 茂林區 桃源區 那瑪夏區	楠梓區			高雄市						

地方法院	管轄區域	所在地	地方法院在途期間	高等法院	管轄區域	所在地	高等法院在途期間	最高法院	縣（市）別	所在地	最高法院在途期間
	（高雄市）東沙島 太平島		三十日	台灣高等法院高雄分院	太平島 東沙島		三十日	最高法院	太平島 東沙島	台北市	三十四日
屏東地方法院	屏東縣	屏東市	四日		屏東縣		八日		屏東縣		八日
澎湖地方法院	澎湖縣	馬公市	十五日		澎湖縣		十九日		澎湖縣		十九日
金門地方法院	金門縣	金城鎮	一日	福建高等法院金門分院	金門縣	金城鎮	一日		金門縣		三十日
	烏坵鄉		三十日		烏坵鄉		三十日		烏坵鄉		三十四日
連江地方法院	連江縣	南竿鄉	十九日		連江縣		二十日		連江縣		三十日

二、居住於大陸或港澳地區者：當事人居住於大陸地區或港澳地區，而向台灣地區法院為訴訟行為者，其在途期間，均為37日。

三、居住於國外者

地區	地方、高等、最高法院在途期間
亞洲	37日
歐洲	44日
北美洲	44日
南美洲	44日
大洋洲	44日
非洲	72日
南極洲	72日

(二) 檢察機關訴訟當事人在途期間標準（107.12.11）

一、台灣地區

第一審檢察署名稱	管轄區域	所在地	第一審在途期間	第二審檢察署名稱	管轄地區	所在地	第二審在途期間
台灣台北地方檢察署	（台北市）中正區 松山區 信義區 文山區 大安區 萬華區 中山區	（台北市）中正區		台灣高等檢察署	台北市	台北市	
	（新北市）新店區 烏來區 深坑區 石碇區 坪林區		二日		新北市		二日
台灣士林地方檢察署	（台北市）士林區 北投區 大同區 內湖區 南港區	（台北市）士林區			台北市		
	（新北市）汐止區 淡水區 八里區 三芝區 石門區		二日		新北市		二日
台灣新北地方檢察署	（新北市）土城區 板橋區 三重區 永和區 中和區 新莊區 三峽區 樹林區 鶯歌區 泰山區 蘆洲區 五股區 林口區	（新北市）土城區	二日		新北市		二日
台灣桃園地方檢察署	桃園市	桃園區	一日		桃園市		三日

第一審檢察署名稱	管轄區域	所在地	第一審在途期間	第二審檢察署名稱	管轄地區	所在地	第二審在途期間
台灣新竹地方檢察署	新竹市		二日	台灣高等檢察署	新竹縣 新竹市	台北市	四日
	新竹縣	竹北市	二日				
台灣宜蘭地方檢察署	宜蘭縣	宜蘭市			宜蘭縣		四日
			二日				
台灣基隆地方檢察署	基隆市	基隆市			基隆市 新北市		二日
	（新北市） 瑞芳區　貢寮區 雙溪區　平溪區 萬里區　金山區		二日				
台灣花蓮地方檢察署	花蓮縣	花蓮市		台灣高等檢察署花蓮檢察分署	花蓮縣	花蓮市	
			三日				三日
台灣台東地方檢察署	台東縣	台東市			台東縣		七日
			四日				
台灣苗栗地方檢察署	苗栗縣	苗栗市		台灣高等檢察署台中檢察分署	苗栗縣		五日
			二日				
台灣台中地方檢察署	（台中市） 中區　東區 西區　南區 北區　西屯區 南屯區　北屯區	（台中市） 西區			（台中市） 中區　東區 西區　南區 北區　西屯區 南屯區　北屯區	（台中市） 西區	
	（台中市） 豐原區　大里區 太平區　東勢區 大甲區　清水區 沙鹿區　梧棲區 后里區　神岡區 潭子區　大雅區 新社區　石岡區 外埔區　大安區 烏日區　大肚區 龍井區　霧峰區 和平區		三日		（台中市） 豐原區　大里區 太平區　東勢區 大甲區　清水區 沙鹿區　梧棲區 后里區　神岡區 潭子區　大雅區 新社區　石岡區 外埔區　大安區 烏日區　大肚區 龍井區　霧峰區 和平區		三日
台灣南投地方檢察署	南投縣	南投市			南投縣		六日
			三日				
台灣彰化地方檢察署	彰化縣	員林市			彰化縣		五日
			二日				

第一審檢察署名稱	管轄區域	所在地	第一審在途期間	第二審檢察署名稱	管轄地區	所在地	第二審在途期間
台灣雲林地方檢察署	雲林縣	虎尾鎮	二日		雲林縣		四日
台灣嘉義地方檢察署	嘉義市 嘉義縣	嘉義市	二日		嘉義市 嘉義縣		四日
台灣台南地方檢察署	（台南市） 東區　南區 北區　中西區 安南區　安平區	（台南市） 安平區		台灣高等檢察署台南檢察分署	（台南市） 東區　南區 北區　中西區 安南區　安平區	（台南市） 中西區	
	（台南市） 新營區　永康區 鹽水區　白河區 麻豆區　佳里區 新化區　善化區 學甲區　柳營區 後壁區　東山區 下營區　六甲區 官田區　大內區 西港區　七股區 將軍區　北門區 新市區　安定區 山上區　玉井區 楠西區　南化區 左鎮區　仁德區 歸仁區　關廟區 龍崎區		二日		（台南市） 新營區　永康區 鹽水區　白河區 麻豆區　佳里區 新化區　善化區 學甲區　柳營區 後壁區　東山區 下營區　六甲區 官田區　大內區 西港區　七股區 將軍區　北門區 新市區　安定區 山上區　玉井區 楠西區　南化區 左鎮區　仁德區 歸仁區　關廟區 龍崎區		二日
台灣高雄地方檢察署	（高雄市） 鹽埕區　鼓山區 三民區　新興區 前金區　苓雅區 前鎮區　旗津區 小港區	（高雄市） 前金區		台灣高等檢察署高雄檢察分署	（高雄市） 鹽埕區　鼓山區 三民區　新興區 前金區　苓雅區 前鎮區　旗津區 小港區	（高雄市） 鼓山區	
	（高雄市） 鳳山區　林園區 大寮區		四日		（高雄市） 鳳山區　林園區 大寮區		四日
	東沙島　太平島		三十日		東沙島　太平島		三十日
台灣橋頭地方檢察署	（高雄市） 左營區　楠梓區	（高雄市） 橋頭區			（高雄市） 左營區　楠梓區		
	（高雄市） 橋頭區　岡山區 燕巢區　大社區 仁武區　彌陀區 梓官區				（高雄市） 橋頭區　岡山區 燕巢區　大社區 仁武區　彌陀區 梓官區		四日

第一審檢察署名稱	管轄區域	所在地	第一審在途期間	第二審檢察署名稱	管轄地區	所在地	第二審在途期間
	（高雄市） 大樹區　鳥松區 田寮區　阿蓮區 路竹區　湖內區 茄萣區　永安區 旗山區　美濃區 六龜區　甲仙區 杉林區　內門區 茂林區　桃源區 那瑪夏區		四日	台灣高等檢察署高雄檢察分署	（高雄市） 大樹區　鳥松區 田寮區　阿蓮區 路竹區　湖內區 茄萣區　永安區 旗山區　美濃區 六龜區　甲仙區 杉林區　內門區 茂林區　桃源區 那瑪夏區		
台灣屏東地方檢察署	屏東縣	屏東市			屏東縣		八日
			四日				
台灣澎湖地方檢察署	澎湖縣	馬公市			澎湖縣		十九日
			十五日				
福建金門地方檢察署	金門縣	金城鎮		福建高等檢察分署金門檢察署	金門縣	金城鎮	
			一日				一日
	烏坵鄉		三十日		烏坵鄉		三十日
福建連江地方檢察署	連江縣	南竿鄉			連江縣		二十日
			十九日				

二、居住於大陸地區或香港、澳門者：當事人居住於大陸地區或香港、澳門，而向台灣地區為訴訟行為者，其在途期間均為37日。

三、居住於國外者

地區	第一、二審在途期間
亞洲	37日
大洋洲	44日
北美洲	44日
南美洲	44日
歐洲	44日
非洲	72日
南極洲	72日

(三) 訴願扣除在途期間表（104.2.9）

一、台灣地區

訴願機關所在地 ＼ 住居地訴願人	台北市	新北市	基隆市	桃園市	新竹縣	新竹市	苗栗縣	台中市(一)	台中市(二)	彰化縣	南投縣	雲林縣	嘉義縣	嘉義市	台南市(一)	台南市(二)	高雄市(一)	高雄市(二)	屏東縣	宜蘭縣	花蓮縣	台東縣	澎湖縣	金門縣	連江縣	東沙島、太平島高雄市政府代管	金門縣管轄烏坵鄉
台北市	〇日	二日	二日	三日	四日	四日	四日	四日	四日	五日	四日	五日	五日	五日	五日	五日	六日	六日	四日	六日	六日	七日	二十日	三十日	三十日	三十日	三十日
新北市	二日	〇日	二日	三日	四日	四日	四日	五日	五日	四日	五日	四日	四日	五日	四日	四日	六日	六日	六日	四日	五日	六日	二十日	三十日	三十日	三十日	三十日
基隆市	二日	二日	〇日	三日	四日	四日	五日	五日	四日	五日	四日	四日	五日	四日	四日	四日	六日	六日	六日	四日	五日	六日	二十日	三十日	三十日	三十日	三十日
桃園市	三日	三日	三日	〇日	三日	三日	四日	四日	四日	三日	三日	三日	三日	三日	三日	三日	六日	五日	五日	三日	四日	五日	二十日	三十日	三十日	三十日	三十日
新竹縣	四日	四日	四日	三日	〇日	二日	四日	五日	五日	四日	五日	四日	四日	四日	四日	四日	五日	六日	四日	五日	五日	六日	二十日	三十日	三十日	三十日	三十日
新竹市	四日	四日	四日	三日	二日	〇日	四日	五日	五日	四日	五日	四日	四日	四日	四日	四日	五日	六日	四日	五日	五日	六日	二十日	三十日	三十日	三十日	三十日
苗栗縣	四日	四日	四日	四日	四日	四日	〇日	四日	四日	四日	四日	四日	四日	四日	四日	四日	五日	六日	四日	五日	五日	六日	二十日	三十日	三十日	三十日	三十日
台中市(一)	四日	五日	五日	四日	五日	五日	五日	〇日	三日	五日	六日	五日	五日	五日	五日	五日	五日	七日	七日	五日	六日	七日	二十日	三十日	三十日	三十日	三十日
台中市(二)	四日	五日	五日	四日	五日	五日	五日	三日	〇日	五日	六日	五日	五日	五日	五日	五日	五日	七日	七日	五日	六日	七日	二十日	三十日	三十日	三十日	三十日
彰化縣	五日	四日	四日	三日	四日	四日	五日	五日	三日	〇日	五日	四日	四日	四日	四日	四日	六日	六日	四日	五日	六日	六日	二十日	三十日	三十日	三十日	三十日
南投縣	四日	五日	五日	四日	五日	五日	五日	六日	六日	五日	〇日	五日	五日	五日	五日	五日	四日	七日	七日	五日	六日	七日	二十日	三十日	三十日	三十日	三十日
雲林縣	五日	四日	四日	三日	四日	四日	五日	五日	四日	五日	四日	〇日	四日	四日	四日	四日	四日	六日	六日	四日	五日	六日	二十日	三十日	三十日	三十日	三十日
嘉義縣	五日	四日	四日	三日	四日	四日	五日	五日	四日	五日	四日	四日	〇日	二日	四日	四日	六日	六日	四日	五日	六日	六日	二十日	三十日	三十日	三十日	三十日
嘉義市	五日	四日	四日	三日	四日	四日	五日	五日	四日	五日	四日	四日	二日	〇日	四日	四日	六日	六日	四日	五日	六日	六日	二十日	三十日	三十日	三十日	三十日
台南市(一)	五日	四日	四日	三日	四日	四日	五日	五日	四日	五日	四日	五日	五日	四日	〇日	二日	三日	六日	六日	四日	五日	六日	二十日	三十日	三十日	三十日	三十日

訴願機關所在地 ＼ 住居所地（訴願人）在途期間	台北市	新北市	基隆市	桃園市	新竹縣	新竹市	苗栗縣	台中市（一）	台中市（二）	彰化縣	南投縣	雲林縣	嘉義縣	嘉義市	台南市（一）	台南市（二）	高雄市（一）	高雄市（二）	屏東縣	宜蘭縣	花蓮縣	台東縣	澎湖縣	金門縣	連江縣	東沙島、太平島 高雄市政府代管	金門縣管轄島坵鄉
台南市（二）	五日	四日	四日	三日	四日	四日	四日	五日	五日	四日	五日	四日	四日	四日	二日	〇日	二日	六日	六日	四日	五日	六日	二十日	三十日	三十日	三十日	三十日
高雄市（一）	五日	六日	六日	六日	五日	五日	五日	五日	四日	五日	四日	四日	四日	四日	三日	二日	〇日	二日	三日	七日	六日	五日	二十日	三十日	三十日	三十日	三十日
高雄市（二）	六日	六日	六日	五日	六日	六日	六日	七日	七日	六日	七日	六日	六日	六日	二日	六日	二日	〇日	四日	七日	六日	五日	二十日	三十日	三十日	三十日	三十日
屏東縣	六日	六日	六日	五日	六日	六日	六日	七日	七日	六日	七日	六日	六日	六日	三日	六日	三日	四日	〇日	七日	六日	五日	二十日	三十日	三十日	三十日	三十日
宜蘭縣	四日	四日	四日	三日	四日	四日	四日	五日	五日	四日	五日	四日	四日	四日	四日	四日	七日	七日	七日	〇日	五日	六日	二十日	三十日	三十日	三十日	三十日
花蓮縣	六日	五日	五日	四日	五日	五日	五日	六日	五日	五日	六日	五日	五日	五日	五日	五日	六日	六日	六日	五日	〇日	五日	二十日	三十日	三十日	三十日	三十日
台東縣	七日	六日	六日	五日	六日	六日	六日	七日	七日	六日	七日	六日	六日	六日	六日	六日	五日	五日	五日	六日	五日	〇日	二十日	三十日	三十日	三十日	三十日
澎湖縣	二十日	二十日	二十日	二十日	二十日	二十日	二十日	二十日	二十日	二十日	二十日	二十日	二十日	二十日	二十日	二十日	二十日	二十日	二十日	二十日	二十日	二十日	〇日	三十日	三十日	三十日	三十日
金門縣	三十日	三十日	三十日	三十日	三十日	三十日	三十日	三十日	三十日	三十日	三十日	三十日	三十日	三十日	三十日	三十日	三十日	三十日	三十日	三十日	三十日	三十日	三十日	〇日	三十日	三十日	三十日
連江縣	三十日	三十日	三十日	三十日	三十日	三十日	三十日	三十日	三十日	三十日	三十日	三十日	三十日	三十日	三十日	三十日	三十日	三十日	三十日	三十日	三十日	三十日	三十日	三十日	〇日	三十日	三十日

備註

1. 台中市（一）指行政區域：豐原區、大里區、太平區、東勢區、大甲區、清水區、沙鹿區、梧棲區、后里區、神岡區、潭子區、大雅區、新社區、石岡區、外埔區、大安區、烏日區、大肚區、龍井區、霧峰區、和平區。
2. 台中市（二）指行政區域：中區、東區、西區、南區、北區、西屯區、南屯區、北屯區。
3. 台南市（一）指行政區域：新營區、永康區、鹽水區、白河區、麻豆區、佳里區、新化區、善化區、學甲區、柳營區、後壁區、東山區、下營區、六甲區、官田區、大內區、西港區、七股區、將軍區、北門區、新市區、安定區、山上區、玉井區、楠西區、南化區、左鎮區、仁德區、歸仁區、關廟區、龍崎區。
4. 台南市（二）指行政區域：東區、南區、北區、中西區、安南區、安平區。
5. 高雄市（一）指行政區域：鹽埕區、鼓山區、左營區、楠梓區、三民區、新興區、前金區、苓雅區、前鎮區、旗津區、小港區。
6. 高雄市（二）指行政區域：鳳山區、林園區、大寮區、大樹區、仁武區、大社區、鳥松區、岡山區、橋頭區、燕巢區、田寮區、阿蓮區、路竹區、湖內區、茄萣區、彌陀區、永安區、梓官區、旗山區、美濃區、六龜區、甲仙區、杉林區、內門區、茂林區、桃源區、那瑪夏區。

二、住居於大陸地區、香港或澳門者，其扣除在途期間均為37日。

三、住居於國外者

訴願人住居地區	在途期間
亞洲	37日
澳洲	44日
美洲	44日
歐洲	44日
非洲	72日

(四) 行政法院訴訟當事人在途期間標準（106.11.30）

一、台灣地區

地方法院	管轄區域	所在地	地方法院在途期間	高等行政法院	管轄區域	所在地	高等行政法院在途期間	最高行政法院	縣（市）別	所在地	最高行政法院在途期間
台北地方法院	（台北市）中正區、松山區、信義區、文山區、大安區、萬華區、中山區	（台北市）中正區	二日	台北高等行政法院	台北市	台北市	二日	最高行政法院	台北市	台北市	二日
	（新北市）新店區、烏來區、深坑區、石碇區、坪林區				新北市				新北市		
士林地方法院	（台北市）士林區、北投區、大同區、內湖區、南港區	（台北市）士林區	二日		台北市		二日		台北市		二日
	（新北市）汐止區、淡水區、八里區、三芝區、石門區				新北市				新北市		
新北地方法院	（新北市）土城區、板橋區、三重區、永和區、中和區、新莊區、三峽區、樹林區、鶯歌區、泰山區、蘆洲區、五股區、林口區	土城區	二日		新北市		二日		新北市		二日

地方法院	管轄區域	所在地	地方法院在途期間	高等行政法院	管轄區域	所在地	高等行政法院在途期間	最高行政法院	縣（市）別	所在地	最高行政法院在途期間
桃園地方法院	（桃園市）桃園區、中壢區、平鎮區、八德區、楊梅區、大溪區、蘆竹區、大園區、龜山區、龍潭區、新屋區、觀音區、復興區	桃園區	一日	台北高等行政法院	桃園市	台北市	三日	最高行政法院	桃園市	台北市	三日
新竹地方法院	新竹市	新竹市	二日		新竹市		四日		新竹市		四日
	新竹縣	竹北市	二日		新竹縣				新竹縣		
宜蘭地方法院	宜蘭縣	宜蘭市	二日		宜蘭縣		四日		宜蘭縣		四日
基隆地方法院	基隆市	基隆市	二日		基隆市		一日		基隆市		二日
	（新北市）瑞芳區、貢寮區、雙溪區、平溪區、萬里區、金山區		二日		新北市				新北市		
花蓮地方法院	花蓮縣	花蓮市	三日		花蓮縣		七日		花蓮縣		七日
金門地方法院	金門縣	金城鎮	一日		金門縣		三十日		金門縣		三十日
	烏坵鄉		三十日		烏坵鄉		三十四日		烏坵鄉		三十四日
連江地方法院	連江縣	南竿鄉	十九日		連江縣		三十日		連江縣		三十日

地方法院	管轄區域	所在地	地方法院在途期間	高等行政法院	管轄區域	所在地	高等行政法院在途期間	最高行政法院	縣（市）別	所在地	最高行政法院在途期間
苗栗地方法院	苗栗縣	苗栗市	二日		苗栗縣		五日		苗栗縣		六日
台中地方法院	（台中市）中區、東區、西區、南區、北區、西屯區、南屯區、北屯區	（台中市）西區	三日	台中高等行政法院	台中市	台中市	三日		台中市		七日
台中地方法院	（台中市）豐原區、大里區、太平區、東勢區、大甲區、清水區、沙鹿區、梧棲區、后里區、神岡區、潭子區、大雅區、新社區、石岡區、外埔區、大安區、烏日區、大肚區、龍井區、霧峰區、和平區		三日		台中市		三日		台中市		七日
南投地方法院	南投縣	南投市	三日		南投縣		六日		南投縣		七日
彰化地方法院	彰化縣	員林市	二日		彰化縣		五日	最高行政法院	彰化縣	台北市	六日
雲林地方法院	雲林縣	虎尾鎮	二日		雲林縣		六日		雲林縣		六日
嘉義地方法院	嘉義市	嘉義市	二日		嘉義市		六日		嘉義市		六日
嘉義地方法院	嘉義縣		二日	高雄高等行政法院	嘉義縣	高雄市	六日		嘉義縣		六日
台南地方法院	（台南市）東區、南區、北區、中西區、安南區、安平區	（台南市）安平區	二日		台南市		六日		台南市		六日
台南地方法院	（台南市）新營區、永康區、鹽水區、白河區、麻豆區、佳里區、新化區、善化區、學甲區、柳營區、後壁區、東山區、下營區、六甲區、官田區、		二日		台南市		六日		台南市		六日

地方法院	管轄區域	所在地	地方法院在途期間	高等行政法院	管轄區域	所在地	高等行政法院在途期間	最高行政法院	縣（市）別	所在地	最高行政法院在途期間
	大內區、西港區、七股區、將軍區、北門區、新市區、安定區、山上區、玉井區、楠西區、南化區、左鎮區、仁德區、歸仁區、關廟區、龍崎區										
高雄地方法院	（高雄市）鹽埕區、鼓山區、三民區、新興區、前金區、苓雅區、前鎮區、旗津區、小港區	（高雄市）前金區		高雄高等行政法院	高雄市	高雄市		最高行政法院	高雄市	台北市	八日
	（高雄市）鳳山區、林園區、大寮區		四日		高雄市		四日				
	（高雄市）東沙島 太平島		三十日		東沙島 太平島		三十日		東沙島 太平島		三十四日
橋頭地方法院	（高雄市）左營區、楠梓區	（高雄市）橋頭區			高雄市						八日
	（高雄市）橋頭區、岡山區、燕巢區、大社區、仁武區、彌陀區、梓官區						四日		高雄市		
	（高雄市）大樹區、鳥松區、田寮區、阿蓮區、路竹區、湖內區、茄萣區、永安區、旗山區、美濃區、六龜區、甲仙區、杉林區、內門區、茂林區、桃源區、那瑪夏區		四日		高雄市						
屏東地方法院	屏東縣	屏東市	四日		屏東縣		八日		屏東縣		八日
台東地方法院	台東縣	台東市	四日		台東縣		八日		台東縣		八日
澎湖地方法院	澎湖縣	馬公市	十五日		澎湖縣		十九日		澎湖縣		十九日

二、居住於大陸地區或港澳地區者：當事人居住於大陸地區或港澳地區，而向台灣地區行政法院為訴訟行為者，其在途期間，均為37日。

三、居住於國外者

地區	在途期間日數
亞洲	37日
歐洲	44日
北美洲	44日
南美洲	44日
大洋洲	44日
非洲	72日
南極洲	72日

[1]：面積換算

一甲＝2934坪

一坪＝0.00033公頃＝0.03306公畝＝3.30579平方公尺

一平方公尺＝0.01公畝＝0.0001公頃＝0.3025坪

[2]：參考法條

❖國外財產依所在地國法律已納之遺產稅或贈與稅，得由納稅義務人提出所在地國稅務機關發給之納稅憑證，併應取得所在地中華民國使領館之簽證；其無使領館者，應取得當地公定會計師或公證人之簽證，自其應納遺產稅或贈與稅額中扣抵。但扣抵額不得超過因加計其國外遺產而依國內適用稅率計算增加之應納稅額。

被繼承人死亡前二年內贈與之財產，依第15條之規定併入遺產課徵遺產稅者，應將已納之贈與稅與土地增值稅連同按郵政儲金匯業局一年期定期存款利率計算之利息，自應納遺產稅額內扣抵。但扣抵額不得超過贈與財產併計遺產總額後增加之應納稅額。（遺產及贈與稅法§11）

❖遺產稅按被繼承人死亡時，依本法規定計算之遺產總額，減除第17條、第17條之1規定之各項扣除額及第18條規定之免稅額後之課稅遺產淨額，依下列稅率課徵之：（遺產及贈與稅法13）

一、5千萬元以下者，課徵10%。

二、超過5千萬元至1億元者，課徵5百萬元，加超過5千萬部分之15%。

三、超過1億元者，課徵1,250萬元，加超過1億元部分之20%。

❖左列各款不計入遺產總額：

一、遺贈人、受遺贈人或繼承人捐贈各級政府及公立教育、文化、公益慈善機關之財產。

二、遺贈人、受遺贈人或繼承人捐贈公有事業機構或全部公股之公營事業之財產。

三、遺贈人、受遺贈人或繼承人捐贈於被繼承人死亡時，已依法登記設立為財團法人組織且符合行政院規定標準之教育、文化、公益、慈善、宗教團體及祭祀公業之之財產。

四、遺產中有關文化、歷史、美術之圖書、物品,經繼承人向主管稽徵機關聲明登記者。但繼承人將此項圖書、物品轉讓時,仍須自動申報補稅。

五、被繼承人自己創作之著作權、發明專利權及藝術品。

六、被繼承人日常生活必需之器具及用品,其總價值在72萬元以下部分。

七、被繼承人職業上之工具,其總價值在40萬元以下部分。

八、依法禁止或限制採伐之森林。但解禁後仍須自動申報補稅。

九、約定於被繼承人死亡時,給付其所指定受益人之人壽保險金額、軍、公教人員、勞工或農民保險之保險金額及互助金。

十、被繼承人死亡前五年內,繼承之財產已納遺產稅者。

十一、被繼承人配偶及子女之原有財產或特有財產,經辦理登記或確有證明者。

十二、被繼承人遺產中經政府闢為公眾通行道路之土地或其他無償供公眾通行之道路土地,經主管機關證明者。但其屬建造房屋應保留之法定空地部分,仍應計入遺產總額。

十三、被繼承人之債權及其他請求權不能收取或行使確有證明者。(遺產及贈與稅法§16)

❖遺贈人、受遺贈人或繼承人提供財產,捐贈或加入於被繼承人死亡時已成立之公益信託並符合左列各款規定者,該財產不計入遺產總額:

一、受託人為信託業法所稱之信託業。

二、各該公益信託除為其設立目的舉辦事業而必須支付之費用外,不以任何方式對特定或可得特定之人給予特殊利益。

三、信託行為明定信託關係解除、終止或消滅時,信託財產移轉於各級政府、有類似目的之公益法人或公益信託。(遺產及贈與稅法§16-1)

❖左列各款,應自遺產總額中扣除,免徵遺產稅:

一、被繼承人遺有配偶者,自遺產總額中扣除400萬元。

二、繼承人為直系血親卑親屬者,每人得自遺產總額中扣除40萬元。其有未滿20歲者,並得按其年齡距屆滿20歲之年數,每年加扣40萬元。但親等近者拋棄繼承由次親等卑親屬繼承者,扣除之數額以拋棄繼承前原得扣除之數額為限。

三、被繼承人遺有父母者,每人得自遺產總額中扣除100萬元。

四、第1款至第3款所定之人如為身心障礙者保護法第3條規定之重度以上身心障礙者,或精神衛生法第5條第2項規定之病人,每人得再加扣500萬元。

五、被繼承人遺有受其扶養之兄弟姊妹、祖父母者,每人得自遺產總額中扣除40萬元;其兄弟姊妹中有未滿20歲者,並得按其年齡距屆滿20歲之年數,每年加扣40萬元。

六、遺產中作農業使用之農業用地及其地上農作物,由繼承人或受遺贈人承受者,扣除其土地及地上農作物價值之全數。承受人自承受之日起5年內,未將該土地繼續作農業使用且未在有關機關所令期限內恢復作農業使用,或雖在有關機關所令期限內已恢復作農業使用而再有未作農業使用情事者,應追繳應納稅賦。但如因該承受人死亡、該承受土地被徵收或依法變更為非農業用地者,不在此限。

七、被繼承人死亡前六年至九年內,繼承之財產已納遺產稅者,按年遞減扣除80%、

60%、40%及20%。

八、被繼承人死亡前,依法應納之各項稅捐、罰鍰及罰金。

九、被繼承人死亡前,未償之債務,具有確實之證明者。

十、被繼承人之喪葬費用,以100萬元計算。

十一、執行遺囑及管理遺產之直接必要費用。

被繼承人如為經常居住中華民國境外之中華民國國民,或非中華民國國民者,不適用前項第1款至第7款之規定;前項第8款至第11款規定之扣除,以在中華民國境內發生者為限;繼承人中拋棄繼承權者,不適用前項第1款至第5款規定之扣除。(遺產及贈與稅法§17)

❖被繼承人之配偶依民法第1030條之1規定主張配偶剩餘財產差額分配請求權者,納稅義務人得向稽徵機關申報自遺產總額中扣除。

納稅義務人未於稽徵機關核發稅款繳清證明書或免稅證明書之日起1年內,給付該請求權金額之財產予被繼承人之配偶者,稽徵機關應於前述期間屆滿之翌日起5年內,就未給付部分追繳應納稅賦。(遺產及贈與稅法§17-1)

[3]:贈與稅按贈與人每年贈與總額,減除第21條規定之扣除額及第22條規定之免稅額後之課稅贈與淨額,依下列稅率課徵之:

一、2,500萬元以下者,課徵10%。

二、超過2,500萬元至5,000萬元者,課徵250萬元,加超過2,500萬元部分之15%。

三、超過5,000萬元者,課徵625萬元,加超過5,000萬元部分之20%。

1年內有2次以上贈與者,應合併計算其贈與額,依前項規定計算稅額,減除其已繳之贈與稅額後,為當次之贈與稅額。(遺產及贈與稅法§19)

附錄一　法人及夫妻財產制契約登記規則

民國108年03月04日修正

第一章　總則

第1條　本規則依非訟事件法第107條之規定訂定之。

第2條　法人及夫妻財產制契約登記，除法律另有規定外，適用本規則之規定。

第3條　法人及夫妻財產制契約登記之聲請，應於收案後3日內登記完畢，其須經調查者，應即調查，除有特殊情形，經法院院長核准外，應於7日內調查完竣，並於調查完畢後3日內登記完畢。

第4條　法院登記處於登記前，應審查有無下列各款情形：

一、事件不屬該登記處之法院管轄者。

二、聲請登記事項不適於登記者。

三、應提出之證明文件不完備者。

四、所提出之財產目錄，其記載與證明文件不相符者。

五、聲請不備其他法定要件者。

第5條　聲請不合程式或有其他欠缺而可以補正者，應於收案後3日內酌定期間，命其補正，並於補正後3日內登記完畢。逾期不補正者，駁回其聲請。

駁回聲請之處分，應以正本送達聲請人，並記明聲請人如有不服，得於送達後10日內聲明異議。

第6條　法院登記處為調查時，如命關係人以言詞陳述，應作成筆錄，記載下列事項，由為調查之人員簽名。

一、調查之處所及年、月、日。

二、調查人員之姓名。

三、調查之事項及其結果。

四、到場關係人、非訟代理人、輔佐人之姓名。

五、調查之公開或不公開。

前項筆錄，應依聲請當場向受調查人朗讀或令其閱覽，並命其於筆錄內簽名，受調查人對於筆錄所記有異議者，法院登記處調查人員得更正或補充之。如以異議為不當，應於筆錄內附記其異議。

第7條　法人及夫妻財產制契約登記簿之各欄，其登載之方法，應橫式書寫，並自左至右，每次登記完畢，應於緊接末行之下邊，以紅筆劃一直線，以迄登記年、月、日欄為止，其已變更或註銷之事項，以紅線註銷。並於備註欄及附屬文件，記明其日期暨事由，由承辦人員簽名或蓋章。簽名式或印鑑簿之登載，亦同。

第8條　法人及夫妻財產制契約登記之簿冊及有關文件，應書寫明晰，不得潦草、挖補

或塗改。如有增加、刪除，應蓋章並記明字數，其刪除處，應留存字跡，俾得辨認。

第9條　聲請人登載於新聞紙之內容有錯誤或遺漏，與登記不符時，登記處得命聲請人重新登載。

第10條　公告，應將登記內容為全部之記載。但依非訟事件法第93條第2項公告節本者，得僅公告其要點。

第11條　非訟事件法第106條第1項所定交付於請求人之法人登記簿或夫妻財產制契約登記簿謄本，應於其末端記載：「本謄本係依照法人登記簿或夫妻財產制契約登記簿第某頁作成」字樣及作成年、月、日，由承辦登記人員簽名並蓋法院印。

第12條　法人及夫妻財產制契約登記簿及其附屬文件之閱覽，應在法院內承辦登記人員前為之。閱覽人如有疑義，得請求承辦人員說明。

第13條　法院登記處應照法人登記簿或夫妻財產制契約登記簿之記載，另製副本一份，連同有關文件編卷歸檔。

第14條　聲請人提出之文件，於登記完畢後，除應由法院保管者外，應加蓋證物章，並記明案號，發還原提出人。

第二章　法人登記

第15條　本規則所稱法人登記，為設立登記、變更登記、解散登記、清算人任免或變更登記及清算終結登記。

第16條　登記之法人名稱，應標明其為社團法人或財團法人。但其他法律另有規定者，不在此限。

法人不得以其董事會或其他內部組織之名義，為其登記之名稱。

第17條　非訟事件法第84條第1項第2、3款所列文件，其含義如下：

一、董事證明資格之文件：係指董事之產生及其應備資格之證明文件。

二、財產證明文件：係指法人獲准登記成立時，即將該財產移轉為其所有之承諾書或其他文件。

第18條　登記處所備之法人登記簿如附式一。

登記處於登記後，應發給專用於辦理法人取得財產之登記簿謄本，謄本上應載明：「專用於辦理法人取得財產登記」字樣。

前項法人登記簿，應永久保存。但法人經清算終結登記逾5年者，不在此限。

第19條　辦理法人登記，所備置法人登記簽名式或印鑑簿如附式二，由地方法院自行印製使用，簿面及上下頁連綴騎縫處，均蓋騎縫印。

第20條　法人登記，應依聲請為之，但法律另有規定者，依其規定。聲請登記，應具聲請書。由聲請人或其非訟代理人簽名或蓋章。

前項非訟代理人，應附具委任書。

第21條　法人設立登記，應由全體董事聲請，其聲請書，應記載民法第48條第1項或第61條第1項所定應登記之事項，附具章程或捐助章程及非訟事件法第84條第1項所

定之文件，並於聲請書內載明其名稱及件數。

法人設置分事務所者，應向主事務所所在地法院登記處辦理登記，並附具非訟事件法第84條第2項所定之文件，並於聲請書內載明文件名稱及件數。其分事務所不在同一法院管轄區域內者，並應檢同登記簿謄本及前項所定文件謄本，向分事務所所在地法院登記處辦理登記。

第1項章程或捐助章程及財產目錄，應永久保存。但法人經清算終結登記逾5年者，不在此限。

第22條　法人變更登記聲請書，應記載原已登記之事項，變更登記之內容及決定變更登記之程序與日期，附具非訟事件法第85條第2項所定之文件，並於聲請書內載明其名稱及件數。

第23條　法人解散登記聲請書，應記載解散之原因，可決之程序與日期，清算人之姓名、住所，附具非訟事件法第88條第2項所定之文件，並於聲請書內載明其名稱及件數。

第24條　清算人任免或變更登記聲請書，應記載清算人任免或決定變更之程序，新任清算人之姓名、住所，附具非訟事件法第90條第2項所定之文件，並於聲請書內載明其名稱及件數。

第25條　清算終結登記聲請書，應記載民法第40條第1項所定清算人職務執行之情形與清算終結之日期，附具非訟事件法第91條第2項所定之文件，並於聲請書內載明其名稱及件數。

第26條　依前五條規定附具之證明文件，其原本須發還者，應提出繕本或影本，由提出人簽名或蓋章，證明與原本無異，並由登記處核對相符後附卷。

第27條　依非訟事件法第86條第1項撤銷法人登記時，應公告之。

第28條　法人登記證書如附式三。

法人設立登記後，有變更事項，而聲請變更登記者，登記處於登記完畢後，應換發法人登記證書。

法人登記證書，應懸掛於法人主事務所顯明之處所。

依非訟事件法第86條第3項聲請補發法人登記證書時，其原因應釋明之。

第29條　主管機關對於已成立之法人，撤銷其許可，或命令解散者，應即通知該管法院登記處，登記其事由。

第30條　法人之主事務所、分事務所，遷移至原法院管轄區域以外而為變更登記者，原法院登記處應記明其事由。

前項情形，原法院應將原登記簿謄本或影本，移送於管轄法院。

第三章　夫妻財產制契約登記

第31條　夫妻財產制契約登記，為訂約登記、變更登記、廢止登記及囑託登記。

登記，應用夫妻財產制之法定名稱。

第32條　法院登記處辦理夫妻財產制契約登記，所備置夫妻財產制契約登記簽名式或印鑑

簿如附式四，由地方法院自行印製使用，簿面及上下頁連綴騎縫處均蓋騎縫章。

第33條　登記處應於夫妻財產制契約登記簿（附式五）記載下列事項，由登記人員簽名或蓋章：
一、卷宗之年度、字號。
二、夫妻財產制之種類。
三、採共同財產制，約定由夫妻之一方管理共同財產者，其財產管理權之約定。
四、登記及其公告日期。

第34條　聲請訂約登記，應同時提出夫及妻之簽名式或印鑑於法院。以後提出於法院之文書，應為同式之簽名或蓋印鑑章。
前項印鑑，毀損、遺失或被盜，向法院聲請更換時，其原因應釋明之。

第35條　聲請登記，係委由非訟代理人為之者，應附具委任書。
聲請登記時，聲請人或代理人應提出其國民身分證或其他證件，聲請人或代理人為外國人者，應提出其護照或居留證或其他證件，以證明其確係聲請人或代理人本人。

第36條　聲請登記，應具聲請書，記載夫妻姓名、職業、住居所，由聲請人簽名或蓋章。
訂約登記之聲請書，應記載結婚年、月、日、結婚地點，約定財產制之種類，並附具非訟事件法第104條第1項所定之文件。
變更登記之聲請書，應記載原登記之約定財產制，變更之種類，訂定變更契約之年、月、日，並附具其契約書。
廢止登記之聲請書，應記載原登記之約定財產制，訂定廢止契約之年、月、日，並附具其契約書。

第37條　依非訟事件法第102條之規定為陳報者，應提出原登記簿謄本或影本及住居所變更後之戶籍謄本或影本各一份，向原住居所或新住居所之任一法院登記處為之。
原住居所地之法院登記處接獲第1項之陳報後，應即將聲請登記有關之文件移送新住所地之法院登記處。
新住居所地之法院登記處接獲第1項之陳報後，應即向原住居所地之法院登記處調取聲請登記有關之文件。
自住居所變更之日起3個月以內，未向法院登記處陳報，而遷回原住居所者，其住居所視為未變更。
住居所變更而新住居所仍在原法院管轄區域內者，毋須陳報。

第38條　新住居所地法院之登記人員，應將其辦妥登記之事項及日期，通知原登記法院。
原登記法院應將登記於新住居所地登記簿之事由及日期，註明於登記簿，並將原登記註銷之。

第39條　法院登記處依非訟事件法第104條第2項為囑託登記時，應將囑託登記之文件及日期記載於夫妻財產契約登記簿。
登記處為前項登記後，應將登記事項黏貼於法院公告處。

第40條　依涉外民事法律適用法第48條之規定，而依中華民國法律訂立夫妻財產制契約聲請登記者，亦適用本規則之規定。

第四章　附則

第41條　修正非訟事件法有新增法定期間者，其期間自修正非訟事件法施行之日重行起算。

第42條　本規則自發布日施行。

本規則修正條文，除中華民國101年1月2日修正條文，自100年5月26日施行外，自發布日施行。

附錄二　募股契約書

第一章　總則

第1條　本公司係依照公司法股份有限公司之親定，組織之。

第2條　公司名稱與所在地

　　　　一、本公司定名為：○○○。

　　　　二、設立所在地：○○○。

第3條　有關公告登載於本公司所在地之通行日報。

第二章　所營事項

第4條　本公司經營項目

　　　　一、○○○

　　　　二、○○○

第5條　本公司基於實際之需要，於取得主管官署之核准後，得設立分支與國外機構經營相關之轉投資業務。

第三章　股份

第6條　總資本額及股份分配

　　　　本公司總資本額定為新台幣（下同）○○○元整。茲分為○○○股，每股金額壹拾元整，股份於公司設立時全數發行，一次認足股份，發起人並於簽訂本約後一個月內繳清股款，否則無庸再另行催告，即以本約視同催告，並喪失其應得之權利，所認股份另行募集，若有損害並得向認股人請求賠償。

第7條　股票之持有比例

　　　　本公司之股票採記名式，由常務董事三人以上簽名蓋章，並經主管機關核定之發行簽證機構簽證後發行之。

　　　　同一人持有本公司股份不得超過已發行股份總數5%，且同一關係人（本人「配偶」二親等內之血親，及以本人或配偶為負責人之企業）持有之股數總額不得超過15%。

第8條　股東應將其親筆簽字或印章字樣，填具印鑑卡一式兩份，交存公司。凡領因股息紅利或以書面行使權利時，作為準據，股份處理依主管機關規定辦理之。

第9條　本公司發起人股款委由○○○銀行代收。

　　　　公開招募認之股款委由○○○銀行代收。

　　　　股款指定存儲銀行：○○銀行。

第10條　各發起人所認股數詳所附之發起人名冊。

第11條　公開募股總額及每股金額與條件如下：○○○○。

第12條　一般認股及繳款期限

自民國○○年○○月○○日至○○年○○月○○日止，逾期未繳依相關規定辦理之。發起人未於期限內募足，認股人得撤回認股。

前項未認足之第一次發行股份，及已認而未繳股款者，應由發起人連帶認繳，其已認而經撤回者亦同。

第13條　公司不能成立時，發起人關於公司設立所為之行為及設立所需之費用，均應負連帶責任，並得於解除本契約後一星期內結算清理按股份比例退還投資金額。

第14條　本公司募集之股份委由○○○證券股份有限公司承銷，並由○○銀行信託部簽證。

第四章　創立會

第15條　籌備之設立與工作

由發起人於兩個月內召集公司籌備處（創立會），選任董事及監察人，並得由董事推選一人統籌執行公司之設立籌備工作，如公司因故不能成立，籌備處所支出之費用，按投資比率共同分攤之。

第16條　本創立會經公司登記成立後即正式更名為股東大會，為最高權力機構，董事會（名稱仍不變）為執行機構，並於大會閉會期間代行其職權，監事會（名稱仍不變）為監察機構。

第17條　本公司設董事○人與監察人○人，得互選常務董事與常駐監察人。並於本公司決議成立後15日內備妥文件向主管機關登記設立之。

第18條　創立會得依法律規定，按應有代表已發行股份總數過半數發起人與認股人過半數出席，以此出席代表過半數之同意修改增訂有關職權章程並為公司不設立之決議。

發起人或認股人得於會議一週前通訊寄發以留存公司之親筆簽字或印章式樣，填具授權範圍之委託書委託代理人出席前開會議。

一人同時為兩人以上之代理人時，其代理之表決權總數不得超過3%，否則超過部分視為無效。

第19條　創立會結束後，公司正式登記設立認股人不得將股份撤回。

第20條　發起人股東對公司之責任，以繳清其股份之金額為限。

第21條　發起人對公司設立事項如有怠忽其任務致公司受損害或公司設立前所負之債務，應對公司負連帶賠償之責任。

第五章　會議及規劃

第22條　創立會組成之發起人每人有一表決權，但一發起人或認股人持有已發行股份總數

3%以上股份者，其表決權以9.5折計，其因折扣不足一表權者不予計算，決議事項，並應由全體三分之二出席並須由三分之二之同意行之。

一、聽取發起人報告有關設立之必要事項。

二、章程之訂定與變更。

三、董事與監察人之罷免。

四、業務之籌組發展及財產之處分。

五、其他與創立會有關之重大權益事項。

第23條　新公司之規劃階段工作

新公司成立後應完成之第一階段工作如次：

一、公司裝修，人員招募，必要設備之建立。

二、對各案前期之研究，企劃工作之執行。

三、針對各案資料之蒐集、建立。

四、顧問群之建立。

五、各專業執行系統之建立。

六、各市場之調查分析建檔。

本階段經費之使用與支出應先編列○部支出預算，經由創立會認可，其支出以前項所列工作項目為準，如有不符，除經創立會協議認可外，均不予承認。

第24條　本約為發起人對關於本約合作事宜之最後約定，前經雙方以口頭或書面約定而與本約約定相牴觸者，均以本約為準，如有未盡事宜，由發起人間再行協議修改或增訂之。

第25條　本新公司之發起人、股東或成員有義務將個人有關新公司營業範圍內之業務及資訊帶入公司，以利公司之發展。

第六章　會計

第26條　本公司股東之利潤分配除參考本約第3條第1項之投資分配比率計算外，得於年終以扣除所有公司開銷之稅前之利分配之。

第27條　新公司於年終分配股東紅利時，若無盈餘不得以本作息外，並應扣除公司應有之開銷，依照實際狀況，保留下一年度之公司法定盈餘公積外，另訂定一定額度周轉金由年終之股東大會決議之。

盈餘分派：

一、股東紅利80%。

二、員工紅利10%。

三、董事紅利10%。

第七章　特別利益

第28條　發起人之特別利益如下：○○○。

第八章　附則

第29條　如因本約而涉訟時，各發起人股東同意以嘉義地方法院為第一審管轄法院。

第30條　未盡事宜悉依公司法相關規定補充之。

第31條　本約製作一式七份，由各發起人股東各執一份為憑。

〔認股書〕

立認股書人〇〇〇茲承諾按下列規定出資認股，與其他認股人共同依本國公司法之規定設立。

一、投資標的公司有關事項：

(一)名稱：〇〇股份有限公司。

(二)所營事業：〇〇〇。

(三)股份總數及每股金額：股份總數〇〇股，每股金額新台幣〇〇元整。

(四)本公司所在地：〇〇市〇〇路〇〇號〇樓。

(五)董事及監察人人數：董事〇人、監察人〇人。

二、所認股數：

本人擬認〇〇股，合新台幣〇〇元正：其中20%即新台幣〇〇元，應於認股同時繳交，餘款新台幣〇〇元，應於中華民國〇〇年〇月〇日前繳足。

三、招股章程詳附件。

四、公司章程：

公司章程由各股東於創立會共同議決之。

五、認股聲明：

本人承諾依本認股書第2條所載認股及繳足股款，並遵守本認股書之其他規定，非依本認股書不得繳回認股之聲明。

六、倘第一次發行股份募足後逾3個月，股款尚未繳足，或已繳足而未於2個月召集創立會，認股人得撤回。

此　致

〇〇股份有限公司設立籌備處

認股人簽章：〇〇〇

住址：〇〇〇〇〇〇

附錄三　股份有限公司章程

「★」標記者為章程必要記載事項；其餘條文應視公司需求決定是否訂明。

第一章　總則

★ 第1條　本公司依照公司法規定組織之，定名為_____股份有限公司。
　　　　　（本公司英文名稱為_____。）

★ 第2條　本公司所營事業如下：
　　　　　1. ……。
　　　　　2. 除許可業務外，得經營法令非禁止或限制之業務。

★ 第3條　本公司設總公司於____（縣／市），必要時經董事會之決議得在國內外設立分公司。

　第4條　本公司之公告方法依照公司法第28條規定辦理。

　第5條　本公司為業務需要得對外保證。

第二章　股份

★ 第6條　本公司資本額定為新臺幣____元，分為____股，每股金額新臺幣____元，得分次發行。
　　　　　（或本公司採無票面金額股，資本分為_____股，得分次發行。）

　第7條　股東名簿記載之變更，於股東常會開會前30日內，股東臨時會開會前15日內，或公司決定分派股息及紅利或其他利益之基準日前5日內，不得為之。

　第8條　本公司依公司法收買之庫藏股，轉讓之對象包括符合一定條件（或_____條件）之控制或從屬公司員工。
　　　　　本公司員工認股權憑證發給對象，包括符合一定條件（或_____條件）之控制或從屬公司員工。
　　　　　本公司發行新股時，承購股份之員工包括符合一定條件（或_____條件）之控制或從屬公司員工。
　　　　　本公司發行限制員工權利新股之對象包括符合一定條件（或_____條件）之控制或從屬公司員工。

第三章　股東會

　第9條　股東會分常會及臨時會二種。常會每年至少召集一次，於每會計年度終了後6個月內由董事會依法召開；臨時會於必要時依法召集之。

第10條　本公司股東會開會時，得以視訊會議或其他經中央主管機關公告之方式為之。

第11條　本公司各股東，每普通股有一表決權。但公司依法持有自己之股份，無表決權。

第12條　股東會之決議，除公司法另有規定外，應有代表已發行股份總數過半數股東之出席，以出席股東表決權過半數之同意行之。

第13條　本公司僅為政府或法人股東一人所組織時，股東會職權由董事會行使，不適用本章程有關股東會之規定。

第四章　董事及監察人

方案A：公司設董事3人以上

★第14條　本公司設董事____人，監察人____人，任期3年，由股東會就有行為能力之人選任，得連選連任。

第15條　董事會由董事組織之，由三分之二以上董事之出席，及出席董事過半數之同意互選董事長1人及副董事長1人，董事長對外代表公司。

董事開會時，董事得由其他董事代理出席。

方案B：公司設董事1人，不設董事會

第14條　本公司不設董事會。

★第15條　本公司設董事1人，監察人____人，任期3年，由股東會就有行為能力之人選任，連選得連任，並以其為董事長，董事會之職權並由該董事行使，不適用公司法有關董事會之規定。

方案C：公司設董事2人，不設董事會

第14條　本公司不設董事會。

★第15條　本公司設董事2人，監察人____人，任期3年，由股東會就有行為能力之人選任，連選得連任，並準用公司法有關董事會之規定。

第16條　於經本公司全體董事同意，董事就當次董事會議案得以書面方式行使表決權，而不實際集會。

第17條　全體董事及監察人之報酬，如下：_____。

（或　全體董事及監察人之報酬，授權董事會議依同業通常水準支給之。）

第五章　經理人

第18條　本公司得設經理人，其委任、解任及報酬，依照公司法第29條規定辦理。

第六章　會計

方案A：一年一次盈餘分派或虧損撥補之公司適用

第19條　本公司每屆會計年度終了，董事會應編造營業報告書、財務報表及盈餘分派或虧損撥補之議案，並提請股東常會承認。

方案B：一年二次盈餘分派或虧損撥補之公司適用：

第19條　本公司盈餘分派或虧損撥補，於每半會計年度終了後為之。

第20條　本公司前半會計年度有盈餘分派或虧損撥補議案者，應於後半會計年度終了前，連同營業報告書及財務報表交監察人查核後，提董事會決議。

第21條　本公司每屆會計年度終了，董事會應編造營業報告書、財務報表及盈餘分派或虧損撥補之議案，並提請股東常會承認。

方案C：一年四次盈餘分派或虧損撥補之公司適用：

第19條　本公司盈餘分派或虧損撥補，於每季終了後為之。

第20條　本公司前三季有盈餘分派或虧損撥補議案者，應於次季終了前，連同營業報告書及財務報表交監察人查核後，提董事會決議。

第21條　本公司每屆會計年度終了，董事會應編造營業報告書、財務報表及盈餘分派或虧損撥補之議案，並提請股東常會承認。

第22條　本公司股息定為年息＿＿＿分，但公司無盈餘時，不得分派。

★第23條　公司年度如有獲利，應提撥＿＿＿％（或＿＿＿元）為員工酬勞。但公司尚有累積虧損時，應預先保留彌補數額。

第24條　本公司分派員工酬勞之對象包括符合一定條件（或＿＿＿＿條件）之控制或從屬公司員工。

第25條　公司年度總決算如有盈餘，應先提繳稅款、彌補累積虧損，次提10%為法定盈餘公積，但法定盈餘公積已達實收資本額時，不在此限。其餘除派付股息外，如尚有盈餘，再由股東會決議分派股東紅利。

第26條　本章程未訂事項，悉依公司法規定辦理。

★第27條　本章程訂立於民國＿＿＿年＿＿＿月＿＿＿日。

附錄四　公司債契約

　　股份有限公司（以下簡稱本公司）經財政部證券管理委員會（以下簡稱證管會）○○年○○月○○日(82)台財證(一)字第○○○號函核准募集與公開發行轉換公司債，訂立發行及轉換辦法如下：

一、債券名稱：○○○股份有限公司第一次轉換公司債。

二、發行金額：本公司債發行總額為新臺幣○○元整，票面金額為新臺幣壹拾萬元整，依票面金額十足發行。

三、發行期間：本公司債發行期間5年，自民國○○年○○月○○日開始發行至○○年○○月○○日到期。

四、付息日期及方式如次：

　　(一)本公司債債息基準日訂為○○月○○日，債息基準日後第三個營業日起停止過戶5天，停止過戶開始日起20日內發放債息。

　　(二)本公司債票面利率定為年息○%。自發行日起每年付債息一次，每月以30日計算，不足一月之利息按實際之天數計算。

五、償還方式：除本辦法第9條及第16條之情事外，到期以現金一次還本付息。

六、擔保情形：本公司債為無（有）擔保債券。惟如發行後，倘遇本公司另發行其他有擔保轉換公司債時，本公司債亦將比照該有擔保轉換公司債，設定同一順位之擔保物權。

七、本公司債之上市買賣：本公司債自發行之日起2個月內，向台灣證券交易所依法申請上市買賣，但如台灣證券交易所相關作業未能適（及）時完成，得報經證管會核准後延長之。

八、轉換期間及轉換股份之種類：本公司債之債權人得於本公司債發行之日起，滿○個月後至到期日前10日止，除依法暫停過戶期間外，得隨時向本公司請求依當時之轉換價格及本辦法第9條及第10條規定，將債券轉換為本公司公開發行之普通股，以代替現金還本。

九、請求轉換程序：本公司債之債權人於請求轉換時，應填具蓋妥原留印鑑之「轉換申請書」（格式由本公司印製提供），並檢同債券向本公司股務科（或股務代理人）提出申請，於送達時即生轉換之效力。股務部門於受理轉換之申請後，應即登載於股東名簿，並於5日內發給債券換股權利證書（以下簡稱權利證書）。惟若於12月28日起所申請轉換者，將依結算發給下一年度之權利證書。

十、權利證書之上市、終止上市與換發新股上市：權利證書自交付日起於台灣證券交易所上市買賣，於換發成普通股交付之日終止上市。換發之普通股自交付日起於台灣證券交易所上市買賣。有關上市及終止上市事項均由本公司洽台灣證券交易所同意後對外公告之。

十一、轉換價格及其調整方式：

(一)發行日之轉換價格訂為每股新臺幣〇〇元。

  1.以〇〇年〇月〇日為基準日，取基準日前〇〇天與〇〇天本公司普通股票於證交所營業日收盤價之簡單算術平均數較低者乘以百分之〇計算。惟基準價計算期間遇有除權時，收盤價應預算除權後之價格。

  2.以證管會核准本公司債募集與發行之核准函發日為基準日，取基準日前30個營業日與前90個營業日本公司普通股股票於台灣證券交易所收盤價之簡單算術平均數二者較低者乘以1.05倍計算，角以下四捨五入。

(二)本公司債決定轉換價格基準日後，遇有本公司普通股股份發生變動時，轉換價格應依下列公式調整（計算至新臺幣角為止，角以下四捨五入）。對登載於權利證書股東名簿之權利證書持有人，本公司將按轉換價格調整之差異於本公司普通股除權基準日之翌日起20日內補發權利證書。

$$調整後轉換價格＝調整前轉換價格 \times \frac{已發行股數＋\dfrac{每一股繳款額\times新發行股數}{（每股時價）}}{已發行股數＋新股發行股數}$$

  註：每股時價為新股除權交易日前30個營業日該被轉換股票收盤價之簡單算術平均數。已發行股數係指普通股已發行股份總額，不含權利證書。

(三)本公司債發行後，遇有以低於每股時價之轉換價格再發行轉換公司債時，本公司應依下列公式調整（計算至新臺幣角為止，角以下四捨五入）。對登載於權利證書股東名簿之權利證書持有人，本公司將按轉換價格調整之差異於本公司再發行轉換公司債發行日之翌日起20日內補發權利證書。

$$調整後轉換價格＝\frac{調整前轉換價格 \times 已發行股數＋\dfrac{新發行轉換公司債之轉換價 \times 新發行轉換公司債可轉換之股票股數}{每股時價}}{已發行股數＋新股發行股數}$$

  註：所稱每股時價為轉換公司債發行日前30個營業日該被轉換股票收盤之簡單算術平均數。

十二、轉換或補發權利證書時不足一股股份金額之處理方式：債權人請求轉換或依本辦法第11條所補發之權利證書時，若仍有不足一股之股份金額，本公司將一律以現金償付。

十三、轉換年度利息與股利之歸屬：本公司之債息基準日訂為〇〇月〇〇日。

  債權人於當年度1月1日至12月27日請求轉換者，應放棄請求轉換年度股東常會決議之前一年度現金股利分配及前一年度12月28日起至請求轉換日止之債息，而參與換

股權利證書所屬年度次一年經股東常會決議分派之換股權利證書所屬年度現金股利之分配。

債權人於當年度12月28日至12月31日請求轉換者，應放棄請求轉換年度12月28日起至請求轉換日止之債息，而參與換股權利證書所屬年度次一年經股東常會決議分派之換股權利證書所屬年度現金股利之分配。

十四、轉換後之權利義務：本公司債之債權人於請求轉換生效後至權利證書終止上市日之前一營業日止，除不得參與本公司普通股配股及新股發行認股，使普通股份發生變動適用第11條規定外，其他權利義務（含停止過戶期間）與本公司普通股股東相同。

十五、有下列情事之一者，本公司得於其後任何時間，以掛號發給債權人一份一個月期滿之「通知換股書」（前述期間自本公司發信之日起算），並於該期間屆滿時，適用當時之轉換價格及本辦法第9條與第10條規定，將全部債券轉換為本公司之普通股：

(一)本公司債經債權人請求轉換後，其尚未轉換之債券總金額低於○○仟萬元（發行總額的10%）時。

(二)本公司普通股在集中交易市場之收盤價格連續30個營業日超過當時轉換價格高達50%時。

但債權人得於「通知換股書」所載屆滿日15日前，以書面通知本公司，要求本公司在屆滿日前按債券面額加計應付之利息收回其全部或部分之債券。

十六、轉換價格倘若低於普通股股票面額時，若債券持有人仍請求轉換時，則須按普通股面額轉換（其轉換價格將隨每年的盈餘分配而遞減之）。

十七、所有本公司收回（含由集中市場買回）、償還或已轉換之本公司債將被註銷，不再發行。

十八、本公司債、權利證書及換發之普通股均為記名式，其稅賦事宜依當時稅法之規定辦理。

十九、本公司債由○○信託投資股份有限公司為債權人之受託人，以代表債權人之利益行使查核及監督本公司履行公司債發行事項之一切權責事宜。

二十、本公司債由本公司股務科（或○○股份有限公司）辦理還本付息事宜。

二一、凡持有本公司債之債權人不論係於發行時認購或中途買受者，對於本公司與其受託人間，依受託契約規定，受託人之權利義務及本發行辦法，均予同意並授與有關受託事項之全權代理，此項授權並不得中途撤銷，至於受託契約內容，債權人得在營業時間內隨時至本公司或受託人營業處所直接查詢之。

二二、如「公司法」或「發行人募集與發行有價證券處理準則」有任何修正，本公司為債權人之利益，經向主管機關（證管會）報准後，就本發行與轉換辦法為相應之修正並公告之。公告後當即發生拘束效力。

二三、有關本公司債應通知債權人之事項，除本辦法另有規定外，應刊登於省、市版日報予以公告之。

附錄五　有限公司章程

「★」標記者為章程必要記載事項；其餘條文應視公司需求決定是否訂明。

第一章　總則

★第1條　本公司依照公司法規定組織之，定名為＿＿＿＿有限公司。

（本公司英文名稱為＿＿＿＿＿。）

★第2條　本公司經營之事業如下：

1. ……。

2. 除許可業務外，得經營法令非禁止或限制之業務。

★第3條　本公司設於＿＿＿（縣／市），必要時得在國內外設立分公司。

第4條　本公司公告方法依照公司法第28條規定辦理。

第5條　本公司為業務需要得對外保證。

第二章　出資及股東

★第6條　本公司資本總額定為新臺幣＿＿＿元。

★第7條　本公司股東姓名或名稱及其出資額如下：

股東姓名或名稱	出資額

第8條　本公司董事非得其他全體股東表決權三分之二以上之同意，股東非得其他全體股東表決權過半數之同意，不得以其出資之全部或一部轉讓與他人。

第9條　本公司每一股東不問出資多寡，均有一表決權。

（或本公司每一股東按出資額比例分配表決權）

第三章　董事

★第10條　本公司置董事＿＿＿人，執行業務並代表公司。

（或本公司置董事＿＿＿人、並置董事長1人對外代表公司，董事長應經董事過半數之同意互選之。）

第四章　經理人

第11條　本公司得設經理人，其委任、解任及報酬依照公司法第29條規定辦理。

第五章　會計

方案A：一年一次盈餘分派或虧損撥補之公司適用

　第12條　本公司應於每屆會計年度終了後6個月內，由董事造具下列表冊請求各股東承
　　　　　認，其承認應經股東表決權過半數之同意：(一)營業報告書。(二)財務報表。
　　　　　(三)盈餘分派或虧損撥補之議案。

方案B：一年二次盈餘分派或虧損撥補之公司適用：

　第12條　本公司盈餘分派或虧損撥補，得於每半會計年度終了後為之。

　第13條　本公司前半會計年度有盈餘分派或虧損撥補議案者，應於後半會計年度終了
　　　　　前，連同營業報告書及財務報表經董事同意。

　第14條　本公司應於每屆會計年度終了後6個月內，由董事造具下列表冊請求各股東承
　　　　　認，其承認應經股東表決權過半數之同意：(一)營業報告書。(二)財務報表。
　　　　　(三)盈餘分派或虧損撥補之議案。

方案C：一年四次盈餘分派或虧損撥補之公司適用：

　第12條　本公司盈餘分派或虧損撥補，得於每季終了後為之。

　第13條　本公司前三季有盈餘分派或虧損撥補議案者，應於次季終了前，連同營業報告
　　　　　書及財務報表經董事同意。

　第14條　本公司應於每屆會計年度終了後6個月內，由董事造具下列表冊請求各股東承
　　　　　認，其承認應經股東表決權過半數之同意：(一)營業報告書。(二)財務報表。
　　　　　(三)盈餘分派或虧損撥補之議案。

★第15條　公司年度如有獲利，應提撥＿＿＿%（或＿＿＿元）為員工酬勞。但公司尚有累積
　　　　　虧損時，應預先保留彌補數額。

　第16條　本公司分派員工酬勞之對象包括符合一定條件（或＿＿＿＿＿＿＿條件）之控制或從
　　　　　屬公司員工。

　第17條　公司年度總決算如有盈餘，應先提繳稅款、彌補累積虧損，次提10%為法定盈
　　　　　餘公積，但法定盈餘公積已達資本總額時，不在此限。其餘除派付股息外，如
　　　　　尚有盈餘，再由股東同意分派股東紅利。

★第18條　本公司盈餘虧損，按照各股東出資比例分派之。

第六章　附則

　第19條　本章程未訂事項，悉依公司法規定辦理。

★第20條　本章程訂立於民國＿＿＿年＿＿＿月

附錄六　發行人募集與發行有價證券處理準則

民國104年11月12日修正

第一章　總則

第1條　本準則依證券交易法（以下簡稱本法）第22條第4項規定訂定之。

第2條　有價證券之募集與發行，除法令另有規定外，適用本準則規定。

第3條　金融監督管理委員會（以下簡稱本會）審核有價證券之募集與發行、公開招募、補辦公開發行、無償配發新股與減少資本採申報生效制。

本準則所稱申報生效，指發行人依規定檢齊相關書件向本會提出申報，除因申報書件應行記載事項不充分、為保護公益有必要補正說明或經本會退回者外，其案件自本會及本會指定之機構收到申報書件即日起屆滿一定營業日即可生效。

第1項案件之申報生效，不得藉以作為證實申報事項或保證證券價值之宣傳。

第2項所稱營業日，指證券市場交易日。

本準則所稱上櫃公司，指股票已依財團法人中華民國證券櫃檯買賣中心證券商營業處所買賣有價證券審查準則（以下簡稱櫃買中心審查準則）第3條或第3條之1規定核准在證券商營業處所買賣者。

本準則所稱財務報告，指合併財務報告，發行人若無子公司者，則為個別財務報告。

第4條　發行人有下列情形之一，不得募集與發行有價證券：

一、有公司法第135條第1項所列情形之一者，不得公開招募股份。

二、違反公司法第247條第2項規定或有公司法第249條所列情形之一者，不得發行無擔保公司債。但符合本法第28條之4規定者，不受公司法第247條規定之限制。

三、違反公司法第247條第1項規定或有公司法第250條所列情形之一者，不得發行公司債。但符合本法第28條之4規定者，不受公司法第247條規定之限制。

四、有公司法第269條所列情形之一者，不得公開發行具有優先權利之特別股。

五、有公司法第270條所列情形之一者，不得公開發行新股。

第5條　發行人申報募集與發行有價證券，自所檢附最近期財務報告資產負債表日至申報生效前，發生本法第36條第3項第2款規定對股東權益或證券價格有重大影響之事項，除依規定於事實發生日起2日內公告並向本會申報外，應視事項性質檢附相關專家意見，洽請簽證會計師表示其對財務報告之影響提報本會。

發行人自本會及本會指定之機構收到申報書件即日起至申報生效前，除依法令發布之資訊外，不得對特定人或不特定人說明或發布財務業務之預測性資訊。

發行人對外發布任何與申報書件不符之資訊，應修正相關資料提報本會。

第6條　發行人申報募集與發行有價證券，應檢具公開說明書。

發行人申報募集與發行有價證券，有下列情形之一，應分別委請主辦證券承銷商評估、律師審核相關法律事項，並依規定分別提出評估報告及法律意見書：

一、股票已在證券交易所上市（以下簡稱上市）或上櫃公司辦理現金發行新股、合併發行新股、受讓他公司股份發行新股、依法律規定進行收購或分割發行新股者。

二、股票依財團法人中華民國證券櫃檯買賣中心證券商營業處所買賣興櫃股票審查準則第5條規定核准在證券商營業處所買賣之公司（以下簡稱興櫃股票公司）辦理現金增資並提撥發行新股總額之一定比率公開銷售者。

三、股票未在證券交易所上市（以下簡稱未上市）或未在證券商營業處所買賣之公司辦理現金發行新股，依第18條規定提撥發行新股總額之一定比率對外公開發行者。

四、募集設立者。

五、發行具股權性質之公司債有委託證券承銷商對外公開承銷者。

證券商符合本會所定財務業務條件者，得免委請主辦證券承銷商評估。

第2項規定之法律意見書及評估報告總結意見，應刊載於公開說明書中。

第7條　發行人申報募集與發行有價證券，有下列情形之一，本會得退回其案件：

一、簽證會計師出具無法表示意見或否定意見之查核報告者。

二、簽證會計師出具保留意見之查核報告，其保留意見影響財務報告之允當表達者。

三、發行人填報、簽證會計師複核或主辦證券承銷商出具之案件檢查表，顯示有違反法令或公司章程，致影響有價證券之募集與發行者。

四、律師出具之法律意見書，表示有違反法令，致影響有價證券之募集與發行者。

五、證券承銷商出具之評估報告，未明確表示本次募集與發行有價證券計畫之可行性、必要性及合理性者。

六、經本會退回、撤銷、廢止或自行撤回其依本準則申報（請）案件，發行人自接獲本會通知即日起3個月內辦理前條第2項規定之案件者。但本次辦理合併發行新股、受讓他公司股份發行新股、依法律規定進行收購或分割發行新股者，不在此限。

七、申報現金增資或發行公司債案件，直接或間接赴大陸地區投資金額違反經濟部投資審議委員會規定者。但其資金用途係用於國內購置不動產、廠房及設備並承諾不再增加對大陸地區投資，不在此限。

八、上市、上櫃公司或興櫃股票公司未依本法第14條之6第1項規定設置薪資報酬委員會或未依相關法令規定辦理，情節重大者。

九、未依公司法第177條之1第1項但書規定將電子方式列為表決權行使管道之一者。

十、違反或不履行申請股票上市或在證券商營業處所買賣時之承諾事項，情節重大者。

十一、經本會發現有違反法令，情節重大者。

第8條　發行人辦理第6條第2項規定之案件，經發現有下列情形之一，本會得退回其案件：

一、申報年度及前二年度公司董事變動達二分之一，且其股東取得股份有違反本法第43條之1規定。但於申報日前已完成補正者，不在此限。

二、上市或上櫃公司有本法第156條各款情事之一者。但依本法第139條第2項規定限制其上市買賣，不在此限。

三、本次募集與發行有價證券計畫不具可行性、必要性及合理性者。

四、前各次募集與發行及私募有價證券計畫之執行有下列情事之一，迄未改善者：

(一)無正當理由執行進度嚴重落後，且尚未完成。

(二)無正當理由計畫經重大變更。但計畫實際完成日距申報時已逾3年，不在此限。

(三)募集與發行有價證券計畫經重大變更，尚未提報股東會通過。

(四)最近1年內未確實依第9條第1項第4款至第9款及發行人募集與發行海外有價證券處理準則第11條規定辦理。

(五)未確實依公開發行公司辦理私募有價證券應注意事項規定辦理，情節重大。

(六)未能產生合理效益且無正當理由。但計畫實際完成日距申報時已逾3年，不在此限。

五、本次募集與發行有價證券計畫之重要內容（如發行辦法、資金來源、計畫項目、預定進度及預計可能產生效益等）未經列成議案，依公司法及章程提董事會或股東會討論並決議通過者。

六、非因公司間或與行號間業務交易行為有融通資金之必要，將大量資金貸與他人，迄未改善，而辦理現金增資或發行公司債者。

七、有重大非常規交易，迄未改善者。

八、持有具流動性質之金融資產投資、閒置性資產或投資性不動產而未有處分或積極開發計畫，達最近期經會計師查核簽證或核閱之財務報告歸屬於母公司業主之權益之40%或本次申報現金增資或發行公司債募集總金額之60%，而辦理現金增資或發行公司債者。但所募得資金用途係用於購買不動產、廠房及設備且有具體募資計畫佐證其募集資金之必要性，不在此限。

九、本次現金增資或發行公司債計畫之用途為轉投資以買賣有價證券為主要業務之公司或籌設證券商或證券服務事業者。

十、不依有關法令及一般公認會計原則編製財務報告，情節重大者。

十一、違反第5條第2項規定情事者。

十二、內部控制制度之設計或執行有重大缺失者。

十三、申報日前1個月，其股價變化異常者。

十四、公司全體董事或監察人持股有下列情形之一者：

(一)違反本法第26條規定，經通知補足持股尚未補足。

(二)加計本次申報發行股份後，未符本法第26條規定。但經全體董事或監察人承諾於募集完成時，補足持股，不在此限。

(三)申報年度及前一年度公司全體董事或監察人未依承諾補足持股。

十五、發行人或其現任董事長、總經理或實質負責人於最近3年內，因違反本法、公司法、銀行法、金融控股公司法、商業會計法等工商管理法律，或因犯貪污、瀆職、詐欺、背信、侵占等違反誠信之罪，經法院判決有期徒刑以上之罪者。

十六、因違反本法，經法院判決確定須負擔損害賠償義務，迄未依法履行者。

十七、為他人借款提供擔保，違反公開發行公司資金貸與及背書保證處理準則第5條規定，情節重大，迄未改善者。

十八、合併發行新股、受讓他公司股份發行新股、依法律規定進行收購或分割發行新股者，而有下列情形之一：

(一)違反本會公開發行公司取得或處分資產處理準則第二章第五節規定，情節重大。

(二)受讓或併購之股份非為他公司新發行之股份、所持有非流動之股權投資或他公司股東持有之已發行股份。

(三)受讓之股份或收購之營業或財產有限制買賣等權利受損或受限制之情事。

(四)違反公司法第167條第3項及第4項規定。

(五)被合併公司最近1年度之財務報告非經會計師出具無保留意見之查核報告。但經出具保留意見之查核報告，其資產負債表經出具無保留意見，不在此限。

十九、有第13條第1項第2款第6目規定之情事，且有下列情形之一：

(一)申報現金發行新股，公司董事、監察人及持有股份超過股份總額10%之股東未承諾將一定成數股份送交證券集中保管事業保管。

(二)申報發行轉換公司債或附認股權公司債，未於發行辦法明定應募人應自前揭公司債發行日起將公司債及嗣後所轉換或認購之股份送交證券集中保管事業保管1年。

二十、證券承銷商於發行人申報時最近1年內經本會、證券交易所、財團法人中華民國證券櫃檯買賣中心及中華民國證券商業同業公會處記缺點累計達10點以上，且自被處記缺點累計達10點之日起未逾3個月。但興櫃股票公司辦理現金發行新股為初次上市、上櫃公開銷售者，不在此限。

二一、其他本會為保護公益認為有必要者。

前項第9款所稱以買賣有價證券為主要業務之公司，係指發行人直接投資之公司或發行人之子公司採權益法之再轉投資之公司，最近期財務報告帳列現金及約

當現金、流動資產項下之金融資產及持有發行人發行之有價證券占公司資產總額50%以上,且買賣或持有前揭資產之收入或損益占公司收入或損益50%以上者。

發行人辦理第6條第2項第2款規定之案件,及上櫃公司申請轉上市或上市公司申請轉上櫃為達股權分散標準之現金增資案件,承銷商評估報告已明確表示本次募集與發行有價證券計畫資金用途之可行性及預計產生效益之合理性者,得不適用前條第5款及本條第1項第3款有關計畫必要性之規定。

發行人若屬證券、期貨或金融事業,於計算第1項第8款之資產時,得免將具流動性質之金融資產投資計入。發行人若屬保險事業、興櫃股票公司依第6條第2項第2款規定辦理現金增資發行新股及上櫃公司申請轉上市或上市公司申請轉上櫃為達股權分散標準辦理現金增資發行新股者,得不適用第1項第8款規定。

發行人為享有租稅優惠而辦理現金增資且募集資金不超過目的事業主管機關規定之限額或新臺幣1億元者,得不適用第1項第8款規定。

辦理合併發行新股、受讓他公司股份發行新股、依法律規定進行收購或分割發行新股者,得不適用第1項第1款、第4款關於前各次現金增資或公司債計畫執行部分、第13款、第15款及第19款規定。

第9條　發行人募集與發行有價證券,經申報生效後,應依照下列規定辦理:

一、於申報生效通知到達之日起30日內,依公司法第252條或第273條規定辦理。但發行人申報發行普通公司債案件應依櫃買中心審查準則及財團法人中華民國證券櫃檯買賣中心外幣計價國際債券管理規則(以下簡稱櫃買中心國際債券管理規則)相關規定辦理。

二、除合併發行新股、受讓他公司股份發行新股、依法律規定進行收購或分割發行新股、發行普通公司債、發行員工認股權憑證及發行限制員工權利新股者外,須委託金融機構代收價款,存儲於發行人所開立之專戶內,並應於價款開始收取前,與代收及專戶存儲價款行庫分別訂立委託代收價款合約書及委託存儲價款合約書,且於訂約之日起2日內,將訂約行庫名稱、訂約日期等相關資料輸入本會指定之資訊申報網站,其代收及專戶存儲價款不得由行庫之同一營業單位辦理。專戶存儲行庫應俟收足價款後,始可撥付發行人動支,發行人應於收足價款之日起2日內將收足價款之資訊輸入本會指定之資訊申報網站。

三、除本會另有規定期限外,於經濟部核准公司設立、發行新股變更登記核准函送達公司之日起30日內,依公開發行公司發行股票及公司債券簽證規則辦理簽證,對認股人或應募人交付有價證券,並應於交付前公告之。但不印製實體有價證券者,免依公開發行公司發行股票及公司債券簽證規則辦理簽證。

四、公司債發行前應與證券集中保管事業簽訂合約書,同意提供發行資料及配合銷除前手辦理還本付息等作業。

五、辦理現金增資或發行公司債者,在其現金增資或發行公司債運用計畫完成前,應於年報中揭露計畫執行進度;發行公司債者,應於資金募集完成後2日內及公司債發行期間每月10日前,於本會指定之資訊申報網站輸入公司債

發行相關資料。

六、應依本會規定於每季結束後10日內，將現金增資或發行公司債計畫及資金運用情形季報表輸入本會指定之資訊申報網站。

七、上市或上櫃公司辦理現金增資或發行公司債者，應按季洽請原主辦承銷商或簽證會計師對資金執行進度、未支用資金用途之合理性及是否涉及計畫變更出具評估意見，於每季結束後10日內，併同前款資訊輸入本會指定之資訊申報網站。

八、上市或上櫃公司合併發行新股、受讓他公司股份發行新股、依法律規定進行收購或分割發行新股者，應於完成登記後1年內於每季結束後10日內洽請原主辦承銷商就合併、受讓他公司股份、收購或分割事項對發行人財務、業務及股東權益之影響出具評估意見，並輸入本會指定之資訊申報網站。

九、現金增資或發行公司債計畫項目變更或個別項目金額調整，而致原個別項目所需資金減少金額合計數或增加金額合計數，達所募集資金總額之20%以上者，應辦理計畫變更，於董事會決議通過之日起2日內辦理公告，並提報股東會追認；其以外幣計價之公司債，所募資金應以外幣保留或全部以換匯或換匯換利交易方式兌換為新臺幣使用，否則應報經中央銀行核准。上市或上櫃公司並應於變更時及嗣後每季結束後10日內，洽請原主辦承銷商對資金執行進度及未支用資金用途之合理性出具評估意見，併同第6款資訊輸入本會指定之資訊申報網站。

十、發行以外幣計價之公司債，其募集款項之收取、付息還本及有第11條第4項規定情形者，其價款之返還，應經由指定銀行以外匯存款帳戶劃撥轉帳方式辦理。

十一、發行以外幣計價之公司債，應於每月20日及終了5日內，於本會指定之資訊申報網站分別輸入截至當月15日止及前1個月底止之「以外幣計價公司債發行餘額變動表」（附表三十四），並向中央銀行申報。

發行人總括申報發行公司債，於預定發行期間內，第一次發行公司債之申報事項如有變更，應即向本會申請變更並公告。

第10條　發行人於辦理現金增資或發行公司債而製發股款或債款繳納憑證時，除不印製實體者外，應於交付前先經簽證機構依公開發行公司發行股票及公司債券簽證規則辦理簽證。在公司登記之主管機關核准變更登記前，得憑經申報生效辦理現金增資或發行公司債之文件及收足股款或債款證明，作為辦理簽證之依據。

前項股款或債款繳納憑證之製作，除不印製實體者外，得以證券交易所或證券櫃檯買賣中心規定之最低成交單位印製，亦得另製單位數空白之股款或債款繳納憑證，以利認股人或應募人對畸零單位之股票或公司債券請求製發。

股款或債款繳納憑證，除不印製實體者外，須載明申報生效發行新股或公司債之日期、文號，亦得於申報生效前印製，俟申報生效後再以印戳加蓋申報生效之日期、文號。

上市、上櫃及興櫃股票公司發行股票或公司債應採帳簿劃撥交付，不印製實體方

式為之。

有價證券之發行，不印製實體者，免依公開發行公司發行股票及公司債券簽證規則辦理簽證。

以帳簿劃撥方式交付有價證券者，於發行或註銷時，應依證券集中保管事業相關規定辦理。

第11條　發行人募集與發行有價證券，經發現有下列情形之一，本會得撤銷或廢止其申報生效或核准：

一、發行人申報發行普通公司債案件之募集期間，逾櫃買中心審查準則及櫃買中心國際債券管理規則所定期限者。

二、前款以外之案件，自申報生效通知到達之日起，逾3個月或逾本會核准延長募集期間尚未募足並收足現金款項者。

三、有公司法第251條第1項或第271條第1項規定情事者。

四、違反本法第20條第1項規定情事者。

五、違反第5條規定情事者。

六、違反或不履行辦理募集與發行有價證券時所出具之承諾，情節重大者。

七、其他為保護公益、違反本準則規定或本會於通知申報生效或申請核准時之限制或禁止規定者。

有價證券持有人對非特定人公開招募有價證券，經向本會申報生效後有前項第4款、第6款或第7款之情事者，本會亦得撤銷或廢止其申報生效。

發行人自申報生效之日起至有價證券募集完成之日止，對外公開財務預測資訊或發布之資訊與申報（請）書件不符，且對證券價格或股東權益有重大影響時，本會得撤銷或廢止其申報生效。

經撤銷或廢止申報生效時，已收取有價證券價款者，發行人或持有人應於接獲本會撤銷或廢止通知之日起10日內，依法加算利息返還該價款，並負損害賠償責任。

第11-1條　發行人依第13條第2項規定申報辦理現金發行新股為初次上市、上櫃公開銷售案件，本會得委託證券交易所、財團法人中華民國證券櫃檯買賣中心受理。

發行人依第21條及第22條規定申報發行普通公司債案件、依第66條規定申報首次辦理股票公開發行案件及併同依第13條第2項、第72條第2項規定申報增資發行新股案件，本會得委託財團法人中華民國證券櫃檯買賣中心受理。

證券交易所及財團法人中華民國證券櫃檯買賣中心經本會委託受理前二項案，於申報生效後，經發現有前條第1項、第3項或第66條第4項或第72條第4項規定情形者，本會得命受託機構撤銷或廢止其申報生效。

第二章　發行股票

第12條　發行人辦理募集與發行股票應依案件性質分別檢具各項申報書（附表二至附表十二），載明其應記載事項，連同應檢附書件，向本會申報生效後，始得為之。

發行人所提出之申報書件不完備、應記載事項不充分或有第5條規定之情事，於未經本會通知停止其申報生效前，自行完成補正者，自本會及本會指定之機構收到補正書件即日起屆滿第13條規定之申報生效期間生效。

發行人申報現金發行新股，因變更發行價格，於申報生效前檢齊修正後相關資料，向本會及本會指定之機構申報者，仍依第13條規定之申報生效期間生效，不適用前項規定。

第13條　發行人辦理下列各款案件，於本會及本會指定之機構收到發行新股申報書即日起屆滿20個營業日生效：

一、募集設立者。

二、辦理第6條第2項第1款或第3款之案件，有下列各目情事之一者：

(一)前次因辦理第6條第2項各款規定之案件，曾經本會退回、不予核准、撤銷或廢止。但自申報生效或申請核准通知到達之日起，尚未募足並收足現金款項而經本會撤銷或廢止，不在此限。

(二)發行人申報年度及前一年度違反本法及相關法令規定受本會依本法第178條處分達2次以上。

(三)發行人最近2年度之營業利益或稅前純益連續虧損或最近期財務報告顯示每股淨值低於面額。

(四)發行人涉及非常規交易應提列特別盈餘公積，尚未解除。

(五)申報年度及前2年度發生公司法第185條情事或有以部分營業、研發成果移轉予他公司。但移轉項目之營業收入、資產及累計已投入研發費用均未達移轉時點前一年度財務報告營業收入、資產總額及同期間研發費用之10%，不在此限。

(六)申報年度及前二年度三分之一以上董事發生變動且有下列情形之一。但發行人於前開變動前後，其董事席次有超過半數係由原主要股東控制者，不在此限：

1.所檢送之財務報告顯示有增加主要產品（指該產品所產生之營業收入占營業收入20%以上）且來自該增加主要產品之營業收入合計或營業利益合計占各該年度同一項目達50%以上。但主要產品營業收入前後二期相較增加未達50%以上，該主要產品得不計入。

2.所檢送之財務報告顯示取得在建或已完工之營建個案，且來自該營建個案之營業收入或營業利益達各該年度同一項目之30。

3.所檢送之財務報告顯示受讓聯屬公司以外之他公司部分營業、研發成果，且來自該部分營業、研發成果之營業收入或營業利益達各該年度同一項目之30%。

(七)證券承銷商於發行人申報時最近1年內經本會、證券交易所、財團法人中華民國證券櫃檯買賣中心及中華民國證券商業同業公會處記缺點累計達5點以上者。

發行人除依前項規定提出申報者外，於本會及本會指定之機構收到發行新股申報

書即日起屆滿12個營業日生效。但金融控股、銀行、票券金融、信用卡及保險等事業以外之發行人,辦理下列案件,申報生效期間縮短為7個營業日:

一、興櫃股票公司、未上市或未在證券商營業處所買賣之公司辦理現金增資發行新股未提撥發行新股總額之一定比率對外公開發行者。

二、興櫃股票公司、未上市或未在證券商營業處所買賣之公司辦理合併發行新股、依法律規定進行收購或分割發行新股者。

三、興櫃股票公司辦理現金發行新股為初次上市、上櫃公開銷售者。

四、上櫃公司申請轉上市或上市公司申請轉上櫃,經證券交易所或財團法人中華民國證券櫃檯買賣中心向本會申報其股票上市或上櫃契約後,辦理現金增資發行新股以符合股權分散標準者。

發行人受讓他公司股份發行新股者,於同日向本會提出申報,於本會及本會指定之機構收到申報書即日起屆滿12個營業日生效。

辦理合併發行新股、受讓他公司股份發行新股、依法律規定進行收購或分割發行新股者,不適用第1項第2款規定。

第14條　上市、上櫃公司及興櫃股票公司得發行特別股與認股權分離之附認股權特別股;未上市或未在證券商營業處所買賣之公司不得發行特別股與認股權分離之附認股權特別股。

發行附認股權特別股時,應於發行及認股辦法中訂定下列有關事項:

一、發行日期。

二、特別股種類及發行總額。

三、每股附認股權特別股給予之認股權單位數。

四、上市或上櫃公司附認股權特別股之上市或在證券商營業處所買賣。

五、認股條件(含認股價格、認股期間、認購股份之種類及每單位認股權可認購之股數等)之決定方式。

六、附可分離認股權者,其認股權憑證之發行單位總數及每單位認股權憑證價格之計算方式。

七、認股價格之調整。

八、請求認股之程序及股款繳納方式。股款繳納方式以現金或本次發行之特別股抵繳擇一為之。

九、認股後之權利義務。

十、履約方式,限以發行新股方式支應。

十一、股款繳納憑證換發新股之次數、時點。

十二、取得所發行附認股權特別股之處理程序。

十三、其他重要約定事項。

興櫃股票公司發行附認股權特別股之認股價格,不得低於定價日前一段時間普通股加權平均成交價格,且不得低於最近期經會計師查核簽證或核閱之財務報告每股淨值,並應洽推薦證券商對發行價格之合理性表示意見。

未上市或未在證券商營業處所買賣之公司發行附認股權特別股之認股價格不得低

於最近期經會計師查核簽證或核閱之財務報告每股淨值，並應洽會計師對發行價格之合理性表示意見。

第3項及第33條第2項、第42條第3項所稱定價日前一段時間普通股加權平均成交價格，指定價日前30個營業日興櫃股票電腦議價點選系統內該興櫃股票普通股之每一營業日成交金額之總和除以每一營業日成交股數之總和計算。

發行人發行附認股權特別股時，準用第42條第2項、第43條至第49條規定。

第15條　發行人申報發行股票，有下列情形之一，本會得停止其申報發生效力：

一、申報書件不完備或應記載事項不充分者。

二、有第5條規定之情事者。

三、本會為保護公益認為有必要者。

第16條　發行人於停止申報生效送達日起，得就停止申報生效之原因提出補正，申請解除停止申報生效，如未再經本會通知補正或退回案件，自本會及本會指定之機構收到補正書件即日起屆滿第13條規定之申報生效期間生效。

發行人經本會依前條規定停止其申報生效後，自停止申報生效函送達即日起屆滿12個營業日，未依前項規定申請解除停止申報生效，或雖提出解除申請而仍有原停止申報生效之原因者，本會得退回其案件。

第17條　上市或上櫃公司辦理現金增資發行新股，且未經依本法第139條第2項規定限制其上市買賣，應提撥發行新股總額之10%，以時價對外公開發行，不受公司法第267條第3項關於原股東儘先分認規定之限制。但股東會另有較高比率之決議者，從其決議。

興櫃股票公司辦理現金發行新股為初次上市、上櫃公開銷售者，應準用前項規定辦理；其餘辦理現金發行新股者，得準用前項規定辦理。

上市或在證券商營業處所買賣之公司於現金發行新股時，除應依前二項規定提撥發行新股總額之比率對外公開發行者外，應依公司法第267條第3項規定辦理。

依第1項及第2項提撥以時價對外公開發行時，同次發行由公司員工承購或原有股東認購之價格，應與對外公開發行之價格相同。

第18條　未上市或未在證券商營業處所買賣之公司，其持股1千股以上之記名股東人數未達300人；或未達其目的事業主管機關規定之股權分散標準者，於現金發行新股時，除有下列情形之一外，應提撥發行新股總額之10%，對外公開發行，不受公司法第267條第3項關於原股東儘先分認規定之限制。但股東會另有較高比率之決議，從其決議：

一、首次辦理公開發行。

二、自設立登記後，未逾2年。

三、財務報告之決算營業利益及稅前純益占歸屬於母公司業主之權益比率均未達下列情形之一。但前述財務報告之獲利能力不包含非控制權益之淨利（損）對其之影響：

(一)最近年度達2%以上，且其最近一會計年度決算無累積虧損。

(二)最近2年度均達1%以上。

(三)最近2年度平均達1%以上，且最近1年度之獲利能力較前一年度為佳。

四、依10%之提撥比率或股東會決議之比率計算，對外公開發行之股數未達50萬股。

五、發行附認股權特別股。

六、其他本會認為無須或不適宜對外公開發行。

屬國家重大經濟事業且經目的事業主管機關認定並出具一定證明者，得不受前項第1款至第3款之限制。

依第1項對外公開發行時，同次發行由公司員工承購或原有股東認購之價格，應與對外公開發行之價格相同，並應於公開說明書及認股書註明公司股票未在證券交易所上市或未於證券商營業處所上櫃買賣。

第19條　發行人辦理現金發行新股、合併發行新股、受讓他公司股份發行新股、依法律規定進行收購發行新股或分割發行新股時，不受公司法第140條關於股票發行價格不得低於票面金額規定之限制。

發行人申報以低於票面金額發行股票，應敘明未採用其他籌資方式之原因與其合理性、發行價格訂定方式及對股東權益之影響，並依公司法或證券相關法令規定提股東會或董事會決議通過。

發行人申報以低於票面金額發行股票，經本會申報生效後，應於公開說明書及認股書中以顯著字體載明公司折價發行新股之必要性與合理性、未採用其他籌資方式之原因及其合理性。

第三章　發行公司債
第一節　普通公司債

第20條　發行人申報發行普通公司債，如銷售對象僅限櫃買中心國際債券管理規則所定之專業投資人者，所檢具之公開說明書編製內容，應依公司募集發行有價證券公開說明書應行記載事項準則第6條第3項規定辦理。如銷售對象非限於櫃買中心國際債券管理規則所定之專業投資人者，所檢具之公開說明書除依前開規定編製外，並應載明與債信有關之風險事項、最近3年度及最近期簡明資產負債表及綜合損益表。

前項公司債之公開說明書應揭露證券承銷商總結意見及證券承銷商出具之承銷手續費之收取不以其他方式或名目補償或退還予發行人或其關係人或前二者所指定之人等聲明書。

第1項公司債應向財團法人中華民國證券櫃檯買賣中心申請櫃檯買賣。

第21條　公開發行公司發行公司債，應檢具發行公司債申報書（附表十四），載明其應記載事項，連同應檢附書件，向本會申報生效後，始得為之。

公開發行公司依前項規定提出申報，於本會及本會指定之機構收到發行公司債申報書即日起屆滿3個營業日生效。但金融控股、票券金融及信用卡等事業，申報生效期間為12個營業日。

公開發行公司依第1項規定提出申報，準用第12條第2項、第15條及第16條規

定。

公開發行公司申報發行公司債，因變更發行條件或票面利率，於申報生效前檢齊修正後相關資料，向本會及本會指定之機構申報者，仍依第2項規定之申報生效期間生效。

第22條　發行人同時符合下列各款條件，得檢具發行公司債總括申報書（附表十五），載明其應記載事項，連同應檢附書件，向本會申報生效，並應於預定發行期間內發行完成：

一、股票已上市或在證券商營業處所買賣且合計屆滿3年者。但有下列情事之一，不在此限：

(一)發行人屬公營事業。

(二)發行人屬金融控股公司，且其符合金融控股公司法第4條第4款規定之銀行、保險或證券子公司已上市或在證券商營業處所買賣合計滿3年。

二、最近3年內均依本法第36條及其他法令規定，定期、不定期公開揭露財務業務資訊者。

三、最近3年內辦理募集與發行有價證券，未有經本會予以退回、撤銷或廢止之情事者。但自申報生效通知到達即日起，尚未募足並收足現金款項而經本會撤銷或廢止者，不在此限。

四、最近3年內經本會申報生效之現金增資及發行公司債之計畫均按預計進度確實執行，且未有重大變更者。

五、所委任之會計師，最近3年內未有因辦理有價證券之募集與發行有關業務，經依法處以警告以上之處分者。

六、所委任之主辦承銷商，最近3年內未有因辦理有價證券之募集與發行有關業務，經依本法第66條第2款所為命令該公司解除其董事、監察人或經理人之職務以上之處分者。

發行人依前項規定提出申報，準用第12條第2項、第15條、第16條、第20條及前條第2項及第4項規定。

第1項所稱預定發行期間，自申報生效日起不得超過2年，發行人並應於向本會申報時訂定之。

發行人於預定發行期間內發行公司債，應全數委託證券承銷商包銷。

第23條　發行人於前條預定發行期間內發行公司債，依公司法第252條公告，並收足款項後之次一營業日，應檢具發行公司債總括申報追補書（附表十六），載明應記載事項，連同應檢附書件，報請本會備查。

發行人於前條預定發行期間內發行公司債，如有變更委任會計師或主辦承銷商之情事，其所委任會計師或主辦承銷商仍應分別符合前條第1項第5款或第6款規定。

發行人於前條預定發行期間內發行公司債，有違反第7條及前條第1項規定者，本會得撤銷其當次追補發行之公司債。

第24條　發行人總括申報發行公司債經申報生效後，有下列情形之一，即告終止：

一、有前條第3項情事者。

二、預定發行期間屆滿者。

三、預定之總括發行金額已足額發行者。

四、經本會為保護公益認有必要而撤銷該次總括申報者。

本次總括申報依規定終止前，發行人不得再申報發行普通公司債。

第25條　發行人申報募集與發行以持有其他公司股票作為擔保品之有擔保公司債案件，除法令另有規定者外，應符合下列規定：

一、擔保品應以持有滿1年以上之其他上市公司股票或依櫃買中心審查準則第3條規定在證券商營業處所買賣之公開發行公司股票為限，且該擔保品不得有設定質權、限制上市或上櫃買賣、變更交易方式或屬停止買賣等之任何限制。

二、申報時擔保品價值不得低於原定發行之公司債應負擔本息之150%。

三、應將擔保品設定抵押權或質權予債權人之受託人，並於受託契約明訂，於公司債存續期間，由受託人每日以該擔保品之收盤價進行評價。

擔保品發生跌價損失致擔保維持率低於原定發行之公司債應負擔本息之一定成數時，受託人應即通知發行人補足差額。發行人除應於收到受託人通知日起2個營業日內補足差額外，並應於受託契約中載明發行人未能於期限內補足差額之處置方法及受託人應負擔之責任。

第26條　公開發行公司得發行以其持有期限2年以上之其他上市或依櫃買中心審查準則第3條規定在證券商營業處所買賣之公司股票為償還標的之交換公司債。

公開發行公司發行交換公司債應檢具發行交換公司債申報書（附表十七），載明其應記載事項，連同應檢附書件，向本會申報生效後，始得為之。

公開發行公司依前項規定提出申報，於本會及本會指定之機構收到發行公司債申報書即日起屆滿7個營業日生效，並準用第12條第2項、第15條、第16條、第21條第4項規定。但金融控股、銀行、票券金融及信用卡等事業，申報生效期間為12個營業日。

發行交換公司債時，應於發行及交換辦法中訂定下列有關事項：

一、準用第29條第1項第1款至第8款、第10款、第11款、第13款及第17款。

二、請求交換之程序及給付方式。

三、交換標的之保管方式。

前項所稱保管方式，除法令另有規定外，應委託證券集中保管事業辦理集中保管，且於保管期間，交換標的不得辦理質押亦不得領回。

交換公司債持有人請求交換者，應填具交換請求書，並檢同債券向發行人或其代理機構提出，於送達時生交換之效力；發行人或其代理機構於受理交換之請求後，應於次一營業日發給交換標的股票，惟交換後產生不足1,000股之零股，得於5個營業日內完成交付。

交換公司債發行時，應全數委託證券承銷商辦理公開承銷，並準用第30條、第32條、第35條及第37條規定。

第二節　轉換公司債

第27條　發行轉換公司債應檢具發行轉換公司債申報書（附表十八、附表十九），載明其應記載事項，連同應檢附書件，向本會申報生效後，始得為之。

上市或上櫃公司有第13條第1項第2款情事之一者，於本會及本會指定之機構收到發行轉換公司債申報書即日起屆滿20個營業日生效。

上市或上櫃公司除依前項規定提出申報者外，於本會及本會指定之機構收到發行轉換公司債申報書即日起屆滿12個營業日生效。

興櫃股票公司、未上市或未在證券商營業處所買賣之公司依第1項規定提出申報，於本會及本會指定之機構收到發行轉換公司債申報書即日起屆滿7個營業日生效。但金融控股、銀行、票券金融及信用卡等事業，申報生效期間為12個營業日。

依第1項規定辦理者，準用第12條第2項、第15條、第16條及第21條第4項規定。

第28條　發行以外幣計價之轉換公司債，應向財團法人中華民國證券櫃檯買賣中心申請櫃檯買賣。

第29條　發行轉換公司債時，應於發行及轉換辦法中訂定下列有關事項：

一、發行日期。

二、利率及付息方式。

三、付息日期。

四、公司債券種類、每張金額及發行總額。

五、擔保或保證情形。

六、受託人名稱及重要約定事項。

七、償還方法（如到期還本、到期前還本、收回或贖回條款之約定等）。

八、上市或上櫃公司轉換公司債之上市或在證券商營業處所買賣。

九、請求轉換之程序。

十、轉換條件（含轉換價格、轉換期間及轉換股份之種類等）之決定方式。

十一、轉換價格之調整。

十二、轉換年度有關利息、股利之歸屬。

十三、轉換時不足一股股份金額之處理。

十四、轉換後之權利義務。

十五、債券換股權利證書換發新股之次數、時點。

十六、為履行轉換義務，應以發行新股或交付已發行股份，擇一為之。但興櫃股票公司、未上市或未在證券商營業處所買賣之公司，限以發行新股方式履約。

十七、取得所發行轉換公司債之處理程序。

十八、其他重要約定事項。

有擔保轉換公司債案以發行人持有其他公司股票作為擔保品者，準用第25條之規定。

第30條　轉換公司債面額限採新臺幣10萬元或為新臺幣10萬元之倍數，償還期限不得超

過10年，且同次發行者，其償還期限應歸一律。

第31條　轉換公司債發行時，除上市或上櫃公司應全數委託證券承銷商包銷者外，不得對外公開承銷。

第32條　轉換公司債自發行日後屆滿一定期間起至到期日前10日止，除依法暫停過戶期間外，其持有人得依發行人所定之轉換辦法隨時請求轉換。

前項所稱一定期間，應由發行人於轉換辦法中訂定之。

上市、上櫃公司或興櫃股票公司發行轉換公司債不受第1項到期日前10日不得轉換之限制。

第33條　轉換公司債轉換股份時，不受公司法第140條關於股票發行價格不得低於票面金額規定之限制。

興櫃股票公司發行轉換公司債之轉換價格，不得低於定價日前一段時間普通股加權平均成交價格，且不得低於最近期經會計師查核簽證或核閱之財務報告每股淨值，並應洽推薦證券商對發行價格之合理性表示意見。

未上市或未在證券商營業處所買賣之公司發行轉換公司債之轉換價格不得低於最近期經會計師查核簽證或核閱之財務報告每股淨值，並應洽會計師對發行價格之合理性表示意見。

第34條　轉換公司債持有人請求轉換者，除本會另有規定外，應填具轉換請求書，並檢同債券或登載債券之存摺，向發行人或其代理機構提出，於送達時生轉換之效力；發行人或其代理機構於受理轉換之請求後，其以已發行股票轉換者，應於次一營業日交付股票，其以發行新股轉換者，除應登載於股東名簿外，並應於5個營業日內發給新股或債券換股權利證書。

上市、上櫃或興櫃股票公司依前項所發給之股票或債券換股權利證書，自向股東交付之日起上市或在證券商營業處所買賣。

發行人依第1項以發行新股交付者，應於當季結束後15日內公告前一季新增發行之股票數額。

依第1項發行新股者，公司法第162條第1項第2款規定發行新股變更登記之年、月、日，得以本會通知生效之年、月、日代之；發行人並應於新股發行後，檢附原發行轉換公司債本會之同意函，每季至少向公司登記之主管機關申請資本額變更登記一次。

發行人依第1項發行債券換股權利證書者，應於每年營業年度結束日前，檢附原發行轉換公司債本會之同意函，向公司登記之主管機關申請資本額變更登記，並換發新股。

第35條　轉換公司債及依規定請求換發之債券換股權利證書或股票，除不印製實體者外，應一律為記名式。

第36條　依第34條規定換發之股票及債券換股權利證書於正式交付前，除不印製實體者外，應經簽證機構依公開發行公司發行股票及公司債券簽證規則辦理簽證。

第37條　發行轉換公司債時之轉換價格，發行人應於該轉換公司債銷售前公告之。

前項所稱轉換價格，係指轉換公司債轉換為每股股票所需轉換公司債之票面金額。

第三節　附認股權公司債

第38條　上市、上櫃公司及興櫃股票公司得發行公司債券與認股權分離之附認股權公司債；未上市或未在證券商營業處所買賣之公司不得發行公司債券與認股權分離之附認股權公司債。

第39條　發行附認股權公司債應檢具發行附認股權公司債申報書（附表二十、附表二十一），載明其應記載事項，連同應檢附書件，向本會申報生效後，始得為之。

上市或上櫃公司有第13條第1項第2款情事之一者，於本會及本會指定之機構收到發行附認股權公司債申報書即日起屆滿20個營業日生效。

上市或上櫃公司除依前項規定提出申報者外，於本會及本會指定之機構收到發行附認股權公司債申報書即日起屆滿12個營業日生效。

興櫃股票公司、未上市或未在證券商營業處所買賣之公司依第1項規定提出申報，於本會及本會指定之機構收到發行附認股權公司債申報書即日起屆滿7個營業日生效。但金融控股、銀行、票券金融及信用卡等事業，申報生效期間為12個營業日。

依第1項規定辦理者，準用第12條第2項、第15條、第16條及第21條第4項規定。

第40條　發行以外幣計價之附認股權公司債，應向財團法人中華民國證券櫃檯買賣中心申請櫃檯買賣。

第41條　發行附認股權公司債時，應於發行及認股辦法中訂定下列有關事項：

一、發行日期。

二、利率及付息方式。

三、付息日期。

四、公司債券種類、每張金額及發行總額。

五、每張附認股權公司債給予之認股權單位數。

六、附可分離認股權者，其認股權憑證之發行單位總數及每單位認股權憑證價格之計算方式。

七、擔保或保證情形。

八、受託人名稱及重要約定事項。

九、償還方法（如到期還本、到期前還本、收回或贖回條款之約定等）。

十、上市或上櫃公司附認股權公司債之上市或在證券商營業處所買賣。

十一、請求認股之程序及股款繳納方式。股款繳納方式以現金或本公司債抵繳擇一為之。

十二、認股條件（含認股價格、認股期間、認購股份之種類及每單位認股權可認購之股數等）之決定方式。

十三、認股價格之調整。

十四、認股年度有關利息、股利之歸屬。

十五、認股後之權利義務。

十六、履約方式，限以發行新股方式支應。

十七、股款繳納憑證換發新股之次數、時點。

十八、取得所發行附認股權公司債之處理程序。

十九、其他重要約定事項。

有擔保附認股權公司債案件以發行人持有其他公司股票作為擔保品者，準用第25條之規定。

第42條　發行附認股權公司債時，其公司債之面額限採新臺幣10萬元或為新臺幣10萬元之倍數。

發行附認股權公司債時，因認股權行使而須發行新股之股份總數，按每股認股價格計算之認購總價額，不得超過該公司債發行之總面額。

興櫃股票公司發行附認股權公司債之認股價格，不得低於定價日前一段時間之普通股加權平均成交價格，且不得低於最近期經會計師查核簽證或核閱之財務報告每股淨值，並應洽推薦證券商對發行價格之合理性表示意見。

未上市或未在證券商營業處所買賣之公司發行附認股權公司債之認股價格不得低於最近期經會計師查核簽證或核閱之財務報告每股淨值，並應洽會計師對發行價格之合理性表示意見。

第43條　附認股權公司債發行時，除上市或上櫃公司應全數委託證券承銷商包銷者外，不得對外公開承銷。

第44條　發行附認股權公司債時之認股價格，發行人應於該附認股權公司債銷售前公告之。

第45條　附認股權公司債自發行日後屆滿一定期間起至到期日前10日止，除依法暫停過戶期間外，持有人得依發行人所定之發行及認股辦法請求認股。但其認股權之存續期間不得超過該公司債之償還期限。

前項所稱一定期間，應由發行人於發行及認股辦法中訂定之。

上市、上櫃公司或興櫃股票公司發行附認股權公司債不受第1項到期日前10日不得認股之限制。

第46條　發行人履行認股權義務時，不受公司法第140條關於股票發行價格不得低於票面金額規定之限制。

第47條　附認股權公司債持有人請求認股時，應填具認股請求書，向發行人或其代理機構提出；發行人或其代理機構於受理認股之請求並收足股款後，應登載於股東名簿，並於5個營業日內發給新股或股款繳納憑證。

上市、上櫃或興櫃股票公司依前項所發給之股票或股款繳納憑證，自向股東交付之日起上市或在證券商營業處所買賣。

發行人依第1項交付股票者，應於當季結束後15日內公告前一季新增發行之股票數額。

依第1項發行新股者，公司法第162條第1項第2款規定發行新股變更登記之年、月、日，得以本會通知生效之年、月、日代之；發行人並應於新股發行後，檢附原本會核准發行之同意函，每季至少向公司登記之主管機關申請資本額變更登記一次。

發行人依第1項發行股款繳納憑證者,應於每年營業年度結束日前,檢附繳足股款證明及本會原核准發行附認股權公司債之同意函,向公司登記之主管機關申請資本額變更登記,並換發新股。

第48條 附認股權公司債及依規定請求換發之股款繳納憑證或股票,除不印製實體者外,應一律為記名式。

第49條 依第47條規定換發之股票及股款繳納憑證於正式交付前,除不印製實體者外,應經簽證機構依公開發行公司發行股票及公司債券簽證規則辦理簽證。

第四章 發行員工認股權憑證與限制員工權利新股

第50條 發行人申報發行員工認股權憑證及限制員工權利新股,如有下列情形之一,本會得退回其案件:

一、最近連續2年有虧損者。但依其事業性質,須有較長準備期間或具有健全之營業計畫,確能改善營利能力者,不在此限。

二、資產不足抵償債務者。

三、重大喪失債信情事,尚未了結或了結後尚未逾3年者。

四、對已發行員工認股權憑證或限制員工權利新股而有未履行發行及認股辦法約定事項之情事,迄未改善或經改善後尚未滿3年者。

五、其他本會為保護公益認為有必要者。

第51條 (刪除)

第52條 員工認股權憑證不得轉讓。但因繼承者不在此限。

第53條 上市或上櫃公司申報發行員工認股權憑證,其認股價格不得低於發行日標的股票之收盤價。

興櫃股票公司發行員工認股權憑證,其認股價格不得低於發行日前一段時間普通股加權平均成交價格,且不得低於最近期經會計師查核簽證或核閱之財務報告每股淨值。但發行日已為上市或上櫃公司者,應依前項規定辦理。

未上市或未在證券商營業處所買賣之公司發行員工認股權憑證,其認股價格不得低於最近期經會計師查核簽證或核閱之財務報告每股淨值,並應洽會計師對發行價格之合理性表示意見。但發行日已為興櫃股票公司者,應依前項規定辦理。

第2項所稱發行日前一段時間普通股加權平均成交價格,準用第14條第5項規定。

第54條 員工認股權憑證自發行日起屆滿2年後,持有人除依法暫停過戶期間外,得依發行人所定之認股辦法請求履約。

員工認股權憑證之存續期間不得超過10年。

第55條 發行人發行員工認股權憑證應檢具發行員工認股權憑證申報書(附表二十二),載明其應記載事項,連同應檢附書件,向本會申報生效後,始得為之。

依前項規定提出申報,於本會及本會指定之機構收到發行員工認股權憑證申報書即日起屆滿7個營業日生效,並準用第12條第2項、第15條及第16條規定。但金

融控股、銀行、票券金融、信用卡及保險等事業，申報生效期間為12個營業日。

第56條　發行人申報發行員工認股權憑證，應經董事會三分之二以上董事出席及出席董事超過二分之一之同意，並於發行及認股辦法中訂定下列有關事項：

一、發行期間。

二、認股權人資格條件。

三、員工認股權憑證之發行單位總數、每單位認股權憑證得認購之股數及因認股權行使而須發行之新股總數或依本法第28條之2規定須買回之股數。

四、認股條件（含認股價格、權利期間、認購股份之種類及員工離職或發生繼承時之處理方式等）之決定方式。

五、履約方式；上市或上櫃公司應以發行新股或交付已發行股份擇一為之。但興櫃股票、未上市或未於證券商營業處所買賣之公司，應以發行新股為之。

六、認股價格之調整。

七、盈餘轉增資及資本公積轉增資時，得增發員工認股權憑證或調整認股股數。但以認股時公司章程載明有足以供認購股份數額者為限。

八、行使認股權之程式。

九、認股後之權利義務。

十、其他重要約定事項。

前項第1款所稱發行期間，自申報生效通知到達之日起不得超過1年。超過發行期間，其未發行之餘額仍須發行時，應重行申報。

第1項各款事項之變更，應經董事會三分之二以上董事出席及出席董事超過二分之一之同意。

第1項各款事項有變更時，發行人應即檢具董事會議事錄及修正後相關資料，列為補正書件，並準用第12條第2項規定。

第56-1條　發行人發行認股價格不受第53條規定限制之員工認股權憑證，應有代表已發行股份總數過半數股東之出席，出席股東表決權三分之二以上同意行之。並得於股東會決議之日起1年內分次申報辦理。

依前項規定辦理者，應於股東會召集事由中列舉並說明下列事項，不得以臨時動議提出：

一、員工認股權憑證之發行單位總數、每單位認股權憑證得認購之股數及因認股權行使而須發行之新股總數或依本法第28條之2規定須買回之股數。

二、認股價格訂定之依據及合理性。

三、認股權人之資格條件及得認購股數。

四、辦理本次員工認股權憑證之必要理由。

五、對股東權益影響事項：

(一)可能費用化之金額及對公司每股盈餘稀釋情形。

(二)以已發行股份為履約方式者，應說明對公司造成之財務負擔。

公司依據第1項規定提請股東會決議之事項，應於章程中定之。

第57條　發行人申報發行員工認股權憑證，經本會申報生效後，應於申報生效到達日之次

日，公告其發行及認股辦法之主要內容，如以發行新股履約者，應將對股東權益可能稀釋之情形併同公告。

發行人申報發行員工認股權憑證，經本會申報生效後，應於員工認股權憑證發行日及發行期間屆滿時之次日，將發行情況輸入本會指定之資訊申報網站。

發行人申報發行員工認股權憑證，以已發行之股份為履約方式者，經本會申報生效後，應於董事會決議買回其股份作為員工認股權憑證履約之日起2日內公告預期取得股份之成本、員工認股價格與公司取得股份成本之差額及對股東權益之影響。

第1項發行及認股辦法之主要內容有變更時，應經董事會三分之二以上董事出席及出席董事超過二分之一之同意，並即檢具董事會議事錄及修正後相關資料，報請本會核備後公告之。

第58條　發行人履行認股權義務時，不受公司法第140條關於股票發行價格不得低於票面金額規定之限制。

第59條　認股權人請求認股時，應填具認股請求書，向發行人或其代理機構提出；發行人或其代理機構於受理認股之請求並收足股款後，其以已發行之股份履約者，應於次二營業日交付股票；其以發行新股股份履約者，應登載於股東名簿，並應於5個營業日內發給新股或認股權股款繳納憑證。

上市、上櫃或興櫃股票公司依前項發給之股票或股款繳納憑證，自向股東交付之日起上市或在證券商營業處所買賣。

發行人依第1項交付股票者，應於當季結束後15日內公告前一季新增發行之股票數額。

依第1項發行新股者，公司法第162條第1項第2款規定發行新股變更登記之年、月、日，得以本會通知生效之年、月、日代之；發行人並應於新股發行後，檢附原發行員工認股權憑證本會之同意函，每季至少向公司登記之主管機關申請資本額變更登記一次。

依第1項發行認股權股款繳納憑證者，發行人應於每年營業年度結束日前，檢附原發行員工認股權憑證本會之同意函及已執行認股權股款繳納證明文件影本，向公司登記之主管機關申請資本額變更登記，並換發新股。

第60條　前條認股權股款繳納憑證除不印製實體者外，於正式交付前，應經簽證機構依公開發行公司發行股票及公司債券簽證規則辦理簽證。

第60-1條　本準則所稱限制員工權利新股，謂發行人依公司法第267條第8項發給員工之新股附有服務條件或績效條件等既得條件，於既得條件達成前，其股份權利受有限制。

發行人依公司法第267條第8項及本準則規定發行之限制員工權利新股，於員工未達成既得條件時，發行人得依發行辦法之約定收回或收買已發行之限制員工權利新股，不受公司法第167條第1項關於公司不得自將股份收回或收買規定之限制。

前項收回或收買已發行之限制員工權利新股，視為公司未發行股份，並應辦理變

更登記。

第60-2條 發行人申報發行限制員工權利新股，應有代表已發行股份總數三分之二以上股東出席之股東會，以出席股東表決權過半數之同意行之。並得於股東會決議之日起1年內分次申報辦理。

出席股東之股份總數不足前項定額者，得以有代表已發行股份總數過半數股東之出席，出席股東表決權三分之二以上之同意行之。

依前二項規定辦理者，應於股東會召集事由中列舉並說明下列事項，不得以臨時動議提出：

一、發行總額。

二、發行條件。

三、員工資格條件及得獲配或認購之股數。

四、辦理本次限制員工權利新股之必要理由。

五、可能費用化之金額、對公司每股盈餘稀釋情形及其他對股東權益影響事項。

第60-3條 發行人發行限制員工權利新股應檢具發行限制員工權利新股申報書（附表二十二之一），載明其應記載事項，連同應檢附書件，向本會申報生效後，始得為之。

依前項規定提出申報，於本會及本會指定之機構收到發行限制員工權利新股申報書即日起屆滿7個營業日生效，並準用第12條第2項、第15條及第16條規定。但金融控股、銀行、票券金融、信用卡及保險等事業，申報生效期間為12個營業日。

第60-4條 發行人申報發行限制員工權利新股，應於發行辦法中訂定下列有關事項：

一、發行條件（含發行價格、既得條件、發行股份之種類及員工未符既得條件或發生繼承時之處理方式等）。

二、發行總額。

三、員工之資格條件。

四、獲配或認購新股後未達既得條件前受限制之權利。

五、其他重要約定事項（含股票信託保管等）。

前項申報發行限制員工權利新股，自申報生效通知到達之日起超過1年未發行之餘額仍須發行時，應重行申報。

第60-5條 限制員工權利新股之發行價格不受公司法第140條關於股票發行價格不得低於票面金額規定之限制，並得無償配發之。

第60-6條 （刪除）

第60-7條 發行人申報發行限制員工權利新股，經本會申報生效後，應於申報生效到達日之次日，公告其發行辦法之主要內容，且應將對股東權益可能稀釋之情形併同公告。

發行人發行限制員工權利新股經申報生效後，應於新股發行日之次日，將發行情況輸入本會指定之資訊申報網站。

發行人發行限制員工權利新股後，應於員工達成既得條件時之次日，將限制員工權利新股之解除限制情況輸入本會指定之資訊申報網站。

發行人依第60條之1第2項收回或收買已發行之限制員工權利新股,應於收回或收買股份之次日,將收回或收買情況輸入本會指定之資訊申報網站。

第60-8條　發行人依第56條之1第1項申報發行之員工認股權憑證得認購股份數額及前各次依同條規定發行且流通在外員工認股權憑證得認購股份總數,加計依第60條之2申報發行之限制員工權利新股及前各次已發行而尚未達既得條件之限制員工權利新股合計數,不得超過已發行股份總數之5%,且加計發行人依第56條第1項申報發行之員工認股權憑證得認購股份數額及前各次員工認股權憑證流通在外餘額,不得超過已發行股份總數之15%。

第60-9條　發行人依第56條之1第1項規定發行員工認股權憑證累計給予單一認股權人得認購股數,加計認股權人累計取得限制員工權利新股之合計數,不得超過已發行股份總數之3‰,且加計發行人依第56條第1項規定發行員工認股權憑證累計給予單一認股權人得認購股數,不得超過已發行股份總數之1%。但經各中央目的事業主管機關專案核准者,單一員工取得員工認股權憑證與限制員工權利新股之合計數,得不受前開比例之限制。

第五章　公開招募

第61條　有價證券持有人依本法第22條第3項規定對非特定人公開招募者,應檢具有價證券公開招募申報書(附表二十三),載明其應記載事項,連同應檢附書件,向本會申報生效後,始得為之。

未依本法規定辦理公開發行之有價證券,其持有人擬申報對非特定人公開招募時,應先洽由發行人向本會申報補辦公開發行審核程序,在未經申報生效前,不得為之。

有價證券持有人依第1項規定提出申報,於本會及本會指定之機構收到有價證券公開招募申報書即日起屆滿7個營業日生效,並準用第12條第2項、第15條及第16條規定。

第1項及第2項規定於依法律規定所為之拍賣或變賣程序,不適用之。

第62條　有價證券持有人申報公開招募時,應檢具公開招募說明書,載明下列事項:
一、公開招募之動機與目的。
二、公開招募價格之訂定方式與說明。
三、證券承銷商提出之評估報告。

第63條　興櫃股票、未上市或未在證券商營業處所買賣公司之股票,其持有人申報對非特定人公開招募時,有下列情形之一,本會得退回其案件:
一、其發行公司自設立登記後,未逾3年者。
二、其發行公司財務報告之決算營業利益及稅前純益占歸屬於母公司業主之權益比率均未達下列情形之一者。但前述財務報告之獲利能力不包含非控制權益之淨利(損)對其之影響:
(一)最近年度達2%以上,且其最近一會計年度決算無累積虧損。

　　　　　　(二)最近二年度均達1%以上。

　　　　　　(三)最近二年度平均達1%以上，且最近1年度之獲利能力較前一年度為佳。

　　三、其發行公司最近年度之每股淨值低於面額或分派前之淨值占資產總額之比率
　　　　未達三分之一以上者。

　　四、其他本會認為不適宜對非特定人公開招募者。

第64條　有價證券持有人依第61條規定申報公開招募者，經向本會申報生效後，除已上市
　　　　或上櫃公司之股票應委託證券承銷商為之外，應委託證券承銷商包銷，並應依本
　　　　法第71條第2項規定，於承銷契約中訂明保留承銷股數之50%以上由證券承銷商
　　　　自行認購。但其未來3年之釋股計畫已經目的事業主管機關核准，並出具會計制
　　　　度健全之意見書者，得免保留一定比率由證券承銷商自行認購。

　　　　公開招募價格應由證券承銷商說明其價格決定方式及依據。

第65條　證券承銷商出售其所承銷之有價證券，應代理有價證券持有人交付公開招募說明
　　　　書。

第六章　補辦公開發行

第66條　發行人依本法第42條第1項及公司法第156條第3項規定首次辦理股票公開發行
　　　　者，須檢具申報書（附表二十四），載明應記載事項，連同股票公開發行說明書
　　　　等應檢附書件，向本會提出申報，於本會及本會指定之機構收到申報書即日起屆
　　　　滿12個營業日生效。

　　　　前項股票公開發行說明書應載明事項，準用公司募集發行有價證券公開說明書應
　　　　行記載事項準則或金融業募集發行有價證券公開說明書應行記載事項準則規定。

　　　　依第1項規定提出申報，準用第5條、第12條第2項、第15條及第6條規定。

　　　　依第1項規定首次辦理股票公開發行者，經申報生效後，經發現有第11條第1項
　　　　第4款、第5款及第7款所列情形之一，本會得撤銷或廢止其申報生效。

　　　　依第1項規定首次辦理股票公開發行之公司，曾依公司法第167條之2規定發給之
　　　　員工認股權憑證，應併同股票辦理首次公開發行。

　　　　依第1項規定首次辦理股票公開發行之公司，曾依公司法第248條規定私募普通
　　　　公司債，自該私募普通公司債交付日起滿3年後，得併同股票辦理首次公開發
　　　　行。

　　　　曾依本法公開發行股票之公司嗣後股票不繼續公開發行者，其依本法第43條之6
　　　　規定私募之有價證券，應自該私募有價證券交付日起滿3年後，始得併同股票再
　　　　向本會辦理首次公開發行。

第67條　依本法第42條第1項及公司法第156條第3項規定首次辦理股票公開發行，有下列
　　　　情形之一，本會得退回其案件：

　　一、簽證會計師出具無法表示意見或否定意見之查核報告者。

　　二、簽證會計師出具保留意見之查核報告，其保留意見影響財務報告之允當表達
　　　　者。

三、發行人填報、簽證會計師複核出具之案件檢查表，顯示有違反法令或公司章程，情節重大者。

四、未依公開發行公司建立內部控制制度處理準則規定，訂定內部控制制度，含內部稽核實施細則，並經董事會通過者。

五、會計師就內部控制制度設計或執行之有效性進行專案審查，有下列情形之一者：

(一)未取具受查公司針對內部控制制度設計或執行有效性之聲明書。

(二)會計師審查報告顯示受查公司內部控制制度設計或執行有重大缺失尚未改善，或無法表示意見。

六、曾依公司法第167條之2發給之員工認股權憑證，未併同股票辦理公開發行者。

七、經本會發現有違反法令，情節重大者。

依前條第6項規定辦理私募普通公司債首次公開發行者，該私募普通公司債自交付日起未屆滿3年者，本會得退回其案件。

第68條　公開發行公司依法私募下列有價證券及嗣後所配發、轉換或認購之有價證券，自該私募有價證券交付日起滿3年後，應先向本會辦理公開發行，始得向證券交易所或財團法人中華民國證券櫃檯買賣中心申請上市或在證券商營業處所買賣：

一、依本法第43條之6規定私募股票者，該私募股票及其嗣後無償配股取得之股份。

二、依法私募之普通公司債。

三、依本法第43條之6規定私募員工認股權憑證者，其嗣後認購之股款繳納憑證、股份及無償配股取得之股份。

四、依本法第43條之6規定私募附認股權特別股、附認股權公司債及轉換公司債者，該私募附認股權特別股、附認股權公司債及轉換公司債、其嗣後認購之股款繳納憑證、轉換之債券換股權利證書、股份及無償配股取得之股份。

五、依本法第43條之6規定私募海外公司債、海外股票及參與私募海外存託憑證者，於國內兌回、轉換或認購為股票及無償配股取得之股份。

依前項規定辦理公開發行者，須檢具申報書（附表二十五至附表三十一），載明應記載事項，連同應檢附書件，向本會提出申報，於本會及本會指定之機構收到申報書即日起屆滿7個營業日生效，並準用第5條、第12條第2項、第15條及第16條規定。但金融控股、銀行、票券金融、信用卡及保險等事業，申報生效期間為12個營業日。

依第1項規定辦理公開發行者，經申報生效後，經發現有第11條第1項第4款至第7款所列情形之一，本會得撤銷或廢止其申報生效。

第69條　發行人申報私募有價證券補辦公開發行時，應檢具補辦公開發行說明書，並載明下列事項：

一、依據公開發行公司辦理私募有價證券應注意事項辦理情形。

二、私募有價證券計畫之執行效益。

三、最近年度經會計師查核簽證之財務報告及會計師查核報告。申報日期已逾應公告申報各季財務報告期限者，應加列最近一季經會計師查核簽證或核閱之財務報告及會計師查核或核閱報告。

四、其他經本會規定應記載事項。

第70條　公開發行公司申報辦理第68條之案件，有下列情形之一，本會得退回其案件：

一、自該私募有價證券交付日起未屆滿3年。

二、未依本法第43條之6規定經股東會或董事會合法決議。但經有罪判決確定，服刑期滿並補提股東會或董事會追認者，不在此限。

三、私募時之對象及人數未符合本法第43條之6規定。但經有罪判決確定，服刑期滿並補提股東會或董事會追認者，不在此限。

四、未依本法第43條之6第5項規定及公開發行公司辦理私募有價證券應注意事項將辦理私募有價證券資訊輸入本會指定之資訊申報網站。但已經依法處分並繳納罰鍰，且補辦申報者，不在此限。

五、未依本法第43條之6第6項及公開發行公司辦理私募有價證券應注意事項規定於有價證券私募股東會召集事由或開會通知中列舉並說明相關事項或分次辦理未事先於股東會召集事由列舉並說明相關事項。但已經依法處分並繳納罰鍰，且將應於股東會召集事由中列舉並說明之事項提股東會通過者，不在此限。

六、未依公開發行公司辦理私募有價證券應注意事項將私募訂價依據、合理性及專家意見，提股東會決議，情節重大者。但已補提股東會通過者，不在此限。

七、公司內部人或關係人認購本次私募有價證券未符合公開發行公司辦理私募有價證券應注意事項規定，情節重大者。但取得證券交易所或財團法人中華民國證券櫃檯買賣中心核發同意函者，不在此限。

八、股東會決議辦理私募有價證券前一年度為稅後純益且無累積虧損之公司，未依公開發行公司辦理私募有價證券應注意事項規定辦理，情節重大者。但取得證券交易所或財團法人中華民國證券櫃檯買賣中心核發同意函者，不在此限。

九、未依公開發行公司辦理私募有價證券應注意事項規定期間內完成股款或價款收足者。

十、私募有價證券計畫無正當理由執行進度嚴重落後且尚未完成、計畫經重大變更或未能產生合理效益。但私募有價證券繳款日距申報時已逾5年者，不在此限。

十一、曾經本法第139條第2項規定限制有價證券買賣，尚未經本會解除限制者。

十二、簽證會計師出具無法表示意見或否定意見之查核報告。

十三、簽證會計師出具保留意見之查核報告，其保留意見影響財務報告之允當表達者。

十四、發行人填報、簽證會計師複核出具之案件檢查表，顯示有違反法令或公司
　　　章程，情節重大者。

十五、私募交換公司債自交付日起未滿3年而有行使交換權之情事者。

十六、經本會發現有違反法令，情節重大者。

第71條　公開發行公司依法私募有價證券，經本會同意辦理公開發行後，應自本會申報生
　　　效通知到達之日起30日內換發有價證券，並於換發前至本會指定之資訊申報網站
　　　辦理公告。

前項經補辦公開發行之有價證券，嗣後向證券交易所或財團法人中華民國證券櫃
檯買賣中心申請上市或在證券商營業處所買賣者，應採帳簿劃撥交付，不印製實
體方式為之，並免依公開發行公司發行股票及公司債券簽證規則辦理簽證。

第七章　無償配發新股與減少資本

第72條　公開發行公司辦理無償配發新股與減少資本案件，須檢具申報書（附表三十二、
　　　附表三十三），載明其應記載事項，連同應檢附書件，向本會提出申報。

前項申報案件，於本會及本會指定之機構收到申報書即日起屆滿下列各款之營業
日生效：

一、無償配發新股者，為3個營業日。

二、上市或上櫃公司辦理減少資本者，為12個營業日。

三、興櫃股票公司、未上市或未在證券商營業處所買賣之公司辦理減少資本者，
　　為7個營業日。

四、金融控股、銀行、票券金融、信用卡及保險等事業之申報案件，為12個營業
　　日。

依第1項規定辦理者，準用第5條、第12條第2項、第15條及第16條規定。

申報生效後，經發現有第11條第1項第4款至第7款所列情形之一，本會得撤銷或
廢止其申報生效。

第72-1條　本法第41條第2項所定以資本公積撥充資本之比率，其以公司法第241條第1項第
　　　1款及第2款規定之資本公積撥充資本者，每年撥充之合計金額，不得超過實收資
　　　本額10%。但公司因組織發生變動（如併購、改制等），致其未分配盈餘於組織
　　　變動後轉列資本公積者，不在此限。

依公司法第241條第1項第1款規定轉入之資本公積，應俟增資或其他事由所產生
該次資本公積經公司登記主管機關核准登記後之次一年度，始得將該次轉入之資
本公積撥充資本。

第73條　公開發行公司辦理無償配發新股及減少資本，有下列情形之一，本會得退回其案
　　　件：

一、簽證會計師出具無法表示意見或否定意見之查核報告者。

二、簽證會計師出具保留意見之查核報告，其保留意見影響財務報告之允當表達
　　者。

三、發行人填報、簽證會計師複核之案件檢查表，顯示有違反法令或公司章程，情節重大者。

四、申報盈餘轉作資本案件，有下列情事之一者：

(一)未分配盈餘扣除應依本法第41條第1項規定提列之特別盈餘公積後餘額不足分派。

(二)上市或上櫃公司未於章程中明訂具體之股利政策。

(三)上市、上櫃公司或興櫃股票公司未依本法第14條之6第1項規定設置薪資報酬委員會或未依相關法令規定辦理，其情節重大。

五、申報資本公積轉作資本案件，有下列情形之一者：

(一)最近連續2年有虧損之情事。

(二)違反第72條之1規定。

六、未依公司法第177條之1第1項但書規定將電子方式列為表決權行使管道之一者。

七、違反或不履行申請股票上市或在證券商營業處所買賣時之承諾事項，情節重大者。

八、經本會發現有違反法令，情節重大者。

九、其他本會為保護公益認為有必要者。

第74條　公開發行公司辦理無償配發新股或減少資本，應依照下列規定辦理：

一、於申報生效通知到達之日起30日內，依公司法第273條規定辦理。

二、於經濟部核准公司發行新股變更登記核准函送達公司之日起30日內，依公開發行公司發行股票及公司債券簽證規則辦理簽證，對認股人交付有價證券，並應於交付前公告之。但不印製實體有價證券者，免依公開發行公司發行股票及公司債券簽證規則辦理簽證。

公開發行公司辦理無償配發新股或減少資本，以帳簿劃撥方式交付者，應依證券集中保管事業相關規定辦理，得不印製實體有價證券。

第八章　附則

第75條　依本準則規定提出之申報書件，應依附表附註規定格式製作並裝訂成冊。

依第12條、第16條、第21條、第22條、第26條、第27條、第39條、第55條、第56條、第61條、第66條、第68條及第72條規定提出之補正書件，應將原申報書件補正後依附表規定格式重新裝訂成冊，封面註明補正之申報書件，以及補正之次數，並就補正之處，編為目錄，置於申報書件總目錄之前，補正處並應以線條標明於直寫文字之右側，橫寫文字之下方。

發行人申報募集與發行有價證券、補辦公開發行、無償配發新股、減少資本或有價證券持有人申報公開招募有價證券，依本準則規定應申報或補正之書件，應分別裝訂成冊，並於申報或補正同時，以抄本送證券交易所、證券櫃檯買賣中心、證券商業同業公會、財團法人中華民國證券暨期貨市場發展基金會及其他經本會

指定之機構團體各1份，供公眾閱覽。

第75-1條　中華民國101年9月17日修正之第3條第6項、第8條、第13條第1項第2款第6目、第18條及第63條，其適用情形如下：

一、股票於證券交易所上市或於證券商營業處所買賣之公開發行股票公司，自102會計年度適用。

二、股票未於證券交易所上市或未於證券商營業處所買賣之公開發行股票公司，自104會計年度適用。但得自願自102會計年度適用。

三、未依前二款規定辦理之公開發行股票公司，應依本準則101年9月17日修正發布施行前之規定辦理。

第76條　本準則施行日期，除中華民國95年3月3日修正之第10條、第71條，自中華民國95年7月1日施行；中華民國96年3月6日修正之第56條之1，自中華民國97年1月1日施行；中華民國96年11月9日修正之第72條之1，施行日期由主管機關定之外，自發布日施行。

附錄七　社會團體財務處理辦法

民國100年09月23日修正

第一章　總則

第1條　　本辦法依人民團體法第66條規定訂定之。

第2條　　社會團體之財務處理，除法律另有規定外，依本辦法之規定辦理，其他行政命令
　　　　　與本辦法無抵觸者，仍得適用之。

第3條　　本辦法所稱社會團體係指依人民團體法設立之社會團體。

第4條　　社會團體之會計年度以曆年為準，自每年1月1日起至12月31日止。但國際性社
　　　　　會團體章程另有規定，並報經主管機關核准者，從其規定。

第5條　　社會團體之會計基礎，平時採用現金收付制，年終結算時採用權責發生制。

第二章　會計報告及會計科目

第6條　　會計報告規定如下：

　　　　　一、收支決算表。

　　　　　二、現金出納表。

　　　　　三、資產負債表。

　　　　　四、財產目錄。

　　　　　五、基金收支表。

　　　　　各團體並得視實際需要自行編訂對內會計報告。

　　　　　第1項表報之格式及製表說明如附件一。

第7條　　會計科目分為資產、負債、基金暨餘絀、收入、支出五類。

　　　　　前項各類會計科目之名稱及說明如附件二。

第三章　會計簿籍

第8條　　會計簿籍分為下列各種：

　　　　　一、日記簿。

　　　　　二、總分類帳。

　　　　　三、財產登記簿。

　　　　　四、明細分類帳。

　　　　　五、其他簿籍。

　　　　　年度預算金額在新臺幣300萬元以下者，得僅置日記簿乙種，其有財產之購置或

處分者，另置財產登記簿。

第1項會計簿籍之格式如附件三。

第四章　會計憑證

第9條　　會計憑證分為下列二類：

一、原始憑證：證明會計事項之經過，而為造具記帳憑證所根據之憑證。

二、記帳憑證：證明處理會計事項人員之責任，而為記帳所根據之憑證。

年度預算金額在新臺幣300萬元以下者，得以原始憑證為記帳所根據之憑證。

第10條　　原始憑證包括下列各種：

一、現金、票據、證券等之收付移轉單據。

二、收據簿。

三、員工薪給支給單據。

四、出差旅費報告單。

五、存款提款等憑據。

六、發票、收據、契約定貨單。

七、財產毀損報廢表。

八、收支預算表。

九、支出證明單。

十、法令、決議等可資證明各項會計事項發生經過之有關單據。

十一、其他書表憑證單據。

前項各款原始憑證之格式，已有規定者，應依其規定，其餘由各該團體依事實需要自行設計。

第11條　　記帳憑證包括下列各種：

一、收入傳票。

二、支出傳票。

三、轉帳傳票。

前項記帳憑證格式如附件四。

第五章　預算決算之編審

第12條　　社會團體應於年度開始前2個月由理事會編造年度工作計畫及收支預算表，提經會員（會員代表）大會通過後，於年度開始前報請主管機關核備。因故未能如期召開會員（會員代表）大會者，可先經各該團體理事監事聯席會議通過，呈報主管機關，事後提報大會討論通過後再報請主管機關核備。

前項收支預算表格式如附件五。

第13條　　社會團體應於年度終了後2個月內由理事會編造當年度工作報告、收支決算表，連同現金出納表、資產負債表、財產目錄及基金收支表，送監事會審核，造具審

核意見書，送還理事會，提經會員（會員代表）大會通過後，於3月底前報請主管機關核備。因故未能如期召開會員（會員代表）大會者，可先經各該團體理事監事聯席會議通過，呈報主管機關，事後提報大會討論通過後再報請主管機關核備。

前項決算金額在新台幣1,500萬元以上者，得委請會計師簽證。

第六章　財產管理

第14條　本辦法所稱財產以附件二所定之固定資產為範圍。

第15條　本辦法所稱財產管理係指財產之登記、增置、減少、處分及保管運用等有關處理程序事項。

第16條　社會團體不動產之購置、出售、轉讓或他項權利之設定，應經會員（會員代表）大會通過，始得處理。但不動產之購置遇有特殊需要得經會員（會員代表）大會授權理事監事聯席會議通過，再提報大會追認。

第七章　財務及會計處理

第17條　社會團體會員之入會費及常年會費，其標準及繳納方式應訂入章程，經會員（委員代表）大會通過並報請主管機關核備後行之。

第18條　社會團體應配合年度預算之編審造具工作人員待遇表，由理事會訂定，提經會員（會員代表）大會通過後行之。

第19條　社會團體會員繳納之各項費用，於退會時，不得請求退還。

第20條　社會團體應逐年提列準備基金，每年提列數額為收入總額20%以下。但社會團體決算發生虧損時，得不提列。

前項基金及其孳息應專戶存儲，非經理事會通過，不得動支。

第21條　社會團體之以前年度之決算結餘，得作為下年度支出之財源使用。

第22條　社會團體財務會計之計算，以新台幣元為記帳單位，如屬外幣應折合新台幣為記帳單位。

第23條　社會團體財務收入，除週轉金外，應存入銀行或中華郵政股份有限公司所屬郵局，不得存放於其他公私企業或個人，並以隨收隨存為原則。

前項週轉金不得超過新臺幣10萬元，經理事會通過後交財務人員保管。

日常開支金額每筆在新臺幣1萬元以下時，可在週轉金項下以現金支付，超過新臺幣1萬元者應以劃線記名支票逐付受款人，不得使用現金。

第24條　社會團體經費收入，均應掣給正式收據，並留存根備查。提用存款時，應由團體負責人、秘書長或總幹事及財務人員於領款憑證上共同蓋章。

第25條　社會團體常設之辦事處、委員會、小組或其他內部作業組織，其財務應由各該團體統收統支，不得另編年度收支預算、決算。

第26條　社會團體舉行各種會議時，各該團體之出席人員不得支領任何費用。但理事出席

理事會議、監事出席監事會議及依督導各級人民團體實施辦法第9條規定列席人員執行職務，得由團體視其財務狀況，參照政府機關所訂標準酌發出席費或按其交通工具憑票證酌發交通費。

第27條　社會團體處理財務收支，不得有匿報或虛報情事，並應定期公告之。

第28條　社會團體之收支應保持平衡，就已實現之收入經費範圍內覈實相對支出。

第29條　社會團體財務之各種憑證、帳簿、表報等之檔案保管依下列規定辦理：

　　　　一、永久保管者：

　　　　　　(一)年度預決算案。

　　　　　　(二)各項基金之籌集及存儲、動支案件。

　　　　　　(三)財產目錄、登記簿及毀損報廢表。

　　　　　　(四)各種財產契約及權狀。

　　　　　　(五)不動產之營繕案件。

　　　　　　(六)財產之增減及其產權之變更案件。

　　　　　　(七)資產負債表。

　　　　　　(八)其他須供永久查考之財務案卷。

　　　　二、保管10年者：

　　　　　　(一)經費收支帳冊、傳票、憑證、備查簿。

　　　　　　(二)總分類帳、明細分類帳。

　　　　　　(三)其他可供10年內查考之財務案卷。

　　　　三、保管5年者：

　　　　　　(一)各種臨時憑證。

　　　　　　(二)短期借貸款項案件。

　　　　　　(三)其他可供5年內查考之財務案卷。

　　　　四、保管3年者：各種日報表、月報表及其留底。

前項各款已屆滿規定保管年限之財務檔案，經監事會點驗後得予銷燬，其因特殊原因，得將保管年限經理事會、監事會通過後延長之，並報主管機關備查。

第八章　財務人員

第30條　本辦法所稱財務人員係指辦理會計、出納及財物管理之人員。

　　　　前項財務人員應為專任。但於該團體編制不足時，得由其他工作人員兼辦之。

第31條　社會團體財務人員到職時應辦理保證手續，其程序由各該團體理事會訂定。

第32條　社會團體之財務人員應依本辦法規定處理各項財務事宜，並依規定期限編造有關表報。

第九章　財務查核

第33條　社會團體之財務查核分為定期查核及臨時查核，由監事會為之，主管機關得視實

　　　際需要抽查之。

第34條　監事會於定期舉行監事會議時依規定之職權執行定期查核，必要時得報經主管機關核准舉行臨時監事會議執行臨時查核。

第十章　附則

第35條　社會團體其本身之所得及其附屬作業組織之所得，免納所得稅要件，依財政部之規定辦理。

第36條　本辦法自發布日施行。

附錄八　社會團體章程草案範例

第一章　總則

第1條　　本會名稱為○○○（以下簡稱本會）。

註：一、名稱應明確表示其業務性質，並與宗旨、任務內容相稱。

　　二、名稱除情形特殊經主管機關核准外，應冠以「中華民國」或「中華」、「中國」字樣。

　　三、名稱使用中國文字，並使用學理上或社會上一般認可之文字；名稱有定義之必要者，載明其定義。

　　四、名稱不得不雅或有誤導公眾之虞情事。

　　五、名稱擇用「會」、「社」、「學會」、「學社」、「研究會」、「研究社」、「協會」、「協進會」或其他適當文字。

　　六、名稱不得與其他已許可人民團體之名稱相同或名稱類似顯有混淆情事。

　　七、名稱不得使用其他法定機關、團體之名稱，或機關、團體內部組織之名稱，或臨時任務編組之名稱，或財團法人性質名稱，如「府」、「院」、「部」、「局」、「處」、「署」、「所」、「公司」、「行」、「合作社」、「農會」、「工會」、「漁會」、「教育會」、「工業會」、「商業會」、「同業工會」、「補習班」、「報社」、「通訊社」、「雜誌社」、「大會」、「會員大會」、「理事會」、「董事會」、「監事會」、「委員會」、「研習會」、「研習班」、「秘書處」、「小組」、「中心」、「隊」、「站」、「後援會」、「同好會」、「聯誼會」、「聯誼社」、「自救會」、「互助會」、「俱樂部」、「基金會」、「宗祠」、「堂」、「館」、「黨」等。

第2條　　本會為依法設立、非以營利為目的之社會團體，以○○○為宗旨。

註：一、宗旨不得違反法令、公共利益、社會秩序或善良風俗。

　　二、宗旨內容應與任務內容相稱。

　　三、宗旨應簡明扼要，載明團體之基本目標，不分項敘述，字數在100字以內為原則。

第3條　　本會以全國行政區域為組織區域。

註：依法設立分級組織者，本條第2項載明分級組織之名稱，如「得設分級組織，其名稱為○○縣（市）○○○會（社）」。

第4條　　本會會址設於主管機關所在地區，並得報經主管機關核准設分支機權。

註：會址之門牌碼於立案或變更時函報主管機關，本處不必詳列。

第5條　　本會之任務如下：

　　一、○○○。

　　二、○○○。

　　三、○○○。

註：一、本條明定團體任務。

二、任務不得違反法令、公共利益、社會秩序或善良風俗。

三、任務應符合宗旨之原則。

四、任務應具體可行，以條列方式分述之。

五、任務不得有營利事業項目。

六、其他公私機關、團體或個人之法定專屬任務，本團體不得主辦者，不得列為主辦項目，但得協辦者，得列為協辦項目。

第二章　會員

第6條　　本會會員分下列〇種：

一、〇〇〇。

二、〇〇〇。

三、〇〇〇。

前項會員名冊應報主管機關備查。

註：一、本條明定團體之會員類別及名稱、積極資格條件及入會程序。

二、會員類別及名稱、積極資格條件及入會程序應與團體業務性質相當。

三、會員依團體性質擇用適當之類別名稱，例如個人會員（或正式會員、普通會員、基本會員）、團體會員、預備會員（或準會員）、永久會員、贊助會員、榮譽會員（或名譽會員）等。

四、設團體會員者，應載明推（選）派代表〇人，以行使權利。設分級組織者，下級團體亦為上級團體之團體會員。

五、會員（會員代表）之積極資格條件，如年齡、學經歷，性別、宗教信仰（宗教團體）、姓氏（如宗親會）等，可視情況酌定。

六、會員（會員代表）之年齡，除預備會員（或準會員）、贊助會員、榮譽會員（或名譽會員）、及法令另有規定者外，以年滿20歲者為限。

七、會員不得限於某機關、學校、廠商或其客戶、團體、建築物等範圍內人員。

八、本條舉例如下：

「本會會員分下列二種：

(一) 個人會員：凡贊同本會宗旨、年滿20歲、具有〇〇〇資格者，填具入會申請書，經理事會通過，並繳納會費後，為個人會員。

(二) 團體會員：凡〇〇〇（機構或團體）贊同本會宗旨，填具入會申請書，經理事會通過，並繳納會費後，為團體會員。團體會員推派代表〇人，以行使權利。」

九、設分級組職者，章程應明定「本會分級組職應加入本會為團體會員，並推派代表〇人，以行使權利」。

第7條　　會員（會員代表）有違反法令、章程或不遵守會員大會決議時，得經理事會決議，予以警告或停權處分，其危害團體情節重大者，得經會員大會決議予以除

名。

第8條　會員有下列情事之一者，為出會：

　　　　一、死亡。

　　　　二、喪失會員資格者。

　　　　三、經會員大會決議除名者。

第9條　會員得以書面敘明理由向本會聲明退會。

註：一、本條明定會員（會員代表）之權利。

　　二、本條權利限於正式之會員，團體如設「準會員」、「預備會員」、「贊助會員」、「榮譽會員」、「名譽會員」或其他類似名稱性質相同之會員，應增列其無表決權、選舉權、被選舉權與罷免權。

第10條　會員有遵守本會章程、決議，及繳納會費之義務。

第三章　組織及職員

第11條　本會以會員大會為最高權力機構，會員大會閉會期間由理事會代行職權；監事會為監察機構。

　　　　會員人數超過300人以上時，得分區比例選出會員代表，再召開會員代表大會，行使會員大會職權，會員代表名額〇人，任期〇年。其選舉辦法由理事會擬訂，報請主管機關核備後行。

註：一、會員代表名額自行衡酌訂之。

　　二、會員代表任期可配合理監事任期訂之。

　　三、會員代表名額、任期得規定由理事會定之。

第12條　會員大會之職權如下：

　　　　一、訂定與變更章程。

　　　　二、選舉或罷免理事、監事。

　　　　三、議決入會費、常年會費、事業費及會員捐款及數額及方式。

　　　　四、議決年度工作計畫、報告及預算、決算。

　　　　五、議決會員（會員代表）之除名處分。

　　　　六、議決財產之處分。

　　　　七、議決團體之解散。

　　　　八、議決與會員權利義務有關之其他重大事項。

第13條　本會置理事〇人、監事〇人，由會員（會員代表）選舉之，分別成立理事會、監事會。

　　　　選舉前項理事、監事時，依計票情形得同時產生候補理事〇人，候補監事〇人，遇理事、監事出缺時，分別依序遞補之。

註：一、候補理事、候補監事，得不設置。

　　二、理事名額為9人至35人，監事名額為3人以上，不得超過理事名額三分之一，候補者不得超過正選者之三分之一。

三、本條得增列「本屆理事會得提出下屆理事、監事候選人參考名單」。

四、理事、監事如有採用通訊選舉之必要者，應增列「理事、監事得採用通訊選舉。但不得連續辦理。通訊選舉辦法由理事會通過報請主管機關核備後行之。」

第14條　理事會之職權如下：

一、審定會員（會員代表）之資格。

二、選舉或罷免常務理事、理事長。

三、議決理事、常務理事或理事長之辭職。

四、聘免工作人員。

五、擬定年度工作計畫、報告及預算、決算。

六、其他應執行事項。

第15條　理事會置常務理事○人，由理事互選之，並由理事就常務理事中選舉1人為理事長。

理事長對內綜理督導會務，對外代表本會，並擔任會員大會、理事會主席。理事長因事不能執行職務時，應指定常務理事一人代理之，不能指定時，由常務理事互推1人代理之。

理事長、常務理事出缺時，應於1個月內補選之。

註：理事名額在3人以上時，得互選常務理事，其名額不得超過理事總額三分之一，其不置常務理事者，理事長由理事互選之。

第16條　監事會之職權如下：

一、監察理事會工作之執行。

二、審核年度決算。

三、選舉或罷免常務監事。

四、議決監事或常務監事之辭職。

五、其他應監察事項。

第17條　監事會置常務監事○人，由監事互選之，監察日常會務，並擔任監事會主席。

常務監事因事不能執行職務時，應指定監事1人代理之，不能指定時，由監事互推1人代理之。

常務監事出缺時，應於1個月內補選之。

註：一、監事名額不得超過理事名額三分之一，監事得互選常務監事，其名額不得超過監事總額之三分之一。

二、常務監事在3人以上時，於「由監事互選之」之後，增例「常務監事互推一人為監事會召集人」。第1項後段改為「監事會召集人因事不能執行職務時，應指定常務監事一人代理之，不能指定時，由常務監事互推一人代理之。」

第18條　理事、監事均為無給職，任期○年，連選得連任。理事長之連任，以1次為限。

理事、監事之任期自召開本屆第一次理事會之日起計算。

註：理事、監事之任期，得明定為1年、2年、3年或4年。

第19條　理事、監事有下列情事之一者，應即解任：

一、喪失會員（會員代表）資格者。

二、因故辭職經理事會或監事會決議通過者。

三、被罷免或撤免者。

四、受停權處分期間逾任期二分之一者。

第20條　本會置秘書長1人，承理事長之命處理本會事務：其他工作人員若干人，由理事長提名經理事會通過後聘免之，並報主管機關備查。但秘書長之解聘應先報主管機關核備。

前項工作人員不得由選任之職員擔任。

工作人員權責及分層負責事項由理事會另定之。

第21條　本會得設各種委員、小組或其他內部作業組織，其組職簡則由理事會擬訂，報經主管機關核備後施行，變更時亦同。

第22條　本會得由理事會聘請名譽理事長1人，名譽理事、顧問各若干人，其聘期與理事、監事之任期同。

第四章　會議

第23條　會員大會分定期會議與臨時會議二種，由理事長召集，召集時除緊急事故之臨時會議外應於15日前以書面通知之。

定期會議每年召開1次；臨時會議於理事會認為必要，或經會員（會員代表）五分之一以上之請求，或監事會函請召集時召開之。

第24條　會員（會員代表）不能親自出席會員大會時，得以書面委託其他會員（會員代表）代理，每一會員（會員代表）以代理1人為限。

第25條　會員大會之決議，以會員（會員代表）過半數之出席，出席人數較多數之同意行之。但下列事項之決議以出席人數三分之二以上同意行之。

一、章程之訂定與變更。

二、會員（會員代表）之除名。

三、理事、監事之罷免。

四、財產之處分。

五、團體之解散。

六、其他與會員權利義務有關之重大事項。

第26條　理事會每○個月召開一次，監事會每○個月召開1次，必要時得召開聯席會議或臨時會議。

前項會議召集時除臨時會議外，應於7日前以書面通知，會議之決議，各以理事、監事過半數之出席，出席人數較多數之同意行之。

註：理事會、監事會會議間隔得列1個月、2個月、3個月、4個月、5個月或6個月，兩者會議間隔得不同。

第27條　理事、監事應出席理事、監事會議，理事會、監事會不得委託出席；理事、監事連續2次無故缺席理事會、監事會者，視同辭職。

第五章　經費及會計

第28條　本會經費來源如下：
　　　　一、入會費新台幣〇元，於會員入會時繳納。
　　　　二、常年會費：新台幣〇元。
　　　　三、事業費。
　　　　四、會員捐款。
　　　　五、委託收益。
　　　　六、基金及其孳息。
　　　　七、其他收入。
註：一、入會費及常年會費繳納標準及方式於章程明定之。
　　二、會員類別有二種以上者，得分類明定入會費及常年會費。
　　三、設分級組織者，下級團體繳納上級團體之會費視為團體會員會費。
第29條　本會會計年度以曆年為準，自每年1月1日起至12月31日止。
第30條　本會會計年度開始前2個月由理事會編造年度工作計畫、收支預算表、員工待遇表，提會員大會通過（大會因故未能如期召開者，先提理監事聯席會議通過），於年度開始前報主管機關核備。於年度終了後2個月內由理事編造年度工作報告、收支決算表、現金出納表、資產負債表、財產目錄及基金收支表，送監事會審核後，造具審核意見書送還理事會，提會員大會通過，於3月底前報主管機關核備（大會未能如期召開者，先報主管機關。）
第31條　本會於解散後，剩餘財產歸屬所在地之地方自治團體或主管機關指定之機關團體所有。

第六章　附則

第32條　本章程未規定事項，悉依有關法令規定辦理。
第33條　本章程經會員（會員代表）大會通過，報經主管機關核備後施行，變更時亦同。
第34條　本章程經本會〇年〇月〇日第〇屆等〇次會員大會通過。報經內政部〇年〇月〇日台（）內社字第〇〇號函准予備查。

注意事項：
1. 區域性社團法人向各縣市政府社會局第一科申辦。
　全國性社團法人向內政部社會司申辦。
2. 申請分級組織，須另附上級總會章程、同意書及主管機關核備章程。
　申請國際組織，須另附總會章程、簡介及立案證明和同意書之中外文譯本（如係對等團體則另附對等同意書）。
3. 申請宗教團體須檢附教義經典、教主及其生平、教規、沿革。
4. 申請同學校友會須檢附學校同意書。

5. 申請商業同業公會須檢附合法證照之同業行號五家以上。
6. 申請團體涉及專門學術者，須檢附專門學術之資格證明。

附錄九　財團法人申請設立許可文件及捐助章程範例

財團法人申請設立許可文件範例

依教育部社教司所編定之範例：

財團法人之設立，除由捐助人捐助一定財產外，當須有捐助章程，以規範財團目的之行使，而利主管機關之監督，依以下民法規定：

民法第61條　財團設立時，應登記之事項如左：

一、目的。

二、名稱。

三、主事務所及分事務所。

四、財產之總額。

五、受許可之年、月、日。

六、董事之姓名及住所。設有監察人者，其姓名及住所。

七、定有代表法人之董事者，其姓名。

八、定有存立時期者，其時期。

　　財團之登記，由董事向其主事務所及分事務所所在地之主管機關行之。並應附具捐助章程或遺囑備案。

民法第62條　財團之組織及其管理方法，由捐助人以捐助章程或遺囑定之。捐助章程或遺囑所定之組織不完全，或重要之管理方法不具備者，法院得因主管機關、檢察官或利害關係人之聲請，為必要之處分。

捐助章程範例

財團法人〇〇〇文教（或教育）基金會捐助章程

第1條　　本基金會依照民法暨教育部文教財團法人監督準則組織之，定名為「財團法人〇〇〇基金會」（以下簡稱本會）。（依據、定名）

第2條　　本會以〇〇〇〇〇為宗旨，依有關法令規定辦理下列業務：〇〇〇。（宗旨、業務範圍）

第3條　　本會設立基金共新台幣〇〇〇萬元整，由〇〇〇捐助。俟本會依法完成財團法人登記後，得繼續接受捐助。（基金數、捐助人）

第4條　　本會會址設於〇〇〇〇。（會址、詳列）

第5條　　本會設董事會管理之，董事會職權如下：（董事會及職責）

一、基金之籌集、管理及運用。

二、業務計畫之制定及推行。

三、內部組織之制定及管理。

四、獎助案件的處理與有關辦法之訂定。

五、年度收支預算及決算之審定。

六、董事之改選（聘）。

七、其他重要事項之處理。

第6條　本會董事會由董事○○人組成（不得少於7人、多於21人，應單數）。第一屆董事由原捐助人選聘之，第二屆以後董事由前一屆董事會選聘之。董事均為無給職。（董事會之組成）

第7條　本會董事任期每屆3年，連選得連任，董事在任期中因故出缺，董事會得另行選聘適當人員補足原任期。

每屆董事任期屆滿前○個月，董事會應召集會議，改選聘下屆董事。新舊任董事，並按期辦理交接。（董事任期）

第8條　本會董事互選1人為董事長，綜理會務，對外代表本會。（董事長及職權）

第9條　本會董事會每年至少開會2次，必要時得召集臨時會議。

會議由董事長召集之並任主席，須有過半數同意並經主管機關准許後行之。但下列重要事項之決議應有三分之二以上董事之出席，以董事總額過半數之同意行之。

一、章程變更之擬議，如有民法第62、63條情形並應經過法院為必要處分。

二、不動產處分之擬議。

三、解散之擬議。

召開董事會之前10日，應將開會通知連同議案送達各董事，並依規定報請主管機關派員列席指導。會後並將董事會議紀錄呈報主管核備。（董事會議運作）

第10條　本會以每年1月1日事12月31日為業務及會計年度，每年1月底以前，董事會應審定下列事項，函報主管機關核備。（業務推展）

一、上年度業務報告及經費收支決算。

二、本年度業務計畫及經費收支預算。

三、財產清冊（含年度捐助收入名冊及有關憑據影本）。

第11條　本會辦理本年度業務計畫以外之工作，需符合本章程第2條之規定，並須事先函報主管機關核備。（業務限制）

第12條　本會辦理各項業務所需經費，以支用基金孳息及法人成立後所得捐助為原則，非經董事會之決議、主管機關之許可，不得處分原有基金、不動產，及法人成立後列入基金之捐助。（基金運用限制）

第13條　本會由於業務需要或其他因素，變更董事、財產及其他重要事項，均須經董事會通過，函報主管機關許可，並向法院辦理變更登記。（變更規定）

第14條　本會係永久性質，如因故解散時，經依法解散之賸餘財產，不得歸屬於任何個人或私人團體，應歸屬於所在地之地方政府或地方自治團體。（解散後財產歸屬）

第15條　本章程訂於民國○○年○月○日，如有未盡事宜，悉依有關法令規定辦理。

第16條　本章程經本會完成財團法人登記後施行。

注意事項：

1. 括號內之說明文字不列。

2. 以上範例僅供參考，如教育部「文教財團法人監督準則」或其他法規已規定事項亦可免訂。

3. 其他選擇性之規定如是否設立監察人？是否訂定會計師簽證制度？是否明訂行政組織與職稱？是否另訂其他相關規定、細則？是否籌設分事務所？……等均應依實際需要自行審酌訂定。

國家圖書館出版品預行編目資料

法律實戰備忘錄／劉俊麟編著. －－五版.－－
臺北市：五南, 2020.11
　面；　公分
ISBN 978-957-763-874-8（精裝）

1.訴訟法

586　　　　　　　　　109001016

1Q20
法律實戰備忘錄

作　　　者 ― 劉俊麟（351）

發 行 人 ― 楊榮川

總 經 理 ― 楊士清

總 編 輯 ― 楊秀麗

副總編輯 ― 劉靜芬

責任編輯 ― 黃郁婷、呂伊真、李孝怡、許珍珍

封面設計 ― 王麗娟

出 版 者 ― 五南圖書出版股份有限公司

地　　　址：106台北市大安區和平東路二段339號4樓

電　　　話：(02)2705-5066　　傳　　　真：(02)2706-6100

網　　　址：https://www.wunan.com.tw

電子郵件：wunan@wunan.com.tw

劃撥帳號：01068953

戶　　　名：五南圖書出版股份有限公司

法律顧問　林勝安律師事務所　林勝安律師

出版日期　1994年10月初版一刷
　　　　　1996年 7 月二版一刷
　　　　　2005年 6 月三版一刷
　　　　　2010年 8 月四版一刷
　　　　　2020年11月五版一刷

定　　　價　新臺幣1500元